ཞིབ་ཡིག་ཕྱག་ཚེམ། ༥

༄༅། །འབྲུག་པའི་ཆོས་འབྱུང་།

མཛད་པ་པོ། འབྲུག་པ་པད་མ་དཀར་པོ་སོགས།

སེ་ཁྲིན་བོད་ཡིག་དཔེ་རྙིང་བསྡུ་སྒྲིག་ཁང་གིས་བསྒྲིགས།

XZCB བོད་ལྗོངས་མི་དམངས་དཔེ་སྐྲུན་ཁང་།

图书在版编目（CIP）数据

竹巴白莲教法史：藏文 / 竹巴白玛嘎布著 ； 四川藏文古籍整理室整理. -- 拉萨 ： 西藏人民出版社，2018.11
（藏族历史典籍精选）

ISBN 978-7-223-05984-8

Ⅰ. ①竹… Ⅱ. ①竹… ②四… Ⅲ. ①佛教史－中国－藏文 Ⅳ. ①B949.2

中国版本图书馆CIP数据核字(2018)第156588号

竹巴白莲教法史

编　　著：竹巴白玛嘎布
搜集整理：四川藏文古籍搜集保护编务院
责任编辑：边巴仓决
封面设计：罗桑扎西
出版发行：西藏人民出版社（拉萨市林廓北路20号）
印　　刷：成都东江印务有限公司
开　　本：787×1092 1/16
印　　张：23.5
字　　数：380千
版　　次：2018年11月第1版
印　　次：2018年11月第1次印刷
印　　数：01-3，000
书　　号：ISBN 978-7-223-05984-8
定　　价：75.00元

འབྲུག་པ་པདྨ་དཀར་པོ།

བསྒྱུར་སྒྲིག་ལས་མིའི་མིང་ཐོ།

བཀའ་འདྲི་ཞུ་ཡུལ། སྐྱབས་རྗེ་གཟན་དཀར་རིན་པོ་ཆེ། མཁན་པོ་ལྷ་དབང་རྡོ་རྗེ། ཚེ་པོ།

སྤྱི་ཁྱབ་གཙོ་འགན་པ། ཁྲོ་ཐར་འཇམ་གློ།

སྒྲིག་སྦྱོར་པ། ཟླ་ཚེ།

ཕྱི་ཤོག་ལག་རྩལ་པ། པད་རྡོ།

བསྒྱུར་སྒྲིག་ཁོངས་མི། བྱམས་པ་བསྟན་འཛིན། སྨིན་དབུས་པོ། བསྟན་པའི་རྒྱལ་མཚན། བཀྲ་ཤིས་ཆོས་མཚོ། འཇམ་དབྱངས་བཟང་པོ། དམ་ཆོས། ལྷུན་པོ། དཔལ་ཆེན་ཉི་མ། སྐལ་བཟང་དོན་འགྲུབ། ཚུལ་ཁྲིམས་དར་རྒྱས། ཚུལ་ཁྲིམས་བསྟན་འཛིན། ཟླ་བ་ལྷ་མོ། ཟླ་བ་ཚེ་རིང་། བློ་གྲོས། ཀ་ཀ །བསོད་ནམས་སྐྱབས། དཔལ་མོ། ཚེ་རིང་ལྷ་སྐལ། ཀུན་ལྷ། ཡེ་ཤེས་ཆོས་སྒྲོན། ཆོས་བཟང་ཉི་མ། ཤེར་ལོ་སོགས་སེ་ཁྲིན་བོད་ཡིག་དཔེ་རྙིང་བསྒྱུར་སྒྲིག་ཁང་གི་ལས་མི་རྣམས་སོ། །

༄༅། །འབྲུག་པའི་ཆོས་འབྱུང་གི་གསལ་བཤད།

དེ་ཡང་དཔལ་དོན་བརྒྱུད་འབྲུག་པའི་བསྟན་པ་རིན་པོ་ཆེ་ནི། རྒྱལ་བས་མདོ་རྒྱུད་ཀྱི་ལུང་དུ་མ་ནས་ལུང་གིས་གསལ་བར་བསྔགས་པའི་འགྲོ་བའི་མགོན་པོ་ཆོས་རྗེ་རྒྱ་རས་པ་ཡེ་ཤེས་རྡོ་རྗེ་ཞེས་མཚན་སྙན་གྱི་བ་དན་སྒྲིད་པའི་བླ་ན་གསལ་བ་དེ་ཉིད་ལ། རྗེ་བཙུན་རྡོ་རྗེ་ཡན་ལག་མས། བསྟན་པས་བྱ་རྒོད་པོའི་ཉིན་ལམ་བཅོ་བརྒྱད་དུ་ཁྱབ་པར་ལུང་བསྟན་པ་ལྟར། བརྒྱུད་འཛིན་གྱི་སློབ་ཚོགས་གྲངས་མེད་པར་བྱོན་པ་ལས། ཐུགས་སྲས་ཀྱི་ཐུ་བོ་རྒྱལ་བ་རྒོད་ཚང་པ་མགོན་པོ་རྡོ་རྗེ་ལས་སྟོད་འབྲུག་གནམ་གྱི་སྐར་ཚོགས་དང་། ཡོ་རས་པ་གྲགས་པ་དབང་ཕྱུག་ལས་སྨད་འབྲུག་ས་ཡི་དྲིག་པ་དང་། སྤྲ་ཁྱུང་གཉིས། རྒྱ་འབྲས་གཉིས། རས་པ་གསུམ། རྣལ་འབྱོར་གསུམ། ཞིག་པོ་བཞི། དམ་པ་གསུམ་སོགས་ཀྱིས་གཙོས་དབུ་ཆེན་གདུགས་ཐོག་ཉིས་སྟོང་བརྒྱད་བརྒྱ་ལས་བར་འབྲུག་དབྱར་གྱི་རྩེ་ཏོག དཔོན་ཆེན་རས་པ་དར་མ་སེང་གེ་ནས་གདན་རབས་ནོར་བུའི་ཕྲེང་བ་ལྟ་བུ་རིམ་པར་བྱོན་པ་ལ་གདན་ས་བརྒྱུད་པ་ཞེས་གྲགས་ཤིང་། འཛམ་གླིང་མི་ཕྱེད་འབྲུག་པ། འབྲུག་ཕྱེད་སྤྲང་པོ། སྤྲང་ཕྱེད་གྲུབ་ཐོབ་ཅེས་ཡོངས་སུ་གྲགས་པའི་སློབ་བརྒྱུད་བགྲང་ལས་འདས་པར་འཕེལ་ཞིང་གྲུབ་པའི་ཚང་ཆེན་པོ་བརྗོད་པའི་ཆོས་བརྒྱུད་རིན་པོ་ཆེའི་བསྟན་པའི་གསལ་བྱེད་དམ་པ། འབྲུག་ཆེན་སྐུ་ཕྲེང་བཞི་པ་ཀུན་མཁྱེན་པདྨ་དཀར་པོའི་ཞལ་སྔ་ནས་མཛད་པའི་ཆོས་འབྱུང་བསྟན་པའི་པདྨོ་རྒྱས་པའི་ཉིན་བྱེད་ཀྱི་གཙོས་པའི་འབྲེལ་ཡོད་ཡིག་ཆ་ཁག་གཅིག་བསྡུ་སྒྲིག་ཇི་ལྟར་བྱས་ཚུལ་ཉུང་ཙམ་གླེང་བར་བྱ་བ་ལ།

དང་པོ་མཛད་པ་པོའི་རྣམ་ཐར་མདོར་བསྡུས།

མདོ་སྔགས་རིག་གཞུང་རྒྱ་མཚོ་ལ་མཁྱེན་རབ་ཀྱི་འཇུག་པ་མཆོག་ཏུ་ཡངས་པའི་ཀུན་མཁྱེན་པད་མ་དཀར་པོ་ནི་བོད་རབ་བྱུང་དགུ་པའི་མེ་ཕག་ལོ་སྤྱི་ལོ་༡༥༢༧ལ་ཀོང་པོའི་ཡུལ་གྱི་བྱེ་བྲག་མཆིམས་སྟོད། གཙང་ཤོད་དགོན་ཞེས་པར་ཡབ་ཇོ་སྲས་སྐྱུའི་དབང་པོ་དང་། ཡུམ་ཆོས་སྐྱོང་སྒྲོལ་མ་གཉིས་ཀྱི་སྲས་སུ་འཁྲུངས། དགུང་གྲངས་གསུམ་པར་ཆོས་རྗེ་ཡེ་ཤེས་རྒྱལ་མཚན་ལ་དབུ་སྐྲ་ཕུལ། མཚན་ལ་རྒྱལ་དབང་ལྷུན་གྲུབ་ཅེས་གསོལ། རང་གི་སྔོན་གྱི་དགེ་བའི་བཤེས་གཉེན་ཆེན་པོ་འབྲུག་པ་རིན་པོ་ཆེ་ངག་དབང་ཆོས་ཀྱི་རྒྱལ་པོ་དང་མཇལ། དགུང་ལོ་བཞིར་ཕེབས་པ་ནས་བདུན་མ་ལོན་པར་གྲུམ་བུའི་སྟོང་གཞི་བཞེས་པར་བརྟེན་ཆོས་རྗེས་མཚན་སྤྲོས་ཏེ་བདུད་ལས་རྣམ་རྒྱལ་ཞེས་གསོལ། ཡང་སྐད་འབྲུག་པའི་བླ་མ་བགྲེས་པོ་ཞིག་གིས་ཐར་པ་རྒྱལ་མཚན་དུ་གསོལ།

དགུང་ལོ་དགུ་པའི་སྟེང་དུ་སྐུ་གོང་མའི་བཞུགས་གནས་ལྷོ་ཕྱོགས་ཡངས་པའི་རྒྱལ་ཁམས་སུ་ཕེབས། མི་སྤྱིལ་ལོར་འབྲུག་རིན་པོ་ཆེ་ངག་དབང་ཆོས་ཀྱི་རྒྱལ་པོ་དང་། སྐུ་སྐྱེ་གོང་མའི་གཟུང་བརྫི་ཏ་བཀྲ་ཤིས་རྣམ་རྒྱལ། གོང་མའི་དངོས་སློབ་ཀུན་སྤངས་ཤེས་རབ་རྒྱ་མཚོ་བཅས་ཀྱིས་འབྲུག་པའི་སྐུ་ཕྲེང་གསུམ་པ་འཇམ་དབྱངས་ཆོས་ཀྱི་གྲགས་པའི་སྤྲུལ་སྐུ་ཡིན་པར་ངོས་འཛིན་གནང་སྟེ། ཚོ་འཕྲུལ་ཟླ་བའི་དཀའ་བ་དང་པོ་ལ་འབྲུག་ར་ལུང་གི་ཆོས་གྲྭར་གདན་སེང་གེའི་ཁྲི་ཆེན་པོར་ཆོས་ཀྱི་རྒྱལ་སྲིད་སྐྱོང་བར་མངའ་གསོལ། དེ་ནས་བཟུང་སློབ་དཔོན་ཤེས་རབ་གོ་ཆ་སོགས་ལས་ཡི་གེའི་ཕྱི་མོ་སོགས་འཕྲལ་མཁོ་སྣ་ཚོགས་བསླབས། བྱ་བཀྲ་ཤིས་རྣམ་རྒྱལ་བདུན་དབང་ཆོས་ཐོག་མར་གསན། སེ་བ་བྱང་ཆུབ་གླིང་དུ་ཕེབས་ནས་འབྲུག་བྱང་ཆུབ་ཆེན་པོའི་མདུན་གཙུག་ཕུད་ཕུལ་ནས་དགེ་བསྙེན་དང་བྱང་སྡོམ་བཞེས། མཚན་འགྱུར་མེད་ངག་དབང་ནོར་བུ་བཏགས། དགུང་ལོ་བཅུ་གཅིག་པར་ལྷ་ལྡན་དུ་ཇོ་ཤཱཀ་རྣམ་གཉིས་སོགས་ལ་མཆོད་འབུལ་ཐེངས་དང་པོར་ཕེབས། སླར་གདན་སར་ཕྱིར་བྱོན་ཏེ་རྗེ་མཐུ་སྟོབས་ཞབས་ལ་རྒྱལ་བའི་བཀའ་འགྱུར་ཆེན་མོའི་ལུང་དང་རྒྱལ་བ་བཀའ་བརྒྱུད་པའི་མན་ངག་མཐའ་དག་གསན། ཁྱད་པར་སྨྱུང་རམ་པའི་མདུན་བསྡུས་གྲྭ་སོགས་

ཚད་མ་སྡེ་བདུན་མདོ་དང་བཅས་པ་ལ་སློབ་གཉེར་ཆེས་ཆེར་གནང་བས་ཤེས་བྱ་མཐའ་ཡས་པའི་དོན་སྨྱུར་དུ་རིག་པས་གཏན་ལ་འབེབས་པའི་རིགས་ལམ་བདུད་རྩི་བཟང་པོས་ཐུགས་ཀྱི་བུམ་བཟང་ལེགས་པར་གཏམས། ལྕགས་བྱི་ལོ་རྗེ་འབྲུག་པ་སྐུ་གཤེགས་པས་དགོངས་རྫོགས་སུ་འབྲུག་པའི་གྲྭ་ཉིས་སྟོང་གི་ཚོགས་དབུར་ཕེབས། འདས་མཆོད་སོགས་ཐུགས་དགོངས་རྫོགས་པའི་བྱ་བ་རྣམས་བསྒྲུབས།

དགུང་ལོ་བཅུ་བདུན་ལ་ཕེབས་པར་གསེར་གླིང་མཁན་པོ་དཀོན་མཆོག་རིན་ཆེན་གྱིས་མཁན་པོ་དང་། སངས་རྒྱས་ཡེ་ཤེས་ཀྱིས་གསང་སྟོན་པ། མྱང་རམ་པས་གྲིབ་ཚོད་པ་མཛད་དེ། དད་པའི་དགེ་སློང་བཅུ་ཚོགས་ཀྱི་དབུས་སུ་ཆོས་གྲྭ་ཆེན་པོ་དཔལ་འཁོར་བདེ་ཆེན་དུ་བསྙེན་པར་རྫོགས། བླ་མ་དེ་དག་གི་མདུན་འདུལ་བའི་སྐོར་ལ་གསན་བསམ་གནང་བས་གཞན་དྲིང་མི་འཛོག་པའི་མཁྱེན་པ་བརྙེས། དེ་ནས་བཟུང་ཉེས་བྱས་ཕྲ་མོ་ཙམ་ལ་བག་ཡོད་གནང་བ་མ་ཟད་གདན་གཅིག་པོ་ནས་སྐུ་ཚེ་འདའ་བར་མཛད། བྱ་ཡུལ་དུ་འབྲུག་ལོ་ཙཱ་བ་རག་དབང་གྲགས་པ་ལ་སྐད་རིག་དང་མངོན་བརྗོད་ལེགས་སྦྱར་གྱི་སྐད་དོད་སོགས་ཐུན་མོང་རིག་པའི་གནས་ལ་ཐུགས་སྦྱོང་མཛད། ཕུལ་དུ་བྱུང་བའི་ཡོན་གྱིས་ན་སྨིན་པས་སྙན་འགྲེལ་སོགས་གཞུང་དུ་མའི་ཚིག་འགྲེལ་དང་དཀའ་འགྲེལ་སྤྱི་དོན་མཐའ་དཔྱོད་བཅས་ལེགས་བཤད་རྨད་དུ་བྱུང་བ་རིམ་པར་བརྩམས། ཁྱད་པར་བྱོན་བཞུགས་ཀྱི་སྐར་དུའང་གསོ་སྦྱོང་གི་ལག་ལེན་བཙུགས།

དེ་ནས་ཙ་རི་སྟོད་སྨད་ཀུན་ལ་ཕེབས། དེར་ཟླ་བ་གཅིག་སྐུ་མཚམས་སུ་བཞུགས། ཡང་ལྷོ་ཁ་ཕྱོགས་དང་ཀོང་པོ་སྟག་རྩེ་སོགས་སུ་ཞབས་ཀྱིས་བཅགས། མདོར་ན་འབྲུག་ལོ་ཙཱ་བ་དང་སློབ་དཔོན་རྟ་ཚག་པ་སོགས་མཁས་གྲུབ་ཀྱི་ཡོངས་འཛིན་བཞི་བཅུ་ལྷག་བསྟེན། མདོ་སྔགས་རིག་གནས་བཅས་པ་ལ་མཁྱེན་རྒྱ་ཤིན་ཏུ་ཆེ་བའི་གངས་ཅན་མཁས་པ་ཡོངས་ཀྱི་གཙུག་རྒྱན་དུ་གྱུར། གཞན་ཡང་ཆོས་བརྒྱུད་ཕན་ཚུན་བར་གྲུབ་མཐའི་ཞེན་ཆ་བྱུང་བར་དགོན་སྡེ་ཁག་དང་དཔོན་རིགས་རྣམས་ཀྱིས་མངའ་འབངས་ཐོབ་ཤོར་ལ་རྩོད་པས་གཡུལ་འགྲུགས་སོགས་ཀྱིས་མི་དང་དུད་འགྲོ་བཅས་པའི་སྡུག་བསྔལ་ལ་ཐུགས་ཀྱིས་མ་བཟོད་ནས། སྐུ་དངོས་སམ་བརྒྱུད་ནས་ཐབས་ཞི་དྲག་སྣ་

ཚོགས་ཀྱིས་འཁྲུགས་པ་ཞི་བ་དང་། འཁོན་རྩོད་རྣམས་བསྡུམས་པར་མཛད།

སྐབས་སྐབས་སུ་ལྷག་པའི་ལྷ་མཆོག་དུ་མའི་བསྙེན་སྒྲུབ་དང་གཞུང་ལུགས་དུ་མ་ཐུགས་འཛིན་གནང་། གཞི་བྱེས་ཀུན་ཏུ་སྒྲུབ་ཐབས་རྒྱ་མཚོ་དང་ལམ་རིམ་ཐར་པ་རིན་ཆེན། རྒྱན། དབུ་ཕར་འདུལ་མཛོད་སོགས་དབང་དང་བཤད་ཁྲིད་བསྐུར་ཆགས་སུ་མཛད། གསེར་མདོག་ཅན་པ་འབྲུམ་རབ་འབྱམས་པ་དང་། དགའ་གདོང་འབྲུམ་རབ་འབྱམས་པ་དགེ་ལེགས་འབྱུང་གནས། ཞྭ་ལུ་རབ་འབྱམས་པ་ཤེས་རབ་བཟང་པོ། གཞིས་རྩེ་བའི་མཁས་པ་དུ་མས་འདྲི་རྩོད་དང་དོགས་གནས་སློང་བ་ཀུན་ལ་སོ་སོར་མ་འདྲེས་ཤིང་ཞལ་གསལ་བ་ཁྱུངས་ཐུབ་པ་རིགས་པས་གནོད་པ་མེད་པའི་ལན་བཏབ། དེའི་རྐྱེན་གྱིས་ཕས་ཀྱི་རྒོལ་བ་ཀུན་དབང་པོའི་གཞུ་ལྟར་ལྷག་མེད་དུ་ཡལ། ཐོག་མཐའ་བར་གསུམ་ཕྱག་རྗེས་བྱུང་ངོ་ཅོག་སྙིང་གིས་ལོངས་སྤྱོད་མ་གནང་བར་སངས་རྒྱས་ཀྱི་བསྟན་པ་རིན་པོ་ཆེ་དར་རྒྱས་ཡུན་གནས་ཀྱི་ཆེད་དུ་ཐ་ན་ཁབ་དང་སྐུད་པ་ཡན་ཆད་བསྔོ་ཉར་མཛད།

ཆུ་གླང་ལོ་ནས་བཀྲ་ཤིས་མཐོང་སྨོན་གྱི་གཙུག་ལག་ཁང་གསར་བཞེངས་དང་། ཤིང་བྱི་ལོར་རྒྱལ་བྱེད་ཚལ་དུ་གཙུག་ལག་ཁང་གསར་བཞེངས་སོགས་ཀྱིས་མཚོན་རྟེན་བརྟེན་པར་བཅས་ལོ་གསུམ་རེའི་ནང་གསར་བཞེངས་རེ་ལེགས་པར་གྲུབ། དགོན་གནས་དེ་དག་དང་འབྲུག་ར་ལུང་སོགས་དགོན་ཁག་དུ་མ་ལ་སྒྲུབ་སྡེ། ཆོས་གྲྭ་མང་པོ་གསར་འཛུགས་གནང་། འཚོ་བའི་ཆ་རྐྱེན་དང་རིགས་གནས་སློབ་པའི་མཐུན་རྐྱེན་ཡང་ཡང་སྦྱར། ཕྱིས་ལྷོ་ཁ་ས་ཁུལ་གྱི་ལྷུན་རྩེ་རྫོང་དང་ཉེ་བར་གསང་སྔགས་ཆོས་གླིང་གསར་འདེབས་གནང་། བཞུགས་ཡུལ་གཙོ་བོ་འབྲུག་ར་ལུང་དང་རྒྱལ་བྱེད་ཚལ་གསང་སྔགས་ཆོས་གླིང་བཅས་སུ་བྱེད། དགེ་ཚུལ་སློང་ཡང་སྟོང་ཕྲག་ཉེ་བར་བསྒྲུབས། མཚན་ཉིད་ཀྱི་བཤད་གྲྭ་སྔགས་གྲྭ་ཅོག་གྲྭ་སོགས་དགེ་འདུན་གྱི་སྡེ་སྟར་མེད་གསར་འཛུགས། ཉམས་པ་སླར་གསོ་དང་མི་ཉམས་གོང་སྤེལ་རྒྱ་ཆེར་མཛད། ཁྱད་པར་ཙ་རི་དང་གངས་ཏི་སེ་སོགས་ལ་མཚམས་སྒྲུབ་བྱེད་མཁན་བརྒྱ་ཕྲག་དུ་མ་བྱུང་། སྣེ་གདོང་བཀའ་འགྱུར་ལ་མ་ཕྱི་བྱས་ཏེ་གསེར་དངུལ་གྱིས་བཀའ་འགྱུར་གསར་བཞེངས་མཛད།

ལྷ་ལྡན་དུ་ཐེངས་གཉིས་པར་ཕེབས། མར་ཁལ་སུམ་སྟོང་གིས་ཇོ་ཤཱཀྱ་རྣམ་གཉིས་མདུན་

མཆོད་མེ་ཕུལ། དགའ་ལྡན་ཕོ་བྲང་ལ་རྟེན་བཞེངས་སུ་ཟངས་ཁལ་བཞི་བཅུ་བསྩལ། རིས་མེད་ཀྱི་གདན་ས་སོ་སོའི་དགེ་འདུན་རྣམས་ལ་སྐྱ་འགྱེད་དང་། ཉམ་ཐག་རྣམས་ལ་སྦྱིན་པའི་བགོ་སྐལ་རྒྱ་ཆེར་བསྩལ། དེ་ལྟར་གཞན་གནོད་སྤོང་ཞིང་གཞན་ཕན་སྒྲུབ་པའི་ཉམས་བཞེས་ཐོག་བཤད་སྒྲུབ་ལས་གསུམ་གྱིས་རྒྱལ་བསྟན་རིན་པོ་ཆེ་སྐྱོང་བར་མཛད། དགོན་པ་གསར་བཏབ་བཅུ་ཕྲག་ཉེ་བ་དང་རྒྱ་བསྐྱེད་གཏོང་བ་དང་ཉམས་པ་སླར་གསོ་བཅས་བཅུ་ཕྲག་གཉིས་མ་ཟིན་ཙམ་ཡོད། གདུལ་བྱ་སློབ་མ་སྟོང་ཕྲག་དྲུག་ཏུ་ཉེ་བར་བྱུང་། ཆོས་འབྲེལ་ཙམ་ཐོབ་པ་ཤིན་ཏུ་མང་།

རྫོགས་པའི་འདྲ་འབག་གསུང་རྩོམ་ཡང་རྗོད་བྱེད་ཚིག་གི་རྒྱུད་བཤད་པ་མཁས་པའི་ཁ་རྒྱན་དང་། སྙན་ངག་མེ་ལོང་མའི་ལེའུ་ཐོག་མཐའ་བར་གསུམ་གྱི་འགྲེལ་པ། རྟེས་ཀྱིས་ལག་ལེན་མདོ་ཙམ་བརྗོད་པ་དུས་ཀྱི་འཁོར་ལོ་གསལ་བར་བྱེད་པ། གསོ་བ་རིག་པ་རྒྱུད་བཞིའི་བཤད་པ་གཞན་ལ་ཕན་པའི་གཏེར་སོགས་ཐུན་མོང་རིག་གནས་ཀྱི་སྐོར་དང་། ཚད་མ་མདོ་དང་སྡེ་བདུན་གྱི་དོན་གཏན་ལ་ཕབ་པའི་བསྟན་བཅོས་རྡེ་བཙུན་འཇམ་པའི་དབྱངས་ཀྱི་དགོངས་རྒྱན་སོགས་ཚད་མའི་སྐོར། སྡོམ་གསུམ་རྣ་འགྲེལ་སོགས་གཞུང་ཆེན་སྐོར། ཕྱག་རྒྱ་ཆེན་པོའི་མན་ངག་གི་བཤད་སྦྱར་རྒྱལ་བའི་གན་མཛོད་དང་། ཁྱད་ཆོས་བསྒྲེ་འཕོའི་གཞུང་འགྲེལ་རྡོ་རྗེ་འཆང་གི་དགོངས་པ་གསལ་བ་བྱེད་པ་སོགས་གསང་བ་མན་ངག་གི་སྐོར། ཆོས་འབྱུང་བསྟན་པའི་པདྨོ་རྒྱས་པའི་ཉིན་བྱེད་སོགས་ལོ་རྒྱུས་རྣམ་ཐར་སྐོར། འཇམ་དཔལ་ཆོ་བདག་ནག་པོའི་ལས་བྱང་ཀུན་ཏུ་བཟང་པོའི་མཆོད་སྦྱིན་སོགས་སྔགས་རྙིང་མའི་སྐོར་ཏེ་གསུང་འབུམ་པོད་ཆེན་བཅུ་ཕྲག་གསུམ་ལ་ཉེ་བ་ཙམ་བསྟན་པའི་བཅས་སུ་བཞག་པ་དང་། སྐུ་ཚེ་གཅིག་གི་མཛད་པ་རྣམས་མཐར་ཕྱིན་ནས་རབ་བྱུང་བཅུ་པའི་ཆུ་འབྲུག་སྤྱི་ལོ་༡༥༨༢ལ་གཟུགས་སྐུའི་བཀོད་པ་བསྡུས་སོ། །

གཉིས་པ་ཆོས་འབྱུང་གི་ངོ་སྤྲོད་མདོར་བསྡུས།

ཀུན་མཁྱེན་པདྨ་དཀར་པོ་དགུང་གྲངས་ལྔ་བཅུ་ང་ལྔའི་དུས་སུ་མཛད་པར་གྲགས་པའི་ཆོས་འབྱུང་བསྟན་པའི་པདྨོ་རྒྱས་པའི་ཉིན་བྱེད་དམ་འབྲུག་པའི་ཆོས་འབྱུང་ཞེས་ཡོངས་སུ་གྲགས་པ་འདི་

ཉིད་ལས། སྟོན་པ་འཇིག་རྟེན་དུ་བྱོན་ཚུལ། དེས་བསྟན་པ་རིན་པོ་ཆེའི་སྒྲོམ་བཙས་ཚུལ། དེ་གཅེས་སྤྲས་སུ་མཛད་པའི་མཁན་པོ་ཇི་ལྟར་བྱོན་པ་ཆེ་ལོང་ཙམ་བརྗོད་པ་སྟེ་རྩ་བའི་ས་བཅད་གསུམ་དུ་བསྡུས་ཏེ་བསྟན་ཡོད་ལ། དང་པོ་སྤྱིར་བསྐལ་བཟང་གི་སངས་རྒྱས་དག་བྱོན་ཚུལ་དང་། ཁྱད་པར་སྟོན་པ་ཤཱཀྱ་ཐུབ་པས་ཐུགས་བསྐྱེད་ཚུལ་དང་། སངས་རྒྱས་ཚུལ་བཅས་སྐུ་ཚེའི་སྟོད་ཀྱི་རྣམ་ཐར་བསྡུས་ཙམ་གསུངས་ཡོད།

གཉིས་པ་དེས་བསྟན་པ་རིན་པོ་ཆེའི་སྒྲོམ་བཙས་ཚུལ་ལས། སངས་རྒྱས་ནས་ཆོས་ཀྱི་འཁོར་ལོ་རིམ་པར་བསྐོར་ཚུལ་དང་། དེའི་དོགས་གཅོད། མྱ་ངན་ལས་འདའ་ཚུལ་བསྟན་པ་བཅས་བཞུགས།

དེ་གཅེས་སྤྲས་སུ་མཛད་པའི་མཁན་པོ་ཇི་ལྟར་བྱོན་པ་ཆེ་ལོང་ཙམ་འཆད་པ་ཞེས་པར། སྡུད་པ་པོས་བཀའ་བསྡུ་ཇི་ལྟར་མཛད་ཚུལ་དང་། བསྟན་པའི་གཏད་རབས་རིམ་པར་བྱོན་ཚུལ། ཐེག་པ་ཆེན་པོ་རྒྱ་ཕ་རོལ་ཏུ་ཕྱིན་པ་ཇི་ལྟར་དར་བའི་ཚུལ་ལས། ལིའི་ཡུལ་དུ་བསྟན་པ་ཇི་ལྟར་བྱུང་བ། རྒྱ་ནག་ཏུ་བསྟན་པ་ཇི་ལྟར་དར་བ། འབྲས་བུ་གསང་སྔགས་རྡོ་རྗེའི་ཐེག་པ་ཇི་ལྟར་དར་བའི་ཚུལ་ལ། སྤྱིར་འཛམ་བུའི་གླིང་དུ་གསང་སྔགས་དར་ཚུལ་དང་། ཡུལ་དབུས་སུ་གསང་སྔགས་དར་བའི་ཚུལ། རྒྱ་གར་ཤར་ཕྱོགས་སུ་དར་བའི་ཚུལ། ནུབ་ཕྱོགས་ཨུ་རྒྱན་ལྷོ་དབུས་ཟ་ཧོར་དུ་དར་ཚུལ་ནས་བོད་དུ་གསང་སྔགས་སྔ་འགྱུར་བཀའ་གཏེར་གྱི་སྐོར་ཇི་ལྟར་བྱོན་ཚུལ། ཤམྦྷ་ལར་ཇི་ལྟར་དར་ཚུལ་དང་རིགས་ལྡན་རྒྱལ་པོ་རྣམས་བྱོན་ཚུལ་དོགས་གཅོད་དང་བཅས་པ། གྲུབ་ཆེན་ཏཻ་ལོ་པས་འདུལ་བྱ་དམན་པ་དང་མཐུན་པར་བསྟན་ནས་ལམ་སྐྱོང་ཚུལ། བར་མ་དང་བསྟུན་ནས་སྤྲུལ་པའི་སྐུར་བསྟན་ཚུལ། མཆོག་དང་མཐུན་པར་རྫོགས་པའི་སངས་རྒྱས་སུ་བསྟན་ཚུལ། དེའི་སློབ་མ་རྒྱལ་རིགས་སུ་སྐུ་འཁྲུངས་པ་དཔལ་ནཱ་རོ་པ་བྱོན་ཚུལ་དང་དེའི་སློབ་བརྒྱུད་རྒྱ་བལ་གྱི་པཎ་གྲུབ་རྣམས་བྱོན་ཚུལ། གྲུབ་ཆེན་མི་ཏྲ་ཛོ་གི་ནས་ཕྱིས་བྱོན་གྱི་པཎྜི་ཏ་ནགས་ཀྱི་རིན་ཆེན་གྱི་བར་བྱོན་པའི་འཕགས་ཡུལ་གྱི་པཎ་གྲུབ་མང་པོའི་ལོ་རྒྱུས།

བོད་གངས་ཅན་དུ་བསྟན་པ་ཇི་ལྟར་བྱུང་བའི་ཚུལ་ལ། བསྟན་སྔ་དར་དང་ཕྱི་དར་སྐབས།

བསྟན་པའི་མེ་རོ་སླད་ནས་གསོས་ཚུལ། སྟོད་ནས་གསོས་ཚུལ། དབུས་གཙང་དུ་བྱོན་ཚུལ། སྔགས་ཀྱི་ཚུལ་ཇི་ལྟར་དར་བ་ལས་སྔ་འགྱུར་སྒྲུབ་པ་བཀའ་བརྒྱད་སྐོར་སོ་ཟུར་གནུབ་གསུམ་ལས་བརྒྱུད་ཚུལ་དང་། ལོ་ཆེན་རིན་བཟང་དང་། འབྲོག་མི་ལོ་ཙྪ་བ་སོགས་ཀྱི་རྣམ་ཐར་དང་འབྲེལ་ཡོ་ག་དང་། གསུང་ངག་ལམ་འབྲས། དུས་འཁོར། ཞི་བྱེད་སོགས་ཇི་ལྟར་བྱོན་ཚུལ། མཁས་གྲུབ་ཁྱུང་པོ་རྣལ་འབྱོར་གྱི་རྣམ་ཐར་དང་འབྲེལ་དཔལ་ན་རོ་པའི་ལྕམ་ནཱི་གུ་མའི་ལུགས་བོད་དུ་བྱུང་ཚུལ། གངས་ཅན་འདིར་རྡོ་རྗེ་ཐེག་པའི་བཤད་པ་དང་སྒྲུབ་པ་ཐམས་ཅད་ཀྱི་སྒོ་ནས་བསྟན་པའི་བདག་པོར་འཛོག་འོས་པ་རྗེ་བཙུན་མར་པ་ལྷོ་བྲག་པའི་རྣམ་ཐར་དང་འབྲེལ། རྔོག་སྟོན་དང་། མེས་སྟོན། འཚུར་སྟོན་བཅས་སློབ་བརྒྱུད་ཇི་ལྟར་བྱོན་ཚུལ། གངས་ཅན་སྒྲུབ་པའི་བཀའ་བབ་རྗེ་བཙུན་མི་ལ་རས་པའི་རྣམ་ཐར་དང་འབྲེལ། ཐུགས་སྲས་ཉི་ཟླ་སྐར་གསུམ་སོགས་ཇི་ལྟར་བྱོན་ཚུལ། ཉི་མ་ལྟ་བུའི་སློབ་ཆེན་དཔལ་མཉམ་མེད་དྭགས་པོ་རིན་པོ་ཆེ་ཟླ་འོད་གཞོན་ནུའི་ཞབས་དང་། དཔལ་ལྡན་ཕག་མོ་གྲུ་པའི་རྣམ་ཐར་དང་འབྲེལ་བཀའ་བརྒྱུད་ཆེ་བཞི་ཆུང་བརྒྱད་ཇི་ལྟར་བྱོན་ཚུལ་དང་། ཁྱད་པར་འགྲོ་མགོན་འབྲུག་པ་བཀའ་བརྒྱུད་ཀྱི་བསྟན་པ་ཇི་ལྟར་དར་ཚུལ་ཅུང་རྒྱས་པར་གསལ་བ་ལགས་སོ། །

གསུམ་པ་ཟུར་བཀོད་ཁག་གི་ངོ་སྤྲོད།

ཀུན་མཁྱེན་ཉིད་དང་མཁས་པ་གཞན་གྱིས་མཛད་པའི་འབྲེལ་ཡོད་ཡིག་ཆ་ཁག་གཅིག་ཟུར་བཀོད་ཀྱི་ཚུལ་དུ་འདིར་བསྡུས་ཡོད་ལ། དང་པོ་ནི་གདན་ས་ཆེན་པོ་ར་ལུང་གི་ཁྱད་པར་འཕགས་པ་ཅུང་ཟད་བརྗོད་པ་ངོ་མཚར་གྱི་གཏེར་ཞེས་བྱ་བ་སྟེ། འདི་ལས་ཕྱི་གནས་ལ་བརྟེན་པའི་ཁྱད་འཕགས་བཞི། ནང་རྟེན་གསུམ་ལ་བརྟེན་པའི་ཁྱད་འཕགས་བཞི། གསང་བ་བསྟན་པ་བསྟན་འཛིན་སོགས་ལ་བརྟེན་པའི་ཁྱད་འཕགས་བཞི། དེ་ཁོ་ན་ཉིད་ཕན་བདེ་ཐམས་ཅད་ཀྱི་འབྱུང་ཁུངས་སུ་གྱུར་པས་ཁྱད་པར་འཕགས་པ་གཅིག་དང་བཅས་ཐམས་ཅད་ལས་ཁྱད་པར་དུ་འཕགས་པ་བཅུ་གསུམ་གྱིས་ངོ་མཚར་བར་གྱུར་ཚུལ་བསྟན་པའི་ལེགས་བཤད་རྨད་དུ་བྱུང་བ་དང་།

གཉིས་པ་བོད་ཡུལ་ལྷོ་དེ་ཝི་ཀོ་ཊའི་གནས་བཤད་མདོར་བསྡུས་ཡ་མཚན་གྱི་འདོད་འཛོ་ཞེས་བྱ་བ་ལས། ཤར་མོན་ཁ་སེང་གེ་ན་རིངས། ལྷོ་སྦྲས་ཡུལ་མཁན་པ་ལྗོངས། ནུབ་ན་སྦྲུལ་མཚོ་

པདྨ་གླིང་། བྱང་དུ་སྨྲ་བོ་ཅོག་པོ་སྟེ་ཕྱི་སྐུའི་འཁོར་ལོ་སྤྲུལ་སྐུ་ཟ་བྱེད་ལས་ཀྱི་མཁའ་འགྲོ་གནས་ས་བཞི་ཡོད་ཚུལ་དང་། ཤར་ཕྱོགས་སུ་འོད་གསལ་གྱི་རྫོང་། ལྷོ་ཕྱོགས་སུ་དཔལ་སེང་གེ། ནུབ་ཏུ་ཚེལ་མ་དཔལ་གྱི་རི། བྱང་དུ་དཔལ་མགོ་མཐིང་ལྷ་ཁང་བཅས་ནང་དུ་གསུང་གི་འཁོར་ལོ་ལོངས་སྐུ་འཛིག་རྟེན་གྱི་ཌཱ་ཀི་མ་གནས་པའི་གནས་བཞི། གཞན་ཡང་སློབ་དཔོན་ཆེན་པོ་པདྨ་སམྦྷ་ཝ་དང་། གནུབས་ནམ་མཁའི་སྙིང་པོ། བོད་ཀྱི་མཁན་པོ་སྦ་ཡེ་ཤེས་དབང་པོ། རྗེ་བཙུན་རས་ཆུང་ཞབས། ལྷག་པར་ཆོས་ཀྱི་རྒྱལ་པོ་གཙང་པ་རྒྱ་རས་ཀྱིས་བདུད་ཀྱི་གཡུལ་ཆེན་པོ་བཏུལ་ནས་ཕྱག་རྒྱ་ཆེན་པོ་མཆོག་གི་དངོས་གྲུབ་བརྙེས་པར་མཛད་པ་དང་། ཕྱིས་རྒྱལ་བ་ལོ་རས་པ་སོགས་སྐད་འབྲུག་གི་བསྟན་པ་དར་སའི་གནས་ཁྱད་པར་ཅན་ཡིན་ཚུལ་གསུང་ཡོད།

གསུམ་པ་གནས་ཆེན་ཙ་རི་ཏྲའི་ངོ་མཚར་སྣང་བ་པད་དཀར་ལེགས་བཤད་ཅེས་བྱ་བ་སྟེ། འདི་ཉིད་སྐུ་གསུང་ཐུགས་ཀྱི་ཞིང་ཡིན་ཚུལ། རྒྱུད་སྡེ་ནས་གསུངས་པ། དེའི་ངོ་མཚར་གྱི་བཀོད་པ། གནས་སྒོ་ཕྱེ་ཚུལ། བསྐོར་བས་སངས་རྒྱས་ཀྱི་ལམ་རིམ་པར་བགྲོད་པའི་བཛར་མཐོང་བ་བཅས་དོན་ཚན་ལྔས་བསྟན་པའི་ལེགས་བཤད་ངོ་མཚར་བ་བཞུགས།

བཞི་པ་འགྲོ་མགོན་གླིང་རས་པས་མཛད་པའི་བསྟན་པ་བྱུང་ཚུལ་གྱི་སྒྲོན་མེ་ཞེས་པ་སྟེ། འདི་ལས་སྟོན་པས་ཐུགས་བསྐྱེད་ཚུལ་དང་། སངས་རྒྱས་ཚུལ། ཆོས་འཁོར་བསྐོར་ཚུལ། བསྟན་པའི་གནས་ཚད་བཅས་མདོར་བསྡུས་པའི་ཚུལ་གྱིས་གསུངས་ཡོད།

ལྔ་པ་ཀུན་དགའ་དཔལ་འབྱོར་གྱི་གསུང་དཀར་བརྒྱུད་ཆོས་འབྱུང་ཞེས་པ་སྟེ། འདི་ལས་གྲུབ་ཆེན་ཏཻ་ལོ་པ་དང་ནཱ་རོ་པ་ནས་བཟུང་སློབ་བརྒྱུད་རིམ་བྱོན་དང་། བོད་ཀྱི་མར་མི་དྭགས་གསུམ་ནས་འབྲུག་པ་གཙོས་པའི་བཀའ་བརྒྱུད་བླ་མ་རིམ་བྱོན་གྱི་རྣམ་ཐར་བསྡུས་ཙམ་བཞུགས་པ་སྟེ། མཇུག་ཏུ། དེ་ལྟར་དཀར་བརྒྱུད་ཀྱི་རྣམ་ཐར་རྒྱས་བསྡུས་དུ་མ་ལས། ཁོལ་དུ་བྱུང་བའི་ཉེ་བར་མཁོ་བ་ཙམ་ཞིག་བརྗོད་པ་འདི་ནི། དོན་གཉེར་འགའ་ཞིག་གིས་བསྐུལ་བའི་ངོར། བཙུན་པ་ཀུན་དགའ་དཔལ་འབྱོར་གྱིས་དཔལ་འབྲུག་གི་ཡང་དགོན་དུ་སྦྱར་བའོ། །ཞེས་གསུངས་པ་ལྟར་རོ། །

བཞི་པ་འབྲེལ་ཡོད་མི་སྣར་བཀའ་དྲིན་ཞུ་བ་དང་འབྲེལ་མཇུག་བསྡུ་བ།

དེ་ལྟར་མཁས་དང་གྲུབ་པའི་དབང་པོ་དཔལ་དོན་བརྒྱུད་འབྲུག་པ་པདྨ་དཀར་པོ་ཞེས་ཡོངས་སུ་གྲགས་པ་གང་དེའི་ཞལ་སྔ་ནས་མཛད་པའི་ཆོས་འབྱུང་བསྟན་པའི་པདྨོ་རྒྱས་པའི་ཉིན་བྱེད་ཀྱི་གཙོས་པའི་གལ་ཆེ་བའི་ཡིག་ཆ་ཁག་དྲུག་ཙམ་གཅེས་བཏུས་ཀྱི་རྣམ་པས་འདི་ར་བཀོད་པ་ནི། སྤྱིར་ཤེས་བྱ་རིག་པའི་གནས་ལ་སྦྱང་བ་གནད་སློན་བྱེད་འདོད་པ་དང་། ཁྱད་པར་ནང་པའི་བསྟན་པ་རིན་པོ་ཆེ་ཇི་ལྟར་བྱོན་ཚུལ་དང་། དགོས་སུ་སྒྲུབ་བརྒྱུད་བསྟན་པའི་བཀའ་བབ་འགྲོ་མགོན་བཀའ་བརྒྱུད་པའི་བསྟན་པ་རིན་པོ་ཆེ་ཇི་ལྟར་དར་ཚུལ། བསྟན་འཛིན་གྱི་སྐྱེས་བུ་ཇི་ལྟར་བྱོན་ཚུལ་བཅས་ལ་ཉམས་བཞེས་དང་། ཞིབ་འཇུག་གནང་འདོད་མཁན་ཞིག་ཡིན་ནས་བཟུང་ཡིད་བཞིན་གྱི་ནོར་བུ་འབུམ་གྱིས་མཆོན་མི་ནུས་པའི་ལེགས་སྐྱེས་ཕུན་སུམ་ཚོགས་པ་ཞིག་ཏུ་ངོས་འཛིན་གནང་ཚོག་པས། སྐལ་ལྡན་རྣམས་ཀྱིས་སྙིང་གི་ནྲངས་ཁྲག་ལྟར་གཅེས་པར་འོས་པའི་བརྒྱ་གོ་གཅིག་ཆོད་ཅིག་ཡིན་ཕྱིར། དཔལ་ལྡན་འབྲུག་པའི་བསྟན་པ་ལ་མཛད་རྗེས་བླ་ན་མཐོ་ཞིང་མཁས་བཙུན་བཟང་པོའི་དཔལ་མངའ་བ་རྒྱ་གོང་མཁན་པོ་ལྷ་དབང་རྡོ་རྗེས་མཁོ་སྦྱོར་གནང་བའི་འབྲུག་པའི་ཆོས་མཛོད་ཆེན་མོ་ལ་གཞི་བྱས། ལ་དྭགས་སྤར་མ་སོགས་མ་ཡིག་ཁུངས་ཐུབ་མང་པོར་དཔེ་བསྡུར་ཞུས་ཏེ། ངེད་སི་ཁྲོན་བོད་ཡིག་དཔེ་སྙིང་བསྡུ་སྒྲིག་ཁང་གི་ལས་མི་རྣམ་པས་འབད་བརྩོན་ལྷོད་མེད་ཀྱིས་དག་བསྒྲིགས་ལེགས་པར་གྲུབ་པ་དང་། ངཚོའི་དཔེ་ཚོགས་ཁག་ཆེན་པོ་ཉེར་ལྔའི་ཡ་གྲལ་མེས་པོའི་ཕྱག་རྗེས་ཀྱི་གྲས་སུ་བཙུག་སྟེ། བོད་ལྗོངས་མི་དམངས་དཔེ་སྐྲུན་ཁང་ནས་སྤར་དུ་བསྐྲུན་པ་ལ་རྒྱན་པ་སངས་དབང་ཆེན་ལགས་གཙོས་པའི་འབྲེལ་ཡོད་རྣམ་པས་རྒྱབ་སྐྱོར་བླ་མེད་གནང་བར་ཐུགས་རྗེ་ཆེ་དང་བཀའ་དྲིན་ཆེ་གྲངས་མེད་ཞུ།

མཇུག་ཏུ་ཁྱེད་རྣམ་པའི་སྐུ་བསོད་རླུང་རྟ་དར་ཞིང་གསུང་རབ་རིན་པོ་ཆེའི་འགྲོ་དོན་ཕྱོགས་མཐར་རྒྱས་པ་དང་། དོན་གཉེར་ཅན་རྣམས་ཀྱི་འདི་ཕྱིའི་ཕན་བདེ་འགྲུབ་པའི་རྒྱུ་རུ་འགྱུར་བར་སྨོན་ནོ། །

སི་ཁྲོན་བོད་ཡིག་དཔེ་སྙིང་བསྡུ་སྒྲིག་ཁང་ནས།

༢༠༡༢ལོའི་ཟླ་༩ཚེས་༢༢ཉིན།

དཀར་ཆག

༄༅། །ཆོས་འབྱུང་བསྟན་པའི་པདྨོ་རྒྱས་པའི་ཉིན་བྱེད་ཅེས་བྱ་བ་བཞུགས་སོ། །

བཅོམ་ལྡན་འདས་འཇམ་པའི་དབྱངས་ལ་ཕྱག་འཚལ་ལོ། །ཚོགས་གཉིས་གསེར་གྱི་ཁམས་ལས་རང་བྱུང་རྫོགས་པའི་སངས་རྒྱས་ལྷེ་བ་ནས། །དམ་ཆོས་རྩེ་བས་སྟོང་ཀུན་ཏུ་བཀྲེ་ལ་ཚོགས་མཆོག་སྨུ་ཕྲུད་བཟང་འཕྲིལ་བ། །གྲགས་པའི་གཟི་རྒྱས་མཁའ་ལ་བསྒྲོར་ཏེ་ས་གསུམ་འགྲོ་བ་མ་ལུས་པ། །ཕྱོགས་ལས་རྣམ་རྒྱལ་ཆེན་པོར་འགོད་བྱེད་དཔལ་ལྡན་དེ་ལ་ཕྱག་འཚལ་ལོ། །གང་ཞིག་དགེ་ལེགས་ཐམས་ཅད་ནི། །རྟག་ཏུ་སྤྲིན་བཞིན་འཕེལ་འགྱུར་བའི། །ཐུབ་བསྟན་དཔག་བསམ་འཕྲི་ཤིང་གི །ངོ་མཚར་གླིང་ལ་སུ་མི་གུས། །རྣམ་ཀུན་འོད་ཀྱི་ཐ་གློང་འཕྲུག་པ་འགྱུར་མེད་པི་ཎྜ་མཐིང་གའི་ངོས། །རིག་པ་བྱེ་བའི་ནོར་བུའི་ཕྲ་ཚོམ་ལྗང་གི་པ་ཏྲར་སྤྲུར་བའི་ཕུལ། །དཔེར་བྱ་བརྗོད་དང་བསམ་པར་མི་ནུས་མངོན་སུམ་དམ་པར་བདུད་རྩིའི་གཏེར། །བསྟན་པ་སྨུ་ཐི་ལ་ཡི་མཆོད་སྡོང་མཐུ་ཆེན་དེ་ལ་འདི་མཆོད་སྤྲིན། །གཏན་ཚིགས་བཟང་པོས་བོངས་འོས་ཀྱང་། །དལ་བར་བྱོལ་བས་མདོར་བསྡུས་འདི། །རྒན་པོས་རབ་བཀྲམ་གཏམ་གཞིའི་རྫས། །ཟོང་དུ་བཏང་ཡང་ཕྲག་དོག་མིན། །དེས་ན་ཆོས་ཀྱི་རྒྱལ་པོའི་མདུན། །མོལ་མཆིད་ཕུན་ཚོགས་འབྱུང་བ་ལ། །ཡིད་གཞུངས་བསམ་མནོའི་ཕ་མཐའ་བའི། །དཔྱད་གསུམ་དག་པ་འདི་འོས་སོ། །

འདིར་བཤད་པར་བྱ་བ་ནི་སྟོན་པ་འཇིག་རྟེན་དུ་བྱོན་ཚུལ། དེས་བསྟན་པ་རིན་པོ་ཆེའི་སྒྲོམ་བཅས་ཚུལ། དེ་གཅིས་སྤྲས་སུ་མཛད་པའི་མཁན་པོ་ཧི་ལྟར་བྱོན་པ་ཆེ་ལོང་ཙམ་བརྗོད་པ་གསུམ་ལས། དང་པོ་ནི་ཞིང་གྲུབ་པའང་སངས་རྒྱས་ཀྱི་སྨོན་ལམ་དང་སེམས་ཅན་གྱི་ལས་རང་དུ་ཟད་པ་ལས། འདི་ནི་སངས་རྒྱས་ཀྱི་སྨོན་ལམ་གྱི་སྟོབས་ཏེ། སྟོན་བསྐལ་པ་ཆེན་པོ་འཛིན་པ་ཞེས་བྱ་བ་ནམ་མཁའི་ཕྱོགས་འདི་ཉིད་དུ་གླིང་བཞི་ལ་དབང་བྱེད་པའི་རྒྱལ་པོ་རྩེ་བས་ཀྱིས་སྨུ་ཕྲུད་ཅེས་བྱ་བ་བུ

སྟོང་། རྒྱལ་ཕྲན་བརྒྱད་ཁྲི་བཞི་སྟོང་། མདུན་ན་འདོན་བྲམ་ཟེ་རྒྱ་མཚོའི་རྡུལ་ཞེས་བྱ་བ་ཡོད་པ་ཞིག་བྱུང་། མདུན་ན་འདོན་དེ་ལ་སྲས་བརྒྱད་ཅུ། སློབ་མ་བྲམ་ཟེ་སྟོང་ཞིག་ཡོད་པའི་སྲས་ཆེ་བ་བྲམ་ཟེ་རྒྱ་མཚོའི་སྙིང་པོ་མངོན་པར་རྫོགས་པར་སངས་རྒྱས་ཏེ་དེ་བཞིན་གཤེགས་པ་རིན་ཆེན་སྙིང་པོ་ཞེས་གྲགས་པར་གྱུར་ཏོ། །དེ་བཞིན་གཤེགས་པ་དེས་རྫུ་འཕྲུལ་གྱི་ཆོ་འཕྲུལ་གྱིས་སངས་རྒྱས་ཀྱི་ཞིང་རྒྱ་མཚོ་སྤྲུལ་པ་ལ་རྒྱལ་པོ་འཁོར་དང་བཅས་པ་རང་རང་འཚང་རྒྱ་བའི་ཞིང་ལོ་བདུན་དུ་གདམ་བཅུག་པ་ལས། ཡབ་བྲམ་ཟེ་དང་སློབ་མ་དགུ་བརྒྱ་གོ་དགུས་གདམས་པ་འདི་ཡིན་ལ། དེའི་ནང་ནས་ཡབ་བྲམ་ཟེས་དེ་དག་གིས་སྤྱངས་པའི་སྙིགས་མ་ལྔ་བདོ་བ་འདི་བདམས་པས། རྒྱལ་བ་ཐམས་ཅད་ལས་ཉམ་ང་བ་རྣམས་ལ་བརྩེ་བ་འདི་ལྷག་པར་གྱུར་ཏོ། །དེའི་ཕྱིར་བསྐལ་པ་འདི་ལ་དེ་དག་འཚང་རྒྱ་བས་སངས་རྒྱས་སྟོང་འབྱུང་བ་ཡིན་ནོ། །ཡང་བསྐལ་པ་མཛེས་པར་སྣང་བ་ལ་སངས་རྒྱས་ཡོན་ཏན་མཐའ་ཡས་རིན་ཆེན་སྣ་ཚོགས་བཀོད་པའི་རྒྱལ་པོ་ཞེས་བྱ་བ་བྱུང་ཞིང་། འཁོར་ལོས་སྒྱུར་བའི་རྒྱལ་པོ་ཡུལ་འཁོར་སྲུང་། བཙུན་མོ་བདུན་འབུམ། སྲས་སྟོང་ཚང་བ། བཙུན་མོ་མ་སླད་མ་དང་དཔེ་མེད་མའི་ཕང་དུ་ཁྲི་འུ་ཆོས་སེམས་དང་། ཆོས་ཀྱི་བློ་གྲོས་ཞེས་བྱ་བ་གཉིས་བརྫུས་ཏེ་འཁྲུངས་ལ། རྒྱལ་པོ་དེས་ལོ་བྱེ་བ་ཚང་བར་སངས་རྒྱས་འཁོར་དང་བཅས་པ་ཡོ་བྱད་ཐམས་ཅད་ཀྱིས་བསྙེན་བཀུར་ནས། ཡབ་ཀྱིས་གཞོན་ནུ་འདི་ཐམས་ཅད་བྱང་ཆུབ་ཏུ་ཞུགས་པ་ཤ་སྟག་ཡིན་ན་འདི་དག་ལས་ཐོག་མར་གང་འཚང་རྒྱ་བརྟག་པར་བྱའོ་སྙམ། དེ་ཐམས་ཅད་ཀྱི་མིང་བྲིས་ནས་རིན་པོ་ཆེ་སྣ་ཚོགས་ཀྱི་བུམ་པར་བཅུག་མཆོད་པ་བྱས་ཏེ་ཐམས་ཅད་ཀྱི་མདུན་དུ་མིང་རིམ་གྱིས་ཕྱུང་བ་ན། ཐོག་མར་གཞོན་ནུ་རྣམ་པར་དག་པའི་བློ་གྲོས་ཀྱི་མིང་བྱུང་བས་ས་གཡོས་སྒྲ་བསྒྲགས་ཏེ་འཁོར་བ་འཇིག་ཏུ་ལུང་བསྟན་ཏོ། །

གཉིས་པ་རྣམ་པར་རྒྱལ་བ་གསེར་ཐུབ། དབང་པོ་ཞི་བ་འོད་སྲུང་། དོན་ཐམས་ཅད་གྲུབ་པ་བདག་ཅག་གི་སྟོན་པ། སྣ་རགས་ཅན་བྱམས་པ་ཞེས་པ་ནས། བློ་མཐའ་ཡས་གྲགས་མོས་པར་གྱུར་པའི་བར་དུ་ཤེས་པར་བྱའོ། །ཁྲི་འུ་ཆོས་སེམས་ནི་དེ་ཐམས་ཅད་ཀྱི་གསང་བའི་བདག་པོ་ལག་ན་རྡོ་རྗེ། ཆོས་ཀྱི་བློ་གྲོས་ནི་དེ་ཐམས་ཅད་ཀྱི་ཆོས་ཀྱི་འཁོར་ལོ་བསྐོར་བར་བསྐུལ་བ་པོ་ཚངས་པ་ཆེན་པོ་གཙུག་ཕུད་ཅན། ཡབ་དེ་ནི་མར་མེ་མཛད་ཅེས་འབྱུང་ངོ་། །བསྐལ་པ་འདི་མཆོར་ཆགས་པའི་དུས་མཚོ་དེ་ལ་གསེར་གྱི་པདྨོ་སྟོང་བྱུང་བས་ལྷ་རྣམས་ཀྱིས་འདི་ལ་སངས་རྒྱས་སྟོང་འབྱུང་བར་ཤེས་ནས་བསྐལ་པ་བཟང་པོ་ཞེས་བཏགས་ཤིང་མི་མཇེད་འཇིག་རྟེན་གྱི་ཁམས་ཞེས་ཀྱང་བྱའོ། །དེའི་གནས་བསྐལ་གྱི་དང་པོ་ཡ་ཐོག་རིང་མོ་འདི་ཁའི་ཚེ་ལོ་བཞི་ཁྲི་བབས་པ་ན་འཁོར་བ་འཇིག །སྲུམ་ཁྲི་ལ

གསེར་ཐུབ། ཉི་ཁྲི་པ་ལ་འོད་སྲུང་། བརྒྱ་པ་ལ་ཤཱཀྱ་ཐུབ་པ། བྱམས་པ་བར་གྱི་ཁྲུག་པ་དང་པོའི་མར་འགྲིབ་ཀྱི་བརྒྱད་ཁྲི་ལ་འབྱུང་བས་དེ་བཞིན་གཞན་དག་ཀྱང་ངོ་། །མཛོད་ལས། མར་ནི་འགྲིབ་པ་ཡི། བརྒྱ་ཡི་བར་ལ་དེ་དག་འབྱུང་། །ཞེས་སོ། །ཚེ་ལོ་བརྒྱ་པ་ལ་བྱོན་པའི་སྟོན་པས་དང་པོར་ཐུགས་བསྐྱེད། བར་དུ་གྲངས་མེད་གསུམ་གྱི་ཚོགས་བསགས། མཐར་མངོན་པར་རྫོགས་པར་སངས་རྒྱས་པའི་ཚུལ་ལ་གདུལ་བར་བྱ་བ་མཆོག་དམན་བར་མའི་སྣང་བས་ཚུལ་དུ་མར་གྱུར་ཀྱང་། སྤྱི་འགྲོ་དམན་པ་ཉན་ཐོས་ལ་སོགས་པ་དང་མཐུན་པར་གླེང་ངོ་། །དེ་ལ་སྟོན་པ་འདི་སྟོན་ཐེག་པ་ཆེན་པོའི་རིགས་ལ་གནས་པའི་དུས་ན། ལས་ཀྱི་ནུས་པས་དམྱལ་བའི་ལྕགས་བསྲེགས་ཀྱི་ས་གཞི་ལ་ཤིང་རྟ་འདྲེན་པའི་གྲུད་གཅིག་ཏུ་སྐྱེས་སོ། །དེའི་ཚེ་ཟླ་བོ་སྟོབས་ཆུང་བ་ལ་སྲུང་མ་ཨ་ཝ་ཕྱང་གིས་ཡང་ཡང་བསྣུན་པས་ཤིན་ཏུ་སྙིང་བརྗེ་བ་སྐྱེས་ཏེ་འདི་ལ་མ་སྣུན་ཅིག །འདིའི་སྐལ་བ་ཡང་བདག་གིས་དྲང་བར་བྱའོ་ཞེས་སྨྲས་པས། དེ་རབ་ཏུ་ཁྲོས་ཏེ་དེ་ཉིད་ལ་བསྣུན་པས་ཚེ་འཕོས་ཏེ་ལྷར་སྐྱེས། རྒྱལ་པོ་རབ་གསལ་དུ་འཁྲུངས་པའི་དུས་གླང་པོ་ཆེ་འདུལ་སྐྱོང་མཁན་ལས་སངས་རྒྱས་ཀྱི་མཚན་ཐོས་པས་བྱང་ཆུབ་ཀྱི་ཐུགས་བསྐྱེད། དེ་ནས་ཤཱཀྱ་ཐུབ་པ་ཆེན་པོའི་སྤྱན་སྔར་ཐུགས་བསྐྱེད་པ་ནས་གྲངས་མེད་དང་པོའི་འགོ་བརྩམས་ཏེ་དེ་བཞིན་གཤེགས་པ་རིན་ཆེན་གཙུག་ཏོར་ཅན་མཆོད་པའི་བར་གྱིས་གྲངས་མེད་དང་པོ་རྫོགས། དེ་ནས་ས་དང་པོ་ཐོབ། དེ་ནས་གཉིས་པས་ས་བདུན་པ་ཐོབ། དེ་ནས་བྲམ་ཟེའི་ཁྱེའུ་སྤྲིན་ཞེས་བྱ་བར་གྱུར་ནས་བྲམ་ཟེ་རིན་པོ་ཆེ་ལས་རིག་བྱེད་བསླབས་ནས་ཡོན་འབུལ་བའི་ཕྱིར་ཡུལ་དབུས་ཀྱི་གྲོང་ཁྱེར་དག་ཏུ་སོང་བ་རྒྱལ་པོ་དགྲ་ཐུལ་གྱི་ཕོ་བྲང་པད་མོ་ཅན་ཞེས་བྱ་བའི་ཚོང་འདུས་ཀྱི་དབུས་སུ་ཕྱིན་ནོ། །དེའི་ཚེ་བྲམ་ཟེ་མར་མེའི་བདག་པོའི་སྲས་དེ་བཞིན་གཤེགས་པ་མར་མེ་མཛད་འཇིག་རྟེན་དུ་བྱོན་ཏེ། ནམ་མཁའ་ལ་ལྷ་རྣམས་མེ་ཏོག་དང་རོལ་མོ་སིལ་སྙན་གླུ་དབྱངས་དང་བཅས་ཏེ་བཞུགས་པ་མཐོང་སྟེ། ཁྱེད་ཅི་བྱེད་དྲིས་པས། ཁྱོད་ཀྱིས་མི་ཤེས་སམ། འདི་ན་སངས་རྒྱས་མར་མེ་མཛད་བཞུགས་སོ་ཞེས་ཟེར་རོ། །དེ་སྐྱི་བུང་ཞིག་བྱེད་ཅིང་། ཀྱེ་མ་སངས་རྒྱས་བྱུང་བ་ནི་རྙེད་པར་དཀའ་བས་བདག་གིས་སློབ་དཔོན་གྱི་ཡོན་ཕྱིས་གསབ་པར་བྱ་སྟེ། ཀར་ཥ་པ་ཎ་ལྔ་བརྒྱ་པོ་འདིས་སངས་རྒྱས་མཆོད་པར་བྱའོ་སྙམ་དུ་བསམས་ནས་བྲམ་ཟེའི་བུ་མོ་བཟང་ལེན་ལྷན་ལ་ཧྲན་པ། སྐྱེ་བ་ཐམས་ཅད་དུ་ཁྱིམ་ཐབ་བྱེད་པར་ཁས་བླངས་ཏེ་ཨུཏྤལ་ལྔ་ཉོས་ནས་དེ་སངས་རྒྱས་ལ་གཏོར་ཏེ། ཀྲིཥྞ་ས་རའི་པགས་པ་བཏིང་ནས་མར་མེ་མཛད་དེ་བཞིན་གཤེགས་པ་ཀུན་ནས་སྤྱན་བདག་གི་ལྷག་པའི་བསམ་པ་ཐུགས་སུ་ཆུད་པར་མཛོད་ལ། རི་དྭགས་ཀྱི་པགས་པ་འདི་ལ་ཞབས་

འཇོག་པར་མཛོད་ཅིག་ཅེས་མཉེས་པར་བྱས་ཏེ། རལ་པ་གསེར་གྱི་མདོག་ཅན་སྟན་དུ་བཏིང་ནས
མར་མེ་མཛད་ཀུན་ནས་སྤྱན་འདི་ལ་ཞབས་མི་འཇོག་གམ་ལུས་མི་སྟོན་ན་འདི་ཉིད་དུ་ལུས་བསྐམ
པར་བྱའོ་ཞེས་ཡི་དམ་བརྟན་པོར་བཅས་པ་དང་། སྟོན་པས་ཞབས་བཞག་སྟེ་དགེ་སློང་དག་ཁྱེད
ཀྱིས་ཁྱེའུ་འདིའི་སྐྲ་ལ་རྗོག་པ་མ་འཇོག་ཅིག །དེ་ཅིའི་ཕྱིར་ཞེ་ན། འདི་ནི་ལྷ་དང་བཅས་པའི་མཆོད
གནས་ཡིན་ཏེ་མ་འོངས་པའི་དུས་སུ་ཤཱཀྱ་ཐུབ་པ་ཞེས་བྱ་བར་འགྱུར་རོ། །ཞེས་ལུང་བསྟན་པས
དགའ་ཆེས་ཏེ་ཏ་ལ་བདུན་སྲིད་གཅིག་འཕགས་ནས་ཏིང་ངེ་འཛིན་བརྒྱ་སྟོང་ཡང་མངོན་དུ་བྱས་སོ། །
དེས་ས་བརྒྱད་པ་ཐོབ་སྟེ། སངས་རྒྱས་མར་མེ་མཛད་ལ་ཨུཏྤལ་ལྔས། །གཏོར་ནས་རལ་པ་སྟན་དུ
བཏིང་བྱས་པས། །མི་སྐྱེའི་ཆོས་ལ་བཟོད་པ་ཐོབ་གྱུར་ནས། །ཤཱཀྱའི་རྒྱལ་པོར་འགྱུར་ཅེས་ང་ལུང
བསྟན། །ཞེས་གསུངས་སོ། །དེ་ནས་རྣམ་པར་གཟིགས་མཆོད་པའི་བར་གྱིས་གྲངས་མེད་གསུམ
རྫོགས་ཏེ་ས་བཅུ་རྫོགས་པ་ཡིན་ཏེ། རྣམ་གཟིགས་མར་མེ་རིན་ཆེན་གཙུག །གྲངས་མེད་གསུམ་གྱི
ཐ་མར་བྱུང་། །དང་པོ་ཤཱཀྱ་ཐུབ་པ་ཡིན། །ཞེས་སོ། །ཉན་ཐོས་དག་དེ་ཐམས་ཅད་ཚོགས་ལམ་དུ
འདའ་བར་འདོད་དེ། སྟོན་དང་བསེ་རུ་བྱང་ཆུབ་པར། །བསམ་གཏན་མཐའ་རྟེན་གཅིག་ལ་ཀུན། །
ཞེས་སྟོན་པ་དང་རང་སངས་རྒྱས་སྦྱོར་ལམ་དྲོད་ཐོབ་པའི་རྟེན་ལས་སྐད་ཅིག་མ་སུམ་ཅུ་རྩ་བཞིས
བྱང་ཆུབ་ཐོབ་པར་འདོད་པས་སོ། །གྲངས་མེད་འཛིན་པའི་ས་མཚམས་ཀྱང་ཐེག་བསྡུས་ལས།
བཟང་དང་སྨོན་པའི་སྟོབས་ཅན་དང་། །སེམས་བརྟན་ཁྱད་པར་འགྲོ་བ་ཡིས། །བྱང་ཆུབ་སེམས
དཔའ་གྲངས་མེད་གསུམ། །ཀུན་ཏུ་རྫོགས་པར་མཛད་པ་ཡིན། །ཞེས་དང་། དཀོན་མཆོག་སྤྲིན་ལས།
ནམ་བྱང་ཆུབ་སེམས་དཔའ་ཆོས་མཉམ་པ་ཉིད་དུ་ཞུགས་པར་གྱུར་པ་དེའི་ཚེ་དེ་ནས་བརྩམས་ཏེ
བསྐལ་པ་བགྲང་བར་བྱའི། ཐོག་མའི་སེམས་བསྐྱེད་པ་ན་བརྩམས་ཏེ་དེ་ནི་མ་ཡིན་ནོ། །ཞེས
གསུངས་སོ། །བཟང་བ་དགེ་བའི་རྩ་བ་སྟོབས་ཅན་དང་། སྨོན་ལམ་གྱི་སྟོབས་ཅན་དང་། སེམས
བརྟན་ཏེ་བར་མ་དོར་མི་ལྡོག་པ་དང་། ཁྱད་པར་དུ་འགྲོ་བ་སྟེ་ཡོན་ཏན་ཅུང་ཟད་ཀྱིས་ཆོག་པར་མི
འཛིན་པ་ནམ་བྱུང་ནས་སངས་རྒྱ་བའི་བར་ལ་གྲངས་མེད་གསུམ་བརྩམ་མོ། །བསག་པར་བྱ་བའི
ཚོགས་ཀྱང་བསོད་ནམས་དང་ཡེ་ཤེས་ཀྱི་ཚོགས་ཏེ་ཕ་རོལ་ཏུ་ཕྱིན་པ་དྲུག་ཏུ་ཕྱེ་བའོ། །འོ་སྐོལ་གྱི
སྟོན་པ་སངས་རྒྱ་བ་མྱུར་བ་ཡིན་ལ་གཞན་གྲངས་མེད་སུམ་ཅུ་རྩ་གཉིས་དང་། སྨོན་ལམ་ཅི་ཙམ
རྫོགས་པའི་བར་འབྱམས་ཀླས་པ་སྟེ་འཛམ་པའི་དབྱངས་དང་ཀུན་ཏུ་བཟང་པོ་བཞིན་ནོ། །ཐ་མ
སངས་རྒྱས་པའི་ཚུལ་ནི་རྒྱུད་བླ་མར། སྐྱེ་བ་མངོན་པར་སྐྱེ་བ་དང་། །དགའ་ལྡན་གནས་ནས་འཕོ་བ

དང་། །ལྷུམས་སུ་འཇུག་དང་བལྟམས་པ་དང་། །བཟོ་ཡི་གནས་ལ་མཁས་པ་དང་། །བཙུན་མོའི་འཁོར་གྱིས་རོལ་བ་དང་། །ངེས་འབྱུང་དཀའ་བ་སྤྱོད་པ་དང་། །བྱང་ཆུབ་སྙིང་པོར་གཤེགས་པ་དང་། །བདུད་སྡེ་བཅོམ་དང་རྫོགས་པར་ནི། །བྱང་ཆུབ་ཆོས་ཀྱི་འཁོར་ལོ་བསྐོར། །མྱ་ངན་འདའ་བར་གཤེགས་མཛད་རྣམས། །ཞེས་པའི་མཛད་པ་དང་པོ་ནི་འོད་སྲུང་དགའ་ལྡན་ནས་འཕོ་བའི་དུས་རྒྱལ་ཚབ་ཏུ་དབང་བསྐུར་བ་དམ་པ་ཏོག་དཀར་པོ་ལྷ་རྣམས་ལ་ཆོས་སྟོན་པའི་མཐར། དེ་ལ་ཉིད་ཀྱི་བསོད་ནམས་ཀྱི་མཐུ་དང་སངས་རྒྱས་ཀྱི་བྱིན་རླབས་ཀྱིས་ལྷའི་རོལ་མོ་དག་ལས། བསོད་ནམས་རྒྱ་ཆེན་ཚོགས་མངའ་དྲན་རྟོགས་ཤིང་། །བློ་གྲོས་མཐའ་ཡས་ཤེས་རབ་འོད་མཛད་པ། །མཚུངས་མེད་སྟོབས་མངའ་སྒྲུ་རྩལ་རྒྱ་ཆེ་བ། །མར་མེ་མཛད་ཀྱི་ལུང་བསྟན་དགོངས་པར་མཛོད། །ཅེས་པ་ལ་སོགས་པས་བསྐུལ་བས་རིན་པོ་ཆེའི་ཅོད་པན་མ་ཕམ་པའི་དབུ་ལ་བཅིངས་ནས། གྲོགས་པོ་དག་ཁོ་བོ་ནི་འཛམ་བུའི་གླིང་དུ་འཚང་རྒྱར་འགྲོ་སྟེ། ཁྱེད་ལ་མ་ཕམ་པས་ཆོས་སྟོན་པར་འགྱུར་རོ། །ཞེས་རྒྱལ་ཚབ་ཏུ་བཀོད། ལྷའི་འཁོར་རྣམས་ཀྱིས་འཛམ་བུའི་གླིང་དེང་སང་རྟོག་གེ་བ་དྲུག་གསུམ་བཅོ་བརྒྱད་ཀྱིས་མ་རུངས་པར་བགྱིས་པས་གཤེགས་པའི་སྐབས་མ་ལགས་སོ་ཞེས་གསོལ་བ་ལ། ཉི་མའི་འོད་ཀྱིས་འོད་གཞན་ལྟར་ཟིལ་གྱིས་གནོན་པར་ནུས་སོ་ཞེས་གསུངས་ནས། བྲམ་ཟེའི་རིག་བྱེད་ནས་བྱུང་བ་ལྟར་གླང་པོ་ཆེན་པོའི་རྣམ་པར་བབས་ནས། དགུན་འདས་ནས་དཔྱིད་ཟླ་ཐ་ཆུང་སྐར་མ་ས་ག་ལ་བབ་པའི་ཚེས་བཅོ་ལྔ་ཟླ་བ་ཉ་སྐར་མ་རྒྱལ་གྱི་དུས་སུ་ཡུམ་གསོ་སྦྱོང་ལ་གནས་པའི་གློ་གཡས་པ་ནས་ཡུམ་གྱི་ལྷུམས་སུ་ཞུགས་པ་སྟེ། ཇི་སྐད་དུ། གསེར་གྱི་དྲ་བས་ལེགས་གཡོགས་སྤྱི་གཙུག་དམར། །ཐལ་ཀར་མཆེ་བ་དྲུག་དང་རབ་ལྡན་ཞིང་། །དུང་དང་ཁ་བ་དཀྱིལ་མདོག་ལྟ་བུ་ཡི། །གླང་པོའི་མཆོག་ཅིག་ཁོང་དུ་སོང་སྙམ་བྱེད། །དེ་ཞུགས་ནས་ནི་བདག་གི་ལུས་དང་སེམས། །སྔོན་ཆད་མཐོང་ཐོས་མྱོང་བར་མ་གྱུར་པའི། །གྱ་ནོམ་བདེ་བས་ཤིན་ཏུ་བདེ་གྱུར་ཏེ། །བསམ་གཏན་མཉམ་པར་བཞག་པ་བཞིན་དུ་གྱུར། །ཅེས་སོ། །དེ་ནས་ལྷུམས་དེར་རྒྱལ་སྲས་རྣམས་ཀྱིས་ཉེ་བར་སྤྱོད་པ་རིན་པོ་ཆེའི་བཀོད་པ་ཞེས་བྱ་བའི་གཞལ་མེད་ཁང་རང་བྱུང་བར་ཟླ་བ་བཅུ་གཉིས་ལྷ་དང་མི་ཁྲག་ཁྲིག་ཕྲག་སུམ་ཅུ་རྩ་དྲུག་སྨིན་པར་མཛད་དོ། །དེ་ནས་འདུལ་བ་གཞུང་དམ་པ་ལས། བཅོམ་ལྡན་འདས་ལ་ཁྱིམ་བདག་མགོན་མེད་ཟས་སྦྱིན་གྱིས། བཅོམ་ལྡན་འདས་ཟླ་བ་གང་ལ་བཙས་ཞེས་ཞུས་པ་དང་། བཅོམ་ལྡན་འདས་ཀྱིས་ཁྱིམ་བདག །དཔྱིད་ཟླ་ཐ་ཆུང་ལ་བཙས་སོ། །ཞེས་གསུངས་པས་ས་གའི་ཉ་ལ་ལུམྦི་ནིའི་ཚལ་དུ་ཡུམ་གྱི་རྩིབ་ལོགས་གཡས་ནས་ཡུམ་ལ་གནོད་པ་མེད་པར་

བཙས་ཏེ། ཚངས་པ་དང་བརྒྱ་བྱིན་གྱིས་ཀཱ་ཤི་ཀའི་རས་ཀྱིས་བླངས། ཀླུས་ཁྲུས་གསོལ་བ་དང་། ཕྱོགས་རྣམས་སུ་གོམ་པ་བདུན་བདུན་བོར་ནས་སེངྒེའི་སྒྲ་བསྒྲགས་སོ། །དེའི་ཚེ་བཀྲ་ཤིས་པའི་དགེ་ལྟས་སུམ་ཅུ་རྩ་གཉིས་བྱུང་སྟེ། ཕྱོགས་ཐམས་ཅད་གསེར་འོད་ཀྱི་སྣང་བས་གཏམས་པ་དང་། ཡུལ་ཆེན་པོ་བཞིར་རྒྱལ་ཕྲན་བཞི་བཙས་པ་དང་། ཡ་རབས་ཀྱི་མི་ལྔ་བརྒྱ། གྲགས་འཛིན་མ་སོགས་བུ་མོ་བརྒྱད་བརྒྱ། འདུན་པ་སོགས་བྲན་ལྔ་བརྒྱ། བསྟགས་ལྡན་སོགས་རྟེའུ་ཁྲི། རྟེའུ་མོ་ཁྲི། བ་གླང་ཁྲི། གླིང་གི་དབུས་སུ་བྱང་ཆུབ་ཀྱི་ཤིང་། སྐྱེད་ཚལ་ལྔ་བརྒྱ་དང་། གཏེར་ལྔ་བརྒྱའང་བྱུང་བས་རྒྱལ་པོའི་དོན་ཐམས་ཅད་གྲུབ་པས་སྲས་ཀྱི་མཚན་དོན་ཐམས་ཅད་གྲུབ་པ་ཞེས་བྱ་བར་བཏགས་སོ། །ལྟས་མཁན་རྣམས་ཀྱིས་ཁྱིམ་ན་གནས་ན་མཐའ་བཞི་ལས་རྣམ་པར་རྒྱལ་བའི་འཁོར་ལོས་བསྒྱུར་བ་དང་། ཁྱིམ་ནས་ཁྱིམ་མེད་པར་རབ་ཏུ་བྱུང་ན་སངས་རྒྱས་སུ་འགྱུར་བར་ལུང་བསྟན་ཏོ། །

ཞག་བདུན་ན་ཡུམ་ཚེའི་དུས་བྱས། སྐྱེ་དགུའི་བདག་མོ་ལ་སོགས་པའི་མ་མ་སུམ་ཅུ་རྩ་གཉིས་ལ་གཏད་ནས་སྐྱེད་བསྲིངས་ཏེ། དེ་ནས་སེར་སྐྱའི་གཞིར་བྱོན་པ་ན་ཤཱཀྱ་གཟུ་ལུམ་ཅན་རྣམས་ཐུབ་པ་བཞིན་གནས་པས་ཤཱཀྱ་ཐུབ་པ་དང་། ཤཱཀྱ་རྣམས་ཀྱི་ལྷ་གནོད་སྦྱིན་ཤཱཀྱ་འཕེལ་ལ་སོགས་པས་ཕྱག་བྱས་པས་ལྷའི་ཡང་ལྷ་དང་། གླང་པོ་ཆེ་སྟོང་ཐུབ་ཅེས་པས་མཚན་བཞི་ཐོགས་སོ། །ཀུན་གྱི་བཤེས་གཉེན་དང་། སྲིད་སྒྲུབ་དང་། ཞང་པོ་ལྷར་བཅས་སོགས་ལས་ཡི་གེ་དང་། རྩིས་དང་། སྒྱུ་རྩལ་དང་། འཕོང་ལ་སོགས་པ་འཇིག་རྟེན་པས་བསླབ་པའི་གནས་སློབ་པའི་གྲྭར་བྱོན་ཐམས་ཅད་ལ་སློབ་དཔོན་བས་ལྷག་པར་བསྟན་ཏོ། །ཁབ་བཞེས་པར་ཞུས་པས་སྔར་མ་གནང་ཞིང་ནན་གྱིས་གསོལ་བས། ལྡན་ལྡིན་འདམ་གྱི་ཁྲོད་ནས་པདྨ་རྣམ་པར་རྒྱས། །མི་རྣམས་གང་བའི་ནང་ནས་རྒྱལ་པོ་མཆོད་པ་ཐོབ། །སྔོན་ཆད་རྒྱལ་བ་རྣམས་ཀྱང་བཙུན་མོའི་འཁོར་ནས་ནི། །མངོན་པར་བྱུང་ནས་ཞི་བ་ཐོབ་པ་ཡིན་སྙམ་དགོངས། །ཞལ་གྱིས་བཞེས་ཏེ་བཙུན་མོའི་ཕྱིར་དུ་ཤཱཀྱ་ལག་ན་བེ་ཅོན་ཅན་གྱི་བུ་མོ་གྲགས་འཛིན་མ་རྒྱལ་བའི་རྫ་མཆོག་དུ་བཞག་ནས་དཀྱུང་ལོ་བཅུ་བདུན་པ་ལ་བཟོའི་གནས་ལ་ཐམས་ཅད་ལས་རྣམ་པར་རྒྱལ་བར་བསྟན་ནས། སྲིད་མ། རིགས་སྐྱེས་ཏེ་བཙུན་མོའི་གཙོ་མོ་གསུམ་འཁོར་བུད་མེད་བཟང་མོ་དྲུག་ཁྲི་དང་བཅས་པ་བསུས། དཀྱུང་ལོ་ཉི་ཤུ་རྩ་དགུའི་བར་དུ་རྩེ་དགས་རོལ་ཏོ། །དེ་ལ་ཕྱོགས་བཅུའི་རྒྱལ་བ་ཀུན་གྱིས་བསྐུལ་བ་ཆོས་ཉིད་ཡིན་པས་རོལ་མོའི་སྒྲ་སྐད་ལས། འཆི་མེད་མྱ་ངན་མེད་པར་སངས་རྒྱས་ནས། །སྐྱོམ་པས་རབ་གདུངས་བདུད་རྩིས་ཚིམ་བྱ་ཞེས། །སྟོན་གྱི་སློན་ལམ་ཚིག་མཆོག་དྲན་བགྱིས་ལ། །གྲོང་ཁྱེར་འདི་ནས་མྱུར་དུ་མངོན་པར་འབྱུང་། །

ཞེས་སོགས་བསྐུལ་བ་གསན་ཞིང་། ཕྱོགས་བཞིར་རྒ་བ་དང་ན་བ་དང་འཆི་བ་དང་དགེ་སློང་གི་དངོས་པོ་གཟིགས་ནས་ཁྱིམ་ལ་སྐྱོ་བར་བསྟན། རབ་ཏུ་བྱུང་བའི་ཕྱིར་ཐབས་ཀྱིས་ཡབ་ལ་གནང་བ་ཞུས་ནས་ལྷ་རྣམས་ཀྱིས་གྲོགས་བགྱིས་ཏེ་བསྔགས་ལྡན་ལ་ཆིབས་ཏེ་སེར་སྐྱའི་ཡུལ་ནས་ཤར་ཕྱོགས་སུ་དཔག་ཚད་བཅུ་གཉིས་འདས་པ་སྤྱོང་བྱེད་ཀྱི་ཡུལ་ཆུ་ཀླུང་ཡིད་འོང་ལྡན་གྱི་འགྲམ་དུ་སླེབས། རྟ་དང་ན་བཟའ་འདུན་པ་དང་བཅས་བསློགས་ཤིང་། རྒ་འཆི་མེད་པའི་གནས་མཆོག་འཆི་མེད་པ། །འཆི་མེད་བྱང་ཆུབ་དམ་པ་མ་ཐོབ་པར། །ང་ནི་སེར་སྐྱའི་གྲོང་ཁྱེར་མངོན་ཕྱོགས་ཏེ། །འགྲེང་འདུག་ཉལ་དང་འཆག་པར་མི་བྱའོ། །ཞེས་གསུངས། ཉིད་ཀྱི་དབུ་སྐྲ་ཉིད་ཀྱིས་བཅད། དུར་སྨྲིག་བཞེས་ཏེ་རབ་བྱུང་གིས་བསྙེན་པར་རྫོགས་སོ། །རྟོག་གེ་བ་གདམ་ངག་ཆེ་བར་གྲགས་པ་སྒྲུ་རྩལ་ཤེས་ཀྱི་བུ་རིང་འཕུར་དང་། རངས་བྱེད་ཀྱི་བུ་ལྷག་སྤྱོད་ལས་ཅི་ཡང་མེད་དང་སྲིད་རྩེའི་སྙོམས་འཇུག་གི་ཏིང་ངེ་འཛིན་མངོན་སུམ་དུ་མཛད་དོ། །འདིས་ངེས་པར་མི་འབྱུང་ངོ་ཞེས་སུན་ཕྱུང་ནས། དེ་དག་གི་འཁོར་ལྔ་སྡེ་དང་འགྲོགས་ནས་ཆུ་ཀླུང་ནཻ་རཉྫ་ནའི་འགྲམ་དུ་ཕྱིན་ཏེ་ཟས་སྐོམ་བཅད་མཁའ་ཁྱབ་ཀྱི་ཏིང་ངེ་འཛིན་ལ་སྙོམས་པར་བཞུགས་ཏེ་དཀའ་བ་ལོ་དྲུག་སྤྱད་དོ། །སྐུའི་མདངས་ནག་པོ་དང་རིད་པར་གྱུར་པས་དགེ་སྦྱོང་ནག་པོ་ཞེས་གླེང་ངོ་། །དེ་ནས་དེ་བཞིན་གཤེགས་པ་རྣམས་ཀྱིས་སེ་གོལ་གྱི་སྒྲས་བསླངས་ཏེ་མི་གཡོ་བའི་ཏིང་ངེ་འཛིན་དེ་བསྐྱུར་ནས་གྲོང་པའི་བུ་མོ་ལེགས་སྐྱེས་མས་ཕུལ་བའི་འོ་ཐུག་སྦྲང་རྩིའི་སྙིང་པོ་ཅན་གསོལ་བས་སྐུ་གསེར་གྱི་གཏན་པ་ཕྱིས་པ་ལྟར་གསོས་ཤིང་། རྒྱུད་ལས། དེའི་ཚེ་རྣམ་སྨིན་གྱི་ལུས་དེ་ཉིད་དུ་བཞག་ནས་ཡེ་ཤེས་ཀྱི་ལུས་འོག་མིན་གྱི་ལྷའི་ཁང་བཟང་དུ་གཤེགས་ནས། དེ་བཞིན་གཤེགས་པ་ཏིལ་གྱི་གང་བུ་ཙམ་དུ་དེ་གང་བར་འདུས་པ་ལ་རྡོ་རྗེ་དབྱིངས་ཀྱི་དབང་ནོད་དེ་མངོན་པར་རྫོགས་པར་སངས་རྒྱས་ནས། སླར་སྤྲུལ་པའི་སྐུ་དེ་ལ་ཞུགས་ནས་འཚང་རྒྱ་བའི་ཚུལ་བསྟན་པས། ཡང་དག་སངས་རྒྱས་དེར་སངས་རྒྱས། །སྤྲུལ་པ་པོ་ཅིག་འདིར་སངས་རྒྱ། །ཞེས་གསུངས། ལང་གཤེགས་ལས་ཀྱང་། འདོད་པའི་ཁམས་དང་གཟུགས་མེད་དུ། །སངས་རྒྱས་མངོན་པར་སངས་མི་རྒྱ། །གཟུགས་ཀྱི་ཁམས་ཀྱི་འོག་མིན་དུ། །འདོད་ཆགས་བྲལ་ཁྱོད་སངས་རྒྱའོ། །ཞེས་གསུངས་པ་ཐེག་པ་ཆེ་ཆུང་གི་ཁྱད་དུ་ཟད་དོ། །དེ་ནས་བྱང་ཆུབ་སེམས་དཔའ་ས་གའི་ཉ་ལ་ཆོས་ཀྱི་གཡེའི་དགོན་པ་མ་ག་དྷ་རྡོ་རྗེའི་གདན་བྱང་ཆུབ་ཀྱི་སྙིང་པོའི་སྦྱོ་ཨ་ཤྭ་ཏྠའི་བྱང་ཆུབ་ཀྱི་ཤིང་དྲུང་དུ་གཤེགས་པའི་ཚེ་ཀླུ་ཆེན་ནག་པོས་མིག་ཐོབ་པས་སངས་རྒྱས་སུ་འགྱུར་བར་ཤེས་ལ། ལམ་དུ་རྩྭ་ཚོང་བཀྲ་ཤིས་ལ། བཀྲ་ཤིས་ང་ལ་རྩྭ་ཞིག་མྱུར་དུ་སྦྱིན། །དེ་

རིང་ང་ལ་རྒྱ་ཡིས་དོན་ཆེན་འགྱུར། །དཔུང་དང་བཅས་པའི་བདུད་ནི་བཅོམ་ནས་སུ། །བྱང་ཆུབ་ཞི་བ་དམ་པ་ཐོབ་པར་འགྱུར། །ཞེས་གསུངས་ནས་རྨ་བྱའི་མགྲིན་པའི་སྒྲ་ལྷ་བུའི་རྒྱ་སྒྲར་གང་བླངས་ནས་བྱང་ཆུབ་ཀྱི་སྙིང་པོར་བྱང་ཆུབ་ཀྱི་ཤིང་སྡོང་བྱུང་ཞིང་། སེངྒེའི་ཁྲི་སྟོང་བྱུང་བའི་གསུམ་ལ་བསྐོར་བ་མཛད་བཞི་པ་ལ་བཞུགས་སོ། །

ལྔ་སྡེ་ནི་འདིས་དཀའ་བ་སྤྱོད་པ་ལས་ཉམས་སོ་སྙམ་ནས་དེ་སྤངས་ཏེ་ཀ་ཤིའི་ཡུལ་དྲང་སྲོང་ལྷུང་བ་རི་དྭགས་ཀྱི་ནགས་སུ་སོང་ངོ་། །རྒྱའི་གདན་དེ་ལ་བཞུགས་ནས། གདན་འདིར་བདག་གི་ལུས་འདི་སྐམ་པའམ། །པགས་པ་རུས་པའི་ཚོགས་རྣམས་ཞིག་གྱུར་ཀྱང་། །བསྐལ་མང་རྙེད་དཀའི་བྱང་ཆུབ་མ་ཐོབ་བར། །སྟན་འདི་ལས་ནི་ལུས་བསྐྱོད་མི་བྱའོ། །ཞེས་དམ་བཅའ་མཛད་དོ། །དེ་ནས་སྲོད་ལ་བདུད་ལས་མ་རྒྱལ་བར་བདག་འཚང་རྒྱ་བར་མི་རིགས་སོ་སྙམ་ནས་སྨིན་མཚམས་ནས་བདུད་ཀྱི་དཀྱིལ་འཁོར་འཇོམས་པའི་འོད་བཀྱེ་བས་སྟོང་གསུམ་ཁྱབ་པར་མཛད་པ་ལས། སེམས་ཅན་དག་པ་བསྐལ་མང་སྤྱད་སྤྱོད་པ། །ཟས་གཙང་སྲས་པོ་རྒྱལ་སྲིད་རབ་སྤངས་ཏེ། །ཕན་བྱེད་བདུད་རྩི་མངོན་པར་འདོད་པས་བྱུང་། །ཤིང་དྲུང་འོངས་ཀྱི་དེ་རིང་སྒྲིམ་པར་གྱིས། །ཞེས་བྱ་བ་འབྱུང་བ་དང་། སྡིག་ཅན་ལ་རྨི་ལམ་ངན་པ་སུམ་ཅུ་རྩ་གཉིས་བྱུང་ནས་བདུད་ཀྱི་དམག་དཀྲིགས་ཕྲག་བཅུ་འདུས་ཏེ། གནོད་སྦྱིན་གྲུལ་བུམ་དང་ནི་ལྟོ་འཕྱེའི་གཟུགས། །སྲིན་པོའི་གཟུགས་དང་ཤ་ཟ་ཡི་དྭགས་གཟུགས། །འཇིག་རྟེན་མི་སྡུག་དྲག་གཟུགས་ཇི་སྙེད་པ། །ཐམས་ཅད་རྒྱུ་ཡིས་དེ་ནི་སྤྲུལ་པ་བྱས། །ཞེས་དང་། ཕྱོགས་རྣམས་ཀུན་ནས་རི་ཡི་ཕྲེང་བ་དང་། །མཁའ་ལས་ཐོག་དང་མཚོན་གྱི་ཆར་པ་དང་། །རྡོ་རྗེ་འབར་བ་མངོན་པར་ཕབ་པ་ཡིས། །ཤཱཀྱའི་བུ་དེ་ཐལ་བར་བརླག་པར་བྱ། །ཞེས་འཇིགས་འཇིགས་སུ་སྒྲོའོ། །ཤཱཀྱའི་རྒྱལ་པོ་ཉེན་ཅིང་འབྲེལ་འབྱུང་ཆོས། །དངོས་པོ་མེད་པའི་ངོ་བོ་ཉིད་རྟོགས་ཏེ། །ནམ་མཁའ་ལྟ་བུའི་སེམས་དང་རབ་ལྡན་པས། །གཡོ་ཅན་དཔུང་ཚོགས་དག་གིས་བཟི་བ་མེད། །ཅེས་བྱང་ཆུབ་སེམས་དཔའ་ལ་འཇིགས་པའི་བག་ཙམ་ཡང་མེད་ལ། བྱམས་པའི་ཐུགས་མངའ་བས་ཕས་ཀྱིས་འཕངས་པའི་མཚོན་ཆ་རྣམས་ཀྱང་མེ་ཏོག་གི་ཆར་དུ་གྱུར་ཏོ། །ཡང་སྡིག་ཅན་གྱིས། སྔོན་ཚད་ཁོ་བོས་མཆོད་སྦྱིན་གཏན་པ་མེད། །བྱས་པ་ལ་ནི་ཁྱོད་ཉིད་དབང་ཡིན་ན། །ཁྱོད་ལ་འདི་ལ་དབང་འགའ་ཡོད་མིན་པས། །སླུས་ཀྱང་དབང་མེད་དེ་ནི་ཕམ་པ་ཡིན། །ཞེས་རྒྱུ་ལམ་བསྒྲུབ་པ་ལ་སྐུར་པ་བཏབ་པས། རྒྱལ་པོའི་སྲས་ཀྱིས་ཕྱག་གཡས་ས་ལ་བརྡབས་ཏེ། ས་འདི་འགྲོ་བ་ཀུན་གྱི་དཔང་ཡིན་ཏེ། །རྒྱུ་དང་མི་རྒྱུ་ཉེ་རིང་མེད་པར་སྙོམས། །འདི་ནི་བདག་གི་དཔང་སྟེ་རྫུན་མེད་པས། །

ས་ཁྱོད་འདི་ལ་བདག་གི་དཔང་པོ་གྱིས་ཤིག །ཅེས་གསུངས་པས། ས་རབ་ཏུ་གཡོས་ཤིང་སའི་ལྷ་མོ་ལུས་ཕྱེད་ཕྱུང་ནས། སྐྱེས་བུ་ཆེན་པོ་དེ་བཞིན་ཏེ། དོན་འདི་ལ་བདག་མངོན་སུམ་དུ་གྱུར་པ་ལགས་མོད་ཀྱི། བཅོམ་ལྡན་འདས་ཉིད་འཇིག་རྟེན་ཐམས་ཅད་ཀྱི་དཔང་ལགས་སོ་ཞེས་གསོལ་ལོ། །སྡིག་ཅན་དཔུང་དང་བཅས་པས་སྨྲ་དེ་ཐོས་པ་དང་། ནགས་སུ་སེང་གེའི་སྒྲ་སྒྲོག་ཝ་ཚོགས་དང་། །བྱ་རོག་རྡོ་འཕངས་མོད་ལ་བྱེར་བ་བཞིན། །དངངས་སྐྲག་སྙིང་འགས་ཙམ་དུ་ཐམས་ཅད་བྲོས། །ཞེས་པས། དེ་ནས་བྲོས་ཏེ་འདོད་པའི་དབང་ཕྱུག་མྱ་ངན་གྱི་ཁང་བུར་ཞུགས་སོ། །དེའི་ཚེ་གཙང་མའི་ལྷས་སྡིག་ཅན་ལ་རྣམ་པ་བཅུ་དྲུག་གིས་སྨད་ཅིང་། ཤིང་གི་ལྷས་བྱང་ཆུབ་སེམས་དཔའ་ལ་རྣམ་པ་བཅུ་དྲུག་གིས་བསྟོད་དོ། །དེ་ལྟར་བདུད་ཀྱི་དཔུང་ཆེན་པོའི་གཡུལ་ངོ་ལས་རྒྱལ་བས་རྒྱལ་བ་ཞེས་པའི་མཚན་ཐོབ་ཅིང་། ནམ་གྲུང་ལ་བྱང་ཆུབ་སེམས་དཔས་བསམ་གཏན་བཞི་བསྐྱེད། བཞི་པའི་རབ་མཐར་རྟེན་འབྲེལ་ལུགས་འབྱུང་ལུགས་ལྡོག་ལ་བརྟགས་ཏེ། རིག་པ་གསུམ་བསྐྱེད་ནས་ནམ་གྱི་ཆ་སྨད་རྔ་བརྡུང་བ་ཙམ་གྱི་ཚོད་ལ་སྐད་ཅིག་མ་གཅིག་དང་ལྡན་པའི་ཤེས་རབ་ཀྱིས་མངོན་པར་རྫོགས་པར་སངས་རྒྱས་སོ། །དེ་ནས་ཤིང་ཏ་ལ་བདུན་སྲིད་ཙམ་དུ་འཕགས་ཏེ་ལམ་གྱི་རྒྱུད་ནི་ཆད་དོ་ཞེས་པ་ལ་སོགས་པས་ཆེད་དུ་བརྗོད་དོ། །དེ་ལ་ཕྱོགས་བཅུའི་སངས་རྒྱས་རྣམས་ཀྱིས་སྐྱེས་ཕུལ། བདག་ཅག་ཇི་ལྟར་བྱང་ཆུབ་ཐོབ་པ་ལྟར་ཁྱོད་སངས་རྒྱས་ཏེ། དཔེར་ན་མར་དང་མར་གྱི་ཉིང་ཁུ་མཚུངས་པ་བཞིན་ནོ་ཞེས་བསྔགས། སྟེ་བརྒྱད་ཀྱི་ཚོགས་ཆེན་པོས་མཆོད་དོ། །སངས་རྒྱས་ཞེས་བྱ་བ་ནི་སྐུ་གསུམ་མཛད་པ་དང་བཅས་པའི་རང་བཞིན་ཏེ། སངས་རྒྱས་མ་ཐག་ནས་སེམས་ཅན་ཇི་སྙེད་པའི་སྐུ། དེ་སྙེད་པའི་གསུང་། དེ་མཁྱེན་པའི་ཐུགས་ཏེ་སྐུ་གསུང་ཐུགས་མི་ཟད་པ་རྒྱན་གྱི་འཁོར་ལོ་ཞེས་སམ། གསང་བ་བསམ་གྱིས་མི་ཁྱབ་པ་ཞེས་བྱའོ། །

༈ གཉིས་པ་དེས་བསྟན་པ་རིན་པོ་ཆེའི་སྒྲོམ་བཅས་པའི་ཚུལ་ནི། སངས་རྒྱས་ནས་ཞག་བདུན་ཕྲག་དང་པོ་ལ་ནི་ངས་འདི་ར་ སྡུག་བསྔལ་མཐར་ཕྱུང་ངོ་སྙམ་ནས་སྐྱིལ་ཀྲུང་མ་བཤིག་པར་བྱང་ཆུབ་ཀྱི་བདེ་བ་བསྙེན་པ་ནི་ཆོས་ཉིད་དེ། སངས་རྒྱས་སྟོབས་བཅུ་མངའ་བ་རྣམས། །གང་དུ་སྨོན་རྫོགས་དབང་བསྒྱུར་བའི། །ས་ཡི་སྙིང་པོ་ཞག་བདུན་དུ། །རྒྱལ་བའི་སྐྱིལ་མོ་ཀྲུང་མི་བཤིག །ཅེས་སོ། །གཉིས་པ་ལ་བྱང་ཆུབ་ཀྱི་ཤིང་ལ་གཟིགས་ཤིང་། གསུམ་པ་རྒྱ་མཚོའི་བར་དུ་འཆག །བཞི་པ་སྟོང་གསུམ་རིང་དུ་འཆག །ལྔ་པ་ཀླུ་བཏང་བཟུང་གི །དྲུག་པ་ཤིང་ནྱ་གྲོ་དྷའི་དྲུང་དུ་ཀུན་ཏུ་རྒྱུ་དག་ལ། ཆོས་ཐོས་པ་དང་མཐོང་བ་བདེ། །དབེན་པར་དགའ་བ་བདེ་བ་ཡིན། །ང་རྒྱལ་ང་རྒྱལ་གང་འདུལ་བ། །

དེ་ནི་བདེ་བ་ཡིན་སོགས་གསུངས། །བདུན་པ་ལ་ཤིང་སྒྲོལ་རྒྱའི་དྲུང་དུ་ཆོང་པ་ག་གོན་དང་བཟང་པོའི་སྤྱན་གྱིས་བསོད་སྙོམས་ཕུལ་བ་ན། རྒྱལ་པོ་བཞི་ལས་རྫོའི་ལྷུང་བཟེད་བཞེས་ཏེ་གཅིག་ཏུ་བྱིན་གྱིས་བརླབས། ལྷ་ཡི་བཀྲ་ཤིས་དོན་གྲུབ་ཅིང་། །ཕྱོགས་རྣམས་བཀྲ་ཤིས་བྱེད་པ་དེས། །ཁྱེད་ལ་བདེ་ལེགས་མཛད་པར་འགྱུར། །ཞེས་པ་ལ་སོགས་ཤིས་པ་བརྗོད་པ་གསུངས་ཏེ། དེ་གཉིས་སངས་རྒྱས་སུ་ལུང་བསྟན། དེ་ནས་འདི་སྙམ་དུ་དགོངས་ཏེ། ཟབ་ཞི་སྤྲོས་བྲལ་འོད་གསལ་འདུས་མ་བྱས། །བདུད་རྩི་ལྟ་བུའི་ཆོས་ཤིག་བདག་གིས་རྙེད། །སུ་ལ་བསྟན་ཀྱང་གོ་བར་མི་འགྱུར་བས། །མི་སྨྲ་ནགས་འདབས་གནས་པར་བྱའོ་སྙམ། །ཞེས་དགོངས་ཤིང་། འཇིག་རྟེན་ཀུན་ལ་སྙིང་བརྩེ་མཐའ་ཡས་པ། །གཞན་གྱིས་གསོལ་བ་བཏབ་ལ་ང་མི་སྟོད། །སྐྱེ་བོ་འདི་ཀུན་ཚངས་ལ་དད་པ་སྟེ། །དེ་ཡིས་གསོལ་བ་བཏབ་ན་འཁོར་ལོ་བསྐོར། །སྙམ་སྟེ་འོད་བཀྱེ་བས། སྟོང་གསུམ་གྱི་བདག་པོ་ཚངས་པ་གཙུག་ཕུད་ཅན་གྱིས་ཤེས་ནས་གྲོགས་སྤྲིན་ཏེ། ཚངས་པ་འབུམ་ཕྲག་དྲུག་ཅུ་རྩ་བརྒྱད་དང་བཅས་པས་ཐལ་མོ་སྦྱར་ཏེ། ཡེ་ཤེས་ཆེན་པོ་མཆོག་གི་དཀྱིལ་འཁོར་བསྐྱབས་ནས་ནི། །ཕྱོགས་བཅུ་ཀུན་ཏུ་འོད་ཟེར་རྣམ་པར་བཀྱེ་མཛད་དེ། །ཡེ་ཤེས་ཟེར་གྱིས་མི་ཡི་པདྨོ་ཁ་འབྱེད་པ། །སྨྲ་བའི་ཉི་མ་དེ་རིང་ཅི་སླད་བཏང་སྙོམས་བཞུགས། །ཞེས་པ་ལ་སོགས་པས་བསྐུལ་བས། ཅང་མི་གསུང་བར་གནང་སྟེ་སོང་ངོ་། །སྟོན་པ་ཡང་ཐུགས་ལས་ཆུང་བ་ལ་གཉོལ་བ་དང་། དེས་བརྒྱ་བྱིན་སྤྲིན་ཏེ། ཟླ་བ་ཉ་བ་གཟའ་ལས་ཐར་བ་ལྟར། །ཁྱོད་ཀྱི་ཐུགས་ནི་རྣམ་པར་གྲོལ་བ་ལགས། །གཡུལ་ལས་རྣམ་པར་རྒྱལ་བ་བཞེངས་སུ་གསོལ། །འཇིག་རྟེན་མུན་པར་ཤེས་རབ་འོད་འབྱུང་གསོལ། །ཅེས་སོགས་གསོལ་བས་ཅང་མི་གསུང་པ་ལ། ཚངས་པས། ཀུན་ཏུ་འཚོལ་བར་འགྱུར་པ་མཆིས་ལགས་ཀྱི། །ཐུབ་པ་ཁྱོད་ཀྱིས་ཆོས་ནི་བསྟན་དུ་གསོལ། །ཞེས་ཞུས་པ་དང་། སྟོན་པས། ཚངས་པ་ང་ཡི་ཐབ་ཀུན། །བཙོམ་ནས་ཚོགས་ཆེན་གྱིས་རྫོགས་པའི། །ཆོས་འདི་སྲིད་པའི་འདོད་ཆགས་ཀྱིས། །དཀྲིས་པས་བདེ་བླག་རྟོགས་མ་ཡིན། །ཞེས་གསུངས་པས། འཇིག་རྟེན་དུ་དབང་པོ་རྟུལ་འབྲིང་རྣོན་པོ་དག་ཀྱང་མཆིས་པས། འབྲིང་པོ་དག་གི་ངོར་བསྟན་པར་ཞུས་ཏེ། ཚངས་པ་མི་རྣམས་ལ་ནི་གྲུ་ནོམ་ཆོས། །ཀླན་ཀ་མི་བཙལ་མདོ་ཙམ་བཤད་པར་བྱ། །ཞེས་སོགས་ཀྱིས་ཞལ་གྱིས་བཞེས་སོ། །ཐོག་མར་འདུལ་སླ་བ་སུ་ལ་ཆོས་བསྟན་སྙམ་པ་དང་། ལྷག་སྤྱོད་ལ་སྟོན་པར་དགོངས་པས་དེ་འདས་ཏེ་ཞག་བདུན་ལོན་པར་གཟིགས་སོ། །དེ་བཞིན་དུ་རིང་འཕུར་ལ་སྟེ་དེའང་འདས་ནས་ཞག་གསུམ་ལོན་པས་ད་ནི་ལྔ་སྡེ་ལ་བསྟན་པར་བྱའོ། །ཞེས་དགོངས་པས་མ་ག་དྷ་ནས་གསལ་ལྡན་དུ་བྱོན་པར་

བཞེད་དེ། བྱང་དུ་རི་ག་ཡ་དང་། ལྷེང་རྒྱུས་དང་། ཙན་ད་ལར་དང་། གྲོང་ཁྱེར་ཁ་ལོ་སྐྱུར་ནས་གནྡྷའི་འགྲམ་དུ་གཤེགས་ཏེ། མཉན་པས་གྲུ་བཙས་བླངས་ཏེ། ང་ལ་གྲུ་བཙས་མེད་ཅེས་མཁའ་ལ་གཤེགས་ནས་ལྷ་སྡེ་གང་དུ་གནས་སར་བྱོན་ནོ། །དེའི་ཚེ་ལྷ་སྡེས་རྒྱང་རིང་པོ་ནས་བྱོན་པ་མཐོང་ནས། དགེ་སློང་གོའུ་ཏམ་ལྷོད་པ། མང་དུ་ཟ་བ། སྤོང་བ་ལས་ཉམས་པ་འདིར་འོང་གི སུས་ཀྱང་བསུ་བར་མི་བྱ། ལྡང་བར་མི་བྱ། ཆོས་གོས་དང་ལྷུང་བཟེད་བླང་བར་མི་བྱ། སྟན་ལྷག་མ་འདི་ལ་འདོད་ན་འདུག་ཅིག་ཟེར་བའི་འོག་ཁྲིམས་བཅས་ཏེ། ཀྱཻ་དེ་ཉུས་སེམས་ཀྱིས་ཁས་མ་བླངས་སོ། །དེར་བྱོན་པ་དང་ལྷ་སྡེས་གཟི་བརྗིད་མ་བཟོད་ནས་ཁྲིམས་དྲལ་ཏེ་སྟན་ལས་ལངས་ནས་ལ་ལ་བསུ། ལ་ལ་གདན་འདིངས། ལ་ལ་ཞབས་བགྲུ་བའི་ཆུ་བཤམས་ནས། ཁྱོད་ལེགས་པར་བྱོན་ཏོ། །གདན་འདི་ལ་བཞུགས་སུ་གསོལ་ཅེས་གསོལ་བ་དང་། སྟོན་པས་གདན་ལ་བཞུགས་ནས་ལྷ་སྡེ་མགུ་བར་བྱ་བའི་ཕྱིར་གཏམ་མང་པོ་བྱས་ཏེ། ལྷ་སྡེས་ཚེ་དང་ལྡན་པ་གོའུ་ཏམ་དབང་པོ་གསལ་ལ་པགས་པ་ནི་ཡོངས་སུ་དག་ན་ཡེ་ཤེས་མཐོང་བའི་ཁྱད་པར་མངོན་དུ་མཛད་དམ། བཀའ་སྩལ་པ། ཁྱེད་དེ་བཞིན་གཤེགས་པ་ལ་ཚེ་དང་ལྡན་པ་མ་ཟེར་ཅིག །ཡུན་རིང་པོ་མི་བདེ་བར་འགྱུར་ཏ་རེ། ངས་ནི་བདུད་རྩི་ཐོབ་བོ། །སངས་རྒྱས་སོ། །ཐམས་ཅད་མཁྱེན་པའོ། །ཁྱེད་ཅག་གིས་འོག་ཁྲིམས་འདི་ལྟར་མ་བཅས་སམ་ཞེས་བཀའ་བསྩལ་པས། འགྱོད་དེ་སྟོན་པའི་ཞབས་ལ་གཏུགས་ཏེ་ཉེས་པ་བཤགས་ནས་ཡང་དག་པའི་ལམ་ལ་ངེས་ཤེས་འདྲོངས་པས་ལྷ་སྡེ་དགེ་སློང་གི་དངོས་པོར་གྱུར་ཏེ། དེ་དག་ཁྱིམ་པ་བཞིན་དུ་བགོ་བ་ལ། ཤམ་ཐབས་ཟླུམ་པོར་བགོ་བ་ལ་བསླབ་པར་བྱའོ་ཞེས་བསླབ་པ་བཅས་སོ། །ཕལ་ཆེར་ལྷ་སྡེས་མཐོང་ལམ་ཐོབ་པ་དང་བསྙེན་པར་རྫོགས་སོ་ཟེར་ཏེ། ཆོས་ཀྱི་འཁོར་ལོའི་མདོ་རྒྱ་རོལ་ལ་སོགས་པར་དེའི་སྟོན་དུ་དགེ་སློང་དག་ཅེས་བྱུང་བས། ལམ་དེ་ཐོབ་པ་མ་ཡིན་ཀྱང་ལམ་དེ་ལ་ཡིད་ཆེས་པའོ། །ཆུ་སྟོད་ཀྱི་ཚེས་བཞི་ལ་སྟོན་པས་ཆོས་ཀྱི་འཁོར་ལོ་གང་དུ་བསྐོར་སྙམ་པ་དང་། དྲང་སྲོང་ལྷུང་བ་རི་དྭགས་ཀྱི་ནགས་སུ་སྔོན་གྱི་སངས་རྒྱས་གསུམ་གྱིས་ཆོས་ཀྱི་འཁོར་ལོ་བསྐོར་བར་གཟིགས་ནས། ཕྱོགས་དེར་ཁྲི་སྟོང་བྱུང་བའི་གསུམ་ལ་བསྐོར་བ་མཛད། བཞི་པ་ལ་སྐྱིལ་མོ་ཀྲུང་བཅས་ཏེ་ལྷ་སྡེ་བཟང་པོ་དང་། སྡེ་ཆེན་པོ་བརྒྱད་དང་། ཕྱོགས་བཅུའི་སེམས་དཔའ་དག་ལྷགས་ནས་སྟོང་ཆེན་པོ་འདིའི་སྐྲའི་རྩེ་མོའི་ཆ་ཤས་ཙམ་ཡང་མ་ལུས་པར་ཁྱབ་པ་དང་ཐབས་ཅིག་ཏུ་བཞུགས་སོ། །

དེ་ནས་ཚངས་པས་བཅོམ་ལྡན་འདས་ཀྱི་ཞབས་ལ་གཏུགས་ཏེ་ཕྱག་འཚལ་ནས་ལྷའི་འཛམ་

བུ་ཆུ་བོའི་གསེར་ལས་བྱས་པའི་འཁོར་ལོ་རྩིབས་སྟོང་དང་ལྡན་པ་རྣམ་པ་ཐམས་ཅད་ཀྱིས་བརྒྱན་པ། ཉིན་མོར་བྱེད་པ་འདི་འདྲ་ཟིལ་གྱིས་གནོན་པ། སྔོན་གྱི་རྒྱལ་བ་གསུམ་གྱིས་བཞེས་པ་ཕུལ་ཏེ་ཆོས་ཀྱི་འཁོར་ལོ་བསྐོར་བར་གསོལ་བ་བཏབ། དེའི་ཚེ་རི་དྭགས་རུ་རུ་གསེར་གྱི་ཁ་དོག་ཅན་ཟུང་ནགས་ནས་ཐོན་ཏེ་འཁོར་ལོའི་རྩེ་མོ་ལ་མིག་རྩེ་གཅིག་ཏུ་ལྟ་ཞིང་འཁོད་དོ། །དེ་ནས་བཅོམ་ལྡན་འདས་ནམ་གྱི་ཆ་སྟོད་ལ་འཕགས་པའི་མི་སླ་བར་བཞུགས། གུང་ཐུན་ལ་འབེལ་བར་གྱུར་པའི་གཏམ་དག་གསུངས། ནམ་གྱི་ཆ་སྨད་ལ་ལྔ་སྡེ་ལ་བོས་ནས་ལན་གསུམ་དུ་བཟླས་ཏེ་ཆོས་ཀྱི་འཁོར་ལོ་རྣམ་པ་བཅུ་གཉིས་སུ་བསྐོར་བར་མཛད་པས་སྟོང་ཆེན་འདི་ན་བདེན་བཞི་གཅིག་པུའི་མིང་བྱེ་བ་ཁྲག་ཁྲིག་བརྒྱ་སྟོང་ཕྲག་དགུ་བཅུ་རྩ་བཞི་ཡོད་པ་ཅིག་ཅར་གྲགས་པར་གྱུར་ཏོ། །དེའི་ཚེ་ལྷ་རྣམས་ཀྱིས་ཀུང་གྲོགས་པོ་དག་བཅོམ་ལྡན་འདས་ཤྣ་རྣ་ཙ་སྣིར་ལན་གསུམ་དུ་བཟླས་ཏེ་ཆོས་ཀྱི་འཁོར་ལོ་རྣམ་པ་བཅུ་གཉིས་སུ་ཆོས་དང་ལྡན་པ་སུས་ཀྱང་འཇིག་རྟེན་དུ་ཆོས་དང་མཐུན་པ་འགའ་ཡང་མ་བསྐོར་བ་ཞིག་བསྐོར་བས་ལྷའི་རིགས་འཕེལ་ཞིང༌། ལྷ་མ་ཡིན་གྱི་རིགས་ཉམས་སོ་ཞེས་སྒྲ་བསྒྲགས་སོ། །བཟླས་པ་དང་པོས་ཀོའུ་ཎྜི་ནྱ་ལ་ཆོས་ཀྱི་མིག་རྡུལ་དང་བྲལ་བ་སྐྱེས། གཉིས་པར་དེ་དགྲ་བཅོམ་པས་དཀོན་མཆོག་གསུམ་གྲུབ། ལྷག་མ་རྣམས་ལ་གཉིས་པ་ལ་ཆོས་ཀྱི་མིག །གསུམ་པས་དགྲ་བཅོམ། ལྔ་བརྒྱད་ཁྲིས་བདེན་པ་མཐོང༌། དགེ་བཟང་གི་གཙུག་ལག་ཁང་བཞེངས། གྲགས་པ་སོགས་ཉེ་བའི་ལྔ་སྡེ་གྲོང་པའི་གཙོ་བོའི་ཁྱིའུ་ལྔ་བཅུ་ཀ་ཏྱཱ་འཁོར་ལྔ་བརྒྱ་དང་བཅས་རབ་ཏུ་བྱུང༌། དེ་ནས་མ་གྷ་དྷ་ར་གཤེགས་ནས་བཟང་སྡེའི་ཚོགས་དྲུག་ཅུ། ལྟེང་རྒྱས་སུ་གཤེགས་ཏེ་འོད་སྲུང་རལ་པ་ཅན་སྤུན་གསུམ་འཁོར་སྟོང་དང་བཅས་པ། ཤཱ་རིའི་བུ་དང་མོའུ་འགལ་གྱི་བུ་འཁོར་ལྔ་བརྒྱ་དང་བཅས་པ་བསྙེན་པར་རྫོགས་ཏེ་དགྲ་བཅོམ་ཐོབ། མཆོག་ཟུང་འཁོར་ལྔ་བརྒྱ་དང་བཅས་པའི་ཕྱེད་ལྡོངས་རྒྱུར་བཏང༌། ཕྱེད་དང་འོད་སྲུང་རལ་པ་ཅན་འཁོར་བཅས་ཚོགས་པ་སྟོང་ཉིས་བརྒྱ་ལྔ་བཅུ་ལ་འདུས་པ་དང་པོ་ཞེས་གྲགས་སོ། །ཆོས་ཀྱི་འཁོར་ལོ་དེས་ནི་སྐྱེས་བུ་ཆུང་ངུའི་ལམ་ཞར་ལ་བསྟན་ཅིང་སྐྱེས་བུ་འབྲིང་གི་ལམ་གཙོ་བོར་བསྟན་ཏོ། །དེ་ལ་བདེན་པའི་དེ་ཉིད་ཀྱི་ཚུལ་ཞེས་ཀྱང་བྱའོ། །ཁྱིམ་བདག་མགོན་མེད་ཟས་སྦྱིན་གྱིས་རྒྱལ་བྱེད་ཚལ་ཕུལ་ལོ། །ལོ་དྲུག་པ་ལ་ཡབ་སྲས་མཇལ། ལོ་བཅུ་གསུམ་གྱི་བར་དུ་བསྟན་པ་ལ་སྐྱོན་མེད་ཅིང༌། སོ་སོར་ཐར་པའི་མདོ་འདོན་བསྡུས་པ་འདོན་ནོ། །གནས་རྒྱལ་པོའི་ཁབ་བྱ་རྒོད་ཕུང་པོའི་རི་ལ་འཁོར་རྣམ་པ་བཞི་དང༌། ཁྱད་པར་བྱང་ཆུབ་སེམས་དཔའི་ཚོགས་ཆེན་པོ་དང་ཐབས་ཅིག་ཏུ་བཅོམ་ལྡན་འདས་ཉིད་ཀྱིས་གདན་སེངྒེའི་ཁྲི་བཤམས་ནས་ཆོས་ཀྱི་འཁོར

ལོའི་ཕྲུག་རྒྱ་བཅིང་བ་སྔོན་དུ་བཏང་ནས་སྒྲོལ་མོ་ཀུན་བཅས། སྐུ་དྲུང་པོར་བསྒྲངས། དྲན་པ་སྔོན་དུ་བཞག་པར་མཛད་ནས་ཆོ་འཕྲུལ་རྣམ་པ་གསུམ་གྱིས་ཐོག་མ་དང་། བར་དང་། མཐའ་མར་དགེ་བ་ལ་སོགས་པ་དང་ལྡན་པའི་ཤེས་རབ་ཀྱི་ཕ་རོལ་ཏུ་ཕྱིན་པ་རྗེས་སུ་སྟོན་པར་མཛད་པ་དེའང་ཚིག་ལྷུར་ལེན་པ་རྒྱས་པ་ལ་དགའ་བའི་སེམས་ཅན་རྗེས་སུ་གཟུང་བའི་དོན་དུ་འཕགས་པ་སྟོང་ཕྲག་བརྒྱ་པ་དང་། སྤྲོས་ཏེ་གོ་བ་བར་མ་ལ་དགའ་བ་རྣམས་ལ་དོན་ཐམས་ཅད་བསྡུས་ནས་སྟོང་ཕྲག་ཉི་ཤུ་ལྔ་པ་དང་། ཁྲི་བརྒྱད་སྟོང་པ་དང་། ཤེས་རབ་ཁྲི་པ། འགོ་སློས་པས་གོ་བ་བསྡུས་པ་ལ་དགའ་བ་ལ་དེའི་ཡང་དོན་ཐམས་ཅད་བསྡུས་ནས་བརྒྱད་སྟོང་པ། ཚིགས་སུ་བཅད་པ་ལ་ཞེན་པ་རྣམས་ཀྱི་ཆེད་དུ་འབུམ་གྱི་དོན་ཐམས་ཅད་བསྡུས་ནས་ཡོན་ཏན་རིན་པོ་ཆེ་སྡུད་པ་གསུངས་པར་སེནྡྷི་བཟང་པོ་འཆད་ལ། སྔོན་གྱི་བོད་སྔོན་དག་རྒྱས་པ་ལ་བྱེ་བ་ཕྲག་བརྒྱ་པ། འབུམ་ཕྲག་བརྒྱ་པ་ཞེས་ཀྱང་གསུངས་སོ། །

དེ་བསྐོར་བའི་ཚེ་ལྷའི་བུ་དག་གིས་སྨྲས་པ། ཀྱེ་མ་ཨ་ལ་ལ་འཛམ་བུའི་གླིང་དུ་ཆོས་ཀྱི་འཁོར་ལོ་གཉིས་པ་བསྐོར་བ་མཐོང་ངོ་ཞེས་ཆེད་དུ་བརྗོད་པས་སོ། །རྒྱུའི་ཐེག་པ་ཐམས་ཅད་དེར་འདུ་བས་འདི་ནི་སྐྱེས་བུ་ཆེན་པོའི་ལམ་ཕ་རོལ་ཏུ་ཕྱིན་པའི་ཚུལ་ཞེས་གྲགས་སོ། །དུས་ཀྱང་གནས་བརྟན་སྡེ་པའི་གཞུང་དང་བསྟུན་ན། བཅོམ་ལྡན་འདས་སངས་རྒྱས་ནས་ལོ་བཅུ་དྲུག་པ་ལའོ། །ཆོས་ཀྱི་འཁོར་ལོ་གསུམ་པར་དོན་ཟབ་དགོངས་པ་ངེས་པར་འགྲེལ་བ་ལས་གསུངས་པའི་ཕྱི་མའང་འདིར་གཏོགས་ལ། རྒྱ་བོད་ཀྱི་མཁས་པ་མང་པོས་དེའི་ཕྱི་མ་སེམས་ཙམ་དུ་འགྲེལ་ཡང་འཐད་པར་མ་མཐོང་སྟེ། དེ་དང་ཕྱིར་མི་ལྡོག་པའི་འཁོར་ལོའི་མདོར་གསུངས་པའི་བདེ་གཤེགས་སྙིང་པོ་སྤྲོད་ཚུལ་གསུམ་བཤད་པའི་གསུམ་པ་འགྲིག །དོན་དབུ་མ་པས་ལྟ་བ་ཀུན་རློག་ཅེས་བཞག་པའི་སྐབས། དེའི་དབང་ལས་འདིའི་གདུལ་བྱ་ལ་ཐེག་པ་ཐམས་ཅད་ལ་ཞུགས་པ་ཞེས་གསུངས། དེའི་དོན་ཐེག་པ་གང་དུ་ཞུགས་ཀྱང་མཐར་འདིར་ཞུགས་དགོས་པ་དགོངས་པ་ཡིན་ཏེ། དེར་མ་ཞུགས་ན་འཚང་རྒྱ་བ་མི་སྲིད་པས་སེམས་ཅན་ཐམས་ཅད་འཚང་རྒྱ་བའི་བཤད་པའང་དོན་མེད་པར་འགྱུར་བ་ཡིན་ནོ། །འཁོར་ལོ་གཉིས་པོ་བསྐོར་བ་ལ་དུས་དང་པོ་ལོ་བདུན། བར་པ་ལོ་ཉེར་བདུན་དང་སོ་གཅིག་ཟེར་བ་རིགས་པ་མ་ཡིན་ཏེ། དེའི་རིགས་སུ་གཏོགས་པ་དག་ཐོག་མ་དང་མྱ་ངན་ལས་འདའ་ཁའི་བར་དུ་གསུངས་པས་སོ། །ཆོས་ཀྱི་འཁོར་ལོ་གསུམ་པ་ནི་རྡོ་རྗེ་ཐེག་པ་སྟེ། ཨུ་རྒྱན་ལ་སོགས་པའི་ཡུལ་དུས་སྣ་ཚོགས་པར་ཐོ་རེ་ལོང་ངེ་གསུངས་པ་ཡོད་ཀྱང་། གསང་སྔགས་ཐམས་ཅད་དུས་གཅིག་ཏུ་བསྐོར་བ་ནི་འབྲས་སྤུངས་དཔལ་ལྡན་རྒྱུ་སྐར་གྱི་དཀྱིལ་འཁོར་ཏེ། འདིའི་དུས་ཀྱང་སངས་རྒྱས་པའི་ཕྱི་

ལོར་འདོད་པ་ནི་མདོ་སྡེ་གདམ་ངག་འབོགས་པའི་རྒྱལ་པོ་ལས། འདྲེན་པའི་ཐེག་པ་གསུམ་པོ་དག །བཅོམ་ལྡན་ངེས་པར་གསུངས་ལགས་ན། །རྒྱུ་འབྲས་ལྷུན་གྲུབ་ཏུ་སྤྱོད་ཅིང་། །སངས་རྒྱས་གཞན་ནས་མི་འཚོལ་བའི། །ངེས་པའི་ཐེག་པ་ཅིས་མ་གསུངས། །ཞེས་འཇམ་དཔལ་གྱིས་ཞུས་པའི་ལན་དུ། རྒྱ་ལ་མོས་པ་རྒྱུ་ཆོས་ཀྱི། །འཁོར་ལོ་རབ་ཏུ་བསྐོར་བྱས་ནས། །རྡོ་རྗེ་ཐེག་པའི་ཉེ་ལམ་ཞིག །མ་འོངས་དུས་ན་འབྱུང་བར་འགྱུར། །ཞེས་གསུངས་པ་དང་འགལ་བས་ནོར་བའོ། །དེར་དུས་ཀྱི་འཁོར་ལོ་གཅིག་པུ་མ་ཡིན་པ་གསང་སྔགས་ཐམས་ཅད་བསྟན་པར་དུས་འཁོར་རྩ་རྒྱུད་ལས། སྟོན་པས་བྱ་རྒོད་ཕུང་པོ་རུ །ཤེས་རབ་ཕ་རོལ་ཕྱིན་ཚུལ་བཞིན། །ཆོས་བསྟན་དཔལ་ལྡན་འབྲས་སྤུངས་སུ། །དེ་བཞིན་གསང་སྔགས་ཚུལ་རབ་གསུངས། །ཞེས་དང་། དེའི་དོན་སློབ་དཔོན་ཉི་མ་དཔལ་ཡེ་ཤེས་ཀྱིས་མཛད་པའི་མཚན་བརྗོད་ཀྱི་འགྲེལ་བར། འདིར་ངེས་པར་དཔལ་ལྡན་འབྲས་སྤུངས་རྒྱལ་བའི་མཆོད་རྟེན་ཆེན་པོར། སངས་རྒྱས་བཅོམ་ལྡན་འདས་ཤཱཀྱ་སེངྒེ་ཞེས་བྱ་བ་ལ་རྒྱུད་སྡེ་ཚོགས་ཉན་པར་འདོད་པ་རྣམས་ཀྱི་གསོལ་བ་བཏབ་པས། དཔྱིད་ཟླ་འབྲིང་པོའི་ཉ་ལ་ཆོས་ཀྱི་དབྱིངས་གསུང་གི་དབང་ཕྱུག་གི་དཀྱིལ་འཁོར་དང་། དེའི་སྟེང་དུ་དཔལ་ལྡན་རྒྱུ་སྐར་གྱི་དཀྱིལ་འཁོར་དང་པོའི་སངས་རྒྱས་རྣམ་པར་སྤྲོས་ནས། དེར་ཉི་མ་དེ་ཉིད་ལ་ལྷ་ལ་སོགས་པ་རྣམས་ལ། སངས་རྒྱས་ཀྱིས་དབང་བསྐུར་ནས་རྒྱས་པ་དང་བསྡུས་པའི་དབྱེ་བས་གསང་སྔགས་ཀྱི་ཚུལ་ཐམས་ཅད་བསྟན་ཏོ་ཞེས་གསུངས་པས་སོ། །དཔལ་ལྡན་འབྲས་སྤུངས་ལའང་མན་ལུང་གུ་རུ་དངོས་སུ་བྱོན། དེས་ལོ་རྒྱུས་བྲིས་ཏེ་བོད་དུ་བསྐུར་བ་ལ་འཕགས་པའི་ཡུལ་གྱི་ལྷོ་ཕྱོགས། སྟོན་སངས་རྒྱས་གསེར་ཐུབ་ཀྱི་བསྟན་པ་ལ་དྲང་སྲོང་རྫུ་འཕྲུལ་ཐོབ་པ་ཞིག་གིས་འབྲས་སོ་བའི་ཆར་ཕབ། དེ་ལ་རྨངས་ལྷ་ལ་སོགས་པའི་སྡེ་བརྒྱད་དང་། སྟོད་མི་རྫུ་འཕྲུལ་ཐོབ་པ་དག་གིས་བཞེངས་ཤིང་། ཕྱིའི་ལུགས་རི་འདི་ཤཱཀྱ་ཐུབ་པའི་བསྟན་པ་ལ་རྒྱལ་པོ་བ་ལ་མི་ཏྲི་ཞེས་པས་མཛད་ཟེར་བ་བྱུང་། དེ་ཚད་མར་མཛད། མཁས་པ་བུ་དོན་ལ་ཡང་དེར་འཆད་པས་གྲགས་ཆོད་ནི་དེ་སྐད་ཆེ། ཡང་སྟེང་པ་ལོ་ཙཱ་བ་ཚུལ་ཁྲིམས་འབྱུང་གནས། ཀ་ལོ་ཙཱ་བ་གཞོན་ནུ་དཔལ་གཉིས་ཀྱིས་ཨ་བྷ་ཡ་དང་ཙ་མིའི་གསུང་བསྒྱུར་བར། སྔོན་ཡང་དག་པར་རྫོགས་པའི་སངས་རྒྱས་རྡོ་རྗེ་འཆང་གིས་འོག་མིན་དུ་ཐེག་པ་ཆེན་པོ་མ་ལུས་པ་གསུངས་ཤིང་ཁམས་གསུམ་འདིར་སེམས་ཅན་ཐམས་ཅད་ལ་གསང་སྔགས་སྟོན་པར་བཞེད་ནས་ཁམས་གསུམ་གྱི་གཙོ་བོ་ཚངས་པ་དང་། དབང་ཕྱུག་དང་། བརྒྱ་བྱིན་ལ་བསྟན་ན་ཁམས་གསུམ་ཀུན་ལ་དར་བར་འགྱུར་བར་དགོངས་ཏེ། འཛམ་བུ་གླིང་གི་རྒྱལ་པོ་ཟས་གཙང་མའི་སྲས་སུ་སྐྱེ་བ་བཞེས་ནས་རབ་ཏུ་བྱུང་བ་

དང་། དཀའ་བ་སྤྱད་པ་དང་། སངས་རྒྱས་པའི་ཚུལ་བསྟན་ནས། དབང་པོ་ཐ་མ་ལ་ཉན་རང་གི་ཐེག་པ། འབྲིང་ལ་ཕར་ཕྱིན་དང་མདོ་སྡེ་ཟབ་མོ་རྣམས་གསུངས་ནས་དབང་པོ་རྣོན་པོ་འདོད་ཆགས་ཅན་རྣམས་སྨིན་པར་བྱ་བའི་དོན་དུ་ལྷོ་ཕྱོགས་འབྲས་སྤུངས་སུ་གཤེགས་ཏེ། ལྷ་ཆེན་པོ་བཞི་ལ་སོགས་པ་སྡོད་དུ་རུང་བར་བྱ་བའི་ཕྱིར་ཆོས་ཀྱི་དབྱིངས་གསུང་གི་དབང་ཕྱུག་གི་དཀྱིལ་འཁོར་རྡོ་རྗེ་དབྱིངས་ཀྱི་དཀྱིལ་འཁོར་གྱི་འཁོར་ལོ་དང་ངོ་བོ་གཅིག་པར་བཞེངས་ནས། ལྷ་ཆེན་བཞི་ཤཾ་ཟླ་ལའི་རྒྱལ་པོ་འཁོར་བཅས་ལ་སོགས་པ་སྐལ་བ་དང་ལྡན་པ་རྣམས་ལ་དབང་བསྐུར་ནས་ཐེག་པ་ཆེན་པོ་གསང་སྔགས་མ་ལུས་པ་གསུངས་སོ། །དེའི་ཚེ་དབང་ཕྱུག་ཆེན་པོ་ལ་བུ་བརྒྱད་ཡོད་པའི་ཆུང་ཤོས་ནག་པོ་ཆེན་པོ་དབང་ཡོན་དུ་ཕུལ་ལོ། །དེ་ནས་བཅོམ་ལྡན་འདས་ཀྱིས་དབང་བསྐུར་ནས་དེ་ལ་བསྟན་པ་གཏད་ནས་སྔར་ཕྱི་རོལ་པའི་ནག་པོ་ཡིན་ཀྱང་། དེ་ཕྱིན་ཆད་སངས་རྒྱས་པའི་ནག་པོ་འཇིག་རྟེན་ལས་འདས་པ་ཡིན་ནོ། །དེ་ལྟར་དབང་བསྐུར་ནས་དཀྱིལ་འཁོར་མ་བསྡུས་པར་བཞག་པས་དེ་གང་གིས་མཐོང་བ་ཐམས་ཅད་གྲོལ་ལོ། །དེ་ལ་ལྷ་ཆེན་བཞི་ཕྲག་དོག་སྐྱེས་ནས་དཀྱིལ་འཁོར་གྱི་སྟེང་དུ་རིན་པོ་ཆེ་སྣ་ཚོགས་པ་ལས་ལྷའི་བཟོ་བོ་བི་ཤྭ་ཀརྨ་བཟོར་བཅུག་ནས་མཆོད་རྟེན་བརྩིགས་ནས་དེ་ལ་སྒོ་བཞག་གོ །དེ་ནས་གང་གིས་མཐོང་བ་རྣམས་ཀྱང་གྲོལ་ལོ། །དེ་ཡང་གསང་ནས་བཞག་པ་ཆོས་བཟང་སྤྲིན་གྱི་ཡང་རྫོང་ཞེས་བྱའོ། །དེ་ལ་ད་ལྟའང་སྐོར་བ་ཞག་བདུན་གྱི་བར་དུ་བྱས་ན་དངོས་གྲུབ་ཐོབ་བོ། །དེ་ལ་སྟོན་ལྷ་ཆེན་བཞི་ལ་དབང་བསྐུར་བའི་རྟགས་སུ་མཆོད་རྟེན་གྱི་ཕྱོགས་བཞི་ན་རྒྱང་གྲགས་ཙམ་དུ་ཤར་དུ་ཚངས་པ། ལྷོར་དབང་ཕྱུག །ནུབ་ཏུ་ཁྱབ་འཇུག །བྱང་དུ་གཞོན་ནུ་གདོང་དྲུག་དང་བཞི་ལྷའི་བཟོ་བོ་བི་ཤྭ་ཀརྨ་ལ་བཞེངས་སུ་བཅུག་པ་ལ་ད་ལྟ་མུ་སྟེགས་རྣམས་མཆོད་པ་ཆེན་པོ་བྱེད་དོ་ཞེས་དང་། ཡུལ་དེའང་སྟོན་རྒྱལ་པོ་གསེར་མདོག་གི་དུས་རང་སངས་རྒྱས་ཀྱིས་འབྲས་སོ་བའི་ཆར་ཕབ་པས་དེ་སྐད་གྲགས་པ་ཡིན་གསུངས་སོ། །

འདི་འཐད་པ་བཟང་སྟེ། དྲི་མེད་འོད་ལས། དེ་ནས་ཆོས་ཀྱི་འཁོར་ལོ་བསྐོར་ཞིང་ཐེག་པ་གསུམ་བསྟན་པར་མཛད་ནས་ཟླ་བ་བཅུ་གཉིས་པ་ནག་པའི་ཉ་ལ་ཤྲཱི་དྷཱ་ནྱ་ཀ་ཊ་ཀར་ཆོས་དབྱིངས་གསུང་གི་དབང་ཕྱུག་གི་དཀྱིལ་འཁོར་ཆ་བཅུ་དྲུག་གིས་རྣམ་པར་ཕྱེ་བའི་མཚན་ཉིད་ཅན་དང་། དེའི་སྟེང་དུ་དཔལ་ལྡན་རྒྱུ་སྐར་གྱི་དཀྱིལ་འཁོར་ཆ་བཅུ་དྲུག་གི་རྣམ་པར་དབྱེ་བ་ཅན་དང་པོའི་སངས་རྒྱས་རྣམ་པར་སྤྲོས་སོ་ཞེས་གསུངས། རྒྱུ་སྐར་གྱི་དཀྱིལ་འཁོར་ཞེས་པའང་མཆོད་རྟེན་གྱི་ཕྱོགས་བཞིར་ཀ་བ་དྲུག་དྲུག །ཟུར་ལ་བཞི་ཡོད་པས་དེའི་དབང་དུ་མཛད་ནས་ཐ་སྙད་དེ་སྐད་བཏགས་པ་

ཡིན་ལ། རྒྱ་སྐར་གྱི་དཀྱིལ་འཁོར་ཡང་དུས་དེ་ཉིད་དུ་སྦྱོར་བར་བཤད་པས་སོ། །ཞུ་བ་པོའང་། དེ་ལས་ས་བཅུའི་དབང་ཕྱུག་ཕྱག་ན་རྡོ་རྗེ་ཡང་ཤཾ་བྷ་ལའི་ཡུལ་ཀ་ལ་པའི་གྲོང་དུ་ཉི་མའི་འོད་ཀྱི་ལྷ་མོ་རྣམ་པར་རྒྱལ་མའི་མངལ་ནས་འཁྲུངས་པ་ཟླ་བ་བཟང་པོ་ཞེས་དང་། ཡང་ཕྱག་ན་རྡོ་རྗེའི་སྤྲུལ་པའི་སྐུ་ཟླ་བ་བཟང་པོ་དེ་ཡིས་སེམས་ཅན་ཐམས་ཅད་ཀྱི་འཇིག་རྟེན་དང་འཇིག་རྟེན་ལས་འདས་པའི་དངོས་གྲུབ་སྒྲུབ་པའི་དོན་དུ་དེ་བཞིན་གཤེགས་པ་ལ་གསོལ་བ་བཏབ་བོ། །དེ་བཞིན་གཤེགས་པས་ཀྱང་ཆུ་བོ་སི་ཏཱའི་བྱང་ཕྱོགས་ཤམ་བྷ་ལ་ལ་སོགས་པ་ཡུལ་རྣམས་སུ་གྲོང་བྱེ་བ་ཕྲག་དགུ་བཅུ་རྩ་དྲུག་ན་གནས་པ་རྣམས་ཀྱི་སེམས་རྣམ་པར་དག་པ་སྐལ་བ་དང་ལྡན་པ་ཉིད་དུ་གནས་པར་གཟིགས་ནས་རྡོ་རྗེའི་ཚིག་ཁ་མ་ཕྱེ་བ་མེད་པ། རྡོ་རྗེའི་ཚིག་རབ་ཏུ་གསལ་བས་ཕྱེད་པ་མཆོག་གི་དང་པོའི་སངས་རྒྱས་སྟོང་ཕྲག་བཅུ་གཉིས་པ་ཡང་དག་པར་བསྟན་ཏོ་ཞེས་དང་། འདིའི་དུས་ནི་སྟོན་པ་དགུང་ལོ་དོན་དགུ་པ། རྒྱལ་པོ་དེས་རྒྱལ་སྲིད་བཟུང་ནས་ལོ་དགུ་བཅུ་རྩ་དགུ་པའོ། །སངས་རྒྱས་ནས་ལོ་བདུན་པ་ལ་སུམ་ཅུ་རྩ་གསུམ་དུ་ཡུམ་གྱི་དོན་མཛད་དེ་གསལ་ལྡན་དུ་ལྷ་ལས་བབས་པ་དང་། མཉན་ཡོད་དུ་མུ་སྟེགས་སྟོན་པ་དྲུག་ལ་བརྟེན་ནས་ཆོ་འཕྲུལ་ཆེན་པོ་བསྟན་པ་སོགས་མཛད་ནས་མྱ་ངན་ལས་འདའ་བ་བསྟན་ཏེ། བཅོམ་ལྡན་འདས་ཀྱིས་ཀུན་དགའ་བོ་ལ། ཀུན་དགའ་བོ་གང་སུའང་རུང་། རྫུ་འཕྲུལ་གྱི་རྐང་པ་བཞི་ལ་བརྟེན་སྒོམ་མང་དུ་བྱས་པ་དེ་འདོད་ན་བསྐལ་པའམ་བསྐལ་པ་ལས་ལྷག་གི་བར་དུའང་འདུག་དེ་བཞིན་གཤེགས་པས་རྫུ་འཕྲུལ་གྱི་རྐང་པ་བཞི་ལ་བརྟེན་སྒོམ་མང་དུ་བྱས་པས་དེ་བཞིན་གཤེགས་པ་བཞེད་ན། བསྐལ་པའམ་བསྐལ་པ་ལས་ལྷག་པའི་བར་དུའང་བཞུགས་སོ། །ཞེས་ལན་གཉིས་ལན་གསུམ་གྱི་བར་དུ་བསྐུལ་ཡང་། ཀུན་དགའ་བོ་བདུད་ཀྱིས་ཁེབས་པས་ཅང་མི་ཟེར་རོ། །དེ་ནས་བདུད་སྡིག་ཅན་གྱིས་མྱ་ངན་ལས་འདའ་བར་གསོལ་བ་བཏབ་པས་ཟླ་བ་གསུམ་ནས་འདའ་བར་ཞལ་གྱིས་བཞེས་སོ། །དེ་ནས་བཅོམ་ལྡན་འདས་ཀྱིས་འཚོ་བའི་འདུ་བྱེད་ནི་བྱིན་གྱིས་བརླབས། ཚེའི་འདུ་བྱེད་ནི་སྤངས་སོ། །དེའི་ཚེ་ས་གཡོས། སྐར་མདའ་ལྷུང་། ཕྱོགས་ཚིག་བྲི་ཧྲིའི་ཤིང་ཤ་པའི་ཚལ་དུ་བྱོན་ཞིང་དེ་ར་ས་གཡོས་པ་མྱུར་དུ་མྱ་ངན་ལས་འདའ་བའི་རྒྱུར་བསྟན་ནས། མདོ་སྡེ་ལ་འཇུག །འདུལ་བ་ལ་སྣང་། ཆོས་ཉིད་དང་མི་འགལ་ན་ཆོས་སུ་གཟུང་ལ། དེ་ལྟ་མིན་ན་མི་གཟུང་ངོ་སོགས་བཀའ་སྩལ། མགར་བའི་བུ་ཙུནྡས་བཤོས་གསོལ། ཟླ་བ་གསུམ་མྱ་ངན་ལས་མི་འདའ་བར་གསོལ་བ་བཏབ་སྟེ་རྩ་ཅན་དུ་བྱོན། སྐུ་དངོས་ཀྱི་གདུལ་བྱ་ཐ་མ་དྲི་ཟ་རབ་དགའ་དང་། ཀུན་ཏུ་རྒྱུ་རབ་བཟང་བཏུལ་ཏེ་དགེ་སློང་དག་དཀོན་མཆོག་གསུམ་དང་བདེན་པ་བཞི་

ལ་ཐེ་ཚོམ་ཡོད་ན་ཞུས་ཤིག །དེ་ནས་སྐུའི་སྟོད་གཡོགས་བསལ་ཏེ། དགེ་སློང་དག་དེ་བཞིན་
གཤེགས་པ་ལྟ་བ་ནི་རྙེད་པར་དཀའ་ཡི། དེ་བཞིན་གཤེགས་པའི་སྐུ་ལ་ལྟོས་ཤིག །དགེ་སློང་དག་རེ་
ཞིག་ཅང་མ་སྨྲ་ཞིག་དང་། འདི་ལྟར་འདུས་བྱས་ཐམས་ཅད་ནི་འཇིག་པའི་ཆོས་ཅན་ཡིན་ཏེ། དེ་ལ་
འདི་ནི་དེ་བཞིན་གཤེགས་པའི་གསུང་གི་ཐ་མ་ཡིན་ནོ་གསུངས་ནས་བསམ་གཏན་བཞི། གཟུགས་
མེད་བཞི་འགོག་སྙོམས་ལ་ལུགས་འབྱུང་ལུགས་ལྡོག་ཏུ་སྙོམས་པར་ཞུགས་ནས། སླར་བསམ་
གཏན་བཞི་ལ་ཞུགས་ཏེ་རབ་མཐའ་ལས་མྱ་ངན་ལས་འདས་སོ། །དེ་མ་ཐག་ས་གཡོས། སྐར་མདའ་
ལྷུང་། ཕྱོགས་ཚིག །ལྷའི་རོལ་མོའི་སྒྲ་བསྒྲགས། འོད་སྲུང་ཆེན་པོས་དེ་མཐོང་ནས་སྟོན་པ་མྱ་ངན་
ལས་འདས་པར་ཤེས་ནས་དགེ་འདུན་རྣམས་མྱུར་དུ་སྐུ་གདུང་མ་ཉམས་པ་ལ་བལྟ་བའི་ཕྱིར་རིངས་
པར་འགྲོའོ་ཞེས་བསྐུལ་ལོ། །དེའི་ཚེ་གྲོང་རྣམས་ཀྱིས་གདུང་འཁོར་ལོས་སྒྱུར་བ་ལྟར་བྱས་ཏེ་ཞུགས་
ལ་ཞེན་པར་འདོད་ཀྱང་མེ་མ་འབར་བས། མ་འགགས་པས་འོད་སྲུང་མ་སླེབ་པ་ཡིན་པར་ཤེས་ཏེ་
སྡུས་པ་དང་། འོད་སྲུང་བསླེབས་ཏེ་སྒྲོམ་ཕྱེས་རས་དང་ཤིང་བལ་བསལ་ཏེ་སྐུ་མ་ཉམས་པ་ལ་ཕྱག་
བྱས་སོ། །དེ་ནས་ཀུན་ཤེས་ཀོའུ་དི་ནྱ། སྐལ་བྱེད། འོད་སྲུང་སྟོབས་བཅུ་པ། འོད་སྲུང་ཆེན་པོ་བཞིས
ཤིང་བལ་གྱི་འདབ་མ་གཞན་དང་རས་ཟུང་ལྔ་བརྒྱ་གཞན་གྱིས་ཀྱང་དཀྲིས་ཏེ་ལྕགས་ཀྱི་སྒྲོམ་བུར་
བཅུག །འབྲུ་མར་གྱིས་བཀང་། དྲི་ཞིམ་པའི་ཤིང་ཐམས་ཅད་སྤུངས་པས་མེ་རང་འབར་དུ་གྱུར་ཏེ།
ཀུན་དགའ་བོས། རྣམ་པར་འདྲེན་པ་རིན་ཆེན་སྐུ་མངའ་བ། །རྫུ་འཕྲུལ་ཆེན་པོས་ཚངས་པའི་འཇིག
རྟེན་གཤེགས། །སངས་རྒྱས་སྐུ་ལ་རས་ཟུང་ལྔ་བརྒྱ་དང་། །ཆོས་གོས་སྟོང་སྙེད་ཀུན་ཏུ་དཀྲིས
གྱུར་པ། །ཉིད་ཀྱི་གཟི་བརྗིད་ཀྱིས་ནི་སྐུ་གདུང་དང་། །ཤིན་ཏུ་དཀྲིས་པ་རབ་ཏུ་ཚིག་པར་འགྱུར། །
དེ་ལ་ཆོས་གོས་གཉིས་ནི་མ་ཚིག་པ། །ནང་རིམ་དང་ནི་ཕྱི་རིམ་འདི་རྣམ་གཉིས། །ཞེས་དང་། སྤྱན་
ལྡན་སྐུ་གདུང་བྲེ་བོ་བརྒྱད་དག་ལས། །བདུན་ནི་འཛམ་བུ་གླིང་པའི་མཆོད་པར་ཐོབ། །སྐྱེས་བུ་
མཆོག་དེའི་བྲེ་བོ་གང་ཞིག་ནི། །གྲོང་ཁྱེར་སྒྲ་སྒྲོག་ཀླུ་ཡི་རྒྱལ་པོས་མཆོད། །སྐྱེས་མཆོག་དེ་ཡིས་མཆེ་
བ་བཞི་དག་ལས། །མཆེ་བ་གཅིག་ནི་རྩ་གསུམ་འཇིག་རྟེན་མཆོད། །གཉིས་པ་ཚིག་འཛིན་གྲོང་ཁྱེར
ཡིད་འོང་ན། །གསུམ་པ་ཀ་ལིང་རྒྱལ་པོའི་ཡུལ་ན་སྟེ། །སྐྱེས་མཆོག་དེ་ཡི་མཆེ་བ་བཞི་པ་ནི། །གྲོང་
ཁྱེར་སྒྲ་སྒྲོག་ཀླུ་ཡི་རྒྱལ་པོས་མཆོད། །ཅེས་གསུངས་སོ། །

བྱེ་བྲག་ཏུ་བཤད་པ་ལས། ཆོས་འཁོར་གནས་དང་ཡངས་པ་ཅན། །ས་དཀར་ཅན་དང་ལྷ་ཡི་
གནས། །ཁྱིམ་པ་གསོད་དང་ཀཽ་ཤམྦི། །འབྲོག་དང་མཆོད་རྟེན་རི་དང་ནི། །འོད་མའི་གྲོང་དང་སྒྲར

བཅས་དང་། །སེར་སྐྱའི་གནས་ཀྱི་གྲོང་ཁྱེར་དུ། །འདི་རྣམས་སུ་ནི་ཐུབ་པ་ཡི། །སྐྱེས་མཆོག་ལོ་རེ་ལོ་རེ་བཞུགས། །ཉི་ཤུ་རྩ་གསུམ་མཉན་ཡོད་དུ། །སྨན་གྱི་ནགས་སུ་ལོ་བཞི་སྟེ། །འབར་བའི་ཕུག་གི་གནས་སུ་གཉིས། །རྒྱལ་པོའི་ཁབ་ཀྱི་གྲོང་དུ་ལྔ། །དཀའ་བ་སྤྱད་པ་ལོ་དྲུག་སྟེ། །ཉི་ཤུ་རྩ་དགུ་ཁབ་གནས་སུ། །རྒྱལ་བ་དེ་ལྟར་བརྒྱད་ཅུ་ལ། །ཐུབ་མཆོག་དམ་པ་མྱ་ངན་འདས། །ཞེས་དང་། མྱ་ངན་ལས་འདས་ཆེན་རྒྱ་གར་འགྱུར་ལས། དཔྱིད་ཟླ་ཐ་ཆུང་ས་གའི་ཆོས་བཅོ་ལྔའི་མཚན་མོའི་དགུང་ཐུན་ལ་འདས་པར་བཤད་དོ། །

༄ གསུམ་པ་དེ་གཅེས་སྤྲས་སུ་མཛད་པའི་མཁན་པོ་ཇི་ལྟར་བྱོན་པ་ཆེ་ལོང་ཙམ་འཆད་པ་ལ་སྤྱད་པ་པོས་བསྡུས་ཚུལ། བསྟན་པའི་གདད་རབས། ཐེག་ཆེན་ཇི་ལྟར་རྒྱས་པའི་ཚུལ་འཆད་པ་གསུམ་ལས། དང་པོ་ནི་སྟོན་པ་མ་འདས་གོང་ཙམ་དུ་ཤཱ་རིའི་བུ་འཁོར་དགྲ་བཅོམ་པ་བརྒྱད་ཁྲི། མོའུ་འགལ་གྱི་བུ་བདུན་ཁྲི། སྟོན་པ་འཁོར་ཁྲི་བརྒྱད་སྟོང་དང་བཅས་པ་དང་། གཞན་ཡང་ཕལ་ཆེར་གྲོངས་པས་ཆེ་བསྐལ་པ་མང་པོ་ཐུབ་པའི་ལྷ་རྣམས་སྟོན་པའི་གསུང་རབ་ནི་དུད་པ་ཙམ་དུ་གྱུར་ཏེ། དགེ་སློང་དབང་ཡོད་པ་དག་ཀྱང་མྱ་ངན་ལས་འདས་པས་སྡེ་སྣོད་གསུམ་མི་སྒྲོག་གོ་ཞེས་འཕྲོ་བ་བསལ་བའི་ཕྱིར། འོད་སྲུང་ཆེན་པོས་དགེ་འདུན་འདུ་བ་ལ་གང་པོ་བསྐོས་ནས། གང་པོས་རབ་མཐའི་བསམ་གཏན་ལ་ཞུགས་ཏེ་བལྟས་ནས་གཟིགས་བརྟུངས་པས། བ་ལང་བདག་མ་གཏོགས་པ་འདུས་སོ། །དེ་འབོད་པར་ཕྱིན་པས་སངས་རྒྱས་མྱ་ངན་ལས་འདས་པ་ཐོས་པས་དེའང་མྱ་ངན་ལས་འདས་སོ། །དེ་ནས་འོད་སྲུང་ཆེན་པོས་དགེ་སློང་དག་ཉོན་ཅིག །ཇི་ལྟར་དེ་ནི་འཕགས་པའི་ཚུལ་གྱིས་འདས། །གཞན་གྱིས་དེ་བཞིན་རབ་ཞིར་འགྲོ་མི་བྱ། །དེ་བས་ཇི་སྲིད་དགོས་པའི་དོན་བྱ་ཞིང་། །དབང་ཅན་ཚོགས་ནས་དེ་སྲིད་འགྲོ་བར་བྱ། །ཇི་ལྟར་བསོད་ནམས་ལས་ཀྱི་གཞིར་གྱུར་པ། །ཤིར་ཤ་ཀ་ཡི་སེམས་མཆོག་བ་ལང་བདག །དེ་ལྟར་ཁྱེད་ཀྱིས་དེ་བཞིན་མི་བསམ་སྟེ། །འགྲོ་དོན་དགོངས་ཕྱིར་ཚོགས་ནས་བློ་གྲོས་བྱ། །ཞེས་ཁྲིམས་སུ་བཅས་ནས་སྨྲས་པ། འདིར་ཆོས་ཀྱི་ཚུལ་བཤད་ན་དགེ་སློང་མང་པོ་འོངས་ན་གཡེང་བར་བྱེད་པས་མ་ག་དྷར་འགྲོའོ་ཟེར་ནས་སློབ་པའི་དགེ་སློང་གཞན་ཟློག་ཅིང་ཀུན་དགའ་བོ་ཆུའི་ཞལ་ཏ་བར་བསྐོས་ནས། ཀུན་དགའ་བོ་དགེ་འདུན་དང་བཅས་པ་ལྷོངས་རྒྱུ་ཞིང་སོང་། འོད་སྲུང་ཆེན་པོ་དྲང་པོ་ནས་སོང་སྟེ་རྒྱལ་པོའི་ཁབ་ཏུ་སོང་བ་དང་མ་སྐྱེས་དགྲས་མཐོང་སྟེ་སྟོན་པ་དྲན་ནས། གླང་པོ་ཆེ་ལས་ལྷུངས་པ་འོད་སྲུང་གིས་བཟུང་ནས་ཕྱིར་དེ་ལྟར་མི་བྱེད་པར་བཅས་ཏེ། ལྷའི་གནས་འདིར་ཆོས་ཀྱི་ཚུལ་བགྲོ་བར་འཚལ་ལོ་ཞེས་སྨྲས་པས་ལེགས་ཀྱི།

བདག་གིས་ཡོ་བྱད་ཐམས་ཅད་སྦྱར་རོ། །དེ་ན་འདུས་ཏེ་ཉེ་གྲོ་དྷའི་ཕུག་ཏུ་རྒྱལ་པོས་ཡོ་བྱད་ཐམས་ཅད་སྦྱར་ནས་དབྱར་གནས་པར་ཁས་བླངས་ནས། འོད་སྲུང་ཆེན་པོས་ཀུན་དགའ་བོ་སྐྱོ་བས་འདུལ་བར་ཤེས་ནས་ཉེས་པ་བསྒྲགས་ཏེ་བསྐྲད་དོ། །དེས་བྲི་ཛིའི་གྲོང་དུ་སོང་ནས་བྲི་ཛིའི་བུས་གཡོག་བྱས་ཏེ་ཆོས་འཆད་པའི་ཚེ། དེས་མཁན་པོའི་སེམས་ལ་བརྟགས་ནས། གོའུ་ཏ་མ་བག་མེད་མ་མཛད་པར། །ཤིང་དྲུང་ཐིབས་པོ་བསྟེན་ན་མྱ་ངན་འདའ། །ཐུགས་ལ་བཞག་སྟེ་བསམ་གཏན་མཛོད་ཅིག་དང་། །རིང་པོར་མི་ཐོགས་ཞི་བའི་གནས་ཐོབ་འགྱུར། །དེ་ལྟར་སྤྱོད་བྱེད་བུ་ཡི་གདམ་ངག་ལས། །ཉིན་མོ་དང་མཚན་མོའི་ཐུན་དང་པོ་ལ་འཆག་པ་དང་འདུག་པས་སེམས་ཀྱི་སྒྲིབ་པ་སྦྱངས་ཏེ། གུང་ཐུན་ལ་གཙུག་ལག་ཁང་གི་ཕྱི་རོལ་དུ་རྐང་པ་བཀྲུས་ནས་ནང་དུ་གློ་གཡས་པ་ཕབ་སྟེ་སྔས་ལ་མགོ་མ་བཞག་པ་ཁོ་ནར་དགྲ་བཅོམ་སྟེ། སླར་ཉེ་གྲོ་དྷའི་ཕུག་ཏུ་ཕྱིན་ནོ། །དེ་ནས་འོད་སྲུང་གིས་ཕྱི་མའི་དུས་ཀྱི་དགེ་སློང་བརྗེད་ངས་པ་རྣམས་ཀྱི་དོན་དུ། སུ་ཏྲ་ཚིགས་བཅད་དང་། ཕྱི་དྲོ་ལྷག་པར་བགྲོ་ཞིང་། དེ་ཡང་སྟར་མདོ་སྡེ་བསྡུ་བར་བགྲོས་པ་དང་། འོད་སྲུང་གིས་ཀུན་དགའ་བོ་ལ་སྤྲོ་བ་དྲིས། གསོལ་གཉིས་ཀྱི་ལས་ཀྱིས་མདོ་སྡེ་བསྡུ་བར་བསྒོས་ནས། སེནྡྷའི་ཁྲི་དགྲ་བཅོམ་པ་བཞི་བརྒྱ་གོ་དགུས་སྣམ་སྦྱར་བཏིང་། དེ་ལ་ཀུན་དགའ་བོ་འདུག་སྟེ། འོད་སྲུང་གིས། སྟོན་པ་འཇིག་རྟེན་ཕན་བཞེད་པ། །རྒྱལ་བས་གསུངས་པའི་ཆོས་རྣམས་ཀྱི། །རྣམ་པ་མཆོག་ནི་གང་བཤད་པ། །ཚེ་དང་ལྡན་པས་མདོ་སྡེ་གསུངས། །ཞེས་གསོལ་བ་བཏབ་བོ། །དེ་ནས་ཀུན་དགའ་བོས། སྟོན་པའི་ཡོན་ཏན་དྲན་པས་ཁ་བྱང་ཆུབ་སྙིང་པོར་བལྟས་ཐལ་མོ་སྦྱར་ཏེ་སྐྲས་ཁྲབ་པར་ཆོས་ཡང་དག་པར་སྟུད་པའི་མན་ངག་བཞིན་དུ། འདི་སྐད་བདག་གིས་ཐོས་པ་དུས་གཅིག་ན། བཅོམ་ལྡན་འདས་ཡུལ་ཝཱ་ར་ཎ་སཱི་དྲང་སྲོང་ལྷུང་བ་རི་དྭགས་ཀྱི་ནགས་ན་བཞུགས་སོ། །དེ་ནས་བཅོམ་ལྡན་འདས་ཀྱིས་དགེ་སློང་ལྔ་པོ་ལ་འདི་སྐད་ཅེས་བཀའ་སྩལ་ཏེ། དགེ་སློང་དག་མ་ཐོས་པའི་ཆོས་འདི་ནི་སྡུག་བསྔལ་འཕགས་པའི་བདེན་པའོ་ཞེས་སོགས་བསྡུས་པ་ན། ཀུན་ཤེས་ཀོའུ་དི་ནྱས། བདག་ཅག་གིས་ཆོས་ཀྱི་རྣམ་གྲངས་འདི་མངོན་སུམ་དུ་ཐོས་ཏེ། བདག་གི་ཁྲག་དང་མཆི་མའི་རྒྱ་མཚོ་བསྐམས། རུས་པའི་རི་ལས་བརྒལ། ངན་སོང་གི་སྒོ་ནི་བཅད། མཐོ་རིས་ཐར་པའི་སྒོ་ནི་ཕྱེས་ཏེ། འདི་བཤད་པས་བདག་དང་ལྷ་བརྒྱད་ཁྲིས་ཆོས་ཀྱི་མིག་ཐོབ། དེ་རིང་འདི་སྐད་ཐོས་ཞེས་བཤད་དེ། ཀྱི་མ་ཐམས་ཅད་མི་རྟག་པར་ཁྱད་མེད་དོ། །ཞེས་སྨྲས་ནས་སྟན་ལས་བབས་ཏེ་འདུག་དེ་བཞིན་གཞན་རྣམས་ཀྱང་བསྟན་ལས་བབས་ཏེ་བདག་ཅག་གིས་ཆོས་བཤད་པ་མངོན་སུམ་དུ་མཐོང་བ་ལས་མི་རྟག་པའི་སྟོབས་ཀྱིས་བཅོམ་ལྡན་

འདས་དེ་འང་ཐོས་པའི་ལམ་དུ་གཤེགས་པར་གྱུར་ཏོ། །

དེ་ནས་དགྲ་བཅོམ་པ་རྣམས་ཀྱིས་མངོན་ཤེས་ཀྱིས་བལྟས་པས། ཀུན་དགའ་བོ་ཁྱོད་ཀྱི་ལུང་དེ་ཡིན་ནམ། དེས་བདག་གི་ལུང་དེ་ལགས་སོ། །ཁྱེད་ཅག་གི་ལུང་དེ་ལྟ་བུ་ལགས་སམ། དེ་ཁོ་ནའོ། །དེ་ནས་འོད་སྲུང་གིས་མདོ་སྡེ་དང་པོ་བསྡུས་ནས་གང་གིས་ཀྱང་མ་བློག་པས་ཆོས་སོ་སྙམ་ནས། ཀུན་དགའ་བོ་ལ་མདོ་སྡེ་གཉིས་པ་གང་དུ་བཤད། འདི་སྐད་ནས། སྡུག་བསྔལ་འཕགས་པའི་བདེན་པ་གང་ཞེ་ན་སྐྱེ་བའི་སྡུག་བསྔལ་དང་། སོགས་དང་། མདོ་སྡེ་གསུམ་པ་གང་དུ་བཤད། འདི་སྐད་ནས། དགེ་སློང་དག་གཟུགས་ནི་བདག་མ་ཡིན་ནོ་ཞེས་སོགས་ཀུན་དགའ་བོས་བཟླས་པས། དགྲ་བཅོམ་པ་ལྔ་བརྒྱར་གཅིག་གིས་མ་ཚང་བས་གཞུང་དུ་བྱས་ཏེ་ཕུང་པོ་དང་ལྡན་པ་ནི་ཕུང་པོར། སྐྱེ་མཆེད་དང་ལྡན་པ་ནི་སྐྱེ་མཆེད་དང་། རྟེན་འབྲེལ་དང་འཕགས་པའི་བདེན་པ་རིག་པ་དང་ལྡན་པ་ནི་གླེང་གཞི་དང་ལྡན་པར། ཉན་ཐོས་ཀྱི་བཤད་པ་མང་བ་དེ་ནི་ཉན་ཐོས་ཀྱི་བཤད་པར། སངས་རྒྱས་ཀྱི་ནི་སངས་རྒྱས་ཀྱི་བཤད་པར། བྱང་ཕྱོགས་དང་ལྡན་པ་ནི་ལམ་གྱི་ཡན་ལག་ཏུ། བརྗོད་པ་མང་བ་ནི་ཡང་དག་པར་བརྗོད་པའི་སྡེར། ཚིགས་བཅད་བརྗོད་པ་ནི་ཡང་དག་པར་ལྡན་པའི་མིང་དུ། ལུང་རིང་པོ་ནི་རིང་པོར། བར་མ་ནི་བར་མར། ཚིག་གཅིག་ལ་སོགས་པ་ནི་གཅིག་ལས་འཕྲོས་པའི་ལུང་ཞེས་བསྡུས་ཏེ་བཞག་དེ་ནས་འོད་སྲུང་གིས་ལུང་དེ་སྙེད་ཅིག་གམ། དེ་སྙེད་ལགས་ཏེ་འདི་ལས་ལྷག་པ་མེད་དོ་ཞེས་སྨྲས། ཁྲི་ལས་བབས་ཏེ་ས་ལ་འདུག་དེ་ནས་ཉེ་བར་འཁོར་ལ་སྤྲོ་བ་བྱས་ཏེ་གསོལ་གཉིས་ཀྱི་ལས་ཀྱིས་འདུལ་བ་བསྡུ་བར་བསྐོས་ཏེ། ཉེ་བར་འཁོར་ཁྲི་ལ་བཞག་ནས་བཅོམ་ལྡན་འདས་ཀྱིས་བསླབ་གཞི་དང་པོ་གང་དུ་བཅས། ཝཱ་རཱ་ཎ་སཱི་ར་སོ། །གང་གི་དོན་དུ་ན་ལྔ་སྡེའི་དོན་དུ་ཤམ་ཐབས་ཟླུམ་པོར་བགོ་བར་བྱའོ་ཞེས་བཅས་སོ། །དེ་ནས་དགྲ་བཅོམ་པ་རྣམས་ཀྱིས་མངོན་ཤེས་ཀྱིས་བལྟས་ཞེས་པ་ནས་ཆོས་སོ་སྙམ་སྟེ། བསླབ་གཞི་གཉིས་པ་གང་དུ་བཅས། ཝཱ་རཱ་ཎ་སཱི་ར་ལྔ་སྡེ་ལ་ཆོས་གོས་ཟླུམ་པོར་བགོ་བར་བྱའོ། །བསླབ་གཞི་གསུམ་པ་གང་དུ་བཅས། ཀ་རྣམ་གཞག་ཀའི་གྲོང་དུ་བཟང་སྦྱིན་ལ་མི་ཚངས་སྤྱོད་ཕམ་པར་བཅས་པ་ནས། ཕམ་པ་དང་། ལྷག་མ་དང་། མ་ངེས་པ་དང་། སྤང་ལྟུང་དང་། ལྟུང་བྱེད་དང་། སོར་བཤགས་དང་། བསླབ་པ་མང་པོ་དང་། རྩོད་པ་ཞི་བྱེད་དང་། རྗེས་བཅས་དང་། སྤང་གནད་དང་། རབ་བྱུང་དང་། གསོ་སྦྱོང་དང་། དགག་དབྱེ་དང་། ཕྲ་མོ་དང་། གླེང་གཞི་དང་། མོས་པ་ནི་འདིའོ། །ཞེས་འདུལ་བ་བསྡུས་ནས་ཉེ་བར་འཁོར་ཁྲི་ལས་བབས་སོ། །དེ་ནས་འོད་སྲུང་གིས་མ་མོ་ཞེས་བྱ་བ་ནི་བདག་ཁོ་ནས་བསྡུ་བར་བྱ་སྟེ་གསོལ་གཉིས

ཀྱི་ལས་བྱས་ནས། མ་མོ་ལྟ་བུ་ནི་ཤེས་བྱའི་མཚན་ཉིད་རབ་ཏུ་གསལ་བར་བྱེད་པ་སྟེ། འདི་ལྟ་སྟེ་དྲན་པ་ཉེ་བར་བཞག་པ་བཞི་དང་ཞེས་སོགས་སྔར་བཞིན་ནོ། །དེ་ནས་ལྷ་རྣམས་ཀྱིས་དགྲ་བཅོམ་པ་ལྔ་བརྒྱས་སྡེ་སྣོད་གསུམ་བསྡུས་ཏེ་ལྷ་འཕེལ། ལྷ་མ་ཡིན་འགྲིབས་སོ་ཞེས་བསྒྲགས་ཤིང་། ལྔ་བརྒྱས་ཡང་དག་པར་བསྡུས་པ་ཞེས་པའི་མིང་དུ་གྱུར་ཏོ། །

དེ་ནས་འོད་སྲུང་ཆེན་པོས། ཀྱེ་མ་སྐྱོབས་བཅུ་མངའ་བའི་གསུང་ནི་ཚད་མེད་པ། །འགྲོ་ལ་ཕན་ཕྱིར་ཆོས་ཀྱི་བསྟན་འཆོས་འདི་བསྡུས་པས། །གང་ན་འཇིག་རྟེན་བློ་ངན་མུན་བྱེད་ཆུད་ཟོས་པ། །བློ་གྲོས་རབ་རིབ་གསལ་བས་སྒྲོན་མར་ཡང་དག་ལྡན། །ཞེས་སྨྲས་སོ། །ཐེག་ཆེན་ནི་རྒྱལ་པོའི་ཁབ་ཀྱི་བི་མ་ལ་སྭ་བྷ་ཞེས་པའི་རི་ལ་རྒྱལ་སྲས་འབུམ་ཕྲག་བཅུ་འདུས་ཏེ་ཀུན་ཏུ་བཟང་པོ་དང་། འཇམ་དཔལ་དང་། གསང་བའི་བདག་པོ་དང་། བྱམས་པ་ལ་སོགས་པ་རྣམས་ཀྱིས་བསྡུས་སོ། །སྔགས་རྣམས་ནི་གཙོ་བོར་ཕྱག་ན་རྡོ་རྗེས་བསྡུས་པ་ཡིན་ནོ། །དེ་ལ་བསྡུ་བ་དང་པོ་ཞེས་གྲགས་ཏེ་བཀའ་འཁོར་བ་བསྡུས་པ་ནི་འདི་ཁོ་ན་ཡིན་ནོ། །

སྟོན་པ་འདས་ནས་ལོ་བརྒྱ་དང་བཅུ་ལོན་པ་ན་ཡངས་པ་ཅན་པའི་དགེ་སློང་རྣམས་ཀྱིས་རུང་བ་མ་ཡིན་པའི་གཞི་བཅུ་སྟེ། ཨ་ལ་ལ་དང་རྗེས་སུ་ཡི་རང་སྤྱོད་པ་དང་། རྟགས་པ་དང་ནི་ལཚྭ་དག་དང་ལམ་དང་ནི། །སོར་མོ་གཉིས་ཀྱིས་རུང་དང་དཀྲུགས་དང་གདིང་བ་དང་། །གསེར་དངུལ་བྱས་པ་འདི་ནི་བར་སྟོམ་ཡང་དག་བསྡུས། །ཞེས་པའོ། །དེ་གནས་བརྟན་གྲགས་པས་ཐམས་ཅད་འདོད་ལ་སོགས་པ་ཀུན་དགའ་བོའི་སློབ་མ་དགྲ་བཅོམ་པ་བདུན་བརྒྱ་བསྡུས་ནས། ཀུན་རིམ་དུ་གྲགས་པས། ཚེ་དང་ལྡན་པ་དག་ཨ་ལ་ལའི་རུང་ངམ་ཞེས་སོགས་ཀྱིས་དགེ་སློང་ཁ་ཅིག་ཅེས་མིང་མ་ཕྱུང་བར་བཟླས་ཏེ། རབ་ཏུ་སྤྲོས་ཏེ་དེ་བདག་ཅག་གིས་དོར་བར་བྱའོ་ཞེས་གཞི་རྒྱས་པར་བརྗོད་དེ་ཕྱིར་ཕྱུང་ནས། གཏི་བརྡུངས་ནས་ཡངས་པ་ཅན་གྱི་དགེ་སློང་རྣམས་བསྡུས་ཏེ་ཀུན་རིམ་དུ་ཡངས་པ་ཅན་གྱི་དགེ་སློང་ཞེས་མིང་ཕྱུང་སྟེ། གཞི་བཅུ་རྒྱས་པར་བརྗོད་དེ། ཐམས་ཅད་ཀྱིས་དེ་བདག་ཅག་གིས་དོར་བར་བྱའོ་ཞེས་བརྗོད་པས་བདུན་བརྒྱས་ཡང་དག་པར་བརྗོད་པ་ཞེས་གྲགས་སོ། །འདི་ལ་བཀའ་བསྡུ་གཉིས་པར་གྲགས་ཀྱང་འདུལ་བའི་བསླབ་པ་འགའ་ཞིག་ལོག་པར་སྤྱོད་པ་བསལ་བ་ཙམ་མོ། །རྒྱལ་པོ་དྷརྨ་ཨ་ཤོ་ཀ་ཤི་བ་དང་། དགྲ་བཅོམ་པ་རྣམས་ཀྱིས་ཐ་མལ་པ་དང་། ཟུར་ཆག་པ་དང་། བར་མར་འདོན་པའི་ཚིག་ལ་མངོན་པར་ཞེན་པ་འདུལ་བའི་དབང་གིས་ཕྱིར་རིམ་གྱིས་གཞུང་གཞན་དང་གཞན་དུ་སྒྱུར་ཏེ། རྒྱ་ཆེན་པོའི་སྐད་དུ་སྒྱུར་བའི་མདོ་སྡེ་ལ་སོགས་པ་ལྟ་བུ་སྟེ། བསྟན་པ་

བཅོ་བརྒྱད་ཀྱི་བར་དུ་གྱུར་པ་ཡིན་ནོ། །གྱེས་པ་བཅོ་བརྒྱད་བཀའ་ཡིན་མིན་ལ་རྩོད་པས་ལོ་དྲུག་ཅུ་རྩ་གསུམ་དུ་དགེ་འདུན་ཕྱེ་ཞིང་འཁྲུགས་ལོང་དུ་གྱུར་པ་བསལ་བའི་ཕྱིར་རྒྱལ་པོ་ཀ་ནིཥྐས་སྦྱིན་བདག་བྱས། ཕུ་ཊི་ཀ་ལ་སོགས་པ་དགྲ་བཅོམ་པ་ལྔ་བརྒྱ། བ་སུ་མི་ཏྲ་ལ་སོགས་པ་བྱང་ཆུབ་སེམས་དཔའ་ལྔ་བརྒྱ། སོ་སོ་སྐྱེ་བོའི་པཎྜི་ཏ་ཁྲི་དྲུག་སྟོང་འདུས་ནས། གྱེས་པ་བཅོ་བརྒྱད་ཀྱི་གཞུང་བཀའ་ཡིན་ཏེ། ཚུལ་ཁྲིམས་སྟོན་པས་འདུལ་བ་ལ་སྣང་། ལྷག་པའི་སེམས་སྟོན་པས་མདོ་སྡེ་ལ་འཇུག །མྱང་འདས་དང་མཐུན་ཞིང་ལྷག་པའི་ཤེས་རབ་སྟོན་པས་ཆོས་ཉིད་དང་མི་འགལ་བའི་ཕྱིར་དང་། ཆོས་ཐམས་ཅད་བདག་མེད་པ་ལ་སོགས་པའི་ཕྱག་རྒྱ་གསུམ་གྱིས་བཏབ་པའི་ཕྱིར་དང་། སངས་རྒྱས་ཀྱི་གཞུང་ལ་དོན་གཙོ་བའི་ཕྱིར་དང་། དགྲ་བཅོམ་པ་རྣམས་ཀྱིས་རྣམ་པར་དབྱེ་བ་མཛད་པའི་ཕྱིར། དེ་དག་ཀྱང་སངས་རྒྱས་ཀྱི་བྱིན་རླབས་ལས་བྱུང་བའི་ཕྱིར་དང་། རྒྱལ་པོ་ཀྲི་ཀྲིའི་རྨི་ལམ་བཤད་པའི་མདོ་ལས། རྒྱལ་པོ་ཆེན་པོ་ཁྱོད་ཀྱི་རྨི་ལམ་དུ་མི་བཅོ་བརྒྱད་ཀྱིས་རས་ཡུག་འདྲེན་པ་མཐོང་བ་དེ་ནི། ཤཱཀྱ་ཐུབ་པའི་བསྟན་པ་རྣམ་པ་བཅོ་བརྒྱད་དུ་གྱེས་པར་འགྱུར་ལ། དེའི་རྣམ་པར་གྲོལ་བའི་རས་ནི་གྱེས་པར་མི་འགྱུར་བའོ། །ཞེས་གསུངས་པས་བཀར་བསྒྲུབས་སོ། །དེའང་ཕྱུང་སྐྱེ་ཁམས་གསུམ་མམ་དུས་གསུམ་ཐམས་ཅད་རྫས་སུ་ཡོད་པར་སྨྲ་བས་ཐམས་ཅད་ཡོད་པར་སྨྲ་བ། སཾ་སྐྲྀ་ཏའི་སྐད་ཀྱིས་བརྗོད་ཅིང་སྡེ་པ་གཞན་གྱི་ཆོས་ལུགས་འབྱུང་བའི་གཞི་ཡིན་པས་གཞི་ཐམས་ཅད་ཡོད་པར་སྨྲ་བའོ། །མཁན་པོ་རྒྱལ་རིགས་བསླབ་པ་ལ་གུས་པའི་མཆོག་སྒྲ་གཅན་འཛིན་བཟང་པོ་སྣམ་སྦྱར་ཉེར་ལྔ་པ་ནས་དགུ་པ་ཡན་ཆད་ལ་རྟགས་ཨུཏྤལ་དང་། རིན་པོ་ཆེ་དང་། ཤིང་ལོ་འཁྱུད་དོ། །དགེ་འདུན་ཕལ་ཆེན་པ་ནི་དགེ་འདུན་ཕལ་ཆེ་བ་ཡིན་པས་དགེ་འདུན་ཕལ་ཆེན་པ་སྟེ་གྱེས་དུས་དགེ་འདུན་མང་བས་སོ། །མཁན་པོ་བྲམ་ཟེའི་རིགས་སྦྱངས་པའི་ཡོན་ཏན་ལ་གནས་པའི་མཆོག་འོད་སྲུང་ཆེན་པོ། སྐད་ཐ་མལ་པ། སྣམ་ཕྲན་ཉེར་ལྔ་ནས་བདུན་ཡན་ཆད་ལ་རྟགས་དུང་ངོ་། །སྐྱེ་བོ་མང་པོས་བཀུར་བའི་སློབ་དཔོན་གྱི་ལུགས་སྟོན་པས་མང་བཀུར་བ། མཁན་པོ་དམངས་རིགས་འདུལ་བ་འཛིན་པ་ཉེ་བར་འཁོར། སྐད་ཟུར་ཆག་པ་ཨ་ཕ་བྷྲཾ་ཤ། སྣམ་ཕྲན་ཉེར་གཅིག་ནས་ལྔ་ཡན་ཆད་ལ་རྟགས་མེ་ཏོག་སོ་རྩི་ཀའོ། །གནས་བརྟན་འཕགས་པའི་རིགས་ཡིན་པར་སྨྲ་བས་གནས་བརྟན་པ། མཁན་པོ་རྗེ་རིགས་མཐའ་ཁོབ་འདུལ་བའི་མཆོག་ཀཱ་ཏྱཱ་ཡ་ན། སྐད་འབྲིང་དུ་འདོན་པ། སྣམ་ཕྲན་དང་རྟགས་མང་པོས་བཀུར་བ་དང་མཐུན་པར་གྲགས་སོ། །དེ་ལྟར་བཅོ་བརྒྱད་པོ་ལྟ་བའི་ཁྱད་པར་ཆེ་བས། ལྟ་བའི་བྱེ་བྲག་འབའ་ཞིག་གིས། །རྒྱུ་ཡིས་འདི་དག་ཐ་དད་བྱས། །སྟོན་པ་ཐ་དད་ཡོད་མ་

ཡིན། །ཞེས་སོ། །དུལ་ལྷས། ཤར་དང་ནུབ་དང་གངས་རི་དང་། །འཛིག་རྟེན་འདས་པར་སྨྲ་བ་དང་། ། རྟག་པར་སྨྲ་བའི་སྡེ་པ་རྣམས། །ལྷ་ཚན་དགེ་འདུན་ཕལ་ཆེན་པ། །གཞི་ཀུན་པ་དང་འོད་སྲུང་སྡེ། ། མང་ཐོས་གོས་དམར་སློབ་མ་དང་། །རྣམ་པར་ཕྱེ་སྟེ་སྨྲ་བའི་སྡེ། །ཐམས་ཅད་ཡོད་པར་སྨྲ་བ་ཡིན། ། རྒྱལ་བྱེད་ཚལ་གནས་འཛིགས་མེད་གནས། །གཙུག་ལག་ཁང་ཆེན་གནས་བརྟན་པ། །ས་སྒྲོག་རི་དང་སྲུང་བ་པ། །གནས་མ་བུ་ཡི་སྡེ་རྣམས་ནི། །ཀུན་གྱིས་བཀུར་བ་རྣམ་པ་གསུམ། །ཡུལ་དོན་སློབ་དཔོན་བྱེ་བྲག་གིས། །ཐ་དད་རྣམ་པ་བཅོ་བརྒྱད་གྱུར། །ལོ་དྲི་མཁན་པོས། ཕལ་ཆེན་ལ་དྲུག །ཡོད་སྨྲ་ལ་བཞི། མང་བཀུར་ལ་ལྔ། གནས་བརྟན་ལ་གསུམ་དུ་འདོད་དོ། །དེ་ནས་རྣམ་གཞག་གཞན་གྱི་བཀའ་བསྡུ་གསུམ་པ་བཤད་པ་ནི་རྣམ་པར་འཁྲུམས་པའོ། །

བསྡུ་བ་གསུམ་པ་འདི་འང་ཐུན་ཚོགས་ལས། སྟོན་པ་འདས་ནས་ལོ་བཞི་བརྒྱ་ན་རྒྱལ་པོ་ཀ་ནིཥྐ་འབྱུང་བར་ལུང་བསྟན་པས་རྒྱལ་པོ་དེའི་སྲིད་སྐྱོང་བའི་རིང་ལ་ཡིན་པས། སྟོན་པ་འདས་ནས་ལོ་ལྔ་བརྒྱ་ཙམ་ལའོ། །དེའི་ཕྱིར་བསྐལ་བཟང་ལས། དམ་པའི་ཆོས་ནི་ལོ་ལྔ་བརྒྱར་གནས་པ་དང་། ཆོས་ལྟར་སྣང་བ་ནི་ལོ་ལྔ་བརྒྱར་ཏེ། སྟོང་གནས་པར་བཤད་པའང་འདི་ལ་དགོངས་ཏེ། ལྔ་བརྒྱ་དེ་སྲིད་བསྟན་པ་ཐ་དད་དུ་མ་གྱུར། དེ་ནས་ཚུལ་མང་པོར་བཤད་པས་སོམ་ཉིར་གྱུར་ཐམས་ཅད་ཀྱི་དགོས་ནུས་མཚུངས་པ་ཙམ་གྱིས་བཀར་བསྒྲུབས་པ་སྟེ། དོན་ཉན་ཐོས་ཀྱི་སྡེ་སྣོད་ཁོ་ན་དབྱིག་གཉེན་གྱི་དུས། ཡང་དག་བསྡུ་བའི་གཞི་ཉམས་ཕྱིར། །ཞེས་སློས་པས་ཀྱང་ཤེས་སོ། །དྲི་མེད་འོད་ལས། སྡུད་པར་བྱེད་པ་པོ་དག་གིས་ཐེག་པ་གསུམ་གླེགས་བམ་ལ་བྲིས་ཏེ་ཞེས་པས་བཀའ་བསྡུ་དང་པོའི་དུས་ཉིད་དུ་གཞུང་ཡི་གེར་བཀོད་ཀྱང་། དུས་ཀྱི་དཔེ་འཁྲུགས་ནས་དང་པོའི་གཞུང་ལ་གཏུག་རྒྱུ་མ་བྱུང་བར་མངོན་ལ། གཞན་དག་ཡི་གེར་མ་བཏབ་ལ། བློ་ནས་བཏོན་པའི་སྐྱོན་ཡིན། གསུམ་པའི་དུས་ཡི་གེར་བཀོད་ཅེས་གྲགས་སོ། །

༄ གཉིས་པ་བསྟན་པའི་གཏད་རབས་ནི། སྟོན་པས་འོད་སྲུང་ཆེན་པོ་ལ་སྟན་ཕྱེད་བསྟབས། རྒྱལ་ཚབ་ཏུ་མངའ་གསོལ། དེ་དང་འཕགས་པའི་གནས་བརྟན་ཆེན་པོ་བཅུ་དྲུག་ལའང་བསྟན་པ་གཏད་པ་ཡིན་ལ། འོད་སྲུང་ནི་ཡུལ་མ་ག་དྷའི་བྲམ་ཟེའི་གྲོང་ནྱ་གྲོ་དྷ་ཅན་ན་བྲམ་ཟེ་ནྱ་གྲོ་དྷའི་ཏོག་གི་བུས་ནྱ་གྲོ་དྷའི་ལྷ་ལ་གསོལ་བ་བཏབ་པ་ལས་སྐྱེས་པས་ནྱ་གྲོ་དྷ་ལས་སྐྱེས་སམ། རིགས་ལས་དྲུས་ཏེ་འོད་སྲུང་། སེར་སྐྱ་བཟང་མོ་ཞེས་བྱ་བ་གསེར་གྱི་མདོག་ཅན་གྱི་བུད་མེད་མཛེས་མ་མཆིས་བྲང་དུ་བཀུག་ཀྱང་ཕན་ཚུན་ཕུ་ནུ་བཞིན་ལས་ཆགས་པའི་སེམས་སྐད་ཅིག་ཀྱང་མ་སྐྱེས་པ། ཕ་མ་ཤི་ནས་ཁྱིམ་གྲོང་

པ་དོར་དགུ་བརྒྱ་གོ་དགུ། གསེར་བྱེ་བ་དྲུག་ཅུ། གསེར་གྱི་ནས་རྫང་བརྒྱད་ཅུ་ཡོད་པ་རྩ་བཞིན་དུ་དོར་ནས་རས་ཀ་ཤི་ཡུག་ཟུང་ཐོགས་ཏེ། སེར་སྐྱ་བཟང་མོ་ནི་གཙེར་བུ་པ་དག་གི་དྲུང་དུ་བཏང་། རང་ཉིད་སྟོན་པ་མངོན་པར་སངས་རྒྱས་ནས་རིང་པོ་མ་ལོན་པ་བུ་མང་མཆོད་རྟེན་གྱི་འགྲམ་དུ་བཞུགས་སར་ཕྱིན། མཐོང་མ་ཐག་ཏུ་དེ་ལ་སྟོན་པའི་འདུ་ཤེས་སྐྱེས་ཏེ། བཅོམ་ལྡན་འདས་ནི་བདག་གི་སྟོན་པ་ལགས་སོ། །བདག་ནི་བཅོམ་ལྡན་འདས་ཀྱི་ཉན་ཐོས་ལགས་སོ། །ཞེས་ལན་གསུམ་དུ་ཞུས་ཤིང་། བཅོམ་ལྡན་འདས་ཀྱིས་ང་ནི་ཁྱོད་ཀྱི་སྟོན་པ་ཡིན་ལ། ཁྱོད་ནི་ངའི་ཉན་ཐོས་ཡིན་ནོ་ཞེས་ལན་འདེབས་པ་མཛད་པ་གསུམ་པའི་མཐར་བསྙེན་པར་རྫོགས་པ་ཐོབ་སྟེ་སྦྱངས་པའི་ཡོན་ཏན་ལ་གནས་པའི་མཆོག་ཏུ་བསྔགས་སོ། །སྟོན་པའི་སྣམ་སྦྱར་ཕྱག་དར་ཁྲིད་པ་རང་གིས་གཟུང་། རས་ཀ་ཤི་ཀ་སྟོན་པ་ལ་ཕུལ་ལོ། །དེ་ཡང་སྟོན་པ་ལྷ་ནས་བབས་ཁར་ལྷ་མང་པོ་བདུད་རྩིའི་ཕྱིར་འཛམ་བུ་གླིང་དུ་འཕོས་པ་སྟོན་པ་དང་དགུང་མཉམ་ཙམ་མོ། །འོད་སྲུང་གིས་བཀའ་རྣམས་ལེགས་པར་བསྡུས་ཏེ་བསྟན་པ་བསྐྱངས་ལ། དེའི་ཡུན་ཡང་སྙིང་རྗེ་པད་དཀར་ལས། སྟོན་པ་འདས་ནས་བསྟན་པ་སྲུས་འཛིན་ཞུས་པའི་ལན་དུ། ཀུན་དགའ་བོ་དགེ་སློང་འོད་སྲུང་དང་ཁྱེད་གཉིས་ལོ་བཞི་བཅུ་ལྷག་ཙམ་དུ་ངའི་དམ་པའི་ཆོས་འཛིན་པར་འགྱུར་རོ་ཞེས་གསུངས་པ་གཉིས་ཀ་བསྡོམས་པ་མ་ཡིན། ཡིན་ན་ཉི་མ་གུང་པ་ལུང་བསྟན་པའི་དུས་དང་མི་འགྲིགས་པས་སོ་སོས་བཞི་བཅུ་ལྷག་ཙམ་རེའོ། །དེ་ལྟར་འོད་སྲུང་གིས་སྟོན་པའི་གསུངས་ཅི་ནུས་སུ་བསྒྲུབས་ཤིང་གདུལ་བྱ་མང་པོ་རྣམ་པར་གྲོལ་བ་ལ་བཀོད་ནས་བསྟན་པ་ལ་ཕན་གདགས་པ་མཛད་ནས་མྱ་ངན་ལས་འདའ་བར་དགོངས་ཏེ། བདག་གིས་ཐུབ་པའི་མདོ་སྡེ་ནི། །ཡང་དག་བསྡུས་ནས་ཆོས་ལམ་བཞག །གཅིག་ནས་གཅིག་ཏུ་ཡུན་རིང་བར། །སྟོན་པའི་གསུང་འདི་གནས་པར་འགྱུར། །ངོ་ཚ་མེད་རྣམས་ཆད་པས་བཅད། །ངོ་ཚ་བྱེད་ནི་ཡོངས་སུ་གཟུང་། །བདག་གིས་ཕན་དང་དགེ་བྱས་པས། །བདག་ནི་མྱ་ངན་འདའ་དུས་བབ། །ཀུན་དགའ་བོ་ཤེས་པར་གྱིས་ཤིག །སྟོན་པས་ང་ལ་བསྟན་པ་གཏད་ནས་འདས་སོ། ། ངའང་མྱ་ངན་ལས་འདའ་བས་བསྟན་པ་ཁྱོད་ཀྱིས་སྐྱོངས་ཤིག །ཁྱོད་ཀྱིས་ཀུང་ཤ་ནའི་གོས་ཅན་ལ་གཏོད་ཅིག །དེ་ནས་འོད་སྲུང་གིས་སྐུ་གདུང་གི་མཆོད་རྟེན་དང་ཚེམས་མཆེ་བ་རྣམས་མཆོད་དེ། ལྗོ་ཕྱོགས་ཀྱི་རི་བྱ་རྐང་ལ་འཛེགས་ཏེ་ཁ་ཕྱེ་བའི་དབུས་སུ་རྩྭ་བཏིང་། བཅོམ་ལྡན་འདས་ཀྱི་ཕྱག་དར་ཁྲིད་ཀྱི་སྣམ་སྦྱར་གྱོན་ནས་བྱམས་པ་སངས་རྒྱས་ཀྱི་བར་དུ་སྐུ་གདུང་མི་ཉམས་པར་བྱིན་གྱིས་བརླབས་ཏེ་ཆོ་འཕྲུལ་དུ་མ་བསྟན་ནས་མྱ་ངན་ལས་འདས་སོ། །དེ་ནས་ལྷ་རྣམས་ཀྱིས་མཆོད། རི་འབྱར་ཏེ་མ་སྐྱེས་དགྲས

མཐོང་བའི་སྐབས་ཕྱེ་བས། དེའི་ཚེ་མ་སྐྱེས་དགྲས་རྒྱལ་རིགས་ཀྱི་ཞང་པོ་རྒྱུད་འཆད་པ་རྨིས་ནས། སད་པ་དང་འོད་སྲུང་འདས་པ་ཐོས་ཏེ། ཀུན་དགའ་བོ་དང་ལྷན་ཅིག་རི་བྱ་རྐང་ལ་ཕྱིན། གནོད་སྦྱིན་གྱིས་རི་ཕྱེ་བ་དེ་ལ་རྒྱལ་པོས་ཕྱག་མཆོད་བྱས་ཏེ་བསྐྱིགས་པར་བརྩམས་པ་དང་། ཀུན་དགའ་བོས། འདི་ནི་བྱམས་པའི་གསུང་རབ་བྱུང་གི་བར་བྱིན་གྱིས་བརླབས་ཏེ། བྱམས་པའི་འདུས་པ་དང་པོ་ལ་ཉན་ཐོས་བྱེ་བ་དགུ་བཅུ་རྩ་དགུ་དང་བཅས་པས་འདིར་བྱོན་ནས། འདིའི་སྐུ་གདུང་ཕྱག་མཐིལ་དུ་བསྣམས་ནས་བསྟན་ཏེ། འདི་ནི་ཤཱཀྱ་ཐུབ་པའི་ཉན་ཐོས་སྦྱངས་པའི་ཡོན་ཏན་ལ་གནས་པའི་མཆོག་ཡིན་ལ། འདིས་བགོས་པའི་སྣམ་སྦྱར་ཡང་སྟོན་པ་དེའི་ཡིན་ནོ། །

འདི་ན་ནི་དེ་ལྟ་བུ་དགེ་སློང་སྦྱངས་པའི་ཡོན་ཏན་ལ་གནས་པ་ཅིའང་མེད་དོ་ཞེས་གསུངས་ཏེ། འོད་སྲུང་གི་སྐུར་དེ་ཚེ་འཕྲུལ་ཆེན་པོ་བསྟན་ནས་ལྷག་མ་མེད་པར་དབྱིངས་སུ་ཐིམ་པས། དེ་དག་གིས་སྦྱངས་པའི་ཡོན་ཏན་བླངས་ཏེ་དགྲ་བཅོམ་པ་ཐོབ་པར་འགྱུར་བས་བསྐྱིག་པར་མི་ནུས་སོ། །ཞེས་གདམས་ཏེ་ཕྱིར་ལོག་པ་ན་རི་ཁ་འབྱར་དེའི་རྩེར་སྐུ་གདུང་གི་མཆོད་རྟེན་བརྩིགས་སོ། །ཀུན་དགའ་བོ་ནི་སྟོན་པའི་ཁུ་བོ་བདུད་རྩི་ཟས་ཀྱི་བུ། །སྟོན་པ་སངས་རྒྱས་པའི་དུས་སྒྲ་གཅན་འཛིན་དང་གཉིས་དུས་མཉམ་དུ་བཙས། ལོ་དྲུག་ལོན་པ་ཡབ་སྲས་མཇལ་བའི་ཚེ། འོད་སྲུང་སློབས་བཅུ་པ་ལ་གཏད་དེ་ད་ལྟར་ཚོགས་ཚིགས་རིམ་ཅན་ནོས་ལ། སྟོན་པའི་རིམ་གྲོ་པ་ཐོས་པ་འཛིན་པའི་མཆོག་ཏུ་བསྔགས་པ་དེས་བསྟན་པ་ལོ་བཞི་བཅུ་ལྷག་ཙམ་བསྐྱངས་ཤིང་། དེའི་ཚེ་དགེ་སློང་ཞིག་གིས། གང་ན་ལོ་བརྒྱ་འཚོ་བ་ནི། །ངེས་པར་ཆུ་ལ་བྱ་གག་བཞིན། །ཆུ་ལ་བྱ་གག་མཐོང་བ་ལྟར། །བདག་ཉིད་གཅིག་པུའི་འཚོ་བ་དགེ །དེ་ཀུན་དགའ་བོས་ཐོས་ནས། སྟོན་པས་དེ་སྐད་མ་གསུངས་ཀྱི། །གང་ན་ལོ་བརྒྱ་འཚོ་བ་ནི། །ངེས་པར་སྐྱེ་དང་འཇིག་པ་ཡིན། །གང་ཟག་གཉིས་ལ་སྟོན་པ་ཡི། །ས་འདིར་སྒྲོག་པར་བཤད་པ་ནི། །མ་དད་ཞེ་སྡང་བློ་ཅན་དང་། །དད་ལ་ཕྱིན་ཅི་ལོག་གྱུར་པའོ། །མདོ་སྡེ་ལོག་པར་བཟུང་གྱུར་པས། །བ་ལང་འདམ་དུ་སོང་བ་བཞིན། །དེ་ནི་ཉེ་བར་འཇིག་འགྱུར་ཏེ། །རང་གི་འཆི་བློས་བློ་མེད་པ། །ཐོས་པ་མི་ཤེས་འབྲས་བུ་མེད། །ལོག་པར་ཤེས་པ་དུག་དང་འདྲ། །ཐོས་པ་ཡང་དག་ཉིད་ཤེས་པ། །བྲལ་བ་འབྲས་བུ་བློ་ལྡན་ཡིན། །ཞེས་བྱས་སོ། །དེས་དེའི་མཁན་པོ་ལ་སླས་པས། ཀུན་དགའ་བོ་ནི་རྒས་གྱུར་ཏེ། །དེ་ཡི་དྲན་པའང་ཉམས་པར་གྱུར། །སླས་པ། རྒས་པ་དག་གིས་གཟིར་གྱུར་པ། །ལུས་ཅན་དེ་ནི་དྲན་པ་ཉམས། །ཡང་དག་རྗེས་སུ་མི་དྲན་པ། །དེ་ནི་བློ་ནི་རྒས་པས་ནོན། །དེ་ཀུན་དགའ་བོས་ཐོས་ནས། དེ་ལ་སླས་ན་འཐབ་མོར་འགྱུར། །དེའི་མཁན་པོའི་དྲུང་

དུ་བདག་འགྲོ་བར་མི་རིགས་པས་མྱ་ངན་ལས་འདའ་བར་བྱའོ་སྙམ། རྙིང་པ་དག་ནི་སྔར་འདས་ཏེ། །གསར་བུ་དེ་དང་བདག་མི་མཐུན། །བདག་ཉིད་གཅིག་པུ་བསམ་གཏན་པ། །སྒོ་ང་ལས་སྐྱེས་བཞིན་དུ་གནས། །བདག་གི་གྲོགས་དང་མཛའ་བོ་ཀུན། །སྔོན་དུ་འདས་ཤིང་སོང་བར་གྱུར། །ཇི་ལྟར་བསམ་གཏན་གནས་དྲན་པ། །དེ་འདྲའི་བཤེས་གཉེན་འདི་ན་མེད། །དེས་ཤ་ནའི་གོས་ཅན་ལ། སྟོན་པས་འོད་སྲུང་ལ། དེས་ཀྱུང་ང་ལ་བསྟན་པ་གཏད་དོ། །ང་ཡང་འདའ་བས་བསྟན་པ་ཁྱོད་ཀྱིས་སྐྱོངས་ཤིག །ཡུལ་བཙོམ་བརླག །རི་མུ་རྟུན་དར། ཚོང་དཔོན་གྱི་བུ་ནུ་ཏ་དང་ཕ་ཏས་གཙུག་ལག་ཁང་བརྩིགས་ནས་སྦྱིན་བདག་བྱེད་པར་ལུང་བསྟན་ནོ། །དེར་སྤོས་ཚོང་སྤས་པའི་བུ་ཉེར་སྦས་རབ་ཏུ་བྱུང་ལ། དེ་ལ་བསྟན་པ་གཏོད་ཅིག་ཅེས་གདམས། མ་སྐྱེས་དགྲ་ལ་སྤྲན་ཏེ། དེ་དམག་དང་བཅས་པ་སྐྱིལ་བར། ཡངས་པ་ཅན་པ་ལ་ལྷས་སྤྲན་པས་དམག་དང་བཅས་པ་བསུར་འོངས་ནས་གང་གའི་དབུས་སུ་སླེབ་པ་ན། དྲང་སྲོང་ཞིག་འཁོར་ལྔ་བརྒྱ་དང་བཅས་པས་རབ་ཏུ་བྱུང་བར་ཞུས་པས། ཀུན་དགའ་བོས་གང་གའི་དབུས་སུ་གླིང་སྤྲུལ་ཏེ་དེར་བསྙེན་པར་རྫོགས། དེ་མ་ཐག་དགྲ་བཅོམ་པར་གྱུར་པས་དགྲ་བཅོམ་པ་ཉི་མ་གུང་པའམ་ཆུའི་དབུས་པ་ཞེས་གྲགས་སོ། །དེས་མཁན་པོའི་སྔོན་ཏུ་མྱ་ངན་ལས་འདའ་བར་གསོལ་བས། སྟོན་པས་ཁྱོད་ཁ་ཆེར་བསྟན་པ་རྒྱས་པར་ལུང་བསྟན་པས་དེ་བཞིན་གྱིས་ཤིག །དེས་དེ་བཞིན་བགྱིའོ་ཞེས་ཁས་བླངས་ཏེ་ཀུན་དགའ་བོ་ཆོ་འཕྲུལ་སྣ་ཚོགས་བསྟན་ཏེ་སྐུ་གདུང་གི་ཕྱེད་མ་སྐྱེས་དགྲ། ཕྱེད་ཡངས་པ་ཅན་པས་ཁྱེར་ཏེ་ཡངས་པ་ཅན་དང་སྐྱ་ནར་བུར་མཆོད་རྟེན་བརྩིགས་སོ། །

ཤ་ནའི་གོས་ཅན་གྲགས་པ་དགྲ་བཅོམ་པ་སྡེ་སྣོད་གསུམ་ལ་མཁས་པ་སྟེ། ཆོས་རྒྱལ་མྱ་ངན་མེད་ཀྱིས་སྦྱིན་བདག་བྱས། རྒྱལ་པོ་དེའང་འཇམ་དཔལ་རྩ་རྒྱུད་ལས། སྟོན་པ་མྱ་ངན་ལས་འདས་ནས་ལོ་བརྒྱ་ན་འབྱུང་། བརྒྱ་དང་ལྔ་བཅུར་འཚོ། ལོ་བརྒྱད་ཅུ་རྩ་བདུན་དུ་མཆོད་རྟེན་མཆོད་པར་བསྟན། དེས་སྐུ་གདུང་གི་མཆོད་རྟེན་བདུན་ནས་སངས་རྒྱས་ཀྱི་རིང་བསྲེལ་ཕྱུང་སྟེ་འཛམ་བུའི་གླིང་གི་སའི་ཕྱོགས་ཐམས་ཅད་དུ་རིན་པོ་ཆེ་སྣ་བདུན་གྱི་མཆོད་རྟེན་བྱེ་བ་བརྒྱད་ཁྲི་བཞི་སྟོང་བྱེད་པར་སྟོན་པས་ལུང་བསྟན་པ་བཞིན་གནོད་སྦྱིན་ཤིང་རྟ་ཞེས་པས་གྲོགས་བགྱིས་ཏེ་བྱས། དེ་ལ་དགྲ་བཅོམ་པ་རྣམས་ཀྱིས། མྱ་ངན་མེད་རྒྱལ་སྐྱ་ནར་བུར་གནས་པས། །མཆོད་རྟེན་བདུན་པོ་རྒྱ་ཆེར་སྤེལ་བྱས་ཏེ། །དེ་ཡི་མཐུ་ཡིས་དབྱིག་འཛིན་འདི་ར་ཡང་ནི། །སྨོན་ལམ་དངོས་པོ་མངོན་པར་བརྒྱན་གྱུར་ཏེ། །ཞེས་བསྔགས་སོ། །དེ་དག་གི་རབ་ཏུ་གནས་པ་བགྱིས་ཤིང་ཉེར་སྦས་ལ་བསྟན་པ་གཏད་

དེ་མྱ་ངན་ལས་འདས་སོ། །ཉེར་སྦས་ནི་ཡུལ་ཕྲན་ཚེགས་ལས། ང་འདས་ནས་ལོ་བརྒྱ་ན་སྤོས་ཚོང་སྦས་པའི་བུ་ཉེར་སྦས་ཞེས་བྱ་བ་རབ་ཏུ་བྱུང་ནས་མཚན་མེད་པའི་སངས་རྒྱས་སུ་འགྱུར་ཏེ་སངས་རྒྱས་ཀྱི་བྱ་བ་བྱེད་དོ་ཞེས་སྟོན་པས་ལུང་བསྟན་པ། གྲགས་པ་ལས་རབ་ཏུ་བྱུང་ཞིང་དགྲ་བཅོམ་པ་སྡེ་སྣོད་གསུམ་པ་སྟེ། བདུད་སྡིག་ཅན་གྱིས་དེ་འཁོར་ལ་ཆོས་སྟོན་པ་ན་སྤྲུལ་པ་བསྟན་ནས་འཁོར་རྣམས་གཡེངས་སུ་བཅུག་ནས་འབྲས་བུ་ཐོབ་པའི་གེགས་བྱས་པས། དེས་རོ་གསུམ་མེ་ཏོག་གི་ཕྲེང་བར་སྤྲུལ་ཏེ་དེའི་མགོ་ལ་བཏགས་པས་སྡིག་པའི་སེམས་སྐྱེས་ན་རོ་དྲི་ང་བ། དགེ་བའི་སེམས་སྐྱེས་ན་མེ་ཏོག་ཉིད་དུ་སྣང་བ་དེ་ལྟ་བུའི་ཅོད་པན་སུས་ཀྱང་འབོར་མ་ནུས་པ་དེ་ཉིད་ལ་བཏུད་དེ་ཕྱིན་ཆད་སྡིག་སེམས་མི་འཆའོ་ཞེས་གྲགས་སོ། །ཕྱུག་སྲིད་དུ་ཁྲི་བཅོ་བརྒྱད། རྒྱར་ཁྲུ་བཅུ་གཉིས་པ་ལ། དེའི་གདམ་ངག་བདུན་གྱིས་དགྲ་བཅོམ་པ་ཐོབ་པ་རྣམས་ཀྱི་ཐུར་མ་སོར་བཞི་པས་བཀང་བས་ཁེངས་སོ། །སྟོན་པ་མྱ་ངན་ལས་འདས་ནས་དགྲ་བཅོམ་པའི་འཁོར་འདི་ལས་མང་བ་མ་བྱུང་ངོ་། །དེས་དྷི་ཏི་ཀ་ལ་བསྟན་པ་གཏད་དེ་མྱ་ངན་ལས་འདས་སོ། །འཕགས་པ་དྷི་ཏི་ཀའང་དགྲ་བཅོམ་པ་སྡེ་སྣོད་གསུམ་ལ་མཁས་པ་དེས་མ་ག་དྷ་དམར་བུ་ཅན་གྱི་འཕགས་པ་ནག་པོ་ལ་བསྟན་པ་གཏད་དེ་མྱ་ངན་ལས་འདས་ལ། འཕགས་པ་ནག་པོའང་དགྲ་བཅོམ་པ་སྡེ་སྣོད་གསུམ་པ་སྟེ་བསྟན་པ་ཡོངས་སུ་བསྐྱངས་ཤིང་ལེགས་མཐོང་ལ་བསྟན་པ་གཏད་དེ་ཡོངས་སུ་མྱ་ངན་ལས་འདས་སོ། །

འགའ་ཞིག་ལས་ཁ་ཆེར་ལེགས་མཐོང་བྱུང་སྟེ། ཕ་དང་མ་དག་ལས་དེ་ལ་སེདྷི་ཞེས་བྱ་བའི་མིང་དུ་གྲུབ། འཕགས་པ་ནག་པོ་ལས་རབ་ཏུ་བྱུང་སྟེ་དགྲ་བཅོམ་པ་སྡེ་སྣོད་གསུམ་པར་གྱུར་ཅིང་། བྱང་གི་ཕྱོགས་ནས་རྒྱལ་པོ་ཀ་ནིཥྐ་ཞེས་བྱ་བ་སེདྷི་ལྟ་བའི་ཕྱིར་ཁ་ཆེར་ཞུགས་སོ། །དེ་ལ་འཕགས་པ་སེདྷིས་ཆོས་བསྟན་ཏོ། །དེས་དེ་ལ་ཆོས་ཐོས་ནས་བྱང་དུ་ལོག་སྟེ་ཀ་ནིཥྐའི་མཆོད་རྟེན་དང་། སྟོན་པའི་བསྟན་པར་བཀུར་སྟི་ཆེར་བྱས་ལ་བསྡུ་བ་གསུམ་པའི་སྦྱིན་བདག་བྱས་སོ་ཞེས་བྱུང་ལ། ལེགས་མཐོང་ཚུན་ནི་ལུང་ཕྲན་ཚེགས་ལས་གསལ་བར་བྱུང་ཞིང་། བུ་སྟོན་གྱི་ལང་གཤེགས་འགྲེལ་པར་དྷི་ཏི་ཀ་ནས་པི་ཏྲ་ག་ལ། དེས་བཙུན་པ་བུདྡྷ་ནན་དི་ལ། དེས་བུདྡྷ་མི་ཏ་ལ། དེས་སློབ་མ་དགེ་སློང་རྩིབས་ལ། དེས་སུ་ནཤཱ་ཏ་ལ། དེས་ཧ་སྣད་ལ། དེས་མཤེ་བ་ལ། དེས་ཀླུ་སྒྲུབ་ལ། དེས་ཨཱརྱ་དེ་ཝ་ལ། དེས་རཱ་ཧུ་ལ་ལ། དེས་སཾ་ག་ནནྡ་ལ། དེས་དགེ་སློང་དགྲ་བཅོམ་པ་ལ། དེས་ཧ་ལ་ཤཱ་ལ། དེས་ཀུ་མ་ར་ཏ་ལ། དེས་ཤཱ་ཡ་ཏ་ལ། དེས་བ་སུ་བནྡྷུ་ལ། དེས་མ་ནོ་ཏ་ལ། དེས་ཧ་ཀ་ལི་ཀ་ན་ཡ་ན་ཤཱ་ལ། དེས་སེདྷི་ཞེས་བྱུང་ངོ་གསུངས་ཀྱང་། དེང་སང་ཡོད་པའི་འགྲེལ་པ་གཉིས་ན་དེ་མི་སྣང་གསུངས་ལ། འདི་

ལ་ལེགས་མཐོང་མ་བྱུང་བས་ལུང་བཞིན་དུ་བྱས་ན་སྣ་མ་འཐད་ཅིང་། ལེགས་མཐོང་དང་སེནྡྷེ་དོན་གཅིག་པར་བྱས་ན་ཀླུ་སྒྲུབ་ལ་བསྟན་པ་གཏད་པ་དུས་འགྲིག །འགྲེལ་པ་དེར་ཡོད་ཀྱང་མདོ་དེ་གའི་ལུང་བརྒྱུད་ཙམ་ཡིན་སྲིད་དོ། །དེས་ན་རང་ལུགས་ཀླུ་སྒྲུབ་ཡན་ལ་བདུན་ནོ། །ཁྱད་པར་དུ་གནས་བརྟན་ཆེན་པོ་བཅུ་དྲུག་གིས་བསྟན་པ་བསྐྱངས་ཏེ། སུམ་ཅུ་རྩ་གསུམ་ན་གནས་བརྟན་ལམ་ཆེན་པ། གངས་ཅན་ན་གནས་བརྟན་མི་ཕྱེད་པ། ནུབ་བ་ལང་སྤྱོད་ན་གསེར་ཅན། བྱང་སྒྲ་མི་སྙན་ན་བ་ཀུ་ལ། ཤར་ལུས་འཕགས་ན་བ་ར་དྭ་ཛ། ཟངས་གླིང་ན་དུས་ལྡན་ཆེན་པོ། སིངྒ་གླིང་ན་རྡོ་རྗེ་མོའི་བུ། ཕྲི་ཡངྒུའི་གླིང་ན་སྒྲ་གཅན་འཛིན། ཆུ་བོ་ཡ་མུ་ནའི་གླིང་ན་བཟང་པོ། རི་བི་ཕུ་ལ་ན་སྲིད་བྱེད། ངོས་ཡངས་ཀྱི་རི་ལ་ཀླུའི་སྡེ། ལོ་མ་བདུན་པའི་རི་ལ་ནགས་གནས། བྱ་རྒོད་ཕུང་པོ་ལ་ལམ་ཕྲན། ཁ་ཆེར་གསེར་བེའུ། ཧི་སེ་ལ་ཡན་ལག་འབྱུང་། དྲང་སྲོང་ཤེལ་ནགས་ལ་མ་ཕམ་པ་སྟེ་རེ་རེའང་དགྲ་བཅོམ་པ་མང་པོས་བསྐོར་ཏེ་བཞུགས་ལ། རྒྱ་ནག་ཏུ་ཐང་ཐའི་ཙུང་གི་དུས་དང་། སེ་ཆེན་དང་། གོང་མ་ཡེ་དབང་གི་དུས་མི་ཀུན་གྱི་མངོན་སུམ་དུ་བྱོན་ཟེར། གཞན་ཕལ་གྱིས་མི་མཐོང་འཛའ་ལུས་པ་ལྟ་བུའོ། །

དགའ་བའི་བཞིན་གྱི་རྟོགས་བརྗོད་ལས། གནས་བརྟན་ཆེན་པོ་དེ་དག་གང་དུ་དཀོན་མཆོག་གསུམ་གྱི་གཙུག་ལག་ཁང་གསར་དུ་བྱེད་པ་དེར་སྤྲུལ་པའི་སྐྱེས་བྱོན་ནས་བྱིན་གྱིས་རློབ་པར་ཡང་མཛད་ལ། མཐར་ཚེ་ལོ་ཡར་འཕེལ་བའི་མི་རྣམས་ཀྱི་ལོ་དྲུག་བརྒྱ་ཐུབ་པ་ན་དེ་དག་ཡུལ་དབུས་སུ་འདུས་ཏེ་སྐུ་གདུང་རྣམས་ལ་མཆོད་པ་མཛད་དེ་ལྷག་མ་མེད་པའི་དབྱིངས་སུ་མྱ་ངན་ལས་འདའོ་ཞེས་གསུངས། དེ་ལྟར་སྟོན་པ་བཞུགས་དུས་འཛམ་བུའི་གླིང་གི་གྲོང་ཁྱེར་ཆེན་པོ་བཅུ་དྲུག་ཏུ་ནི་བསྟན་པ་ལེགས་པར་དར་ལ། ཁ་ཆེར་དེའི་ཚེ་གྲོང་ཁྱེར་མེད་པས་སྟོན་པ་འདས་ནས་ལོ་བརྒྱ་ན་ཉི་མ་གུང་པས་བསམ་གཏན་དང་མཐུན་པའི་གནས་མལ་གྱི་མཆོག །ཁ་ཆེར་བསྟན་པ་འཛུགས་གོ་ཞེས་ལུང་བསྟན་པ་བཞིན། ཀུན་དགའ་བོ་མྱ་ངན་ལས་འདས་ནས་ལོ་ཉི་ཤུར་ཉེ་བ་ན། དགྲ་བཅོམ་པ་ཉི་མ་གུང་པས་ལུང་བསྟན་པའི་དུས་ལ་བབ་པར་ཤེས་ནས་ཁ་ཆེར་སོང་སྟེ། དེ་མཚོར་ཡོད་པའི་ལུང་པ་དགུའི་མདོར་སྐྱིལ་མོ་ཀྲུང་གཅིག་གིས་མནན་པས། ཀླུ་འབྲུགས་ཏེ་ས་གཡོས་རྡོ་ཆར་དྲག་པོ་ཕབ་ཀྱང་ཆོས་གོས་ཀྱི་མཐའ་ཡང་མ་གཡོས། མདའ་མཚོན་གྱི་ཆར་ཕབ་པ་མེ་ཏོག་ཏུ་བསྒྱུར་བས། ཀླུ་རྣམས་ངོ་མཚར་ནས་བཀའ་ཅི་སྐྱོལ་ཟེར་བ་དང་། ང་སྟོན་པས་ལུང་བསྟན་པས་གནས་འདིར་འོངས་ཀྱི་ང་ལ་འདི་བྱིན་ཅིག །སྐྱིལ་མོ་ཀྲུང་གིས་གང་ནོན་པ་དེ་ཕུལ་ལོ། །འཁོར་ཅི་ཙམ་མངའ། འཁོར་དགྲ་བཅོམ་པ་ལྔ་བརྒྱའོ། །དེ་ལ་གཅིག་མ་ཚང་ནའང་འཕྲོག་གོ་ཟེར་བ་དང་། གནས་བརྟན་གྱིས

སྦྱིན་བདག་གནས་ས་ལེན་པ་ཡོད་པས་ཁྱིམ་བདག་ཀྱང་གཞུག་པར་བྱའོ་ཞེས་བགྲོས་ནས། དེར་སྤྲུ་མ་མཁན་སྤྲུ་མའི་གྲོང་ཁྱེར་བྱེད་དུ་བཙུག་ནས་ཕུན་སུམ་ཚོགས་ལ་མི་འཇིག་པར་བྱིན་གྱིས་བརླབས། དེར་སྐྱེ་བོའི་ཚོགས་བཙུག་ཅིང་རི་སྤོས་ངད་ལྡན་ལས་གྲུར་གྲུམ་བླངས་ཏེ་བསྟན་པ་ཇི་སྲིད་གནས་ཀྱི་བར་དུ་སྐྱེ་བར་བྱིན་གྱིས་བརླབས་ཏེ། གྲོང་ཁྱེར་གཅིག་ལའང་མི་ཁྱིམ་འབུམ་ཕྲག་སུམ་ཅུ་སོ་དྲུག་ཙམ་ད་ལྟའི་བར་དུ་ཡོད་ཟེར། གཞན་གྲོང་ཁྱེར་དུ་མ་ཡོད་པ་ཡུལ་ཤིན་ཏུ་ཉམས་དགའ་བའོ། །

༄ གསུམ་པ་ཐེག་ཆེན་ཇི་ལྟར་དར་བའི་ཚུལ་བཤད་པ་ལ། རྒྱུའི་ཐེག་ཆེན་དར་བའི་ཚུལ་དང་། འབྲས་བུའི་ཐེག་ཆེན་དར་བའི་ཚུལ་ལོ། །དང་པོ་ནི། ཐེག་པ་ཆེན་པོའི་སྒྲོལ་འབྱེད་པའི་ཤིང་རྟ་ཆེན་པོ་གཉིས་སུ་གྲགས་པ་ལས་དང་པོ་ནི། ལངྐར་གཤེགས་པའི་མདོ་ལས། ལྷོ་ཕྱོགས་བེ་ཏའི་ཡུལ་དུ་ནི། །དགེ་སློང་དཔལ་ལྡན་ཆེར་གྲགས་པ། །དེ་མིང་ཀླུ་ཞེས་འབོད་པ་སྟེ། །ཡོད་དང་མེད་པའི་ཕྱོགས་འཇིག་པ། །ང་ཡི་ཐེག་པ་འཇིག་རྟེན་དུ། །བླ་མེད་ཐེག་པ་རབ་བཤད་ནས། །རབ་ཏུ་དགའ་བའི་ས་བསྒྲུབས་ཏེ། །བདེ་བ་ཅན་དུ་དེ་འགྲོའོ། །ཞེས་སོ། །འཇམ་དཔལ་རྩ་རྒྱུད་ལས། དེ་བཞིན་གཤེགས་པ་ང་འདས་ནས། །ལོ་ནི་བཞི་བརྒྱ་ལོན་པ་ན། །དགེ་སློང་ཀླུ་ཞེས་དེ་འབོད་འབྱུང་། །བསྟན་པ་ལ་ནི་དད་ཅིང་ཕན། །རབ་ཏུ་དགའ་བའི་ས་ཐོབ་པ། །ལོ་ནི་དྲུག་བརྒྱ་དག་ཏུ་འཚོ། །རིག་པ་རྨ་བྱ་ཆེན་མོ་ནི། །བདག་ཉིད་ཆེན་པོ་དེས་ཀྱང་འགྲུབ། །བསྟན་བཅོས་སྣ་ཚོགས་དོན་དང་ནི། །དངོས་པོ་མེད་པའི་དོན་དེ་རིག །གང་ཚེ་ལུས་དེ་བོར་བ་ན། །བདེ་བ་ཅན་དུ་སྐྱེ་བར་འགྱུར། །དེ་ནི་མཐར་གྱིས་སངས་རྒྱས་ཉིད། །ངེས་པ་ཁོ་ནར་ཡང་དག་ཐོབ། །ཅེས་ཟབ་མོ་ལྟ་བའམ་མཐའ་བྲལ་དབུ་མའི་སྒྲོལ་འབྱེད་དུ་ལུང་བསྟན་པ་ནི་ཀླུ་སྒྲུབ་སྟེ། སྟོན་པ་མྱ་ངན་ལས་འདས་ནས་ལོ་བཞི་བརྒྱ་ན་ལྷོ་ཕྱོགས་བེ་དརྦྷའི་ཡུལ་གྱི་བྲམ་ཟེའི་རིགས་ཆེ་ཞིང་མཐོ་བ་རྒྱལ་པོ་ལ་བསྙོ་བའི་འབྱོར་བ་དང་ལྡན་པ་ཞིག་ལ་བུ་མེད་ནས། ལྷས་བྲམ་ཟེ་བརྒྱ་ལ་ཆོས་སྟོན་དྲངས་ན་ཡོང་བར་སྨྲ་ལམ་དུ་ལུང་བསྟན་པ་བཞིན་ཆོས་སྟོན་བྱིན་པས། ཟླ་བ་བཅུ་ན་ཁྱེའུ་ཕུན་སུམ་ཚོགས་པ་ཞིག་བཙས་ཏེ། ནམ་མཁའ་ནས་ཀླུ་སྒྲུབ་ཅེས་བསྒྲགས་པས་མཚན་དེ་ལྟར་བཏགས། མཚན་མཁན་ལ་བསྟན་པས་མཚན་བཟང་མོད་ཀྱི་ཞག་བདུན་གྱི་ཚེ་ལས་མེད་དོ་ཞེས་ཟེར་བས་ཐབས་མེད་དམ་དྲིས་པས། བྲམ་ཟེ་བརྒྱ་ལ་སྟོན་མོ་དྲངས་ན་ཟླ་བ་བདུན། དགེ་སློང་བརྒྱ་ལ་དྲངས་ན་ལོ་བདུན་ཐུབ། དེ་ནས་ཐབས་མེད་ཟེར་བ་དེ་བཞིན་བྱས་ཏེ་ལོ་བདུན་དུ་ཉེ་བ་ན་བུའི་རོ་ཕ་མས་མཐོང་མི་བཟོད་དེ། འཁོར་དང་བཅས་པ་ལྡོངས་རྒྱུར་བཏང་བ་མཐར་གྱིས་ན་ལེནྡྲའི་མཁན་པོ་སྐྲ་གཅན་འཛིན་བཟང་པོའི་སྒོར་སོན་ཏེ་དེར་རིག་བྱེད་

བསྒྲགས་པ་ན་ནང་དུ་བོས་ཏེ་དྲིས་པས་རྒྱ་མཚན་གསོལ་ཏོ། །རབ་ཏུ་འབྱུང་ནུས་སམ། ནུས་ཞུས་ཏེ་རབ་ཏུ་བྱུང་། ཐ་བྲ་ཆེན་མོ་ཡི་དམ་དུ་ཕོག་ཅིང་བདུན་པའི་ཚེ་གཟུངས་མཚན་རིལ་བཏོན་པས་གྲུབ་སྟེ། ལོ་དྲུག་བརྒྱ་འཚོ་བར་གྱུར་ཏེ་ཐུན་མོང་གི་དངོས་གྲུབ་བརྙེས། མཁན་པོ་འདི་ཉིད་ཀྱི་དྲུང་དུ་བསྙེན་པར་རྫོགས། འཕགས་པ་འཇམ་པའི་དབྱངས་ཀྱིས་རྗེས་སུ་བཟུང་བས་རིག་པའི་གནས་ཐམས་ཅད་ལ་མཁས་པའི་མཆོག་ཏུ་གྱུར་ཏོ། །

དེ་ནས་མཁན་པོ་ལོ་བཅུ་གཉིས་སུ་མཚམས་ལ་བཞུགས་པར་བཞེད་ནས་དགེ་འདུན་གྱི་གཉེར་ཀླུ་སྒྲུབ་ལ་གཏད། དེའི་ཚེ་དཔལ་བི་ཀྨྲ་པའི་གསོལ་བ་ནར་མ་ཞིག་ཆག་པས་ལོ་བཅུ་གཉིས་སུ་མུ་གེ་ཉམ་ང་བ་བྱུང་ལ། མི་ཕལ་ཆེར་ཤི་ཡང་དགེ་འདུན་རྣམས་ཀླུ་སྒྲུབ་ཀྱིས་གསེར་འགྱུར་མཛད། དེ་བཙོངས་པའི་རིན་གྱིས་ནོངས་པ་མེད་པར་བྱས་སོ། །དེ་ནས་མཁན་པོས་མཚམས་གྲོལ་བའི་ཚེ་མི་རྣམས་ཕུང་རེ་བ་གཟིགས་པས་ཅི་ཉེས་གསུངས། རྒྱུ་མཚན་ཞུས་པས། ངའི་དགེ་འདུན་ལ་སྐྱོན་མེད་དམ་གསུངས། འདི་ལྟར་བགྱིས་པས་མ་ནོངས་སོ། །དེ་ལྟར་བྱེད་མི་དགོས་ང་ལ་འདི་ལྟ་བུའི་ཐབས་ཡོད་པ་ཡིན་ཏེ། རི་མོའི་བ་ལས་འོ་མ་བཞོས་པས་ཟད་པ་མེད་པ་འབྱུང་ངོ་། །ཁྱོད་ཀྱིས་དགེ་འདུན་ལོག་པའི་འཚོ་བ་ལ་བཀོད་འདུག་པས་སྡིག་སྦྱོང་དུ་གཙུག་ལག་ཁང་བརྒྱ་རྩ་བརྒྱད། མཆོད་རྟེན་བྱེ་བ་བཞེངས་ཤིག་ཅེས་བསྒོ། དེའི་ཚེ་སློབ་དཔོན་གནས་ནས་ཕྱུང་ཞེས་ཕལ་ཆེར་ཟེར་ཏེ། མཁན་པོ་དེ་ནས་རིང་པོར་མ་ལོན་པར་བརྟུལ་ཞུགས་ཀྱི་སྤྱོད་པ་ལ་ཞུགས་པ་ས་ར་ཧའོ། །དེས་ནཱ་ལེནྡྲ་སློབ་དཔོན་ལ་གཏད་དེ། དེས་དེར་ཡུན་རིང་དུ་བསྟན་པ་བསྐྱངས་པ་དང་འགལ་བས་མི་འཐད་དོ། །དེའི་ཚེ་དགེ་སློང་བདེ་བྱེད་ཀྱིས་རིག་པའི་རྒྱན་ཅེས་བྱ་བའི་གཞུང་འབུམ་ཕྲག་བཅུ་གཉིས་པ་ཞིག་བརྩམས་ནས་ཕྱི་ནང་ཐམས་ཅད་སུན་འབྱིན་པ་སློབ་དཔོན་གྱིས་བཏུལ་ལོ། །གཙུག་ལག་ཁང་བརྒྱ་རྩ་བརྒྱད་བཞེངས། ཆོས་སྐྱོང་བརྒྱ་རྩ་བརྒྱད་ལ་གཏད། སློབ་དཔོན་ཆོས་འཆད་རེས་ཀྱིས་ཁྱེའུ་གཉིས་འོང་བ་གར་སོང་གཟིགས་པས་ས་འོག་ཏུ་ལོག་དེ་གཉིས་ལ་དྲིས་པས། ཀླུའོ། །ཀླུའི་འདམ་ཁྱེར་ཤོག་བསྒོས་པས་ཁས་བླངས། དེ་གཉིས་ཀྱིས་ཀླུའི་རྒྱལ་པོ་འཇོག་པོ་ལ་ཞུས་པས། དེ་ན་བའི་སྨན་པར་ཀླུ་སྒྲུབ་སྤྱན་དྲངས། དགོས་པ་ཁྱད་པར་ཅན་གཟིགས་ནས་དེར་གཤེགས་སོ། །

ཀླུའི་རྒྱལ་པོ་ནད་དྲག་པའི་གདང་རག་ཏུ་ཤེས་རབ་ཀྱི་ཕ་རོལ་ཏུ་ཕྱིན་པའི་ཆོས་སྡེ་རྣམས་བླངས་ཏེ་ཕྱིས་བྱོན་པར་གསོལ་བ་ལ་མཆོད་རྟེན་བྱེ་བ་ཚར་ནས་བྱོན་པར་ཞལ་གྱིས་བཞེས་པས་འབུམ་གྱི་ཞབས་ནས་དུམ་ཅིག་ཀླུས་མ་སྐྱུར་གཏའ་མར་བཟུང་། ཀླུའི་འཇིམ་པ་ལ་མཆོད་རྟེན་ཕལ་

ཆེར་བཞེངས། ཅུང་ཟད་གླུ་ཡུལ་མི་འདབ་པའི་ཕྱིར་མ་བཞེངས་སོ། །རྡོ་རྗེ་གདན་ལའང་རྡོ་རྗེའི་དྲ་མིག་བསྐོར་བ་ལ་སོགས་པ་མཛད་ཅིང་། བལ་ཡུལ་འཕགས་པ་ཤིང་ཀུན་ལ་སོགས་པ་དེས་ཕྱག་བྲིས་སུ་མཛད་པའི་གྲངས་སུ་གཏོགས་ལ། བལ་པོ་དག་གླུ་ཡུལ་དུ་དེ་ནས་བྱོན་ཟེར་རོ། །དེའང་སེམས་བསྐྱེད་པ་དང་པོ་གཉིས་སུ་མེད་པའི་ཡེ་ཤེས་ཀྱིས་བརྒྱན་པ་སྙིང་རྗེ་ཆེན་པོ་སྔོན་དུ་འགྲོ་བ། དེ་བཞིན་གཤེགས་པའི་ཡེ་ཤེས་འབྱུང་བའི་རྒྱུར་གྱུར་པ་ཐོག་མར་མཛད་ནས། མཐར་ཤེས་རབ་ཀྱི་ཕ་རོལ་ཏུ་ཕྱིན་པའི་ཚུལ་ཕྱིན་ཅི་མ་ལོག་པར་ཐུགས་སུ་ཆུད་པར་གྱུར་ཏེ། དེས་རིག་པའི་གནས་ལྔས་འདུལ་བ་རྣམས་ལེགས་པར་སློབ་པར་བྱས་ཤིང་། མདོ་ལུགས་ལ་སྐུ་ཚེ་འདི་ཉིད་ལ་ས་བརྒྱད་པ་ཐོབ། ཁྱད་པར་ཤེས་རབ་ཀྱི་ཕ་རོལ་ཏུ་ཕྱིན་པ་མུན་པ་ན་གནས་པའི་གསེར་གྱི་གར་བུ་ལྷ་བུ་གཏམ་གྱི་ཚོགས་དང་། རིགས་པའི་ཚོགས་དང་། བསྟོད་པའི་ཚོགས་དང་། དེ་ཁོ་ན་ཉིད་ཀྱི་ཚོགས་ཀྱིས་གསལ་བར་ཕྱུང་སྟེ་སློབ་མའི་མཆོག་ཤཱཀྱ་བཤེས་གཉེན་ལ་ནཱ་ལེནྡྲ་གཏད་དེ་དཔལ་གྱི་རི་ལ་གཤེགས་སོ། །དེར་ཨཱརྱ་དེ་ཝ་ལ་སོགས་པ་རྗེས་སུ་བཟུང་། མཐར་རྒྱལ་པོ་བདེ་སྤྱོད་བཟང་པོ་ལ་བུ་གཞོན་ནུ་ནུས་ལྡན་ཞེས་བྱ་བ་གཅིག་ལ་མས་གོས་སྐྱབས་མེད་པ་ཞིག་སྤྱིན་པས། འདི་ང་རྒྱལ་སྲིད་འཛིན་པའི་དུས་སུ་དགོས་ཟེར་བ་ལ། མས་ཁྱོད་ཀྱི་རྒྱལ་སྲིད་འཛིན་པ་མི་འོང་། ཡབ་དང་སློབ་དཔོན་གླུ་སྒྲུབ་ཚེ་སྒྲུབ་དང་བཅུད་ལེན་སྐབས་སུ་བྱས་པས་གྲུབ་སྟེ། སློབ་དཔོན་དང་སྲོག་གཅིག་པ་ཡིན་ཟེར། དེས་དཔལ་གྱི་རི་ལ་སློབ་དཔོན་གླུ་སྒྲུབ་བཞུགས་པའི་དྲུང་དུ་ཕྱིན་ཏེ་དབུ་བསླངས་པས་ཚད་གསུངས་ཏེ། རལ་གྲིས་གཅོད་པས་མ་ཆོད་པ་ན་སློབ་དཔོན་ན་རེ། ངས་རྩྭ་ཀུ་ཤ་བཅད་པས་སྲོག་ཆགས་ཤི་བའི་རྣམ་སྨིན་ཡོད་པས་ཀུ་ཤས་ཆོད་གསུངས་ནས་བཅད་པས་སྙེའི་རྩ་བ་ནས། ང་ནི་བདེ་བ་ཅན་གྱི་འཇིག་རྟེན་དུ། །ཕྱིན་ནས་ལུས་འདི་ལ་ཡང་འཇུག་པར་འགྱུར། །ཞེས་ཚིགས་བཅད་བྱུང་། དབུ་དེས་ཁྱེར་ཕྱིན་པ་གནོད་སྦྱིན་མོས་ཕྲོགས་ཏེ་དཔག་ཚད་གཅིག་ཏུ་དོར། དབུ་དང་སྐུ་ལུས་གཉིས་ཀ་མི་ཉམས་ལ་ལོ་རེ་བཞིན་ཉེར་སོང་ནས་མཐར་འབྱར་ནས་སླར་བསྟན་པ་དང་འགྲོ་བའི་དོན་མཛད་ཅེས་གྲགས་ལ། རིམ་གྱིས་རབ་ཏུ་དང་བའི་འོད་ཅེས་བྱ་བའི་འཇིག་རྟེན་གྱི་ཁམས་སུ་དེ་བཞིན་གཤེགས་པ་དག་བཅོམ་པ་ཡང་དག་པར་རྫོགས་པའི་སངས་རྒྱས་ཡེ་ཤེས་འབྱུང་གནས་འོད་ཅེས་བྱ་བར་འགྱུར་རོ། །

ཤཱཀྱ་བཤེས་གཉེན་གྱིས་བསྟན་པ་ཡུན་རིང་དུ་བསྐྱངས་ལ། དེའི་སློབ་མ་འབར་བའི་གཙོ་བོ་མཚན་དེ་ཝ་ཀ་ར་དེས་གླུ་སྒྲུབ་ཀྱང་མཇལ་ནས་རིག་པའི་གནས་ཐམས་ཅད་ལ་མཁས་པར་གྱུར་པས

ཞོད་ཅིག་པར་དཔོན་སློབ་གཉིས་ཀས་གདམས་ཏེ། ནཱ་ལེནྡྲར་འཆད་ཉན་བྱེད་པའི་དུས་མུ་སྟེགས་མང་པོ་རྩོད་པས་ཕམ་པར་བྱས་པས་ཐམས་ཅད་ཀྱིས་རྒྱལ་བའི་ལྷར་མཚན་གསོལ་ཅེས་ཨ་ཇོ་གསུངས། དེས་ཐུན་མོང་གི་དངོས་གྲུབ་ཕྲན་ཚེགས་བརྙེས་ཏེ་གདུགས་ཡུ་བ་མེད་པ་ནམ་མཁའ་ལ་འཛོག་ཤེས། ཊཱ་མ་རུ་ནམ་མཁའ་ལ་འཕངས་པས་མུ་སྟེགས་རྣམས་ཀྱི་རྩོད་པ་བཟློག་ནུས་པ་ཡོད་པས་མངོན་པའི་ང་རྒྱལ་སྐྱེས་ཏེ་བླ་མ་གཉིས་ཀྱི་བཀའ་བཅག །ཟག་ཟད་སྤྱི་ལ་ནཱ་ལེནྡྲ་གཏད། སྤྱོད་པ་ལ་བྱོན་པས། མུ་སྟེགས་ཀྱི་རྣལ་འབྱོར་མ་མ་སྨད་གཉིས་ལ་བཟའ་ཤིང་གི་རྣ་བ་ཡོད་པ་ལ་དཔལ་འབྲས་བསླངས་པས། བུ་མོས་ཁྱོད་རྣལ་འབྱོར་པ་ནུས་པ་ཅན་ཅིག་འདུག་པས་ཁྱོད་རང་ཕོབ་དང་ངས་དྲང་གི་ཟེར། སློབ་དཔོན་གྱིས་ཏིང་ངེ་འཛིན་དང་ལྟ་སྟངས་བྱས་པས་ས་ལ་འབྱར་གྱིས་བབས་སོ། །བུ་མོ་དེས་ལྟ་སྟངས་བྱས་པས་སླར་གྱེན་ལ་ལོག་པས། མ་ན་རེ། དེ་ལྟར་མ་བྱེད་ཤིང་ཐོག་ཕོབ་ལ་རྣལ་འབྱོར་པ་ལ་དྲོངས་ཟེར། སློབ་དཔོན་སྐྱེངས་པས་ད་ང་མི་འདོད་བྱས་པས། བུ་མོ་ན་རེ། ང་རྒྱལ་ཅན་ཞིག་འདུག་གི་ཞག་གསུམ་ན་ངས་སྔགས་ཀྱི་སྦྱོར་བས་ཁྱོད་གསད་པར་བྱའོ། །སྲུང་བ་དྲག་ཏུ་གྱིས་ཤིག་ཟེར། སློབ་དཔོན་བྲེད་ནས་ས་མཱ་དྷི་ལ་སྙོམས་པར་ཞུགས་པས་ཞག་གསུམ་ལོན་ཙ་ན་ཅིའང་མ་བྱུང་། ད་མ་ཚུགས་པ་ཡིན་སྙམ་སྟེ་བཞེངས་ནས་སྤྱོད་པ་ལ་བྱོན་པ་དང་ཐིག་ལེ་ཁྲག་ཏུ་གཟགས་ནས་བསྟུངས། སློབ་མས་ཅི་ཕན་དྲིས་པར་རྒྱ་མཚོའི་ལྦུ་བ་ཕན་ཟེར། སློབ་མ་ཏཱང་མགྱོགས་གྲུབ་པ་ཞིག་གིས་བླངས་ཏེ་འོངས་པ་དང་། བུ་མོ་དེས་དེ་སློབ་དཔོན་གྱིས་གསོལ་ན་གསོས་ལ། དེར་མོ་ལ་གནོད་པར་གོ་ནས་སློབ་མ་གཉིས་ཀྱི་དྲུང་དུ་ཕྱིན་ནས་གར་ཕྱིན་དྲིས་པས་བཤད་དོ། །དེ་ན་རེ་ཁྱེད་གཉིས་དད་པ་དང་ལྡན་པ་བླ་མ་ལ་གུས་པ་ལ། སློབ་དཔོན་གྲོངས་ནས་ཞག་གསུམ་ལོན། ད་དེས་ཅི་བྱེད་བྱས་པས། ཕོ་ནས་ལོག་པ་ན་སློབ་དཔོན་གྱིས་སྨན་ལོན་ནམ་གསུངས། ལོ་རྒྱུས་ཞུས་པས། ད་རེས་བླ་མའི་བཀའ་བཅག་པའི་སྐྱོན་ཡིན་གྱིས་འཆི་སྟེ། ང་ཞག་བདུན་ལ་སློབ་དཔོན་ལ་བཤགས་པ་བྱས་ཏེ་གྲོང་འཇུག་བྱས་ལ་འོང་གི་དེའི་བར་ལ་ཕུང་པོ་སྲུངས་ཤིག་ཅེས་བསྒོས། མུ་སྟེགས་ཀྱི་རྣལ་འབྱོར་མས་བརྟགས་པས་གྲོང་འཇུག་བྱས་ན་མོ་ལ་གནོད་པར་གོ་ནས། ཉིན་པར་གྱི་རིང་ལ་གྲོང་ཁྱེར་གྱི་དབུས་ན་རོ་ཡོད་བྱས། མཚན་མོ་ཅེ་སྤྱང་དུ་སྤྲུལ་ནས་སྒོ་ཐམས་ཅད་བྲད་པས་དངངས་ནས་རྣ་ཙམ་པོ་ཉར་བཏང་སྟེ་བཅོལ་བས་སློབ་དཔོན་གྱི་སྤུར་རྙེད། སློབ་མ་ན་རེ་སློབ་དཔོན་གྲོང་འཇུག་བྱས་ནས་འོང་གི་བཞག་པར་ཞུ་བྱས་པས། མ་ཉན་པར་དུར་ཁྲོད་དུ་བསྐྱལ་བ་ཅེ་སྤྱང་གིས་ཟོས། ཞག་བདུན་ལོན་པ་ན་སྤུར་ཤུལ་དུ་འཇའ་ཚོན་འཁྱིལ་ལེ་བྱུང་

ནས་འཇིག་པའི་གནས་མེད་དེ་གླིང་བུའི་སྒྲ་ལྷ་བུ་ལས་ད་རེས་མུ་སྟེགས་ཀྱི་རྣལ་འབྱོར་མས་བར་དུ་བཅད་པས་མཆོག་གི་དངོས་གྲུབ་མ་ཐོབ། སྐྱེ་བ་ཕྱི་མ་ཞིག་རྒྱ་གར་གྱི་ཡུལ་དབུས་གྲ་བྲེ་ལར་སྐྱེས་ནས་མཆོག་གི་དངོས་གྲུབ་ཐོབ་པར་བྱའོ་ཞེས་གྲགས་ཏེ་མི་སྣང་ངོ་། །ཕྱི་མ་ནི་མི་ཏྲི་པའོ། །དེ་ལྷ་བུ་འབར་བའི་གཙོ་བོའམ་སྐྱོད་འཆང་མགོན་པོའམ་རྒྱལ་བའི་ལྷས་གནས་བརྟན་ཆེན་པོ་དཔལ་ལྡན་ཆོས་སྐྱོང་དང་ཞི་བ་ལྷ་ལ་སོགས་པའི་མཁན་པོ་མཛད་དོ། །སློབ་དཔོན་འཕགས་པ་བཙུད་ལེན་གྲུབ་པས་མ་གྲོངས། ཤཱཀྱ་མི་ཏྲི་ནི་གྲོངས་ཏེ་སིནྡྷ་ལའི་རྒྱལ་པོའི་ལྷུམ་རའི་ནང་དུ་མཆེ་ཡོད་ལ། དེ་ལ་པདྨ་མང་པོ་ཡོད་པ་ཉིན་ཁ་ཕྱེ་ནུབ་ཟུམ་མོ། །པདྨ་གཅིག་ཉིན་ཡང་ཁ་མ་ཕྱེ་བར་ལྷུམ་ར་གཉེར་པས་རྒྱལ་པོ་ལ་བསྙད་དོ། །རྒྱལ་པོས་དེ་ལ་གཉེར་ཁ་ཆེར་གྱིས་ཤིག་ཅེས་གདམས་ཏེ་ནང་རེ་བཞིན་ལྟའོ། །དེ་ནས་ཞག་བདུན་ལོན་པའི་ཉིན་པདྨ་ཁ་ཕྱེ་སྟེ་ནང་ན་ཁྱེའུ་ཤིན་ཏུ་མཛེས་པ་ལོ་བརྒྱད་པའི་ཚོད་ཅིག་ཟིལ་བ་ཁྲིམ་མེ་འདུག་སྟེ། འདི་ལ་མངལ་གྱི་ལག་པས་རེག་པར་མི་རིགས་པས་པཎྜུ་ལི་ཀའི་གོས་ཀྱི་ཁུང་དུ་གཏམས་ཏེ་སྤྱན་དྲང་ངོ་ཟེར། ལམ་ཁར་ཁྱེའུ་ན་རེ་འཕགས་པ་ཀླུ་སྒྲུབ་གང་ན་བཞུགས་ཟེར། ད་རུང་འཛམ་བུ་གླིང་ན་བཞུགས། ས་ཕྱོགས་འདི་ན་མི་བཞུགས་བྱས་སོ། །དེ་ནས་རྒྱལ་པོས་སྲས་སུ་བཟུང་སྟེ་ཡུན་རིང་ཞིག་བསྐྱངས་པས་སྐྱིད་ཀྱང་ཤིན་ཏུ་དྲག་དེ་ནས་ཡབ་ཡུམ་ལ་ཀླུ་སྒྲུབ་ཀྱི་སྤྱན་སྔར་རབ་ཏུ་བྱུང་བར་ནན་གྱིས་ཞུས་པས་གནང་སྟེ། དཔལ་གྱི་རི་ར་བྱོན་ཏེ་བསྙེན་པར་རྫོགས། མགོན་པོ་ངག་གི་དབང་ཕྱུག་བསྒྲུབས་པས་རང་དང་གཞན་གྱི་གཞུང་ལུགས་ཐམས་ཅད་ལ་མཁས་པ་ཆེན་པོར་གྱུར་ཏོ། །

དེའི་ཚེ་རྒྱ་གར་ལྷོ་ཕྱོགས་ཀྱི་བྲམ་ཟེ་ས་བརྟ་མ་བྲི་ཏ་ཀྲ་ཡ་ཞེས་པ་ལ་བུ་མ་ཏི་ཙི་ཏྲ་ཞེས་བྱ་བ་སྐྱེས་ཏེ། དེ་ཆུང་ངུའི་དུས་ནས་མས་ཅི་བསྒོ་བ་ཉན། མའི་བྲན་བཞིན་བྱེད་པས་མ་ཁོལ། དེར་བྱིས་པ་དེ་མུ་སྟེགས་ཞི་བའི་ལུགས་ཀུན་ཤེས་པར་བྱས་ནས། རྒྱ་གར་ནུབ་ཕྱོགས་སུ་སོང་སྟེ་དབང་ཕྱུག་ཆེན་པོའི་ལྷ་རྟེན་གྱི་རྩ་ར་ས་སྟེ་བཙུགས་ནས་ཕྱོགས་ལས་རྣམ་པར་རྒྱལ་བའི་རྩོད་པའི་མཆོག་མ་ལོངས་པ་དེ་སྲིད་མི་ལྡང་བར་དམ་བཅས་ནས་རྟེན་དེའི་རྩ་ན་རྗིང་བུ་ཞིག་འདུག་པ་དེར་ཉལ་ནས་ཞག་བདུན་དུ་དབང་ཕྱུག་ཆེན་པོའི་སྔགས་བགྲངས་པས་ཞག་བརྒྱད་འགྲོ་བའི་ནངས་པར་ཞལ་མཐོང་། ཁྱོད་དངོས་གྲུབ་ཅི་འདོད་ཟེར། དེས་བདག་ནི་ཕྱོགས་ལས་རྣམ་པར་རྒྱལ་བའི་རྩོད་པ་ཞུ་ལགས་སོ་ཞེས་བརྗོད་པས། ངས་མངལ་སྐྱེས་ཀྱིས་མི་ཐུབ་པར་བྱིན་གྱིས་བརླབས་ཀྱི། རྫུས་སྐྱེས་བྱུང་ན་ཤིན་ཏུ་ཐུབ་དཀའོ། །དེའི་རྩ་ར་ཚངས་པ་བཀུག་ནས་འདི་རྩོད་པ་བྱེད་པའི་དུས་སུ་ནི་ཙོ་པཎྜི་ཏར་སྤྱལ་

ནས་འདིའི་གྲོགས་གྱིས་ཤིག །ཁྲབ་འཇུག་བཀུག་ནས་ཐོད་ལེ་ཀོར་པཎྜི་ཏར་སྤྲུལ་ལ་འདིའི་གྲོགས་གྱིས་ཤིག །ཨུ་མ་དེ་ཝཱ་བཀུག་སྟེ་སྲིང་མོ་པཎྜི་ཏར་སྤྲུལ་ལ་འདིའི་གྲོགས་ཀྱིས་ཤིག་ཅེས་བསྒོའོ། །དེ་ནས་ང་རང་ཡང་འདིའི་ལུས་ལ་ཞུགས་ནས་འདི་རྒྱལ་བར་བྱའོ་ཞེས་ཞལ་གྱིས་བཞེས་སོ། །དེས་ལྷོ་དང་ཤར་གྱི་ཁོ་རང་གི་སྐྱེ་པ་མུ་སྟེགས་ཞི་བ་མ་གཏོགས་ཕྱི་ནང་ཐམས་ཅད་ཕམ་པར་བྱས་ཏེ་ཞི་བའི་སྡེ་པར་བཙུད། མའི་རྒྱུར་ཕྱིན། མ་སངས་རྒྱས་པ་ལ་གུས་པས་ཇོ་མོ་སྒྲོལ་མ་ལ་མཆོད་ཕུལ་བ་ལ། འདི་ལྟར་བྱེད་པ་གཞན་ག་ན་ཡོད། དེས་ཡུལ་དབུས་ན་པཎྜི་ཏ་མཁས་པ་བཞུགས་པས་འདི་འདུལ་གྲང་སྙམ་ནས། རྒྱ་གར་ཤར་དང་ལྷོ་ནི་སངས་རྒྱས་པའི་བསྟན་པ་ཏ་དཀར་མོའི་ཟེ་བ་ཙམ། ཡུལ་དབུས་སོགས་ནི་ཏའི་སྤུ་ཙམ་མོ་ཞེས་གདམས་པས། དེས་དེ་རྣམས་ཚར་བཅད་དོ་སྙམ་སྟེ་རྐང་པ་འབྲུད་འཕྲོ་བཅད་ནས་ནཱ་ལེནྡྲའི་ཕྱོགས་སུ་སོང་ངོ་། །དེ་དང་ཉེ་བ་ལམ་ཁ་བྲལ་ཞིག་འདུག་པར་ཤིང་གཅིག་ལ་བུ་མོ་ས་པ་དེ་ནི་བྱ་བ་ཤིང་ཐོག་ཟ་གིན་འདུག་པ་ལ་ནཱ་ལེནྡྲའི་ལམ་གང་ཡིན་དྲིས་པས། སྨྱོངས་པ་མཐའ་ཁོབ་ཀྱི་མི་སྦྲ་མི་ཤེས་པ་ནཱ་ལེནྡྲ་བྱ་བ་ཡིན་ཟེར་ལམ་བསྟན་པས་སྤྱུ་ཟེར་ང་བ་ཞིག་བྱུང་། ཇོ་མོ་སྒྲོལ་མའི་སྤྲུལ་པ་ཡིན། དེར་ཕྱིན་པས་དཔལ་ནཱ་ལེནྡྲ། བོད་ཀྱི་སྐད་དུ་ན་རྒྱུན་སྟེར་ཞེས་བྱ་བ་དེར་སླེབས། དེ་ན་གཙུག་ལག་ཁང་ཆེན་པོ་བཅུ་བཞི། གླིང་ཕྲན་བརྒྱད་ཅུ་རྩ་བཞི། རྟེན་བྱིན་རླབས་ཅན་མང་པོ་དང་། པཎྜི་ཏ་ལྔ་བརྒྱ། མཐར་བི་རྣ་མང་པོ་ཞུགས་ཤིང་འདུག་པ་ལ་སུས་ཀྱང་ཁོང་དང་རྩོད་མ་ནུས། དེར་ཁོས་ནངས་མ་རེ་བཞིན་ཚ་བའི་གྲལ་དུ་འོངས་ནས་མགོ་ལ་དབྱུག་པ་རྡེག་ཅིང་། དགེ་སློང་དག་མགོ་བོ་འདི་གནས་འོངས་ཟེར། ཐེམ་པ་ལ་བཞོན་ནས་ང་ཕྱིར་འགྲོའམ་ནང་དུ་འགྲོ། བྱིའུ་ཆང་པར་བཟུང་ནས་འདི་འཆིའམ་མི་འཆི་ཟེར་ཡང་ལན་འདེབས་མི་ནུས་སོ། །དེར་དགེ་འདུན་རྣམས་བགྲོས་པས། དཔལ་གྱི་རི་ལ་ཀླུ་སྒྲུབ་བཞུགས། དེ་མ་ཡིན་པས་ཁོའི་རྩོད་པ་མི་ཟློག །དེ་ནི་ཤིན་ཏུ་ཐག་རིང་ཞིང་བགྲོད་པར་དཀའ་ནས་ཐམས་ཅད་ཡིད་ཁོང་དུ་ཆུད་དོ། །ནུབ་གཅིག་མཁན་པོའི་རྨི་ལམ་དུ་མི་ནག་པོ་ཆེན་པོ་ཞིག་བྱུང་ནས། ངའི་སྤྱི་བོར་མུ་སྟེགས་ཀྱིས་སེང་ལྡེང་གི་ཕུར་བུ་ལ་སའི་སྙིང་པོ་ལན་འབུམ་བཏབ་པས་ངའི་ནུས་པ་མནན་གྱི། དེ་ཕྱུངས་ལ་བདེ་མཆོག་དང་མགོན་པོའི་སྙིང་པོ་མང་དུ་བཏོན་ལ་ཁྲུས་གྱིས་ཤིག་ཐུགས་ཀ་ནས་བྱ་རོག་ཅིག་འོང་གི་དེའི་མགུལ་བར་ཡི་གེ་ཐོགས་ལ་དཔལ་གྱི་རི་ལ་ཕྱིན་ནས་ཀླུ་སྒྲུབ་སྤྱན་དྲངས་ཏེ་འོང་ཞེས་སྨྲས་པ་ཇི་ལྟར་བསྒོ་བ་བཞིན་བྱས་པས་དེ་ཁོ་ན་བཞིན་བྱུང་ནས་ཏ་ལའི་ལོ་མ་ལ། ཨེ་མ་རྨད་མེད་པར་ནི་གྲོལ་བ་འབའ་ཞིག་གིས་ནི་འཕྲུག་བྱེད་དམ། །ཁྱོད་ལས་ནུས་ལྡན་གཞན་མེད་འཁོར་ལོ་བྱིང་བའི་ཤིང་རྟ་མྱུར་དུ་དྲོངས། །ཐམས་

ཅན་འཁོར་དཀའི་དུས་ཀྱི་དུབ་པས་ཁྱུ་མཆོག་རྣམས་ཀྱང་གསོལ་འདེབས་ན། །ཡུན་རིང་གནས་ཀྱི་ལྷ་མི་འདི་ནི་ཁྱོད་ཀྱི་ཁྱུར་ཡིན་ཁྲག་ལ་ལོངས། །ཞེས་བྲིས་ཏེ་བྱ་རོག་དེའི་སྐེ་ལ་བཏགས་པ་དང་བྱ་རོག་དེ་འཕུར་ནས་སློབ་དཔོན་གྱི་གཏོར་སྟེགས་སྟེང་དུ་བབས་ཏེ་སྐད་གྲགས་པས་གཟིགས་ནས། ཨཱཙཪྻ་དེ་ཝས་བྱང་བུ་དེ་བཀྲོལ་ཏེ་བཀླགས་པས། ན་ལེནྡྲར་མུ་སྟེགས་ཀྱི་སྟོན་པས་སངས་རྒྱས་པ་ལ་རྩོད་པ་བྱུང་། དེ་ཟློག་པར་སྤྱན་འདྲེན་པར་དགོངས་ནས་ང་འགྲོ་གསུངས། གལ་ཏེ་ཁོ་བོས་ཐུབ་པར་འདུག་ན་ང་འགྲོ། སློབ་དཔོན་འོ་བརྒྱལ་ཞུས་ཏེ། སློབ་དཔོན་གྱིས་ཕྱི་པ་བཟུང་། ཨཱཙཪྻ་དེ་ཝས་ནང་པ་བཟུང་སྟེ་རྩོད་པས་ཨཱཙཪྻ་དེ་ཝ་རྒྱལ། མུ་སྟེགས་ཅན་པ་དེ་ཁྱེར་བྱས་ཏེ་མཆིལ་ལྷམ་སློབ་དཔོན་ལ་འཕངས། དེར་དྲན་པ་སྐྱེད་ནས་འགྱོད་དེ་ཆད་པ་ཞུས་པས་ཉེས་པ་མི་འོང་གསུངས། ཅིས་ཀྱང་མཛད་པར་ཞུས་པས། ལམ་དུ་མུ་སྟེགས་ཞི་བར་སླ་བའི་སྡེ་པ་འབུམ་ཡོད་པས་དེ་ཐུལ་ལ་སངས་རྒྱས་ཀྱི་བསྟན་པ་ལ་ཆུག་གསུངས། ལམ་དུ་ཤིང་གི་ལྷ་མོ་སྤྱན་སློང་བ་ལ་གཅིག་སྦྱིན་པར་བཏང་། དེར་སློབ་དཔོན་གྱི་བཀའ་བཞིན་དུ་ལམ་གྱི་ཞི་བའི་སྡེ་པ་རྩོད་པས་བཏུལ་ཏེ་སངས་རྒྱས་ཀྱི་བསྟན་པ་ལ་བཙུད། དེ་ནས་ན་ལེནྡྲར་ན་བཟའ་རྣམས་ལྷུང་བཟེད་དུ་བཙུག །ལྷུང་བཟེད་ཤིང་ཁྱུར་གྱི་གསེབ་ཏུ་སྦས་ནས་ལུས་ལ་ཐལ་བ་བྱུགས། ཤིང་ཚོང་དུ་བརྫུས་ནས་བ་ལང་རྫི་དང་འགྲོགས་ནས་ཕྱིན། དེར་མུ་སྟེགས་ཀྱི་སྟོན་པ་དེས་ནང་པ་ཕྱིར་མི་གཏོང་ཕྱི་པ་ནང་དུ་མི་གཏོང་བར་འདུག་པ་ལ། ང་ཤིང་ཚོང་པ་ཞིག་ཡིན་མ་བཏང་ན་ང་ལྟོགས་ནས་འགྲོ་བྱས་པས་བཏང་ངོ་། །དེར་སློབ་དཔོན་གྱིས་ལྷུང་བཟེད་ཆོས་གོས་ཐོགས་ཏེ། སློབ་དཔོན་ཀླུ་སྒྲུབ་ནི་མ་ཕྱིན། སློབ་མ་ཨཱཙཪྻ་དེ་ཝ་ཡོང་ནས་ཡོད་དོ་བྱས་པས། ན་ལེནྡྲ་པ་རྣམས་དགའ་ཆེས་ཏེ་གདུགས་དང་རྒྱལ་མཚན་རོལ་མོ་རྣམ་པ་སྣ་ཚོགས་ཀྱིས་སྒོའི་ནང་ནས་བསུས་སོ། །ནངས་པར་ཆུ་ཞོ་གཅིག་དང་མར་སྲང་གཅིག་བསྐུར་ཏེ་ཁྲུས་དང་སྐུ་མཉེ་བྱེད་པར་ཞུ་བྱས་པས། སློབ་དཔོན་གྱིས་ཆུ་བྲེ་གསུམ་མར་སྲང་ཕྱེད་ནང་དུ་ལོག་སྟེ། དགེ་འདུན་གྱི་ཡོ་བྱད་ཚུད་ཟ་བར་ཕངས་བྱས་པས་རྒྱལ་སྲས་ཐབས་ལ་མཁས་པར་དེ་གྲལ་སྨད་དུ་བཞུགས་པ་ལ་ཁོ་བྱུང་ནས་སྟར་བཞིན་ཟེར་བ་ལ། སློབ་དཔོན་གྱིས་ལག་པ་ནས་བཟུང་སྟེ། མགོ་འདི་སྐེ་ལས་སྐྱེ། ཁོ་ན་རེ་སྟ་ན་མེད་པའི་མི་མིག་གཅིག་པ་ཞིག་འདུག་ཟེར། དེ་ལ་སློབ་དཔོན་གྱིས། བརྒྱ་བྱིན་མིག་སྟོང་ལྡན་ཡང་དེ་ཉིད་མཐོང་མི་འགྱུར། །དྲག་པོ་མིག་གསུམ་ལྡན་ཡང་དེ་ཉིད་མཐོང་མི་འགྱུར། །ཚངས་པ་འཇིག་རྟེན་མཐོང་ཡང་དེ་ཉིད་ག་ལ་མཐོང་། །ཨཱཙཪྻ་དེ་ཝ་མིག་གཅིག་པོ་ནི་གང་ཡིན་དེས། །སྲིད་པ་གསུམ་པོ་མ་ལུས་པ་ཡི་དེ་ཉིད་མཐོང་། །ཞེས་གསུངས། ཁོ་ཐེམས་པ་ལ་བཞོན་ནས་སྟར་བཞིན་

ཟེར་བ་ལ། ཁྱོད་རང་གི་འདོད་པ་ལ་རག་ལས་བྱས་པས། དེར་ཁོ་ན་རེ། ཁྱོད་དང་ང་གཉིས་རྩོད་པ་བྱའོ། །སུ་ཕམ་པ་རང་རང་གི་ལྟ་བ་འདོར་རོ་ཞེས་ཟེར། རྩོད་པ་བྱེད་པའི་ས་ཕྱོགས་སུ་སྔ་གྲོལ་ཕྱིར་གྲོལ་དབང་པོའི་ཁྲི་བཤམས། སྐུམ་དང་བྱི་ལ་ནག་ཚངས་པ་གཙེར་བུ་དང་ཀོ་བ་རྫུལ་པ་སྣ་གོན་བྱས་ཏེ། དབང་པོ་རྒྱལ་པོ་དང་ཕྱི་ནང་གི་པཎྜི་ཏ་གསུམ་གསུམ། རྒྱལ་ན་གཟེངས་བསྟོད། ཕམ་ན་སླུ་འབེབ་པའི་ཚོགས་ཆེན་པོ་འདུས་སོ། །

རྩོད་པ་བྱེད་པའི་དུས་སུ་ཁོས་དང་པོར་ཐོད་ལེ་ཀོར་པཎྜི་ཏར་བསྒྱུར་ཏེ། ངའི་འདིའི་ལན་ཐོབ་ཅིག་ཟེར་བ་ལ། སོ་ཕག་གི་ཐང་ལ་སྐུམ་བྱུགས་པས་རི་མོ་མ་བྱུང་། དེ་ནས་ནེ་ཙོ་བཏོན་པས་བྱི་ལས་སྐྱེ་བཅད། དེར་ཁོ་ན་རེ། ཁྱོད་ལ་སྡིག་པ་འོང་ཟེར་བ་ལ། དཔལ་གྱི་རི་ལ་སྡིག་སྦྱོང་བྱེད་པའི་སྒོམ་ཆེན་གཅིག་བཞག་ནས་ཡོད་བྱས་པས། དེར་སྡིག་སྦྱོང་བྱས་པས་ཁྱོད་ཀྱི་སྡིག་པ་འབྱུང་ངམ་ཟེར་བ་ལ། འོན་བྱི་ལས་ནེ་ཙོ་བསད་པའི་སྡིག་པ་ང་ལ་ཅང་འོང་ངམ། ལན་མེད། དེར་སྤྲིང་མོ་བཏོན་བྱུང་བས་ནག་ཚངས་པ་གཙེར་བུས་དེད་པས་ངོ་ཚ་ནས་བྲོས་སོ། །དེར་རྩོད་པས་མ་ཐུབ་པས་དབང་ཕྱུག་ཆེན་པོ་ལུས་ལ་ཞུགས་སུ་རེ་སྟེ་མ་ཞུགས་པས་ཁོ་ཕམ་སྟེ་གྱེན་དུ་བལྟས་པ་དང་གདུགས་ཀྱི་འོག་ཏུ་ཀོ་རྫུལ་འདུག་པ་མཐོང་ནས་བཅད་དེ་བསྒྱུར་བ་དང་། དབང་ཕྱུག་ཁོའི་ལུས་ལ་ཞུགས་ཏེ་རྩོད་པས། དང་པོར་དེ་ན་གནས་པ་རྣམས་ཀྱིས་བར་དུ་ཅུང་ཟད་རེ་ལས་མ་ཐ་མར་སྔར་མ་གྲགས་པ་འབའ་ཞིག་གིས་རྩོད་པས་སློབ་དཔོན་རྒྱལ་ཡང་སུས་ཀྱང་མ་གོ དེར་ཁོ་བརྒྱ་བྱིན་མིག་སྟོང་ཡོད་པར་སྤྲུལ་པ་སློབ་དཔོན་གྱིས་ཕྱག་སྟོང་སྤྱན་སྟོང་དུ་སྤྲུལ་ཏེ་ཟིལ་གྱིས་མནན། དེར་ཁོས་ཁ་ནས་མེ་ཕྱུང་བ་དང་། སློབ་དཔོན་གྱིས་ཞབས་ནས་ཆུ་ཕྱུང་སྟེ་མེ་བསད་པས་དེར་སློབ་དཔོན་རྒྱལ་བར་བསྔགས་པ་དང་། ཁོ་ན་རེ་ཁྱེད་ལ་དབང་པོ་ཡོ་བས་མུ་སྟེགས་ཞི་བར་སླ་བའི་སྟེ་པའི་བ་ལང་རྫིའི་རྒྱར་རྩོད་དོ་ཟེར་ཁོ་རང་གི་ཕྱོགས་སུ་ཡོང་རེ་བས། སློབ་དཔོན་གྱིས་གླིང་བུའི་སྒྲས་བ་ལང་རྫིའི་སེམས་བཟུང་བས་དེས་ཀྱང་སློབ་དཔོན་རྒྱལ་བར་བྱས། དེར་ཁོ་བར་སྣང་ལ་བྲོས་པ་དེད་ནས། དེ་ནས་མ་བྲོས་ཤིག་ལྷུང་སྦྲུ་གྲི་བྱ་བ་ཡོད་ཀྱི། དེས་ལུས་དུམ་བུར་འགྲོའོ་བྱས་པས། དེ་ཡོད་པར་ཅིས་ཤེས་ཟེར། ཁྱོད་རང་གི་རལ་པ་ཆོད་པ་སྒྱུར་དང་བྱས་པས་སྐྲ་རྡུལ་ཕྲ་རབ་བཞིན་སོང་ངོ་། །དེ་མཐོང་ནས་བྲེད་དེ་མར་ལོག་དེ་མིན་ན་ཁོ་ཚངས་པའི་འཇིག་རྟེན་ལ་ཐུག་གི་བར་དུ་འགྲོ་བ་ཡིན། དེར་རྒྱལ་པོས་ཁོ་འཁོར་བཅས་བཙོན་དུ་བཟུང་སྟེ་དབུ་རྩེར་བཙུག་པས་ཁོ་ལྟེབ་སྐམ། པོ་ཏི་གཅིག་གི་གླེགས་ཐག་བཀྲོལ་བས། དེ་ན་མི་གཡོ་བའི་ཡི་གེ་བཙུ་པ་ལ་ཕན་ཡོན་ཆེན་པོ་བཤད་འདུག །འདི་ལ་ཕན་ཡོན་འདི་ཙམ་ཡོང་མི་

འཐད་སྙམ་པ་དང་། མི་གཡོ་བའི་སྐུ་གཅིག་བྱུང་སྟེ་ད་རུང་ཆོས་བདེན་པ་ལ་ཡིད་མི་ཆེས་སམ་ཟེར་འགྲམ་ལྕག་གཅིག་བརྒྱབ་པས་ཁོ་བརྒྱལ། བརྒྱལ་བ་སངས་ནས་པོ་ཏིའི་གླེགས་ཐག་རྣམས་བཀྲོལ་ཏེ་རིམ་པ་བཞིན་བལྟས་པས་མ་ཁོལ་ལུང་བསྟན་པའི་མདོ་མཐོང་ནས་རང་ཉིད་དེའི་གདུལ་བྱར་ཤེས། གཞན་ཡང་སངས་རྒྱས་ཀྱི་གསུང་ལ་དད་པ་ཆེན་པོ་སྐྱེས་ཏེ། སློབ་དཔོན་ལ་བདག་རབ་ཏུ་འབྱིན་པར་ཞུ་བྱས་པས། སློབ་དཔོན་ཀླུ་སྒྲུབ་ཀྱི་སྤྱན་སྔར་ཁྲིད་དེ་རབ་ཏུ་བྱུང་ངོ་། །དེར་ཁོང་ཕྱི་པའི་སྒྲ་ཚད་ལ་མཁས་པའི་སྟོབས་ཀྱིས་ནང་པའི་གཞུང་ལུགས་རྣམས་ཀྱང་ཐལ་ཆེར་ཆོགས་མེད་པར་ཤེས་ཏེ་མཁས་པ་ཆེན་པོར་གྱུར་ཏེ། དེ་ནས་རྨི་ལམ་དུ་ཤར་ཕྱོགས་ཧཾ་ག་ལའི་གྲོང་ཁྱེར་སྲང་ཁ་ནས་མཁའ་འགྲོ་མ་ཞིག་བཞུགས་ཏེ། དེས་ཁྱོད་བྱིན་གྱིས་བརླབ་པར་འགྱུར་རོ་ཟེར་རོ། །དེར་བྱོན་པས་རྒན་མོ་ཤི་ལ་ཁད་དབུགས་ལྷེབ་ལྷེབ་པ་གཅིག་འདུག །ཕྱག་དང་བསྐོར་བ་བྱས་ཙ་ན། དེས་དྲི་ཆེན་དྲི་ཆུ་བྱིན་དེ་ཟོས་པ་དང་། ནམ་མཁའ་ལ་ལིང་སོང་བ་དང་། མཁའ་འགྲོ་མ་བྱི་ལའི་གདོང་པ་ཅན་ཞིག་ཏུ་སོང་ངོ་། །ཤིག་སྲོ་ཀུན་ཀྱང་རུས་པའི་རྒྱན་དུ་སོང་། དེས་བྱིན་གྱིས་བརླབས་པས་ཐེག་པ་ཕྱི་ནང་གི་ཆོས་ཐམས་ཅད་དུས་གཅིག་ལ་ཐུགས་སུ་ཆུད་པ་མཚན་ཡང་ནཱ་བི་ལ་དང་། དཔའ་བོ། རྟ་དབྱངས་ཞེས་བྱ་བ་ལ་སོགས་པ་མང་ངོ་། །སློབ་དཔོན་ཨཱརྱ་དེ་ཝས་བཞི་བརྒྱ་པ་དང་། གཞན་ཡབ་སྲས་དེ་གཉིས་ཀྱིས་ལེགས་པར་བཤད་པ་དུ་མ་མཛད་ཅིང་བསྟན་པ་རྒྱས་པར་བྱས་སོ། །

རྒྱལ་བའི་ལྷའི་སློབ་མ་པཎྜི་ཏ་ཆེན་པོ་ཞི་བའི་ལྷའི་ལོ་རྒྱུས་ལ་ངོ་མཚར་ཅན་གྱི་གཏམ་བདུན་ཞེས་གྲགས་ཏེ། ལྷག་པའི་ལྷ་མཉེས་ནཱ་ལེནྡྲའི། །བཀོད་པ་ཕུན་ཚོགས་རྩོད་པ་བཟློག །ཡ་མཚན་ཅན་དང་སྤྲང་པོ་དང་། །རྒྱལ་པོ་མུ་སྟེགས་ཅན་བཏུལ་ལོ། །དེ་ལ་དང་པོ་ནི་ལྷོ་ཕྱོགས་ཡུལ་འཁོར་བཟང་པོ་ཞེས་བྱ་བར་རྒྱལ་པོ་དགེ་བའི་གོ་ཆ་ཞེས་བྱ་བའི་སྲས་སུ་འཁྲུངས། མཚན་ཞི་བའི་གོ་ཆ། གཞོན་ནུའི་ཚེ་རིག་པ་མང་པོ་བསླབས། ཁྱད་པར་འཇམ་དཔལ་རྣོན་པོ་བསྒྲུབས་པས་ཞལ་གཟིགས། ཡབ་འདས་ཏེ་སང་རྒྱལ་པོར་དབང་བསྐུར་བའི་དོ་ནུབ་རྨི་ལམ་ན། རང་ཉིད་སྟོད་རྒྱུའི་ཁྲི་ལ་རྗེ་བཙུན་འཇམ་དབྱངས་བཞུགས་ནས། བུ་གཅིག་འདི་ནི་ང་ཡི་སྟན་ཡིན་ཏེ། །ང་ནི་ཁྱོད་ཀྱི་དགེ་བའི་བཤེས་གཉེན་ཡིན། །ང་དང་ཁྱོད་གཉིས་སྟན་ཅིག་ལ་འདུག་པ། །འདི་ནི་རྣམ་པ་ཀུན་ཏུ་རིགས་མ་ཡིན། །ཞེས་གསུངས་པ་རྨིས་པས། རྒྱལ་སྲིད་གཟུང་མི་བཏུབ་པར་ཤེས་ཏེ་བྲོས་ནས་ནཱ་ལེནྡྲར་པཎྜི་ཏ་ལྔ་བརྒྱའི་དབུ་མཆོག་རྒྱལ་བའི་ལྷ་ལས་རབ་ཏུ་བྱུང་སྟེ། མཚན་ཞི་བ་ལྷ་ཞེས་བཏགས་སོ། །དེར་ནང་གི་ཀུན་སྤྱོད་འཕགས་པ་ལ་ཆོས་གསན་ཅིང་དེ་ལ་མཉམ་པར་འཇོག་པ་དང་། བསྟན་བཅོས་ཟབ་མོ་

རྩོམ་པ་མཛད་ཀྱང་། ཕྱིའི་སྤྱོད་ལམ་ཟ་ཉལ་བཤང་བ་མ་གཏོགས་གཞན་གྱིས་མ་རིག་པས། བྷུ་སུ་ཀུ་འདུ་ཤེས་གསུམ་པ་ཞེས་གྲགས་ཤིང་གཞན་རྣམས་ཀྱིས་ཕྱིའི་སྤྱོད་པ་ལ་དཔག་ནས་རབ་ཏུ་བྱུང་བའི་བྱ་བ་འཁོར་ལོ་གསུམ་ཡིན་པ་ལ། འདི་གང་དང་ཡང་མི་ལྡན་པས་དད་པས་བྱིན་པ་ལོངས་སྤྱོད་པར་མི་རུང་བས་བསྐྲད་པར་བྱ། དེའང་མདོ་འདོན་རེས་བྱས་པས་རང་འབབ་ལ་འགྲོ་སྐམ་བགྲོས་ནས་མདོ་འདོན་པར་བསྐུལ་ལོ། །ཁས་བླངས་པ་དང་ཐེ་ཚོམ་དུ་གྱུར་ལ། སང་སྐྱེ་བོའི་དབུས་སུ་ཁྲི་མཐོན་པོ་བཤམས་པ་ལ། ཕྱག་གིས་མནན་ནས་སྟེང་དུ་བྱོན། དེར་སྔར་མ་གྲགས་པ་འདོན་ནམ་གྲགས་པ་འདོན་གསུངས་པས། མ་གྲགས་པ་འདོན་པར་ཞུས་པས། བྱང་ཆུབ་སེམས་དཔའི་སྤྱོད་པ་ལ་འཇུག་པ་གསུངས་ཏེ། གང་ཚེ་དངོས་དང་དངོས་མེད་དག །ཅེས་པའི་མཚམས་ནས་ནམ་མཁའ་ལ་ཇེ་མཐོ་ཇེ་མཐོར་སོང་ནས་མཐར་སྐུ་མི་སྣང་བར་གསུང་གྲགས་པའི་སྒོ་ནས་རྫོགས་པར་བཏོན་ཏེ་གཤེགས་སོ། །དེ་གཟུངས་ཐོབ་པ་རྣམས་ཀྱིས་ཇི་ལྟར་ཟིན་པ་བསྡུས་པས་ཤློ་ཀ་བདུན་བརྒྱ་དང་། སྟོང་དང་སྟོང་ལྷག་ཙམ་སྟེ་གསུམ་བྱུང་བས་ཐེ་ཚོམ་ཞིང་། བསླབ་པ་ཀུན་ལས་བཏུས་པ་ཡང་། །ཡང་དང་ཡང་དུ་བལྟ་བར་བྱ། །ཞེས་དང་། ཡང་ན་རེ་ཞིག་མདོར་བསྡུས་པ། །མདོ་རྣམས་ཀུན་ལས་བཏུས་པ་བལྟ། །ཞེས་པའང་མ་ཤེས་པས་ལྷོ་ཕྱོགས་མཆོད་རྟེན་དཔལ་ཡོན་ཅན་ན་བཞུགས་པར་ཐོས་ནས། དགེ་སློང་གཉིས་སྤྱན་འདྲེན་དུ་བཏང་བ་མཇལ། དེ་དག་ཞུས་པས། བསླབ་བཏུས་དང་མདོ་ཀུན་ལས་བཏུས་ཁོ་བོའི་གྲྭ་ཁང་གི་གདུང་གསེབ་ན་པཎྜི་ཏའི་ཡི་གེ་ཕྲ་མོ་བྲིས་པ་ཞིག་ཡོད། སྤྱོད་འཇུག་ཤློ་ཀ་སྟོང་ཚང་བ་དེ་ཡིན་ཞེས་ལུང་བསྟན། དེ་དག་གི་བཤད་པ་དང་སྒྲུབ་པའི་ལུང་ཡང་གནང་ངོ་། །དེ་ནས་ཤར་ཕྱོགས་སུ་བྱོན་ཏེ་འཁྲུག་པ་བྱེད་པ་ཞིག་གི་འཐབ་ཟླ་མཛད་བཏུལ་ལོ། །ཡུལ་མ་ག་དྷའི་ནུབ་ཕྱོགས་ཕ་ཅང་མི་རིང་པ་ན་ཡ་མཚན་ཅན་གྱི་ལྟ་བ་འཛིན་པ་ལྔ་བརྒྱ་ཡོད་པའི་འཁོར་དུ་བསྡོད་པ་དང་། རེ་ཞིག་ཡུལ་ངན་ཆེན་པོ་བྱུང་ནས་བཟའ་བཏུང་ཆད་དེ་ཉོན་མོངས་པར་གྱུར་ནས་སུ་སློང་ནུས་པ་སློབ་དཔོན་དུ་བཀོད་ཅི་བསློ་བ་ཉན་པར་བྱས་པ་དང་། སློབ་དཔོན་གྱིས་འབྲས་ཆན་ལྷུང་བཟེད་གང་བླངས་ཏེ་བྱིན་གྱིས་བརླབས་པས་ཐམས་ཅད་ཚིམ་པར་མཛད་ནས་ཡ་མཚན་ཅན་གྱི་ལྟ་བ་ལས་བཟློག་སྟེ་ཐུབ་པའི་བསྟན་པ་ལ་བཙུད་དོ། །སྤྲང་པོ་སྟོང་ཞིག་ཀྲུ་བ་ཚ་བས་ཉེན་ཏེ་ཤི་ལ་ཁད་པ་ན་སློབ་དཔོན་གྱིས་འཚོ་བ་སྦྱར་ཞིང་ཆོས་བསྟན་ཏེ་བདེ་བ་ལ་བཀོད། ཤར་ཕྱོགས་ཨ་རི་བི་ཤ་ནའི་རྒྱལ་པོ་ལ་མ་ལ་ཙའི་གནོད་པ་བྱ་བ་འཚོ་བ་མ་ཕྱིད་པ་ཁ་ཅིག་རྒྱལ་པོ་ལ་འཁྲིལ་ནས་ནོར་སྦྱིན་དགོས། མི་བྱིན་ན་རྒྱལ་པོ་གསོད་དུ་ཡོང་བས་དེའི་སྐུ་སྲུང་མཛད། སློབ་དཔོན་

ལ་ཧྲེ་བཙུན་གྱི་ཕྱག་རྒྱུར་བཅངས་པའི་ཤིང་གི་རལ་གྲི་ཞིག་ལས་མེད་པ་གྲོགས་ཀྱིས་མཐོང་སྟེ། རྒྱལ་པོ་ལ་མི་འདི་སྨྲ་ཅན་ཞིག་སྟེ་ལག་ཆ་ལ་གཟིགས་ཤིག་ཅེས་གསོལ་བས། རྒྱལ་པོ་ཁྲོས་ཏེ། ཁྱོད་ཀྱིས་རལ་གྲི་ཕྱུངས་ཤིག་ཅེས་སྨྲས་པས་ལྷ་ཉིད་ལ་གནོད་པར་འགྱུར་རོ། །གནོད་ཀྱང་སྨྲའི་ངེས་པར་ཕྱུངས་ཤིག་ཟེར། འོན་ལྷས་སྦྱིན་ཡ་གཅིག་བཀབ་སྟེ་གཅིག་གིས་གཟིགས་ཤིག་ཅེས་གསོལ་བས། དེ་ལྟར་བྱས་ཏེ་རལ་གྲི་ཕྱུང་བས་དེའི་འོད་ཟེར་མ་བཟོད་དེ་མིག་གཅིག་ཞར་བ་དང་། བཟོད་པར་གསོལ་སྐབས་སུ་སོང་སྟེ་ཆོས་ལ་བཙུད་དོ། །དེ་ནས་དཔལ་གྱི་རིའི་ལྷོ་ཕྱོགས་སུ་ཕྱིན་ཏེ་ཨུ་ཙྪའི་སྤྱོད་པ་ཞེས་བྱ་བ་སྤྲང་པོའི་ཆ་བྱད་གཅེར་བུ་འཁྲུད་མ་ཕོ་བའི་རྩིགས་མས་འཚོ་བར་བྱེད་པ་དག་གི་ནང་དུ་ཞུགས་སོ། །ཁ་རི་བི་ཏ་རའི་རྒྱལ་པོའི་བྲན་མོ་ཀ་ཙ་ལ་ཏས་འཁྲུད་མ་ཕོ་བའི་ཆུ་འཕོར་བ་སློབ་དཔོན་ལ་ཕོག་པས་ཁོལ་བ་མཐོང་། དེའི་ཚེ་མུ་སྟེགས་ཀྱི་སྟོན་པ་ཤང་ཀ་ར་དེ་ཝ་ཞེས་བྱ་བས། གནངས་ནམ་མཁའ་ལ་དབང་ཕྱུག་ཆེན་པོའི་དཀྱིལ་འཁོར་འདྲི་བས། དེ་བཤིག་མ་ནུས་ན་ཆོས་ལྷ་རྟེན་བསྲེགས་ནས་དགེ་འདུན་རྣམས་ཕྱི་རོལ་པའི་སྒྲོར་འཇུག་དགོས་ཞེས་རྒྱལ་པོ་ལ་གསོལ་བ་དང་། རྒྱལ་པོས་དགེ་འདུན་འདུས་ཏེ་བསྐད་པས་བཤིག་པར་ཁས་ལེན་པ་མ་བྱུང་། རྒྱལ་པོ་མྱ་ངན་དུ་གྱུར་པ་ན་བྲན་མོས་སྔར་མཐོང་བ་དེ་བཤད་པས་ཚོལ་ཅིག་གསུང་། ཕྱོགས་ཀུན་ཏུ་བཙལ་བས་ལྡོན་ཤིང་ཞིག་གི་དྲུང་ནས་རྙེད་དེ། དོན་དེ་ཞུས་པས་ངས་ནུས་ཀྱི་ཆུ་བུམ་པ་གང་། རས་ཡུག་གཉིས། མི་རྣམས་སྣ་གོན་གྱིས་ཤིག་གསུངས་ནས་དེ་ལྟར་བྱས་སོ། །སང་དགོངས་ཀ་ཐིག་གདབ་སྟེ་སོང་། ཐམས་ཅད་ཐེ་ཚོམ་དུ་གྱུར་ཏོ། །གནངས་སྔ་དྲོ་དཀྱིལ་འཁོར་བྲིས་ཏེ་ཤར་སྒོ་ཙམ་ཟིན་པ་ན། སློབ་དཔོན་གྱིས་ཏིང་ངེ་འཛིན་མཛད་པས་འཚུབ་མ་ཆེན་པོ་ལངས་ཏེ་རྨིག་མེད་དུ་ཁྱེར། ཤིང་དང་གྲོང་ཁྱེར་ཐམས་ཅད་ཀྱང་འགྱེལ་ལ་ཐུག་པར་ལྟེག །དེར་ཚོགས་པའི་མི་རྣམས་ཀྱང་བདས། མུ་སྟེགས་ཀྱི་སྟོན་པའང་རྣམ་པར་འཐོར། ཕྱོགས་ཐམས་ཅད་མུན་པ་ཆེན་པོར་གྱུར་ཏོ། །དེ་ནས་སློབ་དཔོན་གྱི་སྨིན་མཚམས་ནས་འོད་བྱུང་སྟེ་རྒྱལ་པོ་དང་བཙུན་མོ་ལམ་བསྟན་ཏེ། གོས་དང་བྲལ་ཞིང་རྡུལ་གྱིས་གཡོགས་པ་ལ་ཁྲུས་བཀྲུས་རས་གསར་པ་གཡོགས་ཏེ་མེས་བསྲོས་ཏེ་བདེ་བར་བྱས་སོ། །

དེ་ནས་མུ་སྟེགས་ཀྱི་ལྷ་ཁང་རྣམས་བཤིག་ནས་སངས་རྒྱས་ཀྱི་བསྟན་པ་ལ་བཙུད་པས་ད་ལྟའི་བར་དུའང་ཡུལ་དེ་ལ་མུ་སྟེགས་ཕམ་པའི་ཡུལ་ཞེས་གྲགས་སོ། །དེ་ལྟ་བུའི་སློབ་དཔོན་རྣམས་ལ་གཞུང་ཕྱི་མོའི་དབུ་མ་པ་ཞེས་འདོད་ལ། ཡུམ་ཤེས་རབ་ཀྱི་ཕ་རོལ་ཏུ་ཕྱིན་མའི་དངོས་བསྟན་ལྟག་པའི་ཤེས་རབ་རྣམ་པར་འགྲེལ་བ་རྩ་བ་ཤེས་རབ་སློབ་དཔོན་ཆེན་པོ་སངས་རྒྱས་བསྐྱངས་ཀྱིས་ཀླུ་

སློབ་ཉིད་ལས་ཐོས་པ་བཞིན་འགྲེལ་པ་མཛད། དེ་ནས་རིང་ཞིག་ན་མཁས་པ་ཆེན་པོ་ལེགས་ལྡན་འབྱེད་རང་ཉིད་རྟོག་གེ་ལ་མཁས་པ་སྟོན་པར་བཞེད་ལ། དེ་ལྟར་བཤད་པས་དབུ་མའི་དོན་ཡང་མི་ཉམས་པར་དགོངས་ནས་སངས་རྒྱས་བསྐྱངས་ཀྱིས་མཛད་པའི་འགྲེལ་པ་ལ་གཟིགས་ནས། དེ་ལ་ཟུར་ཟ་བའི་འགྲེལ་པ་ཤེས་རབ་སྒྲོན་མེ་ཞེས་བྱ་བ་བརྩམས། བོད་ཀྱི་བགྲེས་པོ་དག་སློབ་དཔོན་སངས་རྒྱས་བསྐྱངས་དང་ལེགས་ལྡན་དངོས་སུ་རྩོད་པ་མཛད་པས། སངས་རྒྱས་བསྐྱངས་ཀྱིས་ལེགས་ལྡན་འབྱེད་མ་ཐུབ་པར་སྐྱེ་བར་ཕྱི་མར་དེ་ལས་རྒྱལ་བར་སྨོན་ལམ་བཏབ་སྟེ་ཟླ་བ་གྲགས་པར་འཁྲུངས། དེའི་ཚེ་ལེགས་ལྡན་འབྱེད་དང་གཉིས་རྩོད་པས་ཟླ་གྲགས་རྒྱལ། ལེགས་ལྡན་འབྱེད་དེའི་སློབ་མར་ཞུགས་སོ་ཟེར་བ་ནི་གཏན་མི་འཐད་དེ། ཚིག་གསལ་ལས། སངས་རྒྱས་བསྐྱངས་ཀྱིས་མཛད་པའི་འགྲེལ་པ་མཐོང་ནས་ལེགས་ལྡན་འབྱེད་ཀྱི་ལེགས་བཤད་གང་། །གཅིག་ནས་གཅིག་ཏུ་བརྒྱུད་ལས་འོང་དང་བདག་གིས་རྣམ་པར་ཕྱེ་ལས་རྙེད་པ་གང་། །དེ་དག་བསྡམས་ཏེ་བློ་ཆེན་ལྡན་རྣམས་མགུ་བར་བྱ་ཕྱིར་ཡང་དག་བསྟན་པ་ཡིན། །ཞེས་གསུངས་པས་སོ། །དབུ་མའི་བརྒྱུད་ལུགས་རང་རྒྱུད་པ། ཐུབ་པ་འཇམ་དབྱངས། སྒྲ་གཅན་འཛིན། ཀླུ་སྒྲུབ། སངས་རྒྱས་བསྐྱངས། དེ་ཝ་ཤརྨ། ལེགས་ལྡན་འབྱེད། སྤྱན་རས་གཟིགས་བརྟུལ་ཞུགས། སངས་རྒྱས་ཡེ་ཤེས། ཡེ་ཤེས་སྙིང་པོ། ཞི་བ་འཚོ། ཀ་མ་ལ་ཤཱི་ལ། བློ་གྲོས་ཆེན་པོ། མི་ཕམ་བཤེས་གཉེན། ཛ་ཡ་ཨཱ་ནནྡ། པ་ཚབ་ཉི་མ་གྲགས། ཐལ་འགྱུར་པ། ཀླུ་སྒྲུབ་ནས་ཨཱརྱ་དེ་ཝ། ཟླ་བ་གྲགས་པ། བཙུན་པ་དེ་ཝ་ཙནྡྲ། རྒྱལ་རིགས་འཇམ་དཔལ་གྲགས་པ། ཁ་ཆེ་རིན་ཆེན་རྡོ་རྗེ། བྲམ་ཟེ་སཛྫ་ན། ཇོ་བོ་ཧ་སུ་མ་ཏི། པ་ཚབ་ཉི་མ་གྲགས་སོ་ཞེས་བྱུང་ཞིང་། ཨཱརྱ་དེ་ཝ་མྱ་ངན་ལས་འདའ་ཁའི་སློབ་མ་ཡིན། དེས་བསྟན་པ་ཡུན་རིང་དུ་བསྐྱངས་པས་ཟླ་གྲགས་ཀྱིས་དེ་ལ་དངོས་སུ་ཐུག་པར་རིགས་ལ། གཞན་དཔའ་བོ་དང་ཕྱོགས་གླང་གིས་དེ་བཞིན་གཤེགས་པ་ལ་སྤྱིལ་མར་བསྟོད་པ་མཛད་པས་ཐོག་མཉམ་པ་དངོས་སུ་གྲུབ། འཇུག་པ་རང་འགྲེལ་ལས། དབྱིག་གཉེན་དང་ཕྱོགས་གླང་དང་དཔལ་ལྡན་ཆོས་སྐྱོང་ལ་སོགས་པ་སྔར་བྱོན་པ་ཞེས་གསུངས་པས། དེ་དག་ཟླ་གྲགས་ལས་སྔ་བར་ཤེས། འགའ་ཞིག་ཏུ་ཀླུ་སྒྲུབ་འདས་ནས་ལོ་བཞི་བརྒྱ་ན་ཟླ་གྲགས་འཁྲུངས། བཞི་བརྒྱར་བཞུགས་ཞེས་པ་ལ་ཕྱེད་ལྷག་པ་དང་། བཀའ་གདམས་པ་ཀུན་ཀླུ་སྒྲུབ་རང་གི་སློབ་མ་ཟླ་གྲགས། དེས་ལོ་བཞི་བརྒྱ། དེའི་སློབ་མ་རིག་པའི་ཁུ་བྱུག་དེས་ལོ་སུམ་བརྒྱ། དེའི་སློབ་མ་ཇོ་བོ་ཡིན་པར་བཞེད་དེ། ཕྱི་མ་འདི་ལ་ལོ་གྲངས་ཉིས་བརྒྱས་ཉུང་བའི་སྐྱོན་སྣང་། དེས་ན་ཟླ་གྲགས་ཀྱི་སློབ་དཔོན་ཨཱརྱ་དེ་ཝ་ཡིན་ལ། དེས་དག་སྣང་

གིས་ཀླུ་སྒྲུབ་མཇལ་བས་གསང་འདུས་འཕགས་ལུགས་པ་རྣམས་ལྟར་དེའི་དངོས་སློབ་ཀྱང་ཡིན་ནོ། །དེ་བཞིན་ལེགས་ལྡན་འབྱེད་ཀྱང་བསྟེན་པར་རྫོགས་ས་ཀླུ་སྒྲུབ་རང་ཡིན་ལ་བཤད་རྒྱུན་སྟེ་མ་ཁོ་ནའོ། །སངས་རྒྱས་བསྐྱངས་ཀྱི་འགྲེལ་པ་ལ་འགའ་ཞིག་ཏུ་ཤེས་རབ་སྒྲོན་མེར་མི་འཐད་པར་སྨྲོས་པ་དང་། དེ་སྐོར་བློ་བ་གྲགས་པས་འཐད་པར་བསྒྲུབས་ཤིང་། རང་རྒྱུད་ཀྱི་སྦྱོར་བ་བཀོད་པ་མི་འཐད་པ་ཙམ་བརྗོད་པ་ལ་ཐལ་རང་རྩོད་ཅེས་པར་ཟད་ལ། ཐལ་རང་དེ་ནས་གྱེས་པ་ཡིན། གཞན་སློབ་དཔོན་དེ་དག་ཐོག་སྟེ་ཕྱི་ཆེན་པོ་ཡོད་པ་གཅིག་ནས་གཅིག་ཏུ་བརྒྱུད་ལས་འོངས་དང་ཞེས་གསུངས་དགོས་བྱུང་བས་ཤེས་སོ། །

གཞན་ཡང་རང་རྒྱུད་པ་དང་ཐལ་འགྱུར་པ་མི་མཐུན་པ་ཆེན་པོ་སྐད་ཟེར་བའང་རང་གིས་རང་རྒྱུད་འཛོག་ལུགས་ཀྱི་བློའི་སྐྱོན་ཡིན། ལུགས་གཉིས་བར་དུ་བདག་བཟློག་ཁྱེར་ལ་ཐལ་རང་དུ་གྱེས་པ་ཙམ་ལས་མཐར་ཐུག་ལ་མི་མཐུན་པ་མེད། དེས་ན་ཀུན་རྫོབ་ཁས་ལེན་ཚུལ་གྱིས་ཐལ་འགྱུར་པ་ལ་འཇིག་རྟེན་གྲགས་སྡེ་སྤྱོད་པ། རང་རྒྱུད་པའི་སློབ་དཔོན་ལེགས་ལྡན་འབྱེད་ལ་མདོ་སྡེ་སྤྱོད་པ། ཡེ་ཤེས་སྙིང་པོ་དང་བོ་དྷི་སཏྭ་ལ་སོགས་པ་ལ་རྣལ་འབྱོར་སྤྱོད་པ་ཞེས་རྣམ་པར་ཕྱེ་བ་ཡིན་ནོ། །སློབ་དཔོན་ལེགས་ལྡན་འབྱེད་ནི་རང་དང་གཞན་གྱི་གྲུབ་མཐའ་ཐམས་ཅད་ལ་མཁས་པ་ཆེན་པོ་དེས་དབུ་མ་སྙིང་པོ་རྩ་འགྲེལ་མཛད་ཅེས་སྙིང་ལ། དབུ་མ་རིན་ཆེན་སྒྲོན་མར་རྟོག་གེ་འབར་བའང་བདག་གིས་བྱས་ཟེར་བས། དེ་ལེགས་ལྡན་ཕྱི་མ་ཇོ་བོ་རྗེའི་བླ་མ་ཡིན། དང་པོས་མཛད་ན་རང་རྒྱུད་ཀྱི་རྩ་བར་རིགས་ལ། དེར་མི་འདྲེན་པས་བརྟག་པར་རིགས་སོ། །དེའི་སློབ་མ་དཔལ་སྦས། དེའི་སློབ་མ་ཡེ་ཤེས་སྙིང་པོ་དེས་བདེན་གཉིས། དེའི་སློབ་མ་ཞི་བ་འཚོ་ཞེས་བྱ་བ་རྒྱལ་པོ་ཁྲི་སྲོང་ལྡེ་བཙན་གྱི་བླ་མ། རྒྱལ་པོས་མཛད་པའི་བཀའ་ཡང་དག་པའི་ཚད་མར་ཟ་ཧོར་གྱི་བིགྐ་ཆེན་པོ་པ། ཡུལ་ཁ་སར་ཏར་འབྱུངས་པ། རྣམ་ཤཱནྟི་ཪྻཱ་ཁ་འཇིག་རྟེན་གྱིས་ཨཱ་ཙཪྻ་བོ་དྷི་ས་ཏྭ་ཞེས་བཏགས་པ་གསུང་རབ་ཐམས་ཅད་ལ་མཁས་ཤིང་ཚུལ་ཁྲིམས་དང་ཤེས་རབ་དང་ལྡན་པ་མི་འཕྲོག་པའི་བརྩོན་འགྲུས་ལ་ཞུགས་པ་ཞེས་བསྔགས་པ་དེས་དབུ་མ་རྒྱན། དེའི་སློབ་མ་ཀ་མ་ལ་ཤཱི་ལ། དེས་དབུ་མ་སྣང་བ་སྟེ་རང་རྒྱུད་ཀྱི་གཞུང་གསུམ་དུ་གནས་སོ། །དཔལ་ལྡན་ཟླ་བ་གྲགས་པ་ནི་ཡུལ་ལྷོ་ཕྱོགས་ས་མ་ནར་འཁྲུངས་ཏེ་ཨཱཙཪྻ་དེ་ཝ་བསྟེན། རིག་པའི་གནས་དང་ཁྱད་པར་ཀླུ་སྒྲུབ་ཡབ་སྲས་ཀྱི་གསུང་རབ་ལ་བརྟེན་ནས་མཁས་པ་ཆེན་པོར་གྱུར་པ། སྐྱེ་བ་ལྔ་བརྒྱར་འཇམ་དཔལ་གྱིས་བྱིན་གྱིས་བརླབས་ལ། རི་མོར་བྲིས་པའི་བ་ལ་འོ་མ་བཞོས་ནས་པ། རྡོའི་ཀ་བ་ལ་ཕྱག་གཡུགས་པ་མི་ཐོགས་པར་ཐལ་བྱུང་དུ

འགྲོ་བ། དེས་དབུ་མ་ལ་འཇུག་པ་རྩ་འགྲེལ་དང་། ཚིགས་གསལ་ལ་སོགས་པ་བསྟན་བཅོས་དུ་མ་མཛད། སྒྲ་མདོ་ཀུན་ཏུ་བཟང་པོ་བྱ་བ་ཚིགས་སུ་བཅད་པ་ཡོད་པ་ཞིག་མཛད་པ་ཙནྡྲ་གོ་མིས་གཟིགས་ཏེ། རང་གི་ལས་ལྷག་པར་མཐོང་སྟེ། རང་གི་བརྩམས་པ་ཁྲོན་པར་བསྐྱུར་བ་ཡིན། ཀླ་ཀློའི་དམག་བྱུང་བའི་ཚེ་རྡོའི་སེངྒེ་ལ་ཕྱག་བརྒྱབ་པས་དེ་འབུམ་དུ་སོང་། དེ་རྣམས་ཀྱིས་དམག་ཚོགས་བརླག་པར་བྱས་སོ་ཞེས་གྲགས་སོ། །ཤར་ཕྱོགས་ཧྃ་ག་ལར་འཁྲུངས་པའི་ཙནྡྲ་གོ་མི་ཞེས་བྱ་བ་བཙོམ་ལྡན་འདས་སྒྲོལ་མས་རྗེས་སུ་གཟུང་བ་དེ་ཟླ་གྲགས་ལ་རྩོད་པར་འོངས་པའི་ཚེ། ཟླ་གྲགས་ཀྱིས་སུ་ཞེས་དྲིར་བཏང་བས་ཙནྡྲ་གོ་མིར་ཤེས་ནས་ཅི་ཤེས་དྲིས་པས། སྒྲ་པཉྩི་པ། མཚན་བརྗོད། བསྟོད་པ་བརྒྱ་ལྔ་བཅུ་པ་གསུམ་ཤེས་ཟེར་བས། མཁས་པ་ཆེན་པོར་ཤེས་ནས་དགེ་འདུན་གྱིས་བསུས་པ་ན། ང་རྗེན་དགེ་བསྙེན་ཡིན་པས་མི་རིགས་དགོངས་ཏེ། འཇམ་པའི་དབྱངས་ཀྱི་སྐུ་ཤིང་རྟའི་སྟེང་དུ་བཞག །དེའི་རྒྱབ་ཏུ་བཞུགས་ནས་ཁྲིད་པའི་ལམ་དུ་འཇམ་དབྱངས་ལ་བསྟོད་པ་མཛད་པས། སྐུ་དེ་དབུ་ཡོན་མཛད་ནས་ང་ལ་དེ་ལྟ་བུའི་ཡོན་ཏན་འདུག་པ་ནམ་ཞེས་པས་སྐུ་དེ་འཇམ་དབྱངས་མཛེང་ཡོན་མར་ཐོགས། དེར་དཔོན་སློབ་གཉིས་འཛོམས་ནས་རྩོད་པས་ཟླ་བ་གྲགས་པ་རིག་པ་རྣོ་ལ། དེས་དེ་རིང་གི་ལན་འཇིག་རྟེན་དབང་ཕྱུག་ལ་ཞུས་ནས་གནང་བར་བཏབ་པས། ཟླ་གྲགས་ཐེ་ཚོམ་དུ་གྱུར་པས་ཕྱི་བཞིན་སྙེགས་པ་ན་འཇིག་རྟེན་དབང་ཕྱུག་གིས་སློབ་པ་གཟིགས་ཏེ། འཕགས་པ་ཉེ་རིང་མ་མཛད་ཅེས་གསོལ་བས་སྐུ་དེ་ཕྱག་མཛུབ་བསྐུམ་པ་མ་བྱུང་བར་ལུས་པས་དེང་སང་ཡང་ཐུགས་རྗེ་ཆེན་པོ་མཛུབ་ཀོར་ཞེས་གྲགས་སོ། །

རྩ་ཤེའི་འགྲེལ་པ་ག་ལས་འཇིགས་མེད་ཤེས་རབ་སྒྲོན་མེའི་ཊཱི་ཀ་ཆེན་སྤྱན་རས་གཟིགས་བརྟུལ་ཞུགས་ཀྱིས་མཛད་པར་རང་འགྲེལ་དུ་བཤད་ཀྱང་། ཚིག་གསལ་ལས་འོན་ཀྱང་སྐྱར་བའི་ངག་ཀྲུས་པར་རྗོད་པར་བྱེད་པ་གང་ཡིན་པ་འདི་ནི་འགྲེལ་པ་མཁན་པོ་རྣམས་ཀྱི་ལུགས་ཡིན་ནོ་ཞེ་ན་དེ་འདྲ་ཡོད་པ་མ་ཡིན་ཏེ། རྩོད་པ་ཟློག་པའི་འགྲེལ་པ་མཛད་པ་ན་སློབ་དཔོན་གྱིས་ཀྱང་སྐྱར་བའི་ངག་མ་གསུངས་པའི་ཕྱིར་རོ། །ཞེས་གསུངས་པས་དེ་དེས་མཛད་ན་དེ་སྐད་སྐྱར་མི་དགོས་པར་འགྱུར་བས་སོ། །དེ་བས་ན་ཐལ་རང་གཉིས་ཀ་དབུ་མ་རབ་ཏུ་མི་གནས་པའི་དབྱེ་བར་ཟད་ལ། ཐོགས་མེད་འཕགས་སེང་གི་དབུ་མ་ནི་སྒྱུ་མ་ལྟ་བུ་སྟེ། དང་པོས་ཤེར་ཕྱིན་དངོས་བསྟན་བཀྲལ་བས་ལྟ་བ་ཐམས་ཅད་བཟློག་སྟེ་ལྷག་པའི་ཤེས་རབ་བསྐྱེད་པས་ཐེག་ཆེན་གྱི་ཆོས་མངོན་པ་དར་བར་མཛད་ལ། གཉིས་པས་ནི་སྦས་དོན་སྒྱུ་མ་ལྟ་བུའི་ལམ་གྱི་རིམ་པར་བཀྲལ་བས་མངོན་པར་རྟོགས་པ་

གོང་ནས་གོང་དུ་འཕེལ་བའི་ལྷག་པའི་ཧིང་ངེ་འཛིན་བསྐྱེད་པས་ཐེག་ཆེན་གྱི་མདོ་སྡེ་རྒྱས་པར་མཛད་པ་ཡིན་ལ། དོན་ལ་ལྷ་སྤྱོད་ཟུང་དུ་འཇུག་པའི་ཕྱིར་གཉིས་པོ་འགལ་མེད་དུ་འཁྱེར་ཤེས་དགོས་སོ། །

རྒྱའི་སློབ་དཔོན་རྫོགས་གསལ་གྱི་དགོངས་འགྲེལ་གྱི་འགྲེལ་ཆེན་དུ། འཇམ་དཔལ་རྩ་རྒྱུད་ཀྱི་ལུང་། ང་ནི་མྱ་ངན་འདས་འོག་ཏུ། །ལོ་ནི་དགུ་བརྒྱ་ལོན་པ་ན། །ཐོགས་མེད་ཅེས་བྱའི་དགེ་སློང་ནི། །བསྟན་བཅོས་དེ་ནི་དོན་ལ་མཁས། །མདོ་སྡེ་ངེས་དོན་དྲང་བའི་དོན། །རྣམ་པར་རབ་ཏུ་མང་པོ་འབྱེད། །འཇིག་རྟེན་རིགས་པ་སྟོན་བདག་ཉིད། །གཞུང་བྱེད་དང་ཚུལ་ཅན་དུ་འགྱུར། །དེའི་རིག་པ་སྒྲུབ་པ་ནི། །སྭ་ལའི་ཕོ་ཉ་མོ་ཞེས་བརྗོད། །དེ་ཡི་སྔགས་ཀྱི་མཐུ་ཡིས་ནི། །བློ་ནི་བཟང་པོར་སྐྱེ་བར་འགྱུར། །བསྟན་པ་ཡུན་རིང་གནས་བྱའི་ཕྱིར། །མདོ་ཡི་དེ་ཉིད་དོན་སྡུད་བྱེད། །ལོ་ནི་བརྒྱ་དང་ལྔ་བཅུར་འཚོ། །དེ་ལུས་ཞིག་ནས་ལྷ་ཡུལ་འགྲོ། །འཁོར་བ་རྣམས་སུ་འཁོར་བ་ན། །ཡུན་རིང་བདེ་བ་རྗེས་མྱོང་ནས། །བདག་ཉིད་ཆེན་པོ་མཐར་གྱིས་ཏེ། །བྱང་ཆུབ་ཐོབ་པར་འགྱུར་བ་ཡིན། །ཞེས་ལུང་བསྟན་ཏོ། །ཞེས་དྲངས་པ་ལ་དེ་ལྟའི་རྩ་རྒྱུད་ན་ཀ་ང་པ་སྔ་མ་གཉིས་མི་སྣང་ཞེས་བུ་སྟོན་གསུང་ཡང་ལུང་རྣམས་ལ་ཚིག་ཆད་པ་ཅུང་ཟད་ཡོད་པར་བཤད་པས་སྔ་མ་འཐད་དོ། །དེ་ལྟ་བུའི་རྒྱ་ཆེན་སྤྱོད་པའི་ཕྱོགས་འགྲེལ་བའི་ཤིང་རྟ་ཆེན་པོར་ལུང་བསྟན་པའི་འཕགས་པ་ཐོགས་མེད་ནི། རྒྱ་གར་དུ་དམ་པའི་ཆོས་མངོན་པ་ལ་དགྲ་ལན་གསུམ་དུ་བྱུང་སྟེ། དང་པོ་མུ་སྟེགས་ཀྱི་ཀན་མོ་ཞིག་ན་རེ། ནང་པའི་གཏྗོའི་སྒྲ་ལས་འགེམས་ཞེས་པ་ཞིག་སྣང་སྟེ་འོ་སྐོལ་ལ་གནོད་མི་གནོད་བརྟག་པར་རིགས་སོ་ཟེར་ནས་བརྟགས་པས། ལྷ་དང་ཀླུ་དང་གནོད་སྦྱིན་གྱིས་མཆོད་པའི། །དཀོན་མཆོག་གསུམ་གྱི་གཏྗོ་འདི་བརྡུངས་པས། །མུ་སྟེགས་འཆལ་བའི་ཀླད་པ་ཚལ་བར་འགེམས། །ཞེས་པར་རིག་ནས་དམག་དྲངས་ཏེ་བསྣུབས་སོ། །དེ་ནས་ཙུང་ཟད་འཕེལ་ནས་ཡོད་པའི་ཚེ་དབུས་ཀྱི་རྒྱལ་པོས་སྟག་གཟིག་གི་རྒྱལ་པོ་ལ་རས་ཀྱི་ན་བཟའ་སྲུབས་མེད་པ་ཞིག་སྐྱེས་སུ་བསྐུར། དེའི་སྙིང་ཁར་ཧ་ང་རྗེས་འདྲ་བ་ཞིག་ཡོད་པས་ངན་སྔགས་བྱས་སོ་ཟེར་ནས་དམག་དྲངས་ཏེ་བསྣུབས་སོ། །དེ་ནས་ཙུང་ཟད་འཕེལ་ནས་ཡོད་པའི་ཚེ་ནང་པའི་གཙུག་ལག་ཁང་ཞིག་ཏུ་མུ་སྟེགས་ཀྱི་སྤྲང་པོ་གཅིག་སློང་དུ་འོངས་པ་ལ་བཙུ་ཆུ་གཏོར་བས་ཁྲོས་ནས་ཉི་མ་བསྒྲུབས་ཏེ་གཙུག་ལག་ཁང་བསྲེགས་ཏེ་བསྣུབས་སོ། །
དེའི་ཚེ་བྲམ་ཟེ་མོ་གསལ་བའི་ཚུལ་ཁྲིམས་ཞེས་པའི་བསམ་པ་ལ་བསྟན་པའི་རྩ་བ་མངོན་པ་ཡིན་པ་ལ་དགྲ་ལན་གསུམ་བྱུང་བས་བསྣུབས་པ་འདི་དར་བར་བྱེད་ནུས་པ་གཞན་ཡང་མི་སྣང་། བདག

ཀུང་བུད་མེད་དུ་སོང་བས་མི་ནུས། ལུས་ལ་བུ་བསྐྱེད་ལ་དར་བར་བྱེད་དུ་གཞུག་སྙམ་ནས་རྒྱལ་རིགས་དང་འདུས་པས་ཐོགས་མེད་དང་། བྲམ་ཟེ་དང་འདུས་པས་དབྱིག་གཉེན་བྱུང་ནས་སྐྱེས་མ་ཐག་ཏུ་ལྕེ་ལ་གིའུ་ཝང་གིས་ཡི་གེ་ཨ་བྲིས་པ་སོགས་བློ་རྣོ་བའི་རིག་པ་བྱས་ཏེ། དེ་གཉིས་ཆེར་སྐྱེས་པའི་ཕའི་ལས་ཀ་གང་ཡིན་ཞུས་པས། མ་ན་རེ། ཁྱེད་དེའི་ཕྱིར་མ་བསྐྱེད་ཀྱི་བསླབ་སྦྱངས་ཀྱིས་ལ་མངོན་པའི་བསྟན་པ་དར་བར་གྱིས་ཤིག་གསུངས་ནས་གཅུང་པོ་ཁ་ཆེར་འདུས་བཟང་གི་དྲུང་དུ་བཏང་། གཅེན་གྱིས་བྱམས་པ་སྒྲུབ་ལ་ཐེག་ཆེན་གྱི་མངོན་པ་དར་བར་བྱ་སྙམ་ནས་རི་བྱ་རྐང་གི་ཕུག་ཏུ་ཕྱིན། ལོ་གསུམ་སྒྲུབ་པས་མཚན་མ་ཅིའང་མ་བྱུང་བས་སྐྱོ་ནས་ཕྱིར་འཐོན་པ་ན། རྐན་པོ་ཤིང་བལ་གྱི་འདབ་མས་ལྕགས་ཀྱི་སྡོང་པོ་ཤུད་དེ་འདུག་པས། ཅི་བྱེད་དྲིས་པས་ཁབ་བྱེད་པ་ཡིན་ཟེར། ཤིང་བལ་འདི་ལྟར་འཇམ་ལ་ལྕགས་སྲ་བའི་སྡོང་པོ་འདི་ཙམ་ན་ཇི་ལྟར་ཁབ་འབྱུང་ཞེས་དྲིས་པས། སྙིང་སྟོབས་ལྡན་པའི་སྐྱེས་བུ་ཡིས། །སྒྲུབ་ན་མི་འགྲུབ་གང་ཡང་མེད། །དཀའ་ཡང་བརྟག་པ་མ་དོར་ན། །རི་བོ་རྣམས་ཀྱང་ཐལ་བར་རློག །ཟེར་བས་ངེས་ཡུན་ཐུང་འདུག་བསམ་སྟེ་སླར་ལོ་གསུམ་བསྒྲུབས་སོ། །

དེར་ཡང་རྟགས་མེད་ནས་དོན་པས་ཆུ་ཐིགས་ཀྱིས་བྲག་ཟད་པ་མཐོང་ནས་སླར་ལོ་གསུམ་བསྒྲུབས། ཡང་རྟགས་མེད་ནས་འཐོན་པས་ཕུག་རོན་གྱི་སྒྲོས་བཤུད་པས་བྲག་ཟད་པ་མཐོང་། དེར་ཡང་ལོ་གསུམ་སྟེ་བཅུ་གཉིས་སྒྲུབ་པོ། །དེར་ཡང་མཚན་མ་མ་བྱུང་ནས་སྐྱོ་སྟེ་འཐོན་ནས་ཕྱིན་པ་ན། ཁྱི་མོ་རོ་སྨད་འབུས་ཤིག་ལ་རོ་སྟོད་ཟུག་ཅིང་ཟ་བ་གཅིག་མཐོང་ནས་སྙིང་རྗེ་ལྷག་པར་བསྐྱེད་དེ་བསལ་ན་འབུ་འཆི། མ་བསལ་ན་ཁྱི་མོ་འཆི་བར་སྣང་བས་རང་གི་ལུས་ལས་ཤ་བཅད་དེ་འབུ་ཟར་གཞུག་སྙམ་ནས་གྲོང་ཁྱེར་ཨ་ཙནྟ་ཞེས་བྱ་བར་ཕྱིན་ཏེ་གསེག་ཤང་གཏའ་མར་བཞག་ནས་གསེར་གྱི་སྤུ་གྲི་གཡར་ཏེ་རང་གི་ལུས་ལས་ཤ་བཅད། ལག་པས་བླངས་ན་ཤི་ཡིས་དོགས། སྤྱན་བཙུམ་སྟེ་ལྗགས་ཀྱིས་ལེན་སྙམ་པ་དང་ཁྱི་མེད་པར་རྗེ་བཙུན་བྱམས་པ་འོད་སྐོར་རེ་བཞུགས་པ་མཐོང་ནས་ཡུས་ཏེ། ཀྱེ་མ་ཡབ་གཅིག་བདག་གི་སྐྱབས། །ངལ་བརྒྱུས་འབད་ཀྱང་འབྲས་མ་མཆིས། །ཅི་ཕྱིར་ཆར་སྤྲིན་རྒྱ་མཚོའི་དཔུང་། །གདུང་བས་བསྲེགས་ཏེ་སྐོམ་ཚད་འབབ། །བདག་གིས་དེ་ཙམ་བསྒྲུབས་ཀྱང་རྟགས་མ་བྱུང་ན་ཐུགས་རྗེ་རེ་ཆུང་ཞེས་ལཔངས་པས། རྗེ་བཙུན་གྱིས། ལྷའི་རྒྱལ་པོས་ཆར་ཕབ་ཀྱང་། །ས་བོན་མི་རུང་མི་འབྱུང་ལྟར། །སངས་རྒྱས་རྣམས་ནི་བྱོན་གྱུར་ཀྱང་། །སྐལ་བ་མེད་པས་བཟང་མི་སྤྱོད། །ང་དང་པོ་ནས་ཡོངས་ཏེ་ཁྱོད་རང་གི་སྒྲིབ་པས་མ་མཐོང་ལ། ད་ལྟ་སྙིང་རྗེ་

ཆེན་པོ་སྐྱེས་པས་སྒྲིབ་པ་དག་ནས་མཐོང་བ་ཡིན། ཡིད་མི་ཆེས་ན་ཁྱོད་རང་ཕྲག་པར་ཁུར་ལ་སྐོར་ཅིག་གསུངས་ནས་ཁྲིམ་གྱི་དབུས་སུ་ཕྱིན་ཏེ་བསྟན་པས་སུས་ཀྱང་མ་མཐོང་བས་ཡིད་ཆེས། ཁྱོད་ཅི་འདོད་གསུངས་པ་ལ་ཐེག་ཆེན་དར་བར་ཞུ་འཚལ་བྱས་པས། ངའི་ཆོས་གོས་ལ་འཇུས་ཤིག་གསུངས་ནས་འཇུས་ཏེ་དགའ་ལྡན་དུ་བྱོན། ལྷའི་གྲོ་སྐད་དུ་མི་ལོ་ལྔ་བཅུའམ་ལྔ་བཅུ་རྩ་གསུམ་དུ་བཞུགས་པར་འཆད། ས་སྡེའི་སྣ་མཚན་ལས། ཟླ་བ་དྲུག་བཞུགས་ཏེ་གསན་ཞེས་བྱུང་ངོ་། །དེར་ཡུམ་གྱི་མདོ་རྣམས་དང་། རྣལ་འབྱོར་སྤྱོད་པའི་ས་ཆེན་པོ་དང་། ཐེག་ཆེན་གྱི་མདོ་སྡེ་མང་པོ་དང་བྱམས་པའི་ཆོས་ལྔ་གསན། མི་ཡུལ་དུ་བྱོན་ནས་རྣལ་འབྱོར་སྤྱོད་པའི་ས་ཆེན་པོ་ལ་སོགས་པ་ཐེག་ཆེན་གྱི་སྡེ་སྣོད་གསུམ་གཏན་ལ་འབེབས་པའི་བསྟན་བཅོས་ས་སྡེ་ལྔ། སྡོམ་པ་རྣམ་པ་གཉིས་སོགས་དུ་མ་མཛད། སློབ་དཔོན་དེས་ཆོས་ཀྱི་རྒྱུན་གྱི་ཏིང་ངེ་འཛིན་བརྙེས་ཏེ། སའི་སྡོད་འགྲེལ་ལས། འཇིག་རྟེན་ཀུན་ལ་ཕན་ཕྱིར་ཐོགས་མེད་ཅེས་བྱ་བ། །ཆོས་རྒྱུན་ཏིང་འཛིན་སྟོབས་ཀྱིས་དྲངས་པའི་བདུད་རྩིའི་ཆོས། །འཕགས་པ་མི་ཕམ་ཞལ་གྱི་བུམ་པ་ནས་བླུགས་པ། །གསན་པའི་སྣིམ་པས་གསོལ་བ་དེ་ལ་ཕྱག་འཚལ་ལོ། །ཞེས་འབྱུང་ལ། འགྲེལ་ཆུང་གི་བཤད་པ་ཚིག་གསལ་དུ། སློབ་དཔོན་ཐོགས་མེད་ས་གསུམ་པ་འོད་བྱེད་པ་བརྙེས་ཀྱང་དབྱིག་གཉེན་འདུལ་བའི་དོན་དུ་སེམས་ཙམ་དུ་བསྟན་ནོ་ཞེས་འབྱུང་ངོ་། །དེ་ཡང་བྱམས་པ་མཇལ་དུས་ན་ཆོས་རྒྱུན། དེ་ནས་ས་གསུམ་པར་འཕར་ཞེས་སྨྲ་རོ། །དེའི་གཅུང་པོ་དབྱིག་གཉེན་གྱིས་ཆོས་མངོན་པ་དར་བར་སློན་ལམ་བཏབ་པའི་སྟོབས་ལས། གཞོན་ནུ་ནས་ཁ་ཆེར་སློབ་དཔོན་ཆེན་པོ་འདུས་བཟང་གི་དྲུང་དུ་ཕྱིན། དེ་ར་སྤྱིར་རིག་པའི་གནས་ཐམས་ཅད་དང་། ཁྱད་པར་ཉེར་སྦྲས་ལ་སོགས་པ་དགྲ་བཅོམ་པ་རྣམས་ཀྱིས་མཛད་པའི་བྱེ་བྲག་ཏུ་བཤད་པ་ཞེས་སམ། ཆོས་མངོན་པའི་མཛོད་ཅེས་བྱ་བ་སོགས་མངོན་པ་བསླབས་པས་ཐོགས་མེད་པར་མཁྱེན་ནས་རྒྱ་གར་དུ་འབྱོན་པར་ཆས་ལམ་དུ་ཞུགས་པའི་ཚེ་ཁ་ཆེའི་ཤེ་གམ་བསྲུང་བའི་གནོད་སྦྱིན་གྱི་རྟེན་ཡོད་པས་ཕྲོགས་ནས་ལན་གསུམ་གྱི་བར་དུ་ཟློག་ཀྱང་ནོར་ནི་མེད། ཆོས་བློ་ལ་ཡོད་པ་འབྲལ་དུ་མི་བཏུབ་པས་བཏང་སྟེ་ནཱ་ལེནྡྲར་བྱོན་པ་དང་། གཅེན་གྱིས་བསྟན་བཅོས་མང་དུ་བརྩམས་པ་ཐོས་ནས། ཀྱེ་མ་ཐོགས་མེད་ནགས་སུ་ལོ། །བཅུ་གཉིས་བར་དུ་ཏིང་འཛིན་བསྒྲུབས། །ཏིང་འཛིན་མ་གྲུབ་གླང་ཆེན་གྱི། །རྒྱབ་ཁལ་ལོངས་པའི་གྲུབ་མཐའ་བརྩམས། །ཞེས་ཐེག་པ་ཆེན་པོའི་ཆོས་དང་གང་ཟག་ལ་བསྡིངས་པ་གཅེན་གྱིས་གསན་ནས། ལོག་སྒྲུབ་དོན་མེད་དུ་འགྱུར་བ་མཁྱེན་ཏེ། དེ་བཟློག་པའི་ཕྱིར་སློབ་མ་གཉིས་ས་བཅུ་པ་དང་བློ་གྲོས་མི་ཟད་པ་འཛིན་དུ་བཅུག་ནས་གཅུང་ཅན་

སོང་ལ་སྲོད་དང་ཐོ་རངས་ཐོན་ཅིག་ཅེས་བསྐོ་བ་ལྟར་བསླབས་པས། སྲོད་ལ་ཐེག་ཆེན་འདི་རྒྱུ་བཟང་ལ་འབྲས་བུ་གཡེལ་བ་འདྲ་གསུངས། ཐོ་རངས་རྒྱུ་འབྲས་གཉིས་ཀ་བཟང་བར་འདུག་པ་ལ་ངས་སྐུར་བ་བཏབ་པ་ལྟེ་འདིས་ལན་པས་ཚོད་གསུངས་ནས་སྒྲ་གྲི་བཅལ་བའི་ཚེ། ཁོང་གཉིས་ཀྱིས་ལྷགས་འགྲུམ་མི་འཚལ། དེའི་སྒྲིབ་པ་སྦྱང་ཐབས་གཅེན་ལ་མངའ་བས་དེར་གཤེགས་སོ་ཞེས་སྨྲས་ཏེ། དེ་ལ་གསན་ནས་བྱོན་ནོ། །

དེར་ཆོས་མང་དུ་གསན་ཞིང་འབེལ་གཏམ་མཛད་པའི་ཚེ། གཅུང་ནི་སྤྱོབས་པ་ཤིན་ཏུ་མྱུར། གཅེན་བློ་ལ་བཟང་པོ་བྱུང་བས། འདིའི་རྒྱུ་ཅི་དྲིས་པ་དང་། ཁྱོད་ནི་སྐྱེ་བ་ལྔ་བརྒྱར་པཎྜི་ཏར་གྱུར་པས་སྐྱེས་ཐོབ་ཀྱི་ཤེས་རབ་ཆེ་བ་ཡིན། ང་ལ་དེ་ལྟ་བུ་མེད་པས་ཡི་དམ་ཞིག་ལ་དྲིས་ཤིང་ལན་འདེབས་པ་ཡིན་གསུངས། དེ་བདག་ལ་བསྟན་པར་ཞུ་བྱས་པས། རྗེ་བཙུན་ལ་ཞུ་ཡི་གསུངས་ནས་ཞུས་པས། ཁྱོད་སོ་སོ་སྐྱེ་བོ་ཡིན་པ་དང་། ཐེག་ཆེན་ལ་སྐུར་པ་བཏབ་པས་ང་ཚེ་འདི་ལ་མཐོང་བའི་སྐལ་བ་མེད་ཀྱི། སྒྲིབ་པ་སྦྱང་བའི་ཕྱིར་ཐེག་ཆེན་གྱི་མདོ་འགྲེལ་མང་དུ་རྩོམས། གཙུག་ཏོར་རྣམ་པར་རྒྱལ་མ་ཐོན། ཕྱི་མ་མཇལ་བར་འོང་གྱིས་ཤིག་གསུངས་པས་དེ་ལ་དེ་སྐད་བསྒྲད་དོ། །དེ་ནས་གཅེན་ལ་ལྷག་པར་དད་དེ། ངཡི་ཕུ་བོ་ཀླུ་དང་འདྲ། །ང་ནི་ཆར་འདོད་བྱ་དང་འདྲ། །ཀླུ་ཡི་རྒྱལ་པོས་ཆར་ཕབ་ཀྱང་། །བྱ་ཡི་གྲེ་བར་སོང་བ་མེད། །ཅེས་ཟེར་ཞིང་བྱམས་པའི་གསུང་བཞིན་བསླབས་ལ་མཛོད་ཀྱི་ཚིག་ལེའུར་བཅད་པ་བརྩམས་ཏེ་འདུས་བཟང་ལ་སྤྲིངས་སོ། །སློབ་མ་རྣམས་ཀྱིས་ཟེར་གྲག་ལོ་ཞེས་པ་འོ་སློལ་གྱི་གྲུབ་མཐའ་ལ་ཟུར་ཟའོ་ཞེས་སྨྲས་པ་དང་། ཁོ་བསྟན་བཅོས་རྩོམ་པ་ལ་མཁས་པས་ཚིག་གི་རྒྱན་ཡིན་ཟེར། ཤིན་ཏུ་མཉེས་ཏེ་འགྲེལ་པ་མདོ་དང་མཐུན་པའང་སྦྱར་རོ། །

སློབ་དཔོན་འདིས་ནཱ་ལེནྡྲའི་མཁན་པོ་མཛད་དེ་ཐོགས་མེད་གཤེགས་ནས་ཀྱང་དུས་ཞིག་བསྟན་པ་བསྐྱངས། འབུམ་སྡེ་དགུ་བཅུ་གོ་དགུ་ཐུགས་སུ་ཆུད་ཅིང་འབུམ་རང་ཀྱི་བཅིང་བ་མཛད་ནས་ཞག་བཅུ་གཉིས་སུ་ཞལ་འདོན་མཛད་པས་སངས་རྒྱས་གཉིས་པར་གྲགས་པའོ། །ཕྱིས་མཛོད་ལ་རང་འགྲེལ་མཛད་དེ། འདུས་བཟང་བཞུགས་པ་དེ་ལ་བསྐུར་བས་དེ་འཁྲུགས་ཏེ་ལུང་དང་རིག་པའི་སྒོ་ནས་ཚར་བཅད་ཅིང་ཁོ་ཉིད་ཀྱི་ལག་པས་བསྲུབ་ཏུ་གཞུག་གོ་ཟེར་ནས་རྒྱ་གར་དུ་བྱོན་པར་ཧུར་སྒྲིག་གི་མདངས་ཀྱིས་ནམ་མཁའ་འགྱུར་བ་ཙམ་གྱི་དགེ་འདུན་གྱིས་བསྐོར་ཏེ་ཆས་པ་དབྱིག་གཉེན་གྱིས་གསན་ནས་སློབ་དཔོན་འདུས་བཟང་ནི་བྱེ་བྲག་ཏུ་སྨྲ་བའི་གྲུབ་མཐའ་ལ་བྱང་བ་ཡིན་པས་བཟློག་པར་དཀའ་ལ། དེ་ཕམ་ཡང་དགོས་པ་མེད་པས་བལ་ཡུལ་རང་བྱུང་གི་མཆོད་རྟེན་ལྟ་བར

འགྲོ་ཞེས་བསྒྲགས་པ་བཞིན་ནཱ་ལེནྡྲ་དཔལ་ལྡན་ཆོས་སྐྱོང་ལ་གཏད། བལ་ཡུལ་དུ་བྱོན། དེའི་རྗེས་
ལ་འདུས་བཟང་ནཱ་ལེནྡྲར་བྱོན་དེ་ར་སུམ་བརྒྱ་ལོན་ནས་གྲོངས། དབྱིག་གཉེན་དགུང་ལོ་ཉིས་བརྒྱ་
ལ་བལ་ཡུལ་དུ་ཏ་དུ་ཞེས་པ་རབ་ཏུ་བྱུང་བའི་ཆ་ལུགས་ཅན་སྨོམ་ཁྲིམས་ལ་མི་གནས་པ་ཚང་གི་བུམ་
པ་ཐོགས་པ་མཐོང་ནས་སྐྱོ་བ་སྐྱེས་ཏེ་གཙུག་ཏོར་རྣམ་རྒྱལ་བཟློག་ནས་བཏོན་པས་གྲོངས་ནས་
མཆོད་རྟེན་ཡང་བརྩིགས་སོ། །སློབ་དཔོན་ཆེན་པོ་དེ་ལ་སློབ་མའི་མཆོག་བཞི་ཡོད་པའི་མངོན་པ་
རང་ལ་མཁས་པ་བློ་བརྟན་ནི། སློབ་དཔོན་དབྱིག་གཉེན་ཛྷ་ག་བི་ཧ་ར་ཞེས་བྱ་བ་ན་འབྲུམ་ར་གྱིས་
ཟངས་བཀང་བའི་ནང་ན་བཞུགས་ཏེ་འབུམ་སྡེ་གོ་དགུ་ཞལ་འདོན་དུ་མཛད་པ་རྒྱུན་དུ་ཉན་པའི་ཕུག་
རོན་ཞིག་ཡོད་པ་ཤི་འཕོས་ནས་མཐའ་འཁོབ་ཊ་མ་ཞེས་བྱ་བར་དམངས་རིགས་ཀྱི་བུར་སྐྱེས་མ་ཐག་
ངའི་སློབ་དཔོན་གན་བཞུགས་ཞེས་དྲིས་པས། ཁྱོད་ཀྱི་སློབ་དཔོན་སུ་ཡིན་བྱས་པས། དབྱིག་གཉེན་
ཡིན་ཟེར། ཕས་ཡུལ་དབུས་སུ་འགྲོ་བའི་ཚོང་པ་ལ་དྲིས་པས་བཞུགས་ཟེར་ནས་ཅུང་ཟད་སྐྱེས་པ་
དང་སློབ་དཔོན་དབྱིག་གཉེན་ཅན་དུ་བསྐྱལ། སློབ་དཔོན་གྱིས་ཡི་གེའི་ཕྱི་མར་སློབ་པ་ནས་བཟུང་
སྟེ་རིག་པའི་གནས་ཐམས་ཅད་ལ་མཁས་པར་བསླབས་སོ། །ཚུང་དུའི་དུས་ན་ནཱ་ལེནྡྲའི་སྒྲོལ་མའི་
རྟེན་བཞུགས་པའི་ཕྱག་ཏུ་སྲན་མའི་གང་བུའི་ཕུད་ཕུལ་ལ་ཟ་སྐམ་ནས་འགའ་ཞིག་ཕུལ་བས་འགྲིལ་
བྱུང་བས། ཡང་ཕུལ་བས་འགྲིལ། འཕགས་མས་མ་བཞེས་པར་རང་ཟ་བ་མི་འོས་སྙམ་ནས་ཟད་
ཟད་ཕུལ། ཡང་འགྲིལ་བས་དུས་སོ། །དེས་འཕགས་མས་ཞལ་དངོས་སུ་བསྟན་ཏེ། དུ་མི་དགོས
ངས་ཁྱོད་ལ་བྱིན་གྱིས་བརླབས་ཀྱི་ཁྲིམ་དུ་སོང་གསུངས་དེ་ནས་མཁྱེན་རབ་ཐོགས་མེད་དུ་གྱུར་ལ།
རྟེན་དེ་ལའང་དེ་ཕྱིན་ནས་སྲན་མའི་སྒྲོལ་མ་ཞེས་གྲགས་སོ། །དེ་ལ་དཀོན་མཆོག་བརྩེགས་པ་ལ་
སོགས་པ་མདོ་སྡེ་དུ་མ་ཐུགས་ལ་མངའ་ཞིང་མཛོད་ཀྱི་འགྲེལ་པ་ལ་སོགས་པ་བསྟན་བཅོས་མང་དུ་
མཛད། དེའི་སློབ་མ་གང་བ་སྤེལ། དེའི་སློབ་མ་རྒྱལ་པོའི་སྲས་དང་། ཁ་ཆེ་ཛཱི་ན་མི་ཏྲ་དང་། ཤཱི་ལེནྡྲ་
བོ་དྷི་ལ་སོགས་པ་ཡིན་ནོ། །ཚད་མ་རང་ལ་མཁས་པ་དཔལ་ལྡན་ཕྱོགས་ཀྱི་གླང་པོ་ནི། རིགས་བྲམ་
ཟེ་གནས་མ་བུ་པའི་སྡེ་པའི་མཁན་པོ་རྒྱལ་བའི་དབང་པོ་ཞེས་བྱ་བ་ལས་རབ་ཏུ་བྱུང་། སྒྲ་ལ་སོགས་
པ་ཐ་སྙད་ཀྱི་གཙུག་ལག་ལ་ལེགས་པར་སྦྱངས། མཁན་པོ་ལ་སྦྱོང་བ་བསམ་གཏན་གྱི་གདམས་ངག་
ཞུས་པས། ཕུང་པོ་ལས་དེ་ཉིད་དང་གཞན་དུ་བརྗོད་དུ་མེད་པའི་བདག་སྒོམས་ཤིག་གསུངས་ནས
སྒོམ་པས། བདག་མ་རྙེད་ནས་ཕྱི་ནང་གིས་བསྒྲིབས་སམ་སྙམ་ནས་ཕྱོགས་བཞིར་མར་མེ་བཞི་སྦར།
ལུས་གཅེར་བུར་ཕྱུང་། མིག་བགྲད་དེ་ཕྱོགས་བཙུར་བདག་བཙལ་ཡང་མ་རྙེད་དོ། །

སྒྲོད་ལམ་དེ་ལྟར་བྱེད་པ་གྲོགས་ཀྱིས་མཐོང་ནས་མཁན་པོ་ལ་ཞུས་པས། མཁན་པོས་ཁྱེད་ཅིའི་ཕྱིར་དེ་ལྟར་བྱེད་དྲིས་པས་བདག་འཚོལ་བའི་ཕྱིར་རོ། །ཁྱོད་རང་གི་གྲུབ་མཐའ་སྨུན་འབྱིན་པར་འདུག་པ་སོང་ཞིག་ཟེར་བ་དང་། དེ་རིགས་པས་སྨུན་འབྱིན་ནུས་མེད་ཀྱི་འོས་མིན་ནོ་སྙམ་ནས་ན་ལེནྡྲར་བྱོན་ཏེ། དབྱིག་གཉེན་བསྟེན་ནས་ཐེག་པ་གསུམ་ལ་མཁས་པར་སྦྱངས། ཁྱད་པར་རྣམ་རིག་པའི་གྲུབ་མཐའ་དང་ཚད་མ་ལ་མཁས་པར་གྱུར་ཏེ། དེར་བསྟན་བཅོས་ཕོར་བུ་བརྒྱ་ཙ་བརྒྱད་མཛད་ཅིང་། དབྱིག་གཉེན་གཤེགས་ནས་རི་བོ་འབིགས་བྱེད་ཀྱི་ངོས་སུ་བཞུགས་ཏེ་རང་གི་བསྟན་བཅོས་ཕོར་བ་རྣམས་གཅིག་ཏུ་བསྡུ་བར་བཞེད་ནས། ཕྱུག་པའི་ངོས་ལ་ཕོད་ལེ་ཀོར་གྱིས། ཚད་མར་གྱུར་པ་འགྲོ་ལ་ཕན་བཞེད་པ། །སྟོན་པ་བདེ་གཤེགས་སྐྱོབ་ལ་ཕྱག་འཚལ་ཏེ། །ཚད་མ་བསྒྲུབ་ཕྱིར་རང་གི་གཞུང་ཀུན་ལས། །བཏུས་ཏེ་སྣ་ཚོགས་འཐོར་རྣམས་འདིར་གཅིག་བྱ། །ཞེས་བྲིས་པའི་མོད་ལ་ས་གཡོ་བ་དང་། འོད་དང་། སྒྲ་ཆེན་པོ་གྲགས། མུ་སྟེགས་ཀྱི་སྟོན་པ་དག་ཤིང་བཞིན་དུ་རེངས་པའི་ལྟས་ཁྱད་པར་ཅན་དུ་མ་བྱུང་། དེར་དེའི་ཉེ་ལོགས་ན་མུ་སྟེགས་ཀྱི་སྟོན་པ་ཐུབ་རྒྱལ་ནག་པོ་ཞེས་བྱ་བ་ཞིག་ཡོད་པས་མངོན་ཤེས་ཕྲ་མོས་བལྟས་པས། དེའི་མཐུར་ཤེས་ནས་དེ་ལ་དེ་ལྟ་བུ་འབྱུང་བ་ཅི་ཡིན་བལྟས་པས། དེ་ལས་བསྟན་བཅོས་ཆེན་པོ་ཞིག་བྱུང་སྟེ་མུ་སྟེགས་རྣམས་ལ་གནོད་པར་ཤེས་ནས། སློབ་དཔོན་བསོད་སྙོམས་ལ་གཤེགས་པའི་ཤུལ་དུ་ཕྱིན་ཏེ་བསུབས་སོ། །དེ་བཞིན་ལན་གཉིས་སུ་བསུབ་པ་དང་། སློབ་དཔོན་གྱིས་གསུམ་པ་བྲིས་ནས་མཇུག་ཏུ་ངས་བྲིས་པའི་ཚིགས་སུ་བཅད་པ་བསུབས་པ་སུ་ཡིན། ཀུ་རེ་དང་ཀྱལ་ཁའི་ཆེད་དུ་ཡིན་ན་དགོས་པ་རྒྱ་ཆེན་པོ་ཡོད་པས་མ་སུབས་ཅིག །ཕྲག་དོག་གི་དབང་གིས་ཡིན་ན་བློ་ལ་ཡོད་པས་དབྱེ་བར་མི་ནུས་སོ་ཚིག་དོན་ལ་འགྲུལ་ལམ་སྙམ་ན་ལུས་སྣང་བར་གྱིས་ཤིག་བརྩད་པར་བྱའོ། །ཞེས་བྲིས་པས་ཡང་ལྟས་སྔར་བཞིན་བྱུང་སྟེ། བསུབ་པར་ཡོང་བས་བརྩད་པར་བྱའོ་ཞེས་པ་མཐོང་སྟེ་མ་བསུབ་པར་བསྡད་དོ། །སློབ་དཔོན་བསོད་སྙོམས་འཁོར་བ་དང་ཕྲད་ནས་བསྟན་པ་རྒྱུན་དུ་བཙུགས་ཏེ་རྩོད་པས་མུ་སྟེགས་ཕམ་སྟེ་ད་ཁྱོད་ནང་པའི་བསྟན་པ་ལ་ཞུགས་གསུངས་པས། ཁོ་ཁྲོས་ནས་ཁ་ནས་མེ་སྦར་ཏེ་སློབ་དཔོན་གྱི་ཡོ་བྱད་ཐམས་ཅད་བསྲེགས་ཤིང་སློབ་དཔོན་ཉིད་ཀྱང་ཚིག་ལ་ཁད་ནས། རྣམ་ངེས་ཏེ་ཀྵ་ལས། འཁོར་བ་ལ་ཡིད་འབྱུང་ནས་སེམས་ཅན་གྱི་དོན་ལས་གཞན་དུ་ཕྱོགས་ཏེ་གཅིག་པུ་གྲོལ་བར་འདོད་པས། སྐད་ཅིག་དེ་ལ་འཕགས་པ་འཇམ་དཔལ་བྱོན་ནས། བུ་སྙིང་པོ་ངན་པ་དང་རྗེས་སུ་མཐུན་པར་སེམས་སྐྱུར་བས་གཞན་གྱི་དབང་དུ་གྱུར་ཏེ། སེམས་ཡོད་བཞིན་དུ་ཅིའི་ཕྱིར་བཏང་སྙོམས་སུ་བྱེད་

ཅེས་གསུངས་པ་དང་། ལན་དུ་བཅོམ་ལྡན་འདས་འཁོར་བའི་བཟོད་པར་དཀའ་བའི་སྡུག་བསྔལ་དུ་མ་དང་ལྡན་པས་བརྟེན་པར་མི་ནུས་ལ། སེམས་ཀྱང་དམ་པ་མ་ཡིན་པའི་སྐྱེ་བོ་ལ་དགའ་བས་གཡོ་བར་སྤྱོད་ཅིང་། ཁྱེད་མཐོང་ཡང་བདག་ལ་བྱིན་གྱིས་མ་བརླབ་ན་དེ་ལ་ཅི་ཞིག་བགྱི་ཞེས་ཞུས་པ་དང་། ལན་དུ། བུ་ཛི་སྲིད་ས་མ་ཐོབ་ཀྱི་བར་དུ་ཁྱོད་ཀྱི་དགེ་བའི་བཤེས་གཉེན་ནི་ང་ཉིད་དོ་ཞེས་གསུངས་ནས་མི་སྣང་བར་གྱུར་ཏོ་ཞེས་བྱུང་ངོ་། །

དེ་ནས་དེས་ཚད་མ་མདོ་ཀུན་ལས་བཏུས་བརྩམས་ཏེ་མཁས་པའི་གྲྭར་འགྲིམས་པས་ཚིག་བསྙིང་ནས་ཕལ་གྱིས་མ་རྟོགས་ལ། རྟོགས་པ་འགས་ཀྱང་ཕྲག་དོག་གི་དབང་གིས་ཁྲིའི་མཇུག་མ་ལ་བཏགས་ཏེ་དོར་ལ། ཕྱོགས་ཀྱི་གླང་པོ་ནི་སྨན་པའི་གླང་པོ། ཀུན་ལས་བཏུས་ནི་སྨན་པའི་ཀུན་ལས་བཏུས་ཞེས་སློད་པ་ལ་རང་གིས་འགྲེལ་པ་བྱས་ཏེ་མུ་སྟེགས་མང་པོ་ཚར་བཅད་པས། རྣམ་ངེས་སུ་གང་ལ་འཕགས་པ་ཉིད་ཀྱིས་རྗེས་བཟུང་དེ་ནི་དཔལ་ལྡན་དྲི་མེད་བློ་མངའ་སྟེ། །འཇིག་རྟེན་བློ་གྲོས་བླུན་པོ་འདིས་ནི་དེ་ཚིག་བསྙིང་བ་གསལ་བར་མ་རྟོགས་པས། །ཉེར་རྟེན་འཇིག་རྟེན་རྒྱས་མཛད་དེ་ནི་རྨོངས་པས་ཙུང་ཟད་སྨད་པར་བྱུང་ན་ཡང་། །དོན་མིན་སྐྱེ་བར་འགྱུར་བ་ཡིན་པས་བརྩེ་བས་དེ་ཡི་ལུགས་ནི་གསལ་བར་བྱ། །ཞེས་གསུངས་སོ། །དེའི་སློབ་མ་དབང་ཕྱུག་སྡེ། དེས་ཀྱང་དེ་ལ་འགྲེལ་བཤད། དེའི་སློབ་མ་ནི་དཔལ་ཆོས་ཀྱི་གྲགས་པ་སྟེ། རྒྱ་གར་ལྷོ་ཕྱོགས་རྒྱལ་དབང་གཙུག་གི་ནོར་བུ་ཞེས་བྱ་བར་མུ་སྟེགས་བྲམ་ཟེའི་རིགས་སུ་སྐྱེས་ཏེ་ཆུང་ངུ་ལ་སྒྲ་ལེགས་པར་འབྱོངས་ནས། ཞང་པོ་མུ་སྟེགས་ཀྱི་སྟོན་པ་གཞོན་ནུ་མ་ལེན་ལ་མུ་སྟེགས་ཀྱི་བྲམ་ཟེ་རབ་ཏུ་བྱུང་བའི་ཆས་བླངས་ནས་ཞང་པོས་ངན་མང་དུ་སྨྲས་ཏེ་བསྐྲད་དོ། །དེར་ཐུགས་ལ་མུ་སྟེགས་ཐམས་ཅད་ཕམ་པར་བྱེད་པ་ཞིག་བྱའོ་སྙམ་ནས་ནང་པའི་བསྟན་པ་ལ་རབ་ཏུ་བྱུང་ནས་སྦྱངས་པ་མཛད་ཅིང་། ཁྱད་པར་སློབ་དཔོན་དབང་ཕྱུག་སྡེ་ལ་ཚད་མ་ཉན་པས་སློབ་དཔོན་དབང་ཕྱུག་སྡེས་ཇི་ལྟར་དགོངས་པ་ལྟར་རོ། །

གཉིས་པ་ཞུས་པས་ཕྱོགས་གླང་གི་དགོངས་པ་བཞིན། གསུམ་པ་གསུང་བར་ཞུས་པས་ཕྱོགས་གླང་ལ་སློབ་མ་ང་ལྟ་བུ་ལས་མེད། ང་ལའང་ཁྱོད་ལྟ་བུ་ལས་མ་བྱུང་། ཚར་རེ་ལས་བཤད་པའི་སྲོལ་མེད་པ་ལ་གཉིས་སུའང་བཤད། ང་འདི་གཅིག་པུ་འཆད་པས་མི་ཕན། པཎྜི་ཏའི་བྱ་བ་གཞན་ཡང་བྱ་དགོས་པས་རས་སྐུམ་སྐ་གོན་གྱིས་ཤིག་ནུབ་མོ་འཆད་དོ་གསུངས་ནས་དེ་ལྟར་བྱས་པས། འབྲས་བུ་རྒྱུའི་ཁྱད་པར་གྱི་རྗེས་སུ་བྱེད་པ་ལྷག་པར་རྟོགས་ཏེ། སློབ་དཔོན་ལ་སྔར་གྱི་ཚུལ་བརྗོད་པས་ཤིན་ཏུ་མཉེས་ནས། ད་ཁྱོད་ཀྱིས་ངའི་ནོར་བ་རྣམས་ཕྱོགས་སྔར་གྱིས་ལ་ཀུན་ལས

བཏུས་ལ་འགྲེལ་པ་གྱིས་ཤིག་ཅེས་རྗེས་སུ་གནང་ངོ་། །དེ་ནས་གྲངས་ཅན་གྱི་རྟོག་གེའི་གསང་ཚིག
རྣམས་རྟོགས་པའི་དོན་དུ། བྲན་དུ་བརྫུས་ཏེ་ཞང་པོའི་རྐུང་མའི་གཡོག་བྱས་ནས་མགུ་བར་བྱས་ཏེ།
གྲུབ་མཐའི་གནད་འདི་འདྲ་དྲི་དགོས་བྱས་པས། འདོད་པ་སྤྱོད་པའི་ཚེ་འདྲི་ཡི་ཁྱོད་རང་ཡིད་ལ
ཟུངས་ཟེར་ནས་མོའི་རྐང་པ་ལ་ཐེ་གུ་བཏགས། རང་མལ་ཁྲིའི་འོག་ཏུ་འདུག་ནས་གང་དཀའ་བ་དེ
ལ་ཐག་པ་འཐེན་ནས་ལེགས་པར་ཤེས་པ་དང་། བྲོས་ཏེ་གྲུབ་མཐའི་གནད་ཡོན་པས་ཐམས་ཅད
ཐུབ་པར་ཤེས། དེའི་ཚེ་མུ་སྟེགས་ཀྱི་མཁས་པ་ཡོད་ན་རྩོད་པར་བྱེད་དོ་ཞེས་དྲིལ་བསྒྲགས་པས་ཕལ
ཆེར་ཡུལ་གཞན་དུ་བྲོས། རྩོད་པ་བྱས་པ་རྣམས་ཆོས་ཀྱིས་ཚར་བཅད་དེ་བསྟན་པ་ལ་བགོད་ནས།
གལ་ཏེ་ཆོས་ཀྱི་གྲགས་པ་ཡི། །སླ་བའི་ཉི་མ་ནུབ་པ་ན། །ཆོས་རྣམས་གཉིད་ལོག་ཡང་ན་ཤི །ཆོས་མ
ཡིན་རྣམས་ད་སྔོད་ལོངས། །ཞེས་གསུངས་སོ། །བོད་སྟོན་དག་དེའི་ཚེ་ཆོས་ཀྱི་གྲགས་པས་རྒྱལ་པོ
མི་ཏོག་ཀུན་ཏུ་རྒྱས་པའི་མདུན་སར་སླེབ། དེའི་རྒྱལ་པོས་ད་ལྟ་སུ་མཁས་དྲིས་པ་ན། ཤེས་རབ་ཅན
ནི་ཕྱོགས་ཀྱི་གླང་པོ་སྟེ། །སྟོན་དངགས་དཔའ་བོ་ལས་བྱུང་སྟེབ་སྦྱོར་མཁས། །ཙནྡྲ་གོ་མི་བརྗོད་པ
རྣམ་པར་དག །མི་ཏོག་ཀུན་ཏུ་རྒྱས་པ་ལོངས་སྤྱོད་ལྡན། །ཕྱོགས་ལས་རྣམ་པར་རྒྱལ་བ་ངམེན་སུ། །
ཞེས་གསུངས། རྒྱལ་པོ་ན་རེ་དྷརྨ་ཀཱིརྟི་ཡིན་ནམ། དེ་སྐད་དུའང་གྲགས་སོ་ཞེས་གསུངས་ཀྱང་ད་ལྟ
སུ་མཁས་དྲིས་པས་བྲོན་ཟིན་པའི་སློབ་དཔོན་དག་གི་མཚན་བརྗོད་པས་འབྲེལ་མི་སྣང་བའི་ཕྱིར།
ཚིགས་བཅད་སློབ་དཔོན་འདིའི་གསུང་མིན་ཡང་རྒྱལ་པོ་དེས་སྦྱིན་བདག་བྱས་ནས་ཚད་མ་སྡེ་བདུན
མཛད་དེ་ཀུན་ལས་བཏུས་ཀྱི་དོན་ཞིབ་མོ་གཏན་ལ་ཕབ། སློབ་དཔོན་འདི་འཁོར་ལོ་སྡོམ་པའི་རྣལ
འབྱོར་པ་མཐར་མཁའ་སྤྱོད་ཆེན་པོ་སྐུ་ཚེ་འདིར་གྲུབ་པར་འཇམ་དཔལ་རྩ་རྒྱུད་ལས། ཡི་གེ་དྷ་ཞེས
སྡོམ་བརྩོན་ནི། །ལྷོ་ཡི་ཕྱོགས་སུ་རྣམ་པར་གྲགས། །ཕ་རོལ་རྒོལ་བ་བཟློག་ནས་ཀྱང་། །དེ་བཞིན
སྡོམ་བརྩོན་སྔགས་ཀྱང་གྲུབ། །ཅེས་ལུང་བསྟན་ཏོ། །དཔེ་བི་ཀྲ་མ་ཤཱི་ལར་སླེབས། སློབ་དཔོན་གྱི
སྡེ་བདུན་ཕལ་ཆེར་གྱིས་མ་ཤེས་ལ། ཤེས་པ་འགས་ཀྱང་ཉེས་སོ་ཞེས་ཕྲག་དོག་བྱས་ཏེ་དཔེ་ཁྲིའི
མཇུག་མར་བཏགས་ཏེ་ཁྱི་ཕྱོགས་ཀུན་ཏུ་འཐྲམས་པས་བསྟན་བཅོས་ཀུན་ཏུ་དར་བར་གཟིགས་ཏེ།
རྣམ་འགྲེལ་གྱི་དབུར། སྐྱེ་བོ་ཕལ་ཆེར་ཕལ་ལ་ཆགས་ཤིང་ཤེས་རབ་རྩལ་མེད་པས་ན་ལེགས་བཤད
རྣམས། །ཞེས་པའི་ཤློ་ཀ་བཞུག །ཕྱི་ནང་གི་རྒོལ་བ་རྣམས་ཚར་བཅད་པས་རྟོག་གེ་པ་ཐམས་ཅད
ཀྱིས་གཙུག་གི་ནོར་བུར་བཀུར། རྣམ་འགྲེལ་ལེའུ་དང་པོ་ལ་ཉིད་ཀྱིས་འགྲེལ་པ་མཛད། ལྷག་མ་ལ
ལྷ་དབང་བློ་འགྲེལ་པ་རྩོམ་དུ་བཅུག་ནས་གྲུབ་པ་དང་གཟིགས་སུ་ཕུལ་བས་ཆུས་བཀྲུས། གཉིས་པ

བརྩམས། མེ་ལ་སྲེག །གསུམ་པའི་གཞུག་ཏུ། ཕལ་ཆེར་སྐལ་པ་མེད་ཉིད་དང་། །དུས་ལའང་སྟོད་པ་མེད་པའི་ཕྱིར། །གོམས་པའི་ཕྱིར་ནི་མདོར་བསྡུས་ནས། །དཀའ་འགྲེལ་འདི་ནི་འདིར་བྱས་སོ། ། ཞེས་སྨྲར་ཏེ་ཕུལ་བས། འཕྲོས་དང་ཚིག་ཟུར་གྱིས་བསྟན་པ་ངེས་པའི་དོན་རྣམས་མ་བྱུང་འདུག་སྟེ། ཚིག་གིས་དངོས་སུ་བསྟན་པའི་དོན་བྱུང་འདུག་གསུངས་ཏེ་བཞག་ངའི་རིགས་པ་འདི་གཞན་གྱིས་མ་ནོར་བ་མི་ཤེས་པ་འདུག་དགོངས་ཏེ་རྣམ་འགྲེལ་གྱི་མཇུག་ཏུ་བློ་གྲོས་ཤིན་ཏུ་ལྷག་པར་སོགས་ཀྱི་ཚིགས་བཅད་བཅུག་པར་གྲགས་སོ། །དེའི་སློབ་མ་ལྷ་དབང་བློ། དེའི་སློབ་མ་ཤཱཀྱ་བློ། དེའི་སློབ་མ་འོད་ཀྱི་བློའམ་རྒྱལ་དབང་བློའོ། །ཛ་མ་རི་ཆོས་གྲགས་ཀྱི་དངོས་སློབ་རྒྱན་གྱི་སྨྲར་ལ་ལུང་བླངས། དེའི་སློབ་མ་དུལ་ལྷ། དེའི་སློབ་མ་ཆོས་མཆོག་ཟེར་བ་ནི་ནོར་བ་ཆེན་པོ་སྟེ། དུལ་བའི་ལྷ་སྔར་བྱུང་ཞིང་རྒྱན་ཕྱིས་བྱོན་པ་སྟེ། གང་ལས་ཤེས་ན་དུལ་ལྷས་མཛད་པའི་རིགས་ཐིག་གི་འགྲེལ་པ་བསྟན་པ་སྔ་དར་གྱི་དུས་སུ་དཔལ་བརྩེགས་ཀྱིས་བསྒྱུར་བ་མངོན་སུམ་དུ་སྣང་ཞིང་། རྒྱན་གྱི་མཚན་དངོས་ཤེས་རབ་འབྱུང་གནས་སྦས་པ་སྟེ། བོད་ཀྱི་བསྟན་པ་ཕྱི་དར་གྱི་དུས་ཀྱི་ཐོག་མ་ཙམ་ན་བི་ཀྲ་མ་ལ་ཤཱི་ལའི་སློ་སྐྱོང་དུ་བཞུགས་པའོ། །དེས་ན་རྒྱན་གྱི་དངོས་སློབ་ཁ་ཆེ་ཉི་མ་སྦས་པ། དེའི་དངོས་སློབ་ཛ་མ་རིའམ་ཡ་མ་རི་སྟེ། རྒྱན་གྱི་འགྲེལ་པ་ལ་ཉི་མ་སྦས་པ། དེ་ལ་ཛ་མ་རིའི་འགྲེལ་པ་དངོས་སྣང་བའི་ཕྱིར་རོ། །

བྲམ་ཟེ་ཤམ་གར་ནནྡ་ཆོས་གྲགས་རང་གི་སློབ་མའོ་ཟེར། ཆོས་འབྱུང་བྱིན་དང་། དགེ་སྲུང་གི་སློབ་མ་ཆོས་མཆོག་ཆོས་འབྱུང་བྱིན་རྒྱན་གྱི་སློབ་མར་འཐད་དོ། །སློབ་དཔོན་དབྱིག་གཉེན་གྱི་སློབ་མ་འདུལ་བ་རང་ལ་མཁས་པ་ཡོན་ཏན་འོད་ནི་ཡུལ་དབུས་རིགས་བྲམ་ཟེ། འགའ་ཞིག་ཉེར་སྦས། འགའ་ཞིག་ལེགས་མཐོང་ལ་གཏུགས་ཟེར་ཏེ་དུས་མི་འགྲིག །ལེགས་མཐོང་གིས་ཕྱིར་མི་འོང་ལ། དེས་བློས་མི་འབེབས། དེ་ལ་གཏུགས་པར་སྟོད་འདུལ་བ་འཆད་པ་ལེགས་ཤིང་། ལྷག་པར་བཙུན་པ་དབྱིག་གཉེན་ལ་བརྟེན་ནས་བདག་དང་གཞན་གྱི་གྲུབ་པའི་མཐའ་རྒྱ་མཚོའི་ཕ་རོལ་ཏུ་སོན་པ། བདེ་བར་གཤེགས་པའི་ཆོས་འདུལ་བ་བདུད་རྩིའི་ཉིང་ཁུ་ཤེས་རབ་ཀྱི་དབང་པོ་རྒྱས་པ། དེ་བཞིན་གཤེགས་པའི་བཀའ་དམ་པ་ནན་ཏན་སྙིང་པོར་སྒྲུབ་པ་འཕགས་པ་གཞི་ཐམས་ཅད་ཡོད་པར་སྨྲ་བ་རྣམས་ཀྱི་འདུལ་བ་འཛིན་པ་ཐམས་ཅད་ཀྱི་གཙུག་གི་ནོར་བུ། ཡུལ་དབུས་ཀྱི་རྒྱལ་པོ་ཤྲཱི་ཧར་ཞེས་པས་པཎྜི་ཏ་ཐམས་ཅད་ཀྱི་མཆོག་ཏུ་ཤེས་ནས། ལྷའི་མཆོད་གནས་སུ་བསྙེན་པ་ངེས་འདུལ་བ་མདོ་རྩ་དང་ལས་བརྒྱ་རྩ་གཅིག་པ་མཛད། དགུང་ལོ་བཞི་བརྒྱའི་བར་དུ་བཞུགས་ཏེ་སྟོན་པའི་བསྟན་པ་

བསྐྱངས། ཤཱཀྱ་འོད་ནི་འོད་ལྡན་ལས། བདག་གི་མཁན་པོ་མ་ག་དྷ་ར་གནས་རྒྱན་དུ་གྱུར་པ་གྲགས་ཐོབ་པ། །བསོད་ནམས་གྲགས་པ་ལས་ནི་བདག་གིས་མཉན་ནས་རང་གི་འདུལ་བའི་ཚིག་ཡི། ། རྣམ་པར་བཤད་འདི་གསུམ་རིག་རྣམས་ཀྱི་བཤད་པའི་ཕྱོགས་ཀྱི་གཞི་མཛད་བསྟན་པ་ཡིན། །ཞེས་དང་། གཞན་ཡང་། བླ་མ་དག་ནི་རིང་ན་བཞུགས་པ་གྲགས་པས་རྣམ་པར་བྱང་བ་ཞི་བའི་འོད་ཀྱི་བདག །དྲན་པས་དགོངས་པར་མཛད་པར་གྱུར་ཅིག་སྙམ་ནས་བདག་གིས་འགྲེལ་པ་དོན་གསལ་བྱས་པ་ཡིན། །ཞེས་པས་བུ་སྟོན་བསོད་ནམས་གྲགས་པ་དང་། སློབ་དཔོན་ཆེན་པོ་ཞི་བའི་འོད་ཀྱི་སློབ་མར་བཤད་པས་ཡོན་ཏན་འོད་ཀྱི་སློབ་མ་མིན་གསུངས་ལ། གནའ་མཆན་ལས་ཞི་བའི་འོད་དེའི་སློབ་མའོ། །དེའི་སློབ་མ་ཤཱཀྱ་བཤེས་གཉེན་འདི་ནི་རྣལ་འབྱོར་རྒྱུད་ལ་མཁས་པ་གསུམ་དུ་བགྲང་བའི་ཤཱཀྱ་བཤེས་གཉེན་དེ་ཡིན་གྱི་སློབ་དཔོན་ཀླུ་སྒྲུབ་ཀྱི་གདན་ས་མཛད་མཁན་དེ་མ་ཡིན་ནོ། །

ཤཱཀྱ་འོད་ཀྱིས་སུམ་བརྒྱ་པ་རྩ་འགྲེལ་མཛད། ཡོན་ཏན་འོད་ཀྱི་སློབ་མ་ཆོས་ཀྱི་བཤེས་གཉེན་གྱིས་འདུལ་བ་རྒྱ་ཆེར་འགྲེལ་མཛད། འགྲེལ་ཆུང་གི་འགྲེལ་པ་ཚིག་གསལ་མཛད་པ་པོ་དང་གཅིག ། ཤཱཀྱ་འོད་ཀྱིས་སློབ་མ་སེངྒེའི་གདོང་ཅན། དེའི་སློབ་མ་ཁ་ཆེའི་མཁན་པོ་ཛཱི་ན་མི་ཏྲའོ། །སློབ་དཔོན་དབྱིག་གཉེན་གྱི་སློབ་མ་ཕར་ཕྱིན་རང་ལ་མཁས་པ་འཕགས་པ་རྣམ་པར་གྲོལ་བའི་སྡེ་ནི། གཙུག་ལག་ཁང་རྒྱ་ཆེན་པོ་དུ་མའི་བདག་པོ། འཕགས་པ་ཀུ་རུ་ཀུལླེའི་སྡེ་པ། སློབ་དཔོན་སངས་རྒྱས་འབངས་ཀྱི་དབོན་པོ་སློབ་དཔོན་དབྱིག་གཉེན་བསྟེན་ནས་མཁས་པ་ཆེན་པོར་གྱུར་པས་རབ་ཏུ་དགའ་བ་ཐོབ་པ་དེས་སངས་རྒྱས་ལ་མངོན་སུམ་དུ་ཉན་ནས། ཤེར་ཕྱིན་གྱི་དོན་སྟོན་པ་མངོན་པར་རྟོགས་པའི་རྒྱན་གྱི་འགྲེལ་པ་ཉི་ཁྲི་ལྔ་སྟོང་པ་དང་སྤྱར་བ་ཉི་ཁྲི་སྣང་བ་ཞེས་པ་མཛད། དེའི་སློབ་མ་བཙུན་པ་རྣམ་གྲོལ་སྡེས་ཀྱང་འགྲེལ་པ་མཛད། དེའི་སློབ་མ་ཡང་དག་རྣམ་སྣང་མཛད། དེའི་སློབ་མ་ཏ་རི་ཧ་དྲ་སྟེ་སེངྒེ་བཟང་པོ། དེའི་ལོ་རྒྱུས་ནི་སྟོན་རྒྱ་གར་ཤར་ཕྱོགས་སེང་ལྡིང་གི་ནགས་ཞེས་བྱ་བ་ན་སྟོང་པོ་ཆེན་པོ་ཞིག་ལ་ཤིང་གི་ལྷ་ཞིག་ཡོད་པ་ལས། ཡུལ་དེའི་ཕྱུགས་རྫི་ཞིག་ཡོད་པ་དུས་ལས་འདས། དེའི་ཆུང་མ་གཟུགས་བྱད་བཟང་མོ་ཞིག་ཡོད་པ་ཕྱུགས་འཚོར་སོང་བ་དང་། ཤིང་གི་ལྷ་དེས་འདོད་པ་སྤྱད་པས་བུ་ཞིག་བྱུང་སྟེ་གོ་པཱ་ལ་ཞེས་གྲགས་སོ། །དེ་ལ་ཕས་ནོར་བུ་རིན་པོ་ཆེ་བྱིན་པས་དེའི་ཡོན་ཏན་གྱིས་ས་ཕལ་ལ་དབང་བསྒྱུར་རོ། །ནཱ་ལེནྡྲ་སོགས་ཀྱི་དགེ་འདུན་ལ་བཀུར་བསྟི་ལེགས་པར་བྱས་ཏེ་བསྟན་པའི་སྦྱིན་བདག་ཏུ་གྱུར་ཏོ། །དེའི་བཙུན་མོ་དབང་ཆུང་བ་ཞིག་གིས་རྒྱལ་

པོ་དབང་དུ་བྱ་བའི་ཕྱིར་སློབ་དཔོན་བྲམ་ཟེ་ཞིག་ལ་རིག་པ་ཞུས་པས། དེས་རི་བོ་གངས་ཅན་ལས་སྨན་བླངས་ཏེ་རྒྱ་བདབ་བྲན་མོ་ལ་བསྐུར་བས། དེ་སྔེགས་ལ་འབྲེད་ནས་ལྷུང་བས་སྨན་ཆུ་ལ་ཤོར་རོ། །རིམ་གྱིས་རྒྱ་མཚོར་ཞུགས་པ་ན་ཀླུའི་རྒྱལ་པོས་བླངས་ཏེ་ཟོས་པས། ཀླུའི་རྒྱལ་པོ་རྒྱ་མཚོ་དབང་དུ་གྱུར་ནས་རྒྱལ་པོར་བརྫུས་ཏེ་བཙུན་མོའི་རྟར་འོང་ཞིང་འདོད་པ་སྤྱོད་པ་ལས་ཅི་ཞིག་ན་སྦྲུམ་པ་ན་རང་གི་སོར་གདུབ་གཏད་དེ་དུས་ལ་བབས་པ་དང་བཙས་སོ། །རྒྱལ་པོ་ཁྲོས་པ་དང་སོར་གདུབ་བསྟན་པས་ཀླུའི་ཡི་གེ་མཐོང་ནས་དེ་ཨ་བྷ་ལ་ཞེས་བཏགས་ཏེ་གཅེས་པར་བསྐྱེད་བསྲིངས་སོ། །དེ་རྒྱལ་སྲིད་ཐོབ་པ་དང་ལྷ་ཁང་གཞན་ལས་ཁྱད་པར་དུ་འཕགས་པ་ཞིག་རྩིག་པར་འདོད་ནས་ལྷས་མཁན་ལ་དྲིས་པས། དགེ་སློང་དང་བྲམ་ཟེའི་ཁྱིམ་ནས་རས་བླངས་ཏེ་སྟོང་བུ་བྱས། རྒྱལ་པོ་དང་ཚོང་དཔོན་གྱི་ཁྱིམ་ནས་མར། དགའ་ལྡན་པའི་ལྷ་གནས་ནས་གོང་བུ་བླངས་ཏེ་མར་མེ་སྦྱོར་ལ་ཡི་དམ་གྱི་མདུན་དུ་བཞག་གསོལ་བ་བཏབ་ན་ཆོས་སྐྱོང་གི་སྤྲུལ་པས་གོང་བུ་བསྐུར་བར་འགྱུར་ལ། དེར་རྩིགས་ཤིག་ཅེས་བསྒོ། དེ་ལྟར་བྱས་པས་བྱ་རོག་གཅིག་བྱུང་ནས་གོང་བུ་མཚོ་ལ་བསྐུར་བས་ཡི་ཆད་པ་ན། མཚན་མོ་ཀླུའི་རྒྱལ་པོ་སྤྲུལ་མགོ་ལྔ་པ་ཞིག་བྱུང་ནས། ངའི་ཁྱོད་ཀྱི་ཕ་ཡིན་པས་མཚོ་བསྐམས་ལ་རྩིག་ཏུ་བཙུག་ཞག་བདུན་བདུན་ན་མཆོད་པ་ཆེན་པོ་གྱིས་ཤིག་ཟེར། དེ་བཞིན་བྱས་པས་ཞག་ཉེར་གཅིག་ན་མཚོ་བསྐམས་ཏེ་བི་ཀྲ་མ་ཤི་ལ་རྣམ་པར་གནོན་པའི་ཚུལ་ཁྲིམས་ཀྱི་གཙུག་ལག་ཁང་ཞེས་བྱ་བ་གཙུག་ལག་ཁང་ཆེན་པོ་བཅུ་དྲུག །ཁང་ཐུན་བདུན་བརྒྱ་ཡོད་པ། པཎྜི་ཏ་བདུན་བརྒྱ་གདན་ཆགས་པ་དེ་བཞེངས་པ་ཡིན། དེ་ལ་སྲས་རྒྱལ་པོ་དང་། པཎྜི་ཏ་དང་། གྲུབ་ཐོབ་དང་། སྡིག་སྤྱོད་རྒྱལ་པོ་བཞི་ཡོད་པའི་མཐའ་མ་ནོར་གྱིས་བྲེལ་རེ་ནས་ནོར་བུ་བྱིན་ནོ། །

དེ་ལ་སྲས་མ་ཧི་པཱ་ལ་སློན་ལམ་གྱི་སྟོབས་ཡུམ་ལ་དད་པ་ཐོབ་པ་ཞིག་བྱུང་སྟེ། དེས་ཕ་ལས་ནོར་བུ་བརྐུས་ཏེ་དགེ་སློང་ཡུམ་འཆད་པ་ཞིག་ལ་ཕུལ་བས། ཡབ་ཀྱི་རིག་སྔེ་ནོར་བུ་ནི་རྒྱལ་པོར་དབང་བ་ཡིན། དགེ་སློང་འདོད་པ་ཆུང་ཞིང་ཆོག་ཤེས་པར་རིགས་པ་ལས། ཁྱོད་དེ་ལྟར་མ་ཡིན་ནོ་ཞེས་མགུལ་པ་བཀགས་ཏེ་བཀོངས་པ་ཤེར་ཕྱིན་དགུ་བརྒྱ་པ་མཛད་མཁན་གྱི་ལྭ་བ་པ་ཡིན་ཟེར། དགེ་སློང་ཤི་མ་ཐག་རང་གི་སློབ་མ་རྒྱལ་བུའི་སྲས་སུ་སྐྱེ་བར་སྨོན་ལམ་བཏབ་པས་དེ་ལྟར་གྱུར་ནས། རྒྱལ་པོ་རྣམ་པཱ་ལ་ཞེས་བྱ་བ་ཡུམ་ལ་དད་པ་ཐོབ་པ་ཞིག་ཏུ་གྱུར་ཏོ། །ཕྱོགས་ཀུན་ཏུ་ཤེར་ཕྱིན་འཆད་པ་འཚོལ་བ་ལ་ཞུགས་པ་ན། སློབ་དཔོན་སེངྒེ་བཟང་པོ་ཞེས་བྱ་བ་རྒྱལ་རིགས་ལས་རབ་ཏུ་བྱུང་བ། ཕྱི་ནང་གི་གྲུབ་མཐའ་ཐམས་ཅད་ལ་མཁས་པ། ཁྱད་པར་དུ་ཡུམ་གྱི་དོན་ལ་རིང་དུ་གོམས་པ་ཞིག

བྱུང་སྟེ། དེས་རང་གི་མཁན་པོ་རྣམ་སྣང་མཛད་ལས་བྱམས་པའི་སྒྲུབ་ཐབས་ཞུས། སྒྲུབ་པས་རྨི་ལམ་དུ་དགེ་སློང་གྱུར་ཀུམ་གྱི་མདོག་ཅན་མཛེས་པ་ཞིག་རྨིས་ཏེ་ཤར་ཕྱོགས་ཁ་སརྦ་ཙིར་སོང་ཞིག་ཅེས་ལུང་བསྟན་ཏོ། །སང་དེ་དེར་སོང་ནས་ཞག་གསུམ་དུ་སྨྱུང་གནས་བྱས་ཏེ་རྨི་ལམ་བརྟགས་པས་ཐོ་རངས་སྐྱེང་གི་ནམ་མཁའ་ལ་སྤྲིན་ཕུང་འཐུག་པོ་ཞིག་གི་གསེབ་ན་ལྷ་མང་པོ་ལུས་སྟོད་སྤྲིན་གྱི་གསེབ་ནས་ཕྱུང་ནས་མཆོད་རྫས་སྣ་ཚོགས་ཀྱིས་མཆོད་པ་མཐོང་སྟེ། ཅི་བྱེད་དྲིས་པས། རྗེ་བཙུན་བྱམས་པ་བརྒྱད་སྟོང་པ་གསུངས་པ་ལ་མཆོད་པ་བྱེད་པ་ཡིན་ཟེར། རིང་དུ་བལྟས་པས་རྗེ་བཙུན་གསེར་གྱི་མདོག་ཅན་སྤྱི་གཙུག་མཆོད་རྟེན་གྱིས་སྤྲས་པ། ཕྱག་གཡས་ཆོས་འཆད་ཀྱི་ཕྱག་རྒྱ་མཛད་པ་ཞིག་མཐོང་ནས་ཕྱག་དང་མཆོད་པ་བྱས་ཏེ་ཉིད་ཀྱི་བསྟན་བཅོས་འདི་ལ་འགྲེལ་པ་མང་དུ་མཆིས་ཀྱང་མི་མཐུན་ན་གང་གི་རྗེས་སུ་འཇུག་པར་བགྱི་ཞེས་ཞུས་པས། ཐམས་ཅད་ཀྱི་གཞུང་ལེགས་པར་བརྟགས་ལ་འཐད་པ་བསྡུས་ཏེ་ཁྱོད་ཀྱིས་ཕྱོགས་གཅིག་ཏུ་སྒོམས་ཤིག་ཅེས་གནང་བ་བྱིན་ནོ། །སང་དེ་བསྟན་བཅོས་སྒོམ་པའི་སྦྱིན་བདག་བཙལ་བའི་ཕྱིར་ཤར་ནས་ནུབ་ཏུ་བྱོན་པས་རྒྱལ་པོ་ཆོས་སྐྱོང་གིས་ཡུམ་འཆད་པ་སློབ་དཔོན་སེངྒེ་བཟང་པོ་མཁས་པར་ཐོས་ནས་གདན་འདྲེན་དུ་བཏང་བའི་ཕོ་ཉ་དང་ཕྲད་ནས་གདན་དྲངས་ཏེ་འཕགས་པའི་འགྲེལ་པ་དང་མཐུན་པ་ཉི་ཁྲིའི་བསྡུས་དོན་ལེ་བརྒྱད་མ་དང་། བརྒྱད་སྟོང་འགྲེལ་ཆེན་དང་། དོན་གསལ་དང་། སྦུད་འགྲེལ་རྟོགས་སླ་བ་སོགས་མཛད་དོ། །དེ་ལྟར་ཡང་བརྒྱད་སྟོང་འགྲེལ་ཆེན་གྱི་གཤམ་དུ་དཔལ་ལྡན་ཆོས་སྐྱོང་གིས་སྦྱིན་བདག་བྱས་ནས་ཏྲི་ཀ་ཊུ་ཀ་ཞེས་པ་ཚ་བ་གསུམ་གྱི་གཙུག་ལག་ཁང་དུ་བྱས་པར་བཤད་དོ། །དེའི་རྒྱུ་མཚན་རྒྱ་གར་ཤར་ཕྱོགས་དེར་མུ་སྟེགས་དར་བས། སློབ་མ་གྲུབ་པའི་རྣལ་འབྱོར་པ་ཞིག་གིས་མུ་སྟེགས་ཀྱི་རྟེན་རྣམས་བཤིག་པར་འདོད་ནས་སློབ་མ་ལ་གསོལ་བ་བཏབ་པས། རྒྱལ་པོ་མ་ཧེ་པཱ་ལ་ལ་ཞུས་ཞེས་ལུང་བསྟན། རྒྱལ་པོ་ལ་ཞུས་པས། དམག་ཐམས་ཅད་བསྡུས་ནས་བར་དུ་འགྲོ་བའི་ལམ་དུ་མི་ནག་པོ་ཞིག་འདུག་པ་ན་རེ། ང་མགོན་པོ་མ་ཧཱ་ཀཱ་ལ་ཡིན། བྱེ་མའི་ཕུང་པོ་འདིའི་འོག་ན་སངས་རྒྱས་འོད་སྲུང་གི་གཙུག་ལག་ཁང་ཞིག་ཡོད་པ་འདི་སོལ། མུ་སྟེགས་ཀྱི་རྟེན་བཤིག་པའི་དུས་སུ་དམག་ཐམས་ཅད་ཀྱི་ཁྲིམས་སུ་བཅའ་བ་གྱིས་ལ་རོལ་མོ་དུས་གཅིག་ཏུ་ཁྲོལ་ཅིག་དང་། ངས་གྲོགས་བྱའོ་ཟེར་ཏེ་མི་སྣང་བར་སོང་། དེའི་བྱེ་མ་བསལ་བས་གཙུག་ལག་ཁང་བྱུང་བ་དེ་ཡིན། དེ་ནས་མུ་སྟེགས་ཀྱི་ལྷ་རྟེན་བཤིག་པའི་དུས་ཀྱང་དེས་བསྟན་པ་བཞིན་བྱས་པས། མུ་སྟེགས་ཉམས་སངས་རྒྱས་ཀྱི་བསྟན་པ་འཕེལ་ལོ་ཞེས་གྲགས་སོ། །དེའི་སློབ་མ་སངས་རྒྱས་ཡེ་ཤེས་ཞབས། དེའི་སློབ་མ་གྱུ་ཙ་མི་ཏྲ་ལ་

སོགས་པའོ། །ཤེས་རབ་ཀྱི་ཕ་རོལ་དུ་ཕྱིན་པ་ཤིན་ཏུ་དར་བར་གྱུར་ཏོ། །

དེ་ལྟར་བརྗོད་པ་ནི་བོད་ཀྱི་འཆད་ཉན་ཡོད་པའི་ལོ་རྒྱུས་རྣམས་དང་བསྟུན་པ་ཙམ་སྟེ། གཞན་རང་དང་གཞན་གྱི་གྲུབ་པའི་མཐའ་རྒྱ་མཚོའི་ཕ་རོལ་ཏུ་སོན་པ་སངས་རྒྱས་ཀྱི་བསྟན་པ་ལེགས་པར་སྐྱོང་བ་བསམ་གྱིས་མི་ཁྱབ་པ་ཞིག་བྱོན་ཀྱང་། དང་པོར་ཤིང་རྟ་ཆེན་པོ་གཉིས་པོ་གང་ཡང་རུང་བའི་ཕྱོགས་ལ་མ་བརྟེན་པ་ནི་སྲིད་པ་ཙམ་སྟེ། ཕྱིས་ནས་ནི་རང་རང་གི་ཡི་དམ་གྱི་ལྷའི་ཞལ་གཟིགས་ནས། དེ་ཀ་ལས་བརྒྱུད་ཆོག་པའང་བྱུང་བས། ལུང་གང་གི་བརྒྱུད་པ་ལ་དེ་གཉིས་བཞུགས་པ་དང་མ་བཞུགས་པ་ཅི་རིགས་སོ། །དེ་ཡང་ཟླ་བའི་སྙིང་པོས་ཞུས་པའི་མདོ་ལས། དངོས་སུ་ལྔ་བརྒྱ་ཕྲག་བཞིའི་གསུམ་པའི་དུས་སུ་སེམས་ཅན་འདྲེན་པ་དང་ཐར་པར་བྱེད་པའི་སློབ་དཔོན་ནི་མང་དུ་འབྱུང་བར་ལུང་བསྟན་པ་ཡིན་ལ། དེར་བསྟན་པ་འཇིག་པར་གསུངས་པ་ སྟར་བྱུང་བ་སྐད་ཟེར་བ་མི་འཐད། ཤེས་རབ་ཀྱི་ཕ་རོལ་ཏུ་ཕྱིན་པ་ཡུལ་ཡོངས་སུ་སྤྱོད་པ་བསྟན་པར། ཐོག་མར་ཡུལ་དབུས་ནས་ལྷོ། དེ་ནས་བྱང་། བྱང་ནས་བྱང་གི་ཕྱོགས་སུ་དར་ལ། །སླར་དབུས་སུ་འོངས་ཏེ་དར་བར་གསུངས་པ་དེའི་མཐའ་ལ་འོང་རྒྱུ་ཡིན་ཞེས་གྲགས་སོ། །

༈ ལིའི་ཡུལ་དུ་བསྟན་པ་ཇི་ལྟར་བྱུང་བ་ནི། ཡུལ་དེ་སྟོན་པ་བཞུགས་པའི་དུས་སུ་མཚོར་འཁྱིལ་བ་ཤཱ་རིའི་བུས་གསིག་ཤང་གིས་བརྫོལ་བ་གོ་མ་ས་ལ་གནྡྷ་ཞེས་པ་སངས་རྒྱས་བཞིའི་མཆོད་རྟེན་ཞབས་རྗེས་དང་། སངས་རྒྱས་བཞིས་སྐུའི་རྒྱུར་བྱིན་གྱིས་བརླབས་པའི་ལིའི་རི་བཞུགས་པ་ལ་སྟོན་པ་མྱ་ངན་ལས་འདས་ནས་ལོ་བརྒྱ་ཕྲག་གཉིས་ཙམ་ན་རྒྱའི་རྒྱལ་པོ་ལ་བུ་དགུ་བཅུ་རྩ་དགུ་ཡོད་པ་ལས། ད་དུང་བུ་འདོད་ནས་རྣམ་ཐོས་སྲས་ལ་བསླངས་པས། ཆོས་རྒྱལ་མྱ་ངན་མེད་པའི་ཚ་བོ་སྐྱེས་མ་ཐག་པ་གཅིག་རྣམ་སྲས་ཀྱིས་ཁྱེར་ཏེ་བྱིན་པ་ལྟོགས་ནས་ཁ་ས་ལ་གཏད་པས་དེ་ལས་ནུ་མ་བྱུང་། དེ་ལས་འོ་མ་འཐུང་སྟེ་ས་ལ་ནུ་ཞེས་གྲགས་པ་ཆེར་སྐྱེས་པ་དང་། རྒྱ་རྗེས་དཔུང་དང་བཅས་ཆུ་བོ་སི་ཏའི་འབབ་ས་ལི་ཡུལ་དུ་བཙྫངས་པ་ལྟར་ད་ལྟ་ཧོར་སོག་གི་ཡུལ་རྣམས་ཡིན། དེ་བདག་བྱས་ཡུལ་དབུས་ནས་དགེ་འདུན་སྤྱན་དྲངས་ཏེ་རྒྱལ་རབས་མང་པོའི་བར་དུ་བསྟན་པ་དར་རོ། །

༈ རྒྱ་ནག་ཏུ་བསྟན་པ་ཇི་ལྟར་དར་བ་ནི། རྒྱ་ཡུལ་དུ་གྲོའུ་རིགས་ཀྱི་རྒྱལ་པོ་བཞི་པ་གྲོའུ་ཞང་ཞེས་བྱ་བ། རྒྱལ་ས་བཟུང་ནས་ལོ་ཉི་ཤུ་ལྷག་ཙམ་ན། ས་ཕྱོགས་ཐམས་ཅད་གསེར་གྱི་འོད་ཀྱིས་ཁྱབ་པ་བྱུང་། རྩིས་མཁན་རྣམས་བསགས་ཏེ་དེ་ཅིའི་ལྟས་ཡིན་རྟོག་ཏུ་བཅུག་པས། དེ་རྣམས་ན་རེ་នུབ་ཕྱོགས་ཀྱི་རྒྱལ་པོ་ཆེན་པོ་ཞིག་ལ་གསེར་གྱི་བུ་ཆུང་ཞིག་བཙས། དེའི་འོད་ཡིན་པར་འདུག །ཅེད་རང

གི་རིང་ལ་དེ་ཡི་འཇའ་ས་འོང་ངམ་བྱས་པས། ངེད་རང་གི་རིང་ལ་མི་འོང་གི རྒྱལ་རབས་འདི་ཙམ། ལོ་འདི་ཙམ། ཟླ་བ་ཞག་འདི་ཙམ་ལ་དེའི་འཇའ་ས་ཁྱེར་བའི་མི་ཆ་ལུགས་འདི་ལྟ་བུ་བྱས་པ་བཞི་འོང་ཟེར་ཏེ། ངོ་མཚར་ནས་གཙུག་ལག་ཁང་གི་རྡོ་རིང་ཞིག་ཡོད་པ་ལ་བྲིས་ཏེ་བཞག་དེ་ནས་ཡུན་རིང་པོ་སོང་ནས་གཙུག་ལག་ཁང་དེའང་ཞིག །རྡོ་རིང་དེའང་འགྱེལ། རྒྱལ་པོ་ཞེ་བརྒྱད་འདས་པ་ཧན་མིན་ཏིའི་དུས། རྒྱ་གར་ནས་ཛྷ་ཏ་ལ་ཟེར་བའི་པཎྜི་ཏ་བདེན་པ་མཐོང་བ་གཉིས། གཡོག་གཉིས་ཀྱིས་ཐེག་པ་ཆུང་ངུའི་ཆོས་གདན་དྲངས་ནས་ཡོང་པས། རྒྱལ་པོས་ཆ་ལུགས་མི་འདྲ་བ་འདི་རྣམས་ཅི་ཡིན་ལྟོས་གསུངས་རྩད་བཅད་པས། གཞན་སུས་ཀྱང་མ་ཤེས། རྒན་མོ་ཞིག་གིས་ཕྱོགས་འདི་ན་གཙུག་ལག་ཁང་ཡོད་པ་དང་། དེར་རྡོ་རིང་ལ་འདི་འདྲ་བ་འབྱུང་བའི་ཡི་གེ་ཡོད། རྡོ་རིང་འགྱེལ་བ་དེ་སློང་ལ་ལྟོས་དང་ཟེར། བལྟས་པས་ལོ་དང་ཟླ་བ་ཐམས་ཅད་མཐུན་པར་བྱུང་། ཞག་བདུན་མི་འགྲིག་ཟེར། དེ་དུས་ཧོ་ནན་ཧྲུར་པེ་མ་སིའི་ལྷ་ཁང་བཞེངས། ཆོས་བསྒྱུར། དེ་ནས་བཟུང་སྟེ་ད་ལྟའི་བར་དུ་རྒྱ་ནག་ཏུ་བསྟན་པ་དར། ཤིས་ཅིང་གི་བརྒྱུད་པ་ལ་ཐུང་ཅིན་དང་ཧོ་ཆེན་ཟེར་བའི་རྒྱལ་པོ་གཉིས་བྱུང་བའི་ཕྱི་མས་ཇོ་བོ་དང་ཙནྡན་ཇོ་བོ་ལེན་དུ་བཏང་། ལོན་དུས་དེ་གྲོངས་ནས་ཞིང་གི་ཆིང་སང་གཅིག་གིས་རྒྱལ་པོ་བྱས། སྐུ་གཉིས་ལེན་པའི་དམག་དཔོན་དེ། སི་ཆོན་དང་ཀྲོའུ་མཁར་ཉི་ཤུ་རྩ་བཞི་བདག་བྱས། རྒྱལ་སྲིད་ལོགས་སུ་བཟུང་། ཆིང་སང་རྒྱལ་པོ་དེའི་བརྒྱུད་པས་དམག་དཔོན་དེའི་བརྒྱུད་པའི་ལག་ནས་སྐུ་གཉིས་རིང་བསྲེལ་པཎྜི་ཏ་སྤྱན་དྲངས་ནས་མཆོད། ཆིང་སང་གི་རྒྱུད་དེ་ཆད་ནས། སུའི་གཡང་རྗེ་ཡི་ཟེར་བའི་རྒྱལ་པོ་ཕ་བུ་གཉིས་བྱུང་། དེ་ནས་ཐང་ཀའུ་ཛུང་ཞེས་པས་རྒྱལ་ས་ཕྲོགས། དེ་ནི་ཐང་གི་རྒྱལ་པོ་ཐོག་མ་དེས་ལོ་དགུར་སྲིད་བཟུང་། དེ་ས་ཕོ་སྟག་གི་ལོ་ཡིན་ཟེར། སངས་རྒྱས་མྱ་ངན་ལས་འདས་ནས་སྟོང་དང་ལྔ་བརྒྱ་དྲུག་ཅུ་རྩ་དྲུག་པ་ཡིན་ཟེར། དེ་ནས་ཚལ་པ་ཀུན་དགའ་རྡོ་རྗེའི་དུས་ཀྱི་མེ་ཕོ་ཁྱི་ཡན་ལ་ལོ་བདུན་བརྒྱ་འགྲོ་ཟེར་བ་རྒྱའི་ཡིག་ཚང་ན་ཡོད་ཟེར་བ་བླ་མ་རིན་ཆེན་གྲགས་པས་བོད་སྐད་དུ་བསྒྱུར་བ་ལས་བྱུང་ཞེས་གྲགས་སོ། །རྒྱལ་པོ་དེའི་བུ་ཐང་ཐའི་ཙུང་། དེས་རྒྱལ་ས་བཟུང་ནས་ལོ་དགུ་ལོན་པ་ན་སྲོང་བཙན་དང་སྐྱེས་བསྐུར་རེས་བྱས། ཀོང་ཇོ་ཡང་དེའི་སྲས་མོ་ཡིན་ཟེར་རོ། །འདིའི་རིང་ལ་ལོ་ཙཱ་བ་ཐང་སན་ཛང་ཞེས་པ་བྱུང་ནས་ཆོས་མང་པོ་བསྒྱུར། དེ་ཡན་ཆད་ལ་རྒྱའི་ལོ་ཙཱ་བ་ཉིས་བརྒྱ་བྱུང་། ཐང་ནུས་པའི་མིང་། ཟན་སྟེ་སྟོད་དེ་སྟེ་སྟོད་གསུམ་པ་སྟེ། རྒྱ་གར་གྱི་སློབ་དཔོན་དབྱིག་གཉེན་གྱི་སློབ་མ་ཡིན་ཟེར་རོ། །

༈ གཉིས་པ་འབྲས་བུའི་ཐེག་པ་རྡོ་ལྟར་དར་བའི་ཚུལ་ལ། འཛམ་བུའི་གླིང་དུ་གསང་སྔགས

དར་ཚུལ། བོད་ཀྱི་བསྟན་པའི་འབྱུང་ཚུལ་གཉིས་སོ། །དང་པོ་ནི། དེའི་ཚེ་བྱང་ཆུབ་སེམས་དཔའ་སེམས་དཔའ་ཆེན་པོ་ཀུན་ཏུ་བཟང་པོ་ཞེས་བྱ་བ་འཇིག་རྟེན་གྱི་ཁམས་མི་རྟོག་གི་གཞིའི་སྙིང་པོའི་རྒྱན་བཀོད་པ་འདི་ཐམས་ཅད་དུ། བཅོམ་ལྡན་འདས་རྣམ་པར་སྣང་མཛད་ཀྱི་སྔོན་གྱི་སྤྱོད་པ་བསྟན་པར་སྨོན་ལམ་བཏབ་ནས། གནོད་སྦྱིན་འདུལ་བའི་དབང་ཉེ་བར་བཟུང་སྟེ། དབུས་ཀྱི་འཛམ་བུའི་གླིང་མི་མཇེད་འདིའི་ལྷུང་ལོ་ཅན་དུ་གནོད་སྦྱིན་གྱི་སྡེ་དཔོན་ཆེན་པོ་འབྲོག་གནས་ཀྱི་གནས་ན་སྤྲུལ་པའི་སྐུར་བསྟན་ཏེ་སངས་རྒྱས་ཀྱི་བསྟན་པ་སྐྱོང་ངོ་། །ལྷག་པར་བཅོམ་ལྡན་འདས་འོག་མིན་དབང་བསྐུར་གྱི་གཞལ་མེད་ཁང་དུ་རྡོ་རྗེ་དབྱིངས་ཀྱི་དཀྱིལ་འཁོར་དུ་དབང་བསྐུར་ཏེ་མངོན་པར་སངས་རྒྱས་པའི་ཚེ། ལྷ་ཆེན་པོ་ལ་སོགས་པ་མ་རུངས་པའི་སེམས་ཅན་དེ་བཞིན་གཤེགས་པ་ཐམས་ཅད་ཀྱིས་ཞི་བར་མཛད་ཀྱང་། སྡིག་པ་ལས་མ་ལྡོག་པ་དེ་དག་ཚར་བཅད་པའི་ཕྱིར་བྱིན་གྱིས་བརླབས་པས། དེ་བཞིན་གཤེགས་པ་ཐམས་ཅད་ཀྱི་གསང་བའི་བདག་པོ་ཞེས་བྱ། དུས་དེའི་ཚེ་སངས་རྒྱས་ཐམས་ཅད་ཀྱི་གྲུབ་པའི་རྡོ་རྗེ་ཕྱག་ཏུ་གཏད་པས་ཕྱག་ན་རྡོ་རྗེའམ། རྡོ་རྗེ་འཛིན་པ། དེས་དུས་དེར་འཇིག་རྟེན་གསུམ་གྱི་དབང་པོ་དབང་ཕྱུག་ཆེན་པོ་ལ་སོགས་པ་འཇིག་རྟེན་ཐམས་ཅད་ལ་གནས་པའི་ཚོགས་ཀྱིས་བསྐོར་བ། མ་ལུས་ཤིང་ལུས་པ་མེད་པ་རྣམས་དེ་བཞིན་གཤེགས་པ་ཐམས་ཅད་ཀྱི་དམ་ཚིག་གི་རྡོ་རྗེའི་ལྕགས་ཀྱུས་བཀུག་ནས། རི་རབ་རིའི་རྩེ་མོ། རྡོ་རྗེ་དང་། ནོར་བུ་དང་། རིན་པོ་ཆེ་ལས་གྲུབ་པའི་ཁང་པ་བརྩེགས་པ་གང་ན་བ་དེར་ལྷགས་ནས་ཐམས་ཅད་དུ་བསྐོར་ནས་འཁོད་པར་གྱུར་ཏོ། །དེའི་ཚེ་ཕྱག་ན་རྡོ་རྗེས་རྡོ་རྗེ་གསོར་ཞིང་འཁོར་གྱི་དཀྱིལ་འཁོར་ལ་བལྟས་ནས། གྲོགས་པོ་རྣམས་དེ་བཞིན་གཤེགས་པ་རྣམས་ཀྱི་བསྟན་པ་ལ་ཞུགས་ལ། ངའི་བཀའ་ཡང་ཉོན་ཅིག །དེ་དག་ཆེར་ཁྲོས་པས་འཇིག་རྟེན་གསུམ་པོ་མཐའ་དག་གི་དབང་ཕྱུག་བྱེད་པ་པོ། འཇིག་པ་པོ། འབྱུང་བ་པོ། ཐམས་ཅད་ཀྱི་དབང་པོ། ལྷའི་ཡང་ལྷ་ཆེན་པོ་ཡིན་ན། གནོད་སྦྱིན་ཁྱོད་ཀྱི་ངག་ཅིའི་ཕྱིར་ཉན་ཞེས་མི་འདུད་པ་ལ། སངས་རྒྱས་རྣམས་ཀྱིས་དེའི་བཀའ་བཞིན་དུ་གྱིས་ཤིག་ཅེས་གདམས་ཀྱང་། ལྷ་དབང་ཕྱུག་ཆེན་པོས། འཇིག་རྟེན་གསུམ་པོ་མཐའ་དག་དང་། ནམ་མཁའི་ཁམས་རྣམས་ཁྲོ་བ་ཁྲོ་བོ་ཆེན་པོས་ནོན་པར་བྱིན་གྱིས་བརླབས་ཏེ། འདི་སྐད་ཅེས་སྨྲས་སོ། །ཁྱོད་ཀྱང་ངའི་བཀའ་ལ་ཉོན་ལ། དམ་ཚིག་ཀྱང་ལོངས་ཤིག །དེ་ནས་ཕྱག་ན་རྡོ་རྗེས་ཧཱུྃ་ཞེས་བརྗོད་པས། འཇིག་རྟེན་གསུམ་པོའི་དབང་པོ་ཐམས་ཅད་ཁ་སྦུབ་ཏུ་འགྱེལ་ཏེ། ཉམ་ཐག་པའི་ཚིག་འབྱིན་ཞིང་བཅོམ་ལྡན་འདས་ལ་སྐྱབས་སུ་སོང་ངོ་། །ལྷ་ཆེན་པོ་ཞེས་བྱ་བའི་ལྷ་དེ་ནི་ས་ལ་འགྱེལ་ཏེ་དྲན་པ་མེད་པར་གྱུར་ནས་ཤིའོ། །

གཞན་རྣམས་དབུགས་ཕྱུང་སྟེ་བཀའ་སྡོད་དུ་བཞག །ལྷ་ཆེན་པོ་ཤི་བ་ལས་གསོས་ཏེ་ལྡང་འདོད་ནའང་ལྡང་མ་ནུས་པས། བཅོམ་ལྡན་འདས་ལ་བསྐྱབས་པས། དེ་ཉིད་ལ་སྐྱོབས་ཤིག །བདག་ཅག་གིས་མི་ནུས་སོ། །དེ་ནས་ཕྱག་ན་རྡོ་རྗེས་ལྷ་ཆེན་པོ་འབོད་དེ་འདི་སྐད་ཅེས་གསུངས་སོ། །ཀྱེ་མ་རུངས་པ་ངའི་བཀའ་མི་ཉན་ནམ། དེ་ནས་ལྷ་ཆེན་པོས། རྡོ་རྗེ་སེམས་དཔའི་ཚིག་ཐོས་ནས་འཁྲུགས་ཤིང་ཁྲོས་པར་གྱུར་ཏེ། དེ་ལྟར་འགྱེལ་བཞིན་དུ་ཡང་འཇིགས་པ་ཆེན་པོའི་གཟུགས་བསྟན་ཏེ། འདི་སྐད་ཅེས་སྨྲས་སོ། །ང་ཤི་བར་བཟོད་ཀྱི། ཁྱོད་ཀྱི་ངག་མི་ཉན་ནོ། །དེ་ནས་ཕྱག་ན་རྡོ་རྗེ་རབ་ཏུ་ཁྲོས་ཏེ་ལྷ་ཆེན་པོ་ཞབས་གཡོན་པས་མནན། ཞབས་གཡས་པས་ལྷ་མོ་ཨུ་མ་མནན་པས་དེ་མ་ཐག་ཏུ་ལྷ་ཆེན་བབས་ནས་རང་གི་ལག་སྟོང་གིས་རང་གི་གདོང་སྟོང་ལ་འཚོག་དེའི་ཚེ་ཁང་བུ་བརྩེགས་པའི་ཕྱི་རོལ་ན་སྲིད་པ་གསུམ་པོ་ཐམས་ཅད་ཀྱིས། ངེད་ཀྱི་དབང་པོ་འདི་བདག་ཉིད་ཆེན་པོ་དེས་བཏུལ་ལོ་ཞེས་པའི་སྒྲ་ཆེན་པོ་བྱུང་ངོ་། །དེ་ནས་ལྷ་ཆེན་པོ་བཅོམ་ལྡན་འདས་ཕྱག་ན་རྡོ་རྗེའི་ཞབས་མཐིལ་གྱིས་རེག་པས། དེ་བཞིན་གཤེགས་པ་ཐམས་ཅད་ཀྱི་ཏིང་ངེ་འཛིན་དང་། གཟུངས་དང་། རྣམ་པར་ཐར་པའི་བདེ་བ་མྱོང་སྟེ། ལྷ་ཆེན་པོས་ལུས་ཕྱག་ན་རྡོ་རྗེའི་ཞབས་ལ་ཕུལ་ནས། འོག་གི་འཇིག་རྟེན་གྱི་ཁམས་གངྒཱའི་ཀླུང་སུམ་ཅུ་རྩ་གཉིས་ཀྱི་བྱེ་མ་སྙེད་ཀྱི་འཇིག་རྟེན་གྱི་ཁམས་ཀྱི་རྡུལ་ཕྲ་རབ་སྙེད་ཀྱི་འཇིག་རྟེན་གྱི་ཁམས་འདས་པ་ན། ཐལ་བས་ཁེབས་པ་ཞེས་བྱ་བའི་འཇིག་རྟེན་གྱི་ཁམས་དེ་ར། ཐལ་བའི་དབང་པོའི་དབྱངས་ཞེས་བྱ་བའི་དེ་བཞིན་གཤེགས་པར་སྐྱེས་སོ། །དེས་སྤྲུལ་པའི་སྐུ་སྣ་ཚོགས་ཀྱིས་རྒྱུད་ཞུ་བ་དང་། སྟོད་པ་དང་། འཆད་པ་པོ་མཛད་པའི་ཚུལ་ལས། རེ་ཞིག་གསང་བའི་སྒྲོལ་མ་ཞེས་བྱ་བའི་རྣལ་འབྱོར་ཆེན་པོའི་རྒྱུད་ལས། གསང་བ་ཆེན་པོའི་རྒྱུད་ཤེས་པ་དང་། བཤད་པ་སུས་བྱེད། བཀའ་སྩལ་པ། ཨུ་རྒྱན་གྱི་ཡུལ་དཔལ་རྡོ་རྗེ་ཆེན་པོའི་གནས་སུ། ཨུ་རྒྱན་གྱི་རྒྱལ་པོ་ཨིནྡྲ་བྷཱུ་ཏི་ཞེས་བྱ་བ་དེས་ཤེས་པ་དང་། བཤད་པ་དང་། སེམས་ཅན་ལ་གསལ་བར་བྱེད་དོ་ཞེས་གསུངས་པས། དེའི་ཚུལ་ནི། བཅོམ་ལྡན་འདས་ཤྲཱ་དྷཱ་ཀ་སྟི་ན་བཞུགས་པའི་ཚེ། དེ་ནས་ནུབ་ཕྱོགས་སུ་དཔག་ཚད་ལྔ་བརྒྱ་ན་ཨུ་རྒྱན་ཞེས་བྱ་བའི་ཡུལ་ཁམས་ན་རྒྱལ་པོ་ཨིནྡྲ་བྷཱུ་ཏི་ཞེས་བྱ་བ་ཡོད་དེ། དེས་རང་གི་ཁང་བཟང་རིན་པོ་ཆེ་སྣ་བདུན་ལས་གྲུབ་པའི་སྟེང་དུ་ཕྱིན་པའི་ཚེ་ཉན་ཐོས་ཀྱི་དགེ་འདུན་རྣམས་ནམ་མཁའ་ལ་སྔ་དྲོ་ནུབ་ཏུ་འགྲོ། ཕྱི་དྲོ་ཤར་དུ་ལོག་པར་གཟིགས་པས། རང་གི་བློན་པོ་ཟླ་བ་བཟང་པོ་ལ་དྲིས་པས། དེ་ན་རེ་ལྷ་ལགས་དེ་ནི་བདག་གིས་མ་འཚལ་ཏེ། གཞན་དག་ལ་དྲིའོ་ཞེས་གསོལ་ནས། དེས་བློན་པོ་རིག་པ་ཅན་ལ་སོགས་པ་གྲོང་ཁྱེར་བ་རྣམས་ལ་དྲིས་པས། ཁ་

ཅིག་ན་རེ། འདི་ནས་ཤར་ཕྱོགས་སུ་དཔག་ཚད་ལྔ་བརྒྱ་ན་གྲོང་ཁྱེར་ཕྲ་རྣཊ་སྲི་ཞེས་བྱ་བ་ཡོད་དེ། དེ་ན་རྒྱལ་པོ་ཟས་གཙང་གི་བུ་རྒྱལ་བུ་གཞོན་ནུ་དོན་ཐམས་ཅད་གྲུབ་པ་སངས་རྒྱས་ནས་ཆོས་ཀྱི་འཁོར་ལོ་བསྐོར་ཞིང་བཞུགས་པ་དེའི་འཁོར་ཡིན་ནོ་ཞེས་ཟེར་རོ། །དེ་ནས་རྒྱལ་པོས་སངས་རྒྱས་ཀྱི་མཚན་ཐོས་པས་ཤིན་ཏུ་དད་དེ། དེའི་འཁོར་ཡང་འདི་ལྟ་བུའི་རྫུ་འཕྲུལ་དང་ལྡན་ན། དེ་ནི་ངེས་པར་རྫུ་འཕྲུལ་དང་ཐུགས་རྗེ་ཆེན་པོ་དང་ལྡན་པའོ་སྙམ་སྟེ། ཕུས་མོའི་ལྷ་ང་ས་ལ་བཙུགས་ནས་ཞལ་ཤར་དུ་གཟིགས་ཤིང་མེ་ཏོག་དང་བཅས་པའི་ཐལ་མོ་སྦྱར་ཏེ། ངག་ཏུ་ཐམས་ཅད་མཁྱེན་པ་ཐུགས་རྗེ་ཅན་རྫུ་འཕྲུལ་གྱི་ཞབས་མངའ་བ་འཁོར་དང་བཅས་པ་སང་གི་གདུགས་ཚོད་ལ་འདིར་གཤེགས་སུ་གསོལ་ཞེས་གསོལ་བ་བཏབ་པས་སྟོན་པ་འཁོར་དང་བཅས་པ་སང་དེར་བྱོན། དེར་རྒྱལ་པོ་འཁོར་དང་བཅས་པས་མཆོད་པ་མང་པོས་མཆོད་ནས། བདག་ཅག་ལ་སོགས་པ་སྲིད་པའི་སྡུག་བསྔལ་ལས་ཐར་པའི་ཐབས་བཤད་དུ་གསོལ་ཅེས་ཞུས་སོ། །བཅོམ་ལྡན་འདས་ཀྱིས་མཁྱེན་བཞིན་དུ་ཁྱིམ་ནས་ཁྱིམ་མེད་པར་རབ་ཏུ་བྱུང་ཞིག་དང་ཐབས་ཡོད་དོ་ཞེས་བཀའ་སྩལ་ཏོ། །

རྒྱལ་པོས་སླར་ཡང་མཆོད་ནས་བདག་ཅག་ལ་སོགས་པའི་སྐྱེ་བོ་འདོད་ཆགས་ཅན་རྣམས་ཀྱིས་འདོད་ཡོན་ལྔ་སྤོང་བར་མི་ནུས་པས། དེ་མ་སྤངས་པར་ཐར་པའི་ཐབས་བཤད་དུ་གསོལ་ཅེས་ཞུས་སོ། །དེར་བཅོམ་ལྡན་འདས་ཀྱིས་ཆགས་བྲལ་གྱི་སྣང་བ་བསྡུས་ནས་འཁོར་ལོ་སྒྱུར་བའི་གཟུགས་ཀྱིས་གསང་བ་འདུས་པ་མི་བསྐྱོད་པའི་དཀྱིལ་འཁོར་ལྷ་སུམ་ཅུ་རྩ་གཉིས་ཀྱི་བདག་ཉིད་ཅན་དུ་སྤྲུལ་ཏེ། རྒྱལ་པོ་འཁོར་དང་བཅས་པ་ལ་དབང་བསྐུར། རྒྱུད་བཤད་ཅིང་གཏད་དོ། །རྒྱལ་པོས་དེའི་དོན་ཁོང་དུ་ཆུད་ནས་རིན་པོ་ཆེ་སྣ་བདུན་གྱི་གཞལ་ཡས་ཁང་བཞེངས་ཏེ། གཙོ་བོའི་གནས་སུ་རྒྱལ་པོ་རང་ཉིད་དང་། སངས་རྒྱས་བཞི་ཡུམ་བཞིའི་གནས་སུ་སྲས་དང་བཙུན་མོ། སེམས་དཔའ་སེམས་མའི་གནས་སུ་བློན་པོ། ཁྲོ་བོའི་གནས་སུ་མངག་གཞུག་བཀོད་དེ། ཉོན་མོངས་པ་ལམ་དུ་བྱེད་པའི་སྦྱོར་བཅས་ཀྱི་སྤྱོད་པ་ཆེན་པོ་བརྩམས་པ་ཙི་ཞིག་ན་གྲུབ་སྟེ། འཁོར་དང་བཅས་པས་སླེགས་མའི་ལུས་སྦྲུལ་གྱི་པགས་པ་བཞིན་བརྗེས་ནས་འཇའ་ཚོན་གྱིས་མཚོན་པའི་སྐུར་གྱུར་ཏེ་སངས་རྒྱས་ཀྱི་ཞིང་ནས་སངས་རྒྱས་ཀྱི་ཞིང་དུ་མི་སློབ་པའི་ཟུང་འཇུག་རྫོགས་པར་བྱ་བའི་ཕྱིར་རྒྱུའོ། །དེས་ཨུ་རྒྱན་གྱི་ཡུལ་སྟོངས་པ་དང་། དེའི་ལྷོ་ཕྱོགས་ན་མཚོ་གཅིག་ཡོད་པ་འཕེལ་ཏེ་ཀླུ་མང་པོ་དང་བཅས་པས་ཡུལ་དེ་གང་བར་གྱུར་ཏོ། །དེ་ནས་ཕྱག་ན་རྡོ་རྗེས་དཔལ་གསང་བ་འདུས་པ་ལ་སོགས་པའི་རྒྱུད་རྣམས་གསེར་གྱི་གླེགས་བམ་ལ་བཻཌཱུརྻ་ཞུན་མས་བྲིས་ཏེ་མཚོ་དེའི་ཀླུ་རྣམས་སྨིན་པར་

མཛད་ནས་རྒྱུད་བཤད་ཅིང་གླེགས་བམ་གཏད་དོ། །དེ་ནས་དེ་རྣམས་ཕལ་ཆེར་མིར་གྱུར་ཏེ་མཚོ་འགྲམ་དུ་གྲོང་ཁྱེར་བཅས་ཏེ་གནས། ཐབས་རྒྱུད་ཀྱི་དོན་ཉམས་སུ་བླངས་པས་ཕལ་མོ་ཆེ་ཐུན་མོང་དང་མཆོག་གི་དངོས་གྲུབ་ཐོབ། དེ་དག་གི་བུ་རྣམས་ནི་རྣལ་འབྱོར་པ་དང་། བུ་མོ་རྣམས་མཁའ་འགྲོ་མར་གྱུར་ཏོ། །དེ་ནས་དཔལ་ཨུ་རྒྱན་མཁའ་འགྲོའི་གནས་ཞེས་དེང་སང་གི་བར་དུ་གྲགས་སོ། །གླུ་གཞན་དག་ནི་མིའི་དྲི་ང་བ་ཚོར་བས་མཚོ་གཞན་དུ་སོང་ངོ་། །དེ་ནས་ཕྱི་ཞིག་ན་མཚོ་དེ་བསྐམས་ཏེ་དཔལ་ཧེ་རུ་ཀའི་ལྷ་ཁང་རང་བྱུང་ཕུན་སུམ་ཚོགས་པ་ཞིག་ཀྱང་བྱུང་ནས། །རྒྱུད་ཀྱི་གླེགས་བམ་རྣམས་ཀྱང་དེའི་དཀོར་མཛོད་དུ་བཞུགས་སོ། །

དེ་ནས་མི་རིང་བར་ཕྱག་ན་རྡོ་རྗེའི་སྤྲུལ་པ་དྲང་སྲོང་དབུགས་འབྱིན་ཞེས་བྱ་བ་སྐལ་པ་དང་ལྡན་པ་རྣམས་ལ་ལྷན་ཅིག་སྐྱེས་པའི་རིན་པོ་ཆེའི་མན་ངག་གི་རྒྱུད་བསྟན་པར་བྱ་བའི་ཆེད་དུ་བཞུགས་པར་གྱུར་ཏེ། དུས་དེའི་ཚེ་ན་ཡུལ་དེའི་རྒྱལ་པོ་མཐོང་ན་དགའ་ཞེས་བྱ་བ་ལ་བུ་མོ་རོལ་པ་མོ་ཞེས་པ་ཐམས་ཅད་ཀྱི་ཡིད་འཕྲོག་པ། གུས་པ་དང་ཞི་དུལ་དང་ལྡན་པ་བཙུན་པོ་ཞིག་སྐྱེས་པ་དེ་འཁོར་བུ་མོ་ལྔ་བརྒྱ་དང་བཅས་པ་ནགས་སུ་མེ་ཏོག་འཐུར་ཕྱིན་པ་ན། བུ་མོའི་འཁོར་རྣམས་ཀྱིས་དྲང་སྲོང་དེ་མཐོང་སྟེ་འཇིགས་ནས་འདི་ན་གནོད་སྦྱིན་འདུག་གོ་ཞེས་སྨྲས་ཏེ་བྲོས་པ་ན། རོལ་པ་མོ་དང་ཕྲད་པས། དེ་ན་རེ་འདི་ནི་ཨུ་རྒྱན་རྡོ་རྗེ་མཆོག་ཆེན་པོའི་གནས་ཏེ། འདི་ན་ནི་བར་དུ་གཅོད་པའམ་གླགས་ལྟ་བའི་འབྱུང་པོ་སྲུའང་རུང་བ་གནས་པར་ནུས་པ་མ་ཡིན་ན། དེ་ནི་བྱང་ཆུབ་སེམས་དཔའ་སུ་ཞིག་སྐལ་བ་དང་ལྡན་པ་རྗེས་སུ་གཟུང་བ་ལ་སྤྲུལ་པའི་སྐྱེར་བསྟན་པ་ཞིག་གོ་སྙམ་ནས་འཁོར་རྣམས་ཁྲིད་དེ་ཕྱོགས་དེར་སོང་ངོ་། །དེར་བསླེབས་པ་དང་དྲང་སྲོང་དེ་མཐོང་བས་ཡིད་དགའ་ཞིང་སྤྲོ་ཟིང་ཞེས་བྱེད་ནས། དེ་ལ་བདྲུད་པས། དེ་ན་རེ། ཁོ་བོ་ནི་གནོད་སྦྱིན་ནོ། །ཡང་དག་པའི་གནོད་སྦྱིན་ནོ། །ཞེས་གསུངས་ནས། བུ་མོའི་མགོར་ཕྱག་བཞག་ནས་དྲན་པར་གྱུར་ཏམ་དྲན་པར་གྱུར་ཏམ་ཞེས་གསུངས་པས། སྔོན་དེ་བཞིན་གཤེགས་པ་ཐམས་ཅད་ཀྱིས་གསང་བའི་དཀྱིལ་འཁོར་དུ་དབང་བསྐུར་བའི་སློབ་དཔོན་གསང་བའི་བདག་པོ་ཡིན་པར་མཐོང་ལ། དེས་བྱིན་གྱིས་བརླབས་པས་འཁོར་དང་བཅས་པ་ཕྱག་རྒྱ་ཆེན་པོ་མཆོག་གི་དངོས་གྲུབ་མངོན་སུམ་དུ་མཛད་དོ། །འདིའི་མཚན་སུམ་ཏེ་བློ་གྲོས་བཟང་མོ་ཞེས་བྱའོ། །ས་ར་ཧའི་བླ་མ་ཀླུ་ལས་གྱུར་པའི་རྣལ་འབྱོར་མའང་དེ་ཁ་དཔེ་ཕལ་མོ་ཆེར་སྐལ་བ་བཟང་མོ་ཞེས་བཀོད་དོ། །དེ་ནས་ཡང་ཅི་ཞིག་ན་རྒྱལ་པོ་དཔལ་པོ་རྡོ་རྗེ་ཞེས་བྱ་བ་ཡུལ་དེར་བྱུང་ལ། མཆོག་གི་དངོས་གྲུབ་ཚེ་གཅིག་ལ་གྲུབ་པའི་སྣོད་དུ་གཟིགས་ནས། བུ་

མོ་རོལ་པ་མོ་འཁོར་ལྔ་བརྒྱ་དང་བཅས་པ་གདོལ་པ་མོའི་གཟུགས་སུ་བྱས་ནས་རྒྱལ་པོ་དེའི་ཕོ་བྲང་དུ་སློང་བར་འོངས་སོ། །དེ་དག་སླེབ་པ་ཙམ་ན་ཕོ་བྲང་གི་འཁོར་དེ་ཐམས་ཅད་དྲི་བཟང་པོས་གང་། དེ་དག་སོང་བ་ན་མི་སྣང་ངོ་། །དེར་རྒྱལ་པོས་མཚན་མ་འདི་ལས་ནི། ཨུ་རྒྱན་གྱི་ཡུལ་འདི་ན་རྒྱལ་པོའི་བུ་མོ་རོལ་པ་མོ་འཁོར་ལྔ་བརྒྱ་དང་བཅས་པ་རྣལ་འབྱོར་གྱི་སྤྱོད་པ་སྤྱོང་ཞིང་སྐལ་པ་དང་ལྡན་པ་རྣམས་རྗེས་སུ་འཛིན་པར་མཛད་དོ་ཞེས་གྲགས་པ་དེ་ཡིན་པ། གོར་མ་ཆག་སྙམ་ནས་སླར་བོས་པ་དང་། དེ་དག་གིས་ཉིན་མི་འོང་མཚན་མོ་འབྱོན་པའི་བརྡ་མཛད་ནས། མཚན་མོ་འདུས་ཏེ་ཚོགས་ཀྱི་མཆོད་པ་ཆེན་པོ་བྱས་ནས་རྒྱལ་པོ་ལ་རྗེས་སུ་གདམས་པས། དེས་དངོས་གྲུབ་ཆེན་པོ་བརྙེས་སོ། །དེས་མདུན་ན་འདོན་དམ་ཚིག་རྡོ་རྗེ། དེས་ཤིང་ཚོང་པ་པདྨའི་རྡོ་རྗེ། དེས་ཆང་ཚོང་པ་ལྷན་ཅིག་སྐྱེས་པའི་རྡོ་རྗེ། དེས་ཐག་པ་དགའ་བའི་རྡོ་རྗེ། དེས་བྲམ་ཟེ་མོ་རྡོ་རྗེ། དེས་བྲེག་མཁན་གྲུབ་པའི་རྡོ་རྗེ། དེས་རྣལ་འབྱོར་པ་ཀུན་འགྲོ་རྡོ་རྗེ། དེས་རྣལ་འབྱོར་པ་ཐུགས་ཀྱི་རྡོ་རྗེ། དེས་ལྷུམ་དཔལ་གྱི་བློ་གྲོས་མ། དེ་ལ་དགེ་སློང་མ་དཔལ་མོར་གྲགས་སོ། །དེ་གཉིས་ཀྱིས་ལྭ་བ་པའོ། །དཔའ་བོ་རྡོ་རྗེ་འང་ཨཱཙྱ་དེ་ལྭའི་བླ་མ་ཡིན། ཡང་པཎྜི་ཏ་བདུད་རྩི་དགའ་བའི་འབྱུང་གནས་ཞེས་བྱ་བ་རིག་པའི་གནས་ཐམས་ཅད་ལ་མཁས་པ་ཆེན་པོར་གྱུར་པ་གཅིག་རྒྱ་གར་ཤར་ཕྱོགས་ཟ་ཧོར་གྱི་ཡུལ་དུ་བྱུང་། དེས་རྒྱུད་འཆད་པ་ན། འབངས་མོ་ཉན་པ་ལ་རེས་འགའ་བགད། རེས་འགའ་དུབ་མཐོང་སྟེ་མཁའ་འགྲོ་མར་ཤེས་ནས། སྲོད་ལ་མཁའ་འགྲོ་མ་བརྟག་པའི་མཆོད་པ་བཤམས་ཏེ་གསོལ་བ་བཏབ་པ་ན། དེ་ཉལ་བ་ལས་སད་དེ་དངངས་པ་སྐད་བྱས་ནས་ཇོ་བོ་སྐྱོའམ་ཞེས་ཟེར་རོ། །དེར་རྒྱ་མཚན་བསྙད་པས་མིན་ཟེར། འོ་ན་ང་རྒྱུད་བཤད་པ་ལ་འདི་ལྟར་བྱེད་པ་ཅི་ཡིན་དྲིས་པས། རྒྱུད་ཀྱི་དོན་མིན་པ་ལ་ཡིན་ཟེར་བ་དང་། ཕྱིན་ཅི་ལོག་ཏུ་བཤད་པ་ལ་བགད་པ་དང་དུའོ་ཟེར། ཁྱོད་མཁའ་འགྲོ་མ་ཡིན་པར་ཤེས་ཀྱིས་བདག་རྗེས་སུ་གཟུང་དུ་གསོལ་ཅེས་ཕྱག་བྱས་པས། ང་ལ་ཁྱོད་རྗེས་སུ་འཛིན་པ་ཙམ་གྱི་ནུས་པ་མེད། ཨུ་རྒྱན་གྱི་ཡུལ་ན་ངའི་མིང་པོ་པདྨ་བཛྲ་ཞེས་བྱ་བ་ཡོད་ཀྱི། དེའི་རྩར་སོང་དང་དོན་གྲུབ་པར་འགྱུར་རོ་ཟེར་ནས་མི་སྣང་བར་གྱུར་ཏོ། །དེ་ནས་དེའི་ཚིག་ཉན་ནས་ཨུ་རྒྱན་དུ་ཕྱིན་ཏེ། རྒྱལ་པོ་ཨིནྡྲ་བྷཱུ་ཏི་དང་མཇལ་ཏེ། རྒྱལ་པོའི་མཆོད་གནས་པཎྜི་ཏ་ལྔ་བརྒྱ་དང་རྩོད་པས་སུས་ཀྱང་མ་ཐུབ་སྟེ། ཐམས་ཅད་ཀྱིས་གཙུག་ཏུ་བཀུར་རོ། །དེའི་ཚེ་རྒྱལ་པོ་ལ་རྒྱ་མཚན་ཞུས་ཏེ་གནང་བ་ཐོབ། རྒྱལ་པོས་ངའི་མཆོད་གནས་པཎྜི་ཏ་སྨོ་བས་གྲོང་དང་སྲང་དུ་ཚུལ་ཇི་ལྟ་བུར་འོང་ཡང་གནོད་པར་མ་བྱེད་ཤིག་ཅེས་དྲིལ་བསྒྲགས་སོ། །

དེ་ར་པཎྜི་ཏས་བླ་མ་བཙལ་བས་ཅི་ཞིག་ན་ཤིང་ཚོང་པ་རྒན་པོ་ཞིག་གི་བཤད་པའི་ཤུལ་ནས་སྤྲང་མ་སེར་པོ་ཐིབ་ཐིབ་འདུ་བ་མཐོང་ནས། སློབ་དཔོན་དུ་ངེས་ནས་རྒྱ་མཚན་གསོལ་བས་གསང་བ་འདུས་པ་བསྟན། དེའི་དོན་དུ་གསང་བ་གྲུབ་པ་དང་དགྱེས་རྡོར་གྱི་སྒྲུབ་ཐབས་མཛད། སློབ་དཔོན་དེའི་སྲས་མོ་པདྨོ་ནི་ཕྱག་རྒྱར་སྤྱལ། དེ་དང་ལྷན་ཅིག་རྒྱལ་པོའི་ཡང་ཐོག་ཏུ་བསྒྲུབས་པས་གྲུབ་པོ། །དེའི་ཚེ་ཨུ་རྒྱན་གྱི་མི་རྣམས་ན་རེ། རྒྱལ་པོའི་མཆོད་གནས་སྨྱོ། དེས་རིགས་ངན་གྱི་བུ་མོ་དང་ལྷན་ཅིག་འདུག །དེས་རྒྱལ་པོའི་རིགས་ཀྱང་ལད་པས་ཨུ་རྒྱན་གྱི་ཡུལ་ཉམས་སོ་ཞེས་བསྒྲགས་པ་རྒྱལ་པོས་ཐོས་ནས་ཡིད་ཁོང་དུ་ཆུད་པ་སློབ་དཔོན་གྱིས་གཟིགས་ནས་རྒྱལ་པོ་ལ་ད་དེ་ཞག་བདུན་ན་ཨུ་རྒྱན་གྱི་མི་ཐམས་ཅད་ཀྱིས་ཙནྡན་གྱི་མགལ་བུ་རེ་ཁྱེར་ལ་ཤོག །ངེད་ཀྱི་སློབ་དཔོན་སྲེག་གལ་ཏེ་རིགས་ལས་འདས་པའི་དངོས་གྲུབ་བརྙེས་ན་ནི་འཚིག་པར་མི་ནུས་ལ། རིགས་ཉམས་ན་ནི་འཚིའོ་ཞེས་སྒྲོགས་ཤིག །དེ་ལྟར་བསྒྲགས་པ་དང་ཐམས་ཅད་ཀྱིས་ཐབས་ཟབ་པར་ཤེས་ནས་སློབ་དཔོན་ཡབ་ཡུམ་མེ་ལ་བསྲེགས་ཏེ་ཞག་བདུན་སུས་ཀྱང་མ་ལྟ་ཞིག་ཅེས་བསྒོས། ཞག་བདུན་ན་བལྟས་པས་ཕྱོགས་དེ་མཚོ་ཡིད་དུ་འོང་བ། དེ་ལ་པདྨའི་སྡོང་པོ་ཤིན་ཏུ་རྒྱས་པ། དེའི་ཟེའུ་འབྲུ་ལ་སློབ་དཔོན་ཡབ་ཡུམ་འཇམ་དཔལ་ཡན་ལག་མེད་པའི་རྡོ་རྗེའི་དབྱིབས་སུ་འོད་ཀྱི་པ་ཏྲ་སྒོར་རེ་བཞུགས་པ་མཐོང་ནས། ཐམས་ཅད་ཀྱིས་རིགས་ལས་འདས་པའི་དངོས་གྲུབ་ཆེན་པོ་ཐོབ་པར་ཤེས་ནས་བཟོད་པར་གསོལ་ཏེ་མཚན་སྐུ་མེད་རྡོ་རྗེའམ་ཡན་ལག་མེད་པའི་རྡོ་རྗེར་བཏགས། དེས་རྒྱལ་པོའི་དོན་དུ་ཐབས་ཤེས་གྲུབ་པ་མཛད། རྒྱལ་པོ་ཨིནྡྲ་བྷཱུ་ཏི་དེས་ཀྱང་མཆོག་གི་དངོས་གྲུབ་བརྙེས་ཏེ། དེའི་སྲས་མོ་ལེགས་སྨིན་ཀ་རའི་དོན་དུ་ཡེ་ཤེས་གྲུབ་པ་མཛད། དེས་ཀྱང་གྲུབ་པ་ཐོབ། དེ་ལྟ་བུའི་རྒྱལ་པོ་དེ་ལ་ཨིནྡྲ་བྷཱུ་ཏི་བར་པ་ཟེར་བ་ཡིན། ཨུ་རྒྱན་གྱི་རྒྱལ་པོ་ལ་མཚན་དེ་ལྟར་ཐོགས་པ་དགུ་བྱུང་ཞེས་གྲགས། བསམ་མི་ཁྱབ་ཏུ་སློབ་དཔོན་པདྨ་སྙིང་རྗེ་ཆེ། ཞེས་པ་ཡན་ལག་མེད་པའི་རྡོ་རྗེ་ལ་སྙིང་རྗེ་ཆེ་ཞེས་བཤད། ཡང་། ཏ་མཆོག་ཧེ་ནའི་ཞལ་སྔ་དང་། །ཨིནྡྲ་བྷཱུ་ཏི་ལེགས་སྨིན་བཅས། །ཞེས་པ་རྒྱ་ནག་ཏུ་འཁྲུངས་པའི་གཤིན་རྗེ་གཤེད་ཀྱི་གྲུབ་ཐོབ་སློབ་དཔོན་ཏ་མཆོག་ཧེ་ན་ཞེས་བྱ་བ་ཨུ་རྒྱན་དུ་བྱོན། ཌཱ་ཀི་མ་རྣམས་ལ་ཕྱིགས་མཛུབ་གཏད་པས་བྲེད་བཀྱལ། བཀྱལ་སངས་པ་དང་མིང་པོ་ཅི་འདོད་པ་ཁྱེར་ཅིག་ཟེར་ནས་གནང་བ་སྦྱིན། དེས་འཇམ་དཔལ་རྩ་བའི་རྒྱུད་སྒྱུ་འཕྲུལ་དྲ་བ་ཁྲི་དྲུག་སྟོང་པ་སོགས་སྤྱན་དྲངས། དེ་ཁ་འཇམ་དཔལ་བཤེས་གཉེན། སློབ་དཔོན་འདི་ཏ་མགྲིན་གྱི་སྒྲུབ་པ་མཛད་པའི་དུས་སུ་ཏ་སྐད་ཀྱིས་ལུང་པ་བཀང་བས་མཚན་ཏ་མཆོག་ཧེ་ནར་ཐོགས་ཟེར། དེས་ཀྱང་

ཨིནྡྲ་བྷཱུ་ཏི། ཡང་སྒེག་པའི་རྡོ་རྗེ་གུ་ཧྱ་རི་ཞེས་པའི་སྒེག་པའི་རྡོ་རྗེ་ནི་འཇམ་དཔལ་བཤེས་གཉེན་གྱིས་འཇམ་དཔལ་གྱི་ཆོས་སྐྱེའི་སྣོད་དུ་གྱུར་པ་སྲུ་འདུག་གཟིགས་པས་ནོར་བུ་གླིང་ནས་རྙེད་དེ་འཇམ་དཔལ་ཞི་ཁྲོའི་དཀྱིལ་འཁོར་དུ་དབང་བསྐུར་བའི་མཚན་སྒེག་པའི་རྡོ་རྗེ། མུ་སྟེགས་བཏུལ་བའི་མཚན་སྣ་ཚོགས་གཟུགས། གཞན་བྱང་ཆུབ་མཆོག་གི་སྐལ་བ་དང་ལྡན་པ། འབྲུངས་ས་ལས་ནོར་བུ་གླིང་པ་ཞེས་མཚན་བཞི་དང་ལྡན་པ་དེའོ། །

དེས་སྔགས་དོན་རྣམ་གཟིགས་སོགས་མཛད། དེས་གུ་ཧྱེ་ར་སྟེ། གུ་ཧྱེ་ར་ཞེས་པའི་བྱི་འུའི་རོ་འཚོ་བའི་ཟས་སུ་མཛད་པས། དེ་སྐད་ཐོགས་པ་སྨྲྟ་སིདྡྷ། ཕྱིས་ཤྲཱི་སིདྡྷར་གྲགས་པ་ལ་བཤད། དེས་སེང་ང་ལར་བསྒྲུབས་པས་གྲུབ་པ་ཐོབ། ཡང་། ཆོས་ཀྱི་ཞལ་སྐྱའི་བཀའ་དྲིན་ལས། །བཟང་པོའི་ཞལ་སྐྱ་ནས་ཀྱིས་བསྟན། །ཞེས་གསུངས་པའི་ཆོས་ཀྱི་པ། བཅོམ་ལྡན་འདས་ཕྱག་ན་རྡོ་རྗེ་དངོས་ཀྱི་སློབ་མ། དེས་རྗེས་སུ་བཟུང་བ་མཁས་པ་ཆེན་པོ་བཟང་པོའི་ཞབས། དེས་རྗེས་སུ་བཟུང་བ་ཏོག་ཙེ་པ་སྟེ། ཏོག་ཙེ་ཞབས་ལ་ཕྱོག་རྨ་ལ་འབུ་ཞུགས་ནས་ཤིན་ཏུ་ཉེན་པ་སྨན་པས་བལྟ་བའི་སྐབས་བཟང་པོ་པ་བྱུང་སྟེ་སྨན་པ་ནི་ནད་པ། ནད་པ་ནི་སྨན་པར་འདུག་གོ་གསུངས་བྱིན་གྱིས་བརླབས་པས་མཆོག་གི་དངོས་གྲུབ་བརྙེས་པར་གྱུར་ཏེ་བསམ་མི་ཁྱབ་སོགས་མཛད། འདིས་ཡུལ་དབུས་སུ་ཕྱིན་ནས་ཤ་བ་རི་ལ་སོགས་པ་ལ་གདམས་པ་བཏབ་ཟེར། གཞན་དེའི་སློབ་མའང་ལྭ་བ་པའོ། །དགེ་སློང་མ་དཔལ་མོ་ནི་རྒྱལ་པོ་ཨིནྡྲ་བྷཱུ་ཏི་ཆུང་བའི་ཨ་ལྕེ་རབ་ཏུ་བྱུང་བའི་མཚན་དཔལ་གྱི་བློ་གྲོས་མ། འཕགས་པ་སྤྱན་རས་གཟིགས་ཀྱིས་རྗེས་སུ་བཟུང་ཞིང་རྣལ་འབྱོར་པ་ཐུགས་ཀྱི་རྡོ་རྗེ་ལས་ཡང་དག་པའི་གདམ་ངག་ཐོབ་པ། གྲུབ་ཆེན་ཕག་ཚང་བ་དང་ལྷན་ཅིག་བརྟུལ་ཞུགས་ཀྱི་སྤྱོད་པ་མཛད་པས་རིགས་དང་བརྟུལ་ཞུགས་ལས་ཉམས་པའི་སྐུར་པ་བཏབ་པས། རང་གི་གྲི་གུག་གིས་དབུ་བཅད། དེའི་ཁྲག་རྒྱུན་མགྲིན་པར་འཁོར་བ་སྟེ། དབུ་བཅད་མའི་ཚུལ་གྱིས་མཁའ་སྤྱོད་དུ་བྱོན་པ། དེས་རང་གི་མིང་པོ་ལ་བསྐུལ་ནས་རབ་ཏུ་བྱུང་དུ་བཅུག །རིག་པའི་གནས་ལ་སྦྱངས། དེ་ར་ཡང་འཁོར་མེད་ས་ནས་ཐབས་ཀྱིས་ཡང་དག་པའི་གདམ་ངག་བཏབ་སྟེ་ལོ་བཅུ་གཉིས་ཀྱི་བར་དུ་མནལ་ལོགས་པས་གྲུབ་པ་ཐོབ། དེས་དུར་ཁྲོད་དུ་སྒོམ་གྱིན་བཞུགས་པས། ཡུལ་དེའི་རྒྱལ་པོ་སློབ་དཔོན་གྱི་སྦྱིན་བདག་བྱེད་པ་དེ་ལ་བཙུན་མོ་ལྔ་བརྒྱ་རྩ་གཅིག་ཡོད་པ་ལྔ་བརྒྱ་ནི་ཕྱི་པ་ལ་མོས། ཆུང་ཤོས་ནི་སངས་རྒྱས་པ་ལ་མོས་པས་རྒྱལ་པོ་དེ་ལ་རྩི་བས། བཙུན་མོ་གཞན་རྣམས་ན་རེ། རྒྱལ་པོ་འདི་ལ་རྩི་བ་སངས་རྒྱས་པའི་རྣལ་འབྱོར་པ་འདིས་ལན་པས་འདི་གསད་པར་བྱའོ་ཞེས་བགྲོས་ཏེ། མཚན་མོ་སློབ་

དཔོན་དུར་ཁྲོད་དུ་སྒོམ་པའི་རྩར་སོང་ངོ་། །དེར་སློབ་དཔོན་གྱིས་སྐུ་མི་སྣང་བར་མཛད་པས། སངས་རྒྱས་པའི་རྣལ་འབྱོར་པ་བྱ་བ་གཡོ་ཆེ་བ་ཡིན་པས་ཐེམ་པོར་བརྫུས་སོ་སྙམ། དེ་དུམ་བུར་བྱས་ཏེ་ཟོས་ནས་ལོག་པ། ལུག་ཏུ་གྱུར་ལ། ནང་པར་སློབ་དཔོན་གཅེར་བུར་རྒྱལ་པོའི་འདུན་སར་བྱོན་ནོ། །དེར་རྒྱལ་པོས་དྲིས་པས་ཇི་ལྟར་གྱུར་པ་བཤད་དོ། །

དེ་ནས་བཙུན་མོ་ལུག་ཏུ་གྱུར་པ་རྣམས་བཀུག་པས་བཞི་བཅུ་རྩ་དགུ་ཁུགས་ནས། སློབ་དཔོན་གྱིས་དེ་དག་གི་མགོ་ར་ཐལ་ལྕག་རེ་བསྣུན་པས་ལྷ་བའི་དུམ་བུ་རེ་སྐྱུགས་པས་གཅིག་མ་འགྲིག །བཙལ་བས་ལྷ་བཅུ་པ་ཉིད་ནས་སྔར་ལྟར་བྱས་པས་ན་བཟའ་སྔར་བཞིན་དུ་འགྲིག་པས་མཚན་དེ་མན་ཀ་མྣ་ལ་སྒོ་ལྤ་བ་པར་ཐོགས་སོ། །བཙུན་མོ་རྣམས་ཀྱིས་བཟོད་པར་གསོལ་བ་བཞེས་ནས་ལུས་སྔར་ལྟར་གྱུར་ལ། འོན་ཀྱང་ཆད་པའི་ལས་སུ་ཡུལ་དེའི་ཁྲིམ་པ་མོ་ཐམས་ཅད་ཀྱིས་ལྷམ་ཞར་གྱོན་པ། སྲོལ་གཤར་བཙང་བ་ད་ལྟའི་བར་དུའང་འདུག་ཅེས་ཨུ་རྒྱན་པ་རིན་ཆེན་དཔལ་གསུངས་ལ། དེ་ལྟམ་སྲིང་གིས་ལྡན་ཅིག་སྐྱེས་གྲུབ་རྩ་འགྲེལ་སོགས་མཛད། དེ་ལ་རྒྱལ་པོས། སློབ་དཔོན་ཆེན་པོ་ལྭ་བ་པས། །གྲོང་ཁྱེར་ཆེན་པོའི་སྲང་ཁ་རུ། །ལོ་ནི་བཅུ་གཉིས་བར་དུ་ནི། །འོད་གསལ་བར་ནི་གཉིད་ལོག་པས། །ཕྱག་རྒྱ་ཆེན་པོའི་དངོས་གྲུབ་ཐོབ། །གཉིད་དང་བུད་མེད་ཆང་དང་གསུམ། །ཕ་རོལ་ཕྱིན་པའི་སྐྱོན་ཡིན་ཏེ། །གསང་སྔགས་སྒོ་ནས་ལམ་དུ་འཁྱེར། །ཞེས་བསྟགས། དེའི་སྲིན་བདག་ལའང་ཨིནྡྲ་བྷཱུ་ཏི་ཟེར། དེའང་དངོས་གྲུབ་བརྙེས་པའོ། །དེ་ལྟ་བུའི་ཨུ་རྒྱན་གྱི་སློབ་དཔོན་ལྭ་བ་པ་མ་གཏོགས། དེ་དག་ཕལ་ཆེར་ཨཱ་ཙཱ་དེ་ཟ་ཡན་དུ་བྱོན་པ། གཞན་ཡང་ཨུ་རྒྱན་གྱི་ཡུལ་དུ་གྲུབ་ཐོབ་ཕོ་མོ་དཔག་ཏུ་མེད་པ་བྱུང་། དེ་རྣམས་ཀྱིས་གསང་སྔགས་རྣལ་འབྱོར་བླ་ན་མེད་པའི་རྒྱུད་སྡེ་མང་པོ་སྐལ་བ་ལྡན་པའི་གང་ཟག་ལ་གནང་བས་ཡུལ་དབུས་ལ་སོགས་པར་འཕེལ་བ་ཡིན་ཏེ། རྒྱུད་སྡེ་མང་པོའི་མཇུག་ནས་ཀྱང་ཨུ་རྒྱན་གྱི་ཡུལ་ནས་བྱུང་བ་ཞེས་འབྱུང་བས་སོ། །

༈ ཡུལ་དབུས་སུ་གསང་སྔགས་དར་བའི་ཚུལ་ནི། ཐོག་མར་གསང་བ་འདུས་པ་དར་ཏེ། འཕགས་ལུགས་པ་རྣམས་ན་རེ། བཅོམ་ལྡན་འདས་ཀྱི་ཕྱག་ན་རྡོ་རྗེ། དེས་རྒྱལ་པོ་ཨིནྡྲ་བྷཱུ་ཏི། དེས་ཀླུ་ལས་གྱུར་པའི་མཁའ་འགྲོ་མ། དེས་རྒྱ་གར་ལྷོ་ཕྱོགས་ཛཱ་ཧོ་རའི་རྒྱལ་པོ་བི་སུ་ཀལྤ་ཞེས་བྱ་བ་མཚན་ཉིད་ཀྱི་ཐེག་པ་ལ་ཞུགས་པ་ཞིག །འདི་བས་ཁྱད་པར་དུ་འཕགས་པའི་ཆོས་ཤིག་སྙིང་ན་ཅི་མ་རུང་སྙམ་པ་དང་། དེའི་རྨི་ལམ་ན་འདི་ནས་བྱང་ཕྱོགས་ཨུ་རྒྱན་དུ་སོང་ཞིག་དང་། དེར་རིག་པ་འཛིན་པའི་སྡེ་སྣོད་མཁའ་འགྲོ་མ་རྣམས་ལས་སྙེད་པར་འགྱུར་རོ་ཞེས་ལུང་བསྟན་པ་ཐོབ་བོ། །དེ་

ནས་གཉིད་སད་དེ་ནམ་ལངས་པ་ན་ཨུ་རྒྱན་དུ་ཕྱིན་ནོ། །དེ་ནས་རང་བྱུང་གི་ལྷ་ཁང་རིན་པོ་ཆེ་སྣ་ཚོགས་ལས་གྲུབ་པ་སྒོ་བཞི་ན་གསེར་གྱི་དྲིལ་བུ་བཞི་བཏགས་པ་ཞིག་ཡོད་པ་དེ་མཐོང་བ་དང་སྒོ་བཞི་ནས་ཕྱག་བྱས་ཏེ། སླར་ཤར་སྐོར་བུད་མེད་མཁའ་འགྲོ་མ་ཞིག་དང་ཕྲད་དོ། །དེ་ནས་དེ་ན་རེ་ཁྱོད་སུ་ཡིན་ཟེར། བདག་རྒྱལ་པོ་བི་སུ་ཀལྤ་ཡིན་ཞེས་བརྗོད་དེ་བསྙེན་བཀུར་བྱས་པས། དེས་ཁྲིད་ནས་གསང་བ་འདུས་པ་ལྷ་སུམ་ཅུ་རྩ་གཉིས་ཀྱི་དཀྱིལ་འཁོར་དུ་བཅུག་ཅིང་དབང་བསྐུར་ཏེ་རྒྱུད་གདམས་ངག་དང་བཅས་པ་གནང་ངོ་། །དེས་ཡུལ་ཤར་ཕྱོགས་ཀྱི་བྲེ་བྲག་ར་ཊའི་བྲམ་ཟེ་ས་ར་ཧ་ལ་གནང་ཟེར། རྒྱལ་པོ་དེ་ནི་སྟོན་པའི་སྲས་པོ་ཁོ་ན་ཡིན་ལ་མཚན་སྦས་པ་སྟེ། ཐུན་མོང་མ་ཡིན་པའི་གསང་བ་ཞེས་པའི་རྣལ་འབྱོར་ཆེན་པོའི་རྒྱུད་ལས་དཔལ་ལྷ་མོ་ནི་གྲགས་འཛིན་མའོ། །རྡོ་རྗེ་སེམས་དཔའ་ནི་སྒྲ་གཅན་འཛིན་ནོ། །ཞེས་གསུངས་པ་དང་། སློབ་དཔོན་ས་ར་ཧ་འདི་ཉིད་ཀྱི་བདག་བྱིན་བརླབ་ཏུ། རྗེ་བཙུན་དཔལ་རྡོ་རྗེ་སེམས་དཔའ་རྣལ་འབྱོར་གྱི་དབང་ཕྱུག་ཐམས་ཅད་ཀྱི་སྙིང་དུ་སྡུག་པ་བླ་མའི་ཞལ་དུ་སོན་པས་རྙེད་དེ་ཞེས་བྱུང་བ་དང་། སྔགས་འཆང་པདྨ་འབྱུང་གནས་ཀྱིས་ཀུན་དགའ་བོ་ལ་སྔགས་གསན་པ་ལྷ་བུར་སྣང་ངོ་། །སློབ་དཔོན་ས་ར་ཧའི་ལོ་རྒྱུས་ནི། སྙིང་རྗེ་པདྨ་དཀར་པོ་ལས། ང་ཡོངས་སུ་མྱ་ངན་ལས་འདས་ནས་གྲོང་ཁྱེར་གསེར་གྱི་བྲེ་ཞེས་བྱ་བ་ན་བྲམ་ཟེའི་རིགས་ལས་རབ་ཏུ་བྱུང་བ་དགེ་སློང་མཁས་པ་ཞེས་བྱ་བ་དང་། ཡང་དག་པར་རྒྱལ་བ་ཅན་ཞེས་བྱ་བ་གཉིས་འབྱུང་སྟེ། རྫུ་འཕྲུལ་ཆེ་བ། མཐུ་ཆེ་བ། དབང་ཆེ་བར་གྲགས་པ། གསལ་བ། དུལ་བ། འཇིགས་པ་མེད་པ། མང་དུ་ཐོས་པ། མདོ་འཛིན་པ། འདུལ་བ་འཛིན་པ། མ་མོ་འཛིན་པ། སྐྱེ་བོ་མང་པོ་ལ་ཡང་དག་པར་སྟོན་པ། ཡང་དག་པར་འཛིན་དུ་འཇུག་པ། ཡང་དག་པར་གཟེངས་བསྟོད་པ། ཡང་དག་པར་རབ་ཏུ་དགའ་བར་བྱེད་པ། དེ་ཉིད་ཀྱང་ཚངས་པར་སྤྱོད་པ་རྫུ་འཕྲུལ་དང་བཅས་པས་འདི་རྒྱས་པར་བྱེད་པའི་བར་དུ་འགྱུར་གྱི་ཞེས་གསུངས་སོ། །

དོ་ཧ་ལ་སོགས་པའི་ལོ་རྒྱུས་ནས་སྟོན་པ་བྱོན་ནས། ལོ་སུམ་བརྒྱ་ན་བྱོན་ཞེས་འཆད། དེ་སྒྲ་གཅན་འཛིན་གྱི་མཁན་པོར་བཤད་པས་ཕྱིས་སྐྱོན་ཡོད་ལ། རྡོ་རྗེ་གདན་པའི་གསུང་རྒྱུན་ལས། དེ་ཡང་དབུས་འགྱུར་ཤར་ཕྣ་རྣ་ཊ་སྟེའི་ཆར་གཏོགས་པ་གསེར་གྱི་བྲེ་ཞེས་བྱ་བའི་གྲོང་དུ། བྲམ་ཟེ་ལས་དྲུག་ལ་མངོན་པར་དགའ་བའི་རིགས་སུ་ཐོ་བཙུན་གྲུབ་རྗེའམ་མཁས་པ་དང་། བདེ་བྱེད་བདག་པོའམ་ཡང་དག་རྒྱལ་བ་ཅན་ཞེས་བྱ་བ་གཉིས་སྐྱེས། དེ་གཉིས་ཀྱིས་བསྟན་བཅོས་ཐམས་ཅད་རྟོགས་པར་གྱུར་པ་དང་། འདི་སྐད་དུ་བདག་ཅག་གི་ཁྱིམ་ན་ནི་དབང་ཕྱུག་ཆེན་པོ་མཆོད་ལ། སངས་

རྒྱས་བཅོམ་ལྡན་འདས་ཀྱི་གསུང་རབ་ནི་ཤིན་ཏུ་ཞུལ་དུ་བྱུང་བར་སྣང་ན། ཡུ་བུ་ཅག་གི་དབང་ཕྱུག་ཆེན་པོ་ཁྱད་པར་དུ་འཕགས་པ་ཡིན་ནམ། འོན་ཏེ་སངས་རྒྱས་བཅོམ་ལྡན་འདས་ཁྱད་པར་དུ་འཕགས་པ་ངེས་པར་བརྟག་པར་བྱའོ། །དེ་ལ་རི་ཏི་སེ་ན་དབང་ཕྱུག་ཆེན་པོ་དང་ཨུ་མ་མངོན་སུམ་དུ་གནས་སོ་ཞེས་ཐོས་ཀྱི། དེར་སོང་ལ་དྲིའོ་ཞེས་བགྲོས་ནས། དེར་འབད་པ་ཆེན་པོ་དང་བཅས་ཏེ་འགྲོ་བར་ཆས་ཏེ། ལྷ་དག་གིས་གྲོགས་བྱས་པས་མྱུར་བར་ཕྱིན་ཏེ། ལྷ་ཆེན་པོའི་བཞོན་པ་ཁྱུ་མཆོག་སྤྲིན་དཀར་པོའི་དུམ་བུ་ལྟ་བུ་བཟས་ལ་ཡན་པ་མཐོང་ངོ་། །དེ་མཐོང་བས་རབ་ཏུ་དགའ་བ་དང་། དེའི་རྗེས་ཐོགས་ཉིད་ལ་ལྷ་མོ་ཨུ་མ་ནགས་ཚལ་ན་འབྲས་བུ་འཐུ་བ་མཐོང་ནས་གུས་པ་དང་བཅས་པས་ཕྱག་བྱས་ཏེ་མེ་ཏོག་རྒྱས་པའི་ནགས་ཚལ་གྱི་གནས་ནས་ཡུ་བུ་ཅག་གི་རྗེ་བོ་གནས་སོ་ཞེས་ཐོས་ཉེ་བར་སོན་པ་ན། ལྷ་ཆེན་པོ་འཁོར་སྟོང་གི་ཚོགས་ཀྱིས་བསྐོར་བ་མཐོང་ངོ་། །དེར་ཚོགས་ཀྱི་བདག་པོས་ལག་པ་ནས་བཟུང་སྟེ་དེའི་ཐད་དུ་ཁྲིར་ཏེ་གུས་པས་ཕྱག་བྱས་སོ། །དབང་ཕྱུག་གིས་ཁྱེད་ཅག་གང་ནས་འོང་ཞེས་དྲིས་པ་དང་། ཇི་ལྟར་གྱུར་པ་སྨྲས་སོ། །དེ་ནས་དགེ་སློང་རྣམས་ཀྱི་ཟས་ཀྱི་དུས་ལ་བབ་པ་ན་མ་དྲོས་པའི་མཚོ་ལ་གནས་པའི་དགྲ་བཅོམ་པ་ལྔ་བརྒྱ་དེར་བྱོན་ཏེ། དེ་ལ་ལྷ་ཆེན་པོ་ཡབ་ཡུམ་འཁོར་དང་བཅས་པས་ཡོ་བྱད་ཐམས་ཅད་བསྟབས་ཏེ་ཟས་ཟོས་ཟིན་པ་དང་། དེ་དག་ལས་ཆོས་ཉན། དེ་རྣམས་ལོག་དེའི་ཚེ་དབང་ཕྱུག་གིས་བྲམ་ཟེ་སྤྱུན་གཉིས་ལ། གང་གི་སློབ་མ་བདག་ཅག་ཉིན་རེ་དགའ་བས་མཆོད་བྱེད་ཡོན་ཏན་དམ་པ་ལྡན། །འཇིག་རྟེན་ཉེས་སེལ་ཡོན་ཏན་ཆེན་པོའི་མཚན་གྱི་མཆོག་ནི་རབ་ཏུ་གྲགས་གྱུར་ཅིང་། །ཤིན་ཏུ་དགའ་བའི་ཡིད་ཀྱིས་ཡང་དག་མཆོད་བྱེད་ཚེ་ན་སྨྲ་ངན་འདས་འདྲར་སེམས། །འཇིག་རྟེན་གསུམ་གྱི་བླ་མ་ཡོན་ཏན་མཉམ་མེད་སངས་རྒྱས་དེ་ནི་མཁས་པས་མཆོད། །དེ་བས་ཁྱེད་ཅག་གིས་སྟོན་པ་དེ་ཉིད་དང་དེའི་གསུང་རབ་ལ་མཆོད་པར་བྱའོ། །ཞེས་གསུངས།

དེ་གཉིས་ཀྱིས་མཆོག་བསྔགས་པས་ཉི་ཟླ་དང་མཉམ་པའི་ཚེ་སྤྲིན་ནོ། །དེ་ནས་རང་གི་ཡུལ་དུ་ལོག་སྟེ་རིག་བྱེད་ཀྱི་ཆོས་རྣ་ལྟར་དོར་ནས། ཁྱིམ་གྱི་ལོངས་སྤྱོད་ཐམས་ཅད་བཏོས་ཏེ་གཅེན་གྱིས་ཤཱ་རིའི་བུ་འཁྲུངས་སར་ནཱ་ལེནྡྲ་བཏབ། གཅུང་གིས་རྡོ་རྗེ་གདན་བྱང་ཆུབ་ཆེན་པོ་དང་བཅས་པ་བཞེངས་ནས་མཆེད་གཉིས་སྟོན་པའི་སྲས་པོ་སྒྲ་གཅན་འཛིན་ལ་རབ་ཏུ་བྱུང་སྟེ། གཅེན་ལ་སྒྲ་གཅན་འཛིན་བཟང་པོ། གཅུང་ལ་བླེཏྲ་བྷ་དྲ་ཞེས་བཏགས་ཏེ་སྡེ་སྣོད་གསུམ་པར་གྱུར་ཏོ། །དེ་དག་ཐེག་པ་དམན་པའི་སྡེ་སྣོད་ལས་ཁྱད་པར་དུ་འཕགས་པའི་ཆོས་ཤིག་འདོད་པ་ལ་མཚན་ཉིད་ཀྱི་ཐེག་པ་དང་།

དེ་ལས་ཀྱང་ཆེས་ལྷག་པ་ཞིག་འདོད་པ་ལ། མཁན་པོས་གཅེན་ལ་གསང་བ་འདུས་པའི་དཀྱིལ་འཁོར་སྤྲུལ་ནས་དེ་ཉིད་དུ་དབང་བསྐུར་རྒྱུད་བཤད་མན་ངག་གདམས་ཏེ། གཞན་ཡང་གསང་སྔགས་དུ་མ་གསུངས་སོ། །དེ་ལྟར་མཆེད་གཉིས་ཀྱིས་སོ་སོར་བཞེངས་པའི་གཙུག་ལག་ཁང་དུ་བཞུགས་ཏེ་ཕྱི་ལྟར་ཉན་ཐོས་ཀྱི་བསྟན་པ་ལེགས་པར་བསྐྱངས་ལ། ནང་དུ་རྡོ་རྗེ་ཐེག་པའི་རྣལ་འབྱོར་ལ་གོམས་པར་མཛད་དེ་ལོ་ལྔ་བརྒྱར་ཉེ་བ་ཙམ་གནས་ལ། སྒྲ་གཅན་འཛིན་གྱིས་ཀླུ་སྒྲུབ་རབ་ཏུ་བྱུང་བས་གདམས་ངག་ཐམས་ཅད་བྱིན། སངས་རྒྱས་ཐོད་པའི་འགྲེལ་པ་སོགས་མཛད། ཀླུ་སྒྲུབ་ལ་ནཱ་ལེནྡྲ་གཏད་དེ། ཀླུ་ལས་གྱུར་བའི་རྣལ་འབྱོར་མ་གདོལ་པའི་ཆ་བྱད་ཅན་གྱིས་རྗེས་སུ་བཟུང་ལྟན་ཅིག་གནས་པས། ཐམས་ཅད་ཀྱིས་བྲམ་ཟེའི་རིགས་དང་། གནས་བརྟན་རྒྱལ་ཚབ་ཆེན་པོའི་ཚུལ་ལས་ཉམས་སོ་ཞེས་སྐུར་པ་བཏབ་པ་ན་མདའ་སྦྲོང་བའི་ཚུལ་གྱིས་དམངས། བཙུན་མོ། རྒྱལ་པོ་རྣམས་ལ་རིམ་པ་བཞིན། དོ་ཧ་སྐོར་གསུམ་གླུར་བླངས་ཏེ་དཔལ་གྱི་རི་ལ་གཤེགས་ནས་ད་ལྟའི་བར་དུའང་བཞུགས་སོ། །དེའི་གཅུང་པོ་ནི་རྡོ་རྗེ་གདན་དུ་བཞུགས་པའི་ཚེ་ལྷ་འདྲེ་བྲན་དུ་ཁོལ་གྱིན་མཆོད་རྫས་བསགས་ཏེ་ཚོགས་འཁོར་དང་རྡོ་རྗེ་གདན་ལ་མཆོད་པ་མཛད། དེའི་ཚེ་རྡོ་རྗེ་གདན་གྱི་མི་རྣམས་ཀྱི་བསམ་པ་ལ་ཡུལ་གཞན་གྱི་མི་རྣམས་མཆོད་པ་བྱེད་པ་ལ་འོངས་བ་ཡིན་བསམ་པ་ལས་མི་མ་ཡིན་དུ་མི་ཤེས་སྐད། རྡོ་རྗེ་གདན་གྱི་ཉེ་འཁོར་ན་ཁྲུས་བྱེད་པའི་རྫིང་དགུན་སྟོང་པ་དབྱར་ཆུས་གང་བ་ཞིག་གི་ནང་དུ་སྒོམ་གྱིན་བཞུགས་ཚེ། གློ་བུར་དུ་ཆུས་གང་འདུག །སློབ་དཔོན་གཞན་དུ་བཞུད་དོ་སེམས། དེ་ཆུའི་ཏིང་ངེ་འཛིན་ལ་མཉམ་པར་བཞག་པ་ཡིན། ཡང་མཚོ་བསྐམས་འདག་པ་ཁལ་ལེ་སློབ་དཔོན་བཞུགས་པ་མཐོང་ནས་ངོ་མཚར་བར་གྱུར་ཏེ། དེ་ར་མཚན་ཏུ་ཡི་པ་ཞེས་གྲགས་སོ། །དེ་ཉིན་བཞིན་ཁྲི་མོ་བརྒྱའི་དབུས་སུ་བཞུགས། མཚན་བཞིན་ཁྲི་མོ་དེ་དག་ཕྱག་རྒྱ་ལ་བཞེས་པ་ལས་ཁྲིའི་སློབ་དཔོན་ཀུ་ཀུ་ར་ཙ་ཞེས་ཀྱང་གྲགས་ཏེ། ཨུ་རྒྱན་ནས་མ་ཧཱ་ཡའི་རྒྱུད་སྤྱན་དྲངས་ལ་ཆོས་བདུན་དུ་གྲགས་པའི་དྲུག་མཛད། རྣལ་འབྱོར་པ་བརྒྱད་ཀྱི་ཡབ་ཀུ་ཀུ་རི་པ་དེ་ཡིན། རྒྱལ་པོ་ཛའི་བླ་མའོ། །གཅེན་གྱི་སློབ་མའི་གཙོ་བོ་སློབ་དཔོན་ཀླུ་སྒྲུབ་ཡིན། དེ་སྔགས་ལུགས་ལ་ནི་ཕྱག་རྒྱ་ཆེན་པོ་མཆོག་གི་དངོས་གྲུབ་གྲུབ་པར་འདོད་ལ། དེས་གསང་འདུས་ལ་སོགས་པ་སྨིན་པའི་སློབ་མའི་མཆོག་བཞི་ལས། ཤཱཀྱ་བཤེས་གཉེན་གྱིས་རིམ་པ་གསུམ་པ་མཛད། ཨཱརྱ་དེ་ཝས་སྤྱོད་བསྡུས། ཟླ་བ་གྲགས་པས་སྒྲོན་གསལ་སོགས། ཀླུའི་བྱང་ཆུབ་ནི་སློབ་དཔོན་ཀླུ་སྒྲུབ་ཀྱིས་མ་ཏེའི་རྫི་བོ་རྒས་འཕོགས་པ་ཞིག་སྟོད་ལྡན་དུ་གཟིགས་ནས། གང་གསལ་དྲིས་པས་མ་ཏེའོ། །དེར་མ་ཏེ་སྒོམ་

དུ་བཙུག་པས་མ་ཧེའི་ར་ཕྱུག་ལ་ཟུག་པ་དང་། བཅད་པས་མེད་པར་སོང་བ་བྱུང་ནས་གདམ་ངག་སྨྲིན་ཏེ་དུས་ལས་འདས་པ་བྲམ་ཟེའི་རིགས་སུ་འཁྲུངས་པ་སློབ་དཔོན་ལས་རབ་ཏུ་བྱུང་སྟེ། མཚན་ནཱ་ག་བོ་དྷི་ཀླུའི་བྱང་ཆུབ་ཏུ་གྲགས། ཕྱི་ནང་གི་གྲུབ་མཐའ་ཐམས་ཅད་མཁྱེན་པ་ཡི་དམ་ལྷའི་ཞལ་གཟིགས་ནས་དཀྱིལ་འཁོར་གྱི་ཆོ་ག་ཉི་ཤུ་པ་ལ་སོགས་པ་མཛད། བརྟུལ་ཞུགས་ཀྱི་སྤྱོད་པ་ལ་ཞུགས་པས་མཚན་མ་ཏམ་ཀིར་གྲགས་ཏེ་ད་ལྟ་ཡང་དཔལ་གྱི་རི་ལ་བཞུགས་སོ་ཞེས་གྲགས་སོ། །

ཡང་སློབ་དཔོན་ཀླུ་སྒྲུབ་དང་། དཔལ་ས་ར་ཧས་རྗེས་སུ་བཟུང་བ་ནི། ཤ་བ་རི་སྟེ། སློབ་དཔོན་ཀླུ་སྒྲུབ་ཤྲཱི་པརྦ་ལའི་རི་བོའི་དགོན་པ་ན་བཞུགས་པའི་ཚེ། གྲོང་ཁྱེར་ཏེ་ཏེ་ན་གར་མཁན་བཟའ་མི་ལོ་ཀི་དང་གྲུ་ན་གཉིས་ཀྱི་བུ་ཚ་གླུ་གར་གྱིས་འཚོ་བ་མིང་སྲིང་གསུམ་འོངས་ཏེ་གླུ་གར་ཕུལ་བས། རིགས་ངན་ལ་རྣམ་རྟོག་མ་མཛད་པར་ནང་དུ་བོས་ཁ་ཟས་མང་པོ་བྱིན་པ་དང་། དད་པ་སྐྱེད་ཅིང་དེར་བྱང་ཆུབ་སེམས་དཔའ་བློ་གྲོས་རིན་ཆེན་གྱི་སྐུ་འདྲ་རས་བྲིས་ལ་བྲིས་པ་མཐོང་ནས་འདི་ཅི་ལགས་ཞུས་པས། འདི་བྱང་སེམས་ཐ་མལ་པས་མི་མཐོང་བ་ཞིག་ཡིན་གསུངས། བདག་ཅག་ལ་བསྟན་པར་ཞུ་བྱས་པས། ངའི་སྤྱི་གཙུག་ན་ཡོད་ཀྱི་ལྟོས་ཤིག་གསུངས། དེ་མཐོང་བའི་ཐབས་ཅི་ཞུ་འཚལ་ཞུས་པས། དཔལ་འཁོར་ལོ་སྡོམ་པའི་དཀྱིལ་འཁོར་དུ་བཙུག་སྟེ་དབང་བསྐུར། རྒྱུད་བཤད། གདམས་པ་བསྟན་ནས་ཉམས་སུ་ལོངས་ཤིག་གསུངས་ནན་ཏན་གྱིས་ཉམས་སུ་བླངས་པས་རྒྱུད་དག་ནས་བྱང་ཆུབ་སེམས་དཔའི་ཞལ་མཐོང་ངོ་། །དེར་དོ་ཏ་གླུར་བླངས་ནས་མཆོད་པ་ཕུལ་བས་ཁྱོད་ཀྱིས་དེའི་དོན་ཤེས་སམ་གསུངས། མི་ཤེས་ཞུ་འཚལ་ཞུས་པས། བྱིན་གྱིས་བརླབས་ཏེ་སྙིང་པོ་དོན་གྱིས་དགོངས་པ་བསྟན་པས་དེ་ཁོ་ན་ཉིད་ཀྱི་རྟོགས་པ་ཐོབ། སློབ་དཔོན་གྱིས་རིགས་ཀྱི་བུ་ཁྱོད་ལྷོ་ཕྱོགས་ཀྱི་སྟོན་པ་ཤ་བ་རི་དབང་ཕྱུག་བྱ་བ་ཡིན་པས་འདིར་མ་སྡོད་པར་སྲིང་མོ་གཉིས་ཕྱག་རྒྱར་བསྟེན། གསུམ་ཀ་རྗེན་པའི་ཆས་སུ་ཞུགས་ལ་ལྷོ་ཕྱོགས་དཔལ་གྱི་རི། སེམས་ངལ་གསོ་བའི་རི། ཡིད་ཐམ་པར་བྱེད་པའི་རི་ལ་སོང་ལ་དབང་པོ་ཡང་རབ་རྣམས་ཀྱི་དོན་གྱིས་ཤིག །དེར་མིང་སྲིང་རྣམས་ཀྱིས་རྗེན་པའི་ཆས་སུ་ཞུགས་ནས་དཔལ་གྱི་རི་ལ་མཆོག་གི་དངོས་གྲུབ་བརྙེས་ཏེ། དེང་སང་གི་བར་དུའང་བཞུགས། བློ་གྲོས་རིན་ཆེན་གསེར་སྟིངས་པས་ལི་ཙ་བྱི་དྲི་མ་མེད་པར་གྲགས་པ་ལ་ངོས་གཟུང་། གཞན་ལྷའི་བུར་འདོད་པ་མང་ཡང་། དེ་ནི་སློབ་དཔོན་ཆེན་པོ་ས་ར་ཧའི་གསང་བའི་མཚན་ཏེ། ཀླུ་སྒྲུབ་ཀྱི་རྩ་བའི་བླ་མ་དེ་ཁོ་ན་ཡིན་ལ། འགའ་ཞིག་ཏུ་ལྷའི་བུ་ཞེས་གསུངས་པ་ཡང་དེ་ནི་འཇའ་ཚོན་གྱིས་མཆོན་པའི་སྐུར་བཞུགས་པ་འོག་མིན་གྱི་ལྷ་རྣམས་དང་མཚུངས་པ་ལ་དགོངས་སོ། །

ས་ར་ཧས་སམ། དེ་དང་རི་ཁྲོད་དབང་ཕྱུག་གཉིས་ཀས་རྗེས་སུ་བཟུང་བ་ནི་ལཱུ་ཡི་པ་སྟེ། ཨུ་རྒྱན་གྱི་ཡུལ་དུ་ཡབ་ཡིག་མཁན་ཟླ་བ་རོལ་པའི་དཔལ་ཞེས་བྱ་བའི་སྲས་སུ་འཁྲུངས་ཀུན་ཏུ་དགེ་བར་མིང་བཏགས། ཆེར་སྐྱེས་པ་དང་ཡིག་རྩིས་དང་སྒྱུ་རྩལ་གྱི་གནས་ལ་སོགས་རིག་པ་དུ་མ་བསླབས། དེའི་ཚེ་ས་ར་ཧ་ཡབ་སྲས་དང་མཇལ་ནས་བསྙེན་བཀུར་དང་མཆོད་པས་མཉེས་པར་བྱས་ཏེ་རྗེས་སུ་གཟུང་བར་གསོལ་བ་བཏབ་པས་དཔལ་འཁོར་ལོ་སྡོམ་པའི་དཀྱིལ་འཁོར་དུ་དབང་བསྐུར། རྒྱུད་བཤད། མན་ངག་བསྟན། དེར་སྒྲུབ་པ་ལ་བརྩོན་པར་མཛད། ཨུ་རྒྱན་གྱི་ཡུལ་ཆོས་ཀྱི་ཚེས་བཅུ་ནམ་གཉིས་ལ་དུར་ཁྲོད་དུ་མཆོད་པ་ལ་འགྲོ་བས། དེའི་རྗེས་ལ་ཕར་ཕྱིན། གཞན་ཚོ་གྱིས་ཚར་བ་དང་སྐྱེས་པ་དང་བུད་མེད་དུམ་གཅིག་སྐྱེ་བ་བདུན་པའི་རོ་གཅིག་མདུན་དུ་བཞག་སྟེ་སྙིག་ཅིང་རོལ་པའི་ཆ་བྱད་དུ་འདུག་པ་ལ་ཕྱག་དང་མཆོད་པ་བྱས། དེ་རྣམས་ཀྱིས་ཞལ་ནས་དམ་ཚིག་གི་རྫས་དེ་ཚོད་ལ་ངེད་རྣམས་ལ་དྲོངས། ཁ་ན་མ་ཐོ་བ་མེད་པ་ཉོན་མོངས་པ་དང་མ་འདྲེས་པའི་ཟས་ཡིན་པས་ཁྱོད་རང་ཁམ་གཅིག་ཟོ་གསུངས་ནས། ཚམ་ཚོམ་མེད་པར་ཟོས་པས། དེ་རྣམས་ཤིན་ཏུ་མཉེས་ནས། འཁོར་ལོ་སྡོམ་པའི་དཀྱིལ་འཁོར་དུ་སོང་ནས། དེར་སློབ་དཔོན་བཅུག་དབང་བསྐུར། རང་བྱིན་གྱིས་བརླབས་པའི་ཉམས་མྱོང་གི་བདེ་བ་མཚོན་བྱེད་དཔེའི་ཡེ་ཤེས་རྒྱུད་ལ་སྐྱེས་ནས། དེ་ཉིད་བརྟན་ཞིང་བོགས་དབྱུང་པའི་ཕྱིར་གདམས་པ་དང་། རྗེས་སུ་བསྟན་པ་ཡང་མཛད་ནས་ཚེ་འདི་ཉིད་ལ་མཆོག་གི་དངོས་གྲུབ་མཚོན་བྱ་དོན་གྱི་ཡེ་ཤེས་མྱུར་དུ་རྟོགས་པའི་ཕྱིར་བསྐུལ་བའི་ཚིག །རྐང་པ་བརྒྱད་པ་སྤྱངས་ནས་ནི། །འཁོར་བའི་མངག་གཞུག་དོར་ནས་སུ། །རྡོ་རྗེ་སེམས་དཔའ་རྒྱལ་པོ་ཆེ། །ཡང་དང་ཡང་དུ་བསྐུལ་བར་བྱ། །ཞེས་གསུངས་ནས་མི་སྣང་བར་གྱུར་ཏོ། །དེའི་དོན་བསམས་པས་སྒྲུབ་པ་ལ་རྩེ་གཅིག་ཏུ་འབད་དགོས་པར་དགོངས་ནས་ཛཱ་ལནྡྷ་ར་ཕྱིན། འཚོ་བ་གང་ལ་རྟེན་སྙམ་པ་དང་། བསོད་སྙོམས་ལ་སོགས་པ་ནི་རྣམ་པར་གཡེང་། ཤིང་ཐོག་ལ་སོགས་པ་ནི་དཀུན་དཀོན། ཉ་པ་མང་པོས་ཉ་བསད་ནས་ལྟོའི་ཕུང་པོ་ཆེན་པོ་སྤུངས་ནས་དེ་ལ་བྱ་དང་ཁྱི་ཟ་ཞིང་འདུག་པས། བདག་མེད་ཅིང་རྩོལ་བ་ཆུང་བར་གཟིགས་ནས། དེའི་ཕྱོགས་གཅིག་ཏུ་བཞུགས། འཚོ་བ་ཉ་ལྟོ་ཡིས་མཛད་ཅིང་རྩེ་གཅིག་ཏུ་ཉམས་སུ་བླངས་པས་ཕྱག་རྒྱ་ཆེན་པོ་མཆོག་གི་དངོས་གྲུབ་བརྙེས་གསོལ་ཟས་ལས་མཚན་དུ་ཐོགས་པ་ལཱུ་ཡི་པ་ཞེས་གྲགས་སོ། །

དེ་ནས་རྒྱ་གར་ལྷོ་ཕྱོགས་དང་ཉེ་བ་ཨོ་ཊི་བི་ཤའི་ཡུལ་གྲོང་ཁྱེར་ཀུ་མཱ་ར་ཀླ་ཏ་གཞོན་ནུ་མའི་ཞིང་ཞེས་བྱ་བ་རྒྱལ་པོ་བི་མ་ལ་ཙནྡྲ་ཞེས་བྱ་བ་རྒྱལ་སྲིད་ཀྱི་འབྱོར་པ་བདུན་དང་ལྡན་པ་ཞིག་ཡོད་པ

དེ་འདུལ་བའི་དུས་ལ་བབ་པར་གཟིགས་ནས་དེར་བྱོན་པ་དང་། རྒྱལ་པོ་དེ་སྐྱིད་མོས་ཚལ་དུ་མེ་ཏོག་ཀུ་མུ་ཏའི་དགའ་སྟོན་ལ་འགྱོན་པ་ལ། གྲོང་ཁྱེར་པ་རྣམས་ཀྱིས་ལམ་དང་སྲང་བར་ཐམས་ཅད་ཕྱུག་བདར་བྱས། དྲི་ཞིམ་པོའི་ཆུས་ཆག་ཆག་བཏབ། མེ་ཏོག་སྣ་ཚོགས་གཅལ་དུ་བཀྲམ། སྐྱིད་ཚལ་དུ་རིན་པོ་ཆེ་སྣ་ཚོགས་ཀྱི་ཁྲི་བཤམས་པ་ལ་སློབ་དཔོན་སྨྱོན་པའི་ཆ་བྱད་ཀྱིས་བཞུགས་སོ། །དེའི་ཚེ་རྒྱལ་པོ་དཔུང་དང་བཅས་པ་བྱོན་པའི་སྔོན་དུ། མདུན་ན་འདོན་རྟ་པ་སུམ་ཅུ་རྩ་གཉིས་ཀྱིས་བཀྲ་ཤིས་ཀྱི་བུམ་པ་ཐོགས་ཏེ་འོངས་པ་དང་། སློབ་དཔོན་ཁྲི་ལ་མཐོང་བ་དང་། བཀྲ་མི་ཤིས་སྙམ་ནས་བསྐྲད་པར་བསམས་ཏེ་ཕར་སོང་ཞེས་སླུས་པས་ལན་མེད། དེ་རྣམས་ཀྱིས་ལག་པ་ནས་བཟུང་སྟེ་བཏེག་པས་བསྒུལ་བར་མ་ནུས། མ་རངས་ཏེ་ཧ་ཧ་ཞེས་ཁྲེལ་བགད་བྱས་སོ། །སློབ་དཔོན་བཞེངས་ནས་སྡིག་མཛུབ་མཛད་དེ། མ་ལུས་པ་འདི་ཇི་ཙམ་ཡིན་དེ་འཇིག་རྟེན་གསུམ་པོ་ཇི་ཙམ་ཡིན། །དེ་ཆ་ཉིད་ཀྱི་གཅིག་ནི་མི་བདག་གཞན་ནི་དེ་ཡི་གཡོག་ཡིན་ན། །བློ་བཟང་དེ་ཡང་གཞན་གྱི་དམ་པའི་སྤྱོད་ལ་བཞད་བགད་བྱེད་པ་ནི། །ཨེ་མ་འཁོར་བ་ངོ་མཚར་ཆེ་བ་འདི་ལ་སྨྲ་མང་ཅི་ཞིག་དགོས། །ཞེས་དང་པོ་སྐྱབ་པ་ལ་བཞུགས་ནས་དེའི་བར་ལ་ཕལ་པའི་ཚིག་དེ་ལས་མ་གསུངས། དེ་ནས་བྲམ་ཟེ་དེ་དག་སྐྱེངས་ནས་ནང་དུ་ལོག་སྟེ་རྒྱལ་པོ་ལ་བསྙད་པས་ཁྲོས་ཏེ། དེའི་སྟེང་དུ་དཔུང་གི་ཚོགས་ཐོངས་ལ་བརླག་པར་གྱིས་ཤིག །དེ་བཞིན་བྱས་པ་དང་། སློབ་དཔོན་གྱིས་སྡང་མིག་གིས་བལྟས་ནས་ཧ་ཧ་ཧི་ཧི་ཞེས་བགད་པས་དཔུང་ཚོགས་ཐམས་ཅད་སྨྱོ་ནས་ཧ་ཧ་ཧི་ཧི་ཟེར་ཞིང་བྲོས་སོ། །དེར་རྒྱལ་པོ་སྐྲག་ནས་བཟོད་གསོལ་མ་བྱས་ན་རྒྱལ་ཁམས་ཕུང་སྟེ་འགྲོ་སྙམ་ནས། མྱུར་བར་སློབ་དཔོན་གྱི་རྩར་འོངས་ཏེ། གླང་པོ་ཆེན་པོ་ལས་བབས་ནས་མཇལ་ཕྱུལ་བཟོད་པར་གསོལ་བས་སྔར་གྱི་རྣམས་རྣལ་དུ་ཚུད་དོ། །དེ་ནས་རྒྱལ་པོས་ཁྱོད་སུ་ཡིན་ཞེས་བརྗོད་པས། སློབ་དཔོན་ན་རེ། ཁྱོད་སུ་ཡིན་ཟེར། རྒྱལ་པོ་ཡིན་བྱས་པས། ངའང་རྒྱལ་པོ་ཡིན་ཟེར། འོ་ན་ཁྱོད་ཀྱི་རྒྱལ་པོའི་ལོངས་སྤྱོད་རྣམས་ག་རེ་བྱས་པས། སློབ་དཔོན་གྱིས་ས་གཞི་མལ་སྟན་ཆེན་པོ་ཡིན་ཏེ་ལག་པའི་བློ་རྟེན་འབོལ་བ་ཁྲི། །ཟླ་བའི་འོད་ཟེར་སྒྲོན་མ་གསལ་ཞིང་བསིལ་གཡབ་རྗེས་སུ་མཐུན་པའི་རླུང་། །རྒྱ་ཆེ་ནམ་མཁའི་བླ་བྲེ་ཆགས་བྲལ་སྟོང་པའི་བུད་མེད་ལ་སྤྱོད་ཅིང་། །ཨེ་མ་རྒྱལ་ལྟར་སྲིད་ན་འཇིགས་མེད་བདེར་ཉལ་རྣལ་འབྱོར་ཆེན་པོ་ཡིན། །ཞེས་གསུངས་པས། རྒྱལ་པོ་དད་ནས་སློབ་དཔོན་གླང་པོ་ཆེ་ལ་བསྐྱོན་ཏེ་ཕོ་བྲང་དུ་སྤྱན་དྲངས། མཆོད་དེ་གདམ་ངག་ཞུས་པ་ན། ཁྱོད་ནི་རིགས་ཀྱིས་སྙེམས་པའི་གང་ཟག་ཡིན། སྣོད་དུ་མི་རུང་ངོ་གསུངས་པས། རྒྱལ་སྲིད་སྤོང་བར་ཁས་བླངས་ནས་ཞུས་པས། དེ་

ཉིད་དུ་བདེ་མཆོག་འཁོར་ལོའི་དཀྱིལ་འཁོར་སྤྲུལ་ཏེ་དབང་བཞི་རྫོགས་པར་བསྐུར། རང་བྱིན་གྱིས་བརླབས་པས་བདེ་བ་ཉམས་མྱོང་རྒྱུད་ལ་སྐྱེས། བློན་པོ་བྲམ་ཟེ་གཙང་སྦྲ་ལ་དགའ་ཞིང་རིགས་ལ་མཆོག་ཏུ་འཛིན་པ་ཡིན་པས་ང་རྣལ་འབྱོར་པ་ཤ་ཟ། ཆང་འཐུང་དེ་ལ་ཁྲོད་མོས་སམ། མོས་སོ་བྱས་པས། དེའང་རྗེས་སུ་བཟུང་། དེ་ནས་རྒྱལ་བློན་གཉིས་ལ་གདམ་ངག་འབོགས་པར་དགོངས་ནས། གནས་ལུགས་ཕྱག་རྒྱ་ཆེན་པོའི་དོན་ལ་སེམས་གཏོད་དུ་བཅུག །མཁྱེན་བཞིན་དུ་ཁྱེད་གཉིས་ད་ལྟ་སེམས་གང་ལ་འཕྲོ་ཞེས་དྲིས་པས། རྒྱལ་པོ་ན་རེ་སྣང་འཚོང་མ་ལའོ། །བློན་པོ་ན་རེ་ཊིང་གིའི་སྒྲ་ལའོ་ཟེར། དེ་ནས་སློབ་དཔོན་གྱིས་ཊིང་གིའི་སྒྲ་ལ་གཞི་བྱས་ཏེ་བསྟན་པ་ནི། ཊིང་གིའི་སྒྲ་དེ་ཚོགས་ནས་འདུག་གམ། ཐོ་བ་དང་སྐྱེས་བུའི་རྩོལ་བ་སོགས་གང་ལ་འདུག་རྟོག་ཤིག །དེ་གཉིས་ཀྱིས་བརྟགས་པས་ཡ་གྱལ་གང་ལའང་མེད་ཚོགས་པ་ལས་འབྱུང་བར་ཤེས་ནས་གསོལ་བ། དེ་དཔེར་མཛད་དེ་ཕྱག་རྒྱ་ཆེན་པོ་དེ་རྟོགས་པར་བྱེད་པའི་ཐབས་བླ་མའི་གདམ་ངག་དང་། སློབ་མའི་མོས་གུས་དང་། རྩོལ་བ་རྒྱང་པ་རེ་ལས་མི་འབྱུང་ཞིང་། དེ་རྣམས་ཚོགས་པ་ལས་རྟོགས་ཏེ། དེའི་ཕྱིར་ཆོས་ཐམས་ཅད་རྟེན་ཅིང་འབྲེལ་བར་འབྱུང་བ་ཡིན་པས། ལམ་མངོན་པར་རྟོགས་པ་ལ་སློབས་ཤིག ཅེས་བསྒོ། དེ་གཉིས་ཀྱིས་བསྒོམ་བྱ་མངོན་པར་རྟོགས་པ་གང་ལགས་ཞེས་ཞུས་པ་མངོན་རྟོགས་གཞུང་དུ་བཀོད། དེ་ནས་རྒྱལ་པོའི་རིགས་ཀྱི་ང་རྒྱལ་བཅག་པའི་ཆེད་དུ། ཁྱོད་ཀྱི་འཁོར་པ་ཆ་གསུམ་དུ་བགོས་ལ་གཅིག་བྲམ་ཟེ་དང་དགེ་སློང་ལ་ཕུལ། གཅིག་ཡོངས་པ་ལ་སྦྱིན། གཅིག་རྒྱལ་སྲིད་འཛིན་པ་ལ་ཞོག་ལ། རང་གཅེར་བུར་ཕྱུང་ལུས་ལ་ཐལ་བས་བྱུགས། འདོམས་ལ་ཅར་རས་དཀྲིས་ལ། དབྱུག་པ་དང་སློང་ཕོར་ཐོགས། བཙུན་མོ་རྣམས་ཐོངས། འདི་ནས་ལྷོ་ཕྱོགས་ཀྱི་རྒྱུད་ན་ཨོ་ར་ཕུ་རི་ཁྲུར་བའི་གྲོང་ཁྱེར་ཞེས་བྱ་བ་ན་ཌོ་རྗེ་རྣལ་འབྱོར་མ་སྣང་འཚོང་མའི་ཆ་བྱད་འཛིན་པ་ཞིག་ཡོད། དེའི་དྲུང་དུ་སོང་ལ་ཉིན་མོ་ཞིང་ལས། ནང་ནུབ་རྐང་པ་འཁྲུད་པ་དང་བསྐུ་མཉེ། དེའི་ཙར་ཉལ་པོ་ལ་འོངས་པ་དག་དགུག་པའི་གཡོག་གྱིས། ནུབ་མོ་སྒྲུབ་པ་གྱིས། དེ་ལྟར་བྱས་ན་ལོ་བཅུ་གཉིས་ན་བུད་མེད་སྟོང་ཕྲག་བཅུ་བཞི་དང་བཅས་པ་གྲུབ་པ་ཐོབ་པར་འགྱུར་རོ། །དེ་ནས་དེ་ལ་དཱ་རི་ཀ་པ་ཞེས་གྲགས་སོ། །

བློན་པོ་ལ་བྲམ་ཟེའི་རིགས་ཀྱི་ང་རྒྱལ་སྤང་བའི་ཆེད་དུ། གཞོན་ནུའི་གྲོང་ཁྱེར་དེ་ཉིད་ཀྱི་ཆང་འཚོང་མ་ཞིག་གི་དྲུང་དུ་བཏང་སྟེ། ཉིན་ཆུ་འཆུ་བ། ཆང་གིས་བཟི་བའི་སྐྱུགས་པ་དང་གོ་ལ་ཟློས་པའི་རྩིགས་མ་ཀུན་འཕྱག་པ་སོགས་གཡོག་གྱིས། ནུབ་སྒྲུབ་པ་གྱིས། དེ་ལྟར་བྱས་ན་ལོ་བཅུ་གཉིས

ན་གྲུབ་པ་ཐོབ་ནས་ཡུལ་ཁམས་དེ་སྨིན་པར་བྱས། མཐར་མི་ཕྱུགས་ཐམས་ཅད་མཁའ་སྤྱོད་དུ་འགྲོ་
བར་འགྱུར་རོ་ཞེས་ལུང་བསྟན། སློབ་དཔོན་སྤྱོད་པ་ལ་གཤེགས། རྒྱལ་པོས་རྒྱལ་སྲིད་བོར་བཙུན་
མོ་སྟོང་ཕྲག་བཅུ་གཉིས་ཀྱི་ནང་ནས་ཐོན་ཏེ་ཁྱུར་བའི་གྲོང་དུ་ཇི་ལྟར་བསྒོ་བ་ལྟར་བྱས་པའི་ལོ་བཅུ་
གཉིས་ཀྱི་མཐར། ནུབ་ཅིག་ཉལ་པོ་ལ་འོངས་པའི་སྐྱེས་པ་ཞིག་ཕྱི་རོལ་དུ་ཕྱིན་ཙ་ན། སྒོ་དྲུང་གི་ཁོལ་
པོའི་སྤྱིལ་པོ་ལ་མེ་འབར་བ་མཐོང་ནས་བལྟས་པས་གཏུམ་མོའི་འོད་དུ་འདུག་ནས། མི་དེ་ན་རེ་
བདག་ཅག་གིས་མ་ལེགས་པ་བྱས་པ་བཟོད་པར་གསོལ་དགོས་ཞེས་སྨད་འཚོང་མ་ལ་བཀྲིས་སོ། །
དེ་ར་དེ་གཉིས་ཀྱིས་ཕྱིན་ནས། ཁྱེད་དངོས་གྲུབ་ཐོབ་པ་ཞིག་སྟེ་བདག་ཅག་གི་ཉེས་པ་བཟོད་པར་
བཞེས་ལ་རྗེས་སུ་བཟུང་དུ་གསོལ་ཅེས་བྱས་པས། ཚོགས་འཁོར་ཤོམས་ཤིག་ཟེར། ཌཱ་མ་རུ་དཀྲོལ་
བས་བུད་མེད་སྟོང་ཕྲག་བཅུ་བཞི་འདུས། ནུབ་མོ་ཚོགས་འཁོར་བྱས། ཐོ་རངས་ཐམས་ཅད་གྲུབ་པ་
ཐོབ་སྟེ་མཁའ་སྤྱོད་དུ་གཤེགས་སོ། །ཕྱིར་ཀྱི་སྐྱེས་པ་དེ་གཅིག་པུ་ལུས་པ་ན། བདག་ཇི་ལྟར་བྱེད་
ཞུས་པས། གྲོང་ཁྱེར་འདིའི་དབུས་ན་རྡོའི་གླང་པོ་ཆེ་ཞིག་ཡོད། དེ་ད་ལྟ་ཁ་ནུབ་ཏུ་བལྟས། ལོ་རེ་ལ་
ཏིལ་རེའི་ཚད་ཙམ་ནུར་ནས་ཁ་ཤར་དུ་བལྟས་ཙ་ན་ཁྱུར་བའི་གྲོང་གི་མི་རྣམས་ཀུན་དེར་སྐྱེས་ཏེ་ཁྱེད་
དང་བཅས་པ་ཐམས་ཅད་ཀྱིས་མཁའ་སྤྱོད་ཐོབ། ད་ལྟ་ཁྱོད་ལ་སྐལ་བ་མེད་ཅེས་གསུངས་སོ། །བློན་
པོས་ཀྱང་སྔར་ཇི་ལྟར་གསུངས་པ་ལྟར་བྱས་པས། བཅུ་གཉིས་ཀྱི་མཐར་སྔར་བཞིན་གྱུར་པ་ལ་ཆང་
འཚོང་མ་དེ་དང་གཞོན་ནུ་མའི་ཞིང་གི་མི་ཕྱུགས་ཐམས་ཅད་མཁའ་སྤྱོད་དུ་སོང་ནས་ཚར་གཅིག་
ཡུལ་དེ་སྟོངས་པར་གྱུར་ཏེ། བློན་པོ་དེ་ལ་ཊེང་གི་པ་ཞེས་གྲགས་སོ། །ཌྷ་རི་ཀ་པས་རྡོ་རྗེ་དྲིལ་བུ་པ་
བྱིན་གྱིས་བརླབས་ཏེ། དེ་ནི་རྒྱ་གར་ཤར་ཕྱོགས་པ་རཏྣའི་རྒྱལ་པོའི་སྲས་སུ་འཁྲུངས་ཡབ་འདས་པ་
དང་རྒྱལ་ཚབ་ཏུ་མངའ་གསོལ་བས། རྒྱལ་སྲིད་ལ་སྙིང་པོ་མེད་པ་གཟིགས་ནས་བྲོས་ཏེ་ནཱ་ལེནྡྲར་
བྱོན། མཁན་པོ་རྒྱལ་བའི་ལྷ་ལ་རབ་ཏུ་བྱུང་། མཚན་བློ་གྲོས་སྙིང་པོའི་དཔལ་དུ་བཏགས། རིག་པའི་
གནས་ལ་སྦྱངས་པ་ཕྱི་ནང་གི་གྲུབ་པའི་མཐའ་ཐམས་ཅད་ཀྱི་ཕ་རོལ་ཏུ་བྱོན། དེའི་ཚེ་མུ་སྟེགས་རལ་
པ་ཅན་ཞིག་རྒྱལ་པོ་ལ་དབང་པོ་བཙོལ་ནས་བསྟན་པ་དབང་དུ་བཙུགས་ནས་རྩོད་པ་བྱེད་དུ་བྱུང་བ་
པཎྜི་ཏ་གཞན་གྱིས་མ་ནུས་ནས། སློབ་དཔོན་གྱིས་དེ་ཕམ་པར་བྱས་ཏེ་ནང་པའི་བསྟན་པ་ལ་བཙུག་
པས། སློབ་དཔོན་དགྲ་ལས་རྒྱལ་ཞེས་གྲགས་སོ། །དེའི་ཚེ་རྒྱལ་པོས་བླ་མར་བཟུང་ནས་སྡེ་སྣོད་
གསུམ་ལ་འཆད་ཉན་མཛད་པའི་སྐབས། ཌྷ་རི་ཀ་པ་དང་མཇལ་གྲུས་པས་བཏུད་དེ་རྗེས་སུ་འཛིན་
པར་གསོལ་བ་བཏབ་པས། དེས་དཔལ་འཁོར་ལོ་སྡོམ་པའི་དཀྱིལ་འཁོར་དུ་དབང་བསྐུར། རྒྱུད་

བཤད། མན་ངག་བྱིན་ནས་དབེན་པར་སོང་ལ་སྒྲུབ་ཤིག་ཅེས་ལུང་བསྟན། དེར་ཧྲྀན་ལའི་ནགས་གསེབ་དབེན་པ་གཅིག་ཏུ་བཞུགས། རི་ཞིག་ན་ཁྱོད་ཨུ་རྒྱན་དུ་སོང་ཞིག །ཕག་ཧཱུྃ་མོ་ཞིག་གིས་རྗེས་སུ་འཛིན་པ་འགྱུར་རོ་ཞེས་ནམ་མཁའ་ལས་སྒྲ་བྱུང་། དེར་ཕྱིན་ནས་ཕག་ཧཱུྃ་མོ་མཐོང་ཚད་ལ་ཕྱག་ཕུལ་གསོལ་བ་བཏབ་པས་ལན་ཅི་ཡང་མ་བྱུང་བས་ཐུགས་ཆད་ལ་ཁད་ན། ཕག་ཧཱུྃ་ཐན་མོ་མདོག་མི་སྡུག་པ་གོས་རྩུལ་པ། རེས་བགད་རེས་ངུ་བ་ཞིག་བྱུང་བ་ལ་ཕྱག་དང་མཆོད་པ་བྱས་ཏེ་རྒྱུ་མཚན་དྲིས་པས། སྡུགས་དར་ཡང་ཉམས་སུ་ལེན་པ་ཉུང་བས་སོ་ཟེར། དེ་མཁའ་འགྲོ་མར་ཤེས་ཏེ་ཞབས་སྤྱི་བོར་བླངས་ནས་རྗེས་སུ་འཛིན་པར་ཞུས་པས། དེས་གཟུགས་དངོས་བསྟན་ནས་དཔལ་འཁོར་ལོ་སྡོམ་པའི་དཀྱིལ་འཁོར་དུ་དབང་བསྐུར། རྒྱུད་བཤད། རིམ་པ་ལྔ་ལ་སོགས་པའི་གདམ་ངག་བཏབ་ནས་ལྐོ་ཕྱོགས་སུ་སྒོམས་ཤིག་གསུངས་ལུང་བསྟན། དེ་ནས་དེར་བྱོན་ལྐོ་ཕྱོགས་ཨོ་ཏི་བི་ཤ་ཞེས་བྱ་བའི་ཡུལ་གྱི་ནགས་ཁྲོད་དབེན་པ་ཞིག་ན་སྒྲུབ་པ་སྙིང་པོར་མཛད་ཀྱིན་བཞུགས་སོ། །

སྐབས་ཤིག་ཡུལ་དེའི་རྒྱལ་པོ་སོས་ཀ་སྐྱོ་བ་བསང་ཞིང་འཕོང་རྩེ་བའི་དོན་དུ་རྔོན་པ་ལ་འོངས་པས་སློབ་དཔོན་མཐོང་སྟེ། དགེ་སློང་དེ་གཟུགས་ཤིན་ཏུ་རིད་པ། ལུས་ཉི་ལྷགས་ཀྱིས་གཟིར་ཞིང་འཚོ་བར་བྱེད་པའི་དངོས་པོ་གང་ཡང་མེད་པར་མཐོང་ནས་སྙིང་རྗེ་སྐྱེས་ཏེ། ངས་ཟས་བྱིན་གྱི་གྲོང་དུ་འདོང་ངོ་། །དེའི་ཚེ་སློབ་དཔོན་རིམ་པ་ལྔ་ལ་བློ་སྦྱོང་བའི་རིམ་པ་གསུམ་པ་དམ་ཚིག་གི་ཕྱག་རྒྱ་སྒྲུབ་པའི་སྐབས་སུ་བབ། མངོན་པར་ཤེས་པས་གཟིགས་པས། ཕྱག་རྒྱས་འགྲུབ་པར་གཟིགས་ནས། དངོས་རྣམས་ཡོངས་སུ་ཤེས་པའི་མཁས་པ་རྣམས་ལ་བརྟས་པར་མི་བྱ་སྟེ། །དེ་ནི་རྩ་རྩེ་ཆུང་བ་བས་ཀྱང་ཆུང་བའི་འབྲོར་བས་འཕྲིག་མིན་པ། །རྒྱུན་མི་ཆད་པར་ཆང་འཛག་པ་ཡི་འགྲམ་ལྟང་ནག་པོར་གྱུར་པ་ཡིས། །གླང་ཆེན་རྣམས་ནི་པདྨའི་སྐྱུད་པ་ཕྲ་མོས་འཕྲིག་པར་མི་ནུས་བཞིན། །ཞེས་གསུངས་པ་དང་། རྒྱལ་པོ་ཁྲོས་ནས་འདི་གྲོང་དུ་སླ་ཕབ་པར་བྱའོ་སྙམ་གྲོང་དུ་བསློབས་ནས། ནགས་གསེབ་ཀྱི་བཙུན་པ་འདི་གྲོང་ཁྱེར་དུ་སུས་སླ་འབེབས་པར་ནུས་པ་དེ་ལ་བྱ་དགའ་ཆེན་པོ་སྟེར་རོ་ཞེས་དྲིལ་བསྒྲགས་སོ། །དེའི་ཚེ་ཆང་འཚོང་མ་ཞིག་ལ་བུ་མོ་མཛེས་མ་པདྨ་ཅན་གྱི་རིགས་སུ་གྱུར་པ་ཞིག་ཡོད་པའི་མ་ན་རེ། ངས་གྲོང་དུ་སླ་དབབ་པར་བྱའོ་ཞེས་ཁས་བླངས་སོ། །དེ་ནས་དགོས་པའི་ཡོ་བྱད་ནི་རྒྱལ་པོས་བསྒྲིངས། སླད་འཚོང་མ་དེས་སློབ་དཔོན་ལ་བསྙེན་བཀུར་ལན་མང་དུ་བྱས་ཏེ། སྐབས་ཤིག་རང་གི་བུ་མོ་དེས་སློབ་དཔོན་གྱི་ཞབས་ཏོག་བྱས་པར་ཞུས་པས། དགོས་པ་ལྡན་པར་གཟིགས་ནས་གནང་སྟེ། དེ་དབང་གིས་སྨིན་པར་བྱ་བ་ནས་བརྩམས་ཏེ་རྒྱུད་དག་པ་བསྒྲུབས་ནས་ཕྱག་རྒྱར

བསྙེན་ཏེ་རིམ་པ་ལྔ་པ་མཐར་ཕྱིན་གྱི་བར་དུ་བསྒྲུབས་སོ། །དེ་ནས་བརྟུལ་ཞུགས་ཀྱི་སྤྱོད་པས་ཨོ་ཌི་བི་ཤའི་གྲོང་ཁྱེར་པ་རྣམས་འདུལ་བའི་དུས་ལ་བབ་པར་མཁྱེན་ནས། སྤྲུལ་པའི་བུ་དང་བུ་མོ་གཉིས་ཤིག་ཀྱང་སྤྲུལ་ལོ། །དེ་ནས་རྒྱལ་པོས་ཆང་འཚོང་མ་ལ་མངགས་ཏེ་དུས་སྟོན་གྱི་ཚེ། རྒྱལ་པོ་དགུང་དུ་བཞུགས་པའི་ཁྲིམ་གྱི་དབུས་སུ་ཕྱིན། བུ་ནི་གཡས་ན། བུ་མོ་ནི་གཡོན་ན། སློབ་དཔོན་ནི་སྣའི་ཤོར་ཞལ་ཞལ་དུ་བཙུག །ཇོ་མོས་ཆང་འདྲེན་པ་ཀུན་གྱིས་མཐོང་བར་གྱུར་པ་དང་། རྒྱལ་པོས་གཙོས་པ་ཐམས་ཅད་ཀྱིས་སྟར་གྱི་གླུ་དེ་བླངས་ནས། རྒྱལ་པོས་སྤྱན་དྲངས་པའི་ཚེ་མི་འོང་ལ། ཆང་འཚོང་མའི་བུ་མོས་བོས་པའི་ཚེ་འོང་བ་ཞེས་ཁྲེལ་བཀད་བཏབ་པ་དང་། སློབ་དཔོན་གྱིས་ནུས་པ་བསྟན་པའི་དུས་ཡིན་པར་དགོངས་ཏེ། སྣའི་ཤོར་ཞལ་དེ་ས་ལ་བརྟབས་པས་ས་འོག་རིམ་པ་བདུན་ཕུག་ནས་འོག་ནས་ཆང་གི་མཚོ་ཆེན་པོ་རྡོལ། སློབ་དཔོན་ཉིད་ཧེ་རུ་ཀ བཙུན་མོ་ནི་རྡོ་རྗེ་ཕག་མོ། སྤྲུལ་པའི་སྲས་གཉིས་རྡོ་རྗེ་དང་དྲིལ་བུར་བྱས་ཏེ་ནམ་མཁའ་ལ་གཤེགས་སོ། །དེའི་ཚེ་ཆང་གི་མཚོས་ཁེངས་ཏེ་ཐམས་ཅད་དེར་དིམ་དུ་ཉེ་ནས་རྒྱལ་པོ་ལ་སོགས་པ་ཐམས་ཅད་ཀྱིས་སློབ་དཔོན་ལ་བཟོད་པར་གསོལ་བས། ཐུགས་རྗེ་ཆེན་པོ་ལ་གསོལ་བ་ཐོབ་ཅིག་གསུངས། ཐམས་ཅད་ཀྱིས་ན་མོ་ལོ་ཀེ་ཤྭ་ར་ཡ་ཞེས་གསོལ་བ་བཏབ་པས་མཚོ་དེའི་དབུས་ནས་ཐུགས་རྗེ་ཆེན་པོའི་སྐུ་ཞིག་བྱུང་། དེ་ལ་ཆང་ཐམས་ཅད་བསྐོར་བ་ལན་བདུན་བྱས་ནས་འོག་ཏུ་སོང་སྟེ་གནོད་པ་མེད། ཐུགས་རྗེ་ཆེན་པོ་རང་བྱུང་དེ་འདང་ད་ལྟའི་བར་དུ་བཞུགས། དུས་དེའི་ཚེ་ཕྱོགས་དེ་ལ་ཆང་གི་དྲི་ཆེན་པོ་འབྱུང་བ་ཡིན་ཞེས་གྲགས་སོ། །དེས་བདེ་མཆོག་གི་ཕྱི་དང་ལུས་དཀྱིལ་རིམ་པ་ལྔ་པ་བདག་བྱིན་གྱིས་བརླབ་པ་སོགས་མཛད་དོ། །བདེ་མཆོག་ལོ་དྲིལ་བའི་བོད་ཀྱི་མཁན་པོ་རྣམས། དེའི་སློབ་མ་རུས་སྦལ་ཞབས། དེའི་སློབ་མ་ཛ་ལནྡྷ་རི་པ། དེའི་སློབ་མ་ནག་པོ་སྤྱོད་པ་དང་། རང་བྱིན་བརླབས་ཀྱི་བརྒྱུད་པ་ལ། དེའི་སློབ་མ་ཨ་ཝ་དྷུ་ཏི་པ། དེའི་སློབ་མ་ནག་པོ་སྤྱོད་པ་ཆོས་ཀྱི་རྡོ་རྗེ་ཞེས་འདྲེན། རྗེ་བཙུན་མར་པའི་ཞལ་སྔ་ནས་དེ་ཉིད་ཀྱི་སློབ་མ་ཏཻ་ལོ་པ་སྟེ། ནག་པོ་སྤྱོད་པ་ཡིན་པར་བཞེད། འགལ་བ་མེད་དོ། །དེའི་ལོ་རྒྱུས་ནི། ཤར་ཕྱོགས་ཛཧྣ་ལའི་བྱེ་བྲག་ཨོ་རུ་བི་ཤའི་ཡུལ་དུ་རྗེ་རིགས་སུ་འཁྲུངས། ཀུ་སུ་ལུའི་བླ་མ་ཞིག་དང་མཇལ་ཏེ་དགྱེས་རྡོར་ཞུས། སྐབས་ཤིག་སློབ་དཔོན་ཛ་ལནྡྷ་རི་པ་མཇལ་ཏེ། བདེ་མཆོག་འཁོར་ལོའི་དབང་རྒྱུད་མན་ངག་གསན་སྒྲུབ་པ་མཛད། ལྔ་སྟོངས་བཞི་གྲུབ་པ་ཙམ་གྱིས་ནུས་པ་སྐྱེས་སློབ་མ་བསྐྱངས། རྡོ་རྗེ་དྲིལ་བུ་པ་དང་མཇལ། དེའི་ཚེ་བླ་མ་ཛ་ལནྡྷ་རི་པས་ཨུ་རྒྱན་དུ་རྒྱན་བྱིན་གྱིས་བརླབས་པ་ཞུ་བ་ལ་བཏངས་ཏེ། ཁྱོད་རྣལ་འབྱོར་མ་གཞན་གྱི་ཆ་བྱད་ལ་མ་ལྟ་བར།

ནངས་ཀྱི་གྲལ་གཞུག་ན་བཞིན་མི་སྡུག་པ། ན་བཟའ་རྡུལ་བ། ཞྭ་རྡུལ་པོ་གྱོན་པ། སོ་མི་ལེགས་པ་ཡས་སོས་མ་མཆུ་མནན་པ་ཞིག་འོང་གི དེ་ལ་ཕྱག་ཚལ་མེ་ཏོག་ཕུལ་ལ། སློབ་དཔོན་ཛ་ལནྡྷ་རི་པས་རྒྱན་འདི་བྱིན་གྱིས་རློབ་ཏུ་བཏང་བ་ཡིན་ཞུས་ཤིག་གསུངས་ནས་ཕྱིན་པས། དེ་ཁོ་ན་བཞིན་དུ་བྱུང་ནས་ཕྱག་དང་མེ་ཏོག་ཕུལ་ཞུ་བ་བྱས་པས་འཛུམ་བསྟན་ནས་རྒྱན་ལ་བྱིན་རླབས་མཛད་དེ། འདི་སློབ་དཔོན་ཛ་ལནྡྷ་རི་པ་དང་མ་མཇལ་བར་ཁ་མ་ཕྱེས་ཤིག་གསུངས་ནས་གཏད་དོ། །དེ་ཁྱེར་ནས་འོངས་པའི་ལམ་དུ་སེམས་ཅན་ཅག་ཅག་བྱེད་ནས་རྒྱན་ཁ་འབྱེད་འདོད་དེ། ཕྱེས་ནས་ལུས་ལ་བཏགས་པས་ཁྲུ་གང་ཙམ་གྱི་ནམ་མཁའ་ལ་འགྲོ་བ་དང་། མངོན་ཤེས་ཅི་རིགས་པ་ཤར་བས་རྒྱན་སྦྱིན་པའི་རྒྱུ་མཚན་དེར་འདུག་སྙམ་སྟེ། སླར་སྦྲས་ཏེ་སློབ་དཔོན་ལ་ཕུལ་བས། དེས་རིག་ནས་ཅུང་མི་དགྱེས་སོ། །

དེ་ནས་སྤྱོད་པ་ལ་འགྲོ་བར་བཞེད་དེ། འཁོར་གྱི་ནང་དུ་དེད་སྤྱོད་པ་ལ་འགྲོ་བས་སྤྲོ་བ་རྣམས་ལྷ་གོན་གྱིས་ཤིག་ཅེས་བསྒྲགས་ཏེ། སློབ་དཔོན་ལ་ཞུར་ཕྱིན་པས། སློབ་དཔོན་གྱིས་སྤྱོད་པ་བྱེད་པ་ལ་བརྟོད་ཐོབ་ཅིང་ཚར་གཅོད་རྗེས་འཛིན་གྱི་ནུས་པ་དགོས་པས་ཁྱོད་ཀྱི་ནུས་པ་སྟོན་དང་གསུངས། དེར་སྟག་རེངས་པ་དང་། གྲིཊྚ་ས་ར་དགུག་པ་དང་། མ་ཧེ་རྒོད་ལ་དབང་དང་། ཤིང་ཐོག་ས་ལ་ལྷུང་བའི་ལྟ་སྟངས་མཛད་པས་གྲུབ་བོ། །ད་བྲོལ་གསུངས་པ་དང་དགྲོལ་མ་ནུས། སྤྱོད་པ་བྱེད་པ་ལ་རྣམ་ཤེས་དང་ཡེ་ཤེས་ཀྱི་ལས་ཆ་མཉམ་པ་ཚར་གཅོད་རྗེས་འཛིན་གཉིས་ཀ་ནུས་པ་དགོས་པ་ཡིན་པས་རྗེས་འཛིན་མི་ནུས་པ་འདུག་པས་སྤྱོད་པ་ལ་མ་འགྲོ་གསུངས། སློབ་དཔོན་གྱིས་དེ་དག་བགྲོལ་ཏེ་བཏང་ངོ། །བདག་གིས་འཁོར་གྱི་ནང་དུ་འགྲོ་བར་བསྒྲགས་ཟིན་པས་གསོལ་ན་ངོ་ཚ། བླ་མའི་རྒྱན་གནང་ན་ནུས་པས་ཅིས་ཀྱང་འགྲོ་བ་ཞུ། རྒྱན་ཡང་གནང་དགོས་ཞུས་པས་རྒྱན་གནང་། ཅིས་ཀྱང་འགྲོ་ན་ཤར་དེ་ཝཱི་ཀོ་ཊ་ར་མ་འགྲོ་ཞིག །དེའི་རྣལ་འབྱོར་མ་རྣམས་མི་བསྲུན་པས་བར་དུ་གཅོད་པར་འགྱུར་རོ་གསུངས། དེ་འཁོར་རྣལ་འབྱོར་པ་བདུན་ཙུ་རྩ་གཉིས་ཀྱིས་ནི་བསྐོར། ཞབས་ཁྲུ་གང་ཙམ་གྱི་ས་ལ་མ་རེག་པར་ནི་གཤེགས། གདུགས་བདུན་འཛིན་པ་མེད་པར་ནམ་མཁའ་ལ་འགྲོ། ཀཱ་མ་རུ་བདུན་འཁྲོལ་མཁན་མེད་པར་སྒྲ་གྲགས་བཞིན་རྒྱུ་བས། ཛ་ལནྡྷ་ར་ནས་ཡུལ་སྡེ་ཆེན་པོ་བཅུ་གསུམ་བཀྲལ་ཏེ་ཤར་ཕྱོགས་ཧྣ་ལར་འགྲོ་བར་བཞེད་དོ། །གཏྲཱིའི་འགྲམ་དུ་བསླེབས་པ་དང་མཛེ་མོ་ཞིག་ཆུ་ལ་སྒྲོལ་ལ་གྲོང་ཕ་གིའི་འདབས་སུ་སྐྱོལ་ཟེར་བ་ལ། འདིའི་རྣག་ཁྲག་འཛག་པས་རྒྱན་ཆུད་འཛའ། འགོས་ན་ཚེ་གཅིག་སངས་རྒྱས་སྒྲུབ་པའི་བར་ཆད་དུ་འགྱུར་སྙམ་ནས་མ་ཁྱེར་རོ། །དེ་ར་སློབ་མ་གཞན་རྣམས་ཀྱིས་ཀྱང་མ་བསྒྲལ། སློབ་དཔོན་གྱིས་ཆུ་ལ་ན་བཟའ་བཏིང་ནས་བཞུད་པས་མ་བྱིང་

པས་ང་རྒྱལ་སྐྱེས་ཏེ། བླ་མ་ལའང་འདི་ཙམ་ལས་མེད་སྙམ་པ་དང་ཆུར་བྱིང་བ་དང་བླ་མ་ལ་མོས་གུས་བྱས་པས་འཐོན་ནོ། །དེར་འཁོར་གྱི་གསེབ་ནས་དགེ་ཚུལ་ཆེམ་བུ་པ་ཞེས་བྱ་བས་སྟོད་གཡོགས་ཀྱི་གསེབ་ཏུ་མཛེ་མོ་ཁྱུར་ཏེ་ཕྱིན་པས་གཙང་པོའི་དབུས་སུ་སླེབས་པ་དང་། མཛེ་མོ་རྡོ་རྗེ་ཕག་མོར་བྱས། དགེ་ཚུལ་ཧེ་རུ་ཀར་བྱས་ནས། ཁྱོད་ཀྱིས་སྤྱོད་པ་མི་ནུས་པར་འདུག་གིས་མ་བྱེད། ཅེས་ཀྱང་འགྲོ་ན་དེ་ཞི་ཀོ་ཏར་མ་འགྲོ་གསུངས་ནས་དེ་མཁའ་སྤྱོད་དུ་སོང་ངོ་། །དེ་ནས་ཕར་ཕྱིན་པས་སྨོན་པ་ཞིག་དང་ཕྲད་པས་དེས་ཆང་ས་འོག་ཏུ་བཅུག་འདུག་པ་བླངས་པས་མ་སྟེར་ཏེ། མ་ཚད་ཀྱི་རྡོ་བ་ཞིག་ལ་ཆུ་བག་ཙམ་འདུག་པ་ནས་འཐུང་ཟེར། དེས་མི་ངོམས་བྱས་པས། འཐུང་ནུས་པར་གྱིས་ངོམས་པར་བྱ་ཡི་ཟེར། དེ་འཐུངས་པས་མ་ཟད། དེར་སྨོན་པའི་གླང་ལ་སྡིགས་མཛུབ་བྱས་པས་གླང་ཤི་ནས། ཁྱོད་སངས་རྒྱས་པའི་རྣལ་འབྱོར་པར་འདུག་པས་ད་གསོས་ཟེར་བས་མ་ནུས་སོ། །དེར་སྨོན་པ་རང་གིས་བསླངས་ནས་ཞིང་རྨོ་ཞིང་འདུག་དེ་ནས་ཕར་བྱོན་པས་སྐྱིད་མོས་ཚལ་ཞིག་ན་ཤིང་ཐོག་ཛམྦྷི་ར་བྱ་བ་ཆུ་སྐྱུར་པོ་འབྱུང་བ་ཞིག་བུ་མོས་སྲུང་ཞིང་འདུག་པ་བསླངས་པས། ཁྱོད་རྣལ་འབྱོར་པར་འདུག་པས་ནུས་པ་མེད་དམ་ཐོབ་ལ་ཟོ་ཟེར། དེར་ལྟ་སྟངས་བྱས་པས་ཤིང་ཐོག་བྲུལ། བུ་མོས་མིག་བཏེགས་བྱས་པ་ཙམ་གྱིས་སླར་འཁོར་ཞིང་སོང་། ཡང་ཕར་ཕྱིན་པས་ལྷ་ཁང་ཞིག་ན་མི་ཞིག་བརྒྱད་སྟོང་པ་ཀློག་ཅིང་འདུག་པ་ལ། ཁྱོད་པཎྜི་ཏའམ། རྣལ་འབྱོར་པའམ། དགེ་བསྙེན་ནམ་ཅི་དྲིས་པས། རྣལ་འབྱོར་པའོ། །རྣལ་འབྱོར་བྱ་བ་ཀློག་བྱེད་དམ། འོན་ཁྱོད་ཀྱིས་ཀློག་དང་ཟེར་བ་ལ། སློབ་དཔོན་གྱིས་ཀློག་པས་མ་ཤེས་སོ། །

དེ་ནས་སློབ་དཔོན་དཔོན་སློབ་ཛྙཱ་ལར་བྱོན་ཏེ། དེའི་རྒྱལ་པོ་རོལ་པའི་ཟླ་བ་དང་། བློན་པོ་དགེ་བའི་མགོན་པོའི་གྲོང་དུ་ཉེ་བར་ཐེབས། རྒྱལ་པོ་ཕྱི་རོལ་པ་ཡིན། བློན་པོ་སངས་རྒྱས་པ་ཡིན་པས། བློན་པོས་བསུ་བ་དང་བསྙེན་བཀུར་བྱས་ཏེ། བདག་གི་ལྷ་ཁང་ན་ཐུགས་རྗེ་ཆེན་པོ་དབང་ཕྱུག་གི་གཟུགས་སུ་བྱས་པ་ཞིག་བཟོས་ཡོད་པའི་རབ་གནས་ཞུ་བྱས་པས། དེ་རིང་ཉིད་དུ་བྱའོ་གསུངས། ཡོ་བྱད་ཅི་དགོས་ཟེར་བས་ཅིའང་མི་དགོས། མེ་ཏོག་ཅིག་སྐུའི་སྤྱི་བོར་བཞག་ནས་སུ་པྲ་ཏིཥྛ་ཞེས་བརྗོད་དེ་རབ་གནས་ཟིན་ནོ་གསུངས། དེ་ལ་ཡིད་མ་ཆེས་པས། སློབ་དཔོན་གྱིས་མེ་ཏོག་ཐོག་སྟེ་གཤེགས་པས་སྐུ་དེའང་ཕྱི་ལ་འབྲངས་སོ། །བློན་པོ་ཡིད་ཆེས་ནས་གསོལ་བ་བཏབ་པས། ཡང་མེ་ཏོག་སྤྱི་བོར་བཞག་ནས་སུ་པྲ་ཏིཥྛ་ཞེས་བརྗོད་པས་མི་མང་པོས་སྤྱན་དྲངས་ཀྱང་མ་ཐེག་ནས། དེ་ཉིད་དུ་ལྷ་ཁང་བརྩིགས་སོ། །བློན་པོ་དེ་ལ་བདེ་མཆོག་གི་དབང་བསྐུར་སྒྲུབ་ཐབས་སྦྱིན། དེས་

གསངས་ནས་བདེ་མཆོག་གི་རས་བྲིས་བཞེངས་ཀྱང་། རྒྱལ་པོས་བློན་པོ་གཞན་ལ་ཐོས་ནས་བདེན་སྙམ་མེད། དེའི་ཚེ་བློན་པོ་རང་གི་གྲོགས་པོ་ཞིག་གིས་བྲིས་སྐུ་གཞན་དུ་མ་བསྐྱལ་ན་རྒྱལ་པོས་ཚོར་ནས་ཆད་པ་འོང་ངོ་ཟེར། བདེན་སྙམ་སྟེ། བྲིས་སྐུ་ན་བཟའ་མང་པོ་དང་བཅས་ཏེ་གྲོང་ཁྱེར་གྱི་ལྷོ་ཕྱོགས་སྒོ་ནས་ཁུར་བས། སྒོ་བ་ན་རེ་འདི་ཙམ་གྱི་རྒྱུ་འདེབས་པ་ཅི་ཡོད་ཟེར་ཁ་ཕྱེ་བས་བྲིས་སྐུ་བྱུང་། དེས་རྒྱལ་པོའི་དྲུང་དུ་ཁྱེར་ཏེ་བསྟན་པས། བློན་པོ་གཞན་རྣམས་ན་རེ། རྒྱལ་པོའི་ལྷ་ཡིས་གདན་བྱས་པའི་ལྷ་འབྲི་བ་འདི་སྲོག་དང་ནོར་གཉིས་ཀ་ལས་ཁྲལ་བར་རིགས་སོ་ཞེས་ཟེར་བ་དང་། རྒྱལ་པོ་ན་རེ། དེ་ནི་མ་ཡིན་ཏེ་བྱ་བ་བརྟག་གིན་བྱེད་དགོས་པས་བརྟག་བློན་པོ་བཀུག་སྟེ། འདི་ཁྱོད་ཀྱིས་དྲན་པ་ཡིན་ན་ཁྱོད་གསོད། ཁྱོད་ཀྱི་སློབ་དཔོན་གྱིས་དྲན་པ་ཡིན་ན་སློབ་དཔོན་གསོད་པ་ཡིན་བྱས་པས། བློན་པོ་ན་རེ། ངེད་དང་སློབ་དཔོན་གྱིས་དྲན་པ་མིན། སངས་རྒྱས་པའི་རྒྱུད་ནས་བཤད་པ་ཡིན་བྱས་པས། དེ་བདེན་ན་འདིས་གདན་བྱས་པའི་འཇིགས་བྱེད་དང་དུས་མཚན་བྲིས། ཁྱོད་ཀྱི་འདི་དང་གཉིས་རེད་ཀྱི་ལྷ་ཁང་དུ་གཤེབས། ཞལ་གཡོགས་ནས་ཞག་བདུན་དུ་མཆོད་པ་བྱས་ལ་ཞལ་ཕྱེ་ནས་ཇི་ལྟར་འདུག་པའི་ནུས་པ་འགྲན་ནོ་ཞེས་ཟེར། དེ་བཞིན་དུ་བྱེད་པར་བྱས་ནས་བློན་པོས་སློབ་དཔོན་ལ་བསྙད་པས། སློབ་དཔོན་ན་རེ། བཅོམ་ལྡན་འདས་དབང་ཕྱུག་གིས་ཇི་བར་ག་ལ་ནུས་གསུངས་ནས་དུར་ཁྲོད་དུ་ཚོགས་ཀྱི་འཁོར་ལོ་བསྐོར། དེའི་ཚེ་མི་སྡོན་པོ་ཐོད་རློན་ཐོགས་པ་ཞིག་བྱུང་ནས་ཚོགས་དཔོན་ངས་བྱ་ཟེར་བ་ལ། ང་ཉིད་ཀྱིས་ཚོགས་དཔོན་བྱེད་དོ་ཞེས་གསུངས་པའི་མོད་ལ། དེ་ཧེ་རུ་ཀར་གྱུར་ནས་འདི་སྐད་དུ། མཛེ་མོ་དེ་ཡང་མཛེ་མོ་མ་ཡིན་རྡོ་རྗེ་ཕག་མོའི་རྣམ་འཕྲུལ་ཡིན། །ཞིང་སྐྱོང་དེ་ཡང་ཞིང་སྐྱོང་མ་ཡིན་ཧེ་རུ་ཀ་ཡི་རྣམ་འཕྲུལ་ཡིན། །མཛེས་མ་དེ་ཡང་བུ་མོ་མ་ཡིན་ཧེ་རུ་ཀ་ཡི་རྣམ་འཕྲུལ་ཡིན། །གླིག་མཁན་དེ་ཡང་གླིག་མཁན་མ་ཡིན་ཧེ་རུ་ཀ་ཡི་རྣམ་འཕྲུལ་ཡིན། །ཐོད་པ་ཅན་ཡང་ཐོད་པ་ཅན་མིན་ཧེ་རུ་ཀ་ཡི་རྣམ་འཕྲུལ་ཡིན། །ཚེ་འདིར་མཆོག་མིན་གཞན་དུ་གཞུང་དྲུག་རྩོམས་ཤིག་བར་དོར་སངས་རྒྱས་འགྲུབ། །ཅེས་གསུངས། དེར་སློབ་དཔོན་གྱིས། ཁྱོད་ཀྱི་ཞབས་ཀྱིས་མཉམ་པར་མནན་ན་འོག་གི་ཀླུ་ཡང་འཇིགས་འགྱུར་ཤེས་ཏེ་ཞབས་གཡོན་བསྐུམ་པར་གནས། །ཁྱོད་ཀྱི་ཕྱག་རྣམས་དྲང་པོར་བསྲང་ན་ཕྱོགས་སྐྱོང་རྣམས་ཀྱང་སྐྲག་འགྱུར་ཤེས་ཏེ་ཕྱག་རྣམས་བསྐུམ་པར་གནས། །གཙུག་ཏོར་དྲང་པོར་བསྲང་ན་ཚངས་པའི་འཇིག་རྟེན་འཇིག་འགྱུར་ཤེས་ཏེ་དབུ་ནི་ཅུང་ཟད་ཡོ་བར་གནས། །རྗེ་བཙུན་ཁྱོད་ཀྱི་སྐུ་ནི་གར་དགོས་པ་དང་ལྡན་པས་བདག་ནི་ཁྱོད་ལ་ཤིན་ཏུ་གུས་པས་བསྟོད། །སྲིད་པ་གསུམ་འབར་སྐུ་ནི་རྗེས་ཆགས

དུལ་བར་ལྡན། །འོད་ཟེར་སྟོན་པོ་སྟོང་ལྡན་ཉི་མ་བརྒྱ་འོད་ལྡན། །རྣམ་མང་སྐུ་དང་ཆ་ལུགས་རྗེས་ཆགས་སེམས་པར་ལྡན། །ཧེ་རུ་ཀ་དཔལ་བསྟེགས་པ་ལྷན་ཅིག་གར་བྱེད་ཤོག །ཅེས་གསུངས་པས། ཧེ་རུ་ཀ་ཧ་ཧ་ཧི་ཧི་ཧོ་ཞེས་གསུངས་ནས་མི་སྣང་བར་གྱུར་ཏོ། །

དེ་ནས་ཞག་བདུན་ཐེམས་ཏེ་ཁྲིས་སྐུ་བལྟས་པས། བཅོམ་ལྡན་འདས་ནི་འོད་དང་ལྡན་ལ། ཁྲིས་སྐུ་གཅིག་པུའང་གོ་ཟློག་ནས་འཇིགས་བྱེད་དུས་མཚན་མནན་པའི་ཧེ་རུ་ཀར་གྱུར་པས། རྒྱལ་པོ་འཁོར་བཅས་ཤིན་ཏུ་དད་པར་གྱུར་ཏེ། སློབ་དཔོན་རྒྱལ་པོས་ཕོ་བྲང་དུ་སྤྱན་དྲངས། དེར་སློབ་དཔོན་གྱིས་རྒྱལ་བློན་གྱིས་ཞུས་པའི་དོན་དང་། ལུང་བསྟན་པའི་ཕྱིར་ནག་པོ་པའི་གཞུང་དྲུག་ཏུ་གྲགས་པ་མཛད། རྒྱལ་པོ་ལའང་བདེ་མཆོག་གི་དབང་དང་། རྒྱུད་དང་། མན་ངག་ཐམས་ཅད་བྱིན་པས་ཡུལ་དེ་སངས་རྒྱས་པར་བསྒྱུར་རོ། །དེ་ནས་སློབ་དཔོན་དེ་ཝི་ཀོ་ཊར་བྱོན་པ་དང་། བུ་མོ་གཅིག་འབྲས་ཧྲང་བ་ལ་བསླངས་པས་མ་སྟེར་ནས། སློབ་དཔོན་གྱིས་འབྲས་ཀྱི་ཚོམས་ལ་ལྟ་སྟངས་བྱས་པས་བཀས་པ་ན། མོས་ཀྱང་སློབ་དཔོན་ལ་ལྟ་སྟངས་བྱས་པས་ཞལ་ནས་ཁྲག་བྱུང་བ་དེ་དེར་མིད། བཞུགས་སར་སླེབ་པ་དང་བསྐྱུང་ནས། བླ་མའི་བཀའ་བཅག་པའི་ཉེས་པ་བྱུང་བས་ཡུལ་ཉི་ཤུ་རྩ་བཞིར་ཚོགས་འཁོར་བྱེད་དུ་སོང་ལ། དེ་ནས་མེ་ཏོག་དང་སྨན་ལོང་ལ་ཤོག་གསུངས། འཁོར་རྣམས་བཏང་བས། དེ་དག་གིས་ཀྱང་དེ་བཞིན་བྱས་ཏེ་འཁོར་བའི་ལམ་དུ་ཁྲུས་ཀྱི་རྫིང་བུ་ཞིག་ན་བུད་མེད་མང་པོ་ཁྲུས་བྱེད་པ་རྣམས་ན་རེ། ཁྲུས་མི་བྱེད་དམ་ཟེར། ལོང་མེད་སློབ་དཔོན་བསྐྱུང་བས་མྱུར་བར་འགྲོའོ་བྱས་པས། དེ་རྣམས་ན་རེ། བསྐྱུང་བ་དྭངས་སོ། །དེར་ཁོང་རྣམས་ཀྱིས་ཁྲུས་བྱས་པ་དང་། སྨན་རྣམས་བུད་མེད་དེ་རྣམས་ཀྱིས་ཁྱེར་ནས་ནམ་མཁའ་ལ་སོང་ངོ་། །དེར་ཕྱིན་པ་དང་སློབ་དཔོན་བསྐྱུང་བ་མ་དྲག་པས་མཁའ་འགྲོ་མའི་བར་ཆད་དུ་ཤེས་སོ། །དེར་སློབ་དཔོན་གྱི་ཞལ་ནས་ད་རེས་མཁའ་འགྲོའི་བར་ཆད་བྱུང་བས་ལུས་འདི་བོར་ཏེ་བར་དོར་སངས་རྒྱས་ཐོབ་པར་བྱའོ་ཞེས་གསུངས་ནས་གྲོངས་སོ། །དེར་བར་ཆད་བྱེད་པའི་མཁའ་འགྲོ་མ་དེ་རྣམས་སློབ་མ་གུ་ཧྱ་པ་ཞེས་བྱ་བས་བཏུལ་ལོ། །ནག་པོ་སྤྱོད་པ་རང་གི་སློབ་མ་རྣམ་རྒྱལ་ཞབས་དེ་ཧྣ་རི་ཀ་པའི་ཡང་སློབ་མ། གུ་ཧྱ་པ་ལའང་གཏུགས་ཟེར། དེའི་སློབ་མ་ཏི་ལློ་པའོ་བདེ་མཆོག་མཁན་པོ་བྱིན་ཟེར་རོ། །རྒྱལ་བའི་ལྷའི་མཁན་བུ་དཔལ་ལྡན་ཆོས་སྐྱོང་གི་ལོ་རྒྱུས་ནི། རྒྱལ་སྲིད་སྤངས་ནས་མཁན་པོ་རྒྱལ་བའི་ལྷ་ལས་རབ་ཏུ་བྱུང་། ཤྲཱི་ཧྣམ་པ་ལ་ཞེས་གསོལ། མཁན་པོ་ཉིད་དང་སློབ་དཔོན་དབྱིག་གཉེན་ལ་སོགས་པ་བསྟེན། ཕྱི་ནང་གི་རིག་པའི་གནས་ཐམས་ཅད་ཐུགས་སུ་ཆུད། སེམས་ཙམ་གྱི་གྲུབ་པའི་མཐའ་སྨྲ

བའི་ཁྲུ་མཆོག་ཏུ་གྲགས། མཁན་པོ་ལས་འཁོར་ལོ་བདེ་མཆོག་གི་གདམས་ངག་ཐོབ། དབྱིག་གཉེན་གྱིས་དཔལ་ནཱ་ལེནྡྲའི་གཙུག་ལག་ཁང་དགེ་འདུན་དང་བཅས་པ་གཏད་ནས་དེ་ར་བསྟན་པ་ཡུན་རིང་དུ་བསྐྱངས། དེ་ནས་འཁོར་ལོ་སྡོམ་པའི་སྒྲུབ་པ་མཛད། ཡུན་རིང་པོ་སོང་ཡང་རྟགས་མ་བྱུང་ནས་མི་འཚམ་པ་དུ་མ་བྱུང་བས་ཐུགས་མུག་སྟེ། ད་ཕན་ཆོས་བརྩམ་པ་དང་། འཆད་པ་དང་། དགེ་འདུན་གྱི་བྱ་བ་ལས་ཡི་དམ་གྱི་སྒྲུབ་པ་མི་བྱེད་དོ། །ཞེས་དམ་བཅས་ནས་དཔྱིད་ཟླ་ཐ་ཆུང་གི་ཉི་ཤུ་གཉིས་ཀྱི་ནུབ་མོ་འཕྲེང་བ་ཕྱག་ཁང་དུ་བསྐུར་ནས་ཅི་བདེར་གནས་སོ། །དེའི་ནུབ་མོ་རྨི་ལམ་དུ་བདག་མེད་མ་ཐ་མལ་གྱི་བུད་མེད་སྔོན་མོའི་གཟུགས་སུ་བྱོན་ཏེ། རིགས་ཀྱི་བུ་ཚུལ་བཞིན་མ་ཡིན་པའི་སྤྱོད་པ་དེ་ལྟ་བུ་བྱེད་པ་མ་ལེགས་པས་འཕྲེང་བ་ལོང་དྲི་ཞིམ་པོའི་ཆུས་ཁྲུས། བཤགས་སྡོམ་ལེགས་པར་གྱིས་ལ་ཚུལ་བཞིན་དུ་སྒྲུབ་པ་གྱིས་ཤིག །ཁྱོད་ཀྱིས་ལས་བསགས་པའི་ལྷ་ང་ཡིན་པས། ངས་བྱིན་གྱིས་བརླབས་ཀྱི། ཁྱོད་ཀྱིས་དངོས་གྲུབ་མྱུར་དུ་ཐོབ་པར་འགྱུར་རོ་ཞེས་གསུངས་ནས་མི་སྣང་བར་གྱུར། དེ་ནས་མནལ་སད་དེ་འགྱོད་པ་སྐྱེས་ནས་ཉི་ཤུ་གསུམ་གྱི་ཉིན་མོ་འཕྲེང་བ་བླངས། ལུང་བསྟན་པ་བཞིན་བྱས་པས། དེའི་ནུབ་མོ་སྤྲུལ་པའི་སྐུ་ཡེ་ཤེས་ཀྱི་སྣང་བ་ལྷ་མོ་བཅོ་ལྔའི་དཀྱིལ་འཁོར་གྱི་རྣམ་པར་བྱོན་ཏེ། དབང་བཞི་རྫོགས་པར་བསྐུར་བས་ས་དང་པོ་མཐོང་ལམ་གྱི་ཡེ་ཤེས་སྐྱེས། ཉི་ཤུ་དགུའི་ནུབ་མོ་ས་དྲུག་གི་རྟོགས་པ་ཤར་རོ། །སྔར་མི་འཚམ་པ་བྱུང་ནས་ཐུགས་མུག་པ་དེ་ཏིང་ངེ་འཛིན་གྱི་དྲོད་རྟགས་ཡིན་པར་མཁྱེན། དེ་ལྟ་བུའི་རྟོགས་པ་སྐྱོང་ཞིང་རང་གི་བྲང་ཁང་ན་བཞུགས་པ་ལ་གྲྭ་པས་དུས་ཁྱད་པར་ཅན་གྱི་མཆོད་པའི་ཡོ་བྱད་ལ་ཤ་ཆང་ཁྱེར་ཏེ་འགྲོ་བ་མཐོང་ནས། སྒོ་གསེང་ལས་བལྟས་པས་བུད་མེད་བཅོ་ལྔ་དང་ལྷན་ཅིག་འདུག་དགེ་འདུན་བགྲོས་ནས་གནས་ནས་ཕྱུང་ངོ། །

དེར་བདག་ཉིད་ཀྱིས་ཀུང་ངན་པར་ཞལ་གྱིས་བཞེས་པས་མཚན་བི་རཱུ་པཱཀྐ་ར་ཐོགས། དེ་ནས་ཝཱ་རཱ་ཎ་སཱིའི་རྒྱལ་པོ་མུ་སྟེགས་ལ་དད་པ་འདུལ་བར་གཤེགས་ནས་གངྒཱའི་འགྲམ་དུ་ཕེབས་པ་དང་། ངན་པ་ཡིན་པས་ཆུ་ལ་རེག་ཏུ་མི་བཏུབ་པས་ཆུ་ཁྱོད་ཀྱིས་ལམ་ཕྱེ་ཞིག་ཅེས་བརྗོད་པས་ཆུ་བོ་གྱེན་ལ་ལོག་སྟེ་གྲམ་པ་སྐམ་ཤར་གྱིས་བྱུང་བ་ལ་གཤེགས་པས། དགེ་འདུན་གྱིས་གྲུབ་པ་ཐོབ་པར་ཤེས་ནས་བཟོད་པར་གསོལ། ཝཱ་རཱ་ཎ་སཱིར་ལོ་གཅིག་ཏིང་ངེ་འཛིན་ལ་བཞུགས་པས་སྐུ་ཉི་ལྷགས་ཀྱིས་གདུངས་པས་སྔོ་སྐྱ་འཇིགས་སུ་རུང་བར་གྱུར། དེར་མུ་སྟེགས་པའམ་སངས་རྒྱས་པ་ཐེ་ཚོམ་ནས། རྒྱལ་པོ་གོ་ནྡ་ཙཀྲ་བྱ་བ་དེས་མུ་སྟེགས་ཡིན་ན་འོ་རྒྱལ་ཏེ་འོང་བས་ནང་དུ་སྤྱན་འདྲེན། སངས་རྒྱས་པ་ཡིན་ན་ཝཱ་རཱ་ཎ་སཱིར་གནོད་པ་བསྐྱལ་དོགས་ཡོད་པས་བསྐྲད་དགོས་པས་རྟོགས་ཤིག་ཟེར།

བརྟགས་པས་མ་རྟོགས་ཏེ། རྒྱལ་པོའི་དྲུང་དུ་ཁྲིད་ལ་ཞོག་ཟེར་ཁྲིད་ནས་ཡོང་བའི་ལམ་དུ་འབྱུ་དང་ཕྱེ་མ་ལེབ་ལ་སོགས་པའི་སྲོག་ཆགས་མང་པོ་ཁར་བཙུག་པས་མི་རྣམས་ན་རེ་ངན་པ་ཟེར། ཁ་ནས་གསོས་ཏེ་སྨྲུར་བས་ཀྱང་ངན་པ་ཟེར་བ་ལ། སློབ་དཔོན་གྱིས། སྲོག་ཆགས་མང་པོ་བསད་ཀྱང་ངན་པ་ཟེར། སྲོག་ཆགས་མང་པོ་གསོས་ཀྱང་ངན་པ་ཟེར། བདག་གིས་ཇི་ལྟར་བྱ་བ་མ་ཤེས་སོགས་གསུངས། རྒྱལ་པོའི་དྲུང་དུ་བསླེབས་པ་དང་། རྒྱལ་པོས་ཕྱི་ནང་གང་ཡིན་དྲིས་ཀྱང་ལན་མ་བཏབ། རྒྱལ་པོས་འདི་ལ་དབང་ཕྱུག་གི་རྟགས་གང་ཡང་མི་འདུག་པས་ལྕགས་སུ་ཆུག་ལ་ཆུ་ལ་སྐྱུར་ཅིག །དེ་ལྟར་བྱས་པས་ལྕགས་སྒྲིག་ཆད་ནས་རྒྱལ་པོའི་རྩར་བསླེབས། ཡང་ཡང་བྱས་ཀྱང་དེ་ལྟར་གྱུར་པས། རྒྱལ་པོས་གྲུབ་ཐོབ་ཏུ་ཤེས་ནས་བཟོད་པར་གསོལ་ཏེ་འཁོར་དང་བཅས་པ་སངས་རྒྱས་པར་བྱས་སོ། །དེ་ནས་ལྷོ་ཕྱོགས་བི་མ་ཏ་ར་འདུལ་བར་གཤེགས་པའི་ལམ་གཉྷར་ཀོ་མཁན་ལ་སྒྲོལ་གསུངས་པས། ཛན་པ་དགོས་ཟེར། ཛན་པར་ཆུ་རང་སྦྱིན། དེ་ཀྱེན་དུ་ལོག་ནས་ཐམས་ཅད་སྒྲག་ནས་ནོར་ཕུལ་བ་ཛན་པར་བྱིན་པས་མ་འདོད་པར་ཞབས་ལ་འདུས་ཏེ་བདག་རྗེས་སུ་འཛིན་པར་ཞུ་བྱས་པས་རྗེས་སུ་གཟུང་། གྲུབ་ཐོབ་ཀོ་ཀ་ལི་པའམ། ཪྻ་སྦྲི་ཏེ་ཏྲུ་ཀའོ་ཟེར། དེ་ནས་ལྷོ་ཕྱོགས་བི་སོ་ས་ར་དང་ཉེ་བ་ཧྣ་གི་ནི་ཏ་པ་ཞེས་པར་ཆང་འཚོང་མ་ཞིག་གི་ཁྱིམ་དུ་སླེབས། དཔོན་སློབ་གཉིས་ཀྱིས་ཆང་ཉོ་བྱས་པས། རིན་ཅི་ཡོད་ཟེར། རིན་མེད་བྱས་པས། རིན་མེད་པར་ཆང་འཚོང་བའི་ལུགས་མེད་ཟེར། ངེད་ངོམས་པ་གྱིས་དང་ཁྱོད་ཅི་འདོད་པ་བྱིན་གྱི་གསུངས་པས། ཅི་ཙམ་ན་སྟེར་ཟེར། ཉི་གྲིབ་མཚམས་སུ་རི་མོ་ཞིག་བྲིས་ནས་འདི་འདས་མ་ཐག་སྟེར་བྱས་ཉི་མ་གཏའ་མར་བཙུག་པས་ཆང་བླུད། ཟད་པ་དང་རིན་བསླང་བྱས་པས། ད་རུང་ཉི་མ་མ་སོང་། སོང་བ་དང་སྟེར་རོ། །དེས་ཡུལ་ཁམས་དེའི་ཆང་འཚོང་མ་ཀུན་ལ་བསྐྱིས་ཀྱིན་སྦྱིན་པས་ཟད། རྒྱལ་པོའི་དབྱུག་ཆོད་དང་ཆུ་ཆོད་བཅིས་པས་འཁྲུགས། མི་རྣམས་ཀྱང་གཉིད་ཀྱིས་ར་རོར་གྱུར་པ་དང་། རྒྱལ་པོས་རྣལ་འབྱོར་པ་ཞིག་གིས་ནུས་པ་བསྟན་པར་གོ་ནས་རྩད་བཅད་པས་ཆོད་དེ། དེར་འོངས་ནས་ཉི་མ་གཏོང་བར་ཞུས་པས་ཆང་རིན་མེད་གསུངས། རྒྱལ་པོས་རིན་སྤྲད་པ་དང་མཚན་ཕྱེད་དུ་གྱུར་ཏོ། །

དེ་ནས་ལྷོ་ཕྱོགས་ན་ཅ་པ་ཏིའི་ཡུལ་ན་བི་མ་ཏ་ར་ཞེས་བྱ་བ་དབང་ཕྱུག་ཆེན་པོའི་ལིངྒ་འཛིག་སྟེས་བྱས་པ་ཡོད། དེ་ན་རལ་པ་ཅན་ལྔ་བརྒྱ་གནས། ཡུལ་དེ་ཐམས་ཅད་མུ་སྟེགས་ཡིན་པས་དེར་བྱོན་རྒྱལ་པོ་ལ་ལེགས་པར་སྨྲ་བའི་སྐད་ཀྱིས་བསྟོད་ར་བྱས་པས་རྒྱལ་པོ་མཉེས་ཏེ་རལ་པ་ཅན་ལྔ་བརྒྱ་པོའི་དཔོན་དུ་བཀོད་མཆོད་གནས་བྱས་སོ། །དེ་ལྟ་ལ་ཕྱག་མི་བྱེད་པས་མི་རྣམས་ཐེ་ཚོམ་དུ

གྱུར་ཏེ་རྒྱལ་པོ་ལ་བརླས་པ་དང་། ལེགས་པར་སྨྲ་བའི་སྐད་ལ་ཞེན་ཏུ་མཁས་པར་གྱུར་པ་ཞིག་ལྷ་རྟེན་ལ་ཕྱག་མི་བྱེད་པ་མི་སྲིད། ཁྱེད་རྣམས་ཀྱི་ཕྲག་དོག་ཡིན་ཟེར་མ་ཉན། ཡང་ཡང་བསྐྱེད་པས་རྒྱལ་པོ་ཡིད་གཉིས་སུ་གྱུར་ཏེ་མཆོད་གནས་ཐམས་ཅད་པོས་ལ་ལྷ་རྟེན་ལ་ཕྱག་ཚོལ་ཞིག་བསྒོ་བ་གཞན་རྣམས་ཀྱིས་བྱས། སློབ་དཔོན་མི་བྱེད་དོ། །རྒྱལ་པོས་ཕྱག་མཛོད་ཅེས་བསྐུལ་བས། ངས་འདི་ལ་ཕྱག་བྱེད་དུ་མི་བཏུབ་ཟེར། འདི་ཁམས་གསུམ་ན་ཆེ་བ་ཡིན་པས་ཚོལ་ཟེར། རྒྱལ་པོ་སྡིག་ཅན་ཞིག་གིས་བདག་ལ་ཕྱག་མི་འཚལ་དབང་མེད་བཏང་བས་ལྷ་ཁྱོད་བཟོད་པར་བཞེས་ཤིག་བྱས་ནས་ཕྱག་བྱས་པས་རྟེན་དེ་ཕྱེད་ཚལ་དུ་གས་སོ། །རྒྱལ་པོ་འཁོར་བཅས་སྐྲག་ནས་བཟོད་པར་གསོལ་བས། དེའི་དབུར་ཐུགས་རྗེ་ཆེན་པོའི་སྐུ་གཅིག་བཞུགས་སུ་རུག །ཐོག་མར་དེ་ལ་ཕྱག་འཚོལ། དེ་ནས་ལྷ་རྟེན་ལ་འཚོལ་ཞིག །དེ་ལྟར་མ་བྱས་ན་ཡང་རྟེན་འདི་གས་པར་འགྱུར་རོ་ཞེས་གསུངས་ནས་ལྷོ་ཕྱོགས་སུ་གཤེགས་པའི་རྗེས་སུ་རལ་པ་ཅན་གཅིག་འབྲངས་པ་ནི་ནག་པོ་པའོ། །དེར་འགྲོན་པའི་ལམ་དུ་ཕྱི་རོལ་པ་རྣམས་སྐྲག་ནས་རང་རང་གི་ལྷ་རྟེན་གྱི་དབུར་སངས་རྒྱས་པའི་ལྷ་རེ་བཞག་གོ་ཞེས་གྲགས་སོ། །དེ་ནས་ལྷོ་ཕྱོགས་ཀྱི་བརྒྱུད་དེར་དབང་ཕྱུག་གི་ལི་སྐུ་ཁྲུ་བརྒྱད་ཙམ་ཡོད་པ་དེར་མཆོད་པ་བྱེད་པ་ལ་མ་ཧེ་བརྒྱ་ཕྲག་རེ་གསོད་པས། དེར་བྱོན་ཏེ་ལྷ་དེ་ལ་རྡོག་ཐོ་གཅིག་བརྒྱབ་ནས་ཕར་འདོང་གསུངས་པས་ལངས་ཏེ་ཕྱི་བཞིན་འབྲངས་སོ། །མུ་སྟེགས་དེ་དག་སྐྲག་སྟེ་གསོལ་བ་བཏབ་པས། མ་ཧེ་མི་གསོད་པར་འབྲས་ཚན་ལ་སོགས་པས་མཆོད་ན་འཇིག་དེ་ལྟར་ཁས་བླངས་སོ། །

དེ་ནས་ཤར་ངོས་ནས་ཏ་ཛ་དེ་ཤི་བྱ་བ་རང་བྱུང་གི་ཏྲི་ཤུ་ལ་དང་། ཙཎྜི་ཀའི་སྐུ་ཡོད་པ། ཕྱི་རོལ་པའི་རྣལ་འབྱོར་མ་རྣམས་ཀྱིས་མི་དེར་ཁྲིད་ནས་དམར་མཆོད་བྱེད་པ་དེར་ཕེབས། རྣལ་འབྱོར་མ་རྣམས་ཀྱིས་ནང་དུ་བོས། སློབ་དཔོན་གྱིས་གཡོག་གཉིས་ལ་དབུགས་ཕྱིར་རྒྱུ་མ་བཅུག་པར་ནང་དུ་སྒོམ་ལ་སྡོད་ཅིག་གསུངས། ཉིད་ནང་དུ་བྱོན། ཁྱོད་ཀྱི་གྲོགས་གཉིས་གང་དུ་སོང་ཟེར། ཕྱི་རོལ་ན་འདུག་གསུངས། དེ་ཁུག་ཟེར། ཁྱེད་རང་གིས་བོས་བྱས་པས་སྐད་མེད། མཛུབ་བུ་སུག་བྱས་པའི་ཤུལ་ན་ཚུར་དབུགས་ངན་སོ་སོ་དྲི་ཆེན་འབུར་འབུར་བྱུང་བས་རུལ་ནས་འདུག་ཟེར་ལོག་པ་དང་། ཏྲི་ཤུ་ལ་འདར་ཡེད་ཡེད་འདུག་པ་ལ་སློབ་དཔོན་གྱིས་ཐལ་མོ་བརྡབས་པས་དེ་ཕྱེ་མར་སོང་། ཙཎྜི་ཀའི་སྐུ་དེ་སྤར་སྤར་འདུག་པ་ལ་སྤྱི་བོར་ཐལ་མོ་བསྣུན་པས་མགོ་སྙིང་གའི་བར་དུ་ཐིམ་སོང་པ་རྣ་བ་ནས་བཟུང་། སྤྱི་བོར་མཆོད་རྟེན་གཅིག་བཞག་པས་རྣ་བ་ཀ་རེ་ཡོད་སྐད། མིང་ཡང་དེ་ནས་རྣ་བཙུས་ལྷ་མོ་གྲགས་སོ། །དེར་རྣལ་འབྱོར་མ་རྣམས་བཀྲོལ་བར་གྱུར་ཏེ། བཀྲོལ་བ་སངས་པ་དང་། དེ་རྣམས

ན་རེ། ཁྱོད་སངས་རྒྱས་པ་སྙིང་རྗེ་ཆེ་བ་ཡིན་པ་ལ་འདི་ལྟ་བུ་བྱེད་པ་ཟེར། དེ་ཉིད་ཀྱིས་ན་སེམས་ཅན་བསད་པའི་ཤ་ཁྲག་དྲོན་མོས་མཆོད་པར་མ་བྱེད་ཅིག་བྱས་པས། དེ་རྣམས་ཀྱིས་བདུད་དེ་སྐྱབས་སུ་ཞུགས་པས་སངས་རྒྱས་པའི་རྣལ་འབྱོར་མར་གྱུར་ཏོ། །

ཀོ་མཁན་དེ་དེའི་ཚེ་གྲུབ་ཐོབ་ཏུ་གྱུར་པས་ཤར་ཕྱོགས་ཀྱི་རྒྱལ་པོ་ཧྲི་ཏར་འདུལ་དུ་བཙྜངས། དཔོན་སློབ་གཉིས་ཁ་སརྫ་ཊིར་བྱོན་ཏེ། དང་པོ་རབ་ཏུ་བྱུང་བ་ནས་དེའི་བར་དུ་སངས་རྒྱས་ཀྱི་བསྟན་པའི་བྱ་བ་མཛད་པའི་ལོ་རྒྱུས་ཞུས་པས། འཕགས་པ་རང་བྱུང་དེས། ཀྱེ་རིགས་ཀྱི་བུ་ཁྱོད་ཀྱི་ནུས་པས་ནི་རི་རབ་ཀྱང་ཐལ་བར་བརླག་ཐུབ་སྟེ། སེམས་ཅན་ལས་སྣ་ཚོགས་ལ་སྤྱོད་པ་ཡིན་པས་སངས་རྒྱས་ཀྱིས་ཀྱང་འདུལ་དཀའ་བའི་ཕྱིར་ཁྱོད་ཀྱིས་སེམས་ཅན་ལ་གནོད་པ་འདི་ལྟ་བུ་མ་བྱེད་པར་སྙིང་རྗེ་ཆེན་པོ་སྐྱེད་ཅིག་གསུངས། དེར་སློབ་དཔོན་གྱིས་གཞན་གསུང་བཞིན་དུ་བགྱི་ཡི། ནུབ་ཕྱོགས་སོ་མ་ནཱ་ཐ་ན་ཛོ་ལ་རང་བྱུང་གི་དབང་ཕྱུག་གི་ལིངྒ་ཡོད་ལ། དེ་ལ་དུས་རེ་ལ་ར་དང་མ་ཧེ་སྟོང་ཕྲག་རེ་བསད་ནས་མཆོད་པ་བྱེད་དེ། སེམས་ཅན་གྱི་སྲོག་སྐྱོབ་པའི་ཕྱིར་དེ་འདུལ། དེ་ནས་བཀའ་བཞིན་བགྱིད་དོ་ཞེས་གསོལ་ནས་བྱོན་པའི་ལམ་དུ་བྲམ་ཟེ་གཉིས་ཁྲི་བརྟན་གྱི་པགས་པ་སྨད་དུ་དཀྲིས་ཚངས་སྐུད་བཅངས་པ་ཀུ་ཤ་རྣ་བའི་སྟེང་དུ་གཟེར་བ་དང་ཕྲད་དོ། །དེ་གཉིས་ཀྱིས་ཤེས་བཞིན་དུ་མི་ཤེས་པ་སྙད་བྱས་ཏེ་གར་འགྲོ་ཟེར། སོ་མ་ནཱ་ཐ་བརླག་པར་བྱེད་དུ་འགྲོ་གསུངས་པས། ཁྱེད་ནང་པ་སངས་རྒྱས་པ་སྙིང་རྗེ་ཆེ་བ་ཡིན་ན་གནོད་པ་བྱས་ན་རུང་ངམ་ཟེར། ངེད་སྙིང་རྗེ་ཆེ་བས་ཆེད་དུ་འགྲོ་བ་ཡིན་ཏེ། དེ་ལ་དུས་རེ་ལ་ར་དང་མ་ཧེ་སྟོང་ཕྲག་བསད་ནས་མཆོད་པ་བྱེད་པས་སྲོག་ཆགས་དེ་དག་གི་སྲོག་སྐྱོབ་པའི་ཕྱིར་རོ། །དེ་འཇིག་རྟེན་ན་ཤིན་ཏུ་ཆེ་བ་ཡིན་ན་དེ་ལྟར་ཅང་ནུས་སམ་ཟེར། དེ་མངོན་དུ་འགྱུར་གྱི་གསུངས་པས། དེ་ཤར་ལུས་འཕགས་པོར་སོང་ནས་མེད་ཟེར། གླིང་བཞིའམ་ཚངས་པའི་འཇིག་རྟེན་དུ་སོང་ཡང་ཁོ་བོ་འགྲོ་སྟེ་བརླག་པར་བྱེད་དོ། །དེ་ནས་དེས་རང་གཟུགས་བསྟན་ཏེ། སློབ་དཔོན་གྱི་ཞབས་ལ་འཛུས་ཕྱག་བྱས་ནས། དེ་བདག་ཡིན་པས་ཁྱོད་ཅི་གསུངས་པ་བཞིན་བགྱིད་དོ། །འོ་ན་སངས་རྒྱས་ཀྱི་སྐུ་བཞུགས་པའི་ལྷ་ཁང་བཞེངས། དེའི་སྒོ་གོང་དུ་ངའི་གཟུགས་ཤིག་གྱིས། དགེ་འདུན་གྱི་སྡེ་ཚུགས། དགེ་འདུན་བརྒྱ་ཕྲག་གི་འཚོ་བ་སྦྱོར། མཆོད་པ་བྱེད་པའི་དུས་དང་པོར་སངས་རྒྱས་ཀྱི་རྗེས། དེ་ནས་ངའི་གཟུགས། དེ་ནས་ཁྱོད་རང་གི་རྗེས་ལ་ར་དང་མ་ཧེ་ལ་སོགས་པ་སྲོག་ཆགས་མི་གསོད་པར་འབྲས་ཆན་ལ་སོགས་པའི་མཆོད་པ་བྱེད་ན་ཁྱོད་བརླག་པར་མི་བྱེད། དེ་ལྟར་མི་བྱེད་ན་ཁྱོད་བརླག་པར་བྱེད་དོ་གསུངས་པས། ཁོ་ན་རེ། སངས་རྒྱས་ཀྱི་བསྟན་

པ་འགྲིབས་ཤིང་འགྲོ་བས་ད་ལྟ་དགེ་འདུན་གྱི་སྡེ་བཙུགས་ཀྱང་མྱུར་དུ་འཇིག་འགྲོ། མཆོད་མཁན་མི་འོང་། ང་ལ་མཆོད་པ་བྱེད་པ་མང་པོ་ཡོད་པས། དེའི་ཕྱིད་སློབ་དཔོན་ལ་འབུལ། བསྟན་པ་གནས་ཀྱི་བར་དུ་ངའི་འདིར་བཞུགས་ནས་མཆོད་གནས་མཛད་དགོས་ཟེར་བས། སློབ་དཔོན་གྱིས་དེ་ལྟར་ཞལ་གྱིས་བཞེས། ཁོས་དགེ་འདུན་གྱི་སྡེ་བཙུགས། སློབ་དཔོན་གྱི་སྐུ་བཞེངས། ཕྱི་པ་ཐམས་ཅད་ཀྱིས་དང་པོར་སློབ་དཔོན་ལ་མཆོད། དེ་ནས་དབང་ཕྱུག་ལ་མཆོད་པར་བྱེད། སློབ་དཔོན་ཡང་བརྟུལ་ཞུགས་ཀྱི་སྤྱོད་པ་བྱེད་འཕྲོ་བཅད་ནས་རྡོ་སྐུ་དེ་ཉིད་ལ་ཐིམ་ཞེས་གྲགས་ལ། ནག་པོ་པའི་དོར་ལམ་འབྲས་རྡོ་རྗེའི་ཚིག་རྐང་བརྩམས། དེས་ཡུལ་དབུས་སུ་འབྲུངས་པ་ཀཱ་མ་རུ་པ། དེས་ཨ་ཙ་ཧྣུ་དཱི་པ། དེས་ག་ཡ་ཧྣ་རའོ། །ཛོ་སྦྲི་ཙ་དེ་ཨུ་རྒྱན་དུ་བྱོན། བཅོམ་ལྡན་འདས་བདག་མེད་མས་དངོས་སུ་བྱིན་གྱིས་བརླབས་ཏེ་གསང་བ་བྱིན་པ། དེར་ཚང་འཚོང་མ་ཞིག་ལ་ཆང་ཉོ་གསུངས་པས། རིན་ཅི་ཡོད་ཟེར། ཉི་མ་གཏའ་མར་བཙུག་སྟེ་ཡུལ་ཁམས་དེའི་ཆང་ཟད་ཀྱི་བར་འཐུངས་པའི་ཚུལ་སྟོར་དང་འདྲ་ལ། རྒྱལ་པོ་འཁོར་བཅས་དད་པ་མཛད་ཅིང་ཚང་འཚོང་མ་དེ་སྐལ་བ་དང་ལྡན་པར་གཟིགས་ནས་རྗེས་སུ་གཟུང་བས། རྣལ་འབྱོར་མ་བི་ན་ས་བཛྲ་ཞེས་གྲགས་སོ། །

དེ་ནས་ཤར་ཕྱོགས་རྒྱལ་པོ་ཧྐེ་ཏ་རའི་རྒྱལ་ཁམས་སུ་གཤེགས་ཏེ་ཀཾ་ཀའི་གྲོང་ཞེས་པའི་ཚོང་འདུས་སུ་སྟག་ལ་ནི་ཞོན། དུག་སྦྲུལ་གྱིས་ནི་རྒྱན་བྱས། རིགས་ངན་གྱི་བུ་མོ་པང་དུ་བཅངས་ཏེ་ཡུལ་དེའི་སྐྱེ་བོ་ཐམས་ཅད་དད་པར་བྱས་པས་ཛོ་སྦྲི་ཧེ་རུ་ཀ་ཞེས་གྲགས་ལ། མི་ཕྱུགས་ཐམས་ཅད་མཁའ་སྤྱོད་དུ་སོང་ངོ་། །དེས་ལྡན་ཅིག་སྐྱེས་གྲུབ་སྟེ་མ་མཛད། རྣལ་འབྱོར་མ་བི་ན་ས་བཛྲ་དེ་ཨུ་རྒྱན་གྱི་རྒྱལ་པོ་ན་བ་ལ་ལྟས་མཁན་གྱིས་རྒྱ་མཚོའི་ཆུ་དགོས་ཟེར་བ་ལ། སུས་ནུས་དྲིལ་བསྒྲགས་པས། འདུལ་བའི་དུས་ཡིན་པར་དགོངས་ཏེ་ངས་ནུས་ཞེས་སྨྲས་སོ། །དེར་པོས་ཏེ་རྒྱལ་པོའི་ཡང་ཐོག་ན་འདུག་བཞིན་དུ་བུམ་པ་ཆུས་བཀང་སྟེ་རྒྱལ་པོ་ལ་ཕུལ་བས། དེ་ནད་ལས་དྲག་ཅིང་རྒྱལ་པོས་འདི་ནི་མཁའ་འགྲོ་མ་སྟེ། འདི་དང་འབྲེལ་ན་འཁོར་བ་ལས་ཐར་རོ་སྙམ་སྟེ། དེ་ལ་དགའ་མགུར་སྤྱད་པས་སྲས་ཤིག་སྐྱེམ་པ་དེ་ལ་ཨིནྡྲ་བྷཱུ་ཏི། རབ་ཏུ་བྱུང་བས་ལྭ་བ་པ་སྟེ་སྤྱར་བཤད་པ་ཉིད་དོ། །འདི་ལ་ཨིནྡྲ་བྷཱུ་ཏི་ཆུང་བ་ཟེར་རོ། །སློབ་དཔོན་ཛོ་སྦྲི་ཧེ་རུ་ཀ་ནགས་གསེབ་ཏུ་སྒོམ་གྱིན་བཞུགས་པའི་ཚེ། རིགས་ངན་གྱི་བུ་མོ་ཕྱུག་རྒྱུར་བསྟེན་པ་དེ་ཟས་སློང་དུ་བཏང་བ་ན་རབ་ཏུ་བྱུང་བ་མང་པོ་མཆོད་རྟེན་གྱི་ལས་བགྱིད་པ་ལ་སློང་མི་མཁས་པས་དེ་དག་གིས་བརྡུངས་པས། དེ་ཁྲོས་ནས་སློབ་དཔོན་ལ་ཞུས་པས་ཚར་བཅད་པའི་འོས་མིན་ཏེ་འདུལ་བར་བྱའོ་ཞེས་ཞལ་གྱིས་བཞེས་ནས་དེ་ར་བྱོན་ཏེ་ སྡིགས་མཛུབ་

གཏད་པས་མཆོད་རྟེན་རྣམས་མགོ་ཞབས་ལོག་ཐམས་ཅད་ཀྱིས་གྲུབ་ཐོབ་ཏུ་ཤེས་ནས་བཟོད་པར་གསོལ་བས་གཅིག་ཕྱི་རབས་ཀྱི་རྣལ་འབྱོར་པ་རྣམས་ལ་ནུས་པ་བསྟན་པར་བཞེད་ནས་བཞག །གཞན་རྣམས་སྔར་བཞིན་བྱས་པས། དེ་དག་གི་གཙོ་བོ་པཎྜི་ཏ་སྤྱོད་དཀའ་ཟླ་བའམ། མི་ཐུབ་ཟླ་བ་ཕྱག་ཕྱིར་འབྲངས་པ་ལ་དགྱེས་པ་རྡོ་རྗེའི་དབང་རྒྱུད་མན་ངག་བཤད། དེས་ཀྱང་གྲུབ་པ་ཐོབ་བོ་ཞེས་གྲགས་སོ། །སློབ་དཔོན་སེངྒེ་བཟང་པོའི་སློབ་མ་སངས་རྒྱས་ཡེ་ཤེས་ཀྱི་ལོ་རྒྱུས་ནི། རིག་པའི་གནས་ཐམས་ཅད་ལ་མཁས་པ་ཞིག་སྟེ། ཁ་བི་ཞེས་བྱ་བ་གྲོང་ཁྱེར་རྡོ་འཛོག་ཏུ། སློབ་དཔོན་སེངྒེ་བཟང་པོ་བསྟེན་ཏེ། ཤེས་རབ་ཀྱི་ཕ་རོལ་ཏུ་ཕྱིན་པའི་ཚུལ་ལ་སྦྱངས་པས་མཐར་ཕྱིན་པ་ཡོབས་ཤིང་། ནཱ་ལེནྟྲར་བྱོན་ཏེ་བཤད་ཅིང་རྒྱུད་འགྲེལ་བརྩམས། དེ་ནས་སྔགས་ཀྱི་ཐེག་པ་འཚོལ་བའི་ཕྱིར་དུ་གྲུབ་ཆེན་ཕག་ཚང་པ་ལ་འདུས་པའི་ཕྱོགས་འགའ་ཞིག་གསན། པཎྜི་ཏ་ལྔ་བརྒྱའི་དབུས་སུ་ཤེར་ཕྱིན་འཆད་པའི་ཚེ། སློབ་དཔོན་དེ་རོད་ངན་གོས་ཧྲུལ་བ་རིགས་ངན་ཕག་འཚོ་བའི་ཚུལ་དུ་མདུན་རོལ་དུ་འོངས་པ་སློབ་མ་ངོ་ཚ་ནས་མ་མཐོང་བ་སྣང་བྱས་པས། དེ་ཉིད་དུ་སྤྱན་གཉིས་ས་ལ་བྲུལ། བཟོད་པར་གསོལ་བས་སོར་ཆུད། ཡེ་ཤེས་ཀྱི་སྤྱན་ཡང་ཐོབ་པས་ཡེ་ཤེས་སྤྱན་ཞེས་ཀྱང་བྱ། བོད་དག་དེའི་ཚེ་དངོས་ཀྱི་སྤྱན་གཉིས་ཤོར་ལ་ཞབས་ལ་སྤྱན་བྱུང་ཟེར་བ་ཡེ་ཤེས་ཞབས་ཞེ་སར་མ་གོ་བའི་སྐད་དོ། །ཨུ་རྒྱན་དུ་བྱོན་ནས་སློབ་དཔོན་སླེག་པའི་རྡོ་རྗེ་བསྟེན། བྱ་བ་དང་། རྣལ་འབྱོར་གྱི་རྒྱུད་ལེགས་པར་བསླབས། གནས་དེའི་ཕྱོགས་གཅིག་ན་དེ་ཁོ་ན་ཉིད་རྟོགས་པའི་རྣལ་འབྱོར་མ་གུ་ཎེ་རུ་ཞེས་གྲགས་པའི་དྲུང་དུ་ཕྱིན། བླ་ན་མེད་པའི་རྒྱུད་སྡེ་མང་དུ་ཐོས། ཡང་རྨི་ལམ་དུ་ཡུལ་དེ་ཉིད་ཀྱི་བྱང་གི་སློ་སྲུང་གདོལ་པ་ཛ་ཐིག་ཛ་ལ་ཞེས་བྱ་བའི་བུ་མོ་ལོ་བཅུ་དྲུག་ལོན་པ་ལ་ཀྂ་ཀ་ར་ཡིན་པས་དེར་སོང་ཞེས་ལུང་བསྟན་པ་བཞིན། དེ་དང་བཤེས་སུ་འཐམས་ཏེ་ཟླ་བ་བརྒྱད་ཀྱི་བར་དུ་མཉེས་པར་བྱས། དེས་ཀྱང་སློབ་དཔོན་ཕྱག་རྒྱ་ཆེན་པོ་ལ་དགའ་བར་རྟོགས་ནས་དེའི་ཚ་རྐྱེན་སྒྲུབ་པའི་ཕྱིར་སྟོད་གནས་ཀྱི་མན་ངག་སྐུལ་བས་གྲུབ་སྟེ། ཡོ་བྱད་ཐོགས་མེད་དུ་གྱུར། དེ་ནས་ཛ་ལནྡྷ་རར་བྱོན་ཏེ་གྲོང་ཁྱེར་ཀོ་ནེ་ཧེར་གྱི་ཕྱོགས་གཅིག་ན་བྱིས་པ་ཆུང་བའི་ཞབས་ཞེས་བྱ་བ་ཤེས་རབ་ཀྱི་རྒྱུད་ལ་ལྷག་པར་མཁས་པ་ཞིག་ཡོད་པ་དེ་ལ་ལུང་མང་པོ་ཐོས་ཤིང་སྒོམ་པ་ལ་ནན་ཏན་མཛད། དེ་ནས་ཡུལ་དབུས་ནས་ལྷོ་ཕྱོགས་སུ་དཔག་ཚད་སུམ་བརྒྱ་ཕྱིན་པ་ན། ཡུལ་ཀཾ་ཀོ་ན་ཞེས་བྱ་བ་ནམ་མཁའ་ལ་ནགས་ཚལ་ཁྲིགས་པ་ཞིག་ཡོད་པ་དེའི་ཕྱོགས་གཅིག་ན། གླུ་སྒྲུབ་ཀྱི་སློབ་མ་སྲུང་བའི་ཞབས་ཞེས་བྱ་བ་ཐབས་ཀྱི་རྒྱུད་ལ་ཤིན་ཏུ་མཁས་པ་རྫུ་འཕྲུལ་ཐོབ་པ་སློབ་མ་དགུ་དང་བཅས་པ་ལ་ནོར་

རྒྱུན་མས་ཉིན་རེ་བཞིན་གསེར་གྱི་མཤ་བཅུ་དང་། མུ་ཏིག་གི་དོ་ཤལ་ཕྱེད་དང་། ཀ྄ཪྵ་པ་ཎ་སུམ་བརྒྱ་རེ་འཕྲལ་གྱི་ལོངས་སྤྱོད་ཀྱི་རྐྱེན་དུ་སྦྱོར་བ་ཞིག་ཡོད་དེ། ལོ་དགུར་བསྟེན་ནས་བསྐྱེད་པའི་རིམ་པ་སྐྱེ་བ་གཅིག་གིས་ཐོབ་པ་རྣལ་འབྱོར་གསུམ་པའི་མཐར་ཕྱིན་པར་མཛད་དོ། །གནས་དེར་རྣལ་འབྱོར་མ་རྣམས་དང་ལྷན་ཅིག་པའི་སྤྱོད་པའང་ཟླ་བ་ཕྱེད་ཀྱི་བར་དུ་མཛད། དེ་ལྟར་འབད་ཀྱང་དེ་ཁོ་ན་ཉིད་མངོན་སུམ་དུ་མ་རྟོགས་པས། བླ་མ་སྲུང་བའི་ཞབས་ལ་ཞུས་ནས། དེའི་ཞལ་ནས་དེ་ནི་ཁོ་བོས་ཀྱང་མ་རྟོགས་ཞེས་གསུངས་པས་ཐུགས་ཆད་དེ། རང་གི་ཕྱག་རྒྱ་མ་གླེགས་བམ་གྱི་གཟུགས་སུ་བསྒྱུར་ཏེ་མགུལ་དུ་བཏགས་ནས། རྡོ་རྗེ་གདན་གྱི་རྒྱབ་ཀུ་བ་ཛ་ཞེས་བྱ་བའི་ནགས་སུ་ཕྱིན་ཏོ། །ནགས་དེའང་སྟག་དྲེད་ལ་སོགས་པས་གང་བ་ཤིན་ཏུ་འཇིགས་པ་སྟེ། དེར་ཐུགས་ལ་སྤྱིར་བྱང་ཆུབ་ཀྱི་སྙིང་པོ་ལ་རྒྱབ་ཀྱིས་ཕྱོགས་པའི་སེམས་ཅན་རྣམས་འཁོར་བའི་ནགས་ཉོན་མོངས་པའི་གཅན་གཟན་གྱིས་གང་བར་གནས་པ་ཡིན་ལ། བདག་ཀྱང་དེ་ཁོ་ན་ན་གནས་པས་དེ་ལས་ཐར་བར་བྱ་བའི་ཕྱིར་ལྷ་དྲག་ཏུ་བསྐུལ་བའི་ཚིག་ལ་བརྩོན་པར་རིགས་སོ་སྙམ་ནས་ཟླ་བ་དྲུག་ཏུ་འབད་པ་ལ་དེ་ཁོ་ན་ཉིད་སྟོན་པའི་སློབ་དཔོན་བྱེ་བའི་ཤམ་ཐབས་ཅན་བྱ་བ་ཡོད་ཟེར་ལུང་བསྟན་བྱུང་། བཙལ་བས་དགེ་སློང་ཤམ་ཐབས་བྱེ་ཞིང་ཆོས་གོས་ལ་ཐོད་བྱས་ནས་ཞིང་རྨོ་ཞིང་འདུག་དེར་རྗེས་སུ་འཛིན་པར་གསོལ་བས་ཁྱིམ་བསྟན་ཏེ་དེར་སོང་། དེ་ནས་སླེབ་འོང་ཟེར། དེར་ཕྱིན་པ་ན་ཆུང་མ་ཨ་ཁག་པ་ཞིག་དང་ཁྱི་མོ་དཀར་མོ་ཞིག་ལས་མི་སྣང་ལ་དེར་ཁོ་བསླེབས་ནས་ཞིང་གི་རོལ་ནས་འཐུས་པའི་འབྲུ་སྲིན་ཐུ་བ་གང་དེ་ལ་གཏད་དེ་ཚོས་ཤིག་ཟེར། དེ་ལྟར་བྱས་པ་ན་ངས་རྗེས་སུ་འཛིན་པ་འདི་ཡིན་གྱི། འདི་ཟོ་ཟེར་སློབ་དཔོན་ལ་བྱིན་ནོ། །དེར་སློབ་དཔོན་ཅུང་ཟད་ཐེ་ཚོམ་དུ་གྱུར་ཏོ། །

རྟོག་གེ་པ་བྱ་བ་འདི་ཁ་ཡིན་སོམ་ཉི་མ་བྱེད་པར་ཟོ་ཞིག་ཟེར། ཟོས་པ་དང་སྐད་ཅིག་ལ་དེ་ལྟར་མི་སྣང་སྟེ། བཅོམ་ལྡན་འདས་འཇམ་པའི་རྡོ་རྗེའི་དཀྱིལ་འཁོར་དུ་གྱུར་ཏོ། །དེར་སློབ་དཔོན་གྱིས། ཁྱོད་ནི་སེམས་ཅན་ཀུན་གྱི་ཡབ་སྟེ་ཡུམ་ཡང་ཡིན། །ཁྱོད་ཀྱིས་བདག་ལ་སོགས་པ་འཇིགས་པ་ཆེ་ལས་སྐྱོབས། །འགྲོ་བའི་དབང་པོ་རྗེ་བཙུན་ཁྱོད་ཀྱིས་སྡུག་བསྔལ་སེལ། །ཁམས་གསུམ་གཏོང་བྱེད་ཆེ་བས་ཆེ་ཁྱོད་སྐྱེ་བོ་སྐྱོངས། །ཞེས་བྱ་བ་ལ་སོགས་པས་གསོལ་བ་བཏབ་པས་དབང་བསྐུར། སློབ་དཔོན་གྱིས་དེ་ཁོ་ན་ཉིད་ལེགས་པར་ཁོང་དུ་ཆུད་དེ། རྣལ་འབྱོར་བཞི་པ་ཡེ་ཤེས་ལ་དབང་བའི་རྣལ་འབྱོར་པར་གྱུར་ཏོ། །དེ་ནས་འཇམ་པའི་དབྱངས་ཀྱི་ཞལ་གྱི་ལུང་ལེགས་པར་བསྟན་ཞིང་བསྟན་བཅོས་རྩོམ་པར་གནང་བ་སྦྱིན་པས། རྡོ་རྗེ་གདན་ནས་རྒྱང་གྲགས་ལྔ་བཅུ་ཡོད

པའི་སར་དབང་ཆེན་རིན་པོ་ཆེའི་ཕྱག་ཅེས་པར་གནས་བཅས་ཏེ་སྒྲུབ་ཐབས་ཀུན་ཏུ་བཟང་པོ་ལ་སོགས་པ་ལུང་དང་མཐུན་པའི་ཆོས་བཅུ་བཞི་བརྩམས། གཟུགས་ཀྱི་ཕུང་པོ་ནི་གནས་མ་གྱུར་ཅེས་གྲགས་ལ། དེ་ལ་སློབ་མའི་མཆོག་བཅོ་བརྒྱད། དེ་རྣམས་ཀྱི་ནང་ནས་ཆེ་བ་མར་མེ་མཛད་བཟང་པོ། རབ་ཏུ་ཞི་བའི་བཤེས་གཉེན། སྒྲ་གཅན་འཛིན་བཟང་པོ། རྡོ་རྗེ་བདེ་བ་ཆེན་པོའོ། །བཅོ་བརྒྱད་ཀྱི་ནང་དུ་དམན་པ་ཞབས་ཀྱང་གཏོགས་ལ། དེས་ཞལ་ལུང་གི་འགྲེལ་པའང་བྱས་སོ། །

༄ ད་ནི་རྒྱ་གར་ཤར་ཕྱོགས་སུ་དར་བའི་ཚུལ་ནི། རྒྱ་གར་ཤར་ཕྱོགས་ཟ་ཧོར་གྱི་རྒྱལ་ཁམས་ན་ཧྲྀ་ཀྲ་ལ་ཞེས་བྱ་བའི་ཕོ་བྲང་ཕུན་སུམ་ཚོགས་པ་དེ་ན། རྒྱལ་པོ་ཛ། གཞན་ལས་རབ་གསལ་ཟླ་བའམ་ཟླ་བའི་གོ་ཆ་ཞེས་ཀྱང་ཟེར་ལ། འགའ་ཞིག་ལས་རྒྱལ་པོ་ཙ་ཞེས་ཀྱང་འབྱུང་སྟེ། ཙ་དང་ཛ་ཡུལ་དུས་ལས་སྐད་ཀྱི་འགྱུར་བར་ཟད་དོ། །རྒྱལ་པོ་དེ་རྡོ་རྗེ་ཐེག་པའི་སྐལ་བ་བཟང་པོ་དང་ལྡན་པའི་ཕྱིར་དེའི་ཕོ་བྲང་གི་ཡང་སྟེང་སུ་གླེགས་བམ་གྱི་ཆར་ཆེན་པོ་བབས་པ་ཁ་ཕྱེ་སྟེ་བལྟས་པས་དོན་མ་འཚལ་ལ། ཡུལ་དེའི་ཕྱི་ནང་ནི་མཁས་པ་དག་ལ་བསྟན་ཀྱང་གོ་བར་མ་གྱུར་ནས། རྒྱལ་པོས་མཆོད་དེ་ལྷ་ཁང་དུ་བཞུགས་སུ་གསོལ་བ། འདི་དག་གི་དོན་འཚལ་བ་ཞིག་བྱུང་ན་ཅི་མ་རུང་སྙམ་པ་ན་རྨི་ལམ་དུ་ཡུལ་དབུས་ན་ཁྲིའི་སློབ་དཔོན་ཀུ་ཀུ་ར་ཙ་ཞེས་བྱ་བ་ཡོད་ཀྱི། དེས་རྟོན་པར་འགྱུར་རོ་ཞེས་རྨིས་ནས། སད་འཕྲལ་ལ་སློབ་དཔོན་དེ་སྤྱན་དྲངས་བའི་ཕོ་ཉ་བཏང་ངས་སོ། །སློབ་དཔོན་ཡང་ངོ་མཚར་ནས། གལ་ཏེ་བདག་གིས་ཤེས་པར་གྱུར་ན་ལེགས་མོད་ཀྱང་། མ་འཚལ་ན་ངོ་ཚ་བར་འགྱུར་རོ་སྙམ་ནས་གླེགས་བམ་འགའ་ཞིག་སྐུར་ཞིག་སྨྲས་ཏེ་ཕོ་ཉ་སླར་སློག་པ་དང་། དེས་རྒྱལ་པོ་ལ་གསོལ། དེས་དེ་བཞིན་དུ་བྱས་ཏེ་གླེགས་བམ་འོངས་པ་དག་སློབ་དཔོན་ལ་སྤྲད་པས་ཁ་ཕྱེ་སྟེ་གཟིགས་པ་ན་ཅི་ཡང་མ་གོ་ནས་དབུ་བརྡབས་དེ་ང་བསླུས་ང་བསླུས་སོ་ཞེས་དུད་མོ་ཕྱུང་བས། དཔལ་རྡོ་རྗེ་སེམས་དཔའ་མངོན་སུམ་དུ་བྱོན་ཞེས་ཀྱང་ཟེར་ལ། གཞན་དེ་ནས་སླར་བལྟས་པས་རྡོ་རྗེ་སེམས་དཔའ་ཞལ་མཐོང་གི་སྒྲུབ་ཐབས་ཤེས་ནས་བསྒྲུབས་པས་གྲུབ་སྟེ། ཐམས་ཅད་འཆད་ནུས་པར་གནང་བ་ཐོབ་ནས་ཟ་ཧོར་དུ་གཤེགས་ཏེ་རྒྱལ་པོ་འཁོར་དང་བཅས་པ་ལ་བཤད་དོ། །དེ་ནས་རྒྱལ་པོ་དེས་དཔལ་མཆོག་དང་པོ་ལས་གསུངས་པ་བཞིན་གྱི་ཆགས་ཆེན་གྱི་སྤྱོད་པ་མཛད་དེ་འཁོར་དང་བཅས་པ་དཀྱིལ་འཁོར་གྱི་འཁོར་ལོར་བཀོད། འདོད་ཡོན་ལྔ་ལམ་དུ་བྱས་པ་གྲུབ་སྟེ། རྒྱལ་ས་སྲས་མོས་བསྐྱངས། དེའི་མཚན་གོ་མ་དེ་ཝི་འོ་དེ་དང་སློབ་མ་སྒྲ་གཅན་འཛིན་བཟང་པོ། སུ་ཀྲུ་ཏི་པྣ་ལི་ཏ། ཡེ་ཤེས་རྡོ་རྗེ། ཕྲ་ཀྵ་སིདྡྷི་ལ་བརྒྱུད་དེ་རྣམས་ཡང་དག་པར་བསྟན་ཏེ་མཁའ་སྤྱོད་དུ་བྱོན་ནོ། །

 གྲགས་མོས་ཀྱང་དེ་ལྟར་བསྒྲུབས་པས་མཁའ་སྤྱོད་ཆེན་པོ་བརྙེས་སོ་ཞེས་གྲགས་སོ། །དེ་དང་སློབ་མའི་མཆོག་བཞི་ལ། གཙོ་བོར་ཡོ་ག་ལ་མཁས་པ་མི་གསུམ་གྱིས་གསན་ཏེ། སློབ་དཔོན་ཀུན་དགའ་སྙིང་པོ་དང་། སངས་རྒྱས་གསང་བ། ཤཱཀྱ་བཤེས་གཉེན་ནོ། །དཀར་ཤཱཀྱ་གྲགས་ཀྱིས་རྒྱལ་པོ་འདི་ཤར་ལྷོའི་གྲོང་ཁྱེར་པ་ཊི་ཀོ་ཊི་ར་སངས་རྒྱས་གཤེགས་ནས་ལོ་ཉི་ཤུ་ན་བྱུང་ཟེར་ཏེ་ཡུལ་ནོར་བ་དང་དུས་སྔ་ཆེས་པས་མི་འཐད་དོ། །རང་ལུགས་ནི་དེའི་སློབ་མའི་རབས་ལ་བརྟག་ན་མཁས་པ་དབྱིག་གཉེན་གྱི་ཐད་ཙམ་མོ། །གཞན་ཡང་རྒྱལ་པོ་དེའི་སློབ་མ་ཁ་ཆེའི་མཁས་པ་རབ་ཏུ་སྣང་བྱེད་དང་། རྒྱལ་བའི་སྡེ་ཀུན་དགའ་མོ་སོགས་རིག་སྔགས་འཆང་མང་ཞིག་བྱོན་ནོ། །དེ་ལས་ཀུན་དགའ་སྙིང་པོ་ནི་བཞི་ཡོད་པ་ལས་འདི་རྒྱལ་རིགས། དེའང་། རྒྱལ་པོ་ར་མ་པཱ་ལའི་གདན། །རིག་པའི་གནས་ལྔ་མཁས་པར་ཐོབ། །ར་མ་པཱ་ལ་ཆོས་ཀྱི་དོན། །ཀུན་དགའ་སྙིང་པོ་རིག་པའི་མཆོག །ཅེས་སོ། །དེའང་ཡུལ་ཛྙཱ་ལར་འབྱུངས་པ། རིག་པའི་གནས་ཐམས་ཅད་མཁྱེན་པ། སློབ་དཔོན་བཞི་ལས་གསང་སྔགས་ཀྱི་གདམས་པ་ཐོབ་པ། ཚིག་ཞིབ་མོ་ལ་མཁས་པ། དཀྱིལ་འཁོར་ཆེན་པོའི་མངའ་བདག །བསྟན་བཅོས་སྨྲ་བ་ཐམས་ཅད་ཀྱི་གཙུག་གི་ནོར་བུ། བཙུན་པ། སྦྱངས་པའི་ཡོན་ཏན་བཅུ་གཉིས་དང་ལྡན་པའོ། །དེ་ཛྙཱ་ལའི་དགོན་པ་དབེན་པར་སྒྲུབ་པ་ལ་གཞོལ་བའི་ཚེ། རྒྱ་གར་ནུབ་ཕྱོགས་ཀྱི་པཎྜི་ཏ་པྲ་ཛྙཱ་བ་ལི་ཏས། སློབ་དཔོན་སྒྲ་གཅན་འཛིན་སོགས་ཀྱི་སྙན་པ་ཐོས་ནས་རྒྱ་གར་ཤར་ཕྱོགས་སུ་བྱོན་ནས་སློབ་དཔོན་བཞི་གར་བཞུགས་དྲིས་པས། དེ་བཞི་ག་གྲོངས་ཟེར། དེའི་སློབ་མ་སུ་ཡོད་དྲིས་པས། སློབ་དཔོན་ཀུན་དགའ་སྙིང་པོ་བྱ་བ་དེ་ལྷ་ཛྙཱ་ལའི་དགོན་པར་བཞུགས་ཟེར། དེར་བྱོན་པས་སློབ་དཔོན་ཛོ་ལིབ་ཅིག་གི་སྟེང་ན་འབྲས་ཆན་ཞིག་བཟའ་ནས་གསོལ་བ་དང་མཇལ་ཏེ། ཆོས་ཞུས་པས། དེ་ཉིད་འདུས་པ་དང་། ངན་སོང་སྦྱོང་རྒྱུད་དང་། ལས་ཀྱི་སྒྲིབ་པ་རྒྱུན་གཅོད་པ་ལ་སོགས་པའི་རྒྱུད་བདུན་འགྲེལ་པ་ཚིག་དང་བཅས་པ་གསུངས། རྡོ་རྗེ་དབྱིངས། ཁམས་གསུམ་རྣམ་རྒྱལ། གཙུག་དགུ། རིགས་བསྡུས་དྲི་མེད་བཞི་ཁོང་གི་དོན་དུ་མཛད། གཞན་ཡང་གདམས་པ་མང་དུ་གནང་སྟེ། ཁོང་གིས་ཡུལ་དབུས་བཞུགས་ནས་བཤད་པས་གྲགས་པ་ཐོབ། དེའི་དབང་གིས་རྒྱ་གར་ནུབ་ཀུན་ནས་ཉན་མཁན་མང་དུ་འཚོགས། དེ་དག་གིས་སུ་ལས་ཐོས་རྩད་བཅད་པས། ཛྙཱ་ལའི་ཀུན་དགའ་སྙིང་པོ་ལས་ཐོས་ཟེར། དེར་ཤར་ཕྱོགས་པ་རྣམས་ན་རེ། དེ་ནི་དེད་རང་གི་ཡུལ་ན་བཞུགས་པར་འདུག་ཟེར། དེ་ནས་ལོག་པ་དང་། ཛྙཱ་ལའི་རྒྱལ་པོ་ལ་ཛྙཱ་ལའི་དགོན་པ་ན་སློབ་དཔོན་ཀུན་དགའ་སྙིང་པོ་བྱ་བ་མཁས་པ་ཆེན་པོ་ཞིག་བཞུགས་ཟེར་བས། དེ་སྤྱན་དྲངས་ནས་ཆོས

ཞུ་དགོས་ཞེས་གསོལ་བས། རྒྱལ་པོ་དགྱེས་ཏེ་ཤིང་རྟ་ལ་བསྐྱོན་ནས་སྤྱན་དྲངས། ཨོ་ཙ་ཡ་ནའི་གཙུག་ལག་ཁང་གི་གནས་བརྟན་ཆེན་པོ་ཞུས་ནས། ས་ཐོབ་པའི་པཎྜི་ཏ་མང་པོས་བསྐོར་ནས་ཆོས་འཆད་པར་མཛད་དེ། སྣང་འགྲེལ་ལས། ཨོ་ཙ་ཡ་ན་གཙུག་གི་ནོར། །འཇིག་རྟེན་གསུམ་པོ་དགའ་བྱེད་པ། །བྱང་ཆུབ་སེམས་དཔའ་ཚོགས་ཀྱི་གནས། །དཔལ་ལྡན་གཙུག་ལག་ཁང་ཆེན་དུ། །ཞེས་སོགས་གསུངས་སོ། །

དེར་སློབ་མ་རྣམས་ཀྱིས་གསོལ་བ་བཏབ་པས་རྒྱུད་བརྒྱ་ལ་འགྲེལ་པ་རྩོམ་པར་དམ་བཅས་ཏེ། རྒྱུད་བརྒྱ་མ་རྙེད་པར་དཔལ་མཆོག་དང་། དེ་ཉིད་འདུས་པ་གཉིས་ལ་འགྲེལ་པ་ཆེ་ཆུང་གཉིས་གཉིས་མཛད་དོ་ཞེས་གྲགས་སོ། །སློབ་དཔོན་པྲ་ཛྙཱ་བ་ལི་ཏས་ཛེ་ཏ་རི། དཔལ་འཛིན། རིན་ཆེན་རྡོ་རྗེ། ནོར་བུ་གླིང་པ། ཤྲདྡྷཱ་ཀ་ར་ཝརྨ། ཧྨ་པཱ་ལ་སོགས་ལ་གནང་བ་ལས་ཕྱི་མ་མཁས་པར་བྱེད། དེས་ཀུན་སྙིང་རང་ལའང་གཏུགས་ཟེར། སློབ་དཔོན་སངས་རྒྱས་གསང་བ་ནི། སློབ་དཔོན་སངས་རྒྱས་ཡེ་ཤེས་དང་། དེའི་སློབ་མ་སངས་རྒྱས་ཞི་བ་གཉིས་ལ་ཐུག །རིག་པའི་གནས་ཕལ་དང་། ཕ་རོལ་ཏུ་ཕྱིན་པ་ལ་མཁས་པ། དེ་ནས་རྒྱུད་ཀྱི་གླེགས་བམ་བལྟས་པས་ཅིའང་མ་གོ་ནས། ཐོས་པ་ཆུང་བའང་བདུད་ཀྱི་ལས་སོ་ཞེས་གསུངས་ཏེ། སྤྱིར་རང་གཞན་གྱི་གྲུབ་མཐའ་ཐམས་ཅད་དང་། ཁྱད་པར་སློབ་དཔོན་གཉིས་དང་ཛའི་སློབ་མ་བཞི་ལ་སོགས་པ་བསྟེན་ནས་རྒྱུད་སྡེ་རྒྱ་མཚོའི་ཕ་རོལ་ཏུ་ཕྱིན་པར་གྱུར་ཏེ། འཆད་ཉན་ཡང་ལེགས་པར་མཛད་དོ། །དེ་ནས་ཡང་དག་འཛོག་བཞེད་ནས་དབེན་པར་མཉམ་པར་བཞག་པ་ན་སེམས་བ་འཛོ་བའི་ནུ་མ་འཐེན་པའི་ཡུན་ཙམ་ཡང་གནས་པར་མ་ནུས་ནས་ཐུགས་སྐྱོ་སྟེ། ཐོས་པ་མང་པོའང་བདུད་ཀྱི་ལས་སོ་ཞེས་གསུངས་ཏེ། པཎྜི་ཏའི་ཆ་བྱད་བསྒྱུར་ནས་གངས་ཏི་སེ་ལ་སྒོམ་དུ་བྱོན། དེ་ནས་སྐུ་མ་སྤངས་པར་མཁའ་སྤྱོད་དུ་བྱོན་ནོ། །དེའི་སློབ་མ་དྣ་བྱང་ཆུང་སེམས་དཔའ་སོགས་སོ། །ཤཱཀྱ་བཤེས་གཉེན་ནི། སློབ་དཔོན་ཤཱཀྱ་འོད་ཀྱི་སློབ་མ་གཞི་བྱེ་བྲག་ཏུ་སྨྲ་བའི་འདུལ་བ་འཛིན་པ་གཞུང་ལུགས་ཀུན་ལ་མཁས་པའི་གྲགས་པ་ཅན་དེས་ཀྱང་ཛའི་སློབ་མ་བཞི་ལ་སོགས་པ་ལ་གཏུགས་ཏེ་རྒྱུད་ཀྱི་རྣམ་བཤད་ལ་སོགས་པ་མཛད། འདིའི་ལུགས་ཁ་ཆེར་དར་རོ། །

༄ ནུབ་ཕྱོགས་ཨུ་རྒྱན། ལྷོ་དབུས་ཟ་ཧོར་དུ་བྱུང་བའི་ཚུལ་ལས་འཕྲོས་ནས། བོད་དུ་གྲགས་པ་གསང་སྔགས་རྙིང་མའི་ལོ་རྒྱུས་ལ། བཀའ་གཏེར་གཉིས་སུ་གྲགས་ལ། དང་པོ་ནི། རྒྱལ་བ་དགོངས་པའི་བརྒྱུད་པ། རིག་འཛིན་བརྡའི་བརྒྱུད་པ། གང་ཟག་སྙན་ཁུངས་བརྒྱུད་པ་གསུམ། དང་

པོ་ནི་སྟོན་པ་ཆོས་སྐུས་སྤྲུལ་སྐུ་དང༌། ས་ལ་གནས་པའི་སེམས་དཔའི་ངོར་ལོངས་སྐུའི་ཚུལ་བསྟན། རང་གི་ངོ་བོའི་སྒོ་ནས་བཤད། དེ་ནས་ལོངས་སྐུ་མེ་ཏོག་པདྨའི་སྙིང་དུ་རང་བྱུང་རྡོ་རྗེ་སེམས་དཔའ་སྤྲུལ་པའི་སྐུར་བྱོན་ནས་ལྷ་གནས་གསུམ་དུ་འཁོར་རྣམ་པ་བཞི་ལ་གདམས་པ་རིན་པོ་ཆེ་རྣམ་པ་གསུམ་བཤད། དེས་འཁོར་རྣམས་ཀྱི་སྨིན་པ་བཅད་དོ། །གཉིས་པ་ནི། རྡོ་རྗེ་སེམས་དཔའི་ཞལ་ལན་གསུམ་དུ་གཟིགས་པ། གསུང་ལན་གསུམ་དུ་གསན་པ། ཐུགས་ལན་གསུམ་དུ་མཁྱེན་པ་རིག་འཛིན་གྱི་གཙོ་བོ་དགའ་རབ་རྡོ་རྗེས། རྒྱ་ནག་བཀྲ་ཤིས་ཁྲིགས་སྒོར་འཇམ་དཔལ་བཤེས་གཉེན་ལ་བཤད། དེས་རྒྱ་ནག་ཞོ་ཤའི་གླིང་དུ་འཁྲུངས་པ་ཤྲཱི་སིཧྨ་ལ་བཤད། དེས་སིང་བ་ལའི་ནགས་སུ་དངོས་གྲུབ་བརྙེས། དེས་དུར་ཁྲོད་བསིལ་བའི་ཚལ་དུ་རྒྱ་གར་ནུབ་ཕྱོགས་སུ་འཁྲུངས་པ་བི་མ་ལ་མི་ཏྲ་དང༌། རྒྱ་ནག་བཀྲ་ཤིས་ཁྲིགས་སྒོར་ཛྙཱ་ན་སུ་ཏྲ་ལ་གདམས། ཕྱི་མ་ལའང་བི་མ་ལས་གསན་ནོ། །དེ་རྫོགས་པ་ཆེན་པོ་མཐར་ཐུག་གི་ཆོས་ཀྱི་བརྒྱུད་པའོ། །འཇམ་དཔལ་བཤེས་གཉེན། སངས་རྒྱས་གསང་བ། དེས་བི་མ་ལ་སྒྱུ་འཕྲུལ་གྱི་བརྒྱུད་པ། འཇམ་དཔལ་བཤེས་གཉེན། ཤྲཱི་སིཧྨ། ཤཱནྟི་གརྦྷ། དེས་རྒྱ་གར་གྱི་རྒྱལ་པོ་ཀུན་སྐྱོང་དང༌། བལ་པོ་བ་སུ་དྷ་ར་གཉིས་ལ་སྟེ་གཤིན་རྗེའི། གཤིན་རྗེ་མཁན་པོ་རྣམས་ན་རེ། སློབ་དཔོན་འཇམ་དཔལ་བཤེས་གཉེན་གྱིས་འཇམ་དཔལ་གྱི་ཏནྟ་འབུམ་སྡེ་དཔེ་ལ་བཀོད། མ་གཤིན་ཚོགས་ཀྱི་དཀྱིལ་འཁོར་ཞལ་ཕྱེ་ནས་སྒྲུབ་པའི་ཚེ། བཾ་ལ་ཡེ་ཤེས་སེམས་དཔའ་ཞུགས་ཏེ་དངོས་སུ་བཞེངས་པ་རོ་ལངས་བདེ་བའི་དངོས་གྲུབ་ཡིན། དུས་ཀྱི་མཐའ་ལ་དེ་ལྷ་བུའི་རིག་འཛིན་ཆེན་པོ་ཞིག་འབྱུང་ཞེར་རོ། །ཀླུ་སྒྲུབ་ལས་པདྨ་སམྦྷས་གསན་པ་ཧཱུ་མཁྲིན། དགའ་རབ་རྡོ་རྗེ། འཇམ་དཔལ་བཤེས་གཉེན། ཧཱུྃ་ཀ་ར། ཡང་དག །པདྨ་སམྦྷ་ལ་རྡོ་རྗེ་ཕུར་པ། འདི་ལ་སློབ་དཔོན་ཀླུ་སྒྲུབ། ཐོགས་མེད། རོ་ལངས་བདེ་བ་རྣམས་ཀྱི་གཞུང་ཡོད་ཅེས་རྒྱ་གར་གྱི་སློབ་དཔོན་བདེ་བྱེད་ཞེར་རོ། །དྷ་ན་སཾ་ཀྲི་ཏའམ་པདྨ་ནག་པོ་ལ་མ་མོ། ཤཱནྟི་གརྦྷ་ལ་འཇིག་རྟེན། བི་མ་ལ་ལ་བདུད་རྩི་ཞེས་འདྲེན་ལ། སློབ་དཔོན་སོ་སོས་མཛད་པའི་དེ་དག་གི་ཡི་གེའི་རིགས་ཀྱང་མང་ངོ་། །པདྨ་སམྦྷས་རིག་འཛིན་གཞན་རྣམས་ལའང་གསན་ནོ། །

གཏེར་མའི་ལོ་རྒྱུས་ལ་ནི། སྟོན་པ་ཀུན་ཏུ་བཟང་པོས་དགོངས་པར་བཞུགས། རྒྱལ་བའི་བཞེད་པ་ཐམས་ཅད་གཅིག་ཏུ་བསྒྲིལ་ནས་ཁྲོ་བོའི་དཀྱིལ་འཁོར་ཆེན་པོར་མངོན་སུམ་བསྟན་ཏེ། འཇིག་རྟེན་པ་དང་འཇིག་རྟེན་ལས་འདས་པའི་འཁོར་དང་མ་འོངས་པའི་གདུལ་བྱ་འདུལ་བའི་ཕྱིར། རིག་འཛིན་རྡོ་རྗེ་ཆོས་ཀྱིས་བསྡུས་ཏེ་རྒྱུད་ལུང་མན་ངག་ཏུ་ཕྱེས་ནས་གླེགས་བམ་དུ་བྱས། །མཁའ

འགྲོ་མ་རྣམས་དང་ལྷ་མ་སྲིན་སྡེ་བརྒྱད་ལ་གཏད་དོ། །དེ་ནས་མཁའ་འགྲོ་མ་དང་སྡེ་བརྒྱད་རྣམས་ཀྱིས་ཚེ་མཆོག་གི་རྒྱུད་ལུང་མན་ངག་གསེར་གྱི་སྒྲོམ་བུར་བཅུག །ཡང་དག་དངུལ་གྱི་སྒྲོམ་བུར། གཤིན་རྗེ་ལྕགས་ཀྱི་སྒྲོམ་བུར། པདྨ་ཟངས་ཀྱི་སྒྲོམ་བུར། ཕུར་བུ་གཡུའི་སྒྲོམ་བུར། དྲག་སྔགས་གཟའི་སྒྲོམ་བུར། མ་མོ་བསེའི་སྒྲོམ་བུར། འཇིག་རྟེན་མཆོང་གི་སྒྲོམ་བུར། རིན་པོ་ཆེ་སྣ་བརྒྱད་ལ་བྱས་པའི་སྒྲོམ་བུར་བཀའ་སྤྱི་དྲིལ་བཅུག་གར་སྦ་བ་བགྲོས་པས་མ་འཆམ། དེར་མཁའ་འགྲོ་ལས་ཀྱི་དབང་མོ་ཆེ་བྱོན་ནས། དུར་ཁྲོད་ཆེན་པོ་བསིལ་བའི་ཚལ་གྱི་མཆོད་རྟེན་བདེ་བྱེད་བརྩེགས་པའི་ནང་དུ་སྦས་ཤིག་གསུང་བ་བཞིན་བྱས་ཐམས་ཅད་ཀྱིས་མཆོད་དོ། །དེ་ནས་རིང་ཞིག་ན་སློབ་དཔོན་ཆེན་པོ་བརྒྱད་དགོངས་པ་ལ་བཞུགས་པ་མཐུན་པའི་གཟིགས་སྣང་ལ། དུར་ཁྲོད་ཆེན་པོ་དེ་ན་ཉིན་པར་རླུང་དང་འཚུབ་མ། ཐོག་དང་སེར་བ་འབབ། མཚན་འོད་དང་མེ་ར་འབར། གློག་འཁྱུག་པའི་ཆོ་འཕྲུལ་སྣ་ཚོགས་བྱུང་བས། རིག་འཛིན་བརྒྱད་བཀའ་བགྲོས་ཏེ་འདི་ནས་འཇིག་རྟེན་གྱི་ཁམས་འཚོངས་པའི་ཆོས་འོང་ངམ་ནོར་འོང་། འོན་ཏེ་འཇིག་རྟེན་གྱི་ཁམས་ཕུང་བའི་ངན་སྔགས་འབྱུང་བས་བཏོན་ན་འཐད་པར་ཞལ་འཆམ། སློབ་དཔོན་རྣམས་ཀྱིས་མཐུན་པའི་རྫས་ཀྱིས་མཁའ་འགྲོ་དང་སྡེ་བརྒྱད་མཆོད། བཀའ་བདེན་པའི་ཆོས་བཤད། དགོངས་པ་རྒྱ་བསྐྱེད་ནས་དབང་དུ་བསྡུས་ཏེ་དགུང་བདུན་གྱི་ནུབ་མོ་གཏེར་སྒྲོང་རྣམས་ཀྱི་སྒྲོམ་བུ་རྣམས་ལས། གསེར་གྱི་སྒྲོམ་བུ་བི་མ་ལ་ལ། དངུལ་ཧཱུཾ་ཀ་ར། ལྕགས་འཇམ་དཔལ་བཤེས་གཉེན། ཟངས་ཀླུ་སྒྲུབ་སྙིང་པོ། གཡུ་པདྨ་འབྱུང་གནས། བསེ་དྷ་ན་སཾ་གྲི་ཏ། མཆོང་རོང་བུ་གུ་ཧྱ་དེ་ཤ་ཙནྡྲ། གཟི་ཤཱནྟི་གརྦྷ་གྲགས་ལ། རིན་པོ་ཆེ་སྣ་བརྒྱད་ཀའི་སྒྲོམ་བུ་དབུས་སུ་བཞག་པ་ཁ་མ་ཕྱེ་བར་སླར་ཡང་གཏེར་དུ་བཞུགས་པ་སློབ་དཔོན་པདྨ་འབྱུང་གནས་ཀྱིས་ཕྱེ་ནས་བཏོན་ཞེས་གྲགས་ལ། རིག་འཛིན་ཐམས་ཅད་དང་པོར་རིག་པའི་གནས་ཐམས་ཅད་ལ་མཁས་པར་སྦྱངས་ལ། བར་དུ་བསྒྲུབས། མཐར་ཕྱག་རྒྱ་ཆེན་པོ་མཆོག་གི་དངོས་གྲུབ་བརྙེས་པ་ཤ་སྟག་དེ་དག་ལས་བདག་ཅག་གངས་ཅན་པ་རྣམས་ལ་ཉམ་ང་བའི་དུས་ཀྱི་སྐྱབས་སམ། སྐྱེལ་མའམ། མགོན་ནམ། རྟེན་ས་བླ་ན་མེད་པའི་སློབ་དཔོན་པདྨ་འབྱུང་གནས་ཀྱི་ལོ་རྒྱུས་ནི། ལྷོ་ནུབ་རྔ་ཡབ་གླིང་གི་ཚུར་རོལ། ཨུ་རྒྱན་ཡུལ་གྱི་ཕ་རོལ། ཆུ་བོ་ཆེན་པོ་སིནྡྷུ་རྒྱ་མཚོར་འབབ་པས། ཀླུའི་རྒྱལ་པོ་འཇོག་པོའི་ཕོ་བྲང་གནས་པའི་རྒྱ་མཚོར་པདྨའི་སྡོང་པོ་ཕུན་སུམ་ཚོགས་པའི་གེ་སར་གྱི་རྩེར། ཁྱེའུ་ལོ་བརྒྱད་ཙམ་ལོན་པའི་ན་ཚོད་གཟུགས་བྱད་ཕུན་སུམ་ཚོགས་པ་ཞིག་ཏུ་བརྫུས་ཏེ་འཁྲུངས་པ། རྒྱལ་པོ་ཨིནྡྲ་བྷཱུ་ཏི་ཆེན་པོས་མཁྱེན་ནས་རྒྱ་མཚོར་འགྲོ་བའི་གཟིངས་བཅས་ཏེ། དེའི་ཐད་དུ་ཕྱིན་

ནས་སྤྲུལ་པའི་ཁྲི་འུ་དེ་སྤྱན་དྲངས། རང་གི་སྲས་སུ་བཟུང་། དེ་ལ་རྒྱལ་སྲིད་གཏད་དེ་རང་སྒྲུབ་པ་ལ་
ཞུགས། དེས་གདུལ་བྱ་རྣམས་སྨིན་པར་མཛད། དེ་ནས་རྒྱལ་སྲིད་སྤངས་ཏེ་ཡུལ་དབུས་སུ་བྱོན།
ཀུན་དགའ་བོ་ལས་རབ་ཏུ་བྱུང་། ཐེག་དམན་གྱི་གཞུང་ལ་ཐོས་པ་མཛད། གསངས་ཏེ་གསང་སྔགས་
གསན། དུར་ཁྲོད་བསིལ་བའི་ཚལ་དུ་གསང་སྤྱོད་ལ་བྱོན། ཏ་ན་ག་ན་ཏེ་སྦྱོར་བ་དང་སྒྲོལ་བས་
འཇིག་རྟེན་གྱི་མ་མོ་མཁའ་འགྲོ་ཐམས་ཅད་དབང་དུ་བསྡུས་པས་མཚན་ཤཱནྟ་རཀྵི་ཏ་ཞེས་བྱའོ། །

གཞན་ཡང་ཕྱོགས་བཞི་མཚམས་བཞིའི་དུར་ཁྲོད་ཆེན་པོ་བརྒྱད་ཀུན་ཏུ་རྩལ་དེ་ལྟ་བུའི་སྤྱོད་
པ་བསྐྱངས་པས་ཡེ་ཤེས་ཀྱི་མཁའ་འགྲོ་ཐམས་ཅད་དང་། ཁྱད་པར་བཅོམ་ལྡན་འདས་རྡོ་རྗེ་ཕག་
མོའི་ཞལ་མཐོང་། བྱིན་གྱིས་བརླབས་པས་ནམ་མཁའི་གཟའ་ཆེན་པོ་ཐམས་ཅད་བྲན་དུ་འཁོལ་བར་
ནུས་ཏེ་རྡོ་རྗེ་དྲག་པོ་རྩལ་ཞེས་བྱའོ། །དེ་ནས་བྲག་དམར་བྱ་ཁྱུང་ཚལ་གྱི་གེའུ་ཚང་དུ་སློབ་དཔོན་ཆེན་
པོ་པྲ་བྷ་ཧ་སྟིའི་སྤྱན་སྔར་ཡོ་ག་རྣམ་པ་གསུམ་གྱི་ཆོས་ལ་སྦྱངས། དེ་ནས་བཤད་པའི་ལྷ་ཚོགས་
ཐམས་ཅད་མངོན་དུ་གྱུར་གཟིགས་ཏེ་ཤཱཀྱ་སེངྒེ་ཞེས་བྱའོ། །གཞན་རྒྱ་གར་ཡུལ་གྱི་གནས་ཆེན་
གཙུག་ལག་ཁང་དུ་མར་བྱོན་ཏེ་ཕྱི་མཚན་ཉིད། ནང་གསང་སྔགས། སྒྲ་དང་ཚད་མ་ལ་སོགས་པ་ཀུན་
ལ་སྦྱངས་པས་མཁས་པ་བློ་ལྡན་མཆོག་སྲེད་ཅེས་བྱའོ། །དེ་ནས་བྲག་ཕུག་མ་ར་ཏི་ཀའི་གནས་སུ་
འཆི་མེད་ཚེ་བསྒྲུབས་པས་འགྲུབ་སྟེ། ནམ་མཁའི་ཇི་སྲིད་སྐྱེ་འཆི་མི་སྟོན་པར་རྡོ་རྗེའི་སྐུར་བཞུགས་
པས་པདྨ་འབྱུང་གནས་ཞེས་བྱའོ། །དེ་ནས་ཟ་ཧོར་གྱི་རྒྱལ་ཁམས་རྫུ་འཕྲུལ་གྱིས་བཏུལ་ཏེ་དམ་པའི་
ཆོས་རྒྱས་པར་མཛད་པས་པདྨ་སམྦྷ་ཝ་ཞེས་བྱའོ། །ཨུ་རྒྱན་གྱི་ཡུལ་དུ་གཤེགས་པས་གཤེད་མས
མེའི་དབུས་སུ་བསྲེགས་པའི་ཚེ་མེ་ཐམས་ཅད་མཚོར་སོང་། དེའི་དབུས་སུ་པདྨའི་སྡོང་པོ་བྱུང་བ་དེ་
ལ་སློབ་དཔོན་ཡབ་ཡུམ་བཞུགས་ཏེ། ཡུམ་ནི་ཟ་ཧོར་རྒྱལ་པོའི་སྲས་མོ་མནྡཱ་རཝོ་ཞེས་རྒྱལ་པོ་ཨིནྡྲ་བྷཱུ
ཏི་འབྲིང་པོ་འཁོར་བཅས་བྱང་ཆུབ་ཏུ་བཀོད་དེ་པདྨ་རྒྱལ་པོ་ཞེས་བྱའོ། །འདི་ལས་སྔར་གྱི་སྐུ་མེད་རྡོ་
རྗེ་སློབ་དཔོན་དུ་གཏོགས་ལ། དེ་ཁ་དགའ་རབ་རྡོ་རྗེར་འཆད་མཁན་ཡང་སྣང་བས། དེའང་སློབ་
དཔོན་གྱི་སྐུ་མའི་གར་རོ་སྣམ་མོ། །དེ་ནས་རྒྱ་གར་དུ་བྱོན། མཁའ་འགྲོ་བདུད་འདུལ་མས་བྱིན་གྱིས་
བརླབས། མུ་སྟེགས་ཀྱི་སྟོན་པ་ལྔ་བརྒྱ་རྩོད་པས་བཏུལ། ངན་སྔགས་ཀྱི་བདག་པོ་ཕྱུག་སོར་གྱི་རྩེ་
ལས་ཐོག་འཕངས་ཏེ་བསྒྲལ་བས་འཕགས་པ་སེངྒེ་སྒྲ་སྒྲོག་ཅེས་བྱའོ། །དེ་ནས་བལ་ཡུལ་དུ་བྱོན།
ཡང་ལེ་ཤོད་ཀྱི་བྲག་ཕུག་ཏུ་ཡང་དག་པའི་ལམ་གྱི་སྙིང་པོ་སྒྲུབ་པའི་ཚེ། བར་དུ་གཅོད་པའི་བགེགས་
བྱུང་བ་རྡོ་རྗེ་ཕུར་པས་བསྒྲལ་ཏེ་ཕྱག་རྒྱ་ཆེན་པོ་མཆོག་གི་དངོས་གྲུབ་ཐོབ་པར་གྱུར་པས་རྡོ་རྗེ་ཐོད་

འཕྲེང་རྒྱལ་ཞེས་བྱའོ། །དེ་ནས་བོད་ཡུལ་དུ་བྱོན་ཏེ་བོད་ཀྱི་འདྲེ་སྲིན་གདུག་པ་ཅན་གནོད་སྦྱིན་གཏུམ་པོ་མ་རུངས་པའི་རིགས་སུ་གནས་པ་ཐམས་ཅད་ཕྱག་རྒྱ་གཉན་པོས་ཟིལ་འོག་ཏུ་མནན། རང་རང་གི་སྲོག་མདོངས་གསོལ་དུ་ཕུལ་བ་བཞེས། བཀའ་འབངས་བགྱིད་པར་རྔེས་ལ་ཕབ། སངས་རྒྱས་ཀྱི་བསྟན་པ་སྐྱོང་བར་ཆད་བྱས་ཏེ་དཔལ་གྱི་བསམ་ཡས་བཞེངས། རབ་ཏུ་གནས་པ་མཛད་པས་བོད་ཁམས་བདེ་བ་ལ་བཀོད། བསམ་ཡས་འཆིམས་ཕུའི་བྲག་དམར་ཀེའུ་ཚང་དུ་སྒྲུབ་པ་ཆེན་པོ་བཀའ་བརྒྱད་ཀྱི་དཀྱིལ་འཁོར་ཞལ་ཕྱེ། ལས་ཅན་གྱི་རྒྱལ་པོ་རྗེ་འབངས་སྨིན་པར་མཛད། གསང་སྔགས་འབྲས་བུའི་ཐེག་པ་ཤིན་ཏུ་གསང་དམ་པའི་ཚུལ་གྱིས་བསྟན། མཚོ་རྒྱལ་གཟུངས་མར་བསྟེན། སྟག་ཚང་སེངྒེའི་བསམ་འགྲུབ་ཀྱི་ཕུག་ཏུ་གདུག་པའི་མུ་སྟེགས་བདུད་དང་དམ་སྲི་བཏུལ། གནས་ཆེན་གངས་བྲག་རྣམས་སུ་གཏེར་ཆེན་དུ་མ་སྦས་ཏེ་མ་འོངས་པའི་སེམས་ཅན་གྱིས་སྤྱོད་པའི་སྐབས་ཕྱེ་ལ་རྡོ་རྗེ་གྲོ་ལོད་རྩལ་ཞེས་བྱའོ། །བོད་ཀྱི་གངས་ཆེན་བཞི་ལ་སྒྲུབ་པ་མཛད་པ་དང་། བྲག་ཕུག་ཆེན་པོ་བརྒྱད་ལ་ཡང་དབེན་མཛད་པ་དང་། ཕྱོགས་བཞིའི་བྲག་ལ་ཞབས་རྗེས། ཡོངས་སུ་གྲགས་པའི་མཚོ་ཆེན་བཞི་ལ་ཕྱག་རྗེས། ལྷོ་ཕྱོགས་མོན་ཁའི་བྲག་ལ་སྐུ་རྗེས། སྐུ་ཚབ་རིགས་ལྔ་བོད་ཀྱི་དོན་ལ་བཞག་སྟེ། ཞི་བ་དང་། རྒྱས་པ་དང་། དབང་དང་། དྲག་པོ་རྣམ་པ་བཞི་ཡིས་ཉོན་མོངས་པ་འདུལ་དཀའ་བའི་སེམས་ཅན་ཐམས་ཅད་ཐབས་ཀྱིས་འདུལ་བར་མཛད་དེ། མཐར་མང་ཡུལ་གུང་ཐང་གི་བར་དུ་རྒྱལ་པོ་འཁོར་དང་བཅས་པས་བསྐྱལ་ཏེ། ནང་རེ་དགོངས་རེ་བོད་ཀྱི་དོན་ལ་འབྱོན། །ཉི་ཟེར་འཆར་སྣོད་མདངས་ལ་ཆིབས་ཏེ་འབྱོན། །ཡར་ངོའི་ཚེས་བཅུའི་དུས་ན་དངོས་སུ་འབྱོན། །ཞེས་ཞལ་གྱིས་བཞེས་ཏེ་མཐོང་མི་མཐོང་གི་བར་མཁའ་ལ་འཕུར་བ་སྣང་མཛད་ལ། གཞན་ཡིད་ལྟར་མྱུར་བའི་རྫུ་འཕྲུལ་གྱི་སྲིན་ཡུལ་རྔ་ཡབ་གླིང་དུ་སྲིན་པོའི་རྒྱལ་པོའི་རྣམ་པར་མཛད་དེ། གདུག་པ་ཅན་གྱི་ཁ་གནོན་པ་ལ་འཇིག་རྟེན་ཪི་སྲིད་གནས་པའི་རིང་བཞུགས་སོ་ཞེས་ཐོས་སོ། །

༄ ད་ནི་ཤཱཀྱ་ལར་ཇི་ལྟར་དར་བའི་ཚུལ་ནི། དཔལ་ལྡན་འབྲས་སྤུངས་རྒྱལ་བའི་མཆོད་རྟེན་ཆེན་པོར་རྒྱལ་པོ་ཟླ་བ་བཟང་པོས་རྒྱུད་ཉན་ནས་ཕྱིར་ལོག་སྟེ་ལོ་དེ་ཉིད་ལ། ཤཱཀྱ་ལ་གངས་རིས་ཟླུམ་པོར་བསྐོར་བའི་དབུས་ན་པདྨ་འདབ་མ་བརྒྱད་པ། དེ་རེ་རེ་ལ་ཡུལ་ཆེན་པོ་བཅུ་གཉིས་བཅུ་གཉིས། དེ་རེ་རེ་ལ་རྒྱལ་པོ་རེ་རེ་ཡོད་པ། ཡུལ་རེ་རེ་ལའང་ཡུལ་འཁོར་བརྒྱ་ཕྲག་རེ་རེ་ཡོད་པ་སྟེ། ཡུལ་འཁོར་རེ་རེའང་གྲོང་འབུམ་ཕྲག་རེ་ལ་བྱེད་པ་དེ་རི་ལྕེ་བ་གངས་རི་མུ་ཁྱུད་ལྟ་བུས་བསྐོར་བ་དེའི་ནང་ན་ལྷས་བརྩིགས་པའི་ཕོ་བྲང་ཀ་ལཱ་པ་ཚངས་པའི་དྲང་སྲོང་དག་གནས་པས་ཐུབ་པ་མཆོག་

གི་གྲོང་ཁྱེར་ཞེས་གྲགས་པ་མི་ཁྱིམ་བྱེ་བ་ཕྲག་བཅུ་གཉིས་ཡོད་པ་དེའི་ཆུ་ཞེང་དཔག་ཚད་བཅུ་གཉིས་པ། དེའི་ལྷོ་ཕྱོགས་ཀྱི་དབུས་ན་མ་ལ་ཡའི་སྐྱེད་མོས་ཀྱི་ཚལ་དང་། ཚལ་དེའི་གཡས་གཡོན་ན་ཉེ་བའི་མཚོ་དང་པདྨ་དཀར་པོའི་མཚོ། གསུམ་ཀའང་དཔག་ཚད་བཅུ་གཉིས་པ། མ་ལ་ཡའི་སྐྱེད་མོས་ཚལ་ན་དཔལ་དུས་ཀྱི་འཁོར་ལོའི་བློས་བསླང་བ་རིན་པོ་ཆེ་ལྔའི་རང་བཞིན་གྲུ་བཞི་པ། རྒྱར་ཁྲུ་བཞི་བརྒྱ་ཡོད་པ་བཞེངས། རྩ་བའི་རྒྱུད་སྟོང་ཕྲག་བཅུ་གཉིས་པ་ལ་འགྲེལ་བཤད་སྟོང་ཕྲག་དྲུག་ཅུ་པ་མཛད་དེ་ལོ་གཅིག་བཤད། རྒྱུད་བསྟན་པའི་ཕྱི་ལོའི་རྒྱལ་ཉ་ལ་སྲས་ལྷ་དབང་རྒྱལ་སར་བཀོད་དེ། རང་ཉིད་ལྷུང་ལོ་ཅན་དུ་གཤེགས་སོ། །སྲས་ནི་སའི་སྙིང་པོ་ཡིན་ལ། དེའི་སྲས་གཤིན་རྗེ་མཐར་བྱེད་གཟི་བརྗིད་ཅན། སྒྲིབ་སེལ་ཟླ་བས་བྱིན། སྨུགས་བྱེད་ལྷའི་དབང་ཕྱུག །ཁེངས་བྱེད་སྣ་ཚོགས་གཟུགས། ནམ་སྙིང་ལྷའི་དབང་ལྡན་དང་། དེའི་ལྷ་མོ་སྣ་ཚོགས་ཡུམ་གྱི་མངལ་དུ་འཇམ་པའི་དབྱངས་འཕྲུངས་པ་ནི། ལྷ་དང་། ལྷ་མ་ཡིན་དང་། སྤྲུལ་པའི་སྐུ་རྒྱལ་པོའི་རིགས་ཆེན་པོ་དགུ་བཅུ་རྩ་དྲུག་ཏུ་སྐྱེས་པ་རིན་པོ་ཆེའི་ཅོད་པན་ཆེན་པོ་བཅིངས་པ་གྲོང་བྱེ་བའི་བདག་པོ་རྣམས་ཀྱིས་ཞབས་ཀྱི་པདྨོ་ལ་ཕྱག་བྱས་པ། དེ་བཞིན་གཤེགས་པ་ཐམས་ཅད་ཀྱི་ཤེས་རབ་ཀྱི་སྐུ་རྒྱལ་པོ་ཆེན་པོ་གྲགས་པའོ། །དེས་རྒྱལ་ས་བཟུང་ནས་ལོ་གོ་དགུ་ཚུན་ནི་རྩ་བའི་རྒྱུད་བཤད་ལ། བརྒྱ་པ་ལ་དེ་བཞིན་གཤེགས་པས་བསྡུས་པའི་རྒྱུད་བསྡུ་བར་ལུང་བསྟན་པའི་དུས་ལ་བབ་པར་གཟིགས་ནས། དབོ་ཟླ་བའི་ཉ་ལ་ཉི་མའི་ཤིང་རྟ་ལ་སོགས་པའི་ཚངས་པའི་དྲང་སྲོང་རྣམས་ལ་བཀའ་ནན་ཆེན་པོ་མགོ་བོར་རྡོ་རྗེ་ལྷུང་བ་ལྟར་ཕབ་ནས། དེ་དག་གིས་ཀ་ལཱ་པའི་གྲོངས་སྤྱངས་ཏེ་འཕགས་པའི་ཡུལ་དུ་དོན་ཕྱིན་ནོ། །ཉི་མ་བཅུ་བགྲོད་པའི་མཐའ་ལ་ནགས་ཚལ་ཐིབས་པོར་ཞུགས་པ་ན། རྒྱལ་པོ་གྲགས་པས་ཇི་ལྟར་ཚངས་པའི་དྲང་སྲོང་འདི་དག་འཕགས་པའི་ཡུལ་དུ་སོང་ན་གྲོང་བྱེ་བ་ཕྲག་དགུ་བཅུ་རྩ་དྲུག་ན་གནས་པའི་སེམས་ཅན་མི་བཟད་པའི་སེམས་དང་ལྡན་པར་འགྱུར་ཏེ། འདིར་རྡོ་རྗེ་ཐེག་པར་གསུངས་པ་ཡང་དག་པའི་ཡེ་ཤེས་ཀྱི་ལམ་མ་ཡིན་པའི་རྒྱུ་དེས། དྲང་སྲོང་ཐར་པ་དོན་དུ་གཉེར་བ་འདི་དག་ཐམས་ཅད་དཔལ་རྒྱལ་པོ་གྲགས་པའི་འཇིགས་པས་གནས་ཡོངས་སུ་བཏང་སྟེ་རང་གི་གཉེན་བཤེས་བཟུང་ནས་འཕགས་པའི་ཡུལ་དུ་སོང་ངོ་། །ཞེས་རྒྱལ་རིགས་ལ་སོགས་པའི་སྐྱེ་བོ་རྣམས་སེམས་པར་བྱེད་ཅིང་སྐལ་བ་ངན་པར་གྱུར་ཏེ། ཟབ་པ་དང་རྒྱ་ཆེ་བའི་ཆོས་ཀྱི་སྒོ་ལ་སེམས་ལེགས་པ་དང་མི་ལྡན་པའི་ཕྱིར་རོ་སྙམ་དགོངས་ནས། ཁྲབ་འཛུག་དང་། ཚངས་པ་དང་། དྲག་པོའི་རིགས་ཐམས་ཅད་རྨོངས་པར་བྱེད་པ་ཞེས་བྱ་བའི་ཏིང་ངེ་འཛིན་ལ་སྙོམས་པར་ཞུགས་སོ། །ཏིང་ངེ་

འཛིན་དང་ལྷའི་བྱིན་རླབས་དེའི་སྟོབས་ཀྱིས་དྲང་སྲོང་དེ་དག་ནགས་ཚལ་དུ་སྨྱོངས་ནས། དེར་གནས་པའི་རི་ཁྲོད་པ་དག་གིས་བཅིངས་ནས་རྒྱལ་པོ་གྲགས་པའི་འདུན་སར་དྲིར་བ་དང་། སད་ནས་ཅི་བདག་ཅག་ནགས་ཚལ་ཆེན་པོ་ནས་སླར་དཀྱིལ་འཁོར་གྱི་ཁང་པ་འདིར་སླེབ་པར་གྱུར་སྙམ་ཅ་ཅོར་བསྒྲགས་པ་མིའི་བདག་པོ་གྲགས་པའི་བློན་པོ་སྤྲུལ་པའི་སྐུ་རྒྱ་མཚོའི་བློ་གྲོས་ཀྱིས་ཐོས་ཏེ་སྨྲས་པ། ཀྱེ་ཉི་མའི་ཤིང་རྟ་ལ་སོགས་པའི་དྲང་སྲོང་རྣམས་རྒྱལ་པོ་གྲགས་པ་འདི་ནི་ཕྱོགས་གཅིག་པ་མ་ཡིན་ཏེ། ཁྱེད་རྣམས་རྗེས་སུ་གཟུང་བའི་དོན་དུ་སངས་རྒྱས་ཀྱི་བྱིན་རླབས་ཀྱིས་བྱུང་བའི་བྱང་ཆུབ་སེམས་དཔའ་ཆེན་པོ་སུ་ཞིག་དེའི་ཕྱིར་འདིའི་ཞབས་ལ་སྐྱབས་སུ་སོང་ལ། རྒྱུད་ཀྱི་རྒྱལ་པོ་དང་པོའི་སངས་རྒྱས་ལ་འཇིག་རྟེན་དང་འཇིག་རྟེན་ལས་འདས་པའི་དངོས་གྲུབ་སྒྲུབ་པའི་ལམ་དབང་བསྐུར་བར་གསོལ་བ་ཐོབ་ཅིག་ཅེས་བསྒོའོ། །

རྒྱ་མཚོའི་བློ་གྲོས་ཀྱི་ཚིག་དེ་དང་སངས་རྒྱས་ཀྱི་བྱིན་གྱིས་རླབས་ཀྱིས་དྲང་སྲོང་རྣམས་རིགས་སད་ནས་ཉི་མའི་ཤིང་རྟ་འདྲེན་ཏེ་མིའི་དབང་ཕྱུག་དེ་ལ་གསོལ་བ་བཏབ་པས། དེས་ཀྱང་ཞལ་གྱིས་བཞེས་ཏེ་ཟླ་བ་ཕྱི་མ་ནག་པའི་དཀར་པོའི་ཕྱོགས་ལ་དབང་བསྐུར་བས་ཐམས་ཅད་ཀྱང་རྡོ་རྗེའི་རིགས་གཅིག་ཏུ་མཛད་པས་རིགས་ལྡན་ཞེས་གྲགས་སོ། །དབང་བསྐུར་བའི་དུས་དེ་ན་ཤམྦྷ་ལའི་ཡུལ་གྱི་མི་ཐམས་ཅད་དང་། ཁྱད་པར་གྱི་འཁོར་ཚངས་པའི་དྲང་སྲོང་བྱེ་བ་ཕྲག་ཕྱེད་དང་བཞིའོ། །དེར་ཉི་མ་དེ་ཁ་ལ་རྩ་བའི་རྒྱུད་ལ་འཕྲེང་བ་འཛིན་པའི་སྡེབ་སྦྱོར་གྱི་ཤློ་ཀ་སྟོང་ཕྲག་གཅིག་དང་སུམ་ཅུ་ལྷག་པས་དཔལ་ལྡན་རྒྱུད་བསྡུ་བར་མཛད་པས་འདི་ནི་དཔལ་ལྡན་འཇམ་པའི་རྡོ་རྗེ་ལྷ་ཡི་མཆོག་གི་རྒྱུད་ལ་རྡོ་རྗེའི་རིགས་ཀྱི་རིགས་ལྡན་ཏེ། རྡོ་རྗེའི་དབང་བསྐུར་བྱིན་ནས་མཐའ་དག་ཐུབ་པའི་རིགས་རྣམས་དག་ནི་རིགས་གཅིག་དག་ཏུ་བྱེད་པར་འགྱུར། །ཞེས་གསུངས་སོ། །དེའི་ལོའི་རྒྱལ་གྱི་ཉ་ལ་གང་བ་ཐྲས་ལྷ་མོ་སྒྲོལ་མའི་མངལ་དུ་འཁྲུངས་པ་འཇིག་རྟེན་དབང་ཕྱུག་གི་སྤྲུལ་པའི་སྐུ་པདྨ་དཀར་པོ་ལ་རྒྱལ་པོ་བསྐོས་ཏེ། བསྡུས་པའི་རྒྱུད་ལ་སྟོན་པས་འགྲེལ་བཤད་བྱེད་པ་པད་དཀར་འཛིན་ཞེས་ལུང་བསྟན་པ་ལྟར་གྱིས་ཤིག་པར་བསྐུལ་ཏེ་སྤྲུལ་པ་བསྡུས་སོ། །པད་དཀར་གྱིས་འགྲེལ་པ་དྲི་མ་མེད་པའི་འོད་ཅེས་པ་ཤློ་ཀ་སྟོང་ཕྲག་བཅུ་གཉིས་པ་མཛད་དེ་ལོ་བརྒྱར་བསྟེན། དེ་ནས་བཟང་པོ། རྣམ་རྒྱལ། བཤེས་གཉེན་བཟང་པོ། ཕྱུག་དམར། ཁྱབ་འཇུག་སྲས་པ། ཉི་མ་གྲགས་པ། ཤིན་ཏུ་བཟང་། རྒྱ་མཚོ་རྣམ་རྒྱལ། རྒྱལ་དཀའ་ཉི་མ། སྣ་ཚོགས་གཟུགས། ཟླ་འོད། མཐའ་ཡས། ས་སྐྱོང་། དཔལ་སྐྱོང་། སེངྒེ། རྣམ་གནོན། སྟོབས་པོ་ཆེ། མ་འགགས་པ། མིའི་སེངྒེ། དབང་ཕྱུག

ཆེན་པོ། མཐའ་ཡས། རྣམ་རྒྱལ་ཏེ། འགྲེལ་ཆེན་ལས། དེ་བཞིན་རིམ་པ་ཇི་ལྟ་བར་གཤིན་རྗེ་མཐར་བྱེད་ལ་སོགས་པའི་ཁྲོ་བོ་བཅུ་དང་། སའི་སྙིང་པོ་ལ་སོགས་པའི་བྱང་ཆུབ་སེམས་དཔའ་བཅུ་གསུམ་པོ་རྣམས་ཏེ་གཤིན་རྗེ་མཐར་བྱེད་ལ་སོགས་པ་ཁྲོ་བོའི་རྒྱལ་པོ་དེ་དག་གི་བར་དུ་བྱང་ཆུབ་སེམས་དཔའ་བཅུ་གསུམ་པོ་དེ་དག་ལུང་བསྟན་ནོ་ཞེས། ལུང་ཡང་རྩ་རྒྱུད་ལས། གཤིན་རྗེ་གཤེད་སོགས་ཁྲོ་བོ་བཅུ། །དེ་བར་བྱང་ཆུབ་སེམས་དཔའ་གཞན། །བཅུ་གསུམ་དེ་དག་རིམ་པ་ཡིས། །རིགས་ལྡན་རིགས་ལ་འབྱུང་བར་འགྱུར། །ཞེས་པད་དཀར་ནས་དྲག་པོའི་བར་དུ་ཉི་ཤུ་རྩ་གསུམ། གཞན་ཞེས་པ་འཇམ་དབྱངས་དང་སྤྱན་རས་གཟིགས་གཉིས་ལས་གཞན་ཞེས་པས་སེམས་དཔའ་དེ་གཉིས་དོར་བའི་བཅུ་གསུམ། སྤྲུལ་གཞི་སྤྲུལ་སྐུ་མ་སྦྱར་བས་སུ་སུའི་ཡིན་པར་འཆད་པ་མི་མཐུན་པ་མང་ངོ་། །

དེ་ནས། གྲགས་པ་རིགས་ལྡན་དེ་ནས་སླར། །དེ་སྲས་འཁོར་ལོ་ཆེན་པོ་ཅན། །རིགས་ལྡན་དྲག་པོ་འབྱུང་འགྱུར་ཏེ། །སླ་མཁས་རྟ་མཆོག་ཏིང་འཛིན་གྱིས། །ཀླ་ཀློའི་ཆོས་ནི་མཐར་བྱེད་པའོ། །ཞེས་གསུངས་པས་རྩ་དྲུག་པ་ལ་འཇམ་དབྱངས་གྲགས་པ་ཉིད་རྣམ་རྒྱལ་གྱི་སྲས་སུ་འཁྲུངས་ཏེ་རིགས་ལྡན་དྲག་པོ་འཁོར་ལོ་ཅན་དེ་ལྟར་ཟླ་བཟང་གི་ཡབ་རྒྱལ་པོ་ཉི་མའི་འོད་མི་ཐེ་བའི་ཆོས་ཀྱི་རྒྱལ་པོ་བདུན། རིགས་ལྡན་ཉི་ཤུ་རྩ་དྲུག་པ་ཐམས་ཅད་རྒྱལ་པོར་བསྐོས་ནས་ལོ་བརྒྱར་རྒྱལ་སྲིད་སྐྱོང་། བརྒྱ་པ་དེ་རང་ལ་རྒྱལ་ས་གཏད་ནས་སྤྲུལ་པ་བསྡུ་བར་མཛད་པ་ཡིན་ལ། དགུང་ལོ་འདི་ཙམ་ནས་རྒྱལ་སར་ཕེབས་ལུང་གིས་མ་ཟིན་པས་འཆད་པར་དཀའོ། །

དེ་ཡང་སྟོན་པ་མྱ་ངན་ལས་འདས་ནས་ལོ་དྲུག་བརྒྱ་ན་འཇམ་དཔལ་གྲགས་པ་འཁྲུངས། དེ་རྒྱལ་སར་ཕེབས་ནས་ལོ་བརྒྱད་བརྒྱ་ན་མ་ཁའི་ཡུལ་དུ་སྦྲང་རྩིའི་བློ་གྲོས་ཞེས་བྱ་བ་རཧྨ་ཎ་བསླབས་པ་གྲུབ་སྟེ་ཀླ་ཀློའི་ལུགས་བརྩམས། ལུགས་དེ་ལ་ལྷ་མ་ཡིན་གྱི་ཆོས། མུ་སྟེགས་པ་སྟེ་ལྡེ་ལ་སོགས་པ་ལྷ་ཆེན་པོ་གསུམ་གྱིས་བསྟན་པར་འཛིན་པའི་ཕྱིར་ལྷའི་ཆོས། ཐེག་པ་གསུམ་ལ་ནི་སངས་རྒྱས་ཀྱི་ཆོས་ཞེས་གྲགས་སོ། །པད་དཀར་རྒྱལ་སར་ཕེབས་ནས་ལོ་བརྒྱད་བརྒྱ་ན་ལྷ་མ་ཡིན་གྱི་ཆོས་དེ་འཕགས་པའི་ཡུལ་གྱི་ཕྱོགས་སུ་འབྱུང་ལ། དེ་ནས་བརྒྱ་དང་གྱ་གཉིས་ན་རིགས་ལྡན་རྒྱལ་དཀས་རྩིས་གཞི་མཛད། དེ་ནས་ལོ་ཉིས་བརྒྱ་དང་ཉེར་གཅིག་སོང་བ་ན་དཔལ་དང་པོའི་སངས་རྒྱས་འཕགས་པའི་ཡུལ་དུ་བྱོན་པ་ཡིན་ལ། དེའི་ཕྱི་ལོའི་རབ་བྱུང་ནས་དཔལ་ལྡན་འབྲུ་མཆོག་གི་བར་དྲུག་ཅུ་སྐོར་དགུ་དང་ལོ་བཅུ་བཞི་སོང་། ད་ལྟ་རྒྱལ་པོ་རྣམ་གནོན་རྒྱལ་སར་བཞུགས་ནས་ལོ་གྲངས་ལྔ་བཅུ་རྩ་བདུན་ཐལ་བ་ཡིན་ནོ། །ད་ནི་ལོ་ཞེ་གསུམ་ལྷག་པའི་དྲུག་བརྒྱ་ན་འཁོར་ལོས་སྒྱུར་བ་ཆེན་པོ་དྲག

པོ་འཁོར་ལོ་ཅན་ཁྲིར་ཕེབས་ལ། དེ་ནས་ལོ་ལྔ་བཅུ་ཤཱཀྱ་ལ་རང་དུ་བཞུགས། ང་གཅིག་པ་ལ་དཔུང་གི་ཚོགས་ཡན་ལག་བཞི་པ་དང་བཅས་ཏེ་ཤཱཀྱ་ལ་ནས་བྱོན་ནས་སོག་ཡུལ་རྒྱ་བོ་སྐྱི་ཏའི་འགྲམ་དུ་ཀླ་ཀློ་བྱེད་པའི་བློ་གྲོས་ཤཱཀྱ་ལ་མ་ཡིན་པའི་འཛམ་བུ་གླིང་ཕལ་ཆེར་ཁོའི་འོག་ཏུ་ཆུག་པས་དཔུང་ཚོགས་ཆེན་པོ་ཅན་གྱིས་བསྐུ། དེར་འཐབ་པས་རིགས་ལྡན་རྒྱལ་ཏེ་ཁོ་འཁོར་བཅས་རྗེས་སུ་བཟུང་། དེ་བཞིན་གླིང་ལྷག་མ་རྣམས་སུའང་གཡས་སྐོར་གྱིས་ཀླ་ཀློའི་ལུགས་དེ་ཞུགས་པས། དེ་དག་ཏུ་བྱོན་ནས་འཐབ་མི་དགོས་ཆོས་ཀྱིས་བཏུལ། བསྟན་པར་བཞག །དེ་ལ་ལོ་བཞི་བཅུ་རྩ་དགུ་འགོར། དེའི་ལྔ་བཅུ་པ་ལ་ཤཱཀྱ་ལར་འཁོར་ཏེ་སྲས་ཚངས་པ་དེ་དང་བཅས་པའི་འཛམ་གླིང་དང་། ལྷའི་དབང་པོ་གླིང་བཅུ་གཅིག་ལ་རྒྱལ་པོར་བཀོད་ནས་སྐུལ་པ་བསྡུའོ། །དེ་ཡན་ལ་བསྟན་པའི་དུས་བཞི་ཐིམ་ལ། དེའི་ཕྱི་ལོ་ནས་དུས་བཞི་ཆུང་དུ་རིགས་ལྡན་གྱི་དུས་བཞིར་གྲགས་པ་དེ་འོང་། དེ་ལ་མི་ལོ་ཉི་ཁྲི་ཆིག་སྟོང་དྲུག་བརྒྱ་མོད། དེའང་དོན་ལ་སངས་རྒྱས་ཀྱི་བསྟན་པའི་དུས་ཡིན་ཀྱང་། དང་པོ་སྤྱིར་བཏང་འདི་དམིགས་བསལ་དུ་བྱས་ནས་བཞག །འདི་འང་ཤཱཀྱ་ཐུབ་པ་ཉིད་ཀྱི་སྨོན་ལམ་གྱི་སྟོབས་ཡིན། འདིའི་རྫོགས་ལྡན་གྱི་དུས་མི་རྣམས་ཀྱི་ཚེ་བརྒྱ་ཕྲག་བཅོ་བརྒྱད་དུ་གནས་ཤིང་། དེ་བཞིན་ལོངས་སྤྱོད་ལ་སོགས་པའང་རྣམ་ཐོས་ཀྱི་བུའི་འབྱོར་པ་བཞིན་དུ་འཕེལ་ཞེས་གྲགས་ལ། དེ་སྐབས་འཛམ་བུའི་གླིང་གི་ས་ཐམས་ཅད་ཀྱང་ཕུན་སུམ་ཚོགས་པར་འགྱུར་བ་ཡིན་ནོ། །དེས་ན་ལུང་ལས་སངས་རྒྱས་ཀྱི་བསྟན་པའི་གནས་ཚད་ལ་སྟོང་དང་། ཉིས་སྟོང་དང་། ཉིས་སྟོང་ལྔ་བརྒྱ་དང་། ལྔ་སྟོང་གནས་པར་བཤད་པ་ལྷ་བུ་སོ་སོའི་དགོངས་གཞི་རྩད་མ་ཆོད་པར་ཁ་དམར་བཏགས་ན་འགལ་བའི་ཕྱུང་པོར་འགྱུར་ལ། ཕལ་ཆེར་ལྔ་སྟོང་དོན་ལ་གནས་པར་འདོད་པ་ཡང་འདིས་གནོད་ཅིང་། དེའི་ལྔ་བརྒྱ་ཕྱི་མ་གཉིས་སྐྱ་གདུང་གི་དུས་སུ་བཤད་པ་ལ། དགའ་བའི་བཞིན་གྱི་རྟོགས་བརྗོད་ལས་ཡར་འཕེལ་བའི་མི་ལོ་དྲུག་བརྒྱ་ལ་གནས་བརྟན་ཆེན་པོ་བཅུ་དྲུག་འདུས་ནས་སྐྱ་གདུང་གི་མཆོད་རྟེན་མཆོད་པར་བཤད་པས་གནོད་དོ། །དེས་ན་བསྟན་པའི་གནས་ཚད་འདི་ནས་གསུངས་པ་ལྟར་ཁས་ལེན་དགོས་ཏེ་ཐེག་པའི་ཁྱད་པར་གྱིས་སོ། །བསྟན་པའི་འདས་ལོ་དིང་སང་ཕན་ལ་སུམ་སྟོང་ལ་སོགས་པར་སྨྲ་བའང་འདིས་མ་དག་པར་གོ་ནུས་ཤིང་། འདིར་རང་གི་ལུགས་ལ་སྤྱིར་བཏང་གི་བསྟན་པའི་དུས་བཞི་ལ་ལོ་གྲངས་སུམ་སྟོང་ཉིས་བརྒྱ་ཡོད་པའི་ཉིས་སྟོང་བཞི་བརྒྱ་དང་ལྔ་བཅུ་རྩ་དྲུག་འདས། ད་ལྟ་རྩ་བདུན་པའོ། །

འདི་དང་རྒྱ་གར་གྱི་སློབ་དཔོན་རྣམས་ཀྱི་རབས། རྒྱ་ནག་གི་ཡིག་ཚང་། གདོང་དམར་ཅན་དུ

བསྟན་པ་དར་བའི་དུས་ཀྱི་ལུང་བསྟན་ཀུན་མཐུན། རིགས་ལྡན་ཉི་ཤུ་རྩ་ལྔར་འདོད་པ་དག་ལ་ལོ་གྲངས་བརྒྱ་བརྒྱར་ཆོས་སྟོན་པ་དང་། ཀླུ་ཀློའི་གནས་ཚད་སྟོང་བརྒྱད་བརྒྱར་གསུངས་པར་གནོད་པས་ལོ་བརྒྱ་པ་གཅིག་འགྲིག་མི་ཐུབ་པའི་སྐྱོན་ཡོད་དོ། །ད་ནི་དེ་འཕགས་པའི་ཡུལ་དབུས་སུ་སྤྱན་དྲངས་ལ་དུས་འཁོར་བ་ཀུན་ཙི་ལུ་པཎྜི་ཏར་ཞལ་མཐུན། དེ་དང་དུས་ཞབས་པ་གཅིག་གམ་མི་གཅིག་ལ་མི་མཐུན། ར་པ་རྣམས་མི་གཅིག །ཙི་ལུ་པ་ལ་སློབ་མ་ཐ་མལ་པ་གཅིག །རྒྱལ་བའི་འབྱུང་གནས་སྦས་པ་ཟེར་བའི་གྲུབ་ཐོབ་གཅིག །བྷང་ག་ལར་འཁྲུངས་པའི་པཎྜི་ཛྙཱ་ཙནྡྲ་ཞེས་པ་གཅིག་སྟེ་གསུམ་བྱུང་། ཕྱི་མས་དུས་ཞབས་ཆེན་པོ་ལའོ་ཟེར། འབྲོ། ཙ་མི། གླན་ལོ་ཙྪ་བ་སོགས་སྤུ་རབས་པ་དང་། ཕྱིས་ནགས་ཀྱི་རིན་ཆེན་རྣམས་མཐུན་པར་གཅིག་ཏུ་བཞེད། དེའི་ལོ་རྒྱུས་ནི་ཤར་ཕྱོགས་བྷང་ག་ལ་ན་རྒྱལ་པོ་ཉི་ཐར་ཏན་བྱ་བ་རྒྱལ་སྲིད་བྱེད་པའི་དུས་ན། རྣལ་འབྱོར་མ་ཚང་འཚོང་བ་ཞིག་ཟླ་མཚན་དང་ལྡན་པའི་དུས་སུ། རྣལ་འབྱོར་པ་མདོག་སྔོན་པོ་མིག་གསུམ་ཡོད་པ་ལག་ན་ཤིང་ཤྲི་ཕའི་རྡོ་རྗེ་ཐོགས་པ་ཞིག་བྱུང་ནས་ཆང་ཉོས། དེའི་ནུབ་འདུག་སྟེ་རྣལ་འབྱོར་མ་ལ་ཆགས་པ་སྤྱད། ཐོ་རངས་ཤིང་གི་རྡོ་རྗེ་དེ་ཁན་འདུག །རྣལ་འབྱོར་པ་མི་སྣང་། འདི་ཉིད་ངེས་པར་མི་ཡིན་ནོ་སྙམ་ནས་རྡོ་རྗེ་དེ་བླངས་པས་འོད་སྔོན་པོར་ཞུས་ནས་ལག་པ་ལ་ཐིམ། དེ་ནས་ལོ་དུས་ན་བུ་ཞིག་བྱུང་། ལོ་བདུན་ལོན་ནས་མས་དེ་ཁྲིད་ནས་རྒྱ་གར་བྱང་ཕྱོགས་ཤམྦྷ་ལར་ཕྱིན་པས་ལམ་དུ་དགེ་སློང་གཟུགས་བཟང་མཛེས་པ་བལྟ་ན་ཆོག་མི་ཤེས་པ་ཞིག་དང་ཕྲད། བུ་འདི་ང་ལ་གནང་ཟེར། དེ་ལ་བྱིན། དགེ་ཚུལ་བྱས། ཉི་མ་རེ་ལ་ཤློ་ཀ་བདུན་སྟོང་བདུན་སྟོང་ཟིན་པ་ཞིག་བྱུང་བས་རིག་པའི་གནས་ཐམས་ཅད་དང་། རྒྱུད་སྡེ་ལ་མཁས་པར་གྱུར། དགེ་སློང་དེ་ན་རེ་ངའི་ཆོས་གོས་ལ་འཛུས་ཤིག་ཟེར། འཛུས་ནས་ལྟུང་ལོ་ཙན་ཉི་མ་བརྒྱགས་པའི་ཁང་པར་བྱོན། ཕྱག་ན་རྡོ་རྗེ་མཇལ། དེ་དང་ཤམྦྷ་ལར་བྱོན་རིགས་ལྡན་ལ་དུས་ཀྱི་འཁོར་ལོ་ལ་སོགས་པ་རྒྱུད་དུ་མ་འགྲེལ་པ་སྐོར་གསུམ་སོགས་ཞུ། དེ་ནས་ལོག་པ་ན་དགེ་སློང་དེ་ན་རེ། རྒྱ་གར་ལྷོ་ཕྱོགས་སུ་ཁྱོད་ཀྱི་གདུལ་བྱ་ཡོད་པས་སོང་ཞིག་གསུངས་ནས་མི་སྣང་བར་གྱུར་ཏོ། །

རྣལ་འབྱོར་པ་དེ་ཕྱག་རྡོར། དགེ་སློང་དེ་སྤྱན་རས་གཟིགས། ར་པ་ཚོན་ན་རེ། ཙི་ལུ་པས་རིན་ཆེན་རི་བོའི་གཙུག་ལག་ཁང་དུ་བྱོན། རྒྱུད་སྡེ་རྣམས་གཟིགས་པས་བྱང་ཆུབ་སེམས་དཔས་བཀྲལ་བའི་འགྲེལ་པ་ཞིག་དགོས་པར་དགོངས། ཤམྦྷ་ལར་ཡོད་པར་གཟིགས་ནས་རྒྱ་མཚོར་ནོར་བུ་ལེན་དུ་འགྲོ་བའི་ཚོང་པ་དང་བསྡེབས་ནས་བྱོན། རྒྱ་མཚོ་བརྒལ་ནས་ཚོང་པ་རྣམས་དང་ཟླ་བ་དྲུག་གི་

དུས་འཛོམ་བྱས་ཏེ་རིམ་གྱིས་བྱོན་པ་རི་ཞིག་གི་སྟེང་དུ་སླེབ་པ་དང་། མི་གཅིག་དང་ཕྲད་ནས། དེ་ན་
རེ་གར་འགྲོ་ཟེར། ཤམྦྷ་ལར་བྱང་ཆུབ་སེམས་དཔའི་ཆོས་སྐོར་ཚོལ་དུ་འགྲོ་བྱས་པས། དེ་ཤིན་ཏུ་
བགྲོད་དཀའ་སྟེ། འདི་ཉིད་དུ་ཤེས་པ་བྱུང་ན་ཉན་པས་ཆོག་མོད་ཟེར། འཇམ་དཔལ་གྱི་སྤྲུལ་པར་
ཤེས་ཏེ་ཕྱག་བྱས་ནས་མཎྜལ་ཕུལ། གསོལ་བ་བཏབ་པས། དབང་རྒྱུད་འགྲེལ་མན་ངག་ཐམས་ཅད་
སྐུལ་མེ་ཏོག་གཅིག་སྤྱི་བོར་བཞག །བྱང་ཆུབ་སེམས་དཔའི་སྐོར་མ་ལུས་པ་ཁོང་དུ་ཆུད་པར་གྱུར་
ཅིག་ཅེས་བྱིན་གྱིས་བརླབས་པས། ཆུ་སྣོད་གཅིག་ནས་གཅིག་ཏུ་བྱོ་བ་ལྟར་བྱང་ཆུབ་སེམས་དཔའི་
སྐོར་མ་ལུས་ཐུགས་སུ་ཆུད། ཚུར་ལོག་ཚོང་པ་རྣམས་དང་བསྡེབས་རྒྱ་གར་ཤར་ཕྱོགས་སུ་བྱོན་ནོ་
ཞེས་དང་། འབྲོ་པ་རྣམས་དེ་ནི་དུས་ཞབས་པ་ཆེན་པོ་ཀླུའི་བྱང་ཆུབ་ཀྱི་དངོས་སློབ་སྒྲོལ་མས་བྱིན་
གྱིས་བརླབས་པ་ཡིན། དེ་ལྟར་བྱོན་པའི་ལྷག་པའི་བསམ་པ་མཁྱེན་ཏེ་རིགས་ལྡན་དཔལ་སྐྱོང་གིས་
དེར་ཐེབས་ནས་བཤད་ཟེར། གཞན་དུ་དེའི་ཚེ་རྒྱལ་པོ་ཟླ་བའི་འོད་རྒྱལ་སར་ཐེབས་ནས་ལོ་བཞི་པ་
ཡིན་པའི་ཕྱིར་དེས་བཤད་པར་རིགས་སོ། །དོན་དུ་ན་འཆད་པ་པོ་དང་ཉན་པ་པོ་ཐམས་ཅད་སྤྲུལ་
པའི་སྐུ་ཤ་སྟག་ཡིན་པས་སོ་སོ་སྐྱེ་བོའི་འོལ་ཚོད་བྱས་པས་རྟོགས་པར་དཀའ། དེའི་ཕྱིར་རྣམ་གཞག་
མང་། རང་ལུགས་ཙི་ལུ་པས་དགེ་སློང་གི་ངག་བཞིན་ལྷོ་ཕྱོགས་ཀཾ་ཀ་ཤ་ར་བྱ་བ་རྒྱལ་པོ་ཤིང་རྟའི་
འཁོར་ལོ་བྱ་བའི་བློན་པོ་ཨུན་བི་ཏ་བྱ་བ་དང་། བྲམ་ཟེ་དི་རི་པ་ནི་བྱ་བ་དང་། སྒྲ་མཁན་སུན་ཤྲི་བྱ་
བ་གསུམ་ལ་དུས་ཀྱི་འཁོར་ལོ་བཤད་པས། སྒྲ་མཁན་དེས་བཤད་པ་བྱུང་། བྲམ་ཟེས་སྒྲུབ་པ་བྱུང་།
བློན་པོས་གང་ཡང་མ་བྱུང་། དེ་ཡན་ན་དུས་ཀྱི་འཁོར་ལོའི་གཞུང་ལུགས་ཐུགས་ལ་ཡོད། ཡི་གེར་
བྲིས་པ་མེད་ནས། དེ་ནས་ཡི་གེར་བྲིས། དེ་ཙ་ན་ཡུལ་དེར་སྟག་གཟིག་པའི་དམག་བྱུང་ནས་བྲོས།
ཕྱག་ན་རྡོ་རྗེའི་སྐོར་དང་དུས་འཁོར་སོགས་མ་ཐེག་ནས་དོང་དུ་སྦས། དམག་ལོག་ནས་བལྟས་པས
ཁ་ཅིག་མ་ཚང་། ཕྱི་བར་ཞུས་པས་མཁའ་འགྲོ་མས་སྦས་པ་ཡིན་པས་མི་རུང་གསུངས། དེ་ནས
དབུས་ནཱ་ལེནྡྲར་བྱོན། གཙུག་ལག་ཁང་གི་སྒོ་གོང་དུ་རྣམ་བཅུ་དབང་ལྡན་བྲིས། དེའི་གཤམ་དུ།
གང་གིས་མཆོག་གི་དང་པོའི་སངས་རྒྱས་མི་ཤེས་པ་དེས་ནི་དུས་ཀྱི་འཁོར་ལོ་མི་ཤེས་སོ། །གང་གིས་
དུས་ཀྱི་འཁོར་ལོ་མི་ཤེས་པ་དེས་ནི་མཚན་ཡང་དག་པར་བརྗོད་པ་མི་ཤེས་སོ། །གང་གིས་མཚན་
ཡང་དག་པར་བརྗོད་པ་མི་ཤེས་པ་དེས་རྡོ་རྗེ་འཛིན་པའི་ཡེ་ཤེས་ཀྱི་སྐུ་མི་ཤེས་སོ། །གང་གིས་རྡོ་རྗེ་
འཛིན་པའི་ཡེ་ཤེས་ཀྱི་སྐུ་མི་ཤེས་པ་དེས་སྔགས་ཀྱི་ཐེག་པ་མི་ཤེས་སོ། །གང་གིས་སྔགས་ཀྱི་ཐེག་པ་
མི་ཤེས་པ་དེ་ཐམས་ཅད་ནི་འཁོར་བ་པ་སྟེ་བཅོམ་ལྡན་འདས་རྡོ་རྗེ་འཛིན་པའི་ལམ་དང་བྲལ་བའོ། །

དེ་ལྟ་བས་ན་མཆོག་གི་དང་པོའི་སངས་རྒྱས་ནི་བླ་མ་དམ་པ་རྣམས་ཀྱི་བསྟན་པར་བྱ་ཞིང༌། ཐར་པ་དོན་དུ་གཉེར་བའི་སློབ་མ་དམ་པ་རྣམས་ཀྱིས་མཉན་པར་བྱའོ་ཞེས་བྲིས་པ། ཇོ་བོ་ནཱ་རོ་ཏ་པ་དེ་དུས་དེའི་མཁན་པོ་ཡིན་པས། དེ་ལ་སོགས་པ་པཎྜི་ཏ་ལྔ་བརྒྱས་བཅུད་པས་ཕྱུལ་དུ་ཕྱིན་པར་མཐོང་ནས་ཞབས་ལ་བཏུད་དེ་དང་པོའི་སངས་རྒྱས་ཉན་པས་ཆེར་དར་བར་གྱུར་པ་ཡིན་ནོ། །

མཐར་གླན་ལོའི་ཡི་གེར། ཀོང་ཁ་ཀྲེང་གི་ཞབས་ལ་སོགས་ལ་ཕྱག་རྗེར་བསྟན། རྒྱ་གར་ཤར་ཕྱོགས་སུ་བྱོན། མི་ཏོག་བརྩེགས་པའི་དགོན་པར་ནཱ་རོ་པ་ལ་དུས་འཁོར་དང་ཕྱག་རྗེར་སོགས་སླར་བཤད། དེའི་དུས་སུ་སློབ་མ་བྲམ་ཟེ་ཛོ་འུ་ཏ་ལ་སོགས་པ་མང་པོ་བྱུང་བ་ན། ནཱ་རོ་པ་ལ་ཁྲིད་བཤད་པ་བྱེད་འདུག་པས་ཞོད་གསུངས། ང་མི་ཞོད་སྒོམ་གསུངས་ཏེ་དེ་ནས་གར་སོང་ཆ་མེད་དུ་གཤེགས། འདི་ལ་ཙི་ལུ་པ། དུས་ཀྱི་འཁོར་ལོའི་ཞབས་པ་ཆེམ་བུ་པ། ས་རི་ཀི་པ་ཞེས་བྱུང༌། དེ་ལྟ་བུའི་སློབ་དཔོན་དེའི་ཐུགས་སུ་རྒྱུད་སྡེ་བསམ་གྱིས་མི་ཁྱབ་པ་ཞིག་བཞུགས་པར་གྲགས་ཏེ། དགེ་སློང་དབང་པོ་ཤིན་ཏུ་རྟུལ་བ་ཞིག་གིས་ལྷས་བསྟན་པའི་རྨི་ལམ་ལ་བརྟེན་ནས། བྷུ་རུ་ལ་ལྷ་མོ་ཀུ་རུ་ཀུལླེའི་སྒྲུབ་བྱས། བུད་མེད་ཀྱི་རོའི་ཁར་བཙུག་ནས། རྒྱབ་ཏུ་སྐྱིལ་ཀྲུང་བཅས་ནས་ཞག་བདུན་བསྒྲུབས། དེར་རོ་དེ་ཁ་གྱེན་དུ་བལྟས་ཏེ་ཅི་འདོད་ཟེར་བ་ལ། མཐོང་ཚད་ཟིན་པར་འདོད་བྱས་ན་ལེགས་པ་ལ། བློ་རྟུལ་བས་ཞུམ་ནས་བྲིས་ཚད་ཟིན་པར་འདོད་བྱས་པས། དེ་ལྟར་གྱུར་ཏེ་མཁས་པ་ཆེན་པོ་ངག་གི་དབང་ཕྱུག་ཅེས་སུ་གྲགས་པ་ཁ་སརྦ་ཊིའི་གཙུག་ལག་ཁང་དུ་བྱུང༌། དེ་དུས་འཁོར་ཞབས་པ་དང་མཇལ་ནས་སློབ་དཔོན་ལ་རྒྱུད་དུ་ཤེས་ཞུས་པས། སློབ་དཔོན་གྱིས་ལན་དུ་གསུངས་པའི་རྒྱུད་ཀྱི་མཚན་གྲངས་ཙམ་ཡང་འཛིན་པར་མ་ནུས་སྐད། ར་པ་རྣམས། དེ་ལ་སློབ་མ་དུས་ཞབས་ཆུང་བ་དང༌། འདུལ་བ་འབྱུང་གནས་བློ་གྲོས་དང༌། སེངྒེ་རྒྱལ་མཚན་དང༌། མཐའ་ཡས་རྣམ་རྒྱལ་ལོ། །དང་པོ་བོ་དྷི་པ་དེ་ལ་ནཱ་ལེནྡྲ་པ་ཟེར། དེས་རཏྣ་ཨཱ་ཀ་ར་ལ་བཤད་ནས་ནཱ་ལེནྡྲར་དར་བར་བྱས་ཟེར་བ་ལ་གོང་མ་རྣམས་ཀྱིས་མི་འཐད་པར་གསུངས། དོན་དུས་ཞབས་ཆུང་བ་དེ་ཁ་རྒྱལ་སྲས་ནཱ་ལེནྡྲ་པ་ལ་ཟེར་བ་ཡིན་ཏེ། དཔལ་ནཱ་རོ་པའོ་ཞེས་འབྲོ་པ་རྩ་མི་ནགས་རིན་སོགས་ཐམས་ཅད་འདོད། དུས་ཞབས་པ་ཆེན་པོ་དེ་ལ་སློབ་མ་མང་དུ་བྱུང་ཡང་བཤད་པའི་སྲོལ་འཛིན་པ་ནི་དཔལ་ནཱ་ལེནྡྲ་པའོ། །དེའང་སྔ་མ་ལྟ་བུའི་ཡོན་ཏན་དང་ལྡན་ནོ་ཞེས་འཆད། དེའི་སློབ་མ་མཉྫུ་ཀཱིརྟི། ས་མནྟ་ཤྲཱི། ར་ལུགས། དུས་ཞབས་པ་ཆུང་བའི་སློབ་མ་ཟླ་མགོན་ནས་འབྲོ་ལུགས། དུས་ཞབས་ཆེ་ཆུང་ནས་རྡོ་རྗེ་གདན་པ། དེའི་སློབ་མ་བོ་དྷི་བྷ་དྲ། ཁ་ཅིག་འདི་ནཱ་ལེནྡྲ་པར་འདོད་དེ་ཕྱིས་སོ། །དེ་ནས་ཙ་མི། ཡང་དུས་ཞབས་ཆུང་

བ་ནས་པཎྜི་ཏ་ཤཱཀྱ་སེངྒེ་རྒྱལ་མཚན་སོགས་ནས་ནགས་རིན་ནོ། །སྤྱིན་རས་གཟིགས་ཀྱིས་བྱིན་གྱིས་བརླབས་པ་ནི། ཨ་ནུ་པ་མ་རཀྵི་སྟེ་དཔེ་མེད་འཚོའམ་དཔེ་མེད་སྲུང་བ་སྟེ། འདི་སྐད་དུ་ཕྱི་ནང་གི་རིག་པ་ལ་སྦྱོམ་པ་གོམས་པའི་ཐུགས་ཅན། དཔལ་ཁ་སརྦ་ཙའི་དྲུང་དུ་ལོ་བཅུ་གཉིས་སུ་བཞུགས་ནས། དམིགས་པ་དང་རྟོག་པ་མེད་པའི་དེ་ཁོ་ན་ཉིད་ཀྱི་མན་ངག་བསྒོམས་པས་རྟོགས་པའི་ཁྱད་པར་ཅིའང་མ་ཐོབ་ནས་ཡིད་ཞུམ་པ་ན། རྡོ་རྗེ་རྣལ་འབྱོར་མས། བུ་པི་ཀྲ་མ་ཕུ་རིང་སོང་ཞིག །དེར་ཁྱོད་ལ་རྟོགས་པ་འབྱུང་བར་འགྱུར་རོ། །ཞེས་ལུང་བསྟན་པའི་བཀའ་སྩྭི་བོར་བཞག་ནས་སློབ་མ་པཎྜི་ཏ་ཆེན་པོ་ལེགས་པའི་བུ་དཔལ་འཛིན་དང་ལྷན་ཅིག་པི་ཀྲ་མ་ཕུ་རིར་བྱོན་ཏེ། དུས་མཆོད་ཅིག་གི་ཚེ་ཐུགས་དམ་གྱི་རིམ་པ་ལ་བཞུགས་པ་ལས། ནམ་ཕྱེད་ཀྱི་དུས་སུ་བཅོམ་ལྡན་འདས་ཨ་ཝ་ལྡུ་ཏི་པའི་ཆ་བྱད་ཅན་བྱོན་ནས། བུ་དེ་ཁོ་ན་ཉིད་ནི་འདི་ཡིན་ནོ་ཞེས་མངོན་སུམ་དུ་གདམས་པ་སྩལ། དེ་ཐོས་མ་ཐག་ཏུ་ཏིང་ངེ་འཛིན་ལ་སྙོམས་པར་ཞུགས་སོ། །བཅོམ་ལྡན་འདས་དེ་ནི་མི་སྣང་བར་གྱུར་ནས་མཚན་མོ་འདས་པའི་ཚེ་ཏིང་ངེ་འཛིན་དེ་ལས་བཞེངས་ཏེ། དཔལ་ལྡན་བླ་མ་བདག་ཉིད་ཆེན་པོ་དེས་ཀུང་རྣམ་པ་ཐམས་ཅད་དུ་དེར་དགའ་བ་མཛད་ཅིང་སྐལ་བ་དང་ལྡན་པའི་དཔལ་ལྡན་དཔལ་འཛིན་ལ་རང་གི་རྟོགས་པ་ཉེ་བར་བསྟན་ནོ། །

དཔལ་ལྡན་བླ་མ་མཆོག་ཏུ་ཐུགས་རྗེ་ཅན་དེས་ཀུང་རྣམ་པ་ཐམས་ཅད་དུ་སྟོད་དང་ལྡན་པར་རྟོགས་ནས་པཎྜི་ཏ་ཆེན་པོ་འོད་བྱེད་ལྷ་ལ་བཀའ་དྲིན་མཛད་དོ། །དེས་ཀུང་པཎྜི་ཏ་ཆེན་པོ་རྒྱལ་པོའི་བླ་མ་སྐྱིགས་དུས་ཀྱི་ཐམས་ཅད་མཁྱེན་པ་ཆོས་འབྱུང་ཞི་བ་ལ་བཤད་པས། །ཁ་ན་མ་ཐོ་བ་མེད་པའི་ཐུགས་རྗེ་ཆེན་པོ་ལ་སོགས་པའི་ཡོན་ཏན་བརྗོད་དུ་མེད་པའི་རིན་ཆེན་འབྱུང་གནས། དཔལ་ལྡན་བླ་མ་དེ་ལས་ཀུང་དཔལ་ལྡན་བླ་མའི་ཞབས་བསྟེན་པ་ལ་མཁས་པ་ཉི་མ་དཔལ་བདག་གིས་དེ་ཁོ་ན་ཉིད་ཡང་དག་པར་ཐོབ་བོ་ཞེས་ཉི་མ་དཔལ་གྱིས་བཤད་དོ། །མཚན་བརྗོད་དང་རྣལ་འབྱོར་ཡན་ལག་དྲུག་པའི་བརྒྱུད་པའོ། །དཔལ་འཛིན་འདི་ཚོང་དཔོན་གྱི་བུ་ཡིན། གཤིན་རྗེ་གཤེད་ཀྱི་རྣལ་འབྱོར་པ་དཔལ་འཛིན་དུ་གྲགས་པ་ནི་བྲམ་ཟེའི་བུ། འདིས་བསྐྱེད་པའི་རིམ་པ་བསྒོམས་པ་ན་མ་ཧེའི་གདོང་བརྙན་མངོན་དུ་གྱུར་འབྱུང་ཞེས་གྲག །ལ་ལ་ཏ་ནི་གཤིན་རྗེ་གཤེད་ཀྱི་རྣལ་འབྱོར་པ་དེས་ཨུ་རྒྱན་ནས་རྟོག་པ་བདུན་པ། རྟོག་པ་གསུམ་པ་སྤྱན་དྲངས་ཀུང་ཟེར། འཇིགས་བྱེད་ཀྱི་ཆོས་སྐོར་དུ་མ་མཛད། དེའི་སློབ་མ་ཨ་མོ་གྷ་འོ། །འཕྲོས་སོ། །ད་ནི་ཅོ་ལུ་པའི་སློབ་མ་སློབ་དཔོན་ལས་ཀྱི་རྡོ་རྗེ་ཡིན་ལ། དེའི་ལོ་རྒྱུས་ནི། རྗེ་རིགས་མི་ཕམ་རྡོ་རྗེ་བཟའ་མི་ལ་བུ་མེད་ནས་སློབ་དཔོན་ཅོ་ལུ་པ་ལ

གསོལ་བ་བཏབ་པས་བུ་བྱུང་། མིང་སྐྱིད་འཕེལ་དུ་བཏགས། ལོ་བཅུ་གཉིས་ལོན་པ་དང་ཨ་མྲའི་ལྷུམ་རར་ཕྱིན། རྗེ་རིགས་ཀྱི་བུ་མོ་ཞིག་ཆུང་མར་ལེན་དུ་འཆའ་བ་ན། ནམ་མཁའ་ནས་སྤྲིན་སྔོན་པོའི་གསེབ་ནས་སྐྱིད་འཕེལ་ཁྱོད་ཁྱིམ་པའི་རིགས་མ་ཡིན་གྱི་རབ་ཏུ་བྱུང་སྟེ་ཕྱག་ན་རྡོ་རྗེ་སྒྲུབས་ཤིག་ཅེས་བྱུང་ངོ་། །དེར་ཁྱིམ་ནས་བྱུང་སྟེ་ཕྱག་ན་རྡོ་རྗེའི་གདམ་ངག་སུ་ལ་ཡོད་དྲིས་པས། སྟར་གྱི་སློབ་དཔོན་ལ་ཡོད་པར་ཤེས་ཏེ་གསེར་གྱི་སོར་གདུབ་ཅིག་ཕུལ་ནས་ཞུས་པས། དབང་རྟགས་སུ་ཤིང་ཤྲི་ཁའི་རྡོ་རྗེ་ཞིག་སྟེར་ལ། རྒྱུད་དང་གདམ་ངག་རྫོགས་པར་གནང་། སྣ་ལ་ཆེན་པོའི་ཕུག་ཏུ་བསྒོམས་པས་ལོ་གཅིག་ན་ཞལ་མཐོང་། དེ་ནས་ལོ་གཅིག་ན་ཆོས་བཤད། དེ་ནས་ལོ་གཅིག་ན་དབང་བསྐུར་བས་ནུས་པ་ཤིན་ཏུ་ཆེ་བར་གྱུར། སྟར་གྱི་སློབ་དཔོན་ལ་དུས་འཁོར་བདེ་དགྱེས་སོགས་གསན། ནཱ་རོ་པ་སྤྱོད་པ་ལ་འབྱོན་ཁམ་ལ་བདག་མེད་མའི་སྒྲུབ་ཐབས་གསན། དབང་ཞུས། དུས་ཀྱི་མིང་ནི་ཀུ་སུ་ལུ་བཛྲ་པཱ་ཎི་ཟེར། དེ་ནས་སྤྱོད་པ་བྱས་པས་སྟར་གྱི་རྡོ་རྗེ་དེ་བཟུང་བས། དེས་གོས་སྟེར། གཅན་གཟན་དང་དམག་དཔུང་ཐམས་ཅད་བཟློག །སློན་པ་རྣམས་ལ་བརྒྱབ་པས་གསོས། དེ་ལྟར་ལས་ཐམས་ཅད་རྡོ་རྗེས་མཛད་པས་ལས་ཀྱི་རྡོ་རྗེར་གྲགས། ནགས་ཁྲོད་དུ་བཞུགས། རྒྱལ་པོའི་བཙུན་མོ་བཀུག་ནས་ཕྱག་རྒྱ་མ་བྱས་པས་བླ་མ་ནགས་ཁྲོད་པའང་ཟེར། དེས་བླ་མ་ཐང་ལོ་པ་བྱ་བ་བྲམ་ཟེའི་རྣལ་འབྱོར་པ་ཐང་ཤིང་གི་སྟེང་དུ་ལོ་གསུམ་བསྒོམས་པས་ཕྱག་ན་རྡོ་རྗེ་གྲུབ་པ་ཐོབ་པ་ཞིག་ལ། དེས་རིགས་ངན་གྱི་རྣལ་འབྱོར་པ་ཤིང་པ་ལ་ཤའི་ལོ་མས་མདོམས་དཀྲིས་བྱས་པའི་གཅེར་བུ་པ་དཔལ་སྒྲུ་མ་ཆེན་པོའི་གྲུབ་པ་བརྙེས་པ་ལ། དེས་ཡུལ་དབུས་ཛྷེ་ར་བ་ར་དེའི་རྗེ་བཙུན་ཀཎྷ་རི་པ་བྱ་བ་ལ་གནང་སྟེ་འདིས་ཞལ་གཟིགས། འདིས་རང་གི་སྲིང་མོའི་བུ་རྗེ་བཙུན་བ་ལ་ཙནྡྲ་ལའོ། །ཞེས་གླན་ལོ་ཙཱ་བས་བྲིས་པས། བདག་རང་གི་བཀའ་བབས་བཞི་པར་འདུག་པ་པོ་རྗེ་བཙུན་རས་ཆུང་པ་ཡིན། མར་པ། མི་ལ། རྔོག་ལ་སོགས་པའི་ཡི་གེ་ལ་དེ་དག་མིང་ཙམ་ཡང་མི་སྣང་། རྗེ་བཙུན་འཇུག་པ་ཕྱག་ན་རྡོ་རྗེ་ཡི་དམ་མཐིལ་དུ་སོང་བས་རྗེ་བཙུན་ཁོང་རང་གི་དབང་དུ་མཛད་པ་ལ། ལོ་གསུམ་གླིང་རྣམས་ཀྱིས་མན་ངག་བསྲེ་འཕོའི་བརྒྱུད་པ་དང་བསྲེས། ཀཎྷ་རི་པ་རྡོ་རྗེ་དྲིལ་བུ་པའོ་གསུངས་ནས། དེའི་ལོ་རྒྱུས་འཆད། དེ་མན་རྣམས་ཀྱིས་དཔྱད་པ་མ་མཛད་པར་བཞག །དེའི་དབང་གིས་ཁོ་བོས་དེ་དག་གི་ཡི་གེར་བྱིན་རླབས་ཀྱི་བརྒྱུད་པ་ལ་མོས་པ་གཙོ་བསམས་ནས་དེ་ཁར་བཞག་པ་ཡིན། གཞན་དཔྱད་ན་འདི་དག་ཕྱག་རྡོར་ཁོ་ནའི་བརྒྱུད་པའོ། །དེས་ན་འདི་དང་སྟར་བཤད་པ་མ་མཐུན་པ་མ་དཔྱད་པ་དང་དཔྱད་པ་བྱས་པའི་ཁྱད་དུ་ཤེས་དགོས་སོ།། ||

༄ ད་ནི་རྫོ་རྗེ་ཐེག་པ་དེས་འདུལ་བར་བྱེད་པ་ལ་འཛམ་བུའི་གླིང་ན་འགྲན་ཟླ་མེད་པ་མཚན་ཉིད་ཟླ་ལྟར་གྲགས་པ་ཧེ་ལི་པ་ཡིན་པས་དེའི་ལོ་རྒྱུས་ནི་འདུལ་བྱ་དམན་པ་དང་མཐུན་པར་བསྟན་ནས་ལམ་སྦྱོང་ཚུལ། བར་མ་དང་བསྟུན་ནས་སྤྲུལ་པའི་སྐུར་བསྟན་ཚུལ། མཆོག་དང་མཐུན་པར་རྫོགས་པའི་སངས་རྒྱས་རང་དུ་བསྟན་ཚུལ་ལོ། །དང་པོ་ནི། ཡུལ་ཤར་ཕྱོགས་ཛ་ཡབ་བྲམ་ཟེ་གསལ་པ། ཡུམ་བྲམ་ཟེ་མོ་གསལ་ལྡན། སྲིང་མོ་གསལ་སྒྲོན། མིང་པོ་གསལ་འོད་ཅེས་བྱ་བར་འཁྲུངས་ཏེ། གཅེས་པར་བསྐྱེད་བསྲིངས། དེར་བྱིས་པ་ཚན་གཅིག་དང་ལྷན་ཅིག་བ་ལང་སྐྱོང་ཞིང་རྩེ་འོ། །སློབ་དཔོན་འཕགས་པ་ཀླུ་སྒྲུབ་ ཧཱ་རི་ཏྲའི་ནགས་འདབས་ན་བུམ་པ་བཟང་པོ་སྒྲུབ་ཅིང་བཞུགས། དེ་ལས་གང་བསམས་པའི་དོན་ཐམས་ཅད་འབྱུང་བ་ཡིན་པས་ཚད་བརྟགས་པའི་ཕྱིར་བསོད་སྙོམས་ལ་བུམ་པ་བསྣམས་ཏེ་འབྱོན་དགོངས་པས་མ་བླངས་པར་ལྷའི་ཞལ་ཟས་བཟང་པོ་བུམ་པའི་ནང་དུ་བྱུང་ནས་གྲུབ་པར་མཁྱེན་ནོ། །ནམ་ཞིག་སློབ་དཔོན་རྒྱ་གར་ཤར་ཕྱོགས་སུ་བྱོན་པ་ན། ལམ་ན་བྱིས་པ་ཚན་གཅིག་ཕྱུགས་སྐྱོང་ཞིང་རྩེ་ཡི་འདུག་པ་ལ། སློབ་དཔོན་གྱི་ཐུགས་ལ་འདི་རྣམས་ཀྱི་ནང་ན་ཐེག་པ་ཆེན་པོའི་རིགས་ཅན་སྔགས་ཀྱི་སྣོད་དུ་རུང་བ་ཡོད་དམ་སྙམ་ནས་བརྟགས་པའི་ཕྱིར་དུ་ནགས་དང་གྲོང་ཁྱེར་གྱི་བར་དུ་ཆུ་ཕྲན་འབབ་པ་ཞིག་ཡོད་པ་དེ་ལ་རབ་མི་མཁྱེན་པའི་ཚུལ་མཛད། ཕར་ལྷམ་ཕུད་དེ་ཐ་གླིང་ཡོད་ས་ཞིག་ཏུ་བརྒྱལ་གྲབས་མཛད་པས། དེ་རྣམས་ཀྱི་ནང་ནས་བྱིས་པ་གཅིག་འོངས་ནས། སློབ་དཔོན་དེར་བཞུགས་ཟེར་ནས། སློབ་དཔོན་ཁུར་བར་བརྩམས་པ་ན་དེས་ཐེག་པར་ཡང་མཛད། བྱིས་པ་དེ་ཉམས་སད་པའི་ཕྱིར་དཀྱིལ་དུ་བསླེབས་པ་ན་ཆུ་དེ་ཆེ་བར་བྱིན་གྱིས་བརླབས་ནས། ཁྱེའུ་ཆུས་ཁྱབ་ཏུ་འཆའ་ལ། ཁྱེའུ་དེ་ལ་འགྱོད་པའི་སེམས་སྐད་ཅིག་ཀྱང་མ་འགྱུས་ལ། འདི་མ་ནོངས་པ་ཞིག་དགོས་བསམ་པ་ཁོ་ནའོ། །དེར་སློབ་དཔོན་གྱིས། མི་གང་རོའམ་རྟའམ་ཤིང་ནི་མི་འཛིན་པ། །ཆུ་དབུས་འཇིག་པར་འགྱུར་ཏེ་ངོགས་སུ་ཕྱིན་མི་འགྱུར། །ཞེས་གསུངས་པས་མགུལ་ནས་བཟུང་ལ་མ་ཤོར་བར་མཛོད་ཅིག་ཟེར་བས། སློབ་དཔོན་གྱིས་ལས་ཅན་དུ་རིག །སྤྲུལ་པའི་ཆུའང་ཆུང་དུ་བཏང་ངོ་། །དེ་ནས་སློབ་དཔོན་དོན་སྤྱོད་ལ་བྱོན། ཁྱེའུ་དེ་ཟླ་བོའི་གསེབ་ཏུ་འདུག །དེ་ནས་ཡང་ལོག་བྱོན་པ་ན་སྔར་གྱི་བྱིས་པ་དེ་ཤིང་ཏ་ལ་སྡོང་པོ་གཅིག་གི་ཁར་བསྡད། བུ་མོ་གཉིས་གཡས་གཡོན་དུ་བཙུན་མོའི་ཚུལ་དུ་བྱས། བྱིས་པ་བཞི་ཙམ་གྱིས་ནང་བློན། བཅུ་ཙམ་གྱིས་ཕྱི་བློན། ཉི་ཤུ་ཙམ་དམངས་ཀྱི་ཚུལ་དུ་བསྡད་འདུག་པ་ལ། སྔར་གྱི་བྱིས་པ་དེ་ཤིང་ལས་བབས་ནས་ཕྱག་ཕུལ་ནས་སྐྱ་བསྟུན་པ་མི་མངའམ། དགྱེས་པ་དང་བདེ་བ་ལ་རེག་པར་སྤྱོད

དམ་ཞེས་ཞེ་ས་ཕུལ་བས། སློབ་དཔོན་མཉེས་ནས་རྒྱལ་པོ་ལ་དགའ་འམ་གསུངས། ཁོ་ན་རེ་དགའ་སྟེ་སྐལ་བ་དང་མི་ལྡན་པས་འབངས་སུ་སྐྱེས་ཟེར། ང་ལ་རྒྱལ་པོར་འགྱུར་བའི་ཐབས་ཡོད་གསུངས་པས། དེ་ན་བདག་ལ་སྩལ་དུ་གསོལ་ཟེར། དེར་སློབ་དཔོན་གྱིས་བུམ་པ་ལ་སྔར་རབ་ཏུ་གནས་པ་ཞག་བདུན་མཛད་དེ། དེ་འདོད་པའི་རྒྱལ་པོ་དང་བཙུན་མོ་བློན་འབངས་ནོར། བཞོན་པ། ས་ཆའི་མིང་བྲིས་ནས་བུམ་པར་བཙུག་སྟེ། ཁྱེའུ་དེའི་རྒྱར་བསྣམས་ནས། དེ་ལ་ཁྱོད་བུམ་པ་འདིའི་ནང་དུ་ཁ་ཆུག་ལ་ཡུལ་འདིའི་རྒྱལ་པོ་ང་བྱེད་པ་ཡིན་ནོ་བྱ་བ་ལན་གསུམ་དུ་གྱིས་ཤིག་གསུངས། དེ་བཞིན་བྱས་པས་བུམ་པ་བཟང་པོ་དེའི་མཐུས། ཡུལ་དེའི་རྒྱལ་པོ་ཡུལ་གཞན་དུ་འགྲོ་འདོད་ནས་གསང་སྟེ་དམངས་ཀྱི་ཚུལ་དུ་བྱས་ནས་སོང་། དེའི་ཤུལ་དུ་ཡུལ་དེ་ན་ལྷས་སྟོན་པའི་གླང་པོ་ཆེ་ཉི་མའི་ཤུགས་ཅན་བྱ་བ་ཡོད་ལ། དེས་དམག་འོང་ན་ས་འཐོར། ཡུལ་དུ་ནད་ལ་སོགས་པ་འབྱུང་ན་ཟས་མི་ཟ་ཞིང་མཆི་མ་འབྱིན། བཀྲ་ཤིས་པ་ལ་སྣས་སྐྱིད་ཚལ་ནས་མེ་ཏོག་བླངས་ཏེ་འཐོར། རྒྱལ་པོར་སུ་བཀོད་རན་པ་ན་དེས་སྔར་རྒྱལ་པོ་དབང་བསྐུར་བའི་བུམ་པ་ཐོགས་ཏེ་གང་གི་སྤྱི་བོར་འཇོག་པ་ཡིན་པས། དེའི་ཚེ་རྒྱལ་པོའི་ཕོ་བྲང་ནས་བུམ་པ་བླངས་ཏེ་བྱིས་པ་དག་རྩེ་བའི་ནགས་ཚལ་གྱི་ཕྱོགས་དེར་སོང་ངོ་། །འཁོར་རྣམས་ཏ་ལས་ཏེ། ཡང་ན་རྒྱལ་པོ་འདི་འཆིའམ། ཡང་ན་རྒྱལ་ས་འཚོར། སུ་ཞིག་རྒྱལ་པོར་འགྱུར་སྙམ། དེར་དེའི་ཕྱི་བཞིན་འབྲངས་སོ། །གླང་པོ་ཆེས་བུམ་པ་དེ་བྱིས་པ་དེའི་མགོ་བོར་བཞག །དེ་ནས་དེ་བློན་པོ་ལ་སོགས་པ་ཐམས་ཅད་ཀྱིས་བསུས་ཏེ་ཕོ་བྲང་དུ་རིན་པོ་ཆེའི་ཁྲི་ལ་བཞག་ནས་རྒྱལ་པོར་དབང་བསྐུར་རོ། །

དེར་ནང་མི་དག་གིས་མི་ལྟུར། དེའི་དབང་གིས་ཕྱིའི་ཡུལ་འཁོར་བ་རྣམས་འདི་ནྡྲ་བཙོས་མ་སྐྱེ་ནང་མིས་མི་ལྟུར་བས་སོ་སྙམ་ཐམས་ཅད་བཀའ་ལ་མི་འབྲིའོ། །དེར་སློབ་དཔོན་ལ་གསོལ་བ་བཏབ་པས། བུམ་པ་བཟང་པོ་བསྣམས་ནས་བྱོན། ཁྱོད་འཛིགས་མི་དགོས་ཀྱི་གླང་པོ་ཆེ་ལ་ཞོན་ཕྱུབ་རལ་ཐོགས་ཏེ་འཁོར་དང་བཅས་པ་སྐྱིད་མོས་ཚལ་དུ་སོང་ལ། དེར་ལྡོན་ཤིང་ལ་ཐལ་ལྕུག་རྒྱབ་ལ་པྲིཏྟ་དམག་ལ་སོང་ཞིག་སྨྲོས་ཤིག །དེས་འདུལ་བར་འགྱུར་རོ། །དེ་ལྟར་བྱས་པས་སྡོང་པོ་ཐམས་ཅད་དམག་ཏུ་གྱུར་ནས་ཞབ་ཅན་གྱིས་སྐྱིད་ཚལ་གང་བ་མཐོང་བ་དང་། འབངས་ཐམས་ཅད་ཀྱིས་བསོད་ནམས་ཆེན་པོར་ཤེས་ནས་མཆོག་ཏུ་གུས་པས་རྒྱལ་སྲིད་ཤིན་ཏུ་ཡུན་རིང་བར་བསྐྱངས། ནམ་ཞིག་ཡུལ་དེར་སྡུག་གཟིག་པ་ཐང་ཁེངས་པ་བྱུང་བས་ཐམས་ཅད་ཀྱིས་ཚོང་པའོ་སྙམ་པ་ན། དེ་རྣམས་ཀྱིས་རྟ་དང་གླང་པོའི་རྒྱབ་ནས་སྣོད་ཁ་ཕྱེ་སྟེ། ཁྲབ་དང་མཚོན་ཆའི་རིགས་ཕྱུང་། གོ་སྐྲད་དེ་

གཡུལ་བཅྟམས་པས་ཐམས་ཅད་སྒྲག་པ་ན། རྒྱལ་པོས་མ་འཇིགས་ཤིག་ཅེས་དབུགས་ཕྱུང་ནས་རང་ཉིད་ཀྱིས་རལ་ཞུབ་བཟུང་སྟེ། མདུན་བསུས་ནས་ཞུབ་བསྐོར་བས་འོད་ཆེན་པོ་བྱུང་། དེའི་དམག་གིས་མིག་ལྟ་མ་བཟོད་པར་བྱས། རལ་གྲི་ཕྱུང་བས་དམག་ཚོགས་ཀྱིས་ས་གཞི་གང་བར་མཐོང་སྟེ་ཕྱིར་བྲོས་ཏེ་སོང་ངོ་། །དེར་འབངས་རྣམས་སྤྲར་བས་ཀུང་གུས་པར་གྱུར་ཏོ། །དེ་ནས་ཡང་དུས་རིང་པོ་ཞིག་ན་འཁོར་བ་ལས་ཡིད་བྱུང་ནས་རང་གི་སྲས་རྒྱལ་པོར་བཀོད་དེ་སོ་མ་བུ་རི་དུར་ཁྲོད་ཀྱི་གཙུག་ལག་ཁང་བྱ་བ་དེ་ན་ཧེ་རུ་ཀ་རང་བྱུང་གི་སྐུ་བཞུགས་ལ། གནས་དེ་ན་གཉིས་ཀའི་དགེ་འདུན་ཡོད་པས་རང་གི་ཞང་པོ་ནི་མཁན་པོ། མ་ནི་དགེ་འདུན་མ་དག་གི་ཞལ་ཏ་བྱེད་པས། ཞང་པོའི་ཐད་དུ་ཕྱིན་ཏེ་རབ་ཏུ་བྱུང་ངོ་། །དེར་ཀློག་པ་ལ་བརྩོན་པར་ཡོད་པའི་ཚེ། ཉིན་གཅིག་བུད་མེད་སྐྲ་ལི་བ་ཤ་སྐྱོ་ལ་སྨྲ་ར་སེར་ཁྱུག་གེ་བ་ཞིག་བྱུང་བ་ལ་ཅུང་ཟད་ཡེངས། དེས་པོས་ཏེ་ཁྱོད་ཀློག་པ་དེ་ཉན་པར་འདོད་དམ་ཟེར། མཁའ་འགྲོ་མར་ཤེས་ནས་ཉན་པར་འཚལ་ལོ་ཞེས་ཞུས་པས། འདི་ནི་མཚན་ཉིད་ཕ་རོལ་ཏུ་ཕྱིན་པའི་ལུགས་ཏེ། དེ་ནི་ལམ་བགྲོད་དཀའ། དཀའ་ཚེགས་ཆེ། བར་ཆད་མང་བས་དེ་ལས་རྫོགས་པའི་སངས་རྒྱས་རྙེད་པར་དཀའོ། །འབྲས་བུ་སྔགས་ཀྱི་ཐེག་པ་ནི་བགྲོད་པར་སླ། ཚེགས་ཆུང་། བར་ཆད་ཉུང་བ་ཡིན་པས། དེའི་སྒོར་བཙུག་གོ་གསུངས། དེར་དཔལ་འཁོར་ལོ་སྡོམ་པ་འབྱུང་བའི་དཀྱིལ་འཁོར་མདུན་གྱི་ནམ་མཁའ་ལ་སྤྲུལ་ནས་དབང་བསྐུར། ཐ་མལ་གྱི་ཞེན་པ་སྤྱང་བའི་ཕྱིར་བསྐྱེད་རིམ། ལྟ་ལ་ཞེན་པ་སྤྱང་བའི་ཕྱིར་རྫོགས་པའི་རིམ་པ་བསྟན་ནས། ད་ནི་སྒྲོ་བ་སྐད་ཀྱིས་ལ་རྟགས་ཚ་ལུགས་པོར་ནས་གསང་བས་ཉམས་སུ་ལོང་ཞིག་ཟེར་ནས་མི་སྣང་ངོ་། །དེ་ནི་བཀའ་བབས་དང་པོ་སྟེ། རྗེ་བཙུན་མར་པས། མ་སྐལ་བ་བཟང་མོས་རྗེས་གནང་བའི། །བྱིན་རླབས་ཀྱི་ཆུ་རྒྱུན་མ་ཆད་པའི། །དབང་བཞིའི་དོན་ལ་ངོ་སྤྲོད་མཛད། །ཅེས་གསུངས། དེས་ཧེ་ལྟར་བསྒོ་བ་ལྟར་མཛད་དེ་སྡོམ་པ་ལ་བརྩོན་ཡང་ཁྲུད་པར་མ་ཐོབ་ནས། སློབ་དཔོན་འཕགས་པ་མཇལ་བར་འདོད་དེ་ལྷོ་ཕྱོགས་སུ་བྱོན་ནོ། །བེ་ཏཱའི་མི་རྣམས་ལ་དྲིས་པས་དཔལ་གྱི་རི་ལ་བཞུགས་སོ་ཟེར། དེར་བྱོན་པའི་ལམ་ནགས་ཀྱི་མཐོངས་ཤིག་ན་སྦྱིལ་པོ་གདུགས་ལྟ་བུར་ཁྱིལ་ལེ་འདུག་པ་མཐོང་སྟེ། དེར་བྱོན་པས་དེའི་ནང་ན་རྣལ་འབྱོར་པ་ཞིག་གང་ལའང་མ་བརྟེན་པར་བཞུགས་འདུག་པས། ཅི་བྱེད་པ་ཡིན་དྲིས་པས། སློབ་དཔོན་གྱི་ཞལ་ནས་དྲི་ཟ་རྣམས་ལ་ཆོས་ཤོད་གསུངས་ནས་བསྡད་པ་ཡིན། ཁྱོད་སུ་བྱས་པས། མ་ཎྜཾ་ཀོའོ། །འཚོ་བ་སྲུས་སྦྱོར། ནགས་ཀྱི་ལྷ་མོས་སོ། །སློབ་དཔོན་གར་བཞུགས་དྲིས་པས་གཤེགས་སོ་ཟེར། བདག་རྗེས་སུ་འཛིན་པར་ཞུ་བྱས་པས། གནང་སྟེ་གསང་བ་

འདུས་པའི་དཀྱིལ་འཁོར་སྤྲུལ་ནས་དབང་བསྐུར། རྒྱུད་མན་ངག་དང་བཅས་སྩལ། དེ་བཞིན་ཨཱརྱ་དེ་ཝ་ལའང་གསན་ཟེར། དེར་བསྐྱེད་པའི་རིམ་པ་མཐར་ཕྱིན། རྫོགས་པའི་རིམ་པ་ལ་དྲོད་ཐོབ་ཏུ་ཉེ་བ་ན། རྒྱ་གར་ཤར་ཕྱོགས་ཛྷནྡྷ་ལར་ལོག་སྟེ་བཞུགས་པའི་སྐབས་ནག་པོ་སྤྱོད་པ་བྱོན་པ་ལ་འཁོར་ལོ་བདེ་མཆོག་ལུགས་གསུམ་གྱི་གདམ་ངག་ཐམས་ཅད་གསན། དེའི་སློབ་མ་རྣམ་རྒྱལ་ཞབས་ལའང་གསན། ཏྲ་རི་ཀ་པ་དང་རྡོ་རྗེ་དྲིལ་བུ་གཉིས་ཀྱིས་ཀྱང་རྗེས་སུ་བསྟན་པ་ཐོབ་སྐད། དེར་དྲོད་རྟགས་ལེགས་པར་ཐོབ་སྟེ། དེ་ཁོ་ན་ཉིད་མངོན་དུ་མ་གྱུར་པས། ཨུ་རྒྱན་དུ་སློབ་དཔོན་ལྭ་བའི་ན་བཟའ་ཅན་དང་མཇལ་ཏེ་གྲུབ་པ་དང་སྙིང་པོའི་སྐོར་གྱི་གདམ་ངག་གསན། ཙཎྜ་ཀླུ་སྒྲུབ་ལྭ་བ་པ། །མ་ཏི་སྐལ་བ་བཟང་མོ་སྟེ། །བཀའ་བབས་བཞི་ཡི་བླ་མ་བསྟེན། །ཞེས་སོ། །དེར་སློབ་དཔོན་གྱིས་ཛྷནྡྷ་ལར་སོང་ལ་ཏིལ་བརྡུ་བའི་ཚུལ་གྱིས་ལོ་བཅུ་གཉིས་སུ་རྟོགས་པ་སྒྲོངས་ཤིག་དང་། དེ་ཁོ་ན་ཉིད་མངོན་སུམ་དུ་བྱས་ནས་ཡུལ་འཁོར་དེའི་མི་དང་བཅས་པ་ཐམས་ཅད་མཁའ་སྤྱོད་ཀྱི་དངོས་གྲུབ་ཐོབ་པར་འགྱུར་རོ། །ཞེས་ལུང་བསྟན་པ་བཞིན་ཛྷནྡྷ་ལའི་པཎྜུ་པ་ན་འདོད་པ་ལྷ་འདུ་བའི་ཚོང་འདུས་སུ་བྱོན་ནས་སྨད་འཚོང་མ་ཞིག་གི་ཁོལ་པོ་བྱས། འབྲས་བརྡུ་བའི་ཚུལ་གྱིས་བརྡུབས་པས་མཐོང་ལམ་གྱི་ཡེ་ཤེས་སྐྱེས། དེར་མི་རྣམས་ཀྱིས་ཁོལ་པོ་དེ་རེས་འོད་ཀྱི་ཕུང་པོ་གཅིག་ལ་མར་མེ་བཅུ་གཉིས་བསྐོར་བ། རེས་བུད་མེད་བཅུ་དགུས་བསྐོར་བ་ཞིག་ཏུ་མཐོང་། རེས་དགེ་སློང་། རེས་རྣལ་འབྱོར་པ་ཞིག་ཏུ་མཐོང་ནས། དེ་དག་གིས་སྨད་འཚོང་མ་ལ་བཤད་པས། དེ་འགྱོད་པ་སྐྱེས་ནས་བཤགས་པར་འོངས་ལ། གཏམ་དེས་ཡ་མཚན་གྲོང་ཁྱེར་གྱི་སྐྱེ་བོ་ཐམས་ཅད་དེར་ཚོགས་པ་ལ། སློབ་དཔོན་ན་རེ། ང་ཉིད་ཀྱི་སྡིག་པ་སྦྱང་བ་ཡིན་གྱི། ཁྱོད་ལ་ཉེས་པ་མེད་དོ། །གང་ཞིག་སྙིང་པོར་གྱུར་པ་ཏིལ་གྱི་མར། །ལྷན་ཅིག་སྐྱེས་པ་གཞུག་མའི་ཡེ་ཤེས་ཏེ། །འགྲོ་བ་ཀུན་གྱི་སྙིང་ལ་ཡོད་གྱུར་ཀྱང་། །བླ་མས་མ་མཚོན་རྟོགས་པར་མི་ནུས་པ། །རྫོངས་པས་ཏིལ་ལ་ཡོད་པ་ངོ་ཤེས་ཀྱང་། །རྟེན་ཅིང་འབྲེལ་འབྱུང་ཡན་ལག་མ་ཤེས་པས། །ཏིལ་མར་སྙིང་པོ་འབྱིན་པར་མི་ནུས་བཞིན། །ཏིལ་བརྡུངས་ཕུབ་མ་བསལ་བར་གྱུར་པ་ལས། །ཏིལ་མར་སྙིང་པོ་འབྱུང་བ་དེ་བཞིན་དུ། །བླ་མས་བསྟན་པ་དེ་བཞིན་ཉིད་ཀྱི་དོན། །ཏིལ་མར་བཞིན་དུ་འདུག་པ་བསལ་བར་བྱ། །ཡུལ་རྣམས་དབྱེར་མེད་ངོ་བོ་གཅིག་ཏུ་གྱུར། །ཀྱེ་ཧོ་རིང་དུ་འགྲོ་འདོད་གཏིང་དཔག་དཀའ་བའི་དོན། །ད་ལྟ་ཉིད་དུ་གསལ་བ་ངོ་མཚར་ཆེ། །ཞེས་གསུངས་པའི་སྒྲ་དེ་ཐོས་པ་ཙམ་གྱིས་རྒྱུད་བྱིན་གྱིས་བརླབས་ཏེ་སྐད་ཅིག་ལ་མཁའ་སྤྱོད་དུ་སོང་བས་ཡུལ་དེ་ལན་གཅིག་སྟོངས་པར་གྱུར། དེ་ནས་མཚན་ཏིལླི་པ་ཞེས་གྲགས་སོ། །

དེ་ཡང་། ངས་ནི་ཞིང་ཁམས་བརྒྱར་ཡང་ཕྱིན། །སྤྲུལ་པ་བརྒྱ་ཕྲག་བརྒྱ་ཡང་བསྟན། །ཞེས་གསུངས་སོ། །

དེ་ནས་ནུབ་ཕྱོགས་ཨུ་རྒྱན་དང་ཉེ་བ་ན་རྒྱལ་པོ་མ་ལ་གྲུས་པས་མའི་ངག་མི་གཙོག་པ་ཞིག་ཡོད་པ་དེས་མ་ལ་ཁྱོད་ཅི་ལ་དགའ་བ་བྱེད་བྱས་པས། དེ་ལྟ་ན་པཎྜི་ཏ་དང་ཀུ་སུ་ལུ་པ་ཀུན་བསགས་ནས་ཚོགས་ཀྱི་འཁོར་ལོ་བྱས་ན་དགའ་ཟེར། ངམའི་ཆེད་དུ་ཚོགས་ཀྱི་འཁོར་ལོ་བཀྱིད་པས་པཎྜི་ཏ་དང་རྣལ་འབྱོར་པ་ཐམས་ཅད་འདུས་ཤིག་ཅེས་བསྒོ་བ་ན། ཐམས་ཅད་འཚོགས་ཏེ་རང་རང་གི་འདོད་པའི་ལྷ་མཉེས་པར་བྱ་བའི་རིམ་པ་ལ་ཞུགས་སོ། །དེར་དེ་དག་གིས་རྣལ་འབྱོར་པ་གང་ནུས་པ་ཆེ་བ་ཞིག་གིས་ཚོགས་དཔོན་བྱེད་པར་ཁ་འཆམ་ནས་ནུས་པ་བལྟས་པས། རྣལ་འབྱོར་པ་མ་ཏི་ཞེས་བྱ་བ་ཞིག་ནུས་པ་ཆེ་ནས། དེ་དཔོན་དུ་བཀོད་དེ་གྲལ་རིམ་གྱིས་འདུག་པའི་སྐབས། རྒན་མོ་མི་སྡུག་པའི་མཚན་མ་བཅོ་བརྒྱད་ཡོད་པ་ཞིག་གིས་ང་ནང་དུ་ཐོང་ཟེར་བཏང་བས། དེ་ན་རེ་ཁྱོད་ཀྱིས་ཚོགས་དཔོན་མི་འོང་། སུས་འོང་བྱས་པས། ངའི་མིང་པོས་འོང་ཟེར། གན་ཡོད། དུར་ཁྲོད་ནའོ། །པོས་ཤིག་བྱས་པས། གར་སོང་མི་སྣང་སྟེ། དུམ་ཅིག་ན་རྣལ་འབྱོར་པ་ཞིག་ཁྲིད་ནས་བྱུང་ངོ་། །དེར་སྔར་གྱི་རྣལ་འབྱོར་པས་འོ་གོལ་ནུས་པ་འགྲན་གྱི། གང་ཆེ་བས་དཔོན་གྱིས་ཤིག །དེ་ལྟར་བྱའོ་ཞེས་ཞལ་གྱིས་བཞེས་ཏེ། གཉིས་པོ་སྟན་གཅིག་ལ་འདུག་ནས། དང་པོར་དེས་དལ་ལྷ་དང་བཅས་པ་ཞིག་ནམ་མཁའ་ལ་བཞེངས་བྱུང་བ་ཏེ་ལོས་བཞིག །ཏེ་ལོས་བཞེངས་པ་ཁོས་བཤིག །ཁོས་སྤྲུལ་པ་བཀྱེ་ནས་དུར་ཁྲོད་ཀྱི་རོ་མང་པོ་བླངས་ཏེ་བྱུང་བས་ཏེ་ལོས་མེད་པར་བྱས། ཏེ་ལོས་དེ་ལྟར་བྱས་པ་ཁོས་མེད་པར་བཏང་། ཏེ་ལོ་པས་སེནྡྷེ་ལ་ཞེན། ཉི་ཟླ་ས་ལ་ཕབ། ལུས་ཕྱི་ནང་སློག་པའི་བ་སྤུའི་ཁུང་ཙམ་རེར་གླིང་བཞི་རེ་རེ་སྤྲུལ་པས། ཁོས་མ་ནུས་པས་ཚོགས་དཔོན་བཙོལ། ཐམས་ཅད་ཀྱིས་བཏུད། རྗེས་སུ་བཟུང་བའི་རྣལ་འབྱོར་པ་དེ་ལ་ནུས་ལྡན་བློ་གྲོས་ཞེས་ཐོགས་ཏེ། སྐུ་མ་སྤྱངས་པར་དུ་ལྟའི་བར་དུ་ནུབ་ཕྱོགས་ཨུ་རྒྱན་ན་བཞུགས་སོ། །ཡང་ཡུལ་ལྷོ་ཕྱོགས་སུ་མུ་སྟེགས་དབང་ཕྱུག་པའི་སྟོན་པ་རིག་པའི་གནས་ལ་མཁས་པ་ཞིག་གིས་སངས་རྒྱས་པའི་པཎྜི་ཏ་མང་པོ་རྩོད་པས་ཕམ་པར་བྱས་པས་དེར་བསྟན་པ་ཉམས་དམའ་བར་ཡོད་པའི་ཚེ། སློབ་དཔོན་གྱིས་ཁོའི་རྩར་དགེ་སློང་གི་ཚུལ་བཟུང་ནས་ཕྱིན་པས་མ་གྲུས་པའི་སྤྱོད་ལམ་གྱིས་འདུག་པ་ལ། ཁོ་ཁྲོས་ནས་ཁྱོད་དང་རྩོད་པ་དང་ནུས་པ་འགྲན་ནས་གང་ཕམ་པ་དེའི་བསྟན་པ་དོར་དགོས་ཟེར། རྟང་གསུངས་པས། རྩོལ་ཕྱི་རྩོལ་དཔང་པོའི་ཁྲི་བཤམས་ནས་འདུག་པ་ལ། ཁོས་སྔ་རྩོལ་བྱས་པས། སློབ་དཔོན་གྱིས་ཁོའི་གྲུབ་

མཐའ་སྲུན་ཕྱུང་། ནུས་པ་འགྲན་པས། ཁོས་ཉི་མ་སྟོད་ལ་མནན། སློབ་དཔོན་གྱིས་ཕྱུལ་བས་ཉི་མ་ནུབ། སློབ་དཔོན་གྱིས་མནན་ཁོས་ནུབ་པར་བྱེད་མ་ནུས་ནས། དེའི་རལ་པ་བྲེག་པར་བརྩམས་པས་ཁོ་ཁྲོས་ནས་ཁ་ནས་མེ་ཕྱུང་། སློབ་དཔོན་གྱི་སྐུ་ལས་དེ་བས་ཆེ་བའི་མེ་ཕྱུང་སྟེ་ཁོ་རང་གི་དེ་ལོག་པ་དང་བཅས་པས་སྲེག་ལ་ཁད་ན་སྐྱབས་སུ་མཆིས་ཏེ། དབང་དང་གདམས་ངག་བཏབ་པས་གྲུབ་པ་ཐོབ་སྟེ། ནག་པོ་དགེ་བ་ཞེས་བྱ་བ་ད་ལྟའང་བསིལ་བའི་ཚལ་དུ་བཞུགས་སོ། །དེ་ནས་ཤར་ཕྱོགས་བྷངྒ་ལའི་ཡུལ་དེ་ར་སྐྱེ་བོ་དུ་མ་འདུས་ནས་སྤྲར་བཞིན་གྱུར་ནས་རིང་དུ་སོང་བ་ཞིག་ན་རྒྱ་གར་ལྷོ་ཕྱོགས་ནས་སྒྱུ་མ་མཁན་སླུ་བྱེད་ཅེས་བྱ་བ་ཞིག་གིས་སྒྱུ་མ་བཀྱེ་ནས་རྒྱལ་ཕྲན་མང་པོའི་རྒྱལ་ས་ཕྲོགས་ཏེ། བྷངྒ་ལ་ཕུན་སུམ་ཚོགས་པ་དུ་མས་ལེགས་པར་བྱས་པ་ཡིན་པས་འཕྲོག་པར་འདོད་པས་སྒྱུ་མའི་དམག་བཤམས་ཏེ་འོངས་སོ། །དེར་ཡུལ་མི་དག་གིས་སྒྱུ་མར་མ་ཤེས། རྒྱལ་པོ་ཆེན་པོ་འགའ་ཞིག་རྒོལ་བར་ལྷགས་སོ་སྙམ་སེམས་པས་ཤིན་ཏུ་སྐྲག་སྟེ་གྲོང་ཁྱེར་རྩོ་བོ་ལ་ཐུག་གི་བར་དུ་ཁོས་དབང་བྱས། དེའི་དུས་ན་རྒྱལ་པོ་འཁོར་བཅས་ཚོགས་ཏེ་ཕོ་བྲང་དུ་འགྲོ་བ་ན། བུད་མེད་མི་སྡུག་པ་ཞིག་བྱུང་ནས། ཅི་བྱེད་ཅེས་ཟེར། བྷངྒ་ལའི་འཇིགས་པ་བཟློག་པ་སུ་ཡོད་འགྲོའོ། །ང་ལ་གྲོས་ཡོད་ཟེར། ཅི་ཡོད་ཤོད་བྱས་པས། ངའི་མིང་པོ་ལ་དམག་དཔོན་བཅོལ་ན་བཟློག་ཟེར། མིང་པོ་གང་ན་ཡོད་བྱས་པས། དུར་ཁྲོད་ན་ཤིང་ཤ་པའི་སྡོང་པོ་དཔག་ཚད་ཙམ་གྱི་ཡལ་ག་ལ་ཧ་ཊ་ཕྲ་མོས་ཐག་པ་བཀྱིས། དེ་ལ་རོ་བཏགས་ནས་ལྡིང་པ་ལ་འཛུས་ཏེ་གར་བྱེད་མཁན་ཞིག་ཡོད་དེ་ཡིན་ཟེར། ཡིད་མ་ཆེས་པར་ལྟར་ཕྱིན་པས་དེ་ལྟར་འདུག་ནས་བོས་པས་ཏིང་ངེ་འཛིན་གྱིས་སྒྱུ་མ་བཤིག །སྒྱུ་མ་མཁན་པོ་བཟུང་སྟེ་བཙོན་དུ་བཅིངས་པས། ཁོས་རྒྱ་མཚན་ཤེས་ནས་སློབ་དཔོན་ལ་དད་དེ། སློབ་དཔོན་གྱིས་གདམས་པས་ཁོ་དང་གྲོང་ཁྱེར་བ་ཐམས་ཅད་ཀྱི་འཇའ་ལུས་ཐོབ་སྟེ། རྣལ་འབྱོར་པ་དེ་དུར་ཁྲོད་ཆེན་པོ་ཏ་ཏ་སྒྲིག་པ་ན་བཞུགས། མི་གཞན་རྣམས་མཁའ་སྤྱོད་དུ་སོང་ངོ་ཞེས་གྲགས་སོ། །ཡུལ་དབུས་མཉན་ཡོད་དུ་ཆང་འཚོང་མ་ཉི་མའི་འོད་ཅེས་བྱ་བ་དེའི་ཆང་བདུད་རྩི་ར་མཚུངས་ཞེས་གཏམ་དུ་གྲགས་པས་ཐམས་ཅད་ཀྱིས་ཉོ་བས་རིན་ཆེ། དེར་མོ་དེའི་ལས་ལ་ཁོར་མོར་འདའ་བས། བུ་ཁྲོ་ཤིང་འཐུ་བ་ལ་སོང་བའི་ཤུལ་དུ་རྣལ་འབྱོར་པ་ཞིག་ཏུ་མཛད་ནས་ནང་དུ་འཚངས་ཏེ་ཕྱིན་པས་ཆང་འཐུངས་ཐེམ་བུ་གློད་པས་ཆང་ཐམས་ཅད་མེད་པར་བཏང་ངོ་། །དེ་ར་མོ་བསླེབས་ཏེ་ཁྲོས་ནས་བརྡེགས་ཏེ་སྒྲོར་བཏོན་ནོ། །དེ་ར་མོ་ངུ་ཞིང་འདུག་པ་ལ། བུ་ཁྲོ་བསླེབས་ནས་ཅི་ཉེས་ཟེར། གནས་སྐབས་འདི་ལྟ་བུས་སོ་ཞེས་བྱས་པས། བསད་པས་ཆོག་པ་ལ་ཟེར། དེར་བྱི་ལར་སྤྲུལ་ནས་ཐེམ་བུ་བཏང་། དེ་དག་

གིས་རྡེག་འཚོག་ཅི་བྱས་ཀྱང་མི་ཐུབ་པའི་སྐབས་ཆང་འཚོང་རྒྱུ་མེད་ནས་ཉམ་ཐག་དེ་ར་སྔར་གྱི་རྣལ་འབྱོར་པ་དེ་བྱུང་ནས་ཁྱོད་ཉམ་ང་བ་ཅིས་ཡིན་ཟེར། ཁྱོད་ཀྱི་ཐེམ་བུ་བཏང་བས། དེ་ནས་བཟུང་བྱི་ལས་གནོད་པ་བྱས་ཏེ་ཆང་མེད་པས་བཟའ་རྒྱུས་འཕོངས་ཟེར། ད་མི་དགོས་ནང་དུ་ལྐོས་ཤིག་ཆང་ཡོད་དོ་བྱས་པས། བདེན་ནམ་སྙམ་བལྟས་པས་སྔར་བས་ཕུན་སུམ་ཚོགས་ལ་མང་པོ་བྱུང་ནས་ཉོ་བ་མང་སྟེ་རིན་ཆེན་པོ་ཁུགས་སོ། །དེ་ར་མོ་དད་ནས་རྗེས་སུ་བཟུང་བར་གསོལ་བ་བཏབ་པས་གདམ་ངག་བཏབ་སྟེ་གྲུབ་པ་ཐོབ་པ་སྒྲོན་མ་འཛིན་ཞེས་བྱ་སྟེ། ད་ལྟའང་སོ་ས་གླིང་ནའོ། །བྱང་ཕྱོགས་ཀྱི་རྒྱུད་ཅིག་ན་གཤན་པ་སྲོག་ཆགས་བསད་པའི་གླུས་འཚོ་བ་བདེ་བྱེད་ཟེར་བ་ཞིག་གཟིགས་ཏེ་དེའི་ནང་དུ་བྱོན། ཤ་བླངས་པས་མི་སྟེར་བར་སྐོར་སོང་། དེར་སློབ་དཔོན་གྱིས་ཁོའི་བུ་བསད་དེ་རོ་ཕྱུ་བར་བརྫངས་ནས་བཞག་སྟེ་ཕྱིན་ནོ། །ཁོ་ལོག་པ་དང་བུ་མི་འདུག །སྐོད་ཕྱེས་ནས་ཤ་ཚོས་སམ་བལྟས་པས་བུའི་རོར་མཐོང་ནས་དུས། ཟས་སྐོམ་ཡིད་ལ་མེད་པར་ཞག་བདུན་འདས་པ་ན་ཤིན་ཏུ་ངོད་ངན་ལ། ད་དུང་དུ་བའི་རྐྱར་བྱོན་ལ་ཅི་ཉེས་གསུངས། ངའི་བུ་ཁྱོད་ཀྱིས་བསད་པ་ལའོ། །ཁྱོད་རང་གི་བུ་བསད་པ་ལ་སྡུག་བསྔལ་དེ་ཙམ་ན་གཞན་གྱི་བུ་བསད་པ་ལའང་དེ་ལྟ་བུ་ཡོད་མོད། ཅིའི་ཕྱིར་འཚོ་བའི་ཕྱིར་དེ་དག་གསོད་གསུངས་པས་བདེན་སྙམ། ད་བུ་བྱུང་ན་མི་གསོད་དམ་བྱས་པས་མི་བསོད་ཟེར། དེར་སློབ་དཔོན་གྱིས་བུ་སོས་པར་མཛད་པས་དགའ་ཞིང་མགུ་ལ་ཡི་རངས་པ་སྐྱེས་ནས་སློབ་དཔོན་ལ་བཀུར་པས་རྗེས་སུ་བཟུང་བ་གྲུབ་ཐོབ་དགའ་བ་སྟེ། ད་ལྟ་སྲིན་པོའི་གླིང་ནའོ། །དེ་ནས་ཡང་ཤྲཱི་ན་ག་རར་གླུ་མཁན་དྲེགས་པ་ཅན་ཁོའི་གླུ་ལ་ཐམས་ཅད་དགའ་ནས་ཉན། ཡོན་ཆེན་པོ་ཐོབ་པ་ཞིག་ཡོད་པ་དང་ཁྲིམ་གྱི་དབུས་སུ་ཁོ་གླུ་ལེན་པ་ལ་སྨོ་བའི་གླུ་མཁན་གཉིས་པ་ཞིག་ཏུ་མཛད་དེ། དེར་ཁོ་དང་འགྲན་པས་ཁོས་མ་ཐུབ་སྟེ། ལྷའམ། ཀླུའམ། སུ་ཞིག་སྙམ་པ་དང་། སློབ་དཔོན་གྱིས་སྐུ་རང་བཞིན་དུ་བསྟན་པས་རྫུ་འཕྲུལ་ལ་དད་ནས་རྗེས་སུ་འཛིན་པར་གསོལ་བས་རྗེས་སུ་བཟུང་གྲུབ་པ་ཐོབ། དབྱངས་ལྡན་ཞེས་བྱ་བ་ན་ག་རའི་གྲོང་ཁྱེར་དེ་ཉིད་དུའོ། །

ཡང་ལྷོ་ཕྱོགས་ན་རྒྱང་འཕེན་གྱི་གྲུབ་མཐའ་དར་བས། དེའི་པཎྜི་ཏའི་གཙོ་བོ་རྣི་ན་ཞེས་བྱ་བ་ཞིག་དང་སངས་རྒྱས་པའི་པཎྜི་ཏའི་གཙོ་བོ་ཞིག །ལས་རྒྱུ་འབྲས་བདེན་མི་བདེན་ལ་རྩོད་པ་ན། སློབ་དཔོན་དེར་བྱོན་ཏེ། གཉིས་པོ་ལ་ཁྱེད་རང་གཉིས་ངའི་གོས་ཀྱི་གྲྭ་ལ་ཟུང་ཞིག་གསུངས། བཟུང་མ་ཐག་ཏུ་ས་འོག་ཏུ་བསྐྱེབས་ནས་དམྱལ་བ་ན་ཟངས་ཆེན་པོའི་ནང་དུ་ཁྲོ་ཆུ་ཁོལ་མ་ལ་སྡིག་པ་སྦྱོང་པ་སྲེག་ལ། གཅིག་ན་ཟངས་ཞུན་མ་བསྐོལ་སྲོག་ཆགས་མི་སྣང་། མུ་སྟེགས་དེས་དམྱལ་བའི་སྲུང་མ་

ལ་དྲིས་པས། འདི་ན་སྔར་སྡིག་པ་བྱས་ཏེ་ཤི་བ་རྣམས་འཚོད་པ་ཡིན། འདི་ན་འཛམ་བུའི་གླིང་ན་མུ་སྟེགས་ལས་རྒྱུ་འབྲས་ལ་སྐུར་པ་འདེབས་པ་དག་ཅིག་ཡོད་པ་དེ་དག་ཤི་འཕོས་ན་འདིར་འཚོད་དོ་ཟེར། ཤིན་ཏུ་སྐྲག་ནས་ལས་ནག་པོའི་རྒྱུ་ལས་འབྲས་བུ་འབྱུང་བ་ནི་བདེན་པ་འདི་ལྟ་ན། བདག་ད་ལྟ་གཟུང་བར་མི་འགྱུར་གྲང་སྙམ་སྐྱེས་པ་དང་། ཡང་ལྷའི་ཡུལ་དུ་ཁྲིད། དེ་ན་གཞན་རྣམས་ལྷ་མོ་དང་ལྡན་ཅིག་དགའ་མགུར་སྤྱོད་ལ། གཅིག་ན་ལྷའི་བུད་མེད་དེ། བུ་མོ་འབའ་ཞིག་ཚོགས་སོ། །དེར་དྲིས་པས་གཞན་རྣམས་སྔར་ལས་དགེ་བ་སྤྱད་ནས་ཤི་འཕོས་པ་འདིར་སྐྱེས་པ་ད་ལྟ་དེའི་འབྲས་བུ་ལ་སྤྱོད་པ་ཡིན། འདི་ན་འཛམ་བུའི་གླིང་ན་ལས་འབྲས་ཡོད་པར་ཤེས་ནས་སྡིག་པ་སྤོང་བ་དག་ཤི་ན་འདིར་སྐྱེས་ནས་བདག་ཅག་དང་ལྡན་ཅིག་རྩེ་དགའོ་ཟེར་བས་ལོག་ནས་མུ་སྟེགས་དེས་སློབ་དཔོན་ལ་བཏུད་པས་རྗེས་སུ་བཟུང་སྟེ་གྲུབ་པ་ཐོབ། རྣལ་འབྱོར་པ་ཛི་ན། ད་ལྟའང་ལྷོ་ཕྱོགས་དཔལ་གྱི་རི་ལའོ། །ཡང་གྲོང་ཁྱེར་པཱ་ཊ་ལི་པུ་ཏྲ་སྒྲ་ནར་གྱི་བུ་ཞེས་བྱ་བ་ན། མུ་སྟེགས་བྱེད་པ་མཐུ་ལྡན་ཞེས་ཁོ་དང་མི་མཐུན་པ་ཐམས་ཅད་མཐུས་གསོད་པ་ཞིག་བྱུང་སྟེ། ཐམས་ཅད་སྐྲག་ནས་ཁོ་མགུ་བར་བྱེད་དོ། །ཁོའི་མདུན་དུ་ཕྱིན་ནས་ཚིག་གིས་སུན་ཕྱུང་། རང་ཉིད་ལྷག་པའི་གདམ་བྱས་པས། ཁོ་ཁྲོས་ནས་མཐུས་གསོད་པའི་དུས་བཏབ་བོ། །དེར་སློབ་དཔོན་གྱིས་རྩལ་ཕྱུང་ཞིག་བྱས་པས། དེས་ཆེར་ཁྲོས་བསྒྲུབས་པས་ཁོ་རང་གི་ཉེ་འབྲེལ་ཐམས་ཅད་ཤི་ནས་དུའོ། །དེར་སློབ་དཔོན་བྱོན་ནས། ང་ལ་ནི་སོན་བ་ཙམ་ཡང་མེད་དོ་བྱས་པས་ལྷག་པར་སྡུག་དེར་ཁྱེད་ཀྱིས་བསད་པ་རྣམས་ཀུང་གཞན་གྱི་ཉེ་འབྲེལ་ཡིན་ན་འདི་དང་མི་མཚུངས་སམ། མཚུངས་སོ། །ད་ཉེ་འབྲེལ་ལངས་ཏེ་བྱུང་ན་ཕྱིས་མཐུ་མི་བྱེད་དམ། སྔར་བྱས་ལ་འགྱོད་པ་འདི་འདྲ་ན་ཕྱིན་ཆད་བྱེད་པའི་བློ་ལྟ་ག་ལ་སྐྱེ་ཟེར། དེར་དེ་དག་གསོས་ནས་བསྟན་པས་གྲུབ་ཐོབ་ཏུ་ཤེས་ཏེ་ཕྱག་ཕྱིར་འབྲངས་པ་རྣལ་འབྱོར་པ་ཉི་ཟླ་འཛིན། ད་ལྟ་གྲོང་ཁྱེར་ཨ་མི་ཏི་ཀ་ལི་ན་བཞུགས་སོ། །དེ་ནས་སློབ་དཔོན་གྱིས་ཛྫ་ལར་བྱོན་ནས་དུར་ཁྲོད་དུ་རྩྭའི་སྤྱིལ་པོ་བཅས་ཏེ་བཞུགས་པའི་ཚེ། ཕལ་ཆེར་གྱིས་དེ་ཉིད་དུ་ཏིང་ངེ་འཛིན་ལ་བཞུགས་པར་མཐོང་ལ། གཞན་དུ་རྣམ་སྨིན་གྱི་ལུས་འདི་ཁས་འོག་མིན་གྱི་ཞིང་དུ་ཡང་དག་པར་རྫོགས་པའི་སངས་རྒྱས་རྡོ་རྗེ་འཆང་ཆེན་པོ་རིགས་དྲུག་གི་ཁྱབ་བདག་དེ་དང་བགྲོས་ནས་ཕྱིར་འཛམ་བུའི་གླིང་དུ་ལོག་སྟེ་བསྐྱེད་རིམ་ཐམས་ཅད་ཡན་ལག་བཞི་དྲུག །རྫོགས་རིམ་ཕ་རྒྱུད་རིམ་ལྔ། མ་རྒྱུད་ཕྱག་རྒྱ་བཞི། ལྷག་པར་ཚིག་གསུམ་དུ་བསྟན་པ་ཐམས་ཅད་བསྡུས་པ་ཤིན་ཏུ་རྨད་དུ་བྱུང་བའི་རྒྱུད་ཅེས་གྲགས་པ་བསྡམས་ཏེ་དྲིལ་བསྒྲགས་སོ། །ཕྱག་རྒྱ་ཆེན་པོ་མཆོག་གི་དངོས་གྲུབ་ཐོབ། ཛྫ་ལར། ང་

ལ་མི་ཡི་བླ་མ་མེད། །ང་ཡི་བླ་མ་ཐམས་ཅད་མཁྱེན། །ཅེས་དང་། སངས་རྒྱས་དང་ཡང་ངས་གཏམ་བྱས། །ཞེས་གསུངས་ཏེ་ཐམས་ཅད་སྐལ་པ་ལྡན་པས་ཉན་ཏེ་མཁའ་སྤྱོད་གྲུབ་པས་ཡུལ་དེ་ལན་གསུམ་དུ་སྟོངས་པར་བྱས་སོ། །

བར་མ་དང་བསྟུན་ནས་སྤྲུལ་པའི་སྐུར་བསྟན་ཚུལ་ལ། གྲུབ་སྙིང་གི་ལོ་རྒྱུས་ལས། རྣལ་འབྱོར་མ་ཙཎྜི་ཞེས་བྱ་བ་རང་བཞིན་གྱི་རྣལ་འབྱོར་མ་ཆང་འཚོང་བ་ལ། རྣལ་འབྱོར་པ་མཐིང་ནག་ཅིག་འོངས་ཏེ་ཆང་ཉོས། རིན་ཅི་འདོད་ཟེར། ཞུ་འདོད་བྱས་པས། ནུབ་དེར་བསྡད་རྣལ་འབྱོར་མ་ལ་ཆགས་པ་སྤྱད། ཐོ་རངས་ཁོ་རང་གར་སོང་མེད་ལ། ཤུལ་ན་ཤིང་གི་རྡོ་རྗེ་ཞིག་འདུག་པ་བླངས་པས་འོད་དུ་ཞུ་ནས་ལུས་ལ་ཐིམ་དེ་ལོ་དུས་ལ་ཁྲིའུ་བཙས་པ་ཏེལླི་པའོ། །རྣལ་འབྱོར་པ་དེ་འགའ་ཞིག་ནས་བི་རཱུ་པ། འགའ་ཞིག་ཧོ་མྦི་པ་ཡིན་ཟེར། དེས་ཤར་ཕྱོགས་ཀྱི་རི་མེ་དཔུང་འཁྲིགས་པའི་དུར་ཁྲོད་དུ་ཁྲིད། དཔལ་ཕྱག་ན་རྡོ་རྗེ་བྱིས་པ་ལོ་བརྒྱད་པའི་ཚོད་ཙམ་དུ་ཞལ་གཟིགས། གསང་སྔགས་ཀྱི་རྒྱུད་སྡེ་ཐམས་ཅད་གསན་ཅིང་ཐུགས་སུ་ཆུད་པ་ཕྱིས་གྲུབ་པ་དག་ལའང་གསན་པའི་ཚུལ་བསྟན་པའོ། །ཟེར་བ་བྱུང་བས་འདིས་ཅི་ལུ་པར་ཤེས་སོ། །སྟེ་མ་དང་འགལ་བ་མིན་ཏེ་ཅིག་ཅར་སྤྲུལ་པ་བརྒྱ་འགྱེད་པར་ཞལ་གྱིས་བཞེས་པས་སོ། །

མཆོག་དང་མཐུན་པར་རྫོགས་པའི་སངས་རྒྱས་སུ་བསྟན་ཚུལ་ནི། དེ་ཛ་གོར་བྱེས་པའི་དུས་དེ་ཉིད་དུ་ཨ་ཀ་རུའི་ཤིང་དྲུང་ན་ཡི་གེ་སྒྲུང་བ་ན་བུད་མེད་གཅིག་བྱུང་ནས། ཁྱོད་ཀྱི་ཡུལ་ཕ་མ། ཁྱོད་རང་གི་མིང་ཅི་ཞེས་དྲི་རྟོག་བྱེད་པ་ལ། ཡུལ་ནི་ཤར་ཕྱོགས་ཛ་གོ་ཡིན། །ཕ་ནི་བྲམ་ཟེ་གསལ་བ་ཡིན། །མ་ནི་བྲམ་ཟེ་གསལ་ལྡན་མ། །སྲིང་མོ་བྲམ་ཟེ་གསལ་སྒྲོན་ཏེ། །ང་རང་བྲམ་ཟེ་གསལ་འོད་ཡིན། །ཤིང་འདི་ཤ་པའི་སྟོང་པོ་ཡིན། །མ་ཏེ་ནོར་ཕྱིར་སྐྱོང་བ་ཡིན། །ཡི་གེ་བསླབས་ནས་དམ་ཆོས་བྱེད། །བྱས་པས་ཁྲོས་ཏེ། དེ་མ་ཡིན་ནོ། །འོ་ན་གང་ཡིན། དེ་ན་རེ། ཡུལ་ནི་ནུབ་ཕྱོགས་ཨུ་རྒྱན་ཡིན། །ཕ་ནི་བདེ་མཆོག་འཁོར་ལོ་སྡོམ། །མ་ནི་རྡོ་རྗེ་རྣལ་འབྱོར་མ། །སྲིང་མོ་ང་ཡིན་བདེ་སྟེར་མ། །མིང་པོ་པཎྜི་ཏ་ན་ཁྱོད། །བྱང་ཆུབ་ཤིང་གི་ནགས་ཚལ་དུ། །ཉམས་མྱོང་མ་ཏེ་སྐྱོང་འདོད་ན། །སྐད་རྒྱུད་ཡི་གེ་མེད་པ་ནི། །དྲི་མེད་མཁའ་འགྲོའི་ལག་ན་ཡོད། །ཅེས་ཟེར། ངས་ལོན་ནམ་བྱས་པས། ལུང་བསྟན་དམ་ཚིག་ལྡན་པ་ཡི། །སྤྲུལ་པ་ཁྱོད་ཀྱིས་བླངས་ན་ལོན། །ཟེར། དེར་འགྲོ་བ་ལ་ཅི་དགོས་དྲིས་པས། ཤེལ་གྱི་སྐས། རིན་པོ་ཆེའི་ཟམ་པ། རྩྭ་བྱི་གཟུང་གི་ལྕེ་མིག་གསུམ་དགོས་ཟེར་ཏེ་མི་སྣང་ངོ་། །དེར་ནང་དུ་ལོག་ནས་ཕ་མ་ལ་བསྐད་པས་རྫས་གཏད་དེ་སོང་ཟེར། ཕྱིན་པས་སྐད་ཅིག་ལ་ཨུ་རྒྱན་དུ་བརྗོལ།

ལྟུགས་རི་འོབས་རིམ་པ་བདུན། དེའི་དབུས་ན་ཧེ་རུ་ཀ་རང་བྱུང་གི་གཙུག་ལག་ཁང་ངམ། ཧྨ་གཉྫུ་འདུག་པའི་འགྲམ་དུ་སླེབས། །ཟ་བྱེད་ལས་ཀྱི་མཁའ་འགྲོ་རྣམས་ཚོགས་ཏེ། །བདག་ཅག་ཟ་བྱེད་མཁའ་འགྲོ་སྟེ། །ཤ་ལ་ཟ་ཞིང་ཁྲག་ལ་རྟམ། །ཟེར་ནས་ཆོ་འཕྲུལ་སྟོན། མི་འཇིགས་མཁའ་འགྲོ་དུ་མས་ཀྱང་། །ང་ཡི་བ་སྤུའི་རྩེ་མི་གཡོ། །བྱས་ཏེ་ཞལ་གྱིས་མནན་པས་ནོན་ནས་ལྟུགས་རི་ལ་ཤེལ་གྱི་སྐས་བཙུགས། འོབས་ལ་རིན་པོ་ཆེའི་ཟམ་པ་བཏང་སྒོ་དྲུང་དུ་བསླེབས་པ་དང་། བདག་ཅག་དམངས་མོ་དབང་ཆུང་བས། །བློན་མོའི་ཚོགས་ལ་མ་ཞུས་པར། །བདག་གི་ཤ་ཟ་ཁྲག་འཐུང་བས། །དམ་པ་བདག་ལ་དགོངས་ཟེར་ནས་ཡོངས་སྐྱ་བློན་མོའི་ཚོགས་ལ་ཞུར་སོང་། མར་མེ་ལ་ནི་སྦྲང་མ་བཞིན། །བདག་འཛེམས་སྒོ་མ་ག་ལ་སྲིད། །བྱས་ནས་ལྷེ་མིག་གིས་སྒོ་ཕྱི་སྟེ་ནང་དུ་འཚངས་པས། དེར་གནས་པའི་མཁའ་འགྲོ་རྣམས་ཀྱིས་འཇིགས་པའི་ཆ་བྱད་བསྟན་ཏེ་གླགས་བལྟ་བས། ལུས་ངག་ཡིད་ཟིལ་གྱིས་གནོན་པའི་ལྟ་སྟངས་བྱས་པས། དེ་དག་གི་རྒྱལ་མོ་ཆོས་སྐུ་ཡེ་ཤེས་ཀྱི་ཌཱ་ཀི་མ་ལ་ཞུས་པས་གནང་བ་ཐོབ་སྟེ་དཀྱིལ་འཁོར་ཆེན་པོའི་དབུས་སུ་བཞུགས་སོ། །

དེར་བཅོམ་ལྡན་འདས་མ་ལ་གུས་བཏུད་མ་བྱས་པར་འདུག་པ་ལ། དཔའ་བོ་དཔའ་མོ་དེ་དག་གིས། །འདི་ནི་དུས་གསུམ་སངས་རྒྱས་ཀྱི། །ཡུམ་གྱུར་བཅོམ་ལྡན་འདས་མ་ལ། །མ་གུས་པ་ཡི་ཚུལ་ཅན་འདི། །ཅི་ཡི་ཕྱིར་ན་འཛེམས་མི་བྱ། །ཞེས་ཟེར་བ་ལ། བཅོམ་ལྡན་འདས་མ་ཉིད་ཀྱིས། འདི་ནི་དུས་གསུམ་སངས་རྒྱས་ཀྱི། །ཡབ་གྱུར་བདེ་མཆོག་འཁོར་ལོ་སྟེ། །འདི་ལ་མཁའ་ནས་རྡོ་རྗེ་ཡི། །སེར་བ་ཕབ་ཀྱང་གནོམ་མི་ནུས། །གསུངས། དེར་ཁྱོད་ཅི་ལ་འོངས་ཟེར། བདག་རང་པཎྜི་ཏ་ཡིན། །སྙིང་མོ་བདེ་སྟེར་མ་ཡིས་བཏང་། །སྐན་རྒྱུད་ཡི་གེ་མེད་པ་ཞུ། །བྱས་པས། སྐུ་ཙ་ཀ་ལི། གསུང་ཡིག་འབྲུ། ཐུགས་ཕྱག་རྒྱའི་བརྡ་གསུམ་བསྟན་བྱུང་བ་ལ། ཙཀ་ལི་སྐུ་ཡི་དགོར་མཛོད་ནས། །བརྒྱུད་པ་ཡིད་བཞིན་ནོར་བུ་ཞུ། །ཡིག་འབྲུ་གསུང་གི་དགོར་མཛོད་ནས། །སྨིན་ལམ་ཡིད་བཞིན་ནོར་བུ་ཞུ། །ཕྱག་མཚན་ཐུགས་ཀྱི་དགོར་མཛོད་ནས། །གྲོལ་ལམ་ཡིད་བཞིན་ནོར་བུ་ཞུ། །བྱས་པས། ཙཀ་ལི་སྐུ་ཡི་དགོར་མཛོད་ན། །བརྒྱུད་པ་ཡིད་བཞིན་ནོར་བུ་ལ། །དམ་ཚིག་དག་གི་ལྕགས་བཙུག་པས། །དམ་ཚིག་མེད་པས་ཕྱེད་མི་འགྱུར། །ཡིག་འབྲུ་གསུང་གི་དགོར་མཛོད་ན། །སྨིན་ལམ་ཡིད་བཞིན་ནོར་བུ་ལ། །ལུང་བསྟན་དག་གི་ལྕགས་བཙུག་པས། །ལུང་མ་བསྟན་གྱིས་ཕྱེད་མི་འགྱུར། །ཕྱག་མཚན་ཐུགས་ཀྱི་དགོར་མཛོད་ན། །གྲོལ་ལམ་ཡིད་བཞིན་ནོར་བུ་ལ། །གྲུབ་ཐོབ་དག་གི་ལྕགས་བཙུག་པས། །མ་ཐོབ་པ་ཡིས་ཕྱེད་མི་འགྱུར། །གསུངས་སོ། །དེ་ལ། མཁའ་འགྲོའི་ལུང་

བསྟན་ལྡེ་མིག་ཡོད་གསུངས་པས། མཁའ་འགྲོ་རྣམས་ཧ་གད་དུ་བགད་ནས། དམུས་ལོང་བལྟས་པས་གཟུགས་མི་མཐོང་། །འོན་པས་ཉན་པས་སྒྲ་མི་ཐོས། །ལྐུགས་པས་སྨྲས་ཀྱང་དོན་མི་ཞ་བོ་བརྐྱུགས་པས་རྗེས་མི་སླེབ། །བདུད་ཀྱིས་བསླུས་སོ་བདེན་པ་མེད། །གསུངས། དེའི་ལན་དུ། མཁའ་འགྲོའི་གསང་ཚིག་ཐུགས་ཀྱི་སྡོམ། །མ་རིག་མུན་སེལ་ཡེ་ཤེས་སྒྲོན། །རང་ཉིད་རང་བྱུང་རང་གསལ་གྱི། །དམ་ཚིག་རང་བྱུང་ལྡེ་མིག་ཡོད། །གང་ཡང་སྐྱེ་བ་མེད་པ་ཡི། །སེམས་ཉིད་ཆོས་ཉིད་ཆོས་སྐུ་ལ། །ལུང་བསྟན་ཕྱག་རྒྱ་ཆེན་པོ་རུ། །ལྷུན་གྲུབ་ཉམས་ཀྱི་ལྡེ་མིག་ཡོད། །དམིགས་མེད་ཡིད་ལ་མི་བྱེད་ཅིང་། །དྲན་པ་རྟུལ་ཙམ་མེད་པ་ཡི། །རང་གི་རང་མྱོང་རང་གསལ་གྱི། །གྲུབ་ཐོབ་ཉམས་ཀྱི་ལྡེ་མིག་ཡོད། །ཉེས་པར་བཅས་པས་རྫུན་མི་གསུང་། །བྱས་པས། བཅོམ་ལྡན་འདས་མས། བདག་གི་ཡབ་གྱུར་བཅོམ་ལྡན་འདས། །བདེ་མཆོག་འཁོར་ལོ་བདེ་བའི་མཆོག །ཏེ་ལོ་སངས་རྒྱས་འགྲོ་བའི་མགོན། །ཡིད་བཞིན་ནོར་བུ་རྣམ་གསུམ་འབུལ། །གསུངས་ཏེ། རྗེས་ཆགས་ཀྱི་མཆོད་པས་མཉེས་པར་བགྱིས་ཏེ་སྙན་རྒྱུད་ཀྱི་གདམས་ངག་གནང་། རྣམ་གཞུའི་རྒྱུད་ཐམས་ཅད་ཀྱི་བདག་པོར་བསྐོས་སོ། །

དེ་ནས། ངའི་མཁའ་ལ་བྱ་བཞིན་དུ། །ཐོགས་མེད་ཤེས་རབ་བཟང་པོ་འགྲོ། །ཞེས་གསུངས་པས་མཚན་དེ་ལྟར་གྲགས་སོ། །མཁའ་འགྲོ་མ་རྣམས་ཀྱིས། སྐྱེས་བུ་ཁྱོད་ནི་གང་དུ་འགྲོན། །བདག་ཅག་དོན་དུ་བཞུགས་སུ་གསོལ། །ཞུས་པས། ནཱ་རོ་རི་རི་ཀ་སོ་རི། །བུ་རྣམས་དོན་དུ་རྣལ་འབྱོར་བདག །གཙུག་གི་ནོར་བུའི་དགོན་པར་འགྲོ། །ཞེས་གསུངས་ནས་གཤེགས་པའི་ལམ་དུ་གཟུགས་མེད་ལ་སྒྲར་གྲགས་པས་ལུས་མེད་མཁའ་འགྲོའི་ཆོས་སྐོར་རྣམས་སྩལ་ལོ། །བདག་གིའང་། གཞན་ལ་སྟོན་ན་དེ་ལྟར་བགྱི། །སྒྱུ་མ་ལུས་ཀྱི་གཉྫི་ལར། །ལུས་མེད་མཁའ་འགྲོའི་གསང་གཞུག་སྟེ། །བརྗོད་མེད་ངག་གི་ལྟུགས་བསྡམས་ནས། །འོད་གསལ་སེམས་ཀྱི་བྱ་འཕུར་འགྲོ། །ཞེས་ཨོ་ཌྱཱ་ཡུ་རིའི་གཙུག་ལག་ཁང་ཡོད་སར་བྱོན་ནོ། །དེར་སྐལ་བ་དང་ལྡན་པ་རྣམས་རྗེས་སུ་འཛིན་པ་ལ་ད་ལྟའི་བར་དུའང་བཞུགས་ལ། དེ་ཉིད་ཀྱིས། ང་ལུས་དགྱེས་པའི་རྡོ་རྗེ་སྟེ། །ངག་ནི་མ་ཧཱ་མ་ཡཱ་ཡིན། །སེམས་ནི་བདེ་མཆོག་འཁོར་ལོ་ཉིད། །དབང་པོ་གསང་བ་འདུས་པ་ཡིན། །ཡན་ལག་དགྲ་རྒྱུད་ནག་པོ་སྟེ། །ཉིང་ལག་རྡོ་རྗེ་འཇིགས་བྱེད་ཆེ། །བསྐྱེ་དུས་གསུམ་སངས་རྒྱས་ཀྱི། །སྐུ་གསུང་ཐུགས་དང་དབྱེར་མེད་དོ། །ཞེས་གསུངས་པ་ཡིན་ནོ། །

༈ དེ་ལ་སློབ་མ་རྒྱལ་རིགས་ནཱ་རོ་པ། བྲམ་ཟེ་རི་རི་པ། རྗེ་རིགས་ཀ་སོ་རི་པ་ལ་སོགས་པའི་

སློབ་མ་མང་དུ་མཆིས་པ་ཀུན་གྱི་ནང་ནས་མཆོག་ཏུ་གྱུར་པ་དཔལ་ནཱ་རོ་པ་སྟེ། དེའི་ལོ་རྒྱུས་ནི། ཀཤྨིར་ཁ་ཆེ་སྟེ། སྟོན་དགྲ་བཅོམ་པ་ཉི་མ་གུང་པས་ཕྱོགས་དེ་ཀླུ་ལས་བླངས། དེར་སྐྲུ་མ་མཁན་སྐྲུ་མ་སྐྱིད་བཅུག་པ་ཕུན་སུམ་ཚོགས་ཏེ་མི་འཇིག་པར་བྱིན་གྱིས་བརླབས་པས། གྲོང་ཁྱེར་དཔེ་མེད་ཅེས་བྱ་བར་བྲམ་ཟེའི་རིགས་ལ་དཀར་ནག་བརྒྱད་ཡོད་པའི་བཟང་ཤོས་བྲམ་ཟེ་རྒྱལ་པོ་བྱེད་པའི་མིང་ནཱ་རོ་ཏ་པ་ཞེས་བྱ་བའི་བརྒྱུད། ཡབ་ཁ་ཆེའི་རྒྱལ་པོ་དགེ་བའི་གོ་ཆ། ཡུམ་དཔལ་གྱི་བློ་གྲོས་ཀྱི་སྲས་སུ་འཁྲུངས། མཚན་ཀུན་ཏུ་བཟང་པོ། ལྕམ་དཔལ་གྱི་ཡེ་ཤེས་ཞེས་བྱ་སྟེ་ལྕམ་སྲིང་གཉིས་སོ། །དེ་ཆེར་སྐྱེས་ནས་བྲམ་ཟེ་ལས་དྲུག་ལ་སོགས་པ་ཕྱི་རོལ་པའི་རིག་པའི་གནས་ཐམས་ཅད་ཁོང་དུ་ཆུད། སངས་རྒྱས་ཀྱི་བསྟན་པ་ལ་དད་ནས་ཡབ་ཡུམ་ལ་གནང་བ་ཞུས་ཏེ། ཡུལ་དེ་ཉིད་ཀྱི་དགྲ་བཅོམ་པ་ལྔ་བརྒྱའི་བཞུགས་གནས་བདུད་རྩི་འབྱུང་བའི་གཙུག་ལག་ཁང་ཞེས་བྱ་བར་བྱེ་བྲག་སྨྲ་བའི་འདུལ་བ་འཛིན་པ་ཛི་ན་མི་ཏྲ་ལས་རབ་ཏུ་བྱུང་སྟེ་ཆོས་ཀྱི་རྒྱལ་མཚན་ཞེས་བྱ། སྡེ་སྣོད་གསུམ་པར་གྱུར་ནས་ཡུལ་དབུས་ན་ལེནྡྲར་བྱོན། གནས་བརྟན་ཀླུའི་སྡེ་ཞེས་བྱ་བ་མཁན་པོ་བྱེད་པས། དེ་ལས་སེམས་ཙམ་དང་། ཨཱ་ཀ་ར་ཤཱནྟི་པ་ཞེས་བྱ་བ་ཨཱརྻ་དེ་ཝ་དང་། ཟླ་བ་གྲགས་པའི་སློབ་མ་དེ་དང་། ཀུ་ཀུ་རི་པའི་སློབ་མ་ཆོས་ཀྱི་པའམ་འགྲོ་བཟང་སྙིང་པོ། རིག་སྔགས་འཆང་རྒྱལ་བའི་སྡེ་སོགས་ལས་ཐེག་པ་ཆེན་པོ་གཉིས་ཀྱི་གཞུང་ལུགས་རྒྱ་མཚོ་ལྟ་བུའི་ཐོས་པ་མཛད། མི་བརྗེད་པའི་གཟུངས་ཐོབ་པས་བློ་གྲོས་ཀྱི་ནོར་བཙུན་པ་དབྱིག་གཉེན་ལ་སྟོ་བས་ཐམས་ཅད་དུ་གནས་བརྟན་བསྟན་པ་འཛིན་པ་ཞེས་གྲགས་སོ། །དེར་མུ་སྟེགས་བྱེད་ཀྱི་རྒོལ་བ་གླང་པོ་ཆེན་པོ་ལྟ་བུའི་ཁེངས་པ་དག་རྩོད་པའི་གྲྭར་འདུལ་བ་ལ་སྨྲ་བའི་སེངྒེ། རང་དང་གཞན་གྱི་སྡེ་པ་ཐམས་ཅད་ཀྱིས་རྩོད་མེད་ཅེས་སམ། དཔལ་འཇིགས་མེད་གྲགས་པ་ཞེས་བསྟགས་ཏེ་ལུང་དང་རིག་པ་སྨྲ་བ་ཐམས་ཅད་ཀྱི་གཙུག་གི་ནོར་བུར་བཀུར་རོ། །དེར་ན་ལེནྡྲའི་མཁན་པོ་མཛད་དེ་བསྟན་པ་ཡུན་རིང་དུ་བསྐྱངས་པས་རྒྱལ་སྲས་ནཱ་ལེནྡྲ་པ་ཞེས་གྲགས་ཤིང་། སློབ་དཔོན་ཅི་ལུ་པས་དེར་བྱོན་ཏེ་དཔལ་དུས་ཀྱི་འཁོར་ལོ་ལེགས་པར་བཤད་པ་ན། འཁོར་པཎྜི་ཏ་ལྔ་བརྒྱ་དང་བཅས་པས་ཞབས་ལ་བཏུད་པས། དེ་ལ་དུས་ཞབས་པ་ཆེན་པོ་ཞེས་དང་། འདི་ཉིད་ལ་དུས་འཁོར་ཞབས་ཆུང་བ་ཞེས་གྲགས་ལ། དཔལ་དུས་ཀྱི་འཁོར་ལོ་དབང་མདོར་བསྟན་པའི་འགྲེལ་པ། དགྱེས་རྡོར། འདུས་པ་རྒྱུད་ཕྱི་ལ་སོགས་པའི་འགྲེལ་པ་མཛད་དེ་ཡོངས་སུ་རྫོགས་པའི་པཎྜི་ཏ་ཆེན་པོ་ཡ་ཤ་བྷ་དྲ་སྙན་གྲགས་བཟང་པོ་ཞེས་སུའང་འཇིག་རྟེན་དག་སྒྲོག་དེ་ལྟ་བུའི་རིང་པོ་ཞིག་ཏུ་བསྟན་པ་བསྐྱངས། སྒོམ་པར་བཞེད་ནས་ཙུང་ཟད་མཉམ་པར་བཞག

པ་ན་རང་གི་སེམས་བ་འཛོ་བའི་ནུ་མ་འཐེན་པའི་ཡུན་ཙམ་ཡང་མི་གནས་པས། སེམས་ལ་དབང་ཐོབ་པའི་གདམས་པ་ཞིག་དགོས་པར་འདུག་སྙེ་སུ་ཞིག་གིས་སྟོན་པར་འགྱུར་སྙམ་པ་དང་། དུས་ལ་བབ་པར་གཟིགས་ནས། རྒྱུད་ཀྱི་གླེགས་བམ་ཞིག་ཁ་ཕྱེ། དེ་ལ་གཟིགས་རྟོག་བྱེད་པའི་སྐབས་གྲིབ་མ་ནག་ཡོལ་གྱིས་བྱུང་བ་སུ་ཡིན་བལྟས་པས། བུད་མེད་མི་སྡུག་པའི་མཚན་བཅོ་བརྒྱད་ཡོད་པ་འཇིགས་སུ་རུང་བ་ཞིག་རྒྱབ་ན་སྣང་། དེ་ན་རེ། ཁྱོད་ཀྱིས་ཀློག་པ་དེའི་ཚིག་ཤེས་སམ་དོན་ཤེས་ཟེར། ཚིག་ཤེས་བྱས་པས་དགའ། དོན་ཤེས་བྱས་ངུའོ། །དེ་ལ་ངས་ཚིག་ཤེས་བྱས་པ་ལ་དགའ། དོན་ཤེས་བྱས་པ་ལ་ཅིའི་ཕྱིར་མི་དགའ་བར་ངུ་བྱས་པས། དེ་ན་རེ། ཁྱོད་པཎྜི་ཏ་མཁས་པས་ཚིག་ཤེས་ཟེར་བ་དྲང་པོར་སྨྲས་པས་དགའ་བ་ཡིན། དོན་ཤེས་ཟེར་རྫུན་དུ་སྨྲ་བས་ངུས་སོ་ཟེར། འོན་འདིའི་དོན་ཤེས་པ་སུ་ཡོད་བྱས་པས། ངའི་མིང་པོས་ཤེས། གཞན་གྱིས་མི་ཤེས་ཟེར། མིང་པོ་སུ་བྱས་པས། ཏཻ་ལླི་པའོ་ཟེར་ནས་མི་སྣང་བར་གྱུར་ཏོ། །

དེ་མཁའ་འགྲོ་མའི་ལུང་བསྟན་ཡང་དག་པ་ཡིན་མིན་ཡི་དམ་གྱི་བསྙེན་པ་བྱས་པས་ཤེས་སྙམ་ནས། ཁ་ཆེའི་དུར་ཁྲོད་བདེ་ལྡན་བྱ་བར་བདེ་མཆོག་ཡི་གེ་བདུན་པའི་གསང་སྔགས་བཟླས། ཞག་བདུན་སྔགས་འབུམ་ཕྲག་གཅིག་སོང་བའི་ཐོ་རངས། ས་གཡོས། འོད་འབར། སྒྲ་དང་བཅས་པ་བྱུང་། དེར་ནམ་མཁའ་ནས་ཁྱོད་རྒྱ་གར་ཤར་ཕྱོགས་སུ་སོང་ཞིག །དེ་ན་རྣལ་འབྱོར་དབང་ཕྱུག་ཏཻ་ལླི་པ་ཞེས་བྱ་བ་ཡོད་ཀྱི། དེས་ཁྱོད་རྗེས་སུ་འཛིན་པར་འགྱུར་རོ་ཞེས་ལུང་བསྟན་ནོ། །དེ་ནས་མཚམས་གྲོལ་ཏེ་ནཱ་ལེནྡྲར་དགེ་འདུན་ལ་གནང་བ་ཞུས་ནས་ཤར་ཕྱོགས་སུ་འགྲོ་བར་བརྩམས་སོ། །དེར་དགེ་འདུན་རྣམས་ཀྱིས། བསྟན་རྩ་དགེ་འདུན་སྡེ་ཡིན་ལ། །སྡེ་སྤྱངས་ཆོས་མེད་གང་དུ་གཤེགས། །ཞེས་སོགས་ནན་ཆེན་པོས་གསོལ་བ་བཏབ་ཀྱང་མ་གནང་། གྲོགས་པོ་རིན་ཆེན་རྡོ་རྗེ་ལ་རྒྱ་གར་ཤར་ཕྱོགས་ན་ཏཻ་ལླི་པ་ཞེས་བྱ་བའི་གྲུབ་ཐོབ་ཆེན་པོ་ཞིག་བཞུགས་ཟེར། ང་དེར་འགྲོ། གྲོགས་པོ་རང་ཡང་འདོང་ངམ་བྱས་པས། དེ་ན་རེ། ང་རིག་པའི་གནས་ལྔ་ལ་མཁས་པ་ཀུ་ས་ལི་ལ་འདུད་དུ་མི་འགྲོ། དེ་བས་ཁྱོད་རང་ཡང་འདིར་བཞུགས་ཟེར། དེར་ནཱ་ལེནྡྲའི་མཁན་པོ་དེ་ལ་གཏད་དེ་གོ་ཏྲ་བའི་ཡུལ་དུ་ཆས་སོ། །དེར་ལམ་དུ་རྒྱ་གར་ཤར་ཕྱོགས་ནི་ཡུལ་ཤིན་ཏུ་རྒྱ་ཆེ་བ་ཡིན་པ་ལས། ངས་སྔར་གྱི་སྒྲ་དེ་ལ་ཤར་ཕྱོགས་ཀྱི་ག་ན་ཡོད་ཅེས་དྲི་དགོས་རྒྱུ་ལ་མ་དྲིས་སྙམ་སྐྱོ་ནས་སོང་བ་ལས། ཡུལ་དེ་དང་དེའི་མི་དག་ལ་དྲིས་པས་མིང་ཙམ་ཡང་རྩད་མ་ཆོད་ནས། ནགས་དབེན་པ་ཞིག་ཏུ་ངལ་གསོ་བའི་དོན་དུ་རྩྭའི་སྒྲིལ་པོ་བཅས་ཏེ་རེ་ཞིག་འདུག་པར་བསམས། དེར་རྗོན་པ་ཞིག་འོངས་པས་མཐོང་ནས།

ཁྱོད་སུ་ཡིན་ཟེར། ང་ཁ་ཆེ་བ་རྒྱ་གར་ན་ཆེ་བའི་པཎྜི་ཏ་ཞིག་ཡིན་བྱས་པས། འདི་ན་ཅི་བྱེད་ཟེར། སློམ་པ་ཡིན་བྱས་པས། ཁྱོད་འོ་བརྒྱལ་ཡུལ་འདིའི་རྒྱལ་པོ་ལ་པཎྜི་ཏ་ལྔ་བརྒྱ་ཡོད། ནངས་ཀྱི་ཚེ་ཤོས་གྲོངས་པས་དཔོན་མེད་ཟེར། ང་མི་འགྲོ་གསུངས་པས། ཁོ་ལོག་སྟེ་རྒྱལ་པོ་ལ་གསོལ་པས། པཎྜི་ཏ་དེ་ལྟར་འདུག་པ་མི་རིགས། འགའ་ཞིག་གིས་རྫུན་བྱས་པ་ཡིན་ནམ། འོན་ཀྱང་འདི་ན་ཁ་ཆེ་བའི་ཚོང་པ་འདུག་པས། བདེན་ན་དེ་དག་ལ་རྒྱུས་ཡོད་དྲིས་ཤིག །དེ་དག་ན་རེ་ནཱ་རོ་པ་ཞེས་བྱ་བ་པཎྜི་ཏ་ཆེན་པོ་ཞིག་བླ་མ་ཚོལ་ལོ་ཟེར་རྒྱ་གར་ཤར་ཕྱོགས་སུ་སོང་། དེ་ཡིན་སྲིད་ཟེར། དེར་རྒྱལ་པོས་སྤྱན་དྲངས་ནས་དེ་དག་རྟོག་ཏུ་བཙུག་པས་ཡིན་པར་འདུག་ཅེས་ཐམས་ཅད་ཀྱིས་དད་པར་བྱས་ཏེ་པཎྜི་ཏ་རྣམས་ཀྱི་དཔོན་དུ་བསྐོ་ཟེར། དེར་བླ་མ་ནི་རྟད་མ་ཆོད་འཁྲུམ་པ་ངལ་བས་རེ་ཞིག་ཞལ་གྱིས་བཞེས་སོ། །དེའི་ཚེ་ཡུལ་དེ་ན་བུ་མོ་མཚན་དང་ལྡན་པ་ཞིག་འདུག་པ་ཕྱུག་རྒྱུར་བཞེས་པ་འཁོར་གྱིས་རིག་ནས་ཁྲིམས་ཉམས་ཞེས་སྐུར་པ་བཏབ། རྒྱལ་པོས་ཁྲོག་ཏུ་བརྟག་པ་བྱས་པས་བདེན་པར་འདུག་སྐམ་དེར་འོངས་ཏེ་གྲགས་པ་ངན་པ་འདི་ལྟ་བུ་མཆིས་པས་མ་སངས་ཀྱི་བར་གཞན་དུ་བཞུད་ཅིག་ཟེར་བས། ཐུགས་ཁྲེལ་ནས་མཐུ་བྱ་བར་དགོངས་ཏེ་ནགས་ཀྱི་ལྦོངས་རི་དེའུ་མི་ཆུང་བ་ཞིག་འདུག་པའི་རྩེར་རྩྭའི་སྤྱིལ་པོ་བྱས། དེའི་ཕྱི་ལ་འདམ་གྱིས་གཡོགས་ནས་མུན་པར་ཨུ་རྒྱན་ཀོང་ཀ་ནའི་ལུགས་ཀྱི་བདེ་མཆོག་བསྒྲུབ་པ་མཛད་དེ། ཟླ་བ་བདུན་སོང་བ་ན་གྲུབ་པའི་མཚན་མ་བྱུང་། དེར་རྒྱལ་པོ་ལ་མཐུ་བྱ་བའི་རྫས་བསགས། རྟགས་ས་གཡོས་རི་འགྱུལ་བྱེད་འདུག་པས། ནགས་དེའི་འདབས་ན་ཞིང་སྐྱོང་གི་མཁའ་འགྲོ་མ་གཉིས་ཤིག་གནས་པས། རྒྱ་མཚན་ཤེས་ནས་ཐ་མལ་པའི་བུད་མེད་གཉིས་སུ་བྱས་ཏེ་ནཱ་རོ་པའི་རྩར་འོངས་ནས་གཡས་གཡོན་དུ་འདུག །དེ་ལ་འདི་རྣམས་ཅི་ཡིན་ཞེས་དྲི་བ་ལ། ང་ལྟ་ཞིག་སྒྲུབ་པའི་དེའི་རྫས་ཡིན་བྱས་པས། ཁྱོད་བདེ་མཆོག་གི་རྣལ་འབྱོར་པར་འདུག་པས། དེའི་རིགས་གང་སློམ་གསང་མི་དགོས་ཤོད་དང་ཟེར། ཀོང་ཀ་ནའི་ལུགས་སོ། །

དེ་ལ་ཧེ་ལྟ་བུ། བཤད་པས། ཁྱོད་ཀྱི་དེ་ཚོ་ནོར་འདུག་དེ་ལྟར་མིན་ཟེར། འོན་གང་འདྲ་སྨྲས་པས། འདི་ལྟ་བུ་ཟེར་བཤད་པས། མིག་བཙུམ་ཙུང་ཟད་བསམས་པས་དེ་འཐད་པར་མཐོང་ནས་ལན་འདེབས་བསམ། མིག་ཕྱེ་ནས་བལྟས་པས་གར་སོང་མི་སྣང་། བཙལ་བས་མ་རྙེད། རྗེས་ཙམ་ཡང་མི་སྣང་ནས། ངས་མ་ལེགས་པ་ཞིག་བྱས་འདུག །དེ་གཉིས་མཁའ་འགྲོ་མར་འདུག་པ་བསམ་ནུབ་མོ་གསོལ་བ་བཏབ་སྟེ་དུང་མཛལ་དུ་རེ་བ་ན། ཐོ་རངས་དེ་གཉིས་རྨི་ལམ་དུ་བྱོན་ནས། ངེད་ཞིང་སྐྱོང་གི་མཁའ་འགྲོ་མ་ཡིན། གཅིག་གི་མིང་ནི་རིགས་ཀྱི་དབང་ཕྱུག །གཅིག་ལ་ཀ་ཀ་ཞེས་བྱ་བ་

ཡིན་ནོ། །ཁྱོད་རྒྱལ་པོ་ལ་མཐུ་བྱེད་པས་དེ་འཁོར་བཅས་རླག་ནུས། དེས་ཁྱོད་རློམ་སེམས་སྐྱེས་ནས་དམྱལ་བར་སྐྱེ་བ་མཐོང་ནས་ངེས་ཀྱིས་མ་བཟོད་ནས་ཟློག་ཏུ་འོངས་པ་ཡིན། ཁྱོད་རང་གི་སྐྱེ་བ་བདུན་གྱི་བླ་མ་ཤར་ཕྱོགས་ཛཧྣ་ལའི་རྒྱུད་ན་བཞུགས་ཀྱི་དེ་ར་སོང་ཞིག་ཟེར། མནལ་སད་པ་དང་རྫས་རྣམས་སྦྱངས་ཏེ་མེད་པར་བཏང་། ཤར་ཕྱོགས་སུ་བྱོན། དེར་ལམ་དོག་པོ་ཞིག་ན་མཛེ་མོ་ཞིག་འདུག་པ་ལ་ཕྱིར་སྐྱིད་བྱས་པས་མི་འགྲོ། སྐོར་ས་མེད་ནས་འགོངས་ཏེ་ཕྱིན་པས། རྟོག་པ་དང་བཅས་ཁྱོད་ཀྱིས་ནི། །བླ་མ་རྙེད་པར་ག་ལ་འགྱུར། །ཟེར་ནས་ཡལ་སོང་། དེ་ལ་སོགས་པ་བཅུ་གཉིས་ཙམ་བྱུང་། དེ་དག་དཀའ་ཐུབ་ཏུ་བགྲང་། དེ་ནས་ཛཧྣ་ལའི་ཨོ་ཙ་ཡ་ནའམ། ཨོ་ཏནྟ་གཙུག་གི་ནོར་བུའི་གཙུག་ལག་ཁང་། འདི་བུའི་ཆོས་འབྱུང་དུ། རྒྱལ་པོ་གོ་པཱ་ལས་བཞེངས་ཟེར་དེ་མ་ཡིན། མཁན་པོ་བོ་དྷི་ས་ཏྭའི་གསུང་ལས། མུ་སྟེགས་བྱེད་དབང་ཕྱུག་གྲུབ་པ་ཞིག་གིས་རོ་ལངས་བསྒྲུབས། གྲུབ་ཁར་དེའི་རོགས་སངས་རྒྱས་པའི་དགེ་ཚུལ་སྙིང་སྟོབས་ཅན་རང་བཞིན་བཟང་པོར་གྲགས་པ་ཞིག་ལ་བཙོལ་ནས། དེ་དང་རོ་ཁ་སྦྲུད་དེ་ལངས་ན་མཤོར་བར་གྱིས་ལྕེ་བྱུང་བ་ན་སོས་ཆོད་ཅིག །གལ་ཏེ་ཤོར་ན་བདག་ཅག་དང་གྲོང་ཁྱེར་ཕུང་བར་འགྱུར་རོ། །ཞེས་ཁོ་དང་རོ་ཁ་སྦྱར་ཏེ་བཞག །ཁོ་རང་རིག་སྔགས་བཟླ། ནམ་གུང་ཙམ་ན་རོ་ལངས། མ་ཞེད་པར་བསྡད་པས་ཧེ་ལྕར་ཟེར་བ་ལྕར་ལྕེ་ཕྱུང་ངོ་། །དེ་སོས་བཅད་པས་རལ་གྲིར་སོང་། དེ་དགེ་ཚུལ་གྱིས་ཁྱེར་བས་ཁོ་དངངས་ཏེ། ཁྱོད་སངས་རྒྱས་པ་སྙིང་རྗེ་ཆེ་བ་མ་ལགས་སམ། དེ་ལྟ་བུར་མ་གྲོགས་ཤིག་བྱས་པས། དགེ་ཚུལ་ན་རེ། ངས་ལྷའི་ཡུལ་བལྟས་ལ་མྱུར་བར་ལོག་སྟེ་ཁྱོད་རང་ལ་སྦྲུད་དོ་མ་འཛིགས་ཤིག་ཟེར་ནས། སུམ་ཅུ་རྩ་གསུམ་དུ་ཕྱིན། ལྷ་དང་བཅས་པའི་འཇིག་རྟེན་མཐོང་ནས་ཕྱིར་ལོག་རལ་གྲི་མུ་སྟེགས་བྱེད་དེ་རང་ལ་སྦྲུད། རོ་གསེར་གྱི་སྦྲམ་བུར་སོང་བ་དགེ་ཚུལ་གྱིས་བྱས། མུ་སྟེགས་དེ་མཁའ་སྤྱོད་དུ་སོང་། དགེ་ཚུལ་གྱིས་གླིང་བཅུ་གཉིས་རི་རབ་དང་བཅས་པ་ལ་དཔེ་བླངས་གསེར་དེས་རྒྱུ་བྱས་ནས་གཙུག་ལག་ཁང་བསྒྲུབས་པ་ཡིན་གསུངས། དཔལ་གྱི་བསམ་ཡས་དེ་ལ་དཔེ་བླངས་པ་ཡིན་ནོ། །དེར་བསླབས་པ་དང་དགེ་འདུན་དེ་དག་གིས་གང་ནས་བྱོན་སོགས་དྲིར་བྱུང་བ་ལ་ཧེ་ལྟ་བ་བསྟད། ཐམས་ཅད་ཀྱིས་སྟེར་ཐོས་པས་བཀུར་སྟི་ཆེན་པོ་བྱས་སོ། །དེ་དག་ལ་ཕྱོགས་འདི་ན་རྣལ་འབྱོར་གྱི་དབང་ཕྱུག་ཏི་ལླི་པ་ཞེས་བྱ་བ་ཡོད་ཟེར་བས་ད་ལྟ་ག་ན་བཞུགས་ཞེས་དྲིས་པས། དེ་དག་ན་རེ་རྣལ་འབྱོར་གྱི་དབང་ཕྱུག་ཏི་ལླི་པ་ཞེས་བྱ་བ་ཆ་མེད། སྤྲང་པོ་ཏི་ལླི་པ་ཞེས་བྱ་བ་ཞིག་འདི་ཀུན་ན་ཁོར་རེ་འོང་གི་འདུག་ཟེར། དེར་དགེ་འདུན་གྱི་ཆོས་སྟོན་འདུག་པའི་དཀྱུང་ལ་བཞུགས་ཟེར་ཏེ། ཚད་པས་གནང་

བ་ཞུས་ཏེ་ཚང་མལ་དུ་ཞུགས་པས། ཁ་ཟས་ཁྲིམ་ཚར་བ་ཙམ་ན། རྣལ་འབྱོར་པ་རས་ཀྱི་ཨང་རག་ཙམ་མིན་པའི་གོས་མེད་པ། ལུས་ཉི་ལྷགས་ཀྱིས་གདུངས་པས་སྔོ་སྐྱ་རལ་པ་སྤྱི་བོར་བཅིངས་པ་ཞིག་གིས་ཉ་གསོན་པོ་ཁྲིག་མ་གང་ཁྱེར་ནས། འབྲས་བཙོས་པའི་མེ་དམར་འདུར་རེ་བ་ལ་བསྲེགས་པས། ཐབ་ག་པ་རྣམས་རུབ་སྟེ་རྡེག་པར་བརྩམས་པ་ན། དེ་ན་རེ། ཁྱེད་རྣམས་མི་དགའ་འམ་ཟེར། དགེ་འདུན་གྱི་གནས་སུ་ཉ་གསོན་སྲེག་བྱེད་པ་ལ་ག་ན་དགའ་བྱས་པས། ལྟུ་ཧི་ཛ་ཛ་བྱས་པས་སིབ་ནམ་མཁའ་ལ་འཕུར་ཏེ་སོང་བས། ཐམས་ཅད་ཀྱིས་གྲུབ་ཐོབ་ཏུ་ཤེས་ནས་བཟེགས་པ་ལ་བཟོད་གསོལ་བྱས་སོ། །དེར་འདི་སུ་ཡིན་དྲིས་པས་སྤྲང་པོ་ཧི་ལླི་པ་ཟེར་བ་དེ་ཡིན་ཟེར། འདི་ཁ་ཧི་ལླི་པའོ་སྙམ་ནས་དེ་སོང་བའི་ཕྱི་བཞིན་འབྲངས་པས་གཙུག་ལག་ཁང་ཆེན་པོའི་རྒྱ་ཕིབས་ཀྱི་རྩེ་ལ་བཞུད་དོ། །

དེར་ཕྱིན་ནས་བདག་རྗེས་སུ་འཛིན་པར་ཞུས་པས། ཞིང་དང་བསམ་པ་དངོས་པོ་གསུམ། །གཅིག་ཏུ་དྲིལ་ལ་གསོལ་བ་ཐོབ། །གང་འདོད་འབྲས་བུ་འབྱུང་བར་ངེས། །ལྟེམ་ཀྱང་མ་བྱེད་རྣལ་འབྱོར་པ། །འདི་ནས་མར་མཆོང་ནུས་པ་སུ་ཡོད་གསུངས། བལྟས་པས་གཞན་མི་འདུག །ང་ལ་གསུངས་པ་ཡིན་སྙམ་ཚམ་ཚོམ་མེད་པར་མཆོངས་པས་རྐང་ལག་དང་རྩིབ་མ་ཆག །རྒྱུ་ལོང་དང་དོན་སྙིང་ལ་ཟུག །ལུས་བྱིན་འདམ་བུ་བཙོམ་པ་ལྟར་སོང་ནས། དགེ་འདུན་རྣམས་དེར་སླེབ་ཐམས་ཅད་ཧ་ལས་ཏེ་སྨྱོའམ་ཟེར་བ་ལ། བླ་མའི་བཀའ་བསྒྲུབས་པས་འདི་ལྟར་གྱུར་བ་ཡིན་བྱས་པས། འགྱོད་པ་མེད་དམ་ཟེར། ཅི་ལ་ཡོད་ཤི་ནའང་འཚེངས་མོད་གསུངས་ཏེ་དབུགས་རྩེག་དྲན་པ་མེད་པར་སོང་བ་ན། རྣལ་འབྱོར་པ་དེ་འོངས། ལུས་ལ་ཕྱག་གིས་བྱུགས་ཏེ། རོ་ཀ་ན་ཧེ། ཐོ་ག་ན་ཧེ་བྱས་པས་སྐད་ཅིག་མ་དེ་ལ་སྔར་བཞིན་གསོས་པས་ཐམས་ཅད་ཡིད་ཆེས་སོ། །དེ་ནས་ལོ་གཅིག་ཏུ་ཕྱག་ཕྱིར་འབྲངས་ཀྱང་གདམ་ངག་ལྟ་ཅི། གསུང་ཡང་མི་སྩོལ། སྐབས་ཤིག་ན་འོད་མའི་ཤག་མ་རྩེ་རྩེ་བ་མེ་ངར་བླུད་པ་རིང་ཐུང་མདའ་ཙམ་ཞིག་བསྣམས་ནས། འདི་མཁལ་ཁུང་དུ་རྒྱབ་ཏུ་སྟེར་བ་ཡོད་དམ་གསུང་། ནུས་ཞུས་རྐེད་པ་བཟེད་པས་བརྒྱབ་སྟེ་ཐལ་བྱུང་དུ་ཕུག་ནས་གར་སོང་མི་སྣང་། དེར་ན་ཟུག་གིས་ཚུགས་པ་མེད་ཀྱང་བླ་མའི་བཀའ་ཡིན་པས་ཤི་རུང་འཚེངས་སྙམ་པ་དང་བྱོན་ནས་ཕྱག་གིས་ཕྱུང་སྟེ་གསོས། དེ་ནས་ལོ་གཅིག་ན་ཤིང་སྐམ་པོ་འཐུས་ཅིག །འཐུས། སློབ་དཔོན་རང་ཡང་འཐུ། སྤུངས་ནས་མེ་གསུམ་སྒྲོམ་དུ་སྦར། འདིའི་དབུས་སུ་སྡོད་ནུས་སམ་གསུངས། ནུས་ཞུས་ཏེ་བསྡད་པས། ཤ་ཆིག་རུས་པ་དཀར་སང་སོང་། ད་རེས་སོས་པའི་ཐབས་མེད། བླ་མའི་བཀའ་བསྒྲུབས་པས་ཤི་རུང་འཚེངས་སོ་སྙམ་པ་བླ་མ་ཡིད་ལ་བྱས་པས་མེ་རང་ཞི། ཕྱག་གིས་བྱུགས་པས

སོས། དེར། ཀུན་ལ་བླ་མའི་རྣལ་འབྱོར་ཞིག །ཅི་དགུ་ཐམས་ཅད་བླ་མ་ལ། །གསོལ་བ་བཏབ་ལས་འབྱུང་བར་འདུག །བྱས་པས། གེགས་སེལ་རྣམས་ཀྱི་ཆོས་གཅིག་པུ། །བླ་མ་ཡིན་ནོ་རྣལ་འབྱོར་པ། །བོགས་འདོན་རྣམས་ཀྱི་ཆོས་གཅིག་པུ། །བླ་མ་ཡིན་ནོ་རྣལ་འབྱོར་པ། །ཞེས་གསུངས། ལོ་གཅིག་ན་གྲོང་ཁྱེར་པའི་མི་གཙང་བ་སྦྱངས་པའི་འདམ་ཁྲོད་ཅིག་ཏུ་ཁྲིད་ནས། འདི་ཟ་ནུས་སམ། ནུས་ཞུས་ཏེ། ཐེ་ཚོམ་མེད་པར་སྣོད་ཀྱིས་བཅུས་ཏེ་བཟས་པས། ཞེ་མི་ཞིམ་ཡང་འགྱོད་པ་མེད། དེ་ནས་ལོ་གཅིག་ན། ང་ལྷོགས་མ་གི་ན་སྨྲིན་གཏོང་བྱེད་པ་ཞིག་ཡོད་པས་སློངས་ཤིག་གསུངས། དགའ་ནས་ཕྱིན་པས་སྣོད་གང་ཐོབ་པ་སློབ་དཔོན་ལ་ཕུལ་བ་ཞིམ་ཞིམ་མཛད་དེ་གསོལ་ལོ། །ད་དུང་བཙལ་ལམ་ཞུས་པས་རུང་གསུངས། སླར་ཕྱིན། སྤྱིར་རྒྱ་གར་ལ་ཉི་མ་གཅིག་ལ་གནས་གཅིག་ཏུ་ལན་གཉིས་སློང་བའི་སྲོལ་མེད་པས་བསླངས་པས་ནི་མ་སྟེར། ལྷག་གི་སྣོད་འདུག་པ་དེ་བརྫས་ཏེ་འོངས་པས་ཐམས་ཅད་ཀྱིས་བདས་རྗེས་ཟིན། དབྱུག་པས་འདམ་བུ་བཅོམ་པ་བཞིན། འགྱོད་པ་མེད་པས་སློབ་དཔོན་ཕྱིན་ཏེ་སྔར་བཞིན་གསོས། དེ་ནས་ལོ་གཅིག་ན་རྒྱལ་པོའི་བཙུན་མོ་སྐྱིད་མོས་ཚལ་དུ་ཁྲིགས་ལ་བཏེག་སྟེ་འགྲོ་བ་གཟིགས་པ་ན། འདིའི་ནུ་མ་མཉེད་ནུས་སམ་གསུངས། ནུས་ཞུས་ནས་ཁྲམ་ཟེའི་ཚས་རི་དྭགས་ཀྱི་པགས་པས་སྐྲད་དགྲིས། ཚངས་སྐྱུད་བཅངས། ཀུ་ཤ་རྣ་བར་གཟེར། ལག་ཏུ་མེ་ཏོག་གི་འཕྲེང་བ་ཞིག་བཟུང་ནས་སྐོར་བསྡད་པ་ན། ཚུར་ལོག་པ་ན་དེའི་དྲུང་དུ་རིག་བྱེད་སྟོན་པས་བཀྲ་ཤིས་སོ་ཟེར། མེ་ཏོག་གི་འཕྲེང་བ་བཅིངས་ནས་ནུ་མ་མཉེས་པས་འཁོར་རྣམས་ཀྱིས་དབྱུག་པས་སྡར་ལྷར་བཅོམ། སློབ་དཔོན་ཕྱིན་ནས་གསོས། དེ་ནས་ལོ་གཅིག་ན་སློབ་དཔོན་ན་རེ། རྣལ་འབྱོར་པ་བྱ་བ་ཕྱུག་རྒྱུ་མ་དགོས་པ་ཡིན། ཁྱོད་ཀྱིས་བློན་པོ་བག་མ་བསུ་བ་དེ་འཕྲོག་ནུས་སམ། སྡར་ལྷར་ཁྲམ་ཟེར་བྱས་ནས། དེ་ཡོང་བའི་ལམ་དུ་བསྡད་པས་གཉེ་བོ་རྣམས་དགའ་ནས་བཀྲ་ཤིས་སོ་ཟེར། བག་མ་ལ་མེ་ཏོག་བཏགས་ནས་དེ་ཕང་དུ་ཁྱེར་དེ་བླངས་འཕུར་བར་བརྩམས་པས། ཐམས་ཅད་ཀྱི་བློན་པོ་བརྣམས་པ་འདི་ལྷར་བྱེད་པ་ཟེར་ནས་འདམ་བུ་བཞིན་དུ་བཏགས། རྐང་ལག་བཞི་བཅད་དེ་བཞག་དེ་རང་དུ་རེས་ནི་རྐང་ལག་བཅད་པས་འཕྱུད་དུ་ནི་མི་ཐུབ། སོས་པའི་ཐབས་མེད་བླ་མའི་ཕྱིར་ཡིན་ཤིའང་བྲོད་དོ་སྙམ་པ་ན། སློབ་དཔོན་ཕྱིན་ཏེ་ཆད་པ་འཕྱུད་ནས་སྔར་བཞིན་གསུངས་པས་སོས། དེ་ནས་ལོ་གཅིག་ན། ནཱ་རོ་པ་ཁྱོད་རང་ཆུང་མ་མ་གི་ལོང་གསུངས། བླ་མའི་བཀའ་ཡིན་བསམ་བླངས། གཏམ་ངན་གྱིས་རྒྱལ་ཁམས་ཁྱབ་པས་འགྱོད་པ་མེད་སྙམ་པ་དང་། ཆུང་མ་ཚོལ་བ་འདིས་ལན་གསུངས། རྡོ་རྗེའི་བུ་ག་ལྷུགས་ཀྱི་ཐུར་མས་གཤགས། རྡོའི་ཐོ་བ་གཉིས་ཀྱི་བར་དུ་བཙུག་ནས

བརྟུངས་པས་ན་ཚ་ལ་བཟོད་པའི་གླགས་མེད། ལུས་གཡོ་བ་ཙམ་ཡང་མེད་པར་བླ་མས་མཛད་པ་ཡིན་སྙམ། ཞག་དུ་མ་ན་བྱོན་ནས་སྔར་བཞིན་གསོས། དེ་ནས་ཆུང་མ་དེ་ང་ལ་དགོས་གསུངས། དགའ་སྟེ་ཕུལ་བས། འདི་ང་ལས་ནཱ་རོ་པ་ལ་དགའ་འོ་གསུངས། ཕྲག་དོག་དང་མིག་སེར་ཆེ་ཆེ་མཛད་པ་ལ། བླ་མ་མཉེས་འདུག་པ་བསམ་དགའ། དེ་ནས་ནངས་ཀྱི་མཐའ་མ་ལོ་བཅུ་གཉིས་པ་ན་མྱ་ངམ་གྱི་ཐང་ཆེན་པོར་ཁྲིད་དེ་ཆོས་བཤད་པས་མཎྜལ་ཕུལ་ཞིག་གསུངས། དགའ་དྲགས་ཆུ་བཙལ་བས་མ་རྙེད། ཁྱོད་ཀྱི་ལུས་ལ་ཁྲག་མེད་དམ་གསུངས། དེར་ལུས་ཀྱི་ཁྲག་རྩ་གཏོར་ཏེ་ཁྲག་གིས་ཆག་ཆག་བཏབ། མི་རྟོག་མེད་ནས་རྣ་བ་དང་ཉིང་ལག་གཏུབས་ཏེ་ཚོམ་བུར་བཀོད་པས་ཁྲག་མང་པོ་ཤོར་བས་བརྒྱལ་ལ་ཁད་ན། ཏཻལླི་པས་མཆིལ་ལྷམ་ཕྱུད་དེ། ཀྱེ་ཧོ་འདི་ནི་རང་རིག་ཡེ་ཤེས་ཏེ། །ངག་གི་ལམ་འདས་ཡིད་ཀྱི་སྤྱོད་ཡུལ་མིན། །ཏཻལླི་ངས་ནི་ཅི་ཡང་བསྟན་དུ་མེད། །རང་གིས་རང་ཉིད་མཚོན་ཏེ་ཤེས་པར་གྱིས། །ཞེས་ལྷམ་དབྲལ་བར་འཕངས་པ་ཕོག་པས་འགྱེལ། བརྒྱལ་སངས་པ་ན་གསོས། དེ་ཁོ་ན་ཉིད་མངོན་སུམ་དུ་གཟིགས་པས་བྱང་ཆུབ་སེམས་དཔའི་མཐོང་བའི་ལམ་བསྐྱེས་པ་ཁྱོད་ཀྱི་མིང་ཡེ་ཤེས་དངོས་གྲུབ་བོ་གསུངས་ཏེ། མར་པས། ལམ་སྦྱང་དཀའ་སྤྱོད་པའི་སྡུག་བསྔལ་ལ། །ཁྱད་དུ་བསད་པ་བཅུ་གཉིས་མཛད། །དཀའ་བ་སྤྱད་པའི་ཐུགས་དམ་དེས། །སྐད་ཅིག་ཉིད་ལ་བདེན་པ་གཟིགས། །ཤྲཱི་ཛྙཱ་ན་སིདྡྷིའི་ཞབས་ལ་འདུད། །ཅེས་གསུངས་སོ། །

དེའི་ཚེ་ནཱ་རོ་པས་རྟོགས་པའི་མགུར་བཞེངས་པ། འཆར་བ་མེད་ཅིང་ནུབ་པ་མེད། །ཉིན་མོ་མེད་ཅིང་མཚན་མོ་མེད། །བླ་མའི་རྟོགས་པས་རྨོངས་པ་ཆད་དེ་སོང་། །གར་འགྲོ་གང་དུ་གནས་པ་མ་ཤེས་ཏེ། །བདེ་ཆེན་གྱིས་ནི་དབང་པོའི་གྲོང་འདི་བཅོམ། །བསམ་དུ་མེད་པའི་རྣལ་འབྱོར་དེ་ལས་སྐྱེས། །དེ་ལ་བདག་གིས་ཅི་ཞིག་བསམ་པར་བྱ། །ཕྱོགས་རྣམས་སྟོང་ཞིང་རང་ཡང་རྣམ་པར་གྲོལ། །གང་བལྟས་དེ་ནི་རྟག་ཏུ་དེ་ཡིན་ཏེ། །གཉུག་མའི་ཡིད་ནི་གདོད་ནས་སྟོང་པར་མཐོང་། །རྒྱུ་དང་འབྲས་བུ་བཏང་སྙོམས་དག་ཏུ་བོར། །འདི་ཡི་ཁྱད་པར་ཏེ་ལོ་པ་དབང་ངོ་། །ཞེས་གསུངས་ལ། སློབ་དཔོན་གྱིས་ཀྱང་། མི་བརྗེད་གཟུངས་ཐོབ་ནཱ་རོ་པས། །བཅུ་གཉིས་བར་དུ་ང་བསྟེན་བྱས། །ང་ཡི་རྟོགས་པ་ཁོ་ལ་ཡོད། །ཕྱི་རབས་སེམས་ཅན་དོན་གཉེར་རྣམས། །རྟོགས་པར་འདོད་ན་ནཱ་རོ་བསྟེན། །ཞེས་གདམས་སོ། །དེ་ལྟར་རྒྱ་མཚོ་དང་འདྲ་བའི་མཚོན་བྱ་དོན་བསྟན་ནས། ཆུ་བོ་དང་འདྲ་བའི་མཚོན་བྱེད་ཤིན་ཏུ་མང་དུ་བྱུང་བའི་རྒྱུད་ལ་སོགས་པ། ཁྱད་པར་སྙན་རྒྱུད་དེ་ཐུམ་པ་གང་བྱོ་བསྟན་ནས། རང་གྲོལ་ཡེ་ཤེས་ཉི་མ་ཡིས། །ཕུལླ་ཧ་རིའི་དགོན་པ་རུ། །ཧྲུ་ཏིའི་མ་རིག་མུན་སེལ་ལ། །ཡེ་

ཤེས་སྣང་བས་ཁྱབ་པར་གྱིས། །ཞེས་ལུང་བསྟན། དེ་ནས་ལོག་པའི་ལམ་དུ་མགར་བའི་གྲོང་དུ་བཞུགས་པས། ནཱ་རོ་པ་དུབ་པས་གཉིད་དུ་སོང་ལ། ཐོ་རངས་མགར་བ་རྣམས་ཐོ་བ་འུར་ལྷིར་བྱུང་། དེས་གཉིད་སད་ནས། དེ་དག་ལ་ཞེ་སྡང་གི་རྟོག་པ་ཞིག་སྐྱེས། དེ་ལ་བལྟས་པས་ཞེ་སྡང་སྒྱུ་མ་ལྟ་བུར་སོང་ནས་རྐྱེན་ཐམས་ཅད་རང་གྲོལ་དུ་འགྲོ་བ་ཞིག་བྱུང་ནས། འདི་བླ་མའི་བཀའ་དྲིན་ནོ་སྙམ་ནས། ཁ་ཆེའི་ཚོང་པ་ལ་བྱུ་རུ་བསྐྱིས་ནས་གཞོང་པ་གང་བསྣམས་ཏེ། སློབ་དཔོན་ཡང་དྲིན་ཆེ་སྟེ། འབུལ་བའང་མི་ཆུང་སྙམ་ནས་འབུལ་དུ་བྱོན་པས། སློབ་དཔོན་གྱིས་འདི་ད་དུང་དངོས་པོ་ལ་ཞེན་པ་མ་བཏང་ངོ་སྙམ་ནས། ཞེན་པ་བཟློག་པའི་ཕྱིར་བྱུ་རུའི་རི་དེའུ་མི་ཆེ་བ་ཙམ་ཞིག་སྤྲུལ་ནས་དེའི་ཁར་བཞུགས་པས། ནཱ་རོ་པ་ཁེངས་པ་ཞི་ནས་བྱུ་རུ་རྣམས་སྐུ་ལ་གཏོར་བཤད་དམ་སྙམ་ཞུས་པས། སློབ་དཔོན་རྩིག་གསེབ་ཏུ་བཞུད་ནས་སླར་བྱོན་ཏེ། ཀ་པཱ་ལ་ཞིག་དྲི་ཆེན་རླངས་པ་ཕྱུར་རེ་བས་གང་བ། མིའི་རྩིབ་མས་ཐུར་མ་བྱས་པ་གནང་འདི་ཟོ་གསུངས། བཞེས་པས་བདུད་རྩི་རོ་བརྒྱ་དང་ལྡན་པ་ཞིག་བྱུང་བ་ནས། ཐོད་པས་སྣོད་བཅུད་དང་མཚུངས་པར་ཆོས་ཀྱི་ཚིག །དེ་ཟོས་པས་ལྷའི་ཟས་ཀྱི་རོར་བྱུང་བ་ནི་ཉམས་སུ་བླངས་ན་མཆོག་གི་དངོས་གྲུབ་ཐོབ་པས་སྒོམས་ཤིག་གསུངས་པའི་བརྡར་གོ་བས། དེ་བཞིན་ནོ་གསུངས། དེ་ནས་སྔར་མཐུ་བསྒྲུབས་པའི་སར་སླེབས་པ་ན། རྒྱལ་པོས་ཚོར་ཏེ་འཁོར་དང་བཅས་པ་འགྱོད་པས་བཤགས། མཆོད་གནས་སུ་ཞུས་ནས་ཞལ་གྱིས་བཞེས་ཏེ་སྔར་གྱི་དགོན་པ་གཟིགས་པས་སྤྱིལ་པོ་དེ་སོ་ཕག་ལ་བགྲིས་པ་ལྟར་གྱུར་འདུག་པ་མཐོང་། དེ་ཡོད་པའི་རྒྱལ་པོའི་ཕོ་བྲང་མེ་ཏོག་གི་ཁྱིམ། ལྗོངས་མེ་ཏོག་རྒྱས་པའི་ཞིང་། དགོན་པ་དེ་ལ་རི་བོ་གསེར་གླིང་ཞེས་བྱ་སྟེ། རྗེ་མར་པས་ནཱ་རོ་པ་མཇལ་སའོ། །དེར་ལོ་བདུན་སོང་བའི་སྐབས་དབུས་འགྱུར་དུ་བྱོན་པ་དང་བི་ཀྲ་མ་ཤཱི་ལའི་བྱང་སྒོར་གཅེར་བུ་པ་རྣམས་ཀྱིས་རྩོད་པར་འོངས་ནས། རྒྱལ་པོ་དཔང་དུ་གཙུགས། དེར་རྒྱལ་པོས་གཅེར་བུ་པ་རྣམས་རྩོད་པ་རྒྱལ་ན་སངས་རྒྱས་ཀྱི་བསྟན་པ་འཇིག་པར་འགྱུར་ན་མི་རུང་ངོ་སྙམ་དབུས་འགྱུར་འཚང་གི་པཎྜི་ཏ་ཐམས་ཅད་བསགས་ནས་མེ་ཏོག་གི་འཕྲེང་བ་གཏད་པས། གཅེར་བུ་པ་དེ་དག་ཤེས་པ་དང་ལྡན་པས་སུས་ཀྱང་ལེན་མ་ནུས་སོ། །རྒྱལ་པོ་ན་རེ། ད་དུང་ཁྱེད་བགྲོས་ལ་རྩོད་པ་གྱིས་ཤིག །གལ་ཏེ་རྩོད་པར་མི་ནུས་ན་གཙུག་ལག་ཁང་དབང་རིགས་དང་བཅས་པ་གཅེར་བུ་པ་ལ་འབུལ་ལོ་ཟེར། དེར་པཎ་ཆེན་རྣམས་གྲོས་བྱེད་པའི་ཚེ། ཀན་མོ་གཅིག་ན་རེ། ངའི་ཁྱིམ་ན་ནཱ་རོ་པ་ཆེན་པོ་ཁ་ཆེར་འབྱོན་འདོད་ནས་བྱོན་ནོ། །དེ་ལ་ཞུས་ཤིག་ཟེར། ཐམས་ཅད་འདུས་ཏེ་དེར་ཕྱིན་ནས་རྒྱུ་མཚན་གསོལ་བས། བསྟན་པ་འཇིག་ལ་ཁད་དམ། ཁད་དོ། །

ང་ཡོད་སར་གཅེར་བུ་པ་དག་ཡོང་ནུས་པའང་རིགས་པ་མ་ཡིན་མོད། མི་རིགས་པ་བྱས་པས་ཕམ་པར་བྱའོ། །

སྤར་སློབ་དཔོན་གྱིས་སྒོམས་ཤིག་པར་གདམས་པ་བཞེད་དོ། །དེར་གཅེར་བུ་པ་དང་རྩོད་པའི་ཁྲི་བཤམས་པ་ལ་གཅེར་བུ་པས་ཐོས་ནས་འོང་མ་ནུས་སོ། །ཁོའི་ལྷ་ཁང་སྒོར། རྐོལ་བ་དང་། ཕྱིར་རྐོལ་བ་དང་། དབང་པོའི་ཁྲི་བཤམས་ཏེ་རྩོད་པ་བྱས་པས། སློབ་དཔོན་རང་གིས་གཟིགས་པས་རང་ཞན་ཞན་འདྲའོ། །ང་ལྟ་བུའི་སླུ་བའི་དབང་ཕྱུག་ཞན་པ་ཅི་ཡིན་སྙམ་པས། བླ་མའི་གསུང་འགོངས་པར་མཐོང་ནས་ཡིད་ཀྱིས་བཟོད་གསོལ་བྱས་པས། དེར་སློབ་དཔོན་ཏི་ལླི་པ་ཕྱག་གཡས་ཁ་ཊྭཾ་གཡོན་ཐོད་པ་བཅད་མ་ཐག་ཅིག་བསྣམས་ལ། རུས་པའི་རྒྱན་དྲུག་སྟག་ཤམ་ཅན་རལ་པའི་ཟུར་ཕུད་ཟང་ངེ་བ་ཞིག་ཏུ་བྱོན་པ་ལ་ཕྱག་མཛད་པས། གཅེར་བུ་པ་རྣམས་སངས་རྒྱས་པ་སྙིང་རྗེ་དང་བྲལ་བ་སྲིན་པོའི་གཟུགས་ཅན་འདི་ལྟ་བུ་ལ་ཕྱག་འཚལ་བ་དེ་ཉིད་ཕམ་པའི་གནས་སུ་གྱུར་ཏེ་ཟེར། སློབ་དཔོན་ཏི་ལླི་པས་ཕམ་ཕམ་གསུང་ཁོའི་ལྷ་ཁང་ལ་ཕྱོགས་མཛུབ་གཏད་དེ། མཆོད་རྟེན་གྱི་གཟུགས་འདྲ་བ་ཟུར་བརྒྱད་སུམ་ཐོག་རྒྱ་ཕིབས་དང་བཅས་ཡོད་པ་རྡུལ་གྱིས་ཞིག་པས། གཅེར་བུ་པ་རྣམས་སྐྲག་ནས་ཐམས་ཅད་ཀྱིས་སློབ་དཔོན་ལ་བཏུད་དེ་ནཱ་རོ་པ་ལ་གཏད་ནས་རབ་ཏུ་བྱུང་ཞིག་གསུངས། དེའི་ཚེ་རྒྱལ་པོ་ནེ་ནེ་ར་ཡ་པཱ་ལ། ཛོ་ཏཱ་རི་དགྲ་ལས་རྣམ་རྒྱལ་སྤྱོད་པ་ལ་གཤེགས་པས། བི་ཀྲ་མ་ལ་ཤཱི་ལའི་བྱང་སྒོ་བསྲུང་བར་གསོལ་བ་བཏབ་ལ། སློབ་དཔོན་ལ་གསོལ་བ་བཏབ་པས་ད་ཁྱོད་ཀྱིས་ཆོས་སྟོན་པའི་དུས་ལ་བབ་ཀྱི་གྱིས་ཤིག །འགྲོ་བ་མང་པོ་ལ་ཕན་པར་འགྱུར་ཏེ། ཁྱོད་བས་ཀྱང་སློབ་མ་དང་ཡང་སློབ་རིམ་པས་ཕན་ཇེ་ཆེར་འགྱུར་རོ་ཞེས་གསུངས་ཏེ་མི་སྣང་ངོ་། །དེ་ནས་སློབ་དཔོན་ཏི་ལླི་པའང་ཀུན་གྱི་མངོན་དུ་རྒྱུ་མི་སྣང་སྟེ། སྐལ་བ་དང་ལྡན་ན་ནི་དེར་འབྱོན་ནོ། །དེའི་ཚེ་བི་ཀྲ་མ་ཤཱི་ལ་ན་ཤར་ཕྱོགས་སུ་ཤཱནྟི་པ། ལྷོ་ཕྱོགས་སུ་ངག་གི་དབང་ཕྱུག་གྲགས། མཚན་གཞན་ཁྱབ་འཇུག་བཤད་པའི་དཔལ། ནུབ་ཕྱོགས་ན་ཤེས་རབ་འབྱུང་གནས་བློ་གྲོས་སྦས་པ། བྱང་ཕྱོགས་ན་དཔལ་ནཱ་རོ་པ། དབུས་ན་ཁ་ཆེ་རིན་ཆེན་རྡོ་རྗེ་དང་། ཛྙཱ་ན་ཤྲཱི་མི་ཏྲ། འདི་ཁ་ཆེར་བྱུང་བ་དང་མི་གཅིག་དེར་ནཱ་རོ་པའི་ཞལ་མཐོང་ཚད་ངན་སོང་དུ་མི་སྐྱེའོ་ཞེས་གྲགས་ནས་སློབ་མ་བསམ་གྱིས་མི་ཁྱབ་པ་འདུས་སོ། །དེར་ཁ་ཆེའི་རྒྱལ་པོས་གུར་ཀུམ་གྱི་ཞིང་གི་ལོངས་དང་ཉེ་བ་ན་རི་བོ་ཞིག་ལ་དཔལ་མེ་ཏོག་མདངས་འཕྲོག་པའི་གཙུག་ལག་ཁང་བགྱིས་ནས་སྤྱན་དྲངས་ཏེ། དེ་ཕུལ་བླ་མར་བཟུང་ངོ་། །དེས་ཡུལ་དབུས་རྒྱལ་པོའི་ཁབ་ཏུ་གླང་པོ་ཆེ་ཤི་བས་ཐམས་ཅད་མྱ་ངན་གྱིས་ནོན་པས།

དེ་ལ་གྲོང་འཇུག་མཛད་གནོད་པ་མི་འབྱུང་བའི་སར་བསྐྱལ། ནུབ་ཕྱོགས་ནཱ་ག་རའི་རྒྱལ་པོ་མུ་སྟེགས་ཅན་ཡིན་པས། དེ་མིའི་མཆོད་སྦྱིན་བྱེད་ཟེར་ནས། མི་སྟོང་ལྷགས་སུ་བཙུག་སྟེ་མཆོད་སྦྱིན་གྱི་ཁང་པར་བཙུག་པ་དཔལ་ནཱ་རོ་པས་དགོངས་ཏེ། སངས་རྒྱས་པའི་རྣལ་འབྱོར་པ་ཐམས་ཅད་བསྡུས་ནས་རྫུ་འཕྲུལ་གྱིས་དེར་བྱོན། རྒྱལ་པོའི་སྒོར་སླེབས་ནས་འདུག་སྟེ། རྒྱལ་པོ་ལ་ཁྱོད་ཅི་འདོད་པའི་དངོས་གྲུབ་སྟེར་གྱི། མི་ལྷགས་སུ་བཙུག་པ་འདི་དག་ཐོན་ཅིག །གལ་ཏེ་མི་འདོན་ན་ཁྱོད་ལ་གནོད་པ་བྱེད་དོ་གསུངས་པས། རྒྱལ་པོ་ན་རེ། དེ་འདྲ་བའི་སྐྱེམས་ནུས་པ་ཅི་ཡོད་པ་ཟེར། དེར་ལྷ་སྟངས་བཞི་དང་གྲུབ་པ་བརྒྱད་ཐོབ་པ་རྐྱང་ཡིན་གསུངས་པས། གཅིག་གཉིས་སྟོན་དང་ཟེར། དེར་འགྲུག་པའི་ལྷ་སྟངས་མཛད་དེ་ནགས་ནས་གླང་པོ་ཆེ་བཀུག་པས་འབྲུ་སྦྲ་དང་བཅས་ཏེ་ནཱ་རོ་པའི་ཞབས་ལ་གཏུགས་སོ། །སྒྲོད་པའི་ལྷ་སྟངས་ཀྱིས་ཟེར་མཛད་པས་སྦྲར་སར་ལོག །དེར་རྒྱལ་པོ་ཡིད་ཆེས་ནས་དེད་ཀྱིས་བཀྲོལ་ན་ལྷ་མི་དགའ་བ་འོང་བས་ཁྱེད་རང་གིས་ཁྲོལ་ཟེར། དེར་ནཱ་རོ་པས་དེ་དག་གི་མགོ་ལ་ཐལ་ལྷག་རེ་བཀྲབ་པས་ལྷགས་རང་གྲོལ་བས་རྒྱལ་པོ་འཁོར་བཅས་ཐམས་ཅད་སངས་རྒྱས་པ་ལ་བཙུག་པས། མུ་སྟེགས་བྱེད་དག་ཁྲོས་ནས་རྫུ་འཕྲུལ་ཆེན་པོ་ཐོབ་པ་དག་གིས་འཇིག་རྟེན་འཐོར་བའི་རླུང་ཙམ་སྤྲོས་པས་རླུང་ལྷ་ལ་བཀའ་བསྒོ་བས་རང་ཞི་སྟེ། དེ་དག་ཀྱང་ཡིད་མགུ་ནས་བསྟན་པ་ལ་ཞུགས་པས་ཕྱོགས་དེར་སངས་རྒྱས་པ་འབའ་ཞིག་ཏུ་གྱུར་ཏོ། །

ཡང་སྒྲ་ལྡན་ནམ་སྒྲ་སྒྲོག་གི་རྒྱལ་པོའི་བཙུན་མོ་པདྨ་ཅན་དུ་གཟིགས་ནས་དགྲུག་པའི་སྤྱོར་བ་མཛད་པས། དེ་ནུབ་རེ་བཞིན་རྒྱལ་པོའི་མཆན་ནས་རྒྱལ་པོ་མནལ་དུ་སོང་བའི་རིང་ལ་གར་སོང་མེད་དོ། །ནང་པར་ནི་མི་སྣང་བ་མཛད་པས་གནས་འོངས་ཆ་མེད་པར་ཕོ་བྲང་དུ་འོང་ངོ་། །རྒྱལ་པོས་སྒོ་སྲུང་མང་པོ་བཙུག་དམག་གིས་བསྲུངས་ཀྱང་ཁྱད་མ་བྱུང་ནས། རྒྱལ་པོས་བློན་པོ་རྣམས་ལ་བཤད་པས། ཐམས་ཅད་བགྲོས། དེར་རིག་པ་ཅན་ན་རེ། རི་དྭགས་ཀྱིཥྚ་དང་བྱུང་བ་བཟུང་། བཙུན་མོའི་ལུས་ལ་གོ་ཤིརྵའི་བྱུག་པ་གྱིས། དེའི་རྗེས་ལ་ཕར་བྱུང་བ་དང་རི་དྭགས་ཐོང་། ཙནྡན་གྱི་དྲི་ལ་དེ་གཉིས་ཆགས་པས་གར་སོང་འདེད་པས་རྩད་ཆོད་པར་འགྱུར་རོ་ཟེར། དེ་བཞིན་བྱས་ནས་སང་དེ་གཉིས་གར་ཡོད་བལྟས་པས་ནགས་གསེབ་ཀྱི་སྤྱིལ་པོ་ཞིག་ལ་དེ་གཉིས་འཁོར་ཞིང་འདུག །བ་ལང་རྫི་ནས་རྣལ་འབྱོར་པ་འདི་སྨྱོ་མོ་ཞིག་ནས་འདུག །དེར་རྒྱལ་པོས་རྣལ་འབྱོར་པ་དེ་ལ་ཆད་པ་གཅོད་སྙམ། འཁོར་དང་བཅས་ཏེ་དེར་བྱོན །གཤེད་མ་བཀྱེ་བས་དེར་དགྱེས་པ་རྡོ་རྗེའི་ཏིང་ངེ་འཛིན་ལ་བཞུགས་ཏེ་བཤད་པའི་གད་བརྒྱངས་བཅུ་གཉིས་བསྒྲགས་པས་ནགས་ཚལ་དང་རི་བྲག་དག་ཀྱང་དེ་

ལྷར་དགོད་པས་འུར་སྒྲ་ཆེས་ནས་བྲེད། རྒྱལ་པོས་གྲུབ་ཐོབ་ཏུ་ཤེས་ནས་བཟོད་པར་གསོལ། བཙུན་མོ་ནུ་རོ་པ་ཅི་དགའ་བར་མཛོད་ཅིག་ཅེས་ཕུལ་ལོ། །དེ་ལ་སོགས་པའི་རྫུ་འཕྲུལ་མཐའ་ཡས་བསྟན། རྡོ་རྗེ་ཐེག་པ་ལ་ཐམས་ཅད་ཀྱི་རྡོ་རྗེ་སློབ་དཔོན་ནམ། རྡོ་རྗེ་འཆང་ཆེན་པོར་གྱུར་ཏེ། རྟོགས་པ་གོང་དུ་སྤེལ་བའི་ཕྱིར་གསང་བའི་སྤྱོད་པ་མཛད་པས་ཆོམ་རྐུན་དང་ཕྲད་དེ་ཚུ་གྲི་ཞིག་བྱིན་ནས་འདི་ཟོ་ཟེར། སྟོད་དུ་བཙུག་བྱུང་བ་ལྟེམ་གྱིས་བཞུནས་གསོལ་བ་དང་། ཤཱནྟི་པ་ཚོགས་འཁོར་མཛད་པའི་ཚེ། རྣལ་འབྱོར་པ་ནག་པོ་ཞིག་ནང་དུ་འཚངས་ནས་ཁྱོད་ཀྱིས་ཚོགས་དཔོན་མི་འོང་ངས་བྱ་ཡི། ནུས་པ་སྟོན་ཟེར། དཀྱིལ་འཁོར་སྤྲུལ་ཏེ་བསྟན་ནས་སྐུ་རང་བཞིན་དུ་མཛད་པས་དཔལ་ནཱ་རོ་པར་ཤེས་ཏེ་ཚོགས་དཔོན་བཅོལ། ས་བདུན་གྱི་བར་བསྒྲུབས་ནས་བརྟུལ་ཞུགས་ཀྱི་སྤྱོད་པ་ལ་ཞུགས་ཏེ་དག་པའི་ས་གསུམ་མངོན་དུ་མཛད། དེ་ནས་མར་པས་ཕྱག་ཕྱི་བགྱིས་ཏེ་པུཥྤ་ཧ་རིར་དངོས་གྲུབ་ཆེན་པོའི་ཉེ་རྒྱུར་ཕྱོགས་ལས་རྣམ་རྒྱལ་གྱི་སྤྱོད་པ་བརྩམས་ཏེ་ཉི་མ་བདུན་གྱིས་ཕྱག་རྒྱ་ཆེན་པོ་མཆོག་གི་དངོས་གྲུབ་ཐོབ་པས་སྐུ་མ་སྤངས་པར་མཁའ་སྤྱོད་ཆེན་པོར་བྱོན་པ་མཚན་མེ་མ་མུར་པ་ཞེས་སུའང་གྲགས་པ་ཡིན་ནོ། །དེ་ལ་རང་གི་ལྕུམ་དང་། སློབ་མ་མཆོག་ཐོབ་པའི་པཎ་ཆེན་བརྒྱ་རྩ་བརྒྱད། དེའི་ནང་ནས་མཆོག་གྱུར་བརྒྱད། ཤཱནྟི་བྷ་དྲ། ཤཱནྟི་པ། མཻ་ཏྲི་པ། ཊོམྦི་པ། གནས་བརྟན་བྱང་ཆུབ་བཟང་པོ། སྨྲི་ཏི། ཁ་ཆེ་ཨཱ་ག་ར་སིདྡྷི། ཨ་ཏི་ཤའོ། །

བརྟུལ་ཞུགས་སྤྱོད་པའི་སྦྱོར་ལམ་པ་ལྔ་བཅུ་རྩ་བརྒྱད། གཞན་པཎྜི་ཏ་དང་ཀུ་སུ་ལུ་བགྲང་གི་མི་ལང་བ་བྱུང་ལྕུམ་དཔལ་གྱི་ཡེ་ཤེས་རབ་ཏུ་བྱུང་ནས་སྡེ་སྣོད་གསུམ་ལ་སྦྱངས། ཉིད་ཀྱིས་གསང་སྔགས་ཀྱི་སྒོར་སྨིན་པར་མཛད་དེ། མཐར་རྡོ་རྗེ་འཆང་དངོས་ཀྱིས་བྱིན་གྱིས་བརླབས་པ་ནི་གུ་མ་ཞེས་སམ། རྣལ་འབྱོར་མ་རུས་པའི་རྒྱན་ཆ་ཅན་ཞེས་བྱ་བ་སོས་གླིང་གི་དུར་ཁྲོད་དུ་བཞུགས་ཤིང་སྐུ་མ་སྤངས་པར་མཁའ་སྤྱོད་དུ་གཤེགས་སོ། །འདི་ལ་རྨོག་ཅིག་པས་ནཱ་རོའི་ལྕུམ་གྱི་སྲས་མོ་ཡིན་པར་བྱས་ཏེ་མི་འཐད། ཐམས་ཅད་དུ་ནཱ་རོ་པའི་ལྕུམ་དུ་གྲགས་པ་ཡིན། གྲུབ་པའི་རྒྱལ་མོའང་འདི་ཉིད་དེ། གཞན་དུ་བཤད་པ་ལྟར་སྣང་ངོ་། །ཆེ་བ་བརྒྱད་ཀྱི་ཨཱ་ག་ར་ཤཱནྟི་པ་ནི་རིག་པའི་གནས་ཐམས་ཅད་ལ་མཁས་པས་འཛམ་བུ་གླིང་ན་སྙིགས་དུས་ཀྱི་ཐམས་ཅད་མཁྱེན་པར་གྲགས་པ། སེམས་ཙམ་པའི་པཎྜི་ཏའི་གཙོ་བོ་བི་ཀྲ་མ་ཤཱི་ལའི་ཤར་གྱི་སྒོ་སྲུང་། དེས་ནཱ་རོ་པར་གཏུགས་ནས་བདེ་དགྱེས་མ་ཡཱ་ལ་སོགས་པ་གསན་ཏེ་བསྒོམས་པས་གྲུབ་པ་ཐོབ་པར་གྲགས་སོ། །དཔལ་ཞི་བ་བཟང་པོ་ནི་རིག་པ་སྨྲ་བའི་ཁྲུ་མཆོག་ཆེན་པོ་ཞིག་ཡིན། ཁྱད་པར་ཆོས་ཀྱི་པའམ། འགྲོ་བཟང་སྙིང་པོ་ཞེས་གྲགས་པ་རྡོ་རྗེ་

ཐེག་པའི་གླེགས་བམ་ཆེན་པོ་དེ་ལ་མ་ཡུ། ནཱ་རོ་པ་ལ་བདེ་དགྱེས་རྒྱུད་སྡེ་མང་དུ་ཐོས་པ། མར་པས། རྒྱུད་གཉན་པོ་རྣམས་ཀྱི་གཏེར་བདག་པོ། །དཔལ་ཞི་བ་བཟང་པོ་དངོས་དང་མཇལ། །ཞེས་གསུངས། མཐར་བརྟུལ་ཞུགས་ཀྱི་སྤྱོད་པ་ལ་ཞུགས་ཏེ་ཕྱོ་དུག་མཆོ་ཁོལ་མའི་གླིང་། ཤིང་ཧིང་ཧིང་ཁྲུན་པའི་དྲུང་ན་བཞུགས་པ། མི་ཏྲི་པ་འོག་ཏུ་འཆད། ཁ་ཆེའི་མཁས་པ་བྱང་ཆུབ་བཟང་པོ་མདོ་སྔགས་ཐམས་ཅད་ལ་ནཱ་རོ་པ་ལ་གཏུགས་པ་ཀུན་གྱིས་བཀུར་བའི་པཎ་ཆེན་གྲུབ་པ་ཐོབ་པར་གྲགས་པ། རྗོ་བོ་རྗེ་དང་རྡོ་རྗེ་གདན་པའི་བླ་མ་དེ་ཡིན། དཔལ་མཻ་ཏྲི་པ་ནི་རྗོ་བོ་ནཱ་རོ་པ་ནགས་གསེབ་ཏུ་རྩྭའི་སྤྱིལ་པོ་བཅས་ཏེ་སྒོམ་པ་ན། བ་ལང་རྫིའི་ཁྱེའུ་ཞིག་ཡར་འོང་དུས་དེ་ལ་ཕྱག་བྱེད། ཕྱིར་འགྲོ་དུས་ཕྱག་བྱེད་པས། ཤིན་ཏུ་གུས་པར་གཟིགས་ནས། རེས་ཤིག་ཆང་ཀ་པཱ་ལ་གང་གནང་སྟེ་འདི་འཐུང་གསུངས་པས། ལྷག་མ་མེད་པར་འཐུངས་པའི་མོད་ལ་སྐུ་གསུང་ཐུགས་ཡེ་ཤེས་ཀྱི་རྡོ་རྗེ་བྱིན་གྱིས་བརླབས་པས་ཆོས་ཐམས་ཅད་སྐད་ཅིག་ལ་ཁོང་དུ་ཆུད། ཕྱག་རྒྱ་ཆེན་པོའི་དངོས་གྲུབ་ཐོབ་པ་ཡིན། ཨ་ཏི་ཤའི་རྨི་ལམ་དུ་དགེ་སློང་ཞིག་གིས་མི་ཤ་བྱིན་པ་ཟོས་པས་ཕྱག་རྒྱ་ཆེན་པོ་ལྷན་ཅིག་སྐྱེས་པའི་ཡེ་ཤེས་མཐར་ཕྱིན་པར་ཐུགས་ལ་འཁྲུངས། མཻ་ཏྲི་པ་ལ་སློབ་མ་གཉིས་ཀྱིས་གདམ་ངག་ཞུས་པས། ངས་རྩུལ་འདི་ལྷ་བུས་བྱིན་གྱིས་བརླབས་པས་ཨ་ཏི་ཤ་ཟེར་བ་ཧྲཀྲ་ལ་ན་ཡོད། དེའི་རྩར་སོང་གསུངས། དེ་གཉིས་ཀྱིས་ཕྱིན་རྗོ་བོ་ལ་རྒྱུ་མཚན་ཞུས་པས། དགེ་སློང་དེ་དཔལ་མཻ་ཏྲི་པར་དེ་ནས་མཁྱེན་ཅིང་། རྒྱ་གར་དུ་བཞུགས་དུས་ཡང་དང་ཡང་དུ་མཇལ། རྗོ་བོའི་དྲིན་ཆེ་དག་ཡིན་པས། མཆོག་གཟིགས་ཏེ་ལླི་པ་དང་ནཱ་རོ་པ། །དཔལ་མཆོག་མཻ་ཏྲི་པ་དང་མར་མེ་མཛད། །ཉམས་ལེན་བྱིན་རླབས་བརྒྱུད་ལ་གསོལ་བ་འདེབས། །ཞེས་དགེ་བའི་བཤེས་གཉེན་བཀའ་གདམས་པ་རྣམས་གསུངས་པ་ཡིན་ནོ། །

ཁ་ཆེའི་མཁས་པ་ཤཱ་ཀ་ར་ཤྲཱི་ནི། རྗོ་བོ་ནཱ་རོ་པ་ཉིད་ཀྱིས་ཀྱང་ཞེ་སའི་ལན་མཛད་པ། དུས་དེའི་ཚེ་མཁས་པ་དཔེ་མེད་པ། འདིའང་མདོ་སྔགས་ཐམས་ཅད་ལ་ནཱ་རོ་པ་བཀའ་དྲིན་ཆེ། ཁྱད་པར་གསང་འདུས་ཀྱི་བཀའ་བབས་ཡིན་པས། རྗོ་བོ་བོད་དུ་བྱོན་པའི་ཚེ་གུང་ཐང་པ་དང་འཕྲོས་ལ་ཁ་ཆེ་ཤཱ་ཀ་ར་ཤྲཱི་དང་མཇལ་ན་གསང་བ་འདུས་པ་ཞིག་ཉན་དགོས་བསམ་ཡོད་གསུངས་པ་ལོ་ཙཱ་བའི་ཞེ་ལ་བཅངས། ཕྱིས་ཁོང་བོད་དུ་བྱོན་པ། གསན་པའི་ཚེ་ཡར་འགྲོ་འདོད། དབུས་སུ་རྗོ་བོ་བསྟེང་བས་འབྲལ་ཡང་མ་ཕོད་པས། རྗོ་བོས་ལོ་ཙཱ་བ་འོ་བརྒྱལ་ཡར་སོང་། འདིར་འཕྲལ་གྱི་ལོ་ཙཱ་ལ་འབྲོམ་ཡོད། བསྟན་བཅོས་ཚན་པོ་ཆེ་ངའི་ཁམས་ཀྱིས་བསྒྱུར་མི་ཐུབ་གསུངས་པས། རྒྱ་གར་བ་ཐམས་ཅད་

མཐོང་ངོ་། གྲུབ་པ་བརྙེས་པར་ཡང་གྲགས་སོ། །སློ་ཧི་རྡོ་རྗེ་ན་རང་དང་གཞན་གྱི་གཞུང་ལུགས་ཐམས་
ཅད་མཁྱེན་པས་རྩོད་པ་ལ་སྨྲ་བའི་ཁྱུ་མཆོག །ནཱ་རོ་པཎྜི་ཏ་ལ་སོགས་པ་དགེ་བའི་བཤེས་གཉེན་དུ་
མ་བསྟེན་པ་མངོན་པར་ཤེས་པ་མངའ་བ་དེས་ཡུམ་གྱི་དོན་དུ་བོད་དུ་བྱོན། ཁབ་གུང་ཐང་དུ་ཕྱུགས་
རྫིའི་ཚུལ་བཟུང་། དེའི་དགོས་པ་རང་གི་མ་ཡུལ་དེའི་གྲོང་པ་གཅིག་གི་སྙིད་པོའི་ནང་དུ་སྡིག་པར་
སྐྱེས་པ་འདོན་པའི་ཕྱིར་དུ་བརྫུས་པ་ཡིན། དེའི་ཚེ་དཔྱལ་ལོ་ཙྪ་བ་རྒྱ་གར་ནས་འཁོར་བ་ལ་ཀུན་དང་
དད་རུབ་རུབ་བྱེད། པཎྜི་ཏ་མ་ཤེས་པས་མཐོང་མི་བྱེད་པས། གུང་ཐང་གི་སྒོའི་ཡ་ཐེམ་ལ། སཾ་སྐྲི་
ཏའི་སྐད་ཀྱིས། རི་བོང་འཛིན་པ་རྒྱུ་སྐར་འཕྲེང་བ་ཅན། །མཚན་མོ་མཁའ་ལ་རྒྱུ་བ་འདི་དོར་ནས། །
དྭངས་པའི་ཆུ་ནང་འདི་ན་ཟླ་བ་ཞེས། །གཟུགས་ལ་ཚད་མར་འཛིན་པ་བྱིས་པའི་བློ། །ཞེས་བྲིས་ཏེ་
གླན། དེ་ལོ་ཙྪ་བས་གཟིགས་ནས། འདི་སུས་བཏབ། ཛོ་གི་ཞིག་ཕྱུགས་འཚོ་ཡི་འདུག་པ་དེས་བཏབ་
ཟེར། ད་ལྟ་གར་ཡོད། ཕྱུགས་འཚོ་སར། ཙཎ་སློབ། ཉི་མ་ནུབ་ཁ་ནའོ་ཟེར་བས། ལྭ་ཆེན་ཞིན་ཏུ་
ལེགས་པས་ཡི་གེ་ངོ་མཁྱེན་ནས་སློ་ཧི་ཏའོ་སྙམ། བསྐྱུགས་པས་མ་བྱོན། སང་སྔ་བར་གཤེགས་ལན་དུ་
མའི་མཐར་མཇལ་བར་སྣང་སྟེ། སྔ་སོར་ནས་དཔོན་སློབ་ཡིན་པས་ལོ་ཙྪ་བ་བཤུམས་ནས། འདི་ལྟ་
བུའི་འོ་བརྒྱལ་བ་ཞུས་པ། ངས་མའི་དོན་དུ་འདི་ལྟར་བྱས་པ་ཡིན། མ་གར། འདི་ནའོ་གསུངས།
དེར་ལོ་ཙྪ་བས་ཁོང་རང་གི་ནོར་གྱིས་སྙིད་པོ་བསླུས། ཕྱུགས་འཚོ་བའི་ཡོན་བླངས་ཏེ་ངན་སོང་སྦྱོང་
བའི་ཆོ་ག་ལ་བརྟེན་ནས་མ་མཐོ་རིས་སུ་དྲངས། ལོ་ཙྪ་བས་སྒྲོར་མ་ཐུབ་པས་ཁམས་ལ་གཤེགས།
ཕྱིས་བོད་དུ་འཕྲིན་ལས་དུམ་བུ་བྱུང་། དེ་ལ་ལོ་ཙྪ་བ་ནས་འདི་ཤིན་ཏུ་མཁས་པས་མུ་སྟེགས་བྱེད་
རྣམས་ཀྱིས་ཁོང་གིས་བསྟན་པ་བསྣུབས་དོགས་བསྐྲད་པ་བྱས་པས་ལན་གསུངས་སོ། །བརྒྱད་པ་ནི་
རྗེ་བོ་ཨ་ཏི་ཤ་སྟེ། ཤར་ཕྱོགས་ཟ་ཧོར་ལའི་ཕོ་བྲང་གསེར་གྱི་རྒྱལ་མཚན་ཅན་མངའ་ཐང་རྒྱ་ནག་སྟོང་
ཁྱིན་དང་མཉམ་པ། བྱང་ཆུབ་སེམས་དཔའ་ཞི་བ་འཚོ་འཁྲུངས་པའི་རྒྱལ་རྒྱུད་དུ་ཡབ་རྒྱལ་པོ་དགེ་
བའི་དཔལ། ཡུམ་འོད་ཟེར་དཔལ། དེ་གཉིས་ལ་སྲས་གསུམ། པདྨའི་སྙིང་པོ། ཟླ་བའི་སྙིང་པོ།
དཔལ་གྱི་སྙིང་པོ་ལས་ཆེ་བས་སྲིད་གཟུང་། འབྲིང་པོ་ཟླ་བའི་སྙིང་པོ་རྗེ་བོ་ཡིན། ཆུང་དུའི་དུས་
གདུང་མཚམས་སུ་ཆོག་སྒྲ་དང་འུར་སྒྲ་བྱུང་ནས་གཟིགས་པས། ཡུམ་གྱིས་ཨུཏྤལ་སྔོན་པོ་སྐྱེས་མ་
ཐག་པ་གཅིག་ཏུ་མཐོང་། སྲས་ཀྱིས་རྗེ་མོ་སྒྲོལ་མ་མངོན་སུམ་གཟིགས། ཆེར་སྐྱེས་རྗེ་ཏཱ་རི་དགྲ་
ལས་རྣམ་རྒྱལ་མཇལ། དེས་ལུང་བསྟན་ནས་ནཱ་ལེནྡྲར་བྱོན། གནས་བརྟན་ཆེན་པོ་བྱང་ཆུབ་བཟང་
པོ་མཇལ། དེ་ཉིད་དུ་རིག་པའི་ཁུ་བྱུག་མཇལ། དེ་དག་གི་གདམས་ངག་གིས་སྦྱོར་ལམ་ཐོབ། དེས་རི་

ནག་པོའི་ཟླ་མ་ན་ངའི་སློབ་མ་ཨ་ཝ་དྷཱུ་ཏི་པ་ཡོད་དེའི་རྩར་སོང་གསུང་བྱོན། དེ་ཉིད་དུ་བླ་མ་ནཱ་རོ་ཏ་པ་འཚང་རྒྱ་བ་ཨ་ཝ་དྷཱུ་ཏི་པའི་དྲུང་དུ་དགུང་ལོ་བཅུ་གཉིས་ནས་བཅོ་བརྒྱད་ཀྱི་བར་དུ་བཞུགས། ཨ་ཝ་དྷཱུ་ཏི་པའི་སྤྱོད་པ་ལོ་གསུམ་མཛད། སྦྲ་ཚད་ལ་སྦྱངས། དེ་ནས་དགུང་ལོ་ཉི་ཤུ་རྩ་དགུའི་བར་དུ་དཔལ་ནཱ་རོ་པ་སོགས་མང་དུ་བསྟེན་ནས་གསང་སྔགས་ཀྱི་ཐོས་པ་མང་དུ་མཛད། བླ་མ་ཊོམྦི་པས་བྱིན་གྱིས་བརླབས་པས་མཐོང་ལམ་གྱི་རྟོགས་པ་བརྙེས། ནཱནྡ་ལའི་བསྟན་པ་མུ་སྟེགས་ལ་ཤོར་བ་རྩོད་པས་མུ་སྟེགས་ཕམ་པར་བྱས་ཏེ་བསྲུས། ལོ་དེ་ལ་དཔལ་ཏེ་རུ་ཀ་མདུན་གྱི་ནམ་མཁའ་ལ་བྱོན་ནས། རིགས་ཀྱི་བུ་ཨ་ཝ་དྷཱུ་ཏི་པའི་སྤྱོད་པས་གར་ཡང་མི་ཕྱིན་པས་ཁྱོད་རབ་ཏུ་བྱུང་ཞིག་གསུངས་རྨི་ལམ་དུ་ལུང་བསྟན། ཡང་ནུབ་ཅིག་རྨི་ལམ་ན་གཙུག་ལག་ཁང་ཆེན་པོ་ཞིག་ན་བཅོམ་ལྡན་འདས་ཤཱཀྱ་ཐུབ་པ་དགེ་སློང་གི་དགེ་འདུན་ཆེན་པོ་དང་ཐབས་ཅིག་ཏུ་གདུགས་ཚོད་གསོལ། དེའི་གྲལ་ཞབས་ལ་ཇོ་བོ་བཞུགས་པ་ལ། སངས་རྒྱས་ཀྱིས་མ་གིའི་མི་འདི་ཅི་ལ་ཆགས་ནས་རབ་ཏུ་མི་འབྱུང་ཞེས་གསུངས་པ་རྨིས་པས་རབ་ཏུ་བྱུང་བར་དགོངས། སྡེ་པ་ཡོད་སྨྲ་ལ་དད་ཀྱང་གྲོགས་སྟོབས་ཀྱིས་རྡོ་རྗེ་གདན་གྱི་མ་ཏི་བི་ཧ་རའི་གཙུག་ལག་ཁང་དུ་ཕལ་ཆེན་སྡེ་པའི་གནས་བརྟན་འདུལ་བ་འཛིན་པ་ཆེན་པོ་སྦྱོར་བའི་ལམ་དེ་ཁོ་ན་ཉིད་ཀྱི་ཕྱོགས་གཅིག་ལ་ཞུགས་པ་ཤཱི་ལ་རཀྵི་ཏ་ལས་བསྙེན་པར་རྫོགས། མཚན་དཱི་པཾ་ཀ་ར་ཤྲཱི་ཛྙཱ་ནའོ། །དེ་ནས་དགུང་ལོ་སུམ་ཅུ་རྩ་གཅིག་ཚུན་སྡེ་པ་བཞིའི་སྡེ་སྣོད་ཀྱི་གཞུང་ལ་སྦྱངས་པས་སྡེ་པ་ཐམས་ཅད་ཀྱི་དྲི་བའི་གནས་སུ་གྱུར་ལ། དྷརྨ་རཀྵི་ཏ་ལ་ལོ་བཅུ་གཉིས་བྱེ་བྲག་ཏུ་བཤད་པ་ཆེན་པོ་གསན། རིག་པའི་ཁུ་བྱུག །ཤཱནྟི་པ་སོགས་ལ་ཐོས་པ་མཐར་ཕྱིན་པ་མཛད། སློབ་མ་པཎྜི་ཏ་འགྲོ་བ་བཟང་པོ། ཆོས་ཀྱི་བཤེས་གཉེན། དགེ་བའི་འབྱུང་གནས། དཔའ་བོའི་སྡེ། ལྷའི་བློ་གྲོས། ཐེ་མ་ཐ། ས་སྙིང་། ཡེ་ཤེས་སྙིང་པོ། ངག་གི་དབང་ཕྱུག །ཛྙཱ་ན་ཤྲཱི་མི་ཏྲ། ཤེས་རབ་བཟང་པོ། ཟླ་བཟང་། ཀུན་བཟང་། གསང་བའི་སྙིང་པོ། བློ་གྲོས་མཐའ་ཡས། རྒྱ་མཚོའི་ཐ་རླབས། རི་རབ་རྒྱལ་པོ། དཔའ་བོ་རོལ་པ་ལ་སོགས་པ་མང་དུ་འདུས། འཛམ་བུའི་གླིང་དུ་མཁས་པའི་གྲགས་པས་ཁྱབ། དེར་གསེར་གླིང་པ་ཆོས་ཀྱི་གྲགས་པའི་སྐད་པ་གསན་ནས། ཟླ་བ་བཅུ་གསུམ་གྱི་བར་རྫིང་ལ་བྱོན། གསེར་གླིང་དུ་ཕེབས། དེར་བོད་ཀྱི་རྒྱལ་པོ་སྲོང་བཙན་གྱིས་བཞེངས་ཟེར་བའི་མཆོད་རྟེན་གྱི་དྲུང་གསེར་གླིང་གི་ནུབ་ཕྱོགས་ཀྱི་ཆར་གདོགས་པ་ཞིག་ཏུ་བཞུགས། ཟླ་བ་བཅུ་གཉིས་སུ་མ་མཇལ། དེ་ནས་གསེར་གླིང་པ་རབ་ཏུ་བྱུང་བ་ལྔ་བརྒྱ་དང་བདུན་ཅུ་རྩ་གཉིས་ཀྱིས་བསྐོར་ནས་བསུས། ཇོ་བོ་དཔོན་སློབ་བརྒྱ་ཉེར་བདུན་ཡོད་ཅེས་གྲག །གསེར་གླིང་པའི་གཟིམས་

ཁང་གསེར་གདུགས་ཅན་དུ་བྱོན་ཏེ། ལོ་བཅུ་གཉིས་སུ་དབུ་སྐྲས་སྤྲིལ་ནས་མངོན་པར་རྟོགས་པའི་རྒྱན། སྤྱོད་འཇུག་ལ་སོགས་པ་གསན་ཏེ་ཐེག་པ་ཆེན་པོའི་ཆོས་ཀྱི་རྩ་བ་བྱམས་སྙིང་རྗེ་བྱང་ཆུབ་ཀྱི་སེམས་ལ་སྦྱངས།

དེ་ནས་ཕྱིར་ལོག་ཡུལ་དབུས་སུ་ཕེབས། ཐུགས་དམ་གྱི་ལྷ་མང་པོའི་ཞལ་གཟིགས། ཇོ་བོ་བསྟན་པའི་བདག་པོར་འོས་ནས་པཎ་ཆེན་ལྔ་བཅུ་རྩ་གཅིག་གིས་ལྷ་ཁང་བརྒྱ་རྩ་བརྒྱད་ཀྱི་ལྡེ་མིག་གཏད། དེའང་ཇོ་བོ་ལ་བླ་མ་མང་པོ་ཡོད་པའི་ནང་ནས། ལྟ་བ་ལུང་སྟོན་པའི་བླ་མ་ནཱ་རོ་པ། རྒྱུད་བྱིན་གྱིས་བརླབས་པའི་བླ་མ་ཌོམྦི་པ། ལས་ཚོགས་མན་ངག་སྟོན་པའི་བླ་མ་བ་ལིཾ་ཨཱ་ཙརྻ། རྫུ་འཕྲུལ་དངོས་སུ་སྟོན་པའི་བླ་མ་བཛྲ་ཏ་མི་ཏ་ཆེན་པོ། ཕག་མོའི་བྱིན་རླབས་མཛད་པ་ཛྙཱ་ཏ་ཀཱི་ཏི་པ། ཀླུ་སྒྲུབ་ཀྱི་གདམས་པ་སྟེར་བའི་བླ་མ་མཁས་པ་རྟ་མཆོག །བྱང་སེམས་བརྟན་པར་བྱེད་པ་ཤེས་རབ་བཟང་པོ། ཚིག་དོན་རྒྱས་པར་བྱེད་པ་ཨཱ་ཀ་ར་ཤཱནྟི་པ། བློ་སྦྱོང་གི་རིམ་པ་སྟེར་བར་བྱེད་པ་གསེར་གླིང་པ། ལྟ་སྤྱོད་ཉམས་ལེན་གསུམ་དུ་དྲིལ་ན། དང་པོ་རིག་པའི་ཁུ་བྱུག །གཉིས་པ་གསེར་གླིང་པ་དཔལ་ཆོས་ཀྱི་གྲགས་པ། གསུམ་པ་ཌོམྦི་པ་སྟེ། དེ་གསུམ་ལ་གཙོ་བོར་འཛིན། གསེར་གླིང་པ་ཆོས་ཀྱི་གྲགས་པས་སླར་སྤྱན་དྲངས། དེ་རེས་ལམ་ལ་ཟླ་བ་དྲུག་གིས་ཚོག་པར་བྱུང་། བླ་མ་ཉིད་ཀྱི་ལྟ་བ་དབུ་མར་བསྒྱུར། ཚུར་བྱོན་བི་ཀྲ་མ་ལ་ཤཱི་ལའི་དགེ་བསྐོས་མཛད། དེའི་ཚེ་རྒྱལ་སྲས་མཻ་ཏྲི་པས་ཕག་མོ་མཆོད་པའི་ཆང་བསྣམས་པ་གཟིགས། གནས་ནས་དབྱུང་བ་བཙམས་པས། དེ་དགེ་འདུན་གྱི་དབུས་ནས་རྩིག་པ་ལ་ཐོགས་པ་མེད་པར་སོང་བ་དང་འགྲོད་ནས་བཟོད་པར་གསོལ། བཞེས་ཀྱང་། དེའི་ནུབ་མོ་ཇོ་མོ་སྒྲོལ་མ་བྱོན་ནས། བུ་དེ་བཏོན་པ་ནི་མ་ལེགས་སོ། །བྱང་ཆུབ་སེམས་དཔའ་ལ་སྨོད་པ་བསགས་པས་རྣམ་སྨིན་ཤིན་ཏུ་ཆེའོ་གསུངས། རྣམ་སྨིན་ཇི་ལྟ་བུ་ཞིག་འབྱུང་ཞུས་པས། རི་རབ་ལ་ལན་གསུམ་འཁོར་བའི་སེམས་ཅན་ཆེན་པོ་ཞིག་ཏུ་སྐྱེས་ནས་བྱ་སྣ་ཚོགས་ཀྱིས་ཟ་བར་བྱེད་གསུངས། འོ་ན་དེ་ལ་ཅི་ཕན་ཞུས་པས། བྱང་ཕྱོགས་སུ་ཕྱིན་ནས་ཐེག་པ་ཆེན་པོའི་ཆོས་དར་བར་བྱས་ན་ཕན། ཉིན་རེ་རེ་ལ་ཚ་ཚ་བདུན་བདུན་བཏབ་ན་ཕན་གསུངས་པ་ཇོ་བོ་བོད་དུ་འབྱོན་པའི་རྒྱུ་གཅིག་ནི་དེ་ཡིན་ནོ། །

དཔལ་ནཱ་རོ་པའི་སློབ་མ་བརྟུལ་ཞུགས་ཀྱིས་སྤྱོད་པའི་རྣལ་འབྱོར་པ་ལྔ་བཅུ་རྩ་བརྒྱད་ལས། བཞི་མར་པའི་བླ་མ་ཡིན་ཏེ། ཀུ་སུ་ལུ་ཆེ་ཆུང་། པེནྟ་པ། ཀནྟ་པའོ། །དང་པོས་དབུ་སྐྲ་གསིལ་ཏེ་བསྒྲུང་འཁོར་རྩར་བཞག་པ་ཁྲ་ཏས་ཁྱེར་བ་ལྟ་སྟངས་མཛད་པས་ས་ལ་ལྷུང་བ་སོགས་ལྟ་སྟངས་བཞི

གྲུབ། ཆུང་བས་རལ་གྲི། གསེར་འགྱུར། མཆིལ་ལྷམ། མིག་སྨན་ཏེ་ཐུན་མོང་གི་གྲུབ་པ་བཞི་ཐོབ། པེནྡྷ་པ་ལ་མཆེད་བཞི་ཡོད་པའི་ཧྨ་མ་ཏི་ཀྱུ་ནག་རི་བོ་རྩེ་ལྔར་དུ་ལྷའང་བཞུགས། དེའི་འོག་མ་ལ་ཨ་དེས་པ་ཆེན་པོ་བལ་པོ་སྤྱི་ཐེར་པར་གྲགས་པ་དེ་ཡིན། དེས་ཚོགས་འཁོར་གྱི་དུས་སུ་སྟོད་བཟེད་པས་གྲོང་ཁྱེར་བའི་ཚང་རྣམས་དངོས་སུ་སྟོད་དུ་འབྱུང་། ལ་ཏི་བཏིང་བས་བཟའ་བཅའ་འབྱུང་། ཏིང་ངེ་འཛིན་གྱིས་དུར་ཁྲོད་ནས་རོའི་གདན་འགུགས་སྐྱེལ་ནུས་པ་ཡིན། གནྡྷ་པ་དེས་སྦྱིན་སྲེག་གི་ཐབ་ཁྱུང་དུ་ཐུགས་དམ་གྱི་ལྷ་ཞལ་མངོན་སུམ་གཟིགས་པ་ལ་སོགས་པའི་ཡོན་ཏན་དང་ལྡན། མར་པའི་རྣམ་ཐར་འགའ་ཞིག་ན་པེནྡྷ་པ་སྤྱི་ཐེར་པའི་ནུ་བོར་བྲུས་པ་ཨ་དེས་པའི་གཅུང་པོ་བལ་པོ་མི་ཏྲི་པའམ་དུས་འཁོར་པ་ཡིན། དེས་བདེ་མཆོག་ངག་གི་དབང་ཕྱུག་བསྒྲུབས་པས་དངོས་གྲུབ་ཆེ་འབྲིང་གི་མེ་ཏོག་ཆུ་ལས་ཡར་ལོག་ཀྱང་མ་ཆོར། ཆུང་ངུ་སྒྲུབ་གཡོག་གིས་མཐོང་། བླ་མ་ལ་སྦྲན་པས་འཛིན་པ་དང་རྩོམ་པ་ལ་ཐོགས་པ་མེད་པས་ཕྱིས་ངག་གི་དབང་ཕྱུག་ཏུ་གྲགས། སྒྲུབ་གཡོག་གིས་ཀྱང་དངོས་གྲུབ་ཀྱི་ཕམ་ཕབ་ཐོབ་པས་མཁས་པ་ཆེན་པོར་གྱུར། དང་པོར་ཧྲི་དཏྟ། ཕྱིས་སུ་མ་ཏི་ཀཱིརྟི་ཞེས་གྲགས་པ་དེ་ཡིན། ཆུང་བས་ཀྱང་ནཱ་རོ་པའི་ཞབས་ལ་ཐུག་ཙམ་ཡིན་ནོ། །གཞན་ཡང་། ནཱ་རོ་པའི་སློབ་མ་པྲཛྙཱ་རཀྵི་ཏ། མ་ན་ཀ་ཤྲཱི། ཀ་ན་ཀ་ཤྲཱི། ཧཾ་བུ་སྐྱི་ཐོད་ཅེས་འཆད་པའི་ཕྱི་མ་ག་ཡ་དྷ་རའི་སྲས་ཏི་བུ་ཡིན་ནོ་ཞེར། མདོར་ན་དཔལ་ནཱ་རོ་པ་ལ་སློབ་མ་བསམ་གྱིས་མི་ཁྱབ་ཀྱང་། ཟས་གཙང་སྲས་ཀྱི་འོད་སྲུང་ལྷ་བུ་ནི་རྗེ་མར་པ་ཆོས་ཀྱི་བློ་གྲོས་སོ། །རྗེ་བཙུན་མར་པའི་བླ་མ་པཎྜི་ཏ་ཡེ་ཤེས་སྙིང་པོ། དེ་ཨཱུ་ཙྚུ་པོ་ཧྲི་ས་ཏའི་སློབ་དཔོན་དང་མཚན་མཐུན་པ་ཙམ་ཡིན། གཞན་ཐོག་སྤྱ་ཕྱི་ཆེ། འོན་ཀྱང་རིག་པའི་གནས་ཐམས་ཅད་མཁྱེན་པ་གྲུབ་པ་བརྙེས་པ་ཞིག་ད་ནི་ཇོ་བོ་ནཱ་རོ་པའི་སློབ་མ་ཆེ་བ་བརྒྱད་ཀྱི་ནང་ཚན་སློབ་དཔོན་ཆེན་པོ་མཻ་ཏྲི་པའི་ལོ་རྒྱུས་ནི། པཎྜི་ཏ་རྒྱལ་བའི་ལྷའམ། སྤྱོད་འཆང་མགོན་པོའམ། འབར་བའི་གཙོ་བོར་གྲགས་པ་དེ་ཚེ་འཕོས་ནས་རིང་ཞིག་ན་ཡུལ་དབུས་ཀྱི་གྲོང་ཁྱེར་བྲ་བྱི་ལར་བྲམ་ཟེའི་རིགས་སུ་འཁྲུངས། མཚན་ཧྨ། སྐྱེས་སྟོབས་ཀྱིས་ཤེས་རབ་ཆེ་བས་མུ་སྟེགས་ཀྱི་སྒྲ་ཁང་དུ་ཞུགས་ནས་པཱ་ཎི་ནི་བྱཱ་ཀ་ར་ཎ། དེ་ནས་ལོ་དགུའི་རིང་ལ་མུ་སྟེགས་བྱེད་ཀྱི་གྲུབ་མཐའ་མ་ལུས་པ་བསླབས། དེ་དག་གི་ནང་དུ་མཁས་པས་བསྙེངས་པ་ཆེ། མཚན་དབྱུག་གུ་གསུམ་པར་བཏགས། ཁོང་གི་ཨ་ནེ་ནཱ་རོ་པའི་ཕྱུག་རྒྱུར་ཡོད་པས། དེ་ན་རེ། མུ་སྟེགས་ཀྱི་ཆོས་ལ་ཚེ་འདིའམ་མཐོ་རིས་གྲུབ་པའི་ནུས་པ་ཡོད་ཀྱང་འཁོར་བ་ལས་མི་འཕགས་པས་སངས་རྒྱས་མི་འགྱུར། དེ་བས་དཔལ་ནཱ་རོ་པ་ལ་ཆོས་ཉན་ཅིག་ཟེར་བ་ལ། དེ་དང་རྩོད་ནས་སུ་ཕམ་པ་དེས་འདུད་པར་རིགས་ཟེར། དེར་

ཁྲིད་དེ་ནཱ་རོ་པ་དང་བསྟན་པ་རྒྱལ་དུ་བཙུགས་ནས་རྩོད་པས་ནཱ་རོ་པ་རྒྱལ་ཏེ། མུ་སྟེགས་ཀྱི་རྟགས་བསྒྱུར། རབ་ཏུ་བྱུང་། ཛྙཱ་བོ་དྷི་ཞེས་བཏགས། བདེ་དགྱེས་ལ་སོགས་པའི་དབང་བསྐུར། གསང་མཚན་བཛྲ་དྷ་གའོ། །མཚན་ཉིད་དང་རྒྱུད་སྡེ་དུ་མ་བསླབས། ད་ཁྱོད་ཕྱག་རྒྱ་མ་གཅིག་བསྟེན་ལ་ནགས་ཁྲོད་དུ་སྒོམས་ཤིག་གསུངས་པས་བདག་མུ་དྲའང་མི་འཚལ། ནགས་ཁྲོད་དུ་མི་སྒོམ། ཕོས་པ་ཡུལ་དུ་བྱུང་བ་ཞིག་བགྱིད་པར་ཞུ་བྱས་པས། རཏྣ་ཨཱ་ཀ་ར་ཤཱནྟི་པའི་སློབ་དཔོན་ཧྲི་ཏ་ཙིཏྲ་མ་ཊི་ལ་སྦྱར། དེར་སེམས་ཙམ་ལོ་གཅིག་གསན། དེ་ནས་ཀ་པི་ཀའི་ཡུལ་དུ་ཤཱནྟི་པ་མཇལ། བསྟེན་པར་རྫོགས། མཚན་མཻ་ཏྲི་གུཔྟ་ཞེས་བཏགས་ཏེ་སྡེ་སྣོད་གསུམ་སྦྱངས། དེར་མཻ་ཏྲི་པས་རབ་ཏུ་མི་གནས་པ་བཟུང་། ཤཱནྟི་པས་རྣམ་རྫུན་པ་བཟུང་སྟེ་འཐབ་གཏམ་བྱས་པས། མཻ་ཏྲི་པ་རིག་པ་བཟང་ནས་སློབ་དཔོན་ཁྲེལ། ཆོས་གོས་བཤུས་ནས་སྐོར་བཏོན། སྔོ་རྩུ་ན་ཕྱག་དར་ཁྲིད་པའི་གོས་དུམ་ཅིག་འདུག་པ་བླངས་ཏེ་གནས་དེ་དང་མི་རིང་བ་ན་སྒྲོལ་མ་མངོན་པར་དགའ་བའི་ལྷ་ཁང་དུ་སྒྲོལ་མ་ལ་གསོལ་བ་འདེབས་ཀྱིན་ཞག་བདུན་བསྡད་པས། ཕོ་རངས་རྨི་ལམ་དུ་བུ་མོ་མཛེས་མ་ལོ་བཅུ་དྲུག་ཙམ་ལོན་པ་ཞིག་བྱུང་ནས། ཨ་ཝ་དྷཱུ་ཏཱི་པ་ཁྱོད་འདིར་མ་འདུག་པར་ཤར་ཕྱོགས་སུ་འགྲོན་བུ་ཟད་པའི་གཙུག་ལག་ཁང་ན་སྤྱན་རས་གཟིགས་བཞུགས་ཀྱི། དེས་ལུང་སྟོན་པར་འགྱུར་རོ་གསུངས་ནས་མི་སྣང་། མནལ་སད་ནས་རིམ་གྱིས་ཁ་སརྤ་ཎིར་བྱོན་ནས་ཐུགས་རྗེ་ཆེན་པོ་ལ་གསོལ་བ་འདེབས་ཀྱིན་བསྡད་པས། ལོ་གཅིག་ལོན་པའི་ཕོ་རངས་མནལ་ཐུམ་ཞིག་ལོག་པའི་རྨི་ལམ་དུ་མི་རིང་དཀར་པོ་ཞིག་བྱུང་ནས། ཨ་ཝ་དྷཱུ་ཏཱི་པ་ཁྱོད་འདིར་མ་འདུག་པར་ལྷོ་ཕྱོགས་སུ་སོང་ཞིག །འདི་ནས་ཟླ་བ་ཕྱེད་དང་ལྔའི་ས་ན་དཔལ་གྱི་རི་ཡིད་ཕམ་པ་སེམས་ངལ་གསོ་བ་ཞེས་བྱ་བར་རྣལ་འབྱོར་གྱི་དབང་ཕྱུག་ཤ་བ་རི་ཡབ་ཡུམ་བཞུགས་ཀྱི་དེར་སོང་དང་། མ་རྟོག་པ་དང་ལོག་པར་རྟོག་པ་དང་། ཐེ་ཚོམ་ཐམས་ཅད་གཅོད་པར་གྱུར་རོ་ཞེས་གསུངས། དེ་ནས་ཨ་ཝ་དྷཱུ་ཏཱི་པ་ཞེས་མཚན་ཐོགས། ལྷོ་ཕྱོགས་སུ་དགུང་ཟླ་བཞིའི་བར་ཕྱིན་པས་ཤིན་ཏུ་ངལ་ནས་བསིལ་གྲིབ་ཅིག་ལ་བསྙེལ་བསོས་པས་གཉིད་དུ་སོང་། སད་པ་དང་འཁྲིས་ན་རབ་ཏུ་བྱུང་བ་གཞོན་ནུ་ཞིག་འདུག །ག་ནས་འོངས། གར་འགྲོ་དྲིས་པས། ནུབ་ཕྱོགས་སྤྲོས་ཅན་གྱི་རྒྱལ་པོའི་བུ་རབ་ཏུ་བྱུང་བ་དགེ་ཚུལ་ས་ག་ར་སིདྡྷི་བྱ་བ་ཡིན། ལྷོ་ཕྱོགས་སུ་སོང་དང་རིན་པོ་ཆེ་རྙེད། དེས་ཁྱོད་ཀྱི་དོན་ཐམས་ཅད་སྒྲུབ་བོ་ཟེར་ལུང་བསྟན་བྱུང་དེར་འགྲོ་བ་ཡིན། འོ་ན་དཔལ་གྱི་རི་ལ་འདེང་ངམ། དེ་ན་རི་ཁྲོད་དབང་ཕྱུག་བཞུགས་པ་ཡིན་བྱས་པས་རྫང་ཟེར། དེ་ནས་ལྷོ་ནུབ་ཤྲཱི་དྷ་ནྱ་ཀ་ཊ་ཀའི་ཡུལ་དུ་བསླེབས། རྒྱ་མཚོ་ནས་འོངས་པའི་ཚོང་པ་དང

ཕྲད་ནས་དཔལ་གྱི་རི་གར་ཡོད་དྲིས་པས། ད་དུང་འདི་ནས་དཔག་ཚད་སྟོང་ཙམ་འདས་པ་ན་ཡོད་ཟེར། ལམ་འདི་ལྟ་བུའོ་ཞེས་བཤད་པས་ཇི་ལྟ་བ་བཞིན་དུ་བྱུང་ནས། དབུས་ནི་དཔལ་གྱི་རི། གཡས་གཡོན་ཡིད་ཕམ་པའི་རི་དང་སེམས་ངལ་གསོ་བའི་རི། བར་ན་ཆུ་འབབ་པ་སྨྱོ་ཆུ་དང་དུག་ཆུར་ཡོད་པ་ལ་རིང་དུ་བཙལ་བས་མ་རྙེད། རི་གསུམ་པོ་དེ་ལ་གླིང་བདུན་ཡོད་དེ། རྨི་ལམ་བརྟབ་པའི་གླིང་དུ་བསྟོད་པའི་དགོངས་རྨི་ལམ་ན་སྐྱེས་བུ་ནག་པོ་སྨྱུག་མའི་ཤུན་པས་སྒྲ་སྒྱི་བོར་བཅིངས་པས་སྐྱ་འགྲིང་བག་བདེ་བ། གཞུ་མཆོག་ལ་ཕག་པའི་ཁོག་སྟོད་ཁོག་སྨད་བཏགས་པ། དོང་པ་ཞབས་གཅིག་པ་ཁ་གཉིས་ཡོད་པ། མདའ་ལྟ་ལྟ་བཙུག་པ། འོ་མ་སེམས་བརྒྱན་པ། རྨ་བྱའི་སྒྲོས་སྨད་གཡོགས་བྱས་པ། ཕྱུག་གཡོན་ཐུགས་ཁ་ན་རིན་པོ་ཆེའི་བུམ་པ་ཐོགས་པ། ཡུམ་རྗེན་པ་མོའི་ཆ་བྱད་ལ་རྨ་བྱ་དང་ཤ་བའི་རོ་ཁྱུར་བ་ཞིག་དང་། གླིང་བུ་འབུད་པ་ཞིག །གཅིག་གཡས་དང་གཅིག་གཡོན་ན་འདུག་པ་རྨིས། དེ་ནས་ཞལ་མཇལ་བའི་གླིང་དུ་ཕྱིན། ཟས་ཀྱི་རྒྱུན་བཅད་དེ་ས་སྟེ་བཙུགས་པས། དངོས་སུ་བྱོན། ས་ཀ་རས་སྤྱར་མཐོང་། སློབ་དཔོན་ལ་སྲུན་པས་དགའ་ཆེས་ཏེ་ཞབས་ལ་བཏུགས། དཀའ་བ་དཔག་ཏུ་མེད་པ་སྤྱད་ཀྱང་ད་ཙམ་གྱི་བར་དུ་མ་མཇལ། རྗེ་བཙུན་ཐུགས་རྗེ་རེ་ཆུང་ན་ཞུས་པས། ང་མཐོང་བས་ནི་གྲོལ་འགྱུར་གྱི། །ང་མ་མཐོང་བས་གྲོལ་བར་འགྱུར། །ང་མཐོང་བས་ཀྱང་འཆིང་འགྱུར་གྱི། །ང་མ་མཐོང་ཡང་འཆིང་བར་འགྱུར། །གསུངས་ནས། སེམས་ངལ་གསོ་བའི་རི་ལ་བཙལ་ཅི་དགོས། དྲན་རྟོག་དབྱིངས་སུ་ཡལ་བའི་དུས་སུ་ངལ་བསོས་པ་དེ་ཁ་ང་ཡིན་མོད་གསུངས་ཏེ་མི་སྣང་བ་གྱུར་ཏོ། །

ཡང་བཙལ་བས་བརྡ་བསྟན་པའི་གླིང་དུ་རྣལ་འབྱོར་མ་གཅིག་གིས་ཤིག་སྲོ་བསད་ཀྱིན་ཟེར། རྣལ་འབྱོར་མ་གཅིག་གིས་ནགས་གསེབ་ནས་མདའ་བརྒྱབ་སྟེ་ཕག་རྒོད་བསད་ནས་འདི་སྐད་ཟེར། ཁམས་གསུམ་འཁོར་བའི་ནགས་ཚལ་ན། །མ་རིག་ཕག་རྒོད་རྒྱུ་བ་ལ། །ཡེ་ཤེས་རང་གསལ་མདའ་ཞིག་བརྒྱབ། །མ་རིག་ཕག་རྒོད་ང་ཡིས་གསོད། །ཤ་ནི་གཉིས་སུ་མེད་པར་ཟོས། །ཟེར། ཡང་ཤྭ་བ་ཞིག་བྱུང་བ་བསད་ནས། ཁམས་གསུམ་འཁོར་བའི་ནགས་ཚལ་ན། །གཟུང་འཛིན་ཤ་བ་རྒྱུ་བ་ལ། །ཕྱག་རྒྱ་ཆེན་པོའི་མདའ་ཞིག་བརྒྱབ། །གཟུང་འཛིན་ཤ་བ་ང་ཡིས་གསོད། །ཤ་ནི་གཉིས་སུ་མེད་པར་ཟོས། །ཟེར། དེ་ལ་པཎྜི་ཏ་མི་དད་པ་ལ། ཤ་བ་རི་རང་བྱོན་ནས། གང་ཡང་མི་སྐྱེ་གང་ཡང་མི་འཆི་སྟེ། །གང་ཡང་བཅིངས་དང་གང་ཡང་གྲོལ་བ་མེད། །གསུངས་པས། ས་ག་ར་ཡིད་ཆེས་པས་རྟོགས་པ་ཤར། མཻ་ཏྲི་པ་ཐེ་ཚོམ་ཟོས། ཡབ་ཡུམ་མི་སྣང་བར་གྱུར་ཏོ། །དེ་ནས་ཡང་བཙལ་བས།

དཔལ་གྱི་རིའི་སྟོད་གཞིའི་གླིང་དུ་བཞུགས་པའི་ཞབས་ལ་རྣལ་འབྱོར་མ་ཞིག་བསྐྱ་མཉེ་བྱེད་དོ། །དེ་མི་ཏྲི་པས་ཕྲོགས་ཏེ་བསྐྱ་མཉེ་བྱས་གདམ་ངག་ཞུས་པས། ཁྱོད་ལ་བསྟན་པར་བྱའོ་གསུངས་པ་ན། རྣལ་འབྱོར་མ་དེ་ན་རེ། འདི་ནི་སེམ་ཉི་ཅན་ཞིག་སྟེ། བསྟན་ཀྱང་ཡིད་མི་ཆེས་པས་མ་སྟོན་ཅིག་ཟེར་ཏེ་མགོར་རྫོག་པ་བསྟན་ཏེ་མི་སྣང་ངོ་། །དེ་ནས་བཙལ་བས་དབང་བསྐུར་བའི་གླིང་དུ་བུམ་པ་སྤྱི་བོར་བཀོད་ནས། གཉུག་མའི་ཡིད་ནི་གང་ཆེ་སྤྲུངས་གྱུར་པ། །དེ་ཚེ་བླ་མའི་ཡོན་ཏན་སྙིང་ལ་འཇུག །འདི་ལྟར་རྟོགས་ནས་མདའ་བསྟན་གླུ་ལེན་ཏེ། །སྔགས་དང་རྒྱུད་རྣམས་གཅིག་ཀྱང་མ་མཐོང་ངོ་། །བླ་མས་སྨྲས་པ་གང་གིས་སྙིང་ཞུགས་པ། །ལག་པའི་མཐིལ་དུ་གནས་པའི་གཏེར་མཐོང་འདྲ། །ཡིད་ལ་མི་བྱེད་ཕྱག་རྒྱ་ཆེན་པོའི་ལམ། །འབྲས་བུ་གང་ལའང་རེ་བ་མ་བྱེད་ཅིག །རང་གི་སེམས་ཉིད་རྟོགས་ན་ཕྱག་རྒྱ་ཆེན་པོ་སྟེ། འདི་ལྟར་སྣང་བ་འདི་ཡང་རང་གི་སེམས་ལས་ལོགས་ན་མེད། ཅེས་དབང་བསྐུར་བས། ས་ཆོག་ལ་སོགས་པའི་གོ་རིམ་གང་ཡང་མི་སྣང་བས་དབང་ཐོབ་པའི་གོ་མི་ཆོད་དམ་སྙམ་པའི་ཚེ། ས་ཀ་རས། རི་བོ་མཆོག་ལ་བཞུགས་པའི་རྒྱལ་བ་རི་ཁྲོད་པ། །གཞུ་དང་རི་དྭགས་ཕག་པ་མ་ཡིན་སྤྲུལ་པ་སྟེ། །ཟླ་བ་གང་བཞིན་འཛིག་རྟེན་ན་ནི་མཆོག་ཏུ་མཛེས། །སྤྲུལ་པའི་གཟུགས་ཀྱིས་སྐྱེ་བོ་ཐམས་ཅད་འདུལ་བར་བྱེད། །དགེ་དང་སྡིག་པ་གང་ལ་ཡང་། །མི་མཐུན་གཉེན་པོར་ཁྱོད་མ་བསྟེན། །རང་རིག་ཡེ་ཤེས་སེང་གེ་བཞིན། །བྱས་པས་ཀྱང་ཡིད་མ་ཆེས་པ་ལ། ཆོས་བཤད་པའི་གླིང་དུ་ནམ་མཁའ་ལྟ་བུའི་རྒྱུད་རྟོག་པ་མེད་པ། རྒྱ་མཚོ་ལྟ་བུའི་རྒྱུད་གསང་བ་འདུས་པ། ཡེ་ཤེས་ལྟ་བུའི་རྒྱུད་དགྱེས་པ་རྡོ་རྗེ། བྱིན་རླབས་ལྟ་བུའི་རྒྱུད་འཁོར་ལོ་སྡོམ་པ། ལྡེ་མིག་ལྟ་བུའི་རྒྱུད་མཚན་བརྗོད། དོན་མཐར་ཐུག་སྟོན་པ་གྲུབ་སྙིང་གི་ཆོས་སྐོར་ཐམས་ཅད་ཞག་བཅུ་གཉིས་ལ་སྤྲུལ་བས་ཡིད་ཆེས་ནས་ལོག་འབྱོན་ཁར། ཁྱོད་ང་ལ་ཐེ་ཚོམ་ཟོས་པས་ཚེ་འདི་ལ་མཆོག་གི་དངོས་གྲུབ་མི་ཐོབ། འཆི་ཁར་རྡོ་རྗེ་རྣལ་འབྱོར་མས་བསུས་ཏེ་བར་དོར་མཆོག་གི་དངོས་གྲུབ་ཐོབ་པར་འགྱུར་རོ། །ཞེས་ལུང་བསྟན་ཏེ་མི་སྣང་བར་གྱུར་ཏོ། །

དེ་ནས་ལམ་དུ་ཐང་ཆད་དེ་ཉལ། གཉིད་སད་ནས་རི་ཁྲོད་པ་ལ་ཞུས་པའི་ཆོས་རྣམས་ལ་བསམ་མནོ་བཏང་བས་ཐམས་ཅད་བརྗེད་འདུག །ད་ལོག་ན་མི་ལ་ངོ་ཚ་ལྡེབ་བམ་བསམ་པ་དང་། རི་ཁྲོད་པ་མདུན་དུ་བྱོན་ནས་མཻ་ཏྲི་པ་ཁྱོད་ཅི་ཉེས་གསུངས། ངས་ཆོས་ཐམས་ཅད་བརྗེད་འདུག་པས་ལྡེབ་བམ་བསམ་གསོལ་བས། གཉིས་མེད་རྡོ་རྗེ་ཨ་ཝ་དྷཱུ་ཏི་པ། །མ་སྐྱེས་པ་ཡི་ཆོས་རྣམས་ལ། །བརྗེད་ཅེས་བྱ་བ་ག་ལ་སྲིད། །མ་འགགས་པ་ཡི་ཆོས་རྣམས་ལ། །བརྗེད་ཅེས་བྱ་བ་ག་ལ་སྲིད། །

ཁམས་གསུམ་ཡེ་ནས་གྲོལ་བ་ལ། །མ་རིག་པ་ཡིས་བསྒྲིབས་པ་ཡིན། །འཁོར་ལོ་བདེ་མཆོག་བདེ་བའི་མཆོག །མ་སྐྱེས་པ་ཡི་རང་བཞིན་ཉིད། །ཅེས་གསུངས་པ་དང་། མཻ་ཏྲི་པ་ལ་རྟོགས་པ་ཤར་ས་དང་པོའི་ཡེ་ཤེས་སྒྲིབ་མེད་དུ་གཟིགས་སོ། །རི་གསུམ་སློབ་དཔོན་ཕྱག་རྒྱ་དེ་དག་གིས་མཛད་པ་ཐམས་ཅད་སྙིང་པོའི་དོན་སྟོན་པའི་བརྡར་གོ་སྟེ། བླ་མ་ལ་རྟོགས་པ་ཕུལ་བ། ཆོས་རྣམས་ཐམས་ཅད་སྟོང་པ་ཉིད། །སྟོང་པ་ཉིད་དང་སྙིང་རྗེ་གཉིས། །གཉིས་སུ་མེད་པ་སློབ་དཔོན་ཡིན། །རྣལ་མའི་དོན་ལ་རྣམ་དཔྱད་ན། །གང་ལྟར་བྱས་ཀྱང་གྲོལ་བར་འགྱུར། །དམིགས་པ་མེད་པ། བཅོས་མ་མ་ཡིན་པ། དྲན་པ་རྡུལ་ཙམ་ཡང་མེད་པའི་དོན་ཞིག་ངས་རྟོགས། ད་ནི་སུ་ལའང་དྲི་བར་མི་བྱའོ་ཞེས་གསུངས། མཚན་གཉིས་མེད་རྡོ་རྗེར་ཐོགས་ནས་ཡུལ་དབུས་སུ་ཕེབས་སོ། །དེའི་ཚེ་ཐམས་ཅད་ཀྱིས་མཻ་ཏྲི་པས་ཤ་བ་རི་མཇལ་ལོ་ཟེར་ནས་གྲགས་པ་ཆེན་པོ་བྱུང་། མ་དད་པ་རྣམས་ཀྱིས་ཤ་བ་རི་དང་མ་མཇལ་བདུད་ཀྱིས་བྱིན་གྱིས་བརླབས་སོ་ཞེས་བསྒྲགས། དེའི་ཚེ་མུ་སྟེགས་ཀྱི་སྟོན་པ་མ་ཧུང་སེ་ན་ཞེས་བྱ་བ་མུ་སྟེགས་ཀྱི་རིགས་པ་སྨྲ་བ། འཁོར་ཉིས་སྟོང་དང་བཅས་པ་ཞིག་ན་རེ། ཁོ་ཤ་བ་རི་དང་མཇལ་ན་ངས་མི་ཐུབ། མ་མཇལ་ན་ཁོས་ང་མི་ཐུབ་པས་རྩོད་པས་ཤེས་སོ་ཟེར། རྒྱལ་པོ་ས་མུན་ཛས་རྩོད་པའི་ར་བར་ཁྲི་བཤམས། ཤཱནྟི་པ་ལ་སོགས་པའི་ནང་པ་དང་ཕྱི་རོལ་པ་རང་གི་ཚར་བཅད་ཀྱི་དཔང་པོ་བཀོད། རྒྱལ་པོས་ལམ་ཐམས་ཅད་ཆག་ཆག་བཏབ། ཤིང་རྟའི་སྟེང་དུ་སྤྱན་དྲངས་ནས་སུ་རྒྱལ་བའི་རྗེས་སུ་ཕམ་པོ་འཇུག་པར་བྱས་ནས། མཻ་ཏྲི་པས་སྔ་གྲོལ་བྱས། ཁོས་ཕྱི་གྲོལ་བྱས། ལྟ་བ་རབ་ཏུ་མི་གནས་པ། སྒོམ་པ་ཡིད་ལ་མི་བྱེད་པ་ལ་སོགས་པའི་དམ་བཅའ་མཛད་དེ་རིགས་པ་བཀོད། ལུང་གིས་རྒྱབ་སྐྱོར་བསྟན་པས། ཁོས་མ་ཐུབ་ནས་མཻ་ཏྲི་པ་ཆེན་པོ་རྒྱལ་བས་རྒྱལ་བ་ཞེས་གྲགས། ཁོ་འཁོར་བཅས་རབ་ཏུ་བྱུང་། དེ་ནས་སློབ་དཔོན་ཤཱནྟི་པས་དེ་ལ་སྐྱོན་བྲིས་ཏེ་རྡོ་རྗེ་གདན་གྱི་དུས་མཆོད་ཀྱི་ཚེ་སྒོའི་ཡ་ལྟེབས་ལ་སྦྲུར་རོ། །དེ་མཻ་ཏྲི་པས་མ་གཟིགས། དེ་ཉིན་མི་རྣམས་ན་རེ། ཤཱནྟི་པ་ལ་མཻ་ཏྲི་པས་རྩོད་མ་ནུས་ཟེར། སང་མཻ་ཏྲི་པས་ཤཱནྟི་པ་ལ་ཁ་སང་ཡི་གེ་ངས་མ་མཐོང་བ་ཡིན། དེ་རིང་ཅིས་ཀྱང་འབྱོན་པར་ཞུ་བྱས་པས་ཤཱནྟི་པ་མ་བྱོན། བང་ཆེན་ལན་བཅུ་གསུམ་གྱི་བར་བསྐུར་དེ་བཏང་བས་ཀྱང་མ་བྱོན་པར་བྲོས། དེ་ཕན་དུས་མཆོད་ཀྱི་བདག་པོ་ཁོང་གི་མཛད་པ་ལ། དེ་ནས་རྒྱལ་པོས་མཻ་ཏྲི་པ་ལ་ཕུལ་བས་མཚན་མངའ་བདག་ཅེས་ཏེ། ཐམས་ཅད་དུ་མངའ་བདག་རྒྱལ་བ་མཻ་ཏྲི་པ་ཞེས་གྲགས་སོ། །

དེ་དུས་དགེ་འདུན་གྱི་སྡེ་ཨོ་ཏནྟ་པུ་རི། ཤྲཱི་ནཱ་ལེནྡྲ། རྡོ་རྗེ་གདན། བི་ཀྲ་མ་ལ་ཤཱི་ལ་བཞི་

མཆོག་ཡིན། ཕྱི་མའི་འབྱུང་བའི་གཙུག་ལག་ཁང་ཞེས་བྱ་བར་བཞུགས། འཆད་ཉན་མཛད། བསྟན་བཙོས་དུ་མ་སྦྱར། དེ་ནས་རིང་པོ་ཞིག་ན་དམ་ཚིག་གི་རྫས་ལ་ཆང་ཉོས་པས། དཔལ་མར་མེ་མཛད་དགེ་བསྙེས་ཡིན་པས་གཟིགས་ཏེ། སྡེ་ཉམས་ཀྱི་དོགས་ནས་རྒྱལ་པོ་ལ་འཕྲིན་བཏངས། རྒྱལ་པོས་ཕོ་ཉ་བཏག་ཏུ་བཙུག་པས་འདུག་པར་མཐོང་སྟེ་གསོལ་བས། རྒྱལ་པོས་པཎྜི་ཏ་རྣམས་སྤྲན་ནས། མངའ་བདག་གི་སྨྱན་སྔར་ཕྱིན་ནས་ཁྱོད་ཀྱིས་ཆང་བཏུངས་པས་ཆད་པ་སྒྲུབས་ཤིག །ངས་མ་བཏུང་ཁྱེད་རང་རྣམས་ཀྱིས་འཐུངས་སོ། །དེར་སྐྲུགས་ནས་ཤེས་སྐམ་སྐྲུག་ཏུ་བཙུག་པས། མཻ་ཏྲི་པས་དགྲེས་རྫོར་གྱི་མན་ངག་བྱས་པས་ཁོང་ཚོ་ལ་ཆང་སྐྲུགས། ཁོང་རང་ལ་འོ་མ་སྐྲུགས། དེར་མཻ་ཏྲི་པ་མ་རངས་པར་དགེ་འདུན་གྱི་དབུས་ནས་རྩིག་པ་ལ་ཐོགས་མེད་དུ་བྱོན། གནྣ་ལ་ཁྲི་བརྐན་ས་ལེའི་པགས་པ་བཏིང་ནས་གཤེགས་སོ། །ཕར་འགྲམ་དུ་ཐམས་ཅད་ཀྱིས་བཞུགས་པར་གསོལ་བས། བཟོད་པ་བཞེས་བཞུགས་པར་མ་གནང་། རྒྱ་གར་ཤར་ཕྱོགས་རི་བོ་མེ་ལྷར་འབར་བའི་དུར་ཁྲོད་དུ་དགོན་པ་བཏབ་སྟེ་བཞུགས་སོ། །སྐབས་ཤིག་བཛྲ་པཱ་ཎི་ཁྱོད་སོང་ལ་ཉེ་འཁོར་གྱི་སློབ་མ་རྣམས་སྟུས་ཤིག་གསུངས་ནས་བསྟུས། དེ་ནས་མཆོད་པ་རྒྱ་ཆེན་པོ་དང་ཚོགས་ཀྱི་འཁོར་ལོ་བཤམས་ནས་སློབ་མ་རྣམས་ལ་བྱིན་རླབས་ཀྱི་རྟེན་རེ་སྩལ། ཞལ་ཆེམས་གདམ་ངག་ཏུ་གསུངས། འཁོར་རྣམས་ཀྱིས་ལོ་མང་པོ་བཞུགས་པར་གསོལ་བ་བཏབ་པས་སྡོད་ཀྱང་དབང་ཡོད་དེ། དངོས་གྲུབ་སྒྲུབ་པའི་དུས་ལས་ཉམས་པར་འགྱུར་བས་མི་རུང་གསུངས། རྡོ་རྗེ་རྣལ་འབྱོར་མས་བསུས་ཏེ་དགུང་ལོ་བདུན་ཅུ་རྩ་ལྔ་ལ་གཤེགས་སོ། །དེ་ལ་སློབ་མ་མང་དུ་ཡོད་ཀྱང་གཙོ་བོ་ཆེ་བཞི། འབྲིང་པོ་བདུན། ཆུང་བ་བཅུ་སྟེ་ཉི་ཤུ་རྩ་གཅིག །ཆེ་བ་བཞི་ནི། ན་ཏེང་ཀ་བ། དེ་ཝ་ཨཱ་ཀ་ར། རཱམ་པཱ་ལ། ཕྱག་ན་རྡོ་རྗེ་དང་བཞི། འབྲིང་བདུན་ནི། མཉམ་པའི་རྡོ་རྗེ། མི་མཉམ་རྡོ་རྗེ། ནམ་མཁའི་རྡོ་རྗེ། རོལ་པའི་རྡོ་རྗེ། ཀྵེ་རི་ཤྲཱི་ཛྙཱ་ན། ཨ་ཀྵི་ཡུཀྟ། ཛ་གང་པཱ་ལའོ། །ཆུང་བ་བཅུ། ས་གཱ་ར་པ། མེ་གོ་པ། ར་ཚོ་རྡོར་པ། ཏི་ཕུ་པ། ཤྲཱི་ནཱ་ལེནྡྲ་པ། པདྨའི་འཕྲེང་བ། གོ་ཆ་བ། ནག་པོ་པ་ཆུང་བ། ཤྲཱི་རྣ་བ། བ་ལིཾ་ཨཱ་ཙརྻ་རྣམས་སོ། །འགའ་ཞིག་ཀ་རོ་པ། ཕྱག་ན། མར་པ། བལ་པོ་ཤྲཱི་ལ་ཧྥ་རོ་རྣམས་ཐུགས་ཀྱི་སྲས་བཞིར་གྲགས་ཞེས་ཀྱང་ཟེར་རོ། །ནཱ་རོ་མཻ་ཏྲི་གཉིས་ཀའི་སློབ་མ་ཏེ་ཕུ་པ་ནི། ཡུལ་ཡངས་པ་ཅན། ཡབ་པཎྜི་ཏ་ག་ཡ་དྷ་ར། ཆུང་དུ་ནས་རིག་པའི་གནས་ཀུན་ལ་སྦྱངས། ཁྱད་པར་གསང་སྔགས་རྒྱུད་སྡེ་ལ་མཁས་ཤིང་མན་ངག་རྒྱ་མཚོར་གྲགས། ཡུམ་གཉིས་དང་བཅས་ཏེ་བརྟུལ་ཞུགས་ཀྱི་སྤྱོད་པ་ལ་སོགས་པར་ཞུགས་པ་ཡིན་ནོ། །ཤྲཱི་ཧ་དྲ་པོ་ཧྲི་ནི་རྒྱ་གར་ཤར་ཕྱོགས་མཛཱ་ཏ་དེ་ཝ་ར་འབྲུངས། རྗེན་དགེ་བསྙེན་

རིག་གནས་ལ་མཁས་པ། དུས་ཞབས་པ་ཆེན་པོ་དང་ནཱ་རོ་པ་ལ་ཕྱག །དེའི་སྲས་པོ་ཧྲི་ཧྲ་དྲ་ནླ་མེད་པའི་མཁས་པ་ཆེན་པོ་པ་དང་ནཱ་རོ་པ་ལས་དུས་འཁོར་གསན། འདི་ལ་རྒྱལ་སྲས་ནཱ་ལེནྡྲ་པ་ཕྱི་མ་ཟེར། ནཱ་ལེནྡྲར་སྒོ་ཡིག་འདེབས་པ་པོ་འདི་ཡིན་ཁ་ཅིག་ཟེར་ཏེ། ཁོང་གི་དུས་དུས་ཀྱི་འཁོར་ལོ་འཕགས་པའི་ཡུལ་ན་རླུང་ལྟར་གྲགས་ཟིན་པས་གཏམ་དེ་འཚོལ་བ་ཡིན་ནོ། །རྡོ་རྗེ་གདན་པ་ནི་དགེ་བསྙེན་རིག་གནས་དུ་མ། ལྷག་པར་སྒྲ་ཚད་ལ་མཁས་པ་ཞིག་འཁོར་རབ་ཏུ་བྱུང་བའི་པཎྜི་ཏ་འགའ་དང་བཅས་ཏེ་ཡུལ་དབུས་སུ་བསླེབས་པ་ན། དེར་རྒྱལ་པོའི་བློན་པོ་ཆེན་པོས་བསྟན་པ་ལ་མི་མཛེས་སྙམ་ནས་ཅིའི་ཕྱིར་རབ་ཏུ་མི་འབྱིན་དྲིས་པས། མའི་འཚོ་བ་སྒྲུར་བས་སོ་ཟེར། དེས་གསེར་སྲང་སུམ་ཙུ་དེ་ལ་གཏད་དེ། འདིས་མ་འཚོ་བར་གྱིས་ལ་ཅིས་ཀྱང་རབ་ཏུ་བྱུང་ཞིག །དེར་ཤཱཀྱི་པ་ལ་རབ་ཏུ་བྱུང་བའི་མཚན་རཏྣ་ཨཱ་ཀ་ར་གུཔྟ། དེ་དང་ནཱ་རོ་པ། གནས་བརྟན་བྱང་ཆུབ་བཟང་པོ། མར་མེ་མཛད་བཟང་པོ་སོགས་ལ་རྟེན་ནས་སྡེ་སྣོད་གསུམ་རྒྱུད་སྡེ་བཞི་ལ་མཁས་པར་སྦྱངས་ཏེ། ཕྱིས་རྡོ་རྗེ་གདན་གྱི་བདག་མཛད་དེ་བཞུགས་པས་མཚན་རྡོ་རྗེ་གདན་པ་མངོན་ཤེས་ཅན་དུ་གྲགས། འདིས་རྡོ་རྗེ་གདན་ཆུང་མ་དང་ཟངས་ཐང་མར་གྲགས་པའི་དེ་བཞིན་གཤེགས་པའི་སྐུ་དུ་མ་ཐུགས་དམ་དུ་བཞེངས། བསྟན་པ་བསྐྱངས། དེ་ནས་སྤྱན་རས་གཟིགས་མཇལ་བར་བཞེད་ནས་པོ་ཏ་ལའི་ལམ་གྱི་ཡི་གེ་བཟུང་སྟེ་བྱོན། སོ་རིར་བསླེབས་པ་ན། དེའི་རྒྱལ་པོའི་རྨི་ལམ་དུ་རྡོ་རྗེ་གདན་གྱི་མ་ཏྲ་པོ་ཧྲི་བྱོན་ནས། ངའི་བསྟན་པ་ལྷོ་ཕྱོགས་སུ་མ་བཏང་བར་ཁྱོད་ཀྱིས་ཟུང་ཞིག་ཟེར་བ་རྨིས། ཅིའི་ལྟས་ཡིན་སྙམ་པ་ལ་པཎྜི་ཏ་འཁོར་བཅས་བྱོན་ནས་ལྷོ་ཕྱོགས་སུ་སྐྱོལ་བར་ཞུ་ཟེར། ཞིབ་ཏུ་དྲིས་པས་རྨི་ལམ་གྱི་དོན་གོ་ནས་བཤོལ་བཏབ་སྟེ། རྒྱལ་པོས་གཙུག་ལག་ཁང་ཕུལ། འཁོར་མང་པོ་ལ་ཆོས་བཤད་པས་སོ་རི་པ་ཞེས་གྲགས། འདིས་ཚོགས་ཀྱི་འཁོར་ལོར་གྲུབ་ཐོབ་བརྒྱད་ཅུ་རྩ་བཞི་དངོས་སུ་སྤྱན་དྲངས་ཏེ་བསྟོད་པ་མཛད་དོ། །ཨབྷྱཱ་ཀཱ་ར་གུཔྟ་ནི། རྒྱ་གར་ལྷོ་ཕྱོགས་ཨུ་ཊ་ཨཱི་ཤལ་བྲམ་ཟེའི་རིགས་སུ་འཁྲུངས་པ། སྐྱེས་སྟོབས་ཀྱིས་ཤེས་རབ་ཆེ་བས་སྒྲ་ཚད་གསོ་བ་མཁས་པར་ལོབས། ཡུལ་དེའི་ཨ་མྲའི་ཚལ་དུ་སྒོ་བསྡམས་ནས་སྒྲའི་པོ་ཏི་གཅིག་ལྟ་བའི་སྐབས་སུ་བུད་མེད་གཞོན་ནུ་མཛེས་མ་ཞིག་བྱུང་། ཁྱོད་སུ་བྱས་པས་གདོལ་པ་མོ་ཡིན། ཁྱོད་དང་དགའ་མགུར་སྤྱོད་པའི་སླད་དུ་འོངས་སུ་ཡིན་ཟེར། བདག་བྲམ་ཟེ་ཡིན་པས་ཁྱོད་དང་རིག་པར་མི་རུང་ངོ་སྙམ་པས། ཁྱོད་ཀྱིས་སྐྱེ་བ་མང་པོར་ང་ལ་བསྙེན་བཀུར་བྱས་པས་འདིར་འོངས་བ་ཡིན། ང་ལ་ཉན་ན་ཡུལ་འདི་ར་མ་འདུག་པར་སངས་རྒྱས་པ་གྱིས་ལ་དབང་བསྐུར་ཞུས་མ་གཏྣར་སོང་ཞིག་ཟེར་མི་སྣང་བར་གྱུར་ཏོ། །

དེ་མི་མ་ཡིན་པར་རིག་སྔེ་གྲོགས་པོ་ནང་པའི་པཎྜི་ཏ་ཞིག་ཡོད་པ་ལ་འདི་ལྟར་བྱུང་སྨྲས་པས། རྗེ་བཙུན་རྡོ་རྗེ་རྣལ་འབྱོར་མས་ལུང་བསྟན་པར་འདུག་སྐལ་བ་བཟང་པོ་ཡིན། བཀའ་བཞིན་གྱིས་ཟེར། ཁྲིམ་སྤྱངས་ཏེ་ཛྙཱ་ལའི་ཨོ་ཏནྟར་དགེ་ཚུལ་མཛད། གྲུབ་ཐོབ་མང་དུ་བཞུགས་པ་ལ་དབང་གདམ་ངག་གསན། གྲང་ཁང་དབེན་པ་ཞིག་ཏུ་སྒོམ་ཞིང་བཞུགས་པས། བུད་མེད་མཛེས་མ་ཤ་ཁྲག་དམར་ཚར་རེ་བ་ཁྲིར་བ་ཞིག་འོངས། བདག་གདོལ་པ་མོ་ཡིན། འདི་ལ་ལོངས་སྤྱོད་ཅིག་ཟེར་བས། རབ་ཏུ་བྱུང་ནས་དེ་ལྟ་བུ་ཟོས་ན་ག་ལ་རུང་སྙམ་ནས་མ་བླངས་པས། ཁྱོད་འདིར་མ་འདུག་པར་མ་ག་དྷར་སོང་ཞིག་ཟེར། དེ་ནས་མ་ག་དྷར་བྱོན། བི་ཀྲ་མ་ལ་ཤཱི་ལའི་གཙུག་ལག་ཁང་དུ་ཕེབས། རྡོ་རྗེ་གདན་པ་ལས་བསྙེན་པར་རྫོགས། མཚན་ཨ་བྷྱཱ་ཀཱ་ར་གུཔྟར་བཏགས། ནཱ་རོ་པ་ལ་སོགས་པའི་མཁས་པ་དུ་མ་ལ་གཏུགས་ནས། མདོ་རྒྱུད་ཐམས་ཅད་ལ་སྨྲ་བའི་སེངྒེར་གྱུར། སོ་རིའི་དུར་ཁྲོད་ཀྱི་དགོན་པ་ཨེ་ཏི་རི་ཞེས་པར་སྒོམ་ཞིང་བཞུགས་པ་ན། ཚེས་བརྒྱད་ཀྱི་ནུབ་མོ་བླ་མའི་གཡོག་མོ་ཡིན་ཟེར་བའི་བུ་མོ་ཞིག་ཚོགས་ཀྱི་ཡོ་བྱད་ཐོགས་ཏེ། བླ་མ་རཏྣ་ཀ་ར་གུཔྟས་ཚོགས་ཀྱི་འཁོར་ལོ་བསྐོར་བའི་སྐལ་བ་ཁྱོད་ལ་སྐྱེལ་དུ་བཏང་བ་ཡིན་པས་འདི་ཟོ་ཞིག །ང་དགེ་སློང་ཡིན་པས་ལོངས་སྤྱོད་དུ་མི་རུང་ངོ་བྱས་པས། ལན་གསུམ་གྱི་བར་དུ་ཟོ་ཟེར་ཡང་མ་ཟོས་པས། ཁྱོད་ཀྱིས་སྐྱེ་བ་མང་པོར་ང་ལ་མཆོད་པ་བྱས་པས་ངས་དངོས་གྲུབ་ལན་གསུམ་དུ་སྐྱེལ་དུ་འོངས་པ་ཡིན་ཏེ། ཁྱོད་མི་འདོད་པར་འདུག་ཟེར་ཏེ་ཚོགས་དང་བུད་མེད་མི་སྣང་བར་གྱུར་ཏོ། །སྒོ་གསུམ་རིམ་བཅད་པའང་དེ་ཁོ་ན་བཞིན་འདུག །བླ་མའི་དྲུང་དུ་ཕྱིན་ནས་མདང་ཚོགས་སྐྱེལ་དུ་བཏང་ངམ་ཞུས་པས། ཁྱོད་དེ་ལ་རྟོག་པ་ཆེ་བར་འདུག་པས་མ་བཏང་། ཡི་དམ་གྱིས་དངོས་གྲུབ་སྐྱེལ་དུ་བྱོན་པར་འདུག་སྙམ་ཤེས་པར་སྣང་གསུངས། དེ་ནས་འགྲོད་དེ་དུར་ཁྲོད་དེ་ཉིད་དུ་ཡི་དམ་གྱིས་དངོས་སུ་ལུང་མི་སྟོན་ན་ཤི་འང་སླའོ་ཞེས་ས་སྨྲེ་བཙུགས་པས། ཞག་བདུན་པའི་རྨི་ལམ་དུ་བུད་མེད་རྒན་མོ་ཞིག་བྱུང་། མཐར་དེ་རྡོ་རྗེ་རྣལ་འབྱོར་མར་སོང་ནས། ཁྱོད་སྐྱེ་བ་འདི་ལ་མཆོག་གི་དངོས་གྲུབ་ཐོབ་པའི་སྐལ་བ་མེད་པས་ངས་བྱིན་གྱིས་བརླབས་ཀྱི་བསྟན་བཅོས་མང་དུ་རྩོམས་ཤིག །བར་དོར་མཆོག་གི་དངོས་གྲུབ་ཐོབ་པར་འགྱུར་རོ་ཞེས་ལུང་བསྟན། དེ་ནས་བི་ཀྲ་མ་ཤཱི་ལའི་བདག་མཛད་སྡེ་སྣོད་ཀྱི་འཆད་ཉན་མཛད་པས་སློབ་མའི་ཚོགས་དཔག་ཏུ་མེད་པ་ལས་རྒྱ་གར་ན་མཆོག་གྱུར། ཤུ་བྷ་ཀཱ་ཀ་ར་གུཔྟ། ཝཱ་གཱི་ཤྭ་ར་གུཔྟ། བི་བྷཱུ་ཏ་དེ་ཝ། ནིཥྐ་ལངྐ་ཀ་དེ་ཝ། ཛྙཱ་ཀཱ་ར་གུཔྟ། ནཱ་ཡ་ཀ་པཱ་ད། བོད་ན་རྩ་མི་ལོ་ཙཱ་དང་གྲོགས་མཆེད་ཕར་གསན་ཚུར་གསན། སྟེང་ལོ་ཚུལ་ཁྲིམས་འབྱུང་གནས། པ་ཚབ་ཉི་མ་གྲགས། ཁེ་གད་

འཁོར་ལོ་གྲགས། སྒྲོང་ཉེ་གསལ་བ་གྲགས། ཟླ་ལོ། རོ་ལིངས་པ། དིང་རི་ཆོས་གྲགས། ཏྲེ་བོ་ཤེས་རབ་དཔལ། ཤེའུ་ལོ་ཙྪ་བ་སོགས་མང་པོ། མཉྫུ་ཀཱིརྟི་ནི་ལྷ་རིག་པ་ནཱ་རོ་པའི་ཞབས་ལ་ལེགས་པར་གཏུགས་ཏེ་དུས་འཁོར་སོགས་ཀྱི་རྒྱུད་སྡེ་ལ་མཁས་པར་སྦྱངས་པ་མཉྫུ་ཧྲ་ར་ཞེས་བྱ་བའི་གནས་སུ་བཞུགས་པ། དེའི་སློབ་མ་ས་མནྟ་ཤྲཱི་ཛྙཱ་ན་ནི་བལ་པོ་ཡེ་རང་དུ་འཁྲུངས། མཉྫུ་ཀཱིརྟི་ལ་དུས་ཀྱི་འཁོར་ལོ་ལེགས་པར་ཐོབ་པའོ། །

ཁ་ཆེ་ཟླ་མགོན་ནི་ཁ་ཆེར་བྲམ་ཟེ་བཟང་པོའི་ཞབས་ཞེས་ཀྱང་བྱ། སྟུཀྲ་ཀ་ཏུ་ཞེས་ཀྱང་བྱ་བ་མཁས་པའི་ཡུལ་དུ་ཕྱིན་པ་དེས། རང་གི་འཁོར་པཎྜི་ཏ་སོ་ན་ས་ནི་དང་ལཀྵྨཱི་ཀ་ར། ད་ན་ཤྲཱི། ཙཎྜ་ར་ཧུ་ལ། སོ་མ་ནཱ་ཐ་ལ་སོགས་པ་ལ་ཆོས་གསུང་ཞིང་བཞུགས་པའི་ཚེ། པཎྜི་ཏ་འདུལ་བ་འབྱུང་གནས་བློ་གྲོས་ཀྱིས་དབང་མདོར་བསྟན། དབང་རབ་བྱེད་ཀྱི་དཔེ་བསྐུར་བས་གཟིགས་ཏེ་ངོ་མཚར། དེ་ལས་ཟླ་མགོན་མཆོག་ཏུ་དད་པ་སྐྱེས་ནས་དེར་ཆོས་ཉན་འཕྲོ་བཅད་དེ་དབུས་སུ་བྱོན། དུས་ཞབས་ཆུང་བ་དཔལ་ནཱ་ལེནྡྲ་པ་དང་མཇལ་ནས་དུས་ཀྱི་འཁོར་ལོ་མཁས་པར་བསླབས་སོ། །དམ་པ་སངས་རྒྱས་ནི་སློབ་དཔོན་ཀ་མ་ལ་ཤཱི་ལ་བོད་དུ་སྐུ་གཤེགས་ནས་སྐྱེ་བ་རྒྱ་གར་ལྷོ་ཕྱོགས་བྱེ་བྲག་ཙ་ར་སིང་ང་ཞེས་བྱ་བར་ཚོང་དཔོན་གྱི་རིགས་སུ་འཁྲུངས། བི་ཀྲ་མ་ཤཱི་ལར་མཁན་པོ་དགེ་བའི་ལྷ་ལས་རབ་ཏུ་བྱུང་། དེ་དང་བྲམ་ཟེ་ཨཱརྱ་དེ་ཝ་ལ་སོགས་པ་ལ་བརྟེན་ནས་རིག་པའི་གནས་ལྔ་ལ་མཁས་པར་སྦྱངས། ནཱ་རོ་མཻ་ཏྲི་ལ་སོགས་པ་ཐུན་མོང་མིའི་བླ་མ་ལྔ་བཅུ་རྩ་ལྔ། འགའ་ཞིག་དངོས་དང་འགའ་ཞིག་དག་སྣང་གིས་མཇལ། ངོ་མཚར་མཁའ་སྤྱོད་ཀྱི་བླ་མ་སུམ་ཅུ་རྩ་དྲུག་དག་པའི་སྣང་བས་བསྟེན། ཐུགས་དམ་གྱི་ལྷ་བདེ་གཤེགས་བཅུ་གཉིས་དང་མི་དང་མི་ཡབ་ཡབ་མཇལ། ཁྱད་པར་ཨུ་རྒྱན་གྱི་དུར་ཁྲོད་རྒྱུ་སྐར་དཔལ་གྱི་རོལ་པར་བཅོམ་ལྡན་འདས་བདག་མེད་མས་མངོན་སུམ་དུ་རྗེས་སུ་བཟུང་བ་ཕྱག་རྒྱ་ཆེན་པོ་མཆོག་གི་དངོས་གྲུབ་བརྙེས་པའོ། །འདི་ལ་གཞན་གྱིས་དཀྱུང་ལོ་མང་པོ་བར་བྱས་པ་དང་། ཀ་མ་ལ་ཤཱི་ལས་གྲོང་འཇུག་བྱས་པར་བཤད་པ་རྣམས་ལ་གཏམ་ཚད་མ་གནོད་བྱེད་དུ་སྣང་ངོ་། །སློབ་དཔོན་ཛ་ཡ་རི་པ་ནི། ནམ་གྲུ་རིགས་ལས་གྲུབ་པ་བརྙེས་པ་ཕྱག་ན་རྡོ་རྗེ་དངོས་ཀྱི་སློབ་མར་གྲགས་སོ། །ཁྲི་ཕུ་བས་སྤྱན་དྲངས་པའི་པཎ་གྲུབ་གསུམ་ལས། མཆོག་གྱུར་པཎ་གྲུབ་གཉིས་ཀྱི་པཎ་ཆེན་ནི། ཁ་ཆེ་གྲིབ་བསྟན་དུ་འཁྲུངས། རིགས་རྗེ་རིགས། ཛ་ཤེ་ཧྲ་ར་སྟེ་གྲགས་འཛིན། ལོ་བཅུ་ནས་བྲམ་ཟེ་ལཀྵྨཱི་ཧྲ་ར་ལ་སྒྲ་སྙན་གསོ་དཔྱད། རཏྣ་ཤྲཱི་ལ་དང་ལ་ལི་ཏ་ཧི་ཏ་ནི་འབྱུང་། དབྱངས་སྙན་སོགས་བསྟེན་ནས་གཞུང་འབུམ་ཕྲག་དུ་མ་ཐུགས་སུ་ཆུད། མཁན་པོ་སུ་ཁ་ཤྲཱི

ལས་རབ་ཏུ་བྱུང་། མཚན་ཤཱཀྱ་ཤྲཱི་བྷ་དྲ་ར་བཏགས། གྲོགས་གཅིག་གིས་འཚོ་བ་ལ་བརྟེན་དགོངས་པ་ན་སློབ་མས་ཁྱོད་སངས་རྒྱས་ཀྱི་བསྟན་པ་མི་འཛིན་ནམ་གསུངས་པ་རྨིས་པ་དེ་ཕྱིན་ཆད་བསོད་སྙོམས་ཁོ་ན་མཛད། མཚན་བསོད་སྙོམས་པར་གྲགས། ཏི་ལ་མར་གྱི་ནང་དུ་མནལ་སྐྱངས་ཏེ་ཁ་འདོན་མཛད། མཁན་པོ་ཨུ་ཏྤ་ཀ་ར་གུཔྟ་དང་། ལས་སློབ་ད་ཤ་པཱ་ལ། གསང་སྟོན་དཱ་ནཱ་ཀ་ར། དང་པའི་དགེ་འདུན་བཅོ་བརྒྱད་ཀྱི་དབུས་སུ་བསྙེན་པར་རྫོགས། ཉི་མ་སྦས་པ། ཙནྡྲ་གུཔྟ། རྡོ་རྗེ་གདན་པ་ཆུང་བ། བི་བྷཱུ་ཏ་དེ་ཝ། བི་ན་ཡ་ཤྲཱི། ཉི་མ་དཔལ་ཡེ་ཤེས། འཇིགས་མེད་གྲགས་པ་རྣམས་ལས་སྡེ་སྣོད་དང་ཁྱད་པར་རྒྱུད་སྡེ་རབ་འབྱམས་ལ་ཐོས་པ་མཛད། ཡི་དམ་མང་པོའི་ཞལ་གཟིགས། རི་བྱ་རྐང་གི་གྲུབ་ཐོབ་དང་། སེནྡྷ་ལའི་དགྲ་བཅོམ་པས་མ་བྱོན་པའི་སངས་རྒྱས་རབ་གསལ་གྱི་སྤྲུལ་པར་ལུང་བསྟན། མ་ག་དྷའི་རྒྱལ་པོས་བླ་མར་བཟུང་། གཞུང་རྩོམ་པ་དང་དྲི་བ་དགུའི་ལན་དུས་གཅིག་ལ་ཐེབས། ཨོ་ཏནྟ་པུ་རིའི་གཙུག་ལག་ཁང་གི་སྡེ་པ་བཞིའི་དགེ་འདུན་ཁྲི་ཉིས་སྟོང་གིས་བསུས་ཏེ་གཙོ་བོར་བཀུར། འདམ་བུའི་ཚལ་དུ་རི་མོའི་བུད་མེད་ཀྱིས་བསོད་སྙོམས་ཕུལ། གནས་གསེར་གྱི་ཏོག་ཅན་དུ་བཞུགས་པའི་ཚེ་རྒྱ་ནག་གི་གདན་འདྲེན་བྱུང་ཡང་། དཀར་ཞིང་མཛེས་པའི་དགེ་སློང་ཞིག་གིས་ད་རེས་དུས་ལ་མ་བབ། མ་འོངས་པའི་དུས་བྱང་ཕྱོགས་སུ་སོང་ཞིག་ལུང་བསྟན། མཆོན་ཆ་འཁོར་ལོ་ཞེས་བྱ་བའི་མཆོད་རྟེན་ཆེན་པོ་ཞིག་ལ་སུས་ཀྱང་གདུགས་མ་ཕུལ་བ་སློབ་མ་མཆེད་ལ་གསོལ་བ་བཏབ་པས་གདུགས་བྱ་རོག་ཆེན་པོས་ཁྱེར་ཏེ་བཀལ། ནམ་ཞིག་སྒྲོད་ཀྱི་དུས་སློབ་མས་ཁྱོད་ད་ལྟ་ཤར་ཕྱོགས་སུ་སོང་ཞིག་གསུངས། དེ་མ་ཐག་མི་རྣམས་ལ་མྱུར་དུ་འདེད་ཞེས་བསྐུལ་ནས་སྐྱེས་བུ་དཀར་པོ་ཞིག་གིས་འོངས་ནས་ལམ་སྟ་བྱས། མ་ཏྲ་ཀཱ་ལས་མར་མེ་བཏེག་སྟེ། གཟའ་པ་ལྷ་སངས་ཀྱིས་ལམ་མཚོན་པར་བྱས་ཏེ་ཚེགས་མེད་པར་ཛ་གད་དྷ་ར་ར་ཕེབས། དེའི་ཐོ་རངས་ཏུ་ཏུ་རུཥྐའི་དམག་གིས་མ་ག་དྷ་ར་བསླེབས་ཏེ་བཅོམ་པར་འདུག །གནས་དེར་རིག་པ་འཛིན་པའི་ལྷ་མོ་བཞིས་བསོད་སྙོམས་ཕུལ། དེར་ཐོ་རངས་ལྷའི་ཇ་བོ་ཆེའི་སྒྲ་གསན་པའི་རྐྱེན་གྱིས་དགའ་ལྡན་གཟིགས། བྱམས་པ་ལ་ཆོས་བཞི་གསན། རང་ལོ་བདུན་ཅུ་རྩ་བརྒྱད་ལ་བོད་དུ་ཕེབས། ལོ་བཅུ་བཞུགས་འཕྲིན་ལས་བསམ་གྱིས་མི་ཁྱབ་པ་བྱུང་། གསེར་བྱུང་བ་ཐམས་ཅད་ལོ་ཙྪ་བ་བྱམས་པ་བཞེང་པའི་རྒྱུ་ལ་གནང་། སླར་ཁ་ཆེར་བྱོན་ཏེ་ལོ་བཅུ་གཉིས་བཞུགས་ཏེ་བསྟན་པ་བསྐྱངས་སོ། །

༄ མི་ཏྲ་ཛོ་གི་ནི་རྒྱ་གར་ཤར་ཕྱོགས་ར་ཌའི་ཡུལ་དུ་འཁྲུངས། ཏི་ལླི་པའི་དངོས་སློབ་རོལ་པའི་རྡོ་རྗེས་རྗེས་སུ་བཟུང་། ཁ་སརྤ་ཎར་ལོ་བཅུ་གཉིས་བསྒོམས་པས་སྤྱན་རས་གཟིགས་འཁོར་དང

བཅས་པ་མངོན་སུམ་དུ་བྱོན་ནས་ཆོས་བསྟན་པས་གྲུབ་པ་བརྙེས། མཚན་ཨ་ཛི་ཏ་མི་ཏྲ་གུཔྟ་ཞེས་བྱ། གང་འདོད་ཐམས་ཅད་ཤིང་གདན་ལས་འབྱུང་བ་དང་། ཨོ་ཏནྟ་པུ་རི་ན་དགེ་འདུན་སྟོང་ཕྲག་བཅུ་གཉིས་གནས་པ་ན། ནང་མ་མཐུན་པ་གཅིག་གི་ཕྱོགས་བྱུད་ཤིང་རྒྱལ་པོས་བྱས་ཏེ་དམག་དྲངས་པ་འཁོར་ལོ་འཕངས་སྒྲག་སྟེ་བྲོས། དགེ་འདུན་ལ་གནོད་པ་མེད་པར་མཛད་པ། རྒྱལ་པོ་ཤིང་རྟ་མཁན་གྱི་རིང་ལ་ཝཱ་རཱ་ཎ་སཱིའི་དཔུང་ཚོགས་རྫུལ་གྱིས་ཉི་མ་འགྲིབ་པ་ལྷ་བྱུས་མ་ག་དྷའི་སངས་རྒྱས་ཀྱི་བསྟན་པ་གཞོམ་པར་རྩོམ་པ། སྐུ་གཅེར་བུར་གད་རྒྱངས་བསྒྲགས་པས་ས་གཡོས་ཤིང་མི་ཕྱུགས་ཐམས་ཅད་རེངས་པར་མཛད་པས་རྒྱལ་པོས་བཏུད་པས་རེངས་པ་བཀྲོལ། རྒྱལ་པོ་གྲགས་པ་ཅན་སྡེ་བཞི་དབང་དུ་བསྡུགས། ཤིང་གདན་བསྐྱལ་ནུས་ན་ཕར་གསེར་སྲང་སྟོང་ཡང་སྟེར་ཞིང་མུ་སྟེགས་ལ་འཇུག །བསྐྱལ་མ་ནུས་ན་ཚུར་འཇུག་པར་བྱས་ཏེ་ཤིང་གདན་ས་ལ་བོར་བས་བསྐྱལ་མ་ནུས་པ་ཐམས་ཅད་སངས་རྒྱས་པ་ལ་བཙུད། རྒྱལ་པོ་ཨུ་པ་ཊ་ཞེས་པས་མི་གཙང་བའི་དོང་བུར་བཙུག་ཀྱང་ཆོང་འདུས་སུ་བྱོན་པ་དང་། ཤིང་བསགས་དེའི་སྟེང་དུ་བཞག་སྟེ་ཞག་གསུམ་དུ་མེ་སྦར་ཡང་སྐུ་མ་ཚིག་པས་འགྱོད་དེ་ཞབས་ལ་འདུད་པ་དང་། ཝཱ་རཱ་ཎ་སཱིའི་རྒྱལ་པོ་ལ་ཆོས་བཤད་པ་ན་ནམ་མཁའ་ནས་མེ་ཏོག་གི་ཆར་དང་། ལྷའི་བུས་བདུད་རྩི་འདྲེན་པའི་སྣང་བ་བསྟན། རྒྱལ་པོ་ལ་སྦྱིན་གྱི་དབུས་ན་བཞུགས་པ་དང་ལན་ཅིག་མི་སྣང་ལ། ཞག་བདུན་གསོལ་བ་བཏབ་པས་ཛྙཻང་བུའི་སྟེང་དུ་བཞུགས་པ། རྒྱལ་པོས་གྲོང་ཁྱེར་འབུམ་ཕྲག་བཅུ་ཆ་རྐྱེན་དུ་ཕུལ་བ་ལོ་གསུམ་སྦྱིན་གཏོང་མཛད་པ། ལྷོ་ཕྱོགས་སུ་གནོད་སྦྱིན་བཏུལ་བ། ལྷ་སྟངས་མཛད་པས་ནམ་མཁའི་བྱ་ཐམས་ཅད་བཀའ་བསྒོ་བ་ཉན་པས་ཝཱ་རཱ་ཎ་སཱིའི་གཙོ་བོ་བརྒྱད་ཅུ་རྩ་བཞི་དང་། རྒྱལ་པོ་ཛ་ཡ་སེ་ན་དང་། པཎྜི་ཏ་ཨ་ནནྡ་ཐུགས་གཏད་པས་གྲོལ་བ་དང་། ཝཱ་རཱ་ཎ་སཱིའི་རྒྱལ་པོ་ལ་ཁྱོད་ང་ལ་ཐེ་ཚོམ་ཟོས་པས་ཚེ་འདིར་མཆོག་མི་ཐོབ། བར་དོར་དངོས་གྲུབ་ཐོབ་པར་འགྱུར་རོ། །རྒྱལ་པོས་བླ་མ་གཞན་དུ་མི་བཏང་སྒྲིམ་གཙུག་ལག་ཁང་དུ་བཞུགས་བཙུག་པ་ཕྱིར་ཕ་རོང་གི་སྟེང་། གཙུག་ལག་ཁང་གཉིས་ཀར་སྣང་བ། སྡེ་བརྒྱད་ལ་ཆོས་སྟོན་པ་སྟེ་ཏོ་མཚར་ཅན་གྱི་གདམ་བཅོ་བརྒྱད་དུ་གྲགས། བོད་དུ་བྱོན་མཐར་ཤི་སྐྱིད་ཀྱི་ཧག་པ་དང་ཐུག་པ་ན་སྐུ་ལ་མཆོན་ཅི་བཏབ་ཀྱང་ནམ་མཁའ་ལ་བརྒྱབ་པ་བཞིན་སོང་ནས། མི་ཏྲ་ཛོ་ཀི་སྒྲུ་མའི་སྐུ་སོགས་གསུངས་ཏེ་སྐུ་མི་སྣང་བར་མཁའ་སྤྱོད་དུ་གཤེགས་སྐད་དོ། །

ཕྱི་རབས་བོད་ལ་ཆོས་ཀྱི་དྲིན་ཆེ་བ་དཔལ་ནགས་ཀྱི་རིན་ཆེན་ཏེ། དེའི་ལོ་རྒྱུས་ནི། རྒྱ་གར་ཤར་ཕྱོགས་གྲོང་ཁྱེར་དམ་པ་ཞེས་བྱ་བའི་རྒྱལ་པོའི་སྲས་སུ་འཁྲུངས། དགུང་ལོ་བརྒྱད་བཞེས་པ་ལ་

དགེ་འདུན་འབུམ་ཕྲག་འདུས་པའི་མཁན་པོ་སངས་རྒྱས་དབྱངས་ཀྱིས་མཁན་པོ། དགེ་འདུན་ཁྲི་ཕྲག་གི་གནས་བརྟན་ཆེན་པོ་སུ་ཛ་ཏ་རཏྣས་སློབ་དཔོན་མཛད་དེ་དགེ་ཚུལ་བསྒྲུབས། མཁན་སློབ་དེ་གཉིས་དང་གཞན་ལས་ཀྱང་ཐོས་པ་མང་པོ་མཛད། བྱང་ཆུབ་ཏུ་ཐུགས་བསྐྱེད་པ་དང་དབང་བསྐུར་བ་གསན། དགུང་ལོ་ཉི་ཤུ་པ་ལ་སྔར་གྱི་མཁན་སློབ་ལས་བསྙེན་པར་རྫོགས། པཎྜི་ཏ་ཆེན་པོར་གྱུར་ཏེ་བྱ་བྲལ་ལ་གཤེགས་ནས་སིངྒ་གླིང་དུ་བྱོན། ལོ་དྲུག་ཏུ་བཞུགས། དེར་སློབ་དཔོན་ཆོས་ཀྱི་གྲགས་པ་ཞེས་པ་ལས་འདུལ་བ་གསན། དེ་ནས་འཛམ་བུའི་གླིང་དུ་བྱོན་པའི་ལམ་དུ་གངས་ཅན་མཚོའི་སྐུ་གཟིགས། ལྷོ་ཕྱོགས་ཀ་ལིངྐའི་རྒྱལ་ཁམས་སུ་ཕེབས། པཎྜི་ཏ་མིའི་ཉི་མ་ཞེས་བྱ་བ་འཛམ་བུ་གླིང་ན་མཁས་པ་གཅིག་གཟིགས། དེས་བཀུར་སྟི་ཆེ་བར་བྱས། དཔལ་འབྲས་སྤུངས་མཇལ། ཀླུ་བྱང་གི་དགོན་གནས་སུ་ཐོགས་ཤིག་བཞུགས། དེར་ཤ་ར་བ་དབང་ཕྱུག་དང་མཇལ། ཁྱོད་འདོད་པའི་དངོས་གྲུབ་བྱང་ཕྱོགས་སུ་འབྱུང་བས་དེར་སོང་ཞིག་གསུངས་ལུང་བསྟན། དེ་ནས་མ་ག་དྷ་ར་པཎྜི་ཏ་ཏ་རི་ཏ་ར་ལ་སྒྲ་ཀ་ལཱ་པ་ད་ལྷའི་འདི་བས་བདུན་འགྱུར་གྱིས་ཆེ་བ་ཞིག་གསན། ཀ་ན་ཀ་ཤྲཱི་རམ་ཞེས་པའི་ཚུ་འགྲམ་དུ་ལོ་གསུམ་ཕྱོགས་གསུམ་མཛད། ཨུ་རུ་པ་ས་ཞེས་བྱ་བའི་ལྷ་ཁང་དུ་བི་རུ་པཱ་དང་དེའི་སློབ་མ་གྲུབ་ཐོབ་བཱ་ཌཱ་ལ་དང་མཇལ། སྤྱན་རས་གཟིགས་ཀྱི་རྡོ་སྐུ་ཡོད་པ་དེས་བོད་ཡུལ་དུ་སོང་ཞིག །རྒྱལ་པོ་ཆེན་པོ་ཞིག་ལ་བརྟེན་ནས་མང་པོ་ལ་ཕན་པར་འགྱུར་རོ་ཞེས་ལུང་བསྟན། བལ་པོར་ཕེབས། དེར་པཎྜི་ཏ་ཤཱི་ལ་སཱ་ག་ར་ལས་སྤྱོད་འཇུག་ལུགས་ཀྱི་སེམས་བསྐྱེད་གསན་བོད་དུ་ཕེབས། ལྷ་ས་དང་ཡར་ཀླུངས་ཞབས་ཀྱིས་བཅགས་ཀྱང་ཕན་ཐོགས་མ་བྱུང་། སླར་བལ་པོར་ལོག །དེ་ནས་འཕགས་པ་ཤིང་ཀུན་གྱི་ཤཱཀྱ་ཕུ་རིའི་གཙུག་ལག་ཁང་དུ་བཞུགས་པའི་ཚེ། དང་པོར་བླ་མ་སངས་རྒྱས་དབྱངས་བྱོན། དེ་ནས་དཔལ་ཤ་བ་རི་དབང་ཕྱུག་བྱོན་ནས། དེར་དཀྱིལ་འཁོར་གྱི་འཁོར་ལོ་སྤྲུལ་ནས་བདེ་མཆོག་གི་དབང་བསྐུར། མི་འགྱུར་བའི་བདེ་བ་བརྙེས། སླར་སི་ཏུ་རབ་བརྟན་པས་སྤྱན་དྲངས་ཏེ་བོད་དུ་བྱོན། རོང་སྟོན་གྱིས་གཏུགས། དཔོན་སློབ་ལྷན་དུ་སྲིན་པོ་རིར་ཕེབས་པ་ན། བོད་རྒྱལ་པོ་གྲགས་པ་འབྱུང་གནས་ཀྱིས་སྤྱན་དྲངས་རྩེད་ཐང་དུ་ཕེབས། པ་གྲོ་བསྐོར་དུ་བྱོན། སློབ་དཔོན་པདྨ་མཇལ། ཕྱིར་ཕེབས་ནས་རྒྱལ་བློན། ལྷག་པར་སྡེ་སྣོད་འཛིན་པ་སུམ་ཅུ་རྩ་གཉིས་ཙམ་གྱི་ཚོགས་ཆེན་པོ་ལ་དབང་གདམ་ངག་བསམ་གྱིས་མི་ཁྱབ་པ་དབྱེ། ཕྱིར་བལ་ཡུལ་དུ་ཐེགས། དེ་ནས་ཡང་བོད་དུ་ཕེབས་ཏེ་སྐལ་ལྡན་གྱི་སློབ་མ་དུ་མ་རྗེས་སུ་བཟུང་ངོ་། །དེ་འང་རྒྱ་གར་འཕགས་པའི་ཡུལ་དུ་པཎ་གྲུབ་བསྟན་པ་རིན་པོ་ཆེ་ལ་གཅེས་སྤྲས་མཛད་པ་ཆེན་པོ་བྱོན་པ་ནི་རྒྱ་མཚོ། འདིར་

བཀོད་པ་ནི་བུམ་ཆུ་ཙམ་སྟེ། འདི་ན་བོད་ཉིད་དུ་དེ་དག་གི་རིང་ལུགས་ཡོད་པ་ཁོ་ནའོ། །དེའང་རྡོ་རྗེ་གདན་པ་ཆེན་པོས་ཚོགས་ཀྱི་འཁོར་ལོ་བསྐོར་བའི་གྲལ་དུ་གྲུབ་པའི་སློབ་དཔོན་ཐེ་ཙམ་ཕེབས་པ་ལ་གྲུབ་ཐོབ་བརྒྱད་ཅུ་རྩ་བཞིར་གྲགས་པ་ཡིན་གྱིས། རྒྱ་གར་བའི་གྲུབ་ཆེན་ཐམས་ཅད་དེར་འདུས་པ་ནི་མ་ཡིན་ནོ། །དེ་ལྟ་བུའི་རྡོ་རྗེའི་ཐེག་པ་ལ་འཆད་ཉན་མཛད་པའི་སློབ་དཔོན་དག་ལས་རྒྱ་བོད་གར་ཡང་སྔགས་བླ་ན་མེད་པའི་ཕྱོགས་ལ་ཏི་ལླི་ནཱ་རོ་སྒྲུ་དྲིན་ཆེ་བ་རང་རང་གི་ལུགས་གང་ལས་འོངས་བརྟགས་པས་ཤེས་པ་ཡིན་ནོ། །དེས་ན་འབྲོག་མི་རྒྱ་གར་དུ་འབྱོན་པའི་ཚེ་བི་ཀྲ་མ་ཤཱི་ལའི་གཙུག་ལག་ཁང་ན་མཁས་པ་སྒོ་དྲུག་ཡོད་དེ། ཤར་ཕྱོགས་ཀྱི་སྒོ་སྲུང་བར་རཏྣ་ཨཱ་ཀ་ར་ཤཱནྟི་པ་བཞུགས་པ་ལ་སྒྲ་དང་ཚད་མ་ལ་གཙོ་བོར་དྲི། དེ་བཞིན་དུ་ལྷོ་ཕྱོགས་ཀྱི་ངག་གི་དབང་ཕྱུག་གྲགས་པ་ཞེས་བྱ་བ་རྗེ་བཙུན་མ་སྒྲོལ་མ་ལ་ཆོས་དངོས་སུ་གསན་པ། སློབ་དཔོན་དེ་ལ་སྒྲ་ཚད་སྙན་ངགས་ལུང་ལ་སོགས་པ་འདྲི་བའོ། །ནུབ་ཕྱོགས་ན་ཤེས་རབ་འབྱུང་གནས་བློ་གྲོས་ལ་ཁྱད་པར་དུ་མུ་སྟེགས་ཀྱི་གྲུབ་མཐའ་ལ་འདྲི་བ་མང་། བྱང་ཕྱོགས་ན་ནཱ་རོ་ཏ་པ་ལ་ཐེག་པ་ཆེན་པོ་གསང་སྔགས་ལ་འདྲི་བ་དང་ལུང་ནོད་པ་མང་། དབུས་ཀྱི་ཀ་ཆེན་གཉིས་ནི་རིན་ཆེན་རྡོ་རྗེ་དང་། ཛྙཱ་ན་མི་ཏྲ་སྟེ། ཁ་ཆེ་ཛྙཱ་ན་མི་ཏྲ་ནི་མིན། དེ་གཉིས་ལ་ཀ་ཆེན་ཟེར་ཡང་གཞན་རྣམས་ལས་ཡོན་ཏན་ཆེ་རྒྱུ་མེད་གསུངས་པའི་གཏམ་འདི་ཚད་མར་གྱུར་ཏོ། །དེའང་པཎ་ཆེན་ནགས་རིན་གྱི་སྐབས་སུ་རྒྱ་གར་ཤར་ལྷོ་གཉིས་སུ་བསྟན་པ་དར་བ་ཡོད་སྐད་ཅིང་། དབུས་ན་རབ་ཏུ་བྱུང་བ་མེད། ད་ལྟའང་ལུང་ལག་རྣམས་ན་ཡོད་པ་འདྲ་སྟེ། ཁོ་བོ་གཞོན་ནུའི་དུས་ན་ལྷོ་ནུབ་ཡུཀྵ་རའི་ཡུལ་ནས་དགེ་སློང་ལྷ་སྟེ་ཞིག་འོངས་པའི་བཞི་ལོག །གཅིག་བྱུང་བ་ཁོ་བོའི་མིག་ལམ་དུ་བབ་པ་འདུལ་བའི་རྣམ་དབྱེ་ལེགས་པར་ཤེས་པ་འདུག །དེ་ན་ཡོད་པ་རྣམས་རྗེ་བོ་དང་ཁ་ཆེ་པཎ་ཆེན་ནས་བརྒྱུད་པར་འདུག །

༈ གཉིས་པ་བོད་དུ་བསྟན་པ་ཇི་ལྟར་བྱུང་བའི་ཚུལ་ལ། སྔ་དར་དང་ཕྱི་དར་བའི་ཚུལ་གཉིས་ཀྱི་དང་པོ་ནི། སློབ་དཔོན་ཤེས་རབ་གོ་ཆས་སྐྱ་སེང་བུ་ལྟ་དང་། དགྲ་ངན་དཔུང་ཚོགས་ཡན་ལག་བཅུ་གཉིས་འཐབས་པའི་ཚེ། རྒྱལ་པོ་རུ་པ་ཏི་ཞེས་པ་དམག་སྟོང་ཕྲག་གཅིག་དང་བཅས་པ་བུད་མེད་ཀྱི་ཆས་སུ་ཞུགས་ཏེ་རི་གངས་ཅན་གྱི་དབུས་སུ་བྲོས་པ་ལས་མཆེད་པ་བོད་དོ་ཟེར་ཏེ། འབྲུག་པ་དེ་ནི་རྩོད་པའི་དུས་ཐོག་མར་བྱུང་བའི་ཚེ་ཡིན་ལ། རྫོགས་ལྡན་གྱི་དུས་གསུངས་པའི་འཁོར་ལོ་སྡོམ་པའི་རྒྱུད་དུ། བོད་ཅེས་ཡུལ་ཉི་ཤུ་རྩ་བཞིའི་ཡ་བར་བགྲངས་པས་དེས་གནོད། དེས་ན་ད་ལྟ་བོད་ལུང་ཞེས་གྲགས་པ་འདིའི་མིང་ལས་སྤྱི་ལ་དེ་སྐད་དུ་གྲགས་པ་སྟེ། རྡོ་རྗེ་མཁའ་འགྲོའི་རྒྱུད་

ལས། བོད་ཡུལ་དུ་ནི་ལྷན་སྐྱེས་ཏེ། །ཞི་ཞིང་གསལ་བའི་གཟུགས་ཅན་མ། །ཆུ་སྲིན་རྒྱལ་མཚན་ལག་ན་ཐོགས། །བྲག་གི་ཁྲིམ་ལ་བརྟེན་ཏེ་གནས། །རང་བྱུང་གི་ནི་སྐྱེས་གནས་ཅན། །ཞེས་བྱུང་ཞིང་། འཕགས་པ་ཀླུ་སྒྲུབ་ཀྱིས་རལ་གཅིག་མའི་སྒྲུབ་ཐབས་སྤྱན་དྲངས་པའང་འདི་ལས་ཡིན་པ་དང་། འཇམ་དཔལ་རྩ་རྒྱུད་ཀྱི་སྲོང་བཙན་སྒམ་པོ་ལུང་བསྟན་དུ། ལྷ་ལྡན་ཡུལ་ཞེས་བྱ་བ་ཡི། །གངས་ཅན་རི་ཡི་ནང་གནས་པའི། །ཞེས་པའི་ལྷ་ལྡན་གྱི་གངས་ཅན་ཡང་ཡུལ་དེའི་མིང་གི་རྣམ་གྲངས་ཡིན་ལ། དེ་ལ་དེ་ཧིམ་ལ་ཡ་ཞེས་འབྱུང་བས་སོ། །དོན་ད་ལྷ་ཅ་རི་ཏྲར་གྲགས་པ་འདི་ཡིན་ནོ། །བོད་སྤྱི་འདི་དང་པོ་མི་མ་ཡིན་རྣམས་ཀྱིས་བཟུང་བས་མིང་ཡང་མི་འདྲ་སྟེ། སྔོན་བདུད་ཀྱིས་བཟུང་བས་དེའི་ཚེ་བདུད་ཡུལ་ཁ་རག་མགོ་དགུ་ཞེས་ཐོགས་སྐད་པ་སོགས། དེ་དག་ལ་རྒྱལ་ཕྲན་སིལ་མ་བཅུ་གཉིས་སུ་གྲགས་ཏེ་རིམ་པར་འོངས་པ་དེ་དག་ཐམས་ཅད་ནི་མི་མ་ཡིན་འབའ་ཞིག་འཇམ་དཔལ་རྩ་རྒྱུད་དུ། ང་ནི་འདས་ནས་ལོ་བརྒྱ་ན། །ཁ་བ་ཅན་དུ་མཚོ་བྲི་ནས། །སཱ་ལའི་ནགས་ནི་འབྱུང་བར་འགྱུར། །ཞེས་ལུང་བསྟན་པ་བཞིན། སྟོན་པ་འདས་ནས་ལོ་བརྒྱ་ན་ཁ་བ་ཅན་སྔོན་མཚོར་ཡོད་པ་བསྐམས་པའི་འགོ་ཟུག་ཅིང་སཱ་ལའི་ནགས་ཚལ་ཆགས་པར་གསུངས་པ་དང་། བོད་རྣམས་སྔོན་ཡུལ་འདི་ཐམས་ཅད་ལ་ཤུགས་པའི་ནགས་ཡོད་ཅེས་གླེང་བ་དང་མཐུན་ནོ། །དེ་ལྟར་ཡུལ་ཆགས་ནས་མི་རིང་བ་ན་འཕགས་པ་སྤྱན་རས་གཟིགས་དང་། རྗེ་མོ་སྒྲོལ་མའི་སྤྲུལ་པ་སྤྲེའུ་དང་བྲག་སྲིན་ལས་ཐོག་མར་སྤྲེལ་ཕྲུག །དེ་དག་རིམ་གྱིས་མིར་སོང་བ་ཡིན་ལ། དེ་དག་གི་གྲོང་ཆགས་པའི་སྔ་མ་ནི་གོང་ཡུལ་སྒྲི་སྣ། མི་ཡུལ་གྱི་ལྡིང་དུ་གྲགས་པ་དེ་ཡིན་ལ། དེར་ལི་ཙ་བྱིའི་རིགས་ཀྱི་བུ་ཞིག་འཁྱུར་བ་ལྷ་རི་གྱང་ཐོར་བབས་པ་དེ་དག་གི་རྗེ་བོར་བསྟེན་པ་ནི་རྗེ་ལ་སྤུ་བ་གཉའ་ཁྲི་བཙན་པོ་ཡིན་ནོ། །དེ་ནས་རྒྱལ་རབས་ཉི་ཤུ་རྩ་དྲུག་ན་ལྷ་ཐོ་ཐོ་རི་གཉན་བཙན་བྱོན། ཡུམ་བུ་བླ་སྒང་བཏབ་པས་མཁར་ལ་སྔ་བ་ཡིན། དེར་ནམ་མཁའ་ནས་རིན་པོ་ཆེའི་སྒྲོམ་བུ་ཞིག་བབས་པ་ཁ་ཕྱེ་བར། ཟ་མ་ཏོག་བཀོད་པའི་མདོ། སྤང་ཀོང་ཕྱག་རྒྱ་པ། གསེར་གྱི་མཆོད་རྟེན་གཅིག །ཙིནྟ་མ་ཎིའི་གཟུངས་རྣམས་ཐོན། དེའི་རྨི་ལམ་ན་མི་རབས་ལྔ་ན་འདི་ཤེས་པ་འབྱུང་ཞེས་ལུང་བསྟན། འོན་ཀྱང་དེ་དུས་ཅི་ཡིན་ངོ་མ་ཤེས་ཀྱང་ཡ་མཚན་དུ་གཟུང་ནས། མིང་གཉན་པོ་གསང་བར་བཏགས་ཏེ་མཆོད་པས་རྒྱལ་པོ་ལོ་བརྒྱ་ཉི་ཤུ་ཐུབ། དེ་ནས་མི་རབས་བཞི་པ་གནམ་རི་སྲོང་བཙན་དང་། བཙུན་མོ་ཚེ་སྤོང་བཟའ་འམ། འབྲི་བཟའ་ཐོད་དཀར་དུ་གྲགས་པའི་སྲས་སུ་འཕགས་པ་སྤྱན་རས་གཟིགས་རྒྱལ་བུ་མགོ་བཅུ་གཅིག་ཡོད་པ་ཞིག་སྐྱེས་ཏེ། མཚན་ཁྲི་ལྡེ་སྲོང་བཙན་དུ་གྲགས་སོ། །

དབུ་ལྷག་མ་དར་ལེ་བརྐན་གྱིས་དཀྲིས། ལོ་བཅུ་གསུམ་ན་རྒྱལ་སར་བྱོན། དེས་མཐའི་རྒྱལ་ཁྲིན་ཐམས་ཅད་དབང་དུ་བསྡུས། བློན་པོ་མགར་ཞེས་པ་ཕྱག་ན་རྡོ་རྗེའི་སྤྲུལ་པ་དེས། བལ་པོའི་རྒྱལ་པོ་འོད་ཟེར་གོ་ཆའི་སྲས་མོ་སྒྲོལ་མ་ཁྲོ་གཉེར་ཅན་གྱི་སྤྲུལ་པ་དང་། རྒྱ་ནག་ནས་སྒྲོལ་མ་སྔོན་མོའི་སྤྲུལ་པ་ལྷ་ཅིག་ཀོང་ཇོ་བསུས། ཇོ་བོ་ཤཱཀྱ་རྣམ་གཉིས་སོགས་ཀྱི་སྐུ་རྟེན་བྱིན་རླབས་ཅན་མང་པོ་སྤྱན་དྲངས། སྐུ་རྒྱུ་སྤྲུངས་པ་ལ་རང་བྱོན་བཅུ་གཅིག་ཞལ་བྱོན། དེའི་ཚེ་བོད་ལ་ཡི་གེ་མེད་པས་ཐོན་མི་ཨ་ནུའི་བུ་འཇམ་དབྱངས་ཀྱི་སྤྲུལ་པ་སམྦྷོ་ཊ་ཁ་ཆེར་ཡི་གེ་སློབ་ཏུ་བཏང་། དེས་སློབ་དཔོན་ལྷ་རིག་པའི་སེངྒེ་ཞེས་བྱ་བ་ལས་སྒྲ་ལེགས་པར་བསླབས། བོད་དུ་ལོག་ནས་བོད་ཀྱི་སྐད་དང་བསྟུན་ནས་གསལ་བྱེད་སུམ་ཅུ། དབྱངས་གུག་ཀྱེད་བཞིར་བསྡུས། དབྱིབས་ཁ་ཆེའི་ཡི་གེ་དང་བསྟུན་ནས་ལྷ་སའི་སྐུ་མཁར་མ་རུར་བཅོས། སྒྲའི་བསྟན་བཅོས་བརྒྱད་མཛད། རྒྱལ་པོས་ཀྱང་ཡི་གེ་དང་སྒྲ་ལེགས་པར་སློབ་པའི་ཚུལ་བསྟན། རྒྱལ་པོས་མི་དགེ་བ་བཅུ་བཀག་གསུང་། དགེ་བ་བཅུ་སྤྱོད་པའི་ཁྲིམས་བཅས་པ་དམ་པས་རྒྱལ་པོའི་མཚན་སྲོང་བཙན་སྒམ་པོར་གྲགས་ཟེར། བཙུན་མོ་གཉིས་ཀྱིས་གཙུག་ལག་ཁང་འཕྲན་ནས་རྩིག་པར་ཆས་པ་ལ། ཁྲི་བཙུན་གྱི་གཙུག་ལག་ཁང་ཐོག་མར་བྱེད་པའི་ས་འོ་ཐང་གི་མཚོ་ལ་ལུང་བསྟན་པས་རྩིག་མ་ཐུབ། རྒྱལ་པོ་ལ་ཞུས་པས། བོད་སྤྱི་སྲིན་མོ་གན་རྐྱལ་དུ་སྒྱེལ་བ་འདྲ་བའི་འདི་སྙིང་ཀ་ཡིན། དེར་ལྷ་ཁང་འདེབས་པ་ལ་སའི་དཔྱད་གཞན་རྣམས་མནན་དགོས་གསུངས་ནས། དཔུང་པ་གཡས་ལ་སྐ་ཚལ་གཡོན་ལ་ཁྲ་འབྲུག །རྐང་པ་གཡས་ལ་གཙང་འགྲམ། གཡོན་ལ་གྲོམ་པ་རྒྱང་། རུ་བཞིའི་གཙུག་ལག་ཁང་ཟེར། གྲུ་མོ་གཡས་ལ་ཀོང་པོ་བུ་ཆུ། གཡོན་ལ་ལྷོ་བྲག་མཁོ་མཐིང་། པུས་མོ་གཡས་ལ་སྐྱ་བྲག །གཡོན་ལ་བྲ་དུམ་རྩེ་རེ། མཐའ་འདུལ་གྱི་གཙུག་ལག་ཁང་ཟེར། ལག་མཐིལ་གཡས་ལ་བྱང་ཚལ་གྱི་རླུང་གནོན། གཡོན་ལ་ཁམས་ཀྱི་གློང་ཐང་སྒྲོན་མ། རྐང་མཐིལ་གཡས་ལ་མང་ཡུལ་བྱམས་སྤྲིན། གཡོན་ལ་མོན་བུམ་ཐང་། གཞན་ཡང་ས་ནོན་གྱི་ལྷ་ཁང་། མཆོད་རྟེན་བརྒྱ་རྩ་བརྒྱད་སྤྲུལ་པ་བཀྱེ་ནས་བཞེངས། གདོད་འོ་ཐང་གི་མཚོ་ལ་རྡོའི་ཁར་བརྩིགས་ཤིང་གིས་ཐུབ། གླུའི་འདག་པས་ཞལ་ཞལ་བྱས། རས་ས་བསྐྱལ་དེ་བརྡལ་བ་ལ་ལྷ་ཁང་བརྩིགས་ཏེ། བཟོ་ཁྱད་ལས་འཕྲུལ་ལྷ་བུར་སྣང་བས་ར་ས་འཕྲུལ་སྣང་ཞེས་གྲགས། ཀོང་ཇོས་ར་མོ་ཆེ་བཞེངས། རྒྱ་གར་གྱི་སློབ་དཔོན་ཀུ་ས་ར། བྲམ་ཟེ་ཤང་ཀ་ར། བལ་པོ་ཤཱི་ལ་མཉྫུ་ རྒྱ་ནག་གི་སློབ་དཔོན་མ་ཧཱ་དེ་ཝ་ཚེ་སྤྱན་དྲངས། ལོ་ཙཱ་བ་ཐོན་མི། དེའི་སློབ་བུ་དྷརྨ་ཀོ་ཤ་སོགས་ཀྱིས་བྱས། གསུང་རབ་ཀྱི་སྐད་བཅོས། མདོ་སྡེ་ཟ་མ་ཏོག་བཀོད་པ་སོགས་བསྒྱུར། རྒྱལ་པོས་གདམ་ངག

གནང་ནས་ཡེ་ར་པར་སྒོམ་གྲྭ་བཙུགས་ཏེ་རབ་བྱུང་མེད། རྒྱལ་པོས་ལོ་དྲུག་ཅུ་རྩ་དགུ་རྒྱལ་སྲིད་བཟུང་སྟེ་བརྒྱད་ཅུ་རྩ་གཉིས་ལ་ཡབ་ཡུམ་གསུམ་རང་གྲོན་འཕགས་པའི་ཐུགས་ཀར་ཐིམ། དེ་དུས་ཀོང་ཇོའི་ཞལ་ཆེམས་ལ། ལྷ་ཤཱཀྱ་མུ་ནེ་ར་མོ་ཆེ་ནས་གདན་དྲངས་ལ་འཕྲུལ་སྣང་གི་ལྷོ་ཕྱུར་དུ་སྦོས་ལ་ཞལ་ཞལ་གྱིས། ལོགས་དང་སྟེང་དུ་འཇམ་དབྱངས་ཀྱི་སྐུ་རི་བྲིས་ཤིག་གསུངས། དེ་ལྟར་བྱས་པས་རྒྱ་ནག་གི་དམག་སླེབ་དུས་རིག་ཀྱང་འཇམ་དབྱངས་ཀྱི་སྐུ་བཞིག་མ་ཕོད། དེ་ནས་རྒྱལ་རབས་ལྔ་པ་ལ་ཁྲི་ལྡེ་བཙུག་བརྟན་གྱིས་ལྷ་སའི་བྲག་དཀར་ལ་སོགས་པའི་གཙུག་ལག་ཁང་བཞེངས། ལི་ཡུལ་ནས་དོན་པའི་དགེ་འདུན་དང་རྒྱ་ནག་ཧྭ་ཤང་སྤྱན་དྲངས་ཏེ་མཆོད། བྲན་ཀ་མུ་ལ་ཀོ་ཤ་སོགས་ཀྱིས་མདོ་སྡེ་ལས་བརྒྱ། གསེར་འོད་བསྒྱུར། ལྡང་ཚ་ལྷ་དབོན་ལ་རྒྱའི་བྲམས་མོ་གྱིམ་ཤིང་ཀོང་ཇོ་བསླངས་པས་བུ་ཤི །མེས་རང་དང་འདུས་ནས་ལྷ་ཤཱཀྱ་མུ་ནེ་བཅོལ་ཏེ་མཆོད་པ་བྱས། དེ་གཉིས་ལ་འཇམ་པའི་དབྱངས་ཀྱི་སྤྲུལ་པའི་སྐུ་གཅིག་འཁྲུངས་མཚན་ཁྲི་སྲོང་ལྡེ་བཙན་དུ་བཏགས། དེ་ཆུང་བའི་དུས་སུ་རྒྱའི་ཡུལ་དུ་སང་ཤི་ལ་སོགས་པ་མི་བཞི་ཆོས་འཚོལ་དུ་བཏང་། དེ་དག་གིས་རྒྱའི་རྒྱལ་པོའི་དྲུང་དུ་ཕྱིན། དེ་ལ་ཞུས་ནས་སྒོམ་པའི་ལུང་འབོགས་པའི་ཧྭ་ཤང་དང་མཇལ་ནས་ལེགས་པར་མནོས། ཧྭ་ཤང་དེ་མངོན་ཤེས་མངའ་བས་སང་ཤི་ལ། སྟོན་པས་གདོང་དམར་ཅན་གྱི་ཡུལ་དུ་དམ་པའི་ཆོས་དར་བར་བྱེད་པའི་བྱང་ཆུབ་སེམས་དཔའ་ལུང་བསྟན་པ་དེ་ཁྱོད་ཡིན། བོད་ནི་རྒྱ་གར་གྱི་མཁན་པོ་ཞི་བ་འཚོ་ཞེས་བྱ་བ་དེས་འདུལ་སྐལ་ཡིན། དེ་མ་ཡིན་པ་གང་གིས་ཀྱང་ཕན་མི་ཐོགས་ཟེར། དེ་རྣམས་ཀྱིས་རྒྱ་ནས་ཆོས་བམ་པོ་སྟོང་ཙམ་བླངས། ཧྭ་ཤང་ཞིག་ཀྱང་སྤྱན་དྲངས་ཏེ་འོངས་པ་བོད་དུ་སླེབ་པའི་ཚེ་རྒྱལ་པོ་འདས། རྒྱལ་བུ་ཆུང་། བློན་པོ་རྣམས་ཀྱི་ཆོས་ཁྲིམས་བཤིག་སྟེ། དམ་ཆོས་བྱེད་པ་བྱུང་ན་སྤྱུག་པར་བྱས། ལྷ་ཤཱཀྱ་མུ་ནེ་རྒྱ་ཡུལ་དུ་སྐྱེལ་བར་བརྩམས་པ་ལ། མི་སུམ་བརྒྱས་མ་ཐེག་ནས་བྱེ་ཐེམས་སུ་སྦས། ལྷ་སར་བཤས་ར་བྱས་སོ། །དེའི་ཚེ་སྣ་ནམ་ཁྲི་ཐོག་རྗེ་ཐང་ལ་འབར་ཞེས་བྱ་བ་རྒྱབ་གས་ནས་ཤི ཅོག་གྲུ་སྐྱེས་བཟང་རྒྱལ། མགོ་བྱད་བསྐམས་ནས་ཤི་བས་ལྷ་བྱེ་འོག་ཏུ་བཙུག་པས་ལེན་ཟེར་ནས་བཏོན། དྲེའུ་གཉིས་ཀྱིས་བཏེག་ནས་མང་ཡུལ་སྐྱི་གྲོང་དུ་བསྐྱལ། མཁར་བྲག་དང་མགྲིན་བཟང་བཞིག་གོ། དེས་ཁོང་ཚོས་ཆོས་སྨྲས་ཧྭ་ཤང་སློག །གསལ་སྣང་མང་ཡུལ་གྱི་བློན་པོར་བསྐོས་ཏེ་བཏངས་སོ། །

དེ་ནས་རྒྱལ་བུ་ལོ་བཅུ་གསུམ་ལོན་པ་ན་རྒྱལ་སར་བཏོན། ཡབ་མེས་ཀྱི་ལེའུ་ཚེ་གཏམ་དུ་མཛད་པ་ན་ཆོས་ཀྱི་གཏམ་བྱས་ཆོས་སྨྲས་པ་བླངས་ཏེ་གཟིགས་པས་དད་པར་འགྱུར། རྒྱ་མི་མགོ་

དང་། ཁ་ཆེ་ཨཱ་ནནྡས་བསྒྱུར། དེ་བློན་པོ་ཞང་གྲོམ་པ་སྐྱེས་ལ་སོགས་པས་བཀག་བློན་པོ་ཆོས་ལ་དཀར་བ་རྣམས་ཀྱིས་སང་ཤི་མང་ཡུལ་དུ་བརྫངས། གསལ་སྣང་གིས་མང་ཡུལ་དུ་མ་བསྡད་པར། རྒྱ་གར་དུ་ཕྱིན། མ་ཧཱ་བོ་དྷི་དང་བྱང་ཆུབ་ཤིང་། ན་ལེནྡྲ་རྣམས་ལ་མཆོད་པ་ཆེན་པོ་བྱས་བལ་ཡུལ་དུ་ཡོང་ །མཁན་པོ་བོ་དྷི་ས་ཏྭ་དང་མཇལ་ཏེ་མང་ཡུལ་དུ་སྤྱན་དྲངས། གཙུག་ལག་ཁང་བཞེངས། མཁན་པོའི་གསུངས་ནས། བོད་ཀྱི་བཙན་པོ་དང་། ཁྱོད་དང་། ང་དང་གསུམ་འོད་སྲུང་གི་བསྟན་པ་ལ་བྲ་ཧྨེ་མའི་བུ་གསུམ་དུ་གྱུར་ནས་བོད་དུ་བསྟན་པ་སྤེལ་བར་སྨོན་ལམ་བཏབ་པ་ཡིན་ཏེ། བཙན་པོའང་མ་སྐྱེས། ཁྱོད་ཀྱང་ནར་མ་སོན་པས་ངས་འདི་ན་བོད་ཀྱི་རྒྱལ་རབས་དགུའི་བར་དུ་དགུག་ཅིང་བསྡད་པ་ཡིན་གསུངས་སླར་བལ་པོར་གཤེགས། སྦས་ཆོས་སྦས་ཏེ་ཕོ་བྲང་ལྷུང་འཚུབས་སུ་རྒྱལ་པོ་དང་མཇལ་ཏེ་ཆོས་ཀྱི་བཀའ་མཆིད་བྱས། བོ་དྷི་ས་ཏྭའི་ལོ་རྒྱུས་བསྙད་པས་ཁྱོད་ཡིབ་ཅིག །ངས་ཞང་ཉམ་བཟང་ཁད་ཀྱིས་གསོལ་དུ་གཞུག་གོ་གསུངས། ཞང་ཉམ་བཟང་དང་འགོས་ཁྲི་བཟང་ལ་སོགས་པ་ཆོས་ལ་དགའ་བའི་བློན་པོ་ཀུན་ལ་ཆོས་བྱེད་པར་མོལ་བཏབ་པས། ཉམ་བཟང་ན་རེ། མ་ཞང་དབང་ཆེ་ལ་ཆོས་ལ་གནག་པས་མི་འགྲུབ་མཆི་ཟེར། འགོས་ན་རེ། ཐབས་བགྱི་བར་རྗེ་ཐོག་གི་ཁོ་བོའི་རྟིང་གནོན་མཛོད་ཅིག་ཟེར་བས། རྒྱལ་བློན་ཆད་མཛད། འགོས་ཀྱིས་གཡོ་བྱས་མ་ཞང་གྲོམ་པ་སྐྱེས་གསོན་པོར་དུར་དུ་བཅུག །སྦ་ཨཱ་ཙཪྻ་བོ་དྷི་སཏྭ་སྤྱན་འདྲེན་དུ་བཏང་། ལང་གྲོ་ཇ་ར་སོགས་གསུམ་བསུ་རུ་བཏང་། ཁོང་ཚོ་དང་མང་ཡུལ་དུ་མཇལ། རིམ་པས་སྤྱན་དྲངས། ཁ་ཆེ་ཨཱ་ནནྡ་ལ་ཨཱ་ཙཪྻ་ཅི་འདྲ་རྟོག་ཏུ་བཅུག་པས། བཟང་པོ་ཞིག་སྣེ་ཐུགས་ཁྲིག་མི་འཚལ་ཟེར་བས་ཕོ་བྲང་དུ་སྤྱན་དྲངས། ཁ་ཆེ་དེས་ལོ་ཙཱ་བྱས། ཕོ་བྲང་ལྷུང་འཚུབ་ཏུ་ཟླ་བ་བཞིར་དགེ་བཅུ། ཁམས་བཅོ་བརྒྱད་དང་རྟེན་འབྲེལ་བཅུ་གཉིས་ཀྱི་ཆོས་བཤད་པས་བོད་ཀྱི་ལྷ་སྲིན་ཁྲོས་ཏེ། འཕང་ཐང་ཆུས་ཁྱེར། དམར་པོ་རི་ལ་ཐོག་རྒྱབ། མི་ནད་ཕྱུགས་ནད་བྱུང་བས། བོད་འབངས་ཡོ་ལོག་ཆོས་བྱས་པས་ལེན་ཟེར་ནས་ཨཱ་ཙཪྻ་བལ་པོར་ལོག །དེ་ནས་ཅུང་ཟད་ལོན་པ་ན། སྦ་གསལ་སྣང་རྒྱ་ཡུལ་དུ་ཆོས་ཚོལ་བ་ལ་བརྫངས། སང་ཤི་སོགས་ཨཱ་ཙཪྻ་སྤྱན་འདྲེན་དུ་བཏང་ངོ་། །དེའི་ཚེ་ཧྭ་ཤང་མངོན་ཤེས་ཅན་ཞིག་གིས། ད་ཟླ་བ་དྲུག་ཞག་དྲུག་ན་འཕགས་པ་ཧྭ་སྐད་ཀྱི་སྤྲུལ་པ་འདི་འདྲ་ཞིག་འོང་ཞེས་འབག་བྱས། བསྐྱིབས་པ་དང་རྗེ་ལྟ་བས་དེ་ལ་རྒྱ་རྗེས་བྱ་དགའ་བྱིན། ཧྭ་ཤང་ལ་སློམ་ལུང་བླངས། འཁོར་བ་ན་དེ་སྐྱེས་སུ་ཕུལ་བས། ཨཱ་ཙཪྻ་ད་དུང་སྤྱན་མ་དྲོངས་ཁྱོད་སོང་ཞིག་གསུངས་བལ་པོར་ཕྱིན། མཁན་པོ་སྤྱན་དྲངས་པ་མ་བྱོན་པར། དེར་མཁན་པོའི་གསུངས་ནས། བོད་ཀྱི་ལྷ་སྲིན་ཐུ། ཆོས་བྱེད་མི་སྟེར།

དེ་འདུལ་བ་ལ་སློབ་དཔོན་པདྨ་སམྦྷ་ཝ་ཞེས་བྱ་བ་འཛམ་བུ་གླིང་ན་ཆེ་བའི་རིག་སྔགས་མཁན་ཞིག་བཞུགས་དེ་སྤྱན་དྲངས་དགོས་གསུངས་པ་བཞིན། སྣ་ནམ་རྡོ་རྗེ་བདུད་འཇོམས་སོགས་ལྔ་བཏང་བ་སློབ་དཔོན་གྱིས་མཁྱེན་ནས་མང་ཡུལ་གུང་ཐང་དུ་བྱོན་པ་དང་མཇལ། ལྷ་མཆོ་སྲིད་མཆོའི་རྒྱ་བར་བསྟན་མ་བཅུ་གཉིས་དམ་ལ་བཏགས་ནས་བྱང་ལམ་བརྒྱུད། བོད་ཀྱི་འདྲེ་སྲིན་གདུག་པ་ཅན་ཐམས་ཅད་དམ་ལ་བཏགས་ཏེ་མལ་གྲོའི་ཞུ་ནས་བྱོན། བསམ་ཡས་སུ་སྤྱན་དྲངས། མཁན་པོ་སྤྱན་འདྲོངས། རྗེ་བོ་ཤཱཀྱ་མུ་ནི་སྣར་ལྷ་སར་བཞུགས་སུ་བཙུགས་ཆོག་མཛད། མཁན་པོས་བཀོད་པ་མཛད་དེ་ཨོ་ཏནྟ་པུ་རིའི་གཙུག་ལག་ཁང་ལ་དཔེ་བླངས་ཏེ། དབུ་རྩེ་རི་རབ། གླིང་བཅུ་གཉིས། ཉི་ཟླ། མཐའ་མ་ལྕུགས་རི་ནག་པོས་བསྐོར་བ་བསྐྲུབས། བཙུན་མོ་ཆེ་བ་ཚེ་སྤོང་བཟའ་དཀར་རྒྱལ་མེ་ཏོག་སྒྲོལ་མས་ཟངས་ཁང་གླིང་། ཕོ་ཡོང་བཟའ་རྒྱལ་མོ་བཙུན་གྱིས་བུ་ཚལ་གསེར་ཁང་། འབྲོ་བཟའ་བྱང་ཆུབ་སྨན་གྱིས་དགེ་རྒྱས་ཕྱེ་མ་གླིང་བཞེངས། མི་མོ་ཡོས་ལ་བཏིང་ནས་ས་མོ་ཡོས་ལ་ཚར། ཤཱནྟ་པདྨ་རྣམ་པ་གཉིས་ཀྱིས་རབ་གནས་མཛད། ལོ་བཅུ་གསུམ་དུ་དགའ་སྟོན་བྱས། ལུག་གི་ལོ་ལ་ཡོད་སྨྲའི་དགེ་འདུན་བཅུ་གཉིས་སྤྱན་དྲངས། བོད་ལ་བཙུན་པ་བཏུབ་མི་བཏུབ་སད་པའི་ཕྱིར་དུ་མི་བདུན་རབ་ཏུ་བྱུང་སྟེ། དེ་དག་གི་མཁན་པོ་ནི་བོ་དྷི་ས་ཏྭའོ། །

དེ་ལས་རྒྱན་གསུམ་ནི། སྦས་རཏྣ་རཀྵི་ཏ། རིན་ཆེན་སྲུང་བ་ཞེས་བྱ་བ། སྦས་ཛྙཱ་ནེནྡྲ་རཀྵི་ཏ། ཡེ་ཤེས་དབང་པོ་སྲུང་བ་སྟེ། དམ་པའི་ཆོས་འཛིན་པའི་མཁན་པོ་ཆེན་པོ་བོད་ལ་སྐུ་དྲིན་ཆེ་བ་ཡིན་ཞིང་། མཁན་པོ་བོ་དྷི་ས་ཏྭ་གཤེགས་ནས་འདིས་མཁན་པོའི་གདན་ས་མཛད། རཏྣེནྡྲ་རཀྵི་ཏ། རིན་ཆེན་དབང་པོ་སྲུང་བ་སྟེ་གསུམ་མོ། །བར་པ་ནི། གླང་སུག་ཏ་ཤཱཀྱ་རཀྵི་ཏ། བདེ་བར་གཤེགས་པའི་གོ་ཆ་སྲུང་བ་ཞེས་བྱའོ། །གཞོན་ནུ་གསུམ་ནི། པ་གོར་བཻ་རོ་ཙ་ན་རཀྵི་ཏ། རྣམ་པར་སྣང་མཛད་སྲུང་བ་ཞེས་བྱ་བ། ངེས་པའི་དོན་ཐེག་པའི་རྩེ་མོ་ལ་ཤིན་ཏུ་སྐུ་དྲིན་ཆེ་བ། འཁོན་ནཱ་གེནྡྲ་རཀྵི་ཏ། ཀླུའི་དབང་པོ་སྲུང་བ་ཞེས་བྱ་བ། གཙང་དེ་ཝེནྡྲ་རཀྵི་ཏ་ལྷའི་དབང་པོ་སྲུང་བ་དང་གསུམ་མོ། །སད་མི་མི་བདུན་ལ། ཀ་བ་ཤྲཱི་ཀུ་ཏི་རཀྵི་ཏ་དཔལ་རྩེགས་སྲུང་བ་ལ་སོགས་པ་ལོ་ཙཱ་བ་ཆེ་བ་བརྒྱ་རྩ་བརྒྱད་ཀྱིས་བློ་སྦྱངས་ལ། དེ་དག་ལ་ཅོག་རོ་ཀླུའི་རྒྱལ་མཚན་ལ་སོགས་པ་ལོ་ཙཱ་བ་སྟོང་རྩ་བརྒྱད་ཀྱིས་བློ་སྦྱོང་མཛད་དོ། །ཞེས་སྟོན་གྱི་བཀའ་ཆེམས་ཀྱི་ཡི་གེ་སྙིང་པ་ལས་བྱུང་ངོ་། །རྒྱལ་པོ་ཉིད་ཀྱི་རིང་ལ་ཁམས་ཡན་ཆད་དུ་ཆོས་ཀྱི་གྲྭ་ཆེན་པོ་བཅུ་གཉིས་བཙུགས། པཎྜི་ཏ་མང་པོ་སྤྱན་དྲངས། ཐེག་པ་ཆེ་ཆུང་གི་སྡེ་སྣོད་མང་པོ་བསྒྱུར། སྔགས་འཆང་ཧཱུྃ་ཀཱ་ར་ཞེས་པ་བྱོན། རྡོ་རྗེ་དབྱིངས་སོགས་དང་།

སངས་རྒྱས་གསང་བ་གངས་རི་ཏི་སེ་ན་བཞུགས་པ་ཐོས་ནས་སྤྱན་འདྲེན་པ་བྲན་ཀ་མུ་ཏི་ཀ་དང་། སྲས་མཉྫུ་ཤྲཱི་གཉིས་བརྫངས་པ་མ་བྱོན་པར་བོད་ཀྱི་དོན་དུ་དེ་ཉིད་འདུས་པ། རྣམ་སྣང་མངོན་བྱང་། བསམ་གཏན་ཕྱི་མ་གསུམ་ལ་འགྲེལ་པ་མཛད། དེ་གཉིས་ལ་མཁས་པར་བསླབས་ཏེ་ཡོག །གསང་སྔགས་བླ་མེད་རྣམས་བསྒྱུར་དུ་མ་གནང་སྟེ། ཕྱོག་ཏུ་སློབ་དཔོན་པདྨས་རྗེ་འབངས་བརྒྱད་དམ་ཉེར་ལྔ་ལ་གདམས་སོ་ཞེས་གྲགས་རྗེ་འབངས་དགུའི་མངའ་བདག་ལ་ཆེ་མཆོག །གནུབས་ནམ་མཁའ་སྙིང་པོ་ལ་ཡང་དག །སངས་རྒྱས་ཡེ་ཤེས་རིན་པོ་ཆེ་ལ་འཇམ་དཔལ། རྒྱལ་བ་མཆོག་དབྱངས་ལ་པདྨ་དབང་ཆེན། མཚོ་རྒྱལ་ལ་ཕུར་པ། འབྲོག་མི་དཔལ་གྱི་ཡེ་ཤེས་ལ་མ་མོ། ལྡངས་དཔལ་གྱི་ཡེ་ཤེས་ལ་འཇིག་རྟེན་མཆོད་བསྟོད། བཻ་རོ་ཙ་ན་ལ་དམོད་པ་དྲག་སྔགས་ཀྱི་བཀའ་བབས། དེ་ལ་མངའ་བདག་གིས་ཚེ་ཟད་ནས་ལོ་ལྔ་སྲིང་བ། ནམ་མཁའི་སྙིང་པོ་ཉི་ཟེར་ལ་ཞོན་པ། སངས་རྒྱས་ཡེ་ཤེས་བྲག་ལ་ཕུར་པ་འདེབས་པ། རྒྱལ་བ་མཆོག་དབྱངས་རྟ་མགོ་བརྙོན་ནས་རྟ་སྐད་ཐེངས་གསུམ་འདོན་པ། མཚོ་རྒྱལ་བཤད་གསོ། །འབྲོག་མིས་མཁའ་འགྲོ་མ་དངོས་སུ་འཁོར་བ། ལྡངས་ཀྱིས་སྡེ་བརྒྱད་བྲན་དུ་བཀོལ་བ། བཻ་རོས་ལྷ་སྲིན་དབང་དུ་བསྡུ་ཤེས་སོ། །གཞན་ལྡན་མ་རྩེ་མང་སོགས་མང་ངོ་། །རྫོགས་ཆེན་པ་བི་མ་ལ་དེ་དུས་བྱོན། དེས་རྗེ། གཉགས། ཉང་ཏིང་ངེ་འཛིན་གསུམ་ལ་བཤད། ཉང་གིས་སྦས་བློ་གྲོས་དབང་ཕྱུག་ལ་གདམས་ཟེར། སྤྲུ་འཕྲུལ་པ་རྣམས་དེ་རལ་པ་ཅན་གྱི་དུས་སུ་བྱོན་རྨ་དང་གཉགས་ལ་བཤད་ཟེར་རོ། །སྐྱིའི་ལོ་རྒྱུས་ལ་སློབ་དཔོན་པདྨས་ངམ་ཤོད་ཀྱི་བྱེ་མ་ཞེའུ་གསེར་དུ་བསྒྱུར་བ་དང་། གཙང་པོ་སྦུབས་སུ་འཛུད་པར་གསུངས་པས་བསམ་ཡས་ཀྱི་མཚོ་ནི་ཐང་དུ་བསྒྱུར། ཕུའི་རི་ལ་ནགས་དངོས་སུ་བྱུང་ནས། བློན་པོས་ཕྲ་མ་བྱས་ཏེ་སློབ་དཔོན་བརྫངས་པ་མང་ཡུལ་ནས་ནམ་མཁའ་ལ་འཕུར་ནས་བྱོན་ཞེས་གྲག་ལ། སྙིང་མའི་ལོ་རྒྱུས་ལས་མུ་ནེ་བཙན་པོ་རྒྱལ་ས་འཛིན་གྱི་བར་དུ་བཞུགས་ཏེ། བོད་ཡུལ་འདི་ཐམས་ཅད་བྱིན་གྱིས་བརླབས་པ་ལ་གནས་རེ་རེ་ལོ་ཟླ་དུ་མ་བཞུགས་ཟེར། དེ་ནི་དུས་གཅིག་ལ་སྐུའི་བཀོད་པ་སྣ་ཚོགས་སྟོན་པའི་རྫུ་འཕྲུལ་ཅན་ཡིན་པས་དེ་དག་ལ་གོ་རིམ་མི་དགོས་ཀྱི། གཏན་ཚིགས་སུ་སྒྲུབ་དཀའོ། །

མཁན་པོ་མྱ་ངན་ལས་འདའ་ཁའི་ཞལ་ཆེམས་སུ། བོད་དུ་པདྨ་སམྦྷ་ཞས་བསྟན་མ་བཅུ་གཉིས་ལ་བཀའ་བསྒོས་པའི་ཕྱིར་མུ་སྟེགས་ནི་མི་འབྱུང་གི སངས་རྒྱས་ཀྱི་བསྟན་པ་ཁ་གཉིས་སུ་གྱེས་ཏེ་རྩོད་པར་འགྱུར་བས། དེའི་ཚེ་ངའི་སློབ་མ་ཀ་མ་ལ་ཤཱི་ལ་སྤྱན་དྲོངས་ལ་རྩོད་པ་བྱེད་དུ་ཆུག །དེས་རྩོད་པ་ཆོས་ཕྱོགས་སུ་ཞི་བར་འགྱུར་རོ་ཞེས་གདམས་ཏེ། རྟས་ཕྲ་བརྒྱབ་པའི་རྐྱེན་གྱིས་ཞི་བར་གཤེགས།

ཡེ་ཤེས་དབང་པོ་མཁན་པོར་བསྒོས་ཏེ། རིང་ཞིག་བསྟན་པ་བསྐྱངས། དེས་དཔལ་དབྱངས་ཚབ་ཏུ་བསྐོས་ཏེ་ལྷོ་བྲག་མཁར་ཆུར་བསྒོམ་དུ་བྱོན། དེའི་རིང་ལ་རྒྱའི་ཧྭ་ཤང་མ་ཧཱ་ཡ་ཎའི་སློབ་མ་དར་ཏེ། ལུས་ངག་གི་ཆོས་སྤྱོད་དགེ་བ་བྱས་པས་སངས་མི་རྒྱ་བ་དང་། ཡིད་ལ་མི་བྱེད་པས་འཚང་རྒྱ་ཟེར་བའི་ལུགས་དར། དེ་ལ་སྟོན་མུན་དུ་གྲགས། དཔལ་དབྱངས་དང་། སྦ་རཏྣ་ལ་སོགས་པ་ཉུང་ཤས་ཤིག་མཁན་པོའི་རྗེས་སུ་འབྲང་། དེ་ལ་རྩེན་མིན་རྒྱའི་སྐད་ཡིན། བོད་སྐད་དུ་ཅིག་ཅར་བ་དང་རིམ་སྐྱིས་ལ་ཟེར། དེ་དག་མ་མཐུན་པར་རྩོད་པ་ན། རྒྱལ་པོས་ཨཱ་ཙརྻ་བོ་དྷི་སཏྭའི་ལུགས་བཞིན་དུ་གྱིས་ཤིག་གསུངས་པས། སྟོན་མུན་པ་རྣམས་ཁྲོས་ཏེ། རྩེན་མིན་པ་རིལ་གསོད་ཟེར། རྒྱལ་པོ་ཐུགས་མ་བདེ། ཡེ་ཤེས་དབང་པོ་འབོད་དུ་བཏང་བས་ལན་གཉིས་སུ་མ་ཁུགས། གསུམ་པ་ལ་མ་ཁུགས་ན་སོད་ཅིག་བསྒོ་བས་ཁུགས། རྒྱལ་པོ་ལ་མཁན་པོའི་ཞལ་ཆེམས་གསོས་བཏབ་ནས་རྒྱ་གར་ནས་ཀ་མ་ལ་ཤཱི་ལ་སྤྱན་དྲངས། བཙན་པོ་དབུང་ལ་བཞུགས། ཧྭ་ཤང་གཡས་གྲལ། སློབ་དཔོན་གཡོན་གྲལ་དུ་བཀོད་དེ། བཙན་པོས་གཉིས་ཀའི་ལག་ཏུ་མེ་ཏོག་གི་འཕྲེང་བ་གཏད་དེ། ཁྱེད་གཉིས་གང་རྒྱལ་བ་ལ་ཕམ་པས་མེ་ཏོག་གི་འཕྲེང་བ་ཕུལ་ཅིག །ཕམ་པ་དེ་འདིར་མ་སྡོད་ཅེས་བཀའ་སྩལ། རྩོད་པས་སློབ་དཔོན་རྒྱལ། ཧྭ་ཤང་གིས་མེ་ཏོག་གི་འཕྲེང་བ་ཕུལ་ཏེ། རྒྱལ་པོས་དེང་ཕྱིན་ཆད་ལྟ་བ་ཀླུ་སྒྲུབ་ཀྱི་ལུགས་གཟུང་། སྤྱོད་པ་ཆོས་སྤྱོད་བཅུ་དང་ཕ་རོལ་ཏུ་ཕྱིན་པ་ལ་སློབས། སྟོན་མུན་གྱི་ལུགས་བྱེད་དུ་མི་དབང་ངོ་ཞེས་བཅད་དེ། ཧྭ་ཤང་རྒྱ་ཡུལ་དུ་བརྫངས། དེའི་དཔེ་རྣམས་གཏེར་དུ་སྦས། ཀ་མ་ལ་ཤཱི་ལས་འགྲེལ་པ་དུ་མ་བརྩམས། མི་རིང་བར་ཧྭ་ཤང་གིས་མངགས་པའི་རྒྱའི་གཤན་པ་མི་བཞིས་དཀྲུ་མཉེས་ཏེ་གྲོངས་སོ། །བཙན་པོའང་དགུང་ལོ་དྲུག་ཅུ་རྩ་དགུ་ལ་གཤེགས་སོ། །

དེའི་སྲས་མུ་ནེ་བཙན་པོས་རྒྱལ་ས་གཟུང་། བསམ་ཡས་སུ་མཆོད་པ་བཞི་བཙུགས་ཏེ། བོད་ཀྱི་ལྷོགས་ཕྱུག་ལན་གསུམ་བསྙམས། ཆབ་སྲིད་ལོ་གཅིག་དང་ཟླ་བ་བདུན་མཛད། ཡུམ་གྱིས་དུག་བཏང་སྟེ་གྲོངས། དེ་ནས་སད་ན་ལེགས་མཛིང་ཡོན་ནམ། ཁྲི་ལྡེ་བཙན་ལོ་བཞི་པ་ལ་རྒྱལ་ས་གཏད། དེས་དཀར་ཆུང་རྒྱལ་སྡེའི་ལྷ་ཁང་བཞེངས། ཆོས་ཀྱི་སྲོལ་ཆེར་བཟུང་། རྒྱལ་སྲིད་ལོ་བཅུ་བདུན་བསྐྱངས། དེ་ནས་ཁྲི་རལ་པ་ཅན་ཞེས་བྱ་བ་སྙིང་རྗེ་པདྨ་དཀར་པོའི་མདོ་ལས་གསལ་བར་ལུང་བསྟན་པ། མཚན་ནི་ཁྲི་ལྡེ་སྲོང་བཙན། ཕྱག་ན་རྡོ་རྗེའི་སྤྲུལ་པའི་སྐུ་དེས་རྒྱལ་ས་བཟུང་། འདི་སད་ན་ལེགས་ཀྱི་སྲས་སུ་འཆད་མཁན་མང་ཞིང་། གླང་དར་མའང་འདིའི་མཆེད་དོ། །སྒྲ་སྦྱོར་བམ་གཉིས་པ་ལས། འདི་ཁྲི་སྲོང་ལྡེ་བཙན་རང་གི་སྲས་སུ་འཆད་དེ། འདི་སྐད་དུ་རྟའི་ལོ་ལ་བཙན་པོ་ཁྲི་ལྡེ་སྲོང་

བཙན་ཕོ་བྲང་གི་འོན་ལྡང་དོ་ན་བཞུགས། སྐོད་སྐད་ཀྱི་དམག་དང་རྐུན་ཆེན་བཏུལ། གར་ལོག་གི་ཕོ་ཉས་ཕྱག་འཚལ། བློན་ཆེན་པོ་ཞང་ཁྲི་ཟུར་རམ་ཤགས་དང་། བློན་མང་རྗེ་ལྷ་ལོད་ལ་སོགས་པས་བྱ་ལས་གནངས་མང་པོ་བཅད་དེ། ཛ་རྟ་དང་བ་མར་ཐལ་མོ་ཆེ་ཕྱག་ཏུ་ཕུལ། ཞང་བློན་མན་ཆད་སོ་སོར་བྱས། དགའ་སྩལ་བའི་ལན་ལ། ཉི་འོག་གི་མཁན་པོ་ཨཱ་ཙརྻ་ཛི་ན་མི་ཏྲ་དང་། སུ་རེནྡྲ་བོ་དྷི་དང་། ཤཱི་ལེནྡྲ་བོ་དྷི་དང་། དཱ་ན་ཤཱི་ལ་དང་། བོ་དྷི་མི་ཏྲ་དང་། བོད་ཀྱི་མཁན་པོ་རཏྣ་རཀྵི་ཏ་དང་། དྷརྨ་ཏཱ་ཤཱི་ལ་དང་། ལོ་ཙཱ་བ་མཁས་པར་ཕྱུད་པ་ཇྙཱ་ན་སེ་ན་དང་། ཇ་ཡ་རཀྵི་ཏ་དང་། མཉྫུ་ཤྲཱི་ཝརྨ། རཏྣེནྡྲ་ཤཱི་ལ་ལ་སོགས་པས་ཐེག་པ་ཆེ་ཆུང་གི་གཞུང་ལས་འབྱུང་བའི་རྒྱ་གར་གྱི་སྐད་ལས་བོད་ཀྱི་སྐད་དུ་འགྱུར་ཞིང་མིང་དུ་བཏགས་པ་རྣམས་དཀར་ཆག་ཏུ་བྲིས་ཏེ། ནམ་དུའང་གཞུང་ལུགས་དེ་ལས་མི་བསྒྱུར་ཞིང་ཀུན་གྱིས་སློབ་ཏུ་རུང་བར་གྱིས་ཤིག་ཅེས་བཀའ་སྩལ་ནས། སྔོན་ལྷ་སྲས་ཡབ་ཀྱི་རིང་ལ་ཨཱ་ཙརྻ་བོ་དྷི་ས་ཏྭ་དང་། ཡེ་ཤེས་དབང་པོ་དང་། ཞང་རྒྱལ་ཉེན་ཉམ་བཟང་དང་། བློན་ཁྲི་ཞེར་སང་ཤི་དང་། ལོ་ཙཱ་བ་སྐྱིང་དེ་ཝ་ཀོ་ཥ་དང་། ལྕེ་ཁྱི་འབྲུག་དང་། བྲམ་ཟེ་ཨཱ་ནནྡ་ལ་སོགས་པས་ཆོས་ཀྱི་སྐད་བོད་ལ་མ་གྲགས་པ་ལས་མིང་དུ་བཏགས་པ་དག་ཅི་མཆིས་པའི་ནང་ནས། ཁ་ཅིག་ཆོས་ཀྱི་གཞུང་དང་། བྱཱ་ཀ་ར་ཎའི་ལུགས་དང་མི་མཐུན་ཏེ། མི་བཅོས་སུ་མི་རུང་བ་རྣམས་ཀྱང་བཅོས། སྐད་ཀྱི་མིང་གཅིས་སོ་འཚལ་གྱིས་ཀྱང་བསྟན་ནས་ཐེག་པ་ཆེ་ཆུང་གི་གཞུང་ལས་ཇི་སྐད་བྱུང་བ་དང་། གནའི་མཁན་པོ་ཆེན་པོ་ནཱ་གཱརྫུ་ན་དང་། བ་སུ་བནྡྷུ་ལ་སོགས་པས་ཇི་ལྟར་བཤད་པ་དང་། བྱཱ་ཀ་ར་ཎའི་ལུགས་ལས་ཇི་སྐད་དུ་འདྲེན་པ་དང་ཡང་བསྟུན་ཏེ་འཇལ་དཀའ་བ་རྣམས་ཀྱང་ཚིག་སོ་སོར་ཕྲལ་ནས་གཏན་ཚིགས་ཀྱིས་བཤད་དེ་གཞུང་དུ་བྲིས། སྐད་རྐྱང་པ་བཤད་མི་འཚལ་བ་སྒྲ་བཞིན་དུ་བསྒྱུར་བའི་རིགས་པ་རྣམས་ཀྱང་སྒྲ་བཙན་པར་བགྱིས་ཏེ་མིང་དུ་བཏགས། སྐད་ཁ་ཅིག་དོན་བཞིན་དུ་གདགས་པའི་རིགས་པ་རྣམས་ཀྱང་དོན་བཙན་པར་བགྱིས་ཏེ་མིང་དུ་བཏགས་ནས། བཙན་པོའི་སྤྱན་སྔར་བནྡེ་ཆེན་པོ་ཡོན་ཏན་དང་། བནྡེ་ཆེན་པོ་ཏིང་ངེ་འཛིན་ལ་སོགས་པའང་ཚོགས་ཏེ། རྗེ་བློན་གདན་འཛོམས་པ་ལ་ཞུས་ནས་རྣམ་བསྒྱུར་བའི་ཐབས་དང་རྒྱ་གར་གྱི་སྐད་ལས་བོད་ཀྱི་སྐད་དུ་མིང་གདགས་པའི་རྣམ་གཞག་གཏན་ལ་ཕབས་ཏེ་བཀས་བཅད་པ། དམ་པའི་ཆོས་བསྒྱུར་བའི་ལུགས་ནི་སྒྲ་དང་མཐུན་ལ། དོན་དང་ཡང་མི་འགལ་བ་ལ། བོད་སྐད་ལས་ཡང་གར་བདེ་བར་གྱིས་ཤིག །རྣམ་བསྒྱུར་བ་ལ་རྒྱ་གར་གྱི་སྐད་གོ་རིམ་ལས་མི་སྒྱུར་བར་བོད་ཀྱི་སྐད་དུ་བསྒྱུར་ན་དོན་དང་ཚིག་ཏུ་འབྲེལ་ཞིང་བདེ་ན་མ་བསྒྱུར་བར་སྒྱུར་ཅིག །བསྒྱུར་ན་བདེ་ཞིང་གོ་བའི་

སྐྱེད་ཅིག་ཡོད་ན། ཚིགས་བཅད་ལ་ནི་རྩ་བ་བཞི་པའམ་དྲུག་པའང་རུང་སྟེ། ཚིགས་སུ་བཅད་པ་གཅིག་གི་ནང་གར་བདེ་བར་བསྒོར་ཅིང་སྒྱུར་ཅིག །རྐྱང་པ་ལ་ནི་དོན་གར་བསླེགས་པ་ཡན་ཆད་ཀྱི་ཚིག་དང་དོན་གཉིས་ཀ་ལ་གར་བདེ་བར་བསྒོར་ཅིང་སྒྱུར་ཅིག །སྐད་ཅིག་ལ་མིང་དུ་མར་འདྲེན་པ་ནི་ལྷག་འོག་དང་བསྟུན་ལ་གར་བསླེགས་པ་བཞིན་དུ་མིང་ཐོགས་ཤིག གོ་ཏ་མ་ལྟ་བུ། གོའི་སྒྲ་ལས་ཚིག་དང་། ཕྱོགས་དང་། ས་དང་། འོད་དང་། རྡོ་རྗེ་དང་། བ་ལང་དང་། མཐོ་རིས་ལ་སོགས་པ་རྣམས་དུ་མར་བསླེགས་པ་དང་། ཀཽ་ཤི་ཀ་ལྟ་བུ། རྩ་ཀུ་ཤ་ཐོགས་པ་ལྟ་བུ། མཁས་པ་དང་བདྒ་ལ་དགའ་བ་དང་། འུག་པ་དང་མཛོད་ལྡན་ལ་སོགས་པ་སྒྲའི་ལུགས་ལས་དྲངས་ཤིང་བསྒྱུར་ན་རྣམ་གྲངས་མང་པོ་ཞིག་ཏུ་སླེག་ལ། བསྒྱུར་བ་རྣམས་གཅིག་གི་ནང་དུ་ནི་རྣམ་གྲངས་དེ་ཀུན་འདུར་ཡང་མི་བཏུབ་སྟེ། གཅིག་ཏུ་ཆད་པར་བྱར་ཡང་གཏན་ཚིགས་ཆེན་པོ་མེད་པར་རྣམས་ནི་མི་བསྒྱུར་ཡང་རྒྱ་གར་གྱི་སྐད་སོ་ན་ཞོག་ཅིག །གར་ཡང་དྲང་དུ་རུང་བའི་ཚིག་བྱུང་ན་ཕྱོགས་གཅིག་ཏུ་ཆད་པར་མི་བསྒྱུར་བར་སྤྱིར་སླེགས་སུ་རུང་བར་གྱིས་ཤིག །ཡུལ་དང་། སེམས་ཅན་དང་། མེ་ཏོག་དང་། རྩི་ཤིང་ལ་སོགས་པའི་མིང་བསྒྱུར་བ་མི་གོ་ཞིང་ཚིག་མི་བདེ་བ་དང་། འོལ་ཕྱིར་བསྒྱུར་དུ་རུང་ཡང་དོན་དུ་དེ་ལྟར་ཡིན་ནམ་མིན་གཏོལ་མེད་པ་རྣམས་ནི་འགོ་ལ་ཡུལ་ཞེས་སམ། མེ་ཏོག་ཅེས་བྱ་བ་ལ་སོགས་གང་བྱ་བ་མིང་ཞིག་བླ་ཐབས་སུ་སྣོན་ལ་རྒྱ་གར་གྱི་སྐད་སོ་ན་ཞོག་ཅིག །གྲངས་ལ་རྒྱ་གར་གྱི་སྐད་བཞིན་དུ་བསྒྱུར་ན། དགེ་སློང་བརྒྱ་ཕྲག་ཕྱེད་དང་བཅུ་གསུམ་ཞེས་འབྱུང་བ་ལ་སོགས་པ་ནི། སྟོང་ཉིས་བརྒྱ་ལྔ་བཅུ་ཞེས་ཐ་མལ་པར་བོད་ཀྱི་སྐད་ཀྱི་ལུགས་བཞིན་དུ་བསྒྱུར་ན་དོན་དང་མི་འགལ་ལ། བོད་ཀྱི་སྐད་ལའང་བདེ་བས་གྲངས་སྡོམ་དུ་རུང་བ་རྣམས་བོད་ཀྱི་སྐད་ཀྱི་ལུགས་བཞིན་དུ་ཐོགས་ཤིག །པ་རི་དང་། སམ་དང་། ཨུ་པ་ལྟ་བུ་ལ་སོགས་ཏེ། ཚིག་གི་ཕྲད་དང་རྒྱན་ལྟ་བུར་འབྱུང་བ་རྣམས་བསྒྱུར་ན་དོན་མཐུན་ཞིང་འགྱུར་པའི་ཐབས་ནི། ཡོངས་སུ་ཞེའམ། ཡང་དག་པ་ཞེའམ། ཉེ་བ་ཞེས་སྒྲ་བཞིན་དུ་སྒྱུར་ཅིག །དོན་ལྷག་པར་སླེགས་ས་མེད་པ་རྣམས་ནི་ཚིག་གི་ལྷད་ཀྱིས་བསྟན་མི་དགོས་ཀྱི་དོན་བཞིན་དུ་ཐོགས་ཤིག །རྣམ་གྲངས་སུ་བཏགས་པའི་ཚིག་རྣམས་ནི་མ་འདོམ་ན་མིང་གང་བོད་སྐད་དུ་སྤྱིར་གདགས་ཤིང་ཚིག་ཏུ་གང་བདེ་བར་གདགས་སོ། །འདོམ་ན་སོ་སོར་བཏགས་པ་བཞིན་དུ་ཐོགས་ཤིག །སངས་རྒྱས་དང་། བྱང་ཆུབ་སེམས་དཔའ་དང་། ཉན་ཐོས་ལ་སོགས་པ་ལ་ཞེ་ས་དང་ཀོ་ལོང་གི་ཚིག་གི་རིམ་པ་ནི། སངས་རྒྱས་ལ་ཞེ་སའི་ཚིག་ཏུ་བསྒྱུར། གཞན་ལ་ཚིག་འབྲིང་པོ་མན་ཆད་ཙམ་དུ་བྱ་སྟེ། སྟོན་ལྷ་སྲས་ཡབ་ཀྱི་སྤྱན་སྔར་མཁན་པོ་དང་ལོ་ཙྪ་བ་མཁས་པ་ཚོགས་

པས། རྣམ་དཀོན་མཆོག་སྤྲིན་དང་། ལཧྐར་གཤེགས་པ་བསྒྱུར་ཏེ་གཏན་ལ་ཕབ་པའི་ལུགས་བཞིན་དུ་སྒྱུར་ཅིག །སྐད་ཀྱི་ལུགས་འདི་ལྟར་བཀས་བཅད་པ་ལས་སོ་སོ་ནས་སུའང་འཆོས་ཤིང་འོག་ཏུ་མིང་གསར་དུ་འདོགས་སུ་མི་སྣང་གི་བསྒྱུར་བ་དང་འཆད་པའི་གྲྭ་སོ་སོ་ནས་སྐད་གསར་དུ་མིང་གདགས་དགོས་པ་ཞིག་ན། སོ་སོའི་གྲྭ་གྲྭར་མིང་ཆད་པར་མ་གདགས་པར་ཆོས་ཀྱི་གཞུང་དང་སྒྲའི་ལུགས་ལས་ཇི་སྐད་འབྱུང་བའི་གཏན་ཚིགས་དང་ཆོས་ལ་ཇི་སྐད་དུ་གདགས་པར་དཔྱད་དེ། ཕོ་བྲང་དུ་བཅོམ་ལྡན་འདས་ཀྱི་རིང་ལུགས་ཀྱི་འདུན་ས་དང་། རྣམ་ཞུ་ཆེན་ཚལ་བའི་གྲྭར་ཕུལ་ལ་སྙན་དུ་ཞུས་ཏེ་བཀས་བཅད་ནས་སྐད་ཀྱི་དཀར་ཆག་གི་དཀྱུས་སུ་བསྣན་ནོ། །

གསང་སྔགས་ཀྱི་རྒྱུད་རྣམས་གཞུང་གི་གསང་བར་བྱ་བ་ཡིན་ཏེ། སྣོད་དུ་མ་གྱུར་པ་རྣམས་ལ་བཤད་ཅིང་བསྟན་དུའང་མི་རུང་ལ། བར་དུ་བསྒྱུར་ཞིང་སྤྱོད་དུ་གནང་གིས་ཀྱང་། ལྡེམ་པོའི་ངག་གི་བཤད་པ་མ་ཁྲོལ་ནས། སྒྲ་ཇི་བཞིན་དུ་འཛིན་ཅིང་ལོག་པར་སྤྱོད་པ་དག་ཀྱང་འབྱུང་། སྔགས་ཀྱི་རྒྱུད་ཀྱི་ནང་ནས་འབྱུ་ཞིང་བོད་སྐད་དུ་བསྒྱུར་བ་དག་ཀྱང་འབྱུང་ཞེས་བདས་ཀྱི། ཕྱིན་ཆད་གཟུངས་སྔགས་དང་། བླ་ནས་བཀའ་སྩལ་ཏེ་བསྒྱུར་དུ་བཅུག་པ་མ་གཏོགས་པ་སྔགས་ཀྱི་རྒྱུད་དང་། སྔགས་ཀྱི་ཚིག་འབྱུ་ཞིང་བསྒྱུར་དུ་མི་སྣང་ངོ་། །ཞེས་གསུངས་པ་ལས་གསལ་བར་མཐོང་ཞིང་། ལུང་རྒྱས་པར་ཕྲིས་པ་ནི་ཆོས་བསྒྱུར་བ་དག་ལ་གུས་པ་བསྐྱེད་པར་འདོད་པས་སོ། །དེ་ཡན་ན་བོད་འདི་ན་གྲོང་ཞིང་ཐོར་བུ་ལས་མ་ཆགས་ལ། ཕལ་ཆེར་འབྲོག་བརྟལ་ཧྲ་དང་ཐ་མོང་ནོར་གྱིས་གཙོ་བོར་བྱེད་པ་ད་ལྟའི་སོག་པོ་ལྟ་བུ་སྟེ། དེའི་དབང་གིས་བོད་ཀྱི་དམག་གིས་རྒྱ་ནག་ལན་དུ་མར་བཅོམ། རྒྱལ་པོ་འདིའི་ཐོག་ནས་དབོན་ཞང་འདུམས་བྱས། ལྷ་ས་དང་། རྒྱ་བོད་ཀྱི་མཚམས་དང་། ཕོ་བྲང་བལྟ་ན་སྟག་གསུམ་དུ་རྡོ་རིང་བསླངས། དེ་ལ་ཆད་རྡོའི་ཡི་གེ་བཏབ་བོ། །རྒྱལ་པོ་དེས་འོན་ལྡང་རྡོའི་གཙུག་ལག་ཁང་བཏབ། རབ་ཏུ་བྱུང་བ་རེ་ལ་འབངས་མི་ཁྱིམ་བདུན་བདུན་སྦྱར་ཞིང་། རང་གི་རལ་པར་རས་ཡུག་བཏགས་ཏེ། དེ་ལ་དགེ་འདུན་བཞུགས་སུ་བཅུག་པས། དེ་དག་ལ་དབུས་སྟེ་གཉིས་སུ་གྲགས་པ་སོགས་བསྟན་པ་རིན་པོ་ཆེ་ལ་བཀུར་སྟི་ཁམ་ཆེ་བ་མཛད་པས། སྡིག་བློན་རྣམས་མི་དགའ་ཆོས་ཁྲིམས་བཤིག་པའི་གྲོས་བྱས། ལྷ་སྲས་གཙང་མ་སྤྱུགས། བཙུན་མོ་དང་ཚུལ་མ་དང་བརྟེ་ཆེན་པོ་དཔལ་གྱི་ཡོན་ཏན་གྱིས་ནལ་བཤམས་སོ་ཟེར་ཕྲ་མ་བཅུག་སྟེ་བརྟེ་ཆེན་པོ་བཀུམ། བཙུན་མོ་ལྟེབས། བཙན་པོ་དགུང་ལོ་སོ་དྲུག་པ་ལ་དབས་རྒྱལ་གཏོ་རེ་དང་ཅོ་རོ་ལེགས་སྒྲ་གཉིས་ཀྱིས་ཞལ་ལྟག་པར་བསྟན་ཏེ་བཀྲོངས། གླང་དར་མ་འུ་དུམ་བཙན་ལ་རྒྱལ་སྲིད་གཏད། དབས་རྒྱལ་གཏོ་རེ་

ནང་བློན་དུ་བསྐོས། སྣ་ནམ་རྒྱལ་ཚ་ཁྲི་གསུམ་ལ་སོགས་ཀྱིས་ཆོས་ཁྲིམས་དང་འགལ་བ་མང་དུ་བྱས། ལོ་པཎ་གྱིས་ཆོས་བསྒྱུར་བའི་གྲྭ་བཞིག་བསྒྱུར་འཕྲོ་བཅད། པཎྜི་ཏ་རང་ཡུལ་དུ་བརྫངས། ལོ་བཞི་ཆབ་སྲིད་བསྐྱངས། དེའི་བར་ལ་རབ་ཏུ་བྱུང་བ་ཀུན་ཕབ། བཙུན་པའི་རྟགས་བོར་དུ་མ་འདོད་པ་ཀུན་མདའ་གཞུ་བསྣར་ནས་རྔོན་པ་བྱེད་བཅུག །མི་ཉན་པ་རྣམས་བསད། ཤཱཀྱ་མུ་ནེ་སྦས་སྒོ་བརྩིགས་ཏེ་བཞག །པོ་སྟི་ཕལ་ཆེར་ལྷ་སའི་བྲག་ལ་སྦས། དེ་ནས་སྐབས་ཤིག་ན་ལྷ་ལུང་དཔལ་གྱི་རྡོ་རྗེ་ལ་དཔལ་ལྷ་མོས་བསྐུལ་ཏེ། དེས་བཙན་པོ་ལྷ་སར་བསད་ནས་བྲོས་པས་ཐར། དེས་མདོན་པ་ཀུན་ལས་བཏུས། འདུལ་བ་འོད་ལྡན། གཙྪ་ཤ་ཏམ་གསུམ་ཁྱེར་ནས་ཁམས་སུ་ཕྱིན། སྨྲང་ཏིང་འཛིན་བཟང་པོ་དང་། རྨ་རིན་ཆེན་མཆོག་ལ་སོགས་པ་གྲིར་བཀུམ། ལོ་ཙྪ་བ་ལ་ལ་བྲོས། བསྟན་པ་མེད་པར་བྱས་སོ། །

༈ གཉིས་པ་བསྟན་པ་ཕྱིས་དར་བའི་ཚུལ་ལ་བསྟན་པའི་མེ་རོ་སྨད་ནས་ལངས་ཚུལ། སྟོད་ནས་གསོས་ཚུལ། དབུས་གཙང་དུ་འབར་ཚུལ་གསུམ་ལས། དང་པོ་ནི། དར་མས་བསྟན་པ་བསྣུབས་པའི་དུས། གཙང་རབ་གསལ། གཡོ་དགེ་འབྱུང་། དམར་ཤཱཀྱ་མུ་ནེ་དང་གསུམ་ཆུ་བོ་རིར་བསྒོམ་ཞིང་ཡོད་པ་ན། བཙུན་པ་ཁྲི་ར་བྱེད་པ་མཐོང་། གཏམ་དྲིས་པས་རྒྱལ་པོས་བསྟན་པ་བསྣུབས་ཚུལ་ཐོས་པས་དངངས་ཏེ་འདུལ་བ་དྲིའུ་ལ་བཀལ་ནས་མངའ་རིས་སྟོད་དུ་བྲོས། གར་ལོག་ནས་ལམ་ཐོན་ནས་ཧོར་ཡུལ་ལ་ཕྱིན། སྐད་རིགས་མི་གཅིག་པའི་ཡུལ་དུ་བསྟན་པ་དར་བར་བྱ་སྙམ་ཡང་མ་ནུས་ནས་མདོ་སྨད་དུ་བྱོན། དེར་སྒོམ་ཞིང་བཞུགས་པས་ཅོང་ཁར་སྐྱེས་པ། བོན་བཞོན་ནུ་མུ་ཟླ་གསལ་འབར་ཞེས་བྱ་བ་ཞིག་ཁོང་རྣམས་ལ་དད་པས་གཏུགས་ཤིང་། ཁྱེད་པར་དམ་པའི་ཆོས་འདུལ་བ་ལ་ལྷག་པར་མོས་ནས་བསྟན་པ་ལ་རབ་ཏུ་འབྱུང་བར་ཞུས་པས་གནང་སྟེ། དེར་གཙང་གིས་མཁན་པོ་བྱས། གཡོས་སློབ་དཔོན་བྱས། དགེ་ཚུལ་བསྒྲུབས། མཁན་སློབ་ཀྱི་མཚན་ལས་དྲས་ཏེ་དགེ་བ་རབ་གསལ་དུ་བཏགས། ཕྱིས་ཐུགས་རབ་ཆེ་བས་དགོངས་པ་རབ་གསལ་དུ་གྲགས། དེས་ཀྱི་རྒྱལ་བའི་གཙུག་ཏོར་ལ་དབུ་ཚད། ནམ་དགའ་ལྡན་བྱང་ཆུབ་ལ་ཡོ་ག་གསན། བསྙེན་པ་རྫོགས་པ་རན་པ་དང་དགེ་སློང་ལྔ་དགོས་པ་མ་ཚང་ནས། ལྷ་ལུང་དཔལ་གྱི་རྡོ་རྗེ་གློང་ཐང་དུ་འདུག་བགྲོས་ཐོས་ནས་སྤྱན་སྔར་ཕྱིན་ཏེ་ཞུས་པས། ངས་རྒྱལ་པོ་བསད་པས་ལས་ཀྱི་ཁ་སྐོང་མི་འོས། ངས་བཙལ་རོགས་བགྱི་གསུངས་ནས། རྒྱ་ནག་ཧྭ་ཤང་ཀེ་བང་དང་། གྱི་བན་བྱ་བ་གཉིས་རྙེད་དེ། ཐར་གྱི་མཁན་སློབ། དམར་གྱིས་གསང་སྟོན། རྒྱའི་དགེ་སློང་གཉིས་ཀྱིས་ཁ་སྐོང་བྱས་ཏེ་ལྔ་ཚོགས་ཀྱི་

དབུས་སུ་བསྙེན་པར་རྫོགས། དེའི་རིང་ལ་མཁན་སློབ་དང་གོང་སེང྄་གྲགས་ལ་འདུལ་བ་ལེགས་པར་བསླབས། དེ་ནས་ལོ་ལྔ་ལོན་པ་ན་དབུས་ནས་ཀླུག་པ་ལམ་པ་ཀླུ་མེས་ཚུལ་ཁྲིམས་ཤེས་རབ། འབྲིང་ཡེ་ཤེས་ཡོན་ཏན། རྒྱི་ཚུལ་ཁྲིམས་འབྱུང་གནས། སྦ་ཚུལ་ཁྲིམས་བློ་གྲོས། སུམ་པ་ཡེ་ཤེས་བློ་དང་ལྔ། གཙང་ནས་འགུར་མོ་རབ་ཁ་བ་ལོ་སྟོན་རྡོ་རྗེ་དབང་ཕྱུག །ཤབ་སྒོ་ལྔའི་ཚོང་བཙུན་ཤེས་རབ་སེང྄། མངའ་རིས་པ་འོད་བརྒྱད་སྤུན་གཉིས། བོ་དོང་པ་ཨུ་པ་དེ་དཀར་བ་དང་ལྔ་སྟེ་མི་བཅུ་འོངས་ནས་གཙང་ལ་བཀའ་དྲིན་ཞུས་པས། ང་རྒས་ནས་མཁན་པོ་མི་འཚྱིངས་པས་བླ་ཆེན་པོ་ལ་ཞུས་གསུངས། དེར་ཞུས་པས་ང་བསྙེན་པར་རྫོགས་ནས་ལོ་ལྔ་ལས་མ་ལོན་པས་གཞན་གྱི་མཁན་པོ་མི་བཏུབ་གསུངས་པ་ལ། གཙང་ན་རེ། དམིགས་བསལ་ལ་བཏུབ་པས་གྱིས་གསུངས་ནས། བླ་ཆེན་པོས་མཁན་པོ་བྱས། གཙང་དང་གཡོ་ལས་སློབ་དང་གསང་སྟོན། དམར་དང་ཏ་ཤང་གིས་ཁ་སྐོང་བྱས་ཏེ་ཐམས་ཅད་ཚིག་རྫོགས་བྱས་སོ། །

དེ་ནས་བླ་ཆེན་གྱིས་ལོ་སྟོན་མཐུ་ཆེ་བས་བསྟན་སྲུང་གྱིས། ཀླུ་མེས་བཙུན་པས་མཁན་པོ་གྱིས། ཚོང་དགེ་བློ་རྣོ་བས་སྟོན་པ་གྱིས། འབྲིང་བགོད་མཁས་པས་གནས་གཞི་གཟུང་གསུངས། དེ་ནས་སྦ་སྦྲར་གཉིས། ཛ་ཅོག་གཉིས། བཞད་སྲགས་གཉིས། འལ་གནུབས་གཉིས། ཟྫོང་འཚུར་གཉིས་རྣམས་བསྙེན་པར་རྫོགས། ཞང་འོད་མཆོག་གྲགས་ལ་ཤེར་ཕྱིན་བྱང་ས་སོགས་མདོ་སྡེ་དང་མངོན་པ་གསན་མཁས་པར་མཛད། དེའི་དུས་སུ་རྒྱིའི་གཙུང་དང་། སྦའི་གཙུང་གཉིས་ཕོ་བོ་བསུ་རུ་འོངས་པ་དང་གློང་ཐང་དུ་མཇལ་བས་དད་དེ། ལོས་མཁན་པོ་བྱས། ཕུ་བོ་གཉིས་ཀྱིས་སློབ་དཔོན་བྱས་ཏེ་རབ་ཏུ་བྱུང་། དེ་ནས་ཕྱིན་པོ་ཡར་ལོག །ཀླུ་མེས་ཀྱིས་གྲུམ་ཡེ་ཤེས་རྒྱལ་མཚན་ལ་འདུལ་བ་གསན་ཞིང་ལོ་གཅིག་བསྡད། དེ་ནས་ཀླུ་མེས་ཀྱིས་མཁན་པོ་ལ་ཁོ་བོ་དབུས་གཙང་དུ་འགྲོ་བས་མཆོད་གནས་ཅིག་ཞུ་བྱས་པས། བན་པོའི་འོབས་ཞུ་ཕོག་ནས་དེ་ཚུན་དུ་བཞེས་པའི་ཞྭ་སེར་བཏབ་པ་ཞིག་གསོལ་འགྲོ་གནང་། འདི་གྱོན་ལ་ང་དྲན་པར་གྱིས་གསུངས། ཞྭ་སེར་པོར་བྱེད་པ་དེ་ནས་དར་བ་ཡིན། དབུས་པ་ལྔ་བསམ་ཡས་སུ་གདན་འཛོམ། ཀླུ་མེས་ཀྱིས་ཀ་ཚུ། སྦ་མཆེད་ཀྱིས་བུ་ཚུལ་དང་དབུ་རྩེ། རྒྱི་མཆེད་ཀྱིས་དགེ་རྒྱས། འབྲིང་གི་ཟངས་ཁང་བཟུང་། དབུས་སུ་དགེ་འདུན་གྱི་སྡེ་མང་བར་བཙུགས། ལོ་ཚོང་གཉིས་ཀྱིས་གཙང་དུ་དགེ་འདུན་གྱི་སྡེ་མང་དུ་བཙུགས་ལ། ཀླུ་མེས་ཀྱི་སློབ་མ་གླན་ཡེ་ཤེས་འབར། རྔོག་བྱང་ཆུབ་འབྱུང་གནས། སྣ་ནམ་རྡོ་རྗེ་དབང་ཕྱུག །གྲུ་མེར་ཡེ་ཤེས་འབྱུང་གནས་བཞི་ལ་ཀ་བཞི། ཀླུ་སུམ་གཉིས་ལ་གདུང་གཉིས། ཁུ་དང་རིང་གཉིས་ལ་སྒོ་གླེགས

གཉིས་ཟེར། ཕྱྲིམས་ཞེས་བཤད་པ་རྣམས་ནི་ཀླུ་སུམ་གྱི་མཁན་བུ། གྲལ་བུ་ནི་དེ་དག་གིའང་མཁན་བུ་རྣམས་ལ་བཞག་པར་འདུག་སྟེ། ཀླུ་མེས་རང་ལའང་ཐུག །དངོས་སློབ་གཞན་དགེ་བཤེས་ཡམ་ཤུད་སོགས་མང་ངོ་། །སྨད་འདུལ་བའི་བཤད་རྒྱུན་ལ་ཀླུ་མེས་གཙོ་ཆེ་སྟེ། དེའང་གྲུ་མེར་གྱི་མཁན་བུ་ཀླུང་སྐྱོགས་གཟུས། གཟུས་ཀྱིས་ཀླུ་མེས་རང་ལའང་གཏུགས། དེ་ལ་བུ་བཞི་སྟེ། འཛིམས་དང་། སྣེ་ཕོ། གླན་དང་། སྦྲོ་ཆུང་ངེ་། དེའི་འཛིམས་པ་མ་གཏོགས་གསུམ་ལ་རྒྱ་འདུལ་བ་འཛིན་པས་གཏུགས། འཛིམས་པའི་སློབ་མ་ཀོ་ཁྲིམ་པ་ཡེ་ཤེས་བླ་མ། སྣེ་ཕོའི་སློབ་མ་སོག་ཚུལ་ཁྲིམས་བླ་མ། སྦྲོ་ཆུང་པའི་སློབ་མ་མྱང་མཚམས་རིན་ཆེན་བླ་མ་རྣམས་དང་། ཕྱི་མའི་སློབ་མ་སྐམ་གསལ་བའི་སྙིང་པོ་ཀུན་ལ་རྒྱ་འདུལ་གྱིས་གསན། འདི་མྱང་སྟོད་མང་ར་བ་སྐྱ་འབྲས་དན་པས་གནས་གཞི་བྱ་རོག་ཚང་དུ་མ་ཆུག་པར་དགའ་བ་གདོང་དུ་བྱོན། མདོ་རྫ་ལ་གློག་དར་བྱས་པས་ཞར་ལ་གཞུང་ཟིན་ནས་སོག་ཅན་དུ་འདུལ་བ་སློབ་ཏུ་བྱོན་ནས། གཞན་ཡང་འདུལ་བ་མཁས་ཟེར་ཚད་ལ་གཏུགས། དགུང་ལོ་སོ་བཞིའི་བར་དུ་འདུལ་བ་ལ་སྦྱངས་པ་མཛད། དེ་ནས་དགེ་བཤེས་ཀྱི་ཆ་བཟུང་སྟེ་བཞུགས་ས་མ་མོ་དགའ་བ་གདོང་དུ་མཛད། དགོན་པ་ཆུ་མིག་ལུང་ཡང་བཟུང་ནས་ཆོས་གཞི་མང་དུ་བཙུགས། འདུལ་བའི་བཤད་པ་རྒྱ་ཆེར་མཛད། བརྒྱད་ཅུ་བཞེས་ནས་འདུལ་བའི་ཐུན་རེ་ཙམ་གསུངས། བཤད་པའི་རྐང་ཞར་ཆོས་པ་ཚོ་འཛིན་བཙུག །དགུང་ལོ་བརྒྱད་ཅུ་རྩ་ལྔ་ལ་ཤངས་སུ་སྐུ་གཤེགས། དེའི་སློབ་མ་ཀ་བ་བཞི། གདུང་མ་བཅུར་གྲགས་པའི་ཀ་བ་རྨ་ཚོའི་སློབ་མ་བྱ་འདུལ་འཛིན་ཏེ་གཙང་རོང་གཡུང་དུ་འབྲུངས། འདྲེ་ཆེན་པོ་ལས་རབ་ཏུ་བྱུང་། སོག་དང་ཁྲིད་པར་རྒྱ་དང་རྨ་ཚོ་ལས་འདུལ་བ་མཁས་པར་བསླབས། རྒྱལ་ཚ་ཞང་ཡེ་ལ་དབུ་ཚད། ཟངས་དཀར་ལོ་ཙྪ་བ་ལ་ཡོ་ག །སྟོད་ལུང་པ་ཆེན་པོ་ལ་བཀའ་གདམས། ཟུལ་ཕུར་བཤད་གྲྭ་བཙུགས། དཔེ་དཀར་གྱིས་བཙུན་ཆུང་དུ་སྤྲུལ་ནས་གླགས་བལྟ་བས་འདུལ་བ་དང་འགལ་བ་ཆར་བྱུང་བ་ཞིག་ལ་ན་བཟའ་སྣུ་ཕྱིར་བསྟན་པ་གཅིག་བུ་ལས་མ་མཐོང་བས་དད་དེ་ཉེ་གནས་བྱས། སློབ་མ་འགྲོ་བ་ལ་ཕན་ཐོགས་ནུས་པ་བདུན་ཅུ་རྩ་དྲུག་བྱུང་། དགུང་ལོ་བདུན་ཅུ་རྩ་དྲུག་ལ་ཟུལ་ཕུར་གཤེགས། དེའི་སློབ་མ་རྩིས་པ་གཞོན་སེང་། དེའི་སློབ་མ་བྱའི་སྣང་དཔོན་ཆོས་དབང་། དེའི་སློབ་མ་ཆོས་བྱང་། ཆོས་ཀྱི་བརྩོན་འགྲུས། ཆོས་གྲགས་རིན་ཆེན་དཔལ། དེ་རྩུན་ཟུལ་ཕུའི་མཁན་པོ་རྐྱང་ཡིན། དེ་ནས་ཚོགས་ཆོས་ལུང་པའི་མཁན་ཆེན་ཀ་བཞི་པ་དང་། དེའི་སློབ་མ་ཆོས་ལུང་མཁན་པོ་བསོད་གྲགས། དེ་གཉིས་བུ་སྟོན་རིན་པོ་ཆེའི་བསྙེན་རྫོགས་ཀྱི་མཁན་སློབ་ཀུང་ཡིན། འདུལ་བའི་བཤད་པའང་ཚར་ཕྱིན་པ་གསན། ཁ་ཆེ་པཎ་ཆེན་གྱིས

སྣར་གླུས་མོ་ཆེར་དབྱར་གནས་མཛད། མི་ཏོག་འཕྲེང་རྒྱུད་གསུངས་པ་སེང་ཞིལ་གནོན་དང་ཤངས་པ་རྗེ་བརྟན་གྱིས་གསན། སེང་ཞིལ་གནོན་ལ་ཚད་མའི་སྐྱེས་བུ་བསོད་ནམས་མགོན་པོས་གསན། དེ་ལ་བུ་སྟོན་གྱིས་ཞུས་སོ། །ཡང་ཕྱིས་པཎྜི་ཏ་ནགས་ཀྱི་རིན་ཆེན་ལ་རོང་སྟོན་པ་ཤེས་བྱ་ཀུན་རིག་གིས་ཀྱང་གསན་ནོ། །

རྒྱའི་ཀ་བ་རྗེ་བརྟན་ནག་པོ་དར་ཚུལ་གྱིས་ལོ་དྲུག་ཅུ་ལོན་ནས་རབ་ཏུ་བྱུང་། གློག་བསླབས། བདུན་ཅུ་ལོན་པ་ན་འདུལ་བ་ལ་མཁས་པར་གྱུར་ཏེ། ཡར་ཀླུངས་ཚ་རོང་དུ་བཤད་པའི་སློབ་མ་ཤ་མི། དེའི་སློབ་མ་ཀླུངས་དཀར་ཚུལ་ཁྲིམས་གྲགས། དེའི་སློབ་མ་གྲ་མི། དེའི་སློབ་མ་རྒྱ་དུར་གྱི་མཁན་པོ་དར་མ་ཡེ་ཤེས། དེའི་སློབ་མ་ཟངས་ཆེན་པ་དར་མ་བསོད་ནམས། དེའི་སློབ་མ་མཆོ་སྣ་པ་ཤེས་རབ་བཟང་པོ་འམ། ཡང་ཤ་མིའི་སློབ་མ་ཀ་བ་དར་སེང་། དེའི་སློབ་མ་ཐག་མ་རྡོ་གཞོན། དེའི་སློབ་མ་སྤྱལ་ཏི་སྟེ། མདོར་ན་བོད་དུ་འདུལ་གྲྭ་བསམ་གྱིས་མི་ཁྱབ་པ་བྱུང་ངོ་། །སྨད་འདུལ་སྟོད་འདུལ་གཉིས་ཀའི་སྡོམ་རྒྱུན་ཀླུ་སྒྲུབ་ལ་ཐུག །ཕྱིས་ཁ་ཆེའི་པཎྜི་ཏ་ཆེན་པོ་ཤཱཀྱ་ཤྲཱི་ཧྭ་དྲའི་མཁན་བུ་རྡོ་རྗེ་དཔལ་དང་། བྱང་ཆུབ་དཔལ་གཉིས་ལས་ཚོགས་སྡེ་བཞིར་གྲགས་པ་བྱུང་བའི་སྡོམ་རྒྱུན་ཡང་ཀླུ་སྒྲུབ་ལ་ཐུག་པ་ཡིན་ནོ། །ཆོས་མངོན་པའི་བརྒྱུད་པ། ཁ་ཆེ་ཛི་ན་མི་ཏྲ་ནས་སྐ་ཅོག་ཞང་གསུམ་དེས་ལྷ་ལུང་དཔལ་གྱི་རྡོ་རྗེ། ནམ་ནད་ཟླ་བའི་རྡོ་རྗེ། དབས་རྒྱལ་བ་ཡེ་ཤེས་གསུམ་ལ་བཤད་ལ། དང་པོ་གཉིས་ཀྱིས་སྡོམ་མཛད་བཤད་པ་མ་སྤེལ། དབས་ཀྱིས་དབུས་ནས་ཁམས་སུ་བྱོན། དེ་ལ་སློབ་མ་མང་དུ་བྱུང་བའི་ར་ཁྲི་བཟང་བར་ལ་བྲང་ཏི་དར་མ་སྙིང་པོས་གསན། དེས་གཙང་རོང་དུ་ཅུར་སློག་བཏབ་བཤད་གྲྭ་བསྐྱངས་པའི་སློབ་མ་ཤིན་ཏུ་མང་སྟེ། བཤེས་གཉེན་མུ་དྲ་ཆེན་པོས་བོ་དོང་བཏབ། པཎྜི་ཏ་འབུམ་ཕྲག་གསུམ་པ་སྤྱན་དྲངས་ཏེ། འཛལ་དུ་རྫོག་ལོ་དགེ་སློང་སུམ་བརྒྱས་བསྐོར་ཏེ་བྱོན་པའི་ཚེ། ལོ་ཙཱ་བའི་དགེ་སློང་རེ་རེ་ལ་བྲང་ཏིས་ཁོ་རང་གི་དགེ་སློང་བཅུ་གསུམ་བཅུ་གསུམ་བསྟེན་བཀུར་བྱེད་དུ་བཅུག་ཅེས་གྲགས། བྲང་ཏི་ལ་ཀོ་བོ་ཡེ་བྱུང་། དེ་ལ་འབན། ཐོ་གར་གནམ་ལྡེ། འཛད་པ་བྱང་སྐྱབས། འཛད་པ་གཞོན་བྱང་། འབྲང་མཆམས་ཞང་། བོ་དོང་རིན་རྩེ། ཁྲོ་ཕུ་བ་བསོད་ནམས་སེངྒེ། ཚད་མའི་སྐྱེས་བུ། བུ་སྟོན་རིན་པོ་ཆེའོ། །ཤེས་རབ་ཀྱི་ཕ་རོལ་ཏུ་ཕྱིན་པའི་བཤད་པ་ནི་འདྲི་ཆེན་པོ་ཤེས་རབ་འབར་གྱིས་རྒྱས་པར་མཛད་པ་བསྟན་པ་སྔ་དར་གྱི་བཤད་རྒྱུན་ཁམས་སུ་འཕོས་པ་ལས་ཀྱང་བྱུང་ཞིང་། དེ་ལ་སློབ་མ་ཤིན་ཏུ་མང་ཡང་བཤད་རྒྱུན་ཨར་བྱང་ཆུབ་ཡེ་ཤེས་ཀྱིས་བཟུང་ངོ་ཞེས་གྲགས་སོ། །ཚད་མ་ནི་བསྟན་པ་སྔ་དར་གྱི་དུས་སུ་མཁན་པོ་བོ་དྷི་སཏྭ་ཡིས་ཚད་མ་དེ་ཁོ་ན་ཉིད

བསྡུས་པ་ཞེས་བྱ་བ་མཛད་ཅིང་། ཕྱིས་ཀ་མ་ལ་ཤཱི་ལས་རིགས་ཐིག་དང་། དེའི་འགྲེལ་པ་དུལ་ལྷས་མཛད་པ་དང་། ཉིད་ཀྱི་ཕྱོགས་སྔ་མ་བསྒྲིགས་པ་རྣམས་བསྒྱུར། དེ་ཙམ་ལས་མ་དར་ལ། དེའི་རྒྱུན་ཡང་མི་སྣང་ངོ་། །དེ་ལྟར་བསྟན་པ་སྟོངས་པ་རང་ལོ་བདུན་ཅུ་འོ་བུ་གསུངས། །

༄ གཉིས་པ་སྟོད་ནས་གསོས་ཚུལ་ནི། གླང་དར་གྱི་སྲས་འོད་སྲུང་དང་ཡུམ་བརྟན་གཉིས། དང་པོ་ལ་མངའ་བདག་དཔལ་འཁོར་བཙན། དེ་མྱུར་སྟོད་དུ་སྐགས་ཀྱིས་བཀྲོངས་པ་ནས་རྒྱལ་སྲིད་འཐོར། ཁོང་གི་སྲས་བཀྲ་ཤིས་བརྩེགས་པ་དཔལ་དང་། སྐྱིད་ལྡེ་ཉི་མ་མགོན་གཉིས་བྱུང་བའི་ཕྱི་མ་མངའ་རིས་སྟོད་དུ་སྦྲུགས་པ་ལ་སྲས་དཔལ་གྱི་མགོན། ལྡེ་གཙུག་མགོན། བཀྲ་ཤིས་མགོན་གསུམ་བྱུང་བ་སྟོད་དུ་རྒྱལ་སྲིད་ཞྭ་ཙམ་ཆགས། ཡ་རྩེ་རྒྱལ་པོ་འང་དེ་རྣམས་ལ་ཟེར། སྨད་དུ་བཀྲ་ཤིས་བརྩེགས་པ་བཞུགས། དེ་ལ་དཔལ་ལྡེ། འོད་ལྡེ། སྐྱིད་ལྡེ་གསུམ་བྱུང་། དབུས་གཙང་གི་རུ་ལག་བཞི་བསྐྱངས་པས་སྨད་དུ་རྒྱལ་སྲིད་ལྷམ་ཙམ་ཆགས་ཟེར། བཀྲ་ཤིས་མགོན་གྱི་སྲས་འོད་ཀྱི་རྒྱལ་མཚན། དེའི་སྲས་སྲོང་ངེ་དང་ཁོ་རེ་གཉིས། སྲོང་ངེས་གུ་གེར་མཐོ་ལྡིང་གི་གཙུག་ལག་ཁང་བཞེངས་པའི་གྲོས་མཛད། ས་པྲ་མཁན་པོ་ན་རེ། བརྩིགས་ཀྱང་ལོ་བརྒྱ་ན་འཇིག་པར་འདུག་ཟེར། འོ་ན་བཞག་གམ་གསུངས་པས། ལོ་བརྒྱ་པོ་དེ་བསྟན་པ་ལ་ནན་ལྟར་ཕན་པ་ཞིག་འོང་བར་འདུག་ཟེར་བ་ལ། འོ་ན་བཞེངས་རིན་ཆོག་དགོངས་ཏེ་བསམ་ཡས་དཔེ་ལྟ་བ་ལ། ཁྱད་པར་ཤར་ཕྱོགས་སུ་གསེར་གྱི་མཆོད་རྟེན་ཆེན་པོ་ཞིག་བཞེངས་པས་ཉི་མ་ཤར་བའི་ཚེ། དེའི་འོད་ནང་ན་ཡར་ཕོག་པས་ལྷ་ཁང་ཐམས་ཅད་གསེར་གྱི་མདོག་ཏུ་ལྷག་གེར་འཆར་བས་མཐོ་ལྡིང་གསེར་ཁང་དུ་གྲགས། ཕྱིས་བསམ་ཡས་གཟིགས་པ་ན། ངའི་ཡབ་མེས་བོད་ཚང་མ་ལ་དབང་བསྒྱུར་བའི་ཕྱུག་རྗེས་ལས་ང་མཐའ་འཁོབ་ཀྱི་རྒྱལ་ཕྲན་ཞིག་གི་སྲུག་ལས་མི་ཆུང་བར་འདུག་གསུངས། དེས་མཚན་ཉིད་ཀྱི་ཐེག་པ་བཀར་ཤེས་ཀྱང་། ཨར་ཚོ་བཟླ་བཅོ་བརྒྱད་ལ་སོགས་པའི་སྔགས་པ་རྣམས་ཀྱིས་སྦྱོར་སྒྲོལ་བྱས་པས། དེ་དག་བཀའ་ཡིན་མིན་ཐེ་ཚོམ་ཟོས། རྗེ་རིགས་ཀྱི་བུ་ཐམས་ཅད་བསགས་ཏེ་ལོ་བཅུ་ལས་མར་མི་གཞོན། ཉི་ཤུ་ལས་ཡར་མི་རྒན་པ་མང་དུ་འཚོགས་པའི་བློ་ལ་བརྟགས་ནས་བློ་རབ་འབྲིང་དགུར་ཕྱེ། བློ་རབ་ཀྱི་རབ་ཏུ་གྱུར་པ་བདུན། དེ་རྣམས་ཀྱི་གཡོག་པོ་བདུན། ཡང་གཡོག་བྱེད་པ་བདུན་ཏེ་ཉི་ཤུ་རྩ་གཅིག་ཕ་མ་ལ་རིན་བྱིན་ནས་ཉོས་ཏེ་ཁ་ཆེར་བཏང་ངས། དེར་ཁོ་རྣམས་ལ་གསེར་མང་པོ་བསྐུར་ནས་འདི་སྐད་དུ་བསྒོའོ། །

ཁ་ཆེའི་ཡུལ་ན་མཁས་པ་རིན་ཆེན་རྡོ་རྗེ་ཞེས་བྱ་བ་ཡོད་པས་དེ་སྤྱན་དྲོངས། རྒྱ་གར་ཤར་

ཕྱོགས་ན་ཧཱུ་ཕཱ་ལ་བྱ་བ་ཡོད་པས་དེ་སྤྱན་དྲོངས། ནུབ་ཕྱོགས་ཀ་རུ་ན་པཎྜི་ཏ་ནོར་བུ་གླིང་པ་བྱ་བ་ཡོད་པས་དེ་སྤྱན་དྲོངས་ཤིག །དབུས་འགྱུར་འཆང་ན་པཎྜི་ཏ་པྲཛྙཱ་བ་ལི་བྱ་བ་ཡོད་པས། དེ་ལ་འདུས་པ་རྣམ་གཉིས་བྱ་བའི་ཆོས་མུ་སྟེགས་ཀྱིས་ཀྱང་རྩོད་པར་མི་ནུས་པ་ཡིན། དེ་ཤེས་པར་གྱིས་ཤིག །དེ་ཉིད་འདུས་པ་ལ་ཀུན་དགའ་སྙིང་པོའི་འགྲེལ་པ་ཡོད་ཟེར་བས། དེ་ཤེས་པར་གྱིས་ཤིག །ནོར་བུ་གླིང་པ་དང་ཧཱུ་ཕཱ་ལ་གཉིས་ལ་ལས་ཀྱི་སྒྲིབ་པ་རྒྱུན་གཅོད་པའི་རྒྱུད་དང་། དེའི་འགྲེལ་པ་སློབ་དཔོན་དཔྱིད་ཀྱིས་མཛད་པ་དང་། དཀྱིལ་འཁོར་གྱི་ལྷ་སུམ་བརྒྱ་བཞི་བཅུ་པ་སློབ་དཔོན་རྒྱལ་བའི་ལྷས་མཛད་པ་ཡོད་ཟེར་བས། དེ་ཤེས་པར་གྱིས་ཤིག །དཔལ་གསང་བ་འདུས་པ་ལ་སངས་རྒྱས་ཡེ་ཤེས་ཞབས་དང་། འཕགས་པ་ཀླུ་སྒྲུབ་ཀྱིས་མཛད་པའི་དཀྱིལ་ཆོག་ཡོད་ཟེར་བ་དང་། རིན་ཆེན་རྡོ་རྗེ་ལ་དུས་འཁོར་དང་། རྡོ་རྗེ་གདན་བཞིའི་རྒྱུད་འགྲེལ་ཡོད་ཟེར་བས་ཆོལ་ལ་ཤོག །གཞན་བི་ཀྲ་མ་ལ་ཤཱི་ལ་ན་པཎྜི་ཏ་བརྒྱ་རྩ་བརྒྱད། མཁས་པ་བདུན་ཅུ་རྩ་གཉིས། འགྲན་ཟླ་མེད་པ་སུམ་ཅུ་རྩ་བདུན། གཙུག་གི་ནོར་བུ་ལྟ་བུར་བཅུ་གཅིག །འཛམ་བུའི་གླིང་གི་རྒྱན་ལྟ་བུ་བརྒྱད། ཁམས་གསུམ་གྱི་སྤྱན་ལྟ་བུ་གཉིས་ཡོད་ཟེར་བས། དེ་རྣམས་ལས་གང་བྱུང་རེ། རབ་གསེར་ལ་མ་རྩེག་པར་སྤྱན་ཅི་དྲོངས་ཀྱིས། འབྲིང་གདམས་པ་ཅི་ཐོབ་གྱིས། ཐ་མའང་པཎྜི་ཏ་ཆོས་གང་མཁས་པ་དང་། གདམ་ངག་གང་ཆེ་བ་རྩད་ཆོད་ལ་ལུང་ཞུས་དཔེ་ལོངས་པ་གྱིས་ལ་ཤོག་བྱས་ཏེ་བཏང་ངོ་། །ཁོང་རང་མཁན་སློབ་མེད་པར་བསྙེན་པར་རྫོགས། མཚན་ཡེ་ཤེས་འོད། སྲས་གཉིས་ཀྱང་རབ་ཏུ་བྱུང་། རྒྱལ་སྲིད་གཅུང་གི་སྲས་ལྷ་ལྡེ་ལ་གཏད། དེ་ལ་སྲས་གསུམ། འོད་ལྡེ་བྱང་ཆུབ་འོད། ཞི་བ་འོད་དོ། །བྱང་ཆུབ་འོད་ལ་ཐུགས་རྩིས་ཆེ། རབ་ཏུ་བྱུང་དུ་བཅུག་དེ་ལྟར་རྒྱ་གར་དུ་བརྫངས་པ་རྣམས། དང་པོ་ཁ་ཆེར་ཕྱིན། བཅུ་དགུ་ཁ་ཆེ་གྲིབ་བསྟན་དུ་ཤི། རིན་ཆེན་བཟང་པོ་དང་། ལེགས་པའི་ཤེས་རབ་གཉིས་ལུས། རིན་ཆེན་བཟང་པོས་འཛིག་རྟེན་སྣང་བྱེད་ཀྱི་དལ་དུ་ཞུགས། འཇམ་དཔལ་རྡོ་རྗེ་ཞལ་གསུམ་ཕྱག་དྲུག་པ་ལ་མེ་ཏོག་ཕོག །ཁ་ཆེ་རིན་ཆེན་རྡོ་རྗེ་ལ་སོགས་པར་ཡོ་གའི་རྒྱུད་དཀྱིལ་ཆོག་དང་བཅས་པ། རྡོ་རྗེ་རྣལ་འབྱོར་མས་ལུང་བསྟན་ནཱ་རོ་པ་ལ་གཏུགས་ཏེ། གསང་འདུས་ལུགས་གཉིས་གསན། དབུས་འགྱུར་གྱི་པཎྜི་ཏ་འདས་ནས། སློབ་མ་ཧཱུ་ཕཱ་ལ་ཡིན་ཟེར་བཙལ་ཡང་མ་རྙེད། ནོར་བུ་གླིང་པ་ལ་ངན་སོང་སྦྱོང་རྒྱུད་དང་། ཐབས་ཀྱི་རྒྱུད་ལྷ། ཁྱད་པར་མི་འཕྲུགས་པའི་རྒྱུད་གདམ་ངག་དང་བཅས་པ་ཞུས་སོ། །རྡོ་རྗེ་དབྱིངས་ཀྱི་དཀྱིལ་འཁོར་དུ་ལྷ་གྲངས་དང་མཉམ་པའི་དབང་ཐོབ། བི་ཀྲ་མ་ལ་ཤཱི་ལར་པཎྜི་ཏ་མར་མེ་མཛད་བཟང་པོ་དང་། མི་ཐུབ་ཟླ་བ་དང་། རྒྱལ་བའི་འབྱུང་གནས་གསུམ་ལ་

ཐུགས་མཚན་ཉིད་མང་པོ་ཞུས། སྤྱིར་པཎྜི་ཏ་སུམ་ཅུ་རྩ་ལྔ་ལ་དབང་ཐོབ། རྒྱུད་སྡེ་བཞིའི་སྒྲོ་འདོགས་ཁ་ཆེའི་པཎྜི་ཏ་དང་ནོར་བུ་གླིང་པ་ལ་བཅད། དགུང་ལོ་སོ་གསུམ་པ་ལ་བོད་དུ་བྱོན། དེར་ཡོ་ག་ཁ་ཆེ་ལུགས་བཙུགས། མངའ་རིས་རྒྱལ་བློན་སྦྱོས་པ་ལ་དགྱེས་ནས། གཞུང་ན་མེད་པའི་མཆོད་འཕྲེང་དང་། ཁྱད་པར་ལོ་ཆུང་ལེགས་ཤེས་གྱི་བ་བདེ་བས་དབྱངས་བཅོས། དགུང་ལོ་ཞེ་དགུ་པ་ལ་པཎྜི་ཏ་ཟླ་འོད་བཟང་པོ་དང་། ཛྙཱ་ན་སི་དང་། ཀ་མ་ལ་རཀྵི་ཏ་ལ་བསྟེན་པར་རྫོགས། དབུས་གཙང་སྟོད་སྨད་ཀུན་ཏུ་ཆོས་གསུངས། དེ་ནས་ལོ་བརྒྱད་ནས་པཎྜི་ཏ་ཤྲཱིཛྙཱ་ཀ་ར་ཝརྨ། བླ་མ་ནོར་བུ་གླིང་པས་བོད་དུ་བཏང་ནས་རྡོ་རྗེ་འབྱུང་བ་དང་ཡེ་ཤེས་ཞབས་ལུགས་གསུངས། ཀ་ཅོག་གི་འགྱུར་ལ་ཅུང་ཟད་བཅོས། བོད་སྤྱི་མཐུན་གྱི་བསོད་ནམས་ལ་གྲུབ་ནས་རྒྱ་གར་ཤར་ཕྱོགས་ཀྱི་པཎྜི་ཏ་རྣམ་པཱ་ལ་བལ་པོའི་རྟེན་ཁྱད་པར་ཅན་རྣམས་བསྐོར་བ་ལ་བྱོན་པས། པཎྜི་ཏ་ཚད་པས་བསྟུངས་ནས་བོད་ཀྱི་གངས་རི་མཐོང་བར་བྱོན་ན་ཕན་ཟེར་བས། རྒྱལ་བློན་ཆོས་ལ་དགྱེས་བོད་ལ་ཕན་ཐོགས་པར་དགོངས་ནས་མངའ་རིས་སུ་བྱོན། དེར་ཡོ་ག་གསན་པས་སློབ་དཔོན་ཀུན་དགའ་སྙིང་པོའི་གདམས་པ་མ་ནོར་བ་ཞིག་བྱུང་བས་ཤིན་ཏུ་མཉེས་ཏེ། གསེར་འཕར་སྟེར་གང་ཕུལ་བ་མ་བཞེས། ཁོང་ནོར་གྱི་འདོད་པ་དང་བྲལ་བ་ཡིན་གསུངས། དེ་ནས་ཡོ་ག་ཁ་ཆེ་ལུགས་བཞག་ནས་རྒྱ་གར་ཤར་ཕྱོགས་པའི་ལུགས་གཞུང་གདམ་ངག་དང་བཅས་པ་ལ་ཉམས་ལེན་དང་བཤད་པ་བྱས་པས་ཡོ་གའི་བདག་པོར་གྱུར། དེའང་སྐུ་ཆེའི་སྟོད་ལ་ཁ་ཆེ་ལུགས། སྨད་ལ་ཤར་ཕྱོགས་ལུགས་དར་བས་ཡོ་ག་ལ་བོད་འདིར་སྟོད་ལུགས་དང་སྨད་ལུགས་གཉིས་སུ་གྲགས་སོ། །

དེ་ལ་སློབ་མའི་མཆོག་བཞི་བྱུང་བ་ནི། ལོ་ཆུང་ལེགས་པའི་ཤེས་རབ། གྲྭ་བ་གཞོན་ནུ་ཤེས་རབ། ཀྱི་ནོར་ཡེ་ཤེས་དབང་ཕྱུག །གུང་ཤིང་བརྩོན་འགྲུས་རྒྱལ་མཚན་ཞེས་གྲགས་སོ། །པཎྜི་ཏ་རྣམ་པཱ་ལ་དང་མཇལ་ནས་སྒྲོ་འདོགས་ཆོད་དེ་བྱེ་བ་བདུན་གྱི་དམ་བཅའ་མཛད། ལྷ་བྱེ་བ་ཕྲག་གཅིག སྒོམ་པ་གཏོར་མ་བརྒྱ་རྩ་བྱེ་བ་ཕྲག་གཅིག །བསྐོར་བ་བྱེ་བ་ཕྲག་གཅིག །ཚ་ཚ་བྱེ་བ་ཕྲག་གཅིག །ཡན་ལག་བདུན་པ་བྱེ་བ་ཕྲག་གཅིག །བཟླས་པ་བྱེ་བ་ཕྲག་གཅིག །ཏིང་ངེ་འཛིན་གྱི་དབང་བྱེ་བ་ཕྲག་གཅིག་བཞེས་མཛད་པས་སྤྱི་གཙུག་ཏུ་རུས་པ་དཀར་པོ་ངང་པའི་སྒོ་ང་ཙམ་ཞིག་བྱུང་། དེ་འཇམ་དཔལ་དཔའ་བོའི་སྤྲུལ་པ་ཡིན་སྐད། ལོ་ཙཱ་བ་དེས་ཐུགས་ལོག་སུན་འབྱིན་མཛད། གླུ་དཀར་རྒྱལ་བཏུལ། པཎྜི་ཏ་རྣམ་པཱ་ལ་ལ་ཞང་ཞུང་བ་རྒྱལ་བའི་ཤེས་རབ་ཀྱིས་སྒོམ་པ་བླངས། དེ་བལ་པོར་བྱོན། འདུལ་འཛིན་པྲེ་ཏ་ཀ་ལ་འདུལ་བའི་ལག་ལེན་བཤད་པ་ཞུས་པ་ལས་མཆེད་པ་རྣམས་ལ་སྟོད་

འདུལ་བ་ཞེས་གྲགས། གཞན་ཡང་ལྷ་བཙུན་པས་པཎྜི་ཏ་དུ་མ་སྤྱན་དྲངས། མདོ་རྒྱུད་བསྟན་བཅོས་མང་དུ་བསྒྱུར། འཆད་ཉན་གྱིས་གདན་ལ་འབེབས་སུ་བཅུག །སྐུ་ཚེ་སྨད་ལ་ཇོ་བོ་རྗེའི་སྙན་པ་གསན། སྤྱན་དྲངས་བའི་ཐུགས་འདུན་དྲག་པོ་བྱུང་ནས། བློན་པོ་ས་འོག་གི་གཏེར་མཐོང་བ་ཞིག་ཡོད་པ་དེ་ལ་གསེར་ཆོལ་གསུངས་པས། དེས་གསེར་ལེན་པ་ཆེན་པོ་ཞིག་རྙེད་པ་ཕུལ། དེ་ནས་གཙང་ལྷག་ཚལ་དུ་འཁྲུངས་པའི་ལོ་ཙཱ་བ་རྒྱ་བརྩོན་འགྲུས་སེངྒེ་ལ་བོད་ཕྲུག་བརྒྱ་ཙམ་གྲོགས་སུ་བཏང་དེ་རྣམས་ལ་གསེར་ལེན་པ་དེ། གསིལ་མ་མང་དུ་བསྒྱུར་ནས་སྤྱན་འདྲེན་པར་བརྫངས། ཞུ་ཡིག་ཏུ། ཁྱེད་ཀྱི་ཐུགས་རྗེ་ཕྱོགས་རིས་མི་མངའ་ཞིང་། །སངས་རྒྱས་བསྟན་ལ་ཐུགས་ནི་སེམས་བྱེད་ན། །ཁ་བ་ཅན་འདིར་སྟོན་ནི་ཕུན་ཚོགས་ཀྱང་། །དེང་སང་དུས་ན་སེམས་ཅན་བསོད་ནམས་ཉམས། །དེ་ཡི་སྐྱོབས་ཀྱིས་བོད་ཀྱི་རྒྱལ་པོ་ང་། །སྨྱུ་ངམ་ཐང་ལ་ཚད་པས་གདུངས་པ་ན། །ཆུ་ཡི་འདུ་བྱེད་ཡིད་ལ་བྱེད་པ་ལྟར། །ཉིན་དང་མཚན་དུ་མགོན་པོ་ཁྱོད་བསམ་ན། །བདག་ལ་ཐུགས་ཀྱིས་བརྩེ་བར་མཛད་དུ་གསོལ། །ཞེས་བྲིས་ནས་བསྐུར་རོ། །དེ་ནས་རྒྱ་བརྩོན་སེངྒེས་བི་ཀྲ་མ་ལ་ཤཱི་ལར་བཏོལ། ཇོ་བོས་ཀྱང་བོད་རྒྱལ་པོས་སློབ་གཉེར་བ་ཞིག་བཏང་འདུག་ཟེར་བ་གསན། གསན་མ་ཐག་ཏུ་བུའི་འདུ་ཤེས་འཁྲུངས། དེ་ནས་རྒྱ་བརྩོན་སེངྒེས་ཇོ་བོ་དང་མཇལ་ཏེ་གསེར་ལེན་པ་དེ་ཕུལ། བོད་དུ་བྱོན་པར་ཞུ་བ་བྱས་པས། ཇོ་བོས་བོད་དུ་འགྲོ་བ་ལ་རྒྱུ་གཉིས་ཡིན་ཏེ། འདོད་པས་གསེར་ཆོལ་དུའམ། རང་བས་གཞན་གཅེས་ཀྱི་བྱང་ཆུབ་སེམས་ཀྱིས་འགྲོ་བ་ལ། ང་ལ་དེ་གཉིས་ཀ་མེད་པས་མི་འགྲོ་གསུངས་ནས་གསེར་ཚུར་གཏད། ལོ་ཙཱ་བས་ཆོས་གོས་ཀྱི་གཤམ་ལ་འཛུས་ནས་བཤུམས་པས་ཀྱང་མ་གནང་། དེའི་རེས་ལ་ལོ་ཙཱ་བའི་འཁོར་རྣམས་ཕལ་ཆེར་ཚད་པས་ཤུམ། གསེར་བསིལ་མ་དེ་ཟད། ཇོ་བོས་ཁྱོད་བོད་རྣམས་སྙིང་རེ་རྗེ་གསུངས། ཚུར་ལོག་གསེར་ལེན་པ་རྒྱལ་པོ་ལ་གཏད། ཇོ་བོ་སྤྱན་མ་འབྲོངས། ལོ་རྒྱུས་སྙན་དུ་གསོལ་བས། ལོ་ཙཱ་བས་དཀའ་བ་དང་བསྔོས། ལུས་སྲོག་ཐེད་ལ་བོར་ནས་བྱོན་པ་ཐུགས་ལ་བཏགས། ཇོ་བོ་སྤྱན་མ་དྲངས་པའི་ཐབས་མེད་གསུངས། ཁོང་ལ་དེ་རེས་ནག་ཚོ་ལོ་ཙཱ་བས་མདོན་པ་ཉན་པའི་ཞུ་བ་ཕུལ་བས། ང་སྔར་རྒྱ་གར་དུ་ལོག་ནས་འགྲོ་བས་ལོང་མི་འོང་གསུངས། འོ་ན་ངའང་རྒྱ་གར་དུ་འགྲོ་ཞུས་པས། ཁྱོད་རང་གི་སྙིང་ཁམས་ཀྱིས་ཕེར་ན་འདོངས་གསུངས། དཔོན་སློབ་ལྔ་དྲུག་ཙམ་རྒྱ་གར་དུ་བྱོན་ནོ། །དེའི་དུས་ལྷ་བླ་མས་གསེར་བཙལ་ལ་ཇོ་བོ་སྤྱན་དྲང་དགོངས། མཐའ་འཁོབ་ཏུ་གསེར་ཆོལ་བ་ལ་དམག་དུ་མ་ཞིག་དང་བཅས་ཏེ་བྱོན་པས། གར་ལོག་གིས་ཤེས་ནས་དམག་བཏང་། དེ་དང་ཐུག་འཐབས་པས

ཕམ་ནས་ལྷ་བཙུན་རང་བཙོན་ལ་ཞོར། གར་ལོག་གི་རྒྱལ་པོས་བརྟགས་པས་བོད་ཀྱི་རྒྱལ་པོར་ཤེས་
ནས་བཙོན་ཁང་དུ་བཙུག །དར་ཡུག་གི་སྐུ་བསྡམས་ཏེ་འདུག་ལྷ་བླ་མ་འཛིན་པའི་ཕྱིར་གར་ལོག་གི་
དཔུང་སོང་ཟེར་བ་ལྷ་བཙུན་བྱང་ཆུབ་འོད་ཀྱི་མཆེད་ཀྱིས་གསན་ནས། བྱང་ཆུབ་འོད་ཀྱིས་རྟ་པ་བརྒྱ་
དང་བཅས་ཏེ་ཁུ་བོ་སློག་པར་བྱོན་པས། གར་ལོག་གི་ལག་ཏུ་ཐལ་ཟིན་ནས་ལྡོག་མ་ཐུབ། དམག་
གཏོས་ཆེ་བ་ཁྲིད་ནས་འཐབས་ནས་ལྡོག་ས་སྲིད་དེ་མི་བསད་མང་དུ་འབྱུང་བར་ཡང་སྣང་ལ། གལ་
ཏེ་ཉིད་ལ་བར་ཆད་བྱུང་ན་ཇོ་བོ་མི་འདྲོངས། ཁུ་བོའང་བཙོན་ནས་མི་ཐོན་པར་འདུག་དགོངས་ཏེ།
ཁོ་ལ་ཐབས་ཀྱིས་བསྟུན་ན་ལེགས་པར་གཟིགས་ནས་ཕན་ཚུན་ལབ་སྣ་སྤྲེལ་བ་དང་། གར་ལོག་ན་
རེ་ཁྱོད་ནང་པ་སངས་རྒྱས་པའི་རྒྱལ་པོ་ཡིན་པས། ཁྱོད་རང་གི་རྒྱལ་ཁམས་ཐམས་ཅད་མུ་སྟེགས་
པའི་ལྟ་བ་ལ་འགོད་ན་བསླུས་མ་མི་འདོད་ཀྱི་སྟེང་དུ་བྱ་དགའ་ཆེན་པོ་སྟེར། པཎྜི་སྤྱན་མ་འདྲེན།
ཁྱོད་རང་ངའི་འོག་ཏུ་ཞུགས། དེ་མི་བྱེད་ན་གསེར་རྒྱལ་པོར་རང་དང་མཉམ་པ་ཁྱེར་ལ་ཤོག །དེ་ནས་
བཏང་གི་ཟེར། གསེར་སྒྲོད་པ་ལ་གདམས་ནས་གསེར་སྲང་བརྒྱ་ཁྱེར་ནས་བསླུ་བར་ཕྱིན་པས་མ་
བཏུབ། དེར་ལོག་ནས་དབུས་གཙང་གི་རབ་ཏུ་བྱུང་བ་ལ་སྡེ་པ་བརྒྱད་ཡོད་དེ། གཙང་ནས་ལོ་ཚོང་
གཉིས། འ་འདྲེ་གཉིས་ཏེ་བཞི། དབུས་སུ་ཀླུ་མེས་དང་སྦྲ་རག་གཉིས། འབྲིང་ཚོ་དང་རྨ་ཚོ་གཉིས་ཏེ་
བཞིར་བྱས་པ་ལ་ཞམ་ཐབས་ཀྱི་ཁྲལ་བླངས། བོད་ཁམས་གསུམ་གླིང་དགུ་འབངས་རྣམས་ལ་རིན་
བསྡུས། མངའ་རིས་སུ་གསེར་བསྒྲུབས་པས་སྐུ་ལུས་བྱིན་དང་མཉམ་པ་རྙེད། དབུ་ཙམ་མ་རྙེད། དེ་
ཁྱེར་ནས་ལྷ་བཙུན་རང་གིས་བླུར་བྱོན། ལྷ་བླ་མ་རང་ལའང་གར་ལོག་གིས་ཁྱོད་རང་དཀོན་མཆོག་
གསུམ་ལ་སྐྱབས་སུ་འགྲོ་བ་གཏོང་ན་དེད་ཀྱིས་བཙོན་ལས་གཏོང་། དེ་ལྟར་མ་ཡིན་ན་ལུས་རིལ་པོ་
དང་ལྡིད་མཉམ་པའི་གསེར་བྱུང་ན་གཏོང་ཟེར། སྐྱབས་སུ་འགྲོ་བ་ནི་མ་བཏང་། གསེར་རྙེད་པ་ལ་
ཚེགས་ཆེ་བས་བཙོན་དུ་ཡུན་རིང་དུ་ལུས། གར་ལོག་གིས་སྐུའི་རྩ་སྒོ་མེས་བསྲེགས་སོ། །དེར་དཔོན་
བྱང་ཆུབ་འོད་བསླེབས་ནས་གར་ལོག་ལ་བླུར་ཐོང་བྱས་པས། དབུའི་ཚད་མ་ལོངས་རིན་མི་གཏོང་
ཟེར། དེར་ལྷ་བླ་མས་གསན་ནས་བྱང་ཆུབ་འོད་ལ་འཕྲིན་བཏང་བ། ཁྱོད་ཀྱིས་བྱ་ཐབས་དེ་ལས་
མེད། གསེར་དེ་ཆོས་ང་མ་སླུ་བར་རྒྱ་གར་ནས་ཇོ་བོ་སྤྱན་དྲངས་ན་རབ་ཡིན་ཏེ་མི་འདྲོངས། ཇོ་བོའི་
འོག་ནས་སུ་ཆེ་བའི་པཎྜི་ཏ་ཞིག་སྤྱན་དྲོངས། མཐོ་ལྡིང་ལ་མཆོད་པ་ཆེན་པོ་གྱིས། ཡབ་མེས་ཀྱི་ལྷ་ས་
བསམ་ཡས་སོགས་ཀྱི་ཞིག་རལ་གསོས་ཞེས་བསྐུར་བྱུང་བ་དང་། བྱང་ཆུབ་འོད་ཀྱི་དགོངས་པ་ལ་ད་
དུང་གསེར་བཙལ་ལ་སླུ་དགོས་དེ་ལ་ད་རེས་ཁུ་བོ་དང་མཇལ་ན་ལེགས་པར་འདུག་སྙམ་ནས། གར་

ཡོག་ལ་ཁྲུ་བོ་དང་མཇལ་དུ་ཕྱུག་གསུངས་པས། ཁྲུ་བོའི་བཙོན་ཁང་གི་སྒོ་དྲུང་དུ་བཏང་བས། བྱང་ཆུབ་འོད་ཀྱིས་དྲུང་དེ་ནས་ཁྲུ་བོ་ལ་བོས་ཏེ། བཀའ་དྲིན་ཆེན་པོ་སྟོན་གྱི་ལས་ཐོག་ཏུ་བབ་པ་ཡིན་པས། ངས་ཁོ་ལ་དམག་བརྒྱབ་ནས་ཡོག་ན་ནི་སྐྱེ་བོ་ཚན་པོ་ཆེ་འཕུང་ལ་གཏང་ནས་རང་རེ་གཉིས་པོ་ངན་སོང་དུ་འགྲོ་དགོས་པར་སྣང་། པཎྜི་ཏ་གདན་མ་འདྲེན་པར་ཁྱེད་རང་ངའི་འོག་ཏུ་འདུག་ཟེར་བ་ལ་ནི་ཆོས་བློས་བཏང་ནས་སྡིག་རྒྱལ་གྱི་འོག་ཏུ་ཞུགས་པ་ལས་ཁྱོད་ཆོས་ལྡན་དུ་གཤེགས་པ་དྲག་སྙམ་དུ་བསམ། དེས་ན་གསེར་ཁྱོད་རང་ཙམ་ཞིག་དགོས་ཟེར་བ་ལ་གསེར་བཙལ་བས་ཁྱོད་ཀྱི་སྐུ་ལུས་དང་མཉམ་པའི་ཚད་ཙམ་ཞིག་རྙེད་དེ་ཁོས་མ་ཉན། ད་ངས་དབུ་ཙམ་ཞིག་རྙེད་པ་དང་སྒྲུར་འོང་གི ། དེ་བར་དུ་སྟོན་གྱི་ལས་སུ་སེམས་པ་དང་། དཀོན་མཆོག་གསུམ་ལ་གསོལ་བ་འདེབས་པ་དང་། སྙིང་པོ་ཆེ་བྲང་འོག་ཏུ་བཙུག་པའི་སོ་ནམ་མཛད་དགོས་པ་ཡིན་ཞེས་ཞུས་པ་དང་། ཁྲུ་བོ་བཞད་ཀྱིན། ཁྱོད་ལ་ད་གཅེས་ཕྲུག་སྨུམ་ཟན་མའི་དཔགས་ཤིག་ཡོད། དཀའ་སྤྱད་དང་སྙིང་རུས་མི་ནུས་སྙམ་པ་ཡིན་ཏེ། ངར་རང་ཤིའང་ཁྱོད་ཀྱིས་ཡབ་མེས་ཀྱི་ཕྱག་སྲོལ་སྐྱོང་ནུས་པར་སྣང་། ཁྱོད་ཀྱི་དེ་རྣམས་གོ་བ་ཆེ། ད་དེས་ཆོག །ངའི་བསམ་པ་ལ་བོད་འདིར་ཆོས་ཁྲིམས་ཤིག་མ་བཙུགས་པར་ང་རང་ཤི་ན་མི་རུང་སྙམ་པ་ཡིན་ཏེ། ད་ང་ན་སོ་ཡར་སོང་། འདིར་མ་ཤི་བའི་དབང་དུ་བྱས་ནའང་ཆེ་ལོ་བཅུ་ཙམ་ཨེ་ཐུབ་ཡིན། ངའི་རྩ་སྒོ་མེས་བཙས་བསྒྲིགས་ནས་དུད་འགྲོ་ལྟ་བུར་ཡོད། སྔར་ཆེ་འཁོར་བ་ཐོག་མ་མེད་པ་ནས་ཆོས་ཕྱིར་གཅིག་ཀྱང་ཤི་བ་མེད། ད་ལན་ཆོས་ཀྱི་ཕྱིར་ཤི་ན་ལེགས་པ་ཡིན་པས། རྒྱལ་པོ་འདི་ལ་གསེར་ར་ཏི་གཅིག་དགོས་ཀྱང་མི་སྟེར། གསེར་ང་རང་ཙམ་རྙེད་པ་ཤིན་ཏུ་ཁམ་ཆེ་ན། ད་མགོ་ཙམ་ག་ན་རྙེད། གསེར་དེ་རྣམས་ཐམས་ཅད་རྒྱ་གར་དུ་ཁྱེར་ལ་ད་དུང་པཎྜི་ཏ་དེ་སྤྱན་ཅི་དྲངས་ཀྱིས། པཎྜི་ཏ་ཆེན་པོའི་སྙན་དུའང་། ངས་ཁྱོད་དང་སངས་རྒྱས་ཀྱི་བསྟན་པའི་ཕྱིར་ལུས་སྲོག་གར་ཡོག་གི་རྒྱལ་པོ་ལ་ཊན་པར་བྱིན་ཡོད་པས་ཆེ་རབས་ཐམས་ཅད་དུ་བདག་ལ་ཐུགས་རྗེས་འཛིན་པ་དང་། ངའི་བསམ་པའི་གཙོ་བོ་ཁྱོད་བོད་དུ་བྱོན་ནས་སངས་རྒྱས་ཀྱི་བསྟན་པ་དར་བར་བྱེད་པ་ཡིན་པས། དེ་ཁོ་ན་བཞིན་དུ་མཛད་པ་དང་། སྐྱེ་བ་འདིའི་འོག་རོལ་ཏུ་ངེས་པར་ཁྱོད་དང་མཇལ་བར་བྱིན་གྱིས་བརླབ་ཏུ་གསོལ་ཞེས་པའི་འཕྲིན་མཛོད་ཅིག །དེ་ལྟར་ལགས་པས་ང་བློས་ཐོང་ལ་སངས་རྒྱས་ཀྱི་བསྟན་པ་ལ་སེམས་ཤིག་གསུངས། དེ་སྐད་གསུངས་པའི་བར་ལ་བྱང་ཆུབ་འོད་ཀྱིས་སྒོའི་བར་ལ་གཟིགས་པས་སྐུ་ལུས་རྣམས་ནི་དར་གྱིས་བཙུད། སྤྱན་ནི་ཁྲུང་ན་ལྷུང་སྟར་ལས་རྣམ་པ་ཐམས་ཅད་འགྱུར་བའི་སྐྱ་བུང་བ་ཙམ་དུ་སོང་། དེའི་ཁོང་ནའང་བོད་ཀྱི་སེམས་ཅན་དང་། སངས་རྒྱས་ཀྱི་བསྟན་པ་དང་། རྡོ་

བོ་འབའ་ཞིག་སེམས་པ་འོ་བརྒྱལ་བཞིན་པར་བཞག་ནི་མ་ཡོད། ཐབས་ནི་མེད། སྤྱན་ཆབ་དང་བཅས་པར་ཡུལ་དུ་ལོག །དེའི་བར་ལ་ལྷ་བླ་མ་གར་ལོག་གིས་ཤིག་དོང་དུ་བཅུག་ནས་བགྲོངས། འགྲོངས་ཀར། འདི་ནས་བཟུང་སྐྱེ་ཆེ་རབས་ཐམས་ཅད་དུ། །ཆོས་ཕྱིར་སྲོག་ལ་ཕངས་པ་མེད་པ་དང་། །དཀོན་མཆོག་གསུམ་དང་འབྲལ་བ་མེད་པ་དང་། །སྙིང་སྟོབས་ཆེན་པོས་གཞན་དོན་བྱེད་པར་ཤོག །ཅེས་སྨོན་ལམ་མཛད། དེ་ནས་ལྷ་བཙུན་བྱང་ཆུབ་འོད་ཀྱི་ཐུགས་དགོངས་ཁུ་བོ་ནི་གྲོངས། ཁོང་གི་ཐུགས་དགོངས་རྫོགས་པར་བྱ་བའི་ཕྱིར་རྒྱ་གར་ནས་པཎྜི་ཏ་སྤྱན་འདྲེན། ཁོང་གི་སྐུ་གདུང་ལ་མཆོད་པ་བྱེད། དགེ་བའི་རྩ་བ་རྒྱ་ཆེན་པོ་བྱ་དགོས་སྙམ་ནས། སྐུ་གདུང་བསླུས་ཏེ་མཆོད་རྟེན་དུ་བཞུགས་སུ་བཅུག །སྐུ་རྟེན་སུ་གསེར་གྱི་མཆོད་རྟེན་བཀྲ་ཤིས་སྒོ་མང་ཤིག་བཞེངས། ད་རྗེ་བོ་སྤྱན་འདྲེན། དེ་ལ་བང་ཆེན་པའི་འོས་གཟིགས་པས་དགེ་བཤེས་གུང་ཐང་པ་དེ་རྒྱ་གར་དུ་བཞུད་པའི་ཐུགས་གདའ་བས་འོས་སྙམ། གུང་ཐང་ལྷ་བཙུན་གྱི་གདོང་བྱས་དེའི་འབྲུངས་སར་བྱོན། ཁོང་རྒྱ་གར་ནས་མ་ལོག་པར་སྣང་སྟེ། མི་ཆོས་པ་རྣམས་ལ་ཁྱེད་ཀྱི་འདུལ་བ་འཛིན་པ་དེ་རྒྱ་གར་ནས་བྱོན་བྱུང་ན་ང་ལ་སྐད་ཐོང་བྱ་བའི་འཕྲིན་བཞག །གུང་ཐང་པས་རྒྱ་གར་དུ་རྒྱ་བརྩོན་སེང་ལ་མངོན་པ་གསན། ལོ་ཙྪའང་མཁས་པར་ལོབས། ཆོས་ཀྱང་འགའ་རེ་བསྒྱུར་ཏེ་ཚུར་བྱོན་པ་ལ་མི་ཆོས་པ་རྣམས་ཀྱིས་འཕྲིན་སྤྲད་དེ། ཁྱོད་ལྷ་བཙུན་པའི་གན་དུ་བཞུད་དགོས་བྱས་པས་དེར་བྱོན། དོན་ཅི་བདོག་ཞུས་པས། གུང་ཐང་པ་གདན་གྱི་གུང་ལ་བཞག་ནས་བསྙེན་བཀུར་བཟང་པོ་བྱས་ཏེ་འདི་གསུངས། ལགས་འདུལ་བ་འཛིན་པ་ལ་ཞུ་བ། ངའི་ཕ་མེས་རྒྱལ་བློན་བྱང་ཆུབ་སེམས་དཔའ་དེ་རྣམས་ཀྱིས་སངས་རྒྱས་ཀྱི་བསྟན་པ་དབུ་རྙེད། སྲོལ་གཏོད་དར་ཞིང་རྒྱས་པར་མཛད་པ་ཡིན་པ་ལ། དུས་དེང་སང་བསྟན་པ་ཉམས་དམས་པ་མཁས་བཙུན་ཐམས་ཅད་ཤེས་པ་སྐྱོ། རྗེ་བོ་ནི་སྤྱན་མ་འདྲོངས། དེའི་འོག་མ་ཆེ་བ་ཞིག་སྤྱན་འདྲེན་དགོས་པས་ཁྱོད་ལ་ཞུ་བ་ལགས་ཞེས་ཐུགས་ཆད་པས་དེ་སྐད་གསུངས། སྔར་རྒྱ་བརྩོན་སེང་བཏང་བ་དང་། ཁུ་བོ་གནས་སྐབས་ཇི་ལྟར་གྱུར་པ་དང་། ངའི་ཁུ་བོ་དེ་འོ་རྒྱལ། ངས་ཁུ་བོ་བཞག་ནས་ཡོང་ཡོད་པ། ཁུ་བོ་དེ་བཙོན་དོང་ན་བཞུགས་པའི་ནང་ནའང་སངས་རྒྱས་ཀྱི་བསྟན་པ་དང་རྗེ་བོ་འབའ་ཞིག་ཐུགས་ལ་སེམས་སམ། ངེད་མཐའ་འཁོབ་ཀྱི་སེམས་ཅན་མ་རིག་པ་རྣམས་ཀྱི་སྙིང་སྟོབས་དེ་འདྲ་ན། ཁྱོད་འགྲོ་བའི་སྐབས་གནས་ཐུགས་རྗེ་ཅན་རྣམས་ཅི་ཙུག་སོང་ཞེས་ཞུས་ཤིག །ད་རེས་ང་དགའ་བ་དང་། ཕྱིས་འདུལ་བ་འཛིན་པ་དགའ་བར་ཡང་བྱེད་དོ། །ད་འདི་ན་གསེར་སྲང་བདུན་བརྒྱ་ཡོད། འདི་ཕར་ཁྱེར་ལ་བདུན་བརྒྱ་པོ་འདི་བླ་མའི་ཕྱག་ཏུ་ཕུལ། ངེད་

བོད་བྲེ་ཧ་ཕུ་རི་ལྷ་ཕུའི་གྲོང་ཁྱེར་ན་གསེར་ལུག་ཤིག་ཙམ་རེ་ལའང་དཀའ་ལས་ཆེན་པོ་ཡོད་པ་ཡིན་པ་ལ། ད་འདི་དང་ལྷ་བླ་མ་ཡེ་ཤེས་འོད་ཀྱིས་དབུ་བགྱིས། མི་ནོར་ཐམས་ཅད་ཡོངས་སུ་རྫོགས་ནས་ཡོད་ཀྱི། ད་ལན་འདི་ལ་མགོན་པོ་བོད་དུ་མ་བྱོན་ན་ཁྱེད་དམ་པ་རྣམས་ཀྱི་ཐུགས་རྗེའང་དེ་ལྟར་བས་པས་ངེད་ཀྱང་བྱ་བ་ཅི་བདེར་སྤྱོད་པར་བགྱིའོ། །

ཁྱེད་འདུལ་བ་འཛིན་པས་ཞུ་བ་འདི་རྣམས་ཇོ་བོ་ལ་ཞུས་ནས་འབྱོན་དུ་མ་བཞེད་པའི་གཞུག་མཐའ་མ་ལ་སྐད་དུ་ཐེགས་པར་གྱིས་ཤིག་གསུངས་ནས་སྤྱན་ཆབ་ཀྱིས་པང་ཁེབས་དང་ཅོག་རྩེ་བངས་པ་ཙམ་དུ་བཤུམ་ཞིང་གསུང་བྱོན་པས། དགེ་བཤེས་གྱང་ཐང་པས་ཚིག་ཟུར་ཙམ་ཡང་ཞུམ་ནུས། གསུང་ཤིན་ཏུ་བདེན་པ་དེ་རྣམས་ཐོས། ཆོས་རྒྱལ་དེ་མ་མཐོང་ཡང་རྣམ་པ་དྲན་པ་དང་། ཁོང་ཁུ་དབོན་གྱི་མི་ནོར་མང་པོ་ཟད་པ་རྒྱུས་ཡོད་པས། ཁོང་ཁུ་དབོན་སྡུག་ཆེས། ངེད་རྣམས་སྙིང་ཆེས་པ་དང་། ལྷ་བཙུན་མི་ཆེན་པོ་ཞིག་གིས་དེ་ལྟར་བཤུམས་པའི་སྟོབས་ཀྱིས་ལོ་ཙྪ་བ་ལུས་འདར། མཆི་མས་གདོང་གང་སྟེ་ལྷ་བཙུན་གྱི་ཞལ་ཡང་ལྟ་མི་ནུས། དེའི་སྟོབས་ཀྱིས་ལུས་སྲོག་དང་། བར་གྱི་དཀའ་ཚེགས་དང་། ཚེ་འདིའི་བདེ་སྐྱིད་གང་ལའང་མ་བསམ་པར་འོ་ལགས་སོ་ཞེས་དབང་མེད་པར་ཞལ་གྱིས་བཞེས་སོ། །དེ་ནས་ལྷ་བཙུན་གྱིས་འཁོར་ལྔ་བརྒྱ་ཙམ་གཏོང་བའི་གྲབས་མཛད་པས། ལོ་ཙྪ་བས་དེ་ཙམ་མང་ལྔ་ཙམ་གྱིས་ཆོག །ཕར་ལམ་ཚུར་ལམ་གྱི་རྒྱགས་དང་བཅས་པ་གསེར་དུ་དགོས་ཞུས་པས། པཎྜི་ཏ་ལ་གསེར་ཐིག་པོ་གཅིག་ལ་སྲང་བཅུ་དྲུག་ཡོད་པ། ལིང་བ་གཅིག་ལ་སྲང་བདུན་ཅུ། གསེར་ཕྱེ་བྲེ་གང་། ལོ་ཙྪ་བ་ལ་སྲང་བདུན། ཕར་ལམ་གྱི་བརྒྱགས་ལ་སྲང་བདུན་སོགས་དགོས་པ་ཐམས་ཅད་བརྫངས་ཏེ། ལྷ་བཙུན་པས་ཐག་རིང་པོར་སྐྱེལ་ཐུང་མཛད། དགེ་སློང་ཁྱེད་ཀྱིས་ངའི་གྲོགས་སུ་བྱ་བ་བྱས་ད་ལན་དཀའ་ལས་ཆེ་ནའང་ཕར་བྱོན་ལ་དོན་གྲུབ་པ་ཞིག་མཛོད། འཁོར་ནས་བྱས་ཤེས་བཀའ་དྲིན་གཟོ་བར་བྱ་ཞེས་ལོ་ཙྪ་བ་དཔོན་སློབ་ལ་ཕྱི་མིག་གཟིགས་ཀྱིན་གཤེགས། ཡང་གསུང་ཆེན་པོ་ཞིག་གིས་བོས་ནས། དགེ་བཤེས་ལོ་ཙྪ་བ་ཇོ་བོ་ཐུགས་རྗེ་ཆེན་པོ་ལ་གསོལ་བ་འདེབས་ཀྱིན་གཤེགས་པ་ཞུ་གསུངས། བལ་པོར་ནས་རྒྱལ་ཁྲན་པི་ཀྲ་མ་ལ་ཤཱི་ལར་འགྲོ་བ་དང་འཛོམས་པས་ལམ་ལ་སྐྱོན་མེད། ཉི་མ་ཐས་ཁར་གནྣའི་འགྲམ་དུ་བསླེབས། གྲུ་པས་མགྲོན་པོ་ཚན་གཅིག་བཙུག་གྲུ་བསྟུས་ནས་སོང་། སྐད་བཏང་བས། ད་རེས་མི་ཐོངས་ཕྱི་རེས་བསྒུའོ་ཟེར། སྲོད་འཁོར་བ་ན་གྲུ་བྱུང་ནའང་། རྒྱལ་པོ་མི་ཆེ་བས་སྟོན་ལ་སྒྲོལ། ཁོང་རྣམས་ལུས། ཕྱོགས་དེར་མི་ནི་མེད། ཨ་ཙ་ར་རྣམས་ནི་སྤྱོད་པ་ངན། བདུད་རིགས་ནི་ཆོས་ལ་སྡང་། གསེར་མང་པོ་ཡོད་པས

སྤྱངས། གབ་ས་དང་ཡིབ་ས་མེད། ཅི་དྲག་ལ་གྱི་བའི་དུས་སུ་མཉན་པ་དཀར་པོ་ཞིག་གྲུ་དང་བཅས་ཏེ་བྱུང་། ལོ་ཙྪ་བས་ཁྱོད་གར་གཤེགས་བྱས་པས། ཁྱོད་དཔོན་སློབ་བསུ་རུ་འོངས་པ་ཡིན་ཟེར་ཏེ་གྲུས་བསྒྲལ། ད་ནམ་ཕྱེད་ཡོལ། ཆུ་འཁྲིས་དང་སྤོ་གསེབ་ཏུ་ཉལ་ན་དུག་སྦྲུལ་གྱི་འཇིགས་པ་འོང་། དོ་ནུབ་བི་ཀྲ་མ་ལ་ཤཱི་ལའི་སྒོ་སྒྲིའི་འོག་ཏུ་བརྗོལ། ཆོམ་རྐུན་པའི་འཇིགས་པ་ཡེ་མི་ཡོང་ཟེར་གཤེད་དུ་སོང་། དེ་ནས་དེར་ཕྱིན་ཏེ་འདི་ན་བོད་སུ་ཡོད་ཅེས་ལན་གསུམ་བོས་པས། རྒྱ་བརྩོན་སེང་སྒོ་ཁང་གི་སྟེང་དུ་བཞུགས་པས་གསན་ནས་བོད་ང་ཡོད། ཁྱེད་ཀུན་ག་ནས་འོངས། ངེད་མངའ་རིས་སྟོད་ནས་འོངས་པ་ཡིན་བྱས་པས། འོ་ན་སྒོ་ན་བྱིས་པ་ཡོད། དེ་ལ་ཁྱེད་རང་གི་ཆས་ཆོལ་གར་ཡང་མ་འགྲོ། དོ་ནུབ་དེ་རང་དུ་སྡོད་ཅིག་ནང་པར་མཇལ་ལོ་ཟེར་བས་དེ་བཞིན་བྱས། སང་རྒྱ་བརྩོན་སེང་གིས་རྫུད་བཅད་ནས་མཇལ། ཅི་ལ་འོངས་གསུངས། ལོ་རྒྱུས་རྣམས་ཞུས་པས། ཇོ་བོའི་འོག་ན་ཆེ་བ་ལྔ་མང་པོ་ཡོད་དེ། དེ་ཀུན་གྱིས་བོད་ལ་ཕན་མི་ཐོགས། ཇོ་བོ་འདི་ལ་ལྷག་པའི་ཐུགས་རྣམ་དག་ཡོད་པ་ཡིན། ད་དུང་ཇོ་བོ་རང་སྤྱན་འདྲེན་དགོས། ཁྱོད་དའི་སློབ་མར་སྣང་བ་ངོ་མ་ཤེས། ད་འདིར་ཨ་ཏི་ཤ་གདན་འདྲེན་དུ་འོངས་བ་སྐད་མ་ཟེར་སློབ་གཉེར་ལ་ཡོངས་ཀྱིས། གནས་བརྟན་ཤཱི་ལ་ཨཱ་ཀ་ར་བྱ་བ་ཡོད། དེ་འདི་ན་དབང་ཆེ་བས་དེའི་སེམས་གཟུང་། ད་ལྟ་རང་སོང་གསེར་སྲང་ཕྱེད་ཕྱུལ་ལ་དེང་བོད་ནས་འོངས་པ་ཡིན། པཎྜི་ཏ་ནི་སྤྱན་མ་དྲོངས། ད་ཁྱོད་ཀྱི་ཞལ་སྔ་ནས་པཎྜི་ཏ་སྤྱན་དྲངས་པ་དང་ཁྱད་མེད་པའི་སློབ་གཉེར་ཅིག་ཐུགས་ལ་འདོགས་པར་ཞུ་ཞེས་ཞུ་བ་ཕུལ། དེ་ནས་ཀྱང་རིངས་རིངས་དང་བློ་མ་ཕེབས་པ་ཡེ་མ་བྱེད་པར་སློབ་གཉེར་གྱིས་ལ་ངལ་གསོས། དེ་ནས་འོ་ཅག་ཐབས་མཁས་པོས་ཇོ་བོ་ཆགས་ཕེབས་པའི་དུས་སུ་ཞུ་བ་བྱེད་པ་ཡིན་གསུངས་པ་བཞིན་བྱས་སོ། །

དེ་དུས་དེར་ཇོ་བོ་མ་བཞུགས། རྟེན་ཁྱད་པར་ཅན་ལ་མཆོད་པ་འབུལ་དུ་གཤེགས་པར་འདུག །དེ་ནས་བྱོན་དུས་གཞན་ཀུན་གྱིས་གསངས། སྤྲང་ཕྲུག་གཅིག་གིས་ཨ་ཏི་ཤ་ཟེར་ནས་ཕྱི་ལ་བརྒྱུགས་པས་ངོ་ཤེས་ཏེ། ལོ་ཙྪ་བ་ཡུས་ཀྱིས་དངངས་མཆི་མ་འདོན་ཞིང་ཕྱི་ལ་བརྒྱུགས་པས་ཁྲི་རེ་བཞུགས། བོད་ཀྱི་ཆེ་དང་ལྡན་པ་བདེན། མཆི་མ་མ་འདོན་ཁྱོད་བོད་ཀྱི་རྒྱལ་བློན་འབངས་དང་བཅས་པ་ལ་ཁོ་བོ་སྙིང་ཐག་རིང་བ་མིན། འདི་ལྟར་ན་སོ་རྣམས། ལྡེ་མིག་མང་པོ་འཛིན་དགོས་བྱུང་། ད་དུང་ཁྱེད་བློས་མ་བཏང་བར་ཡོད་པ་ཡིན་གྱི། དཀོན་མཆོག་ལ་གསོལ་བ་ཐོབ། དེ་སྐད་གསུངས་པ་ཙམ་གྱིས་ཀྱང་རེ་ཆེ་བ་དང་ཡུས་པའི་སྟོབས་ཀྱིས་མིག་མཆི་མས་གང་ཞིང་གཏམ་མ་ཐོན། གསུང་ཆེན་པོས་ངན་པ་ཅི་ཟེར་གསུངས་པས། བྲེད་ནས་མཆི་མ་སངས། དེ་ནས་ཉིན་གཅིག་དབེན་པའི་དུས་སུ་རྒྱ་ནས་ཤོག

གསུངས་ཇོ་བོའི་གཟིམས་ཁང་དུ་ཁྲིད། དབུ་སྤུས་མགོ་ན་ཐུགས་དམ་གྱི་མཆུལ་ཡོད་པའི་ཁར་གསེར་ལིང་པ་དེ་བཞག །གསེར་གསིལ་མ་རྣམས་ཆོམ་བུར་བཀོད་ནས་ཇོ་བོ་ལ་ཕུལ་ཏེ། རྒྱ་བོད་ཀྱི་ལོ་རྒྱུས། ང་ཡང་། བོད་ཀྱི་རྒྱལ་པོ་བྱང་ཆུབ་སེམས་དཔའ་དེས་ཆོ་དང་ལྡན་པ་སྤྱན་འདྲེན་དུ་བཏང་ནས་གདའ་བས། ན་ཉིང་སྐད་མི་གསུང་བར་བོད་ལ་ཐུགས་རྗེས་གདགས་པར་ཞུ་འཚལ་ཞུས་པས། ཇོ་བོའི་ཞལ་ནས། བོད་ཀྱི་རྒྱལ་པོ་བྱང་ཆུབ་སེམས་དཔའ་ཡིན་པར་འདུག །བྱང་ཆུབ་སེམས་དཔའི་བཀའ་ཡང་བཅག་ཏུ་མི་བཏུབ། རྒྱལ་པོ་དེ་ལ་ངོ་འང་མཉོང་བར་ཡོད། ངའི་ཕྱིར་དུ་ཁོང་གི་མི་ནོར་མང་པོ་ཆུད་ཟོས་ལ་སོང་གསུངས་སྤྱན་ཆབ་ཉིལ་མཛད་དེ་བྱོན་པར་ཞལ་གྱིས་བཞེས། དེར་ཇོ་བོའི་མཛད་པའི་འཁྲོ་བཏུལ་བ་ལ་ཟླ་བ་བརྒྱད་ཙམ་སྒྲུག་སྡོད་བྱས། འབྱོན་པར་ཟུག་དུས་ནག་ཚོ་ལ་གནས་བརྟན་ཤཱི་ལ་ཨ་ཀ་རས་ཇོ་བོ་ལོ་གསུམ་ན་འཁོར་བའི་ཆད་བྱས་ཏེ། ཇོ་བོ་དཔོན་སློབ་ཉི་ཤུ་ཙམ་ཕུར་བྱོན་ཁར། གསེར་རྣམས་ཆ་བཞིར་བྱས་ཏེ། གཅིག་བླ་མ་རྣམས་ལ་ཕུལ། གཅིག་རྡོ་རྗེ་གདན་དུ་མཆོད་པ། གཅིག་བི་ཀྲ་མ་ཤཱི་ལའི་དགེ་འདུན་ལ། ཆ་གཅིག་རྒྱལ་པོ་ལ་གཏད་དེ་ཇོ་བོ་ཉིད་ཀྱི་ཤུལ་གཟིགས་པར་གསོལ་ཏེ་རིམ་པས་བྱོན། བལ་པོར་རྒྱལ་པོས་ཞབས་ནས་བཏེག །ཐང་བི་ཧ་རའི་གཙུག་ལག་ཁང་བརྩིགས། ལྷ་བཙུན་པའི་བསུ་བས་ཤིང་ཀུན་ཏུ་བསླེབས། དེར་རྒྱ་བརྩོན་སེང་གྲོངས། དེ་ནས་རིམ་པས་མངའ་རིས་སུ་ཕེབས། མཆོད་ཡོན་མཇལ་བས་ཤིན་ཏུ་གུས་ཏེ། འཇིག་རྟེན་གྱི་མགོན་པོ་བོད་དུ་བྱོན་ནོ་ཞེས་སྙན་པས་ཁྱབ། ལོ་ཆེན་པཎྜི་ཏ་པས་ང་རང་ཡོན་ཏན་ཆེ་དགོངས་ཡོད་ཀྱང་། ལྷ་བཙུན་གྱིས་སྤྱན་དྲངས་པ་ཡིན་པས་ཞབས་ཏོག་བྱེད་དགོས་སྙམ། མཐོ་ལྡིང་དུ་སྤྱན་དྲངས། དེར་རྒྱུད་སྡེ་བཞིའི་ལྷ་རྣམས་རྒྱུད་སྡེའི་གོ་རིམ་བཞིན་ཐོག་སོའི་མཐོ་དམན་ལ་བྱས་ཡོད་པ་གཟིགས་ཏེ། སོ་སོ་ལ་མངོན་རྟོགས་དང་མཐུན་པའི་བསྟོད་པ་རེ་མཛད། གདན་ལ་བཞུགས་པ་ན་ལོ་ཙྪ་བས་བསྟོད་པ་དེ་སུས་མཛད་ཞུས་པས། ཁོ་བོ་རང་གི་འཕྲལ་དུའོ་གསུངས། དེས་ལོ་ཙྪ་བ་འཇིགས་ཞུམ་སོང་། དེར་ཁྱོད་ཀྱིས་ཆོས་ཅི་དང་ཅི་ཤེས་གསུངས། མཁྱེན་ཚུལ་ཞུས་པས། ཁྱོད་ལྟ་བུ་བཞུགས་བཞིན་དུ་ང་བོད་དུ་ཡོང་མི་དགོས་པར་འདུག་པ་ལ་གསུངས། དེ་ཐམས་ཅད་གང་ཟག་གཅིག་གིས་ཉམས་སུ་ལེན་ན་ཇི་ལྟར་བྱེད་གསུངས། སོ་སོའི་གཞུང་ནས་བཤད་པ་ལྟར་བྱེད་ཞུས་པས། ལོ་ཙྪ་བ་རུལ་ང་བོད་དུ་ཡོང་དགོས་པ་འདུག་གསུངས་ཏེ་གསང་སྔགས་འཕྲུལ་གྱི་མེ་ལོང་བྱ་བའི་བཤད་པ་མཛད། ལོ་ཆེན་ཐུགས་ཆེས། དེ་ནས་གསུང་རབ་དུ་མ་བསྒྱུར། དེ་ནས་སླར་བལ་ཡུལ་ཐང་བི་ཧ་རའི་རབ་གནས་ལ་བསྐོར་ཅིག་གཤེགས། སླར་མངའ་རིས་སུ་ཕེབས་ནས། སྤུ་རངས་ཀྱི་

རྒྱལ་ཞིང་ཞེས་པར་བཞུགས་དུས་འབྲོམ་སྟོན་ཕེབས། དེ་གདུང་རུས་བཞེར། ཡབ་རྡ་གསུམ་བཞེར། ཡུམ་ཁུ་ལྷོ་བཟའ་ལན་གཅིག་པ་གཉིས་ཀྱི་སྲས་སུ་འཁྲུངས། ཡུལ་སྟོད་ལུང་ཕུ། ཆུང་ཆུང་ནས་རྗེ་བོ་བསེ་བཙུན་ལྷོ་བལ་དུ་བྱོན་ནས་ལོག་པའི་ཕྱག་ཕྱིར་འབྲང་འདོད། ཚོང་པ་དང་བསྡེབས་ཁོང་བཞུགས་སར་བརྗོད་ལ། སློབ་གཉེར་ལེགས་པར་མཛད། ཉེ་ལོགས་ན་པཎྜི་ཏ་སྨྲྀའི་ཚེར་མ་ཞེས་བྱ་བ་ཞིག་ལས་བི་བཛྲ་མང་པོ་བསླབས། ད་ལྟ་རྒྱ་གར་ན་སུ་ཆེ་དྲིས་པས། ངེད་རྒྱ་གར་ན་ཡོད་དུས་ནཱ་རོ་པ་ཆེ་བ་ཡིན། ད་ལྟ་རྒྱལ་རིགས་ལས་རབ་ཏུ་བྱུང་བའི་དགེ་སློང་དཱི་པཾ་ཀ་ར་ཤྲཱི་ཛྙཱ་ན་བྱ་བ་ཡོད་པས། དེ་ད་ལྟ་བཞུགས་ན་ཁོང་ཆེ་བར་འོང་གསུངས། མཚན་ཐོས་པས་མོས་པ་ཆེན་པོ་སྐྱེས། ཚེ་འདི་ལ་མཇལ་བ་སྲིད་དམ་སྙམ་པ་བྱུང་། རྗེ་བོ་མངའ་རིས་སུ་ཕེབས་པའི་སྐད་ཆ་ཐོས་ནས་བསེ་བཙུན་ལ་ཞུས་པས། ཁོང་དགྱེས་བཞིན་ཆས་དང་བཅས་ཏེ་གནང་། ཕན་ཡུལ་དུ་ཞང་ཆེན་པོ་ལ་དགེ་བསྙེན་ཞུས་ཡིན་པས་ཕྱག་སྐྱལ་དུ་བྱོན། ཀ་བ་ཤཱཀྱ་དབང་ཕྱུག་དང་ཡང་མཇལ། ང་པཎྜི་ཏ་མཇལ་དུ་འགྲོ། དབུས་སུ་སྤྱན་འདྲོང་པ་སྲིད་ན་ཡི་གེ་འབུལ་བས་ཁྱོད་མི་ཆེན་རྣམས་ཀྱིས་མདུན་མ་མཛད་དེ་འོང་དགོས་ཞུས་བྱང་ལམ་བརྒྱུད་འོང་བ་རྗེ་བོས་མཁྱེན། ངའི་ཨུ་པ་སི་ཀ་སློབ་ཅིས་དགྱེས་དགྱེས་མཛད་ཐུགས་ཡིད་འདྲེས་སོ། །

༄ གསུམ་པ་དབུས་གཙང་དུ་འབྱོན་ཚུལ་ནི། འབྲོམ་གྱིས་དབུས་ཀྱི་ཕྱོགས་ན་ལྷ་ས་བསམ་ཡས་སོགས་གཙུག་ལག་ཁང་དགེ་འདུན་སྟོང་ཕྲག་མང་པོ་ཡོད་པའི་བསྔགས་པ་བརྗོད་པས། རྗེ་བོའི་ཞལ་ནས་ཚངས་པར་སྤྱོད་པ་གྲངས་མང་པོ་དེ་ཙམ་རྒྱ་གར་ན་འང་མེད། དགྲ་བཅོམ་པ་འང་ཡོད་མཆི་གསུངས་ཕྱོགས་གདང་དེ་ཕྱག་མཛད། དེས་སྤྱོབས་པ་སྐྱེད་དབུས་སུ་འབྱོན་པར་གསོལ། ཁོ་བོ་དགེ་འདུན་གྱི་བཀའ་བྱུང་ན་འགྲོ་གསུངས། ལོ་ཆེན་ལ་ལོ་ཙྪར་འགྲོ་དགོས་གསུངས་པས། དབུ་དུང་ལྷ་བུ་གཟིགས་ཞུལ་མཚམས་ཀྱི་དམ་བཅའ་མཛད་དེ་མཁའ་སྤྱོད་དུ་གཤེགས་ཀྱང་ཟེར། གཤེགས་ནས་གདུང་བྱ་མོའི་སྒོ་ང་ཙམ་གསུམ་བྱུང་སྐད། དེ་ཡལ་ཟེར་རོ། །དེར་དབུས་སུ། ཤིང་རྟའི་དབྱིབས་འདྲ་འཛམ་གླིང་གི་སོགས་ཞུ་འཕྲིན་བརྫངས་པ་ཀ་བ་ལ་འཕྲོད། དེས་དོ་དམ་ཆེར་བགྱིས་རྒྱལ་གྱི་ཞང་ཆེན་པོ་ལ་སོགས་ལ་གྲོས་ཞུས་ནས་རྗེ་བོ་གདན་འདྲེན་དུ་འབྱོན་པར་བརྩམས་པའི་ཚེ་ཁུ་སྟོན་ཁོང་རང་ཡི་གེ་ན་མི་འདུག་པས་མ་དགྱེས་ནས་སྟོན་ལ་ངས་མཇལ་བ་ཞིག་བྱ་སྙམ་བརྒྱུགས། དེས་གཞན་རྣམས་ལ་ལུགས་བཙུག་པ་བཞིན་སོང་། དབུས་གཙང་གི་མི་ཆེན་ཐམས་ཅད་དཔལ་ཐང་དུ་ཕེབས། སྐྱིད་གྲོང་དུ་ཐུར་ཞུ་བ་སོང་བས་རྗེ་བོ་དཔོན་གཡོག་ཀྱང་དེར་ཕེབས། བོད་སྟོན་རྣམས་ཞུ་

སྣ་རིང་ན་བཟའ་ཐེར་དང་རྔར་བཅས་པ་རྒྱུད་ནས་གཟིགས་པས། རྗེ་བོས་ཨུ་པ་སི་ཀ་མི་མ་ཡིན་མང་པོ་བྱུང་གསུངས་དབུ་གཙུམས། དེ་ནས་ཁོང་རྣམས་ཀྱི་རྔ་བབས། ཞྭ་དང་ཐེར་བཞག །སྣམ་སྦྱར་གསོལ་བ་ཤ་སྟག་ཏུ་བྱས་ནས་བྱུང་བས། རྗེ་བོ་མཉེས་ནས་དགེ་འདུན་ལ་སྤྱི་ཕྱག་མཛད། དེ་ནས་བོད་སྟོན་རྣམས་ལོག །རྗེ་བོ་དབོན་གཡོག་རིམ་གྱིས་འབྱོན་པར་བྱས་ཏེ། ལྷོ་བྱང་མྱང་རོང་དབུས་ཀྱི་སོལ་ནག་ཐང་པོ་ཆེ་བསམ་ཡས་སོགས་སུ་འཕྲིན་ལས་བསྐྱངས་ནས། འབྲོམ་གྱིས་ཞང་སྟོན་ལ་ཡི་གེ་བཏང་། ཁོང་གིས་སྐེ་ཐང་དུ་སྤྱན་དྲངས། དེར་བཞུགས་གདན་ཆགས་སའི་མ་མོ་མཛད། ཐུར་དུ་དགོན་པ་བ་ལ་སོགས་པའི་སློམ་གྲྭ་བཙུགས། རྔོག་ལེགས་ཤེས་ལྷ་ས་དང་། རྔོག་བྱང་ཆུབ་འབྱུང་གནས་ཀྱིས་ཡེར་པ། ཀ་བ་ཆེན་པོས་འཕན་ཡུལ་དུ་སྤྱན་དྲངས། སླར་སྐེ་ཐང་དུ་ལོག་སྟེ་སངས་རྒྱས་ཀྱི་བསྟན་པ་རིན་པོ་ཆེ་ལེགས་པར་བསྐྱངས་སོ། །མཐར་རྗེ་བོས་འབྲོམ་ལ་ཁྱོད་ཀྱི་གནས་གཞི་ཆུང་ངུ་ཞིག་བརྩིགས། ངའི་བསྟན་པ་ཁྱོད་ལ་གཏོད་པས་ཟུང་གསུངས། དེ་ལ་འབྲོམ་གྱིས། སྤྱིར་བདག་འཁོས་ཀ་ཆུང་བྱེ་བྲག་ཏུ་རྟེན་དགེ་བསྙེན་དུ་སོང་ནས་བྱ་བ་ཆེན་པོ་སྒྲུབ་མི་ནུས་ཞུས་པས། རྗེ་བོས་བསླབས་པ་བཞིན་དུ་གྱིས། ང་རང་གིས་བྱིན་གྱིས་རློབ་པས་སེམས་ཁྲལ་མི་དགོས་གསུངས། འབྲོམ་ལ་རྒྱལ་ཚབ་བཀོད། དགུང་ལོ་བདུན་ཅུ་རྩ་གསུམ་ལ་དགའ་ལྡན་དུ་གཤེགས། སྐུ་གདུང་ཞུགས་ལ་ཕུལ་བའི་དུས་གསེར་གྱི་ཆར་བབ། རྗེ་བོས་བོད་དུ་ལོ་བཅུ་གསུམ་བསྟན་པ་བསྐྱངས་སོ། །འབྲོམ་གྱིས་ཤུལ་འདིར་ཇི་ལྟར་བྱ་སྙམ་ཐུགས་ལས་ཆེ་བ་ལ། ཀ་བ་ཤཱཀྱ་དབང་ཕྱུག་དེ་མ་ཐག་ཏུ་བྱོན་ནས་གདུང་རྣམས་བཞུ། རྔོག་ལ་སོགས་པ་བུ་ཆེན་རྣམས་ལ་འཚམ་པར་བཀྱི། རྟེན་དང་ཐུགས་དམ་གྱི་ལྷ་རྣམས་འབྲོམ་ལ་གཏད། ཁུ་རྔོག་འགར་དགེ་རྣམས་ཀྱིས་གདུང་ལ་དངུལ་གྱི་གདུང་ཁང་ལེགས་པ་རེའང་གྲུབ། ཀ་བས་དོ་དམ་མཛད་ནས་འདད་དང་ཤུལ་དུ་གཙུག་ལག་ཁང་བརྩིགས། འབྲོམ་གྱིས་རྗེ་བོས་སྐྱོང་བའི་ཚོགས་པ་རྣམས་ཕྱག་ཕྱིར་ཁྲིད་དེ་སྟོད་ལུང་དུ་བྱོན་ནས་གནམ་གྱི་བྱེ་མ་ལུང་དུ་ཐོག་ཅིག་བཞུགས། དེའི་ཚེ་འདམ་པའི་གཙོ་བོ་རྣམས་ཀྱིས་ཀྱང་གྲོས་བྱས། འབྲོམ་རྭ་སྒྲེང་དུ་སྤྱན་འདྲེན་པར་ཐག་བཅད། འཕྲང་ཁ་བེར་ཆུང་གིས་ཀྱང་ཞུ་བས་བསླེབས་ནས་མེ་ཕོ་སྤྲེའུ་ལོ་གསར་ལ་རྭ་སྒྲེང་དུ་ཕེབས་གནས་གཞི་བཏབ། དེ་རྗིང་ང་འཇིག་རྟེན་བློས་གཏོང་གསུངས་ནས་ཆོས་གསུངས་པ་མ་གཏོགས་འཇིག་རྟེན་གྱི་འདུན་མ་མི་མཛད། དགུང་ལོ་དྲུག་ཅུ་པ་ལ་མྱ་ངན་ལས་འདས། འདི་ནི་སྙིང་རྗེ་པདྨ་དཀར་པོའི་མདོ་ལས་དགེ་བསྙེན་ཆོས་འཕེལ་ཞེས་ལུང་བསྟན་པ་དེ་ཡིན་པར་ཀུན་བདེན། འཆིམས་པས་འཕགས་པའི་གནས་བརྟན་བཅུ་དྲུག་གི་ཉེ་གནས་དྷརྨ་ཏ། དེ་དག་གི་གདུགས་ཚོད་ལ

བབ་པ་ན་སྣང་བ་མཐའ་ཡས་མདུན་གྱི་ནམ་མཁར་བྱོན་ནས་བསྐུལ་བའི་དགེ་བསྙེན་ནི་འཕགས་པ་སྤྱན་རས་གཟིགས་ཏེ་འབྲོམ། འོད་དཔག་མེད་ཇོ་བོ་ཡིན་ནོ་གསུངས། དེ་ལྟར་ཇོ་བོ་ལ་བོད་རང་དུའང་སློབ་མ་བསམ་གྱིས་མི་ཁྱབ་པ་བྱུང་བའི་སྲས་ཀྱི་དམ་པ་འབྲོམ་ཡིན་ནོ། །དེ་ལའང་སློབ་མ་མང་ཡང་། ཕྱུ་ཆུང་བ་དང་། སྤྱོ་ཧོ་བ། སྤྱན་སྔ་བ་གསུམ་ལ་སྐུ་མཆེད་གསུམ་ཞེས་གྲགས་ཏེ། ཕུ་ཆུང་བས་ཚོགས་པ་མ་བསྐྱངས། །སྤྱོ་ཧོ་བ་ལ་རྒྱུན་དུ་ཚོགས་པ་སྟོང་ལྷག་པ་རེ་རྗེས་སུ་འབྲང་། གཞན་གྱིས་གནོད་ནའང་སྤྱིར་དགེ་སློང་ཁས་ཉེན། བྱེ་བྲག་ཏུ་བྱང་ཆུབ་སེམས་དཔའ་ཁས་ཉེན་གསུངས་ནས་གནོད་ལན་ཡེ་མི་མཛད། ལམ་སྒོམ་པ་གཙོ་བོར་འདོན། མདོ་སྡེ་རྒྱན་དང་བྱང་ས། བསླབ་བཏུས་དང་སྤྱོད་འཇུག །སྐྱེས་རབས་དང་ཆེད་དུ་བརྗོད་པའི་ཚོམས་དྲུག་ནན་ཏན་དུ་འཆད་པས། དེ་དག་ལ་བཀའ་གདམས་གཞུང་དྲུག །དེ་ནས་བརྒྱུད་པ་ལ་བཀའ་གདམས་གཞུང་པ་ཟེར་རོ། །

སློབ་མ་གཙང་ན་རབ་སྣང་གཉིས། བྱང་ཕག་གཉིས། གཉལ་གྱི་གླང་གཉོས་གཉིས། དོལ་གྱི་འབེ་རོག་གཉིས་རྣམས་ལ་ཆེན་པོ་བརྒྱད། གླང་རི་ཐང་པ་དང་དབུས་ཀྱི་ཤར་པ་ཆེན་པོ་གཉིས་ལ་དབུས་ཀྱི་ཀ་ཆེན་ཟེར་རོ། །གླང་རི་ཐང་པས་གླང་ཐང་བཏབ། ཚོགས་པ་ཉིས་སྟོང་ཙམ་རྒྱུན་དུ་འདུས། ཤ་ར་བ་ཆེན་པོ་ཐུགས་རབ་ཆེ་བས་བཀའ་འགྱུར་ཐུགས་སུ་བཞུགས་པར་གྲགས། ཚོགས་པ་སུམ་སྟོང་དྲུག་བརྒྱ་ཙམ་འདུས། བཤད་པའང་གཞུང་ལུགས་ཆེན་པོ་ཀུན་ལ་མཛད། སློབ་མ་འགྲོ་དོན་ནུས་པ་མང་པོ་ཞིག་བྱུང་བའི་གཏུམ་སྟོན་གྱིས་སྣར་ཐང་བཏབ། ཁྱད་པར་བྱ་འཆད་ཀ་བ་ལ་བློ་སྦྱོང་གི་བཀའ་བབས། སྤྱན་སྔ་བ་ཚུལ་ཁྲིམས་འབར་ནི་འབྲོམ་རྣལ་འབྱོར་བ་གཉིས། དགོན་པ་བ་ཆེན་པོ་རྣམས་ལ་བརྟེན་བསམ་གཏན་གྲུབ་པས་རྫུ་འཕྲུལ་ཆེ། ལྟ་བ་ལ་འགྲན་དུ་མེད། འབྲོམ་ལ་སྟུགས་ཀྱི་མན་ངག་མང་པོ་གསན། ལོ་དང་སྨྱུག་རུམ་དུ་བཞུགས། སློབ་མ་འགྲོ་ཕན་ནུས་པ་བསམ་གྱིས་མི་ཁྱབ། གཙོ་བོ་བྱ་យུལ་བ་གཞོན་ནུ་འོད་ཀྱིས་བྱ་ཡུལ་གྱི་གནས་གཞི་བཏབ། གྲྭ་པ་ཉིས་སྟོང་རེ་བྱུང་བའི་ནང་ནས་ཏིང་ངེ་འཛིན་སྐྱེས་པ་ལྔ་བརྒྱ། དགེ་བཤེས་ཇག་རྩེ་འཆབ་བརྒྱད་དང་བཅུ། དེ་དག་གི་ནང་ནས་ཕྱིའི་ཆེན་པོ་དགུ། བར་གྱི་ཆེན་པོ་བརྒྱད། ནང་ཐུགས་ཀྱི་སྲས་གསུམ་ཟེར་རོ། །ཇོ་བོའི་དངོས་སློབ་དགོན་པ་བ་ཆེན་པོ་ནི། རུས་འཛེང་། མཚན་དབང་ཕྱུག་རྒྱལ་མཚན། ཁམས་ནས་བྱོན་ཏེ་ཇོ་བོ་མྱང་སྟོད་ཉན་ཚོར་ཕེབས་དུས་མཇལ་དར་ཡུག་བརྒྱ་ཕུལ་ནས་སྒོམ་གནང་བར་ཞུས་པས། ཇོ་བོའི་ཞལ་ནས་ངའི་ཟན་ཟོ་གསུངས་པ་ལ། བདག་རང་ལ་བརྒྱགས་ཡོད་ཞུས་པས། ཁྱོད་ངའི་ཟན་ཟན་གདམ་ངག་སྟེར། དེ་ལྟ་མིན་ན་མི་སྟེར་གསུང་བ་ལ། དེ་ནས་བཟུང་སྟེ་ཇོ་བོའི་མཆོད་

གནས་མཛད། ལེགས་པར་བསྒོམས་པས་གེགས་མང་པོ་བྱུང་བ་ཇོ་བོས་བསལ། མངོན་པར་ཤེས་པ་རྒྱ་ཆེན་པོ་མངའ། དེ་ལ་སློབ་མ་ཉེ་གནས་འགྲོགས་ཡུན་རིང་བ་རྒྱ་ཡོན་བདག་ཡིན། གཞན་སྣེའུ་ཟུར་པ། ཞང་ཀ་མ་ལ། གཉན་ལྷ་མོ་བ། འབྲོ་ཀོ་དེ་ལུང་བཞི་ལ་དགོན་གྱི་བུ་བཞིར་གྲགས། རྒྱས་ལྷུགས་རི་གོང་ཁ་བ་དཔབ། སྣེའུ་ཟུར་པ་མཚན་ཡེ་ཤེས་འབར། གཞོན་ནུ་ནས་ཏིང་ངེ་འཛིན་རང་འཁྲུངས། དེའི་གདམ་སྒོམ་པ་ཤེས་རབ་དབང་ཕྱུག་གིས་དགོན་པ་བ་ལ་ཞུས་པས། ཁོའི་དེ་དགེ་བའི་བཤེས་གཉེན་གྱིས་ཟིན་ན་ལེགས་པར་འོང་སྟེ་མ་ཟིན་ན་སྨྱོན་པར་འགྲོ་གསུང་བ་དེས་བསྐུར་བས་དེ་རེས་ལ་མ་ཐོན། ཕྱིས་ར་སྒྲེང་དུ་བྱོན། དགོན་པ་བ་བསྟེན། ཇོ་བོའི་གདམས་པ་ཇི་ལྟ་བ་གནང་། སྣེའུ་ཟུར་བདབ། ཏིང་ངེ་འཛིན་དང་རྫུ་འཕྲུལ་བསམ་གྱིས་མི་ཁྱབ། རྗེ་བཙུན་མི་ལ་དང་མཚན་ཐོས་པའི་གྲོགས་པོ་ཡིན། ཚོགས་པ་སྟོང་ཙམ་རེ་འདུས། སློབ་མ་འགྲོ་དོན་ནུས་པ་མང་དུ་བྱུང་བའི། སྤྱི་ར་སྒོམ་ཁུ་དབོན། སྤྱི་ར་སྒོམ་བྱ་ཡུལ་བའི་ཡང་སློབ་མ་ཡིན། དེའི་དབོན་པོ་ནི་རྒྱ་མའི་སངས་རྒྱས་དབོན་སྟོན་དུ་གྲགས་པ་བྱང་ཆུབ་སེམས་དཔའ་སྐལ་ལྡན་ཤིང་རྟར་སེཀླ་ལའི་དགྲ་བཅོམ་པས་ལུང་བསྟན་པ་དེའོ། །དེའི་རྒྱ་མའི་གཙུག་ལག་ཁང་བདབ། འཕྲིན་ལས་མཐའ་ཀླས། དེའང་ཇོ་བོ་བོད་དུ་བྱོན་ནས་བླ་ཆེན་གྱི་བརྒྱུད་འཛིན་ཀུན་ཀྱང་ཇོ་བོའི་ཞལ་སློབ་ཏུ་སོང་བའི་སྟོབས་ཀྱིས་གནས་གཞི་ཕལ་ཆེར་བཀའ་གདམས་ངག་ཏུ་སླ་བས་བཀའ་གདམས་པར་གྲགས་པ་དེར་སོང་། དེ་དང་དཀར་བརྒྱུད་རིན་པོ་ཆེ་དར་བའི་དུས་རབ་ཏུ་བྱུང་བ་ཐམས་ཅད་དེ་གཉིས་ལ་འདུས་པ་འདྲ་ཞིང་། གཞན་རྣམས་ཉུང་བས། སྣར་ཐང་བཅོམ་རལ་ཐུགས་མུག་སྟེ། སངས་རྒྱས་བསྟན་པ་བཀའ་ཕྱག་སྤྲིན་གྱིས་བསྒྲིབས། །ཞེས་གསུངས་སོ། །གཞན་ཇོ་བོའི་སློབ་མ་རྔོག་ལེགས་ཤེས་ནི་ཡར་འབྲོག་སྒོག་མཁར་དུ་འཁྲུངས། འབྲིང་ཡེ་ཤེས་ཡོན་ཏན་ལས་བསྙེན་པར་རྫོགས། སྡེ་སྣོད་སློབ་པའི་ཕྱིར་དུ་ཁམས་སུ་བསེ་བཙུན་གྱི་རྩར་བྱོན། འབྲོམ་ཡར་བྱོན་པའི་ཕྱི་ལོ་ལོག །ལྷ་སར་བཤད་གྲྭ་བཙུགས། ཇོ་བོ་དང་མཇལ། ཆོས་ཀྱང་དུ་མ་བསྒྱུར། དེའི་སྐབས་ཇོ་བོས་གསང་ཕུའི་ཕྱོགས་སུ་ཕྱག་མཛད། བྱམས་འཇམ་དབྱངས་རྗོད་པ་མཛད་ཀྱི་འདུག །བཤད་གྲྭ་བཙུགས་ནས་ཤིན་ཏུ་ལེགས་པར་འོང་གསུངས་པ་ཁོང་གིས་ཐོས་ནས། དེ་གཞན་ལ་མི་གསུང་བ་ཞུ། བདག་གིས་དགོན་པ་འདེབས་པ་ལགས་ཞུས་པས་གསང་ཕུར་ཐོགས། ཕྱིས་དེ་ལ་དགོན་པ་བཏབ། རང་གི་གཅུང་པོ་ཆོས་སྐྱབས་ཀྱི་སྲས་ཤིག་རབ་ཏུ་བྱུང་མཚན་བློ་ལྡན་ཤེས་རབ་ཏུ་བཏགས། འདིས་མདོ་སྡེ་རྒྱན་ཞོགས་རྒྱུགས་གཅིག་ལ་ཟིན་པ་ཡིན་ཟེར། དགུང་ལོ་བཅུ་བདུན་ཙམ་ཁུ་བོ་རང་གིས་སྒྲ་ལ་སོགས་པ་ལེགས་པར་བསླབས། དེ་ནས

ཁ་ཆེར་བརྫངས། ལོ་བཅུ་བདུན་ལྷོ་བལ་དུ་བཞུགས་ནས་གསན་སྦྱོང་མཛད། བལ་པོའི་མཐའ་འཁོབ་ཞིག་ཏུ་སློབ་དཔོན་ཆེན་པོ་ཊཱ་ཀྲི་ཏེ་རུ་ཀ་མངོན་སུམ་དུ་གཟིགས་ནས་མཁའ་སྤྱོད་དུ་འདོང་གསུངས་ནས་སྟག་གི་འཕོངས་སྟེང་དུ་བསྐྱོན་ནམ་མཁའ་མཐོན་པོར་བསླིབས་པ་དང་། བོད་ཀྱི་ཐད་གཞན་པས་ངོམས་ནག་པ་མུན་པའི་གླིང་ལྷ་བུར་གཟིགས་ནས་མ་གི་གང་ལགས་ཞུས་པས་བོད་རྨོངས་པའི་གླིང་ངོ་གསུངས། བརྩེ་བ་མི་བཟོད་པ་འཁྲུངས། མཁའ་སྤྱོད་དུ་མི་འགྲོ་བར་དེར་འཆད་ཉན་བཙུགས་ཏེ། བློ་གྲོས་ཀྱི་སྣང་བས་དེ་དག་ཉིན་མོར་བྱའོ་སྙམ་དམ་བཅས་ནས་སློབ་དཔོན་ལ་གསོལ་བས་ལེགས་སོ་གསུངས་ཏེ་སྔར་གྱི་སར་བབས་ཞེས་གྲོ་ལུང་པའི་གསུང་ལས་བྱུང་། དེས་བོད་དུ་ཕེབས་ནས་གཙོ་བོར་གསང་ཕུ་དང་། གཞན་ཆོས་པར་མཛད་དེ་ལོ་བཅུ་བདུན་དུ་འཆད་ཉན་མཛད་པའི་སློབ་མ་གསུང་རབ་ཀུན་ལ་མཁས་པའི་གྲོ་ལུང་པ་བློ་གྲོས་འབྱུང་གནས། ཕར་ཕྱིན་ལ་མཁས་པ་འབྲེ་ཆེན་པོ་ཤེས་རབ་འབར། ཚད་མ་ལ་མཁས་པ་གངས་པ་ཤེའུ། དབུ་མ་ལ་མཁས་པ་ཁྱུང་རིན་ཆེན་གྲགས། སྐུ་དངོས་ཀྱི་གདན་ས་པ་ཞང་ཚེ་སྤོང་བ་སོགས་བསམ་གྱིས་མི་ཁྱབ་པ་བྱོན། དེས་ཕར་ཕྱིན་རྒྱ་གར་གྱི་པཎྜི་ཏ་འབུམ་ཕྲག་གསུམ་པའི་ལུགས་བཞིན་ཊཱི་ཀཱ་མཛད། ཚད་མ་ལ་རྣམ་འགྲེལ་རྒྱན་བཤད། རྣམ་ངེས། མངོན་རྟོགས་རྒྱན། སྤྱོད་འཇུག་སོགས་ལ་ཊཱི་ཀཱ་མཛད་པས་དབུས་གཙང་དུ་ལེགས་པར་དར། ཁྱད་པར་གངས་པ་ཤེའུ་དང་ཁྱུང་གཉིས་ཀའི་དངོས་སློབ་སྟོད་ལུང་རྒྱ་དམར་བ་བྱང་ཆུབ་གྲགས། དབུ་ཚད་ལ་དེའི་སློབ་མ་མང་ཡང་ཕྱྭ་པ་ཆོས་ཀྱི་སེངྒེ་གཙོ་བོ། དེས་ཕར་ཕྱིན་སོགས་གྲོ་ལུང་པ་དང་། སྤྱོད་ཕྱོགས་ཞང་ལ་གསན། གཞུང་ལུགས་ཀུན་ལ་བསྟུས་པ་རེ། ཁྱད་པར་ཚད་མ་ལ་ཡིད་ཀྱི་མུན་སེལ་ཞེས་པ་བོད་ཀྱི་བློ་གྲོས་ཀྱི་པདྨ་འབྱེད་པ་ལ་ཉི་མ་ལྟ་བུ་དེ་བརྩམས། འཆད་ཉན་ལེགས་པར་མཛད་པའི་སློབ་མ་སེང་ཆེན་བརྒྱད། སེང་ཆུང་བརྒྱད། ཇོ་སྲས་མི་བཞི་གྲུབ་ཐོབ་མི་གསུམ་སོགས་མཐའ་ཡས་སོ། །

དེ་ཕྱིན་ནས་གཞུང་ལུགས་ཀུན་སྦྱོམ་ཡོར་དུ་མི་འཛོག་པར་དཔྱད་བདར་ཞིབ་མོར་བྱེད་པ་འདི་བྱུང་། དེ་ནས་རིང་ཞིག་ཏུ་སྤྱི་མ་ཊཱི་ཀཱ་དར། དེ་ལས་ཕྱི་རབས་རང་འདིར་སྤྱི་མ་ཐལ་དར། གཞུང་ལུགས་ཀྱི་ཚུགས་ཙི་བདེར་བཞག་པས་ད་ལྟ་ཇོ་བོ་མཚན་ཉིད་པ་རྣམས་ཐལ་མ་བསྡུས་ཤིག་ལ་དབུ་བསྟུང་ངོ་། །འབྲིའི་སློབ་མ་ཨར། དེའི་སློབ་མ་ཁུ་དང་དཀར་ཆུང་བ། དེའི་སློབ་མ་ཞང་གཡེ་བ། དེའི་སློབ་མ་གཉལ་ཞིག །གཞན་དེ་ཕྱུ་བའི་ཡང་སློབ་རྒྱུན་དེ་ལ་བུ་དགུར་གྲགས་པ་བྱུང་བའི་བཟང་རིངས་ཀྱིས་ཁྲི་ཕྱུ། ཕྱུ་ཐང་དར་དཀོན་གྱིས་སྟོད་ལུང་དང་ཡར་ཀླུངས། གཙང་པ་གྲུ་གུས་ཞྭ་ལུ། འུ

ཡུག་པ་བསོད་ནམས་སེངྒེ་ས་སྐྱ། ཁོང་གིས་འཇམ་པའི་དབྱངས་ཀྱི་སྤྲུལ་པའི་སྐུ་ས་སྐྱ་པཎྜི་ཏ་ཀུན་དགའ་རྒྱལ་མཚན་ལ་རྣམ་འགྲེལ་གསན་དེ་བཤད་པས། ད་ལྟའི་ཚད་མ་བ་ཐམས་ཅད་ཀྱི་ཐུག་སར་གྱུར་པ་ཡིན། བོ་དོང་རིན་རྩེས་བྲག་རམ་དུ། འཇམ་གསར་པས་རྒྱང་འདུར་དུ། འདི་རྒྱ་ནག་རི་བོ་རྩེ་ལྔར་བྱོན་ཟེར་བ་འཇམ་དབྱངས་མགོན་པོ་དང་ནོར་བ་ཡིན། སྐྱིལ་ནག་གྲགས་སེངྒེས་སྣར་ཐང་དུ་བཙུགས་པའི་སློབ་མ་སྐྱི་སྟོན་གྲགས་འབུམ། དེའི་སློབ་མ་བཅོམ་ལྡན་རལ་གྲི་དང་། དེའི་སློབ་མ་འཇམ་སྐྱེག །དཔོན་སློབ་དེ་གཉིས་ཀྱི་བཀའ་འགྱུར་དང་བསྟན་འགྱུར་གང་རྙེད་བཞེངས། རྒྱ་འཆིང་རུ་པས་སྐེ་ཐང་བདེ་བ་ཅན་བཏབ་སྟེ། གཙང་པ་ཇོ་བརྟན་མ་གཏོགས་པ་གཉལ་ཞིག་གི་བུ་རྣམས་ཀྱིས་བཤད་གྲྭ་ལེགས་པར་བསྐྱངས། ཁྲོ་ཕུ་བའི་བཤད་རྒྱུན་བུ་སྟོན་ལ་འཁྲིལ། དེས་ཞ་ལུར་བསྐྱངས་ཤིང་། དེ་ལ་གཡག་ཕྲུག་སངས་རྒྱས་དཔལ་གྱིས་བཏུགས། དེས་ས་སྐྱ་དགའ་ལྡན་གྱི་བདག་མཛད། བུ་དོན་ལ་གྱི་སློབ་མ་ཉ་དབོན་ཀུན་དགའ་དཔལ་སོགས་ལ་རེད་མདའ་བ་གཞོན་ནུ་བློ་གྲོས་ཀྱིས་བཏུགས། དེའི་ས་སྐྱའི་བྲག་དམར་བཟུང་འགྲན་བཤད་མཛད་པའི་སྟོབས་ཀྱིས་མདོ་སློབ་འདོད་ཐམས་ཅད་དེར་ཚོགས་པས་ཀུན་ས་སྐྱ་པར་སོང་། གཡག་པ་ལ་སློབ་མ་མང་ཡང་མཆོག་ཏུ་གྱུར་པ་རྒྱལ་མོ་རོང་པ་མཚན་ཤཱཀྱ་རྒྱལ་མཚན་ཞེས་བྱ་ཀུན་རིག་ཏུ་གྲགས་པ་དེ་ཡིན། དེས་ནཱ་ལེནྡྲ་བཏབ་ཀྱང་བཤད་གྲྭ་མ་བྱུང་། ཁོང་གི་སློབ་མ་མཁྱེན་རབ་གྲགས་བཟང་གིས་བི་ལུང་། ཀུན་མཁྱེན་དོན་ཡོད་དཔལ་བས་གསེར་མདོག་ཅན་བཏབ། དེ་པཎྜི་ཏ་ཆེན་པོ་ཤཱཀྱ་མཆོག་ལྡན་གྱིས་བསྐྱངས་པས་མཁས་པའི་འབྱུང་ཁུངས་སུ་གྱུར། ཀུན་མཁྱེན་ཆེན་པོ་བྱམས་ཆེན་རབ་འབྱམས་པས་སྐྱིད་ཚལ་བཏབ། འདི་མེས་སྟོན་ཚོན་པོ་ལ་མར་པས་ལུང་བསྟན་པ་དེ་ཡིན་པ་ལ་ནོར། གནས་གཞི་བཏིང་ནས་མར་པ་བྱོན་ཏེ་བག་ཙམ་མཐོས་འདུག་གསུངས་པ་དེ་ལ་བ་ཐོར་ཐོགས། མ་འོངས་པ་འདེབས་པར་ཞུས་པས་ཀུན་མཁྱེན་སངས་རྒྱས་འཕེལ་དུ་འབྲུངས་པ་ཡིན་ཟེར། འདི་འཆད་ཉན་མཁས་པས་སློབ་མ་བསམ་གྱིས་མི་ཁྱབ་པ་ཐོན། དེའི་ནང་ནས་མུས་ཆེན་སེམས་དཔའ་ཆེན་པོས་ས་སྐྱ་པའི་མི་གཅིག་པོ་ཞེས་བསྔགས་པ་ཀུན་མཁྱེན་གོ་བོ་ལས་ཐུབ་བསྟན་གོ་གཉིས། སྡེ་བདུན་པ་བསྟན་པ་རབ་གསལ་གྱིས་ར་བ་སྣད། མཁས་པའི་དབང་པོ་འབུམ་ཕྲག་གསུམ་པ་བྱམས་པ་ཆོས་གྲུབ་ཀྱིས་གཉན་ཡོད་བྱར་གཤོངས། གཞུང་བརྒྱ་བས་ཆོས་འཁོར་ལྷུན་པོ་བཏབ་པ་སོགས་ལེགས་པར་དར་རོ། །

གདན་ས་འཇམ་དབྱངས་ཆོས་རྗེས་བཟུང་། རེད་མདའ་བའི་སློབ་མ་འགྲན་ཟླ་མེད་པར་བསྔགས་པ་ཙོང་ཁ་པ་ཆེན་པོ། རྗེད་པའི་ཁྱུ་མཆོག་དར་མ་རིན་ཆེན་སྟེ་མས་འབྲོག་རི་བོ་དགའ་ལྡན་

རྣམ་པར་རྒྱལ་བའི་གླིང་བཏབ། ཐམས་ཅད་དུ་སྙིགས་དུས་ཀྱི་ཐམས་ཅད་མཁྱེན་པར་གྲགས་ཤིང་
བཙུན་པའི་སྐན་པས་འཕྲིན་ལས་ཆེ། ཕྱི་མའང་དེའི་མདོའི་བརྒྱུད་འཛིན་དུ་སོང་བས་རྗེས་འཇུག་
རྣམས་དེ་ལ་བསྔགས་པ་ཆེའང་། ཁོ་བོས་བལྟས་ན་འབྲོམ་སྟོན་གྱི་སྤྲུལ་པར་གྲགས་པ་དགེ་འདུན་
གྲུབ། འདིས་བཀྲ་ཤིས་ལྷུན་པོ་བཏབ། སྤྲུལ་པའི་སྐུ་རིམ་པར་བྱོན་ནས་དགེ་ལྡན་པའི་བསྟན་པ་
བསྐྱངས་པས་ཙོང་ཁ་པའི་སློབ་མ་ལ་འདི་ལྷག་དེའང་རོང་སྟོན་དང་རྒྱལ་ཚབ་དར་མ་རིན་ཆེན་གཉིས་
གསང་ཕུར་རྩོད། རྒྱལ་ཛ་རོང་སྟོན་གྱིས་བཟུངས། དེ་ནས་རོང་པོའི་སློབ་རིགས་རྣམས་ས་སྐྱ་པ། ཙོང་ཁ་
པའི་སློབ་མ་རྣམས་དགེ་ལྡན་པ་ཞེས་གཉིས་སུ་སོང་བ་འདི་བྱུང་ཞེས་གྲགས་ལ། གཡག་གཞོན་མ་
བྱོན་ཡན་བོད་དུ་འདུལ་གྲྭ ། མངོན་གྲྭ། མཚན་ཉིད་པ་ཟེར་ལུགས་ཐ་དད་དུ་བྱེད་དོ། །དབུ་མ་ཐལ་
འགྱུར་བའི་སྲོལ་ནི་བོད་དུ་ཇོ་བོས་གཏོད་མོད་ཀྱང་། གཞུང་རྣམས་ལ་དེ་ནས་བརྒྱུད་པའི་འཆད་ཉན་
མ་དར། འཕན་ཡུལ་དུ་པ་ཚབ་སྟོད་སྨད་གཉིས་ཡོད་པའི་སྟོད་པར་འཁྲུངས་པ་ཉི་མ་གྲགས་ཞེས་
པས་གཞོན་ནུ་ནས་ཁ་ཆེར་བྱོན། པཎྜིཏ་སཛྫན་དང་། ཛ་ཡ་ཨ་ནནྟ་སོགས་ལ་གཏུགས་ཤིང་། ལོ་ཉི་
ཤུ་རྩ་གསུམ་དུ་གཞུང་ལུགས་མཐའ་དག་དང་། ཁྱད་པར་དབུ་མ་ལ་སྦྱངས། འཕན་ཡུལ་དུ་ལོག་པ་
ལ་གདུལ་བྱ་ནི་ཆེ་ནས་དགེ་བའི་བཤེས་གཉེན་ཤ་ར་བས་བདག་རྐྱེན་མཛད་དེ། རང་གི་གྲྭ་པ་མང་པོ་
དབུ་མ་སློབ་ཏུ་བཙངས་པ་ནས་གྲགས་ཐོན། རྩ་འཇུག་བཞི་གཞུང་ཕྲན་འགྲེལ་པ་དང་བཅས་པ་
བསྒྱུར། ཕྱིས་ར་མོ་ཆེར་པཎྜིཏ་ཀ་ན་ཀ་ཝརྨ་དང་ལྷན་ཅིག་དག་པར་བཅོས། འཆད་ཉན་མཛད་པའི་
སློབ་མ་གཙང་པས་ཐོས། རྨ་བྱ་བྱང་ཆུབ་ཡེ་ཤེས། དར་ཡོན་ཏན་གྲགས། ཞང་ཐང་སག་པ། ཕྱ་པའི་
སེང་ཆེན་རྨ་བྱ་བྱང་བརྩོན་གྱིས་པ་ཚབ་རང་དང་རང་གི་ཞུ་བོ་རྨ་བྱ་བྱང་ཡེས་ལ་གཏུགས། ཞང་ཐང་
སག་པས་ཐང་སག་བཏབ། ད་ལྟའི་དབུ་མའི་བཤད་རྒྱུན་དེ་ལ་ཐུག །བྱམས་ཆོས་ལྔ་ཀ་ལོ་ཙྪ་བ་བློ་
ལྡན་ཤེས་རབ་དང་། བཙན་ཁ་བོ་ཆེ་གཉིས་སྙན་གསན་མཉམ་ཡིན་ཀྱང་བཤད་ལུགས་མི་མཐུན།
བཙན་གྱི་ལོ་རྒྱུས་ལ་ཐེག་ཆེན་རྒྱུད་བླ་མ་རྩ་འགྲེལ། ཆོས་ཆོས་ཉིད་རྣམ་འབྱེད་གཉིས་པཎྜིཏ་གཞན་
ལ་མ་གྲགས། མཻ་ཏྲི་པས་མཆོད་རྟེན་ཞིག་གི་སེར་ཁ་ནས་འོད་འབྱུང་གི་འདུག་ནས་གཟིགས་པས་
དཔེ་གཉིས་ཐོན། དེ་ཇོ་བཙུན་མ་ཕམ་པ་ལ་གསོལ་བ་བཏབ་པས་སྤྲིན་གྱི་མཐོངས་སུ་བྱོན་ཏེ། དེ་
གཉིས་ལེགས་པར་གནང་། མཻ་ཏྲི་པས་པཎྜི་ཏ་དགའ་བའི་གྲགས་པ་ལ་བཤད། དེས་སྤྱང་པོའི་ཆ་
བྱད་ཀྱིས་ཁ་ཆེར་བྱོན། སཛྫ་ནས་དེ་ངོ་མཚར་ཅན་དུ་གཟིགས་ནས་བསྙེན་བཀུར་བྱས། གཞུང་
གཉིས་པོ་ཞུས། དཔེའང་ཁ་ཡར་བྲིས་ནས་མཁས་པ་ཛྙཱ་ན་ཤྲཱི་ལ་སོགས་ལ་ཕུལ། བཙན་ཁ་བོ་ཆེ་གྲྭ

པ་མངོན་ཤེས་ཀྱི་མཁན་བུ། སརྫ་ན་ལ་ང་རྒྱས་པས་ཆོས་མང་པོ་མི་ལོབས། བཅོམ་ལྡན་འདས་བྱམས་པའི་ཆོས་ལ་འཆི་ཆོས་བྱས་པས། དེའི་བཤད་པ་ཡང་དག་པ་ཞིག་གནང་བ་ཞུ་ཞུས་པས། སརྫ་ནས་ལོ་ཙྪ་བ་གཟུང་དགའ་བའི་རྡོ་རྗེ་ལ་བཅོལ་ནས་བཙན་ཁ་བོ་ཆེ་ལ་གདམས་པ་དང་བཅས་པ་གནང་ངོ་ཟེར་རོ། །བཙན་གྱིས་ཡར་སྟོད་བྲག་རྒྱ་བཏབ། དགེ་བཤེས་ལྟུང་ར་བ་སོགས་ལ་བཤད་དོ། །

༄ དེ་ལྟར་མཚན་ཉིད་ཀྱི་འཆད་ཉན་བྱུང་བ་རགས་པ་ཙམ་བརྗོད་ནས། ད་ནི་སྔགས་ཀྱི་ཚུལ་ཇི་ལྟར་དར་བ་ལ། སྔོན་འགྱུར་བའི་རྒྱུད་སྡེ་ཕྱི་མ་གསུམ་གྱི་གླེགས་བམ་རྣམས་བསྟན་པ་བསྣུབས་དུས་སྔགས་འཆང་ཁྱིམ་པའི་རྟེན་ཅན་རྣམས་ཀྱིས་གཅིགས་བྱས། ཕྱིས་བསྟན་པའི་མེ་རོ་ལངས་པའི་དུས་དགེ་བའི་བཤེས་གཉེན་རྣམས་ལ་ཕུལ་བས་དཔེ་སྔོན་གྱི་དཀར་ཆག་དང་མཐུན་པར་བྱུང་ལ་འཆད་ཉན་གྱི་རྒྱུན་ནི་ཆད་དོ། །དེ་དུས་ཀྱི་བླ་མེད་རྣམས་ལ་རྙིང་མ་ཞེས་བྱ། དེ་རྒྱས་པར་ནི་གཏེར་དུ་སྦས་པ་ཡིན། རགས་ཙམ་ནི་སོ་སོའི་དཔོན་དང་སློབ་མས་བཤད་པས་འཇམ་དཔལ་སྐུ། པདྨ་གསུང་། ཡང་དག་ཐུགས། བདུད་རྩི་ཡོན་ཏན། ཕུར་པ་འཕྲིན་ལས། མ་མོ་རྦོད་གཏོང་། དམོད་པ་དྲག་སྔགས་བདུན་གྱི་རྒྱུད་མན་ངག་གི་རིགས་སྔོན་ནས་ད་ལྟའི་བར་དུ་བྱུང་། ལྷག་པར་གནུབས་སངས་རྒྱས་རིན་པོ་ཆེ་སྒྲགས་སུ་འཁྲུངས། གནུབས་ནམ་མཁའ་སྙིང་པོའི་ཚ་བོ། སློབ་དཔོན་པདྨ་སོགས་ལ་ཐུག །བལ་པོའི་རྒྱལ་པོ་བ་སུ་དྷ་རས་རྗེས་སུ་གཟུང་། ཡུལ་དེའི་དཔོན་སངས་རྒྱས་ཡེ་ཤེས་ལ་སྲས་གཉིས་ཡོད་པ་འབངས་ཀྱིས་ངོ་ལོག་རྗེའུ་དང་ཁེངས་ཀྱིས་འཁྲུགས་པ་ལ་གྲོངས། ཡབ་ཚན་རྣམས་ཐོར། ཁོང་གི་མཐུས་སྒྲགས་གྲོང་བདུན་ཙུ་བརླག་པར་བྱས། འབྲུག་པ་འདི་ཁོང་གིས་བལ་པོར་གླང་དར་བསྒྲལ་ནུས་པའི་མཐུ་སློབ་ཏུ་བྱོན། དེ་ཡན་སྔགས་པ་དཀར་པོ། དེ་ནས་སྔགས་ནག་ཧཱུྃ་ཤེ་ཕཊ་འཁྱིལ་བ་ཞིག་ཏུ་གྱུར། ཚུར་ལོག་དུས་གླང་དར་བསད་ཟིན་བསྒྲལ་མ་དགོས། ཁོང་རང་གི་དགྲ་ཚོ་ཁ་ཕྱུང་ལ་བཏང་། དེས་ཐུགས་སྐྱོ་བ་ལ་ཕོར་བལྟབ་རྩིས། གཙང་རོང་དུ་སོ་ཡེ་ཤེས་དབང་ཕྱུག་དང་ཕྲད། སོས་བཞུགས་ཞུས། ཁོང་གིས་གྲོགས་པོ་སྤྱ་སྒོར། སྤུ་ལེགས་པའི་སྒྲོལ་མ་གཉིས་ལ་སྦྲན། ལྷག་ཏུ་དགོན་པ་མཛད་ནས་བཞུགས་ཏེ། ས་ལ་ཕུར་པ། སྤྱ་སྒོར་ལ་བདུད་རྩི། སྤུ་ལ་ཡང་དག་བཤད། དེ་དུས་ཁུ་ལུང་ཡོན་ཏན་རྒྱ་མཚོས་བཤེར་ནས་མ་སོད་པ་ལྟོགས་ཆད་འཛོམ་པ་ཞིག་དགོན་པར་བྱུང་ལྟོ་བསླངས་པས། ནང་དུ་བཏང་ཟས་བྱིན་ནས་ལོ་རྒྱུས་དྲིས་པས་རུས་གནུབས་སུ་འདུག །འདི་དང་ང་ཉེ་བར་འདུག་དགོངས། འོ་ཅག་ཉེ་བར་འདུག །ངས་སློབ་གཉེར་སློབ། རྫོན་པ་བཞོལ་གསུངས་པས་ཁོའང་དད་པ་སྐྱེས། ཧ་སྒྲ་དང་བཅས་པ་ཕྱག་རྟེན་དུ་བཏང་། སློབ་དཔོན་གྱི་

ཐུགས་ལ་བཏགས་བསམ་ཕུར་གཤིན་གསུམ་གྱི་གདམ་ངག་ཟབ་ཚད་གནང་། ཁུ་ལུང་པས་དྲིན་གཟོར་གསེར་མང་པོ་འབུལ་སྐམ་བྱང་གི་བྲག་རར་གསེར་རྫོལ་བ་གསན་ནས་འབྱོན་པའི་གནང་བ་ཞུས་པས། ཇོ་བོ་ནས་ང་རྣམས་གསེར་གྱི་དགོས་པ་མེད་མ་འགྲོ་གསུངས་རུང་ནན་བྱས་ཏེ་བྱོན། དེའི་ཤུལ་དུ་ཇོ་བོ་ལ་གྲོངས་རྟགས་བྱུང་། གདམ་ངག་འཕྲོ་ཆར་བ་མཛད། གནུབས་ཡོན་ཏན་རྒྱ་མཚོའི་ཆོས་སྐལ་གྲུ་གུ་དམར་ནག་ཏུ་གཏུམས་ནས་སྟག་སྒྲོ་གཟིག་སྒྲོར་བཅུག་སྟེ་སོ་ལ་གཏད་ནས། འདི་ཁུ་ལུང་པ་ལ་གཏོད་ཅིག་གསུངས་ཏེ་གཤེགས། དེ་ཙན་ཁུ་ལུང་པ་རང་གི་སྨྱི་ལམ་ན། ཇོ་བོ་བྱོན་ནས་ང་ཚོའི་དུས་བྱས་ཟིན། ལ་འུར་ཡུལ་དུ་སོང་ཟེར། མནལ་སད་པ་དང་སྐྱིང་མ་དགའ་སྟེ་འཕྲལ་ཡུལ་དུ་འོངས། སོ་དང་ཕྲད་ནས་དྲིས་པས་གྲོངས་ཟེར། ང་ལ་ཞལ་ཆེམས་འདྲ་མེད་དམ་བྱས་པས། ཡོད་དེ་སྟོན་ལ་སྤྱུར་གྱི་རྩར་སོང་ཟེར། དེར་ཕྱིན་གསེར་སྤྱུར་ལ་གཏོར་བཞུམས་བརྒྱལ། དེའི་སྣང་བ་ལ་ཇོ་བོ་བྱོན་ནས་ང་ལ་མྱ་ངན་མ་བྱེད། ཁྱོད་རང་གི་ཆོས་རྣམས་སོ་ལ་གཏད་ཡོད། སོས་བཤའ་མ་བྱེད་བྱེད་མི་འདྲ། ཁོའི་འོག་ཁང་གི་ཀ་གཞུ་ལ་བཀལ་ནས་ཡོད་བྱ་བ་བྱུང་། རྟ་བཟང་པོ་ཞོན་ནས་ཕྱིན། སོས་ཁྱིམ་དུ་བོས། ཕྱིན་ཙན་ཇི་ལྟ་བར་འདུག་ནས། དེ་རྟ་ལ་བཀལ་ཏེ་བྲོས་པ་སོས་བདས་པས་མ་སླེབས། ཇོ་བོ་འདི་གཙང་རོང་དུ་རྒྱ་ཞང་ཁྲིམ་དུ་འཁྲུངས་རང་གིས་ཆོས་སྦྲས་པ་བཏོན་ནོ། །རྒྱུད་ཀྱི་བཤད་རྒྱུན་མ་ཆད་པ་ནི་སྒྱུ་འཕྲུལ་གསང་བ་སྙིང་པོའི་སྐོར་ཏེ། བི་མ་ལས་ཛྙ་རིན་ཆེན་མཆོག །དེས་རིན་ཆེན་གཞོན་ནུ་དང་གྱེ་རེ་མཆོག་སྐྱོང་གཉིས་ལ། དེ་གཉིས་ཀྱིས་དར་རྗེ་དང་ཞང་རྒྱལ་ཡོན་ལ་བཤད་ནས་བརྒྱུད་པ་དང་། བི་མ་ལས་གཉགས་ཛྙཱ་ན་ཀུ་མཱ་ར་དང་སོག་པོ་དཔལ་གྱི་ཡེ་ཤེས། དེ་གཉིས་ཀྱིས་གནུབས་སངས་རྒྱས་ཡེ་ཤེས་རིན་པོ་ཆེ། དེས་སོ་ཡེ་ཤེས་དབང་ཕྱུག །སྤྱི་སྒོར་བློན་ཆེན་འཕགས། དན་ཡོན་ཏན་མཆོག །སྲུ་ལེགས་པའི་སྒྲོལ་མ། སྲས་ཀྱི་དམ་པ་ཡོན་ཏན་རྒྱ་མཚོ་ལྷ་ལ་གདམས་པའི་ཆོས་སྐོར་ཐམས་ཅད་ཚང་བ་ཡོན་ཏན་རྒྱ་མཚོ། དེ་ལ་སྲས་པདྨ་དབང་རྒྱལ་དང་ཡེ་ཤེས་མཚོ། དང་པོའི་སྲས་འཇམ་དཔལ། དེའི་སྲས་ལྷ་རྗེ་ཡེ་ཤེས་གཟུངས། རྗེ་མི་ལའི་བླ་མ་དེའོ། །

ཡོན་ཏན་རྒྱ་མཚོ་ཡབ་སྲས་དང་སོ་ཡེ་ཤེས་དབང་ཕྱུག་གསུམ་ཀའི་སློབ་མ་མྱང་ཤེར་ཆོག །དེས་མྱང་ཡེ་ཤེས་འབྱུང་གནས། དེའི་སློབ་མ་ཟུར་པོ་ཆེ་ཤཱཀྱ་འབྱུང་གནས། འདིས་དགེ་གོང་གི་ཙེ་ཤཱཀྱ་མཆོག་ལ་བདུད་རྩི། ཐོ་འབར་ནམ་མཁའ་སྡེ་ལ་མདོ་དང་སྤྱར་ཁབ། མྱང་སྟོད་ཀྱི་འབྲེ་ཁྲོ་ཆུང་ལ་རྫོགས་ཆེན་དང་ལམ། འཆིང་ཕུའི་རོག་ཤཱཀྱ་འབྱུང་གནས་ལ་ཡང་དག །དེ་སོགས་མཁས་པ་མང་པོར་བསྟེན། སྒྲུབ་པའི་རྟགས་ཐོན། བཤད་ཉན་ལེགས་པར་མཛད། འབངས་རྩེ་མོ་བཞི་ཕྱོག་དང་ལྷ།

སྒོམ་ཆེན་བརྒྱ་རྩ་བརྒྱད་ལ་བཤད། དེའི་ནང་ནས་ལྷ་དགོངས་ཀྱི་རྩེ་མོར་གྱུར་པ་ཟུར་ཚུང་ཤེས་རབ་གྲགས། བྲག་རྒྱ་བོ་དགུ་འདུས་ཀྱི་རྩེར་བསྒྲུབ་པ་མཛད་པས་བདེ་གཤེགས་རྒྱ་བོ་ཟེར། དེ་ལ་སློབ་མ་ཀ་བཞི་གདུང་བརྒྱད། ཕྱམ་བཅུ་དྲུག །གྲལ་མ་སུམ་ཅུ་རྩ་གཉིས། སྒོམ་ཆེན་མི་གཉིས། ཡུལ་པོ་ཆེ་གཅིག་དཀྱུས་པ་མི་གཉིས། སྟ་གུར་མི་གཉིས། གོ་ཆོད་མི་གསུམ་ལ་སོགས་དུ་མ་བྱུང་བས། སོ་ཟུར་གནུབས་གསུམ་སྔགས་པའི་རྒྱལ་པོ་ཡིན་ཟེར་བ་འདི་བྱུང་། དེང་སང་གི་བར་དུ་དར་རོ། །མན་ངག་རྫོགས་པ་ཆེན་པོར་གྲགས་པ་ལ། སེམས་སྡེ། ཀློང་སྡེ། མན་ངག་གི་སྡེ་གསུམ། སེམས་སྡེ་ནི་ལྷུ་བཻ་རོ་ཙ་ན་དང་། བཅུ་བཻ་མ་ལ་ནས། ཀློང་སྡེ་བཻ་རོ་ཙ་ན། མན་ངག་གི་སྡེ་ནི་སྙིང་ཐིག་ཅེས་གྲགས་ཤིང་། བཻ་མ་ལ་ལས་བྱུང་། དེའི་སློབ་མ་མྱང་ཏིང་འཛིན་བཟང་པོ་ལས་བརྒྱུད་དེ་བོད་ཁམས་སུ་དར་རོ། །དེ་ལས་རྨ་རིན་ཆེན་མཆོག །གཉགས་ཛྙཱ་ན་ཀུ་མཱ་ར། གནུབས་སངས་རྒྱས་ཡེ་ཤེས་གསུམ་ལས་བཀའ་མ་ཤས་ཆེར་བྱུང་བས། འགོས་ཀྱིས་རྙིང་མ་ཁོང་གསུམ་གྱི་བརྩམས་ཆོས་ཡིན་ཟེར་བ་འདི་བྱུང་བ་ཡིན། དེ་ལ་བོད་རྣམས་རྙིང་མ་ཡང་དག་པ་མིན་ཟེར་བ་ལ་སྔགས་མ་དག་ཟེར་ཏེ། རྒྱ་སྐད་ཨོཾ་ལ་རིང་པོ་མེད་ཅེས་ཟེར་ནས་ཨོཾ་ལ་འ་བཏགས་པ་ལ་སྐྱོན་འདོགས་ཏེ། རྒྱ་སྐད་ཨོཾ་རང་རིང་པོ་ཡིན་པས་རིང་པོ་མེད་སླ་བ་རང་འགྲུལ། དེ་རིང་པོར་ཤེས་པར་བྱ་བ་ལ་འ་བཏགས་པས་སྐྱོན་ཅིའང་མེད། རྒྱ་སྐད་སོར་བཞག་ན་ཨཱོཾ་སོགས་ཞུགས་པ་ལ་སྣ་རུ་ཉིས་བརྩེགས་ལས་མི་འབྱུང་རྒྱུ་ལ། དེ་བོད་དུ་གློག་པ་ལ་གོའུ་ཏ་མའམ། ཀོའུ་ཤི་ཀ་སོགས་སྔོན་གྱི་ལོ་ཙཱ་བ་མཁས་པ་དག་གིས་བགོད་པ་ལྟ་བུ། ཡང་མོའི་རྒྱུད་དུ་ཉིད་ཞི་མུ་ཁལ་ཞེས་གསུངས། དེ་ལ་རྒྱ་མིན་བོད་མིན་ཟེར་སྐྱོན་བཏང་སྟེ། སྔགས་ཐམས་ཅད་ལེགས་སྦྱར་གྱི་སྐད་མིན། ཤ་ཟ་དང་ཟུར་ཚག །རང་བཞིན་སྐད་ཀྱང་ཡོད་པ་ལ་ཅིའང་མ་བསམས་པར་སྨྲས་པའི་སྐྱོན་ཡིན། དཔེར་ན་བལ་པོའི་ཡོངས་སྐུ་སིང་ཟེར་བ་ལྟ་བུ་དང་ཁྱད་ཅི་ཡོད། དེའི་ཡོངས་སྐུ་དེ་བོད་སྐད་ནི་མིན། སླུ་སྲུ ཧ་གི་སོགས་ཀྱང་ཨུ་རྒྱན་འགྲོ་ལྡིང་བའི་སྐད་ལ་དེ་ལྟར་ཡོད་ཅིང་། ཛོ་གི་སྐད་གྱོང་པོ་དག་ཀྱང་མངོན་སུམ་སྒྲོག །དཔེར་ན་བོད་སྐད་གཅིག་ལ་ཁམས་པས་སྨྲས་ན་གྱོང་བ་ལྟ་བུ་ཡིན། ལོ་ཙཱ་གསུམ་པོས་བྱས་པའི་ཤེས་བྱེད་ཡོད་ན་དེས་ཆོག །སངས་རྒྱས་དང་མཉམ་པའི་རིག་འཛིན་ཡིན། ལར་རྙིང་མའི་རྒྱུད་རྣམས་རིག་འཛིན་རྣམས་ཀྱིས་འབྲུགས་བསྡེབས། གབ་པ་ཕྱུང་བས་ཁ་གསལ། གསར་མའི་རྣམས་ལུང་དེ་ཁར་བཞག་པས་ཁ་དམ་པ་ཡིན། རྒྱུད་རྣམ་དག་ཡིན་མིན་དོན་ཅི་སྟོན་བརྗོད་དགོས། དེ་ནས་བསྐྱེད་རྫོགས་འཚང་རྒྱ་བའི་ལམ་སྟོན་པ་ལ་ཁྱད་མེད་པས་ཅལ་བརྒྱུགས་ཀྱི་རྗེས་སུ་མི་འབྲང་འཚལ་ལོ། །གཏེར་སྟ་ཤོག་གྲ་པ་དང་རགས་ཤ །ཕྱིས

མངའ་བདག་མྱང་ཉི་མ་འོད་ཟེར། ཆོས་དབང་སོགས་མང་པོ་ཞིག་གིས་བཏོན། རྣམ་པར་དཕྱད་ན་ངོ་མཚར་བ་ཁོ་ན་བས། གཏེར་ནས་ཆོས་ཚད་མ་མ་དོན་སླ་བའང་རིགས་པ་མ་ཡིན་ནོ། །

༈ ལོ་ཆེན་རིན་ཆེན་བཟང་པོས་ཡོ་ག་རྒྱལ་དུ་བཏོན། ཟངས་དཀར་ལོ་ཙྪ་བ་དང་ཤེས་རབ་བླ་མས་ཀྱང་ལེགས་པར་བཤད། དང་པོ་གཉིས་ཀྱི་ལུགས་རྒྱུན་ཕྱིས་བུ་སྟོན་གྱིས་གསལ་བར་མཛད། བྱ་སྤྱོད་རྒྱུད་རེ་ཙམ་འཆད་པ་དང་། སྒྲུབ་ཐབས་ཀྱི་ཡི་གེ་ཤིན་ཏུ་མང་ངོ་། །གཞན་ལོ་ཆེན་གྱིས་གསང་འདུས་བདེ་མཆོག་སོགས་གསང་སྔགས་མང་དུ་བསྟན། ནག་ཆོས་ཀྱང་ཛ་བོ་དང་ཁ་ཆེ་ཨཱ་ཀཱ་ར་སིདྡྷི་སོགས་ལ་གསན། གསང་འདུས་སོགས་བསྒྱུར་ཅིང་བཤད། རྣལ་འབྱོར་མའི་རྒྱུད་ལ་ནི་རུ་གནོན་དུ་བརྩིགས་པའི་གཡས་རུ་གཙང་འཕྲང་རུ་ལག་ན་གྲོམ་པ་རྒྱང་ཞེས་གྲགས་པ་དེ་སོགས་སྨད་ཀྱི་བཙན་པོ་སྡེ་གསུམ་གྱིས་བདག་མཛད་ནས་ཡོད་ཅིང་། ལྷ་རྩེ་ར་མཆེད་གསུམ་བཀའ་བགྲོས་ཏེ། འོ་ཅག་ལ་བླའི་མཆོད་གནས་ཤིག་དགོས་པར་འདུག་ཟེར་ནས། ལོ་ཆུང་གཉིས་ལ་ཞུས་པས། རྒྱ་ཤཱཀྱ་གཞོན་ནུ་དང་། སོ་ཡེ་ཤེས་བརྩོན་འགྲུས་གཉིས་བྱོན། གྲོམ་པ་རྒྱང་དུ་རྒྱས་མཁན་པོ། སོས་སློབ་དཔོན་བྱས་རབ་ཏུ་བྱུང་བ་མང་པོ་བསྒྲུབས། དེའི་ཚེ་མཁན་སློབ་གཉིས་ལ་མཁན་བུ་མང་དུ་བྱུང་བ་བསགས་ནས། རྒྱ་གར་དུ་ཆོས་སློབ་ཏུ་གསེར་བསྒྱུར་ནས་རྫོང་བཞེད་པ་ལ་དྲིས་པས་ཁས་ལེན་མ་བྱུང་། མཁན་སློབ་རང་གིས་འབྲོག་མི་ཤཱཀྱ་ཡེ་ཤེས་དང་། སྟག་ལོ་གཞོན་ནུ་ཚུལ་ཁྲིམས་གཉིས་སྟག་སྲན་ཆེ། དཔྱད་པ་ཆེ་བར་དགོངས་ནས་འགྲོ་དགོས་གསུངས། དེ་གཉིས་ཀྱིས་ཁས་བླངས། འབྲོག་མིས་དེ་ཙ་ནས་རང་འཕྲུལ་སྐད་ལེགས་པར་མཁྱེན་པ་ཡིན། དེ་གཉིས་ལ་མཁན་སློབ་ཀྱིས་གསེར་མང་པོ་བསྒྱུར། ཞལ་བཀོད་གསུམ་མཛད་དེ། བསྟན་པའི་རྩ་བ་ཡིན་པས་འདུལ་བ། བསྟན་པའི་སྙིང་པོ་ཡིན་པས་ཕར་ཕྱིན། བསྟན་པའི་ཉིང་ཁུ་ཡིན་པས་གསང་སྔགས་སློབས་གསུངས་བརྫངས། དེ་གཉིས་ཀྱིས་བལ་པོར་ལོ་གཅིག་བཞུགས། བལ་པོ་ཞི་བ་བཟང་པོ་བྱ་བའི་པཎྜི་ཏ་ལ་བཏུགས། སྒྲ་བསླབས་དབང་བསྐུར་དང་རྒྱུད་སྡེ་མང་དུ་གསན། བདག་ཅག་རྒྱ་གར་དུ་འགྲོ་བས། རྒྱ་གར་དུ་མཁས་པ་དུ་ཡོད། ཇི་ལྟར་བྱས་ན་འཐད་ཞུས་པས། སྤྱིར་རྒྱ་གར་ན་ཨོ་ཏནྟ་པུ་རིའི་གཙུག་ལག་ཁང་སོགས་མང་བར་ཡོད་ཀྱང་། ད་ལྟ་བི་ཀྲ་མ་ལ་ཤཱི་ལའི་གཙུག་ལག་ཁང་ན་བསྟན་པ་དར། དེ་ན་མཁས་པ་སྒོ་དྲུག་བྱ་བ་ཡོད། དེའི་ནང་ནས་ཤར་སྒོ་སྲུང་བའི་མཁས་པ་ཆེན་པོ་ཤཱནྟི་པ་སྙིགས་དུས་ཀྱི་ཐམས་ཅད་མཁྱེན་པ་ཡིན། དེ་ངའི་བླ་མ་ཡིན་པས་དེར་སོང་གསུངས་པ་བཞིན་ཤཱནྟི་པའི་དྲུང་དུ་ལོ་བརྒྱད་བཞུགས། མཁན་སློབ་གསུངས་པ་བཞིན་འདུལ་བ། ཕར་ཕྱིན། དགྱེས་རྡོར་རྒྱུད་གསུམ།

བདེ་མཆོག་སོགས་སྔགས་མང་དུ་གསན། ནཱ་རོ་པ་སོགས་སྒྲོ་དྲུག་གཞན་རྣམས་ལ་ཆོས་འབྲེལ་ཞུས། དུས་འཁོར་བ་དང་ཨ་མོ་གྷ་བཛྲ་གཉིས་ལ་སྔགས་མང་དུ་གསན། དེ་ནས་བོད་དུ་ལོག་འབྱོན་དགོངས་ཤར་ཕྱོགས་ཁ་སརྦ་ཊི་གྲགས་ཆེ་བས་མཇལ་དུ་བྱོན། དེ་དང་ཉེ་བ་ཀུ་བ་ཚལ་བྱ་བའི་ནགས་ཁྲོད་ན་དགེ་སློང་ཆོས་གོས་གསུམ་ལྷུང་བཟེད་དང་བཅས་པ་ཞིག་ཤིང་སྡོང་ལ་གསེལ་བྱེད་ཐུག་ཐུག་བྱེད་འདུག་པས། དེའི་སེར་ཁ་ནས་ཚུར་ལུས་མི་སྣང་། ལག་པ་རིན་པོ་ཆེས་བརྒྱན་པ་ཞིག་གིས་བསོད་སྙོམས་འབུལ་བ་མཐོང་། ཤིན་ཏུ་དད་དེ་རྗེས་སུ་འཛིན་པར་ཞུས་པས་ཅི་དོན་དུ་གཉེར་གསུངས། ཆོས། དེའི་ནང་ནས་གསང་སྔགས་དོན་དུ་གཉེར་ཞུས་པས། འོ་ན་དབང་བསྐུར་དགོས་གསུངས། སྟར་ཐོབ་ཚུལ་ཞུས་པས། ངའི་ཆོས་འདོད་ན་ང་རང་གིས་དབང་བསྐུར་དགོས་གསུངས་ནས། དེའི་དྲུང་དུ་ལོ་བཞི་བཞུགས། དགྱེས་པ་རྡོ་རྗེ་རྒྱུད་གསུམ། ཊོམྦི་པའི་རྗེས་སུ་འབྲངས་པའི་འབྲེལ་པ་དབང་སྒྲུབ་ཐབས་བསམ་གྱིས་མི་ཁྱབ་སོགས་མན་ངག་དུ་མ་དང་། ལམ་འབྲས་རྩ་བ་མེད་པ་ཞིག་ཀྱང་གསན། དེ་མི་ཐུབ་ཟླ་བའི་དངོས་སློབ། པཎྜི་ཏ་ཨིནྡྲ་རུ་ཅིར་བྱ་བ། བོད་སྐད་དུ་ཤེས་རབ་དབང་པོ་མཛེས་པ་ཞེས་ཟེར། གསང་མཚན་དཔའ་བོ་རྡོ་རྗེ། ཕྱིས་མྱུ་གུ་ལུང་དུའང་བྱོན། རིན་ཆེན་འབར་བ་བརྩམས་གསེར་ཞུལ་བ་མ་བཞེས། ཅི་ལ་བྱོན་ཞུས་པས་བོད་ཀྱི་གངས་ལྟ་བ་ཡོང་གསུངས། ལོ་གསུམ་བཞུགས་ཏེ་ཉི་ཟེར་ལ་ཞོན་ནས་ལོག །ད་ལྟའང་བཞུགས་ཟེར། དེ་ལྟར་ལོ་བཅུ་གསུམ་སོང་། སྟག་ལོས་སློབ་གཉེར་མ་བྱས་ཚུར་མཉམ་དུ་ལོག །མཁན་སློབ་བླ་ཆེན་ལ་དགྱེས། སྟག་ལོ་ལ་ཁྲོད་ཀྱིས་ཆོས་མི་ཤེས་པ་ཅི་ཡིན་ཟེར། རྡོ་རྗེ་གདན་གྱི་བྱང་ཆུབ་ཆེན་པོ་ལ་མོས་པར་བྱུང་ནས་སྐོར་བ་བྱེད་ཅིང་བསྟོད་ཞུས། ཚུལ་ཁྲིམས་མགོ་ཐོན་པས་ཕྱིས་སྟག་ལོའི་སྡེ་པ་བཟང་ལ་མང་བ་བྱུང་། འབྲོག་མིས་མྱུ་གུ་ལུང་དང་ལྷ་རྩེའི་བྲག་ལ་བཞུགས། ལྷ་ལྕམ་གཅིག་ལ་སྲས་ཨིནྡྲ་དང་རྡོ་རྗེ་གཉིས་བྱུང་། སྐབས་ཤིག་ཏུ་གནམ་ཐང་དཀར་པོ་བྱ་བ་ན་ཡོད་པའི་འབྲོག་པས་སྤྱན་དྲངས་ཆོས་འཆད་པ་ན། བླ་མ་ག་ཡ་དྷ་རས་འཕྲིན་བཏང་ནས་པཎྜི་ཏ་ཡོང་གི་ཡོད་པས་བསུ་རུ་ཤོག་གསུངས། ཁྲིས་པས་རྡོ་རྗེ་ཐེག་པར་མཁས་པ་ཞིག་ཏུ་དགོངས་ཏེ་བསུར་བྱོན། མང་ཡུལ་གྱི་ལ་དེར་མཇལ། ལྷ་རྩེར་གདན་དྲངས། ཟླ་བ་དྲུག་དཔོན་སློབ་ཀྱི་འབྲེལ་བཏགས། པཎྜི་ཏ་ལོ་ལྔ་བཞུགས། ལོ་ཙཱ་བས་གསེར་སྲང་ལྔ་བརྒྱ་འབུལ་བའི་ཆད་མཛད། མྱུ་གུ་ལུང་དུ་སྤྱན་དྲངས། གསུང་ངག་ལམ་འབྲས་གཙོ་བོར་གྱུར་པའི་ཆོས་རྫོགས་པར་གནང་། ལོ་གསུམ་སོང་བ་དང་རྒྱ་གར་དུ་འགྲོ་གསུངས། ཆད་ལོ་ལྔ་བཞུགས་པར་ཞལ་གྱིས་བཞེས་པ་ལགས་མོད། བདག་གིས་གསེར་ཡང་མ་འགྲུབ་ཞུས་པས། ཆོས་ཐམས

ཅད་ནི་ཚར། ཁྱོད་རང་གསེར་ཕྲེ་ལ་ཕྱུལ་གསུངས། འབྲོག་མིའི་དགོངས་པ་ལ་གསེར་ཕྲེ་བས་མི་རྟུང་། ཚང་བར་འབུལ་དགོངས་བསྒྲུབས་པས་གསེར་སྲང་བརྒྱ་མ་གཏོགས་རྙེད། བརྒྱ་བྲུར་པོ་ཆེ་སྤུ་ནས་ཀྱི་སློབ་མ་ཡིན་པས། ཁོ་ང་ལ་གསེར་ཁྱུར་ལ་ཆོས་འདོད་ན་སྦྱིན་གྱི་ཤོག་གསུངས་པས་ཁོང་གིས་ཕྱུལ། ཁོང་ལ་བསམ་མི་ཁྱབ་གནང་། ཁོང་ནས་བླ་མ་ཆེན་པོའི་བཀའ་དྲིན་གྱིས་ཁོ་བོའི་སེམས་ཕྱོགས་ནོར་དུ་བཏང་གསུངས། པཎྜི་ཏ་ལ་གསེར་རྣམས་ཕྱུལ་བས་མཉེས་ནས་ཁྱོད་ཅི་དགའ་བྱ་ཡི་གསུངས། གསུང་ངག་གི་ལྷག་མ་ཡོད་ན་རྫོགས་པར་ཞིག་ཞུ་བྱས་པས། ལྷག་མ་ལུས་པར་བྱིན་པ་ཡིན་ལྷག་མ་མེད་གསུངས། གཞན་ཅི་འདོད་ཡང་ཡང་གསུངས། གསུང་ངག་འདི་བོད་དུ་གཞན་ལ་མི་གསུང་བ་ཞུ་ཞེས་ཞུ་འཕུལ་བས་ཞལ་གྱིས་བཞེས་ཏེ་རྒྱ་གར་དུ་གཤེགས་ག་ཡ་དྷ་ར་ཕྱིས་མགོས་ཀྱི་འང་སྤྱན་དྲངས། དེ་དུས་ཀྱང་མཇལ། གྱི་ཇོ་ཟླ་བའི་འོད་ཟེར་གྱིའང་སྤྱན་དྲངས། དེ་རིས་གཉོས་འབྱུང་པོས་གདན་དྲངས། ཁ་རག་ཏུ་བྱོན། དེར་བསྟུང་ནད་ཀྱིས་ཐེབས། འཕོ་བ་མཛད་ནས་གཤེགས་སོ། །

བླ་ཆེན་འབྲོག་མི་དེ་མན་ངག་གསུངས་པའི་སློབ་མ་ལ་གཞུང་མི་གསུངས། གཞུང་གསུངས་པའི་སློབ་མ་ལ་མན་ངག་མི་གསུང་བ་ཡིན་པས། གཞུང་ཡང་ལྷ་ཕན་ལ་མི་གསུང་བས་རྣ་བ་དྲུག་པ་ཆོས་ཀྱིས་དབེན་ཟེར་བ་བྱུང་། མན་ངག་ནི་རེ་རེའམ་གསུམ་ལས་མང་བ་ལ་མི་གནང་། གནང་དུས་དམིགས་པ་རེ་ལ་ཚོགས་འཁོར་རེ་མཛད་ཀྱིན་གནང་། གཞུང་ཚར་བའི་སློབ་མ། མན་ངག་ཚར་བའི་སློབ་མ། གྲུབ་ཐོབ་ཀྱི་སློབ་མ་གསུམ་ལས། དང་པོ་ལ་ལྷ་རྩེའི་གྱི་ལྷང་དབུ་དཀར། ཤངས་ཀྱི་བྲག་རྩ་སེ་ནག་པ། འཕྲང་འོག་གི་འབྲང་སྟོན་དཀོན་མཆོག་རྒྱལ་པོ་དང་འཁོན་དཀོན་མཆོག་རྒྱལ་པོ། གཉིས་པ་འབྲོམ་མདོ་པ་སྟོན་ཆུང་། ལྷ་བཙུན་ཀ་ལི། སེ་མཁར་ཆུང་བ། གསུམ་པ་གྲུབ་པ་ཐོབ་པ་པོ་གསུམ། མོ་བཞི། གཞན་ཡང་ཇོ་བཙུན་མར་པ་དང་མགོས་སོགས་མང་དུ་བྱོན། བླ་ཆེན་ལ་སྐུ་ཆེ་བའི་ཡོན་ཏན་གནས་ལྔ་རིགས་པའི་པཎྜི་ཏ་ཡིན། བསྐྱེད་རིམ་ལ་བརྟན་པ་ཐོབ། ལུས་གཅིག་ལས་གཉིས་སུ་སྤྲུལ་པ་དང་། སྦྱིན་སྲེག་གི་ཐབ་ནས་ཡོ་བྱད་ལེན་ནུས་པ། ནམ་མཁའ་ལ་སྐྱིལ་ཀྲུང་འཆའ་བ་དང་། བསམས་ན་ཤེས་པའི་མངོན་ཤེས་ཡོད། འཕོ་བ་གྲོང་འཇུག་བྱེད་ནུས་པས་ངའི་རོ་འདི་ཞག་བདུན་མ་བསྲུལ་བར་ཞོག །དེ་ནས་ངའི་རིག་པ་ཕུང་པོ་འདི་ལ་ཞུགས་ནས་ལམ་གྱི་ལྷག་མ་བགྲོད་ནས་ཕྱག་རྒྱ་ཆེན་པོ་མཆོག་གི་དངོས་གྲུབ་ཐོབ་པར་བྱེད་དོ་གསུངས། སྲས་མ་སྨད་ཀྱིས་མ་ཉན་པར་ཆོས་བདང་གི་མེ་ལ་ཕུལ། དེ་ཙ་ན་དྲོད་མ་ཡལ་བར་ཡོད་ཟེར་རོ། །འཁོན་དཀོན་མཆོག་རྒྱལ་པོ་ནི།

རྒྱལ་པོ་ཁྲི་སྲོང་ལྡེ་བཙན་གྱི་ནང་མིར་གདོགས་པ་འཁོན་དཔལ་པོ་ཆེའི་རྒྱུད་དུ་འཁྲུངས། བླ་ཆེན་འབྲོག་མི་ལ་དགྱེས་རྡོར་རྒྱུད་གསུམ་གྱི་བཤད་པ་ལེགས་པར་གསན། གཞན་ཡང་པཎྜི་ཏ་ཤེས་རབ་གསང་བ། བ་རི་བ། མལ་གྱོ། སྤུ་རངས་ལོ་ཆུང་སོགས་བླ་མ་མང་པོ་བསྟེན། འདིས་ས་སྐྱ་བཏབ། སྐུ་ཚེ་རིང་སྒྲུབ་པ་དང་འཆད་ཉན་སྤེལ་ཏེ་བསྟན་པ་ལ་བྱ་བ་ཆེའོ། །སེ་ཁར་ཆུང་བས་ལོ་བཅུ་བདུན་དུ་བསྟེན་ཡང་ལམ་འབྲས་བུའི་སྐབས་མ་ཚང་། ཕྱིས་སྲས་ཨེ་ཀྲ་བསྟེན་ནས་རྡོ་རྗེའི་ཚིག་ཞབས་མ་ཚང་བ་རྫོགས། བླ་ཆེན་ཉིད་ལོ་གཅིག་བསྐྱར་ནས་བསྟེན་པས་གདམ་ངག་ཚང་ཞིང་། དེའི་རྗེས་སུ་ལམ་བསྡུས་ཏེ་སྒྲུབ་པ་ལུང་བྱིན་མཛད་པས་ཐུམ་པ་གང་འགྲོའི་ཚུལ་དུ་བྱུང་། བཤད་པ་འཁོན་དཀོན་མཆོག་རྒྱལ་པོ་ལ་ཞུས། དེ་ལ་མན་ངག་ཕར་ཕུལ། ཡོན་ཏན་ནི་བསྐྱེད་རིམ་ལ་བརྟན་པ་ཙུང་ཟད་ཐོབ། རྩ་རླུང་གི་སྒོ་ནས་ནུས་པ་བརྙེས། ཁང་ཆུང་གི་ཀླུ་སིན་མོ་ཐུབ་ཞིག་བཏུལ་ནས་གཞན་དུ་སྤྲས། འོག་རླུང་ལ་དབང་ཐོབ། བྱང་སེམས་ཟིན་པས་རྡོ་མོ་ཡོད་ཀྱང་སྲས་ལ་སོགས་པ་མེད། སྐུའི་བཀོད་པའང་དུམ་རར་སྟོན་ནུས། མདོར་ན་གནས་སྐྱོང་བཞི་ཙུ་རྩ་གཉིས་ཀྱི་ཉམས་ཐམས་ཅད་སྐྱེས་ཤིང་འགྱོངས་པས་ཕྱིར་མི་ལྡོག་པ་ཡིན་གསུངས། དེས་མན་ངག་རབ་ཏུ་བྱིན་པ་ཞང་སྐྱ་མཆེད། འབྲིང་དུ་སྦྱིན་པ་ཞམ་ལྕམ་སྲིང་། འདི་ལས་ཀོ་བྲག་པའི་ལམ་འབྲས་བྱུང་། མཐའ་མར་སྦྱིན་པ་སེ་སྒོམ་བྱས་ཡས་ལས། དང་པོ་ཞང་སྟོན་ཆོས་འབར་དང་། གཙུང་གཟི་བྱིན་འབར། གསུང་རབ་ཀྱི་རྩི་དྲས་མཁན། སེས་མདོ་མང་བཞེངས་པའི་རྩི་དྲས་ལ་ཡོང་། འབྲེལ་ཐོགས། འབུལ་བ་དང་སྤྱོད་ལམ་གྱིས་མཉེས་པར་བྱས། གཞུང་རྫོགས་པར་གནང་། ཞང་ཆོས་འབར་ལ་ཡོན་ཏན། ཁམས་འདུས་པ་བར་མའི་ཐད་སོར་བསླེབས། ཏིང་ངེ་འཛིན་དཔག་ཏུ་མེད་པ་མངའ། མངོན་ཤེས་བརྟན་པོ་ཡོད། གཉེན་ལྟུག་བཞི་ལ་མངའ་བརྙེས་པས་ལུས་སྟག་དང་བྱ་སོགས་གཞན་དུ་སྤྲུལ་ནུས། ལུས་ཀྱི་བཀོད་པ་བདུན་ཙམ་དུ་སྟོན་ནོ། །དེ་ལ་རྗེ་ས་ཆེན་གྱིས་གཏུགས། དེ་ནི་འཁོན་དཀོན་མཆོག་རྒྱལ་པོ་དང་ཞང་མོའི་སྲས་སུ་འཁྲུངས། དགུང་ལོ་བཅུ་གཅིག་ལོན་པ་དང་ཡབ་གཤེགས། གདན་ས་བ་རི་ལོ་ཙྪ་ལ་གཏད། དེས་ཨ་ར་པ་ཙ་ནའི་སྒྲུབ་ཐབས་གནང་བས་ཟླ་བ་དྲུག་ནས་འགྲུབ། བཅུ་གཉིས་པ་ལ་རོང་དུར་སློག་ཏུ་བྱོན། བྲང་སྟི་ལ་མངོན་པ། རྔུར་ཆོས་པ་བྱང་ཆད་སོགས་ལ་ས་སྡེ། ཉང་སྟོད་དུ་ཁྱུང་རིན་ཆེན་གྲགས་ལ་རྣམ་ངེས་སོགས་གསན་ནས་ས་སྐྱར་ཕེབས། བ་རི་བས་གདན་ས་གཏད། དེའི་གདམ་ངག་བླ་མ་གནམ་ཁ་འུ་བ། འཁོན་སྒྲི་ཆུ་བ་བསྟེན། བར་དེར་སེ་དང་མཇལ་ཙམ་བྱུང་། མལ་ལོ་ཙྪ་བ་བསྟེན། དེ་ནས་སག་ཐང་དུ་ཕེབས། ཐགས་མཁན་ཚོ་གཅིག་འདུག་པས་ཞང་དགོན་པ་ལ

མཇལ་གྱིས་བྱུས་པས། ཕ་གི་ཀ་ཡིན་ཟེར། གཟིགས་པས་མི་མང་པོ་ཞིག་གི་གསེབ་ན་ཤམ་ཐབས་ཅིག་གསོལ། ཤ་འགག་མེད་པར་ར་ཐུལ་ཕྱིར་ལོག་ཏུ་གྱོན་ནས་ཡོག་ག་བྱེད་ཅིང་གདམ་ཚལ་ཆོལ་མང་པོ་མཛད་ཀྱིན་འདུག །དེར་དྲུང་དུ་ཕྱིན་ཕྱག་དང་ཕྱག་རྟེན་ཕུལ་བས་ནོར་བ་ཡིན་གསུངས་ཞལ་གྱིས་མ་བཞེས། ས་ཆེན་རང་ཡང་ནོར་འདུག་ལོག་འགྲོ་དགོངས་ཙ་ན། རྗེ་སྲས་འོད་མཆོག་ཟེར་བའི་ཕས་ཞང་ལ། འོ་སློལ་རང་མཁར་ཆུ་བ་ན་ཡོད་ཙ་ན། སྐྱི་ཆུ་བའི་གྲྭ་པ་ཞིག་ལ་ངའི་བླ་མའི་སྲས་པོ་ཡིན་གསུངས་ནས་པང་དུ་ལེན་པ་དེ་འདྲ་ན་ལྡོག་པས་ཅང་མཆིའམ་ཞུས། འོ་ན་དམ་ཚིག་གི་ཉེས་པར་འགྲོ་ཉེན་ཡོད་པོས་གསུངས། པོས་ལོ་རྒྱུས་ཞིབ་ཏུ་མཛད་པས་ཐུགས་ཆེས། ངས་ད་ཅི་ངོ་མ་ཤེས་པར་ཐུན་བྱུས། མན་ངག་ཡོད་དེ་སྟར་མ་བཤད་པས་བསམ་མནོ་འདྲ་གཏོང་། ཕྱིས་འདིར་བྱོན་གསུངས་པ་བཞིན་བྱོན། ལོ་བཞི་བཞུགས། གསུང་ངག་མ་ལུས་པ། ལམ་སྐོར་དགུ། ཕྲ་མོ་ཉི་ཤུ་རྩ་བརྒྱད། ཀྱེ་རྡོ་རྗེ་རྒྱུད་རྐྱང་གི་བཤད་པ། གསང་འདུས་མཉམ་སྦྱོར་ལ་སོགས་རྒྱུད་སྡེ་དང་གདམས་ངག་མང་པོ་གསན། གདམས་ངག་རྫོགས་ཏེ་སྒྲུབ་པ་ལུང་བྱིན་གྱི་སྐབས་སུ། ལོ་བཅོ་བརྒྱད་ཀྱི་བར་དུ་ཆོས་འདི་གཞན་ལ་སྟོན་པ་ལྷ་ཞོག །འདི་འདྲ་ཡོད་ཙམ་དང་ཤེས་པ་མིང་ཙམ་ཡང་མ་འདོན། ཡི་གེར་མ་བྲི། དེ་ནས་གཞན་ལ་འཆད་དམ། ཡི་གེར་འདྲིའམ། གང་བྱེད་ཀྱང་ཁྱོད་རང་ཆོས་ཀྱི་བདག་པོ་ཡིན་གསུངས་བཀའ་རྒྱས་བཏབ། སྒྲིར་ཁྱོད་ཀྱིས་སྒྲུབ་པ་གཙོ་བོར་བྱས་ན་ཚེ་འདི་ལ་ཕྱག་རྒྱ་ཆེན་པོ་མཆོག་གི་དངོས་གྲུབ་ཐོབ། ཉན་བཤད་བྱས་ན་གདུལ་བྱ་དཔག་ཏུ་མེད་པའི་དོན་དུ་འགྱུར། ཁྱད་པར་སྐུ་ལུས་མ་སྤངས་པར་ཕྱག་རྒྱ་ཆེན་པོ་མཆོག་གི་དངོས་གྲུབ་ཐོབ་པའི་སློབ་མ་གསུམ། བཟོད་པ་ཐོབ་པའི་རྣལ་འབྱོར་པ་བདུན། རྟོགས་པ་དང་ལྡན་པའི་རྣལ་འབྱོར་པ་བརྒྱད་ཅུ་ཙམ་འབྱུང་ཞེས་ལུང་བསྟན། ལོ་བཅོ་བརྒྱད་པ་ལ་བླ་མ་ཨ་སེང་གིས་ཁྲུངས་ཆོད་ནས་ཉིད་ལ་གསུང་ངག་རིན་པོ་ཆེ་མངའ་བར་གདའ་བས། སྔར་ང་ལ་ཡོད་ཀྱང་མི་གསུང་བར་འདུག །ད་ལམ་ཚར་གཅིག་གསུངས་པ་དང་ཡི་གེ་ཞིབ་པ་ཞིག་ཀྱང་མཛད་པར་ཞུ་གསུངས། བཀའ་རྒྱ་ཐེམས་པས་ཚར་གཅིག་གསུངས། ལམ་འབྲས་བསྡུས་དོན་མ་དེ་མཛད། དེ་ནས་ལོ་བཞི་མ་གསུངས། རྩ་མཚམས་པ་དཀའ་ཐེད་བྱ་བ་བླ་མ་ཡུན་རིང་དུ་བསྟེན་པ་ཞིག་གིས་ཟིན་བྲིས་ལ་གནད་འཆུགས་པ་གཟིགས་ནས། ཉམས་དོགས་ཁོང་གི་དོན་དུ་དཀའ་ཐེད་མ་མཛད། དེ་ནས་གླེག་སྐྲ་མ་སོགས་སྔ་ཕྱིར་འགྲེལ་པ་བཅུ་གཅིག་ཙམ་མཛད། ཐམས་ཅད་ཀྱི་རྗེས་མ་གཉགས་མ་ཚིག་ཉུང་དོན་རྒྱས་ཚིག་སྟེབ་ལེགས། འཆད་སླ་བར་དགོངས་ནས་དེང་སང་གི་བར་དུ་ཕྱག་ལེན་མཛད་དོ། །གཞན་ཡང་པི་ཏུ་པ་བྱོན་ནས་རྒྱུད་སྡེ་བདུན་

ཙུ་ཙ་གཉིས་དང་། སྒྲུབ་ཐབས་ལམ་འབྲས་བཤད། བླ་མའི་རྣལ་འབྱོར་གེགས་སེལ་གྱི་གནད། གྲུབ་ཆེན་བཅུ། རྣམ་འཇོམས་ལུས་དཀྱིལ། བི་རཱུ་པ་ཉིད་ཀྱི་སྒྲུབ་སྐོར་སོགས་ཆོས་མང་དུ་གསུངས། བྱིན་གྱིས་བརླབས། སྐུ་ཆེ་བའི་ཡོན་ཏན་སྡོམ་པ་གསུམ་དང་འགལ་བའི་ཉེས་པ་ཕྲ་མོས་ཀྱང་མ་གོས། བྱམས་པ་དང་ཐུགས་རྗེས་རྒྱུད་བརླན། དངོས་པོ་གང་ལའང་མི་ཆགས། དད་པ་དང་སྒྲུབ་པའི་སྒོ་ནས་བླ་མ་མཉེས་པར་མཛད། ནང་དུ་རྟེན་འབྲེལ་འགྲིག་པས་ཡི་དམ་ལྷའི་ཞལ་གཟིགས། ཆོས་ཐམས་ཅད་ལ་མངའ་བརྙེས། མངོན་ཤེས་དང་རྫུ་འཕྲུལ་ཐོགས་པ་མི་མངའ་བ་ཡིན་ལ། ཞང་སྟོན་གྱིས་ལུང་བསྟན་པ་བཞིན་གྱི་སློབ་མ་འང་བྱོན། དེ་ལ་གྲས་བཞི། ཆེ་འོག་སློབ་དཔོན་རིན་པོ་ཆེ་བསོད་ནམས་རྩེ་མོ་ཡབ་དང་། གསང་ཕུར་ཕྱུ་པ་ལས་མཁས་པ་ཆེན་པོར་གྱུར་གྱི་བར་སྦྱངས། བསྟན་བཅོས་དུ་མ་བརྩམས། ཐལ་ཆེར་དབེན་པར་གཞོལ། ཚུལ་ཁྲིམས་ཀྱི་ཕུང་པོ་བུ་གཅིག་པུ་ལྟ་བུར་བསྲུངས་ཏེ། དགུང་ལོ་ཞེ་གཅིག་ལ་སྐུ་མ་སྦྱངས་པར་བདེ་བ་ཅན་དུ་བྱོན་ནོ། །གསུམ་པ་རྗེ་བཙུན་ཆེན་པོ་གྲགས་པ་རྒྱལ་མཚན། དགུང་ལོ་བཅུ་བཞི་པ་ལ་དཀྱིལ་རྫོང་རྒྱུད་གསུམ་གྱི་གླེགས་བམ་གསོལ་བའི་མནལ་ལམ་བྱུང་བས་ཆོས་ཐམས་ཅད་ཀྱི་དེ་ཁོ་ན་ཉིད་ཐུགས་སུ་ཆུད། ས་ཆེན་ལ་སོགས་པ་ལས་མདོ་རྒྱུད་ཀྱི་ཐོས་པ་མཐར་ཕྱིན། དགུང་ལོ་བཅུ་གསུམ་ནས་བདུན་ཅུའི་བར་འཆད་ཉན་མཛད། ཡི་དམ་ལྷ་མང་པོའི་ཞལ་གཟིགས། མཐུ་སྟོབས་བི་རཱུ་པ་དང་མཉམ། འབྱུང་པོ་འདིགས་བྱེད་ལྟ་བུའང་མཚན་བསྒྲགས་པ་ཙམ་གྱིས་འབྲོས་སྐད་དོ། །རྗེ་རྗེ་དྲིལ་བུ་གནམ་ལ་འཇོག་པ་སོགས་རྫུ་འཕྲུལ་དུ་མ་བསྟན་ནོ། །

དེའི་གཅུང་པོའི་སྲས་ཆོས་རྗེ་ས་སྐྱ་པཎྜི་ཏ། མཚན་ཀུན་དགའ་རྒྱལ་མཚན། སྐུ་གཞོན་ནུ་ནས་རྗེ་བཙུན་པ་ལ་ཐོས་པ། བཅོ་བརྒྱད་པ་ལ་མནལ་ལམ་དུ་དབྱིག་གཉེན་ལ་མངོན་པ་གསན་པ་དང་། གཞན་ཕྱོགས་ཀྱི་གླང་པོའི་ཕུག་ཡིན་ཟེར་བ་ཞིག་ཏུ་ཚད་མའི་པོ་ཏི་མང་པོ་འདུག་པ་ཀུན་གྱི་ལྡེ་མིག་གཏད་པ་རྨིས་པ་དང་། བཅུ་དགུ་པ་ལ་འཕྲེང་དུ་དགེ་བཤེས་གཞུ་ལ་ཚད་མ། ཉི་ཤུ་ལ་རྐྱང་འདུར་དུ་ཚུར་གཞོན་སེང་ལ་ཚད་མ་དང་རིག་ཚོགས། ཁུ་མིག་རིང་མོར་ཁ་ཆེ་པཎ་ཆེན་དང་མཇལ། ཚད་མ་ཆོས་མཆོག་རྒྱ་དཔེའི་སྟེང་ནས། པཎ་ཆུང་དཱ་ན་ཤཱི་ལ་ལ་སྒྲ་ཚད། ལྷག་པར་སངྒྷ་ཤྲཱི་སྒྲ་ལ་མཁས་པས་སྒྲ་སོགས་ཐ་སྙད། པཎ་ཆེན་དབུས་འཁོར་ནས་དགུང་ལོ་ཉི་ཤུ་རྩ་བདུན་པ་ལ་བསྙེན་པར་རྫོགས། མཁན་པོ་དང་རྩེགས་དབང་ཕྱུག་སེངྒེ། སྤྱི་བོ་ལྷས་པ་སོགས་བླ་མར་བསྟེན་ཏེ་ཡོངས་སུ་རྫོགས་པའི་པཎྜི་ཏ་ཆེན་པོར་གྱུར། འཕྲོག་བྱེད་དགའ་བོ་རྩོད་པས་བཏུལ། སྡོམ་རིག་སོགས་བསྟན་བཅོས་མང་

དུ་མཛད། སྐུ་ཆེ་བའི་ཡོན་ཏན་གསང་བའི་གནས་ལྟར་མི་མངོན་པ་དང་། དབུའི་གཙུག་ཏོར་གསལ་པོར་འཕགས་པ་དང་། སྨིན་མཚམས་ཀྱི་མཛོད་སྤུ་དུང་ལྟར་འཁྱིལ་བ་དང་མངོན་པར་ཤེས་པ་མངའ། འཛམ་དབྱངས་ཀྱི་སྤྲུལ་པ་ཡིན། རྒྱ་ནག་ཏུ་རྒྱལ་པོ་གོ་དན་གྱིས་སྤྱན་དྲངས། རེ་ལྡེ་པ་ལ་དེ་དང་མཇལ། རྒྱལ་པོ་ཐེག་ཆེན་ལ་བཙུད། དེ་སོགས་གདུལ་བྱ་མང་པོ་སྨིན་པ་དང་གྲོལ་བར་མཛད། དགུང་ལོ་བདུན་ཅུ་པ་ལ་ངོ་མཚར་བའི་ལྟས་བསམ་གྱིས་མི་ཁྱབ་པ་དང་བཅས་ཏེ་གཤེགས་སོ། །དེ་ལ་བཤད་བཀའ་འཛིན་པ་འུ་ཡུག་ཁང་གཉན་ཞང་གསུམ། མན་ངག་གི་བརྒྱུད་འཛིན་དམར་དང་། ལྷོ་བ་ཀུན་མཁྱེན་རིན་ཆེན་དཔལ། རྟོགས་པའི་བརྒྱུད་འཛིན་ཚོགས་སྒོམ་པ་ཀུན་དགའ་དཔལ་བ། གྲུབ་ཐོབ་ཡོན་ཏན་དཔལ། དེའི་དབོན་འཕགས་པ་རིན་པོ་ཆེ། ཁུ་བོ་ལ་སོགས་པ་དམ་པ་མང་དུ་བསྟེན་ནས་མཁས་པ་དང་། སེ་ཆེན་གྱིས་བོད་འབངས་སུ་བཙུག་སྟེ། དེ་ཐམས་ཅད་འཕགས་པ་རིན་པོ་ཆེ་ལ་ཕུལ་བས། བོད་རྒྱལ་པོའི་རྗེས་ལ་འཕགས་པ་རིན་པོ་ཆེ་བོད་ཁམས་ཀྱི་སའི་ཆ་ལ་ལུང་གཏོང་རྒྱ་ཆེ། ཆོས་ལུགས་ཐམས་ཅད་རང་རང་གི་ལུགས་ཁོ་ན་ལ་སྤྱོད་ཚོག་པའི་ལུང་སྩལ། བསྒྱུར་བསྒྱུར་ཡེ་མ་མཛད། འཆད་ཉན་ཀྱང་མཛད་ཅིང་ས་སྐྱ་ལུགས་གཉིས་ཀྱིས་འགྲན་དུ་མེད་པ་བཟོས། སློབ་མ་བཤད་པའི་སྲོལ་འཛིན་ཤར་ནུབ་གུང་གསུམ་དང་། བླ་མ་གྲགས་པ་འོད་ཟེར། བླ་མ་བཀྲ་ཤིས་དཔལ་ལ་སོགས་མང་དུ་བྱུང་། གསུང་ངག་ལེགས་པར་རྫོགས་པ་ཞང་དཀོན་མཆོག་དཔལ་དང་། དགེ་སློང་ཀུན་དགའ་བློ་གྲོས་གཉིས་ལས་མ་བྱུང་ཞེས་གྲགས་སོ། །དེའི་དབོན་སྲས་དཔལ་ལྡན་བླ་མ་དམ་པ་མཁྱེན་རབ་ས་པཎ་དང་མཉམ། གཞན་ཐེག་ཆེན་ཆོས་ཀྱི་རྒྱལ་པོ་སོགས་ད་ལྟའི་བར་དུ་རིམ་པར་བྱོན་པའི་ཆོས་ཀྱི་རྗེ་དེ་དག་གི་རིང་ལུགས་ལས་དེང་སང་གི་བར་དུ་དཔལ་ལྡན་ས་སྐྱ་པ་ཞེས་རྒྱ་བོད་ཧོར་གསུམ་དུ་ཁྱབ་པ། བཤད་པའི་བཀའ། སྒྲུབ་པའི་ལུང་། ཉམས་ལེན་ཐམས་ཅད་དཔྱད་པ་གསུམ་གྱིས་དག་པ་འདི་རྣམས་བྱུང་བ་ཡིན་ཞིང་། དེའི་སྟུགས་ཀྱི་ལུགས་འཛིན་ས་སྐྱ་ཀུན་དགའ་རྣམ་གཉིས་སུ་གྲགས་པ་དང་། ཀུན་དགའ་རྣམ་རྒྱལ་ཏེ། ཇོ་རྗེ་འཆང་མངོན་གསུམ་པ་དེ་དག་ལས་དེང་སང་ངོར་རྫོང་དུ་བྱེ་བ་དག་ཡིན། ས་སྐྱ་པ་བྱིང་ངོར་པར་གྱུར་ཏོ། ལོ་ཆེན། འབྲོག་མི། འགོས་སོགས་ཀྱིས་བདེ་མཆོག་བསྒྱུར་བཤད་མཛད་ཀྱང་བཤད་རྒྱུན་མེད། གློག་སྐྱ་ཤེས་རབ་རྩེགས་ཀྱིས་ཕམ་ཐིང་པའི་གཙུང་ལ་གསན། དེ་ལ་མལ་གྱོས་ཞུས། སླད་ཀྱི་དེ་ཉིད་ཀྱིས་བལ་པོར་བྱོན་ནས་ནཱ་རོ་པའི་སློབ་མ་བྱང་ཆུབ་བཟང་པོ་དང་། ཀ་ན་ཀ་ཤྲཱིའི་སློབ་མ་བལ་པོ་ཐུགས་རྗེ་ཆེན་པོ། ཕམ་ཐིང་བ་དཔོན་སློབ་ལ་ཉན། སྤུ་ཧྲེང་ལོ་ཙྪ་བ་གྲགས་མཆོག་ཤེས་རབ། དེ་མར་དོའི་ལོ་ཆུང་ཡིན་

པས་བླ་མ་གཅིག་སྤྱི་ཕྲེང་ལོ་ཆུང་ཞེས་གྲགས་ཏེ། དེས་འཛའ་ལུས་བྱས་སོ། །མལ་གྱོ་ལས་ས་ཆེན་སོགས་དང་། སྤྱི་ཕྲེང་ལོ་ཆུང་ནས་དམར་ཆོས་རྒྱལ་བ། མངའ་རིས་ཀྱི་སྟོན་པ་དཀོན་མཆོག་འབར། དེས་ཐུར་ལའི་མཁན་པོ་ཚུལ་ཁྲིམས་སྐྱབས། དེ་ལ་ཐང་སྤྱིལ་བ་སོགས་ནས་བུ་སྟོན་གྱི་བར་དུ་ལོ་དྲིལ་ནག་པོ་སོགས་དར་རོ། །མར་དོ་ལུགས་ཀྱང་། དེས་གཟེ་བ། དེའི་སློབ་མ་ཁང་གསར་བ། དེ་ལ་ཡང་རྩེ་བ། བུ་སྟོན། མར་དོ་ནི་ཡར་འབྲོག་བླ་དོའི་རྒྱུགས་སུ་འཁྲུངས། མཚན་ཆོས་ཀྱི་དབང་ཕྱུག །པཎྜི་ཏ་དང་། རོང་ཟོམ་དང་། གོ་རུབ་ལོ་ཙཱ་བ་རྣམས་ལ་སྐད་བསླབས། རྒྱ་གར་དུ་བྱོན། བལ་པོར་མར་པ་ཆུང་ལོག་པ་མཇལ། ནཱ་རོ་པ་ཏི་ར་ཧུ་ཏིར་ཕེབས་པ་ཡུད་ཅིག་མཇལ། ལྷོ་བྲག་པའི་གསུང་བཞིན་ནཱ་རོ་པའི་སློབ་མ་ཀ་ན་ཀ་ཤྲཱི། པྲཛྙཱ་རཀྵི་ཏ། ཁ་ཆེ་བྱང་ཆུབ་བཟང་པོ། པྲ་མུ་ར་བཛྲ་རྣམས་ལ་བདེ་མཆོག་གི་དབང་རྒྱུད་མན་ངག་ལེགས་པར་གསན། པཎྜི་ཏ་མང་པོ་བསྟེན། ཕྱིར་བལ་པོར་ལོག་དུས་བལ་པོ་མཆེད། ཀ་ན་ཀ་ཤྲཱི། ཕྱག་ནའང་མཇལ། ཁྱད་པར་སུ་མ་ཏི་ཀཱིརྟི་ལ་བརྟེན་ནས་བདེ་མཆོག་གི་སྐོར་ཆོ་བསྒྱུར། བོད་དུ་ཕེབས་ནས་མཁས་པ་རྒྱ་བསམ། དེའི་གཟེ་བ་བློ་ལྡན། ཁམས་ཀྱི་ཅིག་རོ་ཆོས་རྒྱལ། ལྷོའི་ལ་ཡག་པ་བྱང་ཆུབ་དངོས་གྲུབ་སོགས་དང་། གྲོས་ནམ་མཁའ་འོད་སོགས་མང་པོ། བཤད་བཀའང་དར་རོ། །ཕག་མོའི་སྐོར་ནི་དེ་དང་ལོ་ཙཱ་བ་བློ་ལྡན་ཤེས་རབ་ཀྱིས་བསྒྱུར། དཔྱལ་འབྱུང་གནས་རྒྱལ་མཚན་ཞེས་པ་ནཱ་རོ་པ་དང་སྨྲི་ཏིའི་སློབ་མ་ཡིན། དེས་སྨྲི་ཏི་བོད་དུ་ཕེབས་ནས་ར་རྫི་མཛད་པ་ཇོ་བོ་རྣམས་ལ་གསེར་བྱིན་ནས་བསླུས། སྨྲི་ཏི་ལ་སྐུ་བསོད་སྐྱེས། བཞུགས་པར་ཞུས་ཀྱང་མ་གསན་ཁམས་སུ་བཞུད། དེར་འགྱུར་ཡང་འགའ་མཛད། མཚན་བརྗོད་སྙིག་པའི་རྡོ་རྗེ་ལུགས་ཀྱི་བཤད་པ་གནང་། བཤད་རྒྱུན་འདི་རྫོག་ལ་ཡོད། དཔྱལ་འབྱུང་གནས་རྒྱལ་མཚན་གྱི་དབོན་སེ་ཆེ་ནོར་རྒྱལ་བལ་པོར་བྱོན། ཕམ་ཐིང་པ་ལ་བཏུགས། ཀྱེ་རྡོ་རྗེ་ནཱ་རོ་ལུགས་ཀྱི་བཤད་པ་བསྒྱུངས། དེ་ནས་ཐར་ལོའི་བར་དུ་ལོ་ཙཱ་བ་མཁས་པ་མང་དུ་བྱོན། ཇོ་བོ་བོད་དུ་བྱོན་དུས་སྨྲི་ཏི་དང་དམ་ཉམས་ཡིན་གསུངས། ཐར་པ་ལ་ཡོལ་བ་བཏང་མ་གཟིགས་པར་མཛད་ཟེར་བ་ཙལ་བརྒྱུགས་སུ་ཟད་དོ། །གསང་བ་འདུས་པ་ནི་ཇོ་བོ་དང་པཎྜི་ཏ་ཤྲཱ་ཀ་ར་སིདྡྷི་གཉིས་ནས་ནག་ཚོ། དེས་རོང་པ་རྒྱ་སོར་པ། དེས་ཞུ་ལན་པ། དེས་ལྷ་རི་སྟོན་པ། དེས་ངོར་རྗེ་ལས་བརྒྱུད་པ་དང་། ཁྱད་པར་ཏ་ནག་ཕུའི་སའི་ཚ་ཁུག་པ་ཞེས་བྱ་བར་འཁྲུངས་པ། རུས་འགོས་མཚན་ལྷ་བཙས། དེས་དང་པོར་ཟུར་པའི་སློབ་མ་བྱས་པས་ལས་ཁོན་བཅོལ་ཆོས་མ་བསླབས་པས་འབྲོག་མིའི་ཐད་དུ་བྱོན། ཆོས་ཀྱི་འབྲེལ་ཙམ་ཚུགས་ཀྱང་རྒྱུད་ཉན་འདོད་པ་ལ་གསེར་ཁྲེར་ཤོག་གསུངས། གསེར་ལེགས་པར་འགྲུབ་པ་དང་

བདག་ཉིད་རྒྱ་གར་དུ་འགྲོ་བའི་སྙོབས་པ་སྐྱེས་ཏེ་རྒྱ་གར་དུ་བྱོན། པཎྜི་ཏ་རྣམས་ལ་ཆོས་གསན་པའི་ཚེ་བརྩོན་འགྲུས་མ་བསྐྱེད་ན་འབྲོག་སྡོམ་དེ་ལ་ངོ་ཚ་བར་ཡོད་གསུངས་ནས་འབད་པ་ཆེན་པོ་མཛད། ཁོང་ལ་བལ་པོ་ཕན་ཆད་ན་པཎྜི་ཏའི་བླ་མ་བདུན་ཅུ་དང་། མཁའ་འགྲོའི་བླ་མ་གཉིས་རྣམས་ཡོད། དེ་དག་ལས་གཙོ་བོ་ནི་ནྲྀ་ཏཱ་ལའི་མངོན་ཤེས་ཅན། ཟ་ཧོར་གྱི་མཁས་པ་བཙུན་མོ་ཅན། གོང་ག་ནའི་རྒྱལ་བུ་སྦྱིན་གྱི་ཤུགས་ཅན། རྡོ་རྗེ་གདན་གྱི་ནག་པོ་དམ་ཚིག་རྡོ་རྗེ། ཛ་བ་རྗེ། ཁ་ཆེ་གྲིབ་བརྟན་གྱི་མཁས་པ་ཙནྡྲ་རཱ་ཧུ་ལ། རྒྱལ་པོའི་ཁབ་ཀྱི་ཞི་བ་བཟང་པོ། བལ་པོ་ཐུགས་རྗེ་ཆེན་པོ། བལ་པོ་རྗོང་གི་ན་བ་ཀུ་ཏི་པ། ནཱ་རོ་པའི་སློབ་མ་ཁ་ཆེ་ཛྙཱ་ན་ཀཱ་ར་རྣམས་སོ་ཟེར། ངོར་རྗེ། ཀླུ་བྱང་། དེས་ཏེ་ལླི་ནཱ་རོ། དེས་ཀུ་ས་ལི་ཆེ་བ། དེས་ཀུ་ས་ལི་ཆུང་བ། དེས་གསེར་གླིང་པ། དེས་པི་ཊོ་པ། བསོད་སྙོམས་པ་དང་། མངོན་ཤེས་ཅན་དང་། བཙུན་མོ་ཅན་དང་། ཛྙཱ་ན་ཨཱ་ཀ་ར་བཞི་ལ་བཤད་གསུངས། དེ་བཞིན་ཆག་ཆོས་རྗེ་དཔལ་པའི་སྤྱི་རྣམ་དུའང་བཀྲངས་སོ། །

ལོ་ཙཱ་བ་དེས་གསང་བ་འདུས་པ་རྩ་འགྲེལ། དགྱེས་རྡོར་རྒྱུད་གསུམ་འགྲེལ་པ། བདེ་མཆོག་རྒྱུད་འགྲེལ་པ་དང་བཅས་པ། རྡོ་རྗེ་གདན་བཞི་བཤད་པ་དང་བཅས་པ། མ་ཧཱ་མ་ཡཱ་སོགས་རྒྱུད་མང་པོ་འགྲེལ་པ་དང་བཅས་པ་བསྒྱུར། མཁྱེན་པ་རྒྱ་ཆེན་པོ་དང་ལྡན་པས་མང་དུ་བཤད། སློབ་མའི་མཆོག་མང་ར་སེངྒེ་རྒྱལ་མཚན། བཙོག་གེ་ས་ར། ངབ་མི་བྱང་ཆུབ་རྒྱལ་མཚན། ལྷོ་པ་རྡོ་རྗེ་སྙིང་པོ། གཉལ་པ་མགར་ཆོས་ཀྱི་རྡོ་རྗེ། དབུས་པ་སྟོ་དྲུག །དེ་ལས་དེང་སང་གི་བར་དུ་བཤད་པའི་རྒྱུན་སྣང་སྟེ། བུ་སྟོན་མར་འགོས་ཆུ་བོ་གཉིས་འགྲེལ་དུ་བཞེད་ལ། དེ་ནས་བརྒྱུད་པ་ཅོང་ཁ་པ་ཆེན་པོ་བཤད་པ་འགོས་གཙོ་བོར་མཛད་པས། ད་ལྟ་དགེ་ལྡན་པ་རྣམས་བཤད་པ་འགོས་ཁོ་ན་ལས་བྱུང་བ་འདྲ་ཞིག་གླེང་ངོ་། །མར་འགོས་གཉིས་ཀས་ཡེ་ཤེས་ཞབས་ལུགས་ཀྱང་བཤད། གཞན་འདུས་པ་བསྒྱུར་མཁན་གཉོས་འབྱུང་པོ། ཕྱག་ལོ་ཆོས་རྗེ་དཔལ་སོགས་མང་ངོ་། །གཤིན་རྗེ་གཤེད་སྐོར་རྣམས་ནི་སྔ་ནམ་སྣང་ཡུལ་དུ་འབྲུངས། བྱིས་པའི་དུས་ན་ལྷ་མོ་རེ་མ་ཏིས་ཕུ་དུང་ནང་དུ་བཅུག །བླ་བ་གཉིས་སུ་རྒྱལ་ཁམས་བསྐོར་ཞིང་། དེ་ནས་མ་ལ་གཏད། རབ་ཏུ་བྱུང་ཞིང་བསྙེན་པར་རྫོགས། བལ་ཡུལ་དུ་བྱོན། བལ་པོ་ཐུགས་རྗེ་ཆེན་པོ། འབའ་རོ་ཕྱག་རྫུམ་སོགས་བསྟེན། ནཱ་རོ་པ་ནས་པྲ་ཛྙཱ་རཀྵི་ཏ། དེས་བལ་པོ་ཐུགས་རྗེ་ཆེན་པོ་ལ་གསུངས། དེ་ལ་རྭ་ལོས་ལེགས་པར་གསན་ཞིང་མང་དུ་མཁྱེན་པ་ན། བདེ་མཆོག་རྩ་རྒྱུད། སམྦུ་ཊ། རྡོ་རྗེ་འཇིགས་བྱེད་ཀྱི་སྐོར། གཤེད་ནག་པོའི་སྐོར། གདོང་དྲུག་གི་སྐོར། མཚན་བརྗོད་སོགས་བསྒྱུར། དེ་ཡང་འབྲི་ཤེས་རབ་འབར་གྱི་གསུངས་ནས།

བོད་དུ་བསྒྱུར་བའི་ཆོས་ལ་དགེ་བཤེས་རྭ་ལོ་ཙཱ་བའི་ཆོས་ལས་ཞེ་ཞིམ་པ་མེད། པཎྜི་ཏ་མཁས་པའི་དགོངས་པ་ལོན་ཅིང་། བོད་ཆོས་ཀྱི་བསྲེས་ལྷད་མེད་པས་སོ་གསུངས། དེ་འཆད་ཉན་མཛད། འཇིགས་བྱེད། དགྲ་ནག །གདོང་དྲུག་གསུམ་བཤད་པའི་སློབ་མ་ཉིས་སྟོང་ཙམ་ཡོད་པར་གྲགས། དེ་དག་ལས་ལྷ་བཙུན་སྔོན་མོ་སོགས་ཆེ་དགུ། བཤད་པའི་རྒྱུན་ཁོང་རང་གི་དབོན་པོ་རྭ་ཆོས་རབ། རྭ་ཡེ་ཤེས་སེངྒེ། རྭ་འབུམ་སེང་། རྗེ་བཙུན་ཏྲ་ལོ་ཡབ་སྲས་རྣམས་ལས་བརྒྱུད་དེ། དེ་རིང་སང་འཇིགས་བྱེད་རྭ་ལུགས་ཞེས་གཡེར་ཆེའོ། །རྫོག་སྟོན་ཆོས་ཀྱི་རྡོ་རྗེ་སམྦུ་ཊའི་བཤད་པ་དེ་ལ་གསན་ནོ། །དུས་ཀྱི་འཁོར་ལོ་ནི། ཁ་ཆེ་ཟླ་བ་མགོན་པོ་བོད་དུ་བྱོན། ཁ་རག་གཉོས་ལ་བབས། འགྲེལ་པ་དྲི་མ་མེད་པའི་འོད་བསྒྱུར། གསེར་སྲང་བརྒྱ་བརྫང་བར་ཆད་པ་ལ་མ་བརྫངས་པས། པཎྜི་ཏ་མ་མགུ་བར་འགྲེལ་པ་ཕྱེད་ལས་མ་བསྒྱུར། འགྱུར་བྱེད་འཕྲོ་བསྡམས་ནས་འཕན་ཡུལ་གྲབ་ཏུ་བྱོན། ཞང་སྟོན་ཆུང་བས་ཟླ་མར་བཟུང་། འབྲོས་ལོ་ཙཱ་བྱུས་ནས་ཡོངས་སུ་རྫོགས་པར་བསྒྱུར། གཉོས་ཀྱིས་ཞང་སྟོན་ལ་ཁྱོད་ཀྱིས་ངའི་ཟླ་མ་ཕྲོག་པ་ཡིན་པས་ཕྱ་གསེབ་ཏུ་ཡུངས་ཀར་གཙང་དེ་བ་ཞིག་བྱ་ཡི་ཟེར་བ་ལ། ཁྲོ་བོ་བརྒྱ་ཡིས་སྡིགས་ཀྱང་མི་འཇིགས། ལྷ་མོ་བརྒྱ་ཡིས་འཛུམ་བསྟན་ཀྱང་མི་ཆགས་པ་ཡིན་ཟེར་ནས་ཞབས་ཏོག་མཛད། གཉོས་སྟོན་ཡེ་ཤེས་མཆོག་ལ་སོགས་ལ་འབུལ་བ་ཆེར་ཕུལ་ཡང་སོད་སྦྱོར་ཙམ་ལས་མ་གནང་། འཕན་ཡུལ་གྲུབ་ཏུ་སྐྱུ་འབྲུངས་པ་སྒོམ་པ་དཀོན་མཆོག་སྲུང་གི་འགྱོ་ར་པ་ཐམས་ཅད་བསྡུས་པས་གསེར་སྲང་དྲུག་བྱུང་། དེ་དང་དར་ཡུག་སྙེ་ལ་བཏགས་ཏེ་ལུས་ཕུལ་ནས་ཞབས་ཏོག་མཛད། ཇི་ལྟར་གསུངས་པ་བཞིན་བསླབས་པས་གཞུང་མན་ངག་མ་ལུས་པ་གནང་། དེ་ལ་སྒྲོ་སྟོན་གནམ་ལ་བརྩེགས་ཀྱིས་པཎྜི་ཏ་རྩད་ཆོད་ནས་གསེར་སྲང་བཅུ་གཉིས་དང་རྟ་ནག་པོ་ཞིག་ཕུལ་ཞབས་ཏོག་ཡུན་རིང་པོར་མཛད་ཀྱང་སོ་སོར་སྦྱོང་བ་མ་གཏོགས་མ་གནང་། དེ་དུས་དཀོན་མཆོག་སྲུང་ལ་ཞུས་ཀྱང་མ་གནང་། པཎྜི་ཏ་རྒྱ་གར་དུ་ལོག་ནས་ཤུལ་དུ་ལོ་གསུམ། ཡེར་པར་ལོ་གསུམ་སྟེ་དྲུག་ལ་གཞུང་མན་ངག་ཚང་བར་ཞུས། དེས་གངས་ཏི་སེའི་འབྲོག་པ་རྫམ་ཁྲིམ་པ་དད་པ་རྒྱལ་པོ་ཞེས་བྱ་བའི་སྲས་གྲུབ་ཆེན་ཡུ་མོ་ལ། དེས་དེ་ཉིད་ཀྱི་སྲས་དྷརྨ་ཤྭ་ར་ལ། དེས་ནམ་མཁའ་འོད། དེས་སེ་མོ་ཆེ་བར་གྲགས་པ། དྷརྨེ་ཤྭ་རའི་སྲས་ནམ་མཁའ་རྒྱལ་མཚན་ལ། དེས་འཇམ་གསར་ལ། དེ་ལ་རིང་པ་ཏྲ་ལོས་གསན། འདི་ལ་འབྲོའི་འགྱུར་ལ་བརྟེན་པ་དང་། པཎྜི་ཏ་དང་སྒོམ་པ་དཀོན་མཆོག་སྲུང་གི་བར་དུ་ལོ་ཙཱ་བ་ཤེས་རབ་གྲགས་བཙུག་ཀྱང་ཆོག་པས་འབྲོ་ལུགས་ཟེར། རྭ་ལུགས་ནི། རྭ་རྡོ་རྗེ་གྲགས་ཀྱི་དབོན་པོ་ཆོས་རབ་ཀྱི་རྭ་ལུགས་ཀྱི་ཆོས་སྐོར་མཐར་

ཕྱིན། དུས་ཀྱི་འཁོར་ལོ་དོན་དུ་གཉེར་ནས་བལ་པོར་བྱོན། པཎྜི་ཏ་ས་མནྟ་ཤྲཱི་ལ་ལོ་ལྔ་ཟླ་བ་བཅུ་ཞག་ལྔར་བར་མ་ཆད་པར་བསྟེན་རྒྱུད་དབང་མན་ངག་རྫོགས་པར་གསན། པཎྜི་ཏ་བོད་དུ་སྤྱན་དྲངས། རྒྱུད་འགྲེལ་བསྒྱུར། གསེར་སྲང་སུམ་བརྒྱ་ཕུལ། གཤེགས་སྐྱེལ་ཡང་སྐྱི་རོང་ཚུན་མཛད། དེས་སྲས་འབུམ་སེང་། དེས་རོང་པ་རྒ་ལོ་ལ། འདི་ནི་གཙང་རོང་དུ་འཁྲུངས། དཔལ་རྒ་ལོའི་སྐྱེ་བ་ཡིན་པས་མཚན་རྒ་ལོར་ཐོགས། ཁ་ཆེ་པཎ་ཆེན་དང་མཇལ། ཡབ་དང་དཔྱལ་ཆོས་བཟང་བསྟེན་སྤྱངས་པ་རྒྱ་ཆེན་པོ་མཛད། འོད་གསལ་ཆུང་ན་བཞུགས་ཏེ་བསྒྲུབ། རྒྱལ་པོའི་བར་ཆད་ཐུབ་བས་ཟིན། ཐར་པར་གཤེད་དམར་གྱི་དབང་ཞུས་ནས་བར་ཆད་ལས་གྲོལ། གཞན་ཡང་ས་པཎ། འཇམ་གསར། རྭ་འབུམ་སེང་། བི་བྷཱུ་ཏི་ཙནྡྲ་དང་ཁྲོ་ལོ་སོགས་བསྟེན། དུས་ཀྱི་འཁོར་ལོ་བཤད་པས་མན་ལུང་གུ་རུ་སོགས་མཁས་པ་མང་པོ་ཐོན། འཕགས་པ་རིན་པོ་ཆེ་དང་ཆོས་ཕར་ཞུ་ཚུར་ཞུ། དེའི་སྲས་ཤེས་རབ་སེངྒེ་ཡབ་དང་། བླ་མ་དཔྱལ་པ་དང་། སྟག་སྡེ་བ་སེངྒེ་རྒྱལ་མཚན་སོགས་ལས་སྡེ་སྣོད། རྒྱུད་སྡེ། ཁྱད་པར་དུས་འཁོར་ལ་མཁས་པ་ཆེན་པོར་གྱུར་གྱི་བར་སྦྱངས་ཏེ། སློབ་མ་ལོ་ཙཱ་བ་ཡང་བར་པང་གསུམ་སོགས་མང་པོ་ཐོན། སྲས་བླ་མ་རྡོ་རྗེ་རྒྱལ་མཚན། དེས་ཡབ་ལ་སོགས་པ་ལས་ཐོས་པ་མཐར་ཕྱིན་མཛད། རྒྱ་ནག་ཏུ་རྒྱལ་པོས་གདན་དྲངས། ཐམས་ཅད་དད་པར་བྱས་ཏེ་གྲོངས། དེ་ལ་བུ་སྟོན་གྱིས་གསན། བུ་སྟོན་ནི་འཁྲུངས་ས་ཤབ་སྒྲོམ་གནས། ཁྲོ་ཕུར་ཚད་མའི་སྐྱེས་བུ་ཡང་རྩེ་བ་སོགས་ལ་གཏུགས། གྲགས་པར་གྱུར་ལ་ཡབ་དང་བཅས་ཏེ་དབུས་གཙང་ལ་གྲྭ་སྐོར་མཛད་པས། ཕ་སྟོན་པ་བུ་སྟོན་པ་འདུག་ཅེས་པས་མཚན་བུ་སྟོན་དུ་གྲགས། ཞ་ལུའི་འཆད་ཉན་དུ་བསྐོས། ཐར་ལོ་ལ་སྦྲ། བླ་མ་རྡོ་རྗེ་རྒྱལ་མཚན་ལ་དུས་འཁོར། རྒྱང་མཁར་རྡོ་ཚའི་འཕགས་འོད་ཡོན་ཏན་རྒྱ་མཚོ་ལ་འཕགས་ཡོ་ག་དུས་གསུམ་སོགས་ཏེ། བླ་མ་དུ་མ་ལས་ངོམས་པ་མེད་པའི་ཐོས་པ་མཛད། བོད་ཕྱུག་གཅིག་ལ་ཐོས་པ་ཆེ་བ་ཡིན། ཁྲོ་ཕུ་བའི་མདོའི་འཆད་ཉན་ཀྱང་དེར་འཕོས། དེང་སང་མདོ་རྒྱུད་སྒྲ་རིག་ཀུན་ལ་ལབ་ལབ་བྱས་ཆོག་པ་འདི་ཁོང་གི་བཀའ་དྲིན་ནོ། །དེ་ལ་སློབ་མ་བསམ་གྱིས་མི་ཁྱབ་པ་བྱོན་པ་ལས་མཆོག་གྱུར་ཐུགས་སྲས་ལོ་ཙཱ་བ་དཔལ་ལྡན་བླ་མ་དམ་པ། གོང་གསུམ་པ་ནྟྲ་ཤྲཱི་སོགས་ལས་དུས་ཀྱི་འཁོར་ལོ་མཆེད་དེ། འདི་ཁྲོ་ཕུ་བའི་ཁོངས་སུ་གཏོགས་ལ། འོན་ཀྱང་འཕྲིན་ལས་ཆེ་བས་བོད་རྣམས་ཞ་ལུ་བ་ཞེས་ལུགས་ཆེན་པོ་ལོགས་པ་ཞིག་ཏུ་འདྲེན་ནོ། །

ཡང་འཇམ་དབྱངས་གསར་མའི་སློབ་མ་ཀུན་མཁྱེན་ཆོས་སྐུ་འོད་ཟེར། དེའི་སློབ་མ་ཀུན་སྤངས་ཐུགས་རྗེ་བརྩོན་འགྲུས། འདིས་ཇོ་ནང་བཏབ། དེའི་སློབ་མ་བྱང་སེམས་རྒྱལ་བ་ཡེ་ཤེས། དེ་

ལ་འཕགས་འོད་ཡོན་ཏན་རྒྱ་མཚོ་དང་མཁས་བཙུན་ཡོན་ཏན་རྒྱ་མཚོ་གཉིས་བྱོན་པའི་དང་པོས་བུ་སྟོན། གཉིས་པས་ཇོ་ནང་པའི་བླ་མ་མཛད། དེའི་སློབ་མ་དོལ་པོ་བ་སྐྱེ་མངའ་རིས་སྨད་དོལ་པོའི་བན་ཚང་ཞེས་པར་སྐུ་འཁྲུངས། གཞོན་ནུ་ལ་སྐྱི་སྟོན་འཇམ་དབྱངས་གྲགས་པ་ལ་གཏུགས་ནས་ཀ་ཆེན་བཞི་དང་། དུས་འཁོར་རྭ་ལུགས་ལ་ཐོས་པ་མཛད། ཁོང་རོང་པ་ཤེས་རབ་སེངྒེའི་སློབ་མ་ཡིན། ས་སྐྱར་སྐུ་གཞོན་ནུ་ལ་བཀའ་བཞིའི་བཤད་པ་མཛད། དབུས་གཙང་དུ་གྲྭ་སྐོར་མཛད་པས་སྟོན་པ་བཟང་བར་གྲགས། དེས་བུ་སྟོན་རི་ཕུག་ན་བཞུགས་དུས་ཇོད་དུ་བྱོན་པས། བུ་སྟོན་གྱིས་མ་ནུས། ཐལ་སྐད་བཏོན་པས་གཟིམས་ཁང་གས་ཟེར་བའི་གཏམ་ཁྲུངས་གཞན་ན་མི་འདུག །ཇོ་ནང་པའི་སློམ་མ་རྣམས་ཀྱི་ཉམས་ལས་སོ་སྨམ་མོ། །གཞན་ཡང་བླ་མ་མང་པོ་ལ་གསན་པ་མཛད། ཁྱད་པར་ཇོ་ནང་དུ་མཁས་བཙུན་ཡོན་ཏན་རྒྱ་མཚོ་ལ་དུས་འཁོར་རྒྱུད་འགྲེལ་མན་ངག་དང་བཅས་པ་གསན། མན་ངག་སྐུ་ཉམས་སུ་བཞེས་པས། དཔེ་མེད་པའི་མྱོང་བ་འཁྲུངས། ཇོ་ནང་གི་གདན་ས་བཟུང་། སྐུ་འབུམ་མཐོང་གྲོལ་ཆེན་མོ་བཞེངས། གཞན་སྟོང་སྟོན་པའི་བསྟན་བཅོས་མང་དུ་མཛད། འཆད་ཉན་གྱིས་བསྟན་པ་ལ་ཕན་ཐོགས་རྒྱ་ཆེན་པོ་བྱུང་བའི་སློབ་མ་ཀུན་སྤངས་ཆོས་གྲགས་དཔལ་བཟང་སོགས་ཐུན་མོང་མ་ཡིན་པ་དང་། བུ་དོལ་གཉིས་ཐུན་མོང་བ་མ་ཏི་རྣམ་གཉིས་དང་། མངའ་རིས་པ་ཕྱོགས་ལས་རྣམ་རྒྱལ། ཉ་དབོན་ཀུན་དགའ་དཔལ་དེ་གསུམ་ཕྱིས་ཇོ་ནང་པ་ཤས་ཆེ། དེ་དག་སོགས་མཁས་ཤིང་ཡན་ལག་དྲུག་གི་རྣལ་འབྱོར་ལྷུར་ལེན་པ་མང་པོས་དབུས་གཙང་མངའ་རིས་ཁམས་ཁྱབ་པར་མཛད་དོ། །དུས་ཀྱི་འཁོར་ལོ་དེ་ལས་མཆེད་པ་རྣམས་ལ་ཇོ་ལུགས་སུ་གྲགས་སོ། །

དུས་འཁོར་ལུགས་གཞན་ནི། དུས་ཞབས་པའི་སློབ་མ་ཤྲཱི་བྷ་དྲ་བོ་དྷིས། ཀྱི་ཇོ་ཟླ་བའི་འོད་ཟེར། དེས་དུས་འཁོར་གྱི་བཤད་པ་ཡུན་རིང་པོ་མཛད་ཀྱང་། སློབ་མ་དུས་འཁོར་ཤེས་པ་བཞི་ལས་མ་བྱུང་། དེ་དག་གིས་བཤད་ཀ་མ་ཟིན། དྭན་ཤྲཱིའི་སློབ་མ་རྨ་དགེ་བློ། མདའ་འོད་བློ་སྙིང་། བྱང་ཤེ་སོགས་ཀྱིས་བཤད་ཀ་མ་ཚུགས། ཨ་བྷྱའི་སློབ་མ་ཁེ་གད་འཁོར་ལོ་གྲགས། རྒྱ་ལོ། རོ་ལིངས་ལོ་ཙཱ། སྟེང་པ་ལོ་ཙཱ་སོགས་ཀྱིས་བཤད་ཀ་མ་ཚུགས། སེ་ལོས་ཙ་མི་ལོ་ཙཱ་བ་སངས་རྒྱས་གྲགས་པ་ལ་ཞུས་ནས་གཉོས་འོད་ལ་གནང་། དེ་ནས་རིམ་གྱིས་བརྒྱུད་དེ་ཙ་མི་ལུགས་ཀྱི་བཤད་ཀ་བྱུང་། དེ་ལྟར་དུས་ཀྱི་འཁོར་ལོར་འགྱུར་མི་གཅིག་པ་ཉིཤུ་རྩ་ལྔ་ཙམ་ཡོད་ལ་བོད་དུ་དར་བར་གྱུར་ཏོ། །ཙ་མི་ལོ་ཙཱ་བ་འདི་འཁྲུངས་ཡུལ་མི་ཉག་གི་ཕུ་ཙ་མི་ཤིང་མི་བ་ཡིན་པས་མཚན་དེ་ལྟར་ཐོགས། རྡོ་རྗེ་གདན་པ་ཆེན་པོའི་སློབ་མ། གདན་པ་ཆུང་བ་དང་ཕར་ཞུ་ཚུར་ཞུ། བོད་མི་རྒྱ་གར་དུ་ཕྱིན་པ་ལ་འཕྲིན་ལས་ཆེ། རྒྱ་ལོ་

གཞོན་ནུ་དཔལ་ཡང་རྒྱ་གར་དུ་གྲུབ་ཐོབ་ཀྱི་གྲགས་པ་ཐོན། བོད་དུ་ཆོས་སྐྱོང་ཕྱག་བཞིའི་སྐོར་ལ་ཁོང་དང་སྟེང་ལོ། ཁེ་གད་རྣམས་སྐུ་དྲིན་ཆེ། བོ་དོང་རིན་རྩེའི་སློབ་མ་སྟག་སྟེ་པ་སེངྒེ་རྒྱལ་མཚན། དེ་ལ་མཁས་པ་ཤོང་སྐུ་མཆེད་དང་དབང་ལོས་གཏུགས་པ་ཤོང་སྟོན་ནི། སྤྱིན་ལུང་ཤར་ཁའི་བོང་ར་ཞེས་པར་འཁྲུངས་མཚན་རྡོ་རྗེ་རྒྱལ་མཚན། སྟག་སྟེ་པར་ཕར་ཚད་མངོན་པ། དུས་འཁོར་འགྲོ་ལུགས་གསན། ཨུ་རྒྱན་པའི་གཅེན་པོ་གོ་ལུང་པ་མདོ་སྡེ་དཔལ་རྒྱལ་མཚན་ལའང་དུས་འཁོར་སོགས་སྔགས་མང་དུ་གསན་ཞིང་། བླ་མ་འཕགས་པ་བོད་དུ་བྱོན་པ་ན། བསྟོད་པ་ཚིགས་སུ་བཅད་པ་ཚིག་རྒྱན་གྱིས་མཛེས་པ་ཕུལ། ལོ་ཙཱ་སློབ་ཏུ་འགྲོ་བར་ཞུས་པས། དེ་ལྟ་བུའི་བློ་སྐྱེ་བ་བཟང་། གཞུང་ལུགས་གསར་པ་བསྒྱུར་ནུས་པ་འོང་བར་དཀའ་སྟེ། པཎྜི་ཏ་ལ་སློབ་གཉེར་དྲི་གཏུགས་ལེགས་པར་གྱིས། ཁོ་བོ་ཀུང་ཆོས་རྗེ་བསྙེན་ཡུན་ཐུང་བས་སྙིང་སྦྱོར་མི་ཏོག་གི་རྒྱུན་པོ་དང་། ཚིག་གཏེར་ལ་སོགས་པ་ཚུལ་བཞིན་དུ་མི་ཤེས་པར་སྣང་བས། འདི་དག་ཤེས་པ་ཞིག་ཅི་ནས་ཀྱང་གྱིས་ཤིག །དེ་དག་གི་དཔེ་དང་གསེར་སྲང་ལྔ། དར་ཡུག་བཅུ་རྣམས་གནང་། བལ་ཡུལ་དུ་བྱོན་ནས་པཎྜི་ཏ་ལཀྵྨཱི་ལ་སོགས་པ་བསྟེན་ཏེ། རིག་པའི་གནས་ཆུང་བ་ལྔ་ལ་སྦྱངས། ཁྱད་པར་སྒྲ་རིག་ཕུལ་དུ་ཕྱིན། ས་སྐྱར་བྱོན་དུས་འཁོར་འགྲེལ་པ་དང་བཅས་པའི་འགྱུར་མཛད། དེ་ལ་འཕགས་པ་རིན་པོ་ཆེས་ཀྱང་བསྟགས་བསྔགས་མཛད། དཔག་བསམ་འཁྲི་ཤིང་ལ་གཞི་འགྱུར་སྒྲ་སྙན་དངགས་མིང་གི་མངོན་བརྗོད་རྣམས་ཀྱི་སྒྲོལ་ལེགས་པར་བཙུགས། རང་གི་གཙུང་བློ་བརྟན་ལའང་ལེགས་པར་བསླབས་ཤིང་། ལོ་ཙཱ་བ་མཆོག་ལྡན་སོགས་སློབ་མ་ལེགས་པར་ཐོན། འདི་སྐུ་མཆེད་གཉིས་ཀས་གྲུབ་ཐོབ་ཆེན་པོ་ཨུ་རྒྱན་པའི་སྤྱན་སྔར་གདམས་པ་མང་དུ་གསན་ཏེ། ཁྲིད་ཆེན་བརྒྱད་བསྙེན་སྒྲུབ་སོགས་ལ་ཟིན་བྲིས་མཛད། གཅེན་བལ་པོར་བྱོན་ནས་གཤེགས། དབང་ལོ་གྲུམ་དུ་འཁྲུངས། ཡུམ་སྟ་མོར་གྲོངས་ནས་ལུག་གི་འོ་མས་གསོས། དབུ་སྐྲ་གོད་ཚང་པའི་གདན་ས་རྒྱལ་སྲས་བྱང་གླིང་པ་ལ་བཅད། དེ་ནི་སེངྒེ་དགུ་ཚར་གྱི་སེངྒེ་ཤེས་རབ་ཡིན། དེ་དང་ཨུ་རྒྱན་པ་ལའང་ཆོས་མང་པོ་གསན། མཁན་པོ་གསེར་ཁང་པ་ལས་དགེ་ཚུལ་མཛད་དེ་མདོ་རྩ་བསླབས། དེ་ནས་སྟག་སྟེ་པ་ལས་སྔགས་མཚན་ཉིད། ཁྱད་པར་དུས་འཁོར་གསན། བཅུ་དགུ་བཞེས་པའི་ཚེ་སྟག་སྟེ་པ་གཤེགས་ནས། ལོ་ཙཱ་བ་མཆོག་ལྡན་ལ་གཏུགས་ཏེ། ཀ་ཙན་སྙན་དངགས་མངོན་བརྗོད་སོགས་མཁས་པར་བསླབས། གཞུང་དེ་དག་འགྱུར་མཛད། བལ་པོར་ལན་བདུན་བྱོན། བོ་དོང་ཨེའི་གདན་ས་མཛད། བུ་དོན་ལ་གཉིས། དཔལ་ལྡན་བླ་མ་དམ་པ་སོགས་ཀྱི་ཞབས་ལ་བཏུད། དེ་ནང་ནས་བུ་སྟོན་མཁས་པ་ཆེན་པོར

གཟིགས་ནས། རང་གི་དགོན་པ་ལོ་ཆེན་བྱང་ཆུབ་རྩེ་མོ་ཁོང་ལ་སྤྲུར་ཏེ། ཁྱོད་རང་དང་མཉམ་པ་ཞིག་བཟོས་གསུངས། བྱང་རྩེས་བུ་ལས་སྒྲ་ཚད་དུས་འཁོར་སོགས་མཁས་པར་བསླབས། འདིའི་སློབ་མ་ལོ་ཙྪ་བ་ནམ་མཁའ་བཟང་པོ། དེའི་སློབ་མ་སྒྲ་པ་ཐུགས་རྗེ་དཔལ་ཏེ། སྒྲ་སྙན་དངགས་ལ་སྐུ་དྲིན་ཆེའོ། །བྱང་རྩེའི་དགོན་པ་ལོ་ཆེན་གྲགས་པ། བྱང་རྩེ་དང་ལོ་གྲགས་གཉིས་ཀ་ཐུགས་ལ་བུའི་བརྒྱུད་འཛིན་རང་ཡིན། དེའི་དགོན་པ་བོ་དོང་པ་ཆོས་ཀྱི་རྒྱལ་མཚན། པཎ་ཆེན་ཕྱོགས་ལས་རྣམ་རྒྱལ་དུ་གྲགས་པ་མཁས་པའི་དབང་པོ་དབྱངས་ཅན་མས་དངོས་སུ་བྱིན་གྱིས་བརླབས་པས་མཁྱེན་པ་ལ་མཐའ་མེད། དེ་ཁོ་ན་ཉིད་འདུས་པ་ཞེས་བྱ་བའི་བསྟན་བཅོས་བརྩམས། བོད་དུ་བསྟན་བཅོས་བརྩམས་པ་ལ་འདི་མང་། འདི་ལས་བོ་དོང་པ་ཞེས་བྱ་བའི་ལུགས་བྱུང་ངོ་། །

གཞན་ཕྱིས་པཎ་ཆེན་ནགས་ཀྱི་རིན་ཆེན་བོད་དུ་བྱོན། དུས་ཀྱི་འཁོར་ལོ་ལ་སོགས་པ་གནང་བའི་སློབ་མ། གྲགས་པ་འབྱུང་གནས། བདག་པོ་ཀུན་དགའ་ལེགས་པ། འགོས་གཞོན་ནུ་དཔལ། བྱམས་གླིང་པ་བསོད་ནམས་རྣམ་རྒྱལ། ཁྲུས་ཁང་ལོ་ཙྪ་བ་སོགས་མང་ལ། བྱང་ཆུབ་སེམས་དཔའི་རྒྱུད་འགྲེལ་གསུམ། དཔེ་མེད་འཚོའི་སྦྱོར་དྲུག །བདེ་ཕག་གི་མན་ངག་གནང་བས་ཧེ་སྙེད་པའི་མཁྱེན་པ་ཤར་བ་ནི་རྒྱལ་དབང་ཆོས་རྗེའོ། །ཕ་དམ་པ་སངས་རྒྱས་ཀྱིས། དང་པོ་ཙ་རིའི་རོང་འབྲི་ཐང་ནས་ཡོན་ཏེ་ཙ་རི་ར་རི་མ་ཏི་ལ་རྐང་མགྱོགས་གསན་ཏེ། ཀོང་ཡུལ་ཁམས་སུ་བྱོན་ཏེ་སླར་ལོག །གཉིས་པ་ཁ་ཆེ་ནས་བྱོན། གསུམ་པ་བལ་པོ་ནས། བཞི་པ་མཆོ་སྣའི་ཤ་འུག་སྟག་སྒོ་ནས་གཉལ་དུ་བྱོན་ནས། ལྔ་པ་བོད་ནས་རྒྱ་ནག །སླར་བོད་དུ་ཕེབས་པ་ཡིན། དེས་སློབ་མ་དཔག་ཏུ་མེད་པར་སྨིན་པར་མཛད་ཀྱང་གྲགས་ཆེ་བ་ཞི་བྱེད་བརྒྱུད་པ་སྟོད་སྨད་བར་གསུམ། སྟོད་མ་ཁ་ཆེ་རྣོན་གྱུ་ཇུ་ལ། དེ་ཨོད་པོ་ལོ་ཙྪ་བས་བསྒྱུར། བརྒྱུད་པ་བར་པ། རྨ། སོ། སྐམ་གསུམ། དམ་པས་གཉལ་ནས་ཡར་སྟོད་དུ་ཕེབས། རྨ་དང་མཇལ་ཏེ། དེ་ཡར་སྟོད་སྐྱེར་སྣར་རྨ་སློན་ལམ་ཞེས་པའི་སྲས་སུ་འཁྲུངས། མཚན་ཆོས་ཀྱི་ཤེས་རབ། ཡབ་ལ་པདྨ་དབང་ཆེན། སྦྱོད་ཕྱོགས། དབུ་མ་དོ་ཧ་སོགས་བསླབས། བཅུ་དགུ་པ་ལ་ཁོང་ཁམས་མ་བདེ་བར་རང་གི་ཁང་ཐོག་ཏུ་བཞུགས་པའི་ཚེ། ཨ་ཙ་ར་ནག་པོ་རས་རྐྱང་ཕྲག་ལ་བཀལ་བ་ཞིག་བྱུང་བ་སྒོའང་མ་བསྟན་པར་མཁྱེན་ཏེ་ནང་དུ་བྱོན་བྱིན་བརླབས་མཛད་པ་ཙམ་གྱིས་བསྙུན་དེངས། ཕྱག་རྒྱ་ཆེན་པོ་བཏབ་པས་རྨ་ལ་ཉམས་རྟོགས་ཁྱད་པར་ཅན་སྐྱེས། ཞག་བཅོ་བརྒྱད་སོང་བ་དང་དམ་པ་བྱོན་འཕན་ཡུལ་དུ་ཤོག་གསུངས། བསྒོམས་པས་དྲོད་ཁ་སྙེད་དེ་སོ་ཆུང་བ་ཁྲིད་ནས་འཕན་ཡུལ་དུ་བྱོན་གདམ་ངག་ཚར། བསྒྲུབ་པ་མཛད་བུ་ཆེན་ལྔ་སོགས་བྱུང་། སོ་ནི་ཡར་

སྟོད་ར་མེ་ནང་མི་རྣམས་སྤྲད་དེ་འོངས། བུ་སྤྲུན་གཉིས་ཡོད་པའི་ཕོ་བོ་གཟུགས་ཆུང་བས་སོ་ཆུང་། ནུ་བོ་གཟུགས་རིང་བས་སོ་རིང་ཟེར། དེར་རྨའི་ཕྱུག་ཕྱིར་ཁྲིད་ནས་དམ་པ་མཇལ། རྨ་ལོག་ནས་ཡུན་རིང་དུ་བསྟེན་གདམ་ངག་ཆེ། དེའི་སློབ་མ་སྒོམ་ཆེན་སློན་ལམ་འབར་སོགས་སོ། །སྐམ་གྲ་པའི་སློབ་མ་ཕར་ཕྱིན་ཤེས་པ་སྐྲན་ནད་ཀྱི་ཟིན་པ་ཞིག་དམ་པ་སྤྲུན་དྲངས། ཚོགས་པའི་གསེབ་ཏུ་བཛའི་ངོ་སྤྲོད་ཅིག་མཛད་པས། སྐམ་ངེས་ཤེས་སྐྱེས་ནས། མི་མང་གི་གསེབ་ཏུ་རེ་འཕངས་སྐྱམ་པ་དང་། དམ་པའི་ཞལ་ནས་བཛ་མིག་ཅན་གྱིས་མཐོང་བ་ཡིན། མིག་མེད་ཀྱིས་མི་མཐོང་གསུང་བ་བཞིན་གཞན་གོ་བ་མི་གདའ། གདམ་ངག་རྫོགས། ནད་ལས་གྲོལ། རྟོགས་པ་ཤར། སློབ་མ་བསྐྱངས་སོ། །བརྒྱུད་པ་ཕྱི་མ་ལ་དམ་པ་དིང་རིར་བྱོན། དེར་སློབ་མ་བསྐྱངས་པའི་མཆོག་ཤར་ན་དམ་པ་ཕྱར་ཆེན། ལྟོ་ན་བཛྲ་གྲོ་རྫ། ནུབ་ན་ཕྱར་ཆུང་། བྱང་ན་བྱང་ཆུབ་སེམས་དཔའ་ཀུན་དགའ་རྣམས་ལས། ཀུན་དགའ་སྲས་ཐམས་ཅད་ཀྱི་གཙོ་བོ་ཡིན། དིང་རིའི་ཤར་ཕྱོགས་ཚ་གྲུད་དུ་འབྱུངས། སྐྱེ་བ་ལྔར་དམ་པས་རྗེས་སུ་བཟུང་བ། སྐུ་ཚེ་འདི་ལ་དེའི་གདམ་ངག་གི་མཛོད། དེའི་སློབ་མ་པ་ཚབ་སྒོམ་པ་འཕན་ཡུལ་བ་ཡིན་ནོ། །

དེའི་སློབ་མ་རྒྱལ་བ་ཏེ་ནི། དེའི་སློབ་མ་རོག་ཤེས་རབ་སེང྄ེ། ཞིག་པོ་ཉི་མ་སེང྄ེ་གཉིས་ལས་མཆེད་དེ། ཞི་བྱེད་ལ་གཅེས་པའི་ལུགས་འཛིན་མང་པོར་བྱུང་བ་ཡིན་ནོ། །དམ་པས་བལ་པོ་ནས་བྱོན་རེས་གཙང་དུ་སྐྱོ་བསོད་ནམས་བླ་མ་དང་། སླ་ར་སེར་པོ་ལ་སྤྱོད་ཡུལ་གྱི་གདམས་པ་གནང་། དང་པོས་མ་གཅིག་ལབ་སྒྲོན། དེ་གཞོན་ནུ་ནས་གྲྭ་པ་མངོན་ཤེས་ལ་རབ་ཏུ་བྱུང་། དེའི་བླ་མཆོད་བྱས་ཤེར་ཕྱིན་ཀློག་པས་སྟོང་པ་ཉིད་གཤའ་མར་གོ དམ་པ་དང་མཇལ། འདམ་བུར་ཀློག་ལ་བྱོན་པས། ཅེར་གྲོང་པ་ཐོད་པ་ཧྲ་དྲ་བྱ་བ་དང་འདུས་པས་བཟའ་མིར་སོང་། གོང་པོར་བྱོན། དེ་ནས་གཡེར་ཕེབས། གངས་པར་སྤེལ་གཅིག་མར་སྦྲས་སྙིང་པོ་གྲུབ་པ། གྲུབ་ཆུང་ཡང་གྲུབ་གསུམ། སྲས་མོ་གཉིས་འབྱུངས། སྐྱོ་བསོད་ནམས་བླ་མ་ཁམས་ནས་ལོག་པའི་ལམ་དུ་སྐྱུ་འཕྲུལ་གྱི་དབང་གསན། དབང་གྲལ་དུ་རྟོགས་པ་ཤར། སྤྱོད་ཀྱི་གདམས་པ་གསན། གདུལ་བྱར་གྱུར་པ་ལ་གདམ་ངག་བཤད། ཕྱིས་ཟངས་རི་ཁང་དམར་གྱི་ཕུག་པར་བཞུགས། གཅོད་ཀྱི་གདམས་པས་བོད་གང་བར་བྱས། སློབ་མ་མཆོག་བཞི་ལ། ཡར་སྟོད་ནས་སྐྱགས་པ་རྒྱལ་མཚན། ཡར་སྨད་ནས་ཨན་སྟོན་རིན་ཆེན་དཔལ། བར་ན་འདྲེང་རྗེ་སྲས། ཤང་བུ་ལོ་ཙྪ་བ་ཟེར། གཞན་ཡང་མང་ངོ་། །སྲས་སྙིང་པོ་གྲུབ་པ་རྗེས་སུ་བཟུང་བས་འཕྲུལ་ཞིག་ཆེན་པོ་ཞིག་བྱུང་། དེ་ལ་སྲས་ཚེ་དབང་། ཁུ་བྱུག །རྟོར་གྲགས། ཁམ་བུ་ཡ་

ལི་བཞི། ཆེ་བའི་ཁྲུས་རྒྱལ་བ་སྟོན་གཟུངས། ཐོད་སྨྱོན་བསམ་འགྲུབ་སྐྱེ་མེད་འོད་གསལ་ལོ། །ཐོད་སྨྱོན་བསམ་འགྲུབ་ལ་མཛེ་བྱུང་། ཤམ་པོ་གངས་ལ་བསྒྲུབ་པ་མཛད་མཛེ་ཐོན། གྲུབ་ཐོབ་ཏུ་གྲགས། སློབ་མ་ཕོ་མོ་ཉི་ཤུ་རྩ་གཅིག །ཁྲུས་མོ་གྲུབ་ཐོབ་བཅོ་བརྒྱད་བྱོན་ཞེས་གྲགས་ཏེ། དེ་དག་ལས་མང་དུ་མཆེད་པ་ནི་མོ་སྒྱུད། ཡར་ཀླུངས་ཀྱི་སྨྲ་ར་སེར་པོས་ཉམས་སུ་བླངས། འགྲེས་ཁར་རང་གི་ཉེ་གནས་སྨྱོན་པ་བེ་རོ་ལ་བཤད་པར་གནང་། དེས་ཅེ་སྟོན་དང་ཞུམ་སྟོན་གཉིས་ལ་གནང་། ཅེ་སྟོན་གྱིས་གཉེན་སྟོན། ཞུམ་སྟོན་གྱིས་སྐལ་ལྡན་ཁྲུས་མོ། དེས་གཙང་སྟོན། ཤེས་གཉེན་སྟོན་སོགས་ལས་མཆེད་པ་ལ་ཕོ་སྒྱུད་ཅེས་གྲགས་སོ། །དེ་ལྟ་བུའི་སྒྱུད་ཡུལ་པ་རྣམས་ཞི་བྱེད་དུ་རྫོགས་ཀྱང་ལུགས་ཐ་དད་དུ་བྱེའོ། །

༄ དཔལ་ནཱ་རོ་པའི་ལུམ་ནི་གུ་མའི་ལུགས་བོད་དུ་བྱུང་བ་ནི། ཡུལ་སྐྱེ་མོར་མང་སུ་རུས་ཁྱུང་པོ། བཙས་མ་ཐག་ཏུ་རྒྱ་གར་གྱི་གྲུབ་ཐོབ་ཨ་མོ་གྷ་བཛྲ་གྱིས་ལུང་བསྟན་པ། གཞོན་ནུ་ལ་གླིག་དང་བོན། རྫོགས་ཆེན་སེམས་སྡེ་བསླབས། སྟོད་ལུང་ཤོ་མ་རར་གོང་ནི་རུ་པའི་ཆོས་མ་ལུས་པ་གསན། དེ་ནས་གསེར་མང་པོ་བསྡམས་ནས་བལ་པོར་པཎྜི་ཏ་སུ་མ་ཏི་ལས་ལོ་ཙཱ་བསླབས། ཀྱི་ཡོག་གི་ཆོས་གསན། ཨ་ཏུ་ལྱ་བཛྲ་གྱིས་གྲོགས་མཛད། རྡོ་རྗེ་གདན་པ་མཇལ། དགེ་ཚུལ་མཛད། དེ་ནས་ཤྲཱི་ཛྙ་ཛ་ས་ཧྲྣ། བི་རོ་ཙ་ན། ཁ་ཆེ་དགོན་པ་བ། མཻ་ཏྲི་པའི་སློབ་མ་ཞང་གི་རྡོ་རྗེ། མི་མཉམ་རྡོ་རྗེ། རིན་ཆེན་རྡོ་རྗེ་གསུམ། དེ་ཝཱི་ཀོ་ཊ་ཊཱ་ཀི་མ་ཀ་ན་ཤྲཱི། བྲམ་ཟེ་རཏྣ་ཕ་ལ་རྣམས་ལ་གསང་སྔགས་ཀྱི་ཆོས་མང་དུ་གསན། བོད་དུ་བྱོན། གུ་ལང་གི་གསེར་ཁ་རྫོལ་བ་དང་ཐུག །གསེར་མང་པོ་བྱུང་བས་སླར་བལ་པོར་བྱོན། ཕམ་ཐིང་པ་ལ་བདེ་མཆོག །ནཱ་ལེནྡྲར་ནཱ་རོ་པའི་སློབ་མ་ཌཱ་ཀི་ཆེན་པོ། མཻ་ཏྲི་པའི་སློབ་མ་ན་ཏེང་ཀ་བ་སོགས་མང་དུ་བསྟེན། ལྷག་པར་མཻ་ཏྲི་པ་དང་མཇལ། དེའི་ཚེ་རྡོ་རྗེ་འཆང་དངོས་ལ་ཐུག་པ་སུ་ཡོད་དྲིས་པས། ནཱ་རོ་པའི་ལུམ་ནི་གུ་མ་ཞེས་བྱ་བ་ཡོད། དེ་འཛའ་ལུས་བརྙེས་པས་སུ་རུང་གིས་མི་མཐོང་། སོ་ས་གླིང་གི་དུར་ཁྲོད་དུ་མཁའ་འགྲོ་མའི་ཚོགས་དཔོན་ལ་འབྱོན་པས་སེམས་དག་ན་དེར་མཐོང་སྲིད་ཟེར། སོ་ས་གླིང་དུ་བྱོན། ན་མོ་བུདྡྷ་ཡའི་གསོལ་བ་བཏབ་པས་ཏ་ལ་བདུན་སྲིད་ཙམ་གྱི་ནམ་མཁའ་ལ་མཁའ་འགྲོ་མ་སྐུ་མདོག་སྨུག་ནག་རུས་པས་བརྒྱན་པ། ཕྱག་ན་ཁ་ཊྭཱཾ་ག་དང་ཐོད་པ་བསྣམས་པ་གཅིག་དང་དུ་མ་ལ་སོགས་པའི་གཟུགས་སྟོན་པ་ཞིག་མཐོང་ནས། ནི་གུ་མ་ཡིན་པར་ངེས་ཏེ་ཕྱག་དང་སྐོར་བ་བྱས། ཡང་དག་པའི་གདམས་པ་ཞུ་འཚལ་ཞུས་པས། ང་ནི་ཤ་ཟའི་ཌཱ་ཀི་ཡིན་གསུངས། ཡང་བཏུད་དེ་ཞུས་པས། གསང་སྔགས་ཀྱི་གདམས་པ་ཞུ་ན་གསེར་དགོས། སྲང་

ལྷ་བརྒྱ་ཞུལ་བས་ནགས་སུ་གཏོར། ཤ་ཟའི་མཁའ་འགྲོ་མ་ཡིན་ནམ་སྙམ་དུ་ཐེ་ཚོམ་ཟོས། སྤྱན་ནམ་མཁའ་ལ་གཟིགས་ནས་མཁའ་འགྲོ་མ་མང་པོ་འདུས་ནས་དཀྱིལ་འཁོར་སྤྲུལ། དེར་སྒྱུ་ལུས་རྨི་ལམ་གྱི་དབང་བསྐུར་གནང་། མཁའ་འགྲོ་མས་གསེར་གྱི་རི་བོའི་ཁར་བཞག །དེར་རྨི་ལམ་དུ་ཆོས་དྲུག་ཚར་གཅིག །དངོས་སུ་ཚར་གསུམ། རྡོ་རྗེའི་ཚིག་རྐང་། སྒྱུ་མ་ལམ་རིམ། གཞན་ཡང་རྒྱུད་སྒྲུབ་ཐབས་མང་པོ་གསུངས། བརྒྱུད་པ་བདུན་རྫོགས་པའི་བར་དུ་ཅིག་བརྒྱུད་གྱིས། ངས་བྱིན་གྱིས་རློབ་ཅིང་ལུང་ཡང་སྟོན་གསུངས། དེ་ནས་སྦས་པའི་རྣལ་འབྱོར་པ་དང་། བི་རཱུ་པའི་སློབ་མ་མཁའ་འགྲོ་མ་སུ་ཁ་སིདྡྷི་མཇལ། ཁྱོད་ནས་བརྒྱུད་པ་རྣམས་ལའང་ངས་སྐུ་དངོས་སུ་སྟོན་ཅིང་བྱིན་གྱིས་རློབ་པོ་གསུངས། ཕྱིར་བྱོན་གླང་རི་ཐང་པ་ལ་བསྙེན་པར་རྫོགས། འཕན་ཡུལ་འཇོག་པོར་འཆད་དཀར་དགོན་པ་བཏབ། དེར་རི་ནག་པོའི་ཁོང་སེང་གི་རྣལ་འབྱོར་པ་རཱ་ཧུ་ལ་གུཧྱ་བཛྲ་བྱོན། རྒྱུད་སྡེ་ལྷའི་དབང་སོགས་མང་དུ་གསན། དེ་ནས་ཤངས་སུ་བྱོན་ལོ་གསུམ་གྱི་ནང་དུ་ཞོང་ཞོང་ལ་སོགས་པའི་དགོན་གནས་བཏབ། དེའི་སློབ་མ་རྨེའུ་སྟོན་པ། གཡོར་པོ་རྒྱ་མོ་ཆེ། རྟོལ་སྟོན་རིན་དབང་། ལ་སྟོད་པ་དཀོན་མཆོག་ཁར། རྨོག་ཅོག་པ། ཞང་སྒོམ་ཆོས་སེང་ཡིན། རྨོག་ཅོག་པ་དང་པོར་དེ་ཉིད་དང་། ཕྱིས་སྒམ་པོ་པར་གཏུགས་ནས་ཕྱག་རྒྱ་ཆེན་པོའི་རྟོགས་པ་ཤར་བ་ཡིན། དེའི་སློབ་མ་འཁྲུངས་ཡུལ་སྟོད་ལུང་རྣམ་པ། གདུང་རུས་འབལ། སྐྱེར་སྒང་པར་གྲགས། རྨོག་ཅོག་པ་ལས་ཁྱུང་པོའི་ཆོས་ཡོངས་སུ་རྫོགས་པ་གསན། དེའི་སློབ་མ་སངས་རྒྱས་གཉན་སྟོན་ཆོས་ཀྱི་ཤེས་རབ། འཁྲུངས་ཡུལ་ཡོལ་གྱི་མདའ། གདུང་རུས་གཉན། སྐྱེར་སྒང་པ་ལས་གདམས་ངག་རྫོགས་པར་ཐོབ། དེའི་སློབ་མ་སངས་རྒྱས་སྟོན་པ་བསིལ་མར་བོན་གྱི་བརྒྱུད་དུ་འཁྲུངས། སངས་རྒྱས་གཉན་སྟོན་ལ་ཐུག །དེ་ཡན་ལ་བརྒྱུད་པ་རིན་ཆེན་བདུན་བརྒྱུད་ཟེར། དེ་ལ་མཁས་གྲུབ་བཤངས་སྟོན་དང་། མཁས་བཙུན་གཞོན་ནུ་གྲུབ་གཉིས། དང་པོ་ལས་འཛག་པ་དང་། གཉིས་པས་པ་སྣམ་བསམ་སྡིངས་བཏབ་པས་འཛག་བསམ་གཉིས་སུ་གྱེས་ལ། ཤངས་པ་བཀའ་བརྒྱུད་ཅེས་གྲགས་སོ། །

ཡང་རྗེ་བོ་མི་ཏྲི་པའི་སློབ་མ་རྣམས་ལས་ཕྱག་རྒྱ་ཆེན་པོ་བོད་དུ་འགྱུར་བ་ལ་སྔ་ཕྱི་བར་གསུམ། སྔ་མ་ཀོང་ནེ་རུ་པ་ལས་བརྒྱུད་པ་སྟེ། དེའང་མི་ཏྲི་པའི་སློབ་མ་ཀ་རོ་པ། དེའི་སློབ་མ་མཆོག་ཏུ་ཟུར་པ་ནི་རུ་པ་ཏའི་རྣལ་འབྱོར་པ། དེ་བླ་མ་དང་མཁའ་འགྲོས་ལུང་བསྟན་པས་བོད་དུ་བྱོན་པའི་ལམ་བགྲེས་ཆེས་ནས་བལ་པོར་ཀོང་ཆུང་པ་འདས་པའི་རོ་ལ་གྲོང་འཇུག་མཛད་པ་ཡིན། ཟངས་གླིང་པའི་པཎྜི་ཏའི་ཆ་བྱེད་དུ་བྱས་ནས་བྱོན་པས་ཟངས་གླིང་པ་བྱོན་པར་གྲགས། བར་པ་ལ་སྟོད་སྨད་གཉིས་

ལས་སྟོད་འགྱུར། རྒྱ་གར་ཕྱག་ན་འབྲོག་རྫོ་ཕྲས་ཀྱིས་སྤྱན་དྲངས། གཙང་གི་ཆུ་སྒོར་བཞུགས་ནས་ལྷ་རྗེ་གཙང་ཤོད་པ་སོགས་བོད་སྟོན་ཆེན་པོ་སུམ་ཅུ་ལ་གདམས་པ་ཕྱི་མ་ཨུ་སུ་ཧེ་བལ་པོ་སྐྱེ་མེད་དུ་གྲགས་པ་ལ། སློབ་མ་སློམ་ཀ་བ་བཞི། གདུང་དྲུག །ཡོར་པོ་བའི་བུ་གསུམ། དམག་པ་སྣང་པ་ལ་སོགས་པའོ། །ཕྱི་འགྱུར་མངའ་རིས་པ་ནག་པོ་ཤེར་དང་སྐྱེས་རྒྱ་གར་དུ་བྱོན་ནས་ཕྱག་ན་སྐྱུ་བགྲེས་ཁར་ཐུག །ཕྱིར་ལོག་བོད་དུ་དར་བ་རྣམས་སོ། །དེ་ལྟར་ཉན་བཤད་ཡོད་པ་རགས་རིམ་སྟེ། གཞན་ལོ་ཙཱ་བ་དང་པཎྜི་ཏ་དུ་མས་བསྒྱུར་བཤད་མཛད་པ་དཔག་ཏུ་མ་མཆིས་སོ། །མདོ་སྔེ་ལུང་རྒྱུན་རྣམས་གྲོ་ལུང་པ་ཆེན་པོས་བསྐུལ་ནས་སྐྱེང་པ་ལོ་ཙཱ་བས་རྒྱ་གར་ནས་བཙལ་བ་དང་། ཕྱིས་འཕགས་པ་རིན་པོ་ཆེས་ཐུགས་རྩོལ་མཛད་པས་བཀའ་འགྱུར་རོ་ཅོག་གི་ལུང་རྒྱུན་ཡིད་ཆེས་པ་འདི་བྱུང་ངོ་། །

༄ གངས་ཅན་འདིར་རྡོ་རྗེ་ཐེག་པའི་བཤད་པ་དང་སྒྲུབ་པ་ཐམས་ཅད་ཀྱི་སྒོ་ནས་བསྟན་པའི་བདག་པོར་འཛོག་འོས་པ་ནི་རྗེ་བཙུན་མར་པ་ལྷོ་བྲག་པ་སྟེ། འཁྲུངས་ཡུལ་ལྷོ་བྲག་ཆུ་ཁྱེར། གདུང་མར་པ། ཡབ་དབང་ཕྱུག་འོད་ཟེར་དང་། ཡུམ་སྐལ་ལྡན་སྐྱིད་གཉིས་ལ་ལྷུམ་སྲིང་ལྔ་ཡོད་པའི་ལྔ་ཚིགས་པ། གཞོན་ནུ་ནས་བྲི་གློག་མཁས་པར་མཁྱེན། ཤིན་ཏུ་གདུག་རྩུབ་ཆེ་བས་ཤེད་བྱེ་རེ་ནས་ཡབ་ཡུམ་གྱིས་ཀ་ཅ་མང་དུ་བསྐུར་ཏེ་དགུང་ལོ་བཅུ་གཉིས་ལོན་པ་ན་ཆོས་ལ་བཏང་ངས་པ་སྟེ། ལོ་བཅུ་གཉིས་ལོན་ནས་ཆོས་དང་ཁྲིད། དེ་སྟོན་སྦྱངས་ཀྱི་བག་ཆགས་སད་པ་འདྲ། དེར་བླ་མ་སུ་གྲགས་ཆེ་བ་རྩད་བཅད་པས། དེའི་དུས་འབྲོག་མི་ལོ་ཙཱ་བ་སྐད་ཆེ་བར་འདུག་ནས། མང་མཁར་དུ་བྱོན་མྱུ་གུ་ལུང་གི་དགོན་པར་མཇལ། ཕྱག་རྟེན་ཀྱང་ཆེ་བར་བྱས། ཆོས་སྒོར་ཞུགས་སྒྲ་སྐད་ལོ་ཙཱ་མཁས་པའི་ཚད་དུ་བསླབས་ཏེ། དཔལ་མྱུ་གུ་ལུང་གི་དགོན་པར་ཕྱིན། །སྒྲ་བསྒྱུར་འབྲོག་མི་ལོ་ཙཱ་ལ། །སྒྲ་ཐད་གློག་སྐད་ཀྱི་ཡིག་ཚད་བསླབས། །ཁོང་བཀའ་དྲིན་མི་ཆུང་ཆེ་བར་འདུམས། །དེར་གསང་སྔགས་ཀྱི་ཆོས་འདོད་ཀྱང་ཡོན་ཆེ་ལ་བཀའ་དོག་པས་མ་ཐོབ་སྟེ། དཔལ་མྱུ་གུ་ལུང་གི་དགོན་པ་རུ། །གསང་སྔགས་ཆོས་ཀྱི་མུ་གེ་ལ། །སེམས་ཡི་དྭགས་བྱེད་ཅིང་ལོ་གསུམ་བསྡད། །དེ་ནས་རྒྱ་གར་དུ་འགྲོ་བའི་སྤྱོབས་པ་སྐྱེས་ཏེ། ཡུལ་ནས་ཀ་ཅ་བླངས་གསེར་དུ་བསྒྱུར། ཕར་གྱི་ཀ་ཅ་རྣམས་སྟག་རིས་སུ་གསེར་དུ་བཙོངས། དེར་ཟླ་བོ་མ་འཁྱོར་བར་ཞག་འགར་བསྡད། སྐྱེར་ཕུའི་གློག་སྐྱ་ཆེན་པོ་དེ་སྟག་སྡེ་མིག་མང་དུ་སློབ་མ་གཅིག་གིས་སྤྱན་དྲངས། འབུལ་བ་མང་པོ་བྱུང་བ་བསྣམས་ཏེ་སླར་ལོག་འགྲོ་བའི་ཟླ་ལ་བྱོན་པས། དགེ་བཤེས་དེས་ཤིན་ཏུ་བཀུར་སྟི་ཆེ་བར་མཛད་སྐྱེར་ཕུ་ཚུན་བསྐྱེབས་རྗེ་བོ་དེ་ལ་ང་ལྷོ་བལ་དུ་ལོ་ཙཱ་སློབ་ཏུ་འགྲོ་རྒྱུ་ཡིན། ད་རེས་ཁྱེད་ཀྱི་ཐུགས་ལ་བཏགས།

ཚེའི་བར་ཆད་མ་བྱུང་ན་ཕྱིས་འབབ་སའང་ཞུ་དགོས་བྱས་པས། ང་རྒྱས་པས་ཕྲད་མི་འོང་། བུ་འདི་ཀུན་ལ་བྱེད་འདུག་པས་ཅིས་ཀྱང་ཁྲིད་ཤིག་གསུངས། རྗོང་པའང་མཛད། མང་ཡུལ་དུ་ཁྲིད། དེར་གཉིས་འབྲུང་པོ་དང་ཕྲད་དེ་ཁོང་དང་བསྟེབས་ནས་ཁྲིད་པས། བདག་བལ་ཡུལ་གྱི་ལམ་དུ་ཞུགས་ཙ་ན། །གཅན་འཁྲང་ཆུ་ལ་ཐར་དུས་མེད། །ནགས་འཐུག་པོ་ཞིག་ལ་ཐོན་དུས་མེད། །ལམ་རིང་པོ་ཞིག་ལ་བགྲོད་དུས་མེད། །ལམ་དེ་ཀུན་གྱི་བདེ་དོག་མཐོང་ཙ་ན། །བྱ་དགུང་ལ་འཕུར་བ་གཤོག་པ་འདྲ། །འོན་ཀྱང་ངལ་དུབ་བྱ་རིན་ཆོག །ཡུལ་ལྷ་ལས་བབས་པའི་བལ་པོ་མཐོང་། །ཕྱི་འདོད་ཡོན་ལྷ་བས་ཆོག་མི་ཤེས། །མི་འདོད་ཁམས་ཀྱི་ལྷ་ཕྲན་ཡིན་ནམ་སྙམ། །དེར་ལོ་གསུམ་ཚད་པ་ལ་འདྲིས་སུ་བཙུག །དེའི་རིང་ལ་བྱིན་རླབས་ཅན་གྱི་བལ་པོ་ཕམ་མཐིང་པས་རྣམ་རྒྱལ་དབང་པོའི་སྡེ་ལ་གསན་པའི་གདན་བཞིའི་བཤད་པ་གསན། སྒྲ་དང་ཚད་མ་གསོ་བ་ལ་ཞར་ཆོས་མཛད། དེ་ནས་བརྟུལ་ཞུགས་སྤྱོད་པ་པེཎྜ་པ་ཆེན་པོ་དེས་རྒྱ་གར་དུ་ཁྲིད། དེ་ནས་རྒྱ་གར་འགྲོ་ཙ་ན། །མཐའ་འཁོབ་ཀྱི་ཧྲག་པ་ཤི་སྐྱིད་ལ། །སྲོག་ཅི་བདེར་ཐོན་པ་ཙུང་མ་བསམས། །གཅན་གཟན་གྱི་ངར་སྐད་ཐོས་ཙ་ན། །ཡིད་བརྟན་པར་ཕྱིན་ཀྱང་གོམ་ཚུགས་འཁྱོར། །ལམ་དེ་ཀུན་གྱི་བདེ་དོག་བཤད་ཙ་ན། །དུས་ད་ལྟ་དྲན་ཡང་གློ་སྙིང་འདར། །ཆུ་གྲགས་པ་ཅན་གྱི་གཙྭ་བརྒྱལ། །འོན་ཀྱང་བཀའ་བ་སྤྱད་རིན་ཆོག །ཡུལ་དབུས་འགྱུར་འཆང་གི་བཀོད་པ་མཐོང་། །དཔལ་རྡོ་རྗེ་གདན་གྱིས་སྣ་དྲངས་ནས། །རྟེན་ཁྱད་པར་ཅན་ལ་མཆོད་པ་བྱས། །དེར་བི་ཀྲ་མ་ཤཱི་ལར་སླེབས། དགེ་ཚུལ་ཤེས་རབ་སེངྒེ་དང་མཇལ། ད་ལྟ་བླ་མ་རྒྱ་གར་ཤར་ཕྱོགས་སུ་ཁྲིད་ནས་མ་བཞུགས་ཞག་ཤས་ངལ་གསོས་གསུངས། དེར་ཕོ་ཉ་བྱུང་ནས་བླ་མ་ཡང་དགོན་པར་ཕེབས་གྲུབ། ཁྱོད་ཀྱི་དེར་བོད་ཀྱི་སློབ་གཉེར་བ་ཞིག་ཀྱང་ཡོད་འདུག་པ་ཁྲིད་ཤོག་གསུངས་ཏེ་ཤར་ཕྱོགས་སུ་ཁྲིད། ལྷོངས་མེ་ཏོག་རྒྱས་པ་རི་བོ་གསེར་གླིང་གི་དགོན་པར་དཔལ་ནཱ་རོ་པ་དང་མཇལ། དེར་ཚོགས་དང་མཆོད་པ་གྲུ་ལང་གསེར་གྱི་མཎྜལ་ཕུལ་ནས་ཆོས་གནང་དགོས་ཞུས་པས་ཞལ་གྱིས་བཞེས། ཐོག་མར་དགྱེས་རྡོར་གྱི་དབང་གནང་བར་ཚུགས། དེར་བླ་མས་དགྱེས་རྡོར་ལྷ་དགུའི་དཀྱིལ་འཁོར་མངོན་སུམ་དུ་སྤྲུལ་ནས་ལོ་ཙཱ་བ་ཁྱོད་དབང་ལྷ་ལ་ཞུའམ་ང་ལ་ཞུ་གསུངས། ལྷ་ལ་དབང་དངོས་སུ་ཐོབ་ན་ཡ་མཚན་སྙམ་དབང་ལྷ་ལ་ཞུ། རྒྱུད་གདམ་ངག་བླ་མ་རང་ལ་ཞུ་ཞུས་པས། དེ་ཐུགས་ཀར་བསྡུས་ནས། བྱིན་རླབས་ཀྱི་རྩ་བ་བླ་མ་ཡིན་པ་ལ། ཁྱོད་ཀྱིས་བླ་མ་ལས་ཡི་དམ་ལྷག་སྙམ་འདེམས་པས་ཁྱེད་ལ་མི་བརྒྱུད་ཀྱི་ཕན་མི་ཐོགས། ཆོས་བརྒྱུད་ཆུ་བོའི་གཞུང་ལྷ་བུ་འབྱུང་གསུངས་ལུང་བསྟན། དབང་དུས་དེར་མཐོང་ལམ་གྱི་རྟོགས་པ་རྒྱུད་ལ་འཁྲུངས།

ཐེག་ཆེན་གྱི་ས་དང་པོ་ནོན་ཏེ། མ་སྨྲལ་བ་བཟང་མོས་རྗེས་གནང་བ། །བྱིན་རླབས་ཀྱི་ཆུ་རྒྱུན་མ་ཆད་པས། །དབང་བཞིའི་དོན་ལ་ངོ་སྤྲོད་མཛད། །ཟག་པ་མེད་པའི་ཏིང་འཛིན་སྐྱེས། །ཞག་བདུན་བར་དུ་བརྟན་པ་ཐོབ། །སྲོག་རྩོལ་འཕོ་བ་ཉི་ཟླ་གཉིས། །གཡོ་མེད་ནམ་མཁའི་ཁྱིམ་དུ་བཅུག །རང་བྱུང་ལྷན་ཅིག་སྐྱེས་པའི་ཉམས། །བདེ་གསལ་མི་རྟོག་ཁོང་ནས་ཤར། །བག་ཆགས་གཉིས་ཀྱི་འཁྲུལ་པ་དེ། །འོད་གསལ་ལམ་གྱི་ངོ་བོར་རྟོགས། །ཡིད་ཀྱི་གཡོ་བ་གཟུང་འཛིན་གཉིས། །སྤྲོས་བྲལ་ཆོས་ཀྱི་དབྱིངས་སུ་བསྡིམ། །ཕྱི་སྣང་བ་སྒྱུ་མའི་འཁྲུལ་འཁོར་འདི། །སྐྱེ་མེད་བདེ་བ་ཆེན་པོར་རྟོགས། ། ནང་འཛིན་པ་ཡིད་ཀྱི་རྣམ་ཤེས་འདི། །སྔར་འདྲིས་མཛའ་བོ་ཕྲད་པ་བཞིན། །སེམས་ཉིད་རང་ངོ་རང་གིས་ཤེས། །ལྐུགས་པས་སྨི་ལམ་སྨིས་པ་བཞིན། །བརྗོད་དུ་མེད་པའི་དོན་ཅིག་རྟོགས། །གཞོན་ནུས་བདེ་བ་མྱོང་བ་བཞིན། །སྨྲ་རུ་མེད་པའི་ཉམས་ཤིག་ཤར། །དང་། ལྗོངས་མེ་ཏོག་རྒྱས་པའི་དགོན་པ་དེར། །དབང་བཞིའི་ཆུ་བོ་རྫོགས་པར་བསྐུར། །ཞེས་པས་སོ། །

དེ་ནས་དབུས་དང་ཁ་ཆེར་བྱོན། ཁྱད་པར་ཡུཀྟ་ཧ་རི་ར་བཞུགས་ནས། དགྱེས་རྡོར་རྒྱུད་གསུམ་གྱི་བཤད་པ། དབང་ལུང་མན་ངག་བསྲེ་འཕོ་གནད་ཀྱི་མཚམས་སྦྱོར། བཀའ་སྲུང་གུར་དུད་སོལ་དང་བཅས་པ་གནང་སྟེ། གནས་ངོ་མཚར་མཁའ་འགྲོས་ལུང་བསྟན་པ། །ས་བྱང་ཕྱོགས་ཁ་ཆེའི་ཡུལ་དུ་ཕྱིན། །དཔལ་ཡུཀྟ་ཧ་རིའི་དགོན་པ་དེར། །སྒོ་སྲུང་གི་ནཱ་རོ་པཎ་ཆེན་ལ། །རྒྱུད་ཟབ་མོ་དགྱེས་པའི་རྡོ་རྗེ་ཞུས། །བསྲེ་འཕོ་གནད་ཀྱི་མཚམས་སྦྱོར་ཐོབ། །ཁྱད་པར་གཏུམ་མོ་ལས་རྒྱ་ཞུས། །ཆོས་སྐྱོང་དུད་སོལ་ལྷ་མོ་ཐོབ། །དེར་བར་ཞིག་ལ་གཉོས་དང་ཕྲད། དགྱེས་རྡོར་ལ་ཆོས་སྐད་བྱས་པས་མར་པ་རྒྱལ། ཕ་རྒྱུད་གསང་བ་འདུས་པ་ཞེས་བྱ་བ་ཀླུང་སྦྱར་འཛིན་དུ་བྱ་བ་དེ་དགོས་ཟེར་ནས་དེ་ལ་ལན་འདེབས་རྒྱུ་མ་བྱུང་། ལོག་ནས་བླ་མ་ལ་ཞུས་པས། ནུབ་ཏུ་ལ་ཀྵི་ཏྲའི་དགོན་པ་ན་པཎྜི་ཏ་ཡེ་ཤེས་སྙིང་པོ་བྱ་བ་ཕ་རྒྱུད་ཀྱི་བདག་པོ་ཞིག་བཞུགས་དེར་སོང་གསུངས། ཕྱིན་པའི་ལམ་དུ་ཆུ་མི་ཟན་དུག་གི་ཆུ་བརྒལ་ནས་ལྤགས་ཟུལ་བཤུས་འགྲོ་བ་ཞིག་ཡོད་པ་ལ་དེའི་འགྲམ་ན་ཡུལ་ཆུང་ཞིག་འདུག་པའི་མི་ལ་རྟེན་པ་བྱིན་པས། ནགས་གསེབ་ནས་ཤིང་ལོ་ཞིག་བླངས། དེ་བཏགས་ཏེ་ལུས་ལ་སྦྲུགས་ནས་ད་བརྒལ་བས་ཆོག་ཟེར། བརྒལ་བས་སྦྲུལ་བཞིན་ཤུན་པ་བརྗེས། གཞན་སྐྱོན་མ་བྱུང་། དེར་ཡེ་ཤེས་སྙིང་པོ་དང་མཇལ་གསང་བ་འདུས་པ་འཕགས་ལུགས་རྒྱུད་འགྲེལ་པ་དབང་མན་ངག་དང་བཅས་པ་ཞུས་ཏེ། ཆུ་མི་ཟན་དུག་གི་ཆུ་ལ་བརྒལ། །ལུས་དུག་སྦྲུལ་བཞིན་དུ་ཤུན་པ་བརྗེས། །སྲོག་དོར་བར་ཕངས་སོ་ཆོས་ལ་བསམས། །ནུབ་ལ་ཀྵེ་ཏྲ་ཡི་དགོན་པ་རུ། །དཔལ་ཡེ་ཤེས་སྙིང་པོའི

ཞབས་ལ་གཏུགས། །ཕ་རྒྱུད་གསང་བ་འདུས་པ་ཉན། །སྒྱུ་ལུས་འོད་གསལ་གྱི་གདམ་ངག་ཐོབ། །ལམ་རིམ་པ་ལྔ་ཡི་དོན་ལ་བསླབས། །དེ་ནས་ཚུར་ལོག །བླ་མའི་དྲུང་དུ།ཁ་ཆེ་པཎྜི་ཏ་ཆེན་པོ་ཛྙ་ཀ་ར་སིདྡྷི་བྱོན་ནས་གསང་འདུས་ཞུ་བ་དང་འགྲིག །གསོལ་བ་བཏབ་པས་དུས་ལ་བབ་པ་ཡིན་གསུངས་གནང་བས་བཤད་པ་ལ་ཁྱད་མེད། མན་ངག་ཟབ་པ་ཙམ་བྱུང་བས། བླ་མ་རང་གི་མཁྱེན་བཞིན་དུ་བདག་དེ་ནས་ཕར་གཏོང་བ་ཞུས་པས། ཁོང་ལ་གསང་འདུས་ཀྱི་བཀའ་བབས་པ་ཡིན་གསུངས། དེར་གཉིས་དང་ཕྲད་ཆོས་སྐད་བྱས་པས་རྒྱལ། ཁོང་ནས་མ་རྒྱུད་མ་ཧཱ་མ་ཡཱ་བྱ་བ་དགོས་ཟེར། བླ་མ་ལ་ཞུས་པས། བླ་མའི་ཞལ་ནས་ལྷོ་དུག་མཚོའི་གླིང་ན་པཎྜི་ཏ་ཞི་བ་བཟང་པོ་བྱ་བ་མ་རྒྱུད་ཀྱི་བདག་པོ་ཞིག་བཞུགས། དེར་སོང་གསུངས་ལམ་འཇིགས་པ་ཆེ་བས་བར་ཆད་མི་འབྱུང་བའི་བྱིན་བརླབས་མཛད་དེ་བྱོན་པས་ཏ་ལ་པ་ཏ་དུག་མཚོ་ཁོལ་བའི་གླིང་གི་དོ་རི་ལ་བཙལ་བས་ཉི་མའི་དགུང་ལ་སླག་རུམ་མུན་པ་འཕིབས། དམོད་བཙུགས་ནས་གསོལ་བ་བཏབ་པས་མུན་པ་སངས། རྗེ་བཙུན་དང་མཇལ། དེར་ཕོ་ཉ་དང་ཕྲད་དམ་གསུངས། སྟག་གཟིག་འདྲ་ལས་གཞན་སུ་དང་ཡང་མ་ཕྲད་ཞུས་པས། དེ་ཀ་ཡིན་མོད་གསུངས། དེར་ཚོགས་དང་གསེར་གྱི་མཎྜལ་ཕུལ། མ་ཧཱ་མ་ཡཱའི་རྒྱུད་དབང་སྒྲུབ་ཐབས་རྣལ་འབྱོར་གསུམ་ལ་སོགས་པའི་མན་ངག་ཀུན་གནང་སྟེ། ལྷོ་དུག་མཚོ་ཁོལ་མའི་གླིང་དུ་ཕྱིན། །དུས་ཉི་མའི་དགུང་ལ་སླག་རུམ་འཕིབས། །ལམ་ད་ཅི་གསལ་བ་ད་ལྟ་སྟོར། །སྲོག་ཡལ་བར་བོར་ནས་རྗེ་བཙུན་བཙལ། །དཔལ་ཞི་བ་བཟང་པོ་དངོས་དང་མཇལ། །མ་རྒྱུད་མ་ཧཱ་མ་ཡཱ་ཐོབ། །དབྱིབས་རྣལ་འབྱོར་གསུམ་གྱི་དོན་ལ་བསླབས། །སྒྱུ་མ་གསུམ་འཁྲུད་ཀྱི་གདམ་ངག་ཐོབ། །ཚུར་ལོག་བླ་མ་ཉིད་ཀྱིས་ སྔ་མ་ལས་བཤད་པ་རྒྱས་ཙམ་གཞན་ཁྱད་མེད་པ་ཞིག་གནང་། དེ་ནས་གཉིས་དང་ཕྲད། ཆོས་སྐད་བྱས་པས་ཁོང་ལ་ལབ་རྒྱུ་མ་བྱུང་། ཁྱོད་ཀྱིས་མ་ཧཱ་མ་ཡཱ་སུ་ལ་བསླབས་ཟེར། ངས་བླ་མ་ཐར་པའི་ལམ་སྟོན་ལ་བསླབས། དེ་གར་བཞུགས། གྲོང་ཁྱེར་སེར་སྐྱ་ནའོ་བྱས། དེ་བླ་མ་ལ་ཞུས་པས་གསང་མི་དགོས་ཁོས་བགྲོད་པར་མི་ནུས་གསུངས། དེར་རྗེ་བཙུན་མཻ་ཏྲི་པའི་སྙན་པ་གསན་པ་དང་། བླ་མས་ཀྱང་གནང་སྟེ་རྒྱ་གར་ཤར་ཕྱོགས་སུ་བྱོན། རི་བོ་མེ་ལྟར་འབར་བའི་དུར་ཁྲོད་དངོས་གྲུབ་ཅན་གྱི་དགོན་པར་མངའ་བདག་མཻ་ཏྲི་པ་དང་མཇལ། ཐུགས་རྗེས་ལྷག་པར་གཟུང་། མཚན་བརྗོད་གསན། སྙིང་པོ་སྐོར་གྱི་གདམ་ངག་རྣམས་གནང་། དེས་སྨིན་པའི་ལམ་ལ་བོགས་ཕྱུང་སྟེ། ཤེས་རབ་ཀྱི་ཕ་རོལ་ཏུ་ཕྱིན་པ་ཇི་ལྟ་བ་རྟོགས། ས་དྲུག་པ་བརྙེས། ཤར་དངོས་གྲུབ་ཀྱི་ཚུ་བོ་གཏྨ་བརྒལ། །རི་རབ་ཏུ་འབྲུགས་པའི་དུར་ཁྲོད་ཀྱི། །དངོས་གྲུབ་ཅན་གྱི་དགོན་པ་རུ། །རྗེ་མངའ་བདག

མཻ་ཏྲིའི་ཞབས་ལ་བཏུགས། །རྒྱུད་ཟབ་མོ་བསྐོད་པ་བསྒྲུར་བླངས་ཐོས། །ཆོས་ཕྱག་རྒྱ་ཆེ་ལ་རྟོགས་པ་བསྐྱངས། །སེམས་དངོས་པོའི་བཞུགས་ཚུལ་གདན་ལ་ཕབ། །དེར་ཆར་ཟིམ་པ་ཞིག་བྱུང་ནས་བླ་མ་གྱང་སྣ་བྲེང་ངེ་ཞིག་ན་ཆར་ཡིབས་བྱེད་ཅིང་བཞུགས་པས། ལྷ་ཁང་ཞིག་གི་བྱ་འདབས་ཀྱི་ཁ་ན་བུད་མེད་ཅིག་བྱ་བྲུན་འཕྱག་གི་འདུག །བུད་མེད་དེའི་ཕྱགས་མཤོད་དུ་ལྷུང་བས་ཕར་ཅེར་ཚུར་ཅེར་བལྟས་ནས་མི་མེད་པ་འདྲ་བས་སྐྱེང་ནས་ལག་པ་ནར་བྱས་ནས་ཕྱགས་མ་བླངས་སོང་། སུ་ཡིན་བལྟས་པས་ཇོ་བོ་མཻ་ཏྲི་པའི་མུ་དྲ་ཡིན། ཆུ་ཤིང་གི་སྙེ་མ་ཅན་བྱ་བ་དེ་འདུག །དེ་མཁའ་འགྲོ་མར་གོ་ནས། དེ་རང་དུ་གསེར་གྱི་མཎྜལ་ཕུལ་ནས་བདག་རྗེས་སུ་གཟུང་འཚལ་ཞུས་པས། གསང་གདན་ལེའུ་དང་པོའི་དབང་བསྐུར། ཡུམ་བཀའ་དང་རྫོགས་རིམ་ཆུ་ཤིང་གི་མེ་ཏོག་གསང་གདན་གྱི་བཤད་པ་བྱུང་། དེ་ནས་ལོག་ནས་ནཱ་རོ་པའི་སྤྱན་སྔ་ན་བཞུགས་པའི་ཚེ། ཁྲུས་མཛད་པས་སྲུང་འཁོར་ཁྭ་ཏས་ཁྱེར་བ་རྗེ་བཙུན་ནཱ་རོ་པས་སྡིགས་མཛུབ་མཛད་པས་ཁྭ་ཏ་ས་ལ་ལྷུང་། སླར་བཞེས་དེ་དང་དུས་མཚུངས་པར་རྒྱ་ཚད་ཐེང་གསུམ་གྲོངས་པ་ལ་ཐུག་པ་བྱུང་། དྲག་ནས་བླ་མས་སོ་སྒྲིང་གི་དུར་ཁྲོད་ན་མཁའ་འགྲོ་མ་བཞུགས་པས་དེར་སོང་ལ་གདན་བཞི་ཞུས་གསུངས། དེར་བྱོན་རྣལ་འབྱོར་མ་མི་རུས་ཀྱི་རྒྱན་ཆ་ཅན་དང་མཇལ། འདི་ནཱ་རོ་པའི་ལྕམ་ནི་གུ་མར་གྲགས་པ་དེ་ཁ་ཡིན། དེར་གདན་བཞི་གསན། འདི་ལ་གདན་བཞི་ཀའི་བཤད་པ་བྱུང་། ལོག་ནས་བླ་མས་གནང་། ཚིག་ཆེས་རྒྱས་པ་དོན་ཁྱད་མེད་པར་བྱུང་གཞན་ཡང་དཔལ་སིདྡྷི་ལི་པ་སོགས་བསྟེན། རྒྱུད་མན་ངག་མཐའ་དག་ཞིག་གསན་ཏེ། རྗེ་ནཱ་རོ་ཆེན་པོས་སྣ་དྲངས་པའི། །གྲུབ་ཐོབ་བླ་མ་རྣམས་དང་མཇལ། །སྤྱིར་རྒྱུད་སྡེ་བཞི་ལ་ཉན་བཤད་བྱས། །ཁྱད་པར་མ་རྒྱུད་མཐའ་དག་བསླབས། །ཕ་རྒྱུད་གསང་བ་འདུས་པ་ཐོབ། །དང་། ལར་དུར་ཁྲོད་ཉུལ་བའི་རྣལ་འབྱོར་པ། །ཤིང་དྲུང་གནས་པའི་ཀུ་སུ་ལི། །ཡོངས་སུ་གྲགས་འགའ་ཡོད་དེ། །རྫོགས་རིམ་ཁ་འཐོར་མང་དུ་ཞུས། །ངོ་མཚར་ཅན་གྱི་སྒྲུབ་ཐབས་དང་། །ཕྲན་ཚེགས་གདམ་ངག་རྩིས་ལས་འདས། །ཆོས་འབྲེལ་བ་ཙམ་གྱི་བླ་མ་མང་། །དཔལ་སིདྡྷི་ལི་པས་སྣ་དྲངས་ནས། །མངོན་ཤེས་རིག་པ་མངའ་བརྙེས་ཤིང་། །སྣང་བ་འགྱུར་ངེས་བཅུ་གསུམ་བཞུགས། །དང་། ཆོས་སྨོན་ལམ་གྱི་འབྲེལ་པ་བཅུ་གསུམ་དང་། །ཁྱད་པར་གྲུབ་ཐོབ་ཞལ་ལྔ་བཞུགས། །རྗེ་འགྲན་གྱི་དོ་མེད་རྣམ་གཉིས་ཏེ། །གཙོ་བོ་པཎ་ཆེན་ནཱ་རོ་པ། །དེ་འོག་རྒྱལ་སྲས་མཻ་ཏྲི་པ། །དེར་དཔེ་རྣམས་ལ་གཞི་འགྱུར་མཛད། བླ་མ་རྣམས་ལ་ཞུས་ཏེ་གདན་ལ་ཕབ་བོ། །

དེ་ནས་གསེར་ཡང་ཟད་ཚུར་བྱོན་པས་གཉོས་ཀྱི་འཚོ་ཆས་ཀྱང་འཛད་ནས་ལོག་འོང་བ་དང་

འགྲིགས་ནས་བསྡེབས་བྱོན་པ་ན། གཉོས་ཀྱི་བསམ་པ་ལ། གསེར་ང་མང་རུང་ཆོས་ཁོ་མཁས་པར་འདུག་བསམས། ངན་ཞུགས་ཏེ། ཁོང་ལ་ཁྱུར་ཙ་འཁྱུར་བའི་ཨ་ཙ་ར་འདུག་ནས་དེ་ལ་བསླབས། ལོ་ཟླ་བ་བྱ་བ་ཁྲིས་པོ་འཁྱུར་ནས་ཕྱིན་ན་མིའི་མཐོང་མི་འབྱུང་། དཔེ་འདི་ལ་ཁོལ་ཟེར་ནན་ཆེ་བས་དཔེ་ཁྲིས་ཨ་ཙ་ར་ལ་གཏད་པས། དེས་གནྣའི་དབུས་སུ་ཚུ་ལ་ཤོར་སྐད་བྱས་ཏེ་བསྒྱུར། ཚུ་ཁར་ཨ་ཙ་ར་བཟུང་ནས་རྒྱལ་པོ་ལ་གཏུག་བྱས་པས། གཉོས་ཀྱིས་བསླབས་པ་དང་རྫུན་པ་བྱིན་པ་ཞིབ་པར་བཤད་བྱུང་། དེར་གཉོས་ལ་ཁྲེལ་འདེད་ཙམ་མཛད། མྱུར་དུ་རྒྱ་གར་ལ་ལོག་པའི་ཐུགས་དམ་མཛད་དེ། བལ་པོའི་མཐའ་འཁོབ་ཏུ་ཤོ་གམ་པས་བསྐྱིལ། དེ་དུས་ས་ར་ཧས་མནལ་ལམ་དུ་བྱིན་གྱིས་བརླབས། དོ་ཧ་རྡོ་རྗེའི་མགུར་སྐུལ། བལ་པོ་ནས་རིམ་གྱིས་བོད་དུ་ཕྱུགས་ཕེབས། དེར་སྒྱེར་ཕུ་གློག་སྐྱ་ཆེན་པོ་གཤེགས། དེའི་སྲས་པོ་ཤེས་རབ་བརྩེགས་ཀྱིས་ཞབས་ནས་བཏེག །ཐོག་མར་མ་ཧཱ་མ་ཡཱའི་ཆོས་བཙུགས། རིམ་གྱིས་ཡུལ་དུ་བྱོན། ལྷོ་ལ་ཡག་གི་བ་རང་ལྷ་བ་ཅན་སོགས་འདུས། དཔེ་མེད་ཀྱང་གདམ་ངག་རྣམས་ཐུགས་ལ་བྱང་བར་བཞུགས་པས་འཆད་ཉན་སླར་བར་བྱུང་། དེ་ནས་སླར་བྱང་ནམ་རའི་གསེར་ཁ་རྡོལ་བ་དང་ཐུགས་གསེར་མང་དུ་རྙེད་ནས་རྒྱ་གར་དུ་བྱོན། བླ་མ་རྣམས་ལ་བཏང་རག་གི་མཇལ་ཚོགས་དང་མཆོད་པས་མཉེས་པར་བྱས་ཏེ། སྔར་མ་གསན་པ་རྣམས་གསན་པ་དང་གསན་པ་རྣམས་ཀྱི་དཔེ་བོད་ན་འགྱུར་གྲུབ་པ་རྣམས་གཞི་དེ་ཁར་བཞག་ནས། བཅོས་དགོས་པ་རྣམས་བླ་མ་རྣམས་ལ་ཞུས་ཏེ་གཏན་ལ་ཕབ། འགའ་ཞིག་མ་བསྒྱུར་བར་རྒྱ་དཔེ་རང་བསྣམས། རྗེ་བོ་ནཱ་རོ་པ་ལ་དེ་རེས་བདེ་མཆོག་རང་ལུགས་ཀྱི་ཚོགས་བཤད་ཙམ། ལོ་དྲིལ་ནག་པོའི་སྐོར། འདུས་པ་ཡེ་ཤེས་ཞབས་ལུགས་སོགས་གསན། མཻ་ཏྲི་པ་ལ་དགྱེས་རྡོར་སངས་རྒྱས་ཐོད་པ་གསན་ནས། བོད་དུ་འབྱོན་ཁར་རྗེ་བཙུན་ནཱ་རོ་པས་ཕྱག་དབུ་ཐོག་ཏུ་བཞག་ནས། ནམ་མཁའི་མེ་ཏོག་སྐྱེས་བུ་ཡིས། །མོ་ཤམ་བུ་ཡི་རྟ་ཞོན་ནས། །རུས་སྦལ་སྤུ་ཡི་ཐུན་བྲབས་ཏེ། །རི་བོང་རྭ་ཡི་ཕྱུར་པ་ཡིས། །དགྲ་བོ་ཆོས་ཉིད་ཀློང་དུ་བསད། །ལྷུགས་པས་སྒྲ་ཞིང་དམུས་ལོང་ལྟ། །འོན་པས་ཉན་ཞིང་ཞ་བོས་རྒྱུག །ཉི་ཟླ་གར་མཁན་དུང་འབུད་ཅིང་། །འཁོར་ལོ་བུ་ཆུང་སྐོར་བར་བྱེད། །ལན་གཅིག་ཅེས་ཀྱང་ཤོག་ཅིག་གསུངས། །འབྱོན་པའི་དམ་བཅའ་ཕུལ། དེ་ནས་བོད་དུ་ཕེབས་མེས་རྔོག་མཚུར་དབང་དེ་ལ་སོགས་པ་རྗེས་སུ་བཟུང་། སླར་འཕན་ཡུལ་ནས་བྱང་འདམ་གྱི་བར་བྱོན། སྙེང་དྲུང་དུ་མར་པ་མགོ་ཡགས་ཀྱིས་གསེར་སྲང་བཞི་བཅུས་ཡོལ་གོ་ཆེན་པོ་ཞིག་བཀང་སྟེ་ཕུལ་བ་སོགས་གསེར་གཏོས་ཆེ་བ་རྙེད། དེར་ཐོ་རངས་མནལ་ལམ་ན་དར་གྱི་གོས་གྱོན། རུས་པའི་རྒྱན་བཏགས་པའི་བུ

མོ་གསུམ་བསྒྲིགས་ནས། མཁའ་འགྲོ་ནམ་མཁའི་མེ་ཏོག་གིས། །སྐྱན་རྒྱུད་མོ་ཤམ་ཧ་ཞོན་ནས། ། བརྗོད་མེད་རུས་སྦལ་སྤུས་བྲབས་ཏེ། །སྐྱེ་མེད་རི་བོང་རྭ་ཕུར་བུས། །ཏེ་ལོ་ཆོས་ཉིད་གླིང་དུ་བསད། །ཏེ་ལོ་ལྐུགས་པ་སྨྲ་བསམ་བརྗོད་མེད་ཀྱིས། །ནཱ་རོ་འོན་པ་ཆོས་ཉིད་ཆོས་སྐུའི་རི་བོ་ལ། །བློ་གྲོས་ཞ་བོ་འགྲོ་འོང་མེད་པར་རྒྱུག །ཉི་ཟླ་དགྱེས་པ་རྡོ་རྗེ་སྟེ། །གར་མཁན་དུ་མ་རོ་གཅིག་ཡིན། །དུང་ནི་སྐྱན་པ་ཕྱོགས་བཅུར་གྲགས། །འབུད་པ་སྟོང་ལྡན་དག་ལ་འབུད། །འཁོར་ལོ་བདེ་མཆོག་འཁོར་ལོ་སྟེ། ། བསྐོར་བ་སྐྱན་རྒྱུད་འཁོར་ལོ་ཉིད། །བུ་ཆུང་ཞེན་པ་མེད་པར་བསྐོར། །ཟེར་མནལ་སད་པ་དང་དཔལ་ནཱ་རོ་པའི་དྲུང་དུ་འགྲོ་བ་ལ་བསྐུལ་བར་དགོངས་ཏེ། ཆོས་འཕྲོ་རྣམས་འཕྲལ་ལ་བསྒྲིལ་ལྷོ་བྲག་ཏུ་བྱོན། རྒྱ་གར་དུ་ཆས་པ་ལ་གྲྭ་བུ་སློབ་རྣམས་ཀྱིས་ནན་གྱིས་ཞུས་ཀྱང་མ་གསན། ང་བླ་མ་ལ་དམ་ཉམས་ན་མི་རུང་། ལན་གཅིག་ཅིས་ཀྱང་ཞོག་གསུངས་པས་འགྲོ་གསུངས། ཅིས་ཀྱང་ཐེགས་ན་ཕྱག་ཕྱི་བ་དང་བཅས་ཏེ་ཐེགས་དགོས་ཞུས་པས་མ་གསན་པར་གཅིག་པུར་བཞུད་པར་ཆས། དེར་གྲྭ་པ་ཐམས་ཅད་ཀྱིས་གསེར་ཅི་རྙེད་བྱས་པས་གཏོས་ཆེ་བ་བྱུང་བ་བསྣམས་ཏེ་བྱོན། ཉང་སྟོད་དུ་རྗོ་བོ་རྗེ་ཕེབས་པ་དང་མཇལ། ཆོས་འགྲེལ་གསན་སྐད་ཆ་ཞུས་པས། རྗེ་བཙུན་ནཱ་རོ་པ་ན་ནིང་གི་ལོ་གསར་གྱི་ཉ་ལ་སྤྱོད་པ་ལ་གཤེགས་གསུངས་པ་ཐོས་པས་ཐུགས་ཐོན་འགྲོ་བ་ལྷ་བུ་ཞིག་བྱུང་། འོན་ཀྱང་བླ་མ་གྲོངས་པ་ནི་མིན་མཇལ་བ་ཞིག་ཅིས་ཀྱང་ཡོང་སྙམ་པའི་རེ་བས་གསོས། དེར་ངའི་ལོ་ཙཱ་ལ་སྟོད་གསུངས། བླ་མ་ལ་དམ་བཅའ་ཕུལ་བའི་ལོ་རྒྱུས་ཞུས་པས། འོ་ན་བདེན། རྗེ་བཙུན་ཐུགས་རྗེ་ཆེ་བས་མཇལ་བའི་སྐབས་དབྱེ་སྟེ་འོང་གསུངས། དེ་ནས་བལ་པོར་ཕེབས། དགུན་དེ་ཉིད་ལ་རྒྱ་གར་དུ་བྱོན། དགེ་རྫུལ་པ་དང་མཇལ་ལོ་རྒྱུས་རྣམས་ཞིབ་ཏུ་དྲིས་པས། རྗོ་བོ་དང་མཐུན་པར་བྱུང་ལ། སྤྱོད་པ་ལ་གཤེགས་ཁར་ཁོ་ཅིས་ཀྱང་སླེབ་འོང་། དེ་ལ་འདི་གཏོད་གསུང་བྱིན་རླབས་རྟེན་འགའ་ཞིག་གཏད། དེར་ཁོང་ནས་རྗེ་བཙུན་ཐུགས་རྗེ་ཆེ་བས་དང་ཁྱོད་རང་མོས་གུས་ཀྱི་གདུང་ཤུགས་ཆེ་བ་འཛོམ་པས་མཇལ་རང་འོང་། དེ་ལ་ཡོ་བྱད་འདི་ཚོས་ཚོགས་འཁོར་བསྐོར་ལ་གསོལ་བ་ཐོབ་གསུངས་པ་བདེན་སྙམ། ཐོག་མར་མི་ཏྲི་པའི་དྲུང་དུ་བྱོན། དེའི་དུས་སུ་དཔལ་གཉིས་མེད་རྡོ་རྗེས་ཐུགས་ལ་བརྟགས། དུས་དེའི་ཚེ་ངོ་མཚར་བའི་ལྟས་ནི་སྣ་ཚོགས་པ་བྱུང་སྟེ། སྐུ་རྒྱབ་གདང་པའི་ལྗོན་ཤིང་གིས་ཡང་ཡང་གཡོ་བ་དང་མགུལ་བ། སྤྲུལ་པའི་ཅེ་སྤྱང་དམར་མོ་བདུན་ནམ་མཁའ་ནས་དངོས་སུ་གཏོར་མ་ལེན་པ། ས་གསུམ་གྱི་མཁའ་འགྲོ་རྣམས་གར་བསྒྱུར་སྟུགས་ཀྱི་རང་སྒྲ་སྒྲོག་པ། བར་སྣང་གང་བའི་ཞིང་སྐྱོང་གི་མཁའ་འགྲོ་རྣམས་རོལ་མོ་འབུལ་བ། སྒྲོན་ཤིང་མར་མེ་མཛུབ་གང་ཞག

བདུན་དུ་འབར་བ། མངའ་བདག་གི་གསུངས་ནས། ཁྱོད་སྐྱེ་བ་གསུམ་གྱི་འོག་རོལ་ཏུ་སངས་རྒྱ་བར་འགྱུ་རོ་ཞེས་དང་། ལྷོངས་ཁ་བ་ཅན་གྱི་རྒྱུད་དུ་གདུལ་བྱ་སྨོན་ལྡན་ཡོད་པ་དང་། རྗེ་བཙུན་ནཱ་རོ་པ་དང་མཇལ་བར་ལུང་བསྟན། ལྷོ་དུག་མཚོའི་གླིང་དུ་བྱོན། དེའི་དུས་སུ་དཔལ་ཞི་བ་བཟང་པོ་དེ་ཚོགས་ཀྱི་འཁོར་ལོ་མཛད། བུད་མེད་ཀྱི་རོ་ཞིག་ཚོགས་གྲལ་དུ་འདུག་པའི་ཐོད་པ་རློན་པ་ཁྲག་ཅ་རེ་བའི་ནང་དུ། དཔལ་ཞི་བ་བཟང་པོས་གུ་ཡ་མ་ཧིའི་རྒུ་ལྕེམ་ནས་གླུད་པ་དང་དྲི་ཆུ་བསྲེས་པ་དེ་དམ་ཚིག་ཏུ་ཁྲིམ་ཞིང་འདུག་པ་མར་པའི་ཐད་དུ་བསླེབས་པ་དང་། ཐོད་པའི་རྡུས་ཆིལ་ཆིལ་ཁོལ་གྱིན་འདུག་ནས་ནང་དུ་གཟིགས་པས་མ་ཧཱ་ཡཱའི་ཡིག་འབྲུ་སྔགས་ཀྱི་འཁོར་ལོ་ཞལ་གཟིགས། ཟབ་མོ་སྔགས་ཀྱི་རྣལ་འབྱོར་གྱི་རྟོགས་པ་དང་མཐར་ཐུག་དེ་ཁོན་ཉིད་ཀྱི་དོན་ཁོང་དུ་ཆུད་པར་བྱས་སོ། །

དེ་ཡང་ནཱ་རོ་པ་དང་མཇལ་བར་ལུང་བསྟན། དེ་ནས་ནུབ་ཏུ་ལ་ཀླུ་ཧུར་བྱོན། དཔལ་ཡེ་ཤེས་སྙིང་པོ་གང་ན་བཞུགས་དྲིས་པས། རིགས་ངན་མ་ཞིག་གིས་ཉེ་གནས་བྱས་ནས་ནགས་གསེབ་ཡ་གི་ན་བཞུགས། རིགས་ངན་མ་དེ་ད་ལྟ་རྒུ་འཆུ་རུ་འོང་ཟེར། རྒུ་མིག་རྩར་བསྡད་པས་དེ་བྱུང་ནས་བླ་མ་ལ་མཇལ་བའི་ཞུ་བ་བསྐུར་བས་སྤྱིལ་པོར་སོང་། དེ་ནས་རིགས་ངན་མོ་དེས་བུམ་པ་ཞིག་ཁྱེར་ནས་འོང་སྟེ་རྒུ་འདིའི་སུམ་གཉིས་ཀྱིས་ཁྲུས་གྱིས་སུམ་གཅིག་ཁ་རུ་འཐུང་ཟེར་ནས། རིགས་ངན་མ་དེས་ཞ་ཧེ་ལ་རྒུ་བཟེད་ཀྱི་འདུག་པས་རྒུ་བུམ་པའི་ནང་དུ་བླུགས་པ་དང་། དེ་ཐམས་ཅད་བྱང་ཆུབ་སེམས་སུ་སྒྱུ་མེར་གྱིས་སོང་། དེ་ནས་བུད་མེད་དེ་རང་བུམ་པའི་སྟེང་དུ་ལུས་ཀྱི་འཁྲུལ་འཁོར་བཅས་ནས་འདུག་པས། གསང་བའི་གནས་ནས་རཀྟའི་རྒྱུན་བབས་པས་བྱང་སེམས་དཀར་དམར་དུ་འདྲེས་པ་དེའི་སུམ་གཉིས་ཀྱིས་ཁྲུས་བྱས། སུམ་གཅིག་འཐུངས། ལྷག་མ་ཡོད་དམ་སྙམ་བུམ་ནང་དུ་བལྟས་པས། བུམ་ནང་ན་དཔལ་གསང་བ་འདུས་པའི་དཀྱིལ་འཁོར་རྟེན་བརྟེན་པར་བཅས་པ་ཁྲ་ཧྲམ་མེ་གཟིགས། དེ་མ་ཐག་ཏུ་དཔལ་ཡེ་ཤེས་སྙིང་པོ་བྱོན་ནས་ཕྱག་ཕུལ་བས། ཞལ་ནས་ཁྱོད་ཉོན་མོངས་པའི་འཆིང་བ་ལས་གྲོལ་ལམ། རྒྱུད་ཡོངས་སུ་སྨྲིངས་སམ། དེ་ཁོ་ན་ཉིད་ཀྱི་དོན་ཁོང་དུ་ཆུད་དམ། ཞེས་གསུངས་ནས་བྱིན་གྱིས་བརླབས་སོ། །དེར་ས་བརྒྱད་པ་བརྙེས། དེ་ནས་སོ་ས་གླིང་དུ་བྱོན་པས་ལམ་པ་ལི་པ་ཏ་ཞེས་བྱ་བར་བརྗོད། དེར་བུ་མོ་ཞིག་ཤིང་ཐོག་དཔལ་འབྲས་སྲུང་གིན་འདུག །དེ་ལ་ཤིང་ཐོག་བསླངས་པས། དེ་ན་རེ་ངའི་མ་ལ་བསླང་དགོས་ཟེར་ནས་དེས་མ་ལ་སྨྲུན་བྱུང་། དེ་རྣལ་འབྱོར་མའི་ཆས་ཅན་དུ་འདུག །དེས་ལྟུང་བའི་ལྟ་སྟངས་བྱས་བྱུང་བའི་མོད་ལ་ཤིང་ཐོག་རྣམས་ས་ལ་འབྱུར་ཏེ་བབ་བྱུང་། དེ་ནས་གང་འདོད་ཟོ་ཟེར། བསྐྱབས་ཏེ་གཅིག་ཟ་བར་བརྩམས་ཏེ་ཁ་ཕྱེ་བས།

དེའི་ནང་དུ་གདན་བཞི་བའི་དཀྱིལ་འཁོར་རྟེན་བརྟེན་པར་བཅས་པ་མངོན་སུམ་དུ་གཟིགས་ཏེ། ཐུང་མེད་མ་སྨད་མཁའ་འགྲོ་མར་མཁྱེན། རྣལ་འབྱོར་མ་མི་རུས་ཀྱི་རྒྱན་ཆ་ཅན་གྱིས་བྱིན་གྱིས་བརླབས་པ་ཡིན། དེ་ནས་རི་རི་པ་དང་། ཀ་སོ་རི་པ་དགེ་ཚུལ་ཅན་དུ་ཕྱིན་ཚོགས་ཀྱི་འཁོར་ལོ་བསྐོར། དེ་ཐམས་ཅད་དུ་དཔལ་ནཱ་རོ་པ་དང་མཇལ་བ་ཁོ་ནར་ལུང་བསྟན། དེ་ནས་པི་ཀྲ་མ་ལ་ཤཱི་ལའི་ནཱ་རོ་པའི་གཙུག་ལག་ཁང་ཤར་ཁྲི་སྒོ་བརྩེགས་པ་ཞེས་ཡོད་པ་དེར་བཞུགས་ཏེ། དགྱེས་རྡོར་རྒྱུད་གཟིགས། རྒྱུད་ཀྱི་ཆིངས་འཆད་ལུགས་ཐམས་ཅད་པཎྜི་ཏ་གཞན་ལས་ནཱ་རོ་པ་ལྷག་པར་མཁྱེན་ནས་ཤིན་ཏུ་ངོ་མཚར། གཱ་ན་བཞུགས་ཀྱང་བཙལ་དགོས་སྙམ་པ་ཀ་ལི་ཞལ་བལྟ་བ་སྐྱེ་འབྲས་དཀར་མོ་བྲེ་གསུམ་དང་ཉ་ཤ་ཞིག་ཆས་སུ་བསྣམས་ཏེ་ཚོལ་དུ་ཕྱིན་པས་མ་རྙེད་པར་རིགས་ངན་གྱི་གྲོང་དུ་ཚུད། དེར་རྒྱལ་པོས་བཙོན་དུ་བཟུང་། ཞག་གསུམ་ནས་བཏང་། རྒྱལ་པོ་དེ་འཚོ་བའི་ཡོ་བྱད་ནི་སྦྲིན་སྲིག་གི་ཐབ་ཁྱུང་དུ་རླུང་གཡབ་ཀྱིས་གཡབས་པས་མི་འབྱུང་། དེའི་གསེབ་ནས་ཟས་སྣ་ཚོགས་པ་གཟར་བུས་བཙུས་ནས་འོང་བ་གཟིགས། བླ་མ་རྣམས་རྒྱལ་པོ་དེའང་ནཱ་རོའི་སྤྲུལ་པ་ཡིན་གསུངས་སོ། །

དེ་ནས་མ་རྙེད་པར་དཔལ་པེནྟ་པ་ཆུང་བ་བྱོན་པ་དང་ཐུག་དེ་ས་མཁན་དུ་བྲུས་ནས་བཙལ་ཡང་མ་རྙེད། པེནྟ་པ་ལོག །བླ་མ་རང་གིས་སྨྱོན་པ་འཁྱམ་པ་ལྟ་བུར་ནགས་གསེབ་དུར་ཁྲོད་བས་མཐའ་ཐམས་ཅད་ཉུལ་བས། ཉིན་གཅིག་ཙནྡན་གྱི་སྡོང་པོ་ཞིག་གི་སྟེང་ན། དགྱེས་པ་རྡོ་རྗེ་ལྷ་དགུའི་དཀྱིལ་འཁོར་འཇའ་ཚོན་གྱི་གུར་ཕུབ་པ་ལྟ་བུ་སྣང་ལ་རང་བཞིན་མེད་པ། སྡོང་པོ་ལ་མ་རེག་རེག་ལ་ཁད་པ་དེའི་བཅོམ་ལྡན་འདས་མ་ལྷན་ཅིག་སྐྱེས་མའི་ཐུགས་ཀར་ཨཱུཿ་སྔགས་ཀྱི་འཁོར་ལོ་སྐྱུ་ཤད་ཀྱིས་བྲིས་པ་ལྟ་བུ་སྒོར་རེ་བ་སྐྲུས་མི་སྒྲིབ་པ་ཞལ་གཟིགས། ཡང་བཙལ་བས་ཤེལ་གྱི་ཕ་བོང་ལ་ནཱ་རོ་གཤེགས་པའི་ཞབས་རྗེས་རྙེད། ད་དེ་མྱུར་བར་མཇལ་འོང་སྙམ་དྲོད་པ་སྐྱེས་ཏེ། དེ་ཁོ་ནའི་མདུན་དུ་མཎྜལ་འབུལ་གྱིན་གསོལ་བ་བཏབ་ནས་ཞག་བདུན་སོང་བ་དང་། དཔལ་ནཱ་རོ་པ་དངོས་སུ་དེའང་མི་ལྤགས་ཀྱི་གཡང་གཞི་གསོལ་བ། ཐོད་པ་དང་ཁ་ཊྭཱཾ་ག་བསྣམས་ཤིང་། སྐྲ་གཅེར་བུ་སྟག་ཤམ་རལ་པའི་ཐོར་ཙུགས་རུས་པའི་རྒྱན་དྲུག་གིས་བརྒྱན་པ་དཔལ་ཧེ་རུ་ཀའི་ཆས་སུ་ཞུགས་པ་ཞིག་བྱོན། རབ་ཏུ་དགའ་ཆེས་ཡུན་རིང་པོ་སྡུག་བསྔལ་བཞིན་དུ་བཙལ་བའི་ཡུས་ཀྱིས་བརྣངས་ཏེ་ལུས་སྐྱུ་ལ་བཙུན་མོ་ལྟ་བུར་འཁྱུད་དེ་དུས་ནས་རྗེ་བཙུན་ཐུགས་རྗེ་རེ་ཆུང་ཞེས་ཞུས། དེ་ནས་གསེར་ལྷག་ཐམས་ཅད་མཎྜལ་དུ་ཕུལ་བས་མ་བཞེས། ནན་གྱིས་ཞུས་པས་བཞེས་ཏེ། སྤྱན་ཟིམ་མཛད། བླ་མ་དཀོན་མཆོག་མཆོད་ཅིག་གསུང་ནམ་མཁའ་ལ་གཏོར་སོང་བས། འཕངས་སྙམ་ཤར་བས་མོད་ལ།

ཁྱོད་འདོད་ན་སླར་ཡང་ཡོད་དོ་གསུངས་མ་གོད་པར་གཏད། འདི་ཐམས་ཅད་གསེར་གླིང་ཡིན་མོད་གསུངས་ཞབས་བརྡབས་པས་ས་གཞི་ཐམས་ཅད་གསེར་དུ་སོང་། དེར་ཚོགས་འཁོར་ཤོམས་གསུངས། འདི་ན་ཀ་ཁོག་གཅིག་ལས་མི་འདུག་ཞུས་པས། དེ་དུས་བུ་དྲུག་ཅུར་གཏུགས་ལ་ལ་བའི་ཁྲུང་དུ་ཤིང་ལོས་གཏུམས་ལ་ཅུང་ཟད་ཞོག་གསུངས་བཞག །དེ་ནས་ཅུང་ཟད་སོང་བ་དང་དབྱེ་བས་བཟའ་བ་དང་བཅའ་བའི་རིགས་སྣ་དྲུག་ཅུ། རོ་བརྒྱ་དང་ལྡན་པ་མང་པོ་ཞིག་ཏུ་སོང་འདུག་པས། དེར་ཚོགས་ཀྱི་འཁོར་ལོ་མཛད་དེ། རང་གྲོལ་ཡེ་ཤེས་ཉི་མ་ཡིས། །པཎྜི་ཏ་རིའི་དགོན་པ་རུ། །ཟླ་ཏིའི་མ་རིག་མུན་སེལ་ལ། །ཡེ་ཤེས་སྣང་བས་ཁྱབ་པར་གྱིས། །ཞེས་བླ་མས་ལུང་བསྟན་པ་ཡིན་པས་པཎྜི་ཏ་རིར་འགྲོ་གསུངས་བྱོན། དེར་མཁའ་འགྲོ་སྙན་རྒྱུད། རང་ལུགས་བདེ་མཆོག་འཁོར་ལོའི་སློབ་བཤད་ཀྱི་རྩེ་མོར་ཕྱིན་པ། གཞན་ཡང་བསྲེ་འཕོའི་མན་ངག་ལྷག་མ་ལུས་པ། རོ་སྙོམས་སོགས་སྔར་མ་གནང་བ་དང་གནང་བ་རྣམས་སྙིང་པོར་བསྒྲིལ་ཏེ་གནང་དེར་ཟླ་བ་གསུམ་བཞུགས་ཟེར། དེ་དུས་བླ་མ་འདི་མ་རྙེད་པས་སྐྱུངས། ད་བོད་དུ་ལོག་མི་འགྲོ་བླ་མ་འདི་རང་གི་དྲུང་དུ་སྡོད་སྙམ་ཐུགས་ལ་ཤར་བས། སློབ་དཔོན་སྤྱོད་པ་བས་ཤར་ཕྱོགས་ཀྱི་རྒྱུད་བྱིན་གྱིས་བརླབས་པ་ཡིན། སློབ་དཔོན་འཕགས་པས་ལྷོ་ཕྱོགས་ཀྱི་རྒྱུད་བྱིན་གྱིས་བརླབས། རྒྱལ་པོ་ཨིནྡྲ་བྷཱུ་ཏིས་ནུབ་ཕྱོགས་ཀྱི་རྒྱུད་བྱིན་གྱིས་བརླབས། ངས་བྱང་ཕྱོགས་པཎྜ་ཏའི་རྒྱུད་ཁ་བ་ཅན་བྱིན་གྱིས་བརླབས་པ་ཡིན་པས། ཁྱོད་འདི་རུམ་སྡོད་བོད་དུ་སོང་ཞིག །བྱང་ཕྱོགས་ཁ་བ་ཅན་གདུལ་བྱ་སྨོན་ལྡན་ཡོད་དོ་གསུངས་ཏེ། བླ་མ་རང་ཕྱོགས་ལས་རྣམ་རྒྱལ་གྱི་སྤྱོད་པ་ལ་ཞུགས་ཏེ་མི་སྣང་བར་གྱུར་ཏོ། །

དེ་ནས་གསེར་ལྷག་མ་རྣམས་ཀྱིས་རྟེན་མ་ཧཱ་བོ་དྷི་སོགས་ལ་མཆོད་པ་མཛད་དགོངས། དེའི་དུས་སུ་རྡོ་རྗེ་གདན་གྱི་དུས་མཆོད་དང་འཛོམ། དེར་ཉིན་མོ་མིས་མཆོད་པ་འབུལ། ནུབ་མོ་མི་མ་ཡིན་གྱིས་མཆོད་པ་འབུལ་བ་ཡིན་པས། དེའི་དུས་སུ་ནུབ་མོ་ཀུ་ཅོ་ཆེན་པོ་བྱུང་། ནང་པར་བལྟས་པས་སྲིན་པོ་ཤིན་ཏུ་ཆེ་བ་ཞིག་ཤི། དེའི་གདོང་པ་རང་ལའང་མཐོ་བཅུ་དྲུག་འདུག་ནས། ཐམས་ཅད་ལངས་དོགས་སྐྲག་ནས་ཡོད་པའི་ཚེ། ལོ་ཙཱ་བས་པེནྟ་པ་ལ་ངས་བསྒོམས་པའི་ནུས་པ་བསྟན་ནམ་བྱས་པས། གདམས་ངག་གི་རྩལ་ཅི་འདུག་ལྟ་ཡི་གྱིས་གསུངས། དེར་ལུས་པརྟེ་པ་ལ་བཅོལ་ནས་སྲིན་པོའི་རོ་ལ་གྲོང་འཇུག་མཛད་ནས་བས་མཐར་དོར། དེར་ཐམས་ཅད་ཀྱིས་ལོ་ཙཱ་བ་གྲུབ་ཐོབ་ཏུ་ཤེས་ནས་བཀུར་སྟི་བགྱིས་སོ། །དེ་ནས་བལ་པོར་སླེབ་དུས་དུར་ཁྲོད་ར་མ་དོ་ལིར་བླ་མ་མེ་མཉམ་རྡོ་རྗེ་ཚོགས་འཁོར་མཛད་འདུག་པས། དེ་ཀྱི་ཡ་ཞུས་པའི་བླ་མ་ཡིན་པས་དེས་བོས་བྱོན། རྣལ་འབྱོར་པ

དེ་རྣམས་ཚོགས་མགྲོགས་པར་གྱིས། འཕྱིས་ན་མཁའ་འགྲོ་མའི་བར་ཆད་འོང་ཟེར། དེ་རྣམས་ལ་འདི་འདྲ་བའི་རྣལ་འབྱོར་པ་འོང་བ། མཁའ་འགྲོ་མ་ལ་འཛེམ་པ། མཁའ་འགྲོ་མས་བྱིན་གྱིས་རློབ་དངོས་གྲུབ་སྟེར་བ་ཡིན་མོད། ངའི་བླ་མ་རྣམས་ཞིང་སྐྱོང་གི་མཁའ་འགྲོ་མ་དངོས་སུ་གྲལ་ལ་སྒྲིག་པ་ཡིན་ཏེ་སྐམ་ནཱ་རོ་མཻ་ཏྲི་དྲན་དུ་སོང་རྒྱ་གར་དུ་ལོག་དགོངས་ཐོ་རངས་མནལ་ལམ་ལ། ཤིང་ལོ་གྲོན་པའི་བུད་མེད་ཅིག་ སྟྲས་སུ་འོངས་ནས་ཕྱག་སྤྱི་བོར་བཞག །ད་རྒྱ་གར་དུ་མ་ལྡོག་བོད་ན་གདུལ་བྱ་ཡོད། དེའི་བར་དུ་བར་ཆད་མི་འབྱུང་ཟེར་བ་དང་། བལ་ཡུལ་རིན་ཆེན་ཚུལ་གྱི་གཙུག་ལག་ཁང་ན་བཞུགས་པའི་ཚེ། ཐོ་རངས་མནལ་ལམ་ལ་ཇོ་བོ་མཻ་ཏྲི་པ་སེངྒེ་ལ་ཆིབས་ནས་བྱོན་ཏེ། སྐྱེ་མེད་མཆོན་པའི་བརྡ་བསྟན། ཡི་གེ་མེད་པའི་ཆོས་གསུངས། བརྗོད་དུ་མེད་པའི་དོན་རྟོགས། སྣང་མ་ཤར་བའི་ཉམས་ཤར་བ་རྨིས། མནལ་སད་པ་དང་རྗེ་བཙུན་མཻ་ཏྲི་པ་དྲན་དུ་སོང་། དེ་ནས་རིམ་པས་བོད་དུ་ཐེབས། བུ་སློབ་རྣམས་ཀྱིས་གཞི་ལེན་ཕུན་སུམ་ཚོགས་པ་བགྱིས། དེའང་རྒྱ་གར་དུ་བྱོན་ཐེབས་དང་པོ་ལ་ལོ་བཅུ་དགུ། བར་པ་ལ་དྲུག །དེ་རེས་རྒྱ་གར་རང་དུ་ལོ་གཅིག་བཞུགས། དགུང་ལོ་བཅུ་གཉིས་ནས་ལྔ་བཅུ་རྩ་གཉིས་ཀྱི་བར་ལ་སྦྱངས་པ་མཛད་པས་ལོ་བཞི་བཅུ། དཔལ་ནཱ་རོ་པ་རང་བསྟེན་པ་ལ་སྦྱ་ཕྱི་བསྡོམས་པས། ལོ་བཅུ་དྲུག་དང་ཟླ་བ་བདུན་དུ་བསྟེན། དུས་སྐད་ཅིག་མི་འབྲལ་འགྲོགས་པའི་ཕྱིར། །དང་། ངམ་རར་སྟོན་ཆོས་ཀྱི་བློ་གྲོས་འདི། །ཚེ་སུམ་གཉིས་རྒྱ་གར་ཡུལ་དུ་བསྐྱལ། །ལོ་བཞི་བཅུའི་བར་དུ་ཐོས་བསམ་བྱས། །དུས་ན་ཉིང་གདུག་པ་སྦྲུལ་གྱི་ལོ། །ཚོ་འཕྲུལ་ཟླ་ཡི་ཟླ་བ་ལ། །མི་ཁོ་བོ་ལམ་དུ་ཞུགས་ནས་མཆི། །དང་། དུས་གཞིས་ཉིང་རྒྱ་གར་འགྲོ་བའི་ཚེ། །ལོངས་སྤྱོད་འབྱོར་པས་ཕོངས་དུས་སུ། །རིན་ཆེན་གསེར་གྱིས་ཡོལ་མོ་བཀང་། །དང་། རྒྱ་གར་ཡུལ་དུ་ལན་གསུམ་ཕྱིན། །ལུས་སྲོག་ལ་མ་བལྟས་དམ་ཆོས་བཙལ། །ཞེས་གསུངས་སོ། །འབྱོན་ཐེབས་བར་པ་ལོག་ནས་རྟོག་སྟོན་མགོ་ཡགས་ལ་སོགས་པ་རྗེས་སུ་བཟུང་། ཕྱི་མ་འབྱོན་དུས་རྗེ་བཙུན་མི་ལ་ཞབས་ཕྱིར་འབྱོན་པ་སྐད་དང་། མར་པའི་ཉེར་དགུ་པ་ལ་མི་ལ་འཁྲུངས་པ་དང་། ཕྱི་མ་འབྱོན་པ་བཞི་བཅུ་རྩ་གཉིས་པ་ལ་བྱེད་པ་མར་པའི་དགུང་ལོ་སོ་གཅིག་པ་ལ་ཇོ་བོ་བོད་དུ་འབྱོན་པ་རྣམས་དུས་མི་འགྲིག །དེས་ན་རྗེ་བཙུན་རང་གི་མགུར་དང་བསྟུན་ན་ལྔ་བཅུ་རྩ་གཅིག་པ་ལ་བྱོན། རྩ་གཉིས་པ་ལ་རྒྱ་གར་དུ་བཞུགས། ང་གསུམ་པ་ལ་ཕྱིར་འཁོར། དེ་ནས་ཇོ་མོ་བདག་མེད་མ་ཁབ་ཏུ་བཞེས། དེར་གཞན་གྱི་ཐ་མལ་པ་འཇིག་རྟེན་ལ་ཞེན་པ་ཞིག་ཏུ་རྟོག་སྐལ་ལྡན་རྣམས་ལ་སྐལ་བ་ཇི་ལྟ་བའི་ལམ་སྟོན་པར་མཛད་པ་ལས་རྟོག་ཆོས་སྐུ་རྡོ་རྗེ་ལ་དགྱེས་རྡོར། གུར། མ་ཧཱ་མ་ཡཱ། གདན་

བཞི་རྩ་བཤད་འགྲེལ་པ་མན་ངག་དང་བཅས་པ་གནང་། རྗེས་ཀྱི་བརྒྱུད་པ་བདུན་ཚུན་ཇོ་རྗེ་དྲིལ་བུ་འཛིན་ཤེས་པས་ཆོག །ཁོ་བོ་རང་གིས་བྱིན་གྱིས་རློབ་པ་ཡིན་གསུངས། མེས་ཆེན་པོ་ལ་བདེ་དགྱེས་གསང་གསུམ་མ་ཡཱ་སངས་རྒྱས་ཐོད་པ་མན་ངག་དང་བཅས་པ་གནང་། དོལ་གྱི་མཚུར་སྟོན་དབང་ངེ་ལ་གསང་བ་འདུས་པ་ལུགས་གསུམ། རྩ་རྒྱུད་སྒྲོན་གསལ། རྒྱུད་ཕྱི་རྩ་འགྲེལ། བསྐྱེད་རྫོགས་ཀྱི་མན་ངག་དགྱེས་རྡོར་སོགས་གནང་། འདི་གསུམ་ལ་བཤད་རྒྱུན་མུ་ཏིག་སྤར་ལ་རྒྱས་པ་ལྷ་བུའི་བཀའ་བབས་གཞན་ཡང་འདམ་སྙིང་དྲུང་གི་མར་པ་མགོ་ཡགས། དོལ་པ་གག་སྟོན། གྲའི་མེའུ་ཚུང་། ཚུ་གོད་དཔལ་ལེ། དགེ་བཤེས་ཁེ་གད། མཛལ་བ་ལ་སྦྱ་བ་ཀློག་སྐྱ། གཉལ་གྱི་ཤུད་ཀྱི་ལྷབ་ཅན། ལ་ཡག་པ་བ་རང་ལྷབ་ཅན། འཕྲང་གི་རྒྱ་སྟོན་ཞིག་པོ། གཙང་རོང་རྒྱ་མཁར་གྱི་ཞང་སྟོན་ནོ། །

ཁེ་གད་ནི་ལོ་ཙྪ་བ་འཁོར་ལོ་གྲགས་ཀྱི་ཡབ། རྗེ་བཙུན་གྲོངས་ནས་རྒྱུད་རྒྱུད་འགྲེལ་གྱི་རྒྱ་དཔེ་ཕལ་ཆེར་འདིའི་ལག་ཏུ་བྱུང་། མར་པ་བྱ་ཟེ་བ། མྱང་སྒོམ་སྤྲང་ལྷག །ལྷ་རྗེ་སེ་རིངས། དེ་དག་རྒྱུད་དབང་མན་ངག་གིས་རྗེས་སུ་བཟུང་བ་ཁོང་རང་ཆེ་ནས་མི་ཐོག་འགའ་ཟུང་གི་བར་དུ་འཆད་ཉན་གྱི་རྒྱུན་བྱུང་བ་ཀྱང་། ཞང་སྟོན་གྱིས་མར་མེས་གཉིས་ཀ་ལ་གཏུགས། གཞན་ལྷོ་པ་ཏེ་སྒོམ་ནི། རྗེ་བཙུན་གྱི་ཞིབས་ཁ་བ་སྐྲ་ལུས་འདི་ཁས་མཁའ་སྤྱོད་བྱོན་པ། ཆོས་འབྲེལ་བ་ཙམ་གྱི་སློབ་མ། རྩ་མི་ལོ་ཙྪ། མར་དོ། སྤུ་ཧྲེང་ལོ་ཆུང་སོགས་མང་ངོ་། །ཇོ་མོ་གཞན་བརྒྱད་དེ་ཚོགས་ཀྱི་འཁོར་ལོ་བསྐོར་བའི་ཚེ་དགྱེས་རྡོར་སྤྲུལ་པའི་ལྷ་དགུར་དངོས་སུ་སྟོན། གཙོ་མོའི་ཕྲས་སུ་མདོ་སྡེ་འབྲུངས། དགུང་ལོ་ཉེར་གཅིག་པ་ལ་རྟས་བརྟབ་པས་དབུ་ཆག །རྒྱུད་མན་ངག་ལ་སྦྱངས་པ་ཆེ། གྲོང་འཇུག་ནུས་པས་བོད་དུ་གདུལ་བྱ་མེད་པས་གྲོང་འཇུག་བཏུབ་པའི་མི་རོ་མ་རྙེད་ནས་ཕུག་རོན་གྱི་རོ་ལ་གྲོང་འཇུག་མཛད། རྒྱ་གར་ཤར་ཕྱོགས་སུ་བྲམ་ཟེ་གཞོན་ནུའི་རོ་ལ་གྲོང་འཇུག་གིས་ལ་འཕྲིན་ལས་མཛད་པ་བླ་མ་གསུངས་པ་ལས་ཕྱིས་ཐོས་པའི་ལོ་རྒྱུས་མེད། གཞན་འཁོར་གྱི་བདག་མེད་མ་བཞི་ཙམ་ལ་སྲས་དྲུག །སྲས་མོ་གཅིག་སྟེ་བདུན་ཡོད་ཟེར། སྲས་མྱ་ངན་ལས་འདས་པའི་གོང་དུ་རྗེ་བཙུན་མི་ལས་གཏུགས་ནས་ལོ་བཞི་ཙམ། ཡི་ཆད་བརྒྱད་ཀྱི་སྒོ་ནས་ཚར་བཅད། སྲས་ཀྱི་ཆེ་འདོན་མཛད་པའི་དུས་ནས་རྗེས་སུ་བཟུང་། ཆེ་འདོན་ནས་ལོ་གཉིས་ཙམ་ལ་སྲས་གཤེགས། དེ་དུས་རྗེ་མར་པ་དགུང་ལོ་དོན་དྲུག་ཙམ་མོ། །མི་ལ་ལ་བདེ་དགྱེས་གསང་འདུས། གདན་བཞི། སངས་རྒྱས་ཐོད་པ། མ་ཧཱ་མ་ཡཱ་རྣམས་ཀྱི་རྒྱུད་དབང་སྒྲུབ་ཐབས་རིམ་པ་གཉིས་དང་བཅས་པ་སྙིང་པོ་དོན་གྱི་སྐོར་རྣམས་མཐར་ཕྱིན་པ་གནང་ཡང་། སྒྲུབ་རྒྱུད་ཀྱི་བཀའ་བབས་པས་བརྒྱུད་འཛིན་རྒྱས་ཀྱང་བཤད་རྒྱུན་བདེ་མཆོག་ལས

མ་དར་རོ། །རྗེ་མར་པས་རྒྱ་གར་ན་གདན་བཞི་ཀའི་དཔེ་ནཱ་རོ་པ་མིན་པ་ལ་མེད་གསུངས། བླ་མ་གྲོ་བོ་ལུང་ན་ཆོས་གསུང་དུས། སྤུ་སྤེ་སྣང་ན་ཇོ་བོ་ཁྲུང་པ་བྱ་བ་འགོས་ཀྱི་སློབ་མ་ཞིག་གདན་བཞི་འགྲེལ་པ་ལུགས་འཆད་པ་ལ། བླ་མའི་གསུང་ནས་ང་ཅག་དམག་དྲང་དགོས་གསུངས། དེ་ཅི་ལགས་ཞུས་པས། རྒྱ་གར་ན་གདན་བཞི་ཀ་ཤེས་པ་གཞན་མེད་པར་བོད་དུ་གདན་བཞི་ཀ་འཆད་པ་དེས་གསུངས། དེ་ཁོང་གིས་གསན་ནས་ཁོང་གསུང་བ་མད་དེ་མཆི། དཀའ་བ་མཛད་པ་ཡིན་གསུངས་འཕྲོ་བཅད། རྗེ་བཙུན་གདན་བཞིའི་རྒྱུད་གསུམ་འཆད་པ་ན་མཁའ་འགྲོ་མ་རྣམས་ཐེབ་སེ་ཉན་པ་ལ་འོང་གསུངས། དེ་ལྟ་བུའི་རྗེ་བཙུན་དེ་རྒྱུད་མན་ངག་གི་རྒྱ་མཚོར་བཞུགས་པ་ལ་བོད་རྣམས་ཀྱི་བསོད་ནམས་ལ་བུམ་པ་གང་བ་ཙམ་ཞིག་དར་བ་ཡིན། དེ་ནས་རྗེ་མར་པས་གྲོང་འཇུག་ཀྱང་འགའ་རེ་མཛད་དེ་བསྟན། སྐུའི་བཀོད་པའང་དུ་མར་སྣང་། ཏིང་ངེ་འཛིན་གྱི་དཀྱིལ་འཁོར་སྤྲུལ་ནས་མངོན་སུམ་དུ་སྟོན། ས་ཐམས་ཅད་རྫོགས་ཀྱང་ས་བཅུ་པའི་ཚུལ་འཛིན། བརྒྱད་ཅུ་རྩ་བརྒྱད་པ་ལ་ཡུམ་བདག་མེད་མ་འོད་ཀྱི་གོང་བུར་བྱས་ཏེ་ཐུགས་ཁར་བསྡུས། འགྲོ་དོན་གཞན་ཆེ་བར་དགོངས་པ་དང་། སྐུ་གདུང་གི་གདུལ་བྱ་གཟིགས་ནས་སྐུ་སྤྱི་བོ་ནས་འོད་དང་བཅས་ཏེ་བླ་མ་ཡི་དམ་མཁའ་འགྲོའི་ཚོགས་ཀྱིས་གདུགས་རྒྱལ་མཚན་རོལ་མོ་སྣ་མཆོད་པའི་སྤྲིན་དང་ལྡན་དུ་གཤེགས། སྐུ་གདུང་གི་གདུང་རྣམས་རྔོག་མདོ་སྡེས་སྲས་བྱ་རིང་འཁོར་ལོ་ལ་བླུས་ཏེ་ད་ལྟ་གཞུང་སྤྲེ་ཞིང་ན་དཔལ་གྱི་གདུང་རྟེན་བཞེངས། དེའང་གསེར་གྱི་གདུང་ཁང་དུ་བཞུགས་སུ་གསོལ་ལོ། །རྗེ་བཙུན་འདི་ལ་ཐམས་ཅད་དུ་འཕགས་པ་ཀུན་ཏུ་བཟང་པོ་དང་། ཛཱ་སྨྲི་ཧེ་རུ་ཀའི་སྤྲུལ་པར་གྲགས་སོ། །

རྔོག་ཆོས་སྐུ་རྡོ་རྗེ་ནི། རྔོག་ལོ་ཙྪ་བ་ཁུ་དབོན་དང་ཡབ་ཚན་དང་པོ། འབྲོག་པ་ཡིན་ལ། འབྲངས་ས་གཞུང་རི་བོ། སྟགས་རྩིང་མ་སློབ་ཏུ་གཙང་སྨྲེར་ཕུའི་དགེ་བཤེས་སྨྲེར་ཆུང་པ་ཅན་དུ་བྱོན། སྨྲེར་ཕུའི་ཆག་ལོ་དང་ཡང་མཛལ། བྱེ་མ་ལུང་པ་ལས་མཚན་བརྗོད་གསན། དེ་དུས་དགེ་བཤེས་སྨྲེར་ཆུང་པས་རྗེ་མར་པའི་བསྔགས་པ་བརྗོད་པས་མཚན་ཐོས་པ་རང་ལ་དད་པའི་སྤུ་ལོང་གཡོས། ཆོས་འཕྲོ་མྱུར་བར་ཞུས་ནས་གཞུང་དུ་ལོག །རྟ་ཞིག་ཁྱེར་ནས་ལྷོ་གྲོ་བོ་ལུང་དུ་བྱོན། རྟ་ཕུལ་བས། ཁྱོད་ཀྱི་རྟ་ཕུལ་བ་དེ་ཕྱག་རྟེན་ཡིན་ན་ཆེས། འབུལ་བ་ཡིན་ན་ཆུང་གསུངས། དེའི་དུས་རྔོག་རང་གིས་དགུང་ལོ་བཅུ་དྲུག་ཙམ། རྗེ་མར་པ་ཞེ་དྲུག་ཙམ་ཡིན། ཐོག་མར་བདག་མེད་ལྷ་མོ་བཅོ་ལྔ་ཞུས་ཉམས་སུ་བླངས་རིང་པོར་མ་ཐོག་པར་ལྷ་མོ་བཅོ་ལྔའི་དཀྱིལ་འཁོར་དངོས་སུ་གཟིགས། བླ་མ་ལ་བདག་སྐལ་བར་ལྡན་ནམ། ཆོས་འདི་བྱིན་རླབས་ཆེ་བར་ཡིན་ཞུས་པས། གཉིས་ཀ་ཡིན། དེ་ནས་

གཞུང་དུ་ན་མ་ཟླུམ་པོ་ཞིག་གི་ཁར་གནས་གཞི་ཁྱུང་ལྟ་བུ་ཞིག་བཏབ་པས་ཟླུམ་ཁྱུང་དུ་གྲགས་པར་ལན་གྲངས་དུ་མ་སྤྱན་དྲངས། ཀ་ཙ་སྦྱོང་ཐག་ལན་གསུམ་བྱས་ནས་དགྱེས་རྡོར་རྩ་འགྲེལ་མ་ཡཱ་གདན་བཞི་ཡོངས་རྫོགས་སོ་སོའི་མན་ངག །ཁྱད་པར་བསྲེ་འཕོ་གནད་ཀྱི་མཚམས་སྦྱོར་རྣམས་གནང་། འདིས་ཐོས་པ་དང་བསྒྲུབ་པ་སྟབས་སུ་མཛད་པས་ཡེ་ཤེས་ཀྱི་སྐུ་བརྙེས། འཆད་ཉན་མཛད་པས་སློབ་མ་བསམ་གྱིས་མི་ཁྱབ་པ་ཐོན། དགུང་ལོ་དྲུག་ཅུ་རྩ་གཅིག་པ་ལ་དཔེན་གནས་ནས་སྟོན་བཙས་མ་ཏྲ་བའི་དུས་གསུང་ཆེན་པོས་བོས་ཏེ། ངའི་ཕྱི་ལ་སུ་འགྲོ་འདོད་ཤོག་གསུངས་པ་ལ་གཞན་སུ་འང་མ་བྱུང་བར་ཀུན་གྱིས་མཐོང་བར་ནམ་མཁའ་ལ་གཤེགས་སོ། །འདི་མཁའ་སྤྱོད་ཆུང་དུ་ཡིན་སྐམ་གླིང་བ་ནི་ལོག་རྟོག་སྟེ། མི་ལས་སེར་བ་ཕབ་དུས་བྱ་བྱིའི་རོ་སྤྱངས་པ་དུམ་ཞིག་ཐུགས་དམ་ལ་བཞུགས་ཏེ་སེ་ཁོལ་གཏོགས་པས་གནམ་ལ་དི་རི་རིར་ཞེས་འཕུར་སོང་ཞེས་གྲགས་ལ། རྒྱ་གར་གྱི་སློབ་དཔོན་ནག་པོ་སྤྱོད་པས་ཀྱང་བསད་པ་ནུས་ཏེ་སླར་གསོ་མི་ནུས་ཞེས་སྨྲ་ན་བསད་གསོ་ནུས་པའི་རྣལ་འབྱོར་གྱི་དབང་ཕྱུག་ཆེན་པོ་གང་དུ་བྱོན་པའི་མཁའ་སྤྱོད་ཀྱང་འོག་མིན་ཞེས་གྲགས་པས་བཅུ་པ་རྣམས་སངས་རྒྱས་བྱེད་པ་དེ་རང་ངོ། །དེ་ལ་སློབ་མ་རམས། སྤྱི། རྡོག །རྒྱང་། སུམ་པ། ལྟོ་པ་སོགས་མང་། དེ་ལས་རམས་ཀླུ་གོང་པ་དེ་གཞུང་ལུགས་མཐའ་དག་ལ་སྦྱངས་པའི་མཁས་པ་རྒྱ་གར་གྱི་པཎྜི་ཏ་འབུམ་ཕྲག་གསུམ་པའང་རྩོད་པས་ཕམ་པར་བྱས། དེས་བླ་མ་ཆོས་རྡོར་ལ་གཏུགས། དེ་དུས་གཞུང་མདར་བླ་མ་ལ་སྒྲུགས་གྲ་བྱུར་སར་ཁོང་གིས་བླ་མ་ཡིན་པ་སྐད་བྱས་དེ་སྟོན་ལ་བྱོན་པས་བཙོན་ལ་ཤོར། བླ་མ་ལ་སྐྱོན་མ་བྱུང་བས་ཤིན་ཏུ་མཉེས། ཆོས་གསུང་དུས་གཞན་གྱི་འདྲེས་བྱུང་ན་ང་ལ་རྗེ་མར་པའི་གསུང་གཅང་མ་དེ་ཞུས་བྱས་ཞུ་ཕོད་བྱས་ཆོག །དེས་དགྱེས་རྡོར་ལ་བཤད་པ་ཤིན་ཏུ་གཙང་། དེས་དབོན་པོ་རམ་རྡོ་རྗེ་བཙན་སོགས་དང་། མཁས་པ་རྒྱ་ནམ། དེའི་སློབ་མ་ཏྲེ་བོ་མགོན་པོ་བ། དེའི་སློབ་མ་གཉན་རྡོ་རྗེ་སེངྒེ། དེའི་སློབ་མ་སྟེ་མདོ་ཐམས་ཅད་མཁྱེན་པ། དེའི་སྲས་ཀུན་དགའ་དོན་གྲུབ་སོགས་དེ་ལུགས་འཛིན། སྲས་ནི་མདོ་སྡེ། ལས་སྟོད་ཀྱི་སྤྱུག་ཡེ་རྒྱལ་གྱི་སྐྱེ་བ། རྡོག་སྟོན་དང་སྤྲ་མོ་ཆོས་བརྩོན་གཉིས་ཀྱི་སྲས་མར་པ་མཛལ། འདི་དགུང་ལོ་བརྒྱད་ལོན་པ་ན་རྗེ་མར་པ་གཤེགས། བཅུ་གསུམ་ལ་ཡབ་གཤེགས། དེ་དུས་ཡབ་ལ་དབང་རྒྱུད་མན་ངག་གསན་ཡང་བརྒྱད་པ་འདེད་པ་ཙམ་ལས་མེད་པས། ཡབ་གཤེགས་གདོང་ཞལ་ཆེམས་ལ་དགྱེས་རྡོར་རམ། མ་ཧཱ་མ་ཡཱ་སྤྱི་ལ་ཉོན་སོགས་བྱུང་། མན་ངག་ནི་ཆོས་རྡོར་གྱིས་བརྗེད་ཐོར་བཏབ་སྟེ་རྨོ་མོ་ཞིག་ལ་བུ་འདི་ལོ་བཅོ་བརྒྱད་ལོན་དུས་སྤྲོད་གསུངས་པས། དཔེ་འདི་ལ་རྫོགས་པའི་བསྲེ་འཕོར་གྲགས། གསུང་བཞིན་རམ་

ཅན་བྱོན། དེས་དང་དོན་མ་བྱས་པས་མ་མགུ་བར་ལོག །ཇོག་དང་སྤྲ་ལ་གསན་ཟེར། གཞན་ཡང་བླ་མ་མང་དུ་བསྟེན། དེ་དུས་ཀྱི་གསང་སྔགས་པ་ལ་མཁྱེན་པ་ཆེ་བར་གྲགས། དགུང་ལོ་བདུན་ཅུ་རྩ་བདུན་གྱི་བར་དུ་དབང་དང་རྒྱུད་གདམས་པ་ལ་འཆད་ཉན་མཛད། འགྲེལ་པ་རིན་ཆེན་རྒྱན་འདྲ་བརྩམས། འདི་ལ་བླ་མ་ཆོས་རྗེར་གྱིས་མཛད་པ་རིན་པོ་ཆེའི་རྒྱན་བྱ་བ་ཞིག་ཡོད། དཔེ་ཁམས་སུ་ཤོར་ནས་དེ་དང་འདྲ་བ་ཞིག་བྱེད་གསུངས་པས་དེ་ལྟར་གྲགས་སོ་ཟེར་བ་བླུན་གཏམ་ཡིན། རྗེ་ཡབ་སྲས་ཀྱི་བཀའ་ཡང་དག་པའི་ཚད་མ་ལུས་ལྟ་བུ་དེ་ལ་རྒྱན་བཏགས་པ་འདྲ་བར་འདི་མཛད། གཞན་གྱུར། སམྦུ་ཊི་དང་། མཚན་བརྗོད་ལའང་མཛད། མན་ངག་གི་ཡི་གེའང་མང་ངོ་། །དེ་ལ་སློབ་མ་རྩགས་ཆོས་ཀྱི་རྒྱལ་པོ། མགར་བཀྲ་ཤིས་རིན་ཆེན། འཚོ་ལུ་དར་རེ། མལ་ཡེར་པ་བ། ཧོ་པོ་མགོན་པོ། ངོར་རྗེ་ཀུན་དགའ་འོད། ཤེན་རྡོ་རྗེ་སེངྒེ། མཉམ་མེད་ཤཱཀྱ་ཡེ་ཤེས། ཅོག་རོ་ཆོས་ཀྱི་རྒྱལ་མཚན། ལྷ་ཕུག་མཁར་བ། ཇོག་ཚ་ཆོས་སྐྱ། དྲན་སྟོན་མཐའ་བྲལ། ལྷོ་ནག་གཉལ་བ་རྗོག །རྒྱ་ཚ་རིན་ཆེན་མགོན་སོགས་མཐའ་ཡས་པ་ཞིག་བྱུང་། སྲས་གཙང་ཚ་རྗེ་ཚུལ། མཚན་ཚུལ་ཁྲིམས་བླ་མ། དེའི་སྲས་ཇོག་ཀུན་དགའ་རྡོ་རྗེ། འདི་བྱུང་ནས་ཡབ་ཀྱིས་དགེ་སློང་མཛད་དེ་རིང་པོར་མ་ལོན་པར་གཤེགས་པས་མེས་ཀྱིས་བསྐྱངས། དགུང་ལོ་བཅུ་ལོན་ཚེ་མེས་གཤེགས། བླ་མ་མང་པོ་ལས་ཐོས་པ་མཛད། འཆད་ཉན་ལེགས་པར་བྱས། སློབ་མ་མང་དུ་ཐོན། སྤྲེ་ཞིང་བཏབ། བདུན་ཅུ་རྩ་བརྒྱད་པ་ལ་གཤེགས། དེའི་སྲས་གཟི་བརྗིད་གྲགས་པ། ཡབ་ཞི་དྲུག་བཞེས་པ་ལ་འཁྲུངས་ཆོས་རྣམས་ཡབ་དང་ལོ་རས་སོགས་ལས་གསན། བྱ་འདུལ་གྱི་སློབ་མ་འཆར་བ་ལ་བསྟེན་པར་རྫོགས། བརྒྱད་ཅུ་བཞུགས། འཆད་ཉན་མཛད་སློབ་མའང་ལེགས་པར་ཐོན། ཁོང་གི་གཅུང་པོ་རྒྱལ་པོ་དགའི་སྲས་བླ་མ་རིན་ཆེན་བཟང་པོ། ཁུ་བོ་ལ་ཇོག་ཆོས། གཞན་ཡང་མང་དུ་བསྟེན། ཟུལ་ཕུར་བསྙེན་པར་རྫོགས། ཉེར་བདུན་བཞེས་པ་ལ་ཁུ་བོ་གྲོངས་ཁམས་སུ་བྱོན། ཚལ་པས་བླ་མར་ཁུར། བཀའ་བསྟན་འགྱུར་རོ་ཅིག་བཞེངས། འཆད་ཉན་དར། བདུན་ཅུ་རྩ་བདུན་ལ་གཤེགས། རིན་ཆེན་བཟང་པོའི་གཅུང་པོ་ལ་སྲས་ལྔ་བྱུང་བའི་ཆེ་བ་སློབ་དཔོན་ཆོས་ཀྱི་རྒྱལ་མཚན་ཁུ་བོ་སོགས་ལས་ཐོས་པ་མཛད། སོ་བདུན་པ་ལ་རིན་ཆེན་བཟང་པོ་གཤེགས། ཁམས་དར་རྩེ་མདོ་ཐུག་བྱོན། བསྟན་པ་བསྐྱངས། འཕྲིན་ལས་ཆེ། བདུན་ཅུ་རྩ་བདུན་པ་ལ་གྲོངས་དེའི་གཅུང་པོ་སེངྒེ་འབུམ་གྱི་སྲས་དོན་གྲུབ་དཔལ། དེའི་སྲས་བྱང་ཆུབ་དཔལ། དེ་རིན་པོ་ཆེ་ཆོས་རྒྱལ་བ་གཤེགས་པའི་ཕྱི་ལོ་འཁྲུངས། སུམ་ཅུ་རྩ་དགུའི་བར་དུ་ཡབ་ཀྱི་ཉེ་གནས་དང་། སློབ་གཉེར་སྦྱགས་པས་ཇོག་ཆོས་ལ་མཁས་པ་ཆེན་པོར་གྱུར་དུས་

ཆོས་མ་ཆག་པར་གསུངས། བདག་པོ་དྭུང་ཆེན་པའི་བཀའ་སློབ་བྱུང་བས་ཞུར་བྱོན་པ་ལ། རྗེ་ཙོང་ཁ་པ་དང་ལམ་དུ་མཇལ་ཆོས་ཞིབ་ཏུ་དྲིར་བྱུང་བ་ལ་ལན་འདེབས་མཛད་པས་མཁྱེན་རབ་ཆེ་བས་བསྔགས་པ་བརྗོད། དེ་ཉིད་ཀྱི་སློབ་མ་འབྲས་སྤུངས་ཆོས་རྗེ་བཀྲ་ཤིས་དཔལ་ལྡན་པ་དང་མཁན་ཆེན་པདྨ་བཟང་པོ། གཙང་ཆུང་ཆོས་ཀྱི་གྲགས་པ་ལ་གདུག་བཙུག །དེས་འུར་ལངས། སྟག་ལུང་ངག་དབང་གྲགས་པ། ཆེས་སངས་རྒྱས་རྒྱལ་མཚན། བདག་པོ་གྲགས་པ་འབྱུང་གནས། བྱམས་གླིང་པ་ཆེན་པོ་བསོད་ནམས་རྣམ་རྒྱལ། འགོས་གཞོན་ནུ་དཔལ། ཁྲུས་ཁང་ལོ་ཙྪ་བ་སོགས་མང་པོས་ཞབས་ལ་བཏུགས། ལྷག་པར་འབྲུག་པ་རྒྱལ་དབང་ཆོས་རྗེ། ཀླུམ་ཕྱུང་པ་དང་སྣ་ར་བ་སོགས་རྩ་བའི་གྲྭ་པ་བཟང་ལ་མང་བ་ཐོན། ཕྱག་དཔེ་བརྟག་གཉིས་ཀྱི་གཞུང་རྡོ་རྗེ་མར་གྲགས་པ་གཅིག་ལ་ཆོས་ཚར་རེ་ལ་མཚན་མ་རེ་བཏབ་པའི་གྲངས་བརྒྱ་དང་བརྒྱད་ཅུ་རྩ་གཉིས་ཡོད། རང་ལོ་བརྒྱད་ཅུ་རྩ་བདུན་པ་ལ་གཤེགས། གདན་ས་དབོན་བྱང་ཆུབ་དཔལ་གྲུབ་པས་བཟུང་། མདོ་སྟེའི་སྲས་རྒྱལ་ཚ་ཐོགས་མེད་གྲགས་པ། ཡབ་ལས་སྟགས་གཞུང་མཁས་པར་བསླབས། ཡི་གེའང་དུ་མ་མཛད། བཤད་པའི་འཕྲིན་ལས་ཆེ། དེའི་སྲས་རྒྱལ་ཚ་ར་མོ་དང་རྡོ་རྗེ་སེངྒེ། དང་པོ་ཕྲུ་བའི་ཇོ་སྲས་ཤིག་ཡིན། རྡོ་རྗེ་སེངྒེ་ལ་གཙང་པ་རྒྱ་རས་སོགས་ཀྱིས་གདུགས། དེ་ལྟ་བུ་ཆོས་སྐུ་རྡོ་རྗེ་རྗེས་འབྲང་དང་བཅས་པས་བཤད་པ་མཛད་པ་ལས་རྒྱ་ཤིན་ཏུ་ཆེ་བར་འཕེལ་ཞིང་བརྒྱུད་པ་སྤུ་ཕྱི་རྣམས་ཀྱིས་བརྩམས་པའི་རྒྱུད་འགྲེལ་གྱིས་ཀྱང་ལུང་པ་ཐམས་ཅད་གང་ངོ་། །

མེས་ནི་མྱང་སྟོད་སྟག་ཚལ་དུ་འཁྲུངས། རྗེ་མར་པ་ལ་འབུལ་མོ་ཆེ་ལན་གསུམ་མཛད་པས་ཞབས་ཏོག་གིས་མཉེས་པ་ཡིན། གནས་གཞི་བ་ཐོ་བཏབ། བརྟག་གཉིས་ལ་ཊཱི་ཀ་མཛད། དགྱེས་བདེ་གསང་གསུམ་མ་ཡུ་ཐོད་པ་རྣམས་ལ་བཤད་གྲྭ་བཙུགས། སྐུ་ཁམས་བཟང་བའི་ཚེ་ཞག་བདུན་བདུན་ཙམ་མནལ་གཅིག་ལ་འགྲོ། རོང་དུར་སྒྲིག་ཏུ་གཤིན་པོ་རྗེས་སུ་འཛིན་པ་ལ་ཕེབས་པ་ཞིག་ལ་ཁོང་ཆང་གསོལ་གྱིན་གཟིམས་རང་བཞུགས། དགེ་བཤེས་གཞན་རྣམས་ཆོ་ག་མཛད་པས་ཡོན་བདག་བློ་མ་བདེ། གཞན་རྣམས་ཀྱིས་ཁྲེལ་བགད་བྱས་པ་དང་། ཡོན་བདག་གིས་ཐུགས་དམ་མཛད་པར་ཞུ་ཡང་ཡང་བྱས་པས། ཁོ་རེ་ཚོངས་ཁྱེད་ཀྱི་དེ་མིན་ད་ལྟ་གྲོང་གོང་མ་ཡ་གིར་རྒྱན་མོ་ཞིག་སྣ་ཁྲག་འཛགས་དེ་ཤི་སོང་། དེ་རྫུན་གྱི་ཡར་འདྲེན་བྱས་ཡོད་གསུངས། ལྟར་སོང་བས་ཇི་ལྟ་བ་བཞིན་འདུག་ནས་ཐམས་ཅད་ཡིད་ཆེས། ཕྱིས་ང་ཞག་ཉི་ཤུ་རྩ་གཅིག་ཉལ། དེ་ནས་མ་ལོངས་ན་རོ་འདི་བསྲེགས་གསུངས་པ་ལ། ཞག་བཅུ་དགུ་སོང་ནས་དབོན་པོ་ཞིག་གིས་ལོག་མི་སྲིད་སྙམ་བསྲུལ་བས

ཤངས་ནས་ཁྲག་མང་པོ་བཛོལ་ཏེ་སྐུ་མདངས་ཡལ་ལོ་ཟེར། ཞང་སྟོན་གྱིས་ཀྱང་མར་མེས་གཉིས་ཀ་ལ་གཏུགས། མས་རང་གི་དཔོན་མེས་ཀུན་པོ་སོགས་ན་རིམ་ཡང་ལེགས་པར་བྱུང་ཞིང་། ཞང་སྟོན་གྱི་སློབ་མ་ཡེ་ཤེས་སྙིང་པོ། དེ་ལས་ཞང་སྟོན་ཀུན་དགའ་གྲགས་སོགས་མེས་ལུགས་ཀྱི་བཤད་རྒྱུན་ད་ལྟའི་བར་དུ་འང་ཡོད། འཚུར་སྟོན་དབང་ངེ་ནི་དོལ་གྱི་མདའ་འཚུར་གྱི་རིགས་སྔགས་འཆང་ཤིན་ཏུ་མཐུ་ཆེ་བ་ཞིག་གི་སྲས་སུ་འཁྲུངས། དགེ་བཤེས་ལྷེ་བ་སོགས་ལས་སློབ་གཉེར་ལ་བརྩོན་འགྲུས་ཆེན་པོ་མཛད་སྐུ་བསོད་རྒྱས། འབུམ་བཞེང་པའི་ཡིག་མཁན་དང་འགྲོས་གཏམ་ལ་ད་ལྟ་གསང་བ་འདུས་པ་ལ་སུ་མཁས་དྲིས་པས། ཁོང་རྣམས་ན་རེ། མར་པ་ལྷོ་བྲག་པ་མཁས་ཟེར། དེ་ནས་ལྷོ་བྲག་པར་འབྱོལ་བ་མཛད། ཁྱད་པར་མར་པ་མོན་ནག་ལ་མཐུ་མཛད་དུས་བཀོད་པ་ལ་དེ་ཤི་བས་མཐུས་བླ་མ་མཉེས་པར་བྱས་པ་ཡིན། དོལ་མདར་གདན་དྲངས། གསང་བ་འདུས་པ་ལུགས་གཉིས། ཡེ་ཤེས་ཞབས་ལུགས་ལ། ཛ་ཡ་ན་དང་། ཐག་ན་དང་། སྨིམ་པའི་མེ་ཏོག་དང་བཅས་པའི་བཤད་པའི་སྒྲོལ་གསུམ་མངའ། དེ་རྣམས་ལ་རྒྱུད་དོན་མན་ངག་ཏུ་བསྒྲིལ་ནས་བཤད་པ་མེད་པས་འཕགས་ལུགས་ལ་གཙིགས་ཆེ། ལུགས་བཞི་ཀ་གསན། བཤད་པ་བྱས་པའི་སློབ་མ་ཁམས་པ་རོ་མཉམ་རྡོ་རྗེ། འཁོན་གད་པ་ཀཱིརྟི། མཆེས་སྟོན་བསོད་ནམས་རྒྱལ་མཚན་གསུམ་གཙོ་བོ། ཁམས་པ་རོ་མཉམ་རྡོ་རྗེས་རྒྱ་གར་དུ་མཻ་ཏྲི་པ་ལ་གསང་འདུས་ཞུ་སྙམ་ཕྱིན་པས་གཤེགས་ནས་མ་མཇལ། གཞན་ཉན་ས་མ་རྙེད་པོད་དུ་ལོག །རྗེ་མར་པ་ལས་ཉན་སྙམ་པ་ལ་ལམ་དུ་ཨ་ཙ་ར་གཉིས་དང་མཉམ་དུ་བྱུང་། གར་འགྲོ་གསུངས་པས་འཚུར་ལ་འདུས་པ་ཉན་དུ་འགྲོ་ཟེར། རྗེ་མར་པའང་གཤེགས་ནས་མི་འདུག་པས་འཚུར་གྱི་དྲུང་དུ་བྱོན། འཁོན་གད་པ་ཀཱིརྟི་དང་མཉམ་དུ་ཉན། འཁོན་གད་པ་ཀཱིརྟིས། མདར་སེངྒེ་རྒྱལ་མཚན་ལ་འཕགས་སྐོར་འགོས་ནས་བརྒྱུད་པ་མཁས་པར་ལོབས། མན་ངག་ལ་མ་འགྱུ་བར་འཚུར་ལ་བཞུགས་པ་ཐོས་ནས་གསན། ཉམས་ལེན་མཛད་པས་སྒྱུ་མ་ལྟ་བུའི་ཏིང་ངེ་འཛིན་སྐྱེས། དེས་བྱང་ཁང་པ་བསོད་ནམས་རིན་ཆེན། ཁོང་གཉིས་མ་གཅིག་པའི་སྤུན། སྟར་བྱང་ཁང་པ་སློབ་དཔོན། ཕྱིས་འཁོན་ལ་འདུས་པ་གསན་པ་ཡིན། འདི་ལ་སྦྲ་བ་སྦྲུབས་སུ་ནུབ། གཙུག་ཏོར་འཕགས། དེས་ཐུར་ལ་བ་ཚུལ་ཁྲིམས་སྐྱབས་ལ། དེ་མདོ་རྒྱུད་ཀུན་ལ་མཁས་པ་ལོ་བཅུ་གཉིས་བསྒོམས་པས་གྲུབ་པ་བརྙེས། དེས་ཐད་དཔེ་བ་འཕགས་པ་སྐྱབས་ལ་སློབ་གཉེར་མཐར་ཕྱིན། ཉམས་རྟོགས་ཁྱད་པར་ཅན་སྐྱེས། དེས་གསེར་སྡིངས་པ་གཞོན་ནུ་འོད་ལ། དེས་འདུལ་འཛིན་ཆེན་པོ་ཛོ་བོའི་ལམ་རིམ་ལ་མཁས་པ་ཞིག་ཤབ་ཀྱི་སྣ་རིངས་སུ་གླུས་མོ་ཆེ་བས་ཞབས་ཏོག་མཛད། ཁོང་

གི་སྟོན་པས་འཕགས་སྐོར་མི་མཁྱེན་ནམ་ཞུས་པས། འཕགས་སྐོར་མཁན་པོ་གར་བཏོག་གསུངས་པས། ཁོང་ན་རེ། ལྷ་སའི་རྒན་མོས་ལྷ་ས་མི་མཐོང་། ཐུར་ལ་ན་གསང་སྔགས་ཀྱི་སྟོང་པོ་འཕགས་སྐོར་མཁས་པ་འཕགས་པ་སྐྱབས་བཞུགས་པ་མ་གསན་ནམ་གསུངས། ཅུང་སྐྱེངས་པ་ཞིག་བྱུང་། ཚུར་ལོག་སློབ་དཔོན་གཙང་པ་ལ་ངོ་ཆེན་བཅོལ། འཕགས་པའི་གསུང་གིས་ཁོ་བོ་ལམ་ཐོགས་པ་ཞིག་བགྱི་གསུངས་གསང་འདུས་གཞུང་བཤད་མན་ངག་ཐམས་ཅད་ཚང་བར་གནང་། གཞན་ཡང་མང་དུ་ཞུས། བླ་མ་མང་དུ་བསྟེན། ཁ་ཆེ་པཎ་ཆེན་དང་གླུས་མོ་ཆེར་མཇལ། གསེར་སྟོངས་བཏབ། མཁས་པ་ཐམས་ཅད་ཀྱི་དྲི་ས། མི་ཆེན་ཐམས་ཅད་ཀྱི་གཏུགས་སར་གྱུར། དེ་ལ་ཉིད་ཀྱི་སློབ་མ་མགར་གྲགས་པ་དབང་ཕྱུག་བྱ་བའི་སྲིང་མོ་ལ་སྲས་སྐྱེས་ཐོབ་ཀྱི་ཤེས་རབ་འགྲན་དུ་མེད་པ་ཞིག་བྱུང་ནས་བདག་རྐྱེན་མཛད། སྤྱངས་པ་མཐར་ཕྱིན་བྱེད་དུ་བཅུག །མཚན་ཆོས་སྐུ་འོད་ཟེར། འདིས་ཆོས་ཅི་ཞུས་པ་ཐམས་ཅད་ལན་རེས་འཛིན་ནུས་པ་ཡིན་ཟེར། དུས་འཁོར་སོགས་རྒྱུད་སྡེ་ལ་མཁས་པ་ཆེན་པོ་དེ་ལ་འཕགས་འོད་ཡོན་ཏན་རྒྱ་མཚོས་གསན། བུ་སྟོན་གྱི་བླ་མ་རྡོ་རྗེ་རྒྱལ་མཚན་ལ་དུས་འཁོར་གསན་པའི་ཚེ། ཁོ་བོ་ཡོ་གའི་ཆོས་འདི་རྣམས་ཉན་པར་འདོད་དེ་ཉན་ས་མ་རྙེད་ཞུས་པས། འོ་ན་ངེད་ཀྱི་མཆེད་གྲོགས་འཕགས་འོད་ཡོན་ཏན་རྒྱ་མཚོ་ཞེས་བྱ་བ་ཞིག་སྙིད་མཁར་མདའ་ན་ཡོད། དེ་ལ་ཞུས་གསུངས། ཞ་ལུར་ཕེབས་འཕྲལ་རྩད་བཅད་པས་མཚན་མཐུན་པ་ཞིག་དང་ནོར། ཕྱིས་མ་ནོར་བ་རྩད་ཆོད། ཡང་ན་དེད་དེར་ཡོང་། ཡང་ན་འདིར་ཕེབས་དགོས་ཞུས་པས། འཕགས་པའི་གསུང་ནས་ཁོང་ཆོས་སྡེ་ཆེན་པོའི་བདག་པོ་ཡིན་པས་ངའི་སྤྱིལ་འུ་འདིར་ག་ན་ཤོང་། ང་རང་ཁོང་གི་ཐད་དུ་འགྲོ་གསུངས་ནས་ཞ་ལུར་ཕེབས། སྦྱོར་ཡོ་ག་དུས་འཁོར་སོགས་ཆོས་མང་དུ་གསན། ཁྱད་པར་འདུས་པ་གསན་པའི་ཚེ། ཁྱོད་མཁས་པ་ཡིན་པས་རྒྱ་བའི་རྒྱ་ལུགས། གར་བའི་གར་ལུགས་ལ་སོགས་པ་མི་དགོས་གསུངས། བཤད་པ་ཡམ་མེ་ཞིག་བྱས་ནས་ཆོས་ཐོབ་ཆེ་བར་བྱ་གསུངས་པ་ལ། བདག་ཆོས་འདི་ལ་ཤིན་ཏུ་མོས་པ་ཞིག་ལགས་པས་བཤད་པ་དཔྱིས་ཕྱིན་པ་ཞིག་ཞུ་ཞུས་པས། ཨ་པ་འོ་ན་དེ་ཙུག་གིས་མི་འོང་། སྟོན་ལ་རིམ་ལྔའི་ཁྲིད་བྱ། དེ་རྗེས་བཤད་པ་མ་བྱས་ན་རྒྱུད་ལ་གོ་བ་ལེགས་པོ་མི་འཆར་གསུངས། ཟླ་བ་དྲུག་གི་བར་དུ་མཚམས་བསྡམས་རིམ་ལྔ་བསྒྲངས། རྟགས་ཚུལ་དང་མཐུན་པ་བྱུང་། བཤད་པ་མཐར་ཕྱིན། འབྲོན་ཁར་ཕྱག་ན་གང་ཡོད་ཀྱི་འབུལ་བ་ཕུལ་བས། ང་ལ་མི་དགོས་ཁྱོད་རང་སྡེ་གོག་འཛིན་པ་ལ་དགོས། ངའི་ཆོས་རྣམས་མ་ཤིའི་བར་དུ་འཆད་དགོས་གསུངས། ཡོ་ག་དང་འཕགས་དུས་ལ་ཡིག་ཆ་རྩོམ་དགོས་པའི་བཀའ་རྒྱ་བསྡམས། བུ་སྟོན་གྱི་ཞལ་

ནས་ངས་ཀྱང་བསྒོམས་ན་མན་ལུང་གུ་རུ་ལྷ་བུ་ཞིག་འོང་སྟེ། འཕགས་པའི་གསུང་མ་ཆོག་པས་མི་ཆོ་བཤད་པ་ལ་སྐྱེལ་དགོས་བྱུང་གསུང་ངོ་། །

བུ་སྟོན་ལ་དཔལ་ལྡན་བླ་མ་དམ་པ་དང་ཤར་པ་ཡེ་ཤེས་རྒྱ་མཚོ་གཉིས་ཀྱིས་གསན་ནས། ས་སྐྱ་པ་རྣམས་ལ་ད་ལྟ་འདུས་པ་དེ་གཉིས་ལས་བརྒྱུད། ཡང་བུའི་དངོས་སློབ་དག་ལས་རེད་མདའ་བ། དེ་ལས་ཙོང་ཁ་པས་གསན་ཏེ་ཉམས་བཞེས་ཀྱི་སྙིང་པོ་འདི་ལ་མཛད། དེས་ནང་མཆོད་ཀྱི་ཀ་པ་ལ་བདུད་རྩིས་བཀང་བ་ཞིག་སློབ་བུའི་དབུས་སུ་ཕྱུར་ནས། འདི་སུས་འཐུངས་པ་ལ་ངའི་རྒྱུད་ཀྱི་བཀའ་བབས་གསུངས་པ་ལ། གཞན་སུས་ཀྱང་ལེན་མ་ནུས། སྣར་ཐང་པ་ཤེས་རབ་འབྱུང་གནས་ཀྱིས་བླངས། དེ་ལ་མཁས་གྲུབ་རྗེས་ཁྲེལ་བགད་བྱས་ཞེས་གྲགས་ཀྱང་། དེས་གཙང་དེ་ལས་དབུར་སྟོད་ཀྱི་རྒྱུད་སྟོད་སྨད་གྱེས། འདི་དག་མར་པའི་བརྒྱུད་འཛིན་ངོ་མ་ཡིན་ནོ། །གཞན་མ་ཡཱུ། གདན་བཞི། སངས་རྒྱས་ཐོད་པ་གསུམ་སུས་འཆད་ཀྱང་རྗེ་བཙུན་མར་པ་རང་ལ་ཐུག་པའོ། །དེའང་བུ་ནས་ཐུགས་སྲས་ལོ་ཙྪ་བ། དེ་ལས་སྐྱ་ཞང་ཆོས་རྗེ་རྣམས་ལས་བདག་ཅག་རང་ལ་བརྒྱུད་དོ། །

༄ བླ་མ་མར་པའི་སྒྲུབ་བརྒྱུད་ཀྱི་བཀའ་བབས་པ་རྗེ་བཙུན་མི་ལ་འཁྲུངས་ཡུལ་གུང་ཐང་སྨད་ཀྱི་ལུང་ཕྲན། ཕ་ལྷའི་ནང་ནས་ཀོ་རན་དེའི་རྩ་བྲ་བར། རིགས་ཁྱུང་པོ། ཡབ་མི་ལ་ཤེས་རབ་རྒྱལ་མཚན། ཡུམ་མྱང་བཟའ་དཀར་རྒྱན་གྱི་སྲས་སུ་ལྷུམ་སྲིང་གཉིས་འཁྲུངས། མིང་པོའི་མཚན་ཐོས་པ་དགའ་སྲིང་མོ་ལ་པེ་ཏ་མགོན་སྐྱིད་དུ་བཏགས། སྐུ་ཆུང་ངུའི་དུས་ནས་ཡབ་གཤེགས། དེའི་ཁ་ཆེམས་འཛིན་ལུགས་ནོར་བ་དང་། ཨ་མས་ལོ་ཉི་ཤུ་རྩ་བཞི་ལས་མི་འགྲོ་བས། ཨ་ཁུའི་བུའི་ཆུང་མ་བྱེད་དགོས་བྱས་པ་ལ་མ་ཉན་པས་ནོར་རྫས་ཐམས་ཅད་ཨ་ཁུ་དང་ཨ་ནེས་བགོས། གཡོག་བཅོལ་ཤིན་ཏུ་ཁ་ཉེན། དང་པོ་གསེར་གཡུའི་རལ་པ་ཉི་ལེ་བ། ཕྱིས་ཤིག་སྦྲིའི་རལ་པ་ཉི་ལེ་བ་ཞིག་བྱུང་། མི་རྣམས་ཀྱི་གཏམ་སྐད་ལའང་མི་བདག་བདག་ཏུ་རེ། བདག་པོ་སྒོ་ཕྱིར་བཏོན་ཞེས་གླེང་། དེར་ལོ་བཅུ་དྲུག་འགྲོ་དུས་ཁ་ཆེམས་རྒྱུས་ཡོད་རྣམས་བོས་སྟོན་མོ་བཤམས། ཁྱད་པར་ཨ་ཁུ་ཨ་ནེ་ལ་གཟུག་འདྲེན་བྱས། མས་ད་བུས་ཁྱིམ་སོ་ཟིན་པ་འདུག་པས་ནོར་རྣམས་ཕྱིར་སྤྲོད་དགོས་པའི་རྒྱུ་མཚན་གླེང་བས། ཨ་ཁུ་ཨ་ནེ་ཟ་བ་ལ་མཐུན་ནས་ཧར་ལངས་རྒྱབ། སྒོས་ལྕུག་གིས་བརྡུངས། ཞང་པོ་ཁ་ཞན་པས་ལབ་མ་ནུས། གཞན་མི་རྣམས་ཟས་ངོ་བལྟས་ནས་ཅང་མི་ལབ། དེར་མས་ཐོས་པ་དགའ་ལ་གློག་སློབས་ཟེར། ལོ་ཙྪ་བ་གླན་ཆུང་ལ་སྒྲ་བཅད། ཁོང་ལ་འབྲི་གློག་དང་ཕྲུག་ན་ཇོ་རྗེ་ལས་ཀྱི་ཇོ་རྗེའི་ལུགས་ཞིབ་མོ་ཕག་མོ་སོགས་གསན་ཟེར་གླན་ལོའི་ཕྲུག་ཇོར་ལོ་རྒྱུས་ལས་བྱུང་། སློབ་དཔོན་གྱི་ཟླ་

ལ་སྐྱིད་སྡོན་ཞིག་ལ་ཕྱིན། མི་རྣམས་གླུ་ལེན་པ་ལ་སེམས་འཕྲོས་ནས་ཆང་གིས་ཀྱང་གཟི། གླུ་ལེན་ཅིང་འོངས་པ་མས་ཐོས་ནས། ཕ་མི་ལ་ཤེས་རབ་རྒྱལ་མཚན་ལ་བུ་ཁྱོད་འདྲ་སྐྱེ་བ། ངེད་རང་མ་སྨད་ཀྱི་འཁོས་ཁྱེར་འདི་ལ་གླུ་དྲན་པ་འདུག་གེ་ཟེར་བརྒྱལ། སངས་བའི་ཐབས་བྱས་ནས་མ་ཅི་གསུང་བྱེད་བྱས་པས། དབུས་གཙང་དུ་སོང་ལ་མཐུ་མཁས་པ་ཞིག་སློབས་ལ་དགྲ་ཐམས་ཅད་ཁ་ཕུང་ལ་ཐོང་ཟེར། བུ་ཡི། ཆ་རྐྱེན་བསྒྲུབས་བྱས། མ་རང་གི་ལྷོ་སྐལ་ཞང་པོས་འདེབས་པ་ཞིག་ཡོད་པ་དེའི་ཕྱེད་བཙོངས། རྟ་བཟང་པོ་ཞིག་དང་ཆོས་ལྷང་དྲུག །གཞན་ཡང་ཟོང་འདྲ་བ་བྱུང་ནས་མངའ་རིས་སྡོད་ནས་དབུས་གཙང་དུ་མཐུ་སློབ་ཏུ་འགྲོ་མི་ལྷུ་ཙམ་གྲོགས་སུ་བྱོན། དགུང་ལོ་བཅོ་བརྒྱད་པ་ལ་མས་དཔལ་ཐང་སྒྲོལ་བ་ཚུན་བསྐྱལ། ལམ་དུ་མཐུ་སུ་ཆེ་རྩད་བཅད་པས། ཡར་ཀླུངས་ན་གཉགས་གཡུང་སྟོན་ཁྲོ་རྒྱལ་བྱ་བ་ཡོད། དེ་ཆེ་ཟེར་བ་རིམ་པར་གསན་ནས་དེ་རང་ལ་གཏད་དེ་བྱོན། དེ་ལ་དངོས་པོ་གང་ཡོད་ཕུལ། འདི་མིན་ལུས་ངག་ཡིད་གསུམ་ཡང་འབུལ། བདག་ལ་ཡུལ་མི་ཁྱིམ་མཚེས་སྐྱིད་དུ་འཕངས་པ་འགའ་བདོག་པ་མཐུ་མཐིལ་ཕྱིན་པ་ཞུ་བྱས་པས། ཁ་ཕོ་ཆེ་བར་མཛད། ཁོང་ལྷ་དང་མཉམ་དུ་མཐུ་ཟབ་ཟབ་འདྲ་བར་མང་པོ་བསླབས། གྲོགས་པོ་རྣམས་མགུ་ནས་ལོག །རྗེ་བཙུན་གྱིས་ཁོང་ཚོ་བསྐྱལ་ནས་ལོག་བྱོན་པས། བླ་མ་ནས་ཁྱོད་མི་འགྲོ་བ་ཅི་ཡིན་ཟེར། དེར་བླ་མ་རང་གིས་གནང་བའི་རྫོང་དེ་རྣམས་ཕྱག་རྟེན་དུ་བཏང་ནས། ངས་ཡུལ་དུ་མཐུའི་རྟགས་མ་ཐོན་པར་ལོག་ན་ཨ་མ་ངའི་མདུན་དུ་ལྟེབ་ནས་འཆི་སྡོད་པ་ཡོད། མཐུ་རྟགས་ཐོན་པ་ཞིག་ཞུ་བྱས་པས། གླེན་པ་ཁྱོད་དང་པོ་ནས་དེ་སྐད་ཟེར། བརྟག་པ་མྱུར་བ་ཞིག་བྱ་གསུང་གྲྭ་པ་སྟོབས་ཆེ་ལ་མགྱོགས་པ་ཞིག་ཡོད་པ་དེ་བདེན་རྫུན་ལྟར་བཏང་། ཁོ་འཁོར་ནས་ཐོས་པ་དགའ་བདེན་པར་འདུག་ཟེར། འོ་ན་གཙང་རོང་གི་ལྷ་རྗེ་ཡེ་ཤེས་གཟུངས་དང་ང་གཉིས་བློ་མཐུན་པའི་གྲོགས་པོ་བྱས། མཐུ་དང་སེར་བ་བརྗེས། ངའི་ཐད་དུ་མཐུ་སློབ་པ་བྱུང་ན་ཁོང་ཅན་གཏོང་། ཁོང་གི་རྩར་སེར་བ་སློབ་ཏུ་བྱུང་ན་ང་ཅན་གཏོང་བར་བྱས་པ་ཡིན་འབུལ་ཆས་དང་། ངའི་བུ་འདི་སྙིང་རྗེ་བར་ཡོད་པས་མཐུ་གཤའ་མ་ཞིག་སློབས་ཤིག་ཟེར་བའི་ཡི་གེ་མཛད་དེ་བརྫངས། ཁྱུ་ལུང་དུ་ལྷ་རྗེ་ཡེ་ཤེས་གཟུངས་ལ་ཡི་གེ་གཏད་འབུལ་བ་ཕུལ་ནས། སྒྲུབ་ཁང་ལག་མཐུས་གླགས་མི་རྙེད་པ་ཞིག་བཟོས། དེར་དྲག་སྔགས་གཟའ་གདོང་དམར་ནག་ཞུས་ནས་བསྒྲུབས། ཞག་བདུན་སོང་བ་དང་བླ་མ་བྱོན། སྔར་ཡིན་ན་དེས་ཚོག་གི་ཡོད་གསུངས་པ་ལ། ཐག་རིང་གི་མཐུ་ལགས་པས་རྒྱུན་བསྲིང་པ་ལགས་ཞུས་པས། བདེན་ཡོང་གསུངས། ཡང་བདུན་སོང་བའི་ཉིན་བླ་མ་བྱོན་ནས། མདང་དམ་ཅན་རྣམས་ཀྱིས་མི་མགོ་སུམ་ཅུ་རྩ་

ལྷ་དཀྱིལ་འཁོར་གྱི་མཐར་སྦྱངས། ངོ་སོ་ཟླ་བ་བཞིན་འཕུར་ནས་སླེབས་བྱུང་། བསྒྲལ་རྒྱུ་གཉིས་འདུག་པ་བསྒྲལ་ལམ་གསུངས། སྙིང་ཚིམ་གྱི་རྟེན་དུ་གཞོག་པ་ཞུ། ད་ཆོས་སྐྱོང་ལ་གཏང་རག་ཐོང་གསུངས། མཚམས་ཐོན་བཏང་། དེའི་ཚེ་ཨ་ཁུའི་བུ་ལ་ཆུང་མ་བླངས་ནས་བག་སྟོན་བྱེད་པའི་མི་ཚོགས་པའི་ཁྱིམ་རྗེབ་ནས་མ་སླད་ལ་གནག་པའི་མི་སུམ་ཅུ་རྩ་ལྔ་ཤི་ཨ་ཁུ་དང་ཨ་ནེ་ལུས། དེར་ལྷ་རྗེ་ལ་གནུབས་ཀྱི་མ་ཕུར་གཤིན་གསུམ་སྒྱུ་འཕྲུལ་དང་བཅས་པ་བསླབས་ཤིང་བཞུགས་པའི་ཕྱི་ལོ་མའི་ཡི་གེ་བསླེབས། མཐུའི་རྟགས་ཐོན་བྱུང་ཚུལ། ད་དུང་སེར་བ་གྱང་རིམ་པ་དགུ་ཡོད་ཟེར་བ་ཕབ་ཟེར་བ་དང་། ཞིང་ཕྱེད་པོ་བཙོངས་པའི་རིན་གསེར་རང་སྲང་བདུན་བྱུང་བ་དབུས་ཀྱི་བྱ་བྲལ་ཞིག་ལ་དམོད་བཙུགས་ནས་བརྟགས་པས་འཕྲོད་པར་གོ ཡི་གེ་གབ་ཡིག །གསེར་བེམ་པོ་ལ་སྦྲས། དེས་རྒྱུད་བཅད་པས་ཆོད་ནས་ཡི་གེ་གཏད། དེ་བླ་མའི་ཡུམ་གྱིས་དགོངས་ནས་གསེར་རྣམས་གནང་བྱུང་། སླར་སེར་བ་ཞུ་བ་ལ་གཉགས་ཀྱི་དྲུང་དུ་བྱོན། དེར་གུ་ལང་འབྱུང་བའི་འབྲུགས་སེར་ཆེན་པོ་གནང་ནས། ཐུན་དོང་དུ་འབྲུག་ལྡིར་གློག་གཡོ། ཞོར་གྱི་གྲ་པ་དེ་གྲོགས་སུ་བཏང་བྱུང་ནས་སེར་བ་ཕབ་པས། གྱང་རིམ་གསུམ་ཡོད་ཟེར་བ་བབས། མ་དང་འཕྲད་འདོད་ཀྱང་ཁོང་གཉིས་ཁྲི་ར་བས་མཐོང་བས་བྲོས། ཁོ་སྟོབས་ཆེ་བས་མགྱོགས་པས་ཡུལ་མིའི་དམག་གིས་བཅར་བཅར་ཚུན་བསྡད་དེ་སྙིང་ཚིམ་བསྒྲུབས། དེ་ནས་བླ་མ་རྣམ་གཉིས་ཀྱི་ཕྱག་ཕྱིར་ལོ་འགའ་ཤས་གསན་པ་མཛད། དེར་མི་མང་པོ་བསད་པའི་སྡིག་པ་ཡོད། དེ་ཙུག་བྱས་སྦྱང་དགོས་སྙམ་ཡོད་པ་དང་། གཉགས་ཀྱི་ཡོན་བདག་བཟང་པོ་ཞིག་ན་བའི་སྟུས་བསྒྲུངས་ལ་བླ་མ་བྱོན། དེར་ཕན་མ་ཐོགས་པར་ཁོ་ཤི་བས་བླ་མ་ཐུགས་སྐྱོ་ནས་ལོག་ཕེབས་པའི་དུས། ཐོས་པ་དགའ་རེད་རང་གཉིས་པོས་སྡིག་པ་ཆེན་པོ་བསགས་ཡོད་པས། ཡང་ན་ཁྱོད་ཀྱིས་ཆོས་གཤའ་མ་ཞིག་གྱིས་ལ་ང་དྲོངས། ངས་བརྒྱུགས་སྐྱེལ། ཡང་ན་ངས་ཆོས་བཤའ་མ་ཞིག་བྱས་ཁྱོད་དྲང་། ཁྱོད་ཀྱིས་འདི་ཀུན་སྐྱོངས་ལ་ང་ལ་བརྒྱུགས་སྐྱོལ་གསུངས་པས། སྐབས་རྙེད་ནས་བདག་གིས་ཆོས་བྱ་བར་ཞུས་པས། འོ་ན་དེ་ཁ་གྱིས། ཁྱོད་ན་སོའང་གཞོན། སྙིང་རུས་ཀྱང་ཆེ་བར་འདུག་པས་གསུངས། དབུས་ཀྱི་གོས་སྣམ་ལེགས་བསྡུས་པ་མཛོ་གཅིག་རྒྱབ་སྐྱེལ་ཏེ་གཙང་དུ་བྱོན། གནུབས་མཇལ། མྱང་སྟོད་རྒྱང་ཁར་དུ་སྒྲེར་སྟོན་དབང་ངེ་བྱ་བ་ཡོད་པས་དེར་སོང་ལ་རྫོགས་ཆེན་ཞུས་གསུངས། དེར་བྱོན་ཁོང་རང་གི་གདམ་ངག་གང་ཡོད་གནང་། དེས་ཁོར་རེ་བྱ་བར་ངབ་མི་བྱང་ཆུབ་རྒྱལ་པོ་སྒྱུ་འཕྲུལ་ཡང་དག་བདུད་རྩི་རྣམས་ལ་མཁས་པ་ཞིག་ཡོད་པ་དེར་བརྫངས། དེས་ཡར་འབྲོག་ངོར་མར་པ་འབྱུང་ངེ་བྱ་བ་མ་མོ་མཁན་ཞིག་གི་རྩར་བརྫངས་ནས་ཚུལ

དེ་བཞིན་གྱིས་བླ་མ་དགུ་བསྟེན། ཁོང་གིས་གཙང་རོང་གི་འབྲི་སྟོན་ལྷ་དགའ་ལ་གཏད་དེ་བརྫངས། དེ་ར་རྫོགས་པ་ཆེན་པོ་གསན། དེ་ཡན་དུ་བླ་མ་རེའི་རྩར་ལོ་གཅིག་ཙམ་གཉིས་ཙམ་བཞུགས། ཡོངས་དྲིལ་ལོ་བཅོ་ལྔ་ཙམ། རང་རང་གི་ཆོས་ལ་སློབ་གཉེར་སློབ་དཔོན་དང་མཉམ་ཟེར་ཟེར་བྱས་སྦྱངས་པ་ཆེ། བསྐྱེད་རིམ་ལ་ནུས་པ་ཐོན་ཀྱང་ཐུགས་མ་ཚིམ། དེར་འབྲི་སྟོན་གྱིས་ནངས་ཤིག་གུང་ཐང་པ་ཞེས་པོས་ནས། ལགས་ཞུས་ཙན། འ་ཅག་གཉིས་ཁྲིད་ཀྱིས་ཆོས་ཉན་ལོ་ཙམ། ངས་བཤད་ལོ་ཙམ་འདིས་མི་ཕན། རྫོགས་ཆེན་དང་སྒྱུ་འཕྲུལ་ཡང་ལྷ་དགོངས་ཀྱི་དོན་སྟོན་ཙམ། སྤྱིའི་རྣམ་པ་ལས་རྒྱུད་ཐོག་ཏུ་ཁེལ་བ་དཀའ་བ་འདུག །ད་ལྟ་ལྷོ་བྲག་ཆུ་ཁྱེར་བྱ་བ་དེ་ན་རྒྱ་གར་གྱི་གྲུབ་ཐོབ་ནཱ་རོ་པ་དང་མཻ་ཏྲི་པའི་དངོས་ཀྱི་སློབ་མ་རྒྱ་གར་དུ་ཡུན་རིང་པོར་བཞུགས།

དཀའ་བ་མང་དུ་སྤྱད་པ་མར་པ་ལོ་ཙྪ་ཞེས་བྱ་བ་ཞིག་ཡོད། དེ་ལ་གསང་སྔགས་བྱིན་རླབས་ཀྱི་ལམ་རྟེན་འབྲེལ་ལུས་ལ་བསྒྲིགས་པས་རྟོགས་པ་སེམས་ལ་འཆར་བ་ཞིག་ཡོད་འདུག །ངེད་རང་ཕ་སྤད་དེར་འགྲོ་དགོས་པ་མིན་ནམ་གསུངས། རྗེ་ལོ་ཙྪ་བའི་མཚན་ཐོས་པ་ཙམ་གྱིས་ལུས་བ་སྤུ་ཟིང་། མཆི་མ་ལྷུག་པར་ཤོར། ད་ལྟ་རང་དེའི་དྲུང་དུ་སླེབ་ན་བསམ་པ་འཁྲུངས་ཏེ། ཅིས་ཀྱང་འཐད་ཞུས། དཔོན་སློབ་བསྡེབས་ནས་བྱོན། འབྲོག་ཏུ་བླ་མ་བསྟུང་ནས་མཁའ་འགྲོ་མ་དགའ་འམ་ཅི་ཙུག་ཡིན། ང་མ་ཚུད་པར་འདུག །ཁྱེད་རང་སོང་གསུངས། སྨན་ཐང་བརྒྱུད་དེ་བྱོན། དེ་རིང་འབྱོར་རྒྱུ་མདང་དགོངས་དེ་རྗེ་ལོ་ཙྪ་བ་ལ་བླ་མ་ནཱ་རོ་པས་གནང་བ་ཡིན་སྐམ་པའི་རིན་པོ་ཆེ་བཻ་ཌཱུརྻའི་རྡོ་རྗེ་ཕུན་སུམ་ཚོགས་པ་དྲི་མས་ནོགས་པ་ཞིག་བྱུང་བས་ཁྲུས་མཛད་དེ། རྒྱལ་མཚན་གྱི་རྩེ་ལ་འཆར་བས་འོད་ཀྱིས་ཕྱོགས་བཅུར་ཁྱབ་པ་ཞིག་རྨིས། དེ་དང་དུས་མཚུངས་ཡུམ་བདག་མེད་མ་ལ། བླ་མ་ནཱ་རོ་པས་བླ་མ་ལ་གནང་བ་ཡིན་སྐམ་པའི་ཤེལ་གྱི་མཆོད་རྟེན་དྲི་མས་ནོགས་པ་ཞིག་བླ་མས་ཁྲུས་བྱས་ཕ་རིའི་རྩེ་མོར་བསྐྱལ་བ་ལ་ཐམས་ཅད་ཀྱིས་ཕྱག་མཆོད་པ་བྱེད། དེའི་དགོན་གཉེར་བུད་མེད་གཉིས་ཀྱིས་བྱེད་པ་ཞིག་བྱུང་ནས་ནང་པར་བླ་མ་ལ་ཞུས་པས། རྨི་ལམ་ཉིད་འཕྲུལ་ལ་གཏད་པ་ཅི་ཡོད་གསུངས། དེར་བསུ་བ་ལ་འཕྲལ་ཕྱུ་སློག་པ་སྐད་མཛད་དེ་བྱོན། དེར་མཇལ་དེ་ཁ་ལ་སྣང་བ་འགྱུར་ཡང་ངོ་མ་ཤེས། མཇལ་སྣ་བཅོལ་བས་ཁྲིའི་འཕྲོ་འདི་སློག །ཆང་འདི་འཐུང་། ཁོང་གི་མཇལ་སྣང་ངས་བྱའོ་གསུངས། དུམ་ཞིག་ན་བྱིས་པ་སྐམ་རལ་ཤིག་གི་བ་ཞིག་འབོད་དུ་བྱུང་། ཁོང་གིས་གོ་ཆོད་འདུག །ངས་ཀྱང་གོ་ཆོད་པ་བྱེད་བསམ་རེམས་པས་ཕྱུ་ལྷག་མ་མེད་པར་ལྷོགས། །ཆང་ཡང་ལྷག་མ་མེད་པ་གསོལ་བས་རྟེན་འབྲེལ་འགྲིག །ཡུད་ཙམ་ཞིག་ལ་དཔོན་སློབ་གཉིས་ཀྱིས་སློག་པའི་ཞིང་དེ་ད་ལྟ་ནི་

མི་ལག་མང་པོས་ཀྱང་ཉིན་གཅིག་ལ་ཟིན་དཀའོ། །

དེ་ནས་བླ་མ་མཇལ་བ་དང་། ད་གིའི་དེ་ཁར་འདུག་པ་དང་ཟིལ་ཆེ་ནས་རྩོམ་མེ་ལུས་པས། ཁྱོད་བདེན་རྫོག་གིས་ཀྱང་ངོ་མ་ཤེས། མར་པ་ལོ་ཙྪ་རང་ཡིན་གསུངས་ཏེ། ལྟེ་བ་གྲུང་ཐང་སྨད་དུ་བཅད། །སློབ་གཉེར་དབུས་གཙང་ཕྱོགས་སུ་བགྲིས། །སྐྱེར་སྟོན་ངབ་མིས་དབུ་མཛད་ནས། །རོང་སྟོན་ལྷ་དགའ་ཡན་ཆད་དུ། །ཁྲིན་ཅན་གྱི་བླ་མ་བཅུ་ཙམ་བཞུགས། །ཆོས་ནི་རྒྱུད་སྡེ་སྡེ་འགྱུར་ཞུས། །ལྷ་དགོངས་ཀྱི་ཆོས་ལ་མཁྱེན་པ་ཆེ། །ཁྱད་པར་ལྷ་རྗེ་གནུབས་ཆུང་ལ། །དྲག་སྔགས་གཟའ་གདོང་དམར་ནག་ཞུས། །ཁོང་སྒྲུབ་འཕྲིན་གྱི་ཕྱག་ལེན་མཁས་ན་ཡང་། །མི་ཁོ་བོའི་སྒྲོ་འདོགས་ཅུང་མ་ཆོད། །རྗེ་ནཱ་རོ་མཻ་ཏྲིས་བྱིན་བརླབས་པ། །ལུས་རྟེན་འབྲེལ་གནད་དུ་བསྣུན་པ་ཡིས། །སེམས་ཆོས་ཉིད་མ་དང་སྦྲོད་པ་ཞིག །ལྷོ་ཆུ་ཁྱེར་གྱི་ཕུ་ན་བཞུགས་སོ་སྐད། །ཕ་ལོ་ཙྪའི་སྙན་པ་རྒྱང་ནས་འཕྲུམས། །མཚན་ཐོས་པ་ཙམ་གྱིས་བ་སྤུ་གཡོས། །ལམ་དཀའ་བ་སྤྱད་དེ་སྤྱན་སྔར་ཕྱིན། །ཞལ་མཐོང་བ་རང་གིས་སྣང་བ་འགྱུར། །ཁོང་ཆེ་རབས་ཀྱི་བླ་མ་ཡིན་པ་འདྲ། །དེར་བདག་ལ་སྟོད་ནས་འོངས་པའི་མི་སྡིག་པོ་ཆེ་ཞིག་ལགས་པས་བླ་མས་ཐུགས་རྗེས་གཟུང་ནས་ཚེ་གཅིག་ལུས་གཅིག་ལ་སངས་རྒྱ་བའི་གདམས་ངག་ཅིག་གནང་བར་ཞུ་བྱས་པས། གདམས་ངག་ཡོད། སངས་རྒྱ་མི་རྒྱ་ཁྱོད་རང་གི་སྙིང་རུས་ལ་རག་ལས་གསུངས། ནངས་པར་ནས་ནང་མིར་ཚུད། ཡུམ་ཤིན་ཏུ་བྱམས། དེ་དུས་ལྷོ་བྲག་ལ་ཁ་བས་བླ་མའི་གྲྭ་པ་རྫུང་འཚོག་མང་དུ་བྱས་པས་མཐུ་གྱིས་གསུངས་བྱས། ཁོང་རྣམས་ནང་འཛིངས་མི་འགའ་ཤི །བླ་མ་ལ་བབས་དགོས་བྱུང་བས་མིང་དུ་མཐུ་ཆེན་དུ་བཏགས། དེར་སྡིག་པ་བྱུང་བའི་ཆེད་དང་སྲས་ལ་འབོགས་དགོངས། རི་ཟུར་གཅིག་ཏུ་མཁར་གྱི་རྨང་ཟླུམ་པོ་ཞིག་བརྩིགས། ཐོག་སོ་གཉིས་ཙམ་ལོངས་པ་དང་དེ་བཤིག །ཟླ་གམ། དེའང་བཤིག །གྲུ་གསུམ། དེའང་བཤིག་ནས་ད་ལྟའི་སྲས་མཁར་འདིའི་རྨང་བཏིང་། ཐོག་སོ་བདུན་ཚར་བ་དང་ཁྲིམས་རྩིག་ཏུ་བཅུག །དེ་ཐམས་ཅད་ལ་མི་ལ་རང་མིན་པ་རྗོར་མགོ་ཙམ་ཞིག་དང་། ས་ཁྱིམ་གང་སྐྱེལ་རོགས་མེད། དེའི་བར་ལ་ཆོས་གནང་ལ་རེ་ནས། རྔོག་མེས་འཚུར་སོགས་དབང་གསན་པ་ལ་ཕྱིན་པའི་ཟླར་འཚངས་པས། གྲལ་ནས་བཏོན་ཕྱག་འཕེབས་འཆི་བ་ལ་གཏུགས་པ། དུས་རྒྱུན་དུའང་རྐྱེན་ཕྲ་མོ་རེ་ལ་བསྣད་བཏགས་ནས་བཀའ་སྐྱོན་ཕྱག་འཕེབས་མཛད་དེ་ཡི་ཆད་ཐེངས་བདུན་སོང་གི་བར་ལ་ཡུམ་ལའང་མ་ཞུས། དེ་ནས་རྒྱབ་ལ་སྐྲལ་མིག་གསུམ་རྫོལ་བ་བསྟན་ནས་ཆོས་ཞུ་བའི་རོགས་ལ་སྤྲན་པས་ཡུམ་སྤྲན་ཆབ་ཤོར། བླ་མ་ལ་ཞུས་པས་སྐྲལ་བ་རང་བྱུང་མེད་དམ་གསུངས། ཕྱར་ཧ་པོང་ལ་སྐྲལ་བ་བྱུང་

ཟེར་བ་ཐོས། མི་ལ་སྨྲལ་པ་བྱུང་ཟེར་བ་མ་ཐོས། སྨྲལ་པ་བྱུང་བར་མ་ཟད་གསུམ་ཡང་རྫོལ་འདུག་ཞུས་པས། ཁྱེད་ཤོག་གསུངས། རྒྱབ་རྨར་སོང་བ་དེ་གཟིགས་ཕྱུལ་བས། འདི་བཞིན་གྱིས་ལ་ས་སྐྱོལ་གསུངས། ཅི་ལ་ཕན་ཞུས་པས་རྨ་ལ་ས་མི་འཚོར་བ་ལ་ཕན་གསུངས། དེར་ཡང་དད་པ་སྐད་ཅིག་ཀྱང་མ་ལོག །བདག་གིས་སྡིག་པ་དེ་ཙམ་བྱས་ཧྲིང་འདི་ལ་ལམ་བགྲོད་པ་ཞིག་མ་བྱུང་ན་འགྲོ་ས་དམྱལ་བ་མིན་པ་མེད། ཚེ་གཅིག་ལ་སངས་རྒྱ་བའི་ལམ་བླ་མ་གཞན་ལ་མེད་པས་བླ་མས་ཅི་གསུང་བསྒྲུབས་ཏེ་མཉེས་པ་ཞིག་བྱ་དགོས་བསམ་པ་ཁོ་ན་བྱུང་། དེར་རྨ་རྣམས་འགྲམས་འབྲུགས་ནས་ན་ཚ་མི་བཟོད། ཡུམ་ལ་ཞུས་པས་རེ་ཞིག་ངལ་གསོས་གསུངས། རྨ་འགྲམས་པ་དྲག་ནས་མཐུ་ཆེན་ད་ལས་གྱིས་གསུངས། རྒྱབ་ཀྱི་རྨ་མ་དྲག་པས་སོ་ཇོ་པང་དུ་གཟུང་ཞིང་བསྐྱལ་ཏེ་ལས་མཛད། ཁྲིམས་ལོངས་ནས་བླ་མས་གདམ་ངག་མི་གནང་བ་འདྲ་བསམ་ཐུགས་མུག་ནས་བྱོན། སླར་བསམ་མནོ་བཏང་ནས་ལོག །དེ་དུས་ཡུམ་གྱིས་མ་ཕོད་པར་བྱིན་རླབས་ཧེན་འགའ་དང་ཕྱག་ཐམ་ཡིག་རྫུས་བསྐུར་ཏེ་རྫོག་ཙན་བཛྲངས། ཁོང་གི་གྲུ་རིགས་དོལ་ཡས་ཕོ་ཡས་མོ་བས་བརྡུངས་པ་ལ་སེར་བ་ཕོབ་གསུངས་ཕབ། རྐན་མོ་ཞིག་ལ་གནས་ཚང་བཅོལ་བ་དེ་དྲུ། སྙིང་རྗེ་ནས་ཁྱོད་ཀྱི་ཞིང་རི་ལྟ་བུ་ཞིག་ཡོད་གསུངས། འདི་འདྲ་ཡོད་ཟེར་གྲུ་གསུམ་མཚུ་རིང་ཞིག་བྲིས་པས། དེ་མ་ཐག་ཏུ་སླང་བཀབ་སྟིགས་མཛུབ་མཛད་པས་མོའི་ཞིང་མ་ལ་གནོད་པ་མེད་པ་སྟུམ་ཧྲུག་གེ་འདུག །སླངས་མ་ཁྲབ་པའི་མཚུ་ལྷག་པ་ཆུ་ལོག་གིས་གནན། གཞན་ཡུལ་དེ་གྲོག་ཤུལ་དུ་བཏང་། ཕྱི་ཐན་བཞག་པས་ཁོང་རྣམས་རྫོག་ལ་བབས། སེར་བའི་དུས་དེའི་སྲིས་ཁོ་བོའི་ཐོག་འདི་ལའང་ཡུལ་དེར་སེར་བ་ཐུབ་པས་ཞིང་ཐམས་ཅད་བཅོམ་ནས་རྐན་མོའི་ཞིང་དེ་ལ་སྐྱོན་མེད། མཚུ་ཆུ་ལོག་གིས་མནན་པ་ཞིག་ཀྱང་བྱུང་ངོ་། །

དེ་ནས་ལམ་དུ་བྲ་བྱིའི་རོ་བསྡུས་པས་སྙིང་གཡོགས་ལྷེམ་གང་བ་བྱུང་། དེ་བླ་མའི་སྤྱན་སྔར་དཀྱིལ་འཁོར་གྱི་སྡིགས་བུ་ཡོད་པའི་ཁར་སྤྱངས་ནས་བཞུམས་པས་ཅིའང་མི་ལྷོ། རྗེ་བོ་ནཱ་རོ་པའི་བུ་བརྒྱུད་ལ་སྡིག་པོ་ཆེ་བཙན་ཐབས་སུ་སངས་རྒྱ་བ་ཡོད་པ་ཡིན་གསུངས། ཅུང་ཟད་དགོངས་པ་ལ་བཞུགས་པའི་མཐར་སེ་གོལ་གཏོགས་པས་ཐམས་ཅད་ནམ་མཁའ་ལ་དེར་རྒྱབ་སྟེ་འཕུར། དེ་དག་གི་བྱ་རྗེས་སྡིགས་བུ་ལ་བྱུང་བ་ད་ལྟའི་བར་དུ་ཡོད་དོ། དེས་བླ་མ་ཡབ་སྲས་ལ་ཡིད་ཆེས། རྫོག་གིས་གདམ་ངག་གནང་ཡང་བླ་མའི་བཀས་མ་གྲོལ་བས་མྱོང་བ་མ་སྐྱེས་སྲས་ཆེ་འདོན་གྱི་དུས་སུ་བླ་མའི་སྤྱན་སྔར་བྱོན། ཆེ་འདོན་ཚར། གྲྭ་པ་བྱིང་གྱིས། དབུ་ཆེ་རགས་པ་ཡོད་པའི་དགོངས་ཤིག་ཚོགས་

འཁོར་བྱེད་གསུངས། དེར་བྱིན་ཆོགས། དབྱུག་པ་ཞིག་སྐུ་གཞོགས་སུ་བཞག་པས། ཡུམ་གྱིས་དགོངས་ནས་རྒྱང་བསྐྱེད་དེ་བཞུགས། དེར་མར་པས་ཕྱག་སྡིགས་མཛུབ་མཛད་ཇོག་ལ་གཏད་དེ་སྤྱན་ཧུར་ཕྱུང་ནས། ཆོས་སྐུ་རྡོ་རྗེ་ཟེར་བ་མ་བཅོལ་བ་བྱེད་མཁན་ཁྱེད་མཐུ་ཆེན་ལ་དབང་བསྐུར་མན་ངག་སྟེར་བའི་རྒྱུ་མཚན་ཅི་ཡིན་གསུངས། ཇོག་བྲེད་ནས་དེ་ལྟར་བྱས་ཆོག་པའི་བླ་མ་རང་གི་ཕྱག་ཐམ་དང་བྱིན་རླབས་རྟེན་རྣམས་གནང་བྱུང་བ་ལགས་ཞུས་པས། མཐུ་ཆེན་དེ་ཁྱོད་ལ་སུས་བསྐུར་གསུངས། བྲེད་ནས་བདག་ལ་ཡུམ་གྱིས་གནང་བ་ལགས་ཞུས་ནས་རྒྱ་མཐོངས་སུ་མཆོངས་ཏེ་ཕྱིར་བྱོན། ཡུམ་ལ་ཕྱག་འབེབས་མཛད་དུ་ཕེབས་པས་ཡུམ་གྱིས་སྒོར་བྱོན་བཅད་དེ་བཞུགས་པས། ཕྱག་ཧྲད་ཧྲད་པ་ཞིག་མཛད་བཞུགས་གདན་ཁར་བཞུགས། ཇོག་ལ་ངའི་བྱིན་རླབས་རྟེན་རྣམས་ད་ལྟ་རང་ལོང་ཤོག་གསུངས་འབྱོན་པར་ཆས་ཏེ་ཕྱིར་ཐོན་པ་ན། ཨ་བོ་མཐུ་ཆེན་གྱིས་ན་བཟའ་ལ་འཛུས་ནས་ཕྱག་ཕྱིར་འགྲོ་བར་ཞུས་པས། ཨ་བོ་མཐུ་ཆེན་ངས་ཁྲིད་རྒྱུད་ད་རེས་ཀྱི་འདི་དང་འདྲ། བླ་མས་རྗེས་སུ་འཛིན་ཏེ་འོང་། ཡུས་ཀྱིས་མི་འཛིན་ན་གདོད་བླ་མའི་གནང་བ་ཞུས་ཏེ་ཕན་གདགས་སོ་གསུངས་པ་ལ། ཕྱུང་པོ་ང་འདྲ་བ། ང་རང་སྡུག་པ་མ་ཟད་ཡུམ་དང་བླ་མ་ལའང་འདི་ལྟ་བུའི་འོ་བརྒྱལ་བྱུང་། ང་སྐྱེ་བ་ཕྱི་མར་ཆོས་དང་མཇལ་བ་ཞིག་ཐུགས་རྗེས་འཛིན་དགོས་ཞེས་ལྟེབ་པར་བརྩམས་པ་ན། བླ་མས་བུ་དེ་འདྲ་མ་བྱེད། གསང་སྔགས་བླ་མེད་ཀྱི་ལུགས་ལ་ཕུང་པོ་སངས་རྒྱས་ཀྱི་བདག་ཉིད་ཡིན་པས་དེ་ལ་བརྣས་ན་རྩ་ལྟུང་ཡོང་། མདོ་ལུགས་ལའང་རང་སྲོག་རང་གིས་གཅོད་པ་སྡིག་པ་ཆེ་ཤོས་སུ་གསུངས་པ་ཡིན། དེ་ལྟར་མ་བྱེད་གསུངས་པའི་རིང་བླ་མ་ཐུགས་སོས་ནས་བདག་མེད་མ་ཤོག་གསུངས། ཡུམ་བྱོན་པས་ཇོག་ལ་སོགས་པ་གར་སོང་། བླ་མ་ཇོག་སྐུ་ཚས་ལེན་དུ་ཆས་པ་ལ་མཐུ་ཆེན་ཞུ་བ་འདི་ལྟར་འབུལ་བ་ལ་ལན་འདི་ལྟར་འདེབས་ཀྱིན་བཞུགས་གདའ་ཞུས་པས། འོ་ན་ཤོག་གྱིས་གསུངས། ཨ་བོ་མཐུ་ཆེན་གྱིས་ང་འདྲ་བ་བླ་མ་ཐུགས་སོས་ནས་ཀྱང་སྐྱ་དྲུང་དུ་འགྲོར་མེད་ལ། ཕྱིན་ན་བཀའ་སྐྱོན་དང་ཕྱག་འབེབས་མྱོང་བ་ལས་མེད་པ་ཞེས་བརྒྱལ་བརྒྱལ་བཤུམས་པས། བླ་མ་ཇོག་གིས་ཁྱོད་ཡར་སོང་ལ་བླ་མའི་སྤྱན་སྔར་མཐུ་ཆེན་ཕྱིན་ཨེ་ཆོག་ལྟོས། དེ་མིན་ངས་འདིར་མ་བསྟོད་ན་འདིས་གང་མིན་བྱས་དོགས་འདུག ། དེས་ཞུས་པས། བླ་མ་མར་པའི་ཞལ་ནས། ད་རེས་འབོད་པའི་མགྲོན་གྱི་གཙོ་བོ་ཨ་བོ་མཐུ་ཆེན་ཡིན། བདག་མེད་མ་རང་སོང་ལ་བོས་ཤོག་གསུངས་དེར་ཡུམ་རང་ཕེབས། མཐུ་ཆེན་ད་ཁྱོད་རང་དུ་མི་དགོས་ཐུགས་རྗེས་གཉིང་ནས་འཛིན་པར་འདུག ། དེའི་རྟགས་ལ་ད་རེས་མགྲོན་གྱི་གཙོ་བོ་མཐུ་ཆེན་ཡིན། ཁྱོད་རང་

སོང་ལ་བོས་ཤིག་གསུང་འདུག་པ་གསུངས་པས། ཡུམ་གྱིས་སེམས་གསོ་ཡིན་ནམ། བདེན་ནམ་ཐེ་ཚོམ་མེ་བ་ལ་དྲུང་དུ་བསླེབས། དེར་བུ་ཆེན་དེར་ཡོད་ཀུན་ཡང་འཛོམ་ཐེན་འདུག །དེའི་ཚེ་བླ་མ་ཐུགས་ཞི་བར་བཞུགས་ནས། བརྟགས་བརྟགས་ན་རང་རེ་ཀུན་ལ་སྐྱོན་མེད། ངས་ནི་མཐུ་ཆེན་གྱི་སྡིག་པ་སྦྱོང་བའི་ཕྱིར་བྱས། བདག་མེད་མ་ནི་སྤྱིར་བུད་མེད་སེམས་ཆུང་། ཁྱད་པར་སྙིང་རྗེ་ཆེ་བར་འདུག་པས་ཁོ་ལ་སྙིང་རྗེ་ནས་ཡིག་བརྫུས་བསྐུར། རྔོག་གིས་ཡི་གེ་བསྐུར་ནས་དེ་ལྟར་བྱེད་པ་བདེན་མོད། འོན་ཀྱང་བྱིན་རླབས་རྟེན་ཚར་ཅིག་འདིར་སྐྱོལ། ཕྱིས་ཁྱོད་རང་ལ་སྟེར་གསུངས། དེའང་ཁྱོད་བུ་སློབ་ལས་དང་པོ་པ་རྣམས་དད་པ་མ་ལོག །ངས་འདོད་པས་ཀུན་ནས་བླངས་པའི་ལས་ཡིན་ན་ཞི་བས་བཅོལ་བས་ཆོག་སྟེ་མིན། བུ་འདི་ལ་ཡིད་ཆད་ཆེན་པོ་ལན་དགུ་ཐོངས་ན་ལམ་ལྷག་མེད་དུ་སངས་རྒྱ་བ་ཡིན་པ་ལ། ད་ལན་ཐེ་བའི་བརྒྱད་ལས་མ་ཐོངས་པས་ད་དུང་དཀའ་བ་སྤྱོད་པ་ཙུང་ཟད་དགོས། འདི་ངས་སྐལ་ལྡན་དུ་ཤེས་ནས་ཕྱུ་སློག་པའི་ཟོལ་གྱིས་བསླུ་རུ་ཕྱིན་གསུངས། གྲལ་དེ་ཉིད་དུ་སྒྲ་བཅད་མཚན་མནལ་ལམ་བཞིན་རྡོ་རྗེ་རྒྱལ་མཚན་ཞེས་བཏགས། དགེ་བསྙེན་དང་བྱང་ཆུབ་སེམས་ཀྱི་སྡོམ་པ་གནང་སྟེ། གསང་སྔགས་ཀྱི་དབང་བསྐུར་ནི་སང་གནངས་ནས་རིམ་བཞིན་བྱའོ་གསུངས་པས། ངའི་འདི་རྨི་ལམ་ཡིན་ནམ་མངོན་སུམ་ཡིན། རྨི་ལམ་ཡིན་ན་གཉིད་མ་སད་ན་དགའ་སྙམ་པ་འཁྲུངས་ནས་ཚོགས་ཀྱི་འཁོར་ལོ་ལ་དགྱེས་པར་རོལ། དེར་སང་ནས་ས་ཆོག །གནངས་སྐུ་གོན་ཞག་གསུམ་པ་དངོས་གཞི་མཛད་པའི་དཀྱིལ་འཁོར་བསྟན་པའི་དུས། འདིར་མཚོན་བྱེད་དཔེའི་དཀྱིལ་འཁོར་ཡིན། མཚོན་བྱ་དོན་གྱི་དཀྱིལ་འཁོར་འདི་ན་ཞེས་བར་སྣང་ལ་དཔལ་འཁོར་ལོ་སྡོམ་པ་དྲུག་ཅུ་རྩ་གཉིས་ཀྱི་དཀྱིལ་འཁོར་རྟེན་བརྟེན་པར་བཅས་པ་མངོན་སུམ་དུ་བཞུགས་པ་མཇལ། གསང་མཚན་འདོགས་པའི་དུས་ས་གསུམ་གྱི་མཁའ་འགྲོ་མ་ནམ་མཁའི་སྤྲིན་ཕུང་ཙམ་གྱིས་མགྲིན་གཅིག་ཏུ་བཤད་པའི་རྡོ་རྗེ་ཞེས་བཏགས་སོ། །

དབང་གོང་མ་གཉིས་ཀྱང་དངོས་དབང་དུ་མཛད། དབང་དུས་སུ་དཔེའི་ཡེ་ཤེས་གཟིགས་པས་འཇིག་རྟེན་ཆོས་མཆོག་གི་རྟོགས་པ་བསྐྱེས་པ་ཡིན་གསུངས། དེ་ནས་བརྩམས་ཏེ་དགྱེས་པ་རྡོ་རྗེ། མ་ཧཱ་མ་ཡཱ། གདན་བཞི། སངས་རྒྱས་ཐོད་པ། གསང་བ་འདུས་པ། དེ་དག་གི་རྒྱུད་རྒྱུད་འགྲེལ་དབང་སྒྲུབ་ཐབས་རིམ་པ་གཉིས། དོན་མཐར་ཐུག་སྟོན་པའི་སྙིང་པོ་སྐོར། ཁྱད་པར་ཁྱད་ཆོས་བསྲེ་འཕོ་གདན་གྱི་མཚམས་སྦྱོར་ལ་སྦྱར་ཁྲིད་དུ་མཛད། ལྷོ་བྲག་སྟག་ཉའི་བྲག་ལ་སྒོམ་དུ་བཅུག་ཚར་གཅོད་ལ་ལོ་བཞི། རྗེས་འཛིན་མཛད་ནས་ལོ་གཉིས་དང་ཟླ་བ་བརྒྱད་བཞུགས། ལོ་ཙམ་བཞུགས་རྒྱུའི་

ནང་ལ་མཁའ་འགྲོ་སྙན་རྒྱུད་ཀྱི་གདམས་ངག་གནང་། དཔལ་ནཱ་རོ་པས་མཛད་པ་ལྷ་བུའི་ཚོགས་ཀྱི་འཁོར་ལོ་དགྱེས་པའི་རྡོ་རྗེ་ལ་བརྟེན་ནས་མཛད་པས། མེས་རྔོག་འཚུར་མི་ལ་མགོ་ཡགས་ལ་སོགས་ཐམས་ཅད་ཀྱིས་དགྱེས་རྡོར་སྤྲུལ་པའི་ལྷ་དགུ་དངོས་སུ་གཟིགས། གཞན་བདེ་མཆོག་འཁོར་ལོ་ལ་སོགས་པའི་ཡི་དམ་དུ་མར་སྣང་བ། ཟད་པར་ས་ལ་སོགས་པའི་རྫུ་འཕྲུལ། གྲོང་འཇུག་མཛད་པ་ལ་སོགས་ཆེ་བའི་ཡོན་ཏན་སངས་རྒྱས་དང་མཉམ་པར་གཟིགས་པས། ཅི་གསུང་བའི་བཀའ་ལ་སྐད་ཅིག་ཀྱང་མི་འགོང་བའི་དམ་བཅའ་མཛད་དེ། ཕ་སྐུ་དྲིན་ཅན་གྱི་ཞབས་དྲུང་དུ། །ལོ་དྲུག་ཟླ་མཐོང་བརྒྱད་དུ་བསྡད། །ལུས་དང་གྲིབ་མ་བཞིན་དུ་འགྲོགས། །ནོར་ཟང་ཟིང་གི་འབུལ་བ་མ་མཆིས་ཏེ། །ལུས་ཀྱི་ཞབས་ཏོག་རྟུལ་དུ་བསྒྲུབ །དང་། ཐུགས་གཉིང་ནས་མཉེས་པའི་གདམ་ཀ་དེས། །རྒྱུད་ཟབ་མོ་དགྱེས་པའི་རྡོ་རྗེ་དང་། །ཕྱིན་རླབས་ཅན་གྱི་བདེ་མཆོག་དང་། །སྙིང་པོ་མ་ཧཱ་མ་ཡཱའི་རྒྱུད། །དཔལ་ནམ་མཁའ་ལྷ་བུའི་གསང་འདུས་དང་། །བཀའ་སྲུང་ཅན་གྱི་གདན་བཞི་དང་། །སྤྲུལ་པ་སངས་རྒྱས་ཐོད་པའི་རྒྱུད། །དོན་མཐར་ཐུག་སྟོན་པ་སྙིང་པོའི་སྐོར། །བཀའ་རྒྱ་མཚོ་ལྟར་ཟབ་རྒྱུད་འགྲེལ་ལས། །བཅུད་ནོར་བུ་རིན་ཆེན་གཉིང་ནས་བླངས། །གདམ་ཟབ་དགུའི་དོན་སྙིང་ཕྱུང་བ་རྣམས། །གསེར་ཞུན་མ་ལྟ་བུར་དྲིལ་ནས་གནང་། །ཕྲི་བསྣན་ལྷག་ཆད་ཡོད་རེ་ཞེས། །ཏྲཱ་ཀི་དབང་བཙུགས་དབུ་སྟེང་བཞེས། །དེ་ནས་བླ་མ་ལ་ཞུས་ཏེ་ཡར་ལོག །རྫོག་ལ་ཕྱག་སྐྱེལ་དུ་བྱོན། དེ་ནས་ཡུལ་དུ་སླེབ་དུས་ཡུམ་ཤི སྲིང་མོ་འཕྱུར། ཁང་ཞིང་མཐུས་འཇིགས་ནས་བདག་མེད་དུ་ལུས་འདུག །དེར་སྐྱོ་ཤས་གཉིང་ནས་ལངས་ཨ་མའི་རུས་བུ་རྙེད། དེ་ལ་གླན་ལོའི་དབོན་པོའི་ཕུར་བྱོན་ཚ་ཚ་བཏབ། ཡོན་དུ་དཀོན་མཆོག་བརྩེགས་པའི་མདོ་ལུས་འདུག་པ་དེ་ཕུལ། དགོང་གཅིག་བཞུགས་རྐང་བཙུགས་ཞུག་ཏུ་བྱོན། དེར་ཨ་ནེས་ཁ་ཅང་བགྱིས་ཏེ་ཞིང་ཐབས་ཀྱིས་ཕྲལ། རིན་སྤྲད་པ་བསྣམས་ཏེ་བྲག་དཀར་རྟ་སོར་བྱོན། འཚོ་བ་ཕྱེ་དྲི་ཡོད་ཙམ་ལོ་གསུམ། ཅིའང་མེད་པ་ཟྭ་རང་གི་ཚོད་མ་ལ་བརྟེན་པ་ལོ་དྲུག་སྟེ་དགུ་རྩེ་གཅིག་ཏུ་བསྒོམས། སྒོམ་ལ་བོགས་ཆེ་བསམ་པ་མ་བྱུང་། དེར་ཁྱི་ར་བས་མཐོང་ལུས་དཀའ་ཐུབ་ཀྱིས་གདུངས་པས་མི་ཡིན་ནམ་འདྲེ་ཡིན་ཟེར། དེ་དག་ལས་འཕྲོས་ཐོས་ནས་པེ་ཏས་རྙེད། མཛེས་སེ་དང་གཉིས་ཀྱིས་རྩམ་ཚང་ཤ་དང་བཅས་པ་དུམ་ཞིག་ཕུལ་ཏེ་ཟོས་པས་སྒོམ་མི་ནུས་པ་སྐྱམ་བྱེད། གེགས་འདི་ལས་ཆེ་བ་མི་ཡོང་དགོངས་ཏེ་བླ་མས་གནང་བའི་ཤོག་དྲིལ་བལྟས་པས། སྟར་རྩ་ནང་དུ་རླུང་སེམས་འདུ་རྒྱུ་ཟས་ངན་པས་མ་ལྕོངས་པ་དེས་བསླང་བར་ཤེས། དེའི་ལུགས་བཞིན་བཅོས་པས་སྨིན་འཛིན་ཡོན་ཏན་དུ་ངོ་འཕྲོད་ནས། བྱང་ཆུབ་ཀྱི་

སེམས་རང་བྱུང་གིས་གྲེན་དུ་ཡོག །གསང་གནས་ཀྱི་རྩ་མདུད་གྲོལ། ས་དང་པོ་དང་གཉིས་པ་ནོན། དེ་ནས་ལོ་ཙམ་དུ་བརྩོན་པར་མཛད་པས་ལྟེ་བའི་རྩ་མདུད་གྲོལ། དེ་ནས་བྲག་དམར་ཚེད་ལུང་ལ་སོགས་པར་བྱོན། ལྷག་པར་ལ་ཕྱིར་བྱོན་ནས་ལྷ་ཆེན་པོ་ཚོགས་ཀྱི་བདག་པོ་དམ་ལ་བཏགས། སློབ་བརྒྱུད་རྣམས་ཀྱི་སྒྲིན་བདག་བྱེད་པར་ཁས་བླངས་རང་སྲོག་མདོངས་གསོལ་དུ་ཕུལ། དེ་ནས་རྩ་ར་མར་སྐོར་ཅིག་བྱོན། དགུན་དེ་གཤེན་རྫོར་མོ་ཤཱཀྱ་གུ་ཙ་སོགས་བན་སྐྱེས་དྲུག་ཆོས་ཞུ་བར་འོང་བའི་ལུགས་བྱས། འཚོ་ཆས་ཉུང་དུ་ཞིག་ལས་བསྣམས་མ་བྱོན། ཁོང་ཚོ་ལ་སྣང་ནས་ཡོག །དེ་དགོང་ནས་ཁ་མོ་ཆེ་བབ། སོས་ཟླ་བ་ལྔ་པ་ཙམ་ལས་ལམ་མ་བྱེ། དེར་བུ་སློབ་རྣམས་ཀྱིས་གྲོངས་ཡོད་སྙམ་གཤེགས་རྫོངས་ལ་དམིགས་མཆོད་པ་བྱས། དེ་ནས་སོས་ཁོང་རྣམས་ཀྱིས་སྔུར་རམ་སྔུར་རུས་གང་རྙེད་སྙམ་ལྟར་འོངས་པས་གསང་ཞིག་ཕ་བོང་ནས་བྱ་ར་བྱེད་པ་མཐོང་། དེ་ནས་དུ་བ་དང་གསུང་ཐོས་ཆས་ཙུང་ཟད་ལས་མ་ཟད་པར་འདུག་པས་ཏིང་ངེ་འཛིན་གྱིས་འཚོ་བར་ཤེས། དད་པ་ལྷག་པར་སྐྱེས། མཆི་མ་ལྷུག་པར་ཤོར། ནན་གྱིས་ཡུལ་དུ་གདན་དྲངས། དེར་བསུ་མི་རྣམས་བྲོ་རྩེ་བས་ཐུགས་ཉམས་འུར་བ་སྐད་མཛད་དེ། ཕ་བོང་འདམ་བཞིན་བརྡིས། དེ་དུས་སྙིང་གའི་རྩམ་མདུད་གྲོལ་ས་དྲུག་པ་ནོན་པ་ཡིན་ཏེ། སྟོད་བྱང་ཆུབ་སེམས་ཀྱི་རྒྱུན་འབབ་བདེ། །སྨད་དྭངས་མའི་ཐིག་ལེས་གང་བས་བདེ། །བར་དཀར་དམར་ཐུག་ཕྲད་རྩེ་བས་བདེ། །དེ་ནས་མི་མ་ཡིན་གྱི་གདུལ་བྱ་ཕལ་བཏུལ་ནས་མིའི་གདུལ་བྱ་འདུས་པའི་ཐོག་མ། ར་ལའི་ཕུ་ཟ་འོག་ཕུག་ཏུ་བཞུགས་དུས། ཡུལ་དེའི་ཕྱུགས་རྫི་རྣམས་དུང་དུ་བྱུང་བའི་བྱིས་པ་ཞིག་རྗེ་བཙུན་མཐོང་བ་ཙམ་གྱིས་ལུས་སྐྱི་བུང་། སེམས་ཆེ་འདིའི་སྣང་བ་འགགས། གྲོང་དེ་ལུས། དེ་ནས་བརྩམས་ཏེ་ཡང་ཡང་ཆོས་ཉན་དུ་འོང་བ་ལམ་ཁྲུས་སྟང་པོ་བྱས་ཕུ་སློག་ཏུ་བཙུག །དེའི་དུས་ཆུང་ངུ་ལ་མཛེ་ནད་བྱུང་། དེར་རྗེ་བཙུན་གྱིས་སྒོམ་བཟླས་འདྲ་བསླབས། དེའི་ཚེ་མཛོ་གེ་བཞི་བྱུང་བའི་རྐྱེན་པས་གྲོགས་བྱས་རྒྱ་གར་དུ་འཕྲེད་པར་བརྩམས། བྱིས་པ་དེ་ཕར་འགྲོ་དུས་རྗེ་བཙུན་ཐུགས་དམ་ལ་བཞུགས་གསུངས། དེས་ཕུག་པའི་སྒོ་བརྩིགས་ལོ་གཅིག་ཙམ་འགོར་ཏེ་མཛེ་ནད་གསོས། ཆུར་ཡོག་མི་ལ་གར་བཞུགས་རྩད་བཅད་པས། དང་པོ་དེ་སྐད་ཟེར་བ་ཞིག་འདུག །ད་གར་སོང་ངམ་མ་ཤེས་ཟེར། ཕྱར་ཀྱི་ཤུལ་དུ་བལྟས་པས་ཕུག་པའི་སྒོ་བརྩིགས་བརྩིགས་པར་འདུག །གཤེགས་ཡོད་སྙམ་བཤིག་པས་རྗེ་བཙུན་སྐུ་ཁྲོང་དེ་བཞུགས། ཁྱོད་ཀྱིས་དོན་འགྲུབ་བམ། འགྲུབ་ཞུས། དེར་རྗེ་བཙུན་ལ་སྐྲ་བཅད། མཚན་རྡོ་རྗེ་གྲགས་པ་དེ་ཁར་བཞག །དགེ་བསྙེན་དང་སེམས་བསྐྱེད། བདེ་མཆོག་འཁོར་ལོའི་དབང་བསྐུར། བསྲེ་འཕོའི་མན་

ངག་སྐུལ་ཏེ་སྒོམ་དུ་བཅུག་པས་བདེ་དྲོད་བསམ་གྱིས་མི་ཁྱབ་པ་སྐྱེས་པས་རས་རྐྱང་མཛད། ཐམས་ཅད་ཀྱིས་རས་ཆུང་པ་ཞེས་སྙན་པའི་དྲིལ་བསྒྲགས་སོ། །

དེ་ནས་ཐུགས་སྲས་བུ་སློབ་ཕལ་ཆེར་འདུས། དེ་ནས་ཆུ་བར་དུ་བྱོན། སྨན་ལུང་དུ་བཞུགས་དུས་བཀྲ་ཤིས་ཚེ་རིང་མས་གསོལ་ནས། ནམ་མཁའི་ལྷ་ཕྲན་མན། ས་འོག་ཀློ་འཕྱེ་ཡན། གདོན་ཆེན་བཅོ་བརྒྱད་ཀྱིས་གཙོས་པའི་སྣང་སྲིད་ཀྱི་ལྷ་འདྲེ་མ་ཚོགས་པ་མེད། དེ་ལས་ཤིན་ཏུ་འཇིགས་ཤིང་མི་བསྲུན་པའི་ཤ་ཟ་མ་ལྔ། ཀེང་རུས་བཞེད་པའི་བུད་མེད་རི་རབ་པང་དུ་བཏེག་ནས་རྡེག་པར་རྩོམ། དམར་མོ་ཁྲག་འཛག་ཅེ་སྤྱང་གི་གདོང་ཅན་རྒྱ་མཚོ་རྡུབ་ཀྱིས་འཕྱུར། གཤིན་རྗེ་གཟུགས་འཆང་བ་ཉི་ཟླ་ཆ་ལང་བཞིན་དུ་རྡེབ། སོལ་བའི་བུད་མེད་གད་བརྒྱངས་ཅན་གཟའ་སྐར་ཐང་ལ་འབེབས། ཤིན་ཏུ་མཛེས་པ་ལྷ་མོའི་གཟུགས་ཀྱིས་ཡིད་བསླུ། གཞན་ཡང་གཟུགས་མེད་ལག་པ་རྐྱོང་བ། རྩེ་ཤིང་ནགས་ཚལ་འགྱུལ་བ། སརྫེ་རི་བྲག་བགད་པ། ཕྱོགས་བཞི་འོབས་ཀྱིས་བསྐོར། མཚམས་བཞི་གྱུད་ཀྱིས་སྲུང་བ། ནམ་མཁའ་མེ་དང་ས་གཞི་ཆུས་གཏམས་པ། མི་སྡུག་པའི་གཟུགས་བྲེད་དགུ་ཚོགས། མི་བཟད་པའི་མཚོན་སྲིད་དགུ་འཕེན། མི་སྙན་པའི་ཚིག་དགུ་སྨྲ། བར་ཆད་ལུང་བསྟན་གྱིས་གླུ་ལེན། མི་བསྲུན་པའི་བྱ་བ་ཡོད་དགུས་བསམ་གཏན་གྱི་དྲོད་ཚུལ་དུ་བྱུང་བ་རྣམས་གསུང་ངག་བདེན་པའི་ཚིག་གིས་བཀྲོལ། ཕྱག་རྒྱ་གཉན་པོའི་ཟིལ་འོག་ཏུ་མནན། རང་རྟགས་སྲོག་གི་སྙིང་པོ་བཞེས། བཀའ་འབངས་བགྱིད་པར་བཅུས་ལ་ཕབ། ལྷག་པར་བཀྲ་ཤིས་ཚེ་རིང་མས་གཙོས་པ་རྣམས་ལ་ལྷ་བ་དབུ་མར་གཏན་ལ་ཕབ། སྒོམ་པ་ལམ་གྱི་རིམ་པར་བསྐྱེད་རྫོགས་ཀྱི་གནད་བཅུན། སྤྱོད་པ་འཕྲང་སྒྲོལ་གནད་ཀྱི་བར་དོར་ཕྱེ་ནས་བསྟན། བཀའ་གསང་སྔགས་རྒྱུད་ཀྱི་གདམས་པ་རྣམས་གཉེར་གཏད། རྗེ་བཙུན་ཉིད་ཀྱི་ལས་ཀྱི་ཕྱག་རྒྱར་བཞེས། ཕྱི་རབ་རྣམས་ཀྱི་མགོན་སྐྱབས་དཔུང་གཉེན་དུ་འགྱུར་བར་མཛད་པས། ངའི་བསྟན་པ་མི་མ་ཡིན་ཚེ་རིང་མ་དང་། མི་དབུས་པ་སྟོན་པ་དེས་འཛིན་པ་ཡིན་གསུངས། དེའི་དུས་མགྲིན་པ་ལོངས་སྤྱོད་ཀྱི་འཁོར་ལོ་དྭངས་མས་གང་བས་ས་བརྒྱད་ཀྱི་རྟོགས་པ་བརྙེས། དེ་ནས་གངས་ཏི་སེའི་བར་དུ་བྱོན། དེར་བོན་པོ་མིང་སྲིང་བཏུལ། ནུས་པ་ཆེ་ཤོས། སྲིང་མོ་དེ་འང་བོན་རང་གི་ལོ་རྒྱུས་ལ། བསམ་ཡས་སུ་འབྲུངས་པ་ཙོ་ས་བོན་མོ། བླ་མ་ཚེ་དབང་རིག་འཛིན་གྱི་ཡུམ་ཚེའི་རིག་འཛིན་བརྙེས་པ་དེ་ཡིན། ནཱ་རོ་བོན་ཆུང་དེའི་སློབ་མ་ཡིན་ཟེར། སྟག་ལ་མེ་འབར་གྱི་སྤྲུལ་པ་ཡིན་ཡང་ཟེར། མིང་པོ་རྫུ་འཕྲུལ་གྱིས་བཏུལ། སྲིང་མོ་ཕྱག་རྒྱར་མཛད་དེ་དྭངས་མ་དབང་དུ་བསྡུས་པས་ཐུལ། ཐོང་ལའི་ལ་ཐོག་ཏུ་དམ་པ་སངས་རྒྱས་དང་རྫུ་འཕྲུལ་འགྲན། སྤྱངས་

རྟོགས་མཚུངས་པར་ཞལ་བཞེས། རྗེ་རས་ཆུང་པ་རྒྱ་གར་དུ་བརྫངས་པ་ལ་སྟོན་པ་དར་བློའི་རྟོད་ལན་མ་ཐེབས་པས་ཡིན། ཐོས་པའང་གལ་ཆེ་ཟེར་བ་བྱུང་། རྗེ་བཙུན་ཡབ་སྲས་ཞབ་མོའི་གདམས་པ་ལེན་རྒྱུ་ལ་དགོངས། ཚུར་འཁོར་དུས་རས་ཆུང་པ་ང་རྒྱལ་སྐྱེས་པ་གཡག་རུ་ཅེ་རུ་མ་སོང་། རྗེ་བཙུན་ཆུང་དུ་མ་སོང་བར་དེའི་ནང་དུ་འཕྲུལ་འཁོར་ལྡེམ་མེ་བཞུགས་པ་དང་། དཔེ་ལ་ཆགས་པ་རྐྱང་མ་བརྒྱ་བུ་བརྒྱ། སྤྱང་ཀི་མ་བརྒྱ་བུ་བརྒྱའི་འབྲོས་འདེད། རྗེ་བཙུན་རང་གི་སྐུའི་རྩ་འཁོར་བདེ་དགྱེས་གསང་འདུས་གདན་ཐོད་མ་ཡུ་དྲུག་ཏུ་བསྟན་པ་དང་། དཀར་བརྒྱུད་བླ་མ་དང་སྔགས་ཀྱི་དཀྱིལ་འཁོར་སོགས་དང་། ཕ་བོང་རྟ་ལྟར་ཞོན་ནས་རྒྱུག་པ། ཆུ་ལྟར་འཕྱུར་བ། འདམ་ལྟར་རྫི་བ་སོགས་སྐུ་གསུང་ཐུགས་ཀྱི་བཀོད་པ་མཐའ་ཡས་པ་བསྟན་ནས་ང་རྒྱལ་ལྷག་མ་མེད་པར་མཛད། དེའི་སྐབས་སུ་དཔྲལ་བའི་རྩ་མདུད་གྲོལ་བས་ས་བཅུའི་བྱང་ཆུབ་སེམས་དཔར་གྱུར་པའི་ཚུལ་བསྟན། ས་བཅུ་པ་ལ་རྗེས་ཐོབ་དེ་བཞིན་གཤེགས་པ་རྣམས་དང་ཁྱད་པར་མེད་ཀྱང་། ཞེས་གསུངས་པའི་རྒྱུ་མཚན་གྱིས་སོ། །བལ་པོ་རྫོང་དུ་ཧྨ་པོ་ཧྲི། ཤཱི་ལ་ཧྲ་རོ་གཉིས་ཀྱི་ཕྱག་བཞེས། དེ་ནས་མི་རིང་བར་དབུས་པ་སྟོན་པ་རྗེ་བཙུན་རང་གི་རྫུ་འཕྲུལ་གྱིས་ཐུགས་བསྐུར་ནས་བཀུག །མཇལ་དུས་ཚང་བཞེས་འགྲོ་དེ་གནང་བས་ལྷག་མ་མེད་པར་བཞེས་པས་བརྒྱུད་པ་ཟིན་པར་དགོངས། བསོད་ནམས་ཚོགས་ཆེན་བསགས་ལས་བྱུང་། །སེམས་ཅན་ཀུན་གྱི་རིན་པོ་ཆེ། །ཞེས་བསྒྲགས། དེ་ལ་བདེ་མཆོག་ལྷ་བཅུ་གསུམ་གྱི་དབང་བསྐུར་བའི་དུས་ན་ང་མི་ལ་རྒས་པས་མི་ལོངས། བུམ་པ་ཁྱོད་རང་སོང་ལ་བསྐུར་ཅིག་གསུངས་པས་བུམ་པ་ནམ་མཁའ་ལ་འཕགས་ཏེ་དབང་བསྐུར། བསྲེ་འཕོ་གནད་ཀྱི་མཚམས་སྦྱོར་བསྟན་ཏེ་སྒོམ་བཅུག་པས་ཐུན་མོང་དང་ཁྱད་པར་གྱི་ཉམས་མྱོང་ལ་སྐྱེས། གཞན་ཡང་གདམས་ངག་ལེགས་པར་གནང་། རས་ཆུང་པས་རྡོ་རྗེ་ཕག་མོ་བྲིས་ཐང་ལ་རབ་གནས་ཞུས་པས། ཡེ་ཤེས་པ་དམ་ཚིག་པ་འདི་ལ་བཞུགས། དགའ་སྟོན་དུ་མེ་ཏོག་འདི་བཞེས་གསུངས་པས། ཡེ་ཤེས་ཀྱི་ལྷ་དངོས་སུ་བྱོན་ཏེ་དེ་ལ་ཐིམ། བྲིས་སྐུ་དབུ་སེང་བྱས་ཏེ་མེ་ཏོག་བཞེས་ཞེས་གྲགས་སོ། །

མཐར་གཤེགས་པའི་ཆོས་བཅུ་གཉིས་ཀྱི་དབང་ཕྱུག་བརྙེས་མོད་ཀྱང་། ལམ་གཉིས་ལྷག་མར་ལུས་པ་སྐད་མཛད་དེ། འདི་ནས་མངོན་པར་དགའ་བའི་ཞིང་དུ་བྱོན་ནས། དེར་ཡོངས་སུ་སྦྱོང་བ་མཛད་དོ་ཞེས་ཞལ་གྱིས་བཞེས་ལ། མྱ་ངན་ལས་འདས་ནས་རས་ཆུང་པ་བྱོན་པ་ལ་ལམ་དུ་དངོས་སུ་བསུ་བ། རྗེས་མ་སྤྱར་གྱི་རྩ་རར་ཐེབས་དུས་འཁོར་གསར་པ་རྣམས་ཀྱིས་མ་བཏང་བར་རས་ཆུང་པ་ཡུས་ནས་བརྒྱལ། བརྒྱལ་སངས་བ་དང་སྤུར་ཁང་ནང་ན་མེ་རང་འབར་བ་དེའི་དབུས་སུ་ཕྱག་གཅིག་

གིས་མེ་ལྟེ་མནན། གཅིག་གིས་ཞལ་འགྲམ་སྐྱོར་ཏེ། ཁོ་རེ་ཚོ་དེ་སྐད་མ་བྱེད་དང་། འབག་བརྒྱ་བས་སེངྒེ་གཅིག་དགའ་བ་དེ་རས་ཆུང་པ་ཡིན་ཡར་ཐོང་། རས་ཆུང་པ་རང་ཡང་དེ་ལྟར་ཡུས་མི་དགོས་གསུང་མཐའ་ཚིག་གི་མགུར་གསུངས། སླར་སྤྱུར་དུ་སོང་། དེར་གདུང་རྣམས་རིང་བསྲེལ་གྱི་གོང་བུ་གཅིག་ཏུ་བྱས་ཏེ་ཡལ། ལྷ་དང་མཁའ་འགྲོའི་མཆོད་པ་བློས་མི་འཁྱུད་པ་བྱུང་། བོད་དུ་ཀུན་མཐུན་སྣང་གྲུབ་པའི་རྫུ་འཕྲུལ་སྟོན་པ་འདི་ལས་ལྷག་པའང་ལྟ་ཅི། མཉམ་པའང་མ་བྱུང་ངོ་། །སློབ་མ་ཉི་མ་ལྟ་བུ་གཅིག །ཟླ་བ་ལྟ་བུ་གཅིག །རྒྱུ་སྐར་ལྟ་བུ་ཉེར་གསུམ་སྟེ་གྲུབ་ཐོབ་ཉེར་ལྔ། ཕྱིར་མི་ལྡོག་ཐོབ་པའི་རྟོགས་ལྡན་བརྒྱ། དྲོད་ཐོབ་པའི་སྐྱེས་བུ་རྩ་བརྒྱད། ལམ་སྣ་ཟིན་པའི་རྣལ་འབྱོར་ཕོ་མོ་སྟོང་ཙ་གཅིག །ཆོས་འབྲེལ་ཐོབ་པས་ངན་སོང་གི་རྒྱུན་ལམ་ཆད་པ་བརྩིས་ལས་འདས་པ་འོངས་ཞེས་བཅོམ་ལྡན་འདས་མས་ལུང་བསྟན་པ་ལྟར་བྱུང་ངོ་། །དེའི་སྲས་ཀྱི་ཐུ་བོ་ཟླ་བ་ལྟ་བུ་ནི་རྗེ་བཙུན་རས་ཆུང་པ་སྟེ། ཡུལ་གུང་ཐང་འཕྲང་རར་ཡབ་གཉན་དར་མ་གྲགས་ཞེས་བྱ་བའི་སྲས་སུ་འཁྲུངས། མཚན་རྡོ་རྗེ་གྲགས་པ་ཟེར། སྐུ་འབྲས་གཙང་བས་ལྷའི་བུ་འདྲ། དེར་གློག་ཡི་ག་མཁས་པར་བསླབས། དགུང་ལོ་བརྒྱད་ལ་ཡབ་གཤེགས། ཡུམ་ཨ་ཁྲུས་བསྐྱུས། དེ་ཆོས་ལ་མི་དགའ་བས་མའང་དེ་དབང་སོང་ནས་ཞེན་ཏུ་སྟང་། དེར་གློག་བགླགས་པས་ཟ་ཡོན་ཕུན་སུམ་ཚོགས་པ་བྱུང་། དེ་བསྣམས་ཟ་འོག་ཕྱུག་ཏུ་མི་ལའི་རྩར་བྱོན། དེ་ནས་མ་ཁྲུས་དབང་མེད་ཁྲིད་ནས་ཕྲུ་སློག་ཏུ་བཙུག་པས་མཛེས་ཟིན། དེ་ནས་མ་ཁྲུས་ཀྱང་མི་ལའི་རྩར་རྒྱུག་ཟེར། དེར་རྗེ་བཙུན་གྱིས་གླན་ལུགས་ཀྱི་ཕྱག་ན་རྡོ་རྗེ་གནང་བཟླས་པ་བྱས་པས་ཐུ་རུ་རེད། ཞང་པོའི་ས་གུང་ཐང་ཚེར་ཡུལ་བྱ་བར་ཕྱིན་ནས་ཁང་གོག་ཅིག་ཏུ་བསྡད་ཡོད་པས། རྡོ་ཀི་བཞི་བྱུང་བའི་རྐན་པ་དེ་སྙིང་རྗེ་ཆེ། དེས་ཁྲིད་ནས་རྒྱ་གར་དུ་བྱོན། ལམ་དུ་འཕྲལ་སྐད་སྦྱངས། ཐུགས་རབ་ཆེ་བས་སྐད་ཀྱང་མཐར་ཐུག་པ་ཞིག་མཁྱེན། ལམ་ཡང་ཡུན་རིང་བ་འགོར། ཏ་པ་ས་ཏའི་གྲོང་ཁྱེར་བླ་མ་བ་ལ་ཙནྡྲ་བཞུགས་པར་བརྫོལ། ལས་ཀྱི་རྡོ་རྗེའི་སྒྲུབ་ཐབས་འབྲིང་པོ་ཡི་གེ་བཅུ་པའི་དབང་སྒྲུབ་ཐབས་གནང་། ཟླ་བ་གསུམ་སོང་བ་དང་ལུས་ཐམས་ཅད་ཕུས་བཏབ་པ་བཞིན་སྐྲངས། ནད་ནུག་ཚུགས་ཐབས་མེད་པ་བྱུང་། རྣག་ཁྲག་ཆུ་སེར་ཡང་གང་མིན་ནས་རྡོལ་བའི་ཕོལ་མིག་མང་པོ་བྱུང་ནས། བླ་མ་ལ་མི་སོས་པ་འདྲ་ན་ཞུས་པས། དམངས་པོ་ཡུལ་འཚོལ་བ་བྱ་བའམ། ཕམ་པོ་སྲིད་ཚོལ་བ་བྱ་བ་ཡིན། དང་པོ་འདི་ཚུགས་འོང་གསུངས། བླ་མས་ཀྱང་ཞག་བདུན་མཚམས་གཅོད་གྲོགས་མཛད། དེ་ནས་བརྩོན་པས་མནལ་ལམ་དུ་ལ་ཞིག་ལ་མི་མང་པོ་འགྲོ་ཡི་འདུག །ཅི་ལ་འགྲོ་དྲིས་པས། དེད་རྣམས་གུང་ཐང་གི་གཉན་རྡོ་རྗེ་

གྲགས་ལ་གནོད་པའི་ཀླུ་བསྐྲུས་བྱེད་པར་ལྟར་འགྲོ་བ་ཡིན་ཟེར། མཉམ་པོར་ཕྱིན་པས་རི་མཐོན་པོ་
ཞིག་གི་ཁར་བསླེབས་དུས། ལུང་པ་ཞིག་ནས་སྦྲལ་སྦྲུལ་མང་པོ་ཕྱུང་ཕྱུང་ཟེར་ཞིང་འགྲོ། བྱ་མང་
པོས་ཕྱི་ནས་ཡར་འདེད་བྱེད་ཅིང་ལ་བརྒྱལ་སོང་། མནལ་སད་པ་ན་ངོ་གདོང་ཡང་འཇམ་ཉལ་ཉལ་
འདུག །ལུས་ཐམས་ཅད་བདེ་སངས་སོང་། བརྒྱུགས་པས་ཀྱང་དེ་ཁར་འདུག་ནས། ཡུལ་ན་ནི་
མཛེས་ཐུ་ལུམ་སོང་ཟེར་བ་ཡོད། ཕ་དར་མ་གྲགས་ལ་བུ་མ་སྐྱེས་རི་ཤི་བྱས་ནས་ཏེ་ཏེ་མང་དུ་
བཏྱངས། ནངས་པར་བླ་མ་ལ་ཞུས་པས་སོས་པ་ཡིན། ད་དུང་ལོག་ཉེན་ཡོད་པས་སྲུང་བ་བྱེད་དགོས་
གསུངས། བསྲུང་བའི་ཆེད་དུ་ཟླ་ཕྱེད་མཚམས་བཅད། དེ་གྲོལ་འཕྲལ་བོད་དུ་བྱོན། བསོད་སྙོམས་
མཛད། གསེར་སྲང་ཕྱེད་དང་བཞི་རྙེད་པ་འབུལ་དུ་བྱོན། དེ་རེས་གདམ་ངག་ལྷག་མ་མེད་པ་གསན།
ཏི་ཕུ་དང་ཡུད་ཅིག་མཇལ། དེ་ནས་འཁོར་ཏེ་རྗེ་བཙུན་ལ་གཏུགས་ནས་དབང་གདམ་ངག་མང་པོ་
གསན། བསྒོམས་པས་གཏུམ་མོའི་དྲོད་རྟགས་ཐོན། རས་ཆེན་རས་ཆུང་ཞེས་ཡབ་དང་མཚུངས་པའི་
གྲགས་པ་ཐོབ། བླ་མའི་ཁྲིད་གསར་པ་རྣམས་ཀྱི་སློབ་དཔོན་མཛད། དེ་ནས་རྗེ་བཙུན་གྱིས་བརྫངས་
ནས་རྒྱ་གར་དུ་ཕྱི་མ་བྱོན། དེར་བླ་མ་ཏི་ཕུ་དང་མཇལ། བ་ལ་ཙནྡྲ་འང་དེའི་སློབ་མ་པཎྜི་ཏ་ཟླ་བ
བཟང་པོ་ཡིན། དེ་ལས་ནཱ་རོ་མཻ་ཏྲི་ནས་བརྒྱུད་པའི་གདམས་པ། གཞན་ཡང་དེ་ཉིད་ཀྱི་ཡབ་ག་ཡ་དྷ་
ར་པཎ་ཆེན་མཁས་ལ་མན་ངག་ཆེ་བས་དེའི་གདམས་པ་སོགས་གསན། དེའི་དུས་གྲུབ་ཐོབ་ཨ་མོ་གྷ་
བཛྲ་ཡིས། བོད་ཕྱུག་སྙིང་རྗེ་བར་འདུག་སྟེ་ཚེ་ཞག་བདུན་ལས་མི་འདུག་པ་ཟེར། ཐུགས་དངངས་ཏེ་
བླ་མ་ལ་ཞུས་པས། གྲུབ་པའི་རྒྱལ་མོ་ཞེས་པ་ཚེ་དཔག་མེད་དངོས་སུ་མཇལ་བ་ཞིག་ཡོད་པས་སྤྱན་
དྲང་གི་གསུངས། ཚོགས་དང་གསེར་གྱི་མཎྜལ་བཤམས་གསོལ་བ་བཏབ་པས་ཤིང་སྤྱངས་གསེར་གྱི་
མཎྜལ་དེ་ཉིད་དུ་བྱོན། ཚེ་དཔག་ཏུ་མེད་པའི་སྒྲུབ་ཐབས་ཕྱི་ནང་གསང་བ་དེ་ཁོ་ན་ཉིད་ལས་ཚོགས་
རྟ་མགྲིན་ལ་སོགས་པའི་ཤམ་བུ་དང་བཅས་པ་གནང་། ཞག་བདུན་གཉིད་མེད་དུ་བསྒྲུབས་ནས་མ་
གཅིག་གིས་ཁྱོད་ལོ་རྗེ་ཙམ་ཐུབ་པར་འདོད་གསུངས། ཤིའང་མི་ལྟོ་སྙམ་པ་རྩུན་ཞུས་པས། བོད་དན་པ།
བསམ་པ་མཐོ་དམའ་རེས་པ་མེད། བུ་ཕའི་ཚེ་དང་མཉམ་པ་ཞིག་བྱ་ཡི་གསུངས། བརྒྱད་ཅུ་རྩ་བརྒྱད་
ཐུབ་པར་ལུང་བསྟན། དེ་ནས་གདམ་ངག་རྣམས་ཚང་བར་བྱས་ནས་ལོག་འབྱོན་ཁར་ཏི་ཕུས་ཁྱོད་
ཀྱིས་སྒྲ་མི་ཤེས་པའི་སྐྱོན་གྱིས་དཔེ་འདི་རྣམས་བོད་སྐད་དུ་ཇི་ལྟ་བར་བསྒྱུར་མེད་པ་འདྲ་སྟེ། ལམ་དུ་
མཁའ་འགྲོ་མ་ཞིག་གིས་ཞུས་དག་བྱེད་པར་འགྱུར་རོ་སོགས་ཞལ་བཀོད་ཐེམས་པར་སྩལ། མ་
གཅིག་འདི་དེ་དུས་སྐལ་བ་དང་ལྡན་པ་རྣམས་རྗེས་སུ་འཛིན། གཞན་ཕལ་པས་མཐོང་བར་མི་ནུས་

པ་ཞིག་ཇི་ལྟར་གསུངས་པ་བཞིན་བལ་པོར་ཕེབས་དུས་ཀླ་རི་མས་བསུས་ཏེ་དཔེ་རྣམས་ཀྱི་ལྟག་ཆད་བསལ་ཚུར་བྱོན་ཐུགས་ལ་ཁེངས་པ་ཙུང་ཟད་འབྱུངས་པ། རྗེ་བཙུན་གྱིས་རྫུ་འཕྲུལ་བསྟན་དེ་བཟློག །བླ་མ་ལ་གདམས་པ་ཡར་སྐྱེས་སུ་ཕུལ་བ། དེ་ཡང་། ལུས་མེད་མཁའ་འགྲོའི་ཆོས་སྐོར་ལ། །ལྟག་ཆད་ནོར་འཁྲུལ་མཁའ་འགྲོས་བསལ། །ཟབ་དང་ཡང་ཟབ་བཀའ་རྒྱས་བཏབ། །འཆི་མེད་བདུད་རྩིའི་བཅུད་ལེན་དང་། །གཞན་ཡང་གསེར་དང་འདྲ་བའི་ཆོས། །ངོ་སྤྲོད་གནད་ཀྱི་བར་དོ་དང་། །བསམ་གཏན་ཐུན་འཛོག་གདམ་ངག་དང་། །བརྡ་དོན་གསུམ་དང་རིན་ཆེན་ལྔ། །ཉམས་སུ་ལེན་པའི་ཆོས་དྲུག་དང་། །ཞེས་བྱ་བ་རྣམས་སོ། །གཞན། བོད་ཕྱུག་རྒྱ་གར་ཕྱིན་པ་ལ། །གདམས་པ་བདག་རང་ཆེའོ་སྙམ། །ཞེས་གསུངས། དེ་ནས་ཉ་མ་རྣམས་རྗེ་བཙུན་ཡབ་ལས་སྲས་ངོ་མཚར་ཆེ་བ་སྣང་ཟེར་བས་སྡིག་ཏུ་འགྱུར་སྙམ་ནན་གྱིས་ཞུས། སྙེ་ནམ་དྲོད་ཕུག་ཏུ་མཁའ་འགྲོ་སྙན་རྒྱུད་ཀྱི་གདམ་ངག་རྣམས་ཕྲི་བསྟན་ལྟག་ཆད་མེད་པར་གནང་། རྗེ་བཙུན་གྱིས་མར་པ་ལ་གསན་པ་ཐམས་ཅད་ཐུགས་སྲས་རས་ཆུང་པ་ལ་ཚང་བར་བཞུགས་སྣང་། དེ་ནས་དབུས་ལ་བྱོན་སུམ་འཕྲེང་དུ་ཨ་སུ་མཇལ་བ་ལ་འགྱུར་གྱི་དོ་ཏ་གསན། ཡར་ཀླུངས་སུ་རྗེ་བཙུན་སྐུ་མཚར་བ་དང་། དབུས་མོའི་གསོལ་ཉམས་ནང་འཛོམ་ལོ་གསུམ་ཕོ་བྲང་སྐྱོར་ལྡེམ་དུ་གྲགས་པར་རྒྱལ་པོའི་སྲས་ཚབ་མཛད། རྗེ་བཙུན་གྱིས་མཛེ་པོར་སྤྲུལ་ནས་གཡུ་བསླངས། རས་ཆུང་པ་གཏོང་ཕོད་ཆེ་བས་སྦྱིན། དེས་ཡབ་ཡུམ་ཁྲིམས་ཏེ་སླར་རྗེ་བཙུན་གྱི་དྲུང་དུ་བཞུགས། གཡུ་སྤྲང་པོ་ལ་སྦྱིན་པ་མི་ལས་ལོན། །དོ་ནུབ་བདེ་མཆོག་གི་དབང་ཡོན་མཛོད། །གསུངས། དེ་ནས་རེ་ཞིག་ན། ད་ནི་རས་ཆུང་དབུས་སུ་སོང་། །དབུ་རུ་བྱང་ངོས་འབྲིམས་ལ་བཞུད། །དང་། དགེ་བཤེས་འགའ་ལ་ཕན་ཐོགས་པར་འགྱུར། ཤམ་པོའི་གངས། བྱར་པོའི་ནགས། དགོན་པ་རྡོ་བོད་མཆམས་སུ་ཐོབ། །དེ་ན་གདུལ་བྱ་སྨོན་ལྡན་ཡོད། །ཡོས་བུའི་ལོ་རྟ་ཟླ་བའི་ཚེས་བཅུ་བཞི་ཚུན་ལ་འདིར་སླེབས་པ་གྱིས་གསུང་བ་བཞིན། རྗེ་བཙུན་གྱིས་ཀྱང་ལམ་དུ་སྐལ་ལྡན་མང་པོ་རྗེས་སུ་བཟུང་སྟེ། བླ་མའི་བཀས་རི་སྒོམས་ད་ལྟ་སྟོན་པའི་དུས་མིན་པས་བོད་ཡུལ་གྱི་བྲག་མཁའ་འགྲོ་མ་དང་ལྷ་འདྲེ་ཐམས་ཅད་འདུ་བ་ཞིག་ཡོད་པ་དེར་སྒོམས། མི་རབས་གསུམ་ནས་ཆོས་འདིའི་བདག་པོ་འོང་། དེ་ལ་གཏོད་ཅིག་གྱིས་གསུང་པ་བཞིན་ལྷོ་བྲག་མཁར་ཆུར་བྱོན། རོ་སྙོམས་དང་སངས་རྒྱས་ཐོས་ཆོག་གཏེར་དུ་སྦས། ཤམ་པོར་ཕེབས། དེར་མཁའ་འགྲོ་མ་བཙུན་ཆུང་དུ་གྲགས་པ་དེས་བསླེབས། སློན་ལ་སྦྱིན་དྲངས། གྲུབ་པའི་རྒྱལ་མོས་ཆེ་དཔག་ཏུ་མེད་པ་སྒྲུབ་པའི་གནས་སུ་ལུང་བསྟན། ཚུལ་ངེས་པ་མེད་པར་དེའི་སྤྲུལ་པའི་བུད་མེད་རེ་རྗེ་བཙུན་གྱི་བསྟན་པ་ནམ་

གནས་ཚུན་འོང་གསུངས། དེ་ནས་བྱར་པོ་ནགས་སུ་ཕེབས། འདི་ཡན་དུ་རྗེ་བཙུན་གྱིས་མོས་པས་སྐྱོད་པའི་ས་པ་ཁོ་ནའི་ཚུལ་བཟུང་། འདིར་ཆོས་ཉིད་ཀྱི་བདེན་པ་གཟིགས་ཏེ་ཡུན་རིང་པོར་མ་ལོན་པར་ས་བཅུ་པའི་དབང་ཕྱུག་ཏུ་གྱུར་པས། རྗེ་བཙུན་གྱིས་ངའི་བུ་བདུད་ཀྱིས་ཁྱེར། བདུད་སྲུས་ཁྱེར། མི་ལའི་བདུད་ཀྱིས་ཁྱེར་རོ་གསུངས་དེ་ནས་གཉལ་ལོ་རོ་རང་དུ་བཞུགས་ཏེ་འཕྲིན་ལས་ཡུན་རིང་དུ་བསྐྱངས་ནས་མཐར་ཆེ་གོང་གི་ཕུག་པ། གྲུབ་རྒྱལ་མ་དང་མི་ལ་གཉིས་ཀས་ལྷུང་ལོ་ཅན་དང་ཁྱད་པར་མེད་པར་ལུང་བསྟན་པའི་གནས་དེ་ཉིད་ནས་སྐུ་ལུས་མ་སྤངས་པར་མཁའ་སྤྱོད་དུ་བྱོན་པ་ཡིན་ལ། ད་ལྟའང་ལྷུང་ལོ་ཅན་ན་བཙུན་མོ་ལྔ་བརྒྱའི་དབུས་སུ་དོ་རྗེ་འཆང་ཡེ་ཤེས་ཀྱི་སྐུར་བཞུགས་པ་ཡིན་ནོ། །

དེ་ལྟར་སྨིན་འདྲེན་པའི་མཁའ་འགྲོ་བཙུན་ཆུང་མ་ཚོགས་ཀྱི་དབུས་ནས་མཁའ་སྤྱོད་དུ་བྱོན། སློབ་མ་ལོ་གཙང་ར་དང་བྱེས་འགོལ་བ་བཞི་ལ་ལྷོའི་བུ་བཞི། ཁྱུང་ཚང་པ། འབྲོག་སྒོམ། བྱར་སྒོམ། ཏ་ཤོད་རས་པ་ལ་བྱང་གི་བུ་ཆེན་བཞི། གཞན་ལ་སྟོད་པ་གཉན་ཆོས་སྐྱབས་སོགས་ཚད་མེད་པ་ཐོན། རྗེ་བླ་འོད་གཞོན་ནུ། སྟེའུ་ཟུར་པ། བྱ་ཡུལ་པ་སོགས་དགེ་བའི་བཤེས་གཉེན་དུ་མས་ཀྱང་གཙུག་གི་ནོར་བུར་བསྟེན་ནོ། །དེའི་སློབ་མ་ཅའི་རྒྱལ་བ་ལོ། འབྲུངས་ས་གཉལ་སྟོད། མདོ་རྒྱུད་ལ་སྦྱངས། རྗེ་བཙུན་གྱི་ཚོགས་པ་རྣམས་ཀྱི་དཔོན་དུ་ལོ་ཉི་ཤུ་རྩ་ལྔ་བཞུགས། གཙང་པ་ནི། ལ་སྟོད་གཙུང་། སུམ་པ་ཉིའུ་མཁར་པ། ཡབ་སུམ་པ་དབང་ཕྱུག །ཡུམ་རྨ་མོ་ཁྲི་ཁར་གྱི་སྲས་སུ་འཁྲུངས། ཁྲིམ་ཐབ་བྱེད་འཇུག་རྩིས་ལ་བྲོས་ནས་མྱང་སྟོད་སྟག་ཚལ་དུ་སྟོད་ལུང་རྒྱ་དམར་བ་དཔོན་སློབ་ཕེབས་པའི་སར་བྱོན། མདོའི་སྦྱངས་པ་དང་། རྔོག་རྗེ་སྲས་མདོ་སྡེ་ལ་དགྲེས་རྫོར་རྒྱུད་བསླབས། རྗེ་རས་ཆུང་པའི་སྟན་པ་ལ་གཏད་དེ་བྱོན། ཕྱག་གཡས་པའི་སྲིན་ལག་མར་མེར་ཕུལ། ལོ་ཉི་ཤུ་རྩ་གཅིག་གཟིམས་གཡོག་མཛད། ཁོང་མེད་པར་སུ་ལའང་ཆོས་མི་གནང་ཞེས་ཟེར་གྲགས། བསྒྲེ་འཕོ་གནང་གི་མཚམས་སྦྱོར་རང་ཡང་ཚར་དྲུག་ཅུ་རྩ་བཞི་གསན། ཆུ་བོ་གཏྲུ་ཚུན་ལ་གདམ་ངག་ཆེ་བར་གྲགས། ཧིང་ངེ་འཛིན་གྲུབ་པས་མངོན་ཤེས་རྫུ་འཕྲུལ་ལ་ཐོགས་པ་མེད་དོ། །བྱེས་འགོལ་བ་ནི། མཁའ་འགྲོ་བཙུན་ཆུང་མ་མིང་སྲིང་གཉིས་ཡོད་པའི་མིང་པོ། མཚན་སྟོན་པ་ཡང་དག་དཔལ་ཟེར། རྗེ་བཙུན་གྱི་སྤྱན་སྔར་ཆོས་སྒོར་ཞུགས། མཚན་ཆོས་ཀྱི་གྲགས་པར་བཏགས། གདམ་ངག་དང་ནུས་པས་གྲུབ་ཐོབ་ཀྱི་གྲགས་པ་ཐོན། འདི་གསུམ་ལ་སྐུ་མཆེད་གསུམ་ཟེར། དེ་དག་གི་སྲས་ཀྱི་ཐུ་བོ་གྲུབ་ཐོབ་གླིང་ཡིན། གཞན་རི་ཐུབ་མང་དུ་བྱུང་། བྱར་པོར་ཤེས་སྣང་བ་ནི། ཉེ་གནས་རིན་ཆེན་གྲགས་རང་

ཡིན། འཕྲིན་ལས་ཀྱང་ལེགས་པར་བྱུང་ངོ་། །ཁྲུང་ཚང་པ། འབྲུངས་ཡུལ་སྟོད་ལུང་། བྱ་འདུལ་ལས་རབ་ཏུ་བྱུང་། རྒྱ་དམར་བ་ལས་བསྙེན་པར་རྫོགས། པ་ཚབ་ལས་དབུ་མ་གསན་པས་བསྙེན་ལོང་མ་བྱུང་བར་དར་ཡོན་ཏན་གྲགས་ལས་བཟེད་པ། དབང་རྡོར་ལས་སྤྱོད་འཇུག །རྒྱ་དམར་བ་ལས་ཚད་མ་དང་རང་རྒྱུད། སེ་ལས་ཕར་ཕྱིན་མཚན་བརྗོད། ཞུག་པ་བ་ལས་ར་ལི། ཇོ་བསོད་ལས་བདེ་མཆོག་དང་ཀྱེ་ཡ། ལྕོ་པ་ལས་ཁ་རག་སྐོར། རྔ་ལོ་ལས་དུས་འཁོར་དགྲ་ནག །འཆར་བ་ལས་བཀའ་གདམས། འཁོན་ཕུ་བ་ལྷུམ་སྲིང་ལས་ལམ་འབྲས། རྒྱ་ལས་རིམ་ལྔ། རྔོག་ལས་དགྱེས་རྡོར་བསླབས། ཡང་དག་པའི་གདམ་ངག་ལ་བློ་མ་རྫོགས། འཕྲི་སྒོམ་གླིང་ཁ་པའི་རྩར་བྱོན། ཁོང་གིས་དབུས་པ་གླེན། སློབ་དཔོན་རས་ཆུང་པ་འདྲ་བ་དབུས་སུ་བཞུགས་པ་ལ་མི་ཞུ་བ་འདི་ནས་ཡར་འོང་བ་གསུངས། བདེན་དགོངས་རས་ཆུང་པའི་དྲུང་དུ་སྣ་འགྲོས་བཏང་། བྱོན་པས། ངའི་རྨི་ལམ་དུ་ཟླ་བ་རང་གཅིག་ནས་ཉི་མ་འོད་དང་ལྡན་པར་འོང་བར་ཡོད་ཟེར། ཟླ་བ་དེ་ཁྱོད་ཀྱིས་བསྟགས་པའི་སློབ་མ་ཁོ་ཡིན། ཉི་མ་ཁྱོད་རང་དུ་འདུག །ཞག་བཅུ་དགུ་ལ་སྙན་རྒྱུད་རྫོགས་པར་གནང་། ཕྱིས་ལན་གཉིས་མཇལ། དེ་ནས་བསྒྲུབས་པས་སྤྱངས་རྟོགས་ཀྱི་ཡོན་ཏན་བསམ་གྱིས་མི་ཁྱབ། དེའི་སློབ་མ་དགེ་སྡིངས་པ། ཤངས་པ་མར་སྟོན། རྔ་སྒོམ་གསུམ་ལ་ཞང་ལོས་གཏུགས། གཞུང་མ་བྱུང་ནས་ཐུགས་ཐེ་ཚོམ་པ་ན། དགེ་སྡིངས་པ་ནས་མ་ཅིག་ཨོང་ཇོ་བླ་མའི་གསང་ཡུམ་ཡིན། ཁོང་ལ་ཡོད་སྲིད་དེར་སོང་གསུངས། ལན་གཉིས་བྱོན་པས་ཡོད་པའི་སྒྲོས་ཀྱང་མི་གསུངས། ཕྱིས་ཁ་ཆེ་པཎ་ཆེན་ལ་བསྙེན་པར་རྫོགས། མཚན་གྲུབ་པ་དཔལ་བཟང་པོ། འདུལ་སྤྱོད་ལེགས་པར་བསླབས། ཁོ་ཐག་མ་ཆོད་པར་མ་ཅིག་གི་དྲུང་དུ་བྱོན་པས། ད་རེས་དགྱེས་བཞིན་དུ་གནང་བས་ཐུགས་ཆེམ། དེ་ནས་ཀྱང་ཐོས་པས་མི་ངོམས་ཉིད་དང་ནི་ཞེས་པའི་སྐབས་བལ་པོར་པཎ་ཆེན་རཏྣ་རཀྵི་ཏ་ལ་སྒྲ་ཚད་བསླབས། རྒྱུད་འགྲེལ་པ་དང་བཅས་པ་ཉིས་བརྒྱ་ཙམ། དབང་ཡོངས་སུ་རྫོགས་པ་བརྒྱད་ཅུ་རྩ་བཞི་གསན། ལར་ཆོས་ཞུས་པའི་བླ་མ་བདུན་ཅུ་ཡོད། འགྱུར་ཡང་མང་བར་མཛད། ཆོས་རྗེ་ས་པཎ་དང་ཕྱག་བྲིས་གཏོང་རེས་མཛད་པ་ནའང་ཆོས་རྗེ་པས་བཀུར་སྟི་ཆེ་བར་འདུག་དེས་སྤྲའི་སྔགས་འཆང་རྣ་ར་ཤྲཱི་སྙིང་མ་བ། དེས་ཁོང་རང་གི་སྲས་ཆོས་རྗེ་བསོད་ནམས་རྒྱལ་མཚན། དེས་ཁོང་རང་གི་སྲས་མོ་ཡེ་ཤེས་ཀུན་ལྡན། ཕྱིས་ཀུན་ལྡན་རས་མར་གྲགས་པ། དེ་ལ་ཀུན་སྤངས་པ་བདེ་ལེགས་རིན་ཆེན་པས་གསན། དེ་ལ་མཁས་བཙུན་གཟི་བརྗིད་པས་ཞུ། ཁོང་གིས་ཞུ་དུས་མ་ཅིག་ཀུན་ལྡན་རང་བཞུགས་པ་གསན་ནས་ལ་ཕྱིར་བྱོན། མཇལ་ནས་ཡོངས་རྫོགས་གསན། མཁས་བཙུན་པ་ནས།

དིང་སང་ཤ་ར་རབ་འབྱམས་པ། གཙང་སྨྱོན་ཧེ་རུ་ཀས་རྒྱལ་དུ་བཏོན་པ་ལས་མཆེད་པ་དང་། གཙང་ཆེན་ཆོས་ཀྱི་དབང་ཕྱུག་ནས་མཆེད་པ་གཉིས་སུ་གྱེས། བདེ་ལེགས་པས་གནས་སྙིང་མཁན་པོ་གངས་ཅན་ཀུན་དགའ་དཔལ་ལ། དེས་འབྲུག་པ་རྒྱལ་དབང་ཆོས་རྗེ་ལ་གདམས་ཏེ། སྤྱི་དོན་ལས་འདའ་ཁའི་ཞལ་ཆེམས་ལ་རས་ཆུང་སྙན་རྒྱུད་ཀྱི་དཔེ་འདི་ར་ལུང་དུ་ཆོས་རྗེ་ཀུན་དགའ་དཔལ་འབྱོར་ལ་ཕུལ་གསུངས། ཀུན་སྤྱངས་དཔོན་སློབ་གཉིས་ཀ་སྟོད་འབྲུག་ཏུ་ཞལ་གྱིས་བཞེས་པ་ཞིག ། རྒྱལ་བའི་དབང་པོས་དཔལ་འབྲུག་པ་རིན་པོ་ཆེ་ངག་དབང་ཆོས་ཀྱི་རྒྱལ་པོ། དེ་ལས་ཁོ་བོས་ཐོབ་བོ། ། ངོམ་རྫོང་སྟོན་པ་ནི། གཙེན་ལུང་པ། སྟག་སྙིང་མ་ལུགས་ཀྱི་སྟོན་པ། རྗེ་བཙུན་གྱི་བཀའི་བསྡུ་བ་པོ། མར་པ་མགོ་ཡགས་ཀྱིས་ཀྱང་གདམ་ངག་བུམ་པ་གང་བྱོ་ལོན་པ་འདི་ལས་རྩ་བ་མེད་པའི་སྙན་རྒྱུད་ཅིག་བྱུང་བ་ལ་ངོམ་རྫོང་སྙན་རྒྱུད་དུ་གྲགས། དེ་སྤྱི་དོན་ལས་འདས་ནས་སྤྱུར་བཞུགས་སིཀྐ་ར་བྲི་གང་མིན་པ་སྤྱུར་རུས་ཀྱི་རིགས་མ་བྱུང་ཟེར་རོ།། །།

གཞན་ཞི་བ་འོད་ཀྱིས་བྲག་རྒྱ་ཤར་དུ་བསྒྲུབ་པ་མཛད། བྲག་རི་ཟང་ཐལ་ནས་མཁའ་སྤྱོད་དུ་བྱོན། ཁྱི་ར་རས་པ་མཁའ་སྤྱོད་འགྲུབ། སྲིད་གསུམ་ལུས་མ་སྤངས་པར་མཁའ་སྤྱོད་དུ་སོང་། ལྕམ་ལྷན་ཅིག་སྐྱེས་པའི་སྒྲོན་མ་ནི་ རྗེ་བཙུན་བཞུགས་རིན་དྲུང་ཉིད་ན་བཞུགས་དཔེ་གཉེར་མཛད། གཤེགས་གཤེགས་ཚུན་བཞུགས། དེ་ནས་འདིར་བྱོན། འདིར་བཞུགས། འདིར་གཤེགས་མེད། རྗེ་ཟླ་འོད་གཞོན་ནུའི་ཞལ་ནས། དེ་ནི་ཁོ་བོ་ལ་ཐུགས་རྗེ་གས་ཆེ། གདམ་ངག་འདི་ལྷ་བུ་ཞུས་ཤིག་གསུངས་ཁུངས་སྟོན། དོན་ལ་ཆོས་བདག་མཁའ་འགྲོ་ཡིན། དཔེ་ཁྱེར་ནས་ཨུ་རྒྱན་དུ་ལོག་པའོ་གསུངས་སོ། །རྗེ་བཙུན་གྱི་སྲས་ཉི་མ་ལྷ་བུ་ནི་ཆོས་ཀྱི་རྒྱལ་པོ་དྭགས་པོ་ལྷ་རྗེ། མར་པས། རྐོད་དེ་ལ་བུ་གཅིག་བྱུང་བ་དེ། །འགྲན་གྱི་དོ་མེད་ཞིག་འོང་བ་ཡིན། །ཞེས་གསུངས་པ་དེའོ། །དེའང་སྔོན་གྱི་སེམས་དཔའ་མི་ཏོག་ཟླ་མཛེས། ཐུབ་པའི་སྤྱན་སྔར་ཟླ་འོད་གཞོན་ནུར་གྱུར་པ། སྙིང་རྗེ་པདྨ་དཀར་པོའི་མདོ་ལས། ཀུན་དགའ་བོ་ང་འདས་ནས་མ་འོངས་པའི་དུས་ན་བྱང་ཕྱོགས་ཀྱི་རྒྱུད་དུ་དགེ་སློང་འཚོ་བྱེད་ཅེས་བྱ་བ་སྟོན་གྱི་རྒྱལ་བ་ལ་ལྷག་པར་བྱ་བ་བྱས་པ། སངས་རྒྱས་བརྒྱ་སྟོང་མང་པོ་ལ་བསྙེན་བཀུར་བྱས་པ། དགེ་བའི་རྩ་བ་བསྐྱེད་པ། ལྷག་པའི་བསམ་པ་བསྐྱེད་པ། ཐེག་པ་ཆེན་པོ་ལ་ཡང་དག་པར་ཞུགས་པ། སྐྱེ་བོ་མང་པོ་ལ་ཕན་པ་དང་བདེ་བའི་ཕྱིར་ཞུགས་པ། མང་དུ་ཐོས་པ། བྱང་ཆུབ་སེམས་དཔའི་སྡེ་སྣོད་འཛིན་པ། ཐེག་པ་ཆེན་པོའི་བསྟུགས་པ་བརྗོད་པ། ཐེག་པ་ཆེན་པོ་ཡང་དག་པར་སྟོན་པ་ཞིག་འབྱུང་བར་འགྱུར་ཏེ། ཞེས་ལུང་བསྟན་པའི་སྐྱེས་བུ་དེ་འབྱུངས་པའི་ཡུལ་ནི།

གཉལ་ཕུད་ཉིའི་བྲེ་བྲག་སེར་ལུང་། དེ་ཉིད་ཀྱི་ཡབ་མེས་ཀྱིས་བརྩིགས་པའི་གནས་གཞི་སེར་ཁ་ཡོད་པ་དེ་ཡིན། གདུང་རུས་སྐྱེ་བ། ཡབ་སྐྱེ་བ་རྒྱལ་པོ་དང་ཡུམ་དལ་བཟའ་གཉིས་ལ་སྲས་གསུམ་འཁྲུངས་པ། བར་མ་ཞང་དར་མ་གྲགས། དགུང་ལོ་སུམ་ཅུ་རྩ་གཉིས་ཀྱི་བར་དུ་རྟེན་ཁྱིམ་པ། སྨན་གྱི་འགྲོ་དོན་ཁོ་ན་མཛད། དེའང་རྒྱ་གར་གྱི་མཁས་པ་སྐྱེ་མེད་སོགས་རྒྱ་དཀར་ནག །བལ་པོ། ལྷག་པར་བོད་ཀྱི་སྨན་པ་པི་ཇི་ལ་ཐུག །ཕྱིར་སྨན་གྱི་སློབ་དཔོན་སུམ་ཅུ་བསྟེན། བསྟན་བཅོས་ཡན་ལག་བརྒྱད་པ་ལ་མཁས་པ་དཔེ་མེད་པ། སློབ་མའང་ཞང་ནག་དང་གྲུམ་པ་ལྷ་རྗེ་སོགས་མང་དུ་ཐོན་པ། གསོ་སྤྱོད་མཛད་པའི་དུས་ནའང་དགེ་བའི་བཤེས་གཉེན་ཤ་ར་བ་སོགས་བསྟེན། ཐོས་པ་ལེགས་པར་མཛད་པ་ཞིག་སྟེ། སོ་གཉིས་པའི་དུས་ཇོ་མོ་དང་སྲས་ཀུན་གྲོངས་ནས་དྭགས་པོར་བྱོན། དབྲོངས་ཀ་བྱ་བའི་གནས་གཞིར་མང་ཡུལ་བ་བློ་ལྡན་ཤེས་རབ་ཀྱིས་མཁན་པོ་བྱས། ཞང་ཞུང་པ་ཤེས་རབ་སྙིང་པོ་བྱ་བས་ལས་སློབ་བྱས། ཁོང་མཚན་ཉིད་པ་ཡིན། ཡིད་བདེ་བ་བྱང་ཆུབ་སེམས་དཔའ་བྱ་བ་བླ་མ་མི་ལའི་ཡང་སློབ་མ་ཡིན་པ་ཞིག་གིས་གསང་སྔོན་བྱས་ཏེ་ཚིགས་རྫོགས་སུ་བསྙེན་པར་རྫོགས། དེར་མཁན་སློབ་གཉིས་ལས་འདུལ་བ་ལེགས་པར་བསླབས། མཁན་པོ་ལས་ཟངས་དཀར་ལུགས་ཀྱི་བདེ་མཆོག་གི་སྐོར་བསླབས། བཙས་པ་ལ་སྒྲོག་ལས་གཙེས་པ་བཟུང་བས་གར་བྱོན་ཡང་བཙུན་པའི་དཔེར་འདྲེན། བྱང་ཆུབ་སེམས་དཔས་གདམ་ངག་ཅིག་བཏབ་བྱུང་བས་ཞག་བདུན་བདུན་ཙམ་ཏིང་ངེ་འཛིན་ལ་འབྲུམས་འགྲོ་བ་བྱུང་། ཅི་ཙམ་ཐུབ་བལྟས་པས་ཞག་བཅུ་གསུམ་ཙམ་ཐུབ། དེ་ནས་ངས་རབ་ཏུ་བྱུང་ནས་དེའི་བྱ་བ་གཉིས་ལ་མ་འབད་ན་མི་འོང་དགོངས་ཏེ་དབུས་སྟོད་དུ་བྱོན། དེར་དགེ་བཤེས་སྙུག་རུམ་པའི་སྤྱན་སྔར་བཞུགས་ནས་ལམ་རིམ་ཟླ་བ་དགུ་བསྒྲུངས། ཐུགས་ལ་འཁྲུངས། དེའི་དུས་ན་དགེ་བཤེས་རྒྱ་ཡོན་བདག་དེ་སྙུག་རུམ་པ་དང་གཉིས་བློ་མཐུན་མཛད་ནས་གྲྭ་པ་རྣམས་ཁོང་ལ་ཞུ་འཇུག །ཁོང་རང་དབེན་པ་མཛད་ནས་སྒྲུབ་པ་མཛད་ཀྱིན་འདུག་པ་ལ་ཐུགས་ཤིན་ཏུ་དད་ནས་མཇལ་བར་འདོད་དེ། བསྐོར་བ་བྱས་གསོལ་བ་ཉི་ཚེ་བཏབ་པས། དུས་ལན་གཅིག་ཁོང་གིས་མཁྱེན་ནས་ནང་དུ་བཀུག །དེ་ནས་མར་ལམ་རིམ་ཆུང་དུ་བསྒྲུངས། ཐུགས་ལ་བཏགས། ལོ་གསུམ་བསྟེན། ཐུགས་ཀྱི་དགོངས་པ་ལོངས། དགེ་བཤེས་རྒྱ་ཡོན་བདག་དེ་དབུ་རུ་སྟོད་ཀྱི་བཀའ་གདམས་པ་ཞིག་ལ་ཐུགས་ཆོད་མ་ཐོབ་ཡིན། དེ་ལྟར་བསྙེན་པར་རྫོགས་ནས་དྭགས་དང་དབུ་རུའི་བར་ལ་ལོ་སྐོར་ཙམ་ཞིག་སྦྱངས་པ་མཛད། སྐྱེས་བུ་གསུམ་གྱི་ལམ་གྱི་རིམ་པ་མ་ནོར་བ་ཐུགས་སུ་ཆུད། དེས་གཞན་གྱི་འདྲེན་པ་མཛད་པ་ལ་མཚུངས་པ་མེད་པ་སེངྒེའི་སྒྲ་བསྒྲགས་པ་

ཡིན་ནོ། །དེ་ནས་ནམ་ཟླ་དཔྱིད་དུས་ཤིག་མཚམས་ཐོན་ནས་ལྷུགས་རིའི་ལྷོ་ཕྱོགས་སུ་སྐྱོ་སངས་ལ་བྱོན་པས། སྤྲང་པོ་གསུམ་གྱི་གཅིག་ན་རེ། འོ་སྐོལ་གསུམ་འདྲ་བའི་བསོད་ནམས་ཆུང་བ་ཡོང་བ། ཆོལ་མ་དགོས་པར་ཟན་ཆེན་པོ་དང་། ལོ་མའི་ཚོད་མ་ཕོར་པ་རེ་བཀྲུང་རྒྱུ་ཡོད་ན་ཟེར། གཅིག་ན་རེ་ཡིད་སྨོན་བྱེད་ན་དེ་འདྲས་གར་ཕྱིན། མངའ་བདག་རྩེ་ལྡེ་ལ་བྱེད་པ་ཡིན་མོད་ཟེར། གཅིག་ན་རེ་རྩེ་ལྡེ་ལའང་འཆི་བ་འོང་། བྱེད་རང་བྱེད་ན་མི་ལ་རས་པ་ལ་བྱེད་པ་ཡིན་མོད། ལུས་ལ་གོས་མི་དགོས། འཚོ་བ་མཁའ་འགྲོ་མས་འདྲེན། གནས་འཕོ་སྐྱེས་བྱེད་པ་ན་ནམ་མཁའ་ལ་འཕུར་ནས་འགྲོ། སྐྱེ་ཤིའི་འཇིགས་པ་མེད་པ་དེ་ཡིན་ན་དགའ་མོད་ཟེར་ཤུགས་རིང་ནར་ནར། མཆི་མ་རྩིག་རྩིག་འདུག །དེར་སྔར་ནས་དད་པའི་ཁ་ལ་ལྷག་པར་དྲུང་དུ་འགྲོ་འདོད་པ་བྱུང་། སྤྲང་པོ་ལ་སྟོན་མོ་བྱིན། བླ་མ་རྣམས་ལ་དགོངས་པ་ཞུས། དེའི་ནུབ་མོ་དཀོན་མཆོག་ལ་མཆོད་པ་བྱས་གསོལ་བ་བཏབ་པས། རྨི་ལམ་ན་རག་དུང་རིང་མོ་ཞིག་བུས་པས་སྐད་ཛམ་བུའི་གླིང་ཐམས་ཅད་དུ་ཐོས་པ་ཞིག་འདུག །དིང་སང་དབུས་གཙང་ན་དུང་འདི་ལས་སྐད་ཆེ་བ་མེད་བྱས་པ་ཞིག་རྨིས། ཡང་ནམ་མཁའ་རྟེན་མེད་ལ་ཐ་བོ་ཆེ་བཏགས་ནས་བརྡུངས་པས་སྒྲ་ཆེན་པོ་བྱུང་། དེ་ལ་རི་དྭགས་མང་པོ་ཉན་འདུག །མི་མང་པོ་དཔག་ཏུ་མེད་པ་འདུག་པ་ལ། མོན་མོ་ལྷ་བུ་ཞིག་ནས། མི་འདི་རྣམས་ལ་ཐ་བརྡུངས། རི་དྭགས་འདི་ཚོ་ལ་འདི་བྱིན་ཟེར་འོ་མ་ཐོད་ཕོར་གང་བཏང་། འདིས་འདི་ཙམ་མི་ཁྱེད་བྱས་པས། ཁྱོད་རང་འཕྲུང་དང་འདི་ར་མ་ཟད་རིགས་དྲུག་གི་སེམས་ཅན་ཐམས་ཅད་ཁྱེད་དེ་འོང་ཟེར། ངའི་ཉི་མ་ནུབ་ཕྱོགས་སུ་འགྲོ་ཟེར་སོང་བ་རྨིས་བླ་མ་རྣམས་ཀྱིས་ཟངས་ཐེད་ཀྱིས་བརྡུངས་པས་ཟངས་སྐད་མིས་འདོན་ཞིག་འོང་བར་འདུག་གསུངས། འགོང་སྟོན་བྱ་བ་ཡུལ་ཕྱོགས་གཅིག་པ་ཞིག་ཡོད་པ་དེ་ལམ་གྲོགས་ལ་ཁྲིད་དེ་ལ་སྟོད་ཀྱི་ཕྱོགས་སུ་གཏད་དེ་བྱོན། སང་སླེབ་ཟེར་བར་འཆི་ལ་ཐུག་པ་ཞིག་བྱུང་། འགོང་སྟོན་ལམ་དུ་ལུས། སྤྲོ་བདེ་བཀྲ་ཤིས་སྒང་དུ་མཇལ། ཆང་ཐོད་ཕོར་གང་གནང་བ་བཏུངས་པས་རྟེན་འབྲེལ་འགྲིག །དཔལ་འཁོར་ལོ་སྡོམ་པའི་དབང་བསྐུར། རྡོ་རྗེ་རྣལ་འབྱོར་མའི་སྒྲོ་ནས་བྱིན་གྱིས་བརླབས། བསྲེ་འཕོ་གནད་ཀྱི་མཚམས་སྦྱོར་ཁྲིད་དུ་བསྟན། དེ་བསྒོམས་པས་ཡུན་མི་རིང་བར་རྩ་རླུང་གི་དྲོད་རྟགས་ཤར། ལྷམ་ལྷན་ཅིག་སྐྱེས་པའི་སྒྲོན་མ་དཔེ་གཉེར་མཛད་པས་ཆོས་འདི་དང་འདི་ཞུས་ཞེས་ངས་བསྟན་པས། རྗེ་བཙུན་གྱི་དབང་ལུང་མན་ངག་བུམ་པ་གང་བྱོར་ལོན་གསུངས། ལོ་གསུམ་ལས་མ་བཞུགས། ལོ་བཅུ་གཉིས་ན་རྟོགས་པ་ཐུན་མོང་མ་ཡིན་པ་ཤར་བའི་ལུང་བསྟན། ལོ་དྲུག་ཏུ་བཀའ་གདམས་ཀྱི་ཁྲིད་དུ་རྩད། བྱ་ཆ་ཆོས་སྤྱོད་ལ་གཡེངས། དེས་སྔར་གྱི་ས་མྱ་ཧྲི་སྟོང་།

ཐུགས་མ་བདེ་ནས་ད་ང་ལ་སྒོམ་གྱི་སྐལ་བ་མེད་པ་ཡིན་ནམ། དེ་ན་བཀའ་གདམས་ཀྱི་བླ་མ་རྣམས་ཀྱི་སར་འགྲོ་དགོས་སྙམ་པ་ལ། ཡང་ཐུགས་དགོངས་བཏང་བས། ངའི་བླ་མ་རྗེ་བཙུན་དེ་སངས་རྒྱས་ཡིན། ཁོང་གི་ཞལ་ནས། ཕྱག་རྒྱ་ཆེན་པོ་སྒོམ་དུས་སུ། །ལུས་ངག་དགེ་སྦྱོར་མ་བརྩོན་ཞིག །མི་རྟོག་ཡེ་ཤེས་ཡལ་ཉེན་ཡོད། །གསུངས་པ་དེ་འདི་ཡིན་འདུག །ད་ནི་དགྱེལ་བར་སོང་རུང་བླ་མ་དེ་རང་ལ་བལྟོས་པ་འཆའ་བ་ཡིན། ཁོ་རང་མཁྱེན་སྙམ་པའི་བློ་བཙོས་མ་མ་ཡིན་པ་ཞིག་སྐྱེས་ནས། བློ་ཁེལ་ངེས་སུ་བཀལ་ནས་གསོལ་བ་བཏབ་པས། དར་ཅིག་ན་རྗེ་བཙུན་མདུན་དུ་ཡེར་གྱིས་བྱོན་པའི་སྣང་བ་ཤར། དེ་ནས་ལོ་དྲུག་གཉལ་སེ་བ་ལུང་དུ་བསྒོམས་པས་དྲོད་དང་ཏིང་ངེ་འཛིན་ཡང་གློང་དུ་ཚུད། ཕྱག་རྒྱ་ཆེན་པོའི་གནས་ལུགས་བཙོས་མིན་དུ་གཟིགས་ནས། རང་རིག་ཡེ་ཤེས་འོད་གསལ་འདི། །ཡོད་མེད་མཐའ་ལས་འདས་པ་ཞིག །སོགས་ཀྱི་མགུར་གསུངས་ནས། པོ་ཏྲི་ཅིཏྲའི་འཕྲེང་བ་རྟོག་པོ་ཉི་ཤུ་རྩ་གཅིག་ཡོད་པ་ཕྱག་གིས་གླང་མའི་སྡོང་པོ་དེ་ལ་བསྐུམས་ཏེ། དུས་གསུམ་སངས་རྒྱས་ཐམས་ཅད་ཀྱིས་ང་ལུང་བསྟན་ན། ཤིང་འདི་ལས་ཤིང་ཁྱོད་སྐྱེ་བར་གྱུར་ཅིག །གལ་ཏེ་མ་བསྟན་ན་མི་སྐྱེ་བར་གྱུར་ཅིག་གསུངས་པས། མོད་དེ་ལ་ཡལ་ག་དང་ཡལ་ག་ཁྲི་ལྷ་འདབ་མ་དང་བཅས་པ་སྔོ་ཁྲུང་ངེ་སྐྱེས་པས། དེ་ཕན་དེའི་འཁྲིས་ན་གནས་གཞི་ཡོད་པའི་བཀའ་གདམས་པའི་བཙུན་པ་རྣམས་ཀྱིས་བྱ་ཆ་ཆོས་སྐྱོད་མི་ནུས་པ་ཟེར་སྡིག་གསོག་གི་ཡོད་པའི་འཕྲོ་ཆད། དད་དད་མོས་མོས་སུ་གྱུར། དེ་དུས་ཤོ་སྒོམ་བྱང་ཡེས་བྱ་བའི་བཤེས་གཉེན་དེ་ཕྱག་ཕྱིར་འབྲངས། དེར་ཐུགས་སོ་མ་གསོད་ནས་བྲོས་ཏེ་འོལ་འགར་བྱོན། དེའི་རི་ཁྲོད་དུ་ལོ་བདུན་བཞུགས། ཕྱག་རྒྱ་ཆེན་པོའི་རྟོགས་པ་སྒོམ་མེད་དུ་ན་འཕོས། དེར་ཡང་ཟང་ཟིང་གི་འདུ་ལོང་ཆེ་ནས་གཞན་ཞིག་ཏུ་གཤེགས་དགོངས། དབྱར་འོ་དེ་གུང་རྒྱལ་གྱི་གངས་ལ་བཞུགས་པའི་ཐོ་རངས་ཤིག་བཙད་པོའི་གཟུགས་དར་གྱི་ཐོད་ཆེན་པོ་བཅིངས་པ། མགུལ་དུ་གཡུ་ཆེན་པོ་བཏགས་པ་ཞིག་བྱུང་ནས། འདིར་བཞུགས་ན་ཡོན་བདག་ནི་ངས་བྱེད་པ་ཡིན་ཏེ་ད་མི་བཞུགས་ན་ངའི་བུ་དྭགས་ལྷ་སྐམ་པོ་ཅན་དུ་བཞུད་ཅིག །ཁོས་ཁྱོད་ཀྱི་ཞབས་ཏོག་བྱེད་པར་འགྱུར་རོ་ཟེར། དེ་ནས་དྭགས་ལྷ་སྐམ་པོར་ཕེབས། བླ་མས་ལུང་བསྟན་པའི་གནས་སུ་མཁྱེན། ཐོག་མར་ཟངས་ལུང་དུ་གདན་ཕབ་འཛག་སྐྱིལ་བཟོས། ཆུའི་བཙུད་ལེན་མཛད་དགོངས་ནས་ལེན་དུ་བཏང་ཙ་ན། རས་སྒོམ་རས་པ་ན་རེ། ཆུ་ག་ནའང་མི་འདུག་ཟེར། ཁ་རྩང་བྲག་རྩར་བཏིང་བཞག་པའི་སྟན་དེ་སོལ་དང་གསུངས། བལྟས་པས་ཆུ་ཁོག་མའི་ཁ་ཙམ་ཞིག་རྫོལ་ནས་འདུག །འདི་ལ་གཏིང་རྗེ་ཙམ་ཡོད་སྙམ་ལག་པ་བརྒྱུད་བས་གཏིང་མི་འདུག །དེར་ལོ་བཅུ་གཉིས་སུ

འདག་སྦྱར་མཛད་དེ་བཞུགས་དགོས་དགོངས་ཅན། བུད་མེད་ལུས་ལ་ཐལ་བ་བྱུགས་པ་ལག་ན་རྨ་བྱའི་སྒྲོ་བཟུང་བ་ཞིག་ན་རེ། བཅུ་གཉིས་འདག་སྦྱར་བྱས་པ་བས། །བཅུ་གཉིས་བསྟན་པ་སྤེལ་ན་དགའ། །ཟེར། དེ་ནས་ཞག་འགའ་ལོན་ཙ་ན་གཙང་གི་གློག་སྐྱ་སྟོན་པ་བྱུང་། དེ་ནས་རྒྱལ་བ་ཁྱུང་ཚང་པ། དགེ་བཤེས་གཉན་ནག །གཉགས་དམར་པོ་རྣམས་རིམ་པར་བྱུང་། དེ་རྣམས་ཀྱི་ཁྲིད་ཚར་བ་ན་དབུས་གཙང་ཁམས་གསུམ་གྱི་སྣོད་དང་ལྡན་པའི་མི་རྣམས་དུས་གཅིག་ལ་འདུས་པ་ལྟ་བུར་ཚོགས། གདམས་ངག་བཏབ་པས་རིང་པོར་མ་ལོན་པར་ཉམས་མྱོང་ཁྱད་པར་ཅན་རྩ་རླུང་གི་ཡོན་ཏན་མངོན་པར་ཤེས་པ་དྲུག་ག་དུས་གཅིག་ཤར་བ་དཔག་ཏུ་མེད་པ་བྱུང་། དེ་ཐམས་ཅད་ཀྱང་མ་དག་པའི་དངོས་པོ་མི་འཚང་ཞིང་། སྦྱངས་པའི་ཡོན་ཏན་ལ་གནས་པ་ཤ་སྟག་སྟེ། ཏིང་ངེ་འཛིན་རྒྱལ་པོའི་མདོ་ལས། སྐྱེས་བུ་དམ་པ་མྱ་ངན་ཡོངས་འདས་ནས། །མ་འོངས་དུས་ན་བདག་གིས་མདོ་འདི་གཟུང་། །ནས། དེ་ཡི་ཚེ་ན་ཏིང་འཛིན་འཛིན་པ་དག །ལྔ་བརྒྱ་ལས་ནི་མི་ཉུང་དེར་འབྱུང་སྟེ། །མདོ་སྡེ་མཆོག་འདི་རྒྱ་ཆེར་བཟུང་བ་ལ། །དེ་དག་སྟོན་དུ་འདྲེན་པ་གཞོན་ནུ་ཡིན། །ཞེས་གསུངས་པའི་བྱང་ཆུབ་སེམས་དཔའ་སངས་རྒྱས་ལ་མ་འོངས་པའི་དུས་མདོ་སྡེ་ཟབ་མོ་འཛིན་པ་ལ་སྨོན་ལམ་བཏབ་པ་དེ་རྣམས་སོ། །

མདོ་ཏིང་ངེ་འཛིན་རྒྱལ་པོས་བརྗོད་བྱ་ལོགས་པ་ཞིག་བསྟན་པ་ལྟ་བུར་པོ་ཏོ་བ་གསུངས་ཟེར་ཏེ། མདོ་འདིར་སྒྱུ་མ་ལྟ་བུ། དཔའ་བར་འགྲོ་བ། རྡོ་རྗེ་ལྟ་བུའི་ཏིང་ངེ་འཛིན་ཞིབ་མོར་བསྟན་པས། རྡོ་རྗེ་ཐེག་པའི་ཕྱག་རྒྱ་ཆེན་པོ་དང་མདོར་རྒྱས་ཙམ་དུ་ཟད་དོ། །སྐུའི་བཀོད་པ་དུ་མར་སྟོན་པ་ཟད་པས་ཆུ་མེ་དང་ནམ་མཁའ། གཤེགས་བཞུད་ནམ་མཁའ་ལ་མཛད་པ། ཞུག་པ་ཆེར་མ་སོང་། སྐུ་སྒྲིམ་པོའི་རི་དང་མཉམ་པ་ཞུག་ཏུ་བཞུགས་པ། ཡེ་ཤེས་སེམས་དཔའ་དངོས་སུ་རྟེན་ལ་བསྟིམ་པ་སོགས་རྫུ་འཕྲུལ་ནི་མོའོ་འགལ་གྱི་བུ་ལྟ་བུ། སྐྱེ་བ་གཅིག་གིས་ཐོགས་པའི་བྱང་ཆུབ་སེམས་དཔར་ཞལ་གྱིས་བཞེས་པ་སྟེ། ཏིང་ངེ་འཛིན་རྒྱལ་པོ་ལས། ཡེ་ཤེས་བླ་མེད་འདི་ནི་རབ་བསྒྲུབས་ནས། །ཕྱི་དུས་མོད་ལ་དེ་ནི་འཇིག་རྟེན་དུ། །རྒྱལ་བ་དྲི་མེད་འོད་ཅེས་བྱ་བར་འགྱུར། །ཟླ་འོད་གཞོན་ནུར་གྱུར་པ་བདག་ཉིད་ཀྱི། །ལུང་བསྟན་འདི་ཐོས་དགའ་བ་རྒྱས་གྱུར་ཏེ། །ཞེས་དང་། སྙིང་རྗེ་པདྨ་དཀར་པོ་ལས་ཀྱང་། བྱང་ཆུབ་སེམས་དཔའ་བྱེད་པའི་དགེ་བའི་རྩ་བ་རྒྱ་ཆེན་པོ་རྣམ་པ་སྣ་ཚོགས་བསགས་ནས་འཆི་བའི་དུས་བྱས་མ་ཐག་ཏུ་ནུབ་ཕྱོགས་སུ་སངས་རྒྱས་ཀྱི་ཞིང་བྱེ་བ་བརྒྱ་སྟོང་འདས་པ་ན་དེ་བཞིན་གཤེགས་པ་འོད་དཔག་མེད་ཀྱི་སངས་རྒྱས་ཀྱི་ཞིང་འཇིག་རྟེན་གྱི་ཁམས་བདེ་བ་ཅན་དུ་སྐྱེ་བར་འགྱུར་ཏེ།

འཇིག་རྟེན་གྱི་ཁམས་ཡོན་ཏན་ཐམས་ཅད་ཀྱི་བརྒྱན་པ་ཞེས་བྱ་བར་དེ་བཞིན་གཤེགས་པ་འོད་དྲི་མ་མེད་པ་ཞེས་བྱ་བར་འགྱུར་རོ། །ཀུན་དགའ་བོ་དགེ་སློང་འཚོ་བྱེད་དེ་འདང་དའི་བསྟན་པ་འདི་ཡངས་ཤིང་རྒྱས་པར་བྱེད་པར་འགྱུར་གྱི། ཀུན་དགའ་བོ་ཁྱོད་མྱ་ངན་མ་བྱེད་ཅིག་ཅེས་གསུངས་སོ། །དུས་དེའི་ཚེ་ཁམས་པ་མི་གསུམ་གྱིས་དམ་ཚིག་གི་རྗེས་ཙུང་ཟད་ཅིག་གསོལ་བས་ཉམས་འུར། དེ་དགེ་སློས་ཀྱིས་ཐོས་ནས་ཁོང་གསུམ་བསྒྲད་པས་སྒམ་པོའི་ལྷ་མཆོད་ཐམས་ཅད་མགོ་རྟིང་ལོག །རྗེས་ཅི་ཡིན་གསུངས། རྒྱ་མཚན་གསོལ་བས། ཁོང་ཚོ་མི་འདུག་ན་ངའང་མི་སྡོད་གསུངས་དྲ་ཆུང་རྒྱབ་ཏུ་བསྣམས། སྤྲ་མཁར་ཕྱུག་ཏུ་བཟུང་ནས་ཕེབས་པས་གླིང་གི་སྨད་དུ་ཁོང་གསུམ་དང་མཇལ། ཕ་བོང་སྟེང་མའི་ཁར་བླ་མས་བྲོ་འབྲབས་ཏེ་ཡར་ཤོག་གསུངས། འོག་མའི་ཁར་ཁོང་གསུམ་གྱིས་བྲོ་འབྲབས་ཏེ་ཡར་འོང་ཞུབས་ཕ་བོང་གཉིས་ཀ་ཞབས་ཀྱིས་འདམ་བརྫིས་པ་ལྟར་གྱུར་ཏོ། །དེ་ར་ལོ་བཅུ་གཉིས་འགྲོ་དོན་མཛད། བདུན་ཅུ་རྩ་ལྔ་པ་ལ་གཤེགས། སློབ་མ་བསམ་གྱིས་མི་ཁྱབ་པ་ལས་མཆོག་གྱུར་དངོས་ཀྱི་གདན་ས་སྒོམ་ཚུལ། སྲས་ཀྱི་ཐུ་བོ་ཁམས་པ་མི་གསུམ། འབའ་རོམ་པ་ལ་སོགས་སྒམ་པོའི་གྲུབ་ཐོབ་བཅོ་བརྒྱད་དུ་གྲགས་པ་རྣམས་སོ། །མར་མི་ལ་གདན་སའི་ཀ་དཔེ་མ་མེད། སྒོམ་པ་ཆེན་པོ་རྗེ་ཟླ་འོད་གཞོན་ནུ་རང་གི་གདན་སར་མངའ་གསོལ་བ་ཡིན། དེའང་རྗེ་སྒམ་པོ་པའི་གཅེན་པོ་རྒྱ་པ་སེ་རེ་དང་། ཡུམ་ཚེ་ལྡུམ་གཉིས་ལ་སྒོམ་པ་སྐུ་མཆེད་གསུམ་འཁྲུངས་པའི་བར་པས་མི་ཆོས་གཟུང་། བགྲེས་པ་ཚུལ་ཁྲིམས་སྙིང་པོ། ཆུང་བ་ཤེས་རབ་བྱང་ཆུབ། དང་པོ་དགུང་ལོ་བཅུ་བདུན་པ་ལ། དགེ་བཤེས་མངའ་རིས་པ་ལ་རབ་ཏུ་བྱུང་། ལོ་ཉི་ཤུ་པ་ལ་ཤ་བ་པ་གླིང་དུ་བསྙེན་པར་རྫོགས། རྗེས་གདམས་ངག་ཐམས་ཅད་གནང་། ལམ་ཕྱུག་དང་ཤ་འུག་སྟག་སྒོ་སོགས་སུ་བསྒྲུབ་པ་མཛད། དགུང་ལོ་སོ་ལྔ་པ་ལ་གདན་སར་དབང་བསྐུར། དེའི་དུས་ད་ང་རྒས་པས་ཁྱེད་རང་རྣམས་ཚུལ་ཁྲིམས་སྙིང་པོ་ལ་བཏུད་ཅིག་གསུངས། དཔལ་ཁམས་པ་ཆེན་པོས་ཀྱང་བླ་མ་གཉིས་པར་བཀུར་ན་གཞན་རྣམས་ལྟ་ཅི། སྒམ་པོའི་ནང་རྟེན་མཆོད་ཁང་གྲུབ་ནས། སྟོད་ལུང་དུ་གནས་བརྟན་ཤེས་རབ་གྲགས་ཀྱིས་སྤྱན་དྲངས། འཚུར་ལྷ་ལུང་གི་དགོན་པ་བཏབ། དབུས་གཙང་ཁམས་གསུམ་གྱི་གྲྭ་པ་ཚད་ཆེ་བ་འདུས། ལྷ་སར་ཕེབས་པའི་ཚེ། ལྷ་ས་སྟེ་འབྲུག་གི་སྐྱོན་གྱིས་རེ་རྡུལ་དུ་སོང་འདུག་པ་གསོ་བར་མི་ནུས་སམ་སྙམ་པ་བྱུང་བའི་ཚེ། མནལ་ལམ་དུ་རྗེ་སྒམ་པོ་པས་ཁྱེད་ཀྱིས་ང་འཛོག་ཡོད་དམ་གསུངས་པ་བྱུང་། ཇོ་བོ་ཤཱཀྱའི་སྐུ་ཡིས་དངོས་སུ་སྤྱན་ཆབ་ཕྱུང་བས། དེ་ཉིད་དུ་བཞུགས་ནས་ཞིག་གསོས་མཛད། གསེར་སྡོང་ལ་སོགས་པའི་སྒྲོལ་བཙུགས། འདིས་སྒམ་པོ་པ་ལུང་

བསྟན་དུ། དེ་ངའི་སྐུ་གདུང་གི་མཆོད་རྟེན་ཞིག་ཅིང་རལ་བ་མཐོང་ནས་གསེར་གྱིས་བརྒྱན་པར་བྱེད་ཅིང་། གདུགས་དང་། རྒྱལ་མཚན་དང་། བ་དན་དང་། དར་དང་། དྲིལ་བུ་གཡེར་ཁའི་དྲ་བ་གཡོག་པ་དང་། དེ་བཞིན་གཤེགས་པའི་སྐུ་གཟུགས་དང་། མཆོད་རྟེན་གྱི་ཁང་པ་དང་། མཆོད་རྟེན་རྣམས་སེང྄་གེའི་རྒྱལ་མཚན་གྱིས་བརྒྱན་ཏེ། ལྷ་དང་མི་རྣམས་དགའ་བ་བསྐྱེ་ཞིང་། དེ་ཡོངས་སུ་སྐྱོང་བ་དང་། ངའི་བསྟན་པ་ཡོངས་སུ་བསྐྱང་བ་དང་། སེམས་མ་དད་པ་རྣམས་དད་པར་བྱ་བ་དང་། དད་པ་རྣམས་ཕྱིར་ཞིང་འཕེལ་བ་དང་། སྐྱེ་བོ་མང་པོའི་དགེ་བའི་རྩ་བ་ཚོགས་བསགས་པའི་ཕྱིར་ལོ་ལྔ་པ་བྱེད་དུ་འཇུག་པར་འགྱུར་རོ་ཞེས་བསྟན་པ་འདི་ཡིན་ཟེར་རོ། །

ཕྱུག་སོར་བ་དང་གཙང་ནག་པ་སོགས་ཀྱིས་ཞབས་ལ་བཏུད། ལྔ་བཅུ་རྩ་བཞི་པ་ལ་གཤེགས། གདན་ས་གཙུང་སྒོམ་ཆུང་གིས་ལོ་གཉིས་བཟུང་ཞེ་བཞི་པ་ལ་གཤེགས། དེའི་གདན་ས་ཁུ་དབོན་གསུམ་ཀའི་ཐྲས་དྭགས་པོ་འདུལ་འཛིན་གྱིས་བསྐྱངས་ཏེ། དེ་ནི་ཤ་མི་འདུལ་འཛིན་གྱི་སློབ་མ་ལ་འདུལ་བ་ལ་མཁས་པ་ཆེན་པོ་སྡེ་སྣོད་གཞན་གཉིས་ཀྱང་ལེགས་པར་ཐུགས་སུ་ཆུད་པ་འདིས་མཆོད་ཁང་ཆེན་མོ་བཏབ། བར་དུ་འབྲི་གུང་གླིང་པས་གདན་ས་ཡུད་ཅིག་དང་། འབྲུག་པ་རྒྱལ་དབང་རྗེས་ལོ་དྲུག །གཞན་སྤྱན་སྔ་སྒོམ་པ་ཉིད་ཀྱི་དབོན་རིམ་པར་བྱོན་པ། དཀར་བརྒྱུད་ཀུན་གྱི་གཙུག་རྒྱན་སྒམ་པོ་པ་ཞེས་གྲགས་སོ། །རྗེ་ཟླ་འོད་གཞོན་ནུས་ཟངས་ལུང་ནས་ལུང་བསྟན། སྐྱེ་བོ་ཡེ་ཤེས་རྡོ་རྗེས་གནས་ཀྱི་སྒོ་ཕྱེ་བ་ནས། དིང་སང་གི་བར་དུ་འགྲོ་བ་རྣམས་ཀྱི་བསོད་ནམས་ཀྱི་མྱུ་གུ་སྐྱེ་བའི་ཞིང་། ཇི་ཙམ་དུ་ཞུང་བའི་དུས་ནའང་སྒོམ་ཆེན་སྟོང་ཕྲག་ཙམ་འཁོར་མོར་ཚོགས་པས་སྒྲུབ་བརྒྱུད་ཀྱི་སྲོག་ཤིང་ཚུགས་པའི་ཕྱིར། སྒྲུབ་བརྒྱུད་བསྟན་པའི་སྲོག་ཤིང་ཙ་རི་བ་ཞེས་བྱའོ། །རྗེ་ཚུལ་ཁྲིམས་སྙིང་པོའི་སློབ་མའི་ཐུ་བོ་འགྲོ་བའི་མགོན་པོ་གཡུ་བྲག་པ་ཡིན་ཏེ། ཡུལ་ལྷ་སའི་ཚ་བ་གྲུ། རྟགས་རིགས་སུ་འཁྲུངས། ཆོས་ཀྱི་བག་ཆགས་བཟང་། བྱིའུ་སྟོན་པ་ལ་སྟོད་པ། གཤེན་ལ་མཚན་བརྗོད། རྫོག་ལ་མདོ་སྡེ་དགྲེས་རྗོར། གུར་མ་ཡྺ། གསང་ལྔན། སམ་བུ་ཊ་ལ་མངོན་པ་དང་ཚད་མ་བསླབས། བཅོ་བརྒྱད་པ་ལ་ཕ་ཚན་གྱི་བརླས་པ་བྱུང་བས་མཐུ་ལོ་གསུམ་བསྒྲུབས་ནས་ཚར་བཅད། ཁམས་སུ་བྱོན། ཉེར་རྩ་བཞི་ལ་མནལ་ལམ་དུ་རྣ་ནས་རྣ་ཁྲག་མང་པོ་འཛག་པའི་མཐར་སྨྲལ་འདྲ་བའི་སེམས་ཅན་རིང་མོ་ཞིག་ཐོན་ནས་ནུབ་ཕྱོགས་སུ་རྒྱང་རིང་པོར་སོང་། དེར་ཁྲིད་དང་ཡུན་རིང་འགོགས་ཏེ་ད་ནི་མི་ཕྲད་སྙམ་པ་བྱུང་། གསེར་གཡུ་འདོར། འཁོར་བ་ལས་ཡིད་བྱུང་ནས་མཐུ་མཛད་འཕྲོའི་བཅའ་གཞི་བཤིག་པས་སློབ་མ་ཞིག་ཡོད་པས་སློབ་དཔོན་དེ་འདྲ་མ་བྱེད་ཟེར་དུ་བྱུང་། ཉེར་

དྲུག་པ་ལ་དཀོན་མཆོག་བརྩེགས་པ་གཟིགས་པས་དད་པ་ཆེན་པོ་འཁྲུངས། མཁན་པོ་དགེ་བའི་བཤེས་གཉེན་མཁར་སྒོ་བ་དང་། སློབ་དཔོན་གྲུབ་མཁར་བ། གསང་སྔོན་གཟུང་ལྷུང་མདོ་བ་རྣམས་ཀྱིས་བྱས་ཏེ་བསྙེན་པར་རྫོགས། མཚན་བརྟོན་འགྲུས་གྲགས་པར་གསོལ། ལོ་གཅིག་ཅིག་ཕུ་དང་སྣན་གཅིག་མཛད། དཔལ་རྒ་ལོ་སོག་ཏུ་ཕེབས་པ་མཇལ་ཏེ་རིམ་པས་གདམ་ངག་གསན། རྒྱ་གར་གྱི་མཁས་པ་བཻ་རོ་ཙ་ན་དང་མཇལ། རང་ཡུལ་དུ་ལོག་བསྒོམས་པས་ཐིག་ལེའི་གེགས་བྱུང་། རྒ་ལོ་ཐག་རིང་། ཡེར་པ་བ་ལ་གཏུགས། ལོ་གསུམ་སོང་བ་དང་རྒ་ལོ་མཇལ་གདམ་ངག་ལྷག་མ་ཞུས། དགུང་ལོ་སོ་གསུམ་པ་ལ། སློབ་དཔོན་སྒོམ་པ་ལྷ་སར་ཞིག་གསོས་མཛད་པའི་ཆེ་མཇལ། ལྷན་ཅིག་སྐྱེས་སྦྱོར་གནང་ནས་བསྒོམས་པས་སྣང་ཀྱི་སྒོམ་ཐམས་ཅད་ཤེས་པ་ཁ་ཕྱིར་བལྟས་སུ་འདུག །ད་ནི་སྒོམ་མཁན་རང་གཏན་ལ་འབེབས་པར་འདུག་སྙམ་དགའ། རྟོགས་པའི་ས་མཚམས་མ་ཕྱེད་པ་ལ་བན་ད་བྱུན་དར་སོང་། སློབ་དཔོན་ལ་ཞུས་པས་གསོལ་བ་དྲག་ཏུ་ཐོབ། ངེད་ཀྱི་འདི་བྱིན་རླབས་ལ་བརྟེན་པ་ཡིན། དེ་རང་ཕྱག་རྒྱ་ཆེན་པོར་བྱ་དགོས་གསུངས་ནས་གདམ་ངག་ཞིག་གནང་སྟེ་བསྒོམས་པས། སེམས་མ་བཅོས་པ་ནམ་མཁའ་ལྟ་བུའི་ངང་ནས་ཤེས་རབ་ཀྱི་མེ་མཆེད་ཀྱིན་འདུག །དེ་ཙུག་ཡིན་སྙམ་རོང་རོང་བྱུང་ཞུས་པས། བརྟག་དཔྱད་མ་མཛད་བརྟགས་དཔྱད་ཀྱིས་སྒྲིབ་པ་ཡིན་གསུངས། ཡང་བསྒོམས་པས་སྔར་བཞིན་ཤེས་རབ་རོང་རོང་བྱུང་བ་དེ་བརྟག་དཔྱད་དུ་འདུག་པས་དེའི་རྗེས་སུ་མ་འབྲངས་པར་གློད་ཀྱིན་བཞག་པས་རྟོགས་པ་ལྷག་གིས་ཤར། སྔར་གྱི་རྟོགས་པ་ཐམས་ཅད་དང་མི་འདྲ་བ་ཞིག་གཏིང་ནས་བྱུང་། དེ་ཞུས་པས། འོ་དེ་ཙུག་འོང་ཡུ་བུ་ལ་དཀར་བརྒྱུད་ཀྱི་བྱིན་རླབས་དེ་ཙུག་ཡོང་བ་ཡིན། ད་འུར་གྱིས་སོང་བ་ཡིན་གསུངས། ང་རང་ཡིད་ཆེས་པས་མོས་གུས་ཀྱང་སྔར་དང་མི་འདྲ་བ་ཞིག་བྱུང་། དེ་ནས་སྔར་རླུང་རྩོལ་བྱེད་བྱེད་པ་དེ་གོམས་པའི་ཤུགས་ཀྱིས་སེམས་མ་བཅོས་པར་འཛོག་པ་འདི་ལ་རླུང་རྩོལ་མ་བྱས་ན་མ་བདེ་བ་བྱུང་ནས་ཞུས་པས། དེ་ལེགས་ཀྱི་གསུང་རླུང་སྐྱེ་མེད་ཀྱི་གདམས་པ་གནང་། དེ་ཡེར་པ་བའི་རླུང་འོད་གསལ་དུ་གཞུག་པའི་ཐོག་ཏུ་སེང་གེས་སོང་ནས་རླུང་དང་ཕྱག་རྒྱ་ཆེན་པོ་གཅིག་ཏུ་འདྲེས། དེ་ནས་ཟླ་བ་ཕྱེད་ལོན་ཙ་ན་རྟོགས་པ་ནི་མ་འགྱུར། སྔར་གྱི་རྟོགས་པ་དང་འདྲ་བའི་ཉམས་མྱོང་རྣམས་མི་འདུག་ནས། ལམ་རྟོགས་པའང་འགྲིབ་པའམ་སྙམ་པ་བྱུང་ནས་ཞུས་པས། རྟོགས་པ་ཤེད་འདྲ། ཉམས་མྱོང་སྤྲེའུ་འདྲ་བ་ཡིན་པས་ཅང་མི་ལྟོ་ཡི་གསུངས། ཐབས་ལམ་མ་བཙུན་པའི་ཕྱག་རྒྱ་ཆེན་པོ་བསྐྱང་བ་དེ་རྟོགས་པ་མཐོ་མཐོ་བྱས་ཀྱང་ཉམས་མྱོང་གི་རྩལ་མེད་པར་ས་གཅིག་ཕུར་ཧྲུགས་ནས་སྡོད་པར་འདུག་ནས།

འབྲོང་བུ་ལྷུག་པར་གཅིག་ཕྱུར་བཞུགས་ཏེ་ཐབས་ལམ་སྐྱེ་མེད་བསྒོམས་ཏེ་ཉམས་མྱོང་འུར་གྱིས་འཕེལ། རྟོགས་པ་དང་ཉམས་མྱོང་འདྲེས། དེ་ནས་བླ་མ་འོལ་དགའ་བ་དང་མཇལ་ནས་བྱང་ཆུབ་སེམས་ལ་བོགས་ཐོན། དེ་དུས་ལོངས་སྤྱོད་དེ་ཙམ་མེད། རྒོད་མ་དཀར་མོ་ཞིག་ཡོད་པ་ཉེ་གནས་ལ་བསྐྱོན་ཏེ་གཙུག་ལག་ཁང་གི་ས་རྡོས་གསུངས་པས། ཁོའི་ཡིད་ལ་ཅིའང་མེད་པར་འདི་ཙམ་པའི་བློ་རྒྱ་བྱེད་པ་བསམས་ནས་མས་འཁོར་ཚད་ཅིག་བསྐོར་ཏེ་མཐོ་བཏབ་པས་རྟེན་འབྲེལ་འགྲིག །གུང་ཐང་གཙུག་ལག་ཁང་དབུ་རྩེ་གློ་འབུར་ཁྲམས་ར་ལྷ་ཆེན་དཔལ་འབར་ལ་སོགས་པའི་རྟེན་གསུམ་བཞེངས། དེ་ནས་ཚལ་བཏབ། གཞན་ཕན་རླབས་ཆེན་གྱི་སྤྱོད་པ་འཕྲུག་པ་མང་པོ་མཛད། གནས་བདུན་དུ་སྐུ་འགྱུར་བ་བདུན་བསྟན་ནས་མཚན་བདུན་ཐོགས་ཏེ། སྐལ་ལྡན་རྣམས་བྱང་ཆུབ་ཀྱི་མྱུར་ལམ་ལ་བཀོད། ཆོས་སྐྱོང་བྱ་རོག་མ་ཅི་བསྒོ་བསྒྲུབ་པ་ཡིན་ཞེས་གྲགས། སྐུ་འབུམ་བཞེངས། དགུང་ལོ་དོན་གཅིག་བཞེས་པ་ལ་གཤེགས། དེའི་དངོས་ཀྱི་གདན་ས་མཉམ་མེད་ཤཱཀྱའི་ཡེ་ཤེས་ཀྱིས་མཛད། གཞན་ནམ་མཁའ་འོད། ཉི་མ་འོད། འདུལ་བ་འོད། ཤཱཀྱ་འོད་བཞི་སློབ་མའི་མཆོག་ཏུ་གྲགས་པའི་ནམ་མཁའ་འོད་ཀྱིས་ལྷ་རི་ཁ་དང་། གོང་པོའི་ལྷ་རི་གྱང་ཐོ། འབྲོག་ཡང་སྟེང་། ཉི་མ་འོད་ཀྱིས་ཕྱུག་ཁ། འདུལ་བ་འོད་ཀྱིས་ཁ་རག་ཏུ་གླུ་བཏུལ་དགོན་པ་བཏབ། དེའི་དབོན་པོའི་རིང་ལ་བན་ཁྲི་ཙམ་ཚོགས་ཟེར། ཤཱཀྱ་འོད་ཀྱིས་བྱང་དུ་དགོན་པ་བཏབ་བོ། །གཞན་མར་པ་འོད་ལ་སོགས་པ་བསྟན་པ་ལ་བྱ་བ་བྱེད་པའི་སྐྱེས་བུ་རིམ་པར་བྱོན་པས་ཚལ་པ་དཀར་བརྒྱུད་ཅེས་ལུགས་ཀྱིས་འོད་ཁྱབ་པར་བྱུང་ངོ་། །

ཁམས་པ་མི་གསུམ་གྱི་གསལ་སྟོང་ཤུ་རེ་པ་ལ་འཕྲིན་ལས་ཆེར་མ་བྱུང་ཞེས་གྲགས་ལ། དབུ་སེ་ནི། མདོ་ཁམས་ཏྲེ་ཤོད་གངས་ཀྱི་ར་བར། ཡབ་རྡོ་རྗེ་མགོན་གྱི་སྲས་སུ་འཁྲུངས་ཡབ་ལ་གྲུབ་སྐོར་ཕྲན་དང་། རྒྱ་གར་གྱི་བླ་མ་བཻ་རོ་ཙན་མཇལ། བཅུ་དྲུག་བཞེས་ཚེ་ཏྲེ་བོ་མཆོག་གི་བླ་མ་ལ་རབ་ཏུ་བྱུང་། མཚན་ཆོས་ཀྱི་གྲགས་པར་གསོལ། རྗེ་བོའི་སློབ་མ་ཡོལ་ཆོས་དབང་བྱོན་པ་མཇལ། བཅུ་དགུ་པ་ལ་དབུས་སུ་བྱོན། ཉི་ཤུ་པ་ལ་སྟོད་ལུང་རྒྱ་དམར་བ་དང་། དེའི་སློབ་མ་ཕྱ་བ་ཆོས་ཀྱི་སེངྒེ་ལ་མཚན་ཉིད། ཤ་ར་བ་དབོན་སློབ་ལོ་དྲུག་བསྟེན་བཀའ་གདམས། པ་ཚབ་ལ་དབུ་མ། མལ་འདུལ་འཛིན་གྱི་མཁན་པོ་བྱས། ཡེ་ཤེས་བློ་གྲོས་ཀྱིས་སློབ་དཔོན། མལ་གྱི་གཙང་པོས་གསང་སྟོན་བྱས་ཏེ་བསྙེན་པར་རྫོགས་འདུལ་བ་ཉན། ཏ་ལོ་ཙྪ་བ་དང་ཨ་སེང་གཉིས་རྒྱལ་ན་བཞུགས་པ་ལ་སྦྱོར་དྲུག་དང་མགོན་པོ་བྱ་རོག་མ་གསན། སུམ་ཅུ་པ་ལ་སྒམ་པོར་བྱོན། ཆོས་རྗེ་ཁུ་དབོན་མཇལ། ཐོག་མར

ལམ་རིམ་བསྒྲུངས། དེ་ནས་དབང་ཞུས་ཐབས་ལམ་གྱི་གདམ་ངག་གནང་ནས་བསྒོམས་པས། སྒོམ་ཆེན་བརྒྱད་བརྒྱའི་ནང་ནས་སྒོམ་སྲན་ཆེ་བར་གྲགས། ཉིང་དེ་འཛིན་གྱི་ཡོན་ཏན་དཔག་ཏུ་མེད་པ། ལོ་རེར་རས་ཆུང་པ་མཇལ་ཆོས་དྲུག་དང་ཐུན་འཇོག་སོགས་འགའ་རེ་གསན། གཞན་སྟེན་ཕྱག་པ། མེས་སྟོན་པོའི་སློབ་མ་ཀྲུང་མོ་སྤྱང་ཁ་བ། གཤེན་རྡོ་རྗེ་སེངྒེ། དར་ཡུལ་བ་སོགས་མང་དུ་བསྟེན། སྨམ་པོ་པས་ལུང་བསྟན་ནས། འོལ་དགའི་བྲག་གྱུ་རི་བོ་ཆེའི་བྲག་ཕུག་ཅིག་ཏུ་བཞུགས་པས། ཐུད་མེད་ཅིག་ན་རེ། ངའི་མ་ཇོ་འོང་ངོ་ཁྱོད་མ་བཞུགས་ཟེར་བས། བྱམས་སྙིང་རྗེ་བྱང་ཆུབ་ཀྱི་སེམས་ལ་གནད་དུ་བསྣུན་ཟླ་བ་བཅུ་བཞིར་བཞུགས་པས་དྲོད་གློང་དུ་ཚུད། རྟགས་ངོ་མཚར་ངེས་ཤེས་ཁྱད་པར་ཅན་སྐྱེས། དེ་ནས་ཆོས་རྗེ་ཧ་ལྷོག་ན་བཞུགས་དུས་རྟོགས་པ་ཕུལ་བས་ཁྱོད་ཀྱི་དོན་དེ་ནོར་འདུག །ང་ཁྱོད་ལ་རེ་ཆེ་བ་ཡིན་པས། ད་དུང་སྒོམས་གསུངས། ཟླ་བ་དྲུག་བསྒོམས་པས་སྔར་གྱི་དེ་ལས་མ་འགྱུར། ཡང་ཞུས་པས་ཕྱག་སྦྱི་བོར་བཞག །བུ་འཁོར་བ་དང་འབྲེལ་ཐག་ཆོད་པ་ཡིན་ནོ་གསུངས། དེ་ནས་མོན་རྒྱལ་པོས་སྦྱིན་བདག་བྱས་ཤ་འུག་སྟག་སྒོར་བྱོན། འགོར་འདས་དབྱེར་མེད་དུ་སོང་། དེ་ནས་གནས་ངེས་མེད་དུ་བྱོན་གྱིན་བསྒྲུབ་པ་མཛད། ལོ་བཅུ་པ་ལ་ཁམས་སུ་བྱོན་ནས་ཀམ་པོ་གནས་ནང་དུ་བཞུགས། དེ་ནས་ཏེ་བོར་བྱོན་དགེ་འདུན་སྟོང་ཙམ་འདུས། དེ་ནས་སྒོམ་ཚུལ་གྱི་ཞལ་ནས། ཁྱོད་ཁམས་སུ་སྐྱིད་སྡུག་ཅི་བྱུང་ཡང་ཡར་ཤོག་གསུང་བའི་བཀའ་སྩལ་པ་དང་། གཞུང་འཚུར་གྱི་བར་འདིར་དགོན་པ་འདེབས་པ་དང་། དྭགས་ལྷ་སྒམ་པོར་གསེར་གྱི་གླིགས་བམ་བརྒྱ་འབུལ་བ་དང་། བླ་མ་ཞང་གི་འབྲུག་པ་ལ་མི་རྣམས་མི་དགའ་བར་འདུག་པས། ཁོང་ལ་འབྲུག་པ་མི་མཛད་པའི་ཞུ་བ་འབུལ་བ་རྣམས་ལ་བྱོན། ཞང་ལ་ཞུ་བ་ཕུལ་བས་དེ་ནས་འབྲུག་པ་མ་མཛད། འཚུར་ཕུར་དགོན་པ་བཏབ། བརྒྱད་ཅུ་རྩ་བཞི་བཞེས་པ་ལ་གཤེགས། དེའི་སློབ་མ་སངས་རྒྱས་རས་ཆེན་པོ་དགུ་བཞེས་པའི་ཚེ། ཟངས་རི་རས་པའི་རྩར་བྱོན། རས་ཆུང་པའི་གདམ་ངག་གསན། བདེ་གསལ་མི་རྟོག་པའི་ཉམས་ཁོར་ཡུག་ཏུ་ཤར། ན་བཟའ་རས་ཀྲང་དུ་མཛད་པས་རས་ཆེན་དུ་གྲགས། ལོ་བཅོ་ལྔ་པ་ལ་བླ་མ་གཤེགས། དེ་ནས་ཕག་གྲུ་སོགས་དང་། ལྷག་པར་སྨམ་པོ་གནས་ནང་དུ་བྱོན་ནས་དུས་གསུམ་མཁྱེན་པ་བསྟེན། གདམ་ངག་རྫོགས་པར་གསན། དེའི་སློབ་མ་སྦྱོམ་བྲག་པ་ཡིན་ཏེ། འབྲི་རྒྱལ་དམ་པ་ཆོས་འཕྱུག་བྱ་བར་འབྲུངས། བཅུ་བཞི་བཞེས་པ་ལ་རས་ཆེན་པའི་སྔན་པ་གསན་ནས་འབོབ་པ་སྐར་སྣང་དུ་སངས་རྒྱས་རས་ཆེན་མཇལ། ཕྱག་ན་རྡོ་རྗེ་དངོས་ཡིན་པའི་སྣང་བ་ཤར། གདམ་ངག་རྫོགས། སྤྱིལ་སྒོ་དགོན་པར་ལོ་བཅུ་དྲུག་ཏུ་བསྒྲུབ་པ་མཛད་དག་པའི་སྣང་བ་ཤར། སྔན་

པས་ཕྱོགས་ཐམས་ཅད་དུ་ཁྱབ། དེ་ནས་ཁྲི་ཤོད་སྨོམ་བྲག་ཏུ་དགོན་པ་བཏབ། སྨར་ཁམས་སུ་གཤེགས། དེའི་སློབ་མ་རིན་པོ་ཆེ་ཀརྨ་པ་སྟེ། འབྲི་ལུང་དམ་པ་ཆོས་ཕྱུག་ཏུ་རྩད་པོ་ཨུའི་རིགས། ཡབ་རྒྱ་དབང་ཚུར་ཚ་སྲང་དར་གྱི་སྲས་སུ་འཁྲུངས། མཚན་ཆོས་འཛིན་དུ་བཏགས། ལོ་དགུ་དང་བཅུ་པ་ལ་གསུང་རབ་མང་པོ་གློག་པ་ཙམ་གྱིས་ཐུགས་སུ་ཆུད། སེམས་ཉིད་གཤིས་འགྱུར་བ་མེད་པར་རང་བཞིན་དུ་གནས། ངོ་ཙུང་ཟད་མ་མཁྱེན་པ་རིན་པོ་ཆེ་སྨོམ་བྲག་པས་ངོ་སྤྲད། དེ་ནས་གདམས་ངག་གནང་བའི་དབུ་ཚུགས། དེ་ནས་ཀ་ཐོག་པ་བྱམས་འབུམ་དང་། ལྕུང་མང་ཕུ་པ་ལ་བསྙེན་པར་རྫོགས། མཚན་ཆོས་ཀྱི་བླ་མར་གསོལ། ལོ་བཅུ་བར་མེད་པར་ཉམས་ལེན་བསྐྱངས་པས་མཐར་ཕྱིན། ཁམས་སུ་གྲྭ་པ་ལྔ་བརྒྱ་ཙམ་འདུས། ལྡོང་ཡུལ་གྱི་བར་དུ་དྲག་པོའི་ལས་ཀྱི་ནུས་པ་བསྟན་ནས་ལམ་རྒྱ་བཙུགས། འཚུར་ཕུར་ལོ་དྲུག་བཞུགས་གངས་དཀར་མ་དང་ཐང་ལྷ་སོགས་ལྷ་ཆེན་ཐམས་ཅད་བྲན་དུ་བཀོལ། སྙན་པའི་གྲགས་པ་ཐོབ། རྗེར་རྒྱལ་པོས་གསེར་ཡིག་པ་བཏང་ནས་གདན་འདྲེན་དུ་བྱུང་། རྒྱ་ཡུལ་དུ་བྱོན། ལམ་དུ་སེམས་ཅན་མང་པོའི་དོན་མཛད། རྒྱ་ཡུལ་དུ་ཆུ་ལ་བསྐྱུར་བ་སོགས་མང་པོ་བྱུང་བ་རྣམས་ཟིལ་གྱིས་མནན། ཀརྨ་པའི་སྙན་པ་ཛེ་ཆེ་ལ་སོང་། ཁྱད་པར་མཁར་ཞིག་ཏུ་བཙུག །ཁྲི་ཚུས་སྒོ་བསྡམས་ནས་གསོལ་ཟས་མེད་པར་བཞག་ཀྱང་ཉམ་ང་བ་མེད་པའི་ཆོ་འཕྲུལ་བསྟན་པས། གོ་པོ་ལས་ཀྱང་ཞབས་ལ་གཏུགས། བོད་ཡུལ་ལ་སོགས་གར་བདེ་བར་ཆོས་སྤྱོད་ཅིང་ངེད་ལ་སྨོན་ལམ་བཟང་པོ་ཐོབ་ཟེར་ནས་འཛའ་ས་བཟང་པོ་བསྒྲགས། ཅིང་ཧོ་མཁར་ནས་འཚུར་ཕུའི་བར་ཕེབས་ལམ་ལ་ལོ་བརྒྱད་སོང་། མཚུར་ཕུར་ཕེབས་ནས་ལྷ་ཆེན་གྱིས་ཐོག་དྲངས་རྟེན་གསུམ་མང་དུ་བཞེངས། འདིའི་དཔོན་བརྒྱུད་ཀྱིས་བསྟན་པ་འཛིན་པ་ཞིག་འོང་རྒྱུ་དགོས་དེ་སྔོ་མོ་གྲུ་པའི་ཉུ་བ་དང་ཐུག་པའི་འཐབ་བྲལ་དུ་གཤེགས། དེས་གྲུབ་ཆེན་རང་མི་གཤེགས་གོང་དུ་གྲུབ་ཐོབ་ཨུ་རྒྱན་པ་རྒྱ་ནག་ཏུ་འབྱོན་པའི་ལམ་དབུས་བརྒྱུད་རྩིས་ལ། པག་ཤིས་ཆོས་སྐྱོང་རྣམས་ལ་ཨུ་རྒྱན་པ་འདིར་གདན་དྲོངས་གསུངས། ཨུ་རྒྱན་པས་ཀྱང་མཁྱེན་ནས་འཚུར་ཕུར་ཕྱོགས་བྱོན། དེར་ཀརྨ་པའི་གསུང་ནས། གྲུབ་བྱུང་བས་གྲུབ་བྱས། །ཞྭ་ནག་པོ་ཅན་གྱི་བརྒྱུད་པ་བཅད། །འོན་ཀྱང་ཉེ་མ་ལ་སྟོད་ཀྱི་ཕྱོགས་ནས་ཞྭ་ནག་པོའི་བརྒྱུད་པ་འཛིན་པ་ཞིག་འོང་། དེའི་བར་དུ་ངེད་ཀྱི་རྒྱལ་ཚབ་ཁྱོད་ཀྱིས་བྱེད་དགོས་གསུངས། ཞྭ་ནག་གསེར་མདོངས་དབུ་ནས་ཕུད་དེ་གྲུབ་ཐོབ་པ་ལ་བསྐོན། ལྡེ་མིག་ཀ་ཧོ་ར་གང་དབུ་ཐོག་ཏུ་བཞག་སྟེ། རྒྱལ་བ་རྒྱ་མཚོའི་དབང་ཡིན་གསུངས་བསྐུར། གྲུབ་ཐོབ་པས་ཀྱང་ཞལ་གྱིས་བཞེས། སྐུ་གསུམ་ངོ་སྤྲོད་ཅིག་གསན། དེར་ཞག་གསུམ་ལས་མ་བཞུགས།

ཁྲིས་མཛལ་བ་མེད་དོ། །

དེ་ནས་ཀརྨ་པ་རིང་པོར་མ་ལོན་པར་གཤེགས་སོ། །དེའང་དཔོན་བརྒྱུད་ཀྱིས་བསྟན་པ་ཟིན་པ་མེད་ནས་སྤྲུལ་པའི་སྐུ་རིམ་པར་བྱོན་པ་འདི་བྱུང་བ་ཡིན་ཞེས་གྲག་དེའི་སྤྲུལ་པའི་སྐུ་རང་བྱུང་རྡོ་རྗེ་ནི། འཁྲུངས་ཡུལ་མི་ལའི་ཡུལ་རྒྱ་ཕུའི་གངས་ཞུར་མོའི་འགྲམ་དུ་ཞི་བྱེད་པ་ཞིག་གི་སྲས་སུ་འཁྲུངས། ལོ་ལྔ་ལོན་པ་ན་གྲུབ་ཆེན་ཨུ་རྒྱན་པ་མཛལ། གྲུབ་ཆེན་པའི་གསུང་ནས་སང་ངའི་བླ་མ་ཀརྨ་པ་འབྱོན་པ་ཡོད་གསུངས་ནས་སྟན་མཐོན་པོ་བཤམས། དེར་གྲུབ་ཆེན་པའི་དྲུང་དུ་ཕྱིན་པ་ན་སྟན་དེ་ལ་འཛེམ་པ་མེད་པར་འཛེགས་ཏེ་བཞུགས། གྲུབ་ཆེན་པས་བྱིས་པ་ཁྱོད་ངའི་བླ་མའི་གདན་ལ་སྡོད་པ་ཅི་ཡིན་གསུངས་པས། བླ་མ་དེ་ང་ཡིན་ཏེ། ངཁྱོད་ལ་རེ་དགོས་པར་འདུག་ཟེར་ནས་ཞོལ་གྱིས་བབས། ཨུ་རྒྱན་པ་ལ་ཕྱག་མཛད། དེར་དབུ་སྐྲ་བཅད་རང་བྱུང་རྡོ་རྗེར་གསོལ། དགེ་བསྙེན། བྱང་ཆུབ་མཆོག་ཏུ་སེམས་བསྐྱེད་པ། དབང་མན་ངག་རིམ་པར་གནང་། དགུང་ལོ་བདུན་པ་ལ་ཀུན་ལྡན་ཤེས་རབ་ལ་དགེ་ཚུལ་བསྒྲུབས། དེ་ནས་འཚུར་ཕུར་པག་ཤིའི་སློབ་མ་གཉན་རས་ལ་ཆོས་གསན། གཞན་གནམ་མཆེ་བ། གསང་ཕུ་གླིང་སྨད་པ་ཤཱཀྱ་གཞོན་ནུ། སྙེ་མདོ་པ་ཀུན་དགའ་དོན་གྲུབ་སོགས་བསྟེན། མདོ་སྔགས་ཀུན་ལ་མཁས་པར་སྦྱངས། དགུང་ལོ་བཅོ་བརྒྱད་པ་ལ་མཁན་པོ་གཞོན་ནུ་བྱང་ཆུབ་དང་། སློབ་དཔོན་དགེ་འདུན་རིན་ཆེན་པས་བྱས་ཏེ་བསྙེན་པར་རྫོགས། ཧོར་རྒྱལ་པོའི་སྤྱན་འདྲེན་བྱུང་ནས་ཐེགས། སྟོ་མ་ལ་ཕྱིར་ཕེབས། ཁྲི་མ་རྒྱ་ཡུལ་རང་དུ་གཤེགས། ཆོས་རྗེ་ཉིད་ཟླ་བའི་དཀྱིལ་འཁོར་ནང་དུ་བཞུགས་པ་བསྟན་པས་རྒྱལ་པོ་འཁོར་བཅས་ཤིན་ཏུ་དད། དེ་ནས་ཞྭ་ནག་པོ་ཅན་དང་། རྟོགས་ལྡན་གྲགས་པ་སེངྒེ་ལ་ཞྭ་དམར་པོ་གནང་བས་ཞྭ་དམར་བ་བྱུང་། དེའི་སྤྲུལ་སྐུ་མཁའ་སྤྱོད་དབང་པོ། དེ་ནས་ཞྭ་དམར་ནག་གི་སྤྲུལ་པའི་སྐུ་གཉིས་སུ་གྱེས་ཏེ། དང་པོ་ནི་མ་བྱོན་པའི་སངས་རྒྱས་སེངྒེ། སློབ་དཔོན་པདྨས་རྒྱལ་བ་མཆོག་དབྱངས་ཡིན་པ་དང་། ལྷག་པར་སྤྲུལ་པའི་ན་རིམ་བཅུ་གཅིག་མཚན་གསོལ་ཏེ་ལུང་བསྟན། དེ་དག་ལས་རོལ་པའི་རྡོ་རྗེ། ཧོར་རྒྱལ་པོ་ཐེ་མུར་གན་དང་། དེའི་སྤྲུལ་པའི་སྐུ་གོང་མ་ཡེ་དབང་གིས་སྤྱན་དྲངས་ཏེ་རྒྱ་ཡུལ་དུ་ཕེབས་དུས། རྒྱའི་ཡུལ་འོད་ཀྱིས་ཁེངས་པ་དང་། གཟིམས་ཁང་ལ་འཇའི་ག་བ་ཟླུག་པ་སྤྲིན་གྱི་གསེབ་ཏུ་སངས་རྒྱས་དང་བྱང་སེམས་མངོན་སུམ་དུ་བྱོན་པ། ལྷའི་བུ་དང་བུ་མོ་རྣམས་ཀྱིས་ནམ་མཁའ་ནས་མངོན་སུམ་དུ་མཆོད་པ་འབུལ་བ་ལ་སོགས་པའི་རྫུ་འཕྲུལ་དང་ངོ་མཚར་བའི་ལྟས་དཔག་ཏུ་མེད་པ་བསྟན་པས་རྒྱལ་པོ་འཁོར་དང་བཅས་པ་དད་པ་ལྷག་པར་སྐྱེལ་ནས་ཡང་དག་པའི་ལམ་ལ་བཀོད། གོང་ནས་མཚན་དེ་

བཞིན་གཤེགས་པར་གསོལ་ལོ། །

དེ་ནས་རིམ་པར་བྱོན་པས་དབུས་གཙང་ཁམས་སུ་ཀརྨ་ཀཾ་ཚང་པ་ཞེས་བྱ་བའི་ལུགས་དར་རོ། །ཆོས་ཀྱི་རྒྱལ་པོ་ཟླ་འོད་གཞོན་ནུའི་སྲས་ཀྱི་ཐུ་བོ་དཔལ་ཕག་མོ་གྲུ་པ་ནི། ཡུལ་འདོད་ཁམས་ཀྱི་ལྷོ་རྒྱུད་འབྲི་ལུང་རྨེ་ཤོད་ཀྱི་སྟག་ངོས་སབ་ཁང་བྱ་བར། གདུང་རུས་དབས་ལྗེ་ན་འཕན་ཐོག་གི་རིགས། ཡབ་དབས་ལྗེ་ན་ཨ་དར་བྱ་བ་དང་། ཡུམ་རེ་དབྱེ་བཟའ་བཙུན་ནེ་བྱ་བ་སྲས་སུ་བལྟམས། དེ་དུས་ཡུམ་གྱི་རྨི་ལམ་དུ་གསེར་གྱི་རྡོ་རྗེ་རྩེ་དགུ་པ་ཞིག་སྐྱེས་པ་ཐུབ་པར་བཞག་པ་ལས་ཕྱོགས་བཅུར་འོད་ཟེར་འཕྲོས་པ་རྨིས། དགུང་ལོ་དགུ་པ་ལ་བྱ་ཁྱི་ལྷ་ཁང་བྱ་བར་མཁན་པོ་ལྷེང་ངེ་ཡན་ཐུབ་བུ་ཚུལ་ཁྲིམས་བྱ་བ་དང་། སློབ་དཔོན་ལྷེང་ངེ་འོད་ཟེར་རྒྱལ་མཚན་ལས་རབ་ཏུ་བྱུང་། མཚན་རྡོ་རྗེ་རྒྱལ་པོར་གསོལ། ཡི་གེ་མ་བསླབས་པར་མཁྱེན་པས་མཁན་པོ་དཧུལ་འབུམ་བཞེང་པའི་ཞབས་ཏོག་མཛད། ཁམས་རང་དུ་སློབ་དཔོན་བཅུ་དྲུག་ཙམ་བསྟེན། གཞན་ལ་སྤྱོད་འཇུག་ལན་འགའ་རེ་བཤད། མཁན་སློབ་ཐུགས་མཉེས་པས་དབུས་སུ་རྫོང་བར་ཞལ་འཆམ་སྟེ། དབས་ཆེན་པོ་དང་སྟབས་སུ་བྱོན། ཁོང་ལ་རྫས་ཆེན་པོ་མངའ་བ་དང་གཅིག་བྱས་ཆོག་པ་བྱུང་། སོག་གི་མེར་ནག་ཁར་ཕེབས་པའི་ཚེ་དབུས་གཙང་གི་ཕྱོགས་ཐམས་ཅད་ནག་པོ་ར་རི་ཞིག་གིས་ཁེངས་འདུག་པ་ལ། མི་གཡོ་བའི་སྔགས་རྒྱུད་ཞིག་གི་རལ་གྲིས་བཅད་ནས་ཕྱོགས་ཐམས་ཅད་སྒྲ་བསང་ལ་སོང་བའི་སྣང་བ་བྱུང་། དགུང་ལོ་བཅུ་དགུ་པ་སྟོད་ལུང་དུ་འབྱོར། རྒྱ་དམར་པའི་སར་གཞི་ཕབ། དབུ་ཚད་ཉན། ཞར་ཆོས་པ་དགེ་བཤེས་ཕྱ་པ་ལ་ཞུས། དེ་ནས་ཁོང་གི་ཕྱག་ཕྱིར་གསང་ཕུར་ཕེབས། སློབ་གཉེར་མཐིལ་ཕྱིན་མཛད་པས་ཁམས་པ་གཅིག་ལ་སྟོན་པ་བཟང་བར་གྲགས། དེ་དུས་ཁམས་པ་སྟེ་ཚན་རྣམས་ཀྱིས་གཡག་བརྒྱུས་པ་ཕྱུ་པས་དགོངས་ནས་གཟིགས་སུ་ཕེབས་པས། སྟ་གྲི་བསྣམས་ཏེ་བདས་པས། སློབ་དཔོན་སྤྱིལ་བུར་ཚུད་སྒོའི་ཡ་ཐེམ་ལ་ཕོག་པ་ད་ལྟའང་ཡོད། དེ་ལྟ་བུར་སྡིག་བསགས་པ་ཤིན་ཏུ་བྱང་དཀའ་བར་བྱུང་གསུངས། གཞན་ཡང་བྱ་ཡུལ་པ་སོགས་བསྟེན། བཀའ་གདམས་ལ་སོགས་པ་གསན། ཉི་ཤུ་རྩ་ལྔ་པ་ལ་ཟུར་ཕུར་བྱ་འདུལ་གྱིས་མཁན་པོ། རྒྱ་དམར་བས་སློབ་དཔོན། དམར་གྱིས་གསང་སྟོན་མཛད་དེ་བསྙེན་པར་རྫོགས། མཁན་སློབ་ལ་འདུལ་བ། གསང་སྟོན་ལ་ཕར་ཕྱིན། སྨང་བྲན་ལ་སྤྱོད་འཇུག་སོགས་གསན། མཁས་པ་ཆེན་པོར་གྲགས། དམར་ཆོས་རྒྱལ་བ་ལ་བདེ་མཆོག་སོགས་དང་། དཔལ་ཆ་ལོ་དང་མཇལ་མགོན་པོ་ལ་སོགས་པའི་སྐོར། འཇད་བྲག་ལྷག་པ་དང་བཛོག་མུན་ནེ་ལ་འཕགས་སྐོར་དང་མངོན་པ། དེ་ནས་བུར་དུ་བུར་སྒོམ་ནག་པོ་ལ་ལོ་རོ་རས

ཚུང་པའི་གདམ་ངག་རྣམས་གསན། དེར་ཟླ་བ་བརྒྱད་བསྒོམས་པས་སྐུ་ཐམས་ཅད་བདེ་བས་གང་བ་དང་། ཞབས་ལ་ཚེར་མ་ཟུག་པའང་བདེ་བར་འཆར་བ་བྱུང་། དེ་ནས་ས་སྐྱར་བྱོན། ས་ཆེན་ཀུན་དགའ་སྙིང་པོ་ལ་རྒྱུད་སྡེ་མང་པོ་དང་། ཁྱད་པར་ལམ་འབྲས་སོགས་བུམ་པ་གང་བྱོ་གསན་ཆོས་དྲི་བ་ལ་དགྱེས་པས་ལན་ལེགས་པར་གསོལ་བས་ཁམས་པ་ཤེས་རབ་ཅན་ཞེས་མཉེས། དཔོན་སློབ་ལྷན་དུ་རྡོ་རྗེ་ཕུག་ཏུ་བསྒོམས་པས་རྩ་རླུང་གི་དྲོད་རྟགས་ལེགས་པར་བྱུང་ནས། བླ་མས་མཐོང་ལམ་གྱི་རྟོགས་པ་ཤར་བར་ངོ་སྤྲད། གཞན་ཡང་འབྲིམ་ལོ་དང་། བྱང་སེམས་ཟླ་བ་རྒྱལ་མཚན་བསྟེན། ཁོང་གི་ཞལ་ནས་ཟླ་བ་མར་ངོ་ལ་མཚམས་བཅད། ཡར་ངོ་ལ་ཆོས་བཤད་དབང་བསྐུར་དང་བྱིན་རླབས་བྱས་ན་གཞན་ལ་ཕན་ཆེ་བར་འོང་གསུངས། གཞན་ཡང་བླ་མ་མང་དུ་བསྟེན། སྟོད་ལུང་དུ་སངས་རྒྱས་གཉལ་ཆུང་བྱ་བས་ཁམས་པ་སྟོན་པ་ཁྱོད་ཀྱི་རྗེས་སུ་མཁའ་འགྲོ་མ་གསེར་གྱི་རྒྱན་ཅན་བཞི་འབྲང་གི་འདུག་ཅིང་། ངམ་ཤོད་རིའི་དྲུང་དུ་འགྲོ་བ་མང་པོ་ལ་ཕན་ཐོགས་པར་འོང་ཟེར་ལུང་བསྟན། སླར་ཡང་ས་སྐྱ་པའི་སྤྱན་སྔར་བྱོན་དོགས་པ་བཅད། མ་ཅིག་ཞམ་སོགས་བླ་མ་བཅུ་གསུམ་ཙམ་ལ་གཏུགས། ལར་གདམས་པ་འདི་ཆེ་ཟེར་བ་ལ་མ་གཏུགས་པ་མེད་གསུངས། དེ་དུས་ཞང་སུམ་ཐོག་པས་ས་སྐྱ་པའི་དྲུང་ནས་ཁྲིད་དེ་ཡར་ཀླུངས་སུ་བྱོན། ཁོང་བྱས་བཙད་པོ་ལ་སོགས་པ་དང་ཡོན་མཆོད་ཞིག་ཡོང་རེ་བ་ལ་མཐུན་འཇུག་མ་མཛད་པས་བླ་མ་ཞང་ཙུང་ཟད་མ་མཉེས། ཞང་ལ་ཉེས་པ་མེད་པར་སྐྱུར་པ་ཆེན་པོ་ཞིག་བྱུང་བས། ཞང་གིས་ང་ལ་ནི་ཉེས་པ་ཡེ་མེད། འདི་འདྲ་བའི་གཏམ་ཧེ་ལྷར་བྱས་ན་ཞི་བར་འགྱུར་དྲིས་བྱུང་བས། དགེ་བའི་བཤེས་གཉེན་ཆེན་པོ་ཞིག་ལ་བརྟེན་ན་ཞི་བར་འགྱུར་རམ་གསུངས། འོ་ན་དགེ་བའི་བཤེས་གཉེན་སུ་ཆེ་ཟེར། ད་ལྟ་དྭགས་པོ་སྙི་སྒོམ་ཁོ་ན་སྙན་པ་ཆེ་བར་འདུག་པ་གསུངས་པས་དགེ་བཤེས་ཁམས་པས་གྲོགས་བྱེད་ན་འགྲོ་ཟེར། དེར་བསྐྱོངས་ཏེ་སྒམ་པོར་བྱོན། དེ་དུས་བླ་མ་རིན་པོ་ཆེ་འཁོར་བར་འཁྱམ་པའི་རྒྱུའི་གཙོ་བོ་གང་ལགས་ཞུས་པས། ཐ་མལ་གྱི་ཤེས་པ་ངོ་མ་ཤེས་པ་ཡིན་མོད་གསུངས། གསུང་དེ་ཁོ་ནས་བདེ་ཆམ་སོང་བ་ཞིག་བྱུང་། དེ་ནས་དོགས་གཅོད་ཅི་ཞུས་ཀྱང་དགེ་བའི་བཤེས་གཉེན་ཆོས་དྲི་མཁས་གསུངས་ནས་དགྱེས་དགྱེས་མཛད་དེ་གསུངས། དེར་ཕྱག་རྒྱ་ཆེན་པོ་འདི་ལ་ཟེར། སྣམ་པ་ཐམས་ཅད་ཞུས་པས། རྟོག་པ་ཡིན་མོད་ཀ་གསུངས། དུས་ལན་གཅིག་ངོ་སྤྲོད་ཅིག་གི་རྐྱེན་གྱིས་རྟོགས་པ་གཤའ་མ་དེ་ཤར་བ་བླ་མས། དགོངས་ནས་ཕྱག་རྒྱ་ཆེན་པོ་བྱ་བ་དེ་ལ་ཟེར་བ་ཡིན་གསུངས། དེའི་ཚེ་སྐུ་གཡོ་འགྲུལ་མ་ནུས། སྔར་གྱི་བླ་མ་རྣམས་ཅི་རེད་ན་བྱ་བ་ལན་འགའ་གསུངས། དེ་ནས་བརྩམས་ཏེ་ཤེས་རབ་ཀྱི་ཀློང་རྡོལ།

ཆོས་ཅི་བལྟས་ཀྱང་མི་གོ་བ་མ་བྱུང་། རྗེ་སྒམ་པོ་པ་གཤེགས་ནས་ལོ་གཅིག་བཞུགས། དེ་ནས་ཡར་བྱོན་ཏེ་ཐུགས་ལ་བླ་མ་ས་སྐྱ་པ་ཆེན་པོ་དེ་ཆོས་དྲི་བ་ལ་དགྱེས་པས་ད་ང་ལ་ཤོད་རྒྱུ་ཐོགས་པ་མེད་སྒམ་བྱོན། དེ་རེས་དྲི་བ་ཙམ་ཡང་མི་མཛད་པར་སྤྱན་ཆུ་འགྲུར་འདུག་པས། བླ་མ་དེ་མྱུར་དུ་གྲོངས་པར་མཁྱེན། འོན་དུ་ཕེབས་ཚལ་སྒང་དུ་བཞུགས། དེར་སློབ་མ་མང་དུ་འདུས། དེར་ཚ་རོང་བཙན་པོའི་སྒོ་དྲུང་དུ་བྱོན་ནས། ཁོ་བོ་ཚལ་སྒང་དུ་སྡོད་པ་དེ་ལེགས། ད་ཕག་མོ་གྲུའི་ཕུའི་ནགས་ཕ་གིར་བསྡད་ན་སྒམ་པས་སྤྱན་རས་ཀྱིས་བཙའ་བར་ཞུ་བྱ་བའི་ལན་བསྐྱར་བས། ནང་དུ་བོས་ཐེམ་པ་མི་འདའ་བའི་དམ་བཅའ་ཡོད་ཞུས་པས། ཁོ་རང་དེར་བྱོན་ཐུགས་དང་བསྟུན་ཆོག་པའི་ཞུ་བ་ཕུལ། དེ་ནས་དྲེའུ་ཞིག་ལ་ཆིབས་པས་རིན་ཆེན་སྤུངས་པའི་བྲག་རྩ་ནས་འགྲོ་མ་ཕོད། དེར་གདན་ཕབ་པས་མཐའ་རྩ་བའམ་ཕག་མོ་གྲུ་པར་གྲགས། རྒྱ་སྒོམ་རྨི་རས་བྱ་བ་ཞིག་གིས་བསྡད་སར་གདན་དྲངས། ས་དེ་ནགས་ཀྱི་སྙིང་པོར་གཟིགས་པས། ཁྱོད་ཀྱི་སྤྱིལ་བུ་འདི་སྐྱིད་ལན་གསུམ་གསུངས་པས་བཞེད་ན་འབུལ་ཟེར། དེ་ཉིད་དུ་ཁོ་བོའི་གདན་ས་ཡོང་གསུངས་ཏེ་གནས་བཅས། ཟླ་བ་རྒྱལ་མཚན་གྱི་གསུང་ལྟར་མཛད་དགེ་འདུན་བརྟེས་ཆེ་བ་ཚོགས། གཟིམས་སྤྱིལ་ནང་ན་བང་བ་ཆུང་ངུ་ནས་ཁལ་རེ་ལྟག་ཙམ་ཤོང་བ་ཞིག་ལས་མེད་ཀྱང་། གྲྭ་མང་ལ་བརྒྱགས་འགྱེད་ཅི་བཙུགས་ཀྱང་ཟད་པ་མི་འབྱུང་། ནོར་རྒྱུན་མས་དཔོན་སློབ་བརྒྱད་བརྒྱ་ཙམ་གྱི་འཚོ་བ་སྦྱོར་བ་ཡིན་ཟེར། དགེ་འདུན་རྣམས་ཤིན་ཏུ་དད་པས་གཟིམས་སྤྱིལ་ནས་ཆོས་ཁྲིའི་བར་གྱི་ལམ་ཐམས་ཅད་དུ་ཞྭ་གོས་དང་དར་ཁ་ལ་སོགས་པ་འདིང་། དེར་སྒོམ་བཏབ་པ་ཐམས་ཅད་ལ་མྱོང་བ་ཕུན་སུམ་ཚོགས་པ་སྐྱེས་པས་ཕྱོགས་ཐམས་ཅད་དུ་སྙན་པས་ཁྱབ་པས་སློབ་མ་གྲྭ་པ་བརྒྱད་བརྒྱ་ལ་གདུགས་ཐོགས་ལྔ་བརྒྱ་ཟེར་བ་བྱུང་། སྐུ་ལུས་ཀྱི་བཀོད་པ་བཅུ་གཉིས་སུ་སྟོན། མཁའ་འགྲོ་མ་རྣམས་ལ་རྒྱུད་སྟེ་གསང་བའི་རྒྱུད་དེའི་ལེའུ་གྲངས་དང་དོན་བསྡུ་བའི་ཡི་གེ་མཛད། དུས་དེའི་ཚེ་བླ་མའི་གཟིམས་སྤྱིལ་དུ་བུད་མེད་ཚོགས་པའི་སྐད་ཐོས་ནས་ཉེ་གནས་སྟག་ལུང་ཐང་པས་ལྟར་ཡོངས་པ་དང་པོ་ལ་ཅིའང་མ་མཐོང་བ་དང་། ཡང་སྐབས་ཞིག་སྐད་འདུག་ནས་བལྟས་པས་བྱ་འཛོལ་མོ་ཞིག་ཕུར་བ་ལས་གཞན་མ་མཐོང་། དེར་བླ་མ་ཉིད་ལ་ཞུས་པས། མཁའ་འགྲོ་མ་ཚོགས་པ་ཡིན། ཁྱད་པར་ཕག་མོ་གྲུན་བུ་མོ་ལྔ་གསུམ་བཅོ་ལྔ་ལོན་པ་ཞིག་ཡོད། དེ་ནི་དཔལ་རྡོ་རྗེ་ཕག་མོའི་སྤྲུལ་པའི་སྐུ །ཁྱོད་རང་དེ་ཕྱག་རྒྱར་བསྟེན་ན་ཕུང་པོ་འཇའ་ལུས་སུ་འགྱུར་བ་ཡིན་གསུངས། བཙལ་བས་རྙེད་དེ་ལན་གཉིས་སུ་ཡལ་བར་བོར་བས། དེ་མྱ་ངན་ལས་འདས་ཏེ། དབུ་ཐོད་གྲུབ་ཐོབ་གླིང་གིས་བཅད་ཀླད་པ་བལྟག་རུང་བྱོན། ཐོད་པ་དེ་ལས་ཁོ་མོ་

རང་གི་གནས་སུ་འགྲོ་ཞེས་པའི་སྒྲ་བྱུང་བས་ཙ་རིར་ཞོག་ཅིག་པའི་བཀའ་གནང་། ཕུང་པོ་གཞན་རྣམས་སྟག་ལུང་ཐང་པ་དེ་མ་ཐག་ཏུ་ཆོལ་དུ་སོང་བས་ཡལ་ནས་མི་འདུག་ཅེས་གྲགས་ཏེ། བཅོམ་ལྡན་འདས་དཔལ་འཁོར་ལོ་སྡོམ་པ་ནི་བདེ་གཤེགས་ཕག་གྲུ་པ། མཆོད་ལྡན་གྱི་བུ་མོ་དེ་རྡོ་རྗེ་ཕག་མོ་དངོས་སུ་བྱོན་པར་འདུག་ད་རེས་སྟག་ལུང་ཐང་པས་དེ་གོ་མ་ཆོད། ཚུལ་ཁྲིམས་རིན་པོ་ཆེའི་རྟེན་འབྲེལ་འགྲིག་པས་ཕྱིས་གོ་ཆོད་དུ་སོང་ཞེས་གྲགས་སོ། །

དེ་ནས་སྐབས་ཤིག་གྲྭ་པ་རྣམས་བསགས་ནས། གྲུབ་ཐོབ་ནམ་མཁའ་དང་མཉམ་པ་ཞིག་ཏུ་མིས་ཀྱང་མཐོང་ནས་འོང་། སྤྲུལ་པ་མང་པོ་འགྱེད་པ་དང་། མངོན་ཤེས་ལ་སོགས་པའི་ཡོན་ཏན་མང་པོ་འཆར་བ་དང་། ཚེའང་དཔག་ཏུ་མེད་པ་ཐུབ་པར་འདུག །ཁྱེད་སློབ་མ་རྣམས་ལྟ་བ་དང་། མཇལ་བ་དང་། བྱིན་རླབས་ཞུ་རུ་ཡོད། ཆོས་འཆད་པ་མི་འོང་བ་དེ་དང་། ཁྱོད་ཚོ་ལ་ཆོས་བཤད་ན་ཆེ་ཐུང་དུ་འགྲོ་བ་འདུག་སྟེ་ཆོས་འཆད་པ་ལ་འདམ་གྲོས་ཀྱིས་གསུངས། གྲྭ་པ་ཀུན་ཚོགས་ཏེ་གྲོས་ཐག་མ་ཆོད། དགེ་བཤེས་ཞང་ཨེ་ནས་པོས། ཁོང་གིས་དུས་གསུམ་སངས་རྒྱས་ཐམས་ཅད་ཡོན་ཏན་དང་། སྤྲུལ་པ་དང་། ནུས་པ་བསམ་གྱིས་མི་ཁྱབ་པ་མངའ་ཡང་འོ་སྐོལ་དང་མཇལ་དུ་མེད། ཆོས་མི་གསུང་ན་ཅི་ལ་ཕན་ཞེས་གསུངས་པས་ཐམས་ཅད་དེར་གྲོས་ཐག་ཆོད། རིན་པོ་ཆེ་ལ་ཞུས་པས། དཔའ་བོ་དང་མཁའ་འགྲོ་ཐམས་ཅད་མདུན་མ་དེ་ལ་མ་མཉེས་གསུངས། ཞང་ནས་ཆོས་བཤད་པ་ལ་མི་དགྱེས་པའི་དཔའ་བོ་དང་མཁའ་འགྲོ་དེ་བདུད་རང་ཡིན་གསུངས། དེར་བཀའ་བགྲོས་སྔ་མ་ལ་གདམས་ན་སྒྱུར་བོད། སྒོས་དཀར་བརྒྱུད་ཀྱི་བསྟན་པ་ལ་ཆེས་ཕན་པ་ཞིག་ཡོང་རྒྱུ་ཡིན་ཏེ་བསོད་ནམས་ལ་མ་བསྒོས་པ་ཡིན་གསུངས། དེ་ནས་གྲྭ་པ་རྣམས་ལ་དབང་བྱིན་བརླབས་རྒྱུད་མན་ངག་ཐམས་ཅད་གང་ལ་གང་འོས་པ་གནང་བས་ནགས་ཁྲོད་དེ་ལ་དཔལ་ཀུན་ཏུ་བཟང་པོའི་ནགས་ཚལ་ཞེས་གྲགས་ཏེ། འོག་མིན་གྱི་ཞིང་བྱས་ཀྱང་དེ་ཁ། རྡོ་རྗེ་འཆང་བྱས་ཀྱང་བདེ་གཤེགས་ཕག་མོ་གྲུ་པ། ས་བཅུ་པའི་འཁོར་བྱས་ཀྱང་རབ་ཏུ་བྱུང་བ་བརྒྱད་བརྒྱ་ཙམ་འདུས་པའི་སྐལ་ལྡན་འདི་རྣམས་སོ་ཞེས་ལྷ་དང་བཅས་པའི་འཇིག་རྟེན་ན་གྲགས་སོ། །དགུང་ལོ་དྲུག་ཅུ་རྩ་གཅིག་པ་ལ་གཤེགས་ཏེ་ངོ་མཚར་བའི་ལྟས་བསམ་གྱིས་མི་ཁྱབ་པ་བྱུང་ངོ་། །དེའི་བུ་ཆེན་བྱོན་པ་ནི། མོས་གུས་མཐར་ཕྱིན་སྟག་ལུང་པ། རྟོགས་པ་མཐར་ཕྱིན་སྨྲ་ཕུ་པ། ཤེས་རབ་མཐར་ཕྱིན་སྤྱར་ཕུ་པ། ནུས་མཐུ་མཐར་ཕྱིན་མཆན་བུ་རྒྱ་རས་རྣམས་ལ་མཐར་ཕྱིན་གྱི་བུ་བཞི་ཟེར། སྐལ་ལྡན་ཡེ་ཤེས་སེངྒེ། རྟོགས་ལྡན་མི་ཉག་སྒོམ་རིངས། གྲུབ་ཐོབ་ཉག་རེ་སེ་བོ། ཀུན་ལྡན་གཙང་པ་རས་ཆུང་རྣམས་ལ་གདམས་པའི་བུ་བཞི

ཟེར། ཆོས་རྗེ་འཇིག་རྟེན་མགོན་པོ། བཀྲ་ཤུག་པ། ཆོས་རྗེ་ལྷུམ། ཆོས་རྗེ་གཏུམ་རྣམས་ལ་རོ་གཅིག་རྟོགས་པ་ཕྱེད་དང་བཞི་ཟེར། བླ་མ་དམར་པ། ཡེ་ཤུབ་པ། དགྱེར་སྒོམ། བཤེས་གཉེན་སེང་གེ་དཔལ་རྣམས་ལ་ཉེ་བའི་སྲས་བཞི་ཟེར། གཞན་བླ་མ་ཞང་། དགེ་བཤེས་གླང་། གཤེན་རྡོ་རྗེ་སེང་གེ་ལ་སོགས་པ་སློབ་མ་བསམ་གྱིས་མི་ཁྱབ་པ་ཐོན། །དེ་ལས་སྟག་ལུང་ཐང་པ་ནི། གཡང་ཤོད་པོང་ར་སྟེང་དུ། ཡབ་བན་བློན་འབར་པོའི་སྲས་སུ་འཁྲུངས། བཅོ་བརྒྱད་བཞེས་པའི་ཚེ། ཐང་སྐྱ་ལྷ་ཁང་དུ་བླ་སྒང་པའི་སར་བྲོས། མཁན་པོ་ན་སྟོན་བླ་སྒང་པ་ཤེས་རབ་རྡོ་རྗེ་དང་། སློབ་དཔོན་ཚར་སྟོན་སྒོ་མང་པ་ལས་རབ་ཏུ་བྱུང་། དགེ་བཤེས་བྲག་དགོན་པ་ལ་འགྲེལ་ཆུང་སྤྱོད་འཇུག་བསླབ་བཏུས། ལམ་སྒྲོན་སོགས་གསན་རྒྱ་གར་རང་ལ་འགྲོ་དགོངས་ཀྱང་ཟླ་བོ་དང་བངས་བསྒྲགས་ཀྱིས་ཟིན་ནས་མ་ཐོན། དེ་ནས་ཕག་གྲུའི་སྐན་པ་གསན་ནས་འབྱོན་པར་དམ་བཅས་པའི་དུས། མནལ་ལམ་དུ་སྐྲས་རིང་ཤིག་ལ་འཛོགས་ནས་བྱོན་པས་ཐོག་ཁར་མཐོན་ཅན་མི་དཀར་པོ་ཆེན་པོ་ཞིག་གིས་ཕྱག་ནས་བཟུང་ནས་ངས་མ་འཐེན་ན་མི་ཐོན་ཟེར་བ་ཞིག་རྨིས། ཕྱིས་རྗེ་ཕག་གྲུའི་གསུང་ནས། དེ་ཁོ་བོ་ཡིན་གསུངས། ཁོང་གི་དགུང་ལོ་ཉི་ཤུ་རྩ་བཞི་བཞེས་པའི་དུས་ཕག་མོ་གྲུར་ཕེབས། ལོ་དྲུག་ཕག་མོ་གྲུར་བཞུགས། ཉེ་གནས་མཛད། བླ་མའི་ཐུགས་སུ་བྱོན། ཆོས་གསུངས་པ་ཐམས་ཅད་མ་བརྗེད་པར་ཡི་གེར་བཏབ། གདམ་ངག་ཆེ། དཔལ་ཕག་མོ་གྲུ་པ་གཤེགས་ནས་ཟླ་གཅིག་ནས་མལ་གྲོར་འཆད་ཀ་བ་ལ་ཆོས་གསན། དེ་ནས་སླར་ཕག་མོ་གྲུའི་གདུང་རྟེན་གཙུག་ལག་ཁང་བཞེངས་ལ་བྱོན། ཞང་ཤོམ་རབ་ལ་མཁན་པོ་ཞུས། ལས་སློབ་མར་པ་ལམ་ཐང་པ། གསང་སྟོན་ཞང་སྟོན་སྒོམ་མིན་པས་མཛད་དེ་ཤོམ་རར་བསྙེན་པར་རྫོགས། སྟག་ལུང་འདི་འགྲོ་མགོན་རིན་པོ་ཆེས་དྲུག་ཅུ་བཞེས་པ། ས་མོ་གླང་གི་ལོ་སྐྱ་ལུས་ཀྱི་བཀོད་པ་བཅུ་གཉིས་མཛད་པའི་ཚེ་སྐྱ་ལུས་ཀྱི་བཀོད་པ་གཅིག་གིས་ཐང་པ་ལ། ཁྱོད་ཀྱི་འཕྲིན་ལས་རྒྱས་པའི་སཤེག་ཉི་མ་བྱང་ཕྱོགས་ཕ་གི་ན་འདུག །རབ་ཁྱོད་ཁམས་སུ་འགྲོ་ཐང་བ་ཡིན་པས་ཐེངས་གཅིག་སོང་། དེའི་རྗེས་སུ་སྔོན་གྱི་ལས་ཀྱིས་བསྐོས་པའི་གནས་དེ་དང་ཕྲད་ཅིང་། དེར་འཕྲིན་ལས་རྒྱས་པ་ཡིན། དེའང་ས་དེ་ཤིན་ཏུ་རྩུབ་ཅིང་མི་ལས་གྱུར་པའི་འདྲེ་ཞིག་གིས་སྣ་དྲངས་པའི་ལྷ་འདྲེ་གདུག་པ་ཅན་དཔག་ཏུ་མེད་པ་གནས་པ་སུས་ཀྱང་མི་ཟིན་པ་ཡིན་པ་ལ་ཁོ་བོས་ཐམས་ཅད་ཞབས་ཀྱིས་བཅགས། ལྷ་འདྲེ་ཐམས་ཅད་བཏུལ་བྱམས་པའི་ལས་དང་ལྡན་པར་བྱས་ཡོད་པས། ད་ཁྱོད་ཀྱིས་ཟིན་པ་ཡིན་གསུངས། དར་སྤྲད་རོང་གསུམ་དང་ཕོད་མདོ་བས་སྟག་ལུང་དུ་གདན་དྲངས། དགུང་ལོ་སོ་དགུ་པ་ལ་བླ་བྲང་ནག་པོར་ཕྱགས་ཕེབ། ཡོངས་སུམ་ཅུ་ཙམ་བཞུགས།

སྐུ་འདའ་ཁར་གྲྭ་པ་སུམ་སྟོང་ལྷག་ཙམ་འདུས། ངོ་མཚར་བའི་ཛུ་འཕྲུལ་དུ་མ་བསྟན། དྲུག་ཅུ་རེ་དགུ་པ་ལ་གཤེགས། དབོན་རིན་ཆེན་མགོན་གདན་སར་བཏོན། འདིས་མཆོད་ཁང་ཆེན་མོ་བཏབ་གླིང་དར་རྒྱས་སུ་མཛད། དེའི་གདན་ས་སངས་རྒྱས་ཡར་བྱོན། དེ་ལ་གདན་ས་ཟེར་བའི་དབོན་པོ་གཉིས་བྱུང་བ་ནས་གཅིག་ཁམས་སུ་བྱོན་རི་བོ་ཆེ་བཏབ། དེ་ནས་སྟག་ལུང་ཡ་ཐང་མ་ཐང་གཉིས་སུ་གྱེས། གཉིས་ཀ་བན་སུམ་སྟོང་བརྒྱད་བརྒྱ་ལྷག་ཙམ་རེ་འཚོག །དབུས་གཙང་མདོ་ཁམས་གཞན་དུའང་གྲྭ་པའི་དར་རྒྱས་ཆེ་སྟེ། དེང་སང་གི་བར་དུ་དབོན་བརྒྱུད་རིམ་པར་བྱོན། དུས་ཕྱིས་སྟག་ལུང་ངག་དབང་གྲགས་པ་ཞེས་བྱ་བའི་མཁས་གྲུབ་དེ་བྱོན། སྙན་པ་ཆེ་བས་དབུས་གཙང་གི་ཆེ་དགུས་བཀུར། འབྲི་སྟག་གི་ཆོས་ལུགས་ཉམས་ལ་ཁད་པ་རྣམས་གསོས་སོ། །

དེ་དག་ཀྱང་འབྲེལ་ཚད་དོན་ལྡན་བྱང་ཆུབ་སེམས་དཔའི་སྤྲུལ་པ་ཁོ་ནའོ། །སྤྱིར་ཕུ་བ་ནི། གཡོར་རུ་གྲར་འཁྲུངས། གཞོན་ནུ་ནས་ཐོས་བསམ་མཛད། ཁྱད་པར་ཕྱ་པ་ཡུན་རིང་དུ་བསྟེན། ཁོང་གི་གྲྭ་པའི་ནང་ནས་ཤེས་རབ་ཆེ་བར་གྲགས། ཨ་སུ་ལས་དོ་ཧ་གསན། བླ་མ་ཡེལ་པ་ཡེ་ཤེས་བརྩེགས་ཀྱི་དོ་ཧ་སྐོར་རྣམས་གསན་པས། འདི་བཤད་པ་རྒྱུད་དུ་འདུག །ངའི་བླ་མ་དེ་དང་མཇལ་ན་ཉམས་མྱོང་ཁྱད་པར་ཅན་ཡོང་ངེས་བསམ། སྤྱིར་ཕུ་བ་ལ་འགྲོ་མགོན་གྱི་སྙན་སྟར་བྱོན་པ་འཐད་ཞུས་པས། རང་རེ་ལས་ལྷག་པ་ཅང་ཡོད་དམ་གསུངས། ཅིས་ཀྱང་འབྱོན་པར་ཞུ། ལྷག་པའང་འོང་སྲིད་ཞུས་པས་བྱོན། འགྲོ་མགོན་དང་མཇལ། གསུང་གླེང་མང་དུ་མཛད། སྤྱིར་ཕུ་བའི་ཐུགས་ལ་བླ་མ་འདི་སེམས་ཙམ་གྱིས་ལྟ་བ་འཛིན་པར་འདུག་སྙམ་པ་བྱུང་ཁྲིད་བཏབ་པས། འདི་ལ་ང་རང་ཞིབ་པར་འདུག་སྙམ་ཡོན་ཏན་མ་སྐྱེས། ཚོགས་ཆོས་གསན་པས། དེ་ལ་མགུ་བར་གྱུར་ཏེ་ལོག །ཡང་བླ་མ་ཡེལ་པས་བླ་མ་རིན་པོ་ཆེའི་དྲུང་དུ་མོས་གུས་ཅན་ལ་ཡོན་ཏན་འཆར་རྒྱུ་ཞིག་ཡོང་གི་འདུག་པ་ལ། སློབ་དཔོན་པ་ལ་མ་སྐྱེས་པར་སྣང་བས་ད་དུང་ལན་ཅིག་གཤེགས་པར་ཞུ་བྱས་པས་རུང་གསུངས། སློབ་དཔོན་དང་འགྲོགས་ནས་བྱོན། འགྲོ་མགོན་གྱི་རྟེན་འབྲེལ་མཛད་ནས། བུ་རམ་ལ་པདྨའི་པར་ལེགས་པར་བཏབ་ནས་དྲངས་པས་ཁོང་དེ་ལ་ཆགས་ཏེ་མ་གསོལ་བར་བཞག་པ། ཡེལ་པ་བ་བཞེངས་ནས་བཅག་སྟེ་དྲངས། འགྲོ་མགོན་གྱིས། ཕ་རོལ་ཏུ་ཕྱིན་པ་དང་དབུ་མ་ལ་སོགས་པ་རྒྱུ་མཚན་ཉིད་ཀྱི་ཆོས། ཐབས་ལམ་གྱི་བྱེ་བྲག་དང་ཕྱག་རྒྱ་ཆེན་པོ་ལ་སོགས་པ་འབྲས་བུ་སྔགས་ཀྱི་ཆོས་ཐམས་ཅད་ཀྱང་སེམས་རྟོགས་པའི་ཐབས་སུ་གསུངས་པ་ཁོ་ན་ཡིན། སེམས་རྟོགས་པ་ལ་སྒོམ་དགོས་སྒོམས་ཤིག་གསུངས་པས། ག་རེ་གདམ་ངག་ཅི་འདང་མ་བསྟན་པར་སྒོམས་ཤིག་གསུངས་

བསམ་ཅུང་ཟད་བསམས་ཙ་ན་གནས་ལུགས་ཀྱི་དོན་མངོན་དུ་གྱུར་ནས་འགྲོ་མགོན་ལ་གསོལ་འདེབས་འདོད་འཛོའི་བ་མོ་མཛད། སྤྱར་བུ་དགོན་བཏབ་ཚོགས་པ་ལྔ་བརྒྱ་ཙམ་འདུས་སོ། །མཆན་བུ་རྒྱ་རས་ནི། ཆོས་སྐྱོང་གིས་རྗེས་སུ་བཟུང་བས་གྲུབ་པ་བརྙེས། སྐལ་ལྡན་ཡེ་ཤེས་སེངྒེ་ནི་མོན་གར་དུ་འཁྲུངས། ཕག་མོ་གྲུའི་རི་མཐོང་པ་རང་གིས་སྒོམ་འཁྲུངས། དེ་ནས་འགྲོ་མགོན་དང་མཇལ། ངོ་སྤྲོད་ཅིག་བཏབ་པས་རྟོགས་པ་ཁྱད་པར་ཅན་འཁྲུངས། སྐལ་ལྡན་ཡེ་ཤེས་སེངྒེར་གྲགས། དེས་གྲྭ་རབས་སུ་ཟར་དགོན་པ་བཏབ། དེའི་སློབ་མ་གཡའ་བཟང་ཆོས་རྗེ་ཡིན། གཙང་ཞལ་གྱི་དམར་མོར་འཁྲུངས། སྒྲི་ནས་མཁན་པོ་ཆོས་སྟོན་བྱ་བ་ཞིག་ལ་རབ་ཏུ་བྱུང་། མཚན་ཆོས་སྨོན་ལམ་དུ་གསོལ། དེ་ནས་འཚད་དཀར་དུ་འདུལ་བ་དང་བཀའ་གདམས་གསན། དེ་ནས་ལོ་བཅོ་བརྒྱད་པ་ལ་རྒྱ་དུར་དུ་བྱོན་བསྙེན་པར་རྫོགས། ལོ་དྲུག་ཏུ་འདུལ་བ་ལ་སྦྱངས་པ་མཛད་པས་གནུབས་འདུལ་བ་འཛིན་པར་གྲགས། ཉེར་བརྒྱད་པ་ལ་ཟར་ན་སྐལ་ལྡན་ཡེ་ཤེས་སེངྒེ་བཞུགས་པ་གསན་ནས་དེར་བྱོན། ཞལ་མཇལ་བ་ཙམ་གྱིས་རྟོགས་པ་ཤར། གདམ་ངག་རྫོགས། སོ་བརྒྱད་པ་ལ་གཡའ་བཟང་བཏབ། དྲུག་ཅུ་རྩ་ལྔ་པ་ལ་གཤེགས། འཕྲིན་ལས་ཤིན་ཏུ་ཆེ་བའི་སློབ་མའི་མཆོག་སྒོམ་བཞིར་གྲགས་པ་བྱུང་། གདན་ས་རིན་ཆེན་རྡོ་སྲས། དེའི་རྗེས་སུ་རྟོགས་ལྡན་རྒྱལ་པོ་དགེ་མཛེས་འོད། དེའི་རྗེས་སུ་མཁར་ཆུ་པ་ཆོས་བསམ་འོད་ཀྱིས་ལོ་བཅོ་བརྒྱད་མཛད། འདི་གྲུབ་ཐོབ་ཨུ་རྒྱན་པ་ལ་རྡོ་རྗེ་རྣལ་འབྱོར་མས་ལུང་བསྟན་པ་དེ་ཡིན། དེ་ནས་རིམ་པར་བརྒྱུད་དེ་གཡའ་བཟང་པ་ཞེས་གྲགས་སོ། །མི་ཉག་སྒོམ་རིངས་ནི། འགྲོ་མགོན་གྱི་དྲུང་ན་ཁྲིད་ཞུ་བའི་ཚེ་ནངས་ཤིག་འགྲོ་མགོན་གྱིས་ཁོའི་མདུན་དུ་ཐག་པའི་རྒྱ་ཞིག་བྲིས། རལ་གྲི་ཞིག་ཞོག་གསུངས། དེ་ནས་ཁོའི་ཕ་གསོད་མི་ཞིག་ཡོད་པ་ཁྲིད་དེ་འགྲོ་མགོན་བྱོན། སྒོམ་རིངས་ཞེ་སྡང་སྐྱེས་ནས་རལ་གྲི་ཁྱེར་བརྒྱུགས་པས། འགྲོ་མགོན་གྱིས་ཁྱོད་རང་གི་སེམས་ལ་ལྟོས་ཤིག་གསུངས་ནས་དེ་ཉིད་དུ་རྟོགས་པ་ཤར། འདིས་འབྲི་གུང་བཏབ། གྲྭ་པ་བརྒྱ་ཙམ་འདུས། སྐྱོབ་པ་ལུང་བསྟན་ཏེ་ཁོང་རང་གཤེགས། ཉག་རེ་སེ་བོ་འགྲོ་མགོན་མཇལ་ནས་གྲུབ་པ་ཐོབ། ཁམས་སུ་སླེབས་དགོན་བཏབ་འཕྲིན་ལས་བསྐྱངས་སོ། །རིན་པོ་ཆེ་རྒྱལ་ཚ་དང་། ཀུན་ལྡན་གཙང་པ་རས་ཆུང་གཉིས་མཆེད། གནུབས་ནམ་མཁའ་སྙིང་པོའི་བརྒྱུད་དུ་འཁྲུངས། རྒྱལ་ཚས་བླ་མ་མང་པོ་བསྟེན། སྦྱངས་པ་མཐར་ཕྱིན། ལྷག་པར་དཔལ་ཕག་མོ་གྲུ་པ་ལ་བརྟེན་ནས་ཕྱག་རྒྱ་ཆེན་པོའི་རྟོགས་པ་ཤར་བ་ཡིན། ཀུན་ལྡན་ནི་ཕག་མོ་གྲུར་གཅེན་པོའི་བརྒྱུགས་སྐྱེལ་བ་ལ་བྱོན། རྗེ་བཙུན་མི་ལའི་རྣམ་ཐར་གསུངས་པ་དང་ཐུག །དེ་འདྲ་བ་ཞིག་ངས་ཀྱང་བྱ་སྙམ་ནས་ཆོས་གྲྭ་དེར་

མགོ་ལྷོགས་ལན་གསུམ་བྱས། འགྲོ་མགོན་ལ་གདམས་པ་ཞུས་ནས་བསྒོམས་པས་རྟོགས་པ་ཤར་གྲུབ་པ་བརྙེས། མུ་གེ་བྱུང་བའི་ཚེ་ཁྲོ་ཕུའི་མཆོད་ཁང་གི་སྒོ་ལ་ཕྱག་མཁར་ཐུག་ཐུག་མཛད་ནས་རྣལ་འབྱོར་མ་རྣམས། དེ་རིང་རྣལ་འབྱོར་པ་ལ་བསོད་སྙོམས་ཤིག་ཞུའོ་གསུངས་པས། མཆོད་ཁང་གི་སྒོ་འཕར་ནས་ནས་ཕྱིར་མང་དུ་བྱུང་། ཡུལ་མི་ཐམས་ཅད་ཀྱིས་བླངས་ཀྱང་ཞག་ལྔའི་བར་དུ་ནས་མ་ཟད་པའི་གྲུབ་རྟགས་བསྟན། བདུན་ཅུ་ལ་གཤེགས། ཁོང་མཆེད་ཀྱི་དབོན་པོ་ཁྲོ་ཕུ་ལོ་ཙྪ་བ། ཡབ་རྗེ་ཕན། ལོ་བཅུ་ལོན་པ་ལ་རྒྱལ་ཚ་དང་ཀུན་ལྡན་གྱིས་མཁན་སློབ་མཛད་དེ་དགེ་ཚུལ་བསྒྲུབས། མཚན་བྱམས་པ་དཔལ་བུ་བཏགས། གཙང་དཀར་ལ་གསན་པ་མང་དུ་མཛད། ལྷེ་དོན་ཀུན་བཟང་ལ་ལོ་བརྒྱད་ཅུ་འགྲོ་བ་ཞིག་ལ་རྡོར་དབྱིངས་སོགས་དཀྱིལ་འཁོར་ལྔ་བརྒྱ་ལྷག་ཙམ་ཞིག་གི་ལག་ལེན་བསླབས། འབྲི་མཚམས་པ་ཞང་དགེ་བ་ཟེར་བ་ཞིག་ལ་ལོ་ཙྪ་ཕུལ་དུ་ཕྱིན་པ་སྦྱངས། བཅུ་དགུ་པ་ལ་རྒྱལ་ཚས་མཁན་པོ། གཙང་དཀར་གྱིས་སློབ་དཔོན། ཀུན་ལྡན་རས་པས་གསང་སྟོན་མཛད་དེ་བསྙེན་པར་རྫོགས། གཙང་ནག་ལ་འདུལ་བ་ལོ་གཉིས་ཉན། ཀུན་ལྡན་དང་རྒྱལ་ཚ་ལ་གདམས་ངག་ལུགས་མི་འདྲ་བ་བརྒྱ་དང་སུམ་ཅུ་རྩ་དྲུག །བཀའ་བབས་བཅུ་གསུམ་ཡོད་པ་གསན། ཉེར་བཞི་པ་ལ་བལ་པོར་ཆས། པཎ་ཆེན་བུདྡྷ་ཤྲཱི་བསྟེན། མི་ཏྲ་ཛོ་ཀི་མཛལ་བོད་དུ་སྤྱན་དྲངས། ཁྲོ་ཕུའི་གནས་བཞིའི་ས་བྱིན་གྱིས་བརླབས། དེ་རྗེས་བུདྡྷ་ཤྲཱི་སྤྱན་དྲངས། དེའི་རྗེས་སུ་གྲོ་མོ་བརྒྱུད། བི་བྷཱུ་ཙནྡྲ་ཚོང་འདུས་སུ་བྱོན། ཁ་ཆེ་པཎ་ཆེན་སྤྱན་དྲངས། ལྷ་མོ་ཆེ་ཁྲུ་བརྒྱད་ཅུ་པ་བཞེངས། སྲས་སེམས་དཔའ་ཆེན་པོ་བྱུང་། རྟོགས་པ་རྒྱལ་ཚ་ལ་རྟེན་ནས་འཁྲུངས། སེམས་དཔའ་ཆེན་པོའི་སློབ་མ་ཡང་རྩེ་བ་རིན་ཆེན་སེངྒེ། དེའི་སློབ་མ་བུ་སྟོན་རིན་པོ་ཆེ། རྒྱལ་ཚ་དང་ཀུན་ལྡན་གྱིས་སློབ་མ་ལྷེ་སྒོམ་དང་། དེའི་སློབ་མ་མ་ཅིག་རེ་མ་ཡིན་ཏེ། ཁྲོ་ཕུ་དཀར་བརྒྱུད་ཅེས་གྲགས་པ་ཆེའོ། །

གཤེན་རྡོ་རྗེ་སེངྒེ་ནི། ས་སྐྱ་པ་ཆེན་པོའི་སློབ་མ་ཕག་མོ་གྲུ་པ་དང་མཆེད་གྲོགས། ཕྱིས་ཕག་མོ་གྲུ་པ་ལ་གཏུགས་ནས་རྟོགས་པ་ཤར་བ་ཡིན། འདིས་དབང་སྟོད་བྱས་ནས་ཕག་གྲུ་དབང་དུ་བསྡུས། དེ་ནས་སླར་ས་སྐྱར་བྱོན། དམར་པོ་སྐོར་གསུམ་ཞུས་ཏེ་ཁོ་དབང་དུ་བསྡུས་ཟེར་བ་འདི་དང་། ཏ་ལོ་ལ་སྙིང་རླུང་བྱུང་ནས་བོད་དུ་བྱོན་པ་ས་ཆེན་གྱིས་བསལ་ཟེར་བ་གཉིས་ཀ་སྟོན་གྱི་ཡི་གེ་ཁུངས་མ་ལ་མི་སྣང་། ཕྱིས་བྲིས་པར་འདུག་པས་མི་བདེན་ནོ། །ཆོས་རྗེ་དམར་པས་ཁམས་སུ་ཤྭ་དགོན་བཏབ། རྟོགས་པ་ཉིས་སྟོང་ཙམ་རྒྱུན་དུ་འདུས། དེའི་རྗེས་སུ་ཤྭ་ཡང་དགོན་པ། རྨོག་སྤྱན་སྔ་རིན་པོ་ཆེ། ཤྭ་དབུ་རྩེ་པ། རྣལ་རིན་ཆེན་གླིང་པ་སོགས་མང་དུ་བྱོན། སླར་དཀར་བརྒྱུད་དུ་གྲགས་སོ། །

བླ་མ་ཞང་སུམ་ཐོག་པ་དང་པོར་མཆེད་གྲོགས། ཁྱེས་ཞབས་ཀྱི་པདྨ་བསྟེན་པའོ། །འབྲི་གུང་འཇིག་རྟེན་མགོན་པོ་ནི། ཡུལ་ལྡན་སྟོང་རྩོད་དུ་ཞེས་བྱ་བར། འབྲུག་རྒྱལ་སྐྱུ་རུའི་གདུང་། རྙིང་མའི་སྔགས་འཆང་ཟམ་མ་ཆད་པའི་བརྒྱུད་པར་ཡབ་རྡོ་རྗེ་ཞེས་བྱ་བའི་སྲས་སུ་འཁྲུངས། དགུས་གཙང་དུ་བྱོན་འགྲོ་མགོན་གྱི་ཞབས་དྲུང་དུ་ཕེབས་ནས་ཟླ་བ་སུམ་ཅུ་རྩ་གཉིས་བསྟེན། དེའི་ཚེ་རྟེན་དགེ་བསྙེན་ན་བཟའ་ར་ཐུལ་ཞིག་བཞེས་པས་དགེ་བསྙེན་ར་ཐུལ་ཅན་ཞེས་གྲགས་ལ། བླ་མའང་མཉེས། ཁྱོད་ལ་སྒོམ་ཆེན་བཟང་པོ་ཞིག་འོང་། སྒོམ་ཆེན་ཙམ་ལ་བཟང་བ་ཞིག་འོང་ཞེས་ལུང་བསྟན། འགྲོ་མགོན་གཤེགས་ནས་ཨེ་ཆུང་ཕུག་པར་ཐུགས་དམ་ལ་བཞུགས་པས་གློ་བུར་དུ་བསྟུན་མཛེ་དྲག་པོ་ཞིག་བྱུང་། རྫ་གསེབ་ཏུ་བཞུགས་ཏེ་རོ་སུས་ཀྱང་མི་མཐོང་བ་ཞིག་བྱ་སྐམ་ནས་བྱོན་པར་ཆས། ཡི་དམ་སྤྱན་རས་གཟིགས་ཀྱི་སྐུ་ཞིག་ཡོད་པ་ལ་ཕྱི་ཕྱག་བགྱིས། སྐུ་ཤེད་ཆུང་བས་ཁ་བུབ་ཏུ་ཅུང་ཞིག་ལུས་པ་ན། དང་པོར་རང་གི་སྡུག་བསྔལ་བསམས། དེ་ནས་སེམས་ཅན་ཐམས་ཅད་ཀྱི་སྡུག་བསྔལ་བསམས་པས་སྙིང་རྗེ་ཆེན་པོ་བཟོད་གླགས་མེད་པ་ཞིག་འཁྲུངས། ཞག་གསུམ་དྲོ་བཞིར་རྒྱུན་ཆགས་ས་ཐམས་ཅད་སྤྱན་ཆབ་ཀྱིས་བངས། ཀླུ་གདོན་དེ་འཁོར་དང་བཅས་པ་སྐུ་ལུས་ལས་ཐོན་སོང་བ་གཟིགས། སྒོམ་རོ་གཅིག་གི་རྟོགས་པ་ཐུགས་ལ་འཁྲུངས་པས། ཞག་གསུམ་དྲོ་བཞིའི་ནང་པར་ན། །མི་ཁོ་བོའི་ལས་ངན་རང་སར་དག །ཅེས་གསུངས། དེ་ལྟར་གྲུབ་པ་བརྙེས་པའི་སྐན་པས་ཁུར་བསྐྱང་། གཞན་སྟོན་མོ་བྱེད་པའི་གྲལ་དབུ་ལ་སྤྱན་དྲངས་པའི་ཚེ་ཞིག །ཐོད་པ་བསམ་གྲུབ་ཀྱི་སྲས་མོ་ནམ་མཁའ་རྒྱན་གྱིས་སྐུ་མདུན་དུ་གཙེར་བརྒྱུགས་བྱས་པས། ང་རྟེན་དགེ་བསྙེན་དུ་སོང་བས་བརྙས་པ་ཡིན། ཅེས་ཀྱང་རབ་ཏུ་བྱུང་དགོས་འདུག་དགོངས་ནས་དགུང་ལོ་སོ་ལྔ་པ་ལ་ཕག་མོ་གྲུར་ཞང་གསུམ་ཐོག་པས་མཁན་པོ། ཅི་ལུང་སློབ་དཔོན། གཉན་པ་འདུལ་འཛིན་གྱིས་གསང་སྟོན་བྱས་ཏེ་ཚིགས་རྫོགས་མཛད། མཚན་རིན་ཆེན་དཔལ། གཉལ་པ་འདུལ་འཛིན་ལ་མདོ་རྩ་ལེགས་པར་བསླབས། འགྲོ་མགོན་གཤེགས་རྗེས་སུ་བླ་མ་ཞང་གིས་གྲལ་གོང་དུ་བཞུགས། བསྒོ་བ་ཙམ་མཛད་པ་ལས་ལོ་བདུན་དུ་གདན་ས་མེད། དེ་ནས་ཆོས་རྗེ་འདིས་གདན་ས་མཛད་དེ་ལོངས་སྤྱོད་ཆུང་ཞིང་འོ་བརྒྱལ་བར་བྱུང་། གསོལ་བ་བཏབ་པས་མནལ་ལམ་དུ་འགྲོ་མགོན་བྱོན་ནས་ཟ་འོག་གི་འབོལ་རྙིང་པ་ཞིག་འདུག་པ་འདི་ཁོ་རང་ཚོ་ལ་གཏོད་ལ། ཁྱོད་རང་དབུ་རུ་བྱང་ཕྱོགས་སུ་སོང་གསུངས་པ་རྨིས། མནལ་སད་འཕྲལ་བཞེངས། དཔོན་སློབ་ལྔ་བྲོས་བྱོན་ཏེ། དབུར་སྟོད་དུ་བྱོན་པ་དང་། སྒོམ་རིངས་ཀྱིས་གྲྭ་པ་རྣམས་སྤྱན་འདྲེན་དུ་འོང་བ་དང་འགྲིག །འབྲི་གུང་དུ་བཞུགས། བསྟན་པའི་རྩ་བ

དགེ་འདུན་དེ་འདང་ཚུལ་ཁྲིམས་རིན་པོ་ཆེ་ལ་རག་ལས་པར་གཟིགས་ནས། དཔེན་པའི་གནས་སུ་འདུག་པ་དག་ཀྱང་བག་ཡངས་སུ་མི་འདུག །སྐན་པས་ནི་འཛམ་བུའི་གླིང་ཁྱབ། སྐག་ལུང་དུ་ཐང་པས་སྐྱུན་དྲངས། བླ་མའི་གདམ་ངག་ཡོད་པའི་གླེང་མོ་མཛད། ཁྱོད་བླ་མ་བསྟེན་ཡུན་ཐུང་གསུངས་དོན་གཅིག་ལ་རེ་མཛད་པ་ལ། ཛ་བུ་རམ་གྱི་གནང་སྦྱིན་ཐུགས་རྗེས་བཟུང་སོགས་སྒྲོ་འདོགས་གཅོད་རྒྱུ་མེད་པ་མགུར་དུ་ཕུལ། གཉིས་རྒྱལ་བ་ལྷ་སྣང་བས་སྟོན་མོ་བཤམས་པའི་དུས། འཁོར་ལྔན་ཅིག་ཚོགས་པ་དགུ་ཁྲི་ལ། །ཀུན་འདུས་པའི་གཙོ་བོ་གཉིས་ཆེན་ཡིན། །དེ་ལྟ་བུའི་སྐྱོབ་པ་འཕགས་པ་ཀླུ་སྒྲུབ་ཀྱི་སྤྲུལ་པ་ཡིན་ཏེ། ཁ་ཆེ་པཎ་ཆེན་ལ་སིདྡྷ་ལའི་དགྲ་བཅོམ་པས་གསེར་གྱི་མེ་ཏོག་གསུམ་བོད་དུ་བསྐུར་བའི་གཅིག་འཕགས་པ་ཀླུ་སྒྲུབ་ཀྱི་སྤྲུལ་པར་གཏོད་ཅིག་གསུངས་པ་སུ་ཡིན་མ་འཚལ། པཎ་ཆེན་གླས་མོ་ཆེར་བཞུགས་པ་ན། པཎ་ཆེན་ལ་བསྟེན་པར་རྫོགས་པ་ཞུས་པའི་མཁན་བུ་རྣམས་ལ་ཆོས་གོས་རེ་གནང་གི་ཡོད་པས། འབྲི་གུང་པའི་ཁམས་བཙུན་ཞིག་ཆོས་གོས་ལ་བལྟས་ནས་བསྟེན་རྫོགས་ཞུས། དེ་རེས་པཎ་ཆེན་གྱི་ཕྱག་ན་འཁྲོལ་མེད་པས་མ་གནང་བས། ཁོས་དབུ་ཚུགས་བྱས་པཎ་ཆེན་རང་གི་སྐུ་ཆོས་དགོས་ཞུས་འཇུས་པས། ཕྱག་གཡོག་རྣམས་ཁྲོས་ནས་ཁོ་བརྡུངས། ཁོའི་ཁ་སྣར་ཁྲག་མང་པོ་ཤོར། པཎ་ཆེན་ཐུགས་དམ་མཛད་པའི་ཚེ། སྒྲོལ་དཀར་མངོན་སུམ་དུ་བྱོན་པ་ལ། དེ་ནས་ཞག་བདུན་དུ་མ་བྱོན། ཕྱི་བཤགས་མཛད་གསོལ་བ་བཏབ་པས་ཞག་བདུན་སོང་ནས་སྐུ་རྒྱབ་གཏད་དེ་བྱོན། འཕགས་མ་བདག་གིས་ཅི་ནོངས་ཞུས་པས། ཁྱོད་དཔོན་སློབ་ཀྱིས་ཀླུ་སྒྲུབ་ཀྱི་སློབ་མ་བརྡུངས་པས་སྡིག་བསགས་གསུངས། དེ་མི་དྲན་ཞུས་པས། ཁ་སང་ཁ་སྣ་ནས་ཁྲག་ཤོར་ཤོར་བརྡུངས་པ་དེ་ཡིན་མོད་གསུངས། ད་དེའི་སྡིག་པ་ཇི་ལྟར་བྱས་ནས་འབྱང་། རབ་ཏུ་བྱུང་བ་ལོ་གྲངས་དང་མཉམ་པ་ལ་ཆོས་གོས་བྱིན་ན་འབྱང་གསུངས། དེ་ལྟར་མཛད་པའི་དམ་བཅས་ཏེ་སུའི་སློབ་མ་ཡིན་རྩད་བཅད་པས་འབྲི་གུང་པའི་སློབ་མར་འདུག་པས་སྐྱོབ་པ་ཀླུ་སྒྲུབ་ཏུ་ཐག་ཆོད། ཕྱིས་མེ་ཏོག་ཀྱང་ཕྱག་ཏུ་ཕུལ་བ་ཡིན། པཎ་ཆེན་སྲིན་པོ་རིར་བཞུགས་དུས་འཚུར་འབྲི་རྒྱ་གསུམ་གྱི་གདན་འདྲེན་བྱུང་། པཎྜི་ཏ་བི་བྷུ་ཏི་ཙནྡྲ་སྤྱིར་ཕྱག་རྒྱ་ཆེན་པོ་བ་ལ་སྐྱོན། ཁྱད་པར་དེ་དུས་ཕྱག་རྒྱ་བ་འདི་རྟེན་ཆེ་བ་ཡིན། འོ་སྐོལ་བཀའ་གདམས་པ་གདན་འདྲེན་སར་བྱོན་པ་འཐད་ཞུ་བ་ལ། པཎ་ཆེན་ཐུགས་ཧུར་ཕྱུང་སྟེ། བི་བྷུ་ཏི་བི་བྷུ་ཏི། དེ་སྐད་མ་ཟེར་སངས་རྒྱས་ལ་འཁྲུལ་པ་མི་མངའ། འབྲི་གུང་པ་སློབ་དཔོན་ཀླུ་སྒྲུབ་ཡིན་ཞེས་སྔར་གྱི་ལོ་རྒྱུས་གསུངས། ལྷག་པར་ཁྱོད་ཕྱག་རྒྱ་བ་ལ་སྐུར་པ་བཏབ་པས་དམྱལ་བར་སྐྱེ་བར་འདུག་སྡིག་པ་སྦྱོངས་གསུངས། འོ་ན་ཇི་ལྟར་སྦྱངས

ཞུས་པས། འདིར་བདེ་མཆོག་གི་སྐུ་ཞིག་བཞེངས་གསུངས་པས་བཞེང་པར་གསན། ཁ་ཆེ་བ་ཡིན་ཟེར་བའི་བཟོ་བ་ཞིག་བྱུང་། དེས་ཞག་བདུན་ལ་བསྒྲུབས་ནས་དེ་ཉིད་ལ་ཐིམ་པ་དཔལ་ཧེ་རུ་ཀ་ཉིད་ཀྱི་སྤྲུལ་པ་ཡིན་ཞེས་གྲགས་སོ། །

འབྲི་གུང་པས་ཙ་རིའི་དག་པ་ཤེལ་གྱི་རི་སྒོ་མང་མཆོད་རྟེན་གྱི་དབྱིབས་ལྟ་ཉིས་སྟོང་བརྒྱད་བརྒྱའི་ཕོ་བྲང་དུ་གཟིགས་ནས་བལ་པོའི་བཟོ་བོ་མཁས་པ་བཀུག་སྟེ་སྒོ་མང་རིན་པོ་ཆེ་ལས་བཞེངས་བདུན་ཙུ་ཙ་ལྔ་པ་ལ་གཤེགས། སློབ་མ་གྲུབ་པ་བརྙེས་པ་བགྲང་གིས་མི་ལང་། གཙོ་བོ་རྗེ་སྤྱན་སྔ། དཔོན་རིན་པོ་ཆེ་མཆེད། གཉོས་མགར་ཆོས་གསུམ། དཔོན་ཤེར་འབྱུང་སོགས་སོ། །རྗེ་སྤྱན་སྔ་བ་ནི་སློབ་དཔོན་པདྨའི་དངོས་སློབ་ཨ་མི་བྱང་ཆུབ་འདྲེ་བཀོལ་དུ་གྲགས་པའི་གདུང་རབས། ཀླུངས་ལྷ་གཟིགས། ཡབ་ཡོན་ཆེན་རྒྱལ་བསྐྱབས་ཀྱི་སྲས་སུ་བལྟམས། བཅུ་གསུམ་པ་ལ་སྐྱི་གནས་གཡོ་བུ་ཞེས་བྱ་བར་རབ་ཏུ་བྱུང་། མཚན་གྲགས་པ་འབྱུང་གནས་སུ་གསོལ། དགུང་ལོ་བཅོ་ལྔ་པ་ལ་བྲོས་ནས་འབྲི་གུང་དུ་བྱོན། ཆོས་རྗེ་དང་མཇལ། དེར་ཕྱག་དབུ་ལ་བཞག་པ་ཙམ་གྱིས་ཆོས་ཐམས་ཅད་མཉམ་པ་ཉིད་ཅེས་བྱ་བའི་ཏིང་ངེ་འཛིན་འཁྲུངས། ལོ་ངོ་གསུམ་གཟིམས་སྤྱིལ་ཟུར་པ་ཞིག་ཏུ་དེ་བསྐྱངས། བཅུ་བདུན་པ་ལ་ཆོས་རྗེ་དྒྱེས་པོར་འབྱོན་པའི་ཕྱག་ཕྱི་གཟིམས་གཡོག་མཛད། དེ་མན་སྤྱན་སྔ་ཁོ་ནར་བཞུགས་པས་སྤྱན་སྔ་བར་ཐོགས། བཅོ་བརྒྱད་པ་ལ་ཞང་སུམ་ཐོག་པས་མཁན་པོ། ལྷ་འབྲི་སྒང་པས་ལས་སློབ་བྱས་ཏེ་བསྙེན་པར་རྫོགས། ཆོས་རྗེའི་གདམ་ངག་ཐམས་ཅད་ཚང་བར་གསན། ཆོས་རྗེས་ཚོགས་སུ་བྱོན་པའི་ན་བཟའ་བསྣམས་པའི་མོད་ལ་ཁྲི་ཐོག་ཏུ་བཏོན། ཆོས་རྗེ་ཉིད་ཀྱིས་ཕྱག་ཕུལ་ཏེ། ངས་གདན་ས་བརྒྱ་འགྱུར་སྟོང་འགྱུར་དུ་བཟང་དུ་བཏང་གི་གསུངས་ནས་རྗེ་སྤྱན་སྔ་ཕག་མོ་གྲུར་བརྫངས་ཏེ། ངམ་བུས་ཚོགས་པ་འདི་ཙམ་བསྐྱངས་པའི་ཕྱུད་རྗེ་ཕག་མོ་གྲུ་པ་ལ་ཕུལ་བ་ཡིན་གསུངས། དེ་བཞིན་དེའི་རིང་ལ་གདན་ས་ཤིན་ཏུ་དར་རྒྱས་ཆེ། ལོ་ཉི་ཤུ་རྩ་དྲུག་བཞུགས། དེ་ནས་འབྲི་གུང་དུ་དཔོན་རིན་པོ་ཆེ་ཞི་བར་གཤེགས་པའི་མ་ལེགས་སྐྱིལ་དུ་བྱོན་དུས་གཙུང་རིན་པོ་ཆེ་འབྲི་གུང་གླིང་པ་སོགས་ཀྱི་གདན་སར་བཞུགས་དགོས་པའི་ཞུ་བ་ཕུལ་བ་མ་བཞེས། ཐ་མ་སྟག་ལུང་པ་དང་བཀའ་གདམས་པ་སོགས་ལ་རྒྱ་འདྲེ་མི་བྱེད་པའི་རྩིས་བཟུང་ནས་ལོ་ཉི་ཤུ་རྩ་གཉིས་མཛད། དེར་བཞུགས་པའི་ལོ་བདུན་པ་ལ་ཧོར་དམག་འདམ་དུ་སླེབ་པའི་ལུར་བྱུང་། འབྲི་གུང་གི་དགེ་འདུན་རྣམས་བྲོས་པར་རྩོམ་པའི་ཚེ། འཇིགས་མི་དགོས་གསུངས་ཅག་གེ་བཞུགས། དེའང་ཐོག་མར་ཧོར་གྱི་དམག་དཔོན་མི་ལི་བྱི་བྱུང་། སྐུ་མཐོང་བ་ཙམ་གྱིས་ཕ་དང་བུའི་འདུ་ཤེས

སྐྱེས་ཏེ་ཕྱིས་འབུལ་བ་སྐྱེལ་བར་ཁས་བླངས། དེ་ནས་ཞག་ཉེར་བརྒྱད་ལ་དོར་རྟས་དམག་དཔོན་བྱས་ནས་བསླེབས་བྱུང་། ཁོས་སློབ་པ་ཤཱཀྱ་རིན་ཆེན་གྱི་ལག་པ་ནས་བཟུང་ནས་ཁྲིད་པས་ནམ་མཁའ་ནས་རྫོའི་ཆར་པ་བབ། ཁོ་ན་རེ་འདི་ཅི་ཡིན་ཟེར། ཁྱོད་ཀྱིས་ངམ་བུའི་སློབ་པ་བཟུང་པས་ངམ་བུ་མ་དགྱེས། ངམ་བུ་མ་དགྱེས་པས་གནམ་མ་དགྱེས་ཏེ་རྡོ་ཆར་བྱུང་བ་ཡིན་གསུངས། འདིས་ཅི་བྱེད་པ་ཡིན། ངམ་བུ་སོ་ནམ་ནི་མི་བྱེད། གཞན་གྱི་འབུལ་བ་བྱུང་བ་རྣམས་འདིའི་ལག་ཏུ་གཏད་ནས་དགེ་འདུན་སྐྱོང་བ་ཡིན་གསུངས་པས་སློབ་པ་བཏང་གནོད་པ་མེད་པར་བྱས་སོ། །དེ་ལྟར་ཐམས་ཅད་ཏིང་ངེ་འཛིན་གྱི་དབང་དུ་མཛད་པས་འབྲི་གུང་གི་སྡེ་འང་ཆེར་འཕེལ། བན་ཁྲི་ཚོ་བཅོ་བརྒྱད་ཚོགས་ཞེས་གྲགས་པའང་དེ་དུས་བྱུང་། ཆོས་རྗེ་ས་སྐྱ་པཎྜི་ཏས་རྗེ་བཙུན་པ་གཤེགས་པའི་གྲལ་དབུར་སྤྱན་འདྲེན་མཛད་པའི་ཞུ་ཡིག་ཏུའང་། ད་ལྟ་ཁྱོད་ལས་བཟང་བའི་དགེ་བའི་བཤེས་གཉེན་མི་འདུག་པས་ཞེས་བསྔགས་པ་ཡིན། དེའི་ཚེ་གཙང་རིན་པོ་ཆེ་ལ་ཞེན་འཕེན་པ་འགའ་ཞིག་གིས་མ་གུས་པའི་རྣམ་འགྱུར་བསྟན་པས་ང་འགྲོ་བ་ཡིན་གསུངས་མ་ཟད་ཀྱི་ཐད་དུ་སྐར་མཛད། དེ་གཙང་རིན་པོ་ཆེས་མཚམས་ཀྱི་ཁྲུལ་ནས་གཟིགས་ནས་ཕར་འདོན་མཛད་བཞུགས་པར་ཞུས་པས་མ་གནང་། གཙང་གིས་ད་འོན་ཁྱོད་རྒྱ་གར་ཡུལ་ན་སྐུ་ཁམས་བཟང་འདུག་ཟེར་ནའང་དེ་བར་དུ་ང་གདན་སར་ལ་སྒོམ་རི་བྱས་ནས་དབུ་སྟུང་ཞུལ་བས། འོ་ན་ད་གཟུ་བ་དགུས་ཞུལ་ནའང་མི་འགྲོ་གསུངས། དགུང་ལོ་བརྒྱད་ཅུ་རྩ་གཅིག་པ་ལ་གཤེགས་པ་ཡིན་ནོ། །

བུ་སློབ་ཀུན་རྒྱལ་བ་རིན་པོ་ཆེ། གཙང་རིན་པོ་ཆེ། རྒྱལ་བ་ཡང་དགོན་པ་སོགས་མང་པོ་བྱུང་ངོ་། །རྒྱལ་བ་རིན་པོ་ཆེ་ནི་རྗེ་སྤྱན་སྔའི་དབོན། དགུང་ལོ་བཅུ་དྲུག་པ་ལ་དབུས་སུ་ཕེབས། རྗེ་སྤྱན་སྔས་བྱིན་བརླབས་མཛད་པས་རྟོགས་པ་འཁྲུངས་སོ། །བཅུ་དགུ་པ་ལ་འབྲི་གུང་དུ་བྱོན་བསྙེན་པར་རྫོགས། སྒྲུབ་པ་མཛད་པས་སྤྲུལ་བསྒྱུར་ནུས། རྗེ་སྤྱན་སྔ་འབྲི་གུང་དུ་བཞུགས་དགོས་བྱུང་བས་དགུང་ལོ་སོ་གསུམ་པ་ལ་ཐེལ་གྱི་གདན་སར་འབྲི་གུང་ནས་བཀོད་དེ་བརྫངས། དེར་གཡོག་རྣམས་ཀྱིས་མཐོང་བཀུར་ཆེར་མ་བྱས་པས། རྗེ་ལ་ཞུས་པས་ཆོས་གྲངས་འདིའི་ཉིན་ངས་ཆོས་རང་ཐོག་འབེབས། ཁྱོད་རང་དེ་ཆོས་གོས་ཀྱིས་བཟེད་ལ་ཕོ་གསུངས་པ་དེ་བཞིན་བྱུང་། ཆོས་ར་ཐམས་ཅད་བརྒྱལ་ནས་སོང་། ཐོག་ཆོས་གོས་ཀྱིས་གཏུམས་ཏེ་གར་འབོ་གར་འབོ་གསུངས་པ་ནའང་ཆེག་སྒྲ་ཙར་སྒྲ་འབྱིན། མཐར་ཆོས་རའི་མཐར་བོར་བས་ཤུལ་མི་བཟད་པ་བྱུང་། དེས་ཐམས་ཅད་ཀྱིས་གྲུབ་ཐོབ་ཏུ་ཤེས་ནས་གུས་པ་སྐྱེད། དེའི་སྐད་པ་གསན་པས། ཧོར་རྒྱལ་པོ་ཇིང་གིར་ཁན་གྱི་བུ་ཐུ་ལོ་ཏུ

ལའི་ཏུ་གནམ་ཐེའི་སྤྲུལ་པ་ཡིན། འབྲུག་སྒྲ་ཐོས་པ་དང་དངངས་སྐྲག་བསམ་གྱིས་མི་ཁྱབ་པ་སྐྱེས་པས་རྒྱ་ནག་གི་རྒྱལ་ས་མི་ཟིན་པར་འདུག་ཅེས་སོག་ཡུལ་དུ་བསྒྲད་པ་བསོད་ནམས་ཆེ་ནས་སྟོད་ཧོར་གྱི་ཡུལ་ཐམས་ཅད་ཀྱི་བདག་བྱས། ཁ་ཆེའང་ཁོའི་འོག་ཏུ་ཆུག་པ་ཞིག་ཡོད་པ་དེས་བླའི་མཆོད་གནས་སུ་བཀུར། འབུལ་མོ་ཆེ་ལན་གསུམ་བརྒྱབ། སྟོད་ཧོར་གྱི་ཡུལ་དུ་ཁ་ཆེའི་བཟོ་བོས་བསྒྲུབས་པའི་སྐུ་རིགས་ཐམས་ཅད་འདིའི་རིང་སངས་རྒྱས་ཀྱི་བསྟན་པ་ལ་སྲི་ཞུ་ཆེན་པོར་བྱས་སོ། །གཞན་ཡང་སེཙྪ་ལ། ཏི་ར་ཏུ་ཏི། བོད་ཡ་ཚེའི་རྒྱལ་པོ་ཀུན་གྱིས་འབུལ་བ་མང་དུ་བྱས་ཏེ་དྲུག་ཅུ་རྩ་ལྔ་ལ་གཤེགས། དེའི་གདན་སར་དེ་ཉིད་ཀྱི་དབོན། བཅུ་གཉིས་པ་རིན་ཆེན་རྡོ་རྗེ་ཕེབས་ཏེ། དབོན་བརྒྱུད་རིམ་པར་སྤྱན་སྔ་མཛད། ས་སྐྱ་ནང་འབྲུགས་ནས་བོད་ཕྱིང་ལ་འདིའི་དབོན་རིགས་ཀྱིས་ལུང་བརྒྱུགས་པས། ལུགས་གཉིས་ཀ་ལ་ཕག་མོ་གྲུ་པ་ཞེས་འགྲན་ཟླ་མེད་པ་འདི་བྱུང་ངོ་། །འབྲི་གུང་དུ་སྐྱོབ་པ་རང་གི་གདན་ས་དབོན་རིན་པོ་ཆེས་མཛད། དེ་གཤེགས་ནས་རྗེ་སྤྱན་སྔས་མཛད། དེ་རྗེས་གཙང་རིན་པོ་ཆེས་བསྐྱངས་པས་འབྲི་གདན་གཉིས་སུ་གྱེས། གཉོས་ལྷ་སྣང་བ་ནས་ལྷ་པ་མཆེད། འདིའི་ནང་དུ་མན་ལུང་གུ་རུའང་བྱུང་བ་ཡིན། ས་སྐྱ་པ་དབང་ཆེ་བའི་དུས་ནའང་འབྲི་གུང་པ་ལུང་འོག་ཏུ་མ་ཚུད་པས་ས་འབྲི་སྟོད་སྨད་ཐམས་ཅད་དུ་འཐབ། ཕྱིས་ཨང་ལེན་གྱིས་རྒྱའི་དམག་བོས་ནས་འབྲི་གུང་གླིང་ལོག་བཏང་། ཅུང་ཟད་ལས་མ་གཏོགས་པ་དེང་སང་བར་དུ་དར་རྒྱས་དཔེ་མེད་པ་འདིས་ཤེས་སོ། །དབོན་ཤེར་འབྱུང་སྐྱོབ་པའི་རུས་དབོན། སྐྱོབ་པའི་སྤྱན་སྔར་བཞུགས་པའི་ཚེ། བླ་མའི་ཞབས་ཏོག་དང་མཁྱེན་པ་ལ་མཐའ་མེད་པས་ཐམས་ཅད་ཀྱིས་སློབ་དཔོན་པ་ཞེས་ཟེར། སྐྱོབ་པ་གཤེགས་ནས་ཏི་སེ། ལཕྱི་བྲག་མཁར་ཆུ་སོགས་སུ་བྱོན། མཁར་ཆུར་ཁྱད་ཆོས་བརྒྱ་དང་དགུ་བཅུ་པ་དགོངས་གཅིག་ཏུ་གྲགས་པ་ཡི་གེར་བཏབ། དེ་ཉིད་དུ་བརྒྱ་ལྔ་བཅུར་བསྟུ་བ་མཛད། ཉྭགས་སུ་བྱོན་སྒམ་པོའི་སྤྱན་སྔའང་མཛད་དོ། །དེ་ལྟར་འབྲི་གུང་པ་དར་བའི་སྐབས་ལ་ཐམས་ཅད་ཁོང་གི་ཁོངས་སུ་གཏོགས་པ་འདྲ་ཞིག་ཡོད་སྐད་དོ། །རྟོགས་པ་མཐར་ཕྱིན་གླིང་རས་པ་ནི། འཁྲུངས་ཡུལ་མྱང་སྟོད་བཞེངས་ཀྱི་གླང་པོ་སྣར། གླིང་སྟོད་སྨད་གཉིས་ལས་གླིང་སྨད་པ། ཡབ་རྒྱལ་པོ་སྐྱབས་པ། ཡུམ་གཟུངས་མོ་དར་ཆུང་གི་སྲས་སུ་འཁྲུངས། མཚན་པདྨ་རྡོ་རྗེ། གཞོན་ནུ་ནས་བྲིས་ཀློག་མཁས་པར་མཁྱེན། བརྒྱད་ལ་ལྷ་རྗེ་རས་སྨན་ལས་སྨན་བསླབས། བཅུ་གསུམ་ལོན་ཚེ་མཁས་པར་གྲུབ། བཅུ་བདུན་པ་ལ་ཁུ་བོ་དགེ་བའི་བཤེས་གཉེན་གླིང་ཞེས་པ་བཀའ་གདམས་པ་ཆེན་པོ་དེ་ལ་དགེ་བསྙེན་མཛད། དཔལ་དབྱངས་ཀྱི་སྒྲོན་མ་རྣམ་དྲུག་སོགས་མང་དུ་གསན། དབུས་པ་ཞང་བྱ་བ་ན་དང་

དཔྱལ་གཉིས་ཀའི་སློབ་མ་ཞིག་ལ་ཕག་མོ་དང་། རྟ་འབུམ་སེང་ལ་དུས་འཁོར། བདེ་མཆོག །འཇིགས་བྱེད་སོགས་རྟ་བའི་སྐོར་ཞིབ་མོར་གསན། རྗེ་དཔོན་ཞིག་དང་རབས་ཆད་ལ་མ་འཆམ་པས་མཐུ་མཛད་པས་དེ་བརླགས། མཐུ་ཆེ་བར་གྲགས། དེ་ནས་དགེ་བཤེས་འོམ་ཐང་པ་ལ་རབ་ཏུ་བྱུང་། བསོད་སྙོམས་ལ་བྱོན་པས་ཇོ་མོ་སྨན་མོས་བྲིད་དེ་ཚུགས་མ་ཐེན། གཉིས་པོ་བསྒོངས་ནས་ཁྱུང་ཚང་པ་རྟ་ལོའི་མཆོད་གནས་མཛད་པ་བསྙེན། ཁོང་གིས་རས་ཆུང་བ་མ་མཇལ་བ་འདྲ་བསམས་ལོག་ལྟ་ཞིག་སྐྱེས་པས། ཕྱིས་དྲོད་སྐྱེ་བ་ལ་གནོད་པར་བྱུང་གསུངས། དེ་ནས་རས་ཆུང་པའི་དངོས་སློབ་གཉལ་ལོ་རོ་ན་མང་དུ་བཞུགས་ཐེར་བ་གསན་ནས་གཉལ་ལོར་དུ་བྱོན། ཚེ་གོང་དུ་རྗེ་སུམ་པ་ལ་ངེད་ཐག་རིང་ནས་ཆོས་ཞུར་འོངས་པ་ཡིན་པས་ཐུགས་ལ་གདགས་པར་ཞུ་བྱས་པས། ཐོག་མར་ལོ་ལ་དབང་ཆོས་ཞུས། དེ་ནས་ང་མཚམས་གྲོལ་ཡོང་གསུངས་པ་བཞིན། ལོའི་སྤྱན་སྔར་བྱོན། དེ་ནས་སུམ་པ། གཞན་བྱེས་འགོལ་བ་ལའང་གཏུགས་ཏེ། རྗེ་རས་ཆུང་པའི་གདམ་ངག་ཐམས་ཅད་ཁ་ཚང་བར་ཐོབ་པས། ད་ལྟ་འཛམ་བུའི་གླིང་ན་གདམས་པ་ང་རང་ཆེ་སྙམ་པ་བྱུང་། དེ་ནས་ལྷོ་མོན་དུ་སྒོམ་དུ་འགྲོ་བསམས་པ་ལ། མནལ་ལམ་དུ་མི་དཀར་པོ་ཞིག་བྱུང་ནས། སྐུ་ལུས་གཅེར་བུར་ཕྱུང་མགོ་མཇུག་ཡོངས་ལ་ལྟ་ཉུལ་ཞིབ་པོ་ཞིག་བྱས་ཏེ། ཁྱོད་ལྷོ་མོན་ལ་མ་འགྲོ། ད་སྟེ་ལོ་ལྔ་ན་ཁྱོད་ཀྱི་དོན་འགྲུབ་འོང་ཐེར་བ་སྨྲས། དེས་བཤོལ། དེའང་གླིང་ལ་ཡ་མཚན་ཅན་གྱི་གཏམ་ལྔ་ཞེས་བྱ་བ་ཡོད་པའི་དང་པོ་ནི། མདོ་སྟེ་དཀོན་མཆོག་བརྩེགས་པ་གཟིགས་པས། སྔོན་སངས་རྒྱས་ལོག་པ་དང་སེལ་གྱི་བསྟན་པ་ལ་དགེ་སློང་བྱང་ཆུབ་སེམས་དཔའ་གཉིས་ཀྱིས་བུད་མེད་ཀྱི་འཁོར་ལ་ཆོས་བསྟན་པ་ལ། གཞན་བསམ་གཏན་པ་དྲུག་ཅུས་འཕྲིག་པའི་ཆོས་ཀྱིས་བསྐུར་པ་བཏབ་པས་དམྱལ་བར་ཡུན་རིང་དུ་སྡུག་བསྔལ་མྱོང་། ཤཱཀྱ་ཐུབ་པའི་དྲུང་དུ་མིར་གྱུར་ནས་ལས་ཀྱི་སྒྲིབ་པ་སྦྱངས་ནས་ལྔ་བརྒྱ་ཐམ་ལ་ལས་ཀྱི་སྒྲིབ་པ་རྒྱུན་ཆད་པར་ལུང་བསྟན་པའི་ནང་ནས། དེ་དག་གི་འདྲེན་པར་འོས་པ་བྱང་ཆུབ་སེམས་དཔའ་བརྩོན་འགྲུས་འོད་བྱ་བ་ཡིན་པར་གཟིགས་པའོ།། །།

གཉིས་པ་ནི། རྗེ་གསུམ་པ་གཤེགས་ནས་གདན་ས་མཛད། སྔར་གྱི་ལུང་བསྟན་པ་དེ་ནས་ལོ་ལྔ་སོང་བ་ན་ངམ་ཤོད་ཀྱི་རི་ལ་སྒོམ་དུ་འབྱོན་བསམས་པ་ལྟར་བྱོན། ཡར་ཀླུངས་གདབ་ཁ་བྱ་བར་སྒོམ་ཆེན་འདྲ་བ་དང་ཕྲད། འཕྲོས་བྱས་པས་དཔལ་ཕག་མོ་གྲུ་པའི་སྙན་པ་གསན་པ་ཙམ་གྱིས་བ་སྤུ་གཡོས། སྤྱན་སྔར་ད་ལྟ་རང་སླེབ་ན་བསམ་པ་བྱུང་ནས་ཚམ་ཚོམ་མེད་པར་བྱོན། འགྲོ་བའི་མགོན་པོ་ཆོས་ཁྲིར་ཐེབས་པ་དང་མཇལ། སངས་རྒྱས་དངོས་ཡིན། ཤིང་དང་བྱ་འཁོར་འདི་ཀུན་ཀྱང་སྤྲུལ

པ་ཡིན། ང་རེ་འཚོངས་བསམ་པ་ཞིག་ལས་གཞན་ཐ་མལ་པའི་རྟོག་པ་མ་འཁྲུངས། དེའི་རྐྱེན་གྱིས་སྣང་བ་ཐམས་ཅད་བུན་ལོང་སོང་ནས་སྒྲིབ་བྱེད་ཞི། ཆོས་ཐམས་ཅད་ཀྱི་དང་ཚུལ་དྲི་མ་མེད་པ་ཞིག་མཐོང་། སྤྲོ་འདོགས་ཐམས་ཅད་ཅིག་ཅར་དུ་ཆོད་དེ། དཔེ་ཡི་གེ་གཅིག་ཀྱང་མ་ཞུས་ཏེ། །རྒྱལ་བའི་གསུང་རབ་རབ་འབྱམས་ལ། །ཤེས་པའི་སྣང་བ་དེ་ནས་ཐོབ། །ཤེས་རབ་ཀྱི་སྤྱན་ཅིག་གནང་བ་འདྲ། །དེ་ནས་ལྷན་ཅིག་སྐྱེས་སྦྱོར་གསན་ཏེ་ལོ་བདུན་ཟླ་བ་བདུན་ཞག་བདུན་གྱི་མཚམས་ཀྱི་དམ་བཅའ་ཕུལ་ཏེ། ཞག་ལྔ་སོང་བའི་ཉིན། ཕག་མོ་གྲུའི་མཁའ་འགྲོ་མ་དེ་གཤེགས་པ་གཟིགས་ནས་དེར་བྱོན་ཏེ་ཐོད་པ་བྲེགས། གླད་པ་བལྟག་གིན་བྱོན་པ་དང་། སྟག་ལུང་ཐང་པ་ཐོད་པ་འབྲེག་བསམ་བྱོན་པ་ལམ་དུ་འཛོམ། གྲོགས་པོ་འདི་གསོལ་བྱས་གླད་པ་རྩེད་ཁེམ་གང་གདེངས་པས་ཁོང་ཞལ་ཡོལ་བྱས་ཞལ་རས་ལ་ཕོག །དེའི་དབང་གིས་སྟག་ལུང་བའི་ཞལ་ངོ་རིམ་པར་སྐྱ་འབྲས་གཙང་བ་ཡིན་ཟེར། དེ་ནས་འགྲོ་མགོན་རིན་པོ་ཆེ་ཆོས་ཁྲི་ཁར་བུར་སྟོན་ཞིག་གི་གྲལ་དབུ་ལ་ཕེབས་འདུག་པ་ལ། གྲལ་གཤམ་ནས་ཐོད་པ་བཟེད་ནས་བུ་རམ་གྱི་རྩིག་པ་ལྟ་བུ། བླ་མའི་གསོལ་རས་དེ་ལ་རྒྱ་ཕུབས་བཀལ་བ་ལྟ་བུ་ཞིག་བྱུང་ནས་རྟེན་འབྲེལ་བཟང་། འདི་ར་མ་འོངས་པ་ན་གཙུག་ལག་ཁང་རྒྱ་ཕུབས་ཅན་ཞིག་འབྱུང་གསུངས། ཁྱོད་ལོ་བདུན་ཟླ་བ་བདུན་ཞག་བདུན་དུ་མཚམས་བཅད་དེ་སྒོམ་པར་དམ་བཅས་ནས་ཞག་ལྔ་ལ་གྲོལ་བ་ཅི་ཡིན་གསུངས་པས། རྗེ་ཡི་ཞལ་ནས་གཏུག་མའི་དོན། །སྒོམས་ཤིག་གསུངས་ནས་བསྒོམས་ལགས་པས། །བསྒོམ་བྱ་སྒོམ་བྱེད་སྟོར་ནས་ཐལ། །སྒོམ་ཐུན་མཚམས་སུ་བཟུང་རྒྱུ་ཡང་མི་གདའོ། །སོགས་ཕུལ་བས། བླ་མ་མཉེས་ནས་རྒྱ་གར་ཆུ་བོ་གང྄་ཕན་ཆོད་ལ་ས་ར་ཧ་ཆེན་པོ་རྟོགས་པ་མཐོ། དེ་ཚུན་ལ་ཁྱོད་རྟོགས་པ་མཐོ་བ་ཡིན་གསུངས་བསྔགས་པ་བརྗོད། རྗེ་སྤྱིར་རྣལ་འབྱོར་པ། སློས་ཆུང་མ་ཅན་ལ་མི་མཉེས་ཀྱང་གླིང་རས་པ་ལ་ལྷག་པར་མཉེས། དེར་ཕག་མོ་གྲུ་པས་རྟེན་འབྲེལ་མཛད་དེ་ཇོ་མོ་སློག་དེ་ནས་སྣ་ཕུའི་བཀྲ་ཤིས་དགེ་གླིང་གི་ཕུག་པར་བཞུགས། ཕག་མོ་གྲུར་ཆོས་བརྡའ་བྱུང་ཙམ་ནས་དེ་ནས་བྱོན་ཏེ་ཆོས་གསན། སླར་དེར་ཟློག་པ་ཡིན་ཞེས་ཨུ་རྒྱན་པར་གསུངས། བཟའ་བཀྲུང་ཅི་བཞེས་ཀྱི་ཕུད་ཀྱིས་བླ་མ་མཆོད་པས། འགྲོ་མགོན་གྱི་དྲུང་ན་དགེ་བའི་བཤེས་གཉེན་འགའ་དང་བཅས་ཏེ་ཛ་གསོལ་བའི་ཞལ་དཀར་དུ་ཆོད་མ་ཞིག་ལེང་བྱུང་། ཅི་ཡིན་ཞུས་པས། གླིང་རས་ལྕགས་པ་དེས་ཆོད་མའི་ཕུད་ཕུལ་བར་འདུག་གསུངས་དགྱེས། གསུམ་པ་ནི། འགྲོ་མགོན་གཤེགས་ནས་འགྲོ་དོན་མཛད། ནོར་བྱུང་ཚོད་ཆ་ལང་ཆེན་པོ་ཞིག་ལ་བཅལ་ཏེ་ནམ་མཁའ་ལ་འཕྲོལ་གྱིན་བྱོན་ཏེ་ཕག་མོ་གྲུར་ཕུལ། ཚུར་ལོག་ནས

བསམ་ཡས་སུ་ཞག་ས་མཛད་པའི་གྲོ་རངས། བུད་མེད་སྔོན་མོ་ཞིག་གིས་བཀའ་འགྱུར་རོ་ཅོག་གི་གླེགས་བམ་ཡིན་མཐོ་བ་ཞིག་ལྷགས་སྟེང་དུ་བཞག་བྱུང་བ་ཁོང་དུ་སོང་བ་རྨིས། དེ་ནས་བཀའ་འགྱུར་ཐམས་ཅད་ཐུགས་ལ་ཆུག །བདེན་རྫུན་ལྟ་བ་ལ་ཚལ་དུ་བྱོན་ནས་མནན་ཤར་མཛད་པས་ཕར་ཞུ་དག་ཐུབ་པ་བྱུང་། བཞི་པ་ནི། དེ་ནས་མདོ་རྒྱུད་མཐོང་ཚད་ལ་དོན་མི་མཁྱེན་པ་མེད་ནས་འགྲེལ་པ་བརྩམ་དགོངས་ཏེ། བདེ་དགྱེས་མཚན་བརྗོད་ལ་སོགས་པ་ལ་འགྲེལ་པ་བརྩམས་པས་སྣ་ཕྱའི་མདོ་འཕྲང་པོ་ཉོ་རར་གློག་པའི་སྟེ་ཡོད་པ་དག་གིས་སྐྱུར་པ་བཏབ། དེ་གསན་ནས་དེར་བྱོན་ཏེ་གང་མི་འཐད་པ་འདུག་ཅེས་རྩོད་པས་སུས་ཀྱང་ལན་འདེབས་མ་ནུས། དེའི་ཚེ་ཐུགས་ཁེངས་པ་སྐྱེས་ནས་གླེགས་ཤིང་གཅིག་སྐུ་མདུན་གཅིག་སྐུ་རྒྱབ། དེ་གླེགས་ཐག་གིས་བསྡམས་ཏེ་ནམ་མཁའ་ལ་ཕར་བཞུད་ཚུར་བཞུད་མཛད་དེ། ང་དམ་ཆོས་ཀྱི་པོ་ཏི་ཞིག་ཏུ་མི་འདུག་གམ་སོགས་ཀྱི་མགུར་བཞེངས་པས། ཐུབ་པའི་དབང་པོས། གླིང་རས་པ་དེ་ལྟ་བུའི་ཁེངས་པ་མ་བྱེད། ངའང་མཐར་འདི་ལྟར་གྱུར་གསུངས་མྱ་ངན་ལས་འདའ་བའི་ཚུལ་བསྟན་ནས་ཞི་བར་གྱུར། ཐམས་ཅད་ཀྱིས་གུས་པས་བཏུད། གྲུབ་ཐོབ་ཆེན་པོ་ཞེས་སྙན་གྲགས་ཀྱི་གདུགས་དཀར་པོ་སྲིད་པའི་ཁོངས་ཐམས་ཅད་གང་བར་གྱུར་ཏོ། །

དེ་ནས་གཉལ་ལོར་དབུས་གཙང་ཀུན་ཏུ་དད་པ་ཅན་སྤྱན་འདྲེན་པ་རྣམས་ཀྱི་ངོ་བཞིན་བྱོན། ཟབ་པ་དང་རྒྱ་ཆེ་བའི་ཆོས་ཀྱི་སྒོ་རྣམ་པར་ཕྱེ་བར་མཛད། ལོ་རོ་ཆེ་སྤྱིང་དུ་ལོ་རོ་ཞིག་པོ་གདན་སར་བཀོད། རྗེ་རང་དབུས་གཙང་དུ་གཙོ་བོར་བཞུགས། སྐབས་ཤིག་སྣ་ཕུར་དབང་བསྐུར་ཞུ་བའི་མི་འགའ་ཡོད་པ་ཞིག་ལ་དབང་གཡོག་ལ་ཞིག་པོ་དེ་ཡོད་ན་དགོངས་པ་ཞིག་བྱུང་བ། ཁོ་ལོ་རོ་དོལ་གྱི་ལྷ་རྩེར་ཡོད་པས་ཤེས་ནས་འཕུར་ཏེ་དབང་བསྐུར་གྱི་གྲབས་མཛད་སར་བསླེབས། ཁྱོད་ཀྱིས་ཇི་ལྟར་འོངས་གསུངས། རི་མཐོ་བ་རྣམས་ལ་རེག་ལ་ཁྱད་བྱས་ཏེ་འཕུར་ནས་འོངས་ཞུའོ། །ལྔ་པ་ནི་བཀྲ་ཤིས་དགེ་གླིང་གི་ཕུག་ན་བཞུགས་དུས་མཁའ་འགྲོ་མ་ཞིག་བྱུང་ནས། གླིང་རས་པ་དེར་མ་སྡོད་ཟེར། ཕྱིར་བྱོན་མ་ཐག་བྲག་ཕུག་དེ་རྡིབ། དེ་ནས་འཇག་སྤྱིལ་མཛད་དེ་སྐང་དེར་བཞུགས་པའི་སྐབས། མཁའ་འགྲོ་མ་ལྔ་རང་རྟགས་ཀྱི་དབུ་རྒྱན་རེ་ཁྱེར་ནས་གྲུབ་ཐོབ་ཆེན་པོའི་དབུ་ལ་བསྐོན། རྡོ་རྗེ་འཆང་ཆེན་པོའི་རྒྱལ་ཚབ་ཏུ་མངའ་གསོལ་ནས་མི་སྣང་བར་གྱུར་ཏོ། །དེ་ལྟར་དྲུག་ཅུ་རྩ་གཅིག་གི་བར་དུ་བཞུགས་ནས་དགུང་ཟླ་ར་བའི་ཉེར་བརྒྱད་ལ་གཤེགས། གདུང་རྟེན་ལ་སོགས་པ་ལེགས་པར་བསྒྲུབས་སོ།། །།

༄ དེའི་སློབ་མའི་གཙོ་བོ་ནི། ཆོས་ཀྱི་རྗེ་ཡིན་ཏེ། དེ་འཁྲུངས་པའི་ཡུལ་མྱང་སྟོད་ཁུ་ལེའི་ཀ། ཡབ་རྒྱ་ཟུར་སོ་ཚབ་པེ་དང་། ཡུམ་མར་བཟའ་དར་སྐྱིད། སྲས་བདུན་བྱུང་བའི་ཆུང་ཤོས་ཏེ་ཕ་མ་འབྲོག་པ་ཡིན་ལ། བསྐྱུས་དང་ཐུག །བྱིང་སོང་ཡུམ་གཅིག་པུར་ལུས་པ་ལ་གན་ཡོགས་ཞེས་བྱ་བའི་ལྷས་སུ་གྲོད་པ་སྐོར་མོ་ཞིག་བཙས་པས། ཡུམ་དངངས་ཏེ་བོར་ནས་འོངས་པ་ཇོ་ཇོས་རྩད་བཅད་པས་ལོ་རྒྱུས་ཇི་ལྟ་བ་བཤད། དེ་ཉིད་དུ་ཇོ་ཇོས་བརྒྱུགས་ཕྱིན་པས་སྦྲུལ་ནག་བྱ་རྐོད་གཅིག་གིས་གྲོད་པ་དེ་སོས་ནས་རྟོལ། ཁྱིའུ་ཞིག་འདུག །ཁོང་བྱུང་བ་དང་བྱ་རྐོད་དེ་འཕུར་སོང་། དེ་སློབ་དཔོན་ལྭ་བ་པ་ཡིན་ཞེས་གྲགས་སོ། །དེ་ནས་གཞོན་ནུའི་དུས་སུ་པདྨ་སམྦྷ་ཝའི་ལུང་བསྟན། ས་རལ་ཞེས་པའི་ལུང་གསུམ་མདོར། །ནོར་བུ་འཛིན་པའི་སྤྲུལ་པ་འབྱུང་། །ཕ་བོང་ཤོ་འདྲའི་ཁ་ནས་ཆོས་འཆད་རྩོམ་ཞེས་པ་ལྟར། དེར་བྱིས་པ་རྣམས་ཁྲིད་ཕ་བོང་དེ་ཁྲིར་བྱས་ནས་ཆོས་འཆད་པའི་ཚུལ་གྱིས་རྩེ། ནངས་ཤིག་དེའི་འཁྲིས་ཀྱི་རྡོ་ལ་ཞབས་ཀྱི་པདྨོ་གཉིས་ཤིན་ཏུ་གསལ་བར་བཀོད། གཅེན་ཆེན་པོ་སླལ་ལྡན་བྱ་བས་དགུང་ལོ་བཅུ་གཉིས་པ་ལ་ཁུ་ལུང་དུ་སློབ་དཔོན་མཁར་ལུང་པ་ཅན་ཁྲིད་ལོ་བརྒྱད་བསྟེན་ཏེ་ཚད་མའི་གྲྭ་ས་ཡིན་པས། དེར་སྦྱངས་པ་མཐར་ཕྱིན། གྲྭ་བསྐོར་ཡང་མཛད། སློབ་དཔོན་མཉེས་ནས་མཚན་ཤེས་རབ་བདུད་རྩིའི་འཁོར་ལོར་གསོལ། གཞན་སློབ་དཔོན་ཧ་ཐང་པ་ལ་མདོན་པ། ལྷན་གྱི་སོ་དར་མ་སེང་གེ་ལ་སྒྱུ་འཕྲུལ་མདོ་རྒྱུད་སོགས་སྦྱངས། གཞན་ཡང་བླ་མ་འགའ་རེ་བསྟེན། དགུང་ལོ་ཉེར་གསུམ་པ་ལ་གྲུབ་ཐོབ་གླིང་ར་ལུང་དུ་ཕེབས་པ་དང་མཇལ། གསུང་གླེང་ཙམ་མཛད། དེ་ནས་དབུས་སུ་བྱོན། སྣ་ཕུར་མཇལ་ནས་དབང་རྒྱུད་གདམས་ངག་ཞུས། ཞག་བདུན་ནས་རས་ཐུབ། ཡང་ཡུལ་དུ་སྐོར་ཅིག་བརྒྱུགས་ལེན་དུ་བྱོན། ཕྱིར་སྣ་ཕུར་ཡོག །བླ་མ་འབུལ་བས་མཉེས་པར་བྱས་ཏེ་དཀུན་འདག་སྦྱར་མཛད་དེ་བསྒོམས་པས། རླུང་ཕྱི་ནང་བསྲེ་ནུས་པ་དང་། རྟོག་པ་ལ་ཐོགས་པ་མེད་པ་དང་། ཏིང་ངེ་འཛིན་གསལ་སྟོང་ནམ་མཁའ་དྭངས་པ་ལྟ་བུ་ལ་འབྱམས་ནས་བསྒོམ་བྱ་སྒོམ་བྱེད་སྟོར་འགྲོ་བར་འདུག་ནས། བླ་མ་ལའང་འདི་ལས་མེད་དམ་སྙམ་མཚམས་གྲོལ་བའི་དུས་ཞུས་པས། ངོ་མཚར་ཆེ་རྗེ་བཙུན་མི་ལའང་དེ་ལྟར་བྱུང་འདུག་གསུངས། བསྒོམ་བྱ་སྒོམ་བྱེད་མི་གདའ་ན་ཞུས་པས། བུ་དེ་ཀུན་ཉམས་ཡིན། རྟོགས་པ་བཤའ་མ་ཞིག་ད་སྐྱེ་ལོ་ལྔ་ན་འབྱུང་གསུངས། སྤྱིར་སྣ་ཕུར་ལོ་བཞི་བཞུགས། གདམས་ངག་ཐམས་ཅད་ཆར། ལུང་བསྟན་ནས་མཁར་ཆུར་འགྲོ་བའི་དགོངས་པ་ཞུས་པས། ར་སྒོམས་གཉེར་ན་ཡོད་ཚུལ། དེ་འདོན་པ་ཁྱོད་ཡིན་ཏེ་ད་ལོ་རེས་སྟོད་གསུངས། ནན་གྱི་ཞུས་པས་ཁྲོལ་ཏེ་རྡོག་རྡོ་རྗེ་སེངྒེ་ལ་དཀྱིས་གདན་ཡུ་གསུམ་གསན་པ་ལ་ཐླ་བ

བརྒྱད་ཙམ་ཐོགས། དེའི་རིང་ལ་བླ་མ་སྨྱོ་དན་ལས་འདས་ནས་མི་འདུག །འདད་དང་གདུང་ཁང་བཞེང་པ་ལ་ལོ་གཅིག་འགོར། དེ་ནས་ལྷོ་བྲག་མཁར་ཆུར་བྱོན། ལོ་གསུམ་བཞུགས། དཔོན་སློབ་བདུན་ཡོད། འཚོ་བ་ཤིན་ཏུ་བཀྲེས་ལ་ཁ་ལྟོགས་ཀྱིས་མནར་བས་སྐུའི་མདངས་ཤོར། ཡུལ་མི་རྣམས་ཀྱིས་འདྲེ་མོ་སྤུན་བདུན་ཞེས་བཏགས། དེར་ཕྱུག་ཕྱི་བ་རྣམས་ཀྱིས་རྐྱེན་མ་ཐེག་པར་ལོག །རྫོ་ཀུན་དགའ་སྒྲ་ཟེར་ཁོ་སྟོད་པ་ཞིག་གིས་ཟླ་རེ་ལ་ཕྱེ་བྲེ་དོ་ཙམ་རེ་བསྐྱལ། བརྒྱུགས་ཐེས་དེ་ཁ་ལ་མཛད་དེ་ལྕགས་ཞུར་ཅན་དུ་འདག་སྦྱར་མཛད་ནས་ཐུགས་དམ་ལ་རྩེ་གཅིག་ཏུ་བཞུགས་པས། ཁམས་འདུས་པ་ཞིག་ལངས། དེ་ཧེ་ཐུ་ཧེ་ཐུར་སོང་ལོ་གསུམ་དུ་མ་དྲག །ལོ་གསུམ་པའི་ནང་དུ་ཆོས་སྐྱོང་མགོན་པོས་ཕ་རིའི་ལོགས་ནས་སྐྱོགས་རྒྱག །ལྷ་མོ་ནག་མོས་ལྷ་འདྲེའི་དམག་གཡོས། མི་རིང་དམར་པོས་མདའ་འཕེན། གཞན་སྣང་སྲིད་ཀྱི་ལྷ་མ་སྲིན་སྡེ་བརྒྱད་ཚོགས་ཏེ། དམག་གིས་བསྐོར་ནས་རྒྱོབ་ཅིག་སོད་ཅིག་ཟེར། སྐབས་རེ་ན་རི་ཤིང་ནགས་ཚལ་ཐབས་ཅད་བགད། སྐབས་རེ་ན་འགྱུལ་ཁྱིམ་ལྡེག །བྲག་རི་དེ་ཉིལ་ལི་ལི་ཞིག་འགྲོ། རེས་འགའ་ཐམས་ཅད་མགོ་བརྙན་ཅན་དུ་སོང་ནས་མཚོན་ཆ་འཕེན་པ་སོགས་བྱུང་སྟེ་བར་ཆད་ལམ་དུ་ཁྱེར་བའི་གོ་ཆ་སྲ་བས་རི་བཙུགས་པ་བཞིན་དུ་བཞུགས་པའི་མཐར། གྲུབ་ཐོབ་ཆེན་པོ་དྲན་པའི་གདུང་ཞུགས་དྲག་པོ་བྱུང་ནས་གསོལ་བ་བཏབ་པས་མདུན་དུ་དངོས་སུ་བྱོན་ནས་བྱིན་གྱིས་བརླབས་སོ་སྙམ་པ་ཞིག་ལ་ཕྱག་རྒྱ་ཆེན་པོའི་རྟོགས་པ་ནམ་མཁའ་ལ་མདུང་བསྐོར་བ་བཞིན་དུ་སོང་། བར་ཆད་དེ་ཐམས་ཅད་དངོས་གྲུབ་ཀྱི་སྣ་འདྲེན། བདུད་རིགས་དེ་ཐམས་ཅད་དམ་ལ་ཐོགས་ནས་ཆོས་སྐྱོང་དུ་སོང་བས། བར་ཆད་ཆེ་དུས་དེར་ཆོས་སྐྱོང་ཡང་དགྲ་རུ་ལངས། ད་ལྟ་བདུད་ཀྱང་དཔལ་དུ་ཤར་གསུངས། རོ་སྙོམས་ཀྱི་གཏེར་ཕྱུང་། དེ་ཆེ་དགུང་ལོ་སོ་གཅིག་པའོ། །

ཆོས་འདི་ཕྱིས་ཏ་པོ་གངས་སུ་རླུང་རྩེ་ཡེས་སོགས་བདུན་ལ་རྟེན་འབྲེལ་བསྒྲིགས་ཏེ་བཤད་པ་ཡིན། དེ་ནས་དབུས་གཙང་གཉིས་སུ་བྱོན། ཁ་རག་ཤར་གྱི་རི་ལ་བཞུགས། ཁྲུང་བཙུན་མ་བཀའ་འབབས་སུ་བཙུག །དེར་མཁའ་འགྲོ་མ་སེངྒེའི་གདོང་པ་ཅན་ཡོང་ནས་སྲོད་ལ་ཙ་རི་ཏྲར་འགྲོ་བར་ལན་གསུམ་བསྐུལ། མཁའ་འགྲོའི་ལུང་བསྟན་ནམ་བདུད་ཀྱི་བར་ཆད་གང་ཡིན་མི་ཤེས་དགོངས་ཏེ་སྙམ་མ་མཛད། ནམ་སེང་ཁར་ཙུང་ཟད་མནལ་དུ་སོང་། སད་པ་དང་ཁ་རག་གི་རི་ལ་ཉི་མ་ཤར་འདུག །དེའི་ཉི་ཟེར་ལ་གྲུབ་ཐོབ་ཆེན་པོ་གཟི་བརྗིད་ཤིན་ཏུ་ཆེ་བ་ཞིག་བྱོན་ནས། བུ་རྒྱ་རས་མ་འདུག་སྒོམ་དུ་སོང་སོགས་གསུངས་ཏེ་མི་སྣང་བར་གྱུར། དེར་ལོ་རོ་སྐལ་ལྡན་སོགས་བཞི་ཁྲིད་འབྲི་གུང་དུ་བྱོན།

དེ་ནས་ཁོང་རྣམས་ཡུལ་ལ་སློག །ཀླུང་ཐུན་གཅིག་བཟུང་སྟེ་བྱོན་པས་བོད་ཁ་གསུམ་དུ་གཉེས་མགར་ཆོས་གསུམ་གནས་སྒོ་འབྱེད་པར་འགྲོ་བ་དང་འཛོམ། ཁོང་རྣམས་ན་རེ་ཁྱོད་སུ་ཡིན་པར་གར་འགྲོ་ཟེར། ངས་གླིང་རས་གསུམ་པོ་ཆེའི་བུ་རྒྱ་རས་མིག་པོ་ཆེ་ཡིན། གནས་ཙ་རི་ལ་སྒོམ་དུ་འགྲོ་གསུངས་ནས་བསྙེབས་ཏེ་ཞིང་སྐྱོང་གིས་བསུས་ནས་རི་པ་ལ་ལ་བྱོན། ཡུལ་སྟོད་སྦལ་བ་གཡུ་མཚོར་སྦལ་པ་གཡག་ཤད་ཙམ་གྱིས་ལམ་བགགས་པས། གྲོགས་གཞན་རྣམས་ཐབས་ཅི་དྲག་ལ་གྱུ། ཆོས་རྗེ་དེའི་སྟེང་དུ་མཆོངས་ཏེ་བརྫིས། དེ་རྡོར་གྱུར་པ་ལ་ཞབས་ཀྱི་པདྨོ་འདམ་ལ་བཀོད་པ་ལྟ་བུར་ཨ་རྫོག་གོ་རྫོག་བྱུང་། དེ་ནས་ཅིག་ཅར་ཕུར་བྱོན། ཞིང་སྐྱོང་གི་དབང་མོ་རྡོ་རྗེ་གཡུ་སྒྲོན་དམ་ལ་བཏགས། ཕྱོགས་སྐྱོང་ལས་ཀྱི་གཤིན་རྗེས་དགེ་བསྙེན་བླངས། སླར་གཡུ་མཚོར་བྱོན་པ་ཤ་སྐམ་དུ་ཁོང་རྣམས་དང་འཕྲིག །དེ་རིང་གི་ཚོགས་འཁོར་ཁྱེད་གཤོམས་ཟེར། རྡུང་བྱས་ཞིང་སྐྱོང་གི་རྡུ་བ་ལ་བསླངས་ནས་ཟས་སྣ་ཚང་སྟར་མིང་ཙམ་ཡང་མ་ཐོས་པ་མང་པོ་བྱུང་སྟེ་ཚོགས་བཏང་ལྷག་མ་སྤྲུངས་པས་དཀར་རྫོག་ཐང་དུ་གྲགས། དེ་ནས་ཞིབ་མོ་ཁྲག་ཁྲིག་ཏུ་ཕེབས་དུས་ཉི་མའི་དགུང་ལ་ས་རྡུབ་སྐར་མ་ཁྲག་ཁྲིག་བྱུང་ནས་གྲོགས་རྣམས་ཀྱི་དེ་རེས་མ་བགྲོད། ཆོས་པའི་ཚད་རྡོ་བོར་ས་འདུག་གསུངས་ཏེ་བྱོན་པས་ལྷ་མོ་རེ་མ་ཏི་མཇལ། དེ་ནས་ཕོ་བྲང་གི་ཕྱོགས་བཞིའི་ཁྲི་བཞི་ནས་མཁའ་འགྲོ་མ་རྣམས་ལ་ཆོས་བཤད་ཁྱད་པར་ཕོ་བྲང་ཆེན་པོར་སྤྲུལ་པའི་ལྷ་ཞལ་གཟིགས། བཅོམ་ལྡན་འདས་རྡོ་རྗེ་ཕག་མོས་བསྟན་པ་བྱ་རྒོད་ཀྱི་ཉིན་ལམ་བཅོ་བརྒྱད་ཁྱབ་པ་དང་། བཅོམ་ལྡན་འདས་འཁོར་ལོ་སྡོམ་པས་བསྐལ་པ་བཟང་པོ་འདི་ལ་མོས་པར་འཚང་རྒྱ་བར་ལུང་བསྟན། དེ་ནས་སིནྡྷུ་རའི་རྒྱ་མཚོར་ཆུ་སྲིན་གྱི་ཚུལ་དུ་རྡོལ་པའི་མཁའ་འགྲོ་མས་རང་གི་སྐྲ་ལས་བཏགས་པའི་མིག་ར་ཕུལ། མཁའ་འགྲོ་མ་གཞན་རྣམས་ཀྱིས་རྡོ་ཡུར་བ་དྲངས་སྒྲུབ་ཕུག་ངོ་མཚར་བའང་ཕུལ། དེ་ནས་ཡུལ་སྟོད་དུ་ལོག །སྟོང་པོ་ཁ་ཏྲཾ་གྱི་དྲུང་དུ་ཟླ་བ་གསུམ་སྐྱིལ་ཀྲུང་མ་བཤིག་པར་བཞུགས། སངས་རྒྱས་རབས་བདུན་མཇལ་ཏེ་རྟེན་འབྲེལ་གྱི་གདམ་ངག་གསན། དེ་ནས་ཡར་ལོག་པའི་ལམ་དུ་རབ་བྱུང་གཅིག་དང་རྟོགས་ལྡན་གཅིག །བུད་མེད་གཅིག་སྟེ་བཞི་མཉམ་དུ་བྱུང་། རབ་བྱུང་དེ་གཞན་དུ་སོང་། དེར་ཁོང་གསུམ་ལས་མེད་ནས། བུད་མེད་དེ་འཆལ་གཏམ་གྱ་ཡངས་སུ་སྨྲ་བས་རྟེན་གྱིས་ལན་དགོངས་བསྙེན་པར་རྫོགས་པའི་ཐུགས་འདོད་ཆེར་ཡོད་པའི་གསལ་བཏབ། བྱང་འབྲི་གུང་དུ་བྱོན། སྐྱོབ་པ་སྐུ་མཚམས་ཡོད་པས་མཇལ་ཁ་མ་བྱུང་། ཕྱིར་ལོག་སྐྱོབ་པས་དགོངས་ནས་ཞྭ་བསྐུར་པ་ལམ་དུ་འཕྲོད། བླ་མ་ཞང་གི་རྩར་བྱོན། བླ་མ་ཞང་གིས་དགོངས་ནས་བསུ་བ་རྒྱས་པར་མཛད།

དེ་ཕན་ཆེན་རས་པར་ཡོད་པས་དབུ་སྐྲ་བསིལ། ཞང་གིས་མཁན་པོ་མཛད། རྩེ་འདུལ་འཛིན་གྱིས་སློབ་དཔོན་མཛད་ཚིགས་རྫོགས་བསྒྲུབས། མཚན་ཡེ་ཤེས་རྡོ་རྗེར་གསོལ། དེའི་ཚེ་བླ་མ་ཞང་གིས་ཀོད་མ་དཀར་མོ་ལ་ཞོན་ཏེ་ཚེབས་རྒྱུགས་བྱས། རྒྱ་གར་གྱི་ནཱ་རོ་པཎ་ཆེན་གྱི་སྐྲ་གཙོད་མཁན་ང་མིན་པ་སུ་ཡོད་གསུངས། དེ་དུས་འབྲི་གུང་པས་གནང་བའི་ཞྭ་དེ་གྱོན་ནས་བཞུགས། ཞང་ལོག་ཕེབས་པའི་དུས། ཞྭ་ཀོད་པོ་ནམ་འཕངས་སྤྱོད་པ་འདྲ་བ་འདིས་རྒྱལ་ཁམས་འགེངས་བསམ་པ་ཡིན་ཏེ། ཀད་པོ་གཡས་ཆུང་བྱེད་པའི་བར་ལ་ཧ་སྨིག་འདྲ་བ་བཞེས་གྲུབ་འདུག་པས་ད་འདིས་རྒྱལ་ཁམས་གང་བར་འགྱུར་གསུངས། སློབ་དཔོན་ལ་འདུལ་བ་གསན། མཁན་པོ་ལ་ཚལ་ལུགས་ཀྱི་བསྐྱེད་རྫོགས། ཁྱད་པར་ཆོས་སྐྱོང་གི་སྐོར་ལེགས་པར་གསན། བླ་མ་ཞང་ལ་བརྟེན་ནས་སྙིང་རྗེའི་གློང་རྡོལ། ཁོང་གིས་ལུང་བསྟན་གློང་རྡོལ་གྱི་དགོན་པ་བཏབ། དབུ་སེ་མཛལ་གདམས་པ་གསན། ཁོང་གི་ལུང་བསྟན་འབྲུག་བཏབ། ཆོས་རྗེ་དཔོན་སློབ་རྩེ་བོ་ལར་ཕེབས་དུས་ད་ལྟའི་གནས་ཡོད་སར་འབྲུག་མ་མད་དགུ་བབས་ནས་འདུག །ནམ་མཁར་སོང་། ཕེབས་དུས་འབྲུག་སྒྲ་དྲག་པོ་ཐེངས་འགར་གྲགས་པས་དགོན་པའི་མིང་འབྲུག་ཏུ་བཏགས། དེ་ནས་དགོན་པ་བཏབ། ལོ་དེ་ཉིད་ལ་སྤྱིལ་བུ་སྟོང་དུ་ལོངས། དེ་ནས་ཀྱང་དེའི་རི་སུལ་ཐམས་ཅད་དུ་དར་བས། ཚོགས་པ་ལ་ཞག་དུས་བྱས། བཟར་སྣང་མཐོན་པོར་དར་སློང་བ་ཡིན་ཞེས་གྲགས། སློབ་མ་ཁྲི་ཚོ་ལྔ་ཙམ་ཚོགས་ཟེར། དེ་ཐམས་ཅད་ལ་ཡང་དག་པའི་གདམ་ངག་ཕྱིན་ནས་རབ་འབྲིང་གསུམ་དུ་ཕྱེས་ནས་འཁོར་འགྱེད་དང་པོ་བཏང་། རབ་རྣམས་ནི་འཛའ་ལུས་བརྙེས་པས་སྟེང་ལྷ། འོག་ཀླུ་དང་ལྷ་མིན། བར་མིའི་འཇིག་རྟེན་གཞན་དུ། འབྲིང་རྣམས་ཨུ་རྒྱན། ཤམྦྷ་ལ། སིངྒ་ལ། གསེར་གླིང་ཟངས་གླིང་སོགས། མཐའ་མ་ཛ་ལནྡྷ་ར་ནས། རྒྱ་ནག་པོ་ཚུན་གྱི་རི་བོའི་ཁྲོད་དུ་བཙུད་ངས་པས་ཐམས་ཅད་གང་བར་བྱས། འཁོར་འགྱེད་གཉིས་པ་ལ་དེ་ལས་ཀྱང་གྲངས་མི་ཆུང་བ་བཀྱེ། གསུམ་པ་ཆོས་རྗེ་སྐུ་དྲན་ལས་འདས་ནས་ཞལ་ཆེམས་བཞིན་ཕྱོགས་ཕྱོགས་སུ་བྱིན་པ་དེ་ལ་ཐ་སྙད་བྱས་པ་ཡིན། རྒྱ་མཚན་དེས་དཔལ་འབྲུག་པའི་བསྟན་པས་བྱ་རྐོད་ཀྱི་ཉིན་ལམ་བཅོ་བརྒྱད་ཁྱབ་ཅེས་དང་། མི་ཕྱེད་འབྲུག་པ། འབྲུག་ཕྱེད་སྤྲང་པོ། སྤྲང་ཕྱེད་གྲུབ་ཐོབ་ཏུ་ཀུན་ལ་རླུང་ལྟར་གྲགས་སོ། །དེ་ལྟར་དགུང་ལོ་སོ་བཞི་ནས་ང་གཅིག་གི་བར་དུ་འཕྲིན་ལས་བསྒྲུངས། གླིང་གིས་ལུང་བསྟན་ར་ལུང་བཏབ། དགུང་ལོ་ལྔ་བཅུ་རྩ་གཅིག་པ་ལ་འབྲུག་ཏུ་གཤེགས། སྐུར་ཞུགས་ལ་སྦྱངས་པའི་དུས། ཐུགས་ལྷགས་སྤྱན་གསུམ། དབུ་ཐོད་ལ་རིགས་གསུམ་མགོན་པོ། སྐུ་ཚིགས་པ་ཉི་ཤུ་རྩ་གཅིག་ལ་སྤྱན་རས་གཟིགས་ཉི་ཤུ་རྩ་གཅིག །གཞན་

རིང་བསྲེལ་ཡང་མང་དུ་བྱོན། འབྲུག་ཏུ་ལྷ་མོ་ཆེ་བཞེངས་དེའི་ནང་དུ་ལྷུགས་བཞུགས་པས་ཆོས་བརྒྱུད་ཐམས་ཅད་ལ་འབྲུག་པ་ཟེར་བ་འདི་བྱུང་བ་ཡིན་ནོ། །

དེ་ལ་སློབ་མ་དང་པོར་ཆེ་བ་སྤྱ་རྒྱང་གཉིས། བར་དུ་ཆེ་བ་རྒྱ་འབྲས་གཉིས། མཐའ་མར་ཆེ་བ་ལོ་རྒོད་གཉིས། གཞན་རས་པ་གསུམ། རྣལ་འབྱོར་གསུམ། ཞིག་པོ་གསུམ་སོགས་དབུ་ཆེ་གདུགས་ཐོག་པ་ཉིས་སྟོང་བརྒྱད་བརྒྱ་བྱུང་བའི་སྤྱ་རི་བ། བླ་མ་ཞང་གི་མཆོད་གཞོམས་པ། མཚན་ཡེ་ཤེས་མགོན་པོ་ཟེར། ཞང་གི་ཆོས་རྗེ་ལ་ཆོས་སྐྱོང་གི་དབང་གནང་བའི་དུས། འདི་ངའི་ཟླ་ལ་བྱུང་ན་དགོངས། ཁོང་ཡང་བླ་མ་འདིའི་ཕྱག་ཕྱི་ལ་འགྲོ་རྒྱུ་བྱུང་ན་བསམ་པ་ཞང་གིས་དགོངས་ནས། ཡེ་ཤེས་མགོན་པོ་རང་རྒྱ་རས་པའི་ཕྱི་ལ་རྒྱུགས་གསུངས་གནང་བ་བྱིན་པས་ཆོས་སྐྱོང་ཡང་རྒྱ་རས་པའི་ཕྱི་ལ་འབྲངས་སོ་ཟེར་གྲགས་སོ། །སྐུ་ཡོན་ཆེ་བས་མཁྱེན་པའི་མངའ་བདག་ཅེས་ཐོགས། ཙ་རིས་རས་ཆེན་སོགས་ཀྱིས་ཀུང་ཆུང་དུའི་གསན་སྦྱོང་དེ་ར་མཛད། སྤྱ་རི་བྱང་ཆུབ་གླིང་དགོན་བཏབ། ཙུ་པོ་རི་ལ་ཁ་ཤར་སོགས་མང་དུ་མཆེད། ཁོང་ནས་བརྒྱུད་པ་ལ་བུ་ཆན་དུ་གྲགས། རྒྱང་མོ་ཁ་པ་བདེ་བ་ཅན་དུ་སྦྱངས་པའི་སྟོན་པ་ཆེན་པོ་ཞིག་དང་པོར་ཆོས་རྗེ་ལ་རྒོལ་འདོད་ཀྱིས་དྲུང་དུ་འོངས། ཞལ་མཇལ་བའི་མོད་ལ་རྟོགས་པ་ཤར། རྒྱང་མོ་ཁ་བཏབ། བརྒྱ་ཡགས་བ་གྲྭ་པ་ཡིན། ཆོས་རྗེ་ལ་དབུལ་བ་མཛད་པའི་དུས་སློབ་མ་གཏོས་ཆེ་བ་ཡོད་པས་བཙུན་ཆུང་ན་མཉམ་བརྒྱ་ཕུལ། དེ་ལ་ཆོས་རྗེས་ཡགས་སོ་གསུངས་པས་བརྒྱ་ཡགས་པར་ཐོགས། དེར་བརྒྱ་ཡགས། འབྲིག་དགའ་ལྡན་ལ་སོགས་བཏབ། འབྲས་མོ་པ་ནི་ཉིད་རེ་པ། མཚན་སངས་རྒྱས་འབུམ། ཆོས་རྗེའི་གསུང་ལ་འདྲིས་པ། ཉམས་བཞེས་དགེ་སྦྱོར་བདུན་པ་ལ་རྩལ་དུ་བཏོན། སློབ་མ་མཁན་སློམ་ལ་སོགས་པ་མང་ངོ་། །དེ་བཞིན་ནས་བརྒྱུད་པ་ལ་བུ་ཆེན་བརྒྱད་ཟེར། རས་པ་གསུམ། གཡག་རས། ལི་རས། འགྲན་རས། གཡག་རས་ཀྱི་སློབ་མ་ལ་སྟོད་པ་བདེ་མཆོག་སངས་རྒྱས། དེའི་སློབ་མ་སྤྲུལ་སྐུ་ཤེས་ཡེས། དེའི་སློབ་མ་ཛ་རི་རས་པ། དེའི་སློབ་མ་ཛ་སྒོ་བ་ཤེས་རབ་དཔལ། དེ་ལ་སྐྱེས་མཆོག་སྨོན་ལམ་དཔལ་བ་དང་། འཛམ་དབྱངས་པ་སོགས་མང་ཞིག་བྱུང་། སྐྱེས་མཆོག་པའི་སློབ་མ་ལ་ཛ་སྣ་པ། རྒྱལ་དབང་རྗེས་ལུང་མང་བར་མཚན་གསོལ་བ་དེ་སོགས་འབྲིག་ཕྱོགས་ན་ཤིན་ཏུ་དར། སྤྲུལ་སྐོར་གྱི་བཀའ་ལུང་ལའང་ཕན་ཤིན་ཏུ་ཐོགས། ལི་རས་ལ་སྒྲོ་སྟོན་སོགས་སློབ་མ་ལེགས་པར་བྱུང་། རྣལ་འབྱོར་གསུམ་ནི། རྗེ་ཡེས། དགའ་ཡེས། བདེ་ཡེས་གསུམ། རྗེ་ཡེས་ཆོས་རྗེའི་བཀའི་སྡུད་པ་པོ་ཡིན་པས་གདམ་ངག་ཆེ། ཁོང་ལ་སྐྱི་སྟོན་དབྱར་རས་སོགས་སློབ་མ་མང་། གྲར་དགའ་ལྡན་བཏབ། དེ་དག་ལ་སོགས་པ་ཉིས

སྟོང་བརྒྱད་བརྒྱའི་སློབ་རྒྱུན་ལ་བུ་ཆུང་བརྒྱད། གཉིས་ཀ་བསྔོམས་པ་ལ་བར་འབྲུག་ཅེས་གྲགས་སོ། །

༄ ལོ་རས་ནི་འབྲུངས་ས་གཞུང་གི་གྲགས་ཆེན། གདུང་ལོ། ཡབ་རྣལ་འབྱོར་དང་། ཡུམ་མེ་བཟའ་སྐྱིད་ལ་སྲས་མེད་ནས། འབྲུག་ཏུ་ཆོས་རྗེ་དང་། ལྷ་སར་ཇོ་བོ་ཐུགས་རྗེ་ཆེན་པོ་ལ་མཆོད་པ་རྒྱ་ཆེན་པོ་བྱས་པས་བྱུང་བ་ཡིན། མཚན་ལ་བདེ་བ་སྐྱོང་། ཆོས་ཀྱི་བག་ཆགས་བཟང་བས་ལོ་གསུམ་བཞི་ནས་བྲི་ཀློག་མཁྱེན། སྐུའི་ཚེ་བཟང་བས་ལོ་ལྔ་དང་དྲུག་གཉིས་ལ་ཆོས་ལ་འབྲོས་པར་བརྩམས། ཡབ་ཡུམ་གྱི་མཐའ་བཞིའ་ཤག་དར་གྱི་བུ་མོ་ཇོ་མོར་བསུས། བདུན་པ་ལ་བྲོས་ནས་འབྲུག་ཏུ་སླེབས། དེར་རྗེས་སྤྲུལ་ཏི་ལ་གཏད་ནས་སྐྱོར་མོ་ལུང་དུ་སྐྲ་བཅད། མཚན་གྲགས་པ་དབང་ཕྱུག་ཏུ་གསོལ། ཡུལ་ནས་བདས་མི་བྱུང་། སྐོར་ཅིག་བྱོན་པ་ན་ཇོ་མོ་དང་ལྷན་ཅིག་རྐང་པ་ལྟུགས་སུ་བཙུག་ཀྱང་མ་ཆགས་པར་སླར་ཆོས་རྗེའི་སྐུ་དྲུང་དུ་བྱོན། གདམ་ངག་རྣམས་ལེགས་པར་གསན། དེ་ནས་ཡབ་སྲས་ཞལ་དན་ནས་ཆོས་རྗེ་དཔོན་སློབ་གཏོས་ཆེ་བ་གཞུང་དུ་སྤྱན་དྲངས། མི་རྣམས་ཀྱིས་འཚེངས་པ་གསུམ་ཆོས་རྗེ་དཔོན་སློབ་འབྱུལ་བས་འཚེངས་པ། མཐའ་བཞིའ་ཤག་དར་ནོར་གྱིས་འཚེངས་པ། ཁོང་རང་ཆོས་མཛད་རྒྱུ་བྱུང་བས་འཚེངས་པ་ཟེར་རོ། །དེ་ནས་ཆོས་རྗེས་ཐུགས་ལ་བཏགས། གདམ་ངག་ཐམས་ཅད་སྣོད་སྲི་མེད་པར་གནང་། དགུང་ལོ་བཅུ་གསུམ་ལོན་པའི་ཚེ་ཁ་རག་ཏུ་བྱོན། དེར་ཇོ་གདན་ཀུན་རྒྱལ་ཟེར་བ་ལོ་མཉམ་ཞིག་ཀྱང་ཕྱུག་ཕྱིར་འབྲོར། ཁོང་བསོད་སྙོམས་ལ་སོང་བའི་ཤུལ་དུ་ཁ་བ་ཆེན་པོ་བབ་དེ་ལ་ཁོ་མ་ཐར། བླ་མ་ལ་གསོལ་ཟས་མེད་སྙམ་ཁོས་སྙིང་རུས་བསྐྱེད་འོངས་ནས་ཕྱུག་པའི་ཕྱི། ཆོས་རྗེས་ནང་ནས་བཀྲོས་པས་འཕྲོད་ཙམ་བྱུང་། དེར་བསྟུན་གཞི་དམ་པོ་ཞིག་བྱུང་བ་ སྡིག་སྒྲིབ་དག་པའི་རྟགས་བཟང་། དེར་ལོ་གསུམ་བཞུགས། ཆོས་རྗེ་གཤེགས་ནས་གནམ་མཚོ་ཕྱུག་མོའི་དོ་ལ་སྒོམ་བཞེད། དེ་དུས་མཚོ་རྒྱལ་དར་མ་ཆགས་པ་ལ་ཉ་པ་གཞོན་ནུ་ཞིག་གིས་དང་བླངས་བྱས། དེའི་ཕོ་བོ་ན་རེ། ཁྱོད་ལས་ང་དྲག་སྟེ་འོང་ཟེར། རྫིངས་ཆུང་དུ་དེ་བཏང་བས་མཚོའི་དཀྱིལ་དུ་སླེབས་པ་ན་རླུང་དམར་འཁྲུགས། དེའི་དབང་གིས་ཐ་གྲོང་ལོངས་ནས། ཉ་པ་ན་རེ་ངས་མ་ཕྱིན་པ་དྲག་བྱས་ཏེ་ཁྱོད་མ་ཉན། ད་འཆི་བ་མིན་པའི་ཐབས་མེད། ཁྱོད་རང་ཐུགས་དམ་བྱེད་རྒྱུ་ཡོད་ན་མཛོད་ཟེར་ཁོ་མགོ་གོས་ཀྱིས་གཏུམས་ནས་འཛུམས་ཉལ་སོང་། དེར་ཆོས་སྐུ་ཀུན་བཟང་མ་ཞེས་གྲགས་པའི་གསོལ་འདེབས་དེ་མཛད། མོས་གུས་ཀྱི་གདུང་བས་ཆོས་རྗེ་མངོན་སུམ་དུ་གོ་རྫིངས་ཀྱི་ཁ་ན་ཐེབས། བུ་འཇིགས་པ་མེད་དོ་གསུང་ངོ་སྙམ་པ་ཞིག་ལ་ལྷགས་པ་འཛམ་ཉལ། དོའི་རྩ་ན་ཐེབས་འདུག་པས་ཉ་པའང་ཡིད་ཆེས། དེར་ཕྱི་ཁུར་གཅིག་ལ་བགོ་བཤའ་མཛད་དེ་ལོ་གཉིས

ཀྱི་གསོལ་བརྒྱུགས་མཛད་ཅིས། ལོ་གཅིག་སོང་བ་ན་དར་ཆགས། ཕྱི་དོའི་སློམ་ཆེན་པ་རྣམས་ཀྱིས་
ནན་གྱིས་སྤྱན་དྲངས་དོ་ཕྱིར་བྱོན། སླར་ནང་དུ་འདབ་ཅིས་སློམ་ཆེན་གཞན་འགའ་སོང་ཟེར་ནས་མ་
བྱོན་པར་ཞྭ་མོ་དོ་ལ་བྱོན། དེར་ཉེ་གནས་དགེ་འདུན་དར་ཞག་ཤས་བསྡད་ནས་འགྲོ་ཅིས་ལ། དར་
བཙན་ཐབས་སུ་ཞིག་ནས་ནང་དུ་ཞུས། དེར་ཆས་མང་བར་ཡོད་པ་ཁོ་ལ་གཏད་པས་སྲི་མ་ཤེས་པར་
འཇོད། དེ་དུས་ཆོས་རྗེས་དར་ཡོང་ལྟོས་གསུངས། གཞན་མི་སྣང་སྣམ་བུ་བརྒྱུང་བ་འདྲ་ཞིག་མཐོང་།
དེ་ལ་ཆོས་རྗེས་སྣ་དྲངས་བྱོན། ཕ་གིའི་རུ་གསེབ་ཏུ་ཕེབས་པའི་ཚེ། ཁྱེད་གང་ནས་འོངས་ཟེར། ངེད་
ཞྭ་མོ་དོ་ནས་འོངས་བྱས་པས་མཚོ་རུལ་ནས་སུས་བགྲོད་རྫུན་ཡིན་ཟེར། དགོང་མོ་རི་ལ་ཕྱུགས་
འཚོར་འགྲོ་བ་རྣམས་ལོག་ནས། ཁོང་རྣམས་ན་རེ། དེ་རིང་རུ་གསེབ་ཏུ་བཙུན་པ་གཉིས་མ་བྱུང་ངམ།
དེ་རིང་ལས་ལྷུད་མོ་ཆེ་བ་འོང་མ་མྱོང་ཟེར། ཅི་ཡིན། ཞྭ་མོ་དོ་ནས་ཁོང་གཉིས་ཆུ་ལ་མ་བྱིང་བར་
འབྱོན་པ་མཐོང་ཟེར་བས་ཀུན་དད། དེ་ནས་ཇོ་མོ་གངས་སོགས་སུ་རྒྱུན་རིང་བར་བཞུགས། ཨུ་རི་
བཏབ། འཕྲིན་ལས་དང་པོ་དེར་བསྐྱངས། གདམ་ངག་གི་གཙོ་བོ་ཐུབ་ལྔ་ལ་མཛད། དེ་ནས་རིང་
ཞིག་ནས་ཚོགས་པ་དམངས་རི་ལ་བཀྱེ། བརྒྱ་ལྷག་ཙམ་ཤུལ་འཛིན་པ་ལ་བཞག །དཔོན་སློབ་སྟོང་
ལྷག་ཙམ་གྱིས་གཙང་དུ་བྱོན་ནས་ཇོ་ང་སྒོ་གངས་ལ་བཞུགས། དེ་དང་འགོ་ཡུལ་དུ་དགོན་པ་མང་པོ་
བཏབ། དེ་ནས་དཀར་པོ་ཆོས་ལུང་བཏབ་སྟེ་ཚོགས་ཆེ་ཙན་ཁྲི་ཙམ། རྒྱུན་དུ་ཉིས་སྟོང་ལྷག་པ་འདུས་ཏེ།
འཕྲིན་ལས་བར་པ་དེར་བསྐྱངས། བརྒྱད་བརྒྱ་ཙམ་རི་ལ་བཀྱེ། ཆོས་ལུང་དུ་འདག་སྦྲར་ལ་ལྔ་བརྒྱ་
ཙམ་བཙུག །དེ་ལྷག་སྟོང་ལྷག་པ་ཞིག་ཕྱུག་ཕྱིར་ཁྲིད་དེ་ལྷོ་བྲག་མོན་སོགས་སུ་བྱོན། ལྷ་ཁང་དུ་
གདན་ཆགས། དེར་གཙུག་ལག་ཁང་གི་སོ་བྲན་སོགས་མཛད་དེ། དཔལ་སེངྒེ་རིར་དབེན་པ་བསྟེན་
ནས་བཞུགས་པའི་མཐར་དགེ་སློང་བསླབ་གཙང་སྟོང་དང་ལྔ་བརྒྱ་ལ་དཔལ་འཁོར་ལོ་སྡོམ་པའི་
དབང་བསྐུར། དེ་ནས་གང་འདོད་པའི་གདམ་ངག་གནང་འཕྲིན་ལས་མཐའ་མ་བསྐྱངས་ཏེ་དགུང་ལོ་
དྲུག་ཅུ་རྩ་བཞི་པ་ལ་ཞི་བར་གཤེགས་སོ། །ཆོས་རྗེ་འདིས་དགུང་ལོ་བཅུ་བདུན་པ་ལ་ཆོས་མཛད་
ཟེར་བ་སོགས་རྣམ་ཐར་ཆེན་པོར་ལྷད་ཤོར་བ་ཡིན་ཟེར་བས། འདི་ལྟར་རྣམ་ཐར་རྙིང་པ་རང་དུ་བྱུང་
བས་འཐད་དོ། །དེ་ལ་སློབ་མ་འཛམ་དབྱངས་མགོན་པོ་ལ་སོགས་པའི་མཁས་པ་རྣམ་གསུམ། ཙ་རི་
རས་ཆེན་སོགས་རས་པ་རྣམ་གསུམ། ཨ་ལོ་ཤཱཀྱ་གསུམ་སྟེ་རྣལ་འབྱོར་རྣམ་གསུམ་སོགས་མཐའ་
ཡས་པའི་འཛམ་དབྱངས་མགོན་པོས་མྱང་སྨད་ཀུ་རིང་འཕྲིན་ལས་བསྐྱངས། གཙོད་ཡུལ་ཟབ་དོན་
ཐུགས་སྙིང་དང་ཐབས་ལམ་རྡོ་རྗེ་ཚིག་འབྱེད་ཀྱང་འདིས་མཛད། གསང་མཚན་དོན་ཡོད་རྡོ་རྗེ་ཟེར་

བ་ཡིན། ཕྱིས་རྒྱ་ནག་རི་བོ་རྩེ་ལྔ་ལ་སྐུ་མ་སྤྱངས་པར་བྱོན། །བྲས་ཀྱི་གཙོ་བོ་ཙ་རི་རས་ཆེན་ཡིན། དེ་འཁྲུངས་ས་གཞུང་དགེ་རོང་སྟོད་སྟེའི་གྲོང་སྡད། ཡབ་རྒྱ་སྒྲོན་པ་འབུམ་ཞེས་ཁ་དྲག་པ་ཞིག་དང་། ཡུམ་གཙུང་བཟའ་སྒྲོམ་མ་ཞེས་བྱ་བ་ལོ་རས་ཀྱི་ལྕམ་མོ་གཉིས་ཀྱི་སྲས་སུ་འཁྲུངས། ནོར་ལོངས་སྤྱོད་བསམ་གྱིས་མི་ཁྱབ་པ་ཡོད་པ་ལ་ཡབ་སྤྱ་མོར་འདས་པའི་དགེ་བ་ལ་བཏང་། དགུང་ལོ་དགུ་པ་ལ་ཆོས་རྗེ་ལོ་རས་ལ་གོ་མིའི་དགེ་བསྙེན་མཛད། ཆོས་རྗེ་སེ་མོ་དོ་ལ་གཤེགས་དུས། བླ་མ་སྤྲ་རི་བའི་སར་སྟོད་དགེ་ཚུལ་བསྒྲུབས། སློབ་གཉེར་གྱིས་གསུངས། བཅུ་གསུམ་པའི་ཚེ་ཆོས་རྗེ་ཇོ་མོ་གངས་ལ་བྱོན་པ་ཐོས་ནས་ཕྱག་ཕྱིར་བྱོན་ཉེ་གནས་མཛད། གདམ་ངག་ཚང་བར་གནང་། སྐྱིར་མོ་ལུང་དུ་བྱོན་ནས་བསྙེན་རྫོགས་བསྒྲུབས། ཆོས་རྗེ་གཤེགས་རྗེས་གདན་ས་མཛད་དགོས་ཞུས་ཀྱང་མ་གནང་སྟེ། སྤྱན་སྔ་སྟོན་པ་ཆོས་ལུང་གི་གདན་ས་ལ་བརྫངས། བླ་མ་བདེ་གཤེགས་ལྷ་ཁང་དུ་བགོད། དགུང་ལོ་ཞེ་དྲུག་པ་ལ་གནས་མཆོག་དཔལ་གྱི་ཙ་རིར་བྱོན་ལོ་གསུམ་བཞུགས། ཐམས་ཅད་ཀྱི་མིག་ལྟོས་བྱས་མཛད། དེ་ནས་འཁོར་ཏེ་ཏི་སེ་ལ་སྐོར་ཅིག་བྱོན། དེ་དུས་ས་འབྲིའི་ས་སྔ་ན་བཞུགས་པ་ཀུན་གྱིས་ཞབས་ཏོག་ཞུལ་ཕྱིན་བསྒྲུབས། དེ་ནས་འཁོར་ཏེ་གདན་ས་མཛད་ནས་འཕྲིན་ལས་རྒྱ་ཆེར་བསྐྱངས་པའི་སློབ་མ་རྫོགས་ལྡན་མགོན་པོ་ཡེ་ཤེས། གྲུབ་ཐོབ་གསེར་སྒོམ། ཁྲི་སྒོམ་ཆེན་པོ་ལ་སོགས་པ་མཁས་པ་དང་གྲུབ་པ་བསམ་གྱིས་མི་ཁྱབ། དེ་ལྟར་ཁྲུ་དབོན་གཉིས་ལས་བརྒྱུད་པ་སྨད་འབྲུག་ཅེས་བྱ། གཏོས་སའི་དྲིག་པ་ཙམ་ཀུན་ལ་གྲགས། ཕྱིས་རོང་སྤྱང་ཆེན་དུ་འཁྲུངས་པའི་གཙང་ཆེན་ཆོས་ཀྱི་དབང་ཕྱུག་གིས་ཡོ་མ་ཆོས་སྡིངས་སོགས་དྭགས་ཀོང་ལྷོ་རྒྱུད་སོགས་སུ་དགོན་གནས་དུ་མ་བཏབ། རྒྱལ་དབང་རྗེ་ལ་སྐྱོར་གཏོད་ཞུས་ཀྱང་དེ་ཉིད་རིང་པོར་མ་ལོན་པར་གཤེགས་ནས། སྦྲུམ་པ་ལ་བདེ་གཟར་གྱིས་ཁག་པའི་སྐབས་སུ་སྦྲུམ་པས་སྤྲུལ་སྐུ་ཞྭ་དམར་པ་ལ་སྐྱོར་གཏོད་བྱས་ཏེ་ཆོས་བརྒྱུད་དེ་ཁར་འདུག་པའི་ལུགས་སོ། །

རྒོད་ཚང་པ་ནི་འཁྲུངས་ས་ལྷོ་ལ་ཡག་གི་དོལ་བུ་ཆུང་གི་ཁྲར། ཡབ་ཆུ་ཆལ་མོན་གྲགས། ཡུམ་བཟུག་མོ་དཔལ་རྒྱན་གཉིས་ཀྱི་སྲས་སུ་འཁྲུངས། མཚན་མགོན་པོ་རྡོ་རྗེ། སྐུ་ཕྲ་མོའི་དུས་བྲོ་པའི་ལད་མོ་མཛད་པས་པག་ཤི་དོན་གྲུབ་སེངྒེར་གྲགས། དེ་ར་སློབ་དཔོན་ཞང་ལ་འགྲེལ་ཆུང་། སྟོང་ལ་དབུ་མ། ཡུ་བ་པ་ལ་སྤྱོད་འཇུག །ཞ་ཞ་ལ་ལམ་རིམ་གསན་པས་ཚར་རེས་ལེགས་པར་མཁྱེན། དེའི་ཚེ་གཙང་ནས་གླུ་མཁན་བཞི་བྱུང་། དེ་རྣམས་ཀྱིས། དགོན་པ་ར་ལུང་གི་ཆོས་རྗེ་རྒྱ་རས་ལ། །ཚེ་འདི་ཕྱི་གཉིས་ཀྱི་བདེ་ལེགས་ཡོད། །དམ་པའི་ལྷ་ཆོས་ཤིག་བྱེད་ན་དེ་རུ་གཤེགས། །སྙིང་ནས་རང་ཆོས

ཤིག་བྱེད་ན་དེ་རུ་གཤེགས། །ཟེར་ཐོས་པའི་མོད་ལ་དད་པ་བཅོས་མིན་ཞིག་སྐྱེས་ནས་ཡབ་ལ་ཞུས་ཏེ་བྱོན། ཆོས་རྗེ་མཛལ་ཕྱག་རྒྱ་ཆེན་པོའི་སྒོམ་ཁྲིར་ཐུན་གཅིག་མ་ཞིག་གནང་། བསྒོམས་པས་ཞག་བཅོ་བརྒྱད་ལ་རྟོགས་པ་ཐུན་མོང་མ་ཡིན་པ་ཤར། འབྲི་གུང་སོགས་བསྐོར་སྐྱར་འབྲུག་ཏུ་ཕེབས། ཆོས་རྗེ་སྐུ་བསྟུང་བའི་སྐུ་རིམ་ཐུན་པའི་ཁྲོད་དུ་ཡོད་པས། ཆོས་རྗེའི་གསུང་ནས་ཐུན་པ་མ་གིའི་གསེབ་ན་བསྟན་པ་འཛིན་པའི་སྐྱེས་བུ་ཞིག་ཡོད་པ་ཡིན་གསུངས། གདམ་ངག་ཆོས་རྗེ་དབོན་ལ་བཅད་པས། བླ་མ་ཆོས་རྗེ་རས་པ་ཡིན། །དྲིན་ཅན་སངས་རྒྱས་དབོན་རས་ཡིན། །གསུངས། དེ་ནས་དེར་བསྙེན་པར་རྫོགས་ཏེ། ལྷོ་བྲག་མཁར་ཆུར་སྒྲུབ་པ་ལོ་གསུམ་སྟོན་ཁ་དམ་ལ་བཏགས། ཕོ་མ་ལྷ་ཁབ་ཏུ་བླ་མ་སྒྲུབ་པ་ལོ་གསུམ་མཛད་པའི་སྐབས་ཤིག་ཆོས་རྗེ་རས་པ་དེ་ས་བཅུ་པའི་བྱང་ཆུབ་སེམས་དཔའ་ཡིན་སྙམ་པ་བྱུང་། དེ་མ་ཐག་སེམས་སངས་རྒྱས་སུ་ངོ་སྤྲོད་པའི་བླ་མ་ས་བཅུ་པར་མཐོང་བ་ཁྲིད་འདྲ་བའི་ལོག་ལྟ་ཅན་ཞེས་རང་ལ་སྨད། དེ་ནས་བླ་མ་ལ་སངས་རྒྱས་ཀྱི་འདུ་ཤེས་འབྲལ་མ་མྱོང་། དེར་ཤིག་ནད་ཐུབ་དང་འགྲོ་ཡིན་འགྲོ་ཡིན་ལ་གཉིད་དུ་འགྲོ། སྣང་བ་སྒྱུལ་གྱིས་ལྟེམ་གང་བ་བྱུང་བས་ས་ནད་ཀྱི་དོགས་པ་བྱུང་། དེ་ནས་སྟོད་ཛ་ལནྡྷ་རའི་བར་དུ་བསྐོར། དེར་མཁའ་འགྲོ་མས་དངོས་སུ་བྱིན་གྱིས་བརླབས། དེ་ནས་ལོག་ཙ་རི་ལ་བྱོན། དེར་གནས་ནང་གི་སྒོམ་ཆེན་རྣམས་ཀྱི་ཆས་འདྲེན་པའི་ཁྱུར་པ་མཛད་སྐུ་རྒྱབ་ལ་སྐལ་བ་བྱུང་། རྣག་ཁྲག་ཞབས་རྗེང་དུ་ནར་རེ་འཛག་པ། དེ་དུས་སྐུ་ལུས་ནང་ནས་ནང་ཁྲོལ་ཐམས་ཅད་ཐོན་པ་ཞིག་རྨིས། འདི་མི་ལྡོག་གམ་བྱས་པས་མི་དཀར་པོ་ཞིག་ནས་བརྩོན་འགྲུས་ཆུང་ན་ལྡོག་ཟེར། དེ་ལྟར་སྒྲིབ་པ་དག་ཕོ་བྲང་དུ་སྒྲུལ་པའི་ལྷ་ཞལ་ནམ་འདོད་གཟིགས། དེར་ལོ་བཞུགས་མཛད། སྐུས་ནད་ཀྱི་དོགས་པ་དེར་གྲོལ། དེ་ནས་ཡར་བྱོན། སངས་རྒྱས་དབོན་གྱིས་གསུང་ནས། ད་ངའི་ཁྲིད་གཉེར་ལ་སྡོད་གསུངས། སྟོད་དུ་འགྲོ་བར་ཞུས་པས། འོན་དེ་ལྟར་གྱིས་གསུངས། དེ་ནས་ཤྲཱི་ལ་བྱོན་བསྒྲུབ་པ་མཛད། ལྷག་པར་ཏཱི་སེ་རུ་བཞུགས་ནས་མི་ང་དང་གཅིག །བྱ་ཁྱོད་དང་གཉིས། བྲག་འདི་དང་གསུམ་མིང་གཅིག་ཏུ་མ་སོང་ཚུན་མི་སྒྲུབ་རི་ཞེས་དམ་བཅས་ཏེ་བསྒྲུབས་པས་ཏཱི་སེ་རུ་པ་ཞེས་མཚན་ཐོགས། དེར་ཞིག་པོ་བྱང་དཔལ་སླེབས། ཕྱར་བྲག་ཕུག་དོག་པར་ཡོད་པ་ལ། སྣང་བ་འདི་ཚོ་ཟང་ངེ་དང་ཐལ་ལེ་རང་དུ་འདུག་པ་གསུང་གིན་གཅོད་ཅིང་གཤགས་པས་ཡངས་པོར་སོང་། ཞིག་པོས་འདིར་ཚང་མལ་བཅའ་ས་སོགས་དགོས་པ་ཞུས་པས་སྐྱར་ཙུང་ཟད་ཅིག་བརྐྱིགས་སོ། །དེ་ནས་གྲུབ་ཐོབ་ཀྱི་གྲགས་པ་ཐོན་ཏེ། བར་འབྲོག་རྗོར་གླིང་། སྙེང་འགྲོ། གཉལ་ནང་བདེ་ཆེན་སྟེངས་སོགས་སུ་གཙོ་བོ་སྒྲུབ་པ།

སེང་བར་ལ་ཆོས་བཤད། དེའང་ཁྲིད་ཆེན་བརྒྱད་དུ་མཛད། སྐལ་བ་དང་ལྡན་པ་རྣམས་རྗེས་སུ་བཟུང་བ་ཡིན་ནོ། །ཆོས་རྗེ་འདིའི་སྐུ་འཁོར་ན་སློབ་མ་བཞུགས་པ་རྣམས་ནི་ཐ་མལ་པ་སྐད་ཡིན་པར་བརྫུས་པ་མ་གཏོགས་མཁའ་འགྲོ་མ་འབའ་ཞིག་སྟེ། ངའི་སློབ་མ་སླེ་ཐུལ་ཅན་འདི་རྣམས་ཉིན་མོ་ང་ལ་ཆོས་ཉན། ནུབ་མོ་ནཱ་རོ་པའི་ཕྱི་རྟེན་བཀྲ་ཤིས་སྒོ་མང་ལ་སྐོར་བ་བསྐོར་ཏེ་ཨུ་རྒྱན་དུ་ཚོགས་ཀྱི་འཁོར་ལོ་ལ་འགྲོ་བ་ཡིན་གསུངས། ནཱ་རོ་པའི་ཕྱི་རྟེན་གསུངས་པ་དེ་ར་ལུང་གི་མཆོད་རྟེན་ཡིན། དེ་བཞིན་བདེན་པ་གྲུབ་ཐོབ་ཨུ་རྒྱན་པས་ཆོས་རྗེའི་ཁྲིད་གཉེར་མཛད་པ་ན་སློམ་མ་དང་གྲུབ་ཆེན་བསྲེས་ནས་ཆོས་ཉན་པར་དབྱེས་ཕྱེ། བཙུན་པ་སྟོད། བཙུན་མ་ཁྲམས་སྨད་དུ་འཛོག །འགའ་ཞིག་ཨུ་ཚུགས་ཀྱིས་གོང་དུ་འཚངས་པ་བརྟངས་པས། ཨུ་རྒྱན་དུ་བུད་མེད་དེ་དག་ཚ་ལུགས་དེ་ཁོ་ན་བཞིན་བྱུང་ནས་རྗོ་ཆར་ཕབ་དབུ་ཆག །སླར་རླུང་གིས་གསོས་པ་ཡིན་ནོ། །དགུང་ལོ་བདུན་ཅུ་ལ་གཤེགས་སོ། །

དེ་ལ་སློབ་མ་རྟོགས་པ་རང་དང་མཉམ་པ་ཡང་དགོན་པ། བརྟུལ་ཞུགས་རང་དང་མཉམ་པ་ཨོ་རྒྱན་པ། ཞེ་བཅད་རང་དང་མཉམ་པ་སྤྱིལ་དཀར་བ། མོས་གུས་རང་དང་མཉམ་པ་ནེ་རིངས་པ་བཞི། གཞན་ཕུ་རི་བ། མ་བདུན་པ་སོགས་བསམ་གྱི་མི་ཁྱབ་པ་ཞིག་བྱོན་པའི། ཡང་དགོན་པ་ནི་ལ་སྟོད་ལྷོ་ལྷ་གདོང་དུ། སྤགས་བརྒྱུད། ཡབ་རྗེ་བསམ། ཡུམ་ཆོས་མཐོང་གི་སྲས་སུ་འཁྲུངས། གདུང་རུས་སྟོང་། ཞལ་དམར་བ། ཀོ་བྲག་པ་ས་པཎ། རྗེ་སྤྱན་སྔ་བ། དྲོད་ཚུང་བ་སོགས་བསྟེན། ཁྱད་པར་རྒོད་ཚང་པ་སྐུ་དྲིན་ཆེ་ཤོས་སུ་འཛིན་པས་རྗེས་འཇུག་རྣམས་དེའི་ལུགས་འཛིན། མཁས་པ་དང་གྲུབ་པར་བོད་ཀྱི་མི་གཅིག་ལ་ཀུན་མཐུན་གྲུབ་པོ། །དེའི་སློབ་མ་སྤྱན་སྔ་རིན་ལྡན་དིང་རིར་འཁྲུངས། ལྷ་གདོང་ན་སྤྲུལ་པའི་སྐུ་བཞུགས་ཞེས་གསན་ནས་མོས་གུས་སྐྱེས། དགུང་ལོ་བཅུ་གཅིག་པ་ཞིག་གིས་ཕྱག་ཕྱིར་བྱོན། དེ་ནས་མ་གཤེགས་པར་སྤྱན་སྔར་བཞུགས་པས་སྤྱན་སྔ་ཞེས་གྲགས་སོ། །དེའི་སློབ་མ་ཟུར་ཕུག་པ་རིན་ཆེན་དཔལ་བཟང་། དེའི་སློབ་མ་ཆོས་རྗེ་འབའ་ར་བ་སྟེ། ཤངས་ཀྱི་ཆབ་ལུང་པར་དཔོན་འབུམ་ཞེས་པའི་སྲས་སུ་འཁྲུངས། གཞོན་ནུ་ནས་ཆོས་རྗེ་བླ་མ་དམ་པ་བསོད་ནམས་རྒྱལ་མཚན་པའི་གསོལ་ཇ་བ་མཛད། གསན་པའང་ལེགས་པར་མཛད། དེ་ནས་ངེས་འབྱུང་དྲག་པོ་འཁྲུངས་ནས་ཆོས་ལ་བྲོས་ཟུར་ཕུག་པ་ལས་དཀར་བརྒྱུད་ཀྱི་གདམ་ངག་གསན་ཏེ་བསྒོམས་པས་རྟོགས་པ་མཆོག་ཏུ་གྱུར། འབའ་ར་བྲག་ཏུ་དོན་གྲུབ་སྡིངས་བཏབ། དེ་ལས་སློབ་བརྒྱུད་ཀྱིས་བོད་ཀུན་བཀང་། ཡང་སློབ་མོན་རྩེ་བ་ཞེས་པ་ལས་མཆེད་ནས་འབྲོག་དབུས་གོང་པོ་སོགས་སུ་དར།

དབུས་སྐྱོན་ཀུན་དགའ་བཟང་པོ་ལས་ཀྱང་མང་དུ་མཆེད། གདན་ས་ནི་དབོན་བརྒྱུད་ཀྱིས་བཟུང་སྟེ། དེ་དག་ལས་ཀྱང་གྲུབ་པའི་སྐྱེས་བུ་ཚད་མེད་པ་བྱུང་སྟེ་སྟོད་འབྲུག་གི་རྐང་འབའ་ར་བ་ལ་ཐུག་ཨུ་རྒྱན་པ་ནི་ཐུར་ཆོའི་གོ་ལུང་དུ་ཡབ་རྗེ་ཕན། རྟུས་རྒྱུད་མཆེད་བཞི་བྱུང་བའི་བགྲེས་ཤོས་གོ་ལུང་པ་ཞང་མདོ་སྡེ་དཔལ། དེ་འོག་གཞོན་ནུ་དཔལ། དེ་འོག་མི་ཆོས་པ། ཆུང་ཤོས་སེངྒེ་དཔལ་ཡིན། དེས་ལོ་བདུན་ནས་རྒོད་ཚང་པ་ལྷུ་ཏ་ར་བྱིན་པ་ལ་དགེ་བསྙེན་བླངས། དེ་ནས་བཅུ་དྲུག་གི་བར་དུ་མ་ཕྱུར། བདེ་དགྱེས། ཕྱག་རྡོར། ཡོ་ག་རྒྱུད་ཕྱག་ལེན་དང་བཅས་པ་ལ་བསླབས། བཅུ་དྲུག་པ་ལ་བོ་དོང་ཨེར་བྱོན། བོ་དོང་རིན་རྩེ་ལ་མངོན་པ་གོང་འོག །ཚད་མ་རྣམ་ངེས། ཤེས་རབ་འགྲེལ་ཆུང་བསླབས་ཏེ་འཆད་རྩོད་རྩོམ་གསུམ་ལ་འགྲན་ཟླ་མེད་པར་གྲགས། རྡོ་རྗེ་མདོ་སྡེ་དཔལ་ལ་འགྲེལ་ཆུང་གསན། འདུལ་བའི་སྐོར་གཟིགས་པས་བག་ཆགས་མཐུན་པར་འདུག །ཁྱད་པར་ལས་བརྒྱ་རྩ་གཅིག་པ་གཟིགས་པ་ཙམ་གྱིས་ཐུགས་ལ་ཆུད། དགུང་ལོ་ཉི་ཤུ་པ་ལ་བོ་དོང་རིན་རྩེས་མཁན་པོ། ཞང་བསམ་གླིང་པས་སློབ་དཔོན། སློབ་དཔོན་བསོད་འོད་པས་གསང་སྟོན་མཛད་ནས་ཚིགས་རྫོགས་བསྒྲུབས། མཚན་རིན་ཆེན་དཔལ་དུ་གསོལ། དེ་ནས་ལོ་བཅུ་གཉིས་སུ་སྐྱན་གཅིག་པའི་བརྟུལ་ཞུགས་གཟུང་ཤའང་མ་གསོལ། བོ་དོང་རིན་རྩེ་ལ་དུས་འཁོར་འགྲེལ་ལུགས། གོ་ལུང་པ་མདོ་སྡེ་དཔལ་ལ་ཆག་ལུགས་ལེགས་པར་སྦྱངས། ཁོང་གིས་དུས་འཁོར་བ་སངས་རྒྱས་རྡོ་རྗེ་ལ་རྩ་མི་ལུགས་ཉེན་གསུངས། རོང་ལ་བཙྟངས། ཟླ་བ་བཅུ་གཅིག་ཏུ་ཕྲན་དང་བཅས་པ་གསན། དེར་ཁོང་ཆོས་བཅག་ནས་སེར་ཆགས་ལ་བྱོན་པས་ཅུང་ཟད་མ་གྲུས། ལྷག་པར་རྒྱུད་འདི་ལ་རྫོགས་པའི་རིམ་པ་འདི་མིན་པ་ཞིག་འོང་ཐང་སྐམ་པ་དང་། དཀའ་གནད་མང་པོ་སྤུས་ཀྱང་རྟོགས་པ་མ་ཆོད་པར་ཡོད་པས་ཤམྦྷ་ལ་རང་དུ་འགྲོ་དགོངས། དེ་ལ་ཆོས་རྗེ་རྒོད་ཚང་པའི་གྲྭ་པ་རྣམས་རྐང་ཤོ་རྒོད་འདུག་པས་ཟླ་བོ་འོང་། ཕྱར་སྐོར་ཅིག་ཤོག་གསུངས་པ་ཡོད་སྐམ་ཆོས་རྗེ་སྐྱེ་ནམ་བདེ་ཆེན་སྟེང་དུ་བཞུགས་པ་མཇལ། རྒོད་ཚང་པས་སང་གི་ཉི་མ་ལ་ལས་ཅན་གྱི་སློབ་མ་ཞིག་འོང་བ་ཡིན་གསུངས། མཇལ་ནས་སློབ་དཔོན་རྗེ་བཙུན་ཞེས་དགྱེས་དགྱེས་མཛད། དེར་དཔོན་སློབ་འཕྲོས་ལ་ལོ་རྒྱུས་ཞུས་པས། ཧེ་འདྲ་ཧེ་འདྲ་ལ་མ་བདེ་གསུངས། འདི་ལྷ་བུ་ལ་མ་བདེ་ཞུས་པས། དེ་འདི་དང་འདི་མིན་ནམ་གསུངས་པས་མ་བདེ་བ་ཕལ་ཆེར་ཁྲོལ། སྨན་མིན་འགའ་ཞིག་ཕྱིས་ཤེས་པར་འགྱུར་རོ་གསུངས། དེར་འདི་ལྷ་བུའི་དུས་ཀྱི་འཁོར་ལོ་མཁས་པར་མཁྱེན་པ་སུ་ལ་གསན་ཞུས་པས། ངས་གཞན་ལ་མ་ཞུས་ཤྲཱི་རི་ར་བསྟོད་དུས་བུད་མེད་དམར་མོ་ཞིག་གིས་པོ་ཏི་བྱིན། དེ་མེད་པའི་སྣང་བ་བྱུང་ནས་ཆོས་གང་ལའང་མི་ཤེས་པ་མ

བྱུང་བ་ཡིན་གསུངས། འོ་ན་བདག་ལ་དུས་ཀྱི་འཁོར་ལོའི་དབང་གནང་དགོས་ཞུས་པས། སློབ་དཔོན་ཇོ་བཙུན་རང་གསོལ་བ་ཐོབ་ཅིག་གསུངས། དེར་གསོལ་བ་བཏབ་པས་ཐོ་རངས་རྨི་ལམ་དུ་དུས་འཁོར་བ་སངས་རྒྱས་རྡོ་རྗེ་ཡིན་ནོ་སྙམ་པ་ཞིག་གིས་དཀྱིལ་འཁོར་གྱི་ལས་རིམ་རྒྱས་པ་བྱས་ཏེ་དབང་བསྐུར་རྫོགས་པར་སྨིན་པ་རྨིས། གཉིད་སད་དུས་ཉི་མ་ཤར་འབོལ་སོང་སྣང་། དྲུང་དུ་ཕྱིན་པས་སློབ་དཔོན་ཇོ་བཙུན་ཐུགས་ཆེམ་མམ་གསུངས། ཆེམ་ལགས་ཞུས་ཏེ། དེ་ཕྱིན་ནས་ཆོས་རྗེ་སངས་རྒྱས་དངོས་སུ་གཟིགས་པ་ཡིན། དེར་བཀའ་ལས་ཤཱཀྱ་ལ་ན་ལས་འབྲེལ་མི་འདུག །དངོས་ཀྱི་ལས་འབྲེལ་ཨུ་རྒྱན་དུ་འདུག་དེར་སོང་གསུངས། ཐོག་མར་བྱང་མི་མེད་ཀྱི་ཐང་ལ་ཟླ་བ་དགུ་བཞུགས། དེ་ནས་ཏི་སེ། མར་ཡུལ། ག་ཤ ཛ་ལནྡྷརའི་བར་དུ་བྱོན། དེ་ནས་གྲོགས་མཆེད་ལྔ་ཡོད་པའི་གསུམ་སྟོད་མིན་པར་མཁྱེན་ནས་སློག །དཔལ་ཡེས་ཁྲིད་དེ་ཨུ་རྒྱན་དུ་བྱོན། ལམ་དུ་ཆོ་འཕྲུལ་བསམ་གྱིས་མི་ཁྱབ་པ་བྱུང་། ཁྱད་པར་ཆོས་རྗེའི་དྲུང་དུ་སྒོམ་མ་བརྡུངས་པ་རྣམས་ཀྱིས་རྡོ་ཆར་ཕབ། བརྟུལ་ཞུགས་ཀྱིས་ཞལ་གྱིས་མནན་ཏེ་ཨུ་རྒྱན་མཐིལ་དུ་བརྫོལ། ཧེ་རུ་ཀ་རང་བྱུང་གི་ཕོ་བྲང་དེ་ཐོག་མར་ཀ་མ་རྡ་ཀོ་ཞེས་པའི་གནས་རི་ཞིག་ཏུ་གཟིགས། དེ་ནས་རྡུ་མ་ཐ་ལར་སྨད་འཚོང་མ་ཞིག་གིས་ཐུག་པ་ཕོར་གང་ཁྱེར་བ་འཕྲུངས་པས་སྐད་ཅིག་ལ་ལུས་མི་གཅིག་པ་བཅུ་བདུན་བླངས་པའི་སྣང་བ་བྱུང་། དེ་སངས་པ་ན་སྔར་གྱི་གནས་སོགས་ཐམས་ཅད་དཀྱིལ་འཁོར་གྱི་འཁོར་ལོ་མངོན་སུམ་ལྟ་བུར་གཟིགས། ཁྱད་པར་བཅོམ་ལྡན་འདས་མས་རྡོ་རྗེ་གསུམ་གྱི་བསྙེན་སྒྲུབ་སྩལ། སྨད་འཚོང་མ་དེས་ཀྱང་གདམས་པ་དང་། རིག་པ་མེད་པའི་རྡོའི་འོག་ཏུ་ལོ་གཅིག་བསྒོམས་ན་རྒྱ་གར་གྱི་གྲུབ་ཐོབ་བརྒྱད་ཅུ་རྩ་བཞིའི་གཅིག་དང་མཉམ་པར་འགྱུར་ཞེས་ལུང་བསྟན། གཞན་ཡང་རྣལ་འབྱོར་མ་བཞི་དང་མཇལ་ཏེ། དཔལ་ཡེས་སྐྱེལ་བ་ལ་བོད་དུ་ལོག་འབྱོན་དགོས་བྱུང་བ་ཡིན། རྩར་ལམ་ཁ་ཆེ་བརྒྱུད་བླ་ཆེན་དེ་ཁྱིམ་གྱི་བླ་མཆོད་དུ་བཟུང་། ཁོང་ཆོས་བྱེད་ཟེར་ཁྲིད་བྱོན་པ་ལམ་དུ་རྒོད་ཚང་པ་གཤེགས་པ་གཟིགས་ཏེ་སླར་སློག །ཆོས་རྗེ་རང་རྡོ་རྗེ་གླིང་དུ་བྱོན། རྒོད་ཚང་པའི་ནང་རྟེན་གདན་ས་ལ་སོགས་པའི་བཅའ་བཀོད་མཛད། འཕྲིན་ལས་ཆེ་བས་ཕྱིས་མངའ་རིས་རྒྱལ་པོ་འཁོར་བཅས་རབ་ཏུ་བྱུང་། རྒྱ་གར་རྡོ་རྗེ་གདན་དུ་བྱོན། རྒྱལ་པོ་ཤིང་གཏན་ཅན་རམ་པཱ་ལས་སྦྱིན་བདག་བྱས། ཚོགས་བདག་དམ་ལ་བཏགས། ཕྱག་རྒྱ་ཆེན་པོ་དང་ཀུན་རྫོབ་བྱང་ཆུབ་སེམས་ཟུང་འཇུག་གི་རྟོགས་པས་ཕུ་གྲོལ་མདའ་གྲོལ་དུ་སོང་། དེ་ཕྱིན་སྤྱན་ཟུར་གྱིས་གཟིགས་པ་ཙམ་གྱིས་ཀྱང་ནད་དང་གདོན་ལས་གྲོལ་བར་བྱེད་ནུས། ལྷ་འདྲེ་མི་གསུམ་ཞལ་གྱིས་མནན། མདོ་རྒྱུད་འདི་མི་མཁྱེན་བྱ་བ་མེད། ཁྱད་

པར་རྒྱ་ནག་ཏུ་བྱོན། ལམ་དུ་ཀརྨ་པས་བསྟན་པ་འཛིན་རོགས་བཅོལ་རྒྱ་ནག་ཏུ་རྒྱལ་པོ་ཧུ་པི་ལི་སེ་ཆེན་ཏན་གྱིས་སྤྱན་དྲངས་པ་བཞིན་བྱོན། ལོ་གཅིག་ལ་ཕྱིར་ལོག །དངོས་པོ་ཁབ་ཙམ་ཡང་མ་བསྣམས། དགུང་ལོ་བདུན་ཅུ་པ་ལ་གཤེགས། བསྙེན་སྒྲུབ་སྐྱལ་བའི་སློབ་མ་རིན་པོ་ཆེ་མཁར་ཚུ་བ། ཀརྨ་པ་རང་བྱུང་རྡོ་རྗེ། བླ་མ་དབུ་མ་པ། མཁས་བཙུན་བསོད་ནམས་འོད་ཟེར། རྟོགས་ལྡན་ཟླ་བ་སེངྒེ། རྟོགས་ལྡན་གཡག་མགོ་བ། ཆོས་རྗེ་ཀུན་དགའ་དོན་གྲུབ། གྲུབ་ཐོབ་ཚ་ཚུང་བ། ཤོང་རྡོ་རྗེ་རྒྱལ་མཚན། ཤོང་བློ་བརྟན་སོགས་བསམ་གྱིས་མི་ཁྱབ་པ་གསུངས་ལ་ངས་རྡོ་རྗེ་གསུམ་གྱི་བསྙེན་སྒྲུབ་འདི་ཁ་བཤད་ན་ལུང་པ་གྲུབ་ཐོབ་ཀྱིས་འགེངས་པ་ཡིན་ཏེ། འབྲུག་པའི་ཞེན་བྱས་ཁྲིད་ཆེན་བརྒྱད་པོ་འདི་རང་བཤད་ཅེས་གསུངས། རྟོགས་ལྡན་ཟླ་སེང་པ་ནི་གྲུབ་ཆེན་པའི་གསུང་ལ་འདྲིས་པས་ཟིན་བྲིས་ཕལ་ཆེར་ཁོང་གིས་བཏབ། དེའི་སློབ་མ་མཆིང་བུའི་མཁན་པོ་བྱང་ཆུབ་སེངྒེ། དེའི་སློབ་མ་འཕགས་མཆོག་བསོད་ནམས་དཔལ་ཏེ། དང་པོར་ཆོས་རྗེ་གངས་པ་ལ་བཏུགས། ཁྲིད་ཞབས་ཕལ་ཆེར་མ་ཚར་བ་ལ་བླ་མ་གྲོངས། མཁན་ཆེན་བྱང་ཆུབ་སེངྒེ་ལ་བཏུགས་ཚུ་བར་དུ་བསྒོམས་པས་རྟོགས་པ་བརྙེས་པ་ཡིན། དེ་ལ་ཁྲོད་ཕྲུག་གྲགས་པ་འབྱུང་གནས། དེའི་སློབ་མ་ཁ་རག་པ་རྒྱ་མཚོ་དཔལ། དེའི་སློབ་མ་ཁ་རག་གྲུབ་ཆེན་བསོད་ནམས་རྒྱལ་པོ། དེ་ལས་རྒྱལ་དབང་རྗེས་གསན་ནོ། །

སྤྱིལ་དཀར་བས་འབྲི་མཚམས་སུ་བ་རི་སྤྱིལ་དཀར་བཏབ། འོད་གསལ་འཁོར་ལུག་ཏུ་མངའ། སྐུ་ཆེ་ཕལ་སྒྲུབ་པ་ལ་བསྐུལ་བ་ཡིན། །ནེ་རིངས་པ་ནི། རྒོད་ཚང་པ་རང་གིས་མཇལ་བ་ཕ་གྲུབ་པ་ཞིག་པོའི་དབོན་པོ་ཡིན། རྒོད་ཚང་པ་ལ་གདམས་པ་གསན། གྲུབ་པ་བརྙེས། ཕལ་ཆེར་སྐུ་མཚམས་རང་ལ་བཞུགས་པས་ནེ་རིངས་ཆོས་རྗེ་སྐྱབས་པས་ཆེ་ཟེར། འཕགས་པ་རིན་པོ་ཆེ་རྒྱ་འཁོར་ནས་བྱང་ལམ་དུ་ཕེབས་དུས་བོད་བྱིང་བསུ་བ་ལ་བྱོན། ཁོང་མ་བྱོན་པར་ཆོས་རྗེ་ཤཱཀྱ་དཔལ་བཙུགས། ཤིན་ཏུ་གྲང་། ལྷག་པར་ཁ་བ་ཆེན་པོ་ཞིག་བྱུང་བས་ཐམས་ཅད་འོ་བརྒྱལ། ཁོང་དབོན་སློབ་ཅིག་བསུ་མཛད། ན་བཟའ་སྲབ་པ་འཕགས་པས་ལྷར་གནང་བས་ཅིག་པུའི་མཐའ་སྐོར་ཐག་ཞགས་ཙམ་གྱི་ཁ་བ་ཞུནས་སྐམ་རུག་གེ་བྱུང་། དེས་འཕགས་པ་དགྱེས་ནས་ཆེ་བསྟོད་དུ་གངས་ཅན་ཤཱཀྱའི་དཔལ་དུ་བཏགས། འདི་གནས་རྙིང་པའི་ཞལ་ངོ་ཡིན། ཁོང་གི་རྗེས་སུ་ཆོས་རྗེ་ཀུན་དགའ་དཔལ་ལའང་གངས་ཅན་ཀུན་དགའ་དཔལ་ཞེས་ཟེར། ཁོང་དང་མཚན་མཐུན་པས་མོན་རྩེ་བའི་སློབ་མ་ཀུན་དགའ་དཔལ་ལའང་གངས་ཅན་ཀུན་དགའ་དཔལ་ཟེར་བ་བྱུང་། དེ་དུས་གནས་རྙིང་སྟོད་འབྲུག་ཏུ

ཡོད་ཟེར། ནེ་རིངས་པ་རང་གི་དཔོན་རྒྱུད་ཀྱང་ལེགས་པར་བྱུང་བ་ཙ་རི་ཏྲི་སེ་སོགས་འཛིན་པ་ལ་དོ་གལ་ཆེ་བར་མཛད་པ་ཡིན་ནོ། །དེ་ལྟ་བུའི་ཆོས་རྗེ་རྒོད་ཚང་པ་དཔོན་སློབ་བརྒྱུད་པ་དང་བཅས་པ་ལ་སྟོད་འབྲུག་ཅེས་གྲགས་ཤིང་། གནམ་གྱི་སྐར་མ་ཙམ་ཞེས་མང་བའི་དཔེར་ཀུན་གླེང་བ་འདིའོ། །ཆོས་རྗེ་གཙང་པ་རྒྱ་རས་ཀྱི་སྐུ་དངོས་ཀྱི་གདན་ས་བ་ནི་སངས་རྒྱས་དཔོན་ཡིན། དེ་ནི་ཆོས་རྗེའི་གཅེན་པོ་ལྷ་གཉན་ལ་སྲས་གཉིས་བྱུང་བའི་ཆེ་ཤོས་ཡིན། ཆུང་བ་དཔོན་སྟག་ཆོས་རྗེ་འབྲུག་ཏུ་བཞུགས་པའི་དུས་ཉེ་གནས་ལ་དེ་རིང་ཆོས་སྐྱོང་འགོ་བའི་མི་ཞིག་འོང་གཏོར་མ་གྲབས་གྱིས་གསུངས། དེའི་ཉིན་ཕྱོན་དབུ་སྐྲ་བཅད། མཚན་དར་མ་སེངྒེ། དེ་ཉིད་དུ་ཆོས་སྐྱོང་གི་དབང་གནང་། གཞན་གདམས་པ་རིམ་གྱིས་གསན། བསྙེན་སྒྲུབ་མཛད། བསྙེན་པར་རྫོགས། ཆོས་སྐྱོང་དམ་ལ་ཐོགས། སྟེ་བརྒྱུད་ལས་ལ་བཀོལ་བ་ཡིན་ཏེ། ཆོས་རྗེ་དཔོན་སློབ་གཞུང་དུ་ཕྱོན་པའི་ཚེ་འབྲུག་གི་གནས་བརྟན་དུ་བཞག །ཤིང་གཏོར་ཆེ་བ་བསགས་པས། ཆོས་རྗེ་ཕྱིར་ཕྱོན་དུས་མི་གཅིག་གིས་བསགས་པའི་ཤིང་རང་མང་གསུངས། དེར་ལུང་པའི་ཕྱུགས་རྫི་ཞིག་དེར་བསླེབས་ནས་ཤིང་ཁོང་གཅིག་པུ་མིན། མི་མགོ་སྣ་ཚོགས་བྱས་པ་རྐྱང་གིས་བསགས་སོ་ཟེར། ཕྱིས་འབྲུག་ཏུ་ཞིང་གཅིག་སློག་པའང་ཉེ་གནས་ལ་ཚ་བ་འཕྱི་བ་ཞིག་གྱིས། དེ་བར་མ་འོང་གསུང་པ། ཁོས་ཚད་ལ་ཁྱེར་ཕྱིན་པས་ཞིང་གི་སྟེང་སྲོག་ཆགས་སྣ་ཚོགས་ཀྱིས་གང་ནས་ཕལ་ཆེར་སློག་ཟིན་འདུག །དེ་ནས་མི་སྣང་བས་འཁྲོ་དུམ་ཞིག་ལུས། གཞན་ཡང་ཁྲི་ནག་ཕ་ཇོ་ཟེར་བའི་མགོན་ཁྲི་ཞིག་ཡོད་པའི་མགུལ་དུ་ཡི་གེ་བཏགས་དེ་བཏང་བས་གར་བཟུངས་པར་སླེབས་ཏེ། ཚུར་ཡིག་ལན་ཡང་དེ་ཁ་ལ་བསྐུར་བས་ཆོག །དེ་ཐམས་ཅད་ཆོས་སྐྱོང་གི་སྤྲུལ་པ་ཡིན། དུས་རྒྱུན་དུའང་གསུང་བཅད་མཛད་དེ་བསྙེན་སྒྲུབ་རང་མཛད། དེའི་དབང་གིས་ནུས་པ་རྫུ་འཕྲུལ་ཐོགས་མེད་མངའ། འབྱུང་བ་ལ་རང་དབང་ཐོབ་པས་ཞུ་མཁན་བྲག་ཏུ་བླ་མ་སྒྲུབ་པ་མཛད་པའི་ཚེ་བྲག་ལ་ཕྱག་གིས་འཛུས་པའི་རྗེས། ར་ལུང་དུ་སྦྱིན་སྲེག་མཛད་པའི་རྡོ་ལ་ཕྱག་རྗེས། ར་ལུང་གི་སྒྲོམ་སྟེ་ལ་ཆུ་གནོད་ཞི་བའི་ཕྱིར་ཞབས་རྗེས། སྟག་རིའི་དབེན་གནས་རྒྱུན་དུ་བརྟན་པའི་ཕྱིར་དང་ཆོས་རྫོང་སོགས་ཏེ་ཞབས་རྗེས་བདུན་བཞག །སྟག་རིར་གསང་སྤྱོད་ལ་ཕྱོན་པ་ན། བུ་མོ་རུས་པའི་རྒྱན་གྱིས་བརྒྱན་པ་གསུམ་བྱུང་ནས། ཁྱོད་རྒྱ་གར་ཡུལ་དུ་འབྱོན་ཙ་ན། །ངེད་མི་འགྱུར་བུ་མོ་སྤུན་གསུམ་གྱིས། །ལམ་བྱང་ཆུབ་མཆོག་ཏུ་སེམས་བསྐྱེད་པ། །དེ་ཐུགས་ལ་གསལ་ལམ་ལོ་ཙྪ་བ། །ཞེས་ཟེར་བའི་མོད་ལ་རྗེ་མར་པ་འབྲུངས་པའི་སྐབས་ཤིན་ཏུ་གསལ་པོར་དྲན། ཆོས་རྗེའི་སློབ་མ་ཕྱི་ཚར་རྣམས་ཀྱི་གདམ་ངག་རྫོགས་པར་མཛད། ཉིད་ཀྱི་སློབ་

མ་འགྲོ་སྒོམ་ཞིག་པོས་ལྷོ་ཁ་བཞི་དབང་དུ་བསྡུས། ར་ལུང་གི་ཕྱི་རྟེན་བཞེངས་པའི་གཉེར་བསྐྱོན་པ་ལ་སྟག་རི་ནས་རྫུ་འཕྲུལ་གྱིས་རྐྱང་ལ་ཆིབས་ཏེ་བྱོན། དེར་རབ་ཏུ་གནས་པའི་དུས་དཀར་བརྒྱུད་ཀྱི་བླ་མ་རྣམས་དངོས་སུ་བྱོན་པ་གཟིགས། དྲུག་ཅུ་རེ་གཅིག་ལ་ཞི་བར་གཤེགས་སོ། །

གཞོན་ནུ་སེངྒེ་གཅེན་ལྷ་བཙན་གྱིས་སྲས་གཉིས་བྱུང་བའི་ཆེ་བ་ཡིན། ཆུང་བ་རིན་ཆེན་དཔལ་ལོ། །དགུང་ལོ་བརྒྱད་པ་ལ་ཆོས་རྗེའི་དྲུང་དུ་རབ་ཏུ་བྱུང་། ཟླ་གསུམ་པ་ལ་བསྙེན་པར་རྫོགས། སོ་གསུམ་པ་ལ་གདན་སར་བྱོན། རྗེ་ཁུ་དབོན་གཉིས་ཀྱི་གདམ་ངག་ཐུམ་པ་གང་བྱོ་ཡོད། ཟླ་ལྔ་སྔར་གི་ནུས་པ་ཆེ། འདིའི་རིང་ལ་ལྷོ་འབྲུག་ཐུབ། འབྲུག་ལ་གླིང་ལོག་བྱུང་། དགུང་ལོ་དྲུག་ཅུ་རེ་བདུན་པ་ལ་གཤེགས། ཞལ་སློབ་ཀུང་གྲུབ་ཐོབ་གཡུ་མོ་ཆེ་བ་ལ་སོགས་ཐོན། །སློབ་དཔོན་རིན་དཔལ་གྱི་སྲས་པོ་ཉི་མ་སེངྒེ་བཅུ་གཅིག་པ་ལ་ཆོས་རྗེ་གཞོན་ནུ་ལ་རབ་ཏུ་བྱུང་། རྫོགས་པ་མཆོག་ཏུ་གྱུར། བཅུ་དྲུག་པ་ལ་གདན་སར་ཕེབས་དགུང་ལོ་སོ་བདུན་པ་ལ་གཤེགས། སེངྒེ་ཤེས་རབ་དཔོན་སློབ་གི་སྲས་སུ་མཆེད་གཉིས་འཁྲུངས་པའི་གཅེན་པོ། དགུང་ལོ་དྲུག་ནས་ཏིང་ངེ་འཛིན་རང་འཁྲུངས། བཅུ་གཅིག་པ་ལ་ཆོས་རྗེ་གཞོན་ནུ་ལ་རབ་ཏུ་བྱུང་། དགུང་ལོ་དགུ་པ་ལ་ལ་ཡག་གངས་ཕུག་ཏུ་ཆོས་རྗེ་པ་ལ་དབང་བསྐུར་ཞུས་པའི་དྲིལ་བུའི་སྒྲ་ལ་བརྟེན་ནས་རྟོགས་པ་འཁྲུངས། བཅོ་བརྒྱད་པ་ལ་ཟླ་སྔར་གི་ཁྲིད་བསྐྱངས་པའི་བདེ་དྲོད་བསམ་གྱིས་མི་ཁྱབ། ཞབས་ལ་རྨ་བྱུང་བའི་དུས་ཁྲག་མེད་པར་འོ་མ་འཛགས། ཟླ་གཅིག་པ་ལ་གྲུབ་ཐོབ་ཨུ་རྒྱན་པས་གསོལ་བ་བཏབ་ནས་རྒོད་ཚང་པའི་གདན་ས་ལ་བྱོན། ཕྱིས་འཕྲིན་ལས་ཤིན་ཏུ་ཆེ། དབང་ལོ་ཙྭ་བའི་དབུ་སྐྲ་གཙོད་མཁན་ཡིན། འགའ་ཞིག་ཏུ་རྡོ་རྗེ་གླིང་པ། འགའ་ཞིག་ཏུ་རྒྱལ་སྲས་བྱང་གླིང་པ་ཞེས་ཟེར། ཞེ་གཅིག་པ་ལ་གཤེགས། འདིས་ར་ལུང་གི་གདན་ས་མ་མཛད། གདམ་ངག་རྣམས་ལ་སྐྱུ་དྲིན་ཆེ་བ་ཡིན། །སེངྒེ་རིན་ཆེན་ནི་རྡོར་གླིང་པའི་གཅུང་པོ་སངས་རྒྱས་དཔོན་གྱི་སྤྲུལ་པར་གྲགས། དགུང་ལོ་བཅུ་གཅིག་པ་ལ་ཉི་མ་སེངྒེ་ལས་རབ་ཏུ་བྱུང་། ཆོས་རྗེ་སྐུ་མཆེད་ལ་གདམ་ངག་རྫོགས་པར་གསན། བཅུ་གསུམ་ལོན་པ་ནས་ཚོགས་པ་བསྐྱངས། འདིའི་དུས་ཙ་རི་རྙིང་མ་ནས་འབྲུག་པའི་ལམ་ཚན་བསྡུས། དེས་གོང་ཁ་དྭགས་ཞབས་རྣམས་སུ་རིམས་ནད་མེ་ལྟར་འབར། ཡོན་བདག་རྣམས་གྲོས་བྱས། རྐྱེན་པ་རྒྱལ་པོ་སྟག་རྡོ་རྗེས་གཙོས། རི་བ་ཞུ་བར་འོངས་པ་ན། ཆོས་རྗེའི་བཀའ་ལས་རི་ཐེབས་མི་གཏོང་གསུངས། རྒྱལ་པོ་ལྕེབ་པར་ཆས་པ་ན་ཞལ་གྱིས་བཞེས་ཏེ་རྒྱལ་པོ་ལ་འགྲོ་མགོན་འདོམས་གསུངས་པས། བསོད་ནམས་རྒྱལ་མཚན་གྲལ་གཤམ་ན་འདུག་པ་ཡིད་ལ་འཐད་ནས་འདམས་པས་འདམ་ཁ

མ་ལོག་གསུངས། གནས་སྙིང་མར་མི་གཏོང་། ང་ལ་ཁྲིའུ་ཁྲག་མདོག་ཤའི་རལ་པ་ཅན་ཞིག་གི་ཕྱུལ་བའི་གནས། རིབ་པ་ལ་ནས་ཆུ་འབབ་བཅུ་གསུམ་བགྲངས་པ་ན་ཡོད་པ་དེར་རྡོང་། དེ་ན་ནེ་མོ་གཡུའི་མཛལ་ལྷ་བུ་གསུམ་བརྩེགས་ཡོད་པའི་སྟེང་མ་ལ་རྐྱོབ་ཅེས་ལུང་བསྟན་གདན་ས་ཉིད་དང་། ནེ་རིངས་ཨུ་རི་རྣམས་ནས་ལས་འཛིན་བོས་ཏེ་ཙི་ག་ཅར་དཔལ་གྱི་ནགས་ལྷོངས་བཟུང་བ་ཡིན། འདིས་སྤྱོས་སྐྱ་བཏབ། དེར་བཞུགས་པས་མཚན་ལྡན་སྤྱོས་སྐྱ་པ་ཞེས་གྲགས་སོ། །ལྷོ་ཙུ་རྩ་དྲུག་པ་ལ་གཤེགས། །དེའི་སློབ་མ་སངས་རྒྱས་དགའ་བདེ། མཚན་གཞན་རྟོགས་ལྡན་ལོ་རོ་རས་པར་གྲགས་པ་དེས་རྗེ་རས་ཆུང་པའི་གདན་ས་རྣམས་བསྐྱངས། ཆོས་རྗེ་སྤྱོས་སྐྱ་པ་ནས་དབོན་པོ་གཞན་མེད་པས། དེ་ཉིད་ཀྱིས་ཤངས་མོ་ཞིག་ལ་སྲས་བསྐྲུན་པའི་ཆོ་ག་མཛད་དགོས་བྱུང་ལ། སྲས་ནི་ཆོས་རྗེ་སེངྒེ་རྒྱལ་པོ་སྟེ། ཤངས་སུ་འཁྲུངས། ཡབ་ལ་རབ་ཏུ་བྱུང་། དགུང་ལོ་ཉེར་ལྔ་པ་ལ་གདན་སར་བཞུགས། ཧོར་རྒྱལ་པོ་ཐུའོ་ཧྲུན་ཐེའི་མུར་གྱིས་བླའི་མཆོད་གནས་སུ་བཟུང་། གཙུག་ལག་ཁང་གོང་འོག་ལ་ཐིག་བླངས་པའི་བླ་རེ་པདྨ་འབུམ་ལྡན་དང་སྟོང་ལྡེ། ཧོར་དུད་སྟོང་དགུ་བརྒྱ་མངའ་འབངས་སུ་སྤྱར་བའི་འཛའ་ས་ཕྱུལ། གདན་སར་ཤིན་ཏུ་དར། དགུང་ལོ་སོ་བརྒྱད་ལ་གཤེགས། །དེའི་སྲས་ཆོས་རྗེ་ཀུན་དགའ་སེངྒེ་སྟེ། གཞུང་དུ་འཁྲུངས། རྒྱུད་དུ་མ་འགྲེལ་པ་དང་བཅས་པ་ཐུགས་སུ་ཆུད་ཅིང་རྣམ་དཔྱོད་གཞན་བས་གཙང་བས་འཇམ་དབྱངས་ཀུན་དགའ་སེངྒེ་ཞེས་ཟེར། ཧོར་རྒྱལ་པོ་ཡེ་སུན་ཐེ་མུར་དང་། ཐེ་མུར་སྦོ་ཁའི་འབུལ་སྐྱེལ་ཨ་ག་རུ་ནག་པོ་འབའ་ཞིག་ལ་རིན་པོ་ཆེའི་ཕྲ་སྣ་ཚོགས་བཏབ་པའི་ལྷོག་རྩེ་སོགས་གཏོང་ཆེ། ཡབ་སྲས་དེ་གཉིས་ཀྱིས་གསུང་རབ་ཕལ་ཆེར་གོས་ཤོག་ལ་གསེར་དུ་བཞེངས། གླིགས་ཐག་ལ་སོགས་པའང་སེ་ཏའུ་ལ་བྱས་སོ། །

དེ་ལ་སློབ་མ་མཁན་པོ་རྡོ་རྗེ་རིན་ཆེན་དང་། བླ་ཆེན་བསམ་རྒྱལ་ཁ་ཆེ་བ་ཞེས་བོན་ནུས་པ་ཅན་ཆོས་ལུགས་སུ་འགྱུར་བ་དེ་གཉིས་གཙོ་བོ། གཞན་ལྷ་ཁབ་འཛིག་རྟེན་བློས་བཏང་སོགས་མང་ངོ་། །དགུང་ལོ་སོ་བཞི་ལ་གཤེགས། འདི་ཆོས་རྗེའི་སྤྲུལ་པར་གྲགས། དེའི་སྲས་བློ་གྲོས་སེངྒེ་ལྷོར་འཁྲུངས། ཡབ་གཤེགས་པ་ཕྱས། ཡབ་ཚན་རིང་པོར་འགྲོ་བའི་དབོན་པོ་ཀུན་དགའ་སེངྒེ་ཟེར་བ་ཞིག་གིས་གདན་ས་ཐོབ་རེ་བའི་འཕྱུང་སྟོབས་ཀྱིས་གདན་ས་ལ་སྐྱོན་ཆེ་བར་བྱུང་། མཆོད་གཞིས་ཕལ་ཆེར་དེ་དུས་ཤོར། ཆོས་རྗེ་རང་མཁན་པོ་དང་བླ་ཆེན་པས་གདན་སར་སྤྱན་དྲངས་ནས་ཆོས་ཀྱི་འཕྲིན་ལས་ཆེ་བར་བྱུང་། སློབ་མ་རྗེ་ནང་ཕྱོགས་པའི་ཞལ་སློབ་མཁྱེན་བརྩེ་རྟོགས་ལྡན་ནམ་སྟོ་ཉལ་མ། དུས་འཁོར་ལ་མཁས་ཤིང་ཉམས་མཐར་ཕྱིན་པ་ཞིག་ཞབས་ལ་གཏུགས་པས་རྟོགས་པའི་ཡེ་ཤེས་

འབྲུངས། སྐུ་ལུས་མ་སྤྱངས་པར་གངས་བཟང་གི་མཆོད་གནས་སུ་བཞུགས་པ་ཡིན། དེ་ལ་ཞལ་སློབ་གྲུབ་ཆེན་བློ་གྲོས་མཆོག་ལྡན་དཀོན་མཆོག་བསམ་གྲུབ་དང་། མཁས་གྲུབ་ལེགས་པ་རིན་ཆེན་ཟེར་བ་གསུམ་བྱུང་ངོ་། །ཆོས་རྗེ་དེ་རང་དགུང་ལོ་ཞེ་དྲུག་པ་ལ་གཤེགས། ཡབ་ཉིད་ཀྱི་སྤྲུལ་པ་ཡིན་ཟེར། དེ་ལ་སྲས་གཉིས་བྱུང་བའི་ཤེས་རབ་སེངྒེ་ནི། གདན་སར་སྤྲ་མོ་ནས་བྱོན་ཏེ་དགུང་ལོ་ཉི་ཤུ་རྩ་གཉིས་པ་ལ་གཤེགས། འདི་ཡན་གྱིས་སེངྒེ་དགུ་ཚར་རྫོགས། སྲས་གཅིག་ཤོས་ཡེ་ཤེས་རིན་ཆེན་འཇམ་དབྱངས་ཀྱི་སྤྲུལ་པར་གྲགས། དགུང་ལོ་ལྔ་བཅུ་བཞུགས། དེ་ལ་སྲས་གསུམ་བྱུང་བའི་ཆེ་བ་ནམ་མཁའ་དཔལ་བཟང་། རྟེན་ངེས་མེད། ཁྲི་རམ་མཛད། གནས་ནང་པ་རྣམས་ཀྱིས་སྐྱར་བ་ཞུས་པས་བསད་བསད་པ་སླར་གསོས་ཏེ་བཏང་། འཁོར་གསུམ་ཉི་ཟེར་ལ་བཀལ་བས་ར་སྐྱོན་དུ་བཏགས་ཏེ་ཕྱག་ན་རྡོ་རྗེའི་སྤྲུལ་པར་གྲགས་དགུང་ལོ་རྩ་བརྒྱད་པ་ལ་གཤེགས། དེའི་གཅུང་པོ་ཤེས་རབ་བཟང་པོ་སྤྱན་རས་གཟིགས་ཀྱི་སྤྲུལ་པར་གྲགས། འདིའི་སྲས་དཔལ་རྒྱལ་བའི་དབང་པོ་ཡིན། ཆུང་དུ་ནས་གཞུང་ཚིགས་མང་པོ་བཟུང་། ཡབ་ལ་གསན་པ་མཐར་ཕྱིན་མཛད་དེ་དགུང་ལོ་བརྒྱད་པ་ལ་གདན་སར་བཏོན། ཚིགས་ལ་བརྟག་གཉིས་བཤད། དེ་ནས་ཡབ་གཤེགས་ནས་འཕྲུལ་ཞིག་ནམ་མཁའི་རྣལ་འབྱོར་སྤྱན་དྲངས། ཁོང་གྲུབ་ཆེན་དཀོན་བསམ་པ་དང་མཁས་གྲུབ་ལེགས་རིན་པའི་སློབ་མ་ཡིན། ཁོང་གི་ཞལ་ནས་ཁྱོད་བརྒྱད་པ་འདིའི་གདུང་མི་གཅོད་ན་སྒྲུབ་པའི་གཙོ་བོ་བླ་མ་སྒྲུབ་པ་ལ་གྱིས། མཆོད་པའི་གཙོ་བོ་བླ་མ་མཆོད་པ་ལ་གྱིས། ཉམས་ལེན་གྱི་གཙོ་བོ་གསོལ་བ་འདེབས་པ་ལ་གྱིས་གསུངས་པ་བཞིན་མཛད་དེ། ཕྱག་རྒྱ་ཆེན་པོའི་ཁྲིད་བསྐྱངས་པས་གནས་ལུགས་ཀྱི་རྟོགས་པ་ཤར། དེས་ཧེ་ལྷ་བའི་ཕྱོགས་ནས་འཕྲུལ་ཞིག་རིན་པོ་ཆེ་ནམ་མཁའི་རྣལ་འབྱོར་སྐྱ་དྲིན་ཆེ་བ་ཡིན་གསུངས། དེ་ནས་བདེ་བ་ཅན་ནས་སློབ་དཔོན་བདེ་རིངས་པ་སྤྱན་དྲངས་བསྟུས་པ་དང་ཚད་མ་སྦྱངས། རིག་ལུང་ལ་བརྩེས་ཏེ་གསང་ཕུ་འབྲས་སྤུངས་སོགས་སུ་ཕེབས། སྟོན་པ་བཟང་བའི་གྲགས་པ་ཐོབ། སྙེ་ཐང་བློ་བརྟན་དང་། ཁོང་གི་ཞལ་སློབ་སྦྲ་པ་ཨ་མོ་གྷ་པར་གྲགས་པ་ལ། ཀ་ཅན། སྙན་ངག །མངོན་བརྗོད་སོགས་ཐ་སྙད་ལ་མཁས་པར་སྦྱངས། དེ་ནས་གཞུང་དུ་བྱོན་རྟོག་སྟོན་བྱང་ཆུབ་དཔལ་མཇལ། ཁོང་གི་གསུངས་ནས་ངས་ད་བར་ཁྱོད་ལ་སྐྱུག་སྟོད་བྱས་བསྟད་པ་ཡིན། ད་ཆོས་བདག་པོའི་ལག་ཏུ་འཕྲོད་པ་བྱེད་གསུངས། རྟོག་ལུགས་ཀྱི་དགྱེས་རྡོར། གུར་མ་ཡུ་གདན་བཞི། གསང་ལྡན། གཞན་སངས་རྒྱས་ཐོད་པ་སོགས་དབང་རྒྱུད་མན་ངག་ཕྲན་བུ་དང་བཅས་པ་གནང་སྟེ། ད་ངེད་རིང་པོར་མི་སྡོད། ངེད་ཀྱི་འདོད་ཀྱི་གྲལ་དབུ་ཁྱོད་ལ་ཞུ་བ་ཡིན་པས་ཅིས་ཀྱང་འབྱོན་པ་ཞུ

གསུངས། ཕྱིར་འབྲུག་ཏུ་ཕེབས། ཟླ་བ་ཙམ་ལ་རིན་པོ་ཆེ་གཤེགས་པའི་གྲལ་དབུ་ལ་སྤྱན་འདྲེན་བྱུང་། ཞལ་ཆེམས་ལ་ངེད་ཀྱི་འདད་ཀྱི་གྲལ་དབུ་རིན་པོ་ཆེ་འབྲུག་པ་ལ་ཞུས། རྔོག་རིན་པོ་ཆེ་བདུན་བརྒྱུད་ཀྱི་དབང་བུམ་འདི་འདང་ཁོང་ལ་ཕུལ་ཞིག་གསུངས། དེ་བཞིན་རྔོག་བྱང་ཆུབ་དཔལ་གྲུབ་པ། རིན་ཆེན་བཟང་པོ། དོན་གྲུབ་དཔལ་བཟང་རྣམས་ཀྱིས་འཛད། རྗེ་ནཱ་རོ་པར་བསྔགས་པའི་གཤེས་ཀྱིས་ཐམས་ཅད་ཀྱིས་ཆོས་འབྲེལ་གསན། དེ་ནས་རིམ་པས་གཙང་ཕྱོགས་ཕེབས། པཎ་ཆེན་ནགས་རིན་ཕྱི་རེས་ཕེབས་ནས་བལ་པོར་ལོག་པའི་ལམ་རོང་བྱམས་ཆེན་ནས་ཁྲི་ཕུའི་བར་ཕྱག་ཕྱི་མཛད། འགྲེལ་པ་སྐོར་གསུམ་གྱི་བཤད་ལུང་། སྒྲའི་དོགས་གཅོད། གཞན་ཡང་སྡེ་སྣོད་ཀྱི་དཀའ་བའི་གནད་ལ་སྒྲོ་འདོགས་ཆོད་པར་བྱུང་ནས། ཇི་སྙེད་པའི་ཕྱོགས་ལ་པཎ་ཆེན་ནགས་རིན་སྐུ་དྲིན་ཆེ་བ་ཡིན་གསུངས། ཚུར་ལམ་ངོར་དུ་ཆོས་རྗེ་ཀུན་དགའ་བཟང་པོ་ལ་བདག་མེད་ལྷ་མོ་བཅོ་ལྔའི་དབང་གསན། གཞན་ཆོས་རྗེ་བྱམས་གླིང་པ། ལྷུང་ལུང་པ་གཞོན་ནུ་བློ་གྲོས། འགོས་གཞོན་ནུ་དཔལ་རྣམས་ལས་རྒྱུད་སྡེའི་བཤད་སྲོལ་དུ་མ་ཞིག་གསན། གནམ་མདར་སྔགས་གྲྭ་ཞིག་འཛུགས་པའི་གཞི་བཏིང་། དེའི་འཆད་ཉན་ལ་སློ་ཐང་ཆོས་རྗེ་ང་དང་། བཀྲ་ཤིས་སྒང་བའི་མཁན་ཆེན་བསམ་གཏན་པ་ཟེར་བ་ཞིག་བསྐོ་བཞེད། ཁོང་ཕྱག་ཕྱིར་འབྲངས་པ་ལ་ཆོས་རྗེ་ཡིད་བཟང་རྩེ་བ་ལ་དུས་འཁོར། སྐད་གཉིས་ཤན་སྦྱར་གྱི་བཤད་པ་ཞིབ་མོ་གསན་པའི་དུས་སྐྱོར་བའི་ཚུལ་གྱིས་གནང་། དེ་དུས་དགེ་སློང་རིན་ཆེན་རྣམ་རྒྱལ་བས་ཀྱང་གསན། འདི་སྐུ་གཞོགས་རྒྱུན་རིང་བས་རྔོག་ལ་སོགས་པ་ལ་གསན་པ་ཕལ་ཁོང་གིས་རྗེ་ལ་ཐོབ་ཀྱི། གཞན་མཆེད་པ་ནི་མི་སྣང་ངོ་། །ཡུལ་ཕ་ཡུལ་དང་འབྲེལ་བའི་གཞིས་དགོན་དེ། །སེམས་ཆོས་བརྒྱུད་ཀྱི་ཁོལ་པོ་བྱེད་བྱེད་ནས། །དོན་ཆུང་ལ་ཚེ་ཞབས་འཛད་པའི་རྒྱུ། །གསུངས། གདན་སའི་འཛིན་སྐྱོང་པོར། ཕྱོགས་བྲལ་གྱི་བསྟན་པ་སྐྱོང་བཞེད། ཁོར་ཡུག་ཙོག་བུ་པའི་སྲོལ་གཏོད། གཙང་ཆེན་ཆོས་ཀྱི་དབང་ཕྱུག་གིས་གདན་དྲངས། ཙ་རི་དྭགས་གོང་སོགས་སུ་ཕེབས། སྨམ་པོའི་གོ་སར་ལོ་དྲུག་བཞུགས། ས་སྨད་ཀྱི་བསྟན་པ་དར་བར་མཛད། ཁྲིད་པར་བྲག་གསུམ་དུ་མཁའ་འགྲོ་མའི་ལུང་བསྟན་ལ་བརྟེན་ནས་བུ་ཚུ་གསང་བ་ཆེན་པོའི་གནས་སྒོ་ཕྱེས། དེའི་ལྷོ་བ་ཕ་བོང་གཡུ་སྒྲ་བྱ་བ་མཐོ་བས་རྫ་སྒོམ་རྒྱ་བོ་དང་སྤྱོད་པ་སངས་རྒྱས་དཔལ་བགྲེས་ནས་འཇིགས་མ་ཐུབ་པ་ལ་འདི་ར་ཤོག་གསུངས་ཞབས་ཀྱིས་ནེམ་ནེམ་མཛད་ས་རེ་རེར་འདམ་བརྫིས་པ་ལྟ་བུའི་ཁྲུང་རེ་བྱུང་། གྲུབ་ཆེན་ཐང་སྟོང་པས་ཙ་གོང་དུ་སྤྱན་དྲངས་གསང་ཕུག་ཏུ་བཞུགས། ཁོང་དང་རྗེ་བཙུན་ཀུན་དགའ་བཟང་མོ། ཆོས་རྗེ་འཆི་མེད་གྲུབ་པ་སོགས་ལ་ཟླ་བ་གསུམ་དུ་ཁྲིད་

ཆེན་བརྒྱུད་གནང་། ཁྲིད་ཆོས་སུ་བྱུང་བས་ཟིན་བྲིས་བཏབ། ཙ་རི་ལ་ཇོ་བཟང་རྡོར་འཛིན་ལ་སོགས་པའི་གནང་བཀོད་མཛད། སྨམ་པོར་དབོན་རིན་པོ་ཆེ་བསྐོས། བྱ་ཡུལ་དུ་སྤྲུལ་སྐུ་འབྱུང་བར་ལུང་བསྟན། ར་ལུང་དུ་བྱོན། དགུང་ལོ་ཞེ་དགུ་པ་ལ་གཤེགས་སོ། །

དེ་ལ་སློབ་མ་མཁན་པོ་བསམ་གཏན་པ་དང་། ཐེལ་མཁན་ཆེན་དཔལ་ལྡན་རྒྱལ་མཚན་ནམ། ལྷུན་སྡེ་རབ་འབྱམས་པར་གྲགས་པ་གཉིས་ལ་མཁན་པོ་རྣམ་གཉིས། དགེ་སློང་རིན་རྣམ་པ་དང་བསོད་མཆོག་པ་གཉིས་ལ་དགེ་སློང་རྣམ་གཉིས། བླ་མ་ཀུན་དགའ་བསམ་གཏན་པ་དང་རིན་ཆེན་དཔང་པོ་གཉིས་ལ་བླ་མ་རྣམ་གཉིས། ལྷ་བཙུན་ཀུན་དགའ་ཆོས་རྒྱམ་དང་སྣ་ཕུ་རྟོགས་ལྡན་གཉིས་ལ་རྟོགས་ལྡན་རྣམ་གཉིས། ཤར་ཁ་རས་པ་དང་། གངས་ཁྲོད་རས་པ་གཉིས་ལ་རས་པ་རྣམ་པ་གཉིས། སྟག་འཚང་རྒྱལ་མཚན་ལྷུན་གྲུབ་ལ་མཐུ་པོ་ཆེ་མི་གཅིག་ཟེར། གཞན་འབྲི་གུང་དབོན་རིན་པོ་ཆེ། འབའ་ར་བའི་དབོན་པོ་མཉམ་མེད་ནམ་མཁའ་རིན་ཆེན། གཙང་སྨྱོན། ཞལ་སྔ་འཕགས་པ་ལྷ་སོགས་མཐའ་ཡས། ལྷ་བཙུན་ཀུན་དགའ་ཆོས་རྒྱལ་ལས་སྒྲུབ་གྲྭ་དུ་མ་མཆེད། གཞན་བསམ་གྱིས་མི་ཁྱབ་བོ། །དེའི་རིགས་ཀྱི་དབོན་ཆོས་ཀྱི་སྲས་སུ་གྱུར་པ་ནི་རྗེ་འབྲུག་པ་ཆེན་པོ་སྟེ། ཡབ་རྒྱལ་དབང་རྗེའི་གཅུང་པོ་ལྷའི་དབང་པོའི་སྲས་སུ་འཁྲུངས། ཆུང་དུ་ནས་འབྲི་གློག་ལེགས་པར་བསླབས། དགུང་ལོ་བཅུ་གཉིས་པ་ལ་རྒྱལ་དབང་རྗེ་དྭགས་གོང་ནས་ཡར་ཕེབས་པ་ལྷོ་བྲག་ཏུ་བསུར་བྱོན། ལྷོ་གྲོ་བོ་ལུང་དུ་རབ་ཏུ་བྱུང་། མཚན་ངག་དབང་ཆོས་ཀྱི་རྒྱལ་པོ་གསོལ། དེ་ཉིན་ནས་བརྩམས་ཏེ་ལོ་གཅིག་གིས་རིང་ལ་འབྲུག་རྫོག་གི་དབང་རྒྱུད་མན་ངག་རྫོགས་པར་མཛད། ར་ལུང་དུ་ཕེབས་ནས་མདོ་སྡེའི་ལུང་གསན། རྗེ་གཤེགས་ནས་གྲུབ་ཆེན་ཤཱཀྱ་འཕེལ་པ་ལ་འབྲུག་སྐོར་གྱི་ལྷག་མ་ལག་ལེན་ལ་དོགས་གཅོད་ཞིབ་མོ་མཛད། བཅུ་བཞི་ལ་གདན་སར་བཏོན། མཆོད་རྟེན་ཆེན་མོའི་རབ་གནས་ཀྱི་སྐབས་སངས་རྒྱས་དབོན་གྱིས་མ་འོངས་པའི་དུས་འདི་ལ་ཞིག་གསོས་དགོས་པ་ཡོང་། དེ་དུས་ཁོ་བོ་རང་བསླེབས་ནས་བྱེད་གསུངས་པས། མཆོད་རྟེན་ཕྱེད་ཞིག་པ་ཞིག་གསོས་མཛད་པས་དབོན་རས་ཀྱི་སྤྲུལ་པའི་སྐུར་ཤེས། གཞན་སྟག་ལུང་ངག་དབང་གྲགས་པ། སྐུ་ཞང་ཆོས་རྗེ་མཁྱེན་རབ་མཆོག་གྲུབ། ཆོས་རྗེ་ལྷུན་བདེ་བ་སོགས་བླ་མ་མང་དུ་བསྟེན། བདེ་མཆོག་ལ་སོགས་པའི་རྒྱུད་མན་ངག་མང་དུ་གསན། ར་ལུང་ཁ་རོ་ལ་སོགས་སུ་ལོ་དགུ་ཙམ་བསྒྲུབ་པ་མཛད། ངོ་མཚར་བ་ཞལ་དུ་མི་གླིང་སྟེད། ཕྱག་རྒྱ་ཆེན་པོའི་རྟོགས་པ་ཤར། འཕྲིན་ལས་མཁའ་འགྲོ་ཆོས་སྐྱོང་གིས་སྒྲུབ། ཉིང་ངེ་འཛིན་མཐར་ཕྱིན་པས་འདི་ལྟར་འབྱུང་གསུངས་མ་འོངས་པ་ལུང་བསྟན་པ་ཐོག

ཏུ་མི་བབ་པ་མེད་པ་ཀུན་ལ་མངོན་གྱུར། མར་པ་ལོ་ཙྪའི་སྤྲུལ་པའི་སྐུར་ཐམས་ཅད་དུ་གྲགས། རྟེན་འབྲེལ་ཐབས་ལ་མཁས་པས་གདུལ་བྱ་འབྲེལ་ཚད་དོན་དང་ལྡན་པར་མཛད། བདུན་ཅུ་རྩ་དྲུག་པ་ལ་གཤེགས་སོ། །

དེའི་སྲས་ཀྱི་ཐུ་བོ་ནི་འཇམ་པའི་དབྱངས་ཆོས་ཀྱི་གྲགས་པ་ཡིན་ལ་དེ་གྲྭ་པའི་ཐོག་མ། ཕྱི་མ་རང་བདག་ཡིན། བར་དུ་མི་ཆེན་སྟག་ལུང་ཐང་པ་མཆེད་གསུམ། བྱ་བཀྲ་ཤིས་རྣམ་རྒྱལ་སོགས་དང་། པཎ་ཆེན་འབུམ་ཕྲག་གསུམ་པ་བསྟན་འཛིན་ཉི་བཟང་། གསེར་མདོག་ཅན་གྱི་མཁས་པ་འབུམ་རམ་པ། མདར་པ་བློ་གྲོས་རྒྱ་མཚོ། རྗེས་མདར་སྟོན་སེངྒེ་བཟང་པོར་གསོལ་བ། ནག་པོ་སྐྱིད་པའི་སྤྲུལ་པ་རིན་པོ་ཆེ་སྒྲོལ་འབུམ་པ། རིག་སྔགས་འཆང་ཆེན་པོ་ཚར་ཆེན། དགེ་ལྡན་པའི་ཆབ་མདོ་ཆོས་རྗེ་སྔགས་རམ་པར་གྲགས་པ། གསང་ཕུ་ཆོས་རྗེ་སློན་ལམ་པ། ཚོགས་ཆེན་མཁན་པོ་ནམ་མཁའ་བཀྲ་ཤིས་དང་། དགེ་འདུན་སྒང་མཁན་པོ་རིན་ཆེན་བཀྲ་ཤིས་པ་སོགས་བསྟན་འཛིན་སྐྱེན་བདག་ཆེ་དགུས་བཀུར་བ། ཐོག་དེ་ལ་དབུས་གཙང་དུ་ཆེ་བར་གྲགས་སོ། །ཧིང་ཧིང་རྫོར་འཛིན་པ་སོགས་ཞབས་ཏོག་ཅན། ཐལ་ར་རྫོགས་ལྡན་སོགས་གྲུབ་ཐོབ་ཏུ་གྲགས་པ། རྡོ་རྗེ་འཛིན་པ་ཆོས་ཀྱི་མགོན་པོ་སོགས་མཐུ་སྟོབས་ཅན། གཞན་ཡང་མང་དུ་བྱོན། སྲས་གཉིས་ཀྱི་ཆེ་བ་ངག་དབང་བསྟན་པའི་རྒྱལ་མཚན། གཙུང་ངག་གི་དབང་ཕྱུག་གྲགས་པ་རྒྱལ་མཚན་དཔལ་བཟང་པོ། ཕྱི་མས་བདག་ཅག་རྣམས་ལ་བཀའ་ལུང་ལེགས་པར་བསྩལ་ཏེ། དགུང་ལོ་སོ་བརྒྱད་ལ་ཞི་བར་གཤེགས། །འཇམ་པའི་དབྱངས་ཆོས་ཀྱི་གྲགས་པ་ནི། ཡུལ་ལྷོ་རྒྱུད། ཡབ་གོང་མ་བཀྲ་ཤིས་དར་རྒྱས་བྱ་བ་བོད་ཡུལ་ལྷོ་རྒྱུད་འབངས་མི་ཁྲིམ་ཁྲི་ཕྲག་གསུམ་ཙམ་ལ་དབང་སྒྱུར་བ་དེ་དང་། យུམ་ཐམས་ཅད་མཁྱེན་པ་རྡོ་རྗེ་གདན་པ་ཀུན་དགའ་རྣམ་རྒྱལ་གྱི་ལྕམ་དཀར་མོ་གཉིས་ཀྱི་སྲས་སུ་འཁྲུངས། དགུང་ལོ་བཅུ་གཅིག་ལ་རྒྱལ་དབང་རྗེའི་གྲྭ་རིགས་འཛོམ་པ་རྒྱུན་དུ་ཆོས་རྒྱལ་ལྷུན་པོ་ཞེས་པའི་ཕོ་བྲང་དུ་དགེ་འདུན་བརྒྱད་བརྒྱ་ཙམ་གྱིས་ལོ་གཅིག་གི་བར་དུ་རབ་ཏུ་བྱུང་བར་གསོལ་བ་འདེབས་པ་ལ་བསྟུད། དེ་ནས་འབྲུག་པ་རིན་པོ་ཆེ་ཕེབས། གདམས་པ་ལེགས་པར་གསན་ཞིང་། སློབ་དཔོན་དུས་ཞབས་ཤཱཀྱ་དབང་ཕྱུག་ཏུ་བྲུས་པ་སྙེ་མོ་ར་པའི་དགེ་བཤེས་སྤྱངས་པ་ཅན་ཞིག་ལ་རྒྱུད་དང་ཐ་སྙད་ལ་གསན་པ་མཛད། གཞན་དགེ་སློང་རིན་ཆེན་རྣམ་རྒྱལ་པ་ལ་རྒྱལ་དབང་རྗེ་ནས་བརྒྱུད་སྒྲུབ་བཀའ། གྲུབ་ཆེན་ཤཱཀྱ་འཕེལ་བའི་སློབ་མ་འགྲོ་མགོན་ཆོས་སྐྱབས་པ་ལས་ཁྲིད་དཔེ་ལོགས་སུ་མ་ལུས་པའི་ཕྱག་བཞེས་སུ་ལོན་པ་དང་། གཞན་ཡང་ཞྭ་དམར་ནག་སོགས་བླ་མ་དུ་མ་ལ་གསར་རྙིང་བཀའ་གསུམ་གྱི་

གདམ་ངག་ཅིའང་གསན། ཏིང་ངེ་འཛིན་ལ་རྩལ་འབྱོངས་པས་ཞབས་རྗེས་ཕྱག་རྗེས། བར་སྣང་ལ་སྐྱིལ་ཀྲུང་འཆའ། རྡོ་རྗེ་དྲིལ་བུ་བར་སྣང་ལ་བཞག །ཁྲོ་བོ་རྡོ་རྗེ་ཤུགས་དངོས་སུ་ཕེབས། ལྷག་པར་རས་ཆུང་ཞབས་ཀུན་གྱིས་མཐོང་བར་ཟླ་བ་གསུམ་བྱ་བྲལ་གྱི་ཐོལ་གྱིས་གདམས་པ་གནང་བར་གྲགས། ཕྱིས་ཡི་གེར་བཏབ་པ་བདེ་མཆོག་མཻ་ཏྲི་ལུགས་ཀྱི་སྙན་རྒྱུད་ཡིན། སུ་ཁ་སིདྡྷིས་ལུང་བསྟན་བཀྲ་ཤིས་མཐོང་སྨོན་བཏབ་པ་སོགས་ངོ་མཚར་བསམ་གྱིས་མི་ཁྱབ་པ་བསྟན་ཏེ་ཞི་ལྷ་བ་ལ་མྱ་ངན་ལས་འདས་སོ། །

དེའི་སློབ་མ་ལ་ཅིག་ཅར་རྡོར་འཛིན་བསྟན་པ་རྒྱ་མཚོ། བཤད་པའི་བཀའ་འཛིན་རྡོ་རྗེ་གླིང་པ་ཡོན་ཏན་ཡེ་ཤེས་རྡོ་རྗེ་འཆང་མདོན་སུམ་པ་དེ་ཡིན། སྒྲུབ་བཀའ་འཛིན་པ་ལ་སུ་ཁ་སིདྡྷིས། མི་ཏྲ་ཡོ་ཡི་སྤྲུལ་པ་ཡིས། །ཁྱོད་ཀྱི་སྒྲུབ་བརྒྱུད་རྒྱས་པར་བྱེད། །ཅེས་ལུང་བསྟན་པའི་རྗེ་བཙུན་མི་ཏྲ་ཛོ་གིའི་སྤྲུལ་པ་ནི་བདག་ཅག་ལ་བཀའ་དྲིན་ཆེན་པོ་སྨྲིན་པ་པོ་ཀུན་སྤངས་རིན་པོ་ཆེའམ། མཚན་གཞན་སྒྲུ་མའི་གར་མཁན་དུ་གྲགས་པ་དེ་ཡིན། ཡོའི་སྤྲུལ་པ་ནི། དམར་ཊཱ་ཀི་རས་ཆེན་དུ་གྲགས་པ་ཁོང་ཡིན་པར་བཀའ་སྩལ། སྒྲུ་དངོས་ཀྱི་གདན་ས་གཙུང་པཎྜི་ཏ་བཀྲ་ཤིས་རྣམ་རྒྱལ་ལྷ་རིག་པ་དེའོ། །སྲས་གཉིས། གཞན་རྗེ་དེ་ལ་ཐུག་ཙམ་ཡང་གདམ་ངག་གི་གནད་ཟིན་པས་ཕྱིས་གཞན་གྱི་འདྲེན་པ་བྱེད་པ་འབའ་ཞིག་བྱུང་བས་འཕྲིན་ལས་ཤིན་ཏུ་ཆེ། དེ་ལྟར་དབོན་རས་ནས་འདིའི་བར་དུ་བྱོན་པ་རྗེས་འབྲང་དང་བཅས་པ་ལ་གདན་ས་བརྒྱུད་ཅེས་བྱ་སྟེ། སྒྲ་བསྒྱུར་མར་མི་རས་ཆུང་ནས་བརྒྱུད་པའི་གདམས་པ་ཁོ་ན་ཉམས་སུ་ལེན་ཅིང་ལག་ལེན་གྱི་འཕྲང་ལ་བཏར་བས། དོན་བརྒྱུད་གདམས་པའི་མངའ་བདག་འབྲུག་པ་ཞེས་བསྟོད་ར་བགྱིས་སོ། །

༄ འདིར་འབད་དགེ་བའི་སྤྲིན་དཀར་ནི། །སྲིད་པའི་མཐའ་མཉམ་འཕེལ་འགྱུར་བས། །ཐར་པའི་ཤུལ་རིང་བགྲོད་རྣམས་ལ། །གདུང་སེལ་མཆོག་ཏུ་གྱུར་ཅིག་གུ། །དེ་ལྟར་བསྟན་པ་སྤྱིའི་ཆོས་འབྱུང་བསྟན་པའི་པདྨོ་རྒྱས་པའི་ཉིན་བྱེད་ཅེས་བྱ་བ། གོང་དཀར་ནས་སྐྱེ་སྲིད་རིན་པོ་ཆེ་མའི་བཀས་རྩམ་དགོས་ཞེས་བསྐུལ་བ་ལྟར། ཕལ་ཆེར་གཏམ་ཕྱོགས་ལྷུང་གི་རྗེས་སུ་འབྲང་བས་ཟེར་ཚད་འཆད་དཀའ་ལ། གཟུ་བོར་གནས་པ་དག་གིས་རྣལ་མར་བརྗོད་པ་རྣམས་ཕྱོགས་གཅིག་ཏུ་བྱ་བའི་བར་སེང་ལ་བྲིས་པ་ལས་རྫོགས་པ་ལོ་རོའི་རོང་། དྲོན་དབང་སྒྱུར་དུ་གྲུབ་པ་འདིས་ཐམས་ཅད་དུ་བསྟན་པ་དང་བསྟན་འཛིན་གྱི་སྐྱེས་བུ་བྱོན་ཏེ། སྲིད་ཞུ་གོང་ནས་གོང་དུ་འཕེལ་བར་གྱུར་ཅིག །སརྦ་མངྒ་ལཾ།། །།ཕྱར་བྱང་སྨོན་ཚིག །ཤིས་པར་གྱུར་ཅིག་ཕུལ་བྱུང་རྣམ་དཀར་གྱི། །ལེགས་བྱས་ཟླ་བའི་འོད་

དཀར་བསིལ་རྡུལ་གྱིས། །མ་རིག་མུན་སྟུག་གདུང་བ་གཏན་བཅོམ་ནས། །རྣམ་མཁྱེན་ཉམས་དགའི་གྲོང་གི་དཔལ་སྤྱོད་ཤོག །ལེགས་བྱས་སྣང་བའི་ཕོ་ཉའི་ཁྱུང་སྔོན་སྐྱེས། །དད་སྟོབས་མཐོ་རིས་འཛིན་གྱིས་ཉེར་བྲངས་པས། །མཁྱེན་གཉིས་འོད་སྟོང་འབར་བའི་ཕྲིན་ལས་ཀྱིས། །ཕན་བདེའི་འདབ་སྟོང་རྒྱོད་པའི་དགེ་མཚན་ཞད། །བསོད་ནམས་བྱེ་བའི་ཆུ་གཏེར་སྙིང་པོ་ལས། །ཐེག་གསུམ་འདོད་རྒུ་འཇོ་བའི་བསམ་འཕེལ་དབང་། །དད་གསུམ་རྒྱལ་མཚན་རྟོག་ཏུ་ལེགས་བཀོད་པས། །ཐུབ་བསྟན་རྣམ་པར་རྒྱལ་བའི་དགེ་མཚན་འཕར། །བློ་བྲལ་ལྷུག་བསམ་རིན་ཆེན་རྡུལ་བརྩེགས་སྤྱོར། །ཟབ་དོན་ཆོས་མཛོད་རྣམ་རྒྱལ་གཟྫོ་ལར། །འཇིགས་མེད་ལྷ་དབང་མཉམ་མེད་དཔལ་འབྲུག་པའི། །ལེགས་གསུངས་གདམས་ཟབ་དྲུཀྵ་ཧྲིའི་སྒྲ་དབྱངས། །ཆོས་སྐུའི་རིང་བསྲེལ་ཟད་མེད་སྲིད་མཐའི་བར། །མི་ཟད་འཇོ་བའི་རྣམ་དཀར་ལེགས་བྱས་ཕུལ། །སྲིད་ཞིར་སྐལ་བཟང་དགའ་སྟོན་མཆོག་གྱུར་ནས། །ཀུན་ཀྱང་དབང་བཅུའི་དཔལ་སྤྱོད་རྒྱུར་གྱུར་ཅིག། ||ཅེས་མཆོག་གཟིགས་དམ་པ་ངག་དབང་མཐུ་སྟོབས་ཚུལ་ཁྲིམས་བསྟན་འཛིན་རྒྱ་མཚོའི་གསུང་བྱིན་རླབས་ཅན་ནོ། །བརྒྱུད་ལྡན་རིག་འཛིན་བླ་མའི་ཞལ་ལུང་བཞིན། །མཐུ་སྟོབས་ཚུལ་ཁྲིམས་བསྟན་འཛིན་རྒྱ་མཚོ་ཡིས། །གཅེས་ཀུན་བསྡུས་ཤིང་ཁྲིགས་སུ་རབ་བསྡེབས་པའི། །དོན་བརྒྱུད༷་འབྲུག༷་པའི་ཆོས་ཀྱི་མཛོད་ཆེན་པོ། །བསམ་འཕེལ་ནོར༷་བུའི་བངཾ་མཛོད་ཅེས་བྱ་འདིཾ། །ངག་དབང་ཚོཾགས་གཉིཾས་རྒྱ་མཾཚོས་ཐུགས་བསྐྱེཾད་ཀྱིསཾ། །ངོ་མཚཾར་ཾའཕྲུལ་གྱིཾ་དཔར་ལས་རབ་བསྒྲུབ་ཞིང་། །རྣམ་མང་ཆོས་ཀྱི་སྦྱིན་པའི་ལེགས་བྱས་ཀྱིས། །རིས་མེད་རྒྱལ་བའི་བསྟན་རྣམས་ཕྱོགས་བཅུ་ཡི། །ཡངས་པའི་འཇིག་རྟེན་ཁམས་སུ་འཕེལ་དང་ལྡན། །མཁའ་མཉམ་འགྲོ་བས་སྐུ་བཞིའི་གོ་འཕང་ཉིད། །མྱུར་ཐོབ་སྲས་བཅས་རྒྱལ་བས་དབང་མཛོད་ཅིག །ཅེས་དོན་བརྒྱུད་འབྲུག་པའི་གདན་ས་ཆེན་པོ་པད་སྐྱིད་དགོན་བཤད་སྒྲུབ་ཆོས་འཁོར་གླིང་གི་གྲྭ་མཐའ་པ་ཤཱཀྱའི་དགེ་སློང་ལྷ་དབང་རྡོ་རྗེ་རུ་འབོད་པའི་ཀྱི་ན་བ་དེས་སྨོན་པ་དགེའོ།། ||

༄༅། །གདན་ས་ཆེན་པོ་ར་ལུང་གི་ཁྱད་པར་འཕགས་པ་ཅུང་ཟད་བརྗོད་པ་ངོ་མཚར་གྱི་གཏེར་ཞེས་བྱ་བ་བཞུགས་སོ། །

ༀ་ཡ་སྭསྟི། འཇིག་རྟེན་གསུམ་ན་སྙན་པར་གྲགས་པ་དཔལ་འབྲུག་པ་རིན་པོ་ཆེ་ཞེས་འཕགས་པ་སྤྱན་རས་གཟིགས་དབང་ཕྱུག་གི་སྤྲུལ་པའི་སྐུ་རབས་ནས་རབས་སུ་བྱོན་པ་དང་འབྱོན་པར་འགྱུར་བ་ཐམས་ཅད་ཀྱི་ཞབས་ཀྱི་པདྨོ་ལ་གཏུགས་ཏེ་གུས་པ་ཐམས་ཅད་ཀྱིས་ཞེས་བྱས་ཏེ་ཕྱག་འཚལ་ལོ། །

སེམས་ཉིད་ལྷ་བ་གནམ་གྱི་ཤ་མོང་དེས། །ཐམས་ཅད་མཁྱེན་པའི་གོ་སར་དབང་བསྐུར་བ། །དུས་གསུམ་ཆོས་ཀྱི་རྒྱལ་པོར་ལུང་པ། །ཕན་བདེའི་ལུང་རྣམས་འགྱེད་མཁན་དེ་ལ་འདུད། །གྲུབ་གནས་གང་བའི་ཟླ་རྒྱས་འདི་ནང་དུ། །སྨིན་པའི་སྤྱན་རས་དྲང་སྲོང་ལ་གཟིགས་དེའི། །ངང་ཚུལ་རི་མོ་ཐུགས་རྗེ་ནོར་ལྷའི་བུས། །བྲིས་པ་ཐུབ་བསྟན་རྒྱ་མཚོའི་དཔལ་ཅིས་མིན། །འདི་ཡི་དུལ་རེད་དེ་སྙེད་གྲུབ་པའི་དབང་། །གཞན་སྣན་ལྷུར་ལེན་ལ་ཆགས་དེ་ཡིན་པ། །རྒྱུ་མེད་བདག་ལ་མཉེས་གཤིན་བཟང་འདིའི་ཕྱོགས། །དད་པའི་གོམ་པ་མི་འདོར་དེ་བླུན་པོ། །འདི་བསྒོར་མི་བཟད་འཁོར་བའི་འཇིགས་འབྲལ་བར། ཇོ་ལ་བྲིས་མཚུངས་དམ་པས་ཞལ་བཞེས་པས། །ཤེས་ལྡན་གོ་བའི་གཏེར་འཛིན་ཐམས་ཅད་དུ། །འདི་ར་ཤོག་ལེགས་བྱས་ཀུན་གྱི་དགའ་སྟོན་བྱ། །ལྷ་དང་བཅས་པའི་འཇིག་རྟེན་ཐམས་ཅད་ཀྱི་ཕྱག་གི་གནས། མཆོད་པའི་རྟེན། བསོད་ནམས་གསོག་པའི་ཞིང་ཁམས་དམ་པར་གྱུར་པ་ནི། གདན་ས་ཆེན་པོ་དཔལ་ལུང་ཐེལ་ཞེས་བྱ་བ་ཀུན་ནས་གྲུབ་པའི་གཙུག་ལག་ཁང་ཆེན་པོ་འདི་ཡིན་ཏེ། ཐམས་ཅད་ལས་ཁྱད་པར་དུ་འཕགས་པ་བཅུ་གསུམ་གྱིས་ངོ་མཚར་བར་གྱུར་པས་སོ། །ཁྱད་པར་དུ་འཕགས་པ་བཅུ་གསུམ་ནི། ཕྱི་གནས་ལ་བརྟེན་པའི་ཁྱད་འཕགས་བཞི། ནང་རྟེན་གསུམ་ལ་བརྟེན་པའི་ཁྱད་འཕགས་བཞི། གསང་བ་བསྟན་པ་བསྟན་འཛིན་སོགས་ལ་བརྟེན་པའི་

ཁྱད་འཕགས་བཞི། དེ་ཁོ་ན་ཉིད་ཕན་བདེ་ཐམས་ཅད་ཀྱི་འབྱུང་ཁུངས་སུ་གྱུར་པས་ཁྱད་པར་འཕགས་པ་གཅིག་སྟེ་བཅུ་གསུམ། དང་པོ་བཞི་འང་ཕྱི་སའི་དཔྱད། དེར་གནས་པའི་ལྷ། མིང་འདོགས་པའི་རྒྱུ་མཚན། སྐྱེས་བུ་དམ་པས་བྱིན་གྱིས་བརླབས་པས་ཁྱད་པར་དུ་འཕགས་པ་བཞི་ཡིན་ལ། དེ་ལས་དང་པོ་ནི། གདན་ས་ཆེན་པོ་འདིའི་ས་གཞི་པདྨ་འདབ་མ་བརྒྱད་པ་ཁ་བྱེ་བ་ལྟ་བུ། གངས་དང་། རྫ་དང་། ཤ་དང་། སྤང་གི་རི་ཐམས་ཅད་ཀྱིས་ཀུན་ནས་བསྐོར་ཏེ་འདུད་པ་ལྟ་བུ། ཆུ་ཕྲན་བརྒྱ་ཕྲག་དུ་མ་ནང་དུ་འདུ་བ། གངས་དབྱིབས་དེ་ལྟ་བུ་ཡིན་པས། དེའི་གནམ་ཡང་འཁོར་ལོ་རྩིབས་བརྒྱད་པར་གྲུབ་བོ། །ལོགས་བཀྲ་ཤིས་པའི་རྟགས་བརྒྱད་ཀྱིས་ཉེ་བར་བརྒྱན་པ་ཡིན་ཏེ། སྒོམ་སྡེའི་གདོང་རི་དུང་དཀར་པོ་གཡས་སུ་འཁྱིལ་བ་ལྟ་བུ། ར་ལའི་རྩེ་མོ་རིན་པོ་ཆེའི་གདུགས་ཕུབ་པ་ལྟ་བུ། སྤོས་སྣུའི་རྒྱབ་རི་བུམ་པ་གང་བ་ལྟ་བུ། བཙན་ཆུའི་རི་རྒྱལ་མཚན་བསྒྲེང་བ་ལྟ་བུ། ཡང་དགོན་གྱི་རྒྱབ་རི་དང་། དེའི་མདུན་གསེར་ཉ་མ་བུ་འཁྱིལ་བ་ལྟ་བུ། སྒོ་མོའི་ཐང་གསེར་གྱི་འཁོར་ལོ་བསྐོར་བ་ལྟ་བུ། སྤྱིན་ཐང་ཕྱོགས་ཀྱི་རི་པདྨའི་སྡོང་པོ་ཁ་བྱེ་བ་ལ། ཆུ་ཕྲན་རྒྱ་བྱ་ཁ་སྦྲོད་འཁྱིང་བ་ལྟ་བུ། རྒྱ་མོ་ན་ཁ་ཐུགས་དཔལ་བེའུ་ལྟ་བུ། དེ་ལྟ་བུའི་སའི་གནད་ལ་བརྟེན་ནས། སྒྲུབ་གནས་འདི་ཆགས། དེའི་རྟེན་འབྲེལ་ལས། ཁ་བ་ཅན་གྱི་ལྗོངས་འདིར་སྙིང་པོ་དོན་གྱི་བསྟན་པ་འཛིན་པའི་བསྒྲུབ་གྲྭ་བྱེ་བ་སྙེད་ཆགས་པ་ཡིན་ཏེ། ཆོས་རྗེའི་གསུང་ལས་ཀྱང་། ངས་དགོན་པ་ངམ་ཤོད་དུ་བཏབ་ན་ཁ་དྲག །སྐྱིད་ཤོད་དུ་བཏབ་ན་འདུ་ལོང་ཆེ། ཁུ་ལེ་གནམ་མཐིལ་དུ་བཏབ་ན་ནོར་ཆེ་ཡང་བསྟན་པ་ལ་དེ་ཙམ་ཕན་ཁེབས་མ་མཐོང་། འདིར་བཏབ་ན་བསྒྲུབ་རྒྱུད་ཀྱི་བསྟན་པ་ཉིན་མོ་ལྟ་བུར་འགྱུར་བ་ཡིན་གསུངས་པས། ཁྱད་པར་འཕགས་པ་སྟེ། དཔེར་ན། ཆོས་འཁོར་ལྷ་སའི་སའི་གནད་ལྟ་བུའོ། །

གཉིས་པ་ནི། སྒྲུབ་གནས་ཆེན་པོ་དེའི་རྒྱབ། འོ་མ་ཐང་ནས། སྟག་ལའི་བར་གྱི་གངས་རིའི་འཕྲེང་བ་ལ་གནོད་ཡིན་ནོར་བུ་བཟང་པོ་ཞེས་གྲགས་ཏེ། དེའི་རྒྱུ་མཚན། བྱང་ཆུབ་སེམས་དཔའ་ཀུན་ཏུ་བཟང་པོ། བསྐལ་པ་བཟང་པོ་འདིའི་སངས་རྒྱས་རྣམས་ཀྱི་བསྟན་པ་བསྲུང་བ་ལ། གནོད་སྦྱིན་རྣམས་ཀྱི་རྒྱལ་པོ་གང་བ་བཟང་པོའི་སྲས་སུ་ལེགས་པར་འཁྲུངས་ཤིང་། དེའི་མཚན། གནོད་སྦྱིན་ནོར་བུ་བཟང་པོ་ཞེས་བྱ་བ་ཡིན་ལ། དེ་སངས་རྒྱས་ཐམས་ཅད་ཀྱི་མཐུ་སྟོབས་ཀྱི་རྡོ་རྗེ་ལག་ཏུ་གཏད་ནས། གསང་བ་ཐམས་ཅད་ཀྱི་བདག་པོར་དབང་བསྐུར་བས། གསང་བའི་བདག་པོ་ཕྱག་ན་རྡོ་རྗེ་ཞེས་བྱའོ། །དེ་ལྟ་བུའི་བྱང་ཆུབ་སེམས་དཔའ་ཆེན་པོ་དེས། བོད་ཁ་བ་ཅན་གྱི་འདྲེ་སྲིན་གདུག་པ་ཅན་གྱི་ཁ་གནོན་དུ། འདིར་སྤྲུལ་པའི་སྐུ་རི་བཞུགས་ཤིང་། དེའི་དབང་གིས་གནས་འདི་བྱིན་རླབས

ཀྱི་མཐུ་ཆེ་ཞིང་བཀྲ་ཤིས་ལ་གཡང་ཆགས་པ་ཡིན་ནོ། །དེའི་ཡབ་གང་བ་བཟང་པོས་ཀྱང་། ཧ་འོའི་གངས་འདུན་སར་མཛད་པ་གཉིས་ཀྱིས། འདི་བོད་ཁམས་ཐམས་ཅད་ལ་ལོངས་སྤྱོད་འབྱུང་བ་ལ། ཡིད་བཞིན་གྱི་ནོར་བུ་རྒྱལ་མཚན་གྱི་རྩེ་ལ་བཀོད་པ་དང་མཚུངས་པས། ཁྱད་པར་དུ་འཕགས་པ་ཡིན་ནོ། །

གསུམ་པ་ནི། ཡུལ་འདི་ལ་དང་པོ་འབྲོག་ཁུ་ལེ་ཞེས་མིང་དུ་ཆགས་པ་ལས། ཁྱིས་སྤྲུལ་པའི་ར་མ་དཀར་མོ་ཞིག །ཕྱུགས་རྫིས་ཉིན་གྱི་རེས་བརླག་པ་ནམ་ཞིག་རྩད་ཆོད་པ་ན། ད་ལྟའི་གཙུག་ལག་ཁང་ཆེན་མོ་ཡོད་པའི་ཐད་འདིར། རྡོ་ཞིག་ལ་འོ་མ་འཐོར། དེ་དྲོད་ཀྱིས་བསྲོ་ཀྱི་འདུག་པ་མཐོང་ནས། དེར་ཕྱིན་པས་ཡི་གེ་ཨ་ཧཱུྃ་རང་བྱོན་འབུར་དུ་དོད་པ་རྙེད། དེ་དུས་གྲུབ་ཐོབ་གླིང་ཐེབས་པ་དང་འགྲིག་ནས་དེ་ལ་ཕུལ། གད་ངོས་ལ་སྒྲུབ་ཕུག་བཟོས་ནས། རྣལ་འབྱོར་དབང་ཕྱུག་ཆེན་པོ་དེར་བཞུགས། སྤྲུལ་པའི་རམས་ལུང་བསྟན་པས། ར་ལུང་ཞེས། དེ་ནས་གྲགས་ཤིང་། རང་བྱོན་འདི་སྣ་ཕུ་ཆོས་ལུང་གི་ཁྱད་འཕགས་གསུམ་གྱི་གྲུ་གཅིག་ཏུ་ད་ལྟ་ཡང་བཞུགས་སོ། །བཞི་པ་ནི། མཚན་དེ་ལྟར་གསོལ་བའི་གནས་འདི་ཉིད་དུ་གྲུབ་ཐོབ་ཆེན་པོ་གླིང་། ཆོས་ཀྱི་རྒྱལ་པོ་གཙང་པ་རྒྱ་རས་ནས། དུས་དེང་སང་གི་བར། ཞིང་འདི་ཉིད་ཀྱི་རྟུལ་གྱི་གྲངས་དང་མཉམ་པའི་རྣལ་འབྱོར་པ། རྡོ་རྗེ་ཐེག་པའི་སྒོ་ནས། ཚེ་གཅིག་ལུས་གཅིག་གིས་རིགས་ཐམས་ཅད་ཀྱི་ཁྱབ་བདག་རྡོ་རྗེ་འཆང་ཆེན་པོར་མངོན་པར་རྫོགས་པར་སངས་རྒྱས་པའི་ས་ཡིན་པས་རྡོ་རྗེའི་གདན། བྱང་ཆུབ་ཀྱི་སྙིང་པོ་ཆོས་ཀྱི་གཡེའི་དགོན་པ་ཆེན་པོར་གྱུར་ལ། ད་དུང་བསྟན་པ་ནམ་གནས་ཀྱི་བར་དུ། དཔག་ཏུ་མེད་པ་འཚང་རྒྱ་བར་འགྱུར་བས། སྐྱེས་བུ་ཆེན་པོ་དེ་དག་གིས་བྱིན་གྱིས་བརླབས་པ་ཡིན་པས། ཁྱད་པར་དུ་འཕགས་པ་རྒྱ་གར་རྡོ་རྗེ་གདན་བཞིན་ནོ། །གཉིས་པ། ནང་རྟེན་གསུམ་ལ་བརྟེན་པའི་ཁྱད་འཕགས་ལ། སྐུ་རྟེན། གསུང་རྟེན། ཐུགས་རྟེན། རང་བྱོན་ཁྱད་པར་དུ་འཕགས་པའོ། །དང་པོ་ནི། ཆོས་རྗེའི་སྐུ་སྐུ་འབག་ཁམས་གསུམ་ཟིལ་གནོན། དགེ་བ་དང་མི་དགེ་བའི་ལྟས་ཞལ་རས་ལ་མངོན་སུམ་དུ་བཞུགས་པ་ལྟ་བུར་གསལ་བ། ཚེ་འདིའི་ཞེན་པ་ཅན་གྱི་སྐྱེ་བོ་ལ་ཡང་། ཡུད་ཙམ་ཆགས་པ་མེད་པ་ཞི་གནས་ཀྱི་ཏིང་ངེ་འཛིན་སྐྱེ་ནུས་པ་དེ་དང་། གཞན་ཡང་། སངས་རྒྱས་དབོན་ལ་སོགས་པའི་ཞལ་ངོའི་ནང་རྟེན། སྣང་འབྲུག་གི་བཏན་པའི་མདའ་བདག །རྒྱལ་བ་ལོ་རས་པའི་ནང་རྟེན། མགོན་པོ་ཙ་རི་རས་ཆེན་གྱིས་བཞེངས་ཤིང་། རབ་ཏུ་གནས་པར་མཛད་པ་དང་། སྟོད་འབྲུག་གི་བསྟན་པའི་མདའ་བདག །རྒྱལ་བ་གོད་ཚང་པའི་ནང་རྟེན། གྲུབ་ཐོབ་ཨུ་རྒྱན་པས་བཞེངས་ཤིང་།

རབ་གནས་མཛད་པ་ནས་བརྩམས་ཏེ། དེང་སང་གྲུབ་པ་དང་གྲུབ་པའི་ས་ལ་ཆས་པ་མང་པོའི་གདུང་གི་སྙིང་པོ་ཅན་རྣམས་དང་། སློབ་དཔོན་ཆེན་པོ་ཀླུ་སྒྲུབ་ཀྱི་ཐུགས་དམ་མགོན་པོའི་རྡོ་སྐུ། དཔལ་རྒྱ་ལས་སྤྱན་དྲངས་པ་དང་། དཔལ་ཡེ་ཤེས་ཀྱི་མགོན་པོ་ཕྱག་བཞི་པ་དངུལ་ལྷུང་བརྡུངས་ཀྱི་སྐུ། རྒྱན་རྣམས་གསེར་ལྷུང་བརྡུངས་དང་གཡུ་སྤྱང་སྤེལ་ལེགས་ཀྱི་ཕྲས་མཛེས་པ། རྒྱབ་མཐོ་ལྷ་པ། པདྨ་དཀར་པོས་བཞེངས་པའི་བར་གྱི་གཙུག་ལག་ཁང་གོང་འོག་ཉིལ་གྱི་གང་བུ་ལྟ་བུར་བཀང་བ་རྣམས་སོ། །གཉིས་པ་ནི། རིན་པོ་ཆེ་བེཌཱུརྻ་ཞུན་མས་བྲིས་པའི་གླེགས་བམ། གན་ཤོག་མཐིང་ཤུན་ལ་གསེར་བཟང་པོས་བྲིས་པའི་བཀའ་འགྱུར། འབུམ་ཤོག་མོ་ཆེ་ལ་སོགས་པའི་སྐྱ་བོད་བརྒྱ་ཕྲག་མང་པོ་དང་། ཁྱད་པར་རྒྱུད་སྡེ་བཞིའི་ཁོང་པའི་སྙིང་ལྟ་བུའི་མན་ངག་རྣམས། ཨུ་རྒྱན་གྱི་ཧྨ་གཉྫིར་དང་མཚུངས་པར་རྒྱ་རིམ་པ་བདུན་གྱིས་བཏབ་སྟེ་བཞུགས་པ་ཡིན་པས་ཁྱད་པར་དུ་འཕགས་པ་ཡིན་ནོ། །

གསུམ་པ་ནི། ཆོས་རྗེའི་ཞལ་ནས་ཁོ་བོའི་ཤུལ་དུ། རྟེན་བཀྲ་ཤིས་སྒོ་མངས་སུ་བགྱིས་ན། དཀའ་བརྒྱུད་ཀྱི་བསྟན་པ་མཐའ་རྒྱས་སུ་འགྱུར་བ་ཡིན། ཞེས་ལུང་བསྟན་པ་ལྟར། སངས་རྒྱས་དཔོན་གྱིས། གསེར་འབུམ་འཛམ་བུ་གླིང་གི་རྒྱན་བཞེངས་པའི་ནང་ན། ཆོས་རྗེའི་ཐུགས་དང་དབུ་ཐོད་ལ་བྱིན་པའི་རིགས་གསུམ་མགོན་པོ་དང་། དཀར་བརྒྱུད་གོང་མ་ལ་སོགས་པའི་བྱིན་རླབས་ཀྱི་རྟེན་ཚད་མེད་པ་བཞུགས་པས། འདིའི་རྟེན་འབྲེལ་ལས། སྒྲུབ་གནས་འདི་གདན་ས་མར་གྱུར་པ་ཡིན་ནོ། །ཕྱི་རྟེན་དུ་མཆོད་རྟེན་བཀྲ་ཤིས་སྒོ་མངས་འདི་བཞེངས་པ་ཡིན་ཞིང་། འདི་ཕལ་ཆེར་གྲུབ། གཉྫི་ར་ཉི་མའི་སྙིང་པོ་ཞག་འགའི་བར་དུ་བཟོ་བོས་སྐྱོན་མཚུགས་ཤིང་། ཐ་མའི་ཉིན་དེ་དག་དྲོ་ལ་ཡོག་པའི་ཤུལ་དུ། སངས་རྒྱས་དཔོན་སྟག་རིར་བཞུགས་དུས། མངོན་པར་མཁྱེན་པས་གཟིགས་ནས། རྐང་མོ་དྲུས་མ་ཞིག་ལ་ཆིབས་ཏེ་རྫུ་འཕྲུལ་གྱིས་འདིར་བྱོན། གཉྫིར་ལེགས་པར་བསྐྱོན། ཕྱིར་ཡང་རྐང་ལ་ཆིབས་ནས། ཐེགས་ལ་ཁད་པ་ཁོང་རྣམས་དྲོ་གྲོལ་བས་མཐོང་སྟེ་བཀྱུགས་པས་མ་ཟིན། ཆིབས་སའི་ཕ་བོང་དེ་ལ། རྐང་གི་རྨིག་རྗེས་གསལ་བར་བྱོན། དེ་རྙེད་པ་དུས་ད་ལྟའི་བར་དུ་ཡོད་དོ། །དེ་ནས་རབ་ཏུ་གནས་པའི་དུས་སུ། །གནས་གསུམ་གྱི་དཔའ་བོ་མཁའ་འགྲོ་ཐམས་ཅད་ནམ་མཁའ་ལ་ལྷགས་ནས་ཤིས་པ་བརྗོད་པ་ཀུན་གྱིས་མཐོང་བ་བྱུང་། ཞེས་གྲགས་ཤིང་། སངས་རྒྱས་དཔོན་གྱི་གསུང་ནས། མ་འོངས་པ་ན་འདི་ལ་ཞིག་གསོས་དགོས་པའི་དུས་ཞིག་འོང་། དེ་དུས་ཁོ་བོ་རང་སླེབ་ནས་བྱེད་པ་ཡིན་ཞེས། ཁོ་བོ་ཅག་གི་རྗེ་འབྱོན་པར། འདི་དུས་ལུང་བསྟན་པ་ཡིན་ནོ། །གཞན་ཡང་

མཆོད་རྟེན་འདིའི་སྐུ་ཆེ་བའི་ཡོན་ཏན། རྒྱལ་བ་གྲོད་ཚང་པས། ངའི་སློམ་མ་སླེའུ་ཐུལ་ཅན་འདི་རྣམས་ཉིན་མོ་ལ་ཆོས་ཞུ། ནུབ་མོ་ར་ལུང་གི་ནཱ་རོ་པའི་ཕྱི་རྟེན་ལ་སྐོར་བ་བསྐོར་ནས། ནུབ་ཕྱོགས་ཨུ་རྒྱན་གྱི་ཡུལ་དུ་ཚོགས་ཀྱི་སྐལ་བ་ལེན་པ་ལ་རྒྱུན་དུ་འགྲོ་བ་ཡིན། ཞེས་གསུངས་པ་ལྟར་དུ། གྲུབ་ཆེན་ཨུ་རྒྱན་པས་ཨུ་རྒྱན་དུ་བྱོན་པ་ན། ཡུལ་དེའི་བུ་མོ་རྣམས་ཀྱི་ངང་ཚུལ་རྒྱལ་བ་གྲོད་ཚང་པས་ཇི་ལྟར་གསུངས་པ་ལྟར་དུ་གཟིགས་ནས། མཆོད་རྟེན་འདིའི་བསྔགས་པ་ཆེས་ཆེར་བརྗོད་པར་མཛད་དོ། །གཞན་ཡང་རྒྱལ་བ་ཡང་དགོན་པར་ལུང་བསྐོར་བ་ལ་ཕེབས་དུས་མནལ་ལམ་དུ། མཆོད་རྟེན་ཆེན་པོ་འདིའི་ཁུམ་ནང་དུ་རྡོ་རྗེ་འཆང་ནས། རྒྱལ་བ་གྲོད་ཚང་པ་ལ་ཐུག་གི་བར་དུ་དཀར་བརྒྱུད་ཀྱི་བླ་མ་ཐམས་ཅད་ཁྲལ་མཐར་ཆགས་སུ་བཞུགས་པ་ལས། མི་ལ་རས་པའི་བཞུགས་ཁྲི་སྟོང་པར་འདུག་པ་ལ་ཁྱོད་སྡོད་རྒྱུ་ཡིན་ཞེས་གཟིགས་པ་སོགས་ཀྱིས་ཆེ་བ་བརྗོད་པར་མཛད་ཅིང་། ད་ལྟ་སྐོར་མི་ཉུང་དུས་ཡང་བསྐོར་ལམ་མང་པོས་ཕྱིན་པ་ལྟར་བྱུང་བར་འགྱུར་བ་ཀུན་མཐུན་སྣང་གྲུབ་པ་ཡིན་ནོ། །གཞན་ཡང་རྗེས་བཞེངས་པའི་རྒྱལ་དབང་རྗེའི་དངུལ་འབུམ་དང་གསེར་འབུམ། རྒྱལ་ཚབ་དམ་པ་ངག་གི་དབང་ཕྱུག་གིས་བཞེངས་པའི་སྒྲ་བསྒྱུར་གྱི་རྒྱལ་པོ་མར་པ་ལོ་ཙའི་རྣམ་འཕྲུལ། མཚན་ལན་ཅིག་ཐོས་པས་ཀྱང་སྲིད་པའི་གྱུད་པ་ཐམས་ཅད་ཞི་བར་མཛད་པ་ངག་དབང་ཆོས་ཀྱི་རྒྱལ་པོའི་སྐུ་གདུང་རིལ་པོ་གཅིག་ཏུ་བཞུགས་པའི་གསེར་འབུམ་བཀྲ་ཤིས་དཔལ་འབར་ཐོག་ཚད་གསུམ་ལྷག་པ་རྒྱུ་དང་། བཟོ་དང་། རབ་ཏུ་གནས་པ་ལ་སོགས་པ་ཕུལ་དུ་ཕྱིན་པ་དེ་ལ་སོགས་པའི་མཆོད་རྟེན་གྱིས་སྤྲོས་སྐྱའི་གཙུག་ལག་ཁང་ཆེན་མོ་ཡོངས་སུ་གང་བ་རྣམས་སོ། །

བཞི་པ་ནི། ཆོས་རྗེ་གཙང་པ་རྒྱ་རས་ཀྱི་སྐུ་ཚོགས་པ་ཉི་ཤུ་རྩ་གཅིག་ལ་སྤྱན་རས་གཟིགས་ཉི་ཤུ་རྩ་གཅིག་བྱོན་པའི་གསུམ་རང་བྱོན་ཁྱད་འཕགས་ཀྱི་གྲལ་དུ་བཞུགས། གཞན་གདན་ས་འདི་ཉིད་ཀྱི་ཕྱི་རྟེན་ནང་རྟེན་གཉིས་སུ་རེ་རེ། ཆོས་རྗེ་གཞོན་ནུའི་ནང་རྟེན་མགོན་ཁང་གི་མཆོད་སྡོང་གསེར་ར་བྲེ་གང་གསོལ་བ་འདི་ནང་དུ་གཅིག །འབྲུག་གི་ལྷ་མོ་ཆེ་དང་མཆོད་རྟེན་གཉིས་སུ་རེ་རེ། མདོ་མཁར་དང་ཆོས་རྫོང་གི་གདུང་རྟེན་ལ་རེ་རེ། བྱང་ཨུ་རི་དང་ལྷོ་བྲག་མཁོ་མཐིང་ལྷ་ཁང་དུ་རེ་རེ་ཡོད་པའི་ཕྱི་མ་ད་ལྟ་བྲ་ཡུལ་གྱི་གསལ་རྗེའི་སྐྱབ་སྟེ་ན་བཞུགས་སོ། །སྤྲེ་ཏྲ་དང་། ནེའུ་རིངས་ན་རེ་རེ། དང་པོ་ཏི་སེའི་མཆོད་གཞིས་དཀར་དུ་མ་ན་གཅིག་ཡོད་པ་ད་ལྟ་གུ་གེར་བྱོན་ཞེས་གྲགས། གནས་སྙིང་དང་ཆོས་ལུང་ཚོགས་པ་ལ་རྟེན་བཞེད་མཛད་པས་རེ་རེ། འབྲས་མོ་ལྗོངས་བཙུན་ལ་གཉིས་ཡོད་པའི་གཅིག་འབྲས་མོའི་མཆོད་རྟེན་ན་དང་། གཅིག་ལྷོ་དགོན་པ་ཡུལ་གྱི་ཡོན་རྫོང་པའི་ལག་ན།

དབོན་གྲགས་པ་ཡེ་ཤེས་ཀྱི་རྟེན་སྐལ་དུ་ཁམས་རོང་པོ་གསེར་པས་ར་གཅིག་བཞེངས། ཧོར་རྒྱལ་པོ་ཐོག་གན་ཐེ་མུར་གྱིས། ཆོས་རྗེ་བཅུ་གསུམ་པ་བླའི་མཆོད་གནས་སུ་བཏེག །ཧོར་དུད་སྟོང་དགུ་བརྒྱ་འཛམ་དང་བཅས་པས་གཙུག་ལག་ཁང་གོང་འོག་ལ་ཐིག་རྩ་བླངས་པའི། དིང་ཕྱིན་གྱི་བླ་རེ་པདྨ་འབུམ་ལྡན་དང་། སྟོང་ལྡན་དང་ཁྲ། ཨ་ཀ་རུ་ནག་པོ་དང་། ཉ་ལྕིབས་ཀྱི་ཅོག་ཙེ་ལ་སོགས་པའི་མཆོད་རྫས་དཔག་ཏུ་མེད་པ་ཕུལ་བའི་གདབ་ལེན་དུ་གཅིག་བཞེངས་པ་རྣམས་ཡིན་ལ། དེ་དག་ལས་མཆོག་ཏུ་གྱུར་པ། ཆོས་རྗེ་ཉིད་དང་གཉིས་སུ་མེད་པ་རང་བྱོན་ཁར་ས་པཎ་འདི་ཡིན་ལ། འདི་ཡང་སངས་རྒྱས་དབོན་གྱི་སྐུ་ཐོག་ལ་ཞིག་པོ་ཉི་མ་སེང་གེས་བསྐྲུམས་ནས། ལ་སྟོད་ཕྱོགས་ལ་འབུལ་སྐྱད་ལ་བྱོན། མཆོད་རྟེན་ཆེན་མོའི་གཉྫིར་གདུགས་ཟར་ཚོགས་དང་བཅས་པ་ལེགས་པར་བསྒྲུབས་ནས་ཕྱིར་ལོག་སྐྱེ་ནམ་ཚོང་འདུས་སུ་ཕེབས། དེ་བསྒྲིགས་པས་ཁྲིམ་ཆེན་པོ་ཚོགས། དེའི་དབུས་སུ་ཞིག་པོ་ཉམས་འབར་བས། རྟེན་ཐག་ཆད་ནས་ཟེགས་པ་རྒྱན་འཕོགས་དབུལ་པོ་གཉིས་ཀྱིས་རྙེད། དེ་གཉིས་བཙན་ཐབས་སུ་ལོངས་སྤྱོད་རྣམ་ཐོས་ཀྱི་བུ་ལྟ་བུར་སོང་། དེར་ཁོང་གཉིས་ཀྱིས་མཆོད་པ་བྱས་ནས་ལོ་བཅོ་ལྔ་ཙམ་བཞུགས། དུས་ནམ་ཞིག་ཁོང་གཟའ་མི་གཉིས་གྲོས་གླེང་བ། རྟེན་ཁྱད་པར་དུ་འཕགས་པ་འདིའི་བྱིན་རླབས་ཀྱིས། འོ་སྐོལ་སྐྱིད་པར་བྱུང་། ད་དུང་ཡང་འབྲལ་མི་ཕོད་དེ་རྟེན་འདི་དགེ་བའི་བཤེས་གཉེན་གཅིག་གི་ཕྱག་ཏུ་བཞུགས་ན། སེམས་ཅན་གྱི་དོན་རྒྱ་ཆེན་པོ་འབྱུང་ངེས་པས། འུ་ཅག་གིས་བདག་ཏུ་མ་བཟུང་བ་དྲག །དེ་སུ་ལ་འདུལ་ཞེས་གླེང་། དེ་དུས་རྒྱལ་བ་རྒོད་ཚང་པ་གྲགས་ཆེ་བས་དེའི་ཕྱག་ཏུ་གདན་འདྲེན་པ་ལ་ཁ་འཆམ་མོ། །དེའི་དུས་སུ་ཆོས་ཀྱི་རྒྱལ་པོ་རྒྱལ་བ་རྒོད་ཚང་པའི་ཞལ་ནས། འོ་སྐོལ་གྱི་འདི་རུ་དོ་ཞག་ཆོས་རྗེ་འབྱོན་པ་འདུག་གསུང་པ་དང་། ཡང་དུས་ནམ་ཞིག་ན་ཉེ་གནས་ལ་དེ་རིང་ཆོས་རྗེ་བྱོན་པ་ཡོད་པས། མར་ཡོད་པ་རྣམས་བཞུས། དཀར་མེའི་ཆས་ཀྱིས། ཤ་དད་ཐུད་དང་རྩམ་པ་རྣམས་དགེ་འདུན་རྣམས་ལ་དགའ་སྟོན་ལ་འདྲེན་པ་ཡིན་ནོ། །

དེ་རིང་ང་ཡང་མཚམས་བསངས་ཏེ་བསུ་བ་ལ་འགྲོ་བ་ཡིན་གསུངས་ནས། གཟིམས་སྤྱིལ་གྱི་ཕྱི་རུ་གྲོན་པ་དང་། སློབ་པ་པོ་ཐམས་ཅད་སྤྱན་སྔར་འཕུངས་ནས་ཡུན་རིང་རབ་འགོར་བ་དང་ཆོས་རྗེའི་ཞལ་ནས། འདི་ལྟར་མ་བྱེད་ལ་འུར་འགྲོ། ཆོས་རྗེ་རྩ་འདི་རང་ན་འབྱོན་གྱི་ཡོད་གསུངས་ནས་བྱོན་པ་དང་མི་གཉིས་བྱུང་བ་དང་ཕྲད་པས། རྒྱལ་བ་རྒོད་ཚང་པས་ཕྱག་མཛད་པ་དང་། ཐམས་ཅད་ཀྱིས་ཕྱག་བྱས་པས། ཁོང་གཉིས་ཅི་ཡིན་ནམ་སྙམ་ཧ་ལས་འདུག་སྐད། ཆོས་རྗེའི་ཞལ་ནས། ཁྱོད་

ཀྱི་མཚན་ཁྱུང་གི་བེ་བུམ་དེ་ངའི་ལག་ཏུ་ཐོང་ཞིག །གསུངས་པ་དང་། ཁོང་ཡང་། རྗེ་ཆོས་རྗེ་གཉིས་ཀ་ལ་མོས་པར་གྱུར་ཏོ། ཆོས་རྗེའི་ཕྱག་ཏུ་ཕུལ་བ་དང་། ད་བུ་ཐོག་ཏུ་བཞག་ནས་འགྲོ་མགོན་ཆོས་རྗེ་དང་དངོས་སུ་མཇལ་གསུངས་ནས་སྤྱན་ཆབ་མང་པོ་འཁྱོན་ཅིང་ཡུན་རིང་གསོལ་བ་འདེབས་ཀྱིན་དེ་ཀར་བཞུགས་སོ། །ཡབ་སྲས་གཉིས་པོ་མཇལ་བས་ཐུགས་ཆེམ་ཞིང་བསམ་པའི་དོན་ཐམས་ཅད་གྲུབ་པར་མཛད་དོ། །དེར་ཆོས་རྗེའི་ནང་དུ་གདན་དྲངས་ཏེ་མཆོད་པ་བསམ་གྱིས་མི་ཁྱབ་པས་མཉེས་པར་མཛད་དོ། །ཆོས་རྗེ་གྲོད་ཚང་པས་ཡོན་བདག་དེ་ལ་བྱ་དགའ་ལ་རྟ་དང་ནོར་མང་པོ་གནང་། ཁོང་གཉིས་ཀྱིས་ཀྱང་རྟ་དང་ནོར་ཚོ་ཆོས་རྗེ་ཉིད་ལ་ཕུལ་ནས་ཆོས་ཀྱི་འབྲེལ་པ་མང་དུ་ཞུས་ཏེ། དོན་ཐམས་ཅད་གྲུབ་པ་ཡིན་ནོ་ཟེར་ནས་ཡུལ་དུ་སོང་སྐད་དོ། །ཉི་མ་ལ་སྟོད་ཀྱི་ཕྱོགས་སུ་འགྲོ་དོན་རྒྱ་ཆེན་པོ་བྱུང་ཞིང་། ལོ་བཅུ་བདུན་གྱི་བར་དུ་བཞུགས་སོ། །དེ་ནས་ཆོས་རྗེ་གྲོད་ཚང་བས། གདན་ས་ལ་འབྱུལ་ཆེན་གསུམ་མཛད་པའི་ཕྱི་མ་ལ་གདན་སར་ཕེབས་ཞིང་། གར་བཞུགས་ལ་གཞི་བདག་རྣམས་ཤོ་རྒྱབ་སོང་བས། གང་བཟང་དང་མི་སྡོན་རྟ་སྡོན་གཉིས་རྒྱལ་བས་ར་ལུང་དུ་གཞོག་ཅེས་གསུངས། དེ་ནས་ཆོས་རྗེ་སྒྲོས་སྐུ་པའི་བར་དུ་མཇལ་ཁ་ཤིན་ཏུ་དོག་པ་ལ། ཆོས་རྗེ་དེས་བསྐོར་མི་བརྒྱ་ཕྲག་ལོངས་པ་ལ་མཇལ་བའི་སྲོལ་བཙུགས་པ་ཡིན་ནོ། །རང་བྱོན་འདི་རང་མོར་འབྲུག །ལྷ་པས་བཅོམ་པའི་དུས། ཅར་གྱིས་གཟིམས་པ་དང་། འབྲི་གུང་གླིང་ལོག་གི་དུས་སུ། སྐུ་སྟོ་བསངས་སུ་གྱུར་པ་བྱུང་ཞེས་གྲག་ཅིང་། ཕྱིས་རྗེའི་དུས་སུ་འང་ཁྲིམ་གྱི་དབུས་སུ་ཡལ་བཞག་བདུན་གསོལ་བ་བཏབ་པས་སླར་ཕེབས་པ་དང་། མི་དགེ་ན་སྐུ་ཡོ་བ་དང་། ནོགས་པ་དང་། དགེ་ན་ཤེལ་དྲི་མ་མེད་པ་ལྟ་བུར་ཡོང་བ། ད་ལྟ་ཀུན་གྱི་མཐུན་སྣང་དུ་གྲུབ་བོ། །ད་ལྟའི་བཞུགས་ཁང་ཛ་མུ་ཏིག་ལ་སོགས་རིན་པོ་ཆེ་སྣ་བདུན་ལས་གྲུབ་པ་འདི། དགེ་སློང་པདྨ་དཀར་པོ་བདག་གིས་རྒྱུ་སྦྱར། དཔལ་རིག་པ་མེད་པའི་མཆོད་རྟེན་གྱི་དབྱིབས་སུ་བཀོད་པའི་ཁྱད་པར་ཐམས་ཅད་ཀྱིས་འཕགས་པར་བྱས་པ། བལ་པོ་ཕྲག་པོའི་ལུས་ལོན་པ་ལ་མཁས་པ། དཔོན་མོ་ཆེ་ཛ་ཤིང་གིས་ལོ་གཅིག་གི་རིང་ལ་འབད་པས་བྲེ་ཡུལ་དུ་བསྒྲུབས་ཤིང་། བྲེ་ཡུལ་ཆོས་ཀྱི་རྒྱལ་པོའི་བཙུན་མོ་ཚོགས་གཉིས་གྲུབ་མ་དང་། དོན་གཉིས་གྲུབ་མ་མཆེད་ཀྱི་སྐུ་རྒྱན་གྱི་གཡུ་སྦྱང་ཡང་མང་དུ་ཕུལ། འདིའི་རྒྱུ་ལ་རིན་ཐང་བརྩིས་ན་གསེར་ཞོ་སྟོང་ཕྲག་གསུམ་དུ་ལོངས་པ་ཙམ་སོང་ངོ་། །

ཆོས་རྗེའི་སྐུ་ཚིགས་ལ་བྱོན་པའི་འཕགས་པ་བཅུ་གཅིག་ཞལ་བཞུགས་ཁང་བཀྲ་ཤིས་སྒོ་མངས། ཡང་སྐུ་ཚིགས་ལ་བྱོན་པའི་འཕགས་པ་ཞལ་གཅིག་ཕྱག་བཞི་པ་བཞུགས་ཁང་ཚོ་འཕྲུལ་

མཆོད་རྟེན། རིན་པོ་ཆེ་སྤོས་སྣྲུ་པའི་སྐུ་གདུང་ལ་བྱོན་པའི་ཁར་ས་པཙ་བཞུགས་ཁང་ལྷ་བབས་མཆོད་རྟེན། རྗེ་ཀུན་དགའ་སེང་གེའི་ཞུན་ཐིགས་ལ་བྱོན་པའི་ཐུབ་པའི་དབང་པོའི་སྐུ་རྫོ་མཚར་བ་བཞུགས་ཁང་བྱང་ཆུབ་མཆོད་རྟེན། ཡང་ཀུན་དགའ་སེང་གེའི་ཞུན་ཐིགས་ལས་བྱོན་པའི་སྤྱན་རས་གཟིགས་དོན་ཡོང་ཞགས་པ་བཞུགས་ཁང་དབྱེན་བསྡུམ་མཆོད་རྟེན། འཇམ་དབྱངས་བློ་གྲོས་སེང་གེའི་སྐུ་གདུང་ལ་བྱོན་པ་སྤྱན་རས་གཟིགས་ཞལ་གཅིག་ཕྱག་བཞི་པ་བཞུགས་ཁང་རྣམ་རྒྱལ་མཆོད་རྟེན། པཎ་ཆེན་ཤཱཀྱ་ཤྲཱིའི་སྐུ་གདུང་ཞུན་ཐིགས་ལས་བྱོན་པའི་རྡོ་རྗེ་རྣལ་འབྱོར་མ། བཞུགས་ཁང་རྣམ་རྒྱལ་མཆོད་རྟེན། འདི་ཚོགས་ཆོས་ལུང་པ་དང་རྟེན་བརྗེས་པ་དེར་འདུག་སྐེ་སོམ་ཉི། བླ་མ་གཡུ་མོ་ཆེ་དའི་དབུ་ཐོད་ལ་བྱོན་པར་དགྱེས་པ་རྡོ་རྗེ་ཞལ་བརྒྱད་ཕྱག་བཅུ་དྲུག་པ། བཞུགས་ཁང་མྱང་འདས་མཆོད་རྟེན། འདི་གནས་སྙིང་པ་དང་རྟེན་པ་རྗེས་པ་དེར་འདུག་སྐེ་སོ་མ་ཉི། སངས་རྒྱས་ཀྱི་འཕེལ་གདུང་བཞུགས་ཁང་གཉིས་མེད་ཡེ་ཤེས་མཆོད་རྟེན། འདི་རྒྱལ་མཁར་རྩེའི་འཕེལ་གདུང་ལས་མཆེད་པ། རྗེ་མར་པའི་ཚེམས་གདུང་ལོག་འཕེལ་གདུང་གིས་བརྒྱན་པ། གདན་ས་གྲོ་བོ་ལུང་ནས་བྱུང་བ། བཞུགས་ཁང་ལྷ་བབས་མཆོད་རྟེན། ཡང་རྗེ་མར་པའི་ཚེམས་འཕེལ་གདུང་བཞུགས་ཁང་དབྱེན་སྡུམ་མཆོད་རྟེན། ཡང་རྗེ་མར་པའི་སྐུ་གདུང་ལས་བྱོན་པའི་འཕེལ་གདུང་། འདི་གཞིས་ག་སྐྱེ་བའི་ཕྱག་ན། གདུང་ཤ་རྡེ་རི་སྲན་མ་སྒྲོམ་ཤོས་ཙམ་ཞིག་ཡོད་པ་ཕྱིས་སྣེའུ་འཐོར་ཞིག་ལ་སོང་སྐབས་དཀོན་གཉེར་པས་ཁྱེར་ནས་སྟོད་ལུངས་སྣང་དུ་སླེབ། དེ་ནས་འབྲུག་པ་རིན་པོ་ཆེས་དེར་ཕེབས་དུས་གཟིགས་ཞུལ་བས་ཕྱག་མཐིལ་རང་དུ་དེ་ལས་རིང་བསྲེལ་བདུན་ཙུ་འཛོགས་པ་མ་གོད་བར་འདིར་བཞུགས་པ་ཡིན་ལ། དེ་ནས་དབུ་གཟུང་མ་བུ་ཐམས་ཅད་ལས་རིང་བསྲེལ་ཚད་མེད་འཕེལ་བས། ད་ལྟ་མར་པའི་རིང་བསྲེལ་གར་བཞུགས་ཡང་འདི་ལས་མཆེད་པར་སྣང་། བཞུགས་ཁང་ཆོ་འཕྲུལ་མཆོད་རྟེན། ཆོས་རྗེའི་འཕེལ་གདུང་བརྒྱད་བཞུགས་ཁང་བཀྲ་ཤིས་སྒོ་མངས། འདི་རྗེ་འབྲུག་པ་རིན་པོ་ཆེ་ངག་དབང་ཆོས་ཀྱི་རྒྱལ་པོས་ཁྱད་འཕགས་བཞུགས་ཁང་བཟོ་དུས། ཁར་ས་པཙ་ཕྱག་ཏུ་བཞེས་སྐུ་ཁྲུས་གསོལ་བས་ཕྱག་ཏུ་རིང་བསྲེལ་དགུ་བབས་པའི་གཅིག་ཕྱི་ལ་ཤོར། ལྷག་མ་འདིར་བཞུགས། ཡང་ཆོས་རྗེའི་ཚེམས་འཕེལ་གདུང་བཞུགས་ཁང་ཆོ་འཕྲུལ་མཆོད་རྟེན། ཡང་ཆོས་རྗེའི་ཚེམས་འཕེལ་གདུང་བཞུགས་ཁང་དབྱེ་ན་སྡུམ་མཆོད་རྟེན། ཡང་ཆོས་རྗེའི་གདུང་ཤ་རྡེ་ར་བཞུགས་ཁང་དབྱེན་བསྡུམ་མཆོད་རྟེན། ཡང་ཆོས་རྗེའི་དབུ་ཐོད་ལ་བྱོན་པའི་རིང་བསྲེལ་གསུམ་བསྐྲིགས་བཞུགས་ཁང་རྣམ་རྒྱལ་མཆོད་རྟེན། སངས་རྒྱས་དབོན་གྱི་ཚེམས་འཕེལ་གདུང་བཞུགས

ཁང་པད་སྤྲུངས་མཆོད་རྟེན། རྗེ་ཉི་མའི་ཆོས་འཕེལ་གདུང་བཞུགས་ཁང་རྣམ་རྒྱལ་མཆོད་རྟེན། འཇམ་དབྱངས་ཀུན་དགའ་སེང་གེའི་ཆོས་ལ་བྱོན་པའི་དུང་དཀར་གཡས་འཁྱིལ་བཞུགས་ཁང་རྣམ་རྒྱལ་མཆོད་རྟེན། རྒྱལ་བའི་དབང་པོའི་སྐུ་སོགས་གཡས་པ་ལ་བྱོན་པའི་འཕགས་པ་ཁར་ས་པཎ་བཞུགས་ཁང་བྱང་ཆུབ་མཆོད་རྟེན། ཡང་རྒྱལ་བའི་དབང་པོའི་ཆོས་འཕེལ་གདུང་བཞུགས་ཁང་པད་སྤྲུངས་མཆོད་རྟེན། ཡང་རྒྱལ་བའི་དབང་པོའི་ཆོས་འཕེལ་གདུང་བཞུགས་ཁང་དབྱེན་བསྡུམ་མཆོད་རྟེན། ཡང་རྒྱལ་བའི་དབང་པོའི་ཆོས་འཕེལ་གདུང་བཞུགས་ཁང་བྱང་ཆུབ་མཆོད་རྟེན། ངག་དབང་ཆོས་ཀྱི་རྒྱལ་པོའི་ཆོས་དུང་དཀར་གཡས་འཁྱིལ་གསུམ་ཆོས་སུ་བྱོན་པ་བཞུགས་ཁང་རྣམ་རྒྱལ་མཆོད་རྟེན། འཇམ་དབྱངས་ཆོས་ཀྱི་གྲགས་པའི་ཆོས་ལ་དུང་དཀར་གཡས་འཁྱིལ་གཅིག་བྱོན་པ་བཞུགས་ཁང་དབྱེན་བསྡུམ་མཆོད་རྟེན། ཡང་འཇམ་དབྱངས་ཆོས་ཀྱི་གྲགས་པའི་ཆོས་འཕེལ་གདུང་བཞུགས་ཁང་རྣམ་རྒྱལ་མཆོད་རྟེན། ཕལ་ཆེར་རྡོ་འབྲུག་པ་རིན་པོ་ཆེ་ངག་དབང་ཆོས་ཀྱི་རྒྱལ་པོས་བཞེངས་པར་འདུག །དྲུག་ཅམ་ད་ལྟར་འཚོ་ཞིང་གཞིས་པའི་རྒྱལ་སྲས་དཔོན་གྱིས་བཞེངས་པ། དེ་དག་ཀྱང་བུམ་པ་གསེར་ལྤང་བརྡུངས་ལ་གཡུ་དང་མུ་ཏིག་གི་ཕྲ་ཚོམས་བང་རིམ་དང་བྲེ་དངུལ་དཀར། སེང་ཁྲི་གསེར་ཟངས་གདུགས་སྤོས་ཞལ་ལས་བསྒྲུབས་པ། ཕྱི་ལྤང་གསེར་གྱི་དྲ་མིག་གིས་བསྐོར་བ། ཆེ་ཆུང་རྡོ་འབྲུག་པ་རིན་པོ་ཆེའི་ཕྱག་མཐོ་རེ་ན་ཡིན་ཏེ་ཁྲུ་ཚད་ཀྱི་རྐང་གར་བ་རེ་འདུག་གོ། །ཤར་ལ་འགྲོ་བའི་མགོན་པོའི་སྐྱུར་ཁང་གི་རྡོ་ལ་འབྲུངས་པའི་ཨ་གཉིས་སྦྲེཿགཅིག་བཞུགས་ཁང་ཟེའུ་ལྷ་ཁང་། སངས་རྒྱས་དཔོན་གྱི་ཕྱག་རྗེས་རྡོ་ནག་ལ་བྱོན་པ་བཞུགས་ཁང་ཟེའུ་ལྷ་ཁང་། རྣལ་འབྱོར་ཆོས་འབྱུང་གི་དབུ་ཐོད་ལ་ཨ་ཧཱུྃ་གསལ་བར་བྱོན་པ་བཞུགས་ཁང་རྒྱ་ཕེབས་ཏོག་དང་བཅས་པ་ལྤང་སེར། རྒྱ་གར་རྡོ་རྗེ་གདན་གྱི་བཀོད་པ་བྱང་ཆུབ་ལྗོན་ཤིང་ལས་གྲུབ་པ་བཞུགས་ཁང་ལྤང་སེར་རྒྱ་ཕུབས་ཏོག་དང་བཅས་པ། འགྲོ་བའི་མགོན་པོ་ཞལ་བཞུགས་པའི་ཐུགས་དམ་བདེ་མཆོག་ཞལ་བཞི་ཕྱག་བཅུ་གཉིས་པ་ཡུམ་དང་བཅས་པ། བཞུགས་ཁང་ཟེའུ་ལྷ་ཁང་། པན་ཆེན་ཤཱཀྱ་ཤྲཱིའི་ཐུགས་དམ་རྡོ་རྗེ་རྣལ་འབྱོར་མ་བཞུགས་ཁང་ཟེའུ་ལྷ་ཁང་། ནཱ་རོ་པའི་ཕྱག་འཁར་ཆུ་ཤིང་ནག་པོ་སོགས་སོ། །གསུམ་པ་བསྟན་པ་བསྟན་འཛིན་སོགས་ཁྱད་པར་འཕགས་པ་བཞི་ཡང་། གང་དུ་གང་དར་བའི་བསྟན་པ། དེ་གང་ལས་འོངས་པའི་བརྒྱུད་པ། དེ་འཛིན་པའི་སྐྱེས་བུ། ཚུལ་ཇི་ལྟར་གཟུང་བ་ཁྱད་པར་དུ་འཕགས་པའོ། །

དང་པོ་ནི། ལྟ་བ་ཐམས་ཅད་ཀྱི་ཡང་རྩེ། ཐེག་པ་ཐམས་ཅད་ཀྱི་མཐར་ཐུག །གྲུབ་མཐའ

ཐམས་ཅད་ཀྱི་ཞེ་ཕྱུགས། རྡོ་རྗེ་ཐེག་པ་ལས་ཀྱང་། སྙིང་པོ་གསང་སྔགས་བླ་ན་མེད་པ་འབའ་ཞིག་གི་སྒྲ་འདིར་གྲག་སྟེ། དེ་ཡང་། ཤིན་ཏུ་རྨད་དུ་བྱུང་བའི་རྒྱུད། བསྲེ་འཕོ་གནད་ཀྱི་མཚམས་སྦྱོར། ཞེས་བྱ་བ་ཛ་བོ་ནཱ་རོ་པའི་ཁྱད་པར་གྱི་ཆོས་སུ་གྲགས་པ། རྗེ་བཙུན་མར་པས། བསྲེ་བ་དང་འཕོ་བ་མ་གཏོགས་པའི། ཁྱད་ཆོས་བརྒྱ་དང་རྩ་བརྒྱད་ཤེས། ཞེས་གསུངས་པས། འཆད་ཚུལ་ལས་བླ་མེད་ཀྱི་རྒྱུད་སྡེ་བརྒྱ་ཕྲག་གཅིག་གི་ལམ་རིམ་བརྒྱ་ཕྲག་གཅིག་ཁོངས་སུ་གནས་པ་དང་། དཔལ་འཁོར་ལོ་སྡོམ་པའི་མན་ངག་སྙན་རྒྱུད་ནོར་བུ་སྐོར་གསུམ། ཞེས་གྲགས་པའི་ཁྱད་པར་ཅན་དེ་དང་། ཀྱེའི་རྡོ་རྗེའི་རྫོགས་རིམ་འབྱུང་བ་རོ་སྙོམས་ཞེས་གྲགས་པ་དང་། ཕ་རྒྱུད་གསང་བ་འདུས་པའི་མན་ངག་རིམ་ལྔའི་ཁྲིད། མཧཱ་མཱ་ཡའི་རྣལ་འབྱོར་གསུམ། གདན་བཞི་ལ་སོགས་པ་མར་ལུགས་ཀྱི་སྨར་ཁྲིད་བརྒྱ་རྩ་དང་། དཔལ་དུས་ཀྱི་འཁོར་ལོའི་མན་ངག །རྡོ་རྗེ་གསུམ་པ། རྡོ་རྗེ་བཞིའི་བསྙེན་སྒྲུབ་སྦྱོར་བ་ཡན་ལག་དྲུག་རྒྱས་བསྡུས་ཀྱིས་བཞག་པ་དེ་དང་། གསང་བ་འདུས་པ་དང་། སམྦུ་ཊ་ལས་ཕྱུང་བ་ལམ་ཟབ་བླ་མ་སྒྲུབ་པ། མདོ་རྒྱུད་གཅིག་ཏུ་བསྲེ་བ་རྟེན་འབྲེལ་གྱི་སྐོར། གྲུབ་པ་སྡེ་བདུན། སྙིང་པོ་སྐོར་དྲུག་ལ་སོགས་པའི་མན་ངག་གི་སྙིང་པོ་ཕྱག་རྒྱ་ཆེན་པོ་ཆོས་རྗེ་ཉིད་ཀྱི་གསུང་ཟིན་བྲིས་ལས་འཕྲོས་ནས། སྟོད་འབྲུག་ལ་གྲགས་པའི་ཁྲིད་ཆེན་བརྒྱད། སྨད་འབྲུག་ལ་གྲགས་པ་ཐུབ་པ་ལྔ། བར་འབྲུག་ལ་གྲགས་པ་དགེ་སྦྱོར་བདུན་པ། གཞན་ཡང་། བདེ་དགྱེས་ལ་སོགས་པ་རྒྱུད་འགྲེལ་དབང་དང་བཅས་པ། གསང་བ་བསྟན་པ་དང་། དངོས་གྲུབ་འབྱུང་བའི་རྒྱུད་ལ་སོགས་པའི་རྗེས་སུ་འབྲངས་ནས་སྒྲུབ་ཐབས་ལས་ཚོགས་དང་བཅས་པའི་གདམས་ངག་ཐམས་ཅད་ཀྱིས་གང་ཟག་ཅིག་ཅར་བ་དང་། ཐོད་བརྒལ་བ་དང་། རིམ་གྱིས་པ་རང་རང་གི་ལམ་གྱིས་རྡོ་རྗེ་འཆང་གིས་ལ་བགྲོ་བར་མཛད་པ་ཡིན་ཏེ། དེ་ལྟ་ཡང་རྒྱལ་དབང་ཆོས་རྗེས། ཆོས་ཟབ་དགུ་འདུས་པའི་ཕོ་བྲང་ལ། འབྲུག་དང་ར་ལུང་མི་ཟེར་རམ། ཞེས་གསུངས་ཤིང་། སྐྱེས་བུ་གསུམ་གྱི་ལམ་དྭགས་པོའི་ཆོས་བཞི་ཞེས་གྲགས་པ་དག་ཀྱང་ངོ་། །གཉིས་པ་ནི།

དེ་ལྟ་བུའི་ཆོས་ལུགས་དེ་དག་ཀྱང་། རྡོ་རྗེ་འཆང་ནས་རྩ་བའི་བླ་མའི་བར་དུ་བརྒྱུད་པ་མ་ཆད་ཅིང་། གཞན་ལ་མ་བལྟོས་པས་ན་ཕ་རྗེས་བུས་ཟིན་པ་ཤ་སྟག་སྟེ། རྒྱལ་དབང་ཆོས་རྗེས། སངས་རྒྱས་ཀྱི་དགོངས་པ་བཅོས་མ་མ་ཡིན་པ་ཟབ་གསལ་ལྷན་ཅིག་སྐྱེས་པའི་ཡེ་ཤེས་མངོན་སུམ་དུ་ངོ་སྤྲོད་པར་བྱེད་པ་རྟོགས་པ་དོན་གྱི་དབང་མཆོག་སེམས་ལ་བསྐུར་བས། སྣང་སྲིད་སྐུ་གསུམ་གྱི་རྒྱལ་སྲིད་ལ་དབང་བསྒྱུར་བའི་བརྒྱུད་པ་ཟམ་མ་ཆད་པས་དབང་གི་ཆུ་བོ་གཞུང་མ་ཉམས་ཚུལ་འདི་ལྟ་བུ

ལ་བརྟེན་ནས་ཕྱག་རྒྱ་ཆེན་པོ་མཆོག་གི་དངོས་གྲུབ་ཐོབ་པས། ཐུན་མོང་གི་དངོས་གྲུབ་ཞར་ལ་བརྙེས་པའི་བརྒྱུད་པ་ཟམ་མ་ཆད་པས་དངོས་གྲུབ་ཀྱི་རྒྱ་མཚོ་ཁ་མ་བྲེ། སེམས་ཉིད་ཡིད་བཞིན་གྱི་ནོར་བུ་ལ་ཕྱི་དོར་བྱས་པས། དགོས་འདོད་མཐའ་དག་སེམས་ལ་གྲུབ་པའི་བརྒྱུད་པ་མཉམས་པས། རྟོགས་པའི་ནོར་བུ་འོད་མ་ཡལ། སྙན་རྒྱུད་ཟབ་མ་ཆོང་འདུས་ཀྱི་འོ་མ་བཞིན་གཞན་གྱི་བསྲེ་བ་སླད་ཀྱི་དབང་དུ་མ་སོང་ཞིང་། མན་ངག་ཟབ་མོ་ཉམས་སུ་བསྐུར་བས་གདམས་པའི་བདུད་རྩི་བཅུད་མ་ཉམས་པ་སྟེ། དེ་ལྟར་རྣམ་པ་བཞིའི་སྒོ་ནས་གཞན་ལས་ཁྱད་པར་གྱུར་པ་ཡིན་ཞེས་གསུངས། དེ་ལྟ་བུའི་བརྒྱུད་པ་འདི་ཡང་། རྒྱ་གར་གྱི་ཡུལ་དབུས་སུ། བྲམ་ཟེ་ས་ར་ཧ་ནས་བཟུང་མས། ལོ་ཧི་ལ་ནག་པོ་སྤྱོད་པ་ལ་སོགས་པ་དང་། ནུབ་ཕྱོགས་ཨུ་རྒྱན་གྱི་ཡུལ་དུ་ཕྱག་རྡོར་གྱི་སྤྲུལ་པ་དྲང་སྲོང་འགྲོ་བ་དབུགས་འབྱིན། རྒྱལ་པོའི་བུ་མོ་རོལ་པ་མོ་ནས། སློབ་དཔོན་ལ་བ་པའི་བར་དང་། རྒྱ་གར་ལྷོ་ཕྱོགས་སུ་ཀླུ་སྒྲུབ་སྙིང་པོ་དང་། ཤ་བ་རི་དབང་ཕྱུག །ཤར་ཕྱོགས་སུ་སློབ་དཔོན་ཆེན་པོ་ཏི་ལླི་པ། བྱང་ཕྱོགས་སུ་མཁས་པ་ཆེན་པོ་ནཱ་རོ་པ་སྟེ། རྒྱ་གར་གྱི་གྲུབ་ཐོབ་བརྒྱད་ཅུ་རྩ་བཞི། ཕལ་ཆེ་བ་བརྒྱུད་པ་འདིའི་བླ་མ་གོང་མར་སྣང་བ་དང་། བོད་དུ་ཡང་། སྒྲ་བསྒྱུར་མར་པས། རྗེ་བཙུན་ལ། བུ་སློབ་མ་བས་ཀྱང་ཡང་སློབ་བཟང་། ཉིད་སློབ་ནམ་མཁའི་མཐའ་དང་མཉམ། ཞེས་ལུང་བསྟན་པའི་བུ་ནི་རྗེ་ཟླ་འོད་གཞོན་ནུ་དང་། རྗེ་བཙུན་རས་ཆུང་ལ་སོགས་པ། སློབ་མ་ནི་རྗེ་སྒོམ་པ་དང་། ཕག་མོ་གྲུ་པ། དབུ་སེ། ལོ་སུམ་ལ་སོགས་པ། ཡང་སློབ་ནི། གྲུབ་ཆེན་གླིང་། འབྲི་སྟག །ཚལ་བ། གཡའ་བཟང་པ། ཁྲོ་ཕུ་ལ་སོགས་པར་གྲོས་པ་རྣམས་སོ། །ཉིང་སློབ་ནི་ཆོས་ཀྱི་རྒྱལ་པོ་གཙང་པ་རྒྱ་རས་པ་སྟེ། འདི་ལས་སྟོད་འབྲུག་གནམ་གྱི་སྐར་མ་ལྟ་བུ། སྨད་འབྲུག་སའི་དྲེག་པ་ལྟ་བུ། བར་འབྲུག་དབུ་ཆེ་ཉིས་སྟོང་བརྒྱད་བརྒྱ་ལས་བརྒྱུད་པ་སངས་རྒྱས་དབོན་ནས་གདན་ས་བརྒྱུད་དེ་བཞིར་གྱེས་ཤིང་། འདིའི་བསྟན་པས་བྱ་རྒོད་ཀྱི་ཉིན་ལམ་བཅོ་བརྒྱད་ཁྱབ་པར་གྲགས་ལ། དེ་དག་རབ་ཏུ་བྱུང་བ་དང་། རྣལ་འབྱོར་པ་ལ་སོགས་པ་ཆ་ལུགས་ངེས་མེད་ཀྱིས་སྙིང་པོའི་བསྟན་པ་འཛིན་པར་མཛད་པ་ཡིན་ནོ། །དེ་ཡང་ཤེར་ཕྱིན་གྱི་མདོར། ཤེས་རབ་ཀྱི་ཕ་རོལ་ཏུ་ཕྱིན་པ་འདི་ཡུལ་དབུས་སུ་དར་བར་འགྱུར་རོ། །དེ་ནས་ལྷོ། དེ་ནས་བྱང་། བྱང་ནས་བྱང་གི་ཕྱོགས་སུ་དར་བར་འགྱུར་རོ། །འོན་ཀྱང་དམ་པའི་ཆོས་འདུལ་བ་སྙིང་པོར་བྱེད་པ་ནི་མ་ཡིན་ནོ། །ཞེས་གསུངས་པ་ཡང་། སྟོན་པས་བརྒྱུད་པ་རིན་པོ་ཆེ་འདི་ཁོ་ན་ལུང་བསྟན་པ་ཡིན་ནོ། །

གསུམ་པ་ནི། དེ་ཡང་བརྒྱུད་པ་དེ་དང་ལྡན་པའི་བླ་མ་དེའི་འཇིག་རྟེན་དང་བསྟུན་ཏེ་རིགས་ཀྱི་

ཆེ་བ་བཤད་པར་བྱ་སྟེ། ཆོས་ཀྱི་རྒྱལ་པོ་སྲོང་བཙན་བཞུགས་པའི་དུས་རྒྱ་ནག་གི་ཡུལ་ནས། ཇོ་བོ་རིན་པོ་ཆེ་སྤྱན་འདྲེན་པའི་རྒྱའི་གྱད་པ་མཆེད་གཉིས་འོངས་པས། གྱད་ལྷ་དགའ་དང་ཀླུ་དགའ་ཞེས་གྲགས་སོ། །ལྷ་དགའི་དབོན་སྲས་ལས་ཁྲི་སྲོང་ལྡེའུ་བཙན་གྱི་དུས་སུ་རྒྱ་སང་ཤི་དང་གསལ་གནང་ཞེས་ཆོས་བསྒྱུར་བའི་ཆེད་དུ་དཀའ་ལས་མཛད་པས། རྒྱལ་པོའི་ཐུགས་ལ་གཅེས་པས་མིང་སྦྲ་ཞེས་བཏགས་སོ། །སྦྲ་གསལ་སྣང་རབ་ཏུ་བྱུང་ནས་བསམ་ཡས་སུ་མཁན་པོའི་དངོས་ཀྱི་གདན་ས་མཛད། བོད་རྒྱལ་པོའི་བླ་མར་གྱུར། སང་ཤིའི་ཚ་བོ་ཁྲི་རལ་གྱི་དུས་སུ། རྒྱ་འཇམ་དཔལ་གསང་བ་ཞེས་གྲགས་པ་སློབ་དཔོན་ཆེན་པོ་པདྨ་ལ་སོགས་པ་ལ་གཏུགས་ནས། རིག་སྔགས་འཆང་ཐམས་ཅད་ཀྱི་རྩེ་མོར་འཁོན་པ་བྱུང་། དེས་ཉང་སྟོད་དུ་དཔལ་སྐྱིགས་ཀྱི་གནས་བཏབ་པས། ད་ལྟ་གནས་རྙིང་དུ་གྲགས་པ་འདི་ཡིན། དེ་ནས་དུས་ཀྱི་དབང་གིས་དབོན་སྲས་སྟག་ཚལ་དུ་འཕོས། དེ་ནས་བསྟན་པ་ཕྱི་དར་གྱི་དུས་སུ། རྒྱ་བརྩོན་འགྲུས་སེང་གེ་ཞེས་བྱ་བ་མཁས་པ་ཇོ་བོ་རྗེ་བོད་དུ་གདན་འདྲེན་པ་པོ་དེ་བྱུང་བ་ཡིན་ནོ། །དེའི་དབོན་སྲས་ཁུ་ལེར་འཕོས་པའི་བརྒྱུད་དུ་ཆོས་རྗེ་འདི་འཁྲུངས་པ་ཡིན་ནོ། །དེ་ཡང་གུ་རུ་ཆོས་དབང་གི་གཏེར་མ། སློབ་དཔོན་པདྨ་དང་ཁ་རིའི་ཞུ་ལན་དུ། ས་རལ་ཞེས་པའི་ལུང་གསུམ་མདོར། ནོར་བུ་འཛིན་པའི་སྤྲུལ་པ་ཞིག །ཕ་བོང་ཤོ་འདྲའི་ཁ་ནས་ཆོས་འཆད་རྩོམ། ཞེས་སྤྱན་རས་གཟིགས་ཡིན་པར་དང་། རཏྣ་གླིང་པ་དང་པདྨ་གླིང་པའི་གཏེར་ཡིག་ཏུ། སློབ་དཔོན་གྱིས། ནཱ་རོ་པཎ་ཆེན་སྒྱུ་མའི་གར་བསྒྱུར་བ། གཙང་པ་རྒྱ་རས་འབྲུག་དང་ར་ལུང་བྱོན། ཞེས་གསུངས་ཤིང་ཆོས་རྗེ་ཉེན་རས་པ་ལས། ཕྱིས་བསྟན་པ་ལ་ཕན་པར་དགོངས་ནས་བསྐྱེན་པར་རྫོགས་པའི་དུས་སུ། བླ་མ་ཞང་གཡུ་བྲག་པས། ནཱ་རོ་པཎ་ཆེན་གྱི་སྣྲ་གཙོད་མཁན་ང་མིན་པ་སུ་ཡོད་ཅེས། རོད་མ་དཀར་མོ་ཞོན་ནས་བརྒྱུགས་པ་དང་། །གྲུབ་ཆེན་གླིང་གིས་ཐེལ་གྱི་གནས་བསྟོད་དུ། །དཔལ་བའི་དཀྱིལ་ན་མདོངས་གཅིག་ཡོད། །མདོངས་དེ་གླིང་ཆེན་རས་པ་ཡིན། །མདོངས་ཀྱི་དཀྱིལ་ནས་འབྲུག་ཅིང་བྱུང་། །འབྲུག་དེ་ནཱ་རོ་པཎ་ཆེན་ཡིན། །ཞེས་ནཱ་རོ་པ་ར་ལུང་བསྟན་པ་དང་། ཆོས་རྗེ་ཉིད་ཀྱིས་ཀྱང་དེ་ལྟར་ཞལ་གྱིས་བཞེས་པ་ཡིན་ནོ། །དེ་ལྟ་བུའི་དབོན་བརྒྱུད་ལ་གདན་རབས་བརྒྱད་ཅུ་རྩ་བཞིའི་བར་དུ་འབྱུང་ཞིང་། དེ་དག་གི་བསྟན་པ་ཉག་ཕྲ་བའི་སྐབས་སུ། ཐར་རྒྱལ་དབང་རྗེ་བྱོན་པ་ལྟ་བུ། ཆོས་རྗེ་རང་གི་སྤྲུལ་པ་དགུ་འབྱུང་བ་ཡིན་ཏེ། ཆོས་ཀྱི་རྗེའི་ཞལ་ཆེམས་སུ། །འདི་ར་ཡང་གདུང་གསོབ་བརྒྱད་ཅུ་རྩ་བཞིའི་དགུས། བླ་མའི་གདུང་འཛིན་བསྟན་པ་རྒྱས་བྱེད་འགྱུར། ཞེས་གསུངས་པས་སོ། །དེ་ལྟར་བརྒྱད་ཅུ་རྩ་བཞི་པོ་ཐམས་ཅད་ཀྱང་། སྤྱན་རས་གཟིགས་ཀྱི་སྤྲུལ་པ་

བརྒྱུད་ཆུ་དངོས་སུ་གསུངས་ཤིང་། བཞི་ཞར་གྱིས་བསྟན་ནོ། །དེ་ལྟར་སྐྱེས་བུ་དམ་པ་འབའ་ཞིག་སྟོན་པ་པོར་གྱུར་བའི་ཉན་པ་པོའི་སློབ་མ་དག་ཀྱང་ཟབ་མོའི་ཆོས་ལ་མི་སྐྲག་ཅིང་། སྐལ་བ་དང་ལྡན་པ་ལ་རྣམ་པ་ཐ་དད་ཀྱང་། རང་བཞིན་གཅིག་པ་རྡོ་རྗེ་སློབ་དཔོན་དང་རྒྱུད་གཅིག་པ་ལྟ་བུས་འཁོར་ཕུན་སུམ་ཚོགས་པ་ཡིན་ནོ། །དེའི་ནང་ནས་རྡོ་རྗེ་སློབ་དཔོན་གྱི་བཀའི་གནང་བ་ཐོབ་ཅིང་གསུང་གི་མཛོད་འཛིན་པ་ལ། ཤྲཱ་རགས་གོང་དུ་དངོས་སམ་སྦྲས་པའི་གྲུབ་ཐོབ་རེ་དང་། ཕྱོགས་སུ་འགྲན་ཟླ་མེད་པའི་བསྟན་པའི་གསལ་བྱེད་རེ་འབྱུང་། ཞེས་གདམ་དུ་གྲགས་སོ། །

བཞི་པ་ནི། དེ་ལྟ་བུར་ཉན་བཤད་མཛད་པའི་སྐྱེས་བུ་དམ་པ་དེ་དག་གིས་དང་པོར། བླ་མ་དམ་པ་ལས་ལེགས་པར་ཐོས། དེ་ཉན་པའི་མོད་ཉིད་དུ་སེམས་པ་དང་། བསྒོམ་པས་ཉམས་སུ་བསྟར། མ་བདེ་བ་རྣམས་འཕྲུལ་འཕྲུལ་ལ་ཞུས་ཤིང་། དཔྱད་ནས་སྒོམ་པ་ཕུལ་དུ་ཕྱིན་པ་ན་དམན་པའི་ས་གཟུང་། གྲོང་ལྟོ་གོས་གདམ་གསུམ་ལ་བསྐྱུར། རིའི་བུ་བྲུས། ན་བུན་གྱི་གོས་གྱོན། རྡོ་རྗེ་ཐེག་པའི་སྤྱོད་པས་ཉོན་མོངས་པ་རང་བཞིན་ཤེས་པའི་ལམ་གྱིས་སྦྱངས་ནས། སྣང་བླང་གི་མཚན་མ་རང་གྲོལ་བ་ཅན་དན་དང་སྟེའུ་འམ། ནམ་མཁའ་དང་ལག་མཐིལ་ལྟར་མཉམ་པ་ཉིད་ཁོང་དུ་ཆུད་པས། གྲུབ་ཐོབ་ཆེན་པོར་འགྱུར་བས། མི་ཐམས་ཅད་ཀྱིས་མི་ཕྱེད་འབྲུག་པ། འབྲུག་ཕྱེད་སྦྲང་པོ། སྦྲང་ཕྱེད་གྲུབ་ཐོབ་ཅེས་གདམ་དུ་གྲགས་པ་ཡིན་ནོ། །གཞན་མ་རྣམས་བླ་མ་ལ་ཆོས་ཉན་པའི་དུས་སུ་སྒོམ་མི་མཛད། ཕྱིས་བསྒོམ་རྒྱུ་བ་ཆོས་མང་པོ་ཞིག་ཉན་པའི་རྗེས་སྣ་དྲེད་དུ་གཏོང་བ། གོས་ངན་པ་གྱོན་པ་ནི་ངོ་ཚ། དམའ་ས་འཛིན་དགོས་བྱུང་ན་དམའ་བ་བསྐམ། མཐོ་ས་སྐེག །རི་ཁྲོད་འགྲིམ་པ་དང་ལྟོ་དགའ་ཐུབ་ནི་གསང་སྔགས་བདེ་བ་ལམ་བྱེད་ཡིན་པས་བྱེད་མི་དགོས་ཆོས་ཁ་ལ་སྐྱུ་ལོ། རྒྱུད་ཉོན་མོངས་པར་ཁྲེས་སེ། དེའི་དབང་གིས། རང་ཕྱོགས་བོང་བུ་འདྲ་བ་ཅིག་ཀྱང་ཀུན་ཤེས་ཤེས་འདྲ་བར་བསྟོད། གཞན་ཕྱོགས་ཀྱི་མཁས་པ་དང་གྲུབ་པ་ཅི་མཐོང་ཡང་སྐྱོན་འབའི་ཞག་བརྗོད་པས་ན། རྗེ་བཙུན་ཆེན་པོ་མི་ལ་རས་པ་མི་ཁྲུ་ནས་འབུད་དགོས་བྱུང་། བདག་ཅག་ཀྱང་དེའི་ལུགས་འཛིན་ཡིན་པས་མི་ཁྲུད་ཚུད་པ་དཀའ་འོ། །གདམས་ངག་ཀྱང་མིང་མི་དགོས། རང་རྒྱུད་ལ་ཡོན་ཏན་མཐར་ཆགས་སུ་བསྐྱེད་ནུས་པ་ཅིག་གིས་ཆོག་པ་ཡིན་ཏེ། ཇོ་བོ་རྗེས། ཚེ་ཐུང་ཤེས་བྱའི་མཐའ་ལ་ཟད་པ་མེད། །ཚེ་ཡི་ཚད་ཀྱང་ཇི་ཙམ་མི་ཤེས་པས། །དད་པས་ཆུ་ལ་འོ་མ་ལེན་པ་བཞིན། །རང་གི་འདོད་པ་དང་དུ་ཟད་པར་གྱིས། །ཞེས་དང་། རྗེ་བཙུན་མི་ལ་རས་པས། ཤཱཀྱ་ཐུབ་བསྟན་པའི་སྐྱིགས་མ་ལ། མི་རྣམས་ནི་ཐུང་ལོངས་སྤྱོད་དབུལ། །བདུད་རིགས་བར་ཆད་མང་བའི་ཕྱིར། །དུས་ཡུན་རིང་སྟོད་

པའི་ལོང་མེད་པས། །ཤེས་བྱའི་མཐའ་ལ་ཆོད་དུས་མེད། རྒྱུད་སྡེའི་མཁྱེན་རྒྱ་མི་འཚལ་བས། །ཞུ་སྒྲུབ་པ་སྙིང་པོར་ལོང་ཞིག་གསུངས། །མི་ངས་ཀྱང་ལེ་ལོ་མ་བགྱིས་པར། །རྗེ་གསུང་བའི་བཀའ་དྲིན་རྗེས་སུ་ཉན། །གནས་རི་ཁྲོད་བས་མཐའ་བསྐྱིགས་ནས་ཀྱང་། །ཞེས་གསུངས། དེ་བས་ན། ཐོས་པ་མེད་པའི་སྒོམ་ཆེན་དེ། །ལག་རྡུམ་བྲག་ལ་འཛེག་པ་འདྲ། །ཟེར་གྱི་འདུག་ཀྱང་། བརྟས་དོགས་ལྷང་མི་དགོས་པར་གདའ། །སྐབས་འགའ་རེར། །སངས་རྒྱས་གསང་བས། ཐོས་པ་མང་པོ་ཡང་བདུད་ཀྱི་ལས་སོ། །ཞེས་གསུངས་གདའོ། །

བཞི་པ་དེ་ཁོ་ན་ཉིད་ཕན་བདེ་ཐམས་ཅད་ཀྱི་འབྱུང་ཁུངས་སུ་གྱུར་པས་ཁྱད་པར་དུ་འཕགས་པ་ནི་ངོ་མཚར་བའི་དཔལ་དེ་དག་གིས་ཁྱད་པར་དུ་གྱུར་པའི་ཞིང་འདི་ཀ་འོག་མིན་གྱི་གནས་མཆོག་ཕུན་སུམ་ཚོགས་པ་ལྟ་དང་ལྡན་པར་ངེས་ནས། རབ་དེ་ཉིད་དུ་ཚེ་གཅིག་ལུས་གཅིག་གིས་སངས་རྒྱས་བསྒྲུབ་པའམ། འབྲིང་དེ་ར་རེ་ཞིག་འདུག་ནས་དམ་པའི་ཆོས་ཀྱི་བགོ་སྐལ་ལོངས་པ་དང་། མཐའ་མ་ཡང་རྒྱུ་ཅི་འགྲོར་པས་མཆོད་པ་དང་། ཕྱག་དང་བསྐོར་བ་ལ་ཤེས་ལྡན་རྣམས་ཀྱིས་འབད་པར་རིགས་ཏེ། རང་ཉིད་བག་མེད་པར་གྱུར་ཀྱང་དེར་ཕྱིན་ན། སྐྱེས་བུ་དམ་པ་དེ་དག་དང་འབྲེལ་བས་ཐུགས་རྗེའི་ལྕགས་ཀྱུས་ཐེབས་པ་ཡིན་ལ། དེས་ངན་འགྲོ་ལོག་པར་ལྟུང་དུ་མི་འཇུག་པར་མངོན་པར་མཐོ་བར་དྲངས་ཏེ། རིམ་གྱིས་བྱང་ཆུབ་ཀྱི་སྤྱོད་པ་བསླབས་ནས། མཐའ་ནའང་སྐྱེས་བུ་དེ་དག་གིས་སྤྲུལ་པའི་ཞིང་གྲུབ་པ་ན་དེར་བདག་གི་དོན་ཆེན་པོ་འགྲུབ་ངེས་ཤིང་། གཞན་དུ་བརྩོན་ན་བདག་ཉིད་སྟུར་འཚང་རྒྱ་བར་ཡང་འགྱུར་རོ། །གནས་སྐབས་སུ་ལུས་ལ་ནད་མི་འཇུག་ཅིང་ཞུགས་པ་ཞི་བ་དང་། གདོན་གྱིས་གླགས་མི་རྙེད་ལ། སྔ་ནས་གདོན་ཡོད་ན་དེས་སེལ་བ་དང་། ཚེ་དང་། དཔལ་དང་། མངའ་དང་། འབྱོར་པ། བུ་ལ་སོགས་པ་འཇིག་རྟེན་འདི་ལ་དགོས་པ་ཐམས་ཅད་རང་གིས་སྨོན་ལམ་རྩེ་གཅིག་ཏུ་བཏབ་པ་ལྟར་འགྲུབ་པ་ལ་སོམ་ཉི་མི་དགོས་ཏེ། འཕགས་པ་འཇིག་རྟེན་དབང་ཕྱུག་གཞན་གྱི་དོན་མཛད་པ་ལ་སྐད་ཅིག་ཀྱང་གཡེལ་བ་མི་མྲེད་པས་སོ། །གཞན་འདུལ་ཆེད་དུ་ཐུགས་རྗེའི་སྒྱུ་མ་མཁན། །འབད་པས་ལག་རྩེར་ཆགས་པ་སྒྱུ་མའི་ཞིང་། །གྲུབ་པའི་བྱིན་གྱིས་སྲིད་གཡོ་འམ་སྒྱུ་ལྟ་བུ། བརྟགས་པས་བཟང་པོའི་ཪྫོང་ཁོ་སྒྱུ་རྨོད་སོང་། །འདིར་དད་ཕྱིར་མི་ལྡོག་པའི་གཏན་ཚིགས་ཏེ། །སྨྲེས་ཟླ་ཞོར་གྱིས་འདི་ནི་འཕོར་བ་ཡང་། །རྟོགས་དཀའ་འཕོར་བའི་རྒྱ་མཚོ་འདིའི་ཕ་མཐའ། །འདི་ཙམ་ཞེས་པ་ཀུན་བརྟགས་མིན་པར་བཅད། །དེས་ན་འདི་ལ་མཐོང་ཐོས་རེག་དྲན་པའི། །འབྲེལ་པས་སྒྲོལ་རྣམས་དམ་པའི་སྐྱོ་ཐང་གིས། །སྔོན་ལས་ཀྱིས་འཕངས་དེ་དེ་

ནས་དྲངས་ནས། མགོ་རིས་སུ་བཅུག་ཐར་པར་འདྲེན་གྱུར་ཅིག །

དེ་ལྟར་གདན་ས་ཆེན་པོ་ར་ལུང་གི་ངོ་མཚར་བ་ཅུང་ཟད་བསྟན་པ་འདི་ཡང་། དཔོན་རིན་པོ་ཆེ་མི་ཕམ་ཆོས་ཀྱི་རྒྱལ་པོའི་བཀས་བསྐུལ་བ་ལྟར། བོད་ཡུལ་ཤར་ཕྱོགས་སུ་བྱུང་བའི་གནས་ལྔ་རིག་པའི་པཎྜི་ཏ་པདྨ་དཀར་པོས་ཆོས་ཀྱི་རྒྱལ་པོའི་འདུན་ས་རྒྱལ་མཁར་རྩེ་ར་སྦྱར་བ་དགེ་ལེགས་སུ་གྱུར་ཅིག། ॥ སརྦ་མངྒ་ལཾ། །ཆོས་སྤྱིན་རྒྱ་ཆེར་སྤེལ་བའི་ཆེད། །སར་བཞེངས་གླེགས་བུ་རེ་རེ་ལ། དཔྱལ་གྲངས་ཡོན་འགྱུར་མཛད་པོ་ནི། ཆོས་རྒྱལ་བསོད་ནམས་རྒྱལ་མཚན་ནོ།། ॥

༄༅། །བོད་ཡུལ་ལྷོ་དེ་ཝི་ཀོ་ཊའི་གནས་བཤད་མདོར་བསྡུས་ཡ་མཚན་གྱི་འདོད་འཇོ་ཞེས་བྱ་བ་བཞུགས་སོ། །

གསང་ཆེན་རྒྱུད་ནས་བསྔགས་པའི་ཟླ་ཤེལ་རི། །མཁའ་འགྲོའི་ཚར་སྤྲིན་རྟག་ཏུ་འདུ་བས་སྒྱུ། །སྐལ་མེད་གནམ་ཐེའི་དཔའ་བཀོང་སྟོད་ལྡན་པའི། །མགྲིན་སྔོན་རབ་དགའ་འབྲུག་སྒྲའི་གཏེར་དེར་འདུད། །ཡང་དག་པར་སྦྱོར་བ་དང་། རྡོ་རྗེ་མཁའ་འགྲོ་དང་། མཁའ་འགྲོ་རྒྱ་མཚོ་ལ་སོགས་པ་བླ་ན་མེད་པའི་རྒྱུད་གཞུང་མཐའ་ཡས་པ་ནས་མིག་ནི་དེ་ཝི་ཀོ་ཊ་སྟེ་ཞེས་བཤད་པ། ནང་མིག་གཉིས་ཀྱི་ཕྱིར་དེ་ཝི་ཀོ་ཊའི་གནས་གཉིས་ཡོད་པའི་མིག་གཡས་པ་དང་སྦྱར་བ་དེ་ནི། རྒྱ་གར་ཤར་ཕྱོགས་པུ་ཎ་ཝི་ཕྲ་ཏ་ཞེས་པ་ཆོས་ཀྱི་རྒྱལ་པོ་མྱ་ངན་མེད་པའི་ཡུལ་དེ་ན་ཡོད་ལ། གཡོན་དང་སྦྱར་བའི་གནས་དེ་འདིའོ། །

འདི་ལ་ཕྱི་སྐུའི་འཁོར་ལོ་སྤྲུལ་སྐུ་ཟ་བྱེད་ལས་ཀྱི་མཁའ་འགྲོ་གནས་ས་བཞི་ཡོད་དེ། ཤར་མོན་ཁ་སེང་གེ་ན་རིངས་བདུད་རྩི་སྨན་གྱི་ལྗོངས་ཡོད་པ། བཞི་བརྒྱ་རྩ་བཞིའི་ནད་སེལ་བའི་སྨན་ཐམས་ཅད་སྐྱེ་བ། དཀར་མོ་སྐུའི་མཁའ་འགྲོ་མ་རྣམས་ཀྱི་ལས་བྱེད་མ་རྣམས་རྟག་ཏུ་མྱུལ་བ། ལྷོ་ན་སྲུས་ཡུལ་མཁན་པ་ལྗོངས། རྩི་བཅུད་འབྲས་བུའི་ཚལ་ཡོད་པ། ལོངས་སྤྱོད་རྒྱས་པའི་དཔལ་ཐམས་ཅད་བསྐྱེད་པ། སེར་མོ་རྒྱས་པའི་མཁའ་འགྲོ་མའི་ལས་བྱེད་མ་རྣམས་རྟག་ཏུ་མྱུལ་བ། ནུབ་ན་སྤྲུལ་མཚོ་པདྨ་གླིང་། གཡུ་མཚོ་སློབ་དཔོན་ཆེན་པོས་འགུགས་བྱེད་ཕྱག་གི་རྒྱས་སྤྲས་པ་ཡོད་པ། དམར་མོ་དབང་གི་མཁའ་འགྲོའི་ལས་བྱེད་མ་རྣམས་རྟག་ཏུ་མྱུལ་བ། བྱང་དུ་སྨྲ་བོ་ཅོག་པོ་སྒྲོལ་བྱེད་གནམ་ལྕགས་འབར་བའི་རྡོ་རྗེ་ས་ལ་ཟུག་པ་ལྟ་བུ་ཡོད་པ། ལྗང་མོ་ལས་ཀྱི་མཁའ་འགྲོའི་ལས་བྱེད་མ་རྣམས་རྟག་ཏུ་མྱུལ་བ། དེ་དག་རྣམས་བསམ་གཏན་པའི་དྲོད་མྱུལ་ཞིང་སྐལ་མེད་ཚར་གཅོད་པ་མྱུལ་ལེ་མ་རྣམས་ཀྱི་གནས་ཏེ་སྤྲུལ་པ་སྐུའི་ཞིང་ངོ་། །དེ་དག་གི་ནང་དུ་གསུང་གི་འཁོར་ལོ་ལོངས་སྐུ་འཇིག་རྟེན་གྱི་ཊཱ་ཀི་མ་གནས་པའི་གནས་བཞི་ཡོད་དེ། ཤར་ཕྱོགས་སུ་འོད་གསལ་གྱི་རྗོང་། རྡོ་རྗེ་

ཕག་མོ་གར་མཛད་པ་ལྟ་བུ། ཞི་བའི་ལས་རབ་འབྱམས་བསྒྲུབ་པའི་གནས། ཉོན་མོངས་པའི་སྒྲིབ་འོད་གསལ་གྱི་དབྱིངས་སུ་ཞི་བར་བྱེད་པ། ལྷོ་ཕྱོགས་སུ་དཔལ་སེང་གེའི་རི་རོ་བཙུད་ཀྱི་སྣང་ཐམས་ཅད་སྐྱེ་བ་ལྟའི་དགའ་བའི་ཚལ་ལྟ་བུ། རྒྱས་པའི་ལས་རབ་འབྱམས་བསྒྲུབ་པའི་གནས། དབང་ཕྱུག་ཆེན་པོའི་ལོངས་སྤྱོད་ཐམས་ཅད་ཀྱིས་ཕྱུག་པར་བསྐྱེད་པ། ནུབ་ཏུ་ཆེལ་མ་དཔལ་གྱི་རི་འཆི་མེད་ཚེའི་བུམ་པ་ལྟ་བུ། དབང་གི་ལས་རབ་འབྱམས་བསྒྲུབ་པའི་གནས། འཆི་མེད་ཚེའི་བདུད་རྩི་འབབ་པ། བྱང་དུ་དཔལ་མགོ་མཐིང་ལྷ་ཁང་བོད་ཁམས་སྐྱོར་གྱི་མི་བསྲུན་པ་ཞུད་པའི་ས་དེ་གནོན་པ་ལྷ་ཁང་ཆེ་པོ་སྤྲུལ་པའི་ཆོས་ཀྱི་རྒྱལ་པོས་རྫུ་འཕྲུལ་གྱིས་བསྒྲུབས་པ། སློབ་དཔོན་ཆེན་པོ་པདྨས་ཆོས་དང་ལོངས་སྤྱོད་ཀྱི་གཏེར་ཁ་བསམ་གྱིས་མི་ཁྱབ་པ་བཅས་པས་ད་ལྟ་བོད་འབངས་ཐམས་ཅད་ལ་ཕན་བདེའི་ཁུངས་སུ་གྱུར་པ། ཕྱིས་རྒྱལ་བ་ལོ་རས་པ་སོགས་སྨད་འབྲུག་གི་བསྟན་པ་དར་ས། དྲག་པོ་ལས་ཀྱི་གནས། དེའི་ནང་དུ་ཆོས་སྐུ་ཡེ་ཤེས་ཀྱི་མཁའ་འགྲོའི་གནས་དུང་གི་བྲག་རི་ངོས་ལ་ལྷུགས་ཕྱུར་ཅན་རྡོ་རྗེ་བཙུན་མོ་རྣམས་ཀྱི་བྷ་ག་ཆོས་ཐམས་ཅད་ཀྱི་འབྱུང་གནས་ཀྱི་ཡུལ་ཆེན་པོ། སློབ་དཔོན་ཆེན་པོ་པདྨ་སམྦྷ་ཝ་དང་། གནུབས་ནམ་མཁའི་སྙིང་པོ། བོད་ཀྱི་མཁན་པོ་སྦ་ཡེ་ཤེས་དབང་པོ། རྗེ་བཙུན་རས་ཆུང་ཞབས། ལྷག་པར་ཆོས་ཀྱི་རྒྱལ་པོ་གཙང་པ་རྒྱ་རས་ཀྱིས་བདུད་ཀྱི་གཡུལ་ཆེན་པོ་བཏུལ་ནས་ཕྱག་རྒྱ་ཆེན་པོ་མཆོག་གི་དངོས་གྲུབ་བརྙེས་པར་མཛད་པ། འདིའི་ནང་གི་མཆོད་རྟེན་མགོ་ལྷ་པ་བོད་ཁམས་ལ་མཐའ་དམག་བཟློག་པའི་རྟེན་འབྲེལ་དུ། སློབ་དཔོན་གྱིས་ལུང་བསྟན། གཏེར་སྟོན་ཆེན་པོ་གུ་རུ་ཆོས་དབང་གིས་བཞེངས་པ་ཡང་གཏེར་དཔག་ཏུ་མེད་པ་བཞུགས། ཕྱིའི་མཆོད་རྟེན་དམ་པ་ར་ཞིག་གིས་བསྒྲུབས། བྲག་འདི་ལ་གཏེར་ཁ་བསམ་གྱིས་མི་ཁྱབ། ལྷ་མོ་མཁར་དཀྱིལ་འཁོར་གྱི་བདག་པོའི་ཐབས་ཀྱི་ལིངྒ་ཕྱུལ་བྱུང་རིག་པའི་ཡེ་ཤེས། གཉིས་སུ་མེད་པར་སྙོམས་པར་འཇུག་རི་བྱང་ཆུབ་ཀྱི་སྙིང་པོ་སྙལ་བ་དང་ལྡན་པ་ལ་མི་ལོང་ལ་པྲ་ཕབ་པ་ལྟ་བུར་གསང་སྔགས་ཀྱི་དཀྱིལ་འཁོར་གྱི་འཁོར་ལོ་ཐམས་ཅད་རིས་མེད་པར་འཆར་བ། མཆོག་དང་ཐུན་མོང་གི་དངོས་གྲུབ་ཐམས་ཅད་བདེ་བླག་ཏུ་རྙེད་པར་འགྱུར་བ། དཔལ་གྱི་ཕུག་རིངས་དཀྱིལ་འཁོར་ཆེན་པོ་གྲུབ་པའི་གནས་སློབ་དཔོན་ཆེན་པོ་པདྨས་རྗེ་འབངས་ཉེར་ལྔ་ལ། སྒྲུབ་པ་ཆེན་པོ་བཀའ་བརྒྱད་ཀྱི་དབང་བསྐུར། གནུབས་ནམ་མཁའི་སྙིང་པོས་ཡང་དག་གི་དཀྱིལ་འཁོར་ཞལ་ཕྱེ་ནས་མཆོག་གི་དངོས་གྲུབ་བརྙེས་པ་བྲག་སེང་གེ་དཀར་མོ་གནམ་དུ་མཆོང་བ་ལྟ་བུ་ཁམས་གསུམ་ཟིལ་གྱིས་གནོན་པ། དུར་ཁྲོད་ལ་ཁ་དཔའ་བོ་དང་དཔའ་མོ་ཐམས་ཅད་ཚོགས་ཀྱི་འཁོར་ལོ་བསྐོར་བའི་གནས། གཞན་དཔལ་

ལེ་ཕྱག་དང་། རྡོ་རྗེ་ཕྱག་དང་། ཡིད་སྨོན་ཕྱག་པ། རྒྱལ་བ་རྒོད་ཚང་པས། སྣང་སྲིད་ལྷ་འདྲེ་ཐམས་ཅན་དམ་ལ་བཏགས་ས་དང་གཞན་དཀྱིལ་འཁོར་ཕྱག །རོ་སྐོམས་ཕྱག །ཉི་ཟླ་ཕྱག །ཁྱུང་ཕྱག་ལ་སོགས་པ་ཕྱག་ཆེན་བརྒྱ་རྩ་བརྒྱད། ལྡོན་ཤིང་ངོ་མཚར་ཅན་བརྒྱ་རྩ་བརྒྱད། ཆུ་སྣ་བརྒྱ་རྩ་བརྒྱད་ཀྱིས་གང་བ་ཀུན་ཁྱབ་རྫུ་འཕྲུལ་བཙན་གྱིས་ལེགས་པར་སྐྱོང་བ་འདི། ད་ལྟ་བོད་ཀྱི་ཡུལ་ན་ངོ་མཚར་བ་ཐམས་ཅད་ཀྱི་དཀྱིད་གཉིས་པའོ། །ཞེས་པདྨ་དཀར་པོས་གནས་ཀྱི་ངོ་མཚར་བའི་འཕྲུལ་གསལ་བར་མཐོང་ནས་སྨྲར་བ་དགེ་ལེགས་སུ་གྱུར་ཅིག། ༎ སརྦ་མངྒ་ལཾ༎ ༎ཆོས་སྤྲིན་རྒྱ་ཆེར་སྤེལ་བའི་ཆེད། བར་བཞེངས་གླེགས་བུ་རེ་རེ་ལ། དངུལ་ཀྲང་ཡོན་འབྱེད་མཛད་པོ་ནི། ཆོས་རྒྱལ་བསོད་ནམས་རྒྱལ་མཚན་ནོ༎ ༎

༄༅། །གནས་ཆེན་ཙ་རི་ཏྲའི་ངོ་མཚར་སྣང་བ་པད་དཀར་
ལེགས་བཤད་ཅེས་བྱ་བ་བཞུགས་སོ། །

ན་མོ་གུ་རུ་དེ་ཝ་ཌཱ་ཀི་ནཱི་ཡེ། རྣམ་བཅས་མ་མོའི་འཁོར་ལོ་རིས་མེད་ལ། །རྟག་ཏུ་འཁྱུད་པ་མཉམས་པ་བདེ་མཆོག་གི། །སྒྱུ་འཕྲུལ་རྒྱ་མཚོ་མཛོད་ཐུམ་ཙ་རི་ཏྲར། །སྣང་བས་དད་པའི་ཕྱག་ཀུན་དེ་ལ་བགྱིད། །རྒྱལ་ལས་མཁས་པ་གཞན་མེད་དེ་གསང་ཉིད། །འཇིག་རྟེན་གསུམ་གྱི་ཉིན་བྱེད་ཡིན་པས་སུ། །རྗེས་དཔག་རྟ་བདུན་བཟང་པོར་དེ་དྲངས་ནས། །ཅལ་སྒྲོགས་བློ་མུན་ཐམས་ཅད་གཞོམ་པར་འདོད། །དེ་ཡང་། ལྷོ་གནས་མཆོག་དཔལ་གྱི་ཙ་རི་ཞེས་གྲགས་པའི་ངོ་མཚར་གྱིས་ཡིད་མགུ་ནས། དུས་ཚོགས་པདྨ་ཅན་འོངས་དཔལ་འདི་ཞེས། མཁས་པའི་དད་པ་དཔྱད་པས་ཡིད་མགུ་ནས། སྙན་ངག་གཤོག་ཡངས་དཀར་པོ་རབ་བརྒྱུང་སྟེ། ཡ་མཚན་བསྟོད་པའི་མགྲིན་ཟ་དལ་གྱིས་བརྡུང་། ཇི་ལྟར་ན། འདི་ཉིད་སྐུ་གསུང་ཐུགས་ཀྱི་ཞིང་། རྒྱུད་སྡེ་ནས་གསུངས་པ། དེའི་ངོ་མཚར་གྱི་བཀོད་པ། གནས་སྒོ་ཕྱེ་ཚུལ། བསྐོར་བས་སངས་རྒྱས་ཀྱི་ལམ་རིམ་པར་བགྲོད་པའི་བརྡར་མཐོང་བ་ལྟས་སོ། །

དང་པོ་ནི། ཀུན་ཁྱབ་ཀུན་ཏུ་བརྫུས་ཀྱང་དང་པོའི་ཚུལ། །ནམ་ཡང་འགྱུར་མེད་གྱུར་བ་ཟད་པ་མཐའ། །རྒྱལ་རྣམས་གཟིགས་པའི་རྩེར་འཐོན་ཉིད་འདིས་ཉིད། །དག་པ་ཆོས་སྐུའི་ཞིང་ཞེས་རི་མོར་བྲིས། །དཔལ་བདེ་མཆོག་འཁོར་ལོ་ཉིད་དང་གཉིས་སུ་བྲལ་མེད་པ། །གསང་བ་མཆོག་གི་དགྱེས་པ་ན། །ཐམས་ཅད་བདག་ཉིད་རྟག་ཏུ་བཞུགས། །ཞེས་པའི་ཕོ་བྲང་ཆེན་པོ་ནི་འདི་སྟེ། ཆོས་ཐམས་ཅད་ལ་ཁྱབ་པས། ཆོས་ཅན་གྱི་ངོ་ནས་དམར་སྣུར་ཡང་། ཆོས་ཉིད་ཀྱི་ཚུལ་ནམ་ཡང་འགྱུར་བ་མེད་པ་སངས་རྒྱས་རྣམས་ཀྱི་གཟིགས་པས་གྲུབ་པའི་ཕྱིར་རོ། །རྒྱུ་མཚན་འདི་ཉིད་ཀྱིས་ཉིད་ལ་གསང་བ་ཆོས་སྐུའི་ཞིང་ཁམས་ཞེས་རི་མོར་བྲིས་ཀྱི། གཞན་གྱི་བསམ་པ་དང་བརྗོད་པ་ཐམས་ཅད་ཀྱི་ར་བ་འགོངས་པས་སོ། །ངོ་བོ་དེ་ལྟར་ཡིན་པས། གཞི་གཅིག་སྙིང་དུ་མ་ལུས་དཀྱིལ་འཁོར་ཆེ། །ཞི་ཆགས་ཁྲོ་བ་རྣམ་པའི་མཆོག་ཐམས་ཅད། །སྟོན་ལ་རྡུལ་རེར་རྡུལ་སྙེད་དེ་འདྲའི་ཚུལ། །འཆར་

བས་སྣང་བ་ལོངས་སྐུའི་ཞིང་ཡང་འདི། །ཇི་ལྟར་དུ་མར་སྣང་ཞེ་ན། གཞི་གཅིག་གི་སྟེང་དུ་རྒྱུད་སྡེ་རིན་པོ་ཆེ་རྣམས་ནས་བཤད་པའི་དཀྱིལ་འཁོར་གྱི་ལྷ་ཞི་བ་དང་། ཆགས་ཚུལ་དང་། ཁྲོ་བོ་ཁྲག་འཐུང་ཆེན་པོའི་རྣམ་པ་ཐམས་ཅད་སྟོན་པའི་ཞིང་ལ་ཁམས་གསུམ་གྱི་ཡུལ་མ་ཡིན་པའི་འོག་མིན་སྟུག་པོ་བཀོད་པ་ཞེས་རྣམ་པར་བཞག་མོད། ཚུལ་དེ་ཉིད་ཀྱིས་འདིའི་རྡུལ་རེར་འཇིག་རྟེན་ཁམས་ཐམས་ཅད་ཀྱི་རྡུལ་དང་གྲངས་མཉམ་པའི་གསང་བ་སྔགས་ཀྱི་ལྷ་དང་། སྙིང་པོ་དང་། ཕྱག་རྒྱ་ཐམས་ཅད་འཆར་བའི་ཕྱིར་ན། ནང་སྣང་བ་ལོངས་སྐུའི་ཞིང་ཁམས་སུ་གྲུབ་བོ། །དེས་བྱེད་པའི་ལས། མཐའ་མ་འབྲིང་དང་མཆོག་གི་གང་ཟག་ལ། །ངོ་མཚར་གང་གིས་འདུལ་དེའི་ཆུ་ཟླའི་གར། བྲ་བབས་མིག་ལ་ཤེལ་མཚུངས་འདི་ར་སྣང་བས། །སྒྱུ་འཕྲུལ་སྤྲུལ་པའི་ཡུལ་གྱི་གདན་ཚིགས་མཐོང་། །སྐལ་བ་དམན་འབྲིང་མཆོག་གི་གང་ཟག་རང་རང་ངོ་མཚར་དུ་འཛིན་པ། རི། མཚོ། ལུང་པ། ལྗོན་ཤིང་། སྲོག་ཆགས། ལྷའི་གཟུགས་བརྙན། ལྷ་ཚོགས་སོགས་གང་གིས་འདུལ་བ་དེ་དང་དེར་གྲུབ་ཀྱིས། གཅིག་ཏུ་ཆད་པ་ཡིན་པ། དཔེར་ན་བྲ་བབས་པ་ལ་དཔོད་མཁན་གྱི་དབྱེ་བས། མདུན་ངོར་ཤེལ་གཅིག་ལ་མཐོང་བ་སྣ་ཚོགས་སུ་འགྱུར་བ་བཞིན་གྱི་ཕྱི་ཡུལ་སྣང་སྤྲུལ་པ་སྐུའི་ཞིང་ཁམས་འདི་ཤར་རོ། །གཉིས་པ་རྒྱུད་སྡེ་ནས་ཇི་ལྟར་གསུངས་པ་ནི། དུས་འཁོར་རྩ་རྒྱུད་དུ། །གནས་ནི་ཤར་དུ་ལུས་འཕགས་དང་། །ལྷོ་རུ་ཛམྦུ་གླིང་དང་ནི། །ནུབ་ཏུ་ནུབ་ཀྱི་བ་ལང་སྤྱོད། །བྱང་དུ་བྱང་གི་སྒྲ་མི་སྙན། །ཕྱོགས་བྲལ་ཉེ་བའི་གླིང་རྣམས་ནི། །ཉེ་བའི་གནས་གྲུར་ས་གཞི་ལའོ། །དེ་བཞིན་ཞིང་ལ་སོགས་པ་ཀུན། རྒྱ་མཚོའི་དཀྱིལ་འཁོར་སོགས་རྣམས་ལ། ཞེས་པས། གནས་དང་ཉེ་བར་གནས། ཞིང་དང་ཉེ་བའི་ཞིང་། ཚནྡྷོ་དང་ཉེ་བའི་ཚནྡྷོ། འདུ་བ་དང་ཉེ་བའི་འདུ་བ། འཐུང་གཅོད་དང་ཉེ་བའི་འཐུང་གཅོད། དུར་ཁྲོད་དང་ཉེ་བའི་དུར་ཁྲོད་སྟེ་བཅུ་གཉིས་ས་དང་། འཇིག་རྟེན་གྱི་ཁོར་ཡུག་ཕྱི་མ་དག་གི་མཐར་ཐུག་པར་གནས་པ་དང་། དུར་ཁྲོད་ཆེན་པོ་རྣམས་ནམ་མཁའི་ཁམས་ལ་སྟེ། དྲི་མེད་འོད་དུ། དེས་ན་ནམ་མཁའི་དཀྱིལ་འཁོར་ལ་ཕྱི་རོལ་དུ་དུར་ཁྲོད་རྣམས་ཏེ། དེའི་རྣམ་པར་དག་པས་འཇིག་རྟེན་གྱི་ཁམས་ཀུན་དཔག་ཚད་འབུམ་ཕྲག་ལྔའོ། །

ཞེས་པ་འཁོར་ལོ་སྡོམ་པ་ཆེན་པོ་ལའོ་ཞེས་འབྱུང་བ་དང་། ཡང་རྩ་རྒྱུད་དེ་ཉིད་དུ། ཀཱ་མ་རཱུ་པ་ཛཱ་ལར་གྲགས་སོགས་ཛམྦུའི་གླིང་ཉིད་ལ་གནས་ལ་སོགས་དེ་དག་བཞི་བཅུ་རྩ་བརྒྱད་དུ་གསུངས། དགྱེས་པ་རྡོ་རྗེར། གནས་ནི་ཛཱ་ལནྡྷ་ར་ར་བཤད་སོགས་སུམ་ཅུ་རྩ་བདུན། བདེ་མཆོག་ལས། ཀུ་ལུ་ཏ་དང་དགོན་པ་དང་། སིནྡྷུའི་ཡུལ་དང་གྲོང་ཁྱེར་དང་། གསེར་གྱི་གླིང་དང་སོ་སོ་རཥྚ། དེ་བཞིན་

ཁྲིམས་ཀྱི་ལྷ་དང་ནི། ཡ་དངས་གྲོང་དང་ཁ་བའི་གནས། ཀཱཉྩི་ལམྦཱ་ཀ་ཡི་ཡུལ། ཀ་ལིངྒ་དང་ཀོ་ས་ལ། ཏྲི་ཤ་ཀུ་ནི་ཨོ་ཊ་དང་། ཀཱ་མ་རཱུ་པ་མཱ་ལ་ཝ། ལྷ་མོ་མཁར་དང་རཱ་མེ་དབང་། གོ་དཱ་ཝ་རི་ཨ་རྦུ་ཏ། ཨུ་རྒྱན་ཛཱ་ལནྡྷ་ར་དང་། པཱུ་ལི་ར་མ་ལ་སོགས་པ་ཞེས། ཀུ་ལུ་ཏ། མ་རུ། སིནྡྷུ། ན་ག་ར། ལམྦཱ་ཀ །སཽ་རཥྚ། ཁ་བ་ཅན། ཀཱཉྩི། མཱ་ལ་ཝ། གྲི་ཧ་དེ་ཝ། ཀ་ལིངྒ། ཀོ་ས་ལ། པྲེ་ཏ་པུ་རི། ཏྲི་ཤ་ཀུ་ནི། པཱུ་ལ་རི་མ། ཛཱ་ལནྡྷ་ར། ཨོ་ཊ། ཀཱ་མ་རཱུ་པ། དེ་ཝི་ཀོ་ཊ། རཱ་མེ་ཤྭ་ར། གོ་དཱ་ཝ་རི། ཨ་རྦུ་ཏ། གསེར་གླིང་། ཨུ་རྒྱན་རྣམས་ཏེ། བཤད་རྒྱུད་ལས། མིང་གཞན་དང་གཞན་གྱིས་གསུངས་སོ། །དེ་དག་ལས་འདིར། སྟོན་པས་སྤྲུལ་བཤད་མཛད་དེའི་ལྷོ་ཕྱོགས་ཀྱི། དུར་ཁྲོད་ཆེ་འདི་ཞེས་པ། སྟོན་འཇིག་རྟེན་གྱི་ཁམས་འདི་གནས་པའི་བསྐལ་པ་བྱུང་ནས་མི་རིང་བ་ན། ལྷ་དང་། ལྷ་མ་ཡིན་དང་། གནོད་སྦྱིན་དང་། སྲིན་པོ་དང་། ཀླུ། མིའམ་ཅིའི་དབང་པོ་དང་དབང་མོ་བརྒྱད་ཀྱིས་གནས་འདི་དག་བཟུང་བས་མཁའ་སྤྱོད་དང་། ས་སྤྱོད་དང་། ས་འོག་ཏུ་སྤྱོད་པའི་གནས་ཞེས་དང་། དུར་ཁྲོད་ཆེན་པོ་བརྒྱད་དུ་གྲགས་ལ། དེའི་ཚེ་དྲག་པོ་འཇིགས་བྱེད་དང་། དུས་མཚན་མ་ཁྲོ་ཤུག་མིང་གཞན་ལྷ་དབང་ཕྱུག་ཆེན་པོ་དང་། ལྷ་མོ་ཆེན་མོ་ཨུ་མ་ག །ངས་དེ་སེ་ན་ཕོ་བྲང་བཅས་པ་དེ་འཇིག་རྟེན་གྱི་གཙོ་བོར་མཐོང་ནས། དེ་དག་གིས་དེ་གཉིས་མཆོད་ལ། དེ་གཉིས་འཁྲིག་པ་ལ་དགའ་ནས། དེ་དག་གིས་བོས་སར་འགྲོ་མི་ཁོམ་པས། རྗོའི་ལིངྒ་མགོ་བོ་ལྟ་བུ་ལ་སོགས་པ་ཉི་ཤུ་རྩ་བཞིའམ། སོ་གཉིས་དེ་དག་ལ་བྱིན། དེ་དག་གིས་ཀྱང་དེ་ལ་མཆོད་པར་བྱེད་དོ། །དེས་འཇིག་རྟེན་ལམ་ལོག་པ་ལ་ཞུགས་ཤིང་ཉོན་མོངས་པ་བདོ་བ་འདུལ་བའི་དུས་ལ་བབ་པར་གཟིགས་ཏེ། འོག་མིན་གྱི་ཞིང་ནས་ལོངས་སྤྱོད་རྫོགས་པ་རྒྱུའི་ཧེ་རུ་ཀ་དེས་སྤྲུལ་པའི་ཧེ་རུ་ཀ་སྐུ་མདོག་སྔོན་པོ་ཞལ་བཞི། ཕྱག་བཅུ་གཉིས་པ་རང་གིས་སྤྲུལ་པའི་ཕག་མོ་དང་ལྷན་ཅིག་གཡས་བརྐྱང་བའི་གར་མཛད་པ་དེར་བཞེངས་ཏེ། རི་རབ་ཀྱི་རྩེར་བྱོན་པ་ལ། རིགས་ལྔའི་རྒྱལ་བ་རྣམས་ཀྱིས་ཕོ་བྲང་དང་འཁོར་མཆོད་པའི་ལྷ་མོ་སྤྲུལ་ནས་ཕུལ་བས། རིགས་བསྡུས་པའི་དཀྱིལ་འཁོར་ཆེན་པོར་གྲུབ་པ་དེར། དྲག་པོ་འཇིགས་བྱེད་འཁོར་བཅས་ལོངས་སྤྱོད་པ། དབང་དུ་བྱེད་པ། ཐིམ་པའི་ཚུལ་གྱིས་བཏུལ་ནས། བདེ་མཆོག་རྩ་བའི་རྒྱུད་ཆེན་པོ་རིག་པ་རྒྱ་མཚོ་གསུངས་པའི་དུས་དེའི་དཀྱིལ་འཁོར་གྱི་ལྷོ་ཕྱོགས་དུར་ཁྲོད་ཆེན་པོ་བརྒྱད་ཀྱི་ནང་ཚན་དེ་འདི་ཡིན་པས། ཕྱོགས་སྐྱོང་གཤིན་རྗེ་ཆོས་ཀྱི་རྒྱལ་པོ་ཡབ་ཡུམ་ཡང་འདིར་ཕོ་བྲང་བཅས་ཏེ། དེང་སང་དེའུ་བྲག་དམར་ཞེས་བྱ་ལ། དེ་ཡང་། རྙིང་མའི་གཤིན་རྗེ་དམར་པོའི་རྒྱུད་ལས། གཤིན་རྗེའི་ཟངས་མཁར་དམར་པོ་གྲུ་གསུམ་རླངས་འོག་རིམ་པ་དགུར་སླེབ་ཅིང་། སྟེང་མི་ཡུལ་ལས་གྱེན་དུ་འཕགས་པ།

གཤིན་ལམ་རོ་ཁྱེར་ཉམ་ང་བ་དང་། གཤིན་རྗེའི་བླ་མཚོ་དང་། གཤིན་རྗེའི་རོ་ཐང་དམར་པོ། གཤིན་སྡོང་མི་རོ་རེངས་པ་ལྟ་བུ་ལ་སོགས་པས་བསྐོར་བར་བཤད་པ་དེ་ག་ཡིན་ལ། བི་མ་ལས། དག་པ་ཤེལ་རིའི་བྱང་དུ་གཤིན་རྗེའི་འདུ་ཁང་ཞེས་དང་། ལམ་ཡིག་གཞན་ནས། ཙ་རི་ལུང་ཆུང་ཞེས་ཤིན་ཏུ་འཇིགས་པའི་གནས་སུ་བཤད་ལ། རྒྱ་མཚན་དེས་ལྗོ་གནས་མཆོག་ཅེས་བཏགས་སོ། །ཉི་ཤུ་རྩ་བཞིའི་གྲྭ། བླ་མེད་རྒྱུད་གཞུང་རྒྱ་མཚོས་གནས་མཆོག་ཏུ། བསྔགས་པས་ཞེས་པ། ཛམྦུའི་གླིང་གི་ཡུལ་ཉི་ཤུ་རྩ་བཞི་ལས། འདི་ཉེ་བའི་ཚནྡོ་ཧ་མ་ལ་ཡ། བོད་ཀྱི་སྐད་དུ། ཁ་བ་ཅན་ནམ། གངས་ཅན། རྡོ་རྗེ་མཁའ་འགྲོའི་རྒྱུད་ལས། བོད་ཀྱི་ཡུལ་དང་དེ་བཞིན་དུ། མྣ་ལ་ཕ་དང་པུ་ལི་སོགས། ཉི་ཤུ་རྩ་བཞིའི་ཡུལ་ཡིན་ནོ། །ཞེས་པའི་བོད་དེ། དེ་ཡང་། དག་པ་ཤེལ་རི་གཙོ་བོར་བྱས་ནས་གངས་ཅན་ཞིང་སྐྱོང་གནས་པའི་ས་གཙོ་བོར་བྱས་ནས་བོད་དུ་གསུངས་ཏེ། དོན་གཅིག་ལ་མིང་གི་ཁྱད་པར་རོ། །ཞིང་སྐྱོང་བརྒྱུད་དེར། བོད་ཡུལ་དུ་ནི་ལྷན་སྐྱེས་ཏེ། ཞེས་ལྷན་ཅིག་སྐྱེས་མ། མིང་གཞན་གཡུའི་སྒྲོན་མ། ཆུ་སྲིན་རྒྱལ་མཚན་ལག་ན་ཐོགས། ཞི་ཞིང་གསལ་བའི་གཟུགས་ཅན་ཏེ། ཞེས་མངོན་རྟོགས། ཡུལ་དེར་གནས་པའི་ལྷ་མོ་དེ། བྲག་གི་ཁྲིམ་ལ་བརྟེན་ཏེ་གནས་ཞེས། འགྱུར་འགའ་ཞིག་ཏུ་བྲག་གི་ཕུག་ལ་བརྟེན་ཏེ་གནས་ཞེས་པས། གནས་སའམ་རྟེན་ཅིག་ཅར་ཕུའི་རྡོའི་སྙིང་ཕུག་དང་། སྨུག་རི་སྨུག་ཁང་། བོད་ཡུལ་དེར་ སྔར་དྲག་པོ་འཇིགས་བྱེད་ཁྲོ་ཤུག་གིས་བྱིན་པའི་ལིངྒ་ཧི་ལྟ་བུ་ཡོད་པ་ཞེན། རང་བྱུང་གི་ནི་སྐྱེ་གནས་བྱུང་ཞེས་པས། བོད་རྡོ་མཚན་ཅན་ཏེ། རང་བྱུང་གི་སྐྱེ་གནས་ཡུལ་ཆེན་པོ་དེ་མི་འགྱུར་བའི་མཚན་མའོ། །རྒྱུད་འདིར་བོད་ཡུལ་དུ་བཤད་པ་བཞིན། དེང་སང་བོད་ལྗོངས་ཞེས་གྲགས་ཤིང་། སྤྱིར་བཏང་ལ་བོད་དང་བོད་ཆེན་པོར་གདགས་གཞི་འདི་ཁོ་ནའོ། །ཞིང་སྐྱོང་ཡབ་དེར། ཡོངས་སྐྱོད་ཅེས་བྱའི་དཔའ་བོ་ཆེ། ཀླུ་ཊ་པྣ་ལ་ཐུབ་དཀའ་འོ། །ཞེས་ཡོངས་སྐྱོད་ཐུབ་དཀའ་སྟེ། སེང་གེའི་གདོང་པ་ཅན། དེ་གནས་པའི་ས་ཡང་། རྒྱུད་དེར། བྲག་རི་བརྩེགས་པ་དག་ལ་གནས། ཞེས་པས། ཅིག་ཅར་ཕུའི་དཔལ་རི་ཀླུམ་ཅན་ཏེ། དག་པ་ཤེལ་རིའི་གདོང་ཆེན་དུ་བཞག་པ་དེའོ། །གཞན་ཡང་རྫམ་པ་སྣྲ་སྒྲོགས་སོགས་ལ་གནས་པ་ཉིད་དོ། །རྒྱུད་འདིར། ཀ་རཎྜུ་གནས་ཙ་རི་ཏྲ། ཞེས་བྱུང་བ་ནི། སྔར་ཉེར་བཞིར་བགྲངས་པའི་ཀཎྜི་ཡིན་ལ། འདི་ཉིད་དང་། མཁའ་འགྲོ་རྒྱ་མཚོའི་འགྱུར་མཛད་པས། ཙ་རི་སྤྱོད་པར་བསྒྱུར་ཏེ། སྤྱོད་དང་ཧ་རི་ཀེ་ལ་དང་། །ཞེས་འབྱུང་བས། དོན་སྤྱི་མིང་སྐབས་འདིར་བྱེ་བྲག་ལ་བཏགས་པ་བཞིན་དུ། ཡུལ་འདི་ལ་ཡང་གདགས་སུ་རུང་བས་ཙ་རི་ཏྲའོ་ཞེས་བཞག་པ་ལ་ཀླན་ཀ་མི་ནུས་སོ། །དེ་བས་ན། རྒྱལ་དབང་རྗེས། སྤྱོད་པ་ལ་ཡི་གེ

བསྟན་པའི་བཤད་པས། མཁའ་སྤྱོད་དབང་པོ་ཞེས་མཛད་ཅིང་། སེམས་དཔའ་རང་བྱུང་རྡོ་རྗེས། ཙ་རི་ཞེས་པ་བཞི་ཡིན་ཏེ། །ཏྲ་ཡ་སྐྱོབ་པར་བརྗོད་པར་བྱ། །ཁམས་ནི་རྣམ་པ་བཞི་པོ་ལ། །བདེ་བ་ཆེན་པོས་སྐྱོབ་པའི་ཕྱིར། །ཞེས་དང་། བྲུས་ཁང་ལོ་ཙ་བས། རྣམ་པར་ཐར་པར་བསྒྱུར་ལ། དེ་ཉིད་དུས་འཁོར་ལས། ཙ་རི་ཏྲ་ཀེ་ན་ར་ཉིད། །ཙིཏྟ་ཀཱ་མ་རི་ཀའི་གྲོང་། །ཞེས་འབྱུང་གཙོད་དུ་བཤད་པའི་དང་པོ་དང་། དགྱེས་པའི་རྡོ་རྗེ་ལས། ཉེ་བའི་འཐུང་གཅོད་ཙ་རི་ཏྲ། །ཞེས་གསུངས་པའི་ཙ་རི་ཏྲ་འདི་ཡིན་པར། སྒྲ་བསྒྱུར་གྱི་དབང་པོ་མར་པའི་ཞལ་སྔ་ནས། ཙ་རི་ཏྲ་ནི་ལྷོ་ཕྱོགས་ཐག་ཉེ་བ་འདི་ན། རྡོ་རྗེ་ཕག་མོ་ཤ་དང་ཆང་གིས་མཆོད་པའི་གནས་ཞེས་བྱ་བ་ཡོད་དེ། ཞེས་གྲོ་བོ་ལུང་གི་སེང་གེའི་ཁྲི་ཆེན་པོ་ནས་གསུངས་པའི་ཕྱིར་རོ། །

རྒྱུད་དེ་གཉིས་སུ་གསུངས་པའི་རིམ་པ་ལ་ཡ་ནི་འདི་མ་ཡིན་པས། བྱེ་བྲག་འབྱེད་པའི་ཕྱིར་ལོ་ཙ་བས་འདི་ལ་ལྷའི་གངས་ལྡན་ཞེས་བསྒྱུར་བ་དང་། གཞན་ལ་གངས་ཅན་ཞེས་པ་དང་། དྲི་མེད་འོད་ལས། འཁོར་ལོ་གསུམ་གྱི་སྡོམ་པ་དང་། ཀྱཻ་རྡོ་རྗེ་ལས། བཅོམ་ལྡན་འདས་ཀྱིས་སྟ་མ་དང་ཕྱི་མའི་གསུང་འགལ་བ་གང་ཡིན་པ་དེ་ནི་དབང་པོ་རྣོན་པོའི་སེམས་ཅན་རྣམས་ཀྱི་འཛིན་པ་དགྲོལ་བའི་སླད་དུ་སྟེ། འདིར་འཁོར་ལོ་སྡོམ་པ་ལས། གནས་དང་ཉེ་བའི་གནས་ལ་སོགས་པ་གང་ཡིན་པ་དེ་དག་ནི་ཀྱཻ་རྡོ་རྗེ་ལས་ཞིང་དང་ཉེ་ཞིང་ལ་སོགས་པས་བྲག་འཁྲུགས་སུ་གསུངས་སོ། །ཞེས་དང་། ཨ་བྷ་ཡས་མན་སྙེར། གཅིག་ལ་མིང་སྣ་ཚོགས་པ་ཇི་ལྟར་མི་འགལ་བས་སོ། །ཞེས་འབྱུང་བས། ཡུལ་གཅིག་ལ་མིང་དད་མིང་ཅན་གཅིག་ཏུ་ཞེན་པ་དག་དགག་པའི་ཕྱིར་གཅིག་ལ་མིང་མང་པོ་དང་། གཅིག་ཉིད་གནས་དང་ཞིང་སོགས་བྲག་འཁྲུགས་སུ་གསུངས་པས་སོ། །གནས་དང་ཉེ་བའི་གནས་ཞེས་པ་ལ། གཞན་དག །མཁའ་འགྲོ་མ་རྟག་ཏུ་བཞུགས་པ་གནས་དང་། རེས་འགའ་བཞུགས་པ་ཉེ་བའི་གནས་ཟེར་བ་ནི་མི་འཐད་དེ། རྡོ་རྗེ་ལུས་ཀྱི་གནས་སོ་སོར་རྩ་མཁའ་འགྲོར་གསུངས་པས། རྩ་དེས་གནས། རེས་མི་གནས་པ་མེད་པས། ཇི་ལྟར་ཕྱི་རོལ་དེ་བཞིན་ནང་། །ཇི་ལྟར་ནང་བཞིན་ཕྱི་དེ་བཞིན། །ཞེས་པའི་རྒྱུད་དང་འགལ་བར་འགྱུར་བས་སོ། །འོ་ན་གང་ཡིན་ཞེ་ན། དེ་ན་གནས་པའི་རྣལ་འབྱོར་མ་རྣམས་ཕན་ཚུན་ཕན་འདོགས་པར་བྱེད་པས་ཉེ་བར་བཏགས་ཤིང་། དེས་ཞིང་དང་ཉེ་ཞིང་སོགས་ཀྱང་ཤེས་པར་བྱའོ། །དེ་བས་ན། གཞན་དག །ཙ་རི་ཏྲ་ཞེས་བྱ་བ་ནི། ལྷོ་ཕྱོགས་རྒྱ་མཚོའི་འགྲམ་ན་ཡོད། །ཙ་རི་ཙ་གོང་འདི་མ་ཡིན། །ཞེས་པ་ལ། ལྷོ་ཕྱོགས་ན་ཡོད་ཅེས་པ་ཙམ་ལ་སྐྱོན་མེད་དེ། གངས་རྒྱ་གར་ལྷོ་ཕྱོགས་ཆོས་ཀྱི་གྲགས་པའི་ཡུལ་དང་ཉེ་བ་གྲོང་ཁྱེར་གྱི་མཆོག་ཅེས་གྲགས

པ་གསེར་གྱི་ཡིདྒ་ལྷ་བུས་མཚན་པ་དེ་ལའང་ཙ་རིར་བཤད་པ་དང་རྒྱ་མཚོའི་འགྲམ་ན་ཡོད་ཅེས་ཟེར་བ་ལ་རྒྱ་མཚན་ཅི་ཡང་མེད་པར་ཤེས་ཤིང་། བོད་ཡུལ་ལྷན་ཅིག་སྐྱེས་མ་ནི། །རྗོ་བའི་ཕུག་ལ་བརྟེན་ཏེ་གནས། །ཡུལ་དེར་གནས་པའི་ལྷ་མོ་ནི། །ཧ་ཊའི་ཤིང་ལ་བརྟེན་ཞེས་གསུངས། །ཞེས་པ་ཞིང་སྐྱོང་མ་བྲག་གི་ཕུག་ལ་བརྟེན་པ་དང་། ཧ་དྲའི་ཤིང་ལ་བརྟེན་པ་ཡུལ་ཐ་དད་དེ། དང་པོ་བོད་དང་། གཉིས་པ་དེ་ཤྲི་ཀོ་ཊར་རྡོ་རྗེ་མཁའ་འགྲོ། མཁའ་འགྲོ་རྒྱ་མཚོ། མགོན་པོ་དངོས་གྲུབ་འབྱུང་བ་ཀུན་ཏུ་གསུངས་པས་དེ་དག་དང་འགལ་བ་དང་། དེ་ཡི་ཕྱོགས་ན་ཧ་ཊའི་ཤིང་། །ཡོད་ན་ཡུལ་དེར་འགལ་བ་མེད། །ཅེས་པ་ཧ་དྲའི་ཤིང་ཡོད་པ་དེ་ཤྲི་ཀོ་ཊ་བཤད་པས། ཡུལ་དེར་འགལ་བ་མེད་ཅེས་པའང་འཆོལ་ལ། ཤིང་དེ་དེ་རང་གིས་སྟོན་དགོས་ཏེ། དེ་ཤྲི་ཀོ་ཊར་ཁས་བླངས་པ་དང་། འདིར་ཤིང་དེ་མེད་ན་རང་གིས་བཀོད་པའི་གཏན་ཚིགས་མ་གྲུབ་པས། ཚར་གཅད་ཀྱི་གནས་སུ་ལྷུང་ངོ་། །དེད་ཀྱིས་དེ་ཤྲི་ཀོ་ཊར་མ་སྨྲས་སོ་སྙམ་ན། དེ་ཤྲི་ཀོ་ཊའི་གནས་གཞན་ཞིག །ཙི་རི་ཡིན་ཞེས་ལ་ལ་སྨྲ། །རྡོ་རྗེ་མཁར་འགྲོའི་རྒྱུད་ལས་ནི། །དེ་ཤྲི་ཀོ་ཊར་ཧ་ཊ་གནས། །ཞེས། ཚིགས་དང་པོར་རང་ལགས་སུ་བཞག་ནས། དེ་ཙ་རི་ཡིན་པ་དགག་པ་ལ་ལྷག་མ་སྨྲས་པ་ཅི་བྱུང་བ་རེད་སོམས་ཤིག །ལར་ཀཎྜི་ལ་བཤད་པའི་ཕྱོགས་བཟུང་ནས། འདི་དེའི་ཙ་རི་མ་ཡིན་ཞེས་སླུ་ན་རང་ལ་ཅུང་ཟད་ཤེས་པར་བྱེད་པ་ཡོད་ཀྱི། དེ་ཤྲི་ཀོ་ཊར་སྨྲས་ནས་ཙ་རི་ཡིན་པར་དགག་པ་ནི་སྨོན་པའི་གར་སྟབས་རང་ངོ་། །དེ་ལྟར་གཏན་ཚིགས་ཀྱི་རིགས་པས་དེད་ན། ཕྱོགས་འདི་ལ་ཀླན་ཀའི་གནོད་པ་ཉེ་བར་ཞིབས། རྟོག་གེའི་ལྟེ་ཚད་ཙ་རི་ཏྲ་ཞེས་སྨྲར་རོ། །གསུམ་པ་དེའི་ངོ་མཚར་གྱི་བཀོད་པ་ནི། འཇིག་བྱེད་བསད་པའི་ཁྲག་དམར་ཐ་གླིང་གིས། །ཞབས་མཐིལ་བགོས་པའི་དཔའ་བོ་ཧེ་རུ་ཀ །སྒྲིབ་གཉིས་དག་པའི་ཌཱ་ཀི་དང་ལྷན་དུ། །བདུད་འཇོམས་ཤེལ་རི་ཆོས་སྐུའི་མཆོད་སྡོང་ཡིན། །ཕྱི་ཡུལ་སྣང་ལ་ཤར་བའི་ཚུལ་མདོ་དང་མཐུན་ལ། ཁྱད་པར་དུ་འཕགས་པ་སྤྲུལ་པའི་ཆོས་རྒྱལ་སྲོང་བཙན་སྒམ་པོས། ཕྱི་གཡའ་རི་པདྨའི་མུ་ཁྱུད་ལྟར་འཁོར་བའི་ནང་། ཙ་རི་རི་རབ་བང་རིམ་གསུམ་པའི་ཚུལ་དུ་ཆགས་ཤིང་། གསང་བ་དག་པ་ཤེལ་གྱི་གངས་རི་བུམ་པའི་ཚུལ་དུ་ལྷུན་ཆགས་པ། དེ་བས་རང་བྱུང་ལྷུན་གྱིས་གྲུབ་པའི་བྱིན་རླབས་ཀྱི་མཆོད་རྟེན་ཆེན་པོ་ཞེས་བཀའ་སྩལ་བ་ལྟར་གནས། ནང་རྩལ་འཁོར་གྱི་གཟིགས་མོས་གསང་སྔགས་ཕྱི་པ་དང་མཐུན་ལ། ཁྱད་པར་དུ་འཕགས་པ་ནི། སློབ་དཔོན་ཆེན་པོ་པདྨ་སམྦྷ་ཝས། གནས་ཉི་ཤུ་རྩ་བཞིའི་མཆོག །ཡུལ་སུམ་ཅུ་རྩ་བཞིའི་གཙོ། དུར་ཁྲོད་ཆེན་པོ་རྣམ་པ་སྒྲ་སྒྲོགས་པའི་ལྟེ་བ་ལ་དཔལ་ཙ་རི་ཏྲ། རང་བྱུང་སྤྲུལ་པའི་ལྷ་ཚོགས་བཞུགས་པའི་ཕོ་བྲང་ཆེན་པོ་འདི་དག་གི་སྟེང་

གི་ཕྱོགས་ཐམས་ཅད་མཁའ་སྤྱོད་རྣམ་པར་དག་པ་རང་བཞིན་ལྷུན་གྱིས་གྲུབ་པའི་གཞལ་ཡས་ཁང་དཔག་ཏུ་མེད་པ་ཡོད་པ། འོག་གི་ཕྱོགས་ས་འོག་སྤྱོད་རྣམ་པར་དུལ་བ་ཆེན་པོའི་ཕོ་བྲང་རང་བཞིན་བག་ལུགས་ཀྱི་གནས་པའི་བར་ན་རིན་པོ་ཆེ་གསེར་གྱི་རྡོ་རྗེ་རྩེ་ལྔ་པ་ཕྲེང་བཞག་གི་རྣམ་པ་ལྷ་བུའམ། གཡུང་དྲུང་གཡས་སུ་འཁྱིལ་བ་ལྟ་བུའི་བཀོད་པ་ལྟར་ཡོད་པ། གསང་སྔགས་ཕ་རྒྱུད་དང་མ་རྒྱུད་ཀྱི་ལྷ་ཚོགས་ཐམས་ཅད་ཀྱང་ཡབ་ཡུམ་འཁྲིལ་སྦྱོར་དུ་འོད་ལྔའི་ཚོམ་བུ་བཀོད་པ་ལྟར་གྱིས་ལྷུན་གྲུབ་ཏུ་བཞུགས་པ། ཞེས་གསུངས་པ།

དེ་ལྟ་བུའི་ཕོ་བདེ་ཆེན་པོ་དེ་ལ་འཇུག་པར་བྱེད་པའི་སྒོ་སྤྲུལ་པའི་རྒྱལ་པོ་དང་སློབ་དཔོན་དེས། ཤར་སྒོ་འཕགས་པ་འཇམ་པའི་དབྱངས་ཀྱི་སྒོ། །བརྒྱ་བྱིན་རྣམ་པར་རྒྱུ་བཞེས་པ་རྒྱ་ནག་པོ་ལ་གཏད། སྒོ་སྲུངས་གཤིན་རྗེ་གཤེད་ཀྱིས་བྱེད། །སྒོ་རྟགས་སུ་སྣེ་ལུང་ཆུ་བར་འཕྲུང་གོང་ཞེས་པ། རྡོ་རྗེ་མཁའ་འགྲོ་མ་དང་། རྡོ་རྗེ་གླིང་ཆེན་རྣམས་ཀྱིས་བྱིན་གྱིས་བརླབས་པའི་དཔའ་བོ་དང་དཔའ་མོ་གནས་པ། རྒྱ་ལ་གཤིན་རྗེའི་དོང་ཁ་དང་། །རྡོ་ཡུལ་བ་རི་གཉིས་སྒྲོ་འགྲམ། །ལྷོ་ཕྱོགས་དཔལ་ཕྱག་ན་རྡོ་རྗེའི་སྒོ། །གཤིན་རྗེ་རྣམ་པར་རོལ་པ་ཞེས་པ་རྒྱ་དཀར་པོ་ལ་གཏད། སྒོ་སྲུངས་བདུད་རྩི་འཁྱིལ་བས་བྱེད། །སྒོ་རྟགས་སུ་བྱུར་རྡོ་བོ་ཐེམ་པ་ལ་གྲོར་ཕྱུག་ཅེས་པ་རིན་ཆེན་མཁའ་འགྲོ་དང་། རིན་ཆེན་གླིང་ཆེན་རྣམས་ཀྱིས་བྱིན་གྱིས་བརླབས་པའི་དཔའ་བོ་དང་དཔའ་མོ་གནས་པ། ཀློ་འཁྲིམ་གླིང་དང་། བལ་ཡུལ་ཡང་ལེ་ཤོད་གཉིས་སྒོ་འགྲམ། ནུབ་རྡོ་མོ་སྒྲོལ་མའི་སྒོ། ཆུ་ལྷ་རྣམ་པར་རྩེ་བ། ཨུ་རྒྱན་ལ་གཏད། སྒོ་སྲུངས་ལྷ་མོ་ཨེ་ཀ་ཛ་ཊི། སྒོ་རྟགས་སུ་ལ་བར་སྐྱེ་སྟོང་ཁང་སྒྲོམ་རྒྱལ་ཞེས་པ། པདྨ་མཁའ་འགྲོ་དང་། པདྨ་གླིང་ཆེན་རྣམས་ཀྱིས་བྱིན་གྱིས་བརླབས་པའི་དཔའ་བོ་དང་དཔའ་མོ་གནས་པ། གཤོང་དགོན་ཏ་རེ་ཏ་དང་། དཔལ་གྱི་ལྷ་ས་གཉིས་སྒོ་འགྲམ། །བྱང་ཐུགས་རྗེ་ཆེན་པོའི་སྒོ། གནོད་སྦྱིན་རྣམ་པར་འཁྲིགས་པ་བོད་ལ་གཏད། སྒོ་སྲུངས་ཧ་ཡ་གྲི་བས་བྱེད། །སྒོ་རྟགས་སུ་སླེས་གད་ཕྱུག་རྒྱའི་དུར་སྟོང་ཞེས། ལས་ཀྱི་མཁའ་འགྲོ་དང་། ལས་ཀྱི་གླིང་ཆེན་རྣམས་ཀྱིས་བྱིན་གྱིས་བརླབས་པའི་དཔའ་བོ་དང་དཔའ་མོ་གནས་པ། གནས་གོང་དཔལ་གྱི་ལྗོངས་དང་། བཞོ་སྟོད་གཏེར་སྒྲོ་གཉིས་སྒོ་འགྲམ། སྒོ་དེ་དག་ཏུ་གནས་པའི་དཔའ་བོ་དང་དཔའ་མོ་རྣམས་ཀྱང་གཅིག་གཤེགས་པ་དང་གཅིག་སྐྱེ། གཅིག་དར་བ་ན་གཅིག་ཉམས་པས་གསུམ་གསུམ་ངེས་པར་འབྱུང་བ། མཚམས་བཞིན་ཤར་ལྷོ་དྲང་སྲོང་རྣམ་བྱེད་ཀྱི་སྒོ། ལྷོ་ནུབ་སྲིན་པོ་རོ་གཟན་གྱི་སྒོ། ནུབ་བྱང་རླུང་ལྷ་སྐྱོད་བྱེད་ཀྱི་སྒོ། བྱང་ཤར་དྲག་པོ་རྩལ་འཆིན་གྱི་སྒོ། སྒོ་དེ་དག་གི་ཕྱི་རོལ་དུ་དུར་ཁྲོད་ཆེན་པོ་བརྒྱད། རྡོ་རྗེའི

རབ་མེ་རིས་ཡོངས་སུ་བསྐོར་ཏེ་གནས། གསང་བ་རྣལ་འབྱོར་བླ་མེད་ཧེ་ལྷ་བ་ནི། སློབ་དཔོན་པདྨ། བེ་མ་ལ། སྐྱོབ་འཇིག་རྟེན་གསུམ་གྱི་མགོན་པོ་རྣམས་ཀྱིས་གསུངས་པ། རྨད་ཀླུའི་ཡུལ་ན་སྤོས་ཀྱི་རྒྱ་མཚོ་ཡོད་དུ་འོང་བའི་དབུས་ན་གསེར་གྱི་པདྨ་འདབ་མ་འབུམ་དང་ལྡན་པ། རྡོ་རྗེའི་སྙིང་པོ་ཟབ་བྱས་པ། གླུ་དང་། མི་དང་། ལྷའི་རིན་པོ་ཆེ་ཐམས་ཅད་ཟིལ་གྱིས་གནོན་པའི་མན་ཤེལ་དཔའ་བོའི་གཞུའི་མདངས་བྱེ་བ་ཕྲག་སྤྲིལ་ལེགས་སུ་བཀོད་པ། ཉིན་མོར་བྱེད་པ་འབུམ་ལྷར་འོད་གསལ་བ། བསིལ་ཟེར་ཅན་བྱེ་བ་ཁྲག་ཁྲིག་སྤྱུངས་པའི་སིམ་པ་སྟེར་བ། ཡིད་བཞིན་ནོར་བུའི་དབང་པོ་ཐམས་ཅད་ཕྲ་ཚོམ་བལྟ་ན་ཆོག་མི་ཤེས་པ། མཆོད་རྟེན་བཀྲ་ཤིས་སྒོ་མངས་ཀྱི་དབྱིབས་ཅན། བཅོམ་ལྡན་འདས་བྱམས་པའི་འདོམ་དགུ་བརྒྱ་པ་རེ་ཕྱོགས་ཕྱོགས་སུ་སྣང་བ། སེང་གེའི་ཁྲིལ་སྒོ་བདུན་ཙུ་ཙ་གཉིས་ལ་རྒྱལ་པོ་ཆེན་པོ་བཞི་ལ་སོགས་པ་དཔལ་མགོན་བདུན་ཙུ་ཙ་གཉིས། དབུས་སུ་དཔལ་ཡེ་ཤེས་ཀྱི་མགོན་པོ་ཕྱག་བཞི་པ་ལ་སོགས་དམ་པ་ཆོས་སྐྱོང་བའི་རིགས་སུམ་ཙུ་ཙ་གཉིས་ཀྱི་དཀྱིལ་འཁོར་བང་རིམ་བཞི་ལ་པ་གམ་དང་གདོང་ཆེན་རེ། གདོང་ཆེན་རོལ་རིན་པོ་ཆེའི་མཆོད་སྟོང་བརྒྱད་བརྒྱ། བང་རིམ་རེ་ལ་སྒོ་ཉིས་སྟོང་དྲུག་བརྒྱ། །དེ་རེ་རན་རྡོ་རྗེ་ཐེག་པ་ནས་བཤད་པའི་དཀྱིལ་འཁོར་རེ། བུམ་པའི་ནད་ཕོ་བྲང་གླིང་དགུར་བཅད་པའི་དབུས་མར། དྲག་པོ་འཇིགས་བྱེད་ཀྱི་བམ་དང་། དུས་མཚན་མའི་སྙིང་ཁར་གོར་མཛད་པའི་བཅོམ་ལྡན་འདས་རྡོ་རྗེ་སེམས་དཔའ། འཁོར་ལོ་སྡོམ་པ། རིགས་བརྒྱར་བཞེངས་པའི་དཀྱིལ་འཁོར་ཆེན་པོ་ཐམས་ཅད་སྣང་བ་བསྡོམས་པས་རིགས་ཀྱི་དབྱེ་བ་ཉིས་སྟོང་བརྒྱད་བརྒྱའི་ལྷ་ཚོགས་བཞུགས་པ། བྲེལ་བླ་མ་དམ་པ་རྣམས་དང་། བ་གམ་དང་གདོང་ཆེན་ལ་སངས་རྒྱས་དང་བྱང་ཆུབ་སེམས་དཔའ་སེམས་མ། ཆོས་སྐྱོང་སྲུངས་མ། ཁྲོ་བོ་ཁྲོ་མོ་བསམ་གྱིས་མི་ཁྱབ་པ། འཕགས་པ་ཀུན་ཏུ་བཟང་པོ། བཅོམ་ལྡན་འདས་རྣམ་པར་སྣང་མཛད་ལ་མཆོད་པའི་སྤྲིན་ཕུང་འབུལ་བ་ལྷ་བུས་དཔལ་འཁོར་ལོ་སྡོམ་པའི་ཕོ་བྲང་། རྡོ་རྗེ་ཕག་མོའི་དགེ་འདུན་ས། དཔའ་བོ་དང་། ཡེ་ཤེས་ཀྱི་མཁའ་འགྲོ་མ་རྣམས་ཀྱི་གྲོང་ཁྱེར། གསང་བ་གདུལ་བྱ་མཐའ་ཡས་པ་ལ་འདུལ་བྱེད་འབྱམ་ཀླས་པར་སྣང་བའི་སྒྱུ་མ་ཆེན་པོ། རྒྱུད་སྡེ་ནས་བཤད་པའི་དཀྱིལ་འཁོར་ཐམས་ཅད་པ། གསང་སྔགས་ཀྱི་ཆོས་ཀྱི་ཕུང་པོ་སྟོང་ཕྲག་བརྒྱད་ཙུ་ཙ་བཞི། ཐུན་མོང་དང་མཆོག་གི་དངོས་གྲུབ་ལ་འགྲོ་བ་མ་ལུས་པ་མགྲོན་དུ་གཉེར་བའི་ཐུགས་ཅན། གཅིག་ཏུ་མ་གྲུབ་ལ། ཐམས་ཅད་པར་འཆར་བ་བསམ་གྱིས་མི་ཁྱབ་པའི་མཆོད་སྟོང་ཆེན་པོ་སྤྱུངས་སྐྲ་ཁ་ཕྱེ་བ་ལྷ་བུའམ་ཏིལ་གྱི་གང་བུ་འདྲ་བ་ཞེས་བསྟགས་སོ། །ཆོས་སྐུ་ཡེ་ཤེས་ཀྱི་མཁའ་འགྲོ་མ་རྣམས་ཀྱི་རོལ་མོ་མཛད་ས།

ཐུགས་མི་ཟད་པ་རྒྱན་གྱི་འཁོར་ལོའི་ཞིང་བཀོད་ནས། རིགས་ལྡན་མ་དང་ཕོ་ཉ་མོར་བཅས་པ། ཀུན་ཏུ་སྤྱོད་པའི་འཁོར་ས་བཅུ་གཉིས་སེར། དངོས་གྲུབ་ལེན་ལ་དཔག་བསམ་དབང་པོ་ནི། ཡོངས་འདུ་ལྷ་བུ་དམ་ཚིག་མཁའ་འགྲོའི་རྟེན། མཆོད་རྟེན་ཆེན་པོ་དེའི་ལྷོ་ཕྱོགས་ན། ཕོ་བྲང་ཆེན་པོ་གཡུ་མཚོ། ཉིན་མོར་བྱེད་པའི་འོད་ཀྱིས་གནམ་སྔོན་པོ་བཞུ་བའམ། བཻ་ཌཱུརྻའི་མེ་ལོང་ཕྱིས་པ་ལྷ་བུ་དཔལ་འཁོར་ལོ་སྡོམ་པའི་དཀྱིལ་འཁོར། གཞན་ཡང་། འོད་འབར་མཚོ་མོ་ཆེ་སྟོད་རྡོ་རྗེ་འཇིགས་བྱེད་དང་། སྨད་དགྱེས་པ་རྡོ་རྗེ། སྐྱོག་མོའི་སིནྡྷུ་རའི་རྒྱ་མཚོ་སྟོད་ཚེ་དཔག་མེད་སྨད་གསང་བ་འདུས་པ། བདེ་མཆོག་བླ་མཚོ་སྟོད་བདེ་མཆོག་འཁོར་ལོ་དང་སྨད་སངས་རྒྱས་ཐམས་ཅད་མཉམ་པར་སྦྱོར་བ་རྣམས་ཀྱི་དཀྱིལ་འཁོར་ཏེ་དངོས་གྲུབ་སྟེར་བའི་མཚོ། སྒྲོལ་མ་བླ་མཚོ་བཅོམ་ལྡན་འདས་མ་སྒྲོལ་མ་ལྗང་མོ་འཕྲིན་ལས་ཀྱི་ལྷ་ཚོགས། ཆོས་འབྱུང་ཟངས་སྤྱི་ཚོ་ཀུ་རུ་ཀུལླེ་དམར་མ་དབང་གི་ལྷ་ཚོགས། ཀུན་འབྱུང་གསེར་མཚོ་ནོར་རྒྱུན་མ་སེར་མོ་རྒྱས་པའི་ལྷ་ཚོགས། ཀ་ལྷ་དུང་མཚོ་རྣམ་པར་རྒྱལ་མ་དཀར་མོ་ཞི་བའི་ལྷ་ཚོགས་གནས་པ་འཕྲིན་ལས་སྒྲུབ་པའི་མཚོ་བཞི། མུ་མེན་མཐིང་མཚོ་ཐུགས་སྒྲོལ་ཡུམ་འདོད་པ་ཁམས་ཀྱི་དབང་ཕྱུག་མ། དམར་ནག་རཀྟ་སྐྱུ་དབྱིངས་ཡུམ་ཨེ་ཀ་ཛཱ་ཏི་མེ་འབར་མཚོ་གསུང་སྦྱོར་བའི་ཡུམ་ཙཎྜི་ཀཱ །བདུད་མགོན་བླ་མཚོ་དཔལ་མགོན་པོ་ནག་པོའི་ལྷ་ཚོགས་གནས་པས་དགྲ་བོ་དགྲ་བགེགས་སྒྲོལ་བའི་མཚོ། དེ་དག་ནི་རབ་ལ་མཚོའི་སྣང་བ་མེད་པར་དཀྱིལ་འཁོར་དང་། འབྲིང་ལ་མཚོའི་དབུས་ནས་པདྨའི་སྡོང་བུ་འཕགས་ཏེ། དེ་ལ་ལྷ་ཚོགས་རྣམས་བཞུགས་པ་དང་། མི་ལོང་ལ་གཟུགས་བརྙན་བཞིན་དུ་མཚོ་ལ་འཆར་བ་དང་། མཐའ་མ་ལ་འོད་དམ། ཕྱག་མཚན་ནམ། ཡིག་འབྲུ་དང་འཇའ་འོད་འཁྲུག་པ་ལ་སོགས་པར་སྣང་ནས་རང་རང་གི་སྐལ་བ་བཞིན་དུ་དངོས་གྲུབ་བརྒྱུད། འཕྲིན་ལས་བཞི་ལ་སོགས་པ་སྐྱོལ་བར་མཛད་དེ། ལྷའི་བུ་དག་སློང་བའི་ལག་པ་བརྐྱང་བ་ན་ཤིང་ཡོངས་འདུ་ས་བརྟོལ་ལས་འདོད་པ་ཐམས་ཅད་འབྱུང་བ་བཞིན་ནོ། །

དེ་བས་རིགས་ལྡན་མ་ནི་རྡོ་རྗེ་ཕག་མོ་དང་། བདག་མེད་མ་དང་། རེག་བྱ་རྡོ་རྗེ་མ་ལ་སོགས་པ་ཡིན་ལ། ཕོ་ཉ་ནི་རྡོ་རྗེ་མཁའ་འགྲོ་མ་སོགས་དང་བཅས་པའི་བཅོམ་ལྡན་འདས་བྱང་ཆུབ་སེམས་དཔའ། ཁྲོ་བོའི་ཚོགས་རྣམས་ལྷན་ཅིག་སྤྱོད་པ་སྟེ། ཉི་མའི་དུས་ཀྱི་དབྱེ་བས་ཕོ་བྲང་བཅུ་གཉིས་སུ་གྲུབ་བོ། །སྣ་ཚོགས་ལྗོངས་དང་རི་དང་མཚོ་གླུང་ཤིང་། ལས་ཀྱི་མཁའ་འགྲོ་ཉམས་དྲོད་སྨྱུལ་བའི་ས། ལས་འཕྲོ་བཟང་ངན་བརྟག་པའི་མེ་ལོང་འདི། སྤྲུལ་སྐུའི་གནས་ཡིན་སྐལ་མེད་སྲོག་ལ་གཏུམ། བི་མ་ལས། བྱིན་རླབས་རང་བྱུང་དེའི་ནུབ་བྱང་ནས། ལས་ཀྱི་མཁའ་འགྲོ་ཁྲུས་བྱེད་པའི་མཚོ་བརྒྱ་རྩ

བརྒྱད་ཡོད། དེ་དག་ཀུན་ན་དངོས་གྲུབ་རེ་རེ་ཐོབ་པའི་གནས་ཡོད། དེའི་ཤར་དུ་ཆུ་བོ་ཆེན་པོ་ཞིག་བརྒལ་བ་ན་མཁའ་འགྲོ་མ་གསང་བའི་གནས་ཡོད། དེའི་ཕ་བོང་ལ་མཁའ་འགྲོ་མའི་མཚན་མ་འདྲ་བ་ཡོད་པ་ནི་ རླུང་སེམས་ཀྱི་དངོས་གྲུབ་ཐོབ་པའི་གནས་ཡིན་ནོ། །ཞེས་རྡོ་རྗེ་རབ་དང་། བོད་རྡོ་མཚན་ཅན་ཡིན་ལ། ལ་ཕྱ་པས། དཀར་ལེབ་གོང་གསུམ་གྱི་མཚམས་ནས་མཁའ་འགྲོ་མའི་གྲོང་ཡོད་དེ། སྣང་བ་དག་པས་གྲོང་ཁྱེར་ཆེན་པོ་བརྒྱ་སྲང་བཞི་པར་མཐོང་། འབྲིང་གིས་ནི་ལ་མེའི་ཁང་བུ། མཐའ་མས་རྡོ་དང་གྲ་མ་ཐོ་དེ་བར་མཐོང་བར་བཤད་པ་ཡང་རྡོ་མཚན་འདི་ཁའོ། །འདི་ནི་ལྗོངས་ཆེན་པོ་གཅིག་གོ། །བྱང་ན་གཤེན་རྗེའི་འདུ་ཁང་ཞེས་བྱ་བ། དྲག་པོ་འཇིགས་བྱེད་ཀྱི་གནས་ཡོད་དོ་ཞེས་པ་ནི། ཅིག་ཅར་ཏེ། འདི་ལ་རྒྱལ་པོ་ལམ་ཡིག་ལས། ཙ་རི་ལུང་ཆུང་ཞེས་པ་ཕུ་ལྷོ་ལ་གཏད་པ། མདའ་བྱང་དུ་བསྟན་པ། གཙང་རོང་དོག་པ། ཆུ་ཐ་ཆུབ་ཏུ་འཆུབ་པ། ནབ་བུན་སྐྱི་བུན་དུ་འཁྱིལ་བ། ནུབ་མེར་འབར་བ། ཤིང་གདུག་པ་ཅན་སེའི་ནགས་ལ་གཙན་གཟན་སྣ་ཚོགས་ཀྱི་ཚང་བཅས་པ། རོང་དེ་ལ་གཟབ་པར་བྱའོ། །རོང་ནག་པོ་དེ་ཟད་པ་དང་། ཙོང་ཞིའི་བྲག་དཀར་པོ་ཉི་ཟླ་ཤར་བ་ལྟར་གསལ་ཞིང་། ཉམས་དགའ་ལ་ཡིད་དངས་ཏེ། མཁའ་འགྲོ་མ་ཉི་མའི་སྤྱན་ཅན་བྱ་བ་དང་། ཟླ་བའི་སྤྱན་ཅན་ཞེས་པ་གནས་ཏེ། ཙོང་ཞིའི་ཆུ་ཞོའམ་འོ་མའི་ཚུལ་དུ་འབབ་སྟེ། ཁྲུས་བྱས་དངོས་གྲུབ་བླང་ཞེས་དང་། ལ་ཕྱ་པ་དང་རྗེ་བོ་ཨ་ཏི་ཤས། ལུང་པའི་ཕུན་བོད་ཁ་གསུམ། དེ་ནས་མར་ཕྱིན་པ་ན། སྤྲང་དང་ཐང་ཟད་པ་ན། བྲག་ནག་པོ་ཡོད་དེ། དེའི་ཆུ་འབབ་པའི་གཡས་ན་གསེར་མཚོ་གྲུ་བཞི་ཡོད། དེ་དུག་མཚོ། གླུ་གདུག་པ་ཅན་ཡོད། ཁྲི་མ་གཏང་དུ་མི་རུང་། བཏང་དུ་མི་རུང་། དེའི་མཐའ་མ་ཟླ་གམ་དུ་ཡོད། གཡོན་ན་དུག་མཚོ་གྲུ་གསུམ་མདོག་དམར་པོ་མཐོང་ན་སྙིང་མི་དགའ་བ་ཡོད། དེ་ལའང་ཁྲི་མ་གཏད་དུ་མི་རུང་། བཏང་དུ་མི་རུང་། མཐའ་མའི་དབྱིབས་ནི་ཟླུམ་པོར་ཡོད། དེ་ལ་གཟུར་ནས་འགྲོ། དེ་ནས་ཙྭ་རི་ཙྭ་གོང་ཡོད་ལ། གཡུ་མཚོ་ཟླུམ་པོ་མཐའ་མ་ན། བྱེ་མ་ལ་གསེར་གཡུ་ཡོད། དེ་ཕྱི་རིམ་གསེག་མ། དེ་ནས་ཤེལ་རི་ཡོད། ཅེས་པ་འདི་ལས། ཅིག་ཅར་ལ་རྩ་གོང་ངམ་རྩ་མཆོག་ཏུ་བཤད་ཅིང་། མི་ཏྲའི་ལམ་ཡིག་ལས། ཁྱད་པར་གྱི་གནས་ཙ་རི་ལུང་ཆུང་སྟེ། ཀ་ལྤ་དུང་མཚོ་དང་། གཡུ་མཚོ་སྐྱོག་མོ་གཉིས་ཀྱི་བར་ན། ཁ་བྱང་ཤར་དུ་བལྟ་བ། ཕུ་ལྷོ་ནུབ་ཏུ་བསྟན་པ། མདའ་གཙང་རོང་དོག་པ། ཙོང་ཞིའི་བྲག་སྲིན་པོ་ལངས་པ་འདྲ་བ་ཡོད། ཤིང་འབྲུག་གུ་ཅན་གྱི་ནགས་ཚལ་གྱིས་ཆོད་པ། ཕུ་ཡངས་པ་སླང་འདྲ་བ། དེའི་དཀྱིལ་ན་ལྟེ་བ་འདྲ་བ་ཅིག་ཡོད། ཛམྦུ་གླིང་གི་མེ་ཏོག་སྐྱེས་ཚད་ཀྱི་རྩ་ཚང་བ། དབྱར་ཟླ་གསུམ་མེ་ཏོག་ཏུ་འབར་བ། ཟླ་བ་ཡར་ངོའི་ཚེས་བཅུའི་

ཟླ་བ་འཆར་བ་དང་། ལུང་པ་འོད་དུ་གསལ་བ། གནས་དེར་སླེབ་པ་དང་དབང་པོ་དངས་པ། རིག་པ་འཆར་བ། མཆོག་ཏུ་ཉམས་དགའ་བ་ཡོད་དེ། རི་དེའི་རྩེ་ལ་བྲག་དཀར་པོ་དར་དཀར་གྱི་གུར་ཕུབ་པ་འདྲ་བ་ཅིག་ཡོད། དེའི་ཤར་ངོས་ན་བོང་དནག་པོའི་གླེག་ཅིག་ཡོད་པ་དེའི་གསེབ་ན་དངོས་གྲུབ་ཀྱི་རྫས་ཡོད་པ། ཀླུ་བདུད་ནག་པོ་ཞེས་བྱ་བ། དགུན་ཟླ་གསུམ་རྩའི་གསེབ་ན་གནས་ཏེ། བྲི་ཏས་འཛིན་ཞེས་བྱ་བ། དཔྱིད་ཟླ་གསུམ་ལོ་མ་རུ་གནས་པ་སྔོ་འོད་ལྡན་ཞེས་བྱ་བ། དབྱར་ཟླ་གསུམ་མེ་ཏོག་ཏུ་གནས་ཏེ། ཀུནྡ་བདེ་སྐྱིད་ཅེས་བྱ་བ། སྟོན་ཟླ་གསུམ་འབྲས་བུར་གནས་པ། སིནྡྷ་ས་འབྲུ་ཞེས་བྱ། དེའི་རྩ་བ་ལ་ཕྱུག་འདྲའོ། །ལོ་མ་པདྨ་འདྲ་བ། མེ་ཏོག་དྲིལ་བུ་འདྲ་བ། ནང་ན་རྡོ་རྗེ་རྒྱ་གྲམ་ཡོད་པ། ཁ་དོག་སྔོན་པོ་ལ་སྨུག་པོའི་ཐིག་ལེ་ཡོད་པ། འབྲས་བུ་བྲ་བ་བརྗིས་ན། དེའི་དྲི་བྱུང་བས་སེར་བ་ཤར་ཤར་འབྱུང་བ། སྔོ་འབྱུང་བ་འབྲུགས་བྱེད་ཅེས་ཀྱང་བྱའོ། །ལྷངས་པ་ཧ་ཟ་ཙམ་ཞིག་འཐུལ་ལོ། །དེ་ལ་ལྷ་མ་ཡིན་སྟེ་བརྒྱད་ལ་སོགས་པ་དེར་ཉེ་མི་ནུས་སོ། །

ལག་པ་ཀཱ་བ་ན་ཚ་ཞུར་ཞུར་འོང་ངོ་། །ཁ་པ་བབས་ན་རྡོ་ཚན་ལ་ཁབ་བབས་པ་བཞིན་བཞུ་ནུས་པ། གྲོག་སྦུར་དང་འབུ་སྲིན་ཐམས་ཅད་ཕྱིར་སྤྱངས་དེ་འཆི། བཙད་ན་ཐར་ནུ་ལྟར་ཞོ་ལྷུག་གི་འོང་ངོ་། །དེ་ལྟ་བུའི་རྫས་དེ་ཡོན་ན་མཛེ་ནག་ཐོ་ལུམ་ལ་སོད་པ་ཡང་། འདི་ཁོང་དུ་སོང་བ་ཙམ་གྱིས་གསོས་སོ། །དྲི་ཚོར་བ་ཙམ་གྱིས་ཀུང་ཀྱུ་འཕྲོས། རོ་མྱངས་བ་ཙམ་གྱིས་ཀྱུ་བརྒྱལ་འགྲོ། ལྟོ་རུ་སོང་པ་ཙམ་གྱིས་ཀླུ་འཆི་ནུས་སོ། །རྩ་བ། ལོ་མ། མེ་ཏོག །འབྲས་བུ་བཞི་ཀ་ཚད་ན། ལུས་སྤྲུལ་ལྐོགས་པ་བརྗེས་པ་བཞིན་དུ་དཀར་འཐུལ་ལ་འགྲོ། ཚེའི་རིག་འཛིན་ཐོབ་པར་ནུས་སོ། །ལུས་ཤིང་བལ་གྱི་འདབ་མ་ལྟར་དཀར། ནམ་མཁའ་ལ་བྱ་ལྟར་འདུར་ནུས། ཆུ་ལ་མི་བྱིང་། འབྱུང་བཞིའི་ནང་ལས་ཐར། ཐམས་ཅད་དབང་དུ་འདུ། ཐུན་མོང་གི་དངོས་གྲུབ་སྣ་ཚོགས་འབྱུང་། མཆོག་གི་དངོས་གྲུབ་མྱུར་དུ་ཐོབ་བོ། །ཞེས་དང་། སྤྲུལ་པའི་རྒྱལ་པོ་སྲོང་བཙན་སྒམ་པོས། དེ་ལྟར་རྩའི་མཆོག་ཏུ་གྱུར་པས་ན་སྨ་མཆོག །རྩ་དེའི་གོང་ན་གཞན་མེད་པས་ན་རྩ་གོང་ཞེས་པའོ། །འདིར་ཟླ་བ་དང་ཉི་མའི་སྤྱན་ཅན་མ་གཉིས་གནས་པས་སྤྱན་མཆོ། ལྟེ་བ་ལྷ་བུའི་རི་ཞེས་པ། བསིལ་བ་ཚལ་གྱི་ཐད། ལྟེ་བའི་བུག་པ་ལྟར་འཁྱིལ་བ་དང་། དངོས་གྲུབ་ཀྱི་ཆུ་ཡན་ལག་བརྒྱད་ལྡན་འབབ་པར་བཤད་པས་སོ། །

པདྨ་ལམ་ཡིག་ལས། གནས་མཆོག་དཀྱིལ་འཁོར་ཆེན་པོ་དེའི་བྱང་ན་གནས་ཕྲན་ཅིག་ཡོད་དེ། དེ་ཡང་དུས་ཀྱི་མཐར། གྲུབ་པ་ཐོབ་པའི་རྣལ་འབྱོར་པ་ཞིག་གིས་འབྱེད། དེ་ནི་དྲུག་པ་རྡོ་རྗེ་འཆང་གིས་བྱིན་གྱིས་བརླབས་པ། ཆོས་ཉིད་རྟོགས་པའི་གདེངས་དང་ལྡན་པ། རྫུ་འཕྲུལ་ཡ་མ་ཟུང་སྟོན་

པར་བྱེད་པ་ཞིག་གིས་ཕྱེ་ནས། མིང་ཡང་ཅིག་ཅར་དཔལ་གྱི་ནགས་ཕྱོགས་ཞེས་བྱའོ། །དེ་ར་རྩེ་གཅིག་གི་བསྒྲུབ་པ་བྱས་ན་ལྷན་ཅིག་སྐྱེས་པའི་ཡེ་ཤེས་འཆར་རོ། །ཞེས་ནས་ཅིག་ཅར་གསར་མའི་གནས་འབྱེད་པའི་ལུང་བསྟན་དང་བཅས་པ་བཤད་དོ། །བྱང་ཤར་ནཤིང་གི་ལྷ་མོ་ཁྲུས་བྱེད་པའི་གནས་ཞེས་བྱ་བ་ཐང་བདེ་བ་ལ་རི་དེའུ་འབྲས་སྤུངས་པ་འདྲ་བ་བཀྲ་ཤིས་པའི་གནས་ཡོད་ཅེས་པ་དེ་ཡང་མཆོད་དཀར་ཏེ། ཞིང་ཁམས་དེ་ཡང་གནམ་ས་ཐམས་ཅད་སྔོར་མོར་སྣང་བ། དབུས་ན་བཀྲ་ཤིས་ཀྱི་རི་དེའུ། སྨན་གྱི་ལྗོངས་ངོ་མཚར་གྱི་ནགས་ཚལ། དེའི་དབུས་ན་མཆོད་རྟེན་རང་བྱུང་དེ་བཞིན་གཤེགས་པའི་ཚོགས་ཏིལ་གྱི་གང་བུ་ལྟ་བུར་བཞུགས་པ། མདུན་ད་མཁའ་འགྲོ་གསང་བའི་ཕོ་བྲང་། མཆོད་དཀར་ལ་དངས་པ་དངུལ་གྱི་གཞོང་པ་འོམས་བཀང་བ་ལྟ་བུ་ཡོད་པ། སེམས་དཔའ་བྱུང་རྡོ་རྗེས་རོང་ནས་བྱོན་པས་མ་ཕྱེད་པར། རོལ་པའི་རྡོ་རྗེས་ཕུ་ནས་བྱ་ལྟར་དུ་བབས་ནས་གནས་སྒོ་ཕྱེ་བའོ། །བྱིན་རླབས་རང་བྱུང་གི་ཤར་ན་མཁའ་འགྲོ་མའི་འདུ་ཁང་བྱ་བ་དཔའ་མོའི་གནས་ཡོད་དོ་ཞེས་པ་ནི། གསར་མ་ཡང་མཛོད་དེ། རྣམ་པ་རྒྱལ་བའི་ཁང་བཟངས་སུ་གྲགས་པ་ལྟའི་ཆོས་བཟངས་ཀྱི་འདུན་ས་ལྟ་བ་དེ་ན་ཁྲུས་ཀྱི་རྫིང་བུ་དང་། རྩེ་སའི་སྨན་ལྗོངས་དང་། འཆི་མེད་ཀྱི་ཚེ་ཆུ་དང་། རྡོ་ཆུ་ངོ་མཚར་བ་ཡང་ཡོད་དོ། །ཤར་ལྷོ་ན་ལྷའི་དྲང་སྲོང་དམོད་པ་གྲུབ་པའི་གནས་ཞེས་པ་ནི་འོད་འབར་གྱི་ཚལ་དང་། ཕུག་སྟག་མ་ལ་རྟེན་འབྲེལ་ཅི་བསྒྲིགས་འབྱུང་བ་མངོན་གྱུར་དུ་འབྱུང་བ་དྲང་སྲོང་གི་དམོད་པས་ཟིན་པ་ལྟ་བུར། ནུབ་ན་འཇིགས་བྱེད་ཀྱི་ཚལ་ཡོད་དེ་ཞེས་པ། རོང་གི་སིནྡྷུ་ལའི་རི་བོ་དང་བཅས་པའི་ཚལ་དུར་ཁྲོད་རྣམ་པ་སྒྲ་སྒྲོགས་སུ་གྲགས་པ་སྟེ། དེ་ཡང་། ཁྲག་དང་། གཡང་དང་། གཅོང་རོང་དང་། ནགས་དང་། རི་ཁྲོས་པ་དང་། ཁྲག་ནག་པོ་ཟུར་གྱིན་དུ་ལངས་པ་འདྲ་བ་དང་། སྲིན་པོ་དང་སྲིན་མོ་རལ་པ་གཡེངས་པ་ལྟ་བུ་དང་། མི་རོ་སྤྲས་པ་འདྲ་བ། རྩ་ཤིང་ཐམས་ཅད་ཀྱང་ཐང་འཁྲོས་པ་འདྲ་བ། ཆུ་དར་འཕྱུར་བ་འདྲ་བ་ལ་རླུང་གིས་བསྐྱོད་པས་ཙུར་ཏིང་དང་། ལྡིར་བ་དང་། ཤང་ཤང་དང་། ཙུར་ཙུར་ཆེམ་ཆེམ་ཞེས་པའི་སྒྲ་དང་། གཞན་ཡང་ཧཱུྃ་ཧཱུྃ་ཞེས་པ་དང་། ཕཊ་ཕཊ་ཅེས་པ་དང་། ཕེཾ་ཕེཾ་སྦྱོ་སྦྱོ་ཞེས་སོགས་ཀྱི་སྒྲ་དུ་མ་སྒྲོགས་པ། རོ་གསར་རྙིང་ཆར་དུ་འབབ་པ། རི་དྭགས། གཅན་གཟན་མི་བསྲུན་པ་དཔག་ཏུ་མེད་པ་རྒྱུ་བ། མཁའ་འགྲོ་མ་དང་གནོད་སྦྱིན་དང་། སྲིན་པོ་དང་། བདུད་དེའང་གཤིན་རྗེ་དང་། རོ་ལངས་དང་། ལྷ་མ་སྲིན་གཏུམ་པོ་ལ་ལ་ནི་ལུས་གཅིག་ལ་གདོང་སྣ་ཚོགས་ཡོད་པ། མགོ་གཅིག་ལ་ལུས་དུ་མ་དང་། ལག་པ་མང་པོ་དང་། ལྟོ་བ་དང་། མགྲིན་པ་དང་། བྲང་གི་ཆར་ཡང་ཁ་མིག་སྣ་ཚོགས་པ་ནས་མི་དང་། ཆུ་ཟླུང་དང་། སྲོག་ཆགས་བརྒྱ་སྟོང་མང་པོ་

འབྲིན་པ། ལུས་ལ་འཇིགས་པའི་གཞོག་པ་འཚང་བ། ཡན་ལག་ཐམས་ཅད་ཞུད་པ། གནམ་ལྕགས་དང་རྡོའི་ཆར་འབེབས་པ། ཁྲག་གིས་རབ་གཏོར་བ་མི་ཟད་པའི་མཚོན་ཆ་འཕང་བ། འཕོང་འགྱེད་པ། རལ་གྲིའི་ཐབས་བཞོམ་པ། ལ་ལ་རང་གི་ལུས་སྟོད་སྨད་ཕྲལ་ནས་གློ་སྙིང་སྟོན་པ། ལ་ལ་ཡན་ལག་བཅད་དེ་འཐོར་བ། ལ་ལ་གཟུགས་སྣ་ཚོགས་སུ་སྣང་བ། རྒྱོབ་ཅིག་སོད་ཅིག་ཅེས་སྒྲོགས་པ། ཤ་དང་ཁྲག་ལ་དགའ་བ། དཀན་ཏོག་པ་སོགས་ཆོ་འཕྲུལ་སྣ་ཚོགས་སྟོན་པ། དེ་ན་རང་བྱུང་གི་མཆོད་རྟེན་རིན་པོ་ཆེ་ལས་གྲུབ་པ་དང་། གིའུ་རིམ་བརྒྱད་ཀྱི་གཟུགས་རང་བྱུང་ཡོད་ཅིང་། ཆུ་རི་མུནྡ་ཞེས་པའི་མཚོ། དེའི་ལྷོ་ནུབ་ན་འཇིག་རྟེན་པའི་ལྷའི་རྟེན་ངོ་མཚར་ཅན། ཤིང་ནག་པོ་ནི་ཀ་ཏ་ཞེས་པ་ཆེན་པོ་ཞིག་གི་རྩེ་ལ་དུར་བྱའི་ཚང་། སྐེད་པ་ན་དུག་སྦྲུལ་ནག་པོ་དང་། རྩ་བ་ན་དུར་ཕག་གི་ཚོང་ཡོད་པར་འཇིག་རྟེན་པའི་ལྷ་ཀུན་དགའ་གཞོན་ནུ་གནས་པའོ། །ལྷོ་ནུབ་དགྲེས་པ་རྩེ་གསུམ་འདུས་པའི་ས་བྱ་བ། དཔའ་བོ་འདུ་བ་ཞེས་པ་ལ། སྤྲུལ་པའི་ཆོས་རྒྱལ་སྲོང་བཙན་སྒམ་པོས། ཐབས་རྡོ་རྗེ་རི་ལ་རྫོགས་རིམ་སྒྲུབ་པའི་གནས། རྟེན་འབྲེལ་གྱི་རྡོ་ཟིལ་གནོན་ཞེས་པ། རྒྱ་ནག་རི་བོ་རྩེ་ལྔ་ནས་བླངས་པའི་རྡོ་སྐང་པའི་འོག་ཏུ་བཙུག་པ་ཙམ་གྱིས་རྡོ་རྗེའི་གདན་བགྲོད་པས་བདུད་ཐམས་ཅད་ཟིལ་གྱིས་གནོན་པར་བྱེད་པ། ཞེས་དང་ཡང་། རིན་པོ་ཆེའི་རྡོར་ཆུ་ཞེས་པ་ཤིན་ཏུ་དང་བ། མགོ་བོ་བསྟན་ན་གླད་པ་གསལ་བ། རོ་སྟོད་བསྟན་ན་གློ་སྙིང་གསལ་བ། རོ་སྨད་བསྟན་ན་རྒྱུ་ལོང་གསལ་བ། འཐུངས་ན་ལུས་རྡོ་བར་འགྱུར་བའི་ཕྱིར་ན་བདུད་ཅེས་བྱ་ལ། ཨ་རུ་ར་གསེར་མདོག་བསྐུར་ན་རྟེན་འབྲེལ་གྱིས་གསེར་དུ་འགྱུར་ཏེ་གསེར་འགྱུར་གྱི་རྩེ་ཞེས་བྱའོ། །

དེ་ལྟར་འདུད་རྩི་ཆུ་དེ་ལ་གདམས་ངག་དང་ལྡན་པས་ནུབ་གཅིག་འཐུངས་པ་ཙམ་གྱིས་ལུས་རྡོ་རྗེའི་སྐུ་ཐོབ་ནས་གཡུང་དྲུང་གི་ཚེ་འཐོབ་ཅེས་དང་། ཡང་། རྡོ་རྗེ་རླུང་གི་ལྗོན་ཤིང་ཞེས་པ། སྐད་ཅིག་ཀྱང་མི་གནས་པར་སྐྱོད་པའི་ཕྱིར། སྐྱོད་བྱེད་ཀྱི་ཤིང་ཞེས་ཀྱང་བྱ། ཤིང་ལོ་ཐམས་ཅད་བྱ་སྒྲོ་ལྟར་འཕར་བ། ཤིང་དེ་སྐྱོད་པའི་མཁའ་འགྲོ་མི་རྡོ་རྗེ་རླུང་གི་གཞོག་པ་ཅན་ཞེས་པ་ལ་གསོལ་བ་བཏབ་པའི་བྱིན་རླབས་ཀྱི་མཐུས། ཤིང་ལོ་དེ་ལག་ཏུ་ཐོགས་ན་རྐང་མགྱོགས་ཀྱི་དངོས་གྲུབ་རྙེད་དོ། །ཤེས་རབ་དྲིལ་བུའི་བསྐྱེད་རིམ་སྒྲུབ་པའི་གནས། མཁའ་འགྲོ་མའི་གསང་བའི་བྷ་ག་ནས་བྱུང་སེམས་དཀར་དམར་གྱི་རྒྱུན་སིནྡྷུ་རར་འབབ་སྟེ། ཆུའི་བཅུད། སའི་ཞག །བདུད་རྩིའི་སྨན། རྟེན་འབྲེལ་རྫས་ཀྱི་ནུས་པ་ཀུན་ལྡན། དེར་མཁའ་འགྲོ་མ་ཚོགས་པའི་གླུ་སྒྲ་རོལ་མོ་ཐོས་པ་ལ་སོགས་ངོ་མཚར་མང་པོ་འབྱུང་། དབུས་ན་ཐབས་ཤེས་རབ་ཟུང་འཇུག་དབུ་མ་རི་ཞེས་པ། བསྐྱེད་རྫོགས་ཟུང

འཇིག་གི་ཧིང་ངེ་འཛིན་རང་ཤར་རང་ལུས་འཇའ་འོད་དུ་དྭངས། སྐུ་ལུས་འོད་གསལ་དུ་གྲོལ་ནས་ཕྱི་གཟུང་བ་མི་དམིགས། ནང་འཛིན་པའི་སེམས་མི་དམིགས། དམིགས་པ་ཐམས་ཅད་ཉེ་བར་ཞི་བས། སྣང་བ་མེད་པ་འཕགས་པའི་ས་ནས་ས་སྦྱངས་ཏེ། ཕྱག་རྒྱ་ཆེན་པོ་མཆོག་གི་དངོས་གྲུབ་ཐོབ་པར་འགྱུར་རོ། །ཟེ་མ་ལས། ནུབ་ན་ཙ་རི་པཏྲ་ཏེ་ཞེས་བྱ་བ། རྣམ་པར་མི་རྟག་པ་སྐྱེ་བའི་གནས་ཡོད་དོ་ཞེས་པ། ལ་ཟླ་པས། དེ་ཡང་། མདའ་ཤར་ལྕོ་བག་ཆེ་བ། རྡོ་རྗེ་གདན་དང་ཐད་ཀ །ཕུ་ནས་འགྲོ་བའི་གཡས་ན་བྱར་གཉལ་ལོ་རོང་གསུམ་གཤིབས་པ། གཡོན་ན་དཀར་ལེབ་རྣམ་གསུམ་དང་། ཀློ་བོ། དེའི་ཕྱི་དོན། ཀོང་པོ་ཞེས་བཤད་པ་མ་ཆེན་ཡིན། རྒྱལ་པོ་དང་བཙུན་མོའི་ལམ་ཡིག་ནས། དེར་ཡང་སྲིན་མོ་དཔལ་གྱི་རྡོ་སྐུ་ཟིལ་ཆེན་གསར་བའི་ཕུག་པ། རང་བྱུང་རྗེའི་མཆོད་རྟེན། སྤོར་ཆེན་དཔའ་བོའི་རྫོང་། སྤོ་མཐོན་དཔའ་མོའི་རྫོང་ཆུང་། སྲིང་མོ་ལྷའི་ནེའུ་རིང་། བདུད་རྩི་ཀླུའི་ཆུ་མིག །ཀུར་ཀུམ་སྨན་གྱི་སྤང་ལྗོངས། འབྲས་བུ་ཤིང་གི་ནགས་ཚལ། ཕ་བོང་ཁ་སྟག་འཐབ་པའི་ཕྲང་རིངས་ཞེས་གསུངས་པ། སྤོར་ཆེན། སྤོར་ཆུང་ཡོད་པས་ཙ་རི་པ་ཏྲར་བཞག །རྗེ་བོ་ལའི་གངས་འཕགས་པ་སྤྱན་རས་གཟིགས་མཁའ་ལ་སྤྱོད་པའི་མགོན་པོ་ལ་སོགས་པས་ངོ་མཚར་བ། ཨཀྲྀ་མ་མཆེད་གསུམ་གྱི་ཞིང་སྐྱོང་མ་གནས་པའོ། །རང་བྱུང་ཆོས་སྐུའི་མཆོད་རྟེན་དེའི་ཕྱོགས་བཞིན་མི་འགྱུར་བའི་རི་བཞི་ཞེས་པ། ཤར་ན་མཆོད་རྟེན་བྱ་རུང་ཁ་ཤོར། ལྷོ་ན་མཁའ་སྤྱོད་རི། ནུབ་ན་རི་བོ་འབིགས་བྱེད། བྱང་ན་དཔལ་རི་ཟླུམ་ཆེན་པོ་ལ་སངས་རྒྱས་སྟོང་རྩ་གཉིས་བཞུགས། མཆོད་རྟེན་དེའི་ཟུར་བཞི་ནས་དངོས་གྲུབ་ཀྱི་ཆུ་བོ་བཞི་འབབ། རོང་ཆེན་པོ་བཞི་འཆགས་པའི་ཤར་དུ་རྒྱལ་པོས་པདྨ་རོང་ཞེས་པ་ན། སྔགས་ཀྱི་སྲུང་མ་ཨེ་ཀ་ཛ་ཊིའི་སྐུ་དངོས་སུ་ཤར་བ་ལ་ཆུའི་ཞལ་ཁེབས་གསོལ་བ་ཞེས་པས། པདྨ་རོང་། དེའི་འོག་ན་ཡེ་ཤེས་མགོན་པོ་དང་ལས་མགོན་རང་བྱུང་དུ་ཡོད་པས་མགོན་པོ་རོང་དུ་གྲགས་ལ། དེ་ནས་ལྷ་མོ་རོང་ན་ཙཀྲ་ཀའི་སྐུ་རང་བྱུང་ལ་ཆུའི་ཞལ་ཁེབས་ཀྱིས་གཡོགས་པ། འཆི་མེད་ཀྱི་ཆུ་ལ་སོགས་པ་ངོ་མཚར་གྱི་རྫས་སྣ་ཚོགས་པའི་གླིང་ངོ་། །

རོང་གཉིས་པ་ནི། སྤྲུལ་པའི་ཆོས་རྒྱལ་ཆེན་པོས་གསང་བའི་བཀའ་སྲུང་ནི་དངོས་གྲུབ་ཀྱི་རྩ་རི་དེ་ཉིད་ལ་གནས་ཤིང་སྲུང་བར་བྱེད་པའི་ཕྱིར་རེ་མ་ཏི་ཞེས་པ་ཙ་རི་རོང་ན་དམར་ནག་གྲུ་གསུམ་འབར་བ་རཀྟའི་མཚོའི་ངོགས་ལ་སྐུ་དངོས་སུ་འཆར་ཏེ། རྣལ་འབྱོར་པ་དམ་ཚིག་དང་ལྡན་པའི་སྟོངས་གྲོགས་བྱེད་ཅིང་། བསྒྲུབ་པར་འོས་པའི་ཞིང་རྣམས་སྒྲོལ་བར་བྱེད་པའི་ཕྱིར། གཤན་པ་ནམ་གྲུ་སྲུན་དགུ་མ་མོ་བྱེ་བའི་ཚོགས་ཀྱིས་བསྐོར་ནས་བཞུགས་པ་ལ་ན་བུན་སྤྲིན་གྱི་ཞལ་ཁེབས་གསོལ་

བའོ། །ཞེས་པ་འོད་འབར་གྱི་རྒྱུད་ནས་དམར་ནག་གི་བར་འདིའོ། །ནུབ་སྟག་ཚད་རོང་ལ་བྱེད་ཀྱི་མཁའ་འགྲོ་མ་རྣམས་ཀྱི་རྒྱུ་སྲང་། མངོན་སུམ་དུ་མི་ནམ་མཁའ་ལ་འཕྲེར་ནས་ཚོགས་ཀྱི་ལོངས་སྤྱོད་དུ་བྱེད་པ་དེའོ། །བྱང་དུ་ནི་ངོ་མཚང་འཕྲ་མེན་གྱི་མཁའ་འགྲོ་སྤྲུལ་བསྒྱུར་སྣ་ཚོགས་ཀྱིས་སྐྱི་སྤྲུང་བ་དེ་བཞིའོ། །ལ་བཞི་ནི། སྐྱབས་ཆེན། ཤ་སྐམ། དགའ་ཡོ། ཤ་དུས་བཞི་ལ་བཤད་ཅིང་། སྐྱོབས་ཆེན་ཕུག །འོད་འབར་ཕུག །མཁའ་སྤྱོད་རིའི་རྡོ་རྗེ་ཕུག །མིག་ར་ཕུག་རྣམས་ཕུག་ཆེ་ན་བཞི། གཞན་ཡང་བར་ཏལ་ཞུགས་གྲུབ་པ་པདྨ་འབྱུང་གནས་ཀྱིས། ལས་མཐའ་གྲུབ་པའི་མཚོ་སུམ་ཅུ་རྩ་གཉིས། རྐང་མགྱོགས་འགྲུབ་པའི་མཚོ་བཞི། རྒྱས་པར་ན་མ་ཚ་ཉི་ཁྲི་ཆིག་སྟོང་། སྦས་པའི་མཚོན་སྟོང་ཕྲག་བདུན་ཅུ་རྩ་གཉིས་སྐལ་ལྡན་དངོས་གྲུབ་ལེན་པའི་མཚོ་ནི་བརྒྱ་ཉི་ཤུ་ཞེས་དང་། པི་མ་ལས། བྱིན་རླབས་རང་བྱུང་གི་མཆོད་རྟེན་གྱི་མཐའ་ཀུན་ཡང་། རིན་པོ་ཆེ་འོད་ཟེར་འབྱུང་བ་ཁ་དོག་སྣ་ཚོགས་པ་དང་། རི་དང་། བྲག་ལྷའི་ཞལ་གཟུགས་འདྲ་བ་དང་། ཤེལ་གྱི་རི་དང་། ཤེལ་གྱི་མཆོད་རྟེན་སྣ་ཚོགས་ཡོད་པའོ། །དེ་ཉིད་དུ། །དུས་བཟང་པོ་ལ་མཁའ་འགྲོ་མ་རྣམས་དང་སྡེ་བརྒྱད་ཐམས་ཅད་ཚོགས་ནས་མེ་ཏོག་གི་ཆར་འབེབས། སྤོས་ཀྱི་དྲི་འཐུལ། རོལ་མོའི་སྒྲ་སྒྲོགས་པ། མཆོད་པ་རྣམ་པ་མང་པོས་མཆོད་ཅིང་རི་མོར་བྱེད། བསྟོ་སྟོང་དུ་བྱེད། ཕུ་དུད་བྱེད་དོ། །རྣལ་འབྱོར་པས་ཀྱང་དུས་བཟང་པོ་ལ་བབ་པའི་ཚེ་མཆོད་གཏོར་དང་ཚོགས་ཀྱི་འཁོར་ལོ་བརྩམས་ན་དངོས་གྲུབ་མྱུར་དུ་འཐོབ་བོ། །གཞན་ཡང་། ལུང་པ་ཆུ་འབབ་པ་རེ་ན་ཡང་མཁའ་འགྲོ་མའི་གནས་ཕྲན་རེ་ཡོད་དེ། གནས་དེ་དག་ཀྱང་། ཇམ་པ་སྒྲ་སྒྲོགས་ནས་རིམ་གྱིས་གཟུང་ནས་གཟུགས་སྣ་ཚོགས་པ་སྟོན་པའི་གནས་དང་། སྒྲ་སྣ་ཚོགས་པ་སྒྲོགས་པའི་གནས་དང་། རི་དུམ་བུ་ཙནྡན་གྱི་དྲིལ་འཐུལ་བ། སྨན་སྣ་ཚོགས་ཡོད་པ། ཏིང་ངེ་འཛིན་དཔག་ཏུ་མེད་པ་སྐྱེ་བར་བྱེད་པ་དང་། ནུས་པ་ཐོབ་པར་བྱེད་པའི་གནས་དང་། ཚེ་རིང་བར་བྱེད་པའི་གནས་དང་། ལོངས་སྤྱོད་འཕེལ་བར་བྱེད་པའི་གནས་དང་། བཅུད་ལེན་དང་། མིག་སྨན་དང་། རྐང་མགྱོགས་དང་། ས་འོག་དང་། མཁའ་སྤྱོད་དང་། མི་སྣང་བ་དང་། རིལ་བུ་དང་། མཆིལ་ལྷམ་དང་། མངོན་ཤེས་དང་། འཕྲིན་ལས་དྲག་པོ་དང་། དབང་དང་། རྒྱས་པ་དང་། ཞི་བ་སྟེ་ཐུན་མོང་དང་། མཆོག་གི་དངོས་གྲུབ་ཐོབ་པར་བྱེད་པའི་གནས་བརྒྱ་ཉི་ཤུ་ཡོད་ཅིང་། དེར་མཁའ་འགྲོ་མ་སྟོང་ཕྲག་རེ་རེ་གནས་ལ་མཁའ་འགྲོ་མ་ལ་ཁྲག་གི་རལ་པ་བསྣོལ་ཞིང་། ཁྲག་འཐུང་བལ་མངོན་པར་དགའ་བ་དང་། ལ་ལ་མི་རོ་ཟ་ཞིང་ཤ་ལ་དད་པ། ལ་ལ་རུས་པའི་རྒྱན་གྱིས་བརྒྱན་ཅིང་བཞོན་པ་སྣ་ཚོགས་ལ་ཆིབས་པ། འདོད་དགུར་བསྒྱུར་བ། ལ་ལ་སེར་མོ་

གནོད་སྦྱིན་གྱི་བྱིན་དང་ལྡན་པ། འདོད་པ་ཐམས་ཅད་ཐོགས་པ་མེད་པར་ཆར་དུ་འབེབས་པ། ལ་ལ་དམར་པོ་ལྕགས་ཀྱུ་འཆང་ཞིང་། འཇིག་རྟེན་གསུམ་དགུག་ཅིང་དབང་དུ་སྡུད་པ། ལ་ལ་དཀར་མོ་རིན་པོ་ཆེའི་བུམ་པ་ནས་བདུད་རྩིའི་རྒྱུན་འཐོར་བས་ནད་དང་སྡུག་བསྔལ་ཞི་བར་བྱེད་པ། ལ་ལ་ལྗང་མོ་དང་ཁྲ་མོ་ལས་སྣ་ཚོགས་ཀྱིས་རེ་བསྐོང་བ། ལ་ལ་བདུད་དང་སྲིན་མོ་དང་། གཤིན་རྗེ་ཕོ་ཉ་ཁྲོས་པའི་གཟུགས་མཐིང་ནག་རལ་པ་རྟེང་པར་དྲུད་པ། ནུ་མ་ཕྲག་ལ་གཟེར་བ། གྲུས་འདེབས་པ། སྐད་མི་སྡུག་པ་སྣ་ཚོགས་སྒྲོགས་པ། དུ་བ་དང་། རྔོད་པ་དང་། མི་སྡུག་པའི་བཞིན་དང་། ཆ་བྱད་དང་ཡན་ལག་སྣ་ཚོགས་ཀྱི་མ་སྐལ་དང་ལྡན་པ་རྣམས་ཀྱི་དཔའ་བཀོང་བས་ཧིང་ངེ་འཛིན་ལ་རྩལ་འབྱིན་པ། སྐལ་པ་མེད་པ་རྣམས་ཀྱི་སྲོག་རྟུར་ཐུམས་སུ་བླངས་ཏེ་ཟབ། མདོར་ན། སྲིད་པ་གསུམ་ན་ཅི་སྣང་བ་ཐམས་ཅད་དེར་མི་འཆར་བ་མེད་པ། དེ་ལྟ་བུའི་གནས་དེ་ཉིད་ལ་ཡུལ་ཉི་ཤུ་རྩ་བ་ཞིག་ཚང་བ་ཡང་དྲི་མེད་འོད་ལས། ཡུལ་གཅིག་ལ་ཡང་གནས་ལ་སོགས་པ་རྣམས་གསུངས་པའི་ཕྱིར་དང་། ཞེས་པས་སོ། །དེའི་རྣམ་པར་དབྱེ་བ་ནི། ལོ་ཙ་བ་བསོད་ནམས་རྒྱ་མཚོའི་སྤེལ་མཛད་མོད། འདིར་ཡི་གེ་མང་པོའི་འཇིགས་པས་མ་ཕྲིའོ། །བཞི་པ་གནས་སྒོ་ཕྱེ་ཚུལ་ནི། བོད་ཡུལ་གྱི་བསྟན་པ་སྔ་དར་གྱི་དུས་སྔགས་འཆང་གྲུབ་པ་བརྙེས་པ་པདྨས་ལྗོ་སྒོ་བྱར་རྡོ་བོ་ཐེམ་པ་ལ་ནས་བྱོན། ཁྲིལ་ཆེན་གསང་བའི་ཕུག་ཏུ་ལོ་བདུན། ཟླ་བ་བདུན། ཞག་བདུན་གྱི་བར་དུ་བསྒྲུབ་པ་མཛད། གནས་ཆེན་པོ་འདིའི་གཟིགས་སྣང་ཐམས་ཅད་གཏན་ལ་ཕབ། ཟབ་ཆོས་ཀྱི་གཏེར་ཁ་གྲངས་མེད་པ་སྦས་ལ། དེ་ལས་ཅུང་ཕྱི་བ་ནི་བི་མ་ལ་མི་ཏྲས་རྫུ་འཕྲུལ་གྱིས་བྱོན། ཕོ་བྲང་ཁར་བཞུགས་ནས་མི་མ་ཡིན་ལ་ཆོས་བསྟན། བར་དུ་སློབ་དཔོན་ལ་ལྷ་པ་ཞེས་པའི་མཚན་མང་དུ་བྱུང་བ་ལས། འདི་ཤར་ཕྱོགས་ལ་ལྷ་པ། རྡོ་བོ་ཨ་ཧི་ཤའི་བླ་མ་ཡིན་པ་ཞིག་སྟེ། དེ་ལ་ཉེ་གནས་ཆྐུ་སུ་ཀཱ་ཞེས་བྱ་བས། ཨོ་ཏི་ཡཱ་ཊ་ན། བདེ་མཆོག་དངོས་སུ་བཞུགས་པ་དེར་གཤེགས་པར་འཚལ་ཞུས་པས། ཨོ་ཌི་ཡཱ་ཊ་ལས་བྱིན་ཆེ་བ་བྱང་ཕྱོགས་མཐའ་འཁོབ་ན་ཡོད་པ་དེར་སོང་གསུང་། ཁོ་ཕྱིན་པས་མ་མཐོང་། ལོག་ནས་བྱུང་བ་ལ། ངས་གྲོགས་བྱ་གསུང་ནས། ཤར་སྒོ་ནས་ཞུགས་རྣ་རོང་ནས་བྱོན། ཐོག་མར་ཅིག་ཅར་དུ་ཕེབས། དེ་ནས་མ་ཆེན་ལ་ལྷ་ཕུག །དེ་ནས་མཁའ་སྤྱོད་རིའི་འདབ་རྡོ་རྗེ་ཕུག་ཏུ་བཞུགས་པའི་ཚེ། ཁྱོད་འོག་མ་གིར་སོང་ལ་བུ་མོ་ཤོན་བྱེད་པ་ཡོད་ཀྱིས། དེའི་དབུས་མ་འཁྲིད་ལ་ཤོག་གསུང་། སློས་ཕོར་ཐོགས་ནས་ཆོས་ཉིད་རྣམ་པར་དག་པའི་སྟགས་འདྲེན་ཞིང་ཕྱིན་པས། བུ་མོ་ཉེར་གཅིག་འདུག་པ་དང་ཕྲད། དབུས་མ་དེ་དྲུད་ནས་ཕྱིན་པས། ཨན་ཅིག་ལོན་པ་དང་། ཡིད་ཅིག་ཡེངས་པའི་མོད་ལ་བུ་མོ་དེ་མེད་

པར་ལག་པ་ན་ལ་ཕྱུག་ཅིག་འདུག །དེར་བུ་མོ་ལ་ཕྱུག་ཁུ་སོང་བསམ་ནས། སློབ་དཔོན་ལ་ཞུས་པས། ལ་ཕྱུག་ཁྲུས་གསུང་། བཀྲུས་ཏེ་གཤོགས་ལ་ཆོས་གསུང་། ཆོས་གདའ་ཞུས་པས། ང་ལ་ཡང་ཕོར་པ་གང་དྲོངས། ཁྱོད་རང་ཡང་འཕྱུང་གསུང་། དེར་སློབ་དཔོན་ལ་ཕོར་པ་གང་བྲིམས། ཁོ་རང་གིས་མི་ཤ་ཡིན་བསམ་མ་འཕྱུངས། ཁྱི་ཞིག་ཡོད་པ་ལ་བཀྲུ་བཤལ་དང་ལྷན་དུ་བྱིན་པས། སློབ་དཔོན་དང་ཁྱི་གཉིས་མཁའ་སྤྱོད་རིའི་རྩེ་ལ་བྱོན་ནས་མཁའ་སྤྱོད་དུ་གཤེགས། ཁྱེཤུལ་དུ་ལུས་ཏེ་སྨི་སྡིགས་འདོན་གྱིན་སློབ་དཔོན་ལ་གསོལ་བ་བཏབ་པས། སློབ་དཔོན་སླར་ལོག་སྟེ། སྐུ་ལས་ལྷགས་པ་བཟླུལ་གྱིས་བཤུས། དེ་ལ་བདེ་མཆོག་དྲུག་ཅུ་རྩ་གཉིས་ཀྱི་ལྷ་ཚོགས་རང་བྱུང་དུ་ཡོད་པ་སྣང་སྟེ་རྒྱ་གར་དུ་ལོག །བར་ཆད་མེད། ཐུན་མོང་གི་དངོས་གྲུབ་ཐོབ་པར་ལུང་བསྟན། སློབ་དཔོན་ཉིད་འཛའ་འོད་དུ་ཡལ། སློབ་དཔོན་ལ་མཁའ་འགྲོ་མ་ལ་ཀླི་ཞེས་པས་དངོས་གྲུབ་ཕུལ་བ་ཡིན། དེས་ན་གནས་འདིར་ཅི་ལ་ཡང་སེམས་ཉེ་བྱར་མི་རུང་སྟེ་ཙོང་ཁ་པ་ཆེན་པོ་གནས་བསྐོར་ལ་བྱོན་དུས་རབ་ཏུ་བྱུང་བ་ཚང་འཕྱུང་དུ་མི་རུང་དགོངས་ནས་མ་གསོལ་བས་ཞབས་ལ་སྨུག་ཚལ་ཟུག་གཤེགས་ལ་ཐུག །གཞན་ཅི་བྱས་ཀྱང་མ་ཕན། གནས་ཆེན་དུ་ཆང་ལ་རྟོག་པ་བྱས་པས་ལན་པ་འདྲ་དགོངས་ཏེ་དམ་རྫས་གསོལ་བས་གདངས་སོ། །

ཞེས་དེ་ཉིད་ཀྱི་རྣམ་ཐར་དུ་འབྱུང་བ་བཞིན་ནོ། །དེ་ནས་ཉེ་གནས་ལོག་སྟེ། ཕྱིས་ཐུན་མོང་གི་དངོས་གྲུབ་ཐོབ། མཚན་རཀྟི་ཏ། ཞེས་པ། རྗེ་བཙུན་ལོ་ཙ་བ་ཆེན་པོ་མར་པའི་བླ་མ་བརྒྱ་རྩ་བརྒྱད་ཀྱི་གཅིག་ཡིན་ལ། ཕག་གྲུ་ནས་བརྒྱུད་པ་ལ་དེ་ལུགས་ཀྱི་གདམས་ངག་འགའ་རེ་ཡོད་དོ། །སྐུའི་ལྷགས་པ་དེ་གཉལ་དུ་གཉོས་སྟོན་བྲ་འོར་པ་ཆེན་པོ་ཆོས་འབར་དུ་གྲགས་པ་དེ་རྗེ་བཙུན་རས་ཆུང་པའི་དངོས་སློབ་ཡིན། དེས་གསོལ་བ་བཏབ་ནས་རྗེ་བཙུན་གྱི་རྫུ་འཕྲུལ་གྱི་སྤྱན་དྲངས། གྲོང་ཁྱེར་སྣང་ཁྲར་ཏེ། དེ་ལྟ་བྲ་འོར་གྱི་མཆོད་རྟེན་གྱི་སྙིང་པོར་བཞུགས་སོ་ཞེས་གྲགས་ལ། ཨ་ཏི་ཤ་བོད་དུ་འབྱོན་དུས་སློབ་དཔོན་ལ་ཕ་པ་ལ་དཀྱིལ་འཁོར་གྱི་ཞལ་སྟོན་པར་ཞུས་བདག་ལམ་ཡིག་བསྟན་ནས། བྱང་ཕྱོགས་མཐའ་འཁོབ་ཀྱི་ཡུལ་ན་སྒྲུབ་གནས་ཡོད་དེར་སོང་གསུང་། ཇོ་བོས་ཀྱང་དངོས་སུ་མི་ཕེབས་རུང་། གསང་ཕུའི་ལ་སྣང་ནས་གནས་འདི་དཔལ་འཁོར་ལོ་སྡོམ་པ་ལྷུ་ཡི་པའི་དཀྱིལ་འཁོར་དུ་གཟིགས་ནས་བསྟོགས་པ་མཛད་དོ། །ཕྱི་དར་ལ་དགེ་སློང་འཚོ་བྱེད་ཅེས་རྒྱལ་བའི་བསྟན་པ་ལ་རྒྱལ་བ་ཉིད་ལྟ་བུར། བཅོམ་ལྡན་འདས་རང་གིས་ལུང་བསྟན་པ། ཆོས་ཀྱི་རྒྱལ་པོ་ཟླ་འོད་གཞོན་ནུ། མཚན་གཞན་འཇིག་རྟེན་གསུམ་ན་དགས་པོ་ལྷ་རྗེ་ཞེས། ཉོན་མོངས་པ་དང་ཤེས་བྱའི་

སྒྲིབ་པའི་ནད་དྲུངས་འབྱིན་པ་པོར་བསྟགས་པ་དེས་གནས་ཆེན་སྣམ་པོ་བཏྲར་གྱི་རི་ཟངས་ལུང་གི་ཆོས་ཁྲིར་ཉི་མ་མང་པོར། འདི་ནས་ཉི་མ་ཤར་ཕྱོགས་ཀྱི་མཚམས་སྦྲིན་ན་བུན་འཇའ་ཚོན་དུ་འཁྲུག་པའི་ས་ཕ་གི་ན། དཔལ་འཁོར་ལོ་སྡོམ་པའི་ལྷ་ཚོགས་མངོན་སུམ་དུ་བཞུགས་པ། རང་བཞིན་ལྷུན་གྱིས་གྲུབ་པའི་ཕོ་བྲང་ཆེན་པོ། ཙ་རི་ཙ་གོང་པཛྲ་ཏ་ཞེས་པ། རྡོ་རྗེ་ཕག་མོ་ཤ་དང་ཆང་གིས་མཆོད་པའི་གནས། ལས་དང་སྐལ་བར་ལྡན་པ་རྣམས་པ་དངོས་གྲུབ་ཐམས་ཅད་ཡིད་བཞིན་དུ་སྩྲུབ་པ། སྐལ་བ་མེད་པ་རྣམས་འཇིག་རྟེན་གྱི་མཁའ་འགྲོ་ཤ་ཁྲག་ལ་དགའ་བ་དག་གི་ཚར་གཅོད་པ། ལྷ་འདྲེ་གདུག་པ་ཅན་གྱི་སྲུང་སྐྱོ། སྟག་གཟིག །དོམ་དྲེད། མི་རྒོད། སྦྲང་བུ་ཏྲི་ལ་ཏ་ཀ་དང་། ཏྲི་མ་བུ་ག་ལ་སོགས་པ་རྒྱུ་བ། ས་ཕྱོགས་ཐམས་ཅད་མེ་ཏོག་གི་རིགས་བསམ་གྱིས་མི་ཁྱབ་པས་ཁེབས་པ། དྲི་ཞིམ་སྤོས་ཀྱི་རྒྱུན་མི་འཆད་པ། རོལ་མོའི་སྒྲ་སྙན་པ་ཁོར་མོར་གྲག་པའི་གནས་ཤིག་ཡོད་པ་དེའི་སྒོ་འབྱེད་པའི་དུས་ལ་བབ་པས། ཁྱོད་སུས་ནུས་ཞེས་ཕྱག་མཛུབ་གཏད་པས། གནས་གཉན་པས་ཕྱག་མཛུབ་ལ་ཆུ་བུར་བདུན་ཤར་ནས་ཕྱི་ཉིན་ནས། རང་བུས་བཙུགས་ཏེ་ཉི་མ་གསུམ་གསུངས་ཀྱང་ཁས་ལེན་ནུས་མཁན་མ་བྱུང་། ཉི་མ་རྗེང་མ་སྐྱེ་བོ་ཡེ་ཤེས་རྡོ་རྗེ་ལ་སྨྱུན་ཆེད་གཉེར་གྱིས་གཟིགས་པ་ན། སྐྱེ་སྒོམ་ཆེན་པོ་དེ། ག་རེ། བླ་མ་རིན་པོ་ཆེ་ང་ལ་གསུང་བར་འདུག་སྙམ་ནས། ངས་འགྲོ་བར་ཞུ་ཞུས་པས། ཤིན་ཏུ་མཉེས་ཏེ། སྐྱེ་བོ་ཡེ་ཤེས་རྡོ་རྗེ་དཔོན་སློབ་བཅུ་གཅིག་གིས་དང་པོ་གྲུམ་ལུང་ནས་ཡར་བྱོན་པས། མགོན་པོ་གྲི་གུག་ཅན་གྱིས་ལམ་བཀག་སྟེ། ཉིན་ཕྱེད་ནས་ན་བུན་དང་སྐྱི་བུན་འཐིབས་ཏེ་ལམ་མ་རྙེད། རེས་འགའ་སྦྲ་ལོགས་བཞིན་དུ་བསྒྲིལ། རེས་དྲིལ་བུ་བཞིན་དུ་གསིལ། རེས་འགའ་རྡོ་རྗེ་ལྟ་བུར་གསོར་ཏེ་ནམ་མཁའ་ལ་འཕང་བ་བྱུང་བ། དེ་ལ་གཏོར་མ་ཕུལ། གསོལ་བ་བཏབ་པས། ཁྱོད་འདིར་མ་འོང་། གཞན་དུ་སོང་གསུང་། མགོན་པོ་དེ་བྲག་ལ་ཐིམ། ད་ལྟའང་བྲག་ལོགས་དེ་ལ་སྐུ་གསལ་བར་ཡོད་དོ། །ཕྱིར་ལོག །ལ་བར་རྒྱལ་དུ་སླེབ། དེར་འབབ་བཙུན་མ་ཅིག་ལ་གནས་མལ་གཡར་ནས་བཞུགས། དེ་ལ་ལུང་པ་འདི་ནས་ཕར་མིས་ཐར་སའི་ཡོད། ལུང་པ་ཅི་འདྲ་ཡོད་དམ། ཁྱོད་ཀྱིས་འགྲོ་ཨེ་མྱོང་དྲིས་པས། མོ་ན་རེ། ངས་འགྲོ་མ་མྱོང་། ལུང་པ་ཇི་སྐད་ཡོད་ཀྱིའང་ཆ་མེད། འོན་ཀྱང་ང་ལ་བུ་མོ་ཅིག་ཡོད་པ་དེ་ཙ་རི་ཏྲར་ཚོགས་ཀྱི་འཁོར་ལོ་བསྐོར་བར་འགྲོ་བ་ཡིན་ཟེར་ཞིང་། དུས་བཟང་ཐམས་ཅད་ལ་འགྲོ་ཡི་འདུག །ཁ་རྩང་ཡང་སོང་། ཁྱེད་རང་རྣམས་ཀྱང་བྱོན་དང་། ལམ་དུ་ཕྲད་འོང་། དེ་ལ་དྲིས་ཤིག་ཟེར། དེ་ནས་སྐྱེ་བོ་དཔོན་སློབ་ཀྱིས་བྱོན་པ། ལ་རྩ་ན། བུ་མོའི་གླུ་རྒྱང་ཙེ་རེ་བྱུང་བ་དང་། མཁའ་འགྲོ་མར་མཁྱེན་ནས། ཚོགས་ཀྱི་འཁོར་ལོ་བསྐོར། དྲི་རྩད་མཛད་ནས།

ལ་བརྐྱལ་ཏེ། བོད་ཀྱི་ཕྱུག་ཆུང་དཀར་པོར་ཕྱུག་ཕེབས། ན་བུན་དང་སྨྲི་བུན་འཐིབས། ལྷ་འདྲེའི་ཆོ་འཕྲུལ་དཔག་ཏུ་མེད་པ་བྱུང་། འཁོར་རྣམས་ཕྱུག་པ་གཞན་དུ་བརྫངས། ཁོ་རང་ལྷ་འདྲ་ཟིལ་གནོན་གྱི་ཏིང་ངེ་འཛིན་ལ་ཞག་བདུན་བཞུགས་པས། ལྷས་དང་ཆོ་འཕྲུལ་རང་སར་ཞི། བོད་གླུངས་ཀྱིས་འདི་ན་ཉིན་མོ་དུ་བར་འཕྱུལ་ཞིང་། མཚན་མོ་མེ་རུ་འབར་བ་ཞིག་འདུག་ནས། དེར་བྱོན་པས། ནམ་མཁའ་ཆོས་འབྱུང་ལ་སངས་རྒྱས་མཁའ་འགྲོ། རྡོ་ཆོས་འབྱུང་ལ་རྡོ་རྗེ་མཁའ་འགྲོ། ས་ཆོས་འབྱུང་ལ་རིན་ཆེན་མཁའ་འགྲོ། ཆུ་ཆོས་འབྱུང་ལ་པདྨ་མཁའ་འགྲོ། ཤིང་ཆོས་འབྱུང་ལ་ལས་ཀྱི་མཁའ་འགྲོ་རྣམས་ཞལ་གཟིགས། ཁྱད་པར་རྡོ་ཆོས་འབྱུང་ངམ། སྐྱེ་གནས་ལ་ཅོང་ཞིའི་ཟེ་འབྲུ་ཡོད་པར་གཟིགས་ཤིང་། ཐོ་རངས་མཁའ་འགྲོ་མ་སེང་གེའི་གདོང་ཅན་མཆེ་གསུམ་གྱིས་ཞལ་མངོན་སུམ་དུ་བསྟན་ནས། སྐྱེ་བོ་ཚོམ་ཉལ་ཡར་ལ་ལོངས། ཡར་ལ་ལོངས་ལས་སྐྱབས་འགྲོ་འདྲ་གྱིས། ཡར་ལ་ལོངས་ལ་སེམས་བསྐྱེད་འདྲ་བསྒོམས། མི་ཚེ་ཀོ་སྤུ་བཞིན་དུ་མ་ཕྱིན། ཕུང་པོ་སླག་ཐུལ་བཞིན་དུ་སྐྱུངས་ཉེན་ཡོད། འཆིང་བ་ཐག་རུལ་བཞིན་དུ་མ་བཅད་ན། བག་ཆགས་རྩེའུ་ཐོར་བཞིན་དུ་འཐྲང་ཉེན་ཡོད། འདོད་ཡོན་སྣབས་ལུང་བཞིན་དུ་མ་བསྐྱུར་ན། འདོད་སྲེད་རྫ་ཆུ་བཞིན་དུ་འཁོར་ཉེར་ཡོད། དམ་ཚིག་སྲོག་མཁར་བཞིན་དུ་མ་བསྲུངས་ན། ཉོན་མོངས་དམག་དཔུང་བཞིན་དུ་འཐིབས་ཉེན་ཡོད། ཅེས་གསུངས་ནས། རྣལ་འབྱོར་པ་ཁྱོད་སྡུག་རུས་ཆེ་བ། ལུས་སྲོག་ལ་ལྟོས་པ་མེད་པ་ཞིག་འདུག་སྟེ། ཆ་ལུགས་འདི་ལྟ་བུས་བླ་མའི་ཐུགས་དགོངས་ཀྱང་མ་རྫོགས། མ་མཁའ་འགྲོ་མཉེས་པར་ཡང་མི་འགྱུར། གནས་ཙ་རིའི་སྒོ་ཡང་མི་ཕྱེད། ནང་སྤྲུལ་པའི་ལྷ་ཞལ་ཡང་མི་མཐོང་། མཆོག་ཐུན་མོང་གི་དངོས་གྲུབ་ཀྱང་མི་འཐོབ་པས། གནས་ཙ་རིའི་སྒོ་འབྱེད་པར་འདོད་ན། སང་ཕོད་དུས་ཀྱི་ད་ཙམ་ན། མགོ་ལ་ཆུ་ཞྭ། རྐང་པ་ལ་ཆུ་ལྷམ། ལག་ཏུ་ཆུ་པེར་འཁྱེར་ལས་ཤོག །སྤྱོས་ཀྱི་དུད་པ་རྒྱུ་མ་ཆད་པ་དང་། ཐབས་ཤེས་ཀྱི་རྫས་ཡ་མ་བྲལ་བར་ཁྱེར་ལ། རི་གསུམ་གྱི་རྩ་ནས་ཁ་གླུ་དང་མ་བྲལ་བ་གྱིས་ལ་ཤོག །ལུང་གསུམ་གྱི་མདོ་ནས་རྐང་པ་བྲོ་དང་མ་བྲལ་བར་གྱིས་ལ་ཤོག །ཚོགས་དང་གཏོར་མ་རྒྱུན་མི་འཆད་པར་ཐོང་ལ་གསོལ་བ་དྲག་པོ་ཐོབ། དེ་ལྟར་བགྱིས་ན་གནས་ཀྱི་སྒོ་འབྱེད་པའི་གྲོགས་ངེད་གྱིས་ཀྱང་བྱེད་ཟེར་ནས། རྡོའི་མཚན་མ་དེ་ལ་ཐིམ་པར་གྱུར་ཏོ། །

དེ་ནས་ད་རེས་ཕྱིར་ལྡོག །སད་པོད་དེ་ཙམ་ན་ལུང་ཇི་སྐད་བསྟན་པ་བཞིན་དུ་མཛད་དེ་བྱོན། གནས་སྒོ་གཙུག་ཉི་ཟླའི་གདན་སྟེང་ན། །དྲིན་ཅན་རྩ་བའི་བླ་མ་ལ་གསོལ་བ་འདེབས། །བཀའ་སྒོ་མོ་འདི་ཕྱེ་ལ་ལམ་སྣ་དྲོངས། །ནང་སྤྲུལ་པའི་ལྷ་ཞལ་བསྟན་དུ་གསོལ། །སེམས་སྣང་བ་རང་གྲོལ

བྱིན་གྱིས་རློབས། །རྐྱེན་ཕྱི་ནང་གི་བར་ཆད་མི་འབྱུང་ཞིང་། །མཆོག་ཐུན་མོང་གི་དངོས་གྲུབ་སྩོལ་དུ་གསོལ། །བོད་རྗེ་མཚན་ཅན་ལ་གསོལ་བ་འདེབས། །བདུད་མགོན་ནག་པོ་ལ་ཞུ་བ་གསོལ། བཀའ་སྒྲོ་མོ་ལ་སོགས་པས་གསོལ་བ་བཏབ་པས། རྡོ་རྗེ་ར་བ་ནུབ་སྐོར་གཟིགས། དེ་ནས་ངོ་མཚར་ཀ་ལྔ་བརྒྱད་དེ། དང་པོ་འོད་འབར་མཚོ་རྙེད། གཡུ་མཚོ་མཛལ་སྐམ་ལོག་བྱོན་པས། རྗེ་བླ་འོད་གཞོན་ནུས། གཡུ་མཚོ་མིན་ད་དུང་འཚོལ་གསུང་། ཐེངས་གཉིས་པ་གཡོན་བསྐོར་དུ་བྱོན། ཕོ་བྲང་སྐྱིག་མོ་རྙེད། གཡུ་མཚོའི་སྐམ་ནས་ལོག་བྱོན་པས། གཡུ་མཚོ་མིན། ད་དུང་རྒྱུག །ཐེངས་གསུམ་པ་གཡས་བསྐོར་དུ་བྱོན་པས། ཕོ་བྲང་གཡུ་མཚོ་གཟིགས། དག་པ་ཤྲཱི་འཁོར། ནང་སྤྲུལ་པའི་ལྷ་ཚོགས་མངོན་སུམ་དུ་མཇལ། ཞིང་སྐྱོང་གི་མཁའ་འགྲོ་མ་མཆེད་གཉིས་ཀྱིས་གླིང་གི་ཟས་ཕུལ་བས། ཞབས་ས་ལ་མི་རེག་པ་སོགས་ཐུན་མོང་གི་དངོས་གྲུབ་བརྙེས། ཕྱག་རྒྱ་ཆེན་པོའི་རྟོགས་པ་བརྟན། དེའི་དུས་སུ། གླིང་དེ་གཡས་སུ་བསྐམས། བསོམ་མཁར་དེ་གཡོན་དུ་ཐོགས་ནས་གོ་རེ་མཛད་ཅིང་། གནས་མཆོག་དཔལ་གྱི་ཙ་རི་འདི། །ཕལ་དང་ཕལ་གྱིས་བགྲོད་པ་ཡིན། །འཇིག་རྟེན་བྱ་བ་གཏོང་པ་ཡིན། །སེམས་ཉིད་སྣང་བ་རང་གྲོལ་ལགས་སོ། །ལུས་སྲོག་ཐད་ལ་འབོར་ས་ཡིན། །རྐྱེན་ཕྱི་ནང་བར་ཆད་སྐྱོང་ས་ཡིན། །འཁོར་འདས་ཀྱིས་ཤན་ཐང་འབྱེད་ས་ཡིན། །བསྒོམ་ཆེན་སྲང་ལ་འཇུག་ས་ཡིན། །སེམས་ཉིད་བརྡར་བྱ་གཅོད་ས་ཡིན། །ཉམས་དང་འོད་གསལ་སྐྱོང་ས་ཡིན། །དངོས་གྲུབ་རྣམ་གཉིས་ལེན་ས་ཡིན། །གནས་མཆོག་དཔལ་གྱི་ཙ་རི་འདི། །གྲོང་ལྷག་དགོན་ཚུང་ཕྲ་མོ་མིན། །དངོས་གྲུབ་རྫས་ཀྱི་གླིང་ཆེན་འདི། །འདྲེ་སྲིན་མོ་བཏུངས་པའི་ཁ་ཆུ་མིན། །མཆེད་གྲོགས་རྡོ་རྗེ་སྤུན་ཚོགས་འདི། །འཚོང་ཁང་འཁྲིམ་པའི་སྒོམ་ཆེན་མིན། །ཞེས་གསུངས་ནས། ཉམས་འུར་བ་སྐད་མཛད་དེ། ཕྱག་པེར་བྲག་ལ་རྒྱབ་པས་འཛིམ་པ་ལ་བསྟུན་པ་ལྟར་སོང་། དེའི་རྗེས་ད་ལྟ་ཡང་ཡོད་ལ། དེ་ནས་མི་ཐོག་གཅིག་ཐལ་བ་ན། སྐྱོབ་པ་འཇིག་རྟེན་གསུམ་གྱི་མགོན་པོས། ཤར་དགས་ལྷ་སྒམ་པོའི་གདན་ས་མཛད་རི་བོ་ཤྲཱིའི་རྩེ་ནས་ཙ་རིའི་གནས་ཕྱི་ནང་གསང་བའི་ཚུལ་ཐམས་ཅད་མངོན་སུམ་དུ་གཟིགས་ནས། གཉོས་ཆེན་པོ་རྒྱལ་བ་ལྷ་ནང་པ། འགར་དམ་པ། དཔལ་ཆེན་ཆོས་ཡེས་ཏེ་སློབ་མའི་མཆོག་གསུམ་བཏངས། དེ་དག་གིས་དགས་པོ་གྲུམ་ལུང་བརྒྱུད་ཕྱིན་པ། བྱ་གོང་མོ་གསུམ་སོང་བའི་བཤུལ་འབྲངས་པས་གོང་མོ་ལ་རྙེད། བོད་ཁ་སུམ་དུ་ཕེབས་པ་དང་། གཙང་པ་རྒྱ་རས་རྡོ་མོ་ཁ་རག་ན་སྒྲུབ་པ་ལ་བཞུགས་པའི་ཚེ། ཐོ་རངས་མཁའ་འགྲོ་མ་སེང་གེའི་གདོང་པ་ཅན་ལན་གསུམ་གྱི་བར་དུ་བྱོན་ཏེ། རྒྱ་རས་པ། ཙ་རིའི་གནས་ཀྱི་སྒོ་འབྱེད་པའི་དུས་ལ་བབ་པས་སོང་ཞིག་ཅེས་ལུང་

བསྟན་པ་ན། དགོས་པ་ཆེར་མེད་དམ་སྙམ་སྟེ། དེ་ཀར་བཞུགས་པ་ལས། ཁ་རག་གི་རི་རྩེ་ལ་ཉི་མ་ཤར་བ་ཙམ་ལ། གྲུབ་ཐོབ་ཆེན་པོ་གླིང་རས་པ་འཇའ་ཚོན་སྣ་ལྔ་པའི་གུར་ཁྱིམ་དུ་བཞུགས་ཤིག་བྱོན་ནས། །ཞུ་རྒྱ་རས་མ་སྟོད་སྨོམ་དུ་རྒྱུག །ཙ་རི་སྤྲུལ་པའི་དཀྱིལ་འཁོར་ན། །མཁའ་འགྲོ་རྡོ་ཡི་སྙིང་ཕུག་ཡོད། །གླིང་ཆེན་ཟས་ཀྱི་དངོས་གྲུབ་ཡོད། །མ་དང་མཁའ་འགྲོའི་བྱིན་རླབས་ཡོད། །མ་བསྒོམས་སངས་རྒྱས་དེ་ན་ཡོད། །ཅེས་གདམས་པའི་མོད་ལ་ཡལ་བའི་སྣང་བ་ཞིག་བྱུང་ནས། ཙ་རི་ལ་འབྱོན་པའི་དགོངས་པ་མངོན་དུ་བཏང་། རིམ་པས་འབྲི་ཁུང་རྩུན་ཕེབས། གྲོགས་རྣམས་རང་རང་གི་ཡུལ་ལ་སློག །ཉིད་རྣམས་ཤེས་བླ་མའི་རྣལ་འབྱོར་གྱི་ངང་ནས་རླུང་ཐུན་གཅིག་བཟུང་བྱོན་པས། དེའི་ཉིན་རང་ལ་བོད་ཁ་གསུམ་དུ་ཕེབས། གཉོས་འགར་ཆོས་གསུམ་དང་མཇལ། ཁྱོད་སུ་ཡིན་ཟེར། ང་གླིང་རས་གསུམ་པོ་ཆེའི་སློབ་མ་རྒྱ་རས་མིག་པོ་ཆེ་ཡིན་གསུངས་པས། འོ་ན་ཁྱོད་ད་ག་ར་འགྲོ་ཟེར། གནས་ཙ་རིའི་སྒོ་འབྱེད་པ་ལ་འགྲོ་བ་ཡིན་བྱས་པས། ཁོང་རྣམས་ན་རེ། དེ་ལ་ཚོགས་ཀྱི་འཁོར་ལོའི་རྒྱུ་ཐབས་ཤེས་ཀྱི་རྫས་དགོས་པས། འཁོར་གཡོག་མང་པོ་དང་བཅས་ཏེ་འགྲོ་དགོས། གཞན་མི་བགྲོད་ཟེར་བ་ལ། ཁྱེད་རང་རྣམས་དེ་བཞིན་མཛོད། ཁོ་བོ་དེ་ལ་མ་ལྟོས་པ་ཞིག་ཡིན་གསུང་། ཐབས་ཤེས་ཀྱི་རྫས་ནི་ཤ་དང་ཆང་ལ་བཞག་པར་སྣང་ངོ་། །ཁོང་རྣམས་དང་ལྷན་ཅིག་པར་བྱོན་པས། ཁྱེའུ་ཆུང་གཞོན་ནུ་རྟ་གསེར་གཡུའི་རྡོག་མ་ཡོད་པ་ཞིག་ལ་ཞོན་པ་ཅིག་བྱུང་ནས། བླ་མ་རྣམས་འདི་ནས་ཡར་ཕེབས་ན་རིབ་པ་ཞིག་ལས་མེད་པས། ཞེས་གསོལ་བ་བཞིན་བྱོན་པས། དེ་ཕྱིན་རིབ་པ་ལར་གྲགས་སོ། །འདི་ནུབ་བྱུང་གི་སྒོ་ཡིན། དེ་ནས་མཁའ་ལྡིང་བྲག་འོག་ཏུ་ཕེབས། དེར་བཞུགས་པས། གཉོས་བྱོན་ཏེ། གྲོགས་པོ་རྒྱ་རས་ཀྱི་བཞུགས་ས་འདི་སྐྱིད། ཅེས་ཡང་ཡང་གསུང་པས། དགྱེས་ན་གྲོགས་པོར་མཛོད། ཅེས་ཕུལ། ཡང་། མར་ཐབས་ཅིག་ཏུ་བྱོན། སྤྲུལ་པ་གཡུ་མཚོར་ཕེབས་པ་ན། སྤྲུལ་པ་གཡག་ཤད་ཙམ་འཛིགས་སུ་རུང་བ་ཞིག་གིས་ལམ་བཀག་སྟེ་གདོང་མ་ཉན། དེ་ལ་གཉོས་ཀྱིས་ཏིང་ངེ་འཛིན་བསྒོམས་ན་ཨེ་ཞི། འགར་དམ་པས་རྡོ་རྗེ་འཇིགས་བྱེད་ཀྱི་བསྐྱེད་རིམ་བསྒོམས་པས་ཨེ་ཞི། དཔལ་ཆེན་ཆོས་ཡེས་གདོར་མ་བཏང་ན་ཨེ་ཞི་དགོངས་ཙན། ཆོས་རྗེ་རྒྱ་རས་ཀྱིས་དེའི་རྒྱབ་ཏུ་ཐེ་ཚོམ་མེད་པར་མཆོངས་པས། གཉོས་ཆེན་པོ་ན་རེ། གྲོགས་པོ་དམ་པ། དེ་འདྲ་མ་མཛད། སྐུ་འདི་ཞི་གནག་པས་གྲོགས་པོ་རང་གི་སྐུ་ཚེ་ལ་ཡང་གཟན། ཕྱི་རབས་ཀྱི་རྗེས་འཇུག་ལ་ཡང་གནོད་གསུངས་པས། རྗེ་རྒྱ་རས་ཀྱི་ཞལ་སྔ་ནས། ང་ཚེ་རིང་ཡང་ལྔ་བཅུ་རྩ་གཅིག་ཡིན། ཐུང་ཡང་ལྔ་བཅུ་རྩ་གཅིག་ཡིན། མ་འོངས་པ་ན་ཐེམ་པའི་འོག་ནས་ཆུ་མིག་ཅིག་འབྱུང་།

དེའི་དུས་སུ་ངའི་རྗེས་འཇུག་རྣམས་གནས་འདི་ནས་འཕོ་བསྐྱུས་ནི་གང་ནའང་བྱེད་དགོས་པར་གདའ། གཞན་ཅི་ཡང་མི་ལྟོ་གསུང་ནས། སྤྲུལ་པ་དེ་དྲག་ཏུ་བརྗིས་པས། ཕ་བོང་ཞིག་ཏུ་གནས་གྱུར། དེ་ལ་ཞབས་རྗེས་ཤིན་ཏུ་བཀྲ་བ་མང་དུ་བྱུང་། ཆོ་འཕྲུལ་ཞི། དེ་ནས་ཡུལ་སྨད་དུ་ཕེབས་པ་ན། ཡེ་ཤེས་དང་ལས་གྲུབ་པའི་མཁའ་འགྲོ་མ་འབུམ་ཚོགས་པའི་གྲལ་ལ་བྱོན། དེར་གདན་ཆགས་པ་ན། འགར་དམ་པ་བྱོན་ནས། གྲོགས་པོའི་བཞུགས་གནས་སྐྱིད་ཅེས་གསུང་བ་ལ། ཐུགས་ལ་འཐད་ན་གྲོགས་དམ་པ་རང་མཛོད་ཅེས་ཞུལ། དེ་ནས་ཆོས་རྗེ་རྒྱ་རས་ཀྱིས་སྐྱབས་ཆེན་ལ་ཁ་ནས་ཅིག་ཅར་དུ་གཤེགས་པ་ན། མི་མ་ཡིན་གྱིས་མོ་མཚན་མང་དུ་སྤྲུལ་ནས་ལམ་བཀག་པ་ན། གསང་བའི་རྡོ་རྗེ་ལས་སུ་རུང་བར་མཛད་ནས་དེ་ལ་བསྟུན་པས། བྲག་ཏུ་སོང་བ་ལ། དེའི་རྗེས་གསལ་པོར་དོད། །རྡོའི་སྙིང་ཕུག་རྙེད། དེར་ཞིང་སྐྱོང་གི་མཁའ་འགྲོ་མ་རྡོ་རྗེ་གཡུའི་སྒྲོན་མ་དམ་པ་བཏགས། དེ་ན་རེ། ངས་ཁྱེད་ཀྱི་ཆོས་སྐྱོང་བྱེད་ཟེར་བ་ལ། ཁོ་བོ་ལ་བུད་མེད་ཀྱི་ཆོས་སྐྱོང་མི་དགོས་གསུངས་པས། རྗེ་བཙུན་ཉིད་ལ་མི་དགོས་ཀྱང་། མ་འོངས་པ་ན་ཁྱེད་ཀྱི་རྗེས་འཇུག་གིས་གནས་འདི་འཛིན་པར་འདུག །དེའི་དུས་སུ་ཁོ་མོ་ཅག་གིས་གཡག་གི་རྡེ་བོ་བུས་ཀྱང་ཆོག་ཅེས་ཞལ་གྱིས་འཆེས། སྨན་བཙུན་ཆེན་མོ་ངེས་ལས་ཀྱི་ཕྱག་རྒྱ་མཛད། ཞིང་སྐྱོང་སེང་གེའི་གདོང་པ་ཅན་གྱིས་ཅི་བསྒོ་བ་ཐམས་ཅད་ཉན་པར་དམ་བཅས། དེ་ནས་མར་ཕེབས། རང་བྱུང་རོལ་པའི་ཁྲིལ་འཁོར་དུས་ཕྱོགས་སྐྱོང་གཤིན་རྗེའི་རྒྱལ་པོ་ཁྲེའུ་ལོ་བརྒྱད་པའི་གཟུགས་ཡིད་དུ་འོང་བའི་ཚུལ་གྱིས་སྤྱན་སྔར་འོངས། དགེ་བསྙེན་མནོས། མཚན་ཅིག་ཅར་དམར་པོར་གསོལ་ལོ། །སྔར་གྱི་ལ་ལ་མཛད་ནས་ཐེགས་པས། ཁོང་རྣམས་དང་ཤ་སྐམ་ལ་རྩེར་ཕྲད། དེ་རིང་གྲོགས་པོ་རྒྱ་རས་ཀྱིས་ཚོགས་བཤམས་མཛོད། ཅེས་ཞུས་པས། དེ་ལྟར་བགྱིའོ་ཞེས་ཞལ་གྱིས་བཞེས་ཏེ། སྔོན་ལ་རླུང་ཐུན་གཅིག་བཟུང་ནས་གཤེགས་པས། ཞིང་སྐྱོང་གི་རུབ་གཟིགས། དེ་ལ་སློངས་པས་མར་ཐུད་བསམ་གྱིས་མི་ཁྱབ་པ་བྱུང་། གྲོགས་རྣམས་སླེབ་པ་དང་། ཚོགས་ཀྱི་འཁོར་ལོ་རྒྱས་པས་བསྐོར། མ་ཡོག་པ་རྣམས་དེར་སྤྱངས་པས་དཀར་རྡོག་ཐང་ཞེས་གྲགས་ཏེ། ད་ལྟ་དཀར་གོང་དུ་གནས་གྱུར་པའི་ཕུང་པོ་ཆེན་པོ་ཞིག་གོ། །ཞིག་མོ་ཁྲག་ཁྲི་ཚུན་ལྷན་དུ་ཕེབས། དེ་ནས་ཉི་མའི་དགུང་ལ་སླུག་རུམ་སོང་སྐར་མ་ཁྲག་ཁྲིག་ཏུ་གྱུར་ནས། གཉེས་འགར་ཆོས་གསུམ་གྱིས་འབྱོན་པ་བཞོལ། ཆོས་རྗེ་རྒྱ་རས་པས། གླིང་ཆེན་ཟས་ཀྱི་དངོས་གྲུབ་འདུག །མ་དང་མཁའ་འགྲོའི་བྱིན་རླབས་ཡོད། །སྒོམ་ཆེན་སྲང་ལ་གདེགས་ས་འདུག །ཆོས་པའི་ཚང་རྡོ་བོར་ས་འདུག །ངརྣལ་འབྱོར་རྒྱ་རས་ཀྱི་འགྲོ་ས་འདུག །ཅེས་གསུངས་ནས་ཚམ་ཚོམ་མེད་པར་ཐེགས།

དམར་ནག་རཀྟར་བརྗོད་ལ། ལྷ་མོ་ཨེ་ཀ་ཛ་ཊི་འཁོར་བཅས་ཀྱིས་ཞལ་བསྟན། དམ་ཚིག་ནོད་པས།
ཆར་ཅི་ཆེ་ཡང་། འབྲུག་པའི་སློབ་རིགས་དམ་ཚིག་དང་ལྡན་པ་འདིར་སླིབ་དུས་རས་གོས་བསྐམས
པའི་ཉི་མ་ཚ་ལྷང་བ་རེ་ངེས་པ་ཁོ་ནར་འོང་ཞིང་། འབྲུག་པའི་བསྟན་པ་ལ་དགེ་མི་དགེ་མཚོ་དེའི་གང
འགྱིབ་ལ་ཤེས་པས། འབྲུག་པའི་བླ་མཚོར་གྲགས་སོ། །དེ་ནས་ཕོ་བྲང་དུ་གཤེགས། ནང་སྤྲུལ་པའི
ལྷ་ཚོགས་མངོན་སུམ་མཇལ། བཅོམ་ལྡན་འདས་འཁོར་ལོ་སྡོམ་པས་བསྐལ་བཟང་འདི་ལ་སངས
རྒྱས་མོས་པར་འཚང་རྒྱ་བ་དང་། བཅོམ་ལྡན་འདས་མ་རྡོ་རྗེ་བཙུན་མོའི་ཕག་མོས། བསྟན་པ་བྱ
རྒོད་ཀྱི་ཉིན་ལམ་བཅོ་བརྒྱད་ཀྱི་བར་ཁྱབ་པར་ལུང་བསྟན། དེར་ཆོས་རྗེ་རང་གི་ཕྱུག་པ་ཡ་གིར་ངའི
སློབ་མ་ས་བཅུ་ནོད་པ་ཞིག་ཡོད་ཞེས། ཕྱིས་རྒྱལ་བ་རྒོད་ཚང་པ་འབྱོན་པར་ལུང་བསྟན། དེ་ནས་རྒྱ
རས་འཕྲང་བཅལ་ཏེ། སིནྡྷུ་རའི་མཚོ་ཡོད་པའི་ངོགས་སུ་བཞུགས་པས། ཆབ་མཁའ་འགྲོས་རྡོའི
ཡུར་བར་དྲངས་ཏེ་ཕུལ། དེ་དུས་སིནྡྷུ་རའི་མཚོ་དེ་ལས་ཆུ་བུར་བརྗོལ་བའི་ཚུལ་དུ་ཡེ་ཤེས་ཀྱི་མཁའ
འགྲོ་མ་འཐོན་ཏེ། ཉིད་ཀྱི་སྒྲ་ལ་བརྟགས་པའི་མིག་ར་ཕུལ་བས། ཕྱག་ཆེན་དེ་ལ་དེ་ནས་རྒྱ་རས
མིག་ར་ཕྱག་ཏུ་མིང་ཆགས་སོ། །ཕྱིར་ཡུལ་སྟོད་དུ་འཁོར་ནས། དེའི་རྒྱབ་རི་རྡོ་རྗེ་ཕག་མོ་ལྷ་བུ་སྟོང
པོ་ཁ་ཊྭཾ་ག་འདྲ་བའི་འོག་ཏུ་སླུག་སྤྱིལ་མཛད་ནས་ཟླ་བ་གསུམ་བཞུགས་པས། ཐོ་རངས་ཤིག་སྒྲ་འོང
དང་། སྤོས་ཀྱི་དྲི་ཞིམ་པོ་བསམ་གྱིས་མི་ཁྱབ་པ་བྱུང་བའི་མོད་ལ་སངས་རྒྱས་རབ་བདུན་མངོན་སུམ
དུ་བྱོན། རྟེན་འབྲེལ་གྱི་གདམས་ངག་ཐམས་ཅད་གནང་། ཤེས་བྱ་ཧི་སྙེད་པ་ཐོགས་པ་མེད་པར
མཁྱེན་པས་མཁྱེན་གཉིས་མཐར་ཕྱིན་གྱི་སངས་རྒྱས་སུ་གྲུབ་བོ། །དེ་དུས་གཉོས་འགར་ཆོས་གསུམ
གྱིས་ཙ་རི་འཁོར་དགོངས། སྐྱོབ་པའི་སྤྱན་སྔར་བྱོན་པས། བཀའ་ལས། དམར་ནག་ཞལ་མ་མཇལ
བ་འདུག་པས། ཙ་རི་མ་འཁོར་གདའ། སྣར་ལོག་གསུང་རྗོང་བ་མཛད། གཉིས་པ་ལ། ད་དུང་ཅིག
ཅར་མ་འཁོར། དེ་ན་ངའི་ཁྱད་པར་གྱི་ལྷ་བཞི་ཡོད་པ་མ་མཇལ་བ་འདུག་གསུང་། གསུམ་པ་རྗོང
གྲུབ་སྐུལ། དེ་དུས་གཉོས་ཆེན་པོས་ཅིག་ཅར་དུ་དཔའ་བོ་མཁའ་འགྲོ་ཐམས་ཅད་ཚོགས་ཀྱི་འཁོར
ལོ་བསྐོར་འདུག་པའི་གྲལ་དུ་བྱོན། དེར་བཞུགས་ནས་གཉོས་ཀྱི་རྗེ་གཅལ་དུ་གྲགས། འདི་ནས
འོག་ཏུ་ཕག་ཞལ་ཅན་རང་བྱོན། སྟེང་དུ་མཁའ་ལ་སྤྱོད་པའི་ཕག་མོ། བར་འདིར་ས་སྤྱོད་ཀྱི་ཕག་མོ
འབྱོན་པའི་དུས་ལ་བབ་པས། ཁྱོད་ཀྱིས་རྩོལ་བ་བྱོས་ཤིག །ཅེས་ཞིང་སྐྱོང་གྱི་མཁའ་འགྲོ་དག་གིས
བསྐུལ་བ་ལས། བདག་པདྨ་དཀར་པོས་རྡོ་རྗེ་ཕག་མོ་བདེན་གཉིས་ཞལ་གྱི་ལྷ་ཁང་བཞེངས་སོ། །དེ
དུས་ཡང་སའི་ཕྱོགས་འདིར་དཔའ་བོ་དང་དཔའ་མོའི་གླུ་གར་གྱི་ཕྲེང་བ་བསམ་གྱིས་མི་ཁྱབ་པ།

དེ་ར་འདུས་པ་ཀུན་གྱི་རྣ་བའི་བཅུད་ལེན་དུ་འོངས་སོ། །ལན་གསུམ་པ་དེ་ལ་གཉོས་འགར་ཆོས་གསུམ་གྱིས་ནང་སྤྲུལ་པའི་ལྷ་ཚོགས་ཉི་ལྟ་བ་མཇལ་བར་གྱུར་ཏོ། །

བླ་མ་དམ་པ་བཞི་པོ་དེའི་འཕྲིན་ལས་ཡུལ་སྟོད་དུ་ལས་མཚན་བཅོ་བརྒྱད་འཆགས་པའི་དྲུག་འབྲུག་པ། གཅིག་ཞང་ཚལ་བ། གཉིས་གདན་ས་ཐེལ་བ། ལྷག་མ་འབྲི་ཁུང་པའོ། །ཁོང་རྣམས་བྱོན་པའི་དུས་སུ། ཡུལ་སྟོད་ན་དབྱེ་བསྒོམ་ཞིག་པོ་ཞེས་པ་རྣལ་འབྱོར་པ་ཕྱུག་རྒྱུ་ཅན། དཔལ་ཕག་མོ་གྲུ་པའི་ཞལ་སློབ་དེ་བཞུགས་ཡོད་པ། གནས་ཆེན་འདི་རྣལ་འབྱོར་པ་ཆུང་མ་ཅན་གྱིས་གཟུང་ན་མི་མཛེས་སྙམ་ནས། ཁོང་རྣམས་ཀྱིས་གསོལ་བས། དགྱེར་སྒོམ་གྲོད་མ་དཀར་མོ་ཞིག་ལ་ཆེབས། ཕྱིར་བཞུད་པའི་ལ་དེ་ལ་ཧྲ་དཀར་དུ་གྲགས། དཀྱུས་མདོའི་ཕུག་ཏུ་བཞུགས། མྱུ་ངན་ལས་འདས་པའི་སྐུ་གདུང་གི་མཆོད་རྟེན་ཡང་དེ་ན་སྣང་ངོ་། །ཁོང་འབྱོན་དུས་མེ་ཆ་དེར་ལུས་པས། ངའི་ཤུལ་ན་ཡང་དུ་ཕ་མ་ཆད་ཙམ་ཡོད་པ་འདུག་གསུང་བ། ཕྱིས་སྐྱེ་ཕུ་ཤུག་གསེབ་པའི་རི་པ་ཚལ་པས་བཟུང་ངས། ད་ལྟའི་གཙང་པ་ཡིན། དེ་ཕྱིས། རྩད་ནག་ཕུག་པ་ཐུགས་རྗེ་སེང་གེས་བཟུང་བ་ནས་འབྲུག་པར་སོང་ངོ་། །རྒྱལ་བ་གྲོད་ཚང་པ་ཕོ་མ་ལྷ་ཁབ་ཏུ་བཞུགས་དུས་ས་གདོན་གྱི་ཞགས་ཤིག་བྱུང་། གཞན་ཏི་སེ་དང་། ཛཱ་ལནྡྷ་ར་སོགས་སུ་བྱོན་ཀྱང་མཐོན། ཕྱིས་འདིར་བྱོན། སྐུ་སྟོབས་ཆེ་བས། ཙ་རི་ར་ནད་པ་དང་སྒོམ་ཆུང་ཕལ་མོ་ཆེའི་འཚོ་བ་ཕྱི་ནས་བླངས་ཀྱིན་བསྐྱལ་བས། སྐུ་རྒྱབ་ཐམས་ཅད་རྨ་རི་སོང་། དེ་དུས་གཞན་དག་གིས། ཁྱེད་འབྲུག་པའི་བོད་རྒྱན་དམར་པོ་ད་ཐེད་ལ་གཡར་ཐོང་ཟེར་བ་བྱུང་། དེ་ཚེ་སྐུའི་ནང་རོལ་ཐམས་ཅད་ཕྱིར་འཐོན་པ་རྨིས། ད་འདི་མི་ལྡོག་གམ་བྱས་པས། མི་དཀར་པོ་ཞིག་ན་རེ། བརྟེན་འགྲུས་ཆུང་ན་ལྡོག་ཟེར། དེ་དུས་སྡིག་པ་ཐམས་ཅད་དག །བསྙེན་གཞི་དེ་འཐོན། ཐུགས་དམ་ལ་བོགས་བླ་ན་མེད་པ་བྱུང་། ཙ་རིའི་རི་སུལ་མང་པོ་རེ་སྒྲུབ་པ་ལ་རྩེ་གཅིག་ཏུ་བཞུགས། ཅིག་ཅར་ཕུའི་སྒྲོལ་མ་ལ་ཡང་འདིས་དབྱེ། མགོན་པོ་རོང་གི་བྱ་གདོང་གཉན་དྲགས་ནས། སྐོར་མི་བརྒྱ་ཁ་ལོངས་པ་ན་དེར་མི་རེ་འཆི་བས་འདིས་ཞལ་ཕྱིར་སློག་པ་ནས་རྒྱུན་ཆད། འོད་འབར་མཚོ་མོ་ཆེ་ན་གཡུ་རྫོག་ཆེན་པོ་ཞིག་ཡོད་པ། རྗེས་བསམ་བེར་འདི་ལ་འགྱུར་ཤོག་ཅིག་གསུངས་པས། བདེན་ཚིག་གིས་དེ་ལ་འབྱར་ཏེ་ཕྱག་གི་པདྨོར་ལོན། དེ་ལས་ཚན་རྣམས་ཀྱིས་ཧབ་ཐོབ་བྱས་པས། རྩོད་པའི་གནས་སུ་སོང་ན་མི་ལེགས་དགོངས་ནས། ཁྱེད་རྣམས་འོད་འབར་མཚོ་ཁར་སོང་། ངས་སླར་དེར་གཡུ་རྫོག་འཕང་གི་གསུང་བ་ལ། དེ་ལྟར་བགྱི་ཞེས། ཁོང་ཚོས་མཚོ་ཁར་བསྒུགས་པ་ལ། ཡུལ་སྟོད་ནས་གཡུ་རྫོག་འཕངས་པ་མཚོ་ནང་དུ་ཚོག་ཅེས་སོང་བས་ཁུ་ཐག་ཆོད། དེ་ནས་ཕོ་བྲང་དབུ་རྩེར་

བྱོན། ནམ་མཁའ་ཕུག་ཏུ་ལྷ་ཚངས་པ་དམ་ལ་བཏགས་དུས་དེར་ཕོ་བྲང་ཆེན་མོ་དཀྱིལ་འཁོར་དུ་ཞལ་གཟིགས། ཁྲ་གདོང་མས་ཐུན་མོང་གི་དངོས་གྲུབ་ཅི་འདོད་འདི་བ་ལ། ཐུན་མོང་གི་དངོས་གྲུབ་བདག་ལ་དགོས་པ་མེད། མཆོག་འདོད་ཅེས་གསུངས་པས། གསེར་གཡུ་མུ་མེན་གྱི་སྒྲོགས་གང་གཙོ་བོ་ལ་ཕྱག་རྟེན་དུ་འབུལ་རྒྱུ་སྐུལ་ཏེ། གཙོ་བོ་ཡབ་ཡུམ་མཇལ། མཆོག་གི་དངོས་གྲུབ་ཚེ་འདིར་བརྙེས་པའི་ལུང་བསྟན་ཏེ། དེ་ཉིད་ཀྱིས་ད་ཙ་རིའི་ནགས་ལ་བསྒོམས་ཙན། ནང་སྤྲུལ་པའི་ལྷ་ཞལ་མི་བཞིན་མཐོང་། ཐུན་མོང་ཅིག་བསྒྲུབས་ན་འགྲུབ་ཚོད་གདའ་སྟེ། ཁོ་བོ་མཆོག་ལ་གཞོལ་བའི་རྣལ་འབྱོར་པ་ཞིག་ལགས་སོ། །ཞེས་གསུངས། འདི་ལས་ཅུང་ཟད་ཕྱི་ཙམ་ན། གྲུབ་པ་ཐོབ་པ་བརྒྱད་བརྒྱ་ཙམ་དེར་ཚོགས་པའི་དབུས་སུ། ཨུ་རི་དཔོན་པོ་ཏོག་ཏུ་འཐོན་པས་ཙ་རི་རས་ཆེན་དུ་མཚན་གསོལ། དེ་དག་མཆོད་པ་ལ་སོགས་པའི་དུས་སུ། ནམ་མཁའ་ལ་འཕུར་ནས་འབྱོན་པ་དེའི་ས་ལ་བྱ་འཕུར་སྣང་དུ་ཐོགས། མི་རབས་གཅིག་འདས་པ་ཙམ་ན། རྗེ་སྤྱན་སྔ་དང་འབྲི་ཁུང་གླིང་པའི་སློབ་མ་གང་ཟག་ཡ་བརྒྱད་དུ་གྲགས་པ་བྱོན། དེ་དག་གིས་གསར་མ་ཡང་མཛོད་ཀྱི་གནས་སྒོ་ཕྱེ། དེའི་ཕྱི་ལོགས་སུ་ཙ་རིའི་གནས་འདི་ཕལ་མོ་ཆེར་ལྷས་མི་ཤེས་པ་དུ་མ་བྱུང་། དེ་ཙན་ས་སྐྱ་པས་ཧོར་དམག་བོས། འབྲི་ཁུང་བཅོམ། མཆོད་རྟེན་སྒོ་མངས་དག་པ་ཤྲིའི་བཀོད་པ་ཅན་ལྷ་ཉིས་སྟོང་བརྒྱད་བརྒྱ་བཞུགས་པའི་ངོ་མཚར་དཔག་པར་དཀའ་བ་དེ་བཤིག །དགེ་འདུན་ཁྲི་ཚ་བཅོ་བརྒྱད་མེ་ལ་བསྲེགས་པ་ལས། དེའི་ནང་ནས་རྫུ་འཕྲུལ་ཐོབ་པ་བརྒྱ་ནམ་མཁའ་ལ་འཕུར་ཏེ་མངའ་རིས་གློ་བོར་ཆགས་སོ། །དཀར་བརྒྱུད་རིན་པོ་ཆེའི་བསྟན་པ་ལ་དེ་དུས་ལས་གནོད་པ་ཆེ་བ་སྔར་མ་བྱུང་ཞིང་། ཕྱིས་མི་འབྱུང་ཞེས་རྣམ་པར་གྲག་གོ། །

དེ་ནས་ཀྱང་མི་ཐོག་གཅིག་ཙམ་བརྒལ་བ་ན། འབྲུག་པའི་ལས་ཚན་ཏེ་ཅང་ཤེད་ཆེས་པ་ཚལ་པ་རྣམས་ཀྱིས་མ་བཟོད་པར་སྟོང་པོ་ཁ་ཀླཾ་ག་བཅད། ཐོད་ཁྲག་གི་རྣམ་པའི་མཆོ་བརྟོལ། སྐྱའི་ནུ་ཏོག་ལྷ་བུའི་ཕ་བོང་བཅག་པ་དང་། སྔར་ཆོས་རྗེ་གཙང་པ་རྒྱ་རས་ཀྱིས་ལུང་བསྟན་པའི་རྫ་ཁྲོད་ཤར། དེའི་སྒང་ཆེན་གྱི་ཐེམ་འོག་ནས་ཆུ་མིག་བརྡོལ་བ་རྣམས་ཀྱི་གནད་ལ་བརྟེན། འབྲུག་པའི་ལས་འཛིན་སྡོད་དགོས་པ་ཤར། དེས་དགས་ཀོང་རྣམས་སུ་མ་མོ་ཁྲོས་པའི་ནད་དང་དལ་ཁས་མ་ཕྱུགས་ཕལ་ཆེར་ཤི་བས། རྐྱེན་པ་རྒྱལ་པོ་སྟག་རྡོ་རྗེ་ལ་སོགས་པ་བྱང་ཆུབ་སེམས་དཔའ་མི་བཅུ་གསུམ་གྱིས་གདན་ས། ཆེན་པོ་དཔལ་རལ་ལུང་ཐེལ་དུ་ཕྱིན། དེ་དུས་ཁྲི་འཛིན་ཆོས་རྗེ་སྦྱོར་སྐྱ་བས་མཛད་པའི་སྐབས། རྗེའི་དྲུང་དུ་ཞུ་བ་གསོལ་བས། ཆགས་སྡང་བྱེད་པའི་གནས་སུ་རི་བ་མི་གཏོང་དགོས་པ་

མེད་གསུངས་པས། རྒྱལ་པོ་སྟག་རྡོ་རྗེས་གྲི་རཱེད་པ་ནས་ཕྱུང་སྟེ་རི་ཐོས་མི་གནད་ན། འདི་ཁར་ལྟེབས་ནས་ཤི་སྟོད་པ་མ་གཏོགས་མར་ལོག་མི་འགྲོ། ཕྱིན་ཀྱང་མ་མོའི་དཔལ་ཡམས་ཀྱིས་འཆི་བ་ལས་འོས་མེད་ཅེས་གནད་དུ་ཕོག་པའི་ཞུ་བ་གསོལ་བས། ཆོས་རྗེའི་གསུང་ནས། ཁྱོད་གཙུག་ལ་དེ་ཙམ་མཆིས་ན། རི་ཐོས་གཏང་གིས་གསུང་ཞལ་གྱིས་བཞེས། འགྲོ་མགོན་ཁྱོད་རང་གིས་འདོམས་གསུངས་པ་ལས། གྲལ་གྱི་དཀྱིལ་སླད་ན་འགྲོ་མགོན་བསོད་ནམས་རྒྱལ་མཚན་སྐུ་གཞོན་ལ་ཐེ་བ་ཞིག་འདུག་པ། རྒྱལ་པོས་སོར་རྩེ་གཏད་ནས་ཞུས་པས་གནང་། འདི་གནས་ནང་རི་པའི་མགོན་དང་། འབྲུག་ར་ལུང་ནས་དགེ་འདུན་སུམ་ཅུ་ཙམ་དང་། གཞུང་ནས་འགྲན་རས་ཀྱི་དཔོན་པོ། ཆོས་སྐུ་བདེ་བ་ཆེན་པོ་དཔོན་སློབ་རྣམས་ཕྱིའི་ཡོན་བདག །རི་བ་རྣམས་སྐྱིང་བར། ཆུ་བོ་རི། ལ་ཁ་ཤར། བྱང་དབུ་རི། སྟོད་ཟངས་ཟངས་ནེ་རིངས་སོགས་ནས་ལས་ཚན་སོ་སོ་བོས་ཏེ་རྫོང་མཐར་མཛད་ལ། དེ་ཡང་རྗེའི་གསུང་ནས། ངེད་ལ་ཞིང་སྐྱོང་གི་ནུ་བོ་ཅིག་ཅར་དམར་པོ་ཞེས་པ་ཁྲག་མདོག་ཤའི་རལ་པ་ཅན་ཞིག་གིས་ཕུལ་བའི་གནས་ཅིག་ཅར་དཔལ་གྱི་ནགས་ལྗོངས་ཞེས་པ་ཡོད་ཀྱིས། དེར་སོང་གསུང་། དེ་གན་མཆི་ཞུས་པས། ཆོས་ཟམ་གདོང་ནས་ཆུ་འབབ་བཅུ་གསུམ་བགྲོད་པ་ན། ནེ་མ་གཡུའི་མཇལ་ལྷ་བུ་གསུམ་བརྩེགས་ཡོད་པས་དེའི་ཁར་རྒྱབ་གསུང་བ་བཞིན། ཁོང་རྣམས་ཀྱིས་བྱོན། ཆོས་ཟམ་གདོང་ནས་ཆུ་འབབ་འདྲེན་གྱིན་ཕྱིན་པས། སེན་མོ་གོང་མར་གོ། དེར་གདན་ཕབ་སྟེ་བཞུགས་པའི་ནང་པར་ཉི་མ་རྩེ་ཤར་ལ། བུད་མེད་སྔོ་བསངས་མ་དྲེའུ་ལ་ཞོན་པ་ཅིག་ཆུ་འགྲམ་ནས་ཡར་སོང་། དེའི་རྗེས་ལ་འགྲོ་མགོན་གྱིས་བྱོན་པས། བུད་མེད་དེ་ཟམ་གདོང་གི་བྲག་དེ་ལ་ཐིམ། དེ་ཉིད་དུ་ཡུད་ཅིག་བཞུགས་པས། ཁྱེའུ་ལོ་བརྒྱད་ཙམ་ལོན་པ་དམར་པོ་ཤའི་རལ་པ་ཁྱུག་གེ་བ་ཅིག་བྱུང་ནས། ཁྱེད་ཀྱི་གནས་ཀྱི་ལམ་འདི་ནས་ཡར་ཡོད་པ་ཡིན་པས་བྱོན་ཅིག་ཟེར་ནས། འགྲོ་མགོན་གྱི་ན་བཟའ་ནས་བཟུང་སྟེ་གདན་དྲངས་པས། འགྲོ་མགོན་གྱི་ཞལ་ནས། ད་ལྷ་ཐར་བྱུང་། ཁལ་གཡག་རྣམས་ཇི་ལྟར་བྱ་བ་གསུངས་པས། ཁོང་རྣམས་འདི་ནས་བྱོན་པས་ཆོག་ཅེས། གཡག་རབ་འོག་བསྟན། འགྲོ་མགོན་བྱོན་ས་དེར་ཕྱིས་ཟམ་པ་གཙུགས་པས། ལྷ་མོ་ཟམ་མ་གདོང་དུ་གྲགས། དེ་ནས་ཐམས་ཅད་ཅིག་ཅར་གྱི་ནེའུ་གསིང་བར་མར་ཕེབས་དུས་འགྲོ་མགོན་གྱིས་རྒྱལ་པོ་ལ་མདའ་ཕོངས་གསུངས་པས། རྒྱལ་པོས་མདའ་འཕངས་པས། སེམས་ཅན་མ་བུ་བདུན་ལངས་སོང་། དེར་འགྲོ་མགོན་གྱིས་རྒྱལ་པོ་ལ་ལན་གསུམ་གྱི་བར་དུ་དྲིས་པས། རྒྱལ་པོས་ཀྱང་ལན་གསུམ་གྱི་བར་དུ་རྒྱུ་ཡིན། ཞེས་གསོལ་བས། རྟེན་འབྲེལ་བཟང་། རྒྱ་ཤུལ་རྒྱས་འཛིན་པར་འདུག །ཅེས་ལུང་བསྟན་

པའི་སར་སྦྱང་མོ་བཏབ་པ་ཡིན་ནོ། །འདི་བྱང་སྒོ། དེང་སང་ཙ་རི་སྐོར་བ་ལ་གནས་སྒོ་ཕྱི་མ་ཕྱེ་བ་འདི་ཆེས་ཕན་ཐོག་པར་གྱུར་ལ། འགྲོ་བའི་མགོན་པོ་འདི་ཡང་པདྨ་ལམ་ཡིག་ནས་ཇི་ལྟར་བཤད་པའི་སྐྱེས་བུ་ཆེན་པོ་དེའོ། །ལྟ་བ་དེ་བསྐོར་བ་གསང་ཆེན་གྱི་ལམ་རིམ་པར་བགྲོད་པའི་བརྡར་བསྟན་པ་ནི། ཨེ་མ་ཧོ། དད་པའི་སྙིམ་པ་ཁ་ཕྱེ་ནས། མཆོད་པའི་ཡོ་བྱད་འདི་ཡི་ཕྱོགས་འཐོར་བ། རྟག་ཆད་ལམ་གོལ་བཀག་པའི་སྒོ་གླེགས་ཞེས། རྒྱུ་འབྲས་མྱུར་པོའི་འགྲམ་གྱིས་གསལ་བར་བྱས། དེ་ལྟ་བུའི་གནས་ཆེན་འདི་རྒྱུ་འབྲས་ལྷུན་གྲུབ་ཏུ་སྤྱོད་པའི་ཞིང་ཁམས་ཡིན་པས། འདིའི་ཕྱོགས་སུ་དད་པས་མཆོད་པའི་ཡོ་བྱད་གཏོད་པ་དེ་དག་ལ་འབྲས་བུ་བསམ་པའི་རེ་བ་ཐམས་ཅད་མོད་ལ་འགྲུབ་པར་འགྱུར་བས་ན་མུ་སྟེགས་བྱེད་དག་གི་འདོད་པ་བཞིན། འཇིག་རྟེན་དབང་ཕྱུག་དང་། ཚངས་པ་དང་། ཁྱབ་འཇུག་ལ་སོགས་པས་བྱས་པ་དང་། རྒྱུ་མེད་པ་དང་། ངོ་བོ་ཉིད་རྒྱུར་བྱས་བདག་མ་ཡིན་པ་དང་། རྟེན་ཅིང་འབྲེལ་བར་འབྱུང་བ་ཡིན་པར་རྟོགས་པས། སྡིག་པ་སྤོང་། དགེ་བ་སྒྲུབ་པ་ནི་ལུགས་བླ་ན་མེད་པ་སྐྱེས་བུ་ཆུང་ངུའི་ལམ་ཞེས་གསལ་བར་བསྟན་ནོ། །ཁྱིམ་ནས་རབ་བྱུང་ཞེན་མེད་ཆས་གོས་ཀྱིས། །གྲུབ་པའི་བཤུལ་རྗེས་ལྟ་བའི་ཤེས་རབ་དང་། །རྩེ་གཅིག་བསྐོར་བའི་ཏིང་འཛིན་ཆེན་པོ་འདིས། །ཆགས་བྲལ་ལམ་གྱི་ཁེངས་པ་ཐུང་ངུར་བསྐྱིལ། །དེ་ཡང་། གནས་ཆེན་པོ་འདི་བསྐོར་བའི་ཚེ། ཁྱིམ་ནས་བྱུང་སྟེ། ཞེན་པ་མེད་པའི་ཆས། ཀུ་ཞྭ། ཀུ་ལྷམ་ལ་སོགས་སྙིག་ཆོས་ཀྱིས་མི་མཐུན་ཕྱོགས་སུ་གནས་པ་དགའ་འཆང་བ། སྔར་གྱི་གྲུབ་པ་ཐོབ་པའི་བཤུལ་སྙེག་པ་དང་། ཡིད་རྩེ་གཅིག་པས་སྐོར་བ་བསྐོར་བ་ནི་ཁྱིམ་ནས་ཁྱིམ་མེད་པར་རབ་ཏུ་བྱུང་དགོས་པ་དང་། དེ་ཡང་ཤཱཀྱའི་རྒྱལ་པོ་གཙོ་བོ་དེའི་རྗེས་སུ་སློབ་པས་ཚུལ་ཁྲིམས་ཕུན་སུམ་ཚོགས་པར་གནས་ཏེ། ཐོས་བསམ་གྱི་ཤེས་རབ་བསྐྱེད་པར་བྱ་བ་དང་། ཡིད་འདུ་འཛི་ལ་མ་ཆགས་པ་རབ་ཏུ་དབེན་པ་ཡིད་བྱེད་ཀྱི་ཏིང་ངེ་འཛིན་དང་། སྒོམ་བྱུང་གི་ཤེས་རབ་སྐྱེད་དགོས་པ་སྐྱེས་བུ་འབྲིང་ཉན་ཐོས་དང་། རང་སངས་རྒྱས་ཀྱི་ལམ་ཐམས་ཅད་ལེགས་པར་བསྟན་ནོ། །བྱམས་པས་རབ་བརླན་སྙིང་རྗེའི་འདམ་རྫབ་ཏུ། ཐབས་ཤེས་ཟུང་གི་གོམ་པ་འདོར་མཁས་པ། ཕ་རོལ་ཕྱིན་པའི་སྙིང་པོ་འདི་ཡིན་ཞེས། དགོངས་ནས་སྐལ་བཟང་ཡུན་རིང་དེ་ལ་དགྱེས། དེ་ཡང་རབ་ཏུ་བརླན་པའི་ནེའུ་གསེང་ལ། གོམ་པ་ལེགས་པར་འདོར་བ་ཡུན་རིང་པོར་བྱ་དགོས་པ་ནི། བྱམས་པའི་རླན་གྱིས་བརླན་པའི་སྙིང་རྗེའི་འདམ་རྫབ་ཏུ་ཐབས་ཀྱིས་འཕོར་བསྒྲུད་པ་དང་། ཤེས་རབ་ཀྱིས་དེ་མྱ་ངན་ལས་ཟློ་བར་བྱེད་པའི་བྱང་ཆུབ་ཀྱི་སེམས་ལ་ཡུན་རིང་པོར་སྦྱང་བ་སྐྱེས་བུ་ཆེན་པོའི་ལམ། ཕ་རོལ་ཏུ་ཕྱིན་པའི་ཐེག་པ་དག་གི་སྙིང་པོའོ། །ཞེས་གདམས་སོ། །

བོད་གླུངས་ཆོས་འབྱུང་ཆེན་པོའི་སྐོར་བཅུག་ནས། །གནས་སྲུང་གཉན་པོའི་དམ་ཚིག་ནོད་རྣམས་ལ། ། དཔལ་གྱི་གནས་སུ་ཉམས་རྟོགས་ཅིག་འཆར་བའི། །བྱིན་བབ་དེ་ལ་དཀྱིལ་འཁོར་མ་ལུས་བསྟན། ། དེ་ནས་བོད་རྗེ་མཚན་ཅན་ནས་གསོལ་བ་བཏབ་སྟེ་སྐོར་ཞུགས། གནས་སྲུང་གཉན་པ་འདི་ལྷ་བུ་ཡོད་ཀྱིས་བག་དང་ལྡན་པ་དགོས་པ་ལ་སོགས་བསྒྲགས། ཅིག་ཅར་དུ་དཔའ་བོ་དང་མཁའ་འགྲོ་མ་དག་གི་ཕོ་བྲང་དུ་དངོས་གྲུབ་བསྒྲུབ་པ་དང་། འཕྲིན་ལས་སྒྲུབ་པ། དགྲ་བགེགས་སྒྲོལ་བའི་མཆོ་ཐམས་ཅད་སྟོན་པ་ནི། རྡོ་རྗེ་ཐེག་པའི་དཀྱིལ་འཁོར་ཆེན་པོ་ལ། དང་པོར་ནང་འཇུག །དེ་ནས་དམ་ཚིག་དང་སྡོམ་པ་ལེན་པ་དག་ལ་གསང་བའི་འཇུག་པ། བྱིན་འབེབས་བྱས་ནས། དཀྱིལ་འཁོར་ཆེན་པོ་སྟོན་པ་བརྗོད་བསྟན་པའོ། །ཡིད་ཅན་སྡིག་ལ་ཆེར་གནག་སྒྲིན་གྱི་བུམ། སད་པའི་སྐབས་བགག་ན་བུན་མགུལ་དཀྲིས་ནས། ཐུགས་རྗེའི་ཆུ་རྒྱུན་ཕབ་ནས་ལུས་བཀྲུས་པ། དག་བྱེད་ཕྱིར་མི་ལྡོག་པའི་དབང་བསྐུར་ཡིན། ཕྱོགས་ཐམས་ཅད་སྤྲིན་སྔོན་པོ་རབ་ཏུ་འཁྲིགས་ཤིང་། ན་བུན་འཐུལ་བ། ཆར་གྱི་རྒྱུན་མི་ཟད་པར་འབབ་པ་ནི་ལུས་ཅན་རྣམས་ཀྱི་སྡིག་པ་ལ་ཆེར་གནག་པའི་བུམ་པ་བཟང་པོ་རས་དཀར་གྱི་ཟུར་ཕུད་ཅན་ནས་བདུད་རྩི་ལྷའི་རང་བཞིན་གྱི་ཆབ་འོངས་ཏེ། ལུས་ཀྱི་ཐིག་ལེ་སད་པའི་གནས་སྐབས་སྦྱོ་བ། རགས་པའི་སྡིག་སྒྲིབ་འབྱུད། སྐུ་རྡོ་རྗེའི་ནུས་པ་འཛོག་པ་བུམ་དབང་ངམ་ཕྱིར་མི་ལྡོག་པའི་དབང་བསྐུར་བ་སྟེ། བསྐུར་མཁན་ནི་མཁའ་ལ་སྤྱོད་པའི་དབང་མོ་རྣམས་སོ། ། ཞེས་པའི་བརྗོད། །རོང་བཞིའི་ནང་འབབ་ལ་བཞིར་འཛིག་པ་ཡིས། ཉི་ཟླའི་བགྲོད་པ་ལ་རླུ་ལམ་སྐབས་ཕྲལ་ནས། གསང་བའི་ཚོགས་རྫས་ལོངས་སྤྱོད་འདི་ཁོ་ན། སྟོད་ལྡན་རྣམས་ལ་གཉིས་པ་ཞེས་བསྒྲགས་སོ། །

རོང་ཆེན་པོ་བཞིར་བབས་ནས། ལ་ཆེན་པོ་བཞི་ལ་འཛེག་ལ། དེ་དག་ཏུ་ཚོགས་ཀྱི་འཁོར་ལ་དུ་མ་བསྐོར་བ་འདི་ཡང་བླ་མ་དང་གཉིས་སུ་མེད་པའི་བཅོམ་ལྡན་འདས་ཀྱི་ཁྲུ་བ་དང་། བཅོམ་ལྡན་འདས་མའི་རྟུལ་རྩ་སྟོང་ཕྲག་བདུན་ཅུ་རྩ་གཉིས་ནས་འཁོར་ལོ་བཞིའི་རོང་དུ་འབབ་པ་དང་། དེ་ཉིད་སློབ་མ་རང་རང་གི་འཁོར་ལོ་བཞིའི་ལར་འཛེག་པ། གསང་བའི་རྫས་བདུད་རྩི་ལྷ་ཁར་མྱོང་བས་ཏེ། ངག་གི་ཐིག་ལེ་རླུ་ལམ་གྱི་གནས་སྐབས་སྐྱེད་པ་ཕྲ་བའི་སྡིག་སྒྲིབ་འབྱུད། གསུང་རྡོ་རྗེའི་ནུས་པ་འཛོག་པའི་དབང་གཉིས་པ་གསང་བའོ་ཞེས་བསྒྲགས་སོ། །དེ་ནས་བཅུ་གཉིས་གླིང་གི་པད་ཅན་གྱི། ཁྲུ་བ་འཕྱུངས་པ་རི་བཞིའི་རྩེར་སོན་ཏེ། གཉིད་འཕྱུག་མུན་པ་འཛོམས་པ་ནམ་མཁའ་ཡིས། ཐིག་ལེར་རབ་གནས་གསུམ་པ་ཞེས་པར་བཏགས། དེ་ཡང་ཕོ་བྲང་བཅུ་གཉིས་ལ་སོགས་པའི་མཚོའི་ཆུ

འཕྲང་ཞིང་། རི་བཞིའི་རྩེ་ར་སོན་པས་ནམ་མཁའི་ཐིག་ལེ་ཉི་མ་ལྟ་བུར་གསལ་བ་ཉིད་དུ་གྱུར་པ་ནི། ཕྱག་རྒྱ་པདྨ་ཅན་གྱིས་བཞུ་བའི་བྱང་ཆུབ་ཀྱི་སེམས་དཀར་དམར་འདྲེས་པ་གསང་བའི་སྣ་རྩེས་འཕྲང་བ། དུས་དེ་ར་སྐུ་གསུང་ཐུགས་ཡེ་ཤེས་ཀྱི་ཐིག་ལེ་འཛག་མེད་དུ་བསྡམ་ནུས་པས་ཡིད་ཀྱི་ཐིག་ལེ་གཉིད་འཐུག་གམ་སྙོམས་འཇུག་གི་གནས་སྐབས་སྐྱེད་པ་ཤིན་ཏུ་ཕྲ་བའི་སྡིག་སྒྲིབ་འབྲུད་ཅིང་། ཐུགས་རྡོ་རྗེའི་ས་བོན་འཇོག་པ་གསུམ་པ་ཤེས་རབ་ཡེ་ཤེས། འཇིག་རྟེན་པའི་དབང་བཞི་པའི་མཐར་ཐུག་གི་བར་རོ། །དེ་ནས་ཕྱག་བཞིར་གཤེགས་ནས་སེང་གེས་ཁྲིད། །མངོན་པར་བྱང་ཆུབ་ཆེ་ལ་མཉམ་གཞག་པའི། །བསམ་གཏན་བཞིར་བཞུགས་གཡུ་མཚོ་ལྷ་མོའི་གླུས། །དགའ་ཡོ་ལ་དེར་འབྲས་བུའི་སྟོན་པར་བཞེངས། །དེ་ཡང་། ཕྱག་བཞིའི་ནང་དུ་ངལ་བསོ་བ་དང་། ཁྲི་བཞི་ལ་འདུག་པ་དང་། ཕོ་བྲང་གཡུ་མཚོ་འཁོར་བའི་གླུས་དགའ་ཡོ་ལར་སྐལ་བཟང་དུ་བྱེད་པ་ནི། སོ་སོ་རང་རིག་པས་མངོན་པར་བྱང་ཆུབ་པར་དབུགས་ཕྱུང་བ་དང་། ཞུ་བ་དེའི་མཚན་ཉིད་ཅན་རྒྱུའི་ཧེ་རུ་ཀ་སྒྲ་བོ་ཁྲལ་གྱི་བསམ་གཏན་བཞིར་ཞུ་དངས་མ་ཡེ་ཤེས་ཀྱི་མཁའ་འགྲོ་མ་བཞིའི་གླུས་བསྐུལ་བ། འབྲས་བུའི་ཧེ་རུ་ཀ་ཁ་སྦྱོར་གྱི་སྐུ་བཞི་པའི་ཐིག་ལེ། སྤང་བྱ་འཕོ་བའི་སྐབས་སྐྱེད་པ་ཐུན་མོང་རྣམ་ཤེས་ཀྱི་ཆོས་འཕྲུད་ཅིང་ཡེ་ཤེས་ཀྱི་རྡོ་རྗེའི་ནུས་པ་བཞག་པ་འཇིག་རྟེན་ལས་འདས་པའི་དབང་བཞི་པའོ། །གང་དུ་བག་ཡོད་དམ་ཚིག་སྤྱོད་པའི་འགོངས། །འབུམ་སྟེར་བསྐྱོད་པས་མ་ཆེན་ལུང་བཀྲལ་ནས། །མཐའ་ཡས་སྐྱེ་དགུའི་ཕན་བདེའི་གཞི་ཡིན་པའི། །གྲགས་པའི་གཏེར་ཆེན་སྐྱོང་བར་བྱ་བ་ཡིན། །དེ་ནས་གོམ་པ་ཤུགས་དྲག་པོས་མཁའ་འགྲོ་འབུམ་སྟེར་བགྲོད་ཅིང་། མ་ཆེན་གྱི་ལ་བཀྲལ་བའི་བར་ནི། དབང་བསྐུར་བ་ཐོབ་ནས། ཟུང་འཇུག་དམ་ཚིག་ཆེན་པོའི་སྤྱོད་པའི་གོམ་པ་རྩའི་ཞིང་ཁམས་འབུམ་སྟེར་འཇའ་ཚོན་དུ་སྦྱངས་པས། རིག་མའི་སྐྱེས་བུའམ། སངས་རྒྱས་སམ་ཁ་སྦྱོར་ཡན་ལག་བདུན་ལྡན་དུ་གྲུབ་པས་ཐམས་ཅད་དུ་སེང་གེའི་སྒྲ་སྒྲོགས་པའི་བརྡའོ། །འགའ་ལ་དང་པོ་དེ་དེ་བཏགས་པ་ཙམ། །ཞེས་པ་ནི་རིམ་གྱིས་པའི་གང་ཟག་ལ་བསྙོར་བ་དང་པོ་དེ། དབང་རྒྱུ་རྐྱེན་ཚོགས་པའི་དམིགས་པ་ཙམ་དུ་འགྱུར་བས། མཐོང་བ་ཡང་རི་མཚོ་སོགས་ཅི་རིགས་པར་རོ། །བར་མ་བྱིན་རླབས་བརྟན་པོ་ཙམ་ཞིག་སྟེ། ཞེས་པ། བར་མ་བསྙོར་བས་མོས་པས་སྨིན་པ་སྟེ། ཐམས་ཅད་ཀྱང་སྒྱུ་མའམ་གཟུགས་བརྙན་ཙམ་དུ་མཐོང་བར་འགྱུར་རོ། །མཐའ་མ་ཐམས་ཅད་ལྷ་རུ་ཡོངས་རྫོགས་པས། ཞེས་པས། ལན་གསུམ་པ་ནང་སྤྲུལ་པའི་ལྷ་ཞལ་ཧེ་ལྟ་བ་མཐོང་ཞིང་། དེས་སྨིན་པ་མཚན་ཉིད་པར་འགྱུར་ཏེ། ཐེག་ཆེན་གྱི་ལམ་ཐོབ་པ་ཞེས་བྱ་ལ། རྒྱལ་དབང་རྗེས། རབ་དང་མཆོག་རབ་ལ་ནི་

དངོས་ཉིད་དང་། འབྲིང་པོ་རྣམས་ལ་གཟུགས་བརྙན་སྣང་བ་ཙམ། མཐའ་མ་ལ་ཡང་མཚོ་དང་བྲག་ཕྱིར། ལན་གསུམ་གྱིས་འདི་འཁོར་ཞེས་འགྲོ་ལ་བསྟན་ཅེས་སོ། །དེ་ཡང་། རྗེ་དགོན་པའི་རི་པ་གསུམ་གྱིས་ཙ་རི་གནས་ནང་དུ། གཅིག་གིས་ལོ་གསུམ་བསྡད། གཅིག་གིས་ལོ་གཉིས་བསྡད། གཅིག་གིས་ལོ་གཅིག་ལས་མ་སྡད། སྔ་མ་གཉིས་ཀྱིས་གཡུ་མཚོ་མ་འཁོར། ཕྱི་མས་འཁོར། ཁོང་གསུམ་བསྡེབས་ནས་གྲུམ་མདར་བཙོང་མོ་ལ་ཆང་ཉོས། ལོ་སོང་བའི་གྲལ་རིམ་དུ་བསྡད་པས། བཙོང་མོ་ན་རེ། ཁྱེད་གསུམ་གྲལ་མགོ་མཇུག་ལོག་འདུག་པས་བཟའ་ག་ན་རྟེན་ཟེར། ཁོང་གཉིས་ལོ་གསུམ་དང་གཉིས་ལོན། ངས་གཅིག་ལས་མ་ལོན། གྲལ་མ་ལོག་བྱས་པས། ཁོང་གཉིས་ཀྱིས་གཡུ་མཚོ་མ་འཁོར་ཁྱེད་ཀྱིས་འཁོར་འདུག་པ་ཟེར། དེ་མཁའ་འགྲོ་མར་ངོ་ཤེས་བསྐོར་བས་དག་སྣ་ལེགས་པར་བྱུང་། དེ་བཞིན་འདན་མ་པ་ཞིག་གིས་ཀྱང་ལོ་གསུམ་ཡུལ་སྡོད་དུ་བསྡད། གཡུ་མཚོ་འཁོར་བར་དབུས་ལ་འགྲོ་བར་ཆས་རིབ་པ་ལར་སླེབ་ཙན། རྒྱབ་ནས་འཕེན་འཕེན་པ་གསུམ་བྱུང་། ཕྱི་བལྟས་བྱས་པས། བུ་མོ་གཞོན་ནུ་མ་སྨར་སེ་ཁྱུག་གེ་བ་ཡོད་པ་ཞིག་འདུག་པ་ན་རེ་ཁྱོད་གར་འགྲོ། རི་ཐོས་པ་འཁོར་བ་ཟེར། ལོ་གསུམ་སོང་འཁོར་ཟིན་བྱས་པས། ཕོ་བྲང་གཡུ་མཚོ་མ་འཁོར། དངོས་གྲུབ་མ་ཐོབ་པར་མ་འགྲོ་ཟེར་ཏེ་ཡལ་སོང་། མཁའ་འགྲོ་མར་ཤེས་ནས་གཡུ་མཚོ་བསྐོར། ལོ་བཞུགས་བྱས་པའི་དང་པོའི་ལོ་ལ། ཕོ་བྲང་ལ་མཆོད་རྟེན་བརྒྱ་རྩ་བསྐོར་བར་མཐོང་། གཉིས་པ་ལ་ལྷ་ཁང་། གསུམ་པ་ལ་སྤྲུལ་པའི་ལྷ་ཚོགས་འགའ་མཐོང་། སྒོམ་ཆེན་དགའ་མོ་ཞིག་བྱུང་བ་ཡིན་ནོ། །འགའ་ཞིག་གིས། གལ་ཏེ་གནས་ཆེན་ཡིན་ན་ཡང་། །ཡུལ་དེར་འགྲོ་བའི་གང་ཟག་ནི། །དབང་བསྐུར་ཐོབ་ཅིང་དམ་ཚིག་ལྡན། །བརྡ་དང་བརྡ་ཡི་ལན་ཤེས་ཤིང་། །རིམ་གཉིས་རྟོགས་པ་བརྟན་པ་ཡིས། །སྤྱོད་པའི་དོན་དུ་རྒྱུ་བར་གསུངས། །དེ་ལྟ་མིན་པའི་གང་ཟག་གིས། །ཡུལ་དེར་འགྲོ་བ་བཀྲད་ལས་བཀག །ཅེས་དང་། གལ་ཏེ་གསང་སྔགས་མི་སྒོམ་ཞིང་། །རྟོགས་པ་ཡོད་པར་རློམ་པ་ཡིས། ཡུལ་དེར་ཕྱིན་ན་བར་ཆད་འབྱུང་། །ཅི་ཡང་མེད་པའི་སྒོམ་ཆེན་གྱིས། །ཕྱིན་ཀྱང་ཕན་གནོད་གང་ཡང་མེད། །ཟེར་བ་རང་ཚིག་ནང་འགལ་ཏེ། །སྤྱོད་པ་རན་པ་ལས་གཞན་པའི་གང་ཟག་གིས་འགྲོ་བཀྲད་ལས་བཀག་ན། གཞན་དེར་ཕྱིན་ན་ཕན་གནོད་མེད་རབ་ཤད་པ་གར་འཐད། བདེ་གཤེགས་བཀའ་འདས་དངོས་སམ། ཉེ་བར་འབྱུང་བས་སོ། །རྒྱུད་ལས་བཀག་ཅེས་སྨྲ་བ་ཡང་འཆལ་བ་སྟེ། འཕགས་པ་སྤྱན་རས་གཟིགས་ཀྱི་དྲི་མེད་འོད་དུ། དེ་ལྟར་མཁའ་འགྲོ་མའི་དྲ་བ་སྡོམ་པ་གཉིས་འགྱུར་ནི་འཇིག་རྟེན་པའི་ཡུལ་གྱི་ཐ་སྙད་ཀྱིས་བྱིས་པའི་སྐྱེ་བོ་རྣམས་བསླུ་བའི་སླད་དུ

གསུངས་སོ་ཞེས་འབྱུང་བ་དང་། ཡང་། འདིར་ཐུན་མོང་དུ་ཁྱིས་པ་རྣམས་ཡུལ་དུ་ཁྲམ་པའི་དོན་དུ་ཛྙཱ་ལནྡྷ་ར་ལ་སོགས་པའི་གནས་རྣམས་གསུངས་ཤིང་། ཞེས་འབྱུང་ལ། ཁྲམ་པ་ཞེས་པ་ཡང་། ནཱ་རོ་འགྲེལ་ཆེན་དུ། སྦྱོར་བཏང་དུ། ཁྱིས་པ་རྣམས་ཀྱིས་བསྐོར་བའི་དོན་དུ་ཛྙཱ་ལནྡྷ་ར་ལ་སོགས་པའི་གནས་གསུངས་པ་ཞེས་འབྱུང་བས་སོ། །འདི་བསྐོར་བ་ནི་སྡིག་སྒྲིབ་སྦྱོང་བའི་ཐབས་མཆོག་ཡིན་པ་དང་། འདིར་གསང་སྔགས་ཀྱི་ལྷ་ཚོགས་ལ་དམིགས་ཏེ། གཏོར་མ། ཚོགས་ཀྱི་འཁོར་ལོ་ཕུལ་བས། ལྷ་དེ་དག་མཉེས། བསོད་ནམས་ཀྱི་ཚོགས་རྫོགས་པ་ཡིན་ལ། དེ་ལ་རྣམ་པར་མི་རྟོག་པ་ངོ་མཚར་པོ་རྙེད་པས། བསོད་ནམས་ཡེ་ཤེས་ཚོགས་རབ་བསགས། །རྫོགས་པའི་སངས་རྒྱས་རབ་མཉེས་བྱས། །ཆོས་ལ་མི་རྟོག་ཡེ་ཤེས་ནི། །སྐྱེ་ཕྱིར་དེ་ནི་དམ་པར་འདོད། །ཅེས། ཚུལ་དེས་ཡེ་ཤེས་ཀྱི་ཚོགས་རྫོགས་ལ་སྒྲིབ་གཉིས་སྦྱོང་། ཚོགས་གཉིས་གསོག་པ་ལས་ལྷག་པའི་སངས་རྒྱས་སྒྲུབ་པའི་ཐབས་གར་ཡང་མེད་དོ། །

དེ་བས་ན། སློབ་དཔོན་ཨཱརྻ་དེ་ཝས་སེམས་ཀྱི་སྒྲིབ་སྦྱོང་དུ། དེ་ཕྱིར་བསམ་པའི་རྩ་བ་ལ། བསོད་ནམས་སྡིག་པ་རྣམ་པར་གནས། ཞེས་གསུངས་པ་ཡིན་པས། རང་གིས་རང་མི་བསླུ་བ་ལེགས་པར་འདོད་པ་དག་གིས་གནས་འདི་བསྐོར་བ་དང་། འདི་ལ་མཆོད་པ་དང་། འདིར་གནས་པ་དག་ཀུང་དགེ་བའི་བཤེས་གཉེན་ཉིད་དུ་བལྟ་སྟེ། རང་གི་ལུས་སྲོག་ཁྱད་དུ་བསད་ནས། སྐྱེ་དགུ་ཐམས་ཅད་ཀྱི་ཆེད་དུ་ཕན་བདེ་བསྒྲུབ་པས་བྱང་ཆུབ་སེམས་དཔའ་འབའ་ཞིག་གོ། །ཞེས་ཤེས་པར་བྱས་ནས། བཀུར་སྟི་རིམ་གྲོས་མཉེས་པར་བྱ་སྟེ། དེ་བྱས་ན། ཡིད་བཞིན་གྱི་ནོར་བུ་ཡི་དོར་བྱས་ཏེ། རྒྱལ་མཚན་གྱི་རྩེ་མོ་ལ་བཏགས་པར་མཆོད་པ་བཞིན། གང་འདོད་པའི་དོན་ཐམས་ཅད་བདེ་བླག་ཏུ་འགྲུབ་པ་ཡིན་ནོ་ཞེས་གདམས་སོ། །དེ་སྐད་རྡོ་རྗེ་འཆང་གིས་གསང་བ་བྱིན། །དཀར་བརྒྱུད་བླ་མའི་ཚ་བོ་དེས་སླུས་ཆེ། །ཊཱ་ཀིའི་ཞལ་གྱི་པདྨོ་ལོ་ལོའི་འཛུམ། །མ་ལུས་བདག་ལ་ཐོད་བཞིན་འཆིང་བར་མཛད། །ཅེས། ཙ་རི་ཏྲ་བསྐོར་བ་ཡང་། གསང་ཆེན་གྱི་ལམ་རིམ་པར་བགྲོད་པའི་བརྡར་མཐོང་བ་ལྟར། གཞན་ལ་སྨིན་པའི་ཆོས་སུ་རྒྱུས་པར་བསྟན་པ། པད་དཀར་ལེགས་བཤད་ཅེས་བྱ་བ། ཅིག་ཅར་དཔལ་གྱི་ནགས་ལྗོངས། རྡོ་རྗེ་འཛིན་པ་ཆེན་པོ་རྣམས་མངོན་པར་དགའ་བའི་གཞལ་མེད་ཁང་དུ་སྒྱུར་བའི་ཡི་གེ་ཉུང་ངུ། སླར་རྣམ་པར་ཕྱེ་བ་བྱུར་ཕུན་ཚོགས་རབ་བརྟན་དུ་བགྱིས་པ་འཇིག་རྟེན་ཐམས་ཅད་དུ་བདེ་ལེགས་སུ་གྱུར་ཅིག། །།

རྒྱལ་བ་འགྲོ་བའི་ཆོས་དོར་གཟུགས་ཅི་ཡང་། །དེ་ཕྱིར་མཁས་པ་དོན་ལྡན་དེ་མི་དགག །

འདིར་ཞེན་ཆེ་ལ་དེ་སྐད་གཞན་གོང་འདོན། །བདག་ཉིད་ཆེ་ལུགས་དེ་ལ་བདག་ཀྱང་གུས། །རང་ལུགས་བ་རྟེའི་ཆུ་ཡང་ཡན་ལག་བརྒྱད། །སྒྲུབ་རྩོམ་གཞན་ཚིག་དག་པ་གཏྨའི་རྒྱན། །རྩོག་ཆོས་སྤྲིན་རྒྱ་ཆེ་སྤྲེལ་བའི་ཆེད། །བར་བཞེངས་གླེགས་བུ་རེ་རེ་ལ། །དངུལ་ཀྱང་ཡོན་འབྱེད་མཛད་པོ་ནི། །ཆོས་རྒྱལ་བསོད་ནམས་རྒྱལ་མཚན་ནོ།། །།

༄༅། །བསྟན་པ་བྱུང་ཚུལ་གྱི་སྒྲོན་མེ་བཞུགས་སོ། །

བླ་མ་དམ་པ་རྣམས་ལ་ཕྱག་འཚལ་ལོ། །གང་ཞིག་ཡོན་ཏན་བསམ་གྱིས་མི་ཁྱབ་པའི། །རྣམ་འཕྲུལ་ཕྲིན་ལས་དཔག་ཏུ་མེད་པ་ཡིས། །མཁའ་མཉམ་འགྲོ་ཀུན་བདེ་ལ་འགོད་མཛད་པའི། །རྫོགས་སངས་རྒྱས་ཀྱིས་འགྲོ་ཀུན་རྒྱལ་གྱུར་ཅིག །དེ་ལ་རབ་ཏུ་གུས་པས་ཕྱག་འཚལ་ཏེ། །བདག་དང་སྐལ་མཉམ་འགའ་ལ་ཕན་བྱ་དང་། །བདག་ཉིད་དྲན་ཕྱིར་མདོ་ཡི་རྗེས་འབྲངས་ཏེ། །བསྟན་པ་བྱུང་ཚུལ་ཅུང་ཞིག་བཤད་པར་བྱ། །དེ་ལ་སྤྱིར་ཡང་དག་པར་རྫོགས་པའི་སངས་རྒྱས་གདན་ལ་མ་ཕེབས་ན། དེས་བསྟན་པའི་ཆོས་གདན་ལ་མི་ཕེབས། དེ་མ་ཕེབས་ན་ཡང་དག་པའི་ལམ་དུ་འཇུག་མི་ཤེས། དེར་མ་ཞུགས་ན་འབྲས་བུ་ཐམས་ཅད་མཁྱེན་པའི་སངས་རྒྱས་མི་ཐོབ་པས། བསྟན་པ་དང་པོར་བྱང་ཆུབ་མཆོག་ཏུ་སེམས་བསྐྱེད། བར་དུ་བསྐལ་པ་གྲངས་མེད་གསུམ་དུ་ཚོགས་བསགས་འདིའི་བདག་པོ་ཡང་དག་པར་རྫོགས་པའི་སངས་རྒྱས་ཤཱཀྱ་ཐུབ་ཐ་མ་མཛད་པ་བཅུ་གཉིས་ཀྱིས་སངས་རྒྱའོ་པ་ཞེས་བྱ་བ་སྟེ། དང་པོར་བྱང་ཆུབ་མཆོག་ཏུ་ཐུགས་བསྐྱེད་པའི་བསྐྱེད་ལུགས་མང་པོ་ཞིག་ཡོད་དེ། སྙིང་རྗེ་པདྨ་དཀར་པོ་ལས། སྔོན་བྱུང་བ་བསྐལ་པ་གྲངས་མེད་པ་གནྟའི་ཀླུང་གི་བྱེ་མ་སྙེད་འདས་པ་ན། སངས་རྒྱས་ཀྱི་ཞིང་འདིར་བསྐལ་པ་ཆེན་པོ་འཛིག་རྟེན་ཞེས་བྱ་བ་བྱུང་སྟེ། དེར་གླིང་བཞི་ལ་དབང་བའི་འཁོར་ལོས་བསྒྱུར་བའི་རྒྱལ་པོ་རྩིབས་ཀྱི་མུ་ཁྱུད་ཅེས་བྱ་བའི་སྲས། དེ་བཞིན་གཤེགས་པ་རིན་པོ་ཆེའི་སྙིང་པོ་ཞེས་བྱ་བ། མངོན་པར་རྫོགས་པ་སངས་རྒྱས་ནས་འགྲོ་དོན་དཔག་ཏུ་མེད་པ་དང་ཡུལ་འཁོར་དེར་བྱས་ཏེ། རྒྱལ་པོ་ཡབ་དང་རྒྱལ་༡༧༨ ཟ་རྒྱལ་རིགས་མ་ཉམས་པ་བུ་སྟོང་གིས་ཀྱང་ཟླ་བ་གསུམ་དུ་བསྙེན་བཀུར་བྱས་ནས། རྒྱལ་པོ་ལ་སོགས་པ་སེམས་ཅན་དཔག་ཏུ་མེད་པས་སེམས་བསྐྱེད། ཡུལ་ཁམས་དེར། ཞིང་གཞན་དང་གཞན་དུ་སངས་རྒྱས་པར་ལུང་བསྟན་ཏོ། །

དེ་ནས་རྒྱལ་པོ་དེའི་མདུན་ན་འདོན་གྱི་གཙོ་བོ་བྲམ་ཟེ་རྒྱ་མཚོའི་རྡུལ་ཞེས་བྱ་བ་ཞིག་གིས། དེ་བཞིན་གཤེགས་པ་དེ་ལོ་བདུན་དུ་བསྙེན་བཀུར་ཏེ། སེམས་ཅན་ཐམས་ཅད་ཀྱི་དོན་དུ་སྙིང་རྗེ་ཆེན་པོ་དང་ལྡན་པས། རྩོད་པའི་དུས་མ་དག་པའི་ཞིང་དུ་སྐྱེ་བར་སངས་རྒྱ་བར་བྱ་བའི་ཕྱིར་སྨོན་ལམ་ལྔ་བརྒྱ་གྲངས་ངེས་པ་བཏབ་ནས་སེམས་བདག་གིས་སེམས་བསྐྱེད་དང་སྨོན་ལམ་དེ་ཚོ་འགྲུབ་ན་བསྐྱེད་རེ་རེ་བ་རྫོགས་ནས་ལུང་བསྟན་དུ་གསོལ་ཞེས་ཞུས་པས། དེ་བཞིན་གཤེགས་པ་དེ་དག་ཀྱང་རྩོད་པའི་དུས་མ་དག་པའི་ཞིང་དུ་སྨོན་ལམ་འདེབས་པ་ནི། བྱང་ཆུབ་སེམས་དཔའ་རྣམས་ཀྱི་ནང་ནས་ཀྱང་བསྔོད་ཅིང་བསྔགས་ཏེ། མ་འོངས་པའི་བསྐལ་པ་བཟང་པོ་ཞེས་བྱ་བ་ཚེ་ལོ་བརྒྱ་པ་སྙིགས་མ་ལྔ་དང་ལྡན་པའི་དུས་སུ། ཡང་དག་པ་རྫོགས་པའི་སངས་རྒྱས་ཤཱཀྱ་ཐུབ་པ་ཞེས་བྱ་བར་མངོན་པར་རྫོགས་པར་སངས་རྒྱས་ཏེ། ལོ་བཞི་ཅུ་རྩ་བཞིའི་སུམ་ཅུ་སོ་ལྔ་ནས་བརྒྱད་ཅུའི་བར་དུ་འགྲོ་དོན་མཛད་པར་དུ་འགྲོ་བའི་དོན་བྱེད་པར་འགྱུར་རོ། །དེ་ནས་ཡོངས་སུ་མྱང་ངན་ལས་འདས་ནས་ཀྱང་། དམ་པའི་ཆོས་གནས་པར་འགྱུར་རོ། །ཞེས་ལུང་བསྟན་པ་ཡིན་ནོ། །

མདོ་བསྐལ་པ་བཟང་པོ་ལས་ནི། ངའི་སྔོན་ཚེ་དམན་པར་གྱུར་པ་ན། །དེ་བཞིན་གཤེགས་པ་ཤཱཀྱ་ཐུབ་ཆེན་པོ་དེ་ལ། །འཇིམ་གོང་དག་ནི་དབུལ་བ་བྱས་ནས་ནི། །དང་པོ་བྱང་ཆུབ་མཆོག་ཏུ་སེམས་བསྐྱེད་དོ། །ཞེས་པ་ལ་སོགས་པ་རྣམས་ཀྱང་འགལ་བ་མེད་དོ། །དུས་གཞན་དང་གནས་སྐབས་གཞན་དུ་ཐུགས་བསྐྱེད་པའང་། ལྷུར་གཤེགས་པ་ལས། མཚུངས་པ་བཞི་ལ་དགོངས་ནས། འོད་སྲུང་ལོག་པ་དང་སེལ་དང་། །གསེར་ཐུབ་དག་ཀྱང་ང་ཡིན་ཞེས། །མཉམ་པ་ཉིད་ལ་མཉམ་གྱུར་པས། །རྒྱུ་ཚོགས་གཉིས་རྫོགས་པར་མཉམ། འབྲས་བུ་ཆོས་སྐུ་ཐོབ་པར་མཉམ། གཟུགས་སྐུ་འགྲོ་དོན་བྱེད་པར་མཉམ་མོ། །སངས་རྒྱས་ལ་བཟང་ངན་མེད་པར་མཉམ་མོ། །རྒྱལ་བའི་སྲས་ལ་ངས་བཤད་དོ། །ཞེས་གསུངས་པ་ལྟ་བུ་ཡང་སྲིད་པའི་ཕྱིར་རོ། །དེ་ནས་བསྐལ་པ་གྲངས་མེད་གཉིས་སྦྱོར་ལམ་ནས་མཐོང་ལམ་ལ་གྲངས་མེད་པ་གཅིག་ལ་བབས་པའི་དུས་སུ། རྒྱལ་པོའི་ཕོ་བྲང་མར་མེ་བདེ་ལྡན་དུ་བྲམ་ཟེའི་ཁྱེའུ་བློ་གྲོས་བཟང་པོས་ཨུཏྤལ་སྔོན་པོ་ལྔ་གཏོར་ནས་ལུང་བསྟན་པ་ལས་བརྒྱ་པ་ལས་བཤད་པ་དང་། དཀོན་མཆོག་བརྩེགས་པའི་བྱང་ཆུབ་སེམས་དཔའི་སྡེ་སྣོད་ལས། བྲམ་ཟེ་གཞོན་ནུ་སྤྲིན་དང་། རྒྱལ་པོའི་ཕོ་བྲང་པདྨ་ཅན་ཞེས་གསུངས་པ་གཉིས་ཀྱང་དོན་གཅིག་པ་གོང་མ་དང་གཉིས་སྟེ། མིང་གི་རྣམ་གྲངས་སུ་ཤེས་པར་བྱའོ། །དེ་ནས་བསྐལ་པ་གྲངས་མེད་གསུམ་མཐོང་ལམ་ནས་མཐར་ཕྱིན་པའི་ལམ་ལ་གྲངས་མེད་པ་གཅིག་སྟེ་གྲངས་མེད་གསུམ་མོ་གྱི་ཐ་མ་ལ། མདོ་རྒྱ་ཆེར་རོལ་པ་ལས། མཛད་པ་བཅུ་གཉིས་ཀྱི་སྒོ་ནས་མངོན་པར་རྫོགས་པ་སངས་

རྒྱས་པ་སྟེ། མཛད་པ་དང་པོ་དགའ་ལྡན་གྱི་གནས་ནས་འཕོས་པ་དང་། གཉིས་པ་ཡུམ་གྱི་ལྷུམས་སུ་ཞུགས་པ་དང་། གསུམ་པ་སྐུ་བལྟམས་པ་དང་། བཞི་པ་བཟོའི་གནས་ཐམས་ཅད་ལ་མཁས་པ་དང་། ལྔ་པ་བཙུན་མོའི་འཁོར་གྱིས་དགྱེས་པར་རོལ་པ་དང་། དྲུག་པ་མངོན་པར་འབྱུང་བ་དང་། བདུན་པ་ཆུ་བོ་ནཻ་ར་ཉྫ་ནའི་དྲུང་དུ་དཀའ་ཐུབ་ལོ་དྲུག་མཛད་པའི་ཐ་མ་མཛད། དེ་ཁོ་ན་ཉིད་བསྟུས་པ་ལས། དེ་བཞིན་གཤེགས་པ་ཐམས་ཅད་ཀྱིས་སངས་རྒྱས་ཀྱི་ཞིང་འདི་ར་དཔེར་ན་ཏིལ་གྱི་གོང་བུ་བཞིན་དུ་གང་བར་གྱུར་ཏེ། བྱང་ཆུབ་སེམས་དཔའ་དོན་ཐམས་ཅད་གྲུབ་པ་གན་བ་དེར་བྱོན་ཏེ། དེ་ལ་ལོངས་སྤྱོད་རྫོགས་པའི་སྐུར་བསྟན་ནས། རིགས་ཀྱི་བུ་ཁྱོད་གང་གི་ཚེ། དེ་བཞིན་གཤེགས་པ་ཐམས་ཅད་ཀྱང་དེ་ཁོ་ན་ཉིད་མ་རྟོགས་པར་དཀའ་བ་སྤྱད་པ་ཐམས་ཅད་ལ་སྤྲོ་བ་བསྐྱེད་ཅིག །ཇི་ལྟར་བླ་ན་མེད་པ་ཡང་དག་པར་རྫོགས་པའི་བྱང་ཆུབ་ཏུ་མངོན་པར་རྫོགས་པ་སངས་རྒྱས་པར་བྱ་སྙམ་པས། ཞེས་བཀའ་སྩལ་ནས། དེ་ནས་བྱང་ཆུབ་སེམས་དཔའ་ཆེན་པོ་དོན་ཐམས་ཅད་གྲུབ་པ་དེ། དེ་བཞིན་གཤེགས་པ་ཐམས་ཅད་ཀྱིས་བསྐུལ་བས། མི་གཡོ་བའི་ཏིང་ངེ་འཛིན་ལས་བཞེངས་ཏེ། དེ་བཞིན་གཤེགས་པ་ཐམས་ཅད་ལ་ཕྱག་བཙལ་ནས་འདི་སྐད་ཅེས་གསོལ་ཏོ། །བཅོམ་ལྡན་འདས་དེ་བཞིན་གཤེགས་པ་རྣམས་ཀྱི་དེ་ཁོ་ན་ཉིད་ཇི་ལྟ་བུ་ལགས། ཇི་ལྟར་བསྒྲུབ་པར་བགྱི་བ་བཀའ་སྩལ་དུ་གསོལ་ཞེས་གསོལ་པ་དང་། དེ་བཞིན་གཤེགས་པ་ཐམས་ཅད་ཀྱིས་སྐུ་དང་གསུང་དང་ཐུགས་ཀྱིས་ཐམས་ཅད་མཐུན་པར་ཡང་དག་པའི་དོན་དེ་དེ་ཁོ་ན་ཉིད་བསྟན། བསྟན་པར་མཛད་ནས། དེ་བཞིན་གཤེགས་པ་ཐམས་ཅད་ཀྱི་སྐུ་གསུང་ཐུགས་རྡོ་རྗེའི་དབྱིངས་ཇི་སྙེད་པ་དེ་ཐམས་ཅད་བྱང་ཆུབ་སེམས་དཔའི་རྡོ་རྗེ་དེ་ར་ཆོས་ཀྱི་དཀྱིལ་འཁོར་བཞུགས་ཏེ། རྡོ་རྗེ་དབྱིངས་ཞེས་བྱ་བར་མིང་གི་དབང་བསྐུར་རོ། །དེ་ནས་བཅོམ་ལྡན་འདས་དེ་བཞིན་གཤེགས་པ་ཐམས་ཅད་ཀྱི་མངོན་པར་དབང་བསྐུར་བསཤེས་བྱའི་སྒྲིབ་པ་དག་བྱང་ཆུབ་སྟེ། བརྟན་པར་མཛད་ནས། དེ་བཞིན་གཤེགས་པ་ཐམས་ཅད་ཀྱི་ཐུགས་འོད་གསལ་བའི་ངང་དུ་མངོན་པར་བྱང་ཆུབ་རྫོགས་པ་སངས་རྒྱས་པ་སྟེ། དེ་ཁོ་ན་སྙིང་པོ་ངོ་བོ་སངས་རྒྱས་འབྲས་བུ་ཆོས་སྐུར་ཐོབ་པའོ་ཞེས་བྱའོ། །དེ་ལྟར་ན་ལང྄ཀར་གཤེགས་པ་ལས། འདོད་པའི་ཁམས་དང་གཟུགས་མེད་དུ། །སངས་རྒྱས་མངོན་པར་སངས་མི་རྒྱ། །གཟུགས་ཀྱི་ཁམས་ཀྱི་འོག་མིན་དུ། །འདོད་ཆགས་བྲལ་བ་འོག་མིན་དུ་ལོངས་སྐུར་སངས་རྒྱ་བ་ལ་དགོངས་པ་ཡིན་ཁྱོད་རྒྱའོ། །ཞེས་པ་དང་འགལ་ལོ་ཟེར་ན་མི་འགལ་ཏེ། གཞན་ཡང་། ལང྄ཀར་གཤེགས་པ་ལས། གཟུགས་ཡོད་དང་ནི་གཟུགས་མེད་དང་། །འདོད་པའི་ཁམས་དང་མྱ་ངན་འདས། །སེམས་ཀྱི་སྤྱོད་ཡུལ་ཐམས་ཅད་ཀུན། །ལུས་འདི་ཉིད་དུ་བསྟན་པ་ཡིན། །ཞེས་

པས། ཐེག་པ་ཆེན་པོའི་ལུགས་ཀྱི་ཆོས་ཐམས་ཅད་རང་གི་སེམས་ཡིན་པས། བྱང་ཆུབ་སེམས་དཔའ་དོན་ཐམས་ཅད་གྲུབ་པའི་སྐུ་དེ་ཡང་། དང་པོ་འདོད་ཁམས་པའི་ཚུལ་བསྟན་ཡང་། དེ་གནས་འགྱུར་བས་ས་བཅུའི་དབང་ཕྱུག་སྒྱུ་མ་ལྷ་བུའི་སྐུ་མངོན་དུ་བྱས་ཏེ། བཞུགས་པའི་གནས་ལ་འོག་མིན་ཞེས་བྱའོ། །

དེ་ཡང་རྡོ་རྗེའི་རྩེ་མོ་ལས། །ཤེས་རབ་ཆེན་པོ་ས་མཐར་ཕྱིན། །གང་གིས་དབང་ནི་ཐོབ་གྱུར་ནས། །འོག་མིན་གང་གི་ཡང་འོག་ཏུ་མ་ཚུད་པས་སྟུག་པོ་ཉམས་དགའ་བར། །བློ་གྲོས་རིན་ཆེན་བཞུགས་པར་འགྱུར། །ཞེས་གསུངས་པ་ཡིན་ནོ། །ཡང་དེ་ཁོ་ན་ཉིད་བསྡུས་པ་ལས། དེ་བཞིན་གཤེགས་པ་ཐམས་ཅད་ཀྱིས། །མཉམ་པ་ཉིད་ཀྱི་ཡེ་ཤེས་བསྐྱེད། །ནམ་མཁའི་སྙིང་པོས་རབ་ཏུ་དབང་བསྐུར། །ཀུན་ཏུ་སྤྱན་རས་གཟིགས་ཀྱི་དབང་པོས་ཆོས་ཀྱི་ཡེ་ཤེས་བསྐྱེད། དེ་བཞིན་གཤེགས་པ་ཐམས་ཅད་ཀྱིས་ཕྲིན་ལས་ཐམས་ཅད་བཞག་ནས། རི་རབ་ཀྱི་རྩེ་མོ་གང་ན་ཁང་བུ་ཐུགས་ལོངས་སྐུའི་ཚུལ་བསྟན་པ་བརྩེགས་པ། རྡོ་རྗེ་རྩེ་མོ་དང་། ནོར་བུ་རཏྣ་ལས་བྱས་པ། གང་ན་བ་དེར་གཤེགས་ནས། དེ་བཞིན་གཤེགས་པ་རྡོ་རྗེའི་ཉིད་དབྱིངས་དེ་བཞིན་གཤེགས་པ་ཐམས་ཅད་དུ་བྱིན་གྱིས་བརླབས་ནས། དེ་བཞིན་གཤེགས་པ་ཐམས་ཅད་ཀྱི་སེང་གེའི་སྟན་ལ་དཔལ་ལྡན་སེང་གེའི་ཁྲི་འོང་བའི་རྒྱ་མཚན་ཞལ་ཀུན་བསྟན་ཏེ་བཞུགས་པར་གྱུར་ཏོ། །དེ་ནས་དེ་བཞིན་གཤེགས་པ་མི་བསྐྱོད་པ་དང་། དེ་བཞིན་གཤེགས་པ་རིན་ཆེན་འབྱུང་དང་། དེ་བཞིན་གཤེགས་པ་སྤྱན་རས་གཟིགས་དབང་པོའི་རྒྱལ་པོ་དང་། དེ་བཞིན་གཤེགས་པ་རིགས་ལྔ་གདོན་མི་ཟ་བར་གྲུབ་པ་རྣམས། དེ་བཞིན་གཤེགས་པ་རྣམ་སྣང་རིགས་བཞིའི་སྤྲུལ་པའོ་སོ་སོ་ནས་བདག་ཉིད་ཀྱི་བྱིན་གྱིས་བརླབས་ཏེ། བཅོམ་ལྡན་འདས་ཤཱཀྱ་ཐུབ་པ་དེ་བཞིན་གཤེགས་པ་ཐམས་ཅད་མཉམ་པ་ཉིད་དུ་རབ་ཏུ་རྟོགས་པའི་ཕྱོགས་ཐམས་ཅད་རིགས་བཞི་དུ་མཉམ་པ་ཉིད་དུ་དམིགས་ནས་ཕྱོགས་བཅུར་བཞུགས་སོ། །ཞེས་བྱ་བ་ལ་སོགས་པའི་ཕྲིན་ལས་མཛད་པ་རྣམས་ནི་སྤྲུལ་པའི་སངས་རྒྱས་ཞེས་བྱའོ། །ཆོས་སྐུའི་དང་ནས་ལོངས་སྐུའི་ཚུལ་བསྟན་པའོ། །

སློབ་དཔོན་ཡོ་གའི་གཞུང་དྲངས་སངས་རྒྱས་གསང་བའི་ཞལ་སྔ་ནས། སྤྲུལ་པའི་དཀའ་ཐུབ་ཁོང་པ་ནས། །ཡེ་ཤེས་སྣང་མཛད་ལུས་སུ་གཤེགས། །རི་རབ་རྩེ་མོར་འཁོར་ལོ་བསྐོར། །དེ་ཡང་རྫོགས་པའི་གཟུགས་སྐུ་ཡིན། །ཞེས་གསུངས་པ་ཡིན་ནོ། །ཕལ་ཆེན་ལས་ཀྱང་། བཅོམ་ལྡན་འདས་ཀྱི་རྫུ་འཕྲུལ་མངོན་པར་འདུ་མཛད་དེ་མ་བསྡུས་པར་བྱང་ཆུབ་ཀྱི་ཤིང་དྲུང་ནས། རི་རབ་ཀྱི་རྩེ་མོའི་ལྷའི་དབང་པོ་བརྒྱ་བྱིན་གྱི་རྣམ་པར་རྒྱལ་བའི་གནས་ན་བ་དེར་གཤེགས་པར་སྣང་ངོ་ཞེས་པ་དང་། ལྷའི་

དབང་པོས་བསྟུས་ཏེ། བགྲ་ཤིས་བྱས་པར་ཡང་ཐམས་ཅད་མཐོང་བར་གྱུར་ཏོ། །དེ་ནས་བྱང་ཆུབ་སེམས་དཔའ་ཆོས་ཀྱི་བློ་གྲོས་ཀྱིས་སྨྲས་པ། སྣང་བ་དྲི་མ་མེད་ལ་ལྟོས། རི་རབ་རྩེ་མོ་ཐམས་ཅད་ལ། །མགོན་པོ་སངས་རྒྱས་དག་ནི་རབ་ཏུ་སྣང་། །རྣམ་པར་རྒྱལ་བ་ཀུན་ན་བཞུགས། །ལྷའི་དབང་པོ་ཐམས་ཅད་ཀྱི། །སྤྱན་དྲངས་ཞིང་ནི་གཤེགས་པར་གྱུར། །ཅེས་གསུངས་པ་ཡིན་ནོ། །

ཡང་དེ་ཉིད་བསྡུས་པ་ལས། བྱང་ཆུབ་སེམས་དཔའ་ཀུན་ཏུ་བཟང་པོ་དེ་ཡང་དེ་བཞིན་གཤེགས་པ་ཐམས་ཅད་ཀྱི་ཐུགས་ལ་གནས་པ་སྟེ། དེ་བཞིན་གཤེགས་པ་ཐམས་ཅད་ཀྱི་གྲུབ་པའི་རྡོ་རྗེ་ལག་ཏུ་གཏད་ནས། ལག་ན་རྡོ་རྗེའི་ཞེས་རྡོ་རྗེ་མིང་གིས་དབང་བསྐུར་རོ། །དེ་ལྟར་བྱང་ཆུབ་སེམས་དཔའ་གདོན་མི་ཟ་བའི་རྒྱལ་པོ་ལ་སོགས་པ་རྣམས་ལ་དབང་བསྐུར་ཏེ། བདག་དང་རྡོ་རྗེ་དབྱིངས་གཉིས་མི་གཅིག་གོ །དེ་ནས་ཤཱཀྱ་ཐུབ་པས་བྱང་ཆུབ་སེམས་དཔའ་རྣམས་ལ་དབང་བསྐུར་ནས་དཀྱིལ་འཁོར་ལྷ་ཚོགས་སུ་བྱས། ཡེ་ཤེས་དབྱིངས་ཀྱི་ཕྱག་རྒྱ་དང་། མཆོད་པའི་ལྷ་མོ་ལ་སོགས། ད་ལའི་པུ་ཧར་བྱིན་གྱིས་བརླབས། འཇིག་རྟེན་གྱི་ཁམས་རབ་འབྱམས་ཐམས་ཅད་ནས། དེ་ཐམས་ཅད་ཀྱི་རྡུལ་ཤིན་ཏུ་ཕྲ་མོ་དང་། མཉམ་པའི་དེ་བཞིན་གཤེགས་པ། བྱང་ཆུབ་སེམས་དཔའ་འཁོར་གྱི་དཀྱིལ་འཁོར་མང་པོ་དང་བཅས་ཏེ་མདུན་ན་བཞུགས་པ་ལ་ཐམས་ཅད་ཀྱི་དཀྱིལ་འཁོར་གྱི་འཁོར་ལོར་བྱིན་གྱིས་བརླབས་སངས་རྒྱས་ཐམས་ཅད་གཅིག་ཏུ་གྱུར་པའི་ཕྱག་ན་རྡོ་རྗེས་མཚན་བརྒྱ་རྩ་བརྒྱད་པོ་རེ་རེས་གསོལ་བ་བཏབ་ཅིང་རྡོ་རྗེའི་དབྱིངས་ལ་སོགས་པ་དེ་བཞིན་གཤེགས་པ་ཐམས་ཅད་ཀྱིས་དེ་ཉིད་བསྡུས་པ་གསུངས་སོ། །ཡི་གེ་དྲུམ་བུ་བཞི་པའི་རྒྱུད་གསུངས། དེ་ནས་བྱང་ཆུབ་སེམས་དཔའ་ཕྱག་ན་རྡོ་རྗེས་བཅོམ་ལྡན་འདས་ལ་མཚན་བརྒྱ་རྩ་བརྒྱད་པོ་འདིས་བསྟོད་དེ་གསོལ་པ། གཙོ་བོ་ཁྱོད་ལ་གསོལ་བ་ནི། །སེམས་ཅན་ཀུན་ལ་ཕན་པའི་ཕྱིར། །ཐུགས་རྗེ་ཆེན་པོ་བསྐྱེད་ནས་ཀྱང་། །ཆོས་ཀྱི་འཁོར་ལོ་རབ་ཏུ་བསྐོར། །ཅེས་པ་དང་། དེ་བཞིན་གཤེགས་པ་ཐམས་ཅད་གཅིག་ཏུ་འདུས་ནས་གསུངས་པ། མདོར་ན་འཇིག་རྟེན་ཐམས་ཅད་དུ། །སེམས་ཅན་ཀུན་ལ་ཕན་པ་དང་། །ཇི་ལྟར་འདུལ་བ་སྣ་ཚོགས་པའི། །ཆོས་ཀྱི་འཁོར་ལོ་རབ་ཏུ་བསྐོར། །ཞེས་པ་དང་། དེ་ནས་ཡང་ཕྱག་ན་རྡོ་རྗེས་རྡོ་རྗེའི་འཁོར་ལོ་རབ་ཏུ་བསྐོར་ཅེས་པ་དང་། དེ་ནས་སེམས་དཔའ་ཆེན་པོ་འཕགས་པ་སྤྱན་རས་གཟིགས་ཀྱི་དབང་པོས། པདྨའི་འཁོར་ལོ་རབ་ཏུ་བསྐོར་ཅེས་པ་དང་། དེ་ནས་བྱང་སེམས་དཔའ་ནམ་མཁའི་སྙིང་པོས་ཇི་ལྟར་འདུལ་བ་ལ་སོགས་པ་ཐམས་ཅད་མཐུན་ནོ། །ནོར་བུའི་འཁོར་ལོ་རབ་ཏུ་བསྐོར་བ་ལ་སོགས་པའི་ཚིགས་སུ་བཅད་པ་རེ་རེས་གསོལ་བ་ཇི་ལྟར་འདུལ་བ་ལ་སོགས་པ་ཐམས་ཅད་དང་མཐུན་

བཏབ་བོ། །དེ་ནས་དེའི་ཚེ་སངས་རྒྱས་ཀྱི་ཞིང་ཐམས་ཅད་ཀྱི་དེ་བཞིན་སེམས་ཐམས་ཅད་ཀྱིས་གཤེགས་པ་ཐམས་ཅད་རིའི་རྒྱལ་པོ་རི་རབ་ཀྱི་རྩེ་མོ་རྡོ་རྗེ་དང་། ནོར་བུ་དང་། རཏྣ་ལས་གྲུབ་པའི་ཁང་བུ་བརྩེགས་པར་དེ་བཞིན་གཤེགས་པ་ཐམས་ཅད་ཀྱི་གདན་ལ་བཞུགས་ནས། རྡོ་རྗེ་དབྱིངས་ལ་སོགས་པའི་འཁོར་ལོ་ཐམས་ཅད་རབ་ཏུ་བསྐོར་བར། ཕྱོགས་ཀུན་མཐོང་ངོ་ཞེས་གསུངས་པས། གསང་སྔགས་ཀྱི་ཐེག་པ་ཐམས་ཅད་ནི། སྟོན་པ་དེ་ཉིད་དང་དེའི་ཐུགས་ལ་བཞུགས་པའི་ཕྱག་ན་རྡོ་རྗེ་སེམས་དཔའ་བཞིའི་ཚུལ་བསྟན་པ་གསུངས་ཏེ།

ཡང་དེ་ཉིད་ལས། རྡོ་རྗེ་ཐེག་པ་བླ་མེད་པ། །དེ་བཞིན་གཤེགས་པ་ཀུན་གྱི་གསང་། །ཐེག་པ་ཆེན་པོའི་སྙོན་འདུས་པའི། །མདོ་འདི་ལེགས་པར་བཤད་པས་ན། །རྡོ་རྗེ་སེམས་དཔའ་ཁྱོད་ལེགས་སོ། །རྡོ་རྗེ་རིན་ཆེན་ཁྱོད་ལེགས་སོ། །རྡོ་རྗེ་ལས་ནི་ཁྱོད་ལེགས་སོ། །ཞེས་གསུངས་པ་ནི། དེ་ནས་བྱང་ཆུབ་སེམས་དཔའ་ཕྱག་ན་རྡོ་རྗེ་མིའི་ནང་དུ་བབས་ནས་ཀྱང་། སངས་རྒྱས་བསྟན་པ་འཛིག་རྟེན་དུ། །དགོས་ཕྱིར་སེམས་ཅན་གྱི་དོན་དུ། །རྡོ་རྗེ་འཁོར་ལོ་ཆོས་བསྐོར་ཞིང་། །མགོན་པོས་རབ་ཏུ་བསྐོར་བར་མཛོད། །ཅེས་གསོལ་བ་བཏབ་པ་དང་། བཅོམ་ལྡན་འདས་ཀྱང་དེ་བཞིན་གཤེགས་པ་ཐམས་ཅད་ཀྱི་གཅིག་ཏུ་འདུ་བ་མཛད་དུ་གསོལ། ཞེས་པོད་ནས་ཐམས་ཅད་གཅིག་ཏུ་འདུས་ནས། བཅོམ་ལྡན་འདས་རྣམ་པར་སྣང་མཛད་ཀྱི་ཐུགས་སུ་བཞུགས་སོ། །དེས་ཀྱང་རྣམ་པར་སྣང་མཛད་དེ་ཐམས་ཅད་ཀྱི་སྐུ་གསུང་ཐུགས་ཀྱི་རྡོ་རྗེར་བདག་གྱུར་པར་མཁྱེན་ནས། ཕྱག་ན་རྡོ་རྗེ་ལ་ཁྱོད་ངའི་ཐུགས་སུ་ཞུགས་ཤེས་བཀའ་སྩལ་པ་དང་། ཕྱག་ན་རྡོ་རྗེས་དེས་ཀྱང་གསོལ་པ། མདོར་ན་སངས་རྒྱས་ཐམས་ཅད་ཀྱི། །སྐུ་གསུང་ཐུགས་ཀྱི་རྡོ་རྗེ་ནི། །ཞུགས་ནས་སེམས་ཅན་ཐམས་ཅད་ལ། །ཕན་པའི་ཕྱིར་ནི་བསྒྲུབ་པར་བྱ། །ཞེས་གསུངས་ནས་ཞུགས་སོ། །དེ་ནས་བཅོམ་ལྡན་འདས་ཡང་དག་པར་རྫོགས་པའི་སངས་རྒྱས་ནས། ཡུན་རིང་པོ་མ་ལོན་པ་གཅིག །རི་རབ་ཀྱི་རྩེ་མོ་ནས་སྙིང་པོ་བྱང་ཆུབ་ག་ལ་བ་དེར་གཤེགས་ཞེས་གསུངས་ནས། འཛིག་རྟེན་པ་དང་མཐུན་པར་བྱ་བའི་ཕྱིར། རྩྭ་རྩྭ་ཚོང་བཀྲ་ཤིས་བླངས་ནས་བྱང་ཆུབ་ཀྱི་ཤིང་དྲུང་དུ་རྩྭའི་གདན་ལ་བཞུགས་སོ། །ཞེས་པ་དང་། ལངྐར་གཤེགས་པ་ལས་ཀྱང་། ལྷའི་ཕོ་བྲང་འོག་མིན་པའི། །སྡིག་པ་ཐམས་ཅད་རྣམ་པར་སྤངས། །རྟག་ཏུ་རྣམ་པར་མི་རྟོག་ལྡན། །སེམས་དང་སེམས་ལས་བྱུང་བ་སྤངས། །སྟོབས་དང་མངོན་ཤེས་དབང་ཐོབ་དང་། །དེ་དག་ཏིང་འཛིན་དབང་བསྙེན་ནས། །ཡོངས་སྐུ་རྫོགས་པའི་སངས་རྒྱས་དེར་སངས་རྒྱས། །སྤྲུལ་པ་རྣམས་ནི་འདིར་སངས་རྒྱ། །སངས་རྒྱས་རྣམས་ཀྱི་སྤྲུལ་པ་དག །གྲེ་བ་དཔག་གྲངས་ནི་མེད་

འབྱུང་བར་འགྱུར། །ཅེས་གསུངས་པ་ཡིན་ནོ། །དེ་ནས་རྒྱ་ཆེར་རོལ་པ་ལས་གསུངས་པ་བཞིན་དུ་
སྲོད་ལ་བདུད་བཏུལ། ཐོ་རངས་མངོན་པར་སངས་རྒྱས་ཏེ། ཞག་བདུན་ཕྲག་དང་པོ་ཉིད་དུ་
བཞུགས་པ་དང་། གཉིས་པ་སྟོང་གསུམ་གྱི་སྟོང་ཆེན་པོར་བཅགས་པ་དང་། གསུམ་པ་རྡོ་རྗེའི་ཤིང་དེ་
ཉིད་ལ་གཟིགས་པ་དང་། བཞི་པ་ཤར་གྱི་མཚོ་ནས་ནུབ་ཀྱི་མཚོའི་བར་དུ་བཅགས་པ་དང་། ལྔ་པ་ལ་
ཀླུའི་རྒྱལ་པོ་བཏང་བཟུང་གི་གནས་སུ་ཡུལ་ངན་ཆེན་པོ་ལ་བཞུགས་པ་དང་། དྲུག་པ་ལ་ཤིང་ཉྱ་གྲོ་ཏ་
ས་སྐྱོང་གི་དྲུང་དུ་བཞུགས་པ་དང་། བདུན་པ་ལ་ཤིང་གྲོལ་རྒྱུའི་ཚལ་དུ་ཚོང་དཔོན་ག་གོན་དང་
བཟང་པོའི་གསོལ་རྒྱུ་ཇི་ལྟར་བཞེས་པ་རྣམས་དང་། ཡང་དག་པར་རྫོགས་པའི་སངས་རྒྱས་ཐུགས་
སུ་ཁྲལ་ཆུང་ངུ་ལ་ཐུགས་གཞོལ་ཏེ། ཇི་ལྟར་བཞུགས་པ་དང་། དེ་ནས་ལྷ་དབང་ཚངས་པས་གསོལ་
བ་བཏབ་སྟེ། སེམས་ཅན་གྱི་ཕུང་པོ་གསུམ་ལ་སེམས་ཅན་ནད་པ་དང་འདྲ་སྟེ་སྨན་པ་དང་མ་འཕྲད་ན་འཆི་འཕྲད་ན་འཚོ་
གཟིགས་ནས། འཁོར་ལོ་དང་པོ་བསྐོར་བའི་གནས་ནི་ཝཱ་རཱ་ཎ་སཱི་དྲང་སྲོང་ལྷུང་བའི་རི་དྭགས་ཀྱི་
གནས་སུ། སྟོན་པ་ནི་བཅོམ་ལྡན་འདས་ཤཱཀྱ་ཐུབ་པའོ། །འཁོར་ནི་ཀུན་ཤེས་ཀཽཎྜི་ནྱ་ལ་སོགས་པ་ལྔ་
སྡེ་པོས་གཙོ་བྱས་པའི་ལྷ་དང་མི་ལ་སོགས་པའོ། །ཆོས་ནི་བདེན་པ་བཞིའི་ཆོས་ཀྱི་འཁོར་ལོ་བསྐོར་
ལན་གསུམ་མམ་རྣམ་པ་བཅུ་གཉིས་ཀྱི་ཚུལ་དུ་བསྐོར་བའོ། །དུས་ནི་སྟོན་པ་མངོན་པར་རྫོགས་པར་
སངས་རྒྱས་ནས་ཞག་བདུན་ཕྲག་བདུན་ལོན་པའི་རྗེས་ལ་གསུངས་པ་ཡིན་ནོ། །ཆོས་ཀྱི་འཁོར་ལོ་
གཉིས་པའི་གནས་བྱ་རྒོད་ཕུང་པོའི་རི་ལ་སོགས་པའོ། །སྟོན་པ་ནི་གོང་དང་མཐུན་ནོ། །འཁོར་ནི་
དགེ་སློང་གི་དགེ་འདུན་ཆེན་པོ་དང་། བྱང་ཆུབ་སེམས་དཔའི་དགེ་འདུན་ཆེན་པོ་ཐེག་པ་གསུམ་ལ་
ཞུགས་པ་རྣམས་སོ། །ཆོས་ནི་ཤེས་རབ་ཀྱི་ཕ་རོལ་ཏུ་ཕྱིན་པ་ལ་སོགས་པ་མཚན་ཉིད་མེད་པའི་ཆོས་
ཀྱི་འཁོར་ལོ་ལ་སོགས་རྣམས་སོ། །དུས་ནི་ཆོས་ཀྱི་འཁོར་ལོ་གཉིས་པ་སྟེ། རྒྱལ་བའི་ཡུམ་ལས། དེ་
ནས་ལྷའི་བུ་སྟོང་ཕྲག་མང་པོ་དག་བར་སྣང་ལ་ཅ་ཅོ་དང་ག་ཞ་བྱེད་དེ་གོས་དག་འཕྱར་ཞིང་འདི་སྐད་དུ།
ཨ་ལ་ལ་ཧོཿཨེ་མ་ཧོ། འཛམ་བུའི་གླིང་དུ་ཆོས་ཀྱི་འཁོར་ལོ་ལན་གསུམ་བསྐོར་བར་སྣང་ངོ་། །ཞེས་
གསུངས་པ་ཡིན་ནོ། །ཆོས་ཀྱི་འཁོར་ལོ་གསུམ་པའི་གནས་ནི་འཇིག་རྟེན་པ་དང་མཐུན་པར་བྱ་བའི་
ཕྱིར་རོ། །རི་རབ་ཀྱི་རྩེ་མོ་ལ་སོགས་པའི་ལྷའི་གནས་རྣམས་དང་། ཛེ་ཏའི་ཚལ་ཕོ་བྲང་རྒྱ་ཆེན་པོ་ལ་
སོགས་པ་མིའི་གནས་རྣམས་དང་། རི་བོ་མ་ལ་ཡ་ལ་སོགས་པ་གནོད་སྦྱིན་གྱི་གནས་རྣམས་སུ་
གསུངས་པར་ལྟར་སྣང་ཡང་། དོན་འཇིག་རྟེན་ལས་འདས་པའི་དགེ་བའི་རྩ་བ་ལས་བྱུང་བ། སངས་
རྒྱས་ཀྱི་བཀོད་པ་ཕུན་སུམ་ཚོགས་པ་དང་ལྡན་པའོ། །གནས་དེ་ཉིད་ཀུན་གྱི་ཐུན་མོང་མ་ཡིན་ཏེ།

སེམས་དང་པོ་བསྐྱེད་སྟོང་པོ་བཀོད་པའི་མདོ་ལས་པའི་ཚོང་དཔོན་གྱི་བུ་ནོར་བཟང་ལྟ་བུ་དང་། ཤཱ་རིའི་བུ་དང་། མོའུ་ཕལ་ཆེན་ལེའུ་བཞི་བཅུ་ཞེ་ལྔ་པ་ལས་འགལ་གྱི་བུ་ལ་སོགས་པ་ཉན་ཐོས་རྫུ་འཕྲུལ་དང་ལྡན་པ་རྣམས་ཀྱིས་ཀྱང་མཐོང་བར་མ་གྱུར་པའི་ཕྱིར་རོ། །སོ་སོ་སྐྱེ་བོ་རྣམས་ཀྱང་ལྟ་སྨོས་ཏེ། ཁྱད་པར་ཅན་དུ་གྱུར་པ་ཡིན་ནོ། །གནས་མ་མཐོང་བར་སྟོན་རྣམ་པར་སྣང་མཛད་འཁོར་བྱང་སེམས་པ་མི་མཐོང་ཞིང་ཆོས་མི་ཐོས་པ་སྟེ། ཕལ་ཆེན་ལས། ཀྱེ་རྒྱལ་བའི་སྲས་དག་ཆོས་ཀྱི་རྣམ་གྲངས་འདི་ལྟ་བུ་ནི་ཐེག་པ་ཆེན་པོ་ལ་ཡང་དག་པར་དང་པོར་བྱང་ཆུབ་མཆོག་ཏུ་སེམས་བསྐྱེད་ནས་ཞུགས་ནས། བསམ་གྱིས་མི་ཁྱབ་པའི་ཐེག་པ་ལམ་རྣམ་བཞིར་བགྲོད་དེ་ལ་ཡང་དག་པར་གནས་པའི་བྱང་ཆུབ་སེམས་དཔའ་ཆེན་པོ་རྣམས་མ་གཏོགས་པར་གཞན་གྱི་དོན་མི་མཛད་དོ། །ཞེས་གསུངས་པས་འཁོར་ཡང་འཇིག་རྟེན་ལས་འདས་པའི་དགེ་བའི་རྩ་བ་ཡོངས་སུ་རྫོགས་པ་རྣམས་ཀྱིས་མཐོང་ཞིང་ཐོས་པར་འགྱུར་རོ། །གཞན་གྱིས་ནི་མ་ཡིན་ནོ། །འོན་ཀྱང་དུ་ཐམས་ཅད་ཀྱིས་མཐོང་བར་འགྱུར་རོ་ཞེས་པ་དང་། དེ་ཁོ་ན་ཉིད་བསྡུས་པ་ལས་བྱང་ཆུབ་སེམས་དཔའི་རྣམ་པར་ཐར་པ་མི་ཟད་པའོ། །

ཁོ་བོ་མྱ་ངན་ལས་འདའ་ཚུལ་སྟོན་པ་ནི་སེམས་ཅན་འདུལ་བའི་དོན་དུ་མཛད་པ་མཛད་པ་མ་གཏོགས་པ། འཇིག་རྟེན་གྱི་ཁམས་ན་ནི་དེ་བཞིན་གཤེགས་པ་མྱ་ངན་ལས་འདས་པ་མེད་དོ། །འདའ་བ་མེད་དོ། །འདའ་བར་འགྱུར་བ་མེད་དོ། །ཞེས་གསུངས་སོ། །འོན་ད་ལྟ་རྣམ་པར་སྣང་མཛད་པ་ཆེན་པོ་དེས་ཆོས་བསྟན་ནམ་ཞེ་ན། ཏིང་ངེ་འཛིན་ལ་མཉམ་པར་བཞག་པ་དང་། འོད་ཟེར་ལ་སོགས་པའི་བྱང་ཆུབ་སེམས་དཔའི་རྣམ་འཕྲུལ་དཔག་ཏུ་མེད་པས་ཆོས་སྟོན་ཏེ། ཕལ་ཆེན་ལས་ཀྱང་། དེ་ནས་བྱང་ཆུབ་སེམས་དཔའ་དེ་དག་ནམ་མཁའ་དང་མཉམ་པའི་སེམས་ཅན་རྣམས་ཀྱི་གནས་སུ་ཕྱིན་ནས་ཆོས་སྟོན་པ་ལ། ཉན་པར་ཡང་སྣང་། དེ་བཞིན་གཤེགས་པའི་ཞབས་དྲུང་ནས་ཀྱང་མི་གཡོའོ་ཞེས་པ་དང་། རྡོ་རྗེ་རྩེ་མོ་ལས་ཀྱང་། རྡོ་རྗེ་འཆང་བ་རྣམས་ནི་དུ། །ཡོད་ཀྱི་དྲི། ཕྱོགས་རྣམས་ཐམས་ཅད་ཀུན་ཁྱབ་པའི། །ནི་ཕྱོགས་བཅུའི། བྱང་ཆུབ་རྡོ་རྗེ་འཆང་དང་སེམས་དཔའ་མཁས་པ་ནི། །རང་སྤྲུལ། ཆོས་ཀྱི་དབྱིངས་ལ་ཐུབ་པ་མེད། །རྡོ་རྗེ་འཆང་རྣམས་དེ་སྙེད་དོ། །ཞེས་པས་ན་སྟོན་པ་དང་ཐ་མི་དད་པའི་སྤྱོད་པ་པོ་གསང་བའི་བདག་པོ་དེ་རྣམས་ཀྱིས། རྣམ་པར་ངེས་པའི་ཆོས་ཐམས་ཅད་བསྡུས་ཏེ། གཞུང་གླེགས་བམ་དུ་གྲུབ་པར་བྱས་ནས། ལ་ལ་ནི་མིའི་ཡུལ་དུ་བཞག །ཡོ་ག་ཀྱི་ཡ་ཕལ་ཆེན་ལ་སོགས་པ་རྣམས། སྔགས་ནང་པ་ལ་ལ་ནི་མཁའ་འགྲོ་མ་རྣམས་ཀྱི་གནས་སུ་སྦས། ལ་ལ་ནི་གསང་སྔགས་ཞི་ཁྲོ་ཉིད་ཀྱི་སྐུར་བསྟན་ནས། ལ་ལ་ནི་རྡོ་རྗེ་འཆང་གིས་བྱིན་གྱིས་བརླབས་ནས་རྣམ་པར་ངེས་པའི་ཆོས་འཇིག་རྟེན

དུ་རྒྱས་པར་མཛད་པ་ཡིན་ནོ། །དེ་བས་ན་གསང་སྔགས་ཀྱི་བྱུང་ཚུལ་གསང་སྔགས་ཕྱག་རྡོར་གྱི་བསྡུས། མཚན་ཉིད་ཀུན་དགའ་བོས་བསྡུས་ལ་ལ་སོ་སོར་གསུངས་པ་རྣམས་ཀྱང་རང་རང་ངོ་བོ་ལ་ཤིན་ཏུ་བདེན་པ་ཡིན་ནོ། །བྱང་ཆུབ་སེམས་དཔའི་རྣམ་པར་འཕྲུལ་པ་ནི་བསམ་གྱིས་མི་ཁྱབ་ཅེས་པ་དང་འགལ་ལོ་ཞེ་ན། དེ་བཞིན་གཤེགས་པ་འཇིག་རྟེན་དུ་ཆོས་རྩོད་པ་མེད་པ་བསྟན་པའི་ཕྱིར་རྫུ་འཕྲུལ་མངོན་པར་འདུ་མཛད་དེ་བསྟན་པ་ལྷ་ཐམས་ཅད་ལ་ཡིན་གྱི། རང་རང་གི་སྣང་བ་དག་པས་མཐོང་བ་ནི་མ་ཡིན་ནོ། །དུས་ཀྱང་དུས་གསུམ་མཉམ་པ་ཉིད་དུ་ཐུགས་སུ་ཆུད་ནས་སངས་རྒྱས་པའི་མ་ཐོག་ལ་གསུངས་པ་ཡིན་ནོ། །དེ་ལྟ་བུའི་འཁོར་ལོ་གསུམ་པོ་དེ་ནི་འབྲས་བུ་རྣམ་པར་ངེས་པའི་ཆོས་ཀྱི་འཁོར་ལོ་ཞེས་བྱའོ། །བཅོམ་ལྡན་འདས་ཀྱིས་ཆོས་ཀྱི་འཁོར་ལོ་བསྐོར་བ་དེ་ཡང་། གླེན་མཆིས་པ། སྐབས་མཆིས་པ། དྲང་བའི་དོན་ནོ། །དེ་ལྟ་བུའི་འཁོར་ལོ་གསུམ་དུ་ངེས་ཡང་། དགོངས་པ་ངེས་པར་འགྲེལ་པ་ཐེག་པ་གསུམ་གྱི་ངེས་བྱུང་ལ། །ཐེག་པ་གཅིག་གི་འབྲས་བུ་གནས་ལས། དེ་ནས་བཅོམ་ལྡན་འདས་ལ་བྱང་ཆུབ་སེམས་དཔའ་དོན་དམ་པ་ཡང་དག་གི་འཕགས་ཀྱིས་འདི་སྐད་ཅེས་གསོལ་ཏོ། །བཅོམ་ལྡན་འདས་ཀྱི་དང་པོ་ཡུལ་ཝཱ་རཱ་ཎ་སཱི་ར་དྲང་སྲོང་སྨྲ་བ་རི་དྭགས་ཀྱི་གནས་སུ་ཉན་ཐོས་ཐེག་པ་ལ་ཡང་དག་པར་ཞུགས་པ་རྣམས་ལ་འཕགས་པའི་བདེན་པ་བཞི་རྣམ་པར་བསྟན་པས། ཆོས་ཀྱི་འཁོར་ལོ་ངོ་མཚར་རྨད་བྱུང་བ་སྔོན་ལྷ་ར་གྱུར་པའམ་མིར་གྱུར་པ་སུས་ཀྱང་ཆོས་དང་མཐུན་པར་འཇིག་རྟེན་དུ་མ་བསྐོར་བ་གཅིག་རབ་ཏུ་བསྐོར་ཏེ། བཅོམ་ལྡན་འདས་ཆོས་ཀྱི་འཁོར་ལོ་དེ་ཡང་གླེན་མཆིས་པ་དང་། བར་ཆད་དང་གོལ་སའི་སྐབས་མཆིས་པ་དང་། དབང་པོ་དམན་པ་རྣམས་ལ་དྲང་བའི་དོན་དང་། ཕྱིར་རྒོལ་བ་དང་རྩོད་པའི་གཞིའི་གནས་སུ་གྱུར་པ་ལགས། བཅོམ་ལྡན་འདས་ཀྱིས་རྣམ་པ་ཆོས་ཀྱི་ངོ་བོ་ཉིད་མ་མཆིས་པ་ཉིད་ལ་བརྩམས་ནས། སྐྱེ་བ་མ་མཆིས་པ་དང་། འགག་པ་མ་མཆིས་པ་དང་། གཟོད་མ་ནས་ཞི་བ་དང་། རང་བཞིན་གྱི་ཡོངས་སུ་མྱང་ངན་ལས་འདས་པ་ཉིད་ལ་བརྩམས་ནས། ཐེག་པ་ཆེན་པོ་ལ་ཡང་དག་པ་ཞུགས་པ་རྣམས་ལ་སྟོང་པ་ཉིད་ཡོངས་སུ་སྨོས་པའི་རྣམ་པས་ངོ་མཚར་རྨད་དུ་བྱུང་བའི་ཆོས་ཀྱི་འཁོར་ལོ་གཉིས་པ་བསྐོར་ཏེ། བཅོམ་ལྡན་འདས་ཀྱི་ཆོས་ཀྱི་འཁོར་ལོ་བསྐོར་བ་དེ་ཡང་། གླེན་མཆིས་པ། སྐབས་མཆིས་པ། དྲང་བའི་དོན། རྩོད་པའི་གཞིའི་གནས་སུ་ཉན་ཐོས་རྣམས་ཀྱི་ཕར་ཕྱིན་ལ་བཀའ་མ་ཡིན་ཟེར་ནས་རྩོད་གྱུར་པ་ལགས་ཀྱི། བཅོམ་ལྡན་འདས་ཀྱི་ངོ་བོ་ཉིད་མ་མཆིས་པ་ནས། སྐྱེ་བ་མ་མཆིས་པ་དང་། འགག་པ་མ་མཆིས་དང་། གཟོད་མ་ནས་ཞི་བ་དང་། རང་བཞིན་གྱིས་ཡོངས་སུ་མྱ་ངན་ལས་འདས་པ་ཉིད་ལས་བརྩམས་ནས། ཐེག་པ་ཐམས་ཅད་ལ་ཡང་དག་པ་ཞུགས་པ་ལྷ་དང་མི་དང

ཉན་ཐོས་ལ་སོགས་པའི་རྣམས་ལ་ལེགས་པར་རྣམ་པར་ལེགས་ཕྱེ་བ་དང་ལྡན་པས། ཤིན་ཏུ་ངོ་མཚར་བསམ་པ་རྨད་དུ་བྱུང་བའི་ཆོས་ཀྱི་འཁོར་ལོ་བསྐོར་བ་འདི་ནི་བླ་ན་མ་མཆིས་པ་གང་ན་གཞན་མེད་པ་མཐར་ཐུག་པའི། བར་ཆད་གོལ་སའི་སྐབས་མ་མཆིས་པ། འདི་འབྲས་བུ་ཐམས་ཅད་ཉན་ཐོས་ལ་སོགས་པའི་ངེས་པའི་དོན་ལགས་ཏེ། རྩོད་པའི་གཞིའི་གནས་སུ་གྱུར་པ་མ་ལགས་སོ། །ཞེས་གསུང་པ་ཡིན་ནོ། །

འཁོར་ལོ་དང་པོ་དེ་ལྟར་ཡིན་ཡང་། འཁོར་ལོ་ཕྱི་མ་གཉིས་ཀར་ཐེག་པ་ཆེན་པོ་ཡིན་པར་ཁྱད་པར་མེད་པར་རིགས་སོ་ཞེ་ན། གཉིས་པ་ནི་ཐུན་མོང་བ་ཞེས་བྱ་ལ། གསུམ་པ་ནི། ཁྱད་པར་ཅན་ཞེས་བྱ་སྟེ། གནས་ལ་སོགས་པ་ཐམས་ཅད་ཁྱད་པར་ཅན་དུ་གྱུར་པའི་ཕྱིར་རོ། །དེ་ལྟ་བུའི་ཁྱད་པར་ཡོད་ཀྱང་དྲང་བའི་དོན་ཡིན་ཏེ། ཏིང་ངེ་འཛིན་རྒྱལ་པོ་ལས། སྟོང་པ་རྒྱལ་བ་རྣམས་ཀྱིས་བཤད་པ་ལྟར། །ངེས་དོན་སྟོང་པ་ཉིད་ངེས་པའི་དོན་དུ་བཤད་མདོ་སྡེ་དག་གི་བྱེ་བྲག་ཤེས། །གང་ལས་སེམས་ཅན་གང་ཟག་སྐྱེས་བུ་བསྟན། །ཆོས་དེ་ཐམས་ཅད་དྲང་བའི་དོན་དུ་ཤེས། །ཞེས་པ་རྣམས་དང་འགལ་ལོ་ཞེ་ན། དྲང་དོན་དུ་ཡང་སྟོང་པ་ཉིད་དུ་བྱུང་བས་འགལ་བ་མེད་དེ། དེ་ཡང་དགོངས་པ་ངེས་པར་འགྲེལ་བ་ལས། བཅོམ་ལྡན་འདས་འདི་ལྟ་སྟེ། དཔེ་བགྱིས་ན། ཆབ་མར་ནི་སྣོད་དུ་བསྲུལ་བ་དང་། ཤ་གཡོས་དང་། བག་ཆོས་ཀྱི་རྣམས་ཐམས་ཅད་སྣོད་དུ་རྩལ་ན་ཤིན་ཏུ་བདའ་བར་འགྱུར་བར་ལགས་སོ། །དེ་བཞིན་དུ་ཆོས་རྣམས་ཀྱི་ངོ་བོ་ཉིད་མ་མཆིས་པ་ཉིད་དང་། རང་བཞིན་གྱིས་ཡོངས་སུ་མྱ་ངན་ལས་འདས་པས་བར་ལ་བསྐུལ་ནས། བཅོམ་ལྡན་འདས་ཀྱིས་ངེས་པའི་དོན་བསྟན་པ་འདི་ཡང་དྲང་བའི་དོན་ཐམས་ཅད་དུ་བསྐུལ་ནས། དགའ་བ་དང་མཆོག་ཏུ་དགའ་བ་ཆེན་པོར་འགྱུར་བ་ལགས་སོ། །

བཅོམ་ལྡན་འདས་འདི་ལྟ་སྟེ་དཔེར་བགྱིས་ན། ནམ་མཁའ་ནི་ཐམས་ཅད་ལ་རོ་གཅིག་པ་དང་། སྐུལ་པ་ཐམས་ཅད་ལ་ཡང་སྒྲིབ་པར་མི་འགྱུར་རོ། །དེ་བཞིན་དུ་ཆོས་རྣམས་ཀྱི་ངོ་བོ་ཉིད་དང་། རང་བཞིན་གྱིས་ཡོངས་སུ་མྱ་ངན་ལས་འདས་པ་ཉིད་ཀྱི་བར་ལ་བརྟམས་ནས། བཅོམ་ལྡན་འདས་ཀྱིས་ངེས་པའི་དོན་བསྟན་པ་འདི་ཡང་། དྲང་བའི་དོན་གྱི་མདོ་སྡེ་ཐམས་ཅད་ལ་རོ་གཅིག་པ་དང་། ཉན་ཐོས་དང་། རང་སངས་རྒྱས་ཀྱི་ཐེག་པ་དང་། ཐེག་པ་ཆེན་པོར་བསྐུལ་བ་ཐམས་ཅད་ལ་སྒྲིབ་པར་མི་འགྱུར་བ་ལགས་སོ། །ཆོས་ཀྱི་འཁོར་ལོ་གཉིས་པ་དྲང་དོན་དུ་འཛོག་པ་ཡང་། ལམ་དང་འབྲས་བུའི་ངོས་ནས་འཛོག་པ་སྟེ། དཀོན་བརྩེགས་ལས། བྱང་ཆུབ་སེམས་དཔའི། མདོ་སྡེ་གང་དག་ལམ་ལ་འཇུག་པ་དེ་ཉིད་དྲང་བའི་དོན་ཞེས་བྱའོ། །མདོ་སྡེ་གང་དག་འབྲས་བུ་ལ་འཇུག་པར་བྱེད་པ་དེ་ནི་ངེས་པའི་དོན་ཞེས་བྱའོ། །ཞེས་གསུངས་པ་ཡིན་ནོ། །དེ་ལྟར་ན་འཁོར་ལོ་གཉིས་པ་ལ་ཡང་གཉིས་ག་ཚང་ཞེ་ན།

དེ་གཉིས་ཀའི་འབྲས་བུ་ཡང་གནས་སྐབས་ཀྱི་འབྲས་བུ་སྟེ། ལྡན་ཀར་གཤེགས་པ་ལས་ཀྱང་། ཀུན་ནས་སྡང་དང་བྲལ་མོད་ཀྱི། །ཉོན་མོངས་བག་ཆགས་ཏིང་ངེ་འཛིན་གྱི་བདེ་བ་ཆགས་ཆེན་རྣམས་དང་འབྲེལ། །ཏིང་འཛིན་ཀླུང་སེམས་རྣ་ཏིར་ཚུད་ནས་མྱོས་པས་དེ་མྱོས་ཏེ། །མཐར་ཡང་ཕྱིན་དེས་སངས་མི་རྒྱ་པ་དེ་ལ་མེད། །ཕྱིར་ཡང་དེ་ལ་མི་ལྡོག་འཁོར་བར་སྟེ། །ཏིང་ངེ་འཛིན་གྱི་ལུས་ཐོབ་ཀླུང་སེམས་རྣ་ཏིར་ཚུད་ནས་ནས། །བསྐལ་པའི་བར་ཏིང་ངེ་འཛིན་ལས་དུ་དེ་མི་སད། །ཇི་ལྟར་སྨྱོས་བུ་ར་རོ་བ། །ཆང་དང་བྲལ་ན་སད་འགྱུར་བཞིན། །དེ་ནས་དེ་དག་ང་ཡི་ཡང་། །ཆོས་ཀྱི་སྐུ་ནི་ཐོབ་པར་འགྱུར། །ཅེས་སོ། །རྒྱལ་བའི་ཡུམ་ལས། ས་བཅུ་ལ་གནས་པ་དེ་ནི་བྱང་ཆུབ་སེམས་དཔའ་རྣམས་ཀྱང་རྒྱུར་བརྗོད་དོ། །ཞེས་པས། ས་བཅུ་པའི་བྱང་ཆུབ་སེམས་དཔའ་ཡང་འཁོར་ལོ་གསུམ་པའི་དུས་ན་འཁོར་ཡིན་ཏེ། དེ་དག་ལ་དབང་བསྐུར་གཟོད་ཐུགས་ལ་ཞུགས་ནས་ནས་ཐམས་ཅད་མཁྱེན་པ་ཐོབ་པར་བྱེད་པས་ལམ་ཞེས་བྱའོ། །ཁྱད་པར་གཞན་ཡང་འཁོར་ལོ་གསུམ་པའི་སྟོན་པ་ནི་མྱ་ངན་ལས་མི་འདའ་སྟེ། དེ་ཡང་དེ་ཉིད་བསྡུས་པ་ལས། རྣམ་པར་སྣང་མཛད་རྟག་པར་དུས་གསུམ་དུ་བཞུགས་པའི་སྐུ་དང་གསུང་དང་ཐམས་ཅད་རྡོ་རྗེ་ལྟ་བུར་གྱུར་པའི་དེ་བཞིན་གཤེགས་པའོ་ཞེས་གོང་མ་གཉིས་པོ་སྟོན་པ་སྤྲུལ་སྐུ་ཡིན་པས་མྱ་ངན་ལས་འདའ་གསུངས་པ་དང་། ཐལ་ཆེན་ལས་ཀྱང་། ཡང་དག་སངས་རྒྱས་སྐྱེ་བ་མེད། །རྒྱལ་བ་མྱ་ངན་མི་འདའ་སྟེ། །རྒྱུ་མཐུན་པ་ཡི་སྨོན་ལམ་གྱིས། །དེའི་འཕྲུལ་པ་རྣམ་པར་སྣང་། །ཞེས་པ་དང་། ཁྱིམ་བདག་ནན་ཁྲུངས་ཀྱིས་ནི་ནོར་བཟང་གིས་ཞུས་པའི་མདོ་ལས་ལ་གསུངས་པ། རིགས་ཀྱི་བུ་ཁྱོ་བོས་ནི་འཁོར་ལོ་དང་པོ་དང་། གཉིས་པ་ཆོས་ནི་འདི་ནས་ཅུང་ཙམ་ཆད་པ་འདྲ། མཛངས་བླུན་ལས། བཅོམ་ལྡན་འདས་མྱ་ངན་ལས་འདའ་ཀར། ཀུན་དགའ་བོ་ལ་ང་མྱ་ངན་ལས་འདས་ནས། མདོ་སྡེའི་སྡེ་སྣོད་ཁྱོད་ལ་གཏད་ཀྱི་གཟུངས་སུ་ཟུངས་ལ་རྒྱས་པར་གྱིས་ཤིག་ཅེས་བཀའ་བསྩལ་ནས། ཀུན་དགའ་བོ་དང་འོད་སྲུང་ལ་སོགས་པ་དགྲ་བཅོམ་པ་ལྔ་བརྒྱས་བསྡུས་ཏེ། ཡོངས་སུ་རྒྱས་པར་མཛད་པ་ཡིན་ནོ། །ཀུན་དགའ་བོ་མྱ་ངན་ལས་འདའ་ཀར། ཉེ་གནས་ཡ་ཤ་ཀ་ལ་འདི་སྐད་ཅེས་བསྒོའོ། །ང་འདས་པའི་འོག་ཏུ་མདོ་སྡེ་ཀུན་ཁྱོད་ལ་གཏད་ཀྱི་གཟུངས་སུ་ཟུངས་ཤིག །ཅེས་བསྒོ་ནས་ཡང་འདི་སྐད་ཅེས་སྨྲས་སོ། །ཡུལ་ལྷ་རྣ་ཊ་སྒིའི་ཁྱིམ་བདག་ཀུན་དེ་ཞེས་བྱ་བ་ལ། བུ་ཨུ་པ་ཏ་ཞེས་བྱ་བ་སྐྱེ་ཡི། དེ་ཁྱོད་ཀྱིས་སློངས་ལ་རབ་ཏུ་བྱུང་ལ། ཁྱོད་འདས་པའི་འོག་ཏུ་ཆོས་ཀྱང་དེ་ལ་གཏོད་ཅིག་ཅེས་བསྒོའོ། །དེས་ཀྱང་དེ་ལྟར་བྱས་ནས། ཨུ་པ་ཏས་ཀྱང་དགྲ་བཅོམ་པའི་འབྲས་བུ་ཐོབ་སྟེ། འགྲོ་བའི་དོན་བྱས་ནས་འབྲས་བུ་བཞི་ཐོབ་གང་ཟག་རྣམས་ཀྱི་ཚུལ་ཤིང་སོར་བཞི་པ་སྟེ། །ཁང་པ་མཐོ་ཁྲད་ཆག་ཚད་དྲུག་ཅུ་པ། རྒྱུར་ཆག་ཚད་དྲུག་པ་

ཡོད་པའི་ནང་ཡོངས་སུ་གང་བར་འགྱུར་བ་གསུངས་པ་ཡིན་ནོ། །བསྡུ་ན་གསུང་རབ་ཡན་ལག་བཅུ་གཉིས་སུ་འདུས་པ་ཡིན་ཏེ། མྱ་ངན་འདས་པ་ལས། མདོ་སྡེ་ནི། འདི་སྐད་བདག་གིས་ཐོས་པ་ནས་རྫོགས་སུ་ཡི་རང་བའི་བར་རོ། །དབྱངས་སུ་བསྙད་པ་ནི་སྔར་གསུངས་པའི་དོན། ཚིགས་སུ་བཅད་པའི་བཀའ་སྩལ་པ་རྣམས་སོ། །ལུང་བསྟན་གསང་བ་ལུང་བསྟན་པ་དང་མངོན་དུ་བསྟན་པ་གཉིས་སོ་པ་རྣམས་ནི་ལུང་བསྟན་པའི་སྡེའོ། །

ལྷག་པར་ཚིག་བཞི་ཚིགས་སུ་ཀྱི་མ་འདུས་བྱས་རྣམས་ནི་མི་རྟག་དང་འདའ་ཀ་ཡེ་ཤེས། བཅད་པ་སྨོས་པ་རྣམས་ནི། ཚིགས་སུ་བཅད་པའི་སྡེའོ། །གང་གིས་ཀྱང་མ་གསུངས་པར་དེའི་བརྗོད་པའི་སྡེའོ། །གླེང་གཞིའི་སྒོ་ནས་འབྱེད་ཅིང་སྟོན་པར་བྱེད་པ་རྣམས་ནི་གླེང་གཞིའི་སྡེའོ། །དེ་ཡིས་དོན་རྟོགས་པར་བྱེད་པར་རྣམས་ནི་རྟོགས་པར་བརྗོད་པའི་སྡེའོ། །ང་འཛིག་རྟེན་དུ་གཤེགས་ཏེ་གསུངས་པའི་ཆོས་རྣམས་ནི་ཁམས་ཀྱི་མདོ་སྡེ་ཞེས་བྱ་བ་དང་། སངས་རྒྱས་བསོད་སྐྱབས་འཛིག་རྟེན་དུ་གཤེགས་ཏེ་གསུངས་པ་རྣམས་ནི་བདུད་རྩིའི་སྡེ་ཞེས་བྱ་བ་དང་། སངས་རྒྱས་རྣམ་པར་གཟིགས་འཛིག་རྟེན་དུ་གཤེགས་ཏེ་གསུངས་པ་རྣམས་ནི་ཆོས་ཀྱི་མེ་ལོང་ཞེས་བྱ་བ་དང་། འོད་སྲུང་གིས་གསུངས་པ་རྣམས་ལ་སྟོང་པ་རྣམ་པར་འབྱེད་པ་ཞེས་བྱ་བ་རྣམས་ནི། སྔོན་སྐྱེ་བ་བཞེས་པའི་གཏམ་རྒྱུད་རྣམས་གསུངས་པ་ལ་ནི་སྐྱེས་རབས་ཀྱི་སྡེ་དང་། བཞི་པོ་སྟེ་མདོ་སྡེ་ཤིན་ཏུ་རྒྱ་ཆེ་བ་ཡངས་པ་ནམ་མཁའ་དང་འདྲ་བར་གསུངས་པ་ནི་ཤིན་ཏུ་རྒྱས་པའི་སྡེའོ། །བལྟམས་མ་ཐག་ཏུ་གོམ་པ་བདུན་བདུན་གཤེགས་པ་ལ་ལྷ་རྣམས་ཀྱི་ཕྱག་བྱས་པ་ལ་སོགས་པ་ཤིན་ཏུ་ངོ་མཚར་བ་རྣམས་ནི་རྨད་དུ་འབྱུང་བའི་སྡེའོ། །དོན་གཏན་ལ་དབབ་པའི་ཕྱིར་བྱེ་བྲག་ཕྱེ་སྟེ་མཚན་ཉིད་བསྟན་པ་རྣམས་ནི་གཏན་ལ་དབབ་པའི་སྡེའོ། །ཆོས་དེ་ཐམས་ཅད་ནི་བཅོམ་ལྡན་འདས་ཡོངས་སུ་མྱ་ངན་ལས་འདས་ནས་ལོ་ལྔ་སྟོང་ལྔ་བརྒྱ་གནས་པ་ལ། སྲུ་སྐྱེ་དགུའི་བདག་མོ་ལ་སོགས་པ་དགེ་སློང་མ་བཅུ་གསུམ་རབ་ཏུ་བྱུང་བུད་མེད་བསོད་ནམས་ཆུང་བས་བས་ལྔ་བརྒྱ་ཉིད་འགགས་པའོ། །

ད་ལྔ་བརྒྱ་ཕྲག་བཅུ་བྱུང་བ་ལ། ལྔ་བརྒྱ་ཕྲག་དང་པོ་ལ། དགྲ་བཅོམ་པའི་འབྲས་བུ་ཐོབ་པ་མང་དུ་བྱུང་ངོ་། །གཉིས་པ་ལ་ཕྱིར་འོང་བ་དང་། ཕྱིར་མི་འོང་བའི་འབྲས་བུ་ཐོབ་པ་མང་དུ་བྱུང་ངོ་། །གསུམ་པ་རྒྱུན་དུ་ཞུགས་པའི་འབྲས་བུ་ལ་གནས་པར་འགྱུར་བས། ལྔ་བརྒྱ་ཕྲག་གསུམ་གསུམ་པོ་དེ་མངོན་པར་རྟོགས་པའི་དུས་ཞེས་བྱའོ། །བཞི་པ་ནི་ལྷག་མཐོང་ཤས་ཆེ་ཞིང་ཤེས་རབ་མཆོག་ཏུ་གྱུར་པ་མང་དུ་འབྱུང་ངོ་། །ལྔ་པ་ལ་ནི་ཞི་གནས་ཤས་ཆེ་ཞིང་ཏིང་ངེ་འཛིན་མཆོག་ཏུ་གྱུར་པ་མང་དུ

འབྱུང་ངོ་། །དྲུག་པ་ལ་ནི་ངོ་ཚ་ཤེས་ཤིང་ཁྲེལ་ཡོད་པས། ཚུལ་ཁྲིམས་མཆོག་ཏུ་གྱུར་པ་མང་དུ་འབྱུང་བར་འགྱུར་རོ། །ཕྱི་མ་གསུམ་ལ་བསླབ་པ་གསུམ་ལ་གནས་ཤིང་ཉམས་པ་མེད་པས། བསྒྲུབ་པའི་དུས་ཤེས་བྱའོ། །ལྔ་བརྒྱ་ཕྲག་བདུན་པ་ལ་ནི་མངོན་པ་དར་བར་འགྱུར་རོ། །ཕྲག་བརྒྱད་པ་ནི་མདོ་སྡེ་དར་བར་འགྱུར་རོ། །ཕྲག་དགུ་པ་ལ་ནི་འདུལ་བ་དར་བར་འགྱུར་རོ། །དེ་གསུམ་ལ་ལུང་གི་དུས་ཞེས་བྱའོ། །ལྔ་བརྒྱ་ཕྲག་བཅུ་པ་ལ་ནི་ལྔ་བརྒྱ་ཐ་མ་ཞེས་བྱ་སྟེ། དགེ་སྦྱོང་ཆ་བྱད་དང་རྟགས་ལ་སྤྱོད་པ་མང་དུ་འབྱུང་བས། རྟགས་ཙམ་འཛིན་པའི་དུས་ཤེས་བྱའོ། །དེའི་རྗེས་ལ་རྒྱལ་པོ་དཔུང་དམར་ལ་སོགས་པ་བྱུང་སྟེ། བསྟན་པ་འཛམས་པར་གསུངས་པ་ཡིན་ནོ། །དེ་དག་ནི་དྲང་དོན་གྱི་མདོའི་རྗེས་སུ་འབྲངས་ནས་གསུངས་པ་ཡིན་ནོ། །ངེས་དོན་གྱི་དབང་དུ་བྱས་ན། གསེར་འོད་དམ་པ་ལས། སངས་རྒྱས་མྱ་ངན་མི་འདའ་ཞིང་། །ཆོས་ཀྱང་ནུབ་པར་མི་འགྱུར་ཏེ། །སེམས་ཅན་རྣམས་ནི་འདུལ་བའི་ཕྱིར། །མྱ་ངན་འདས་པ་ཉེ་བར་བསྟན། །ཞེས་པ་དང་། ས་བཅུ་པའི་མདོ་ལས་ཀྱང་། དེ་བཞིན་གཤེགས་པ་རྣམས་ནི་དབང་བཅུ་དང་ལྡན་ཏེ། ཚེ་བསྐལ་པ་བརྗོད་དུ་མེད་པར་བྱིན་གྱིས་བརླབས་པའི་ཕྱིར་ཚེ་ལ་དབང་བ་དང་། ཏིང་ངེ་འཛིན་གྲངས་མེད་པ་ངེས་པར་རྟོགས་ཤིང་། མཉམ་པར་འཇོག་པའི་སེམས་ལ་དབང་བ་དང་། འཇིག་རྟེན་གྱི་ཁམས་ཐམས་ཅད་ཀྱིས་རྒྱན་གྱི་བྱམས་པ་བྱེ་བ་དུ་མས་རབ་ཏུ་རྒྱན་གྱིས་བརྒྱན་པས་ཡོ་བྱད་ལ་དབང་བ་དང་། དུས་ཇི་ལྟ་བ་བཞིན་དུ་ལས་ཀྱི་རྣམ་པར་སྨིན་པ་བྱིན་གྱིས་རློབས་པས་ལས་ལ་དབང་བ་དང་། འཇིག་རྟེན་གྱི་ཁམས་ཐམས་ཅད་དུ་སྐྱེ་བ་སྟོན་པས་སྐྱེ་བ་ལ་དབང་བ་དང་། འཇིག་རྟེན་གྱི་ཁམས་ཐམས་ཅད་སངས་རྒྱས་ཀྱིས་ཡོངས་སུ་གང་བར་བལྟ་བས་མོས་པ་ལ་དབང་བ་དང་། དུས་དང་ཞིང་གང་དུ་འདོད་པར་སངས་རྒྱ་བས་སྨོན་ལམ་ལ་དབང་བ་དང་། རྫུ་འཕྲུལ་གྱིས་རྣམ་པར་འཕྲུལ་པ་ཐམས་ཅད་ཡོངས་སུ་སྟོན་པས་རྫུ་འཕྲུལ་ལ་དབང་བ་དང་། ཆོས་ཀྱི་སྒོ་མཐའ་དག་མཐའ་དབུས་མེད་པར་སྟོན་པས་ཆོས་ལ་དབང་བ་དང་། དེ་བཞིན་གཤེགས་པའི་སྟོབས་བཅུ་དང་། མི་སྐྱེང་པར་སྐད་ཅིག་ཏུ་གོ་བར་ཡོངས་སུ་རྟོགས་པས་ཡེ་ཤེས་དམ་པ་སྟེ་བཅུ་པའོ། །དེ་ལྟ་བུ་དང་ལྡན་པས་སངས་རྒྱས་ཀྱི་འཕྲིན་ལས་ནི་རྒྱུན་མི་ཆད་ཅིང་འགགས་པ་མེད་པ་སྟེ། གདུལ་བྱ་སེམས་ཅན་གྱི་ལུས་ངག་ཡིད་གསུམ་ལ་དེ་བཞིན་གཤེགས་པ་ཐམས་ཅད་ཀྱི་སྐུ་གསུང་ཐུགས་རྡོ་རྗེ་ཁྱབ་པར་བཞུགས་པའི་ཕྱིར་དད་གུས་དང་ལྡན་པའི་གང་ཟག་རྣམས་ལ་རྒྱུན་མི་འཆད་པར་བྱིན་གྱིས་རློབ་ཅིང་བཞུགས་པ་ཡིན་ནོ། །གོང་གི་དུས་དེ་རྣམས་བཀའ་བརྒྱུད་འདིའི་དབང་དུ་བྱས་ན། སངས་རྒྱས་མྱ་ངན་ལས་འདས་ནས་ལོ་སུམ་བརྒྱ་ན་བྲམ་ཟེ་ཆེན་པོ་

ས་ར་ཧ་ཁྱེན། དེ་ནས་ལོ་སུམ་བརྒྱར་གྲོང་ཁྱེར་དུ་གྲོང་འཇུག་མཛད་ཅིང་འགྲོ་བའི་དོན་མཛད་དོ། །དེས་རྗེས་སུ་བཟུང་བའི་རྒྱལ་བ་རི་ཁྲོད་པ་ནི་དཔལ་གྱི་རི་ལ་ལོ་བརྒྱ་ཕྲག་ཉི་ཤུ་རྩ་བཞི་བཞུགས་ཙམ་ནས། མི་ཏྲི་པ་དང་མཇལ། ལོ་ལྔ་བརྒྱ་ཕྲག་དྲུག་སོང་། དེ་ནས་ལོ་བཞི་ཅུ་རྩ་དགུ་སོང་བ་དང་། བླ་མ་ཏི་ཕུས་ཞུས། དེས་ཞུས་ནས་ལོ་བཞི་ཅུ་ཞེ་བརྒྱད་སོང་ཙམ་ནས། རྗེ་རས་ཆུང་པས་ཞུས། དེས་ཞུས་ནས་ལོ་སུམ་ཅུ་སོ་བདུན་ལོན་པ་དང་། རྗེ་བཙུན་དམ་པས་ཞུས། དེས་ཞུས་ནས་ལོ་ཉི་ཤུ་ལོན་པ་དང་། ཁོ་བོས་ཞུས་ནས། ས་ཕོ་སྤྲེའུ་ལོ་ཉི་ཤུ་རྩ་བརྒྱད་ལོན་པ་ཡིན་ཏེ། ལྔ་བརྒྱ་ཕྲག་བདུན་པ་དེ་ཡན་ཆད་དུ་བརྒྱ་བརྒྱད་ཅུ་གྱ་གཉིས་སོ། །གོང་གཞན་གྱི་དུས་ཚིགས་མཛད་པའི་དབང་དུ་བྱས་ན། དེ་ལས་ཀྱང་ལོ་ཉིས་བརྒྱ་ཙམ་གྱིས་མང་དུ་སོང་བ་ཡིན་ཟེར་རོ། །དེ་ལྟ་བུའི་དུས་ན་མངོན་པ་དར་བ་ཡང་གཞུང་མངོན་པ་དར་བ་མ་ཡིན་ཏེ། ཆོས་ཉིད་ཆོས་ཉིད་དུ་མངོན་དུ་བྱེད་པའི་ཐབས་ཀྱི་སྒོ་ནས་དཀར་བརྒྱུད་སྒོམ་ཆེན་དར་བ་ཡིན་ཏེ། མདོ་སྡེ་རྒྱན་ལས། མངོན་དུ་ཕྱིར་དང་ཡང་ཡང་དང་། །ཟིལ་གནོན་རྟོགས་ཕྱིར་མངོན་པའི་ཆོས། །ཞེས་པ་དང་། གནས་རྣམས་དང་ནི་མཚན་ཉིད་དང་། །ཆོས་དོན་སྒོམས་ཕྱིར་མདོ་ཡིན་ཏེ། །ལྟུང་དང་འབྱུང་བ་ལྡང་བ་དང་། །ངེས་པར་འབྱུང་དང་གང་ཟག་དང་། །བཅས་པ་དང་ནི་རབ་དབྱེ་དང་། །རྣམ་པར་ངེས་ཕྱིར་འདུལ་བ་ཉིད། །ཅེས་གསུངས་པ་ཡིན་ནོ། །

བདག་གིས་འདི་བཀོད་དགེ་བའི་འོད་ཟེར་གྱིས། །སངས་རྒྱས་བསྟན་པ་སྤྲིན་བྲལ་ནམ་མཁའ་ཡི། །ཉི་མ་ལྟ་བུར་རྒྱུན་དུ་གནས་གྱུར་ཅིང་། །འགྲོ་བ་མ་ལུས་བདེ་ལ་འགོད་པར་ཤོག །བླ་མ་རྣམས་དང་དཀོན་མཆོག་རིན་པོ་ཆེ། །ཚུལ་བཞིན་སྒྲུབ་པའི་སྐྱེས་བུའི་བྱིན་རླབས་དང་། །དམ་ཆོས་སྐྱོང་བའི་སྲུང་མ་ཆེ་རྣམས་ཀྱི། །བདེན་པ་དེ་ཡིས་བསྟན་པ་རྒྱས་གྱུར་ཅིག །ཆོས་ལ་ཞུགས་དང་ཆོས་སྨྲའི་སྤོབས་པ་དང་། །ལྟ་དང་ཉན་དང་སྒོམ་པར་བྱེད་རྣམས་ཀྱི། །མཐུན་རྐྱེན་མ་ལུས་ཕུན་སུམ་ཚོགས་ནས་ཀྱང་། །བར་ཆད་མེད་ཅིང་བསམ་པ་མཐར་ཕྱིན་རིགས། །བསྟན་པ་བྱུང་ཚུལ་རིན་ཆེན་སྒྲོན་མེ་ཞེས་བྱ་བ་རྒྱ་ཡི་སྟོན་པ་ཤེས་རབ་རྡོ་རྗེས་གསོལ་བ་བཏབ་ནས། ལྷོམ་བུའི་རྣལ་འབྱོར་གླིང་རས་པས་སྦྱར་བ་རྫོགས་སོ།། །།

༄༅། །དཀར་བརྒྱུད་ཆོས་འབྱུང་བཞུགས་སོ། །

ན་མོ་མཧཱ་མུ་དྲཱ་ཡོ་གི་ཤྭ་ར་བཛྲ་དྷཱ་ར་རཏྣ་པི་ཎི་ནཱ་མ། དངོས་རྣམས་མ་ལུས་ཆོས་ཉིད་དབྱིངས་སུ་རོ་གཅིག་གྱུར་ཀྱང་ཞི་ལ་མི་གནས་གཟུགས་སྐུའི་རོལ་པ་སྣ་ཚོགས་སྟོན། །ས་གསུམ་ཉིད་དུ་མཐའ་ཡས་མཛད་པ་གྲངས་མེད་སྟོན་ཀྱང་སྲིད་ལ་མི་གནས་སྤྲོས་པའི་མཐའ་རྣམས་ཀུན་དང་བྲལ། །སྲིད་ཞིའི་མཚན་མ་གཏན་ནས་སྤངས་ཀྱང་གར་ཉམས་དགུ་དང་མཚན་དཔེ་མདངས་གསལ་དབང་པོའི་གཞུ་ལྟར་བཟུང་བརྗོད་འདས། །མུ་མཐའ་ཀུན་ལས་རྣམ་པར་གྲོལ་ཀྱང་སྲིད་འདས་ཆོས་ལ་མངའ་དབང་མཛད་པ་ཁྱབ་བདག་རྡོ་རྗེ་འཆང་ལ་འདུད། །སྨོན་ལམ་སྟོབས་ཀྱིས་འགྲོ་ལ་རབ་བརྩེ་རྒྱལ་སྲས་གྲུབ་པའི་དབང་ཕྱུག་གཙོ། །རྒྱལ་བ་ཉིད་དང་ཐ་དད་མི་མངའ་རྗེ་བཙུན་ཏཻ་ལློ་ནཱ་རོ་དང་། །མར་པ་མི་ལ་སྒམ་པོ་ཕག་གྲུ་གླིང་རས་རྒྱ་རས་གདུང་འཛིན་པའི། །འཇིགས་མེད་རི་དྭགས་རྒྱལ་པོའི་མཚན་ལྡན་ཁུ་དབོན་དགུ་སོགས་གཙུག་གིས་མཆོད། །མཁྱེན་པའི་ཡེ་ཤེས་ཇི་ལྟ་ཇི་སྙེད་ཤེས་བྱ་མ་ལུས་མངོན་སུམ་མཁྱེན། །བརྩེ་བའི་ཐུགས་རྗེ་དམིགས་མེད་ངང་ནས་འགྲོ་བ་ཀུན་ལ་བུ་ལྟར་བརྩེ། །སྐྱོབ་པའི་ནུས་མཐུས་འཇིགས་རུང་ཉམ་ངའི་སྲིད་མཚོར་འགྲོ་བ་རྗེས་སུ་སྐྱོབ། །མཛད་པའི་ཕྲིན་ལས་སྐུ་གསུམ་རྣམ་འཕྲུལ་སྲིད་མཐར་སྟོན་མཛད་གཙང་པ་རྒྱ། །དེ་ལྟར་རྨད་བྱུང་ངོ་མཚར་བ། །བཀའ་བརྒྱུད་ནོར་བུའི་ཕྲེང་བ་རྣམས། །རྒྱུན་མི་ཆད་པར་བྱོན་པའི་ཚུལ། །དཀར་ཆག་གསལ་བའི་སྒྲོན་མེ་བྲི། །དེ་ཡང་འདིར། བཅོམ་ལྡན་ཐུབ་པའི་དབང་པོའི་བསྟན་པ་ལ་བྱ་བ་བྱས་ཤིང་། །འཇིག་རྟེན་ན་ཉི་ཟླ་ལྟར་གྲགས་པ། བྱེ་བྲག་ཏུ་འཕགས་པའི་ཡུལ་དང་གངས་ཅན་གྱི་ལྗོངས་ན། ཆེས་ཆེར་མངོན་པར་མཐོ་བའི་དཀར་བརྒྱུད་རིན་པོ་ཆེ་འདི་ཉིད་ཀྱི་བྱུང་ཚུལ་ཅུང་ཟད་གཅིག་བརྗོད་པར་བྱ་སྟེ། དེ་ཡང་འདིར། སྐུ་བཞི་དང་ཡེ་ཤེས་ལྔའི་བདག་ཉིད། རིགས་དྲུག་པ་རྡོ་རྗེ་འཆང་གིས་ཆོས་ཐམས་

ཅན་གསང་བའི་མཛོད་འཛིན་པ་གྱུར་པ། ཕྱག་ན་རྡོ་རྗེས་བྱིན་གྱིས་བརླབས་ཤིང་། གསང་བའི་བདག་པོས་གྲུབ་པ་བརྙེས་པའི་རྣལ་འབྱོར་པ་ཆེན་པོ་རྣམས་རྗེས་སུ་བཟུང་ལ། དེ་དག་གིས་རྣལ་འབྱོར་དབང་ཕྱུག་ཆེན་པོ་ཏི་ལླི་པ་རྗེས་སུ་བཟུང་ཞིང་བྱིན་གྱིས་བརླབས་ནས་བརྒྱུད་པའི་ཚུལ། བཀའ་བབས་རྣམ་པ་བཞིར་ཡོད་པ་ཡིན་ཏེ། དེ་ཡང་བྲམ་ཟེ་ཆེན་པོ་ས་ར་ཧས་སློབ་དཔོན་ལཱུ་ཧི་པ་ལ་གདམས། དེས་ཌཱ་རི་ཀ་པ་དང་། ཌེཾ་གི་པ་ལ་གདམས། དེས་ཏི་ལླི་པ་ལ་གདམས། དེ་དག་ལ་ཕྱག་རྒྱ་ཆེན་པོའི་བཀའ་བབས་ཡང་གསང་བའི་བདག་པོས། ས་བཅུའི་དབང་ཕྱུག་བློ་གྲོས་རིན་ཆེན། དེས་བདག་ཉིད་ཆེན་པོ་འཕགས་པ་ཀླུ་སྒྲུབ། དེས་འོད་གསལ་མངོན་དུ་གྱུར་པ་མ་ཏཾ་གི་པ་ལ་གདམས། དེས་ཏི་ལླི་པ་ལ་གདམས་ཏེ། དེ་དག་ལས་འཕགས་བརྒྱུད་ཀྱི་བཀའ་བབས། ཡང་གསང་བའི་བདག་པོས་ཡེ་ཤེས་ཀྱི་མཁའ་འགྲོ་མ་སུ་ཧི་ལ་གདམས། དེས་ཐང་ལོ་པ་ལ། དེས་ཤིང་ལོ་པ་ལ། དེས་ཀརྞ་རི་པ། དེས་ཏི་ལླི་པ་ལ་གདམས་ཏེ། དེ་དག་ལས་མ་བརྒྱུད་ཀྱི་བཀའ་བབས། ཡང་གསང་བའི་བདག་པོས་ཌོམྦི་པ། དེས་བི་ན་ས། དེས་ལ་བ་པ། དེས་ཨིནྡྲ་བོ་དྷི། དེས་ཏི་ལླི་པ་ལ་གདམས་ཏེ། །དེ་དག་ལས་འོད་གསལ་གྱི་བཀའ་བབས། དེ་ལྟར་མཁས་གྲུབ་དུ་མའི་བཀའ་བབས་གཅིག་ཏུ་གྱུར་པའི། རྗེ་བཙུན་ཏི་ལླི་པ་ནི། རྒྱ་གར་ཤར་ཕྱོགས་བརྒྱུད་ན། གྲོང་ཁྱེར་ཛ་གོ་ཞེས་བྱ་བར། ཡབ་བྲམ་ཟེ་གསལ་བ། ཡུམ་བྲམ་ཟེ་མ་གསལ་ལྡན་གཉིས་ཀྱི་སྲས་སུ་འཁྲུངས་ཤིང་། མཚན་བྲམ་ཟེ་གསལ་འོད་ཅེས་བྱ་བར་བཏགས་སོ། །

མཐར་ཌྷཾ་ག་ལས། རྡོ་རྗེ་འཆང་དངོས་དང་ཡང་མཇལ་ཤིང་། གྲུབ་པ་བརྙེས་པའི་སྐྱེས་བུར་གྱུར་ཏེ། དེ་ལྟར་ཡང་། གདུལ་བྱའི་བློ་དང་སྣང་ཚུལ་བསམ་གྱིས་མི་ཁྱབ་པ་བསྟན་པ་བརྗོད་ཀྱིས་མི་ལང་ཞིང་། ངས་ནི་ཞིང་ཁམས་བརྒྱར་ཡང་ཕྱིན། །སྤྲུལ་པ་བརྒྱ་ཕྲག་བརྒྱ་ཡང་བསྟན། །ཨཱརྻ་དེ་བ་ཀླུ་སྒྲུབ་དང་། །སངས་རྒྱས་དང་ཡང་ངས་གཏམ་བྱས། །ཞེས་གསུངས་ཤིང་། དེས་རྗེས་སུ་བཟུང་བའི་གྲུབ་ཐོབ། ཟ་ཧོར་གྱི་རྒྱལ་པོ་ལ་སོགས་པ་འབུམ་ཕྲག་དུ་མ་མཁའ་སྤྱོད་དུ་དྲངས་ཤིང་། སྤྲུལ་པས་བཏུལ་བའི་གྲུབ་ཐོབ་བརྒྱད་ནི། རྣལ་འབྱོར་པ་ནུས་ལྡན། མུ་སྟེགས་ནག་པོ། སྒྱུ་མ་མཁན་བསླུ་བྱེད། ཆང་འཚོང་མ་ཉི་མའི་འོད། རྒྱང་འཕེན་པ་རྡོ་ན། ཤན་པ་བདེ་བྱེད། གླུ་མཁན་ལྷུགས་པ། མཐུ་མཁན་ནུས་པ་ཅན་རྣམས་སོ། །ཁྱད་པར་དུ་འཕགས་པའི་སློབ་མ་གསུམ་ནི། རྒྱལ་རིགས་ལ་ནཱ་རོ་པ། བྲམ་ཟེ་རིགས་ལ་རི་རི་པ། རྗེ་རིགས་ལ་ཀ་སོ་རི་པ་རྣམས་ཡིན་ཏེ། སྲས་དེ་རྣམས་ཀྱི་ནང་ནས་མཆོག་ཏུ་གྱུར་པའི་པཎྜི་ཏ་ཆེན་པོ་ནཱ་རོ་པ་ནི། ཁ་ཆེའི་ཡུལ་གྱི་གྲོང་ཁྱེར་དཔེ་མེད་ཅེས་བྱ་བར། ཡབ་རྒྱལ་པོ་

དགེ་བའི་གོ་ཆ། ཡུམ་བྲམ་ཟེ་མོ་དཔལ་གྱི་བློ་གྲོས། ལྷུམ་མོ་དཔལ་གྱི་ཡེ་ཤེས་རྣམས་ཡིན་ལ། རིང་པོར་མ་ལོན་པར་དགེ་སྙེན་མཛད་དེ། མཚན་ནམ་མཁའི་སྙིང་པོར་བཏགས། དགེ་ཚུལ་གྱི་མཚན་སངས་རྒྱས་ཡེ་ཤེས། དགེ་སློང་གི་མཚན་ཆོས་ཀྱི་བླ་མ། ཡོངས་སུ་གྲགས་པའི་མཚན་ཡེ་ཤེས་དངོས་གྲུབ། པཎྜི་ཏའི་མཚན་འཇིགས་མེད་གྲགས་པ། སངས་རྒྱས་ཀྱི་བསྟན་པ་བཟུང་བས་གནས་བརྟན་བསྟན་པ་འཛིན་པ། རྣལ་འབྱོར་པའི་མཚན་ནཱ་རོ་པ། འགྲེལ་ཆེན་སྐད་གྲགས་བཟང་པོར་བཤད་ཅིང་། ནཱ་རོ་པ་ཞེས་བོད་སྐད་དུ་བསྒྱུར་ན། མིའི་མཆོག་ཡིན་ཏེ། དེའི་དོན་རྒྱལ་རིགས་དང་། བྲམ་ཟེ་མོ་རྒྱལ་སྡེབས་པའམ། ཕ་མ་གཉིས་ཀ་རྒྱལ་རིགས་དང་། བྲམ་ཟེའི་རིགས། རུས་མི་གཅིག་པ་ལྷ་བུ་ལ་ཟེར་ཞིང་། རྩ་བཤད་པ་ཞེས་པ་ལའང་འཇུག་གོ ། རྗེ་དེ་ཉིད་ཀྱིས། དཀའ་བ་རྣམས་པ་བཅུ་གཉིས་ཀྱི་སྒོ་ནས། བླ་མ་མཉེས་པར་མཛད་ཅིང་། མཐར་མཆོག་གི་དངོས་གྲུབ་བརྙེས་ནས། རྗེས་སུ་བཟུང་བའི་བུ་ཆེན་རང་དང་མཚུངས་ཞིང་། ཆེ་བར་གྲགས་པ་བདུན་ནི། མཻ་ཏྲི་པ། ཞི་བ་བཟང་པོ། ཛོ་མྲི་པ། ཤནྟི་པ། བལ་པོ་སྤྱི་ཐེར་པ། དགེ་ཚུལ་ཤེས་རབ་སེང་གེ ཁ་ཆེ་ཨཱ་ཀར་སིདྡྷི་རྣམས་ཡིན་ལ། ཕྱོགས་བཞིའི་རཀྵི་ཏ་དང་། མཁས་པ་ཆེན་པོ་སྨྲྀ་ཏི་དང་། ཞི་བའི་གོ་ཆ། ཛྙཱ་ན་ཀ་ར། སུ་མ་ཏི་ཀཱིརྟི་སོགས། པཎྜི་ཏའི་སློབ་མ་དྲུག་ཅུ་དང་། ཕཾ་ཏིང་པ་སྐུ་མཆེད་སོགས། གྲུབ་ཐོབ་བརྒྱ་རྩ་བརྒྱད། པཎྜི་པ་སོགས་བརྟུལ་ཞུགས་གྲུབ་པའི་རྣལ་འབྱོར་ལྔ་བཅུ་རྩ་བཞི། མཚན་ལྡན་གྱི་རྣལ་འབྱོར་མ་སྟོང་ཚིག་བརྒྱ་སྨིན་པར་མཛད་ཅིང་། མཁས་གྲུབ་ཐམས་ཅད་ཀྱི་གཙུག་གི་ནོར་བུ་ལྟ་བུར་གྱུར་པ་ཡིན་ནོ། ། མངའ་བདག་མཻ་ཏྲི་པ་ནི། ཡུལ་དབུས་ཀྱི་གྲ་བྲི་ལའི་གྲོང་ཁྱེར་ནཱ་ག་ཛུ་ནའི་གཙུག་ལག་ཁང་ན། ཡུལ་ཛྷ་རི་ཏ་ཡབ་བྲམ་ཟེ་ནག་པོ། ཡུམ་བྲམ་ཟེ་མོ་སྭ་ཧྲུ་གཉིས་ལ་སྲས་དྷརྨ་ཞེས་བྱ་བ། ལོ་བཅུ་གཉིས་མན་དུ་བྲམ་ཟེ་དབྱུག་གུ་གཅིག་པའི་སྤྱོད་པ་མཛད། མུ་སྟེགས་ཀྱི་བསྟན་བཅོས་དང་། རིག་བྱེད་མཐའ་དག་ཐུགས་སུ་ཆུད། ཛྷ་རི་ཏའི་ཡུལ་དུ་སྒྲ་མཁས་པར་བསླབས། ནཱ་རོ་པ་དང་ཕྱི་ནང་གི་རྩོད་པ་མཛད་པས་ནཱ་རོ་པ་རྒྱལ་ཏེ། དབང་བསྐུར་བའི་གསང་མཚན་བཛྲ་གི་ཏེ་ར་བཏགས། སློབ་དཔོན་དེ་ཉིད་དང་། རཏྣ་ཨ་ཀར་པཎྜི་ཛྙཱ་ན་ཤྲཱི་ཤནྟི་པ་རྣམས་ལ་ཐེག་པ་ཆེ་ཆུང་དང་། སྔགས་ཕྱི་ནང་ལ་སོགས་པ་སྡེ་སྣོད་དང་རྒྱུད་སྡེ་དུ་མ་གསན་ཅིང་། ཤནྟི་པ་ལ་བསྙེན་པར་རྫོགས་པའི་མཚན་མཻ་ཏྲི་གུ་ཧྱ་བཏགས་ཤིང་། དེ་ནི་སྤྱོད་ལམ་དང་ཆ་ལུགས་བདེ་བར་གཤེགས་ནས་སྙིང་པོ་དོན་གྱི་གདམས་པ་གཅིག་གསན་བསམ་ཕྱིན་པས། ལམ་དུ་རྣལ་འབྱོར་པ་གཅིག་དང་ཕྲད་པ་ལ་ཁྱོད་གྲུབ་ཐོབ་གཅིག་ཡིན་ཡོད་པས་རྗེས་སུ་བཟུང་འཚལ་བྱས་པས། ངའི་གདུལ་བྱ་མ་ཡིན། ཁས་པ་ཅིར་སོང་ལ་སློན་

ལམ་ཐོབ་ཅིག་ཟེར་བས། སློབ་མའི་སྙིང་པོ་བཟླས་ཤིང་ཁརྨ་པ་ཏེར་བསྟོད་པས། ཀྱཻ་པཎྜི་ཏ་ཁྱོད་ཤཱཀྱ་པའི་རིགས་མ་ཡིན། ལྷོ་དར་བའི་རིགས་ཡིན་པས། ལྷོ་ནུབ་ཀྱི་ཕྱོགས་སུ་སོང་ལ། དཔལ་ཤ་བ་རའི་དབང་ཕྱུག་དང་འཇལ་བས་ཐེ་ཚོམ་གྱི་དྲི་མ་མ་ལུས་པ་འགྱུར་ཞེས་ནམ་མཁའ་ནས་ལུང་བསྟན་པའི་སྒྲ་བྱུང་སྟེ། དཔལ་གྱི་རིར་འགྲོ་བ་ལ། རྒྱ་མཚོ་ལ་ཉི་མ་མང་པོ་བརྒྱལ་དགོས་པས། ནོར་བུ་ལེན་དུ་འགྲོ་བའི་ཚོང་པ་དག་ལ་འགྲོགས་ཀྱིས་བྱས་པས། འགྲོ་མ་ཉན་ཏེ། ཁ་ཆེ་ཨ་ཀ་ར་སིདྡྷི་དང་འཕྲད་པས་འགྲོགས་བྱས་ཉིན་ལམ་མང་པོར་ཆུ་བརྒྱལ་ཏེ་ཕྱིན་པས། དཔལ་གྱི་རི་ལ་སླེབས། ངལ་ཞིང་དུབ་པར་གྱུར་ཀྱང་ཡོངས་པ་མེད་པར་ནགས་ཁྲོད་རྣམས་སུ་བླ་མ་བཙལ་བས། དཔལ་ཤ་བ་རི་དབང་ཕྱུག་དང་མཇལ་ཏེ་རྗེས་སུ་བཟུང་ནས། རྒྱུད་དང་གདམས་པ་ཡང་བསྟན། ཕྱི་ནང་གི་ཆོས་མཐའ་དག་གི་གོ་བ་རྙེད། ཁྱད་པར་ཡང་དག་པའི་སྙིང་པོའི་དོན། ཕྱིན་ཅི་མ་ལོག་པའི་གདམས་པ་ཅིག་ཅར་དུ་བསྟན་ནས། ཉམས་སུ་བླངས་པས་ཐུན་མོང་མ་ཡིན་པའི་རྟོགས་པ་རྒྱུད་ལ་འཁྲུངས་ཏེ། རྣལ་འབྱོར་གྱི་དབང་ཕྱུག་ཆེན་པོ་གྱུར་ཏེ་ལྟ་བ་དང་སྤྱོད་པ་སྟོན་པའི་བསྟན་བཅོས་ཀྱང་དུ་མ་མཛད་ཅིང་། གདུལ་བྱ་མང་པོ་ཡང་དག་པའི་ལམ་ལ་བཀོད་ནས། བར་དོ་མཆོག་གྲུབ་པའི་ཚུལ་བསྟན་ཏོ། །

དེ་ལྟར་ནཱ་རོ། མཻ་ཏྲི་གཉིས་ཀྱི་སློབ་མ་རྣམས་ཀྱི་ནང་ནས་མཆོག་ཏུ་གྱུར་ཞིང་། མདོ་རྒྱུད་ཐབས་ལམ་དང་བྱིན་རླབས་སྙན་བརྒྱུད་ཀྱི་གདམས་པ་མ་ལུས་པར་གནང་བ། རྗེ་བཙུན་ཏཻ་ལློ་པས་ལུང་བསྟན་པ་ལྟར་བྱང་ཕྱོགས་ཁ་བ་ཅན་དུ། དཀར་བརྒྱུད་ཀྱི་བསྟན་པ་ཉི་མ་ལྟར་གསལ་བར་མཛད་པའི་རྗེ་བཙུན་མར་པ་ལོཙྪཱ་ནི། འཁྲུངས་ཡུལ་ནི་ལྷོ་བྲག་ཆུས་ཁྱེར། ཡབ་མར་པ་དབང་ཕྱུག་འོད་ཟེར། ཡུམ་སྐལ་ལྡན་གཉིས་ཀྱི་སྲས་སུ་ཤིང་ཕོ་བྱི་བའི་ལོ་ལ་སྐུ་བལྟམས་ཤིང་། མཚན་ཆོས་ཀྱི་བློ་གྲོས་སུ་བཏགས། བླ་མ་འབྲོག་མིའི་དྲུང་དུ། སྒྲའི་བསྟན་བཅོས་ཕུལ་དུ་ཕྱིན་པ་མཛད་དེ། རྒྱ་གར་དུ་བྱོན་པའི་ལམ་དུ། བལ་པོ་སྤྱི་ཐེར་བ་སྐྱ་མཆེད་ལ་གདན་བཞི་ལ་སོགས་ཆོས་ཀྱི་སྒོ་མང་དུ་གསན་ཅིང་། གདམས་པས་ཐུགས་མ་ཚིམ་པར། ལུས་སྲོག་ལ་ལྟོས་པ་མེད་པ་རྒྱ་གར་དུ་བྱོན་ཏེ། མཚན་ལྡན་གྱི་བླ་མ་བརྒྱ་རྩ་བརྒྱད། བཤད་སྒྲོལ་འཛིན་པ་ལྔ་བཅུ། སྣང་བ་འགྱུར་ངེས་བཅུ་གསུམ་བརྟེན་ཞིང་། ཁྱད་པར་དུ་འཕགས་པའི་བླ་མ་བཞི་ནི། བྱང་ཕུལླ་ཧ་རིར། དཔལ་ནཱ་རོ་པ་ལས། རྒྱུད་ཀྱི་རྡོ་རྗེ་དང་། བསྲེ་འཕོ་མཚམས་སྦྱོར། གཏུམ་མོ་ལས་རྒྱ་རྣམས་གསན་རྟོགས་པ་མཆོག་ཏུ་གྱུར། དཔལ་ཡེ་ཤེས་སྙིང་པོ་དབུ་མ་རང་རྒྱུད་དུ་སྨྲ་བ་ལས། དཔལ་གསང་བ་འདུས་པ། སྒྱུ་ལུས་འོད་གསལ་གྱི་གདམས་པ་རྒྱས་པར་གསན། ལམ་རིམ་པ་ལྔའི་དོན་ལ་མཁས་པར་མཛད། ལྷོ་དུག་མཚོ་ཁོལ་མའི་

གླིང་དུ། དཔལ་ཞི་བ་བཟང་པོ་ལ། རྒྱུད་མདྗོ་མ་ཡ་གསན། དབྱིབས་རྣལ་འབྱོར་གསུམ་གྱི་དོན་ལ་བསླབས། སྒྱུ་མ་གསུམ་བསྲེས་ཀྱི་གདམས་པ་བཞེས། ཤེས་རབ་ཀྱི་སྒྲོན་མེ་རྒྱས། གདེ་མུག་གི་མུན་པ་བསལ། ངན་སོང་གི་རྒྱུན་ལམ་བཅད་དོ། །ཤར་ཆུ་བོ་གཙྖའི་འགྲམ། རི་མེ་ལྷར་འབྲུག་པའི་དུར་ཁྲོད་དུ། མངའ་བདག་མཻ་ཏྲི་པ་ལས། རྒྱུད་ཟབ་མོ་རྟོགས་པ་གླུ་བླངས་དང་། ཆོས་ཕྱག་རྒྱ་ཆེན་པོའི་གདམས་པ་གསན་ནས། ལྷན་ཅིག་སྐྱེས་པའི་ཡེ་ཤེས་དབང་གི་རྟོགས་པ་ཐུན་མོང་མ་ཡིན་པ་རྒྱུད་ལ་འབྲུངས་ཏེ། གང་ཟག་དཔག་ཏུ་མེད་པ་ལམ་གྱི་མཐར་ཐུག་ཏུ་མཛད་དོ། །དེ་ལྟ་བུའི་བླ་མ་མར་པ་ལོ་ཙྪ་སྒྲ་བསྒྱུར་གྱི་རྒྱལ་པོ་དེ་ལ། སློབ་མ་བཀའ་ཆེན་བཞིར་གྲགས་པ་ནི། གཞུང་གི་རྔོག་སྟོན་ཆོས་རྡོར། དོལ་གྱི་འཚུར་སྟོན་དབང་ངེ། གཙང་རོང་གི་མེས་སྟོན་ཚོན་པོ། གུང་ཐང་གི་མི་ལ་རས་པ་རྣམས་ཡིན་ནོ། །མཉེས་པའི་བུ་ཆེན་བཞི་ནི། ཆུ་གོང་དཔལ། གྲིབ་མེའུ་ཐུང་། དོལ་པ་གྲགས་སྙེན། ཁྱེར་སྐད་རྣམས་ཡིན་ནོ། །ལས་ཅན་གྱི་སློབ་མ་བཞི་ནི། འདམ་གྱི་མར་པ་འགོ་ལེགས། དགྱེར་ཕུའི་གློག་སྐྱ་ཇོ་སྲས། འཕན་ཡུལ་གྱི་ཉ་མ་དཔལ་མོ། རྒྱང་རོ་ཞང་སྟོན་རྣམས་སོ། །གཞན་ཡང་ཤུད་དགོ་ལྡབ་ཅན། ལྷ་ཛེ་སེ་རིན། འཕྲང་གི་རྒྱ་སྟོན་ཞིག་པོ། མར་པ་བྱ་སེ་ལ་སོགས་པ་བསམ་གྱིས་མི་ཁྱབ་པ་བྱོན་ནོ། །དུས་ལ་བབ་པའི་གདུལ་བྱ་རྣམས་བཏུལ་ནས། དགུང་ལོ་བརྒྱད་ཅུ་རྒྱ་བཞི་པ་མེ་མོ་ཕག་གི་ལོ་ལ་ཆོས་ཀྱི་དབྱིངས་སུ་གཤེགས་སོ། །

བཤད་རྒྱུད་འཛིན་པའི་མེ་ཏོག །རྔོག་སྟོན་ཆོས་རྡོར་གྱི་སློབ་མ་ཅན་བཞི་ནི། བ་ལྷ་ཅན། རམ་བཙན་ཅན། རྔོག་མུན་པ་ཅན། སུམ་པ་ཡོད་ཁ་ཅན་ཡིན་ནོ། །མཚུར་སྟོན་དེ་ལ་སློབ་མ་འཁོན་གད་པ་ཀཱིརྟི། ཁམས་པ་མི་མཉམ་རྡོ་རྗེ། ཆེ་སྟོན་བསོད་རྒྱལ་གསུམ་ལ་ཁྱད་པར་འཕགས་པའི་བུ་ཆེན་གསུམ་ཞེས་གྲགས་ཤིང་། བུ་སྟོན་ཁ་ཆེ་དང་། བློ་བཟང་གྲགས་པ་སོགས་ཀྱི་གསང་འདུས་ཀྱི་རྒྱུད་ཕལ་ཆེ་བ། མཚུར་ནས་བརྒྱུད་པ་ཡིན་ནོ། །མེས་སྟོན་ཚོན་པོའི་མཚན་བསོད་ནམས་རྒྱལ་མཚན་ཞེས་ཟེར་ལ། གཙང་རོང་གི་གནས་གཞི་བ་དོ་བཏབ་ཅིང་། ཁོ་རང་གི་བརྒྱུད་པ་མེས་ཀུན་བསོད། རྡོམ་ཐོང་བློ་གྲོས་གྲགས་ཞེས་པའི་བར། གྲུབ་ཐོབ་ཁྱད་པར་ཅན་འགའ་ཡང་བྱོན་ནོ། །ཆོས་བརྒྱུད་ནི་ཞང་བསོད་ནམས་མཁར་ཞེས་པ། མར་མེས་གཉིས་ཀ་ལ་ཐུག་པའི་སློབ་མ་ཡིན་ཞིང་། དེ་ནས་བརྒྱུད་དེ། བདེ་གཤེགས་ཡེ་ཤེས་སྙིང་པོ། ཞང་སྟོན་ཀུན་དགའ་གྲགས། བླ་མ་རིན་ཆེན། ཤཱཀྱ་རྒྱལ་པོ། ཞང་སྟོན་གྲགས་འབྱོར་གྱི་བར་དུ་མེས་ལུགས་ཀྱི་ཆོས་བརྒྱུད་དོ། །བུ་ཆེན་བཞི་ཡི་ནང་ནས་མཆོག་ཏུ་གྱུར་པ། སྒྲུབ་བརྒྱུད་ཀྱི་རྒྱལ་མཚན་འཛིན་པ་རྣམས་ཀྱི་གཙུག་གི་ནོར་བུ་ལྟ་བུ། རྗེ་བཙུན་མི་ལ་རས

པ་ནི། དཔལ་ནཱ་རོ་པས་ལུང་བསྟན་ཞིང་། སྒྲུབ་པ་བརྩོན་འགྲུས་ལ་ཡི་རངས་ནས། རྒྱ་གར་ནས་བོད་ལ་ཞལ་བསྟན་ནས་བརྐྱང་ཕྱག་མཛད་པར་གྲགས་ལ། འབྲུངས་ས་ལ་སྟོད་གུང་ཐང་ཁབ་ཀྱི། སྐྱ་སྔ་རྩའི་ཀོ་རོན་ཞེས་བྱ་བར་འཁྲུངས། ཡབ་མི་ལ་ཤེར་རྒྱལ་དང་། ཡུམ་ཉང་ཚ་དཀར་ལེགས་གཉིས་ལ། ཆུ་ཕོ་འབྲུག་གི་ལོ་ལ་སྐྱ་བལྟམས་ཤིང་། མི་ལ་ཞེས་པའི་དོན། རྗེ་བཙུན་གྱི་ཡབ་མེས་གཅིག་ལ། མི་ལ་ཙ་ཀྲ་ཞེས་པའི་གདོན་གཅིག་གནོད་ནས་ཕྱིས་བོན་པོ་གཅིག་གིས་མི་གནོད་པར་བྱས་ནས། དེའི་མིང་རུས་མཚན་ལ་འཛིགས་པ་ཡིན་གསུངས་སོ། །རྗེ་བཙུན་ཆེན་པོ་དེ་གནས་ངེས་མེད་ཀྱི་རི་ཁྲོད་ལ་བཞུགས་པ་བསམ་གྱིས་མི་ཁྱབ་ཅིང་། སྒྲུབ་བརྒྱུད་ཀྱི་སྲོལ་གཏོད་པ་མཛད་ཅིང་། ཡོངས་སུ་གྲགས་པའི་གནས་ཆེན་དེ་རྣམས་སུ་སྒྲུབ་པ་མཐར་ཕྱིན་པ་མཛད་ནས། བུ་ཆེན་ཁྱད་པར་ཅན་བྱོན་ཚུལ་ནི། རས་ཆུང་རྡོ་རྗེ་གྲགས་པ། ངམ་རྫོང་རས་པ། འབྲི་སྒོམ་རས་པ། སེ་བན་རས་པ། རས་པ་ཞི་བ་འོད། ཁྱི་ར་རས་པ། རས་པ་བདེ་བ་སྐྱོང་། ར་རྫི་རས་པ་རྣམས་རས་པ་མཆེད་བརྒྱད་ཅེས་གྲགས་ཤིང་། མིའི་འགྲོ་བ་རྣམས་འདུལ་བའི་མཆོག་རྗེ་སྒམ་པོ་པ། མི་མ་ཡིན་རྣམས་འདུལ་བའི་མཆོག་ཚེ་རིང་མ། ཌཱ་ཀི་མ་རྣམས་འདུལ་བའི་མཆོག་སྟགས་སྐྱེས་ལྷན་ཅིག་སྐྱེས་པའི་སྒྲོན་མེ་ཡིན་ནོ། །

གཞན་ཡང་ཐུགས་ཀྱི་སྲས་བཞི། ཉེ་བའི་སྲས་བརྒྱད། སྐུ་བགྲེས་ཁར་འབྲུངས་པའི་སྟོན་པ་དྲུག །འབྲི་སྒོམ་རྡོ་རྡོར། སྒོམ་པ་ར་སོགས་གྲུབ་ཐོབ་ཕོ་མོ་ཉི་ཤུ་རྩ་ལྔ་རས་པ་ཉེར་གཉིས། སྟོན་པ་བཅུ། རས་པ་བཅུ་གཉིས། ཁྱིམ་པའི་ཚུལ་གྱི་གྲུབ་ཐོབ་མ་བཅུ་དྲུག་མཐོ་མཚམས་ནས་སླར་གྲུབ་པ་ཐོབ་པ་སོགས་བསམ་གྱི་མི་ཁྱབ་རྗེ་བཙུན་དེ་ཉིད་དགུང་ལོ་བརྒྱད་བཅུ་རྩ་བཞི་པ། ཤིང་མོ་ཡོས་ཀྱི་ལོ་རྟའི་ཟླ་བ་ལ། མ་དག་པའི་གདུལ་བྱ་རྣམས་ལ་གཤེགས་ཚུལ་བསྟན་ཅིང་། ལས་ཅན་གྱི་མཐོང་ཚུལ་བསམ་གྱིས་མི་ཁྱབ་བོ། །རས་ཆུང་རྡོ་རྗེ་གྲགས་པ་ནི། འཁྲུངས་ཡུལ་ཁ་བ་གུང་ཐང་པ་ཡིན་ལ། གདུང་རུས་གཉན། དགུང་ལོ་རྩ་གསུམ་པ་ན། རྗེ་བཙུན་ཆེན་པོ་དང་མཇལ། རྒྱ་གར་ལ་སོགས་པར་བྱོན། ཟབ་མོའི་གདམས་པ་མང་པོའི་འགྲོ་བ་མང་པོའི་དོན་མཛད་ནས། དབང་དང་གདམས་ངག་ཐོབ། སློབ་མ་བཅུ་གསུམ་བྱོན་པ་ནི། ལོ་གཙང་ར་དང་སུམ་པ་ལོ་རོ་བྲེས་མགོལ་བ། བླ་མ་ཆོས་སྒོམ། སུམ་པ་ཆོས་རྡོར། བུ་སྒོམ་ནག་པོ། ཟང་རི་རས་པ། འགྲོ་སྒོམ་དོན་གྲུབ། དགྲ་དབྱེ་བ་མི་ཉག་རྡོ་རྗེ་འོད། གཙང་སྟོན་རྒྱལ་མཚན། གཉལ་སྨད་པ་གཙང་སྟོན་རྒྱལ་བ། དགེ་བཤེས་ཁྱུང་ཚང་བ་དང་ཡར་ལུང་པ་ལྷ་རྗེ་ལྷ་འབར་རྣམས་ཡིན་ལ། རྒྱལ་བ་ལོ་སྟོན་ནི། འཁྲུངས་ཡུལ་གཉལ་སྟོང་པ

ཡིན་ཞིང་། རྗེ་རས་ཆུང་པ་ལ་གསེར་གྱི་མཎྜལ་ཕུལ། དབང་གདམས་ངག་དང་བཅས་པ་རྫོགས་པར་ཞུས། རླུང་ཨ་བ་དྷཱུ་ཏིར་ཆུད། སངས་རྒྱས་དང་བྱང་ཆུབ་སེམས་དཔའ་དུ་མའི་ཞལ་གཟིགས། རྣལ་འབྱོར་གྱི་དབང་ཕྱུག་ཆེན་པོ་སྦས་པའི་བརྟུལ་ཞུགས་མཛད་ཅིང་། རྗེ་བཙུན་རས་ཆུང་པའི་སྤྱན་སྔར་ལོ་ཉི་ཤུ་རྩ་བརྒྱད་ཀྱི་བར་གྲལ་དཔོན་མཛད་ནས་བཞུགས། སུམ་པ་ལ་སྟོད་ཆུང་བའི་སྐད། སུམ་པ་ཉི་འུ་མཁར་ཞེས་བྱ་བ་ན། སུམ་པ་དབང་ཕྱུག་བྱ་བ་དང་། ཡུམ་སླ་མོ་ཁྱེ་འབར་བའི་སྲས་ལྕེའི་ཇོ་བོ་ཆེ་ཤོས་ཡིན་ལ། ཁྱིམ་ཐབ་བྱེད་ཁར་གཡུ་རྙོག་ཁྱེར་ནས་བྱོན་ཏེ། རབ་ཏུ་བྱུང་བར་མཛད་ཅིང་། རྗེ་རས་ཆུང་པའི་སྤྱན་སྔར་བྱོན་ནས། ཕྱག་གཡས་པའི་སྲིན་ལག་བཅད་དེ་མཎྜལ་ལ་ཕུལ་བར་མཛད་ཅིང་། སློབ་དཔོན་གཞན་གྱི་སར་ལོ་མང་པོ་བསྡད་ཅིང་ཉན་པ་ལས། ཁོང་གི་མཛད་སྤྱོད་སྣ་རེ་སེམས་སོ་ལ་ཕན་ཅིང་ཚིག་རེ་གསུང་པའི་དོན་ཁྲོལ་བ་དང་། རང་འདོད་མེད་པར་གཞན་ལ་ཅི་ཕན་འབབ་ཞིག་མཛད་པ་སོགས་ཡོན་ཏན་བསམ་གྱི་མི་ཁྱབ་པ་མངའ་ཞིང་། འགྲོ་མགོན་ཕག་མོ་གྲུ་པས། རྒྱ་གར་གྲུབ་ཐོབ་ཆེན་པོ་གཅིག་ཡིན་གསུང་། དེའི་སློབ་མ་ཕྱོགས་སུ་ཚུགས་པ་བཞི་ཡོད་དེ་གཙང་གི་རྡོ་མོ་སྒྲོན་ནེ། མལ་གྲོའི་ལྡོ་པ་བྱང་སྟོན། མངའ་རིས་པ་གསལ་མཆོག་གི་མཆོད་གནས་གྲུང་ཞིག །གཉགས་གཅེར་བུ་པ་རྫ་ཤོད་རས་པ་གྲགས་པ་དང་བཞི་ཡིན་ནོ། །བླ་མར་ཞེས་པ་ནི། བྱར་ཕུར་དོ་བ་ཡིན་ནོ། །དགེ་བཤེས་ཁྱུང་ཚང་པ་ནི། འཁྲུངས་ཡུལ་སྟོད་ལུང་རྟ་ལུ་བ་ཡིན་ལ། ལ་ལ་གཡེ་ཆུང་བ་ཡིན་ཡང་ཟེར། ཁྲག་འཚོ་མར་གྱུར་པ་དང་། སྐུ་ལ་ཟག་པ་མི་འབྱུང་བ་ལ་སོགས་ཡོན་ཏན་དུ་མ་མངའོ། །དེའི་སློབ་མ་ཤངས་པ་ལྷར་སྒོམ། མར་སྟོན་ཚུལ་འབྱུང་། མ་ཅིག་གོང་རྡོ་གསུམ་གྱི་སློབ་མ་ཞང་ལོ་རྩ་བ་གྲུབ་པ་དཔལ། ཞེས་པ་མཁས་གྲུབ་དུ་མ་བསྟེན་ཅིང་། བལ་པོར་ཡེ་རང་པཎྜི་ཏ་ལ་སྒྲ་ཚད་བསླབས། སྐད་བརྒྱད་ཀྱི་གདམས་པ་གསན། མངོན་མཁྱེན་ཐོགས་མེད་མངའ་ཞིང་། གྲུབ་པ་བརྙེས་པའི་གང་ཟག་ཁྱད་པར་ཅན་བྱོན་ནོ། །དེའི་སློབ་མ་སྦས་སྟོན་ཧ་ར་ཤྲཱི་དང་། རྒྱལ་བ་སྟོན་མཁན་པ་ལ་སོགས་པ་མང་དུ་བྱོན་ཞིང་། དེ་རྣམས་རས་ཆུང་སྙན་བརྒྱུད་ཅེས་གྲགས་སོ། །

རས་པ་ཞི་བ་འོད་ནི། ལ་སྟོད་རྒྱལ་ཁམས་སུ་འཁྲུངས། གདུང་རུས་ཞུ་ཡས་ཡིན་ཞིང་། དགུང་ལོ་ཉི་ཤུ་ཙམ་བཞེས་དུས། རྗེ་བཙུན་ཆེན་པོ་དང་། ཆུ་མིག་དཔུལ་འབུམ་དུ་འཇལ། རྗེས་སུ་འཛིན་པར་ཞལ་གྱིས་བཞེས་པས། ཕྱིས་ཁོ་རང་གི་ཚ་བོ་བློན་བཙུན་སངས་རྒྱས་སྐྱབས་དང་སྟེབས་ནས་བྱོན་པ་ན། རྗེ་བཙུན་ཡང་ཤིན་ཏུ་མཉེས་ནས། སྔར་གྱི་མཚན་དར་མ་དབང་ཕྱུག་ཡིན་པ་ལ། དུས་དེར་ཞི་བ་འོད་དུ་བཏགས་ཤིང་། ཕ་དྲུག་གི་སྐན་ལུང་སྐན་ཆུན། བྲག་རྒྱ་ཆུ་ཞེས་པར་ལོ་བཅུ་གཉིས

བསྒྲུབ་པ་མཛད། མི་འམ་ཅིའི་བུ་མོ་ཧིང་འཛིན་གྱིས་ལས་ཀྱི་ཕྱག་རྒྱར་བཀུག་སྟེ། མྱུར་ལམ་བསྒྲུབས་ནས། བྲག་ཕུག་གི་སྒྲི་བོ་བརྡོལ་བའི་ཚུལ་གྱིས་ལུས་མ་སྤངས་པར་མཁའ་སྤྱོད་དུ་བཞུད། དེའི་ཤུལ་ད་ལྟ་ཡང་ཡོད་གྲགས་སོ། །ངམ་རྫོང་རས་པ་ནི། འབྲུངས་ཡུལ་འབྲི་མཚམས་ལྷིམ་ལུང་། གདུང་རུས་ངམ་རྫོང་། མཚན་བྱང་ཆུབ་རྒྱལ་པོ། བྱམས་ཆོས་ལྔར་མཁས་པར་སྦྱངས། རྗེ་བཙུན་ལས་བཀའ་རྒྱས་པར་གསན་ཅིང་ངམ་རྫོང་ལུགས་ཀྱི་སྙན་བརྒྱུད་ཅེས་པ་ད་ལྟ་ཡང་གྲགས་སོ། །འབྲི་སྒོམ་རས་པ་ནི་འབྲུངས་ཡུལ་བཛའ་མོ། རྗེ་བཙུན་དང་མཇལ་ནས་ལོ་ཉི་ཤུ་རྩ་ལྔ་རྒྱུན་གཅིག་ཏུ་སྒྲུབ་པ་མཛད་ཅིང་། དེ་ཉིད་ལ་སློབ་མ་ཁྱད་པར་ཅན་ཡེར་པ་སྒྲུ་མཆེད་རྣམས་བྱོན། སེ་བན་རས་པ་ནི། ཚོང་དཔོན་ཡིན་ཞིང་། ཚོང་འདུས་ག་གར་རྗེ་བཙུན་དང་མཇལ། གདམས་པ་མགུར་དུ་གསུངས་པས་གྲོལ་ནས། རྗེ་བཙུན་གྱི་ཉེ་གནས་མཛད་པས་སེ་བན་སྟོན་ཆུང་དུ་གྲགས་སོ། །ཁྱི་ར་རས་པ་ནི། འབྲུངས་ཡུལ་སྐྱེ་ཤང་། ཤ་བ་རི་དྭགས་ལ་རྔོན་དུ་བྱོན་པས། རྗེ་བཙུན་དང་མཇལ། ཁྱི་དང་ཤ་བ་ལ་སྒོམ་བཏབ་པས་དད་ནས། གདམས་པ་ཞུས་ཤིང་གྲུབ་པ་བརྙེས་སོ། །རས་པ་བདེ་བ་སྐྱོང་ནི། ཞི་བ་འོད་དང་དོད་མཉམ་པའི་གྲུབ་ཐོབ་གཅིག་བྱོན་པ་ཡིན་ཟེར་ཞིང་། ཁ་ཅིག་ན་རེ། བདེ་བ་ལ་རྟེན་ནས་ངོ་འཕྲོད་པས་རས་ཆུང་པའི་མཚན་གྱི་རྣམ་གྲངས་ཡིན་ཟེར་རོ། །ར་རྫི་རས་པ་ནི། དིང་མ་བའི་ར་རྫི་ཡིན་ལ། རྗེ་བཙུན་སྦྲ་བདེ་བཀྲ་ཤིས་སྣང་ན་བཞུགས་པའི་དུས་སུ། རྣལ་འབྱོར་པ་གླུ་ལེན་ཟེར་བ་ལ། མགུར་གསུངས་པས། དེ་མ་ཐག་གྲོལ་ལོ། །རྗེ་བཙུན་དེ་ཉིད་ཀྱི་སློབ་མ་རྣམས་ཀྱི་ནང་ནས་མཆོག་ཏུ་གྱུར་པ། བསྐལ་པ་དཔག་ཏུ་མེད་པའི་སྔོན་རོལ་དུ། མི་ཧོག་ཟླ་མཛེས། ཐུབ་པའི་དྲུང་དུ་ཟླ་འོད་གཞོན་ནུ། སྙིགས་མའི་དུས་འདིར་དྭགས་པོ་ལྷ་རྗེ་ཞེས་གྲགས་པ་ནི། ཡུལ་གཉལ་སྨད། གདུང་རུས་སྙི་བ། ཡབ་ཨུ་ཚོ་རྒྱལ་འབར། ཡུམ་བདེ་མཆོག་ལྷུམ། ས་མོ་ལུག་གི་ལོ་ལ་སྐྱ་བལྟམས། མཚན་ཀུན་དགའ་སྙིང་པོར་བཏགས། གསོ་བ་རིག་པར་མཁས་པར་མཛད་ནས། དགེ་བའི་བཤེས་གཉེན་ཤ་པ་ལུང་པ་ལ་རབ་ཏུ་བྱུང་བའི་མཚན་བསོད་ནམས་རིན་ཆེན་དུ་བཏགས། རྒྱ་ལྕགས་རི་བ་དང་། སྟྭགས་རུམ་བ། སྤྱ་རཾ་པ་རྣམས་ལ་བཀའ་གདམས་ཀྱི་ཆོས་བསྐོར་རྫོགས་པར་གསན། རྗེ་བཙུན་ཆེན་པོའི་མཚན་གསན་པས་ཐུགས་ཀྱིས་མ་བཟོད་དེ། མོས་གུས་ཀྱི་གདུང་བ་དྲག་པོས་མཇལ་དུ་བྱོན། དཀར་བརྒྱུད་ཀྱི་ཆོས་གདམས་ངག་རྣམས་ཞུམ་པ་གང་འབྱོ་གསན་ནས། སྲིད་པ་ཐ་མའི་བྱང་ཆུབ་སེམས་དཔར་གྱུར་ཏེ། ཆུ་མོ་བྱའི་ལོ་བདུན་ཅུ་དོན་ལྔ་ལ་གཤེགས་སོ། །དེའི་བརྒྱུད་འཛིན་གྱི་བུ་བཞི་ནི། འགྲོ་མགོན་རིན་པོ་ཆེ། དྭགས་པོ་སྒོམ་ཚུལ། གྲུབ་ཐོབ་དབུ་སེ། བླ་མ་འབའ

རོམ་པའོ། །ཡོངས་སུ་གྲགས་པའི་བུ་བཞི་ནི། ཤོ་རབ་འཕགས་པ། གསར་སྒོམ་ཡེ་ཤེས་སྙིང་པོ། རང་ཉེ་ཆོས་གཡུང་། ཟིམ་ཡེ་ཤེས་སྙིང་པོའོ། །ཐུགས་ཀྱི་སྲས་བཞི་ནི། དྭགས་པོ་སྒོམ་ཚུང་། བླ་མ་རྨོག་ལྕོག་པ། གསལ་སྟོང་ཤ་སྒོམ། བླ་མ་འོད་ཁ་བ་རྣམས་སོ། །ཉེ་བའི་སྲས་བཞི་ལ། དྭགས་པོ་འདུལ་འཛིན། ཇོ་སྲས་ལ་ཡག་པ། སྐྱེས་བུ་ཡེ་རྡོར། མགར་སྒོམ་དཀར་པོའོ། །

གཞན་ཡང་གྲུབ་པ་ཐོབ་པའི་རྣལ་འབྱོར་པ་གྲངས་ཀྱིས་མི་ཆོད་བྱོན་པ་རྣམས་ནི། སྐྱེས་མཆོག་མར་པའི་གསུང་གིས། རྐོང་དེ་ལ་བུ་གཅིག་སྐྱེས་པ་དེ། །བུ་འགྲན་གྱི་དོ་མེད་འབྱུང་བའི་རྟགས། །བྱ་ཕྲན་གྱིས་ནམ་མཁའ་གང་བ་དེ། །དཀར་བརྒྱུད་ཀྱི་བསྟན་པ་དར་བ་ཡིན། །ཞེས་ལུང་བསྟན་པའི་དོན་ཡིན་ལ། དྭགས་པོ་སྒོམ་ཚུལ་ནི། རྗེ་སྒམ་པོ་པའི་ཡབ་མཆེད། རྒྱ་བ་ག་གསེར་བ་ལ་སྲས་བཞི་ཡོད་པའི་ཆེ་བ་ཡིན་ཞིང་། དགུང་ལོ་བཅུ་གཅིག་པ་ལ་རྗེ་སྒམ་པོ་པ་དང་མཇལ། མཚན་ཚུལ་ཁྲིམས་སྙིང་པོར་བཏགས། དགུང་ལོ་བཅུ་གསུམ་པ་ལ་ལྷན་ཅིག་སྐྱེས་པའི་ཡེ་ཤེས་ཐུགས་ལ་ཆུད། བཅོ་ལྔ་ནས་འགྲོ་དོན་མཛད་དོ། །མ་གཅིག་དཔལ་ལྷ་དང་། གྲིབ་ཀྱི་རྫོང་བཙན་གྱིས་སྤྱན་དྲངས། ལྷ་སའི་ཞིག་གསོས་མཛད་དེ། གཤེགས་པའི་ཚེ་ཡང་ངོ་མཚར་གྱི་རྟགས་དཔག་མེད་བྱུང་ངོ་། །དྭགས་པོ་སྒོམ་ཚུང་ནི། མཚན་ཤེས་རབ་བྱང་ཆུབ། རྗེ་སྒམ་པོ་ཉིད་ལ། གདམས་པ་མཐའ་དག་གསན་ཞིང་། འབྲི་གུང་ཆོས་རྗེའི་བླ་མ་ཡིན། བླ་མ་འབབ་རོམ་པ་ནི། བྱང་ན་དགོན་པ་ཡོད་ལ། མཚན་དངོས་དར་མ་དབང་ཕྱུག་ཅེས་བྱ་ལ། ཏི་ཤྲཱི་རས་པ་སོགས་སློབ་བརྒྱུད་ཀྱི་བར་འབྱུང་ངོ་། །ཤོ་ར་འཕགས་པ་ནི། རྗེ་སྒམ་པོ་པའི་རྣག་དཔོན་ཡིན་ཞིང་། གྲུབ་ཐོབ་ཆེན་པོར་གྲགས་སོ། །རྣལ་འབྱོར་ཆོས་གཡུང་ནི། གདུངས་རུས་ནི་རམ་སྙིང་ཡིན་ཞིང་། སྐུ་ལུས་ཀྱི་བཀོད་པ་དུ་མར་སྟོན་པ་དང་། ཐབས་ལམ་འབྱོངས་པ་སོགས་ཡོན་ཏན་ཚད་མེད་མངའ་འོ། །གསལ་སྟོང་ཤ་སྒོམ་ནི། རླུང་སེམས་ལ་རང་དབང་ཐོབ་པ་དང་། མངོན་ཤེས་དང་རྫུ་འཕྲུལ་ལ་སོགས་པ་མངའ་ཞིང་། ཁམས་པ་མི་གསུམ་གྱི་ཡ་གྱལ་ཡིན་ནོ། །རྨོག་ལྕོག་པ་ནི། ཁྱུང་པོ་རྣལ་འབྱོར་གྱི་བརྒྱུད་འཛིན་ཡིན་ཡང་། རྒྱུད་པ་འདི་ལ་བརྟེན་ནས་རྟོགས་པ་ཁྱད་པར་ཅན་འཁྲུངས་ཤིང་། ཉིན་རེ་བཞིན་བྱ་རྐོད་དུ་སྤྲུལ་ནས། སྒམ་པོའི་གཙུག་ལག་ཁང་ལ་བསྐོར་བ་མཛད་པ་སོགས། དཀར་བརྒྱུད་འདིའི་ཡང་གྲུབ་ཐོབ་ཆེན་པོ་ཡིན་ནོ། །སྐྱེས་བུ་ཡེ་རྡོར་ནི། ཙ་རིའི་གནས་སྒོ་ཕྱེ་ཞིང་། འགྲོ་དོན་རྒྱ་ཆེན་བྱུང་ཞེས་གྲགས་སོ། །བླ་མ་འོལ་ཁ་བ་ནི། རྒྱ་དཀར་ནག་ཚུང་དང་། བ་རི་ལོ་ཙཱ་བ་ལ་ཡང་ཐུག་ཅིང་། གནོད་སྦྱིན་དང་ཡི་དྭགས་སོགས་ཀྱིས་མངོན་སུམ་གཏོར་མ་ལེན་པ་དང་། ཕ་རོལ་གྱི་དམག་ཚོགས་རེངས་པ་དང་། མཆོན་གྱིས་གནོད་མི་ནུས་པ་

སོགས་ཀྱི་ཡོན་ཏན་བྱུང་ངོ་། །རྗེ་སྒམ་པོ་པའི་སློབ་མ་རྣམས་ཀྱི་ནང་ནས་མཆོག་ཏུ་གྱུར་པ། འགྲོ་དོན་འཕགས་མོ་གྲུ་པ་ནི། འབྲུངས་ཡུལ་སྨེ་ཤོད། ཡབ་ཨ་དར། ཡུམ་ཁྲུ་འཛོམ་ཨ་སྐྱབས། ལྕགས་ཕོ་སྟག་གི་ལོ་ལ་སྐུ་བལྟམས། དགུང་ལོ་དགུ་ལ་མཁན་པོ་ཕན་ཁྱུག་པོ་ཚུལ་ཁྲིམས་དང་སློབ་དཔོན་ལྷོང་འོད་ཟེར་རྒྱལ་མཚན་ལས། དགེ་ཚུལ་གྱི་སྡོམ་པ་བཞེས། མཚན་རྡོ་རྗེ་རྒྱལ་པོར་བཏགས། དགུང་ལོ་བཅོ་བརྒྱད་ལ་དབུས་སུ་བྱོན། སྟོད་ལུང་རྒྱ་དམར་དང་བྱ་འདུལ་བ་འཛིན་པ་ལས་བསྙེན་རྫོགས་ཀྱི་སྡོམ་པ་ནོད། དཔལ་ཆ་ལོ་ལས་ཆོས་སྐྱོང་གི་སྐོར་རྣམས་གསན་ཅིང་། རས་ཆུང་པའི་སློབ་མ་བྱུར་སྒོམ་ལས་སྙན་བརྒྱུད་གསན། ས་ཆེན་ཀུན་དགའ་སྙིང་པོ་ལས་ལམ་འབྲས་གསན། དགེ་བཤེས་དཀོན་མཆོག་མཁར་ལས་མཚན་ཉིད་གསན་ཅིང་། ཛོ་མོ་ལྷ་རྗེ་ལ་སོགས་པ། སྒོམ་མའི་བླ་མ་ཡང་བཅུ་གསུམ་ཡོད་ལ། རྗེ་སྒམ་པོ་པའི་ཐུགས་ཀྱི་སྲས་སུ་མཛད་དོ། །གདན་ས་ཕག་མོ་གྲུར་དགུང་ལོ་བཞི་ཅུ་ཞེ་དགུ་ས་ཕོ་སྟག་གི་ལོ་ལ་ཕེབས། པད་ཁར་ཐུན་ཁང་དུ་ལོ་གཉིས། བདེ་གཤེགས་ཕྱག་ཏུ་ལོ་བཞི། འཇིག་སྐྱིལ་རིན་པོ་ཆེར་ལོ་བདུན་བཞུགས། ཁྱད་པར་དུ་འཕགས་པའི་བུ་ཆེན་བདུན་ལ་འཆད་ལུགས་གསུམ་ལ། བུ་ཆེན་ཉི་ཤུ་རྩ་བཞི་འཆད་པའི་ཚུལ་ལ། མཐར་ཐུག་གི་བུ་བཞི་ལ། མོས་གུས་མཐར་ཐུག་སྟག་ལུང་ཐང་པ།རྟོགས་པ་མཐར་ཐུག་སྣ་ཕུ་པ། ཤེས་རབ་མཐར་ཐུག་པར་ཕུ་པ། ནུས་པ་མཐར་ཐུག་མཆན་བུ་པ་རྣམས་སོ། །གདམས་པའི་བུ་བཞི་ལ། སྐལ་ལྡན་ཡེ་ཤེས་སེང་གེ །རྟོགས་ལྡན་མི་ཉག་སྒོམ་རིམ། གྲུབ་ཐོབ་ཉག་རེ་སེའོ། །ཀུན་ལྡན་གཙང་བ་རས་ཆུང་ངོ་། །རོ་གཅིག་རྟོགས་པ་བཞི་ནི། འཇིག་བརྟེན་མགོན་པོ། རྒྱ་ཕུག་པ། ཆོས་རྗེ་འབུམ། ཆོས་རྗེ་གཏུམ་རྣམས་སོ། །ཐུགས་ཀྱི་སྲས་བཞི་ནི། གཤེན་དགོན་མཁར་པ། ཉན་བཤད་གྲོང་པ། རྡོ་ཁ་བ། རྩེ་ལུང་པ་རྣམས་སོ། །ཡི་གེའི་མའི་བུ་བཞི་ལ། རིན་པོ་ཆེ་ཤུགས་འཚེར་བ། །མཐའ་བསམ་པ་དགེ་འདུན། ཀྱུ་ཀྱུ་ལ་བློ་གྲོས་སེང་གེ །རྒྱན་མདངས་པ་རྣམས་སོ། །ཉེ་བའི་སྲས་བཞི་ལ། བླ་མ་དམར་པ། བླ་མ་མེ་ཕུག་པ། བླ་མ་དགྱེར་སྒོམ། དགེ་བཤེས་སེང་གེ་དཔལ་རྣམས་སོ། །གཞན་ཐུགས་ཀྱི་སྲས་བཞི། ཉེ་བའི་སྲས་བརྒྱད། ཆེ་བའི་ཆུང་བཞི་སོགས་ཀྱི་འཆད་ལུགས་ཟུར་དུ་གསལ་ལོ། །མོན་དཀར་བ་དཔལ་ལྡན་ཡེ་ཤེས་སེང་གེ་ལ། གནུབས་འདུལ་བ་འཛིན་པས་བཏུགས་ནས། གཡའ་བཟང་རྟ་པ་སོགས་སྐྱབ་བརྒྱུད་མང་དུ་བྱོན། དེ་ལྟར་འགྲོ་མགོན་རིན་པོ་ཆེ་ཕག་མོ་གྲུ་པ་ནི། ལྕགས་ཕོ་སྟག་གི་ལོ་དྲུག་ཅུ་རྩ་གཅིག་པ་ཧོར་ཟླ་བདུན་པའི་ཉེར་ལྔ་ལ་མངོན་པར་དགའ་བའི་ཞིང་དུ་གཤེགས་སོ། །

མཐར་ཕྱིན་བཞིའི་པར་ཕུ་བ་ནི། ཕྱ་བའི་སེང་གེ་བརྒྱུད་ཀྱི་ཡ་གྱལ་གཅིག་ཡིན་ལ། སྟོད་ལུང་

པར་ཕྱུར་དགོན་པ་བཏབ་ནས། དོ་ཧ་བར་དུ་ལ་སོགས་པའི་སྒྲོལ་འབྱེད་ཡིན། བླ་མ་དགྱེར་དགོན་
གཉིས་བྱོན་པ། གཅིག་མལ་གྲོ་སོགས་སུ་བསྒྲུབ་པ་མཛད། འཇིག་རྟེན་མགོན་པོ་ནས་ཀྱང་
བསྔགས་བརྗོད་བྱེད་པ་གཅིག་བྱོན་ཞིང་། གཅིག་ཡར་ལུང་ལྷ་རྫིངས་སུ་འཁྲུངས། ཕག་མོ་གྲུ་པ་
དང་། རྣལ་འབྱོར་ཆོས་གཡུང་དང་། མལ་ཀ་བ་སོགས་ལ་གདམས་པ་ཞུས་ཤིང་། སྐེ་ཕྱུག་ཤུག་
གསེབ་སོགས་བཏབ། འགྲོ་དོན་ཆེ་བར་བྱུང་ཞིང་། སངས་རྒྱས་སྟན་རས་ནི། གདུང་སྟན་ཐོག་རུས་
དཀར་པོ་ཡིན་ཞིང་། འཁྲུངས་ཡུལ་བསམ་ཡས་ཁམས་པ་གསུམ་ཡིན་ལ། ཡར་ལུང་གི་རྡོ་རང་ཐག་
བྱ་བར། ལོ་དགུ་བསྒྲུབ་པ་མཛད་དེ། རྟོད་མེད་ཀྱི་གྲུབ་ཐོབ་ཡིན་ཞིང་། གཉལ་ལོ་རོ་སོགས་སུ་
དགོན་པ་བཏབ་ཅེས་གྲགས་སོ། །ཕག་མོ་གྲུ་པའི་སློབ་མ་རྣམས་ལ། བུ་ཆེན་གཞན་བྱོན་ཚུལ་སོགས་
མང་བར་ཡོད་ན་ཡང་། མ་སྤྲོས། འབྲི་གུང་འཇིག་རྟེན་མགོན་པོ་ནི། འཁྲུངས་ཡུལ་ལྡན་མ། གདུང་
རུས་ཀྱུ་ར། ཡབ་རྣལ་འབྱོར་རྡོ་རྗེ། ཡུམ་རྫེ་བཙུན་མ། ཆུ་མོ་ཕག་ལ་སྐུ་བལྟམས། འགྲོ་མགོན་རིན་
པོ་ཆེ་ལས་རབ་ཏུ་བྱུང་ཞིང་། མཚན་རིན་ཆེན་དཔལ་དུ་བཏགས། ཡི་དམ་མང་པོས་ཞལ་གཟིགས་
ཤིང་། བཅུ་ཆོས་གསུམ་ཆོས་ཀྱི་གདམས་པ་ཐུགས་ལ་འཁྲུངས། ཞང་གསུམ་ཐོག་པ། བླ་མ་རྟེ་ལུང་པ།
གཉལ་པ་འདུལ་འཛིན་རྣམས་ལས་བསླབ་པ་གཅིག་རྫོགས་མཛད། དེ་ནས་མེ་གྲུའི་གདན་སར་ལོ་
གསུམ་བཞུགས། དེ་ནས་འགྲོ་མགོན་གྱི་ལུང་བསྟན་ནས། འབྲི་གུང་སེའི་དགོན་པར་བྱོན། གདུལ་
བྱ་དང་ཚོགས་པ་དཔག་མེད་བསྐྱངས་ཞིང་། འཕགས་པ་ཀླུ་སྒྲུབ་ཀྱི་སྤྲུལ་པ་ཡིན་པར་སྒྲོལ་མས་ལུང་
བསྟན་ནས། སྐུ་ཆེ་བའི་ཡོན་ཏན་བསམ་གྱིས་མི་ཁྱབ་བོ། །དེ་ཉིད་ཀྱི་སློབ་མ་སྤྱན་སྔ་རིན་པོ་ཆེ་ནི།
འཁྲུངས་ཡུལ་མདོ་སྨད་གནས་དྲུག་པ། གདུང་རུས་ལྷ་གཟིགས་མདོ་བ་སྟན་ཐོག །ལྷ་གཟིགས་
གསུམ་གྱི་བར་བ་ཡིན་ཞིང་། ཡབ་རྒྱལ་བ་སྐྱབས། ཡུམ་འབྲོ་ལྡོག་ཟ་ཁྲུ་ལྷག་སྨན་ལ་སྲས་གསུམ་
འཁྲུངས། མེ་མོ་ལུག་ལ་སྐུ་བལྟམས། དགུང་ལོ་བཅུ་གསུམ་ལ་མཁན་པོ་རྫོང་པ་དང་། སློབ་དཔོན་
སྟོན་པ་ལས་རབ་ཏུ་བྱུང་ནས། མཚན་གྲགས་པ་འབྱུང་གནས་སུ་བཏགས། །དཀར་བརྒྱུད་ཀྱི་ཆོས་
རྣམས་འབྲི་གུང་དུ་རྫོགས་པར་གསན། དགུང་ལོ་སོ་བཞི་ལ་ཐེལ་གྱི་གོ་སར་ཕེབས། ལོ་རྩ་བདུན་
བཞུགས་ཤིང་དྲུག་ཅུ་ལ་འབྲི་གུང་གི་གོ་སར་ཕེབས་ཏེ། ལོ་རྩ་གཉིས་བཞུགས་སོ། །དེ་ཉིད་ལ་བུ་
སློབ་རྒྱལ་བ་རིན་པོ་ཆེ་བཅུ་གཉིས་པ། གཙང་རིན་པོ་ཆེ་རྒྱལ་སྲས་ཐོག་ཁ་པ། རིན་པོ་ཆེ་གཏེར་རྒྱབ།
སྤྱན་མངའ་སྒོམ་མང་པ་སོགས། སློབ་མ་མང་དུ་བྱོན་ཞིང་། འབྲི་གུང་གི་ཁྲི་ཆོས་བཅོ་བརྒྱད་ཀྱང་དེ་དུས་
བྱུང་བ་ཡིན་ནོ། །དེའི་སློབ་མ་རིན་པོ་ཆེ་ནས་བརྒྱུད་དེ། བཅུ་གཉིས་པ། རིན་པོ་ཆེ་གྲགས་ཡེར་པ།

རིན་པོ་ཆེ་གཉིས་མཆེད་པ། ཆོས་བཞི་སྙིང་མ་བ་བཅུ་གཉིས་གསར་མ་ཆོས་བཞི་གསར་མ་པ། སྤྱན་མངའ་བསོད་ནམས་གྲགས་པ། སྤྱན་མངའ་དཔལ་བ། སྤྱན་མངའ་བསོད་རྒྱལ་བ་ཡན་དུ་ཟམ་མ་ཆད་པར་བྱོན་པ་ཡིན་ཞིང་། གཉོས་ལྷ་ནང་པ་ནི། གཉོས་ནག་གྲགས་པ་དཔལ་ཞེས་པ། ཁ་རག་ལོ་ཙྪའི་གདུང་བརྒྱུད། གསང་འདུས་འཇམ་དཔལ་རྡོ་རྗེ་ལ་གྲུབ་པ་བརྙེས་པ་ཡིན་ཞིང་། བྱང་ལྷ་ཐེར་སོགས་ཀྱི་དགོན་པ་བཏབ། དེའི་དཔོན་པོ་ལྷ་རིན་ཆེན་རྒྱལ་པོས། གེ་རེ་ལྷ་ཁང་བཞེངས་ཤིང་། མདོར་ན་གེ་རེ་ལྷག་པར་གྲགས་པ་འདི་ཡིན་ནོ། །འགར་ཆོས་སྡིངས་པ་ནི། འཇིག་བྱེད་ཀྱི་གྲུབ་ཐོབ་ཡིན་ཞིང་། སྤོ་བོར་བྱོན་ནས་ནས་ལུང་དགོན་པར་བཏབ་བོ། །དེ་ལ་སོགས་པའི་འབྲི་གདན་གཉིས་ནས་བྱོན་པའི་སློབ་བརྒྱུད་མང་དུ་བྱོན་ནོ། །སྐམ་རྫོང་པའི་ལོ་རྒྱུས་ནི། དུས་གསུམ་མཁྱེན་པའི་འཁྲུངས་ཡུལ་མདོ་ཁམས་ཏྲེ་ཤོད། གདུང་རུས་དབྱི། ཡབ་དགོན་པ་རྡོ་རྗེ་མགོན་ཞེས་པ། གཤིན་རྗེ་གཤེད་ཀྱི་རྣལ་འབྱོར་པ་དང་། ཡུམ་ལྷ་ཐོག་པ་ཀྲང་ལྕམ་ཞེས་པ་གཉིས་ཀྱི་སྲས་སུ་སྐུ་བལྟམས་ཞིང་། རྫོག་ལོའི་བླ་མ་མཆོག་བླ་མ་མཁན་པོ་མཆོག་གི་དྲུང་དུ་རབ་ཏུ་བྱུང་མཚན་ཆོས་ཀྱི་གྲགས་པ་བཏགས། ཡོལ་ཆོས་དབང་། དགེ་བཤེས་ཤ་ར་བ། པ་ཚབ་ལོ་ཙཱ། མལ་འདུལ་འཛིན། གྲུབ་ཐོབ་སྔེ་མོ་རྫོང་པ་སོགས་ལ། ཕྱི་ནང་གི་ཆོས་མང་དུ་གསན་ཅིང་། ཁྱད་པར་དུ་རྗེ་སྒམ་པོ་པ་ཁུ་དབོན་ལ། དཀར་བརྒྱུད་ཀྱི་གདམས་པ་མང་དུ་གསན། དུས་གསུམ་ཐོགས་མེད་དུ་མཁྱེན་ཅིང་། རྒྱ་གར་གྱི་གྲུབ་ཆེན་རྣམས་དང་། ཚོགས་འཁོར་ལྷན་དུ་མཛད་པ་སོགས། ཡོན་ཏན་དཔག་མེད་མངའ་ཞིང་སྐམ་དགོན་དང་། འཚུར་ཕུ་སོགས་བཏབ། འགྲོ་བ་མང་པོ་སྨིན་གྲོལ་ལ་བཀོད། དགུང་ལོ་བརྒྱད་བཅུ་གྱ་བཞི་ཆུ་མོ་གླང་ལོ་ལ་གཞན་དོན་ལ་གཤེགས་སོ། །

དེའི་སློབ་མ་བརྒྱུད་འཛིན་གྱི་བཀའ་བབས། འགྲོ་མགོན་རས་ཆེན་པ། འགྲོ་མགོན་གྱི་བཀའ་བབས་གྲྭ་པ་བཀའ་གདམས། རྟོགས་པའི་བཀའ་བབས་གོ་སྒོམ་ཆོས་བརྩོན། རྫུ་འཕྲུལ་གྱི་བཀའ་བབས་མེས་ཚུང་སངས་རྒྱས། འབོན་ཛྷ་རྟག་པ་རྗེ་ལ་པ། གང་བ་རྫོང་པ་གཉིས། ནམ་མཁའ་ཚུལ་ཁྲིམས་འོད། ཡོན་ཏན་འོད་སོགས་རང་དང་མཉམ་པའི་བུ་ཆེན་བཅུ་གསུམ་བྱུང་ཞེས་རབ་ཏུ་གྲགས་སོ། །འགྲོ་མགོན་རས་ཆེན་ནི། འཁྲུངས་ཡུལ་དབུས། གདུང་རུས་གྲུ་གུ། ཡབ་གཙང་པ་དཔལ་གྲགས། ཞེས་པའི་སྲས་ཡིན་ལ། དགུང་ལོ་སུམ་ཅུ་རྩ་བདུན་གྱི་བར་རས་པ་མཛད། དེ་ནས་གཅིག་རྫོགས་མཛད་པའི་མཚན་སངས་རྒྱས་གྲགས་སོ། །དགུང་ལོ་བདུན་ཅུ་བཞེས་པ། དབྱར་ཟླ་ར་བའི་ཉེར་དྲུག་ལ་བདེ་བར་གཤེགས་སོ། །དེའི་སློབ་མ་སྒོམ་བྲག་པ་ནི། འཁྲུངས་ཡུལ་སྒོམ་པོར་

བ་ཡིན་ལ། བྱམས་ཆོས་སོགས་ཀྱི་སྡེ་སྣོད་མཁས་པར་མཁྱེན་ཅིང་། མཚན་དར་མ་གྲགས་ཞེས་པ་ཡིན་ལ། འགྲོ་མགོན་རས་ཆེན་ལ་གདམས་པ་གསན་ནས་སྒོམ་ཐག་ཏུ་རྩེ་གཅིག་གིས་སྒྲུབ་པ་མཛད་པ་ཡིན་ལ། དེའི་སློབ་མ་ཀརྨ་པཀྵི་འཁྲུངས་ཡུལ་འབྲི་ཀླུང་། ཤིང་ཕོ་བྱི་བའི་ལོ་ལ་སྐུ་བལྟམས། གདམས་པ་མང་དུ་གསན་ཅིང་། ཐུགས་ལ་མངའ་བརྙེས་པས། ཧོར་ཡུལ་དུ་སེང་ཆེན་རྒྱལ་པོས་བླ་མར་སྤྱན་དྲངས་པས། འབྱུང་བ་བཞིའི་གནོད་པས་བཟི་བར་མི་ནུས་པས། སླར་དད་ནས་འགྲོ་དོན་དཔག་མེད་འགྲུབ་ཅིང་། མཚུར་ཕུ་ལྷ་མོ་ཆེ་སོགས་བཞེངས། ཆོས་རྗེ་རང་བྱུང་རྡོ་རྗེ་ནི་ཤིང་ཕོ་སྤྲེའུ་ལོ་ཟླ་བ་དང་པོའི་ཚེས་བརྒྱད་ལ། སྟོད་སྨར་ཞུར་མོའི་རྩ་བུ་ཞེས་པར་སྐུ་འཁྲུངས། གྲུབ་ཆེན་ཨུ་རྒྱན་པ་དང་། སྔན་རས་དགེ་འདུན་འབུམ་ལ་སོགས་པའི་མཁས་གྲུབ་རྣམས་ལས་གདམས་པ་མང་དུ་གསན་ཅིང་། གདུལ་བྱ་གང་ཡོད་སྨིན་གྲོལ་ལ་བཀོད་ནས། ལྔ་བཅུ་རྩ་དྲུག་པ་སམ་ཡོས་ལོ་ཧོར་ཟླ་དྲུག་པའི་ཚེས་བཅུ་ལ་ཧོར་ཡུལ་དུ་གཤེགས་སོ། །དེ་ཉིད་ལ་མཚུངས་མེད་གཡག་སྡེ་པཎ་ཆེན་སོགས་སློབ་མ་མང་དུ་བྱོན་ཅིང་། ཆོས་རྗེ་རོལ་པའི་རྡོ་རྗེར་སྐུ་སྐྱེ་བ་བཞེངས་ནས། མཁན་ཆེན་དོན་གྲུབ་དཔལ་ལས་རབ་ཏུ་བྱུང་ཞིང་མཚན་ཆོས་ཀྱི་གྲགས་པར་གསོལ། རོལ་པའི་རྡོ་རྗེ་ཞེས་པ་རང་བྱུང་རྡོ་རྗེའི་གསང་མཚན་ཡིན་ནོ། །ཧོར་ཡུལ་དུ། ཐོ་གན་ཐེ་མུར་གྱིས་སྤྱན་དྲངས་ཏེ། རྒྱལ་པོ་འཁོར་འབངས་དང་བཅས་པ་སྨིན་གྲོལ་ལམ་ལ་བཀོད་དོ། །དེའི་སློབ་མ་ལྷ་རིན་པ་ཞེས་པ་སྤྱན་མངའ་ཆོས་བཞི་པའི་དཔོན་པོ་ཡིན་ཞིང་། མཚན་གྲགས་པ་ཡོན་ཏན། ཆོས་རྗེ་བླ་མ་སོགས་མཁས་གྲུབ་མང་དུ་བསྟེན་ནོ། །དེ་ལ་ཆོས་རྗེ་དེ་བཞིན་གཤེགས་པས་གཏུགས་པ་ཡིན་ཏེ། ཤིང་ཕོ་བྱི་བའི་ལོ་ལ་ཉང་པོར་སྐུ་བལྟམས་པའོ། །དགུང་ལོ་བཅོ་བརྒྱད་པ་ལ། མཁན་ཆེན་བསོད་ནམས་བཟང་པོ་ལས་བསྙེན་པར་རྫོགས། མདོ་ཁམས་སྟོད་དུ་སྤྲུལ་པའི་སྐུ་འབྱུང་ཞེས་ལུང་བསྟན་ནས། པོ་ཏ་ལའི་རྩེར་སྐུ་གཤེགས་སོ། །

མཐོང་བ་དོན་ལྡན་མན་གྱི་རྣམ་ཐར་ལོགས་སུ་ཤེས་ཤིང་། དེ་དག་ནི་ཀརྨ་པའི་ཚུལ་ཡིན་ནོ། །དཔལ་སྟག་ལུང་ཐང་པ་ནི། གདུང་རུས་ག་གཟི། ཁྲི་ལོ་ལ་སྐུ་བལྟམས། མཚན་བཀྲ་ཤིས་དཔལ་དུ་བཏགས། སྟག་ལུང་དང་། རི་བོ་ཆེ་སོགས་བཏབ་ཅིང་། དེའི་དབོན་པོ་ཀུ་བར་གྲགས་པ་ཕག་མོ་གྲུ་པའི་སྤྲུལ་པ་དང་། སངས་རྒྱས་ཡར་བྱོན། ཨུ་རྒྱན་མགོན་པོ། མཾ་ཧཱ་ལ་གུ་རུ་དཔལ་བཟང་པོ། རཏྣ་གུ་རུ། རཏྣ་ཨ་ཀར། བཀྲ་ཤིས་དཔལ་བརྩེགས་རྣམས་སོ། །སྟག་ལུང་ཐང་པ་རང་གིས་ལུང་བསྟན་པའི་གང་ཟག་སྟོང་མེད་ཡིན་ནོ། །ཕག་མོ་གྲུ་པའི་སློབ་མ་ཀུན་ལྡན། །གཙང་པ་རས་ཆུང་ནས་ཁྲི་ཕུ

ལོ་ཙྪ་བ་སོགས་ལ་བརྒྱུད་དེ། མ་ཅིག་རེ་མ་དང་། ལྕེ་སྒོམ་རྫོང་པ་སོགས་གྲུབ་ཐོབ་མང་དུ་བྱོན་ནོ། །ཞང་རིན་པོ་ཆེ་གཡུ་བྲག་པ་ནས་བརྒྱུད་པ་ཚལ་བའི་བརྒྱུད་ནི། ཞང་གི་འཁྲུངས་ཡུལ་ནི། ཚ་བ་གྲུ། ཡབ་རྣ་སྣམ་རྡོ་རྗེ་སེམས་དཔའ་ཡིན་ལ། རྒྱ་ཕོ་སྟག་ལོ་ལ་སྐུ་བལྟམས། བསླབ་པ་ཚིག་རྫོགས་སུ་མཛད། མཚན་བཙོན་འགྲུས་གྲགས་པར་བཏགས། དཔལ་རྒ་ལོ། དྭགས་པོ་སྒོམ་ཚུལ། མལ་ཡེར་པ་བ། བླ་མ་གོ་རོ། འོད་ཁ་བ་སོགས་ལ་གདམས་པ་མང་དུ་གསན་ཅིང་། བདེ་མཆོག་གི་ཕོ་བྲང་དུ་གཟིགས་ནས། ཚལ་ཡང་དགོན་བཏབ། ལྷ་ཆེན་དཔལ་འབར་དང་། གུང་ཐང་བཞེངས། དགུང་ལོ་བདུན་ཅུ་རྩ་གཉིས་པ། རྒྱ་མོ་གླང་ལོ་ལ། འབུམ་མོ་ཆེ་བཞེངས། བང་རིམ་གསུམ་པའི་སྟེང་དུ་མྱ་ངན་ལས་འདས་ཚུལ་བསྟན་ནོ། །ཞང་གི་སྒྲུབ་གནས་བདུན་ནི། གཡུ་བྲག །བསྒྲགས་དང་ཕུགས། བཟང་ཡུལ་མོན་གདོང་། བྱད་དཀར་འབྲོང་པོ། ལྷ་ས་བར་ཁང་། བསམ་ཡས་འཆིང་ཕུ། འཚལ་ཆོས་སྡེ་རྣམས་ཡིན་ཞིང་། དེའི་སློབ་མ་འོད་ཆེན་བཞིར་གྲགས་པ་ནི། དྲ་འབྱེད་པ་ནམ་མཁའ་འོད་ཅེས་པ་ལ། ལྷ་རའི་ཁའི་དགོན་པར་བཏབ། ཉི་ཟླ་འོད་ཅེས་པས་ལྷ་ཕྱུག་བཏབ། འདུལ་བ་འོད་ཅེས་པས། ཁ་རག་ཤར་དུ་དགོན་པ་མཛད། འབྲི་རབ་ཤཱཀྱ་འོད་ཀྱིས་བྱང་དུ་དགོན་པར་བཏབས། དེ་དག་ལས་གྱེས་པའི་བུ་ཆེན་དུ་མ་བྱུང་ངོ་། །དེ་དག་གིས་དཀར་བརྒྱུད་སྤྱིའི་བྱོན་ཚུལ་རགས་པ་ཞིག་བཤད་པ་ཡིན་ལ། བྱེ་བྲག་ཏུ། འབྲུག་པའི་སྒྲུབ་བརྒྱུད་ཀྱི་བྱོན་ཚུལ་ནི། རྗེ་གྲུབ་ཐོབ་ཆེན་པོའི་འཁྲུངས་ཡུལ་ནི། ཉང་སྟོད་བཞེངས་ཀྱི་གླང་པོ་སྣར། ཡབ་རྒྱལ་པོ་སྐྱབས་དང་། ཡུམ་བཟང་མོ་དར་ཆུང་གཉིས་ལ། སྲས་ལྔུམ་སྲིང་བཞི་ཡོད་པའི། རྗེ་གྲུབ་ཐོབ་གླིང་རས་ཀྱི་མཚན། ཪོ་སྲས་པད་མ་རྡོ་རྗེ་ཞེས་བྱའོ། །རྗེ་དེ་ཉིད་ཀྱི་ཁུ་བོ། །སློབ་དཔོན་གླིང་ཞེས་དང་། དགེ་བཤེས་འོམ་ཐང་པ། བླ་མ་ཁྱུང་ཚང་པ། རྒྱལ་བ་ལོ། རྗེ་སུམ་པ་སོགས། རས་ཆུང་པའི་སློབ་མ་རྣམས་ལ། །གདམས་པ་མང་དུ་གསན་ཅིང་། །ཁྱད་པར་རྗེ་ཕག་མོ་གྲུ་པ་ལ་དཀར་བརྒྱུད་ཀྱི་གདམས་པ་གསན་ཏེ། ཐུན་མོང་མ་ཡིན་པའི་མོས་གུས་རྙེད་ནས་བསྒོམས་པས། ཞག་བདུན་ལ་གྲོལ་ནས། རྒྱ་གར་ཙུ་མོ་གཙྪ་ཙུན་ལ་རྟོགས་པ་མཐོ་བའི་རྣལ་འབྱོར་དུ་གྱུར་ཏེ། དབུས་གཙང་གི་སྒྲུབ་གནས་དུ་མར་བཞུགས་ཤིང་། ཁྱད་པར་སྣ་ཕུ་ཆོས་ལུང་གི་དགོན་པར་འགྲོ་དོན་དཔག་མེད་མཛད་ཅིང་། གསུང་རབ་ཐམས་ཅད་ཀྱི་དོན་གདུལ་བྱ་མཆོག་དམན་འབྲིང་གསུམ་ལ་གདལ། གང་འདུལ་བ་རྡོ་རྗེའི་མགུར་དུ་བཀའ་སྩལ་ཏེ། ལྷ་དང་བཅས་པའི་འཇིག་རྟེན་དུ་གྲགས་ཤིང་། ཁྱད་པར་བསམ་ཡས་ལྷུན་གྱིས་གྲུབ་པའི་གཙུག་ལག་ཁང་དུ། ཡེ་ཤེས་མཁའ་འགྲོས་ཆོས་ཀྱི་པོ་སྟི་ཕྱག་ཏུ་གཏད་དེ། ལུང་དང་རྗེས་སུ་གནང་བ་ཐོབ་ནས། མདོ་

རྒྱུད་ཐམས་ཅད་ཕྱེ། རྒྱལ་བ་རིགས་ལྔའི་དབུ་རྒྱན་ཞུལ་བ་ད་ལྟ་སྣ་ཞུན་ཡོད་དོ། །རྗེ་བཙུན་ཉིད་ཀྱི་ལེགས་བཤད་སོ་ཐར་དང་མཐུན་པར་བསླབ་བྱ་མདོར་བསྡུས། བྱང་སེམས་དང་འམཐུན་པར་སྒྲོན་མེ་རྣམ་དྲུག །གསང་སྔགས་ཀྱི་སྐོར་ལ། བརྟག་གཉིས་ཀྱི་འགྲེལ་པ། བླ་མ་མཆོད་པ། ཡི་དམ་ལྷའི་སྒྲུབ་དཀྱིལ། ཁྲིད་ཡིག་སོགས་དུ་མ་མཛད་ཅིང་། ད་ལྟ་འབྲུག་པའི་ཕྱག་ལེན་རྣམས་ནི། རྗེ་ཉིད་ཀྱི་བཞེད་པ་གཙོ་བོར་བྱེད་པ་ལགས་སོ། །རྗེ་ཉིད་ཀྱི་ཐུགས་ཀྱི་སྲས་དམ་པ་གྱུར་པ་ནི། དཔལ་ནཱ་རོ་པའི་སྤྲུལ་པ་རྩོད་མེད་དུ་གྲགས་ཤིང་། གངས་ཅན་གྱི་ལྗོངས་འདིར། འགྲོ་བ་འདྲེན་པའི་དེད་དཔོན། སྒྲུབ་བརྒྱུད་བསྟན་པའི་རྒྱལ་མཚན། གདུང་དང་ན་བཟའི་མཚན་ཅན། མཚུངས་པ་མེད་པའི་སྐྱེས་བུ་ཆེན་པོ། །འགྲོ་བའི་མགོན་པོ། གཙང་པ་རྒྱ་རས་ནི་གཙང་ཧ་བོའི་གང་བཟང་གི་མགུལ་དུ་ཉང་སྟོད་ས་རལ་ཞེས་པར། ཡབ་རྒྱ་ཟུར་བོར་ཚ་དཔེ་དང་། ཡུམ་མར་ཟ་དར་སྐྱིད་ཀྱི་སྲས་སུ་སྐུ་འཁྲུངས་ཤིང་། སྲས་བདུན་ཡོད་པའི་རྗེ་ཉིད་ཆུང་བ་ཡིན། སྤྲུལ་ལོ་དབྱར་ཟླ་ར་བ་ལ་སྐྱ་བལྷམས། དགུང་ལོ་བཅུ་གསུམ་པ་ལ། སློབ་དཔོན་གྱིས་དབུ་སྐྲ་བཅད་དེ། མཚན་ཤེས་རབ་བདུད་རྩིའི་འཁོར་ལོ་བཏགས། ཕྱིས་ཞང་གི་དྲུང་དུ་རབ་ཏུ་བྱུང་ནས། ནཱ་རོའི་དབུ་སྐྲ་བཅད་པ་བདག་མིན་པ་མེད་ཅེས་ཤིན་ཏུ་དགྱེས། མཚན་ཡེ་ཤེས་རྡོ་རྗེར་བཏགས་སོ། །རྗེ་འདི་ཉིད་ནི་ཤེས་བྱ་མཐའ་དག་ལ་ཐུགས་སྦྱངས། བླ་མ་བསམ་གྱིས་མི་ཁྱབ་པ་བསྟེན་ནོ། །

ཁྱད་པར་གྱི་བླ་མ་གསུམ་ནི། འགྲོ་མགོན་སྐྱེ་མེད་གཡུ་བྲག་པ་དང་། དུས་གསུམ་མཁྱེན་པ་དབུ་སེ་མཚུར་ཕུ་པ་དང་། གྲུབ་ཐོབ་ཆེན་པོ་སྣ་ཕུ་པ་རྣམས་ཡིན་ཞིང་། ཁྱད་པར་རྗེ་གྲུབ་ཐོབ་ཆེན་པོའི་དྲུང་དུ། རྟོགས་པའི་ཡེ་ཤེས་ཐུགས་ལ་འཁྲུངས་ཤིང་། སྒྲོ་འདོགས་ཐམས་ཅད་ཆོད་པར་མཛད་ནས། གནས་ཆེན་ཙ་རི་དང་། མཁར་ཆུ་དང་། ཁ་རག་ལ་སོགས་དབུས་གཙང་གི་རི་ཁྲོད་རྣམས་སུ། སྒྲུབ་བརྒྱུད་ཀྱི་རྒྱལ་མཚན་བཙུགས་ཤིང་། འགྲོ་དོན་དཔག་མེད་མཛད་ལ། ཞང་གིས་ལུང་བསྟན་ནས་ཀློང་རྡོལ་དང་། གླིང་གིས་ལུང་བསྟན་ནས་ར་ལུང་དང་། དབུ་སེས་ལུང་བསྟན་ནས་འབྲུག་གི་དགོན་པ་བཏབ་ཅིང་དགུང་ལོ་སུམ་ཅུ་སོ་གཅིག་ནས་འཚོགས་པ་བསྐྱེན། དགེ་འདུན་ཁྲི་དྲུག་སྟོང་ཙམ་ཚོགས་པ་བྱུང་ཞིང་། དེ་དག་ལ་ཟབ་པ་དང་རྒྱ་ཆེ་བའི་ཆོས་ཀྱི་འཁོར་ལོ་བསྐོར་ནས། གདུལ་བྱ་རྣམས་སྨིན་གྲོལ་གྱི་ལམ་ལ་བཀོད་དེ། དགུང་ལོ་ལྔ་བཅུ་ང་གཅིག་པ། ལུག་གི་ལོ་སྟོན་ཟླ་ར་བ་ལ། དགོངས་པ་ཡོངས་སུ་མྱ་ངན་འདའ་བའི་ཚུལ་བསྟན། སྐུའི་ཚིགས་པ་ཉི་ཤུ་རྩ་གཅིག་ལ་སྤྱན་རས་གཟིགས་ཉི་ཤུ་རྩ་གཅིག་བྱོན། ཆོས་ཉིད་བདེན་པ་ཐུགས་སུ་ཆུད་པའི་བརྡར། ཐུགས་མ་ཚིག་མ་

ཉམས་པར་བྱོན་ནས། ད་ལྟ་ར་ལུང་སྒོ་མང་ན་བཞུགས་ཤིང་། ཆོས་ཀྱི་འཁོར་ལོ་བསྐོར་བའི་བརྡར། ལྷུགས་མ་ཞིག་པར་བྱོན་ནས། འབྲུག་གི་ལྷ་མོ་ཆེའི་ཐུགས་ཁ་ན་བཞུགས། སྤྱིར་ཁང་གི་རྗོ་ལ་སྐུ་གསུང་ཐུགས་ཀྱི་སྙིང་པོ་དང་། ཡི་དམ་ལྷའི་ས་བོན་དཔག་མེད་བྱོན། དབུའི་གཙུག་ཏོར་གྱེན་དུ་འཕགས། རིང་སྲེལ་གྱི་ཕུང་པོར་གྱུར་པ་ཡིན་ནོ། །དེ་ལ་ཁྱད་པར་འཕགས་པའི་བུ་ཆེན་ནི། རྗེ་ཉིད་ཀྱི་གྲུབ་ཐོབ་བརྒྱད་བཅུ་རྩ་བཞིའི་རྣམ་སྤྲུལ། སེང་གེའི་མཚན་ཅན་དགུ་ཚར་གཅིག་འབྱོན་པ་ལུང་བསྟན་པ་ལྟར། དབོན་དར་མ་སེང་གེ རིན་པོ་ཆེ་གཞོན་ནུ་སེང་གེ །ཉི་མ་སེང་གེ རྡོར་གླིང་པ་སེང་གེ ཤེས་རབ། སྤྱོས་སྐྱ་པ་སེང་གེ་རིན་ཆེན། བཅུ་གསུམ་པ་སེང་གེ་རྒྱལ་པོ། འཇམ་དབྱངས་ཀུན་དགའ་སེང་གེ །བློ་གྲོས་སེངྒེ། ཤེས་རབ་སེང་གེ་རྣམས་ཡིན་ཞིང་། དེ་ཡང་དབོན་རས་ཀྱིས་འབྲུག་ར་ལུང་གི་གདན་ས་མཛད། རྗེ་རྒོད་ཚང་པ་སོགས་བུ་ཆེན་ཕྱིས་ཚར་བ་སོགས་ཀྱི་བླ་མ་ཡང་ཡིན་ཞིང་། གཞན་ཡང་རྗེ་དེ་ཉིད་ལ་ནི། ཆོས་སྐྱོང་དམ་ལ་ཐོགས་པས། བཀའ་བཞིན་ཉན་ཅིང་། ནུས་པ་རྫུ་འཕྲུལ། མཐུ་སྟོབས་རྣམས་རྩོལ་མེད་དུ་མངའ་བ་དང་། འབྱུང་བ་ལ་རང་དབང་ཐོབ་པས། རྡོ་ལ་ཕྱག་ཞབས་ཀྱི་རྗེས། བསམ་གྱི་མི་ཁྱབ་པ་གདུལ་བྱའི་དོན་དུ་བཞུགས་ཏེ། ཐོག་མར་བཞུ་མཁན་བྲག་ཕུག་ཏུ། བླ་མ་སྒྲུབ་པ་མཛད་དུས། བྲག་ལ་ཕྱག་གིས་བསྣུན་པ་དང་། ར་ལུང་དུ་སྦྲིན་སྲེག་མཛད་པས་རྡོ་ལ་ཕྱག་གི་རྗེས་བཞག་པ་དང་། ར་ལུང་གི་དགོན་སྡེ་ལ་ཆུ་བའི་གནོད་པ་སེལ་བའི་ཁ་ནོན་དུ། ཞབས་རྗེས། སྟག་རི་དབེན་གནས་རྒྱུན་བསྟན་པར་བྱ་བའི་ཕྱིར་ཞབས་རྗེས། ཆོས་རྫོང་དུ་བྱོན་པའི་ལམ་དུ་མཁར་རོ་རྫས་སྟར་ཞབས་རྗེས་བཞག་པ་སོགས། ཞབས་རྗེས་བདུན་ཡོད་ཅེས་གྲགས་སོ། །མེ་མོ་བྱའི་ལོ་ལ་སྐུ་བལྟམས། དྲུག་ཅུ་རེ་གཅིག་བཞུགས། བྱ་ལོ་སྟོན་ཟླ་ར་བའི་ཚེས་གསུམ་ལ་གཤེགས། རིན་པོ་ཆེ་གཞོན་ནུ་སེང་གེ་ལྕགས་ཕོ་སྤྲེའུ་ལོ་ལ་སྐུ་བལྟམས། རྩ་རླུང་ལ་གྲུབ་པ་ཐོབ་པའི་སྐྱེས་བུ་ཡིན་ལ། དགུང་ལོ་དྲུག་ཅུ་རེ་བདུན་བཞུགས། མེ་ཕོ་སྟག་ལོའི་ཟླ་བའི་ཉེར་བརྒྱད་ལ་གཤེགས་སོ། །

རིན་པོ་ཆེ་ཉི་མ་སེང་གེ །རྟོགས་པ་མཆོག་ཏུ་གྱུར་པའི་སྐྱེས་བུ་ཆེན་པོ་ཡིན་ཞིང་། །ལྕགས་མོ་ཕག་ལ་འཁྲུངས། །དགུང་ལོ་སུམ་ཅུ་སོ་བདུན་བཞུགས། །མེ་མོ་ཕག་གི་ལོ་ལ་སྐུ་གཤེགས། །རིན་པོ་ཆེ་རྡོར་གླིང་པ་ནི། ས་ཕོ་ཁྱིའི་ལོ་ལ་སྐུ་འཁྲུངས། །ཡི་དམ་གྱི་ལྷ་མང་པོས་ཞལ་གཟིགས། མངོན་མཁྱེན་ཐོག་མེད་མངའ་བ་དང་། །དུས་བཟང་ལ་མཁའ་འགྲོ་མས་གསོལ་ཟས་འདྲེན་པ་དང་། སྐུ་ལུས་མི་སྣང་བ་སྟོན་པ་དང་། སྐུའི་སྤྲུལ་པ་བསམ་གྱིས་མི་ཁྱབ་ཅིང་། དགུང་ལོ་བཞི་བཅུ་ཞེགཅིག

བཞུགས། ལྕགས་འབྲུག་སྤྲེའུ་ཟླ་བའི་ཉེར་བརྒྱད་ལ་སྐུ་གཤེགས། རིན་པོ་ཆེ་སྦྱོར་སྐྱ་པ་ནི། ས་ཕོ་རྟའི་ལོ་ལ་སྐུ་བལྟམས། དགུང་ལོ་ལྔ་བཅུ་ང་དྲུག་བཞུགས། སངས་རྒྱས་དབོན་རས་ཀྱི་སྐྱེ་བ་གསུམ་ན་ང་ཉིད་སླེབ་པར་བྱུས་ནས་དར་བར་བྱེད་དོ། །ཞེས་ལུང་བསྟན་པ་བཞིན། དཔལ་སྦྱོར་སྐྱའི་དབེན་གནས་བཏབ། དེ་ཉིད་དུ་ཐུགས་དམ་གྱི་རྩལ་རྫོགས་པས། མཚན་ཡང་སྦྱོར་སྐྱ་པར་གྲགས། ཙ་རིའི་གཞི་བདག་གིས་གནས་ཞུས་པས། ད་ལྟའང་། ཙ་རི་གསར་མང་རི་ཐེབས་རྫོངས་པ་གཅིག་ཡོད་ཅིང་། ཆུ་གླང་དང་པོ་ཟླ་བའི་ཉེར་ལྔ་ལ་གཤེགས་ཤིང་། སྐུ་གདུང་ལ་ཁ་སརྦ་ཎིའི་སྐུ་དང་། རིང་བསྲེལ་རྣམས་མང་དུ་བྱོན། རིན་པོ་ཆེ་བཅུ་གསུམ་པ་ནི། ས་མོ་གླང་ལ་འཁྲུངས། དགུང་ལོ་སུམ་ཅུ་སོ་བརྒྱད་བཞུགས། མི་ཡི་དབང་པོ་ཧིང་གིར་རྒྱལ་པོའི་མཆོད་གནས་སུ་བྱོན་ཏེ། ཨ་ཀ་རུ་ནག་པོ་འབའ་ཞིག་གི་ལྕོག་རྩེ་རིན་པོ་ཆེ་དུ་མས་ཕྲས་བརྒྱན་པ་ཕུལ་བདེ་བར་གཤེགས་པའི་གསུང་རབ་དུ་མ། རིན་པོ་ཆེ་གསེར་ལས་བཞེངས། འབྲུག་ར་ལུང་གི་གདན་ས་དེ་དུས་གཞན་ལས་དར་བ་བྱུང་ཞིང་། མེ་ཕོ་སྟག་ལ་རྒྱལ་གྱི་ཟླ་བའི་ཚེས་བཅུ་གསུམ་ལ་གཞན་དོན་ལ་གཤེགས་སོ། །རིན་པོ་འཇམ་དབྱངས་པ་ནི། འགྲོ་མགོན་གཙང་པའི་སྤྲུལ་པ་རྩོད་མེད་ཡིན་ཞིང་། རྒྱུད་འགྲེལ་གདམས་པ་དང་བཅས་པའི་ཚིག་དོན་མ་ལུས་པ་ཐུགས་སུ་ཆུད་པར་མཛད་ནས། དཔལ་དུས་ཀྱི་འཁོར་ལོ་དང་། ཀྱེའི་རྡོ་རྗེ་ལ་སོགས་ཡི་དམ་གྱི་ལྷ་དུ་མས་ཞལ་གཟིགས་ནས་སྒྲུབ་དཀྱིལ་མཛད། སྐུ་གཟུགས་དང་། གསུང་རབ་ལ་སོགས་རིན་པོ་ཆེ་ཁོ་ན་བཞེངས་ཤིང་། དགུང་ལོ་སོ་བཞི་པ། མེ་མོ་ཕག་གི་ལོ་ཟླ་བ་གསུམ་པའི་ཚེས་བཅུ་དགུ་ལ་ཆོས་སྟོན་གྱི་ཉིན་གཤེགས་སོ། །སྤྱན་རས་གཟིགས་དོན་ཡོད་ཞགས་པ། རྡོ་རྗེ་རྣལ་འབྱོར་མ། དུང་གཡས་འཁྱིལ་རིང་བསྲེལ་དཀར་དམར་སོགས་བསམ་གྱིས་མི་ཁྱབ་པ་བྱོན་པ་ཡིན་ནོ། །རིན་པོ་ཆེ་བློ་གྲོས་སེང་གེ་ནི། ཤིང་མོ་བྱ་ལ་འཁྲུངས། དགུང་ལོ་བཞི་བཅུ་ཞེ་དྲུག་བཞུགས། ལྕགས་ཕོ་རྟའི་ལོ་སྨིན་ཟླ་ཐ་ཆུང་གི་ཉི་ཤུ་གཅིག་གི་ནམ་ཕྱེད་ཡོལ་བ་ལ་གཤེགས་སོ། །སྤྱན་རས་གཟིགས་ཞལ་གཅིག་ཕྱག་བཞི་པ་བྱོན། དེ་ལྟར་ར་ལུང་ན་བཞུགས། རིན་པོ་ཆེ་ཤེས་རབ་སེང་གེ་ནི་ལྕགས་མོ་ཕག་ལ་འཁྲུངས། དགུང་ལོ་རྩ་གཉིས་བཞུགས། ཆུ་ཕོ་སྤྲེལ་ལོ་ཁྲུ་བྱུག་ཟླ་བའི་ཆོས་བཅུ་བདུན་ལ་གཤེགས། རིན་པོ་ཆེ་ཡེ་ཤེས་རིན་ཆེན་ནི། ཤིང་ཕོ་འབྲུག་ལ་འཁྲུངས། དགུང་ལོ་ལྔ་བཅུ་བཞུགས། ཆུ་མོ་སྦྲུལ་གྱི་ལོ་སྨིན་ཟླ་ར་བའི་ཆོས་བཅུའི་སྔོད་ལ་གཤེགས། རིན་པོ་ཆེ་ནམ་མཁའ་དཔལ་བཟང་། ས་ཕོ་སྟག་ལ་འཁྲུངས། དགུང་ལོ་རྩ་བརྒྱད་བཞུགས། ཤིང་མོ་སྦྲུལ་གྱི་ཁྲའི་ཟླ་བའི་ནམ་ཕྱེད་ཡོལ་ལ་གཤེགས། དེའི་རྗེས་ལ་དྲིན་ཅན་ཤེས་རབ་བཟང་པོ། དེ་ནས་མཚུངས་མེད་

རྒྱལ་དབང་ཆོས་རྗེའོ།། །།

དེ་ཡང་འགྲོ་བའི་མགོན་པོའི་སློབ་མ་རྒྱལ་བ་རྒོད་ཚང་པ་ནི། འཁྲུངས་ཡུལ་ལྷོ་བྲག་རྡོ་ལུ་ཆུང་། ཡབ་ཆུ་ཚལ་མོན་གྲགས། ཡུམ་གཟུགས་མོ་དཔལ་རྒྱན། བྱིའི་ལོ་ལ་སྐུ་བལྟམས་ཤིང་། དགུང་ལོ་བཅོ་བརྒྱད་ལ། ཆོས་རྗེ་འགྲོ་མགོན་དང་མཇལ་ནས་རབ་ཏུ་བྱུང་ཤིང་ཟབ་ཁྲིད་རྣམས་ཞུས། མཚན་མགོན་པོ་རྡོ་རྗེར་བཏགས། མཁར་ཆུར་ཐུགས་དམ་ལ་བཞུགས་དུས། འཁོར་འདས་ཀྱི་རྟེན་འབྲེལ་འཛུག་ཟློག་གཟིགས་པ་དང་། ནམ་མཁའ་ལ་སྐྱིལ་ཀྲུང་མཛད་པ་དང་། བྲག་ལ་ཐོགས་པ་མེད་པ་དང་། ཡེ་ཤེས་ཀྱི་མཁའ་འགྲོ་དང་ལྷན་གཅིག་ཏུ་ཚོགས་འཁོར་མཛད་པ་སོགས། ཐུན་མོང་མ་ཡིན་པའི་རྣམ་ཐར་མཐའ་ཡས་པ་མངའ་ཞིང་། ཐུགས་དམ་བཅུ་གཉིས། གོ་ཆ་དང་བཅུ་གསུམ་མཛད་དེ། སྒྲུབ་བརྒྱུད་ཀྱི་བསྟན་པ་ཟིན་པར་མཛད་དོ། །དུས་ལ་བབ་པའི་གདུལ་བྱ་རྣམས་བཏུལ་ནས། རྟའི་ལོ་ཧོར་ཟླ་ལྔ་པའི་ཆོས་གསུམ་ལ་གཤེགས་སོ། །དེ་ལ་སློབ་མ་རང་དང་མཉམ་པ་གསུམ་ལ། ལྟ་བ་རང་དང་མཉམ་པ་ཡང་དགོན་པ། བརྟུལ་ཞུགས་རང་དང་མཉམ་པ་ཨུ་རྒྱན་པ། སྒྲུབ་ཚུགས་རང་དང་མཉམ་པ་སྤྱིལ་དཀར་བའོ། །རྒྱལ་བ་ཡང་དགོན་པ་ནི། འཁྲུངས་ཡུལ་ལ་སྟོད་ཤེར་ལུང་པ། ཁྱིམ་བདག་གི་རིགས་ཅན། ཡབ་སྐུ་མཆེད་གཉིས་ཡོད་པ། གཅེན་པོ་བླ་མ་སྒྲུབ་པ་པོ་ཞེས་པ། ལོ་བཅུ་དགུ་སྟན་ཐོག་གཅིག་ཏུ་སྒྲུབ་པ་མཛད་པ་དེ་དང་། བླ་མ་ལྷ་གདོང་པ་གཉིས་ལ། ཡུམ་མཁའ་འགྲོ་མ་ཆོས་མཐོང་ཞེས་བྱ་བ་དེ་དག་གི་སྲས་སུ་འཁྲུངས་ཤིང་། དགུང་ལོ་ལྔ་ནས་འོད་གསལ་ཐོག་བབ་སུ་འཁྲུངས། བླ་མ་མི་བསྐྱོད་རྡོ་རྗེ། བུ་མར་པ། གོ་བྲག་པ། ཆོས་རྗེ་ས་པཎ། འབྲི་གུང་སྤྱན་མངའ་བ་རྣམས་ལ། གདམས་པ་དཔག་མེད་གསན་ཅིང་། ཁྱད་པར་རྗེ་རྒོད་ཚང་པ་ལ། འབྲུག་པའི་ཆོས་བསྐོར་མཐའ་དག་གསན་ནས། གྲུབ་པ་མཉམ་པར་མཛད། ཟླ་བ་དགུ་རྡོ་རྗེ་དཀྱིལ་ཀྲུང་མ་བཤིག་པ་དང་། ནམ་མཁའ་ལ་བྱ་ལྡིང་བ་བཞིན་མཛད་ནས། སྐུའི་བཀོད་པ་མང་དུ་བསྟན། དེ་ཡང་སྐུ་ཚེ་འདི་ལ་སྒྱུ་ལུས་ཀྱི་བཀོད་པ་གསུམ་ཡོད་པ་ཡིན་ཏེ། རྒྱ་གར་གོར་བུ་རིན་ན། ཛི་ན་ཧྲི་ཞེས་པ། མཚན་ཉིད་ཐེག་པ་སྟོན་པ་གཅིག་དང་། སྨན་རྩེའི་ཡུལ་དུ་ཡོ་གི་ཏ་ཞེས་པའི་གྲུབ་ཐོབ་དང་། གངས་རིའི་ཁྲོད་འདིར། སར་སི་ཞེས་པ། ཡང་དགོན་པ་ཉིད་ཡིན་ནོ། །སྐུ་ཚེ་ཕྱི་མ་ལ། སྐུ་ལུས་ཀྱི་བཀོད་པ་བཞི་ཁྲི་དང་། དེའི་འོག་རོལ་དུ་སྤྲུལ་པ་གྲངས་མེད་འབྱུང་ཞེས་ཟེར་རོ། །བཞི་བཅུ་ཞེ་དྲུག་ཡོས་ཀྱི་ལོ་ལ་སྐུ་གཤེགས། རྗེ་དེ་ཉིད་གཤེགས་དུས། སྐུ་རིང་བསྲེལ་གྱི་ཕུང་པོར་གྱུར་ཏེ། རིང་བསྲེལ་སྲིན་གྱི་སྲིའུ་གང་བྱུང་ཞིང་། གདུང་རུས་ཁྱོར་གང་ལས་མ་བྱུང་ངོ་། །རྗེ་ཉིད་ཀྱི་དགུང་ལོ་བདུན་པའི་སྐུ་འདྲ

ལྷ་གདོང་ན་བཞུགས་པ། མཐོང་བས་ཕྱག་རྒྱ་ཆེན་པོའི་ངོ་འཕྲོད་པ་བྱུང་ངོ་། །ཁྱད་པར་འཕགས་པའི་བུ་ཆེན། སོ་རས་ཆོས་སྐྱོང་དཔལ་ཞེས་པ། རྗེ་ཉིད་ཀྱི་དབོན་པོ་རོ་གཅིག་རྟོགས་ཤིང་། གནམ་ལྷིང་གྱི་གདན་ས་མཛད་པ་དང་། སྤྱན་མངའ་རིན་ལྡན་ཞེས་པ། རྗེ་ཉིད་ཀྱི་གདམས་ངག་བུམ་པ་གང་འགྱོ་བཞུགས་པ། སྐུ་དང་འབྲལ་མེད་མཛད་པ་དེ་ཉིད་དང་། །གཞན་ཡང་སློབ་མ་མང་དུ་བྱོན་ཞིང་། སྤྱན་མངའ་རིན་ལྡན་ལ། ཟུར་ཕུག་པ་དང་། བྱ་བཏང་དབང་རིན་སོགས་མང་དུ་བྱོན་ཞིང་། ཟུར་ཕུག་པ་ལ། འགྲོ་མགོན་ཨེ་ཕུག་དང་། རི་བ་གཞོན་ནུ་རྒྱལ་མཚན་ཞེས་བྱ་བ། ཙ་རིའི་གདན་ས་མཛད་པ་གཅིག་དང་། ཆོས་ཀྱི་རྗེ་འབའ་ར་བ་ཞེས་པ། ད་ལྟ་དབུས་གཙང་ན་གྲགས་ཤིང་། བྲམ་ཟེ་ཆེན་པོའི་སྤྲུལ་པ་གྲགས་པ། རྟོགས་ལྡན་ཤེར་དགོན་པ་དང་། ཆོས་རྗེ་རྒྱལ་མཚན་འབུམ་ལ་སོགས་ནས་རྒྱུད་པ་མང་ངོ་། །བརྟུལ་ཞུགས་རང་དང་མཉམ་པའི་ཨུ་རྒྱན་པ་ནི། འབྲུངས་ཡུལ་ལ་སྟོད་ན་ཟླུམ། གདུང་རུས་ར། ཡབ་མེས་རྙིང་མ་བའི་གྲུབ་ཐོབ་དང་། མཁས་པ་མང་དུ་བྱོན་ཞིང་། ཡབ་རྔོས་རྡོ་ལྡན་ལ་སྲས་བཞི་ཡོད་པའི་ཆུང་ཤོས་ཡིན་ཞིང་། ལྕགས་མོ་སྟག་ལ་སྐུ་བལྟམས། མཚན་སེང་གེ་དཔལ་དུ་གྲགས་ཤིང་། དགུང་ལོ་བཅུ་དྲུག་ལ། རྗེ་གོད་ཚང་པ་ལ་དགེ་བསྙེན་གྱི་སྡོམ་པ་ཞུས། པོ་དོང་རིན་ཆེན་རྩེ་དང་། བཅོམ་ལྡན་རིག་རལ་སོགས་ལས་མངོན་པ་གོང་འོག །ཚད་མ་སྡེ་བདུན། བྱམས་པ་དང་འབྲེལ་བའི་ཆོས་སྡེ་ཉི་ཤུ་སོགས་གཟིགས་རྟོག་མང་དུ་མཛད། པོ་དོང་རིན་ཆེན། ཞང་བསམ་རིན་པ་བསོད་ནམས་འོད་ཟེར་རྣམས་ལས། བསླབ་པ་ཚིག་རྫོགས་མཛད་དེ། མཚན་རིན་ཆེན་དཔལ་དུ་བཏགས། ཁྱད་པར་དུས་འཁོར་ལ་ནན་ཏན་མཛད་ཅིང་། སྒྲོ་འདོགས་ཆོད་པར་བྱེད་དུ་ཤམ་བྷ་ལར་འགྱོན་ན་དགོངས་པར། རྗེ་གོད་ཚང་པ་ལ་སྒྲོ་འདོགས་ཐམས་ཅད་ཆོད་ནས། དེ་ཉིད་དུ་དུས་འཁོར་གྱི་དཀའ་གནས་རྣམས་དང་། དཀར་བརྒྱུད་སྤྱིའི་གདམས་པ་ཡོངས་སུ་རྫོགས་པ་གསན། ནུབ་ཕྱོགས་ཨུ་རྒྱན་གྱི་ཡུལ་དུ་བྱོན་ནས། རྡོ་རྗེ་རྣལ་འབྱོར་མ་ལས་བསྙེན་བསྒྲུབ་གསན་ནས། ཨུ་རྒྱན་བསྙེན་བསྒྲུབ་ཅེས་གྲགས་སོ། །དེ་ནས་རྡོ་རྗེ་གདན་དུ་མཆོད་པ་ཕུལ། མུ་སྟེགས་ཀྱི་རྒོལ་བ་ཟློག་པ་དང་། ལྷ་སྦྱིན་བྲན་དུ་འཁོལ་བ་སོགས་རྫུ་འཕྲུལ་དཔག་མེད་མངའོ། །དགུང་ལོ་དགུ་བཅུ་རྩ་གཉིས་པ། ལྕགས་མོ་བྱའི་ལོ་ཧོར་ཟླ་བརྒྱད་པའི་ཚེས་ཉི་ཤུ་ལ་དག་པའི་ཞིང་དུ་གཤེགས་སོ། །

དེ་ཡང་བུ་ཆེན་བྱོན་ཚུལ་ནི། ཆོས་རྗེ་རང་བྱུང་རྡོ་རྗེ་དང་། རྟོགས་ལྡན་ཚ་ཚུང་པ་ཞེས་པ། སྤྱི་ཏི་ནས་ལྷ་སར་ཉིན་རེ་ལ་ཕེབས་པ་དང་། རྟོགས་ལྡན་གཡག་མགོ་པ་ཅེས་པ་རྫུ་འཕྲུལ་ལ་མངའ་བརྙེས་པ་དེ་དང་། རྟོགས་ལྡན་ཟླ་སེང་ཞེས་པ་སྐྱེ་འཆི་ལ་དབང་ཐོབ་པ། མྱང་ནག་འདའ་ཁར་བུ་སྟོན་

རིན་པོ་ཆེས་གསོལ་བ་བཏབ་པས། དེ་མ་ཐག་ཏུ་ལྷང་ནས་ལོ་གསུམ་བཞུགས་པ་དེ་དང་། རྟོགས་ལྡན་རིན་འོད་ཅེས་པ། སྐུའི་བཀོད་པ་དུ་མ་སྟོན་པ་དང་། མཁས་གྲུབ་བསོད་ནམས་ཡེ་ཤེས་པ། སྤྲུ་ཏྲའི་གདན་ས་མཛད་པ་ཡོན་ཏན་དཔག་མེད་མངའ་བ་དེ་དང་། གཞན་ཡང་སློབ་མ་མང་དུ་བྱོན་ནོ། །ཡང་དགོན་པའི་སློབ་མ་གཡག་སྦྲུབ་པ། དེའི་སློབ་མ་སང་རྒྱུ་ཤ་པང་ནས་བརྒྱུད་དེ། འགོན་རྗེ་སྲས། བྱ་བཏང་ནམ་འོད། མཁས་བཙུན་གྲགས་སྲིད། རྗོར་འཛིན་སངས་རྒྱས་རྒྱལ་མཚན། དེའི་སློབ་མ་མཚུངས་མེད་རིན་ཆེན་གཞོན་ནུ་རྣམས་ཡིན་ལ། ཨུ་རྒྱན་པ་ནས་བརྒྱུད་པ། འཇམ་དབྱངས་ལྷོ་པ། ཆོས་སྐུ་བློ་བཟང་པ། བླ་མ་སྣ་ཕུ་བ་རྣམས་ཡིན་ཞིང་། ནེ་རིངས་པ་ནི། སྲས་བདེ་ལེགས་རྒྱལ་མཚན་ཡིན་ཞིང་། ལ་སྟོད་བྱ་བ་ན་དགོན་པ་བཏབ། ད་ལྟ་ཤིན་ཏུ་དར་བ་ཡོད་དོ། །སྦྲུབ་ཚུགས་རང་དང་མཉམ་པ་སྤྱིལ་དཀར་བ་ནི། མོག་ཡུལ་འབྲི་མཚམས་སུ་དགོན་པ་བཏབ་ནས། འགྲོ་དོན་རྒྱ་ཆེ་བར་ཡོད་དོ། །དཀའ་སྤྱད་རང་དང་མཉམ་པར་དཀོན་མཆོག་རྒྱལ་མཚན་ཞེས་པ་ནི་ཕ་དྲུག་ན་དགོན་པ་བཏབ་ནས། རོ་སྙོམས་སྣང་འདྲིལ་ཞུ་མཁན་ཡིན་ཞིང་། ད་ལྟ་བརྒྱུད་འཛིན་སྤྲུལ་སྐུ་བདེ་ཆེན་སེང་གེ །མ་ཅིག་ཆོས་སྒྲོན། བཀའ་བཅུ་པ་ནམ་མཁའ་འོད་ཟེར་གྱི་བར་དུ་བརྒྱུད་དེ་དར་རྒྱས་ཀྱང་ཆེ་བ་བྱུང་ངོ་། །སྙིང་རྗེ་རང་དང་མཉམ་པ་མ་བདུན་པ་ལ། མཚན་གཞན་སྣའོ་ཆེ་ཞེས་ཀྱང་བྱའོ། །ཞེན་ལོག་རང་དང་མཉམ་པ་གངས་པ་དང་། བརྩོན་འགྲུས་རང་དང་མཉམ་པ་སྤྱིལ་དཀར་བ། མོས་གུས་རང་དང་མཉམ་པ་བྱང་ཆུབ་ཅེས་པ་རྣམས་སོ། །ཤཱཀྱ་རས་པ་དང་། ཟླ་རས་ཞེས་པ་རྟོགས་པ་མཉམ་པར་གྲགས་ཤིང་། ཤཱཀྱ་རས་པ་ནི། ལྷ་སྲིན་མང་པོས་ཡོན་བདག་མཛད་པ་དང་། ཁྱད་པར་མཚོ་ལོ་དང་། ནམ་རའི་ཀླུ་སྨན་དམ་ལ་ཐོགས་པ་ཡིན་ནོ། །མདོར་ན་བྱ་རྒོད་ཀྱི་ཉིན་ལམ་བཅོ་བརྒྱད་ཙུན་དུ། གདུལ་བྱའི་སློབ་མ་ཁྱད་པར་བས་བཀང་ཞིང་། གྲུབ་ཆེན་ཨོ་རྒྱན་པས་ཨུ་རྒྱན་དུ་བྱོན་པའི་ཚེ་དང་། རྒོད་ཚང་པའི་བཞུགས་གནས། དཔལ་བདེ་ཆེན་སྙིང་གི་སྒོ་མ་སླེ་ཐུལ་ཅན། ཉ་མ་ཕལ་ཆེ་བ་ཨུ་རྒྱན་གྱི་མཁའ་འགྲོ་མར་འདུག་ཅིང་། ཉིན་མོ་བདེ་ཆེན་སྟེང་དུ་ཆོས་ཉན། མཚན་མོ་ནུབ་ཕྱོགས་ཨུ་རྒྱན་དུ་ཆོས་ཉན་པར་འོང་བ་འདུག་གསུང་ངོ་། །ཆོས་རྗེ་རྒྱལ་སྲས་པའང་། ཆོས་རྗེ་གཙང་པ་ནས། རིན་པོ་ཆེ་ཤེས་རབ་འབུམ་གྱི་བར་དུ་བརྒྱུད་དེ། ལྷ་བའི་གཙོ་བོ་ཕྱག་རྒྱ་ཆེན་པོ་འབའ་ཞིག་ལ་མཛད་པ་གདའོ། །འདིར་ནི་ཤིན་ཏུ་བསྡུས་པའི་ཚུལ་གྱིས་བསྟན་པ་ཡིན་གྱི། རྒྱས་པར་ནི་གཞན་དུ་ཤེས་པར་བྱའོ། །

བདག་ཀྱང་དཀར་བརྒྱུད་བླ་མའི་ཚོགས་རྣམས་དང་། །ལྡན་ཅིག་སྙིང་རྗེའི་བློས་གར་གཡོ་

བྱེད་ཅིང་། །ཟབ་ཡང་ཆོས་ཀྱི་དཔལ་ལ་སྤྱོད་པ་དང་། །ཟག་མེད་བདེ་དགའི་མཆོ་ལ་རོལ་པ་ཤོག །
འགྲོ་བ་ཀུན་ལ་དགའ་བའི་བློ་ཅན་གང་གི་བློ་གྲོས་སྐྱེད་ཚལ་དུ། །ཚོགས་གཉིས་བདུད་རྩིའི་ཆར་
རྒྱུན་ཕབ་ལས་རྣམ་གྲོལ་སྨྱུ་གུ་གསར་པའི་ཚོགས། །བདེ་ཆེན་འབྲས་བུའི་དཔལ་གྱིས་རབ་འབྱོར་
དོན་གཉེར་བུང་བས་བརྟེན་པའི་གཞི། །སྨད་བྱུང་ལས་ཀྱང་ངོ་མཚར་སྨད་བྱུང་དཀར་བརྒྱུད་གཞལ་
མེད་ཞིང་འདིར་མཆར། །

དེ་ལྟར་དཀར་བརྒྱུད་ཀྱི་རྣམ་ཐར་རྒྱས་བསྡུས་དུ་མ་ལས། ཁོལ་དུ་བྱུང་བའི་ཉེ་བར་མཁོ་བ་
ཙམ་ཞིག་བརྗོད་པ་འདི་ནི། དོན་གཉེར་འགའ་ཞིག་གིས་བསྐུལ་བའི་ངོར། བཙུན་པ་ཀུན་དགའ་
དཔལ་འབྱོར་གྱིས་དཔལ་འབྲུག་གི་ཡང་དགོན་དུ་སྦྱར་བའོ།། །།སརྦ་མངྒ་ལཾ།། །།

༄། །འབྲུག་པའི་ཆོས་འབྱུང་།

མཛད་པ་པོ།	འབྲུག་པ་པདྨ་དཀར་པོ།
འཚོལ་བསྡུ་ལེགས་སྒྲིག་མཁན།	སི་ཁྲོན་ཞིང་ཆེན་བོད་ཡིག་དཔེ་རྙིང་བསྡུ་སྒྲིག་ཁང་།
རྩོམ་སྒྲིག་འགན་འཁུར་བ།	སྤེན་པ་མཚམས་གཅོད།
མདུན་ཤོག་མཛེས་འཚོས་པ།	ནོར་བཟང་བཀྲ་ཤིས།
དཔེ་སྐྲུན་འགྲེམས་སྤེལ་ཚན་པ།	བོད་ལྗོངས་མི་དམངས་དཔེ་སྐྲུན་ཁང་། (ལྷ་ས་གླིང་སྐོར་བྱང་ལམ་སྒོ་ཨང་20པ།)
པར་འདེབས་ཚན་པ།	ཁྲིང་ཏུའུ་ཏུང་ཅན་པར་འདེབས་ཚད་ཡོད་ཀུང་སི།
དེབ་ཚད།	787×1092 1/16
པར་ཤོག	23.5
ཡིག་གྲངས།	ཁྲི་38
པར་གཞི།	2018ལོའི་ཟླ་11པར་པར་གཞི་1བསྒྲིགས།
པར་ཐེངས།	2018ལོའི་ཟླ་11པར་པར་ཐེངས་1བཏབ།
པར་གྲངས།	01-3,000
དཔེ་རྟགས།	ISBN978-7-223-05984-8
རིན་གོང་།	སྒོར་75.00